Berzhold von, Friedrich

Briefe des Pfalzgrafen Johann Casimir

1. Band (1576-1582)

Berzhold von, Friedrich

Briefe des Pfalzgrafen Johann Casimir

1. Band (1576-1582)

Inktank publishing, 2018

www.inktank-publishing.com

ISBN/EAN: 9783747767511

BRIEFE

DES

PFALZGRAFEN JOHANN CASIMIR

MIT VERWANDTEN SCHRIFTSTÜCKEN

GESAMMELT UND BEARBEITET

VON

FRIEDRICH VON BEZOLD.

AUF VERANLASSUNG UND MIT UNTERSTÜTZUNG SEINER MAJESTÄT DES KÖNIGS VON BAYERN HERAUSGEGEBEN DURCH DIE HISTORISCHE COMMISSION BEI DER KÖNIGLICHEN ACADEMIE DER WISSENSCHAFTEN.

ERSTER BAND.

1576—1582.

MÜNCHEN.
M. RIEGER'SCHE UNIVERSITÄTS-BUCHHANDLUNG.
(GUSTAV HIMMER.)
1882.

Vorrede.

Die Sammlung von Correspondenzen und Aktenstücken, deren erster Abschnitt hiemit der Oeffentlichkeit übergeben wird, ist als Fortsetzung und Abschluss des Werkes von Kluckhohn zu betrachten. Dass sie trotzdem, wie schon ein Ueberblick des Inhaltsverzeichnisses lehrt, einen wesentlich verschiedenen Charakter trägt, soll in Kürze erklärt und gerechtfertigt werden. Die „Briefe Friedrichs des Frommen" haben es nicht nur mit einer beherrschenden Tatsache, der Calvinisirung der Pfalz, sondern auch mit einer beherrschenden Persönlichkeit zu tun. Der Gründer der deutsch-reformirten Kirche und sein Lebenswerk nehmen in der Geschichte jener Jahrzehnte (1559—1576) eine so hervorragende Stelle ein, dass der Briefwechsel des frommen Kurfürsten naturgemäss den Kern der Sammlung bilden und damit zugleich „ein Urkundenbuch für die Kirchengeschichte" gegeben werden musste. Hierin lag aber auch, bei der Unmöglichkeit sämmtliche archivalische Fundorte aufzusuchen und bei den räumlich gesteckten Grenzen, die zwingende Notwendigkeit, vor der kirchengeschichtlichen Seite von Friedrichs Tätigkeit die rein politische zurücktreten zu lassen. Dies gilt vor Allem für den ersten Band der „Briefe", während die beiden folgenden sowie die darstellende Arbeit „Friedrich der Fromme, Kurfürst von der Pfalz" (Nördl. 1879) der stets wachsenden Bedeutung der auswärtigen Politik des Heidelberger Hofs auch entsprechend Rechnung getragen haben. Was sich bei meinen eignen

Studien nachträglich für diese Periode gewinnen liess, hat in der Einleitung des vorliegenden Bandes seine Verwertung gefunden. Von einer erschöpfenden Benützung des Vorhandenen konnte hiebei freilich nicht die Rede sein, noch viel weniger als bei den Vorarbeiten für die folgende Edition, die ja selbst hinter der erwünschten Vollständigkeit weit zurückgeblieben ist.

Allerdings bietet schon der Charakter, den die pfälzische Politik unter dem vorwiegenden Einfluss Johann Casimirs annimmt, eine gewisse Entschuldigung. Den weitverzweigten Beziehungen des tatenlustigen Pfalzgrafen überall nachzugehen, erfordert mehr Zeit und Mittel, als dem Herausgeber zur Verfügung standen; obwohl ihm der Besuch einer Reihe von wichtigen Archiven und Bibliotheken des Auslands ermöglicht wurde, lag doch das Heranziehen mancher vielleicht gleich bedeutender Fundorte ausserhalb des Erreichbaren. Was in Deutschland, Frankreich, der Schweiz zusammengebracht wurde, rechtfertigt jedenfalls die in der Einleitung versuchte Charakteristik der casimirischen Politik und den Entschluss, im Gegensatz zu Kluckhohn's Publikation die Kirchengeschichte ganz in den Hintergrund zu rücken. Wenn auch Johann Casimir am Bekenntniss seines Vaters unverrückt festhielt und es bei seinen Unternehmungen zu fördern suchte, so stellten doch persönlicher und dynastischer Ehrgeiz und rücksichtslose Wahl der Mittel das religiöse Interesse sehr in den Schatten. Daher beschränkte ich mich darauf, für seine Stellung zur Concordienformel nur die notwendigsten Belege und literarischen Verweisungen zu geben; das gewaltige Urkundenmaterial zur Geschichte dieses Bekenntnisswerkes ist ohnedies ein Arbeitsfeld, das durchaus die volle Kraft und Zeit beansprucht und nicht nur nebenher ausgebeutet werden kann. Wichtiger für meinen Zweck waren die Anfänge der lutherischen Reaktion in der Kurpfalz, die ja mit dem Streit der beiden Brüder untrennbar zusammenhängen und Johann Casimirs Persönlichkeit stark hervortreten lassen.

Die politische Correspondenz des Pfalzgrafen, seiner bedeutendsten Freunde und Ratgeber sollte also den eigentlichen Inhalt dieser Edition bilden. Dass aber die anfänglichen Hoffnungen auf reiche Ausbeute im Lauf der Arbeit immer bescheidener wurden, daran trägt die Hauptschuld der arg verkümmerte Bestand der ehemaligen pfälzischen Archive, die ja seit dem XVII. Jahrhundert wiederholt allen erdenklichen Fährlichkeiten preisgegeben waren. Kluckhohn hat (Briefe I p. VI; XXXIII ff.) hierüber ausführlicher berichtet und ich kann seine Klagen nur in gesteigertem Mass wiederholen. Von Johann Casimirs auswärtiger Correspondenz, von den Briefwechseln, Instruktionen, Berichten seiner diplomatisch tätigen Räte finden sich nur Fragmente in einigen Faszikeln des hiesigen Staats- und Reichsarchivs. Fast ganz verloren sind die Verhandlungen mit England, den Niederlanden, der Schweiz; aber auch der Verkehr mit Frankreich weist bedenkliche Lücken auf. Von dem „sonderen Protokoll" Beutterichs über die Werbungen aller fremden Gesandten (vgl. unten p. 388) fand sich keine Spur; eine ganze Reihe von Chiffreschlüsseln (Ma. 544/15) zeugt von der Lebhaftigkeit der vertraulichen Correspondenzen, während von den chiffrirten Schreiben selbst nur ein paar armselige Ueberreste vorhanden sind.

Für den Verkehr des Pfalzgrafen mit befreundeten deutschen Fürsten, unter denen Wilhelm von Hessen die erste Stelle einnimmt, eröffneten sich reichere Quellen in Marburg und Dresden; die Beziehungen des hessischen und kursächsischen Hofs zum Ausland boten manche wichtige Aufklärung, die man in den pfälzischen Archivalien vergebens sucht. Ergänzungen von höchstem Wert lieferten, wie zu erwarten, die handschriftlichen Schätze der Pariser Nationalbibliothek, ein paar wichtige Stücke auch die spanischen Papiere des französischen Staatsarchivs. Manches Interessante wurde endlich in Genf und Zürich gewonnen. Doch vermochten alle diese wichtigen Hülfsquellen nur hie und da für den Mangel der Hauptquelle zu entschädigen; überdies konnte z. B. in Paris von einer Durcharbeitung, ja nur von einer vollständigen Durchsicht des Vorhandenen nicht die Rede sein; ganz abgesehen vom Staatsarchiv, das ich nur flüchtig ein paar Mal besuchen konnte, sind die Massen zeitgenössischer Briefe und Akten, die in der grossen Bibliothek der fonds français der Handschriften und die zum Teil demselben noch nicht einverleibten Sammlungen

(Colbert, Dupuy, Lorraine, welch letztere ich leider nicht eingesehen habe, u. s. w.) enthalten, geradezu unerschöpflich. Dass zu Paris noch anderwärts Stoff zu finden wäre, zeigt z. B. eine Bemerkung Gillet's (Crato I p. IX) über Briefbände der Bibliothèque S. Geneviève. Stücke der Correspondenz Johann Casimirs mit Condé befinden oder befanden sich nach einer Mitteilung der France protestante (II, 465 A. 1) in der Bibliothek der Abtei S. Vincent zu Besançon; pfälzische Briefe sind sogar mit andern deutsch-französischen Correspondenzen jener Periode in die Petersburger Bibliothek verschlagen worden (Archives des missions scientifiques III, 2, 430). Welche Ausbeute London für die Geschichte der deutsch-protestantischen Politik zu gewähren vermöchte, zeigen die letzten Bände der Foreign Series des Calendar of State Papers (Reign of Elizabeth). Vielleicht würden auch in Brüssel und im Haag noch manche Ergänzungen aufzutreiben sein, obwohl gerade die belgisch-niederländische Forschung sich der betreffenden Periode längst mit besonderer Vorliebe zugewendet hat; über den Mangel an Correspondenzen zwischen Oranien und Johann Casimir wunderte sich bereits Gachard (Corr. de Guillaume IV, 91 A. 1).

Bei dieser Verfassung des Quellenmaterials bedarf es wohl kaum der Entschuldigung, dass auch Schriftstücke aufgenommen wurden, die zwar nicht unmittelbar die Geschichte der pfälzischen Politik betreffen, dafür aber die Stellung des deutschen Protestantismus im Reich und dem Ausland gegenüber besser beleuchten, als die lückenhaften pfälzischen Documente es vermögen. Dies gilt in erster Linie von der politischen Correspondenz des Kurfürsten August von Sachsen, von welcher in Dresden, Wien, Paris und München sich wenigstens ein gewisser Ueberblick gewinnen liess; eine völlige Klarlegung wäre allerdings erst durch eingehendere Forschungen in Dresden und aller Wahrscheinlichkeit nach in Kopenhagen und Berlin zu erreichen. Auf die italienischen Verbindungen des Wettiners genügt es mir zunächst aufmerksam gemacht zu haben. Die Benützung der bairischen Archivalien wird im zweiten Band (gelegentlich des kölnischen Kriegs) noch unerlässlicher sein als im ersten. Auf die Depeschen der venezianischen

Gesandten führte mich ein zufälliger Aufenthalt in Venedig, wo sich freilich nur die modernen Copien befinden; für die folgende Zeit hoffe ich die Originalien in Wien benützen zu können. Dass freilich z. B. die Geschichte des Augsburger Reichstags von 1582 aus den sämmtlichen angeführten Quellen noch nicht vollständig gegeben werden kann, ist mir wohl bewusst.

Es erübrigt noch ein Wort über die benützte oder vielmehr die nicht benützte Literatur. Abgesehen von den Lücken, die sich namentlich auf dem Gebiet der französischen Publikationen leicht bemerklich machen, möchte ich darauf hinweisen, dass ein ungünstiger Zufall gerade die wichtigsten ausländischen Quellenwerke vor der hier behandelten Periode abbrechen lässt. Ich erinnere nur an die State Papers, die jetzt bis 1577 reichen, an die Papiers de Granvelle, die spanischen Correspondenzen der Coleccion de documentos, die correspondance de Philippe II von Gachard, die Correspondenz Katharina's von Medici. Eine in der Revue historique angekündigte jedenfalls sehr reichhaltige Arbeit von Loutchisky (Philippe II et les Guises) ist leider ebenfalls noch nicht erschienen. Zu meinem lebhaften Bedauern kam mir der letzte Band der State Papers (1575—1577) erst nach Vollendung des Drucks der Einleitung und der nächstfolgenden Bogen zu Gesicht; noch später erhielt ich durch besondere Gefälligkeit die Aushängebogen von Lossen's Buch über den kölnischen Krieg (1. Band). Die Nachträge sind in Folge hievon umfangreicher geworden als ich wünschte.

Die Orthographie der deutschen Documente wurde durchaus, soweit es mir den Lautwert nicht zu alteriren schien, vereinfacht, im Anschluss an die einfachsten wirklich vorkommenden Formen. Johann Casimirs ursprüngliche Schreibung liegt in der Publikation Häusser's (dem sogenannten Tagebuch des Pfalzgrafen) vor. Ein Gesammtregister wird dem dritten Band beigegeben werden.

Zum Schluss möchte ich den sämmtlichen Vorständen und Beamten der von mir benützten Archive und Bibliotheken meinen wärmsten Dank für ihr überaus freundliches und förderliches Entgegenkommen aussprechen. Ohne einzelne Namen hervorzuheben, will ich nur die Reihe der wissenschaftlichen Arbeitstätten vorführen. Es sind dies ausser den bairischen Archiven und der Münchener Staatsbibliothek die Staatsarchive in Marburg, Dresden, Carlsruhe, Stuttgart, Idstein, Weimar, Darmstadt, Coburg, die städtischen Archive in Strassburg, Frankfurt und Speier, die Bibliotheken in Heidelberg, Gotha, Breslau, Stuttgart und Strassburg (S. Thomasstift), das gräflich Dohna'sche Archiv in Schlobitten; ferner die Bibliothèque nationale und die Archives nationales in Paris, das Staatsarchiv in Wien, das Landesarchiv zu Innsbruck, die Archive und Bibliotheken in Genf und Zürich, die Archive in Bern und Basel und das Archivio centrale in Venedig. Ausserdem möchte ich noch Herrn Professor Kluckhohn, unter dessen liebenswürdiger Leitung es mir gestattet war zu arbeiten, den hiesigen Fachgenossen und Baron Alfonse de Ruble, dem Herausgeber der Memoiren La Huguerye's, ganz besonders für ihre freundliche Unterstützung danken.

München, Januar 1882.

Friedrich von Bezold.

Einleitung.

Die pfälzische Politik in den Jahren 1566—1576.

Abkürzungen.

Bm. Staatsbibliothek zu München.
Coll. Cam. Collectio Camerariana daselbst.
Conc. Concept.
Cop. Copie.
Dr. Hauptstaatsarchiv zu Dresden.
Eigh. Eigenhändig.
Frkf. Städtisches Archiv zu Frankfurt.
Kl. Kluckhohn, Briefe Friedrich des Frommen, I. II. Braunschw. 1868–72.
Kl. Fr. Kluckhohn, Friedrich der Fromme, Kurfürst von der Pfalz, Nördl. 1879.
Ma. Staatsarchiv zu München, Schwarze (bairische) Abteilung.
Mb. Staatsarchiv zu München, Blaue (pfälzische) Abteilung.
Mc. Reichsarchiv zu München.
Me. Hausarchiv zu München.
Marb. Staatsarchiv zu Marburg.
Or. Original.
Pa. Archives nationales zu Paris.
Pb. Bibliothèque nationale zu Paris; Vc Colbert: die Sammlung cinq cens de Colbert daselbst.
Prot. Protokoll.
St. Staatsarchiv zu Stuttgart
Str. Städtisches Archiv zu Strassburg.
Wh. Geheimes Haus- Hof- und Staatsarchiv zu Wien.
Wm. Kurmainzer Archiv daselbst.
Za. Staatsarchiv in Zürich.
Zb. Städtische Bibliothek in Zürich.

Mit eckigen Klammern [ ] sind eigene Zusätze, mit runden ( ) solche des Originals bezeichnet; - - - bedeutet unleserlich, ... Auslassungen des Herausgebers. Die chiffrirten Stellen sind durch cursive, im Original unterstrichene Stellen durch gesperrte Schrift kenntlich gemacht.

I. Die Politik Friedrichs des Frommen und das Entscheidungsjahr 1566.

Um die pfälzischen Wittelsbacher schaarte sich vor dem Beginn und im ersten Akt des dreissigjährigen Kriegs jene protestantische Bewegungspartei, die den Kampf gegen Rom und Habsburg auf ihre Fahnen geschrieben hatte. Haus und Land der Pfälzer haben dann die anfängliche Niederlage dieser Opposition am Schwersten entgelten müssen; sie sind von ihren deutschen und auswärtigen Freunden im Elend verlassen worden. Forschen wir aber nach den Keimen einer so verhängnissvollen Politik, so weist uns Alles zurück auf den ersten calvinistischen Kurfürsten Friedrich III., und zwar nicht auf den Beginn, sondern auf die späteren Jahre seiner Regierung. Wir stehen also zunächst vor der Frage: wie ist Friedrich der Fromme zum Vertreter einer kriegerischen Unionspolitik geworden?

Seine persönlichen Neigungen hatten durchaus nichts gemein mit jener abenteuerlichen Gewinnsucht, die so manchen seiner fürstlichen Zeitgenossen in gefährliche Händel zog oder gar zum käuflichen Landsknecht machte. Gleich fern lag ihm der gewissenlose Ehrgeiz und der staatsmännische Blick eines Moritz von Sachsen. Sein erster und letzter Gedanke war die Religion; er hat Jahre seines Lebens darauf verwendet, sich durch eigne geistige Arbeit jene Ueberzeugung zu erringen, welche sich die meisten deutschen Fürsten ohne viel Nachdenken von ihren Hoftheologen vorschreiben liessen. Dass sein reiflich durchdachtes Bekenntniss von dem nationalen Luthertum abwich und ihn den ausländischen Anhängern des Evangeliums näher brachte, das kam zunächst bei ihm gar nicht in Betracht; er suchte einfach die an keine Nation, an keine menschliche Autorität gebundene göttliche Wahrheit. Die politische Tragweite seines Schrittes ist ihm erst nach und nach zum Bewusstsein gekommen, aber seine Entscheidung für den Calvinismus hat zuerst der Pfalz jene Sonderstellung innerhalb des Reichs angewiesen,

1

die in Kurzem zur systematischen Opposition und zum engern Anschluss an das Ausland führen sollte.

Friedrich war eine tief religiöse Natur, aber kein Politiker. Kundige Zeitgenossen der verschiedensten Richtungen stimmen in diesem Urteil überein, das durch seine eignen Worte und Taten bestätigt wird. Ein landesherrliches Selbstgefühl fehlte ihm keineswegs und fand in seinem Verhalten gegen die Landstände und Untertanen wie gegen die Reichsgewalten kräftigen Ausdruck; dabei zeigte er hie und da, wie manche seiner besseren Standesgenossen, sogar schwache patriotische Anwandlungen. Aber diese weltlichen Gesichtspunkte blieben den religiösen stets untergeordnet; der Gedanke, dass die von Gott gesetzte Obrigkeit vor Allem zur Pflanzung des göttlichen Worts und Abschaffung der Abgötterei verpflichtet sei, durchdrang und beherrschte ihn völlig. In besonders gehobenen Augenblicken fühlte er sich dann als ein auserwähltes Werkzeug Gottes, als unmittelbar vom heiligen Geist gestärkt und geleitet. Und wiederholt spricht er die freudige Bereitwilligkeit aus, wenn Gott ihn „zu solchen Ehren gebrauchen“ wolle, für seinen Namen in Not und Tod zu gehen.

Dieser Energie des religiösen Bewusstseins entsprach sein landesherrliches Vorgehen gegen Katholizismus und Luthertum vollkommen. Dagegen beobachtete Friedrich in den Fragen der Reichspolitik, die das Religiöse nicht berührten, und namentlich gegenüber ausländischen Verwicklungen grosse Vorsicht und Zurückhaltung. Wenn die Katholischen schon in seinen ersten Regierungsjahren von bedenklichen Beziehungen zu England und Frankreich sprachen oder Pfalz mit den Händeln der Ernestiner und dem nordischen Krieg in Verbindung bringen wollten, wenn Pfalzgraf Wolfgang behauptete, die Heidelberger hätten die römische Krone dem Haus Valois zugedacht, so sind diese Anklagen, was Friedrichs Person betrifft, unbegründet. Allerdings unterhielt er freundliche Beziehungen nicht nur zu Elisabeth von England, sondern auch zu der katholischen Regierung des mächtigen Nachbarstaats Frankreich. Welcher Reichsfürst konnte sich überhaupt der Forderung ganz entschlagen, in dem grossen europäischen Gegensatz zwischen Spanien und Frankreich Partei zu ergreifen! Für den eifrigen Protestantismus Friedrichs gab es hier eigentlich keine Wahl; dass ihm die gefährliche Nähe der französischen Grenze nicht massgebend war, hat sich später zur Genüge herausgestellt. Aber in den ersten Jahren der hugenottischen Unruhen vermied er es trotz seiner religiösen Sympathien die französischen Reformirten offen und energisch zu unterstützen. Dass er mit ein paar befreundeten Fürsten im Jahr 1562 den Hugenotten Geld vorstreckte, war damals das Aeusserste, wozu er sich verstand. Im Uebrigen vertrat er noch die Anschauung, die Evangelischen sollten ihre Zuversicht nur auf Gott, nicht auf irdische Gewalt setzen. Vor Allem wünschte er um jeden Preis Deutschlands innern und äussern Frieden gewahrt zu sehen; ängstlich wies er den Vorschlag eines grossen protestantischen Bundes zurück, den England, im vollen Vertrauen auf sein Entgegenkommen, bei ihm zuerst anbrachte (1562). Unmittelbar darauf war er eifrig bemüht den Plan seines Vetters Wolfgang zu durchkreuzen, der zu Gunsten der Hugenotten, hauptsächlich aber zur Rückeroberung der Stifter Metz, Toul und Verdun nach Frankreich ziehen wollte. Diese Abneigung gegen Alles, was zu einer gefährlichen Unruhe im Reich führen konnte, zeigte sich auch im Verlauf der Grumbachischen Händel. Friedrich war von Anfang an überzeugt, dass die Verbindung seines sächsischen Schwiegersohns Johann Friedrich mit dem ritterlichen Abenteurer zum Unheil ausschlagen müsse; er warnte, bat, vermittelte in der loyalsten Weise, freilich ohne Erfolg. Der Gedanke vollends, sich in den schwedisch-dänischen Krieg oder in die ehrgeizigen Unternehmungen der Lothringer einzumischen,[1]) vermochte in dem friedliebenden, sparsamen, in Theologie versunkenen Fürsten gewiss gar nicht aufzukommen.

Wohl stand er persönlich den Valois und besonders den Lothringern nahe, überhaupt dem französischen Wesen näher, als vielleicht irgend ein anderer Reichsfürst. Seine Jugenderinnerungen knüpften sich an die Höfe von Nancy, Paris,[2]) Lüttich, Brüssel; er sprach und schrieb fertig französisch und liess zwei seiner Söhne in Frankreich studiren, einen dritten — Johann Casimir — fast ganz dort erziehen; der jüngste verbrachte wenigstens einen Teil seiner Studienzeit in Genf.[3]) Dieser Einfluss der französischen Sprache und Sitte wurde geradezu ein unterscheidendes Merkmal des Heidelberger Hofes und war auch politisch keineswegs bedeutungslos. Trotzdem bewies Friedrich in seinen ersten Regierungsjahren gegen-

---

1) Vgl. Kl. I, 124; 256.

2) Kl. Fr. p. 468; weitere Belegstellen bei Roding, Oratio ad ill. princ. Joannem Casimirum (Heid. 1576) p. 6; Brantôme, oeuvres (ed. Mérimée u. Lacour) I, 365.

3) Hermann Ludwig studirte in Bourges (wo er 1556 starb, Kl. Fr. p. 18), Ludwig in Dôle (nicht in Toul, wie Kl. I. p. LI angibt, vgl. Tim. Kirchner, oratio de vita et morte ill. princ. Ludovici com. Pal. Heid. 1584 f. B_b), Christoph in Basel, Heidelberg und Genf (Kl. I p. LII; 598; II, 47.)

1*

über den Machinationen Katharina's von Medici und der Guisen eine grössere Unabhängigkeit des Urteils als z. B. Christoph von Würtemberg. Die Behauptung, Friedrich habe französische Pension bezogen, entbehrt des sichern Beweises [1]) und hat wenigstens für die Zeit seiner kurfürstlichen Regierung gar keine Wahrscheinlichkeit. Selbst sein heftigster persönlicher Gegner Wolfgang von Zweibrücken, schweigt in seinen vertraulichen Klagen von dieser Beschuldigung; indessen führt er den Widerstand der Pfalz gegen die Wahl Kaiser Maximilians II. (1561/62) auf französische Einwirkungen zurück.. Damit berühren wir Verhältnisse, worin recht eigentlich die Erklärung der für die Pfalz so folgenreichen Vorgänge von 1566 liegt.

Als auf dem Reichstag zu Augsburg von katholischer und lutherischer Seite der Versuch gemacht wurde, den calvinistischen Pfälzer vom Religionsfrieden auszuschliessen, hatte Friedrich vor Allem zwei zum Aeussersten entschlossene Gegner: seinen Vetter Wolfgang von Zweibrücken und den Kaiser; die Motive dieser Feindschaft sind auch über den Augsburger Tag hinaus wirksam geblieben. Wolfgang, früher allzu einseitig nach seinem letzten

---

1) Vgl. Kl. Fr. p. 304; 468. Die Hauptstellen, die Friedrich als französischen Pensionär bezeichnen, bei Languet, Arcana seculi XVI, III, 200/1 (ich citire Arc. I, II, III nach der Reihenfolge der drei Paginirungen, nicht nach den Titelnummern) und in den mémoires de Castelnau (den übrigens, was Kl. übersehen hat, Barthold citirt); vgl. Petitot, coll. des mém. XXXIII, 185; 225; 404. Languet gebraucht den Ausdruck „sui compendii causa", der auch etwas anderes bedeuten kann als gerade Pension, und Castelnau ist keineswegs ein verlässiger Gewährsmann. Sollte die Behauptung nicht völlig aus der Luft gegriffen sein, so ist sie jedenfalls für die kurfürstliche Regierungszeit Friedrich's unzulässig und könnte sich höchstens auf die Zeit vor seiner Erhebung zur Kurwürde beziehen. — Möglich wäre auch eine Verwechslung mit Fr. Bruder Georg von Simmern, der allerdings französischer Pensionär gewesen ist; ein Verzeichniss deutscher Pensionäre aus den Jahren 1564—6 (Pariser Bibliothèque nationale, 500 de Colbert 397 f. 785) nennt u. a. „le duc George de Seymier" als „colonnel de neuf cens chevaulx" mit 7500 livres jährlich; vielleicht bezieht sich auf ihn auch die von Sugenheim (Frankr. Einfluss auf Deutschland I, 287 A. 20) hervorgehobene Stelle einer venezianischen Relation vom Jahre 1561, die als französischen Pensionär „il conte Palatino" an erster Stelle nennt. Pfalzgraf Georg Hans von Veldenz erhielt französische Pension, und zwar 4000 livres jährlich, erst seit dem Jahre 1564. (vgl. obiges Verzeichniss und eine in seinem Namen bei Katharina von Medici angebrachte Werbung vom 6. Februar 1568, Bibl. nat., fonds français 15918 Nr. 99).

Feldzug für die Hugenotten beurteilt, war ursprünglich ein starrer Lutheraner, aber wie ihn sein Bekenntniss nicht hinderte, eine spanische Pension anzunehmen, so erwuchs sein Hass gegen Friedrich nicht etwa nur aus confessionellem Fanatismus, sondern auch aus dem Streit über den Nachlass des Kurfürsten Ottheinrich und aus dem Widerstand Friedrichs gegen die eigennützige Zollpolitik des Vetters. Im Jahr 1565 ging der leidenschaftliche Pfalzgraf soweit, seine Absicht, den Kurfürsten „über die Bank zu ziehen", dem kursächsischen Hof zu eröffnen, den er aber vergebens durch Aufschlüsse über die Grumbachischen Praktiken und durch den Hinweis auf die römische Königskrone zu gewinnen hoffte.[1]) Um so sicherer dachte er auf dem Augsburger Tag das ersehnte Ziel zu erreichen. Der ehrliche, aber beschränkte Christoph von Würtemberg ging seit Jahren mit ihm zusammen, ohne dabei an etwas anderes als an die Wahrung der reinen Lehre zu denken. Und gerade die nächsten Angehörigen Friedrichs, sein ältester Sohn Ludwig, seine Brüder Georg und Reichard, vollends seine ernestinischen Schwiegersöhne waren ihm in Folge der confessionellen Spaltung derart entfremdet, dass er, der „Zwingler," gegenüber einer Reichsexekution auch bei ihnen kaum Beistand gefunden hätte.[2])

Was konnte aber den Kaiser Maximilian bestimmen, mit aller Energie auf den Sturz des Pfälzers hinzuarbeiten? Seine religiöse Ueberzeugung hat wohl mitgewirkt, doch nicht als herrschender Beweggrund wie bei den strengen Katholiken oder Lutheranern. Bekanntlich hatte er sich, obwohl im Herzen der neuen Lehre zugetan, doch zum äusserlichen Festhalten an der katholischen Kirche

---

1) Kluckhohn hat die hergebrachte Auffassung von Wolfgangs Persönlichkeit gründlich widerlegt, vgl. Kl. Fr. p. 182 ff.; 199; 208 ff.; Kugler, Christoph Herzog zu Würtemberg II, 476 A. 67 urteilt entschieden zu günstig. W's spanische Bestallung vom 1. Okt. 1565 in Papiers de Granvelle IX, 567; sie lautet auf drei Jahre und jährlich 3000 Kronen, die aber W. nur einmal wirklich ausgezahlt erhielt; nach seinem Tod bemühten sich seine Söhne bis in's Jahr 1587 vergebens bei Spanien um Verabfolgung der rückständigen zwei Jahresraten (Mc. Fürstensachen fasc. 124 A.).

2) Ueber Friedrichs Brüder vgl. Kl. I. p. LV.; Kugler II, 460/1; im Jahr 1565 äusserte Reichard seine Unzufriedenheit mit Friedrichs Religion zu Wien (Seld an Albr. v. Baiern, 7. April, Ma. 229/8); bald darauf ging das Gerücht, dass F.'s „enffans et aultres princes" den Kurfürsten gefangen setzen wollten (Granv. IX, 374).

entschlossen, als von dieser Bedingung seine Wahl zum römischen König abhing. Er wusste fortan seine persönlichen Anschauungen und die Forderungen der habsburgischen Politik so scharf zu trennen, dass er, im Gegensatz zu früheren günstigen Beurteilungen, geradezu der Heuchelei beschuldigt werden muss. Seiner Regierung stellte schon im Jahr 1564 ein venezianischer Gesandter das zutreffende Prognostikon, wie der eifrig katholische Ferdinand die Protestanten geschützt habe, so werde Maximilian, obwohl innerlich evangelisch gesinnt, die Interessen des Katholizismus wahren.[1]) Sein erster Reichstag liefert den schlagendsten Beweis für diese Doppelnatur des Kaisers. Während er dem Kurfürsten von Sachsen vertraulich gestand, er halte nichts von der Messe und würde am Liebsten schon jetzt der ganzen Abgötterei ein Ende machen,[2]) suchte er durch gewaltsame Unterdrückung des pfälzischen Bekenntnisses dem deutschen Protestantismus einen tötlichen Stoss beizubringen.

Man hat allerdings mit Recht darauf hingewiesen, dass in diesem Fall Maximilians persönliche Vorliebe für das Luthertum mit den rein politischen Erwägungen zusammengetroffen sei. Doch haben die letzteren gewiss den Ausschlag gegeben und dem scharfen Verstande des Kaisers kann es unmöglich entgangen sein, dass mit dem Gelingen seines Planes die protestantische Partei, ohnedies durch den Zwist der sächsischen Häuser geschwächt, noch mehr zerrissen, den Anhängern einer katholischen Reaktion dagegen mindestens ein moralischer Triumph bereitet wurde. Aber er bekämpfte in dem Pfälzer einmal den Calvinismus als gefährliche politische Doktrin, dann die reichsfürstliche Opposition gegen das habsburgische Kaisertum. Dass die Lehre Calvins einen spiritus seditiosus in sich trage und zu Revolution und Blutvergiessen führen müsse, galt schon damals ihren sämmtlichen Gegnern als ausgemachte Sache. Ausserdem hatte aber Maximilian sicherlich nicht vergessen, dass Friedrich allein unter allen Kurfürsten seiner Wahl ernstlich widerstrebt hatte, dass er „dem Haus Oesterreich das Kaisertum aus der Hand destilliren“ oder mindestens an beschwerliche Bedingungen knüpfen wollte. Tiefere persönliche Sympathien für den gar zu theologischen Pfälzer kann der geistreiche

---

1) Maurenbrecher in der historischen Zeitschrift XXXII, 296; über eine angebliche Zusage des Kaisers an den Papst, alle Zwinglianer und Calvinisten zu verbannen (schon 1564) vgl. Kl. I, 534 A. 1.

2) Archiv für sächs. Geschichte III, 335; vgl. Kl. Fr. 464/5. Ueber Maxim. Missbilligung des Heidelberger Katechismus gleich nach dessen Erscheinen vgl. Kl. I, 398/9.

und weltmännische Habsburger ohnedies nie empfunden haben; es ist sehr bezeichnend, dass er kurz vor dem Reichstag dem spanischen Gesandten sagte, „der Pfalzgraf sei mehr dumm als bösartig", und eine erbauliche Geschichte über Friedrichs nächtliches Bibelstudium beifügte.[1])

Die ausdrückliche Forderung des Papstes, endlich gegen den Pfälzer Ernst zu gebrauchen,[2]) mochte Maximilians Entschluss befestigen, aber sie hat ihn nicht erst hervorgerufen. Auch änderte sich seine Gesinnung gegen Friedrich keineswegs, nachdem sein Plan auf dem Reichstag gescheitert war. Maximilians hinterlistiges Vorgehen, die anfangs gelungene Ueberrumpelung der lutherischen Reichsstände, die berühmte Verteidigungsrede des frommen Kurfürsten vor Kaiser und Reich, das Alles kann hier nur berührt werden. Nicht das höchst ehrenwerte und männliche Festhalten an seinem Bekenntniss hat Friedrich gerettet, wie man meist angenommen hat. Auf den Kaiser machte die vielberufene Szene vom 14. Mai gar keinen Eindruck; wie er vorher daran gedacht hatte, die gefährliche Stimmung der Reichsritterschaft als Waffe gegen den Pfälzer zu gebrauchen,[3]) so fuhr er nachmals fort die

---

1) Granv. IX, 618; 620. Ueber Friedrichs Stellung zur Wahl Maximilians Kl. Fr. p. 190 ff.; Kugler II, 278 ff. Vgl. auch die Mitteilung Languet's aus Paris, wonach pfälzische Agenten dort behauptet hätten, der grösste Teil der Kurfürsten sei bereits für die Wahl Philipps II. gewonnen (Arc III, 200), in dieser Fassung keinenfalls richtig. Dagegen spricht von den französischen Bemühungen um Pfalz, die Kl. I, 244 A. als nicht erwiesen bezeichnet, auch ein Brief Selds an Albrecht von Baiern vom 18. Dez. 1561 (Ma. 229/5 f. 258).

2) Thuanus, hist. sui temporis XXXIX. 7; Gabutius, Vita Pii V. p. 45 ff.; gegen die Einwürfe des Laderchius (Annales eccles. XII, 85 ff) vgl. Köhler in den Jahrb. f. deutsche Theologie XXIII (1878), 578 A Maximilian selbst sagte dem venezianischen Gesandten, der Papst habe ihm durch Commendone seinen Willen kundgetan, „che in ogni modo s'annullasse il trattato generale che è per tutta Germania della pace per conto della religione" (Giov. Michiel an den Dogen, Wien 28. Nov. 1566, Ven. Cop.).

3) Schon im Jahr 1562 hegte Friedrich ernstliche Besorgnisse vor der übeln Stimmung des Adels, die von den Papisten gegen die evangelischen Fürsten ausgebeutet werde, Kl. I, 263; 355; in den Jahren 1565 und 1566 trat dann der Kaiser in Verbindung mit der schwäbischen Ritterschaft, die sich über Friedrichs Versuche, dem Adel seine „verwirrte Religion" aufzunötigen, heftig beschwerte, vgl. ebd. 685 ff.; Archival-Urkunden und Documenta ad causam equestrem II, 55/6; 60; über fürstenfeindliche Aeusserungen des Adels schon im J. 1559 ebd. 19.

entschlossensten Widersacher des verhassten Fürsten zu bestärken, selbst gewalttätige Projekte unter der Hand zu fördern. Maximilian wurde nicht umgestimmt, wohl aber die protestantischen Fürsten, denen das Unternehmen gegen Pfalz mehr und mehr als ein päpstliches Machwerk, als eine Bedrohung aller Evangelischen erschien. Der allzugrosse Eifer des Kaisers erweckte Verdacht und die kursächsische Politik gab den Ausschlag zu Gunsten Friedrichs.

Freilich hat sich die bekannte Erzählung, wonach Kurfürst August durch die Unerschrockenheit des frommen Pfälzers mächtig ergriffen worden wäre, als unhaltbar erwiesen. Solche Regungen lagen nicht in der Natur des ebenso harten als pfiffigen Wettiners, der vielmehr hier wie überall sein eigenes Interesse im Auge behielt. Der entscheidende Schlag gegen seine Todfeinde Grumbach und Johann Friedrich stand in nächster Zeit bevor; durch eine Verurteilung des Pfalzgrafen wurde die augenblicklich für Kursachsen günstige Constellation der Parteien in ganz unberechenbarer Weise verschoben und verwirrt, vielleicht Friedrich selbst an die Seite seines sächsischen Schwiegersohns gedrängt, ein grosser innerer Krieg und die Einmischung des Auslands heraufbeschworen.[1]) Ueberdies stand August damals noch nicht unter der Herrschaft der Ultralutheraner und sein äusserlich gutes Verhältniss zum Kaiser und zu Spanien machte ihn keineswegs blind gegen die gefährlichen Neigungen der habsburgischen Politik. Endlich hatte er auch gerade in letzter Zeit am Wiener Hof nicht immer das erwartete Entgegenkommen gefunden.[2]) Nun zog er sich aus dem pfälzischen Handel, der ihm von Anfang an zuwider war, mit der ihm eigenen Schlauheit. Den lutherischen Heissspornen gegenüber nahm er sich vor und auf dem Reichstag des verlästerten Pfälzers an, ohne seiner Bekenntnisstreue etwas zu vergeben; dem Kaiser verbarg er nicht seine Abneigung gegen ein gewaltsames Vorgehen, schien jedoch völlig einzulenken. Als Maximilian ihn gewonnen glaubte, verliess er dann mitten in der Krisis den Reichstag und liess durch seine Räte den kaiserlichen Plan ganz zu Fall bringen. Der Kaiser war

1) Diese Motive der sächsischen Politik zuerst richtig gewürdigt bei Gillet, Crato von Crafftheim I, 373 ff. und Kl. Fr. p. 244.

2) Vgl. Archiv f. sächs. Gesch. V, 61 ff.; über die Verschleppung der voigtländischen Sache und die Ablehnung der sächsischen Ansprüche auf Magdeburg ebd. III, 295 ff.; Granv. IX, 617; ein Votum der Räte Weber und Zasius in der Gothaischen Executionssache Ma. 228/11; über dia vergebliche Werbung um eine Tochter des Kaisers für den Bruder der Kurf. Anna Gillet I, 367.

wütend, konnte aber in seiner Türkennot den „wankelmütigen und unbeständigen Leuten", deren Geld er nötig hatte, nicht weiter Trotz bieten.

So wurde Friedrich weniger durch seinen christlichen Heroismus als durch die zweideutige Haltung Kursachsens aus der Gefahr befreit. Er selbst mochte freilich in dem freudigen Bewusstsein von der Heiligkeit seiner Sache anders denken, seine Rettung allein der göttlichen Gnade zuschreiben. So ist die von katholischer Seite aufgegriffene Erzählung zu verstehen, dass er sich rühmte, „wie der lebendige Geist Gottes aus ihm geredet habe." Aber er soll auch mit den Worten des Psalmisten geklagt haben: Proximi mei deseruerunt me.[1]) Und das letztere Gefühl hat zweifellos die Seele des Kurfürsten tief und dauernd verwundet. Er ist durch die Augsburger Erfahrungen härter und für den Gedanken einer bewaffneten Verteidigung der Wahrheit zugänglicher geworden. Die alttestamentlichen Bilder, die ihm schon früher so vertraut waren, die Erinnerungen an den Kampf der Könige Israels mit den Baalsdienern wurden ihm lebendiger als je; die Bücher der Könige, sagte er selbst, seien ihm in aller Widerwärtigkeit der Verfolgung vor andern tröstlich gewesen. Das Beispiel des gottesfürchtigen Josias, das ihm vorschwebte, hätte allerdings bald nach dem Reichstag fast eine blutige Erneuerung erfahren. Friedrich begab sich im Spätherbst 1566 nach Amberg, um die widerspenstigen Lutheraner der Oberpfalz endlich zur Annahme seiner Confession zu bringen. Aber die Landstände und Untertanen traten eben so unbeugsam für ihren Glauben ein, wie der Kurfürst für seinen Heidelberger Katechismus. Vor Allem erklärte sein eigener Sohn und Statthalter Ludwig, er wolle sonst allen kindlichen Gehorsam leisten, aber dies betreffe seiner Seelen Seligkeit. Heftiger als er begegneten dem Kurfürsten seine Schwiegertochter, die hessische Elisabeth, und sein Bruder Reichard; dem letzteren wird die Aeusserung zugeschrieben, wenn Friedrich die Altäre einreisse, solle er keinen Bruder, sondern den grössten Feind an ihm haben. Auch die Witwe des Kurfürsten Friedrich II., die ihren Sitz in Neumarkt hatte, schürte nach Kräften. Das gemeine Volk war ohnedies so aufgeregt, dass es in Amberg trotz der Anwesenheit des Kurfürsten beinahe zu einer Empörung gekommen wäre. Dort und an andern Orten hielt man sich zum Losschlagen bereit. Am Schmerzlichsten musste

1) Vgl. den Br. des Zasius an Albrecht von Baiern, 18. Mai 1566, Kl. Fr. p. 466/7; der Br. vom 17. Mai, dessen Autorschaft Kl. zweifelhaft findet, ist gleichfalls von Zasius und beide liegen im Original Ma. 228/11.

Friedrich durch die Standhaftigkeit seines ältesten Sohnes und künftigen Nachfolgers berührt werden; in seinem eigenen Haus erwuchs ihm der einstige Zerstörer seines Lebenswerks. Schon dachte er ernstlich daran, die Statthalterschaft Ludwig abzunehmen und seinem zweiten rechtgläubigen Sohn Johann Casimir zu übertragen; nur die dringenden Warnungen der Räte verhinderten diese Massregel, welche nicht allein in der Oberpfalz den glimmenden Brand zu hellen Flammen entfacht, sondern auch anderwärts bedenkliches Aufsehen erregt hätte. Mischten sich doch schon ohnedies die unversöhnten Gegner Friedrich's in den unangenehmen Handel. Pfalzgraf Wolfgang belobte und förderte die Opposition der Landstände gegen eine Irrlehre, die „sub poena exclusionis vom Religionsfrieden" verboten sei. Das Gleiche tat der Kaiser, der die Stände sogar an den letzten Reichstag erinnerte und damit indirekt seine damalige Verurteilung des Kurfürsten wiederholte. Dieses Schreiben brachte der kaiserliche Rat Zasius nach Amberg, der zu Augsburg am Eifrigsten gegen den Pfälzer gehetzt hatte. Friedrich liess ihm freilich sagen, er möge bei nächster Gelegenheit wieder abreisen, und schrieb an Maximilian einen groben Brief, worin er sich „dieses Eurer kais. M. Anmassen" nachdrücklich verbat. Aber er konnte damit die Wirkung des kaiserlichen Einschreitens bei seinen Untertanen nicht wieder aufheben. Als er Ende Januar 1567 das Fürstentum verliess, schied er als ein Besiegter.

Noch niemals hatte er sich so isolirt gefühlt; fast seine ganze Familie und Verwandtschaft stand gegen ihn, ein alter Freund, Christoph von Würtemberg, hatte seine Verurteilung betrieben. „Mein Schatz weiss wohl", schrieb seine treue Gattin, „dass ihm der Teufel und alle Menschen feind sein." Während aber der freundlose Fürst sich im Reiche selbst von allen Seiten zurückgestossen sah und die Vollstreckung der Acht gegen seinen sächsischen Schwiegersohn mit Recht als einen gefährlichen Anlass zu weiteren Gewaltschritten betrachtete, trat gleichzeitig das Gespenst einer allgemeinen papistischen Reaktion furchtbarer als je vor seinen Blick. Noch in Augsburg waren ihm insgeheim Enthüllungen über ein angebliches Bundniss zwischen dem Papst, den geistlichen Reichsfürsten und Spanien gemacht worden; die deutschen Ketzer sollten hauptsächlich mit spanischen Streitkräften zu Paaren getrieben und mit Pfalz der Anfang gemacht werden.[1]) Gleich darauf rüstete Alba seinen Zug gegen die niederländischen Rebellen. Damit war, so schien es, das Schwert gezückt über alle Evangelischen.

1) Kl. II, 522/3; vgl. ein Schr. an Ehem, 22. Jan. 1568 (Mb. 108/4 f. 334; vgl. f. 270).

Der Gedanke einer Gemeinsamkeit der protestantischen Interessen, für Friedrich keineswegs neu, gewann doch erst durch das Bewusstsein der eigenen Gefahr wirkliches Leben. Vor dem unabweisbaren Gebot der Notwehr verschwand auch bei Friedrich jene Stimmung, die ihm einst den Ruhm des Martyriums begehrenswert erscheinen liess; eine politisch-kriegerische Richtung des Calvinismus bekam in Heidelberg die Oberhand, deren Hauptvertreter den grossen internationalen Kampf des Protestantismus gegen Rom zur vornehmsten Aufgabe der pfälzischen Politik erheben wollten.

Seit dem Jahre 1566 gewinnen unverkennbar die kurfürstlichen Räte Ehem und Zuleger[1]) den entscheidenden Einfluss, beides strenge Calvinisten, noch jung an Jahren und von leidenschaftlichem Charakter. Als die bedeutendere Persönlichkeit erscheint der Augsburger Dr. Christoph Ehem (geb. 1528), der mit einer vielseitigen wissenschaftlichen Bildung wirklich staatsmännischen Blick verband. Dass der Protestantismus ohne Unterschied der Bekenntnisse aufs Aeusserste bedroht und nur durch ein Bündniss zu gemeinsamer Verteidigung zu retten sei, stand ihm fest. Seine weit verzweigten Beziehungen zu deutschen und ausländischen Höfen dienten alle diesem einen Gedanken; selbst in Polen, am Kaiserhof, in Rom hatte er seine vertrauten Berichterstatter, die ihn fortwährend von den wirklichen oder vermeintlichen Symptomen der katholischen Reaktionsbewegung in Kenntniss setzten. Theologische und politische Koryphäen wie Beza, Bullinger, Oranien correspondirten mit ihm; seine freundschaftlichen Beziehungen zum Landgrafen Wilhelm von Hessen und zum Grafen Johann von Nassau erhielten sich selbst in den bedenklichen Schwankungen der späteren casimirischen Politik. Sein treues Festhalten an e i n e m grossen Ziel macht ihn zum würdigen Zeitgenossen eines Walsingham, so bescheiden auch das Wirken des kurpfälzischen Kanzlers

---

1) Vgl. über Ehem Allg. deutsche Biographie V, 693/4; Briefe von ihm gedr. Kl. II; Groen van Prinsterer, Archives de la maison d'Orange-Nassau I. 4 und 5; Koch, Quellen zur Gesch. des K. Maxim. II., II, 133/4; eine Reihe ungedr. Briefe in der Breslauer Stadtbibliothek.

Ueber Zuleger: Jöchers Gelehrtenlexikon; Kluckhohn, Abhandl. der bair. Akad. der Wiss. III. Cl. XI. 2 (1870) p. 183 A. 1; Briefe von ihm gedr. Kl. II; Prinsterer a. a. O. I. 4 und 5 und Supplément; Chmel, die Handschriften der Hofbibl. in Wien I, 87. Eine wenig bekannte Erwähnung Zulegers bei James Melville, Memoirs (Glasgow 1833) p. 93 ff.

neben ;dem unfassenden Arbeitsgebiet des englischen Staatsmanns erscheint. Ein französischer Diplomat nennt Ehem einen „Todfeind des Hauses Oesterreich"; wirklich hat er, soweit sein Einfluss und seine Mittel reichten, stets die „Pfaffen" und als ihre Hauptstütze die spanischen und deutschen Habsburger bekämpft. Seine Anschauungen von der deutschen „Freiheit und Libertät" leiden natürlich an dem Mangel eines starken Nationalgefühls, der die damaligen Deutschen fast durchgängig kennzeichnet. Und wenn er in der Behandlung der innern Kirchenpolitik sich heftig und unduldsam zeigte, so ehrt ihn andererseits die männliche Unerschrockenheit, womit er auch in gefahrvollen Lagen seine Ueberzeugung vertrat.

In engster Verbindung mit Ehem finden wir den Böhmen Wenzel Zuleger, Vorstand des Heidelberger Kirchenrats; er übertraf seinen Freund noch an streng calvinistischem Eifer und setzte zuweilen seine kühneren Vorschläge auch gegen Ehem's Ansicht durch, nicht immer zum Besten der Sache. Jedenfalls führten die Beiden mit ihren geistlichen und weltlichen Anhängern das eigentliche Regiment, denn die politische Unselbständigkeit des frommen „Josias", wie sie den Kurfürsten nannten, war allmählich ein offenes Geheimniss für Freund und Feind. Friedrich hatte seine beste Kraft an theologische Gedankenarbeit gewendet, sich Jahre lang fast unausgesetzt mit Dogmatik und Kirchenverfassung beschäftigt, sein Bekenntniss immer wieder an der Schrift geprüft, in zahlreichen ausführlichen Briefen oder vielmehr Abhandlungen entwickelt und verteidigt. Wenn der Kaiser ihm spottend nachsagte, er könne über seinen Ketzereien nicht mehr schlafen und forsche die Nächte durch in der Bibel, so ist das keine müssige Erfindung. Nach dem Gespräch zu Maulbronn schrieb er Nachts und bis in den Morgen hinein an einer Erörterung eucharistischer Streitfragen. Zu dieser übermässigen Anspannung — denn Friedrich erfüllte daneben die weltlichen Pflichten seines Amts gewissenhaft — kamen nun die Erschütterungen des Jahres 1566, der Augsburger Reichstag und der jämmerliche Sturz Johann Friedrichs von Sachsen, der die älteste Tochter des Kurfürsten mit ins Elend riss. Als aber vollends die kriegerische Gestaltung der Weltlage jene theologischen Kämpfe in den Hintergrund drängte, da trat beim Kurfürsten der Rückschlag ein und ein gewisser Nachlass seiner geistigen Energie machte sich unläugbar geltend. Es war noch ein Glück, dass neben den zelotischen Geistlichen, freilich nicht ohne ihre unentbehrliche Beihülfe Männer wie Ehem und Zuleger die politische Führung übernahmen. Nicht durch diese persönlich ehrenwerten Leiter, sondern erst durch das wachsende Uebergewicht des jungen Pfalzgrafen Johann Casimir hat dann die pfälzische Politik jenen zweideutigen Charakter angenommen, der dem ursprünglichen Wesen Friedrichs des Frommen so sehr widerspricht.

Johann Casimir, der künftige Schirmherr des pfälzischen Calvinismus, nahm seit seiner frühesten Jugend eine Sonderstellung in der fürstlichen Familie ein. Er war geboren am 7. März 1543 [1]) zu Simmern, als vierter Sohn des Pfalzgrafen Friedrich; warum man ihn allein unter seinen Brüdern ohne jede gelehrte Bildung aufwachsen liess, wissen wir nicht. Mit acht Jahren kam er an den Hof Heinrich II. von Frankreich, ein paar Jahre später an den lothringischen Hof zu Nancy. Damals schloss er mit dem jungen Karl von Lothringen jene Freundschaft, die ihn, nicht ohne Einfluss auf seine Politik, durchs Leben begleitet hat. Mit der französischen Sprache wurde ihm auch die französische Eleganz des höfischen Verkehrs völlig zu eigen, was ihn übrigens nicht hinderte schon als Knabe zu seiner anerkannten Virtuosität im Zechen den Grund zu legen. Seine Neigung und seine Ausbildung gingen ausschliesslich auf die ritterlichen Künste; [2]) von dem wissenschaft-

1) Nicht am 6. März, wie Kl. I, LI angibt. Cohn, Stammtafeln I, Tafel 51 schwankt zwischen dem 6. und 7. März. Den 7. März bezeichnet Joh. Casimir selbst wiederholt als seinen Geburtstag (Randbemerkung zu einem Bericht über die französischen Verhandlungen von 1577, beim 7. März: „disen tag bin ich geborn ao. etc. 43", Ma. 544/15; vgl. Kl. die Ehe des Pf. Johann Casimir p. 82 A. 1); ebenso eine Reihe kundiger Zeitgenossen, vgl. Quir. Reuter, Oratio de vita et morte — Joh. Casimiri P. Rh. p. 8; Paul Melissus, Odae Palatinae (Heid. 1588) p. 10: W. Spanhemius, Oratio de Friderico IV (1595) p. 15; etwas später Pf. Friedrich Heinrich (bei Van Byler, libellor. rar. fascic. I, 245 A. x).

2) Ueber den Aufenthalt des jungen Pf. am französischen und dann am lothringischen Hof vgl. besonders Quir. Reuter a. a. O. p. 10; Brantôme I, 366; Mémoires de La Huguerye (hera. von de Ruble) II, 153; Fabian von Dohna in seiner Selbstbiographie beim J. 1580 (Dohna'sches Archiv, Schlobitten); N. v. Schlichtegroll, Herz. Wolfgang von Zweibrücken, p. 75; Kl. II, 141; 146 A. 1. La Popelinière (Hist. de France, Ausg. 1581, II, 42) rühmt „les louables moeurs françoises, ausquelles il s'est comme habitué, lorsqu' il estoit à la court du très-chrestien roy Henry II." Seine Neigung zum Trunk Kl. I. p. LI; seine Unkenntniss des Latein Tossanus, Orationum vol. unum p. 242; Hotomannorum epistolae p. 226. Seine ritterlichen Fertigkeiten Reuter p. 10/11; Genaueres über seine Beteiligung an dem Augsburger Turnier von 1566 bei Nicol. Mameranus, kurtze und eigentliche verzeychnus der R. kays. Mayestat-Hofstats, Augsb. (1566) f. DIV^a.

lichen Interesse und vollends von der theologischen Richtung seines Vaters war keine Ader in ihm. „Nun bin ich," schreibt er selbst in seinen letzten Jahren, „mein Leben lang ein armer Reitersknabe gewesen und (habe) von Jugend auf gern Wein getrunken." Aus seiner Knabenzeit blieb ihm vor Allem die imponirende Pracht des französischen Hofs in lebhafter und freundlicher Erinnerung. Gern erzählte er auch eine kleine Geschichte, die nachmals aus Spass zum Ernst geworden ist. König Heinrich nahm einmal den kleinen Pfalzgrafen auf die Knie und fragte ihn, ob er ihm später zehntausend deutsche Reiter zuführen wolle. Als der Knabe bejahte, rief der Hofnarr dem König zu: „Majestät, Ihr zieht da einen Fuchs gross, der Euch mit der Zeit die Hühner fressen wird."

Immer wieder zog es den jungen Fürsten nach dem lothringischen Hof, an welchen ihn nicht nur die Freundschaft mit Karl, sondern auch eine Neigung für dessen älteste Schwester Renata fesselte. Aber die Herzogin-Mutter, die ihre Tochter mit Rücksicht auf ihre eigenen dänischen Ansprüche zu verheiraten trachtete, war der Werbung des Pfalzgrafen entgegen. Vergebens hielt Johann Casimir Jahre lang an dieser Hoffnung fest;[1]) als sie geschwunden war, machte er wie die meisten jüngeren Fürsten seiner Zeit einen erfolglosen Versuch, um Elisabeth von England zu werben.[2]) So wenig wie seine Heiratspläne glückten ihm anfangs seine kriegerischen Wünsche. Als er im Jahre 1565 mit seinem Oheim Reichard gegen die Türken ziehen wollte, versagte der Vater seine Zustimmung, wohl aus Misstrauen gegen den lutherischen Reichard und gegen ein längeres Verweilen in kaiserlichen Diensten.[3])

Im Kreis der kurfürstlichen Familie selbst trat der schroffe Gegensatz zwischen Johann Casimir und seinem älteren Bruder früh

---

1) Ueber J. C. Werbung um Renata von Lothringen und die anderweitigen Heiratspläne der Herzogin-Mutter vgl. James Melville, Memoirs (Glasgow 1833) p. 90; Rommel, Gesch. von Hessen V, 466 A. 7; Longuet Arc. III, 252; Calendar of State Papers, Foreign Series, 1563 p. 151/2; dazu Languet a. a. O. 25; 189; Ortloff, Gesch. der Grumbachischen Händel I, 216; II, 264; Archiv f. sächs. Gesch. V, 32 A. 44; Historisk Tidsskrift IV. 2 (Kopenh. 1870—72) p. 918/9.

2) Melville p. 90; 101 ff.; über anderweitige Heiratsprojekte Kugler, Herz. Christoph II, 322 A.: Lang. Arc. I, 18; Kl. II, 667; 016/7.

3) J. C. Anerbieten an Maria Stuart 1561, Melville p. 89; Gerüchte von einem französischen Feldzug Cal. of St. P. 1562, p. 185; 264; Aeusserung Reichards (Seld 7. April 1565, Ma. 229/8; vgl. über Friedrichs Verbot Zasius an Baiern 15. Dez. 1567, Ma. 228/12).

genug zu Tage. Ihre Naturen boten gar zu wenig Berührungspunkte; der kränkliche, skrophulöse, von Herzen lutherische Ludwig konnte mit dem heftigen, ehrgeizigen, sehr weltlichen „Reitersknaben“ keine rechte Gemeinschaft haben. Ludwig erkor sich den trübseligen Wahlspruch: All Ding zergänglich. Dagegen bemerkten die Sternkundigen, dass Johann Casimirs Nativität unter der Herrschaft des Mars stehe; er habe, als Schwestersohn des Albrecht Alcibiades, markgräfisches Geblüt und viel markgräfisches Gemüt.[1]) Die Vorliebe des Vaters galt schon vor dem Jahre 1566 entschieden dem jüngern Sohn. Mit einundzwanzig Jahren erscheint er als politischer Vertrauter, bald darauf als Statthalter und einflussreicher Berater des Kurfürsten.[2]) Seine Anwesenheit auf dem Augsburger Reichstag ist freilich über Gebühr hervorgehoben und ausgeschmückt worden; er sei dem Vater als „geistlicher Waffenträger“ mit der Bibel zur Seite gestanden, als jener seine berühmte Rede vor Kaiser und Reich gehalten habe; auch der Sohn sei bereit gewesen für seinen Glauben zu zeugen und im Notfall für den Vater das Leben zu lassen. In Wirklichkeit hat Johann Casimir seinen Vater nicht in die entscheidende Versammlung vom 14. Mai begleitet, dagegen zehn Tage später, als Friedrich sich vor den Ständen und Gesandten Augsburgischer Confession nochmals verantwortete, diesen die Bibel und die Augustana vorgelegt, für den Fall, dass jemand das pfälzische Bekenntniss widerlegen wollte.[3]) Der Sohn hat sich später

---

1) Nativität des Kf. Gebhard von Köln, gestellt durch Heliseus Roslein zu Hagenau (von August von Sachsen an Wilhelm von Hessen geschickt, 10. Juni 1583, Marb. Erzstift Köln Ref. II); vgl. „Casimirus, Martis pullus ac regum terror“ (Compte rendu de la commission d'hist., Bruxelles, III. 4, 281). Ueber seinen Gegensatz zu Ludwig äussert sich J. C. schon in einem Br. an seine Schw. Dorothea Susanna vom 27. September 1561 (Gotha, Bibl. Cod. ch. 59).

2) Kl. I, 512; 617; 630; im Frühjahr 1565 ging J. C. als Vertreter Friedrichs nach Prag zur kais. Leichenfeier (die aber später in Wien stattfand).

3) Diese von Kl. I, 661/2 zuerst aufgestellte Berichtigung der hergebrachten Erzählung muss gegen die Einwürfe Gillet's (Hist. Zeitschrift XIX, 90 ff.) und Kluckhohn's spätere Modifikation seiner Ansicht (Kl. Fr. p. 237; 465) aufrecht gehalten werden. Zu der Begründung Kl. I, 662 ist noch beizufügen das Schr. des Augenzeugen Probus, das nur Friedrich und seine Räte nennt (ebd. 664) und namentlich das offizielle Zeugniss Johann Casimirs selbst in seiner Vorrede zur Confessio fidei — Friderici III (1577): „cum in iam dictis Augustanis comitiis — patri meo adessem atque biblia et A. C. electoribus aliisque principibus confes-

mit Stolz an seine Teilnahme am Triumph des Vaters erinnert. Seine Gegenwart in den schweren Tagen hat ihn auch gewiss dem Herzen Friedrichs noch inniger verbunden und nebenbei seinem geschichtlichen Bild eine gewisse geistliche Färbung verliehen, die ihm eigentlich nicht zukommt.

Johann Casimir war keineswegs ein Ungläubiger, ein Freidenker, aber ebensowenig ein starrer Calvinist. So huldigte er in dem unerfreulichen Streit über die Einführung der Kirchenzucht der milderen Richtung; das Luthertum betrachtete er nicht wie sein Vater mit persönlicher Abneigung und wiederholt hofften die Lutherischen den lauen Anhänger Calvins zu sich herüberzuziehen. Aber die Confession seines Vaters, die er in seiner Jugend ohne viel Nachdenken angenommen haben wird, verband sich allmählich untrennbar mit seinem politischen Programm und so blieb er ihr getreu, in der richtigen Erkenntniss, dass die ausschliessliche Herrschaft des Luthertums den deutschen Protestantismus von den ausländischen Religionsverwandten völlig absondern und damit Deutschland in dem Kampf gegen die katholische Reaktion lahmlegen müsse. Dass Johann Casimir die Notwendigkeit dieses Kampfes eingesehen hat, ist zweifellos; in allen wirklich kritischen Lagen der evangelischen Sache finden wir ihn bereit sie in Frankreich, in den Niederlanden, im Reich mit gewaffneter Hand zu vertreten, und damit hat er sich ein tatsächliches Verdienst um den Protestantismus erworben.

Aber diese Kampflust beschränkte sich nicht auf die Augenblicke einer höchsten gemeinsamen Gefahr und nicht auf die Wahrung der protestantischen Interessen. Kurfürst Friedrich musste sich bei seiner angebornen Friedensliebe zur Kriegspolitik zwingen, seinem Sohn steckte sie im Blut. Er war der rechte Neffe des wilden Markgrafen Albrecht und ein echter Vorläufer jener fürstlichen Condottieren des dreissigjährigen Kriegs; er hat selber gesagt, man brauche einen neuen Herzog Moritz und Markgrafen Albrecht. Und nicht nur seine Politik, seine ganze Persönlichkeit

---

sionis illius sociis, qui coram aderant, et absentium principum aliorumque ordinum legatis ipse exhiberem et proponerem;" wobei nur das „electoribus", da Sachsen und Brandenburg am 24. Mai nicht zugegen waren, ungenau, aber durch den stehenden Ausdruck: die Kur- und Fürsten wohl erklärlich ist. Uebrigens wurde diese zweite Verantwortung Friedrichs vor den A. C. Verwandten (24. Mai) mit seiner ersten vor dem gesammten Reichstag (14. Mai) schon sehr früh durch einen leicht begreiflichen Irrtum verwechselt.

weist uns auf die kommenden Zeiten der Verwirrung. Diese Mischung von religiösem Eifer und grobem Eigennutz, von fürstlichem Selbstgefühl und söldnerischer Geldgier, von französischer Mode und deutscher Grobheit, vor Allem dieses politische Grosstun ohne reale Macht, das sind die Kennzeichen eines fürstlichen Proletariats, das vereinzelt schon im 16. Jahrhundert auftritt, beim Ausbruch des grossen Kriegs aber eine Zeitlang die Heldenrollen übernimmt. Dabei mag manch gesunder politischer Gedanke, manch ritterlicher oder sogar patriotischer Zug mitunterlaufen, den Grundton bildet doch stets der Egoismus einer unbefriedigten, emporstrebenden Persönlichkeit. Vor den äussersten Consequenzen solchen Treibens ist Johann Casimir mehr durch Glück als durch eigne Klugheit bewahrt geblieben. Ein langjähriger Vertrauter des Pfalzgrafen drückt dies nicht ohne Stolz mit den Worten aus: „In Summa, es ging uns fast, wie man saget: Nos contra omnes et omnes contra nos. Unser Herr Gott aber erhielt uns.“ Der so spricht, war der beste von den neuen Ratgebern, die, mit einer ernstlichen Unionspolitik nicht zufrieden, den allzulenksamen Pfalzgrafen mehr als einmal zu einem ebenso gewissenlosen wie gefährlichen politischen Spiel verleitet haben. Johann Casimir selbst wird besser als durch manche ausführliche Charakteristik gezeichnet durch die spöttisch hingeworfene Frage eines französischen Pamphlets: „Est-ce pas un cadet d'Alemagne?“[1])

II. Johann Casimirs erster französischer Feldzug 1567/68.

Als Kurfürst Friedrich von Amberg heimkehrte, war die Reichsexekution gegen den geächteten Sachsenherzog im vollen Gang und ganz Deutschland von unheimlicher Bewegung und Beängstigung erfasst. Da und dort wurde gerüstet; man sprach von einer grossen Adelsverschwörung, von französischen, lothringischen, schwedischen Angriffsplänen, von Absichten Spaniens auf die römische Königs-

1) Advertissement des catholiques anglois aux François catholiques 1586 (s. l.) p. 125. Eine herbe, aber zutreffende Charakteristik Johann Casimirs bei Thuanus CIV. 7.

krone.[1]) Wenn aber insbesondere die Heidelberger ängstlich in die Zukunft blickten, so waren sie hiezu durch eine Reihe von Anzeichen deutlich genug aufgefordert. Allerdings hatten die protestantischen Mitstände die fernere Verfolgung der bedenklichen pfälzischen Bekenntnissfrage so ziemlich fallen lassen; auf dem Erfurter Tag (September 1566), der die weitere dogmatische Auseinandersetzung zwischen Heidelbergern und Lutheranern regeln sollte, war dieselbe zunächst verschoben worden. Aber die Haltung des Kaisers und Wolfgangs in der oberpfälzischen Sache liess keinen Zweifel darüber, dass Friedrich von Seiten seiner Hauptgegner immer noch das Schlimmste befürchten durfte. So loyal der Kurfürst sich wiederholt gegen kaiserliche Gesandte aussprach, so bereitwillig er auf einen neuen Reichstag einging und den Kaiser seiner guten und gehorsamen Gesinnung versichern liess, sein Verhältniss zum Reichsoberhaupt blieb doch ein höchst gespanntes. Friedrich trug übrigens das Seinige dazu bei, indem er, wie ein kaiserlicher Rat erzählt, nach dem glatten Verlauf einer Audienz in privato colloquio so „grob" redete, dass es brieflich nicht zu wiederholen sei. Seine Mahnung an den Kaiser, mehr in der Bibel zu lesen und die Abgötterei abzutun, war auch nicht geeignet die Stimmung zu verbessern. In der Tat wagte ein anderer kaiser-

1) Wenn in einem Heidelberger Ratsprotokoll vom 8. April 1567 u. a. das Gerücht erwähnt wird, „das Spanien suchte romischer kunig zu werden" (Mb. 95/4), so geben uns hierüber die Berichte des venezianischen Gesandten Giov. Michiel vom Kaiserhof nähere Auskunft; als seine Quelle nennt er freilich die „cameriera maggiore" der Kaiserin. Am 6. August 1567 schreibt er dem Dogen, die Sendung des Herrn Luis Venegas (der in Sachen der Niederlande sowie der Verlobung zweier Töchter des Kaisers mit dem König von Portugal und dem spanischen Infanten nach Wien abgefertigt war) beziehe sich eigentlich vor Allem darauf, „che il re cattolico ricerca con grande instantia, prima che si effettui il matrimonio della principessa Anna nel principe Carlo — d'esser eletto re di Romani." Dann kommt er am 13. November auf diese Sache zurück und berichtet, der Kaiser habe sich jetzt entschlossen „di condiscendere a satisfare al re di Spagna nell' elettione del re de' Romani, ma non della persona sua, ma in quella del principe Carlo suo figliuolo"; er wolle desshalb mit Sachsen und Brandenburg in Prag zusammentreffen, Pfalz durch den Herzog von Baiern zu gewinnen suchen; auf die geistlichen Kff. glaube man mit Zuhülfenahme von Geld rechnen zu können. (Ven. Copp.) Sollte diese Angabe richtig sein, so musste in Spanien jedenfalls bei dem Zustand des Infanten der kaiserliche Vorschlag den Eindruck einer Ablehnung machen.

licher Gesandter in Amberg öffentlich zu drohen, der Kurfürst solle sich an seinem Tochtermann Johann Friedrich ein warnendes Beispiel nehmen. Christoph von Würtemberg teilte vertraulich mit, der Kaiser sei gegen Pfalz sehr ungnädig gesinnt; auf dem Regensburger Reichstag liessen sich im Fürstenrat Stimmen vernehmen, es sei nach der Gothaischen noch eine andere Exekution vorhanden.[1])

Die kurpfälzischen Räte befolgten hier und da die Taktik, ihre Besorgnisse hinter einem zuversichtlichen Auftreten zu verbergen; so hatten sie in Erfurt geäussert dass, wenn auch ihr Bekenntniss verdammt würde, „ihrem Herrn damit nicht sehr warm gemacht." Aber die Rüstungen, die im Frühjahr 1567 Pfalzgraf Wolfgang betrieb, liessen die Gefahr doch gar zu nahe und drohend erscheinen. Die Behauptung, der Pfalzgraf wolle als spanischer Pensionär gegen die Niederländer ziehen, fand nirgends rechten Glauben; Friedrich hielt es für geraten, seinerseits Kriegsleute in Bestallung zu nehmen, den Kurfürsten August zu verständigen und den Kaiser durch eine Gesandtschaft von den ihm fortwährend zukommenden Bedrohungen zu unterrichten. Er bekam wirklich aus Wien die beruhigendsten und freundlichsten Versicherungen und Wolfgangs kriegerische Haltung erregte auch bei den Katholischen, namentlich in Baiern solchen Anstoss, dass der Kaiser hier gleichfalls beschwichtigen und zurückhalten musste; Herzog Albrecht hatte einmal bereits die bairische Ritterschaft aufgemahnt.[2]) Wenn aber die pfälzischen Gesandten am kaiserlichen Hofe selbst bei Leuten wie Zasius die beste Aufnahme fanden und sogar die Vorgänge des Augsburger Reichstags

1) Vgl. die Schreiben der kais. Räte Dr. Jung (Neumarkt 25. Dez. 1566, Ma 229/9 f. 199 ff.) und Dr. Hegenmüller (Münsterhausen 22. Febr. 1567, Ma. 229/11 f. 84) an Albrecht von Baiern; Kl. II, 12; 38 ff. Der Verf. der für Grumbach und Johann Friedrich günstigen „Grabschrift" beruft sich auf ein Schr. des Pf. Wolfgang, worin derselbe nach der Einnahme von Gotha (dem Kf. von Sachsen?) geraten habe, die Truppen beisammen zu behalten und sofort gegen die „Ketzer" zu wenden; „dazu wolt er sein Beistand thun" (Deutsches Museum, Leipz. 1779, II, 466).

2) Kl. II, 23 ff.; Fr. p. 470; ausserdem Schr. der bairischen Agenten Hegenmüller (2. Februar 1567, Ma. 229/11 f. 75), Viehauser (9. April Ma. 230/3 f. 34, er sagt u. a. „a partibus D. Palatini wierdet allerlai fuergeben von grosser hülf, solte sich König Philipp zue weit hinaus lassen"), Zasius (8. Juni u. 28. Nov., Ma. 228/12); ferner Schr. eines Jean Philot an Kf. Friedrich, 16. Mai 1567 (Mb. 90/12 f. 36). Spanien hatte die Dienste des Pf. Wolfgang schon im März 1567 abgelehnt, Reiffenberg. Corresp. de Marguerite p. 223.

2*

entschuldigend auf fremde Einwirkungen zurückgeführt wurden,[1]) so war diese ganz veränderte Sprache nichts weniger als aufrichtig. Denn Maximilians Gesinnung gegen Friedrich war, wie sich kurz darauf wieder zeigte, die nämliche geblieben und sie erhielt jetzt neue Nahrung durch die Verbreitung antikaiserlicher Pamphlete in Heidelberg, sowie durch Friedrichs Stellung zu den niederländischen und französischen Unruhen.

Denn bei all diesem gegenseitigen Misstrauen der deutschen Religionsparteien bilden stets die auswärtigen Verhältnisse den bedeutsamen Hintergrund. Hatte schon die Zusammenkunft des französischen Hofs mit dem spanischen zu Bayonne (Juni 1565) viel Gerede verursacht, so musste das gewaltsame Vorgehen Spaniens gegen die Niederländer im ganzen Reich die Gemüter tief aufregen. Nur die äusserste politische Kurzsichtigkeit konnte sich der Erkenntniss verschliessen, dass ein entscheidender Sieg der ausländischen Katholiken oder Evangelischen den deutschen Religionsfrieden mitberühren und ihn, unfertig wie er war, entweder ganz vernichten oder mindestens einseitig umgestalten musste. Bei solcher Stimmung fanden abenteuerliche Gerüchte und tendenziöse Erfindungen, wie jene „Zeitungen“ von grossen Ausrottungsbündnissen der Päpstlichen oder der Protestanten, nur zu leicht Verbreitung und Glauben. Selbst ein so vorsichtiger Politiker wie August von Sachsen konnte sich der Vermutung einer förmlichen papistischen Verschwörung auf die Dauer nicht ganz entziehen. Diese Erdichtungen enthielten auch insofern einen wahren Kern, als sie die vielfach vorhandene Neigung zu politisch-religiösen Allianzen, die Beschäftigung mit mehr oder weniger möglichen Combinationen wiederspiegelten. Dabei erscheinen an der Spitze der deutschen Parteien nicht, wie man erwarten sollte, der Kaiser und Kursachsen, sondern die beiden wittelsbachischen Häupter, Baiern und Kurpfalz. Fast in allen den Darstellungen, die von der bevorstehenden Exekution des Trientiner Concils handeln, wird als das erste deutsche Opfer der päpstlichen Reaktion Kurfürst Friedrich bezeichnet. Dass man aber beim pfälzischen Calvinismus nicht stehen bleiben würde, davon suchten wieder die Pfälzer ihre lutherischen Mitstände zu überzeugen. Hatte doch der Kaiser selbst zu Augsburg die Aeusserung fallen lassen,

1) Kl. II, 28/9. Der Verfasser der in Heidelberg nachgedruckten „Nachtigall“, der ebd. 26 A. 1. als unbekannt bezeichnet wird, war der vormalige Heidelberger Prediger Klebitz, vgl. Koch, Quellen II, 7 ff. 165/6; Ortloff IV, 326.

die A. C. Verwandten sollten zusammenhalten, sonst würden sie bald zerrissen wie ein Hasenbalg.[1]) Und von allen religiösen Motiven abgesehen war man längst daran gewöhnt Deutschland als das Objekt der ehrgeizigen Staatskunst Spaniens und Frankreichs zu betrachten; Friedrich hegte den Verdacht, die beiden mächtigen Rivalen hätten bereits ihre Teilung über das Reich gemacht. Die schmählichen Dienstverhältnisse, die eine Reihe deutscher Fürsten und Herren mit den ausländischen Kronen verbanden, untergruben das gegenseitige Vertrauen der Stände fast ebensosehr wie die religiöse Zwietracht; wer nicht offen Pension bezog, dem sagte man es wenigstens insgeheim nach, ein Schicksal, dem sogar Kaiser Maximilian nicht entgangen ist.[2])

Tatsächlich hatten Frankreich und Spanien zwar nicht das Reich unter sich geteilt, wohl aber die Sympathien der Reichsstände. Nicht auf das Einverständniss, sondern auf den Gegensatz der beiden Mächte bezog sich gerade jene Flugschrift „von der verborgenen Bündniss", die zweifellos französischen Ursprungs und auf die gleichzeitigen Verhandlungen mit den deutschen Protestanten berechnet ist.[3]) Schon im Frühjahr 1567 liess die französische Regierung den Vorschlag einer Conföderation an ein paar evangelische Fürsten

1) Kl. II, 69. Nach dem Fehlschlagen des Plans gegen Friedrich hatte damals der Kaiser sogar vertraulich an Baiern geschrieben, damit sei die Umwandlung des Luthertums in den Zwinglianismus bereits besiegelt; die Lutheraner seien ganz verblendet, „transeant cum ceteris erroribus, wiewol es zu grob ist" (Kl. Fr. p. 255).

2) Vgl. den Brief Languets aus Paris vom 12. Dez. 1564 (Arc. III, 302).

3) Auszüge der „Verbündniss zu ussreitung der Hugenotten und Luterischen" bei Koch II, 135—7 und Kl. II, 50/1. Ueber die wirkliche Absicht des Papstes, Spanien, Frankreich, den Kaiser und andere Fürsten zu einem Bund gegen die Türken zu vereinigen, sowie über Frankreichs Abneigung vgl. einen Br. Dietrichsteins aus Madrid vom 10. März 1567 bei Koch I, 180 ff. Die mündlichen Mitteilungen der französischen Abgesandten stimmten mit jenem Pamphlet überein, das auch in französischer Sprache umlief (Kl. II, 8 ff.; 52/3; 67 ff.; 87 ff.). Viehauser spricht am 9. April (s. o.) die Vermutung aus, dass die Nachtigall aus Heidelberg stamme und ebendaher „auch die confoederation Caesaris, regis et pontificis, so französisch gemacht, vielleicht umb minder verdachts willen, kommen mag;" doch möge vielleicht „der fromme, betruebt und verwierte churfürst" nicht viel Wissens darum haben. Koch (I, 134, 193) schreibt dagegen die Urheberschaft ohne Weiteres dem Kf. Friedrich zu!

gelangen und damit begründen, dass die zwischen dem Papst, Spanien und dem Kaiser wirklich projektirte Verbindung nicht, wie man vorgebe, gegen die Türken, sondern gegen den Protestantismus gerichtet sei. Anfänglich fanden diese Eröffnungen selbst in Heidelberg eine kühle Aufnahme; als aber ein Intercessionsversuch lutherischer Reichsfürsten in Brüssel geringschätzig zurückgewiesen und die Angst vor der spanischen Politik durch jene Zeitungen noch gesteigert worden war, da hielt es auch der erzlutherische Christoph von Würtemberg für angezeigt, sich den Pfälzern wieder zu nähern und die französischen Anerbietungen ernstlich in Erwägung zu ziehen. In der Tat kamen Friedrich, Christoph und Karl von Baden auf einem Convent in Maulbronn (Juli 1567) zu Beschlüssen, die nichts Geringeres als eine förmliche Union sämmtlicher evangelischer Reichsstände und eine Verbindung derselben mit der Krone Frankreich bezweckten. Dieser Maulbronner Abschied, obgleich zunächst erfolglos, ist doch sehr bedeutsam als der erste Schritt einer Politik, die, auf die Verhältnisse vor dem Religionsfrieden zurückgreifend, in den folgenden Jahrzehnten unabweisbar stets von Neuem hervorgetreten und erst in den Stürmen des dreissigjährigen Kriegs zu Grabe getragen ist. Damals wie später stand die Entscheidung bei Kursachsen; schon seit ein paar Jahren suchten die Franzosen den Kurfürsten August zu gewinnen, indem sie ihm die Vermählung seiner ältesten Tochter mit dem jungen König Karl IX. in Aussicht stellten.[1]) August sah sich jedoch in Folge der Grumbachischen Händel genötigt dem Kaiser und Spanien keinen ernstlichen Anlass zur Unzufriedenheit zu geben. Er wies die Besorgnisse der drei Fürsten als unbegründet zurück und wusste namentlich Friedrichs Eifer dadurch abzukühlen, dass er an den Augsburger Reichstag und den kaum beschwichtigten confessionellen Hader in ihren eignen Reihen erinnerte.[2]) Und kurz darauf wurde in Frankreich selbst durch die bewaffnete Erhebung der Hugenotten die Lage der Dinge völlig verändert.

---

1) Ueber diesen (wohl nicht ernst gemeinten) Plan des französischen Hofs vgl. Cal. of State Papers 1564—65 p. 518; 1566—68 p. 69; Coleccion de documentos inéditos para la historia de España XXVIII, 429; 446/7; auch Ortloff III, 6 A.; Koch, Quellen I, 187/8 (irrig auf Johann Wilhelm von Sachsen bezogen); Languet Arc. I, 18.

2) Vgl. die treffliche Auseinandersetzung Ritter's im Archiv f. sächs. Gesch. N. F. V, 326 ff. (nur die Ansicht von der „Angriffslust" des Kf. Friedrich, p. 331, vermag ich nicht zu teilen); ferner Kugler, Herz. Christoph II, 516 ff.

Die französische Regierung bekam jetzt selbst die Früchte ihrer gegen Spanien gerichteten Hetzereien zu kosten. Zwar die Mehrzahl der protestantischen Fürsten sah mit Ungunst auf das „rebellische“ Vorgehen der Hugenotten, aber für die Heidelberger Politiker war der Augenblick gekommen in dem grossen Kampf um das Evangelium ihre Rolle zu übernehmen. Kurfürst Friedrich musste nach allem Vorhergegangenen von selbst auf den Gedanken geraten, „dass die Glocken in Frankreich und den Niederlanden zusammenschlagen“, dass die Unterstützung der Hugenotten nicht nur „eine gottselige Sache“, sondern zugleich ein Akt der Notwehr sei. Jedenfalls wird Johann Casimir die Zustimmung des Vaters mit leichter Mühe erhalten haben, als er ihm mitteilte, er sei bereits Condé und seiner Partei gegenüber derart gebunden, dass er nicht mehr mit Ehren zurücktreten könne. Der junge Pfalzgraf war schon seit einiger Zeit in seinem Tatendrang kaum mehr zu bändigen; selbst Grumbach und Johann Friedrich hatten noch während der Belagerung von Gotha auf seinen Beistand gezählt und Kurfürst Friedrich musste ihm wenigstens versprechen, ihn künftig von einem „ehrlichen Zug“ nicht mehr abzuhalten.[1]) Neben der Sympathie für die fremden Glaubensgenossen und neben der Besorgniss vor der papistischen Reaktion mag auch Friedrich insgeheim dem Wunsch Raum gegeben haben, „filium gross zu machen.‘ So dachte und äusserte sich wenigstens der bedeutendste Heidelberger Theolog Ursinus, der allerdings zu einer düstern Auffassung der Dinge neigte, aber die schwachen Seiten der neuen pfälzischen Politik sowie die Abhängigkeit des Kurfürsten von den jüngeren Räten ganz richtig erkannte. Uebrigens scheinen auch die hugenottischen Unterhändler schon im Anfang etwas misstrauisch geworden zu sein; sie fürchteten eine gar zu starke Hülfsarmee und suchten die Werbungen einzuschränken, wogegen die Pfälzer bemerkten, sie müssten ja zugleich an ihre eigne Sicherheit denken.[1])

---

1) Kl. II, 121 ff.; 139; 149; über Johann Friedrichs Versuche und Hoffnungen, Johann Casimir für seine Sache zu gewinnen, Ortloff II, 28; III, 442. Noch im französischen Zug suchte einer der Aechter, Ernst von Mandelslohe, wiederholt mit J. C. in Verbindung zu treten, Lang. Arc. I, 35 ff. — Ueber einen Versuch Grumbachs (1564/5) den Bruder Friedrichs Pf. Georg von Simmern durch Vermittelung einer Heirat mit einer Schwester des Königs von Polen zu gewinnen, vgl. Ortloff II, 175/6.

2) Pfälz. Protokoll vom 21. Okt. 1567 (Ms. 544/6 f. 274; die Pfälzer ihrerseits finden die Franzosen nicht zuverlässig: „Nota, sie haben anfangs X^{m} reuter begert, auch Pfalz 40000 cronen angebotten, derselben

Drei Abgesandte des französischen Hofs bemühten sich vergebens, das pfälzische Unternehmen zu hintertreiben oder ins Stocken zu bringen, obwohl bei Friedrich allerdings wiederholt Bedenken aufstiegen. Der dritte Gesandte, Lansąc, hatte sogar die Keckheit, sich dem Kurfürsten schriftlich dafür zu verbürgen, dass der König Gewissensfreiheit und gleiches Recht für beide Religionen bewilligen werde.[1]) Aber die Sendung des strengen Calvinisten Zuleger, der mit Lansac nach Paris ging, führte natürlich nur zu einer fruchtlosen Auseinandersetzung mit dem französischen Hof und zu einer noch genaueren Verständigung mit den Hugenottenführern. Lansac hatte dem jungen Pfalzgrafen selbst im Namen des Königs eine sehr bedeutende Summe angeboten; den Gesandten Zuleger suchten der König und seine Mutter persönlich zu bestechen.[2]) Zu dieser naiven Gewissenlosigkeit der Pariser Hofkreise bildete das nicht minder naive alttestamentliche Gebahren der pfälzischen Staatsmänner einen seltsamen Kontrast. Ueber die religiöse Atmosphäre in Heidelberg und über die „unglaubliche Einfalt" des Kurfürsten

---

zu brauchen, wie sie wolle. In dem schon gefelt." Ebd. f. 303 der pfälz. Anschlag eines „Nachzugs", wofür 3000 Pferde und ein Regiment Knechte in Wartgeld zu nehmen wären. — Jener Condé'sche Gesandte, über dessen Persönlichkeit Kl. II, 147 A. 1 noch im Zweifel ist, war der Herr von Chastelier; vgl. Prinsterer I. 4, 82 * A. 1 und die Flugschrift: „Des printzen von Condé gesandten herrn Honorat von Chastellirs bericht — so er dem durchl. hochg. fürsten-herrn Friderichen Pfaltzgraven — in personlicher gegenwert der k. w. in Frankreich gesanten herrn von Lansacs erstlich müntlich gethan — den 4. Decembris anno 1567" (mit versch. Beilagen, Bm.).

1) Vgl. ausser Kl. II, 109 ff. Kluckhohn, Zwei pfälz. Gesandtschaftsberichte, München 1870 (aus den Abh. der Akad. der Wiss. III. Cl. XI. 2); ferner die Berichte des frzös. Gesandten Bochetel, Bischof von Rennes, an Karl IX., vom 1. 12. 19. Nov. 1567 und 1. Febr. 1568, Pb. fonds français 15918), die namentlich die politische Unselbständigkeit Friedrichs stark betonen; über die Verhandlungen des Bischofs mit Würtemberg Kugler II, 540 ff., dessen Ansicht, Friedrich sei durch den Gesandten nicht stutzig gemacht worden (Anm. 19), durch die obigen Schreiben des Bischofs widerlegt wird.

2) Lang. Arc. I, 35; Kl. Zwei Gesandschaftsberichte p. 19. In dem Anbringen Lansac's bei Johann Casimir heisst es zuletzt, der König und seine Mutter wollten dem Pfalzgrafen nicht nur das ihm von den Hugenotten gelieferte Geld, das von rechtswegen ihnen verfallen sei, zu seinem Gebrauch überlassen, sondern hätten auch befohlen, „e. f. gn. von desswegen, das sie allerlai unkosten von wegen dieser rüstung werden gehabt haben — hundert tausent franken anzupieten." (Ma. 544/6 f. 349).

konnte sich der eine jener königlichen Gesandten, der Bischof von Rennes, nicht genug verwundern. „Man antwortet mir nur mit Stellen aus der heiligen Schrift und mit Offenbarungen und mit der Kraft Gottes, den sie täglich um Erleuchtuug anrufen, das Unternehmen zu verfolgen, wenn es gut, es aufzugeben, wenn es böse sei." Zuleger sorgte dafür, dass der französische Hof mit diesem herben und fremdartigen Wesen in unmittelbare Berührung kam; „der Herr im Himmel", so sprach er zu Karl IX. und Katharina von Medici, „ist auch König auf Erden und J. Mt. haben keine Gewalt denn von ihm und sind sein Lieutenant in Frankreich; daher folgt, dass J. Mt. nicht Macht haben, ihren Untertanen zu wehren und zu verbieten, was ihnen Gott der oberste König gebeut; und wenn J. Mt. ihnen etwas wider dessen obersten König's Gebot verbieten, so folgt, dass die Untertanen nicht E. kgl. Mt., sondern Gott mehr zu gehorsamen schuldig sind; und da sie sich in solchem, was Gottes betrifft, E. Mt. widersetzen, können ihnen auch deutsche Fürsten wohl Hülfe tun."

Die Abmahnungen des Kaisers, der ebenfalls einen Gesandten nach Heidelberg abfertigte, wurden so wenig beachtet wie die Lockungen und Drohungen der Franzosen und die gutgemeinten Warnungen protestantischer Reichsfürsten; doch unterliessen die Pfälzer nicht, bei den Procuratoren des Reichskammergerichtes anzufragen, ob denn ihr Unternehmen wirklich gegen den Buchstaben der Reichsconstitutionen verstosse.[1]) Ernstliche Hindernisse wurden auch von katholischer Seite nicht erhoben; die benachbarten geistlichen Fürsten waren froh, wenn die Kriegsfurie vorüberging, ohne sich auf ihre eignen Territorien zu werfen. Besonders förderlich aber war auch diesmal wieder die Haltung der kursächsischen Politik. Kurfürst August stimmte in die unbedingte Verurteilung Condé's und seiner „hochsträflichen Rebellion" nicht ein; er würdigte den Einfluss der niederländischen Ereignisse auf die Stimmung der Hugenotten, versprach den Pfälzern seinen Schutz gegen etwaige Feindseligkeiten von päpstlicher Seite und begünstigte, unter Bezugnahme auf die deutsche Libertät, ganz offenkundig den Feldzug Johann Casimirs, dem er sogar seinen Glückwunsch sandte und ein Reitpferd zum Geschenk machte.[2])

1) Viehauser an Dr. Simon Eck, Speier, 29. Dez. 1567 (Ma. 230/3 f. 39).

2) Die Bedeutung dieser Parteinahme Augusts für das fast überall verurteilte pfälzische Unternehmen scheint mir von Kl. (Fr. p. 326) etwas unterschätzt zu werden.

Noch im Dezember 1567 setzte sich die deutsche Hülfsarmee, etwa 11000 Mann stark, in Marsch, nachdem sie in den zweibrückischen Landen Pfalzgraf Wolfgangs fürchterlich gehaust hatte. Lothringen zitterte vor den wilden Schaaren; Alba selbst besorgte eine Diversion der hugenottisch-pfälzischen Streitkräfte gegen die Niederlande.[1]) Aber nach der glücklich herbeigeführten Vereinigung mit Condé ging der Zug durch Burgund in das Herz von Frankreich. Es war eine harte Probe, die der junge „Kriegsfürst“ zu bestehen hatte. Diese zuchtlosen Söldner, welche drohend Bezahlung forderten und überdies von feindlichen Agenten stark bearbeitet wurden, in den Strapazen eines Winterfeldzugs zusammenzuhalten, dazu gehörte jedenfalls ein gutes Teil militärischer Energie. Der gefährliche Geldmangel wurde aber nur durch die ausserordentliche Opferwilligkeit des hugenottischen Heers ausgeglichen, dessen völlige Niederlage freilich ohne die deutsche Verstärkung zweifellos eingetreten wäre. Andrerseits waren die grossen Schwierigkeiten, die fortwährend aus der Geldgier und mangelhaften Disziplin der Deutschen erwuchsen, auch für die Hugenotten ein zum Frieden treibendes Moment. Sie bequemten sich, obwohl augenblicklich im Vorteil, zu dem Friedensschluss von Longjumeau (23. März 1568), der allerdings, wie sich sehr bald zeigte, nur einem vorübergehenden Stillstand gleichkam. Immerhin war die feste Hoffnung der päpstlichen Partei auf einen vernichtenden Entscheidungsschlag in Frankreich zunächst vereitelt.

Für den Pfalzgrafen aber wurde der Abschluss seines ersten Feldzugs zu einer Quelle von Verdriesslichkeiten. Seine wüste Soldateska, die Niemanden schonte, galt auch den französischen Protestanten nur als ein notwendiges Uebel; ihn selbst behandelte man, wie er noch später klagte, als einen jungen Kriegsmann, den man in allen politischen Fragen ganz bei Seite setzen dürfe. So geschah im Friedensvertrag der deutschen Bundesgenossen Condé's keine Erwähnung; die Nachzahlung des rückständigen Solds, die zum Teil der König, zum Teil die Hugenottenführer übernommen hatten, geriet immer wieder ins Stocken und ein ansehnlicher Rest

1) Viehauser a. a. O. hört, dass Lothringen neutral zu bleiben wünsche, „quod sibi non parum timeat ab offenso Casimiro.“ — Ueber Alba's Besorgnisse vgl. Gachard, Corresp. de Philippe II, I, 597; Bollweiler behauptete, Joh. Casimir wolle von Frankreich aus in die Niederlande ziehen und seinen Schwager Egmont befreien (Ma. 228/12). — Ein Bericht über die Verheerung des Zweibrückischen Gebiets Ma. 284/12 f. 12; das Entschuldigungsschr. Joh. Casimirs an Wolfgang, Lifou le petitt, 21. Jan. 1568, ebd. 544/7 f. 8.

blieb überhaupt stehen, um auf Jahrzehnte hinaus den Grundstock der stets anwachsenden pfälzischen Forderungen und damit die Ursache einer dauernden Spannung zwischen Frankreich und Pfalz zu bilden.[1]) Nicht nur mit den Vertretern des Hofs, auch mit Condé und Coligny gab es ärgerliche Szenen und selbst der unerschrockene Admiral trug nach einem Auftritt in Orleans Bedenken, seine Person weiterhin unter den wilden Gesellen des Pfälzers aufs Spiel zu setzen. Auf dem Rückmarsch wagten einmal ein paar betrunkene Offiziere sogar dem Pfalzgrafen in's Gesicht zu sagen, wenn man sie nicht endlich bezahle, würden die Reiter ihm und allen Befehlshabern einen Schimpf antun; übrigens wollten die Reiter bei ihm bleiben, bis sie bezahlt seien, fragten auch nichts nach der Acht. Das war eine unangenehme Mahnung an frühere Aeusserungen Johann Casimirs, er wolle seine Leute nicht verlassen, ehe sie das Ihrige bekommen hätten.[2])

Der französische Hof war über die pfälzische Invasion und über den Zwang, seine Gegner auch noch mit schweren Geldopfern zu befriedigen, begreiflicher Weise sehr erbittert. Vergebens hatte er versucht, den Kurfürsten Friedrich durch lothringische Vermittlung zur Abberufung seines Sohns zu bestimmen, vergebens französisches Gold und verwirrende Gerüchte ins deutsche Lager ge-

1) Kl. II, 215 ff. Nach einer „Rechnung über den kurf. Pfalz Forderung an die Krone Frankreich" vom 11. Mai 1599 waren damals noch vom Zug des J. 1568 ausständig 243610 fl. $5^{1}/_{2}$ Batzen, ungerechnet die Zinsen (Mb. 301/14 f. 35). — Nicht ganz genau ist die Angabe bei Kl. II, 218, dass im Mai 1569 die letzte Zahlung von Seiten des Königs erfolgt sei. Vgl. Languet's Schreiben aus Strassburg vom 6. Juli (Arc. I, 105) und den Bericht über die Verhandlungen des kurpfälzischen Grosshofmeisters mit Johann Casimirs Offizieren vom 22. Juli (Ma. 544/9 f. 89 ff.) wonach die im Juli erfolgte Zahlung die letzteren keineswegs befriedigte; man beschloss ein ernstliches Schreiben an die Krone Frankreich zu richten und es bei den deutschen Kriegsleuten im kgl. wie im hugenottischen Lager bekannt zu machen, wie unbillig der König bisher die Zahlung verzogen habe.

2) Vgl. Kl. II, 216; das citirte Schreiben Joh. Casimirs ist die Antwort auf ein Schreiben Coligny's vom 23. April (Ma. 544/7 f. 80, Or.); die Zusammenkunft beider fand dann zu Espoisse statt (ebd. f. 125). Schon im Januar hatten die geldgierigen Reiter den Admiral festnehmen wollen (Lang. Arc. I, 52). — Das „ungestüme" Anbringen des Obersten Schönberg und seiner Rittmeister bei Joh. Casimir ereignete sich am 19. Mai (Ma. a. a. O. f. 195/6).

worfen.[1]) Als der Streit über die Rückstände sich einen Monat nach dem andern hinzog, dachte man schliesslich daran, sich der ungestümen deutschen Mahner mit Gewalt zu entledigen, und zwar durch Johann Casimirs eigenen Schwager, den Sachsenherzog Johann Wilhelm; dieser streng lutherische Fürst hatte, zur grossen Betrübniss Friedrichs, als königlicher Pensionär einige tausend Reiter gegen die Hugenotten aufgebracht, war aber zu spät gekommen, um vor dem Frieden eingreifen zu können. Er machte mit seiner Gemahlin, der Schwester Johann Casimirs, persönlich in Paris die Aufwartung und brannte vor Begierde gegen den calvinistischen Schwager zu marschiren. Johann Casimirs Armee, von den Hugenotten verlassen und selbst bereits in halber Auflösung, wäre bei einem Zusammenstoss mit frischen Streitkräften wahrscheinlich übel weggekommen. Doch blieb dem deutschen Protestantismus die Schmach eines solchen Bruderkampfs auf fremdem Boden erspart; man scheint am Hofe dem protestantischen Verbündeten Johann Wilhelm doch nicht recht getraut zu haben.[2]) Gegen Ende Mai wurde Frankreich ohne Gewalt die unbequemen Gäste los, deren Rückkehr dafür im Reich nicht geringe Besorgniss erweckte. Aber die Trennung der gefürchteten Truppen ging unter den Augen der kaiserlichen Commissarien ordnungsgemäss vor sich und ein Teil des pfälzischen Volks wurde gleich von Oranien in Empfang genommen, während manche von den sächsischen Reitern sich unter Alba's Fahnen stellten.[3])

Der französische Bevollmächtigte Castelnau rühmt sich, er habe den Pfalzgrafen durch die Zusage eines stattlichen Geldgeschenks zum friedlichen Abzug veranlasst. Dies klingt unwahrscheinlich, dagegen hat Johann Casimir in seinem Unmut über die Hugenotten

1) Kl. II, 1046 ff.; Lang. Arc. I, 40; 52. Caspar von Schomberg, ein Deutscher in kgl. Diensten, der nachmals zu hohen Ehren kam und in den deutsch-französischen Beziehungen eine sehr wichtige Rolle spielte, verbreitete damals, er sei vom Kf. August beauftragt, dem König jeden Frieden mit den Rebellen zu widerraten und 4000 sächsische Reiter anzubieten (Joh. Casimir an Kf. August, Nintri, 5. Febr. 1568, Ma. 544/7 f. 32. Conc.)

2) Mémoires de Castelnau VI. 10. 11; Discours merveilleux de Cath. de Méd. (bei de l'Estoile, Journal de Henri III, II, 353). Johann Casimirs Bedenken gegen die Erneuerung der Feindseligkeiten in einem Schr. an seine Obersten vom 16. Mai (Ma. 544/7 f. 120).

3) Kl. II, 219 ff.; Prinsterer I. 3, 205; 235 (zeigt, dass auch von Johann Wilhelms Leuten manche sich den Niederländern anschlossen); 243; Coleccion de docum. XXXVII, 253; 256, 269 ff.

dem König einmal versichert, er werde sich künftig durch die schönen Worte dieser Leute nicht mehr bereden und einnehmen lassen. Er war sich in der letzten Zeit wie verraten und verkauft vorgekommen; dem Prinzen von Condé führte er wiederholt zu Gemüt, „wie übel wir zu dieser unserer ersten Ausfahrt empfangen und wie uns unsere treuen Dienste vergolten worden sind, welches wir dem lieben Gott befehlen.“ 1) Zu diesen bittern Erfahrungen des ehrgeizigen jungen Fürsten kam sehr bald die Erkenntniss, dass der kaum errungene Friede unmöglich von Dauer sein könne. Trotzdem war der Verlauf und Ausgang des Unternehmens wenigstens für die Stellung der Pfälzer im Reich nicht bedeutungslos.

Wenn Kurfürst Friedrich den Abschluss des Friedens mit Jubel begrüsste, so hatte er dazu alle Ursache. Das Spiel war für ihn gefährlicher geworden als er wohl selbst ahnte. Es handelte sich geradezu um seine fürstliche Existenz. Denn abgesehen von der begreiflichen Rachelust der Franzosen herrschte vielfach im Reich und namentlich am Kaiserhof eine sehr bedenkliche Stimmung, die durch die Art und Weise, wie die Pfälzer ihren Kriegszug rechtfertigten, nur verschlimmert wurde. Maximilian scheint zu Anfang des Winters wirklich an eine neue Anwendung des Achtverfahrens gedacht zu haben; Albrecht von Baiern, der es wissen konnte, liess eine Andeutung an Christoph von Würtemberg gelangen. Kurz darauf machte der Landgraf Wilhelm den Kurprinzen Ludwig aufmerksam, im Fall einer Niederlage Johann Casimirs könnte der

1) Castelnau VI. 11; die Publikation von Castelnau's Correspondenz im Bull. des comités histor. 1851, citirt Mém. de La Huguerye I, 250 A. 1, ist mir leider nicht zugänglich. Joh. Casimir selbst spricht von gegen ihn erhobenen Verdächtigungen, Kl. II, 218. — Die Zusage Joh. Casimir an den König erwähnt das Schr. des Letzteren an den Pfalzgrafen vom 7. und dessen Antwort vom 29. Sept. 1568 (Ma. 284/12 in Uebersetzung) als „nach dem friden getoner verhaissung, uns durch der religionsverwandten schönen gezierten worten nit mer bereden oder einzunemmen zu lassen“. Jedenfalls bezieht sich hierauf ein Artikel in der Instruktion des pfälzischen Rats Dr. Junius, der am 24. Mai 1568 zum König abgefertigt wurde: „Das der alt carens duobos digitis angesucht von wegen der teutschen correspondenz mit regi, wol herzog der sachen nachdenken Durft konig h. [herzog], solt er ihn ersuchen“ (Ma. 544/7 f. 129). — Ueber Joh. Cas. Klagen gegen die Hugenotten vgl. sein Schr. an Condé vom 16. Mai 1568 (ebd. f. 117); Mém. de La Huguerye I, 265; 318.

Kaiser, um einer fremden Occupation der Pfalz zuvorzukommen, sich veranlasst sehen, gegen den Kurfürsten „etwas Aenderung vorzunehmen", d. h. die pfälzische Kur in andere Hände zu bringen. Der Pfälzerfeind Zasius schrieb damals von den Heidelbergern: „Hoffe zu Gott, sie sollen den Teufel im Glas sehen, ehe denn sie den Christbraten essen." [1]) Dieser Wunsch wurde allerdings nicht erfüllt; auch gingen die Verhandlungen des Kurfürstentags zu Fulda (Januar Februar 1568) für Pfalz ohne Nachteil vorüber. Der Kaiser schickte sich sogar an, in seinem und des Reichs Namen für die Beilegung der französischen Unruhen einzutreten, und liess durch seine Commissarien den Kurfürsten mitteilen, der Papst stehe tatsächlich im Werk ein Bündniss gegen etwaige Angriffe der „Ultramontanen" abzuschliessen, ein Unternehmen, das dem Kaiser „zum höchsten entgegen und zuwider" sei. August von Sachsen bemühte sich ganz besonders einerseits bei Maximilian die Sache Friedrichs und Johann Casimirs zu führen, andererseits den Kurfürsten zu beruhigen, er habe kaiserlicher Ungnade halber nichts zu besorgen; übrigens wollte er selbst, freilich nur im äussersten Notfall, sich zu einem Anlehen an Pfalz verstehen. Denn die Möglichkeit, dass nicht der Kaiser, sondern „andere" etwas gegen Friedrich im Schilde führten, gab er doch zu. [2])

In Wahrheit lag die Sache so, dass der Kaiser die Ausführung seiner feindseligen Absichten „anderen" anzuvertrauen dachte. Sein auserwähltes Werkzeug war diesmal ein Seitenverwandter der Kurlinie, der Pfalzgraf Georg Hans von Veldenz, ein fürstlicher „Praktikant" ersten Rangs, dessen Gestalt in allen deutschen und ausserdeutschen Händeln prahlend, drohend und vor Allem bettelnd zum Vorschein kommt. Mit vollem Recht nennt ihn ein hugenottischer Zeitgenosse einen Bankerottirer, der mit dem Geld anderer Leute

---

1) Vgl. Maximilian an Albrecht von Baiern, 8. Dez. 1567, bei Freyberg, Sammlung histor. Schriften und Urkk. IV, 177/8; Kl. II, 132 A. 1; 153; Zasius an Albrecht von Baiern, 15. Dez. 1567 (Ma. 228/12). Im Jan. 1568 hiess es am französ. Hof, Pfalz sei bereits in die Acht getan worden (Mém. de Condé I, 101).

2) Wenn Kl. Fr. p. 326 sagt, August habe auf Friedrichs Bitte um Geld und Truppen eine verbindlich ablehnende Antwort gegeben, so ist dies nicht ganz genau. Denn Kf. August erklärte sich gegen den pfälzischen Gesandten allerdings zu einem Anlehen für den Notfall bereit, wenn auch nicht bis zu dem von Pfalz nachgesuchten Betrag; Friedrich dankt am 26. März ausdrücklich wegen „des uff den notfall bewilligten fürleihens" (Kl. II, 206; 208/9).

sein Geschäft von vorn anfangen möchte. Dabei entwickelte er ebensoviel Erfindungsgabe als Gewissenlosigkeit; keine Partei blieb von seinen Anträgen verschont und es verschlug ihm wenig, ob man ihn als Feldherrn zu Land oder zur See, als Diplomaten oder als Spion oder als mechanischen und wirtschaftlichen Tausendkünstler verwerten wollte. Da er nun mit seinen wunderlichen Einfällen und seiner originellen Grobheit zwar ein gewisses Narrenrecht genoss, aber geringe materielle Erfolge erzielte, fühlte er sich Zeit seines Lebens als verkanntes Genie. Während er über der Umgestaltung von Deutschland und von ganz Europa brütete, rückten die „goldenen Berge", die ihm bald hier bald dort zu winken schienen, niemals näher. Mit grosser Naivetät gesteht er einmal dem Kaiser Rudolf II, die hauptsächliche Triebfeder sei bei ihm die Sorge für seine zahlreiche Familie. „Um mich wärs ein Schlechtes, aber so viel liebe Kinder vor Augen sehen bewegt ein Vaterherz!" [1])

Nachdem der unruhige Fürst vergebens gehofft hatte, durch seine Verbindung mit einer Tochter Gustav Wasa's und vermittelst der schwedisch-dänischen Händel emporzukommen, [2]) wandte er sich der französischen Regierung zu, von der er seit 1564 Pension bezog. Für den Hugenottenkrieg hatte er sich bereits mit einem stattlichen Kriegsvolk gefasst gemacht, aber der Hof zog es vor Johann Wilhelms Dienste in erster Linie zu gebrauchen. Der gekränkte Pfalzgraf suchte in Paris durch die Drohung, anderweitige Verbindungen einzugehen, wenigstens seine Pension herauszuschlagen; Frankreich, liess er sagen, werde sich doch einen so mächtigen Fürsten wie ihn nicht zum Feind machen wollen! [3]) Seine Truppen aber sollten um jeden Preis an den Mann gebracht werden und er bot sie, um sicher zu gehen, gleichzeitig vier Parteien an. Bei der Königin von England, wo er wie auch beim Prinzen von Oranien

---

1) Am Eingehendsten ist der sonderbare Fürst behandelt in Moser's Patriot. Archiv XII, 3—172: „Fragmente von dem Leben, Schicksaalen, Abentheuren und Ende Herzog Georg Hansens, Pf. zu Veldenz." Viele noch nicht verwertete Materialien für seine Geschichte im Stuttgarter Archiv; eine vereinzelte Mitteilung aus Mc. bei Schlichtegroll, Herzog Wolfgang p. 142/3.

2) Vgl. namentlich Papiers de Granvelle IX passim; Archiv für sächs. Gesch. V, 36; 38; 46; Ortloff II, 358 A. 3.

3) Werbung bei K. Katharina von Medici im Namen des Pfalzgrafen Georg Hans, 6. Febr. 1568 (Pb. fonds français 15918); er sagt u. a., „qu'il s' avoit mis en la pension d'amitié depuis quatre ans avec le roy, non pas pour l'argent, mais pour une alliance et secours."

gar nichts erreichte, wagte er sich damit zu brüsten, er habe die antiprotestantischen Absichten der französischen Regierung erkannt und ihr deshalb seine Dienste verweigert.[1]) Aber im nämlichen Augenblick setzte er in Wien alle Hebel in Bewegung, um sich dem Kaiser oder auch dem Herzog von Alba zu verkaufen, und zwar zu einem Ueberfall gegen Kurpfalz. Damit glaubte Georg Hans nur für sein gutes Recht in die Schranken zu treten, denn er erkannte den während seiner Minderjährigkeit abgeschlossenen Heidelberger Successionsvertrag von 1553 nicht an und beanspruchte von Kurpfalz die Herausgabe des vierten Teils der Ottheinrich'schen Verlassenschaft.[2]) Bis 1. April 1568 sollten 80 Fähnlein Knechte und etwa 4000 Reiter im Feld stehen und die „Züchtigung" Friedrichs ohne Beschädigung der übrigen Reichsstände unter kaiserlichem und spanischem Schutz vollstrecken. Wirklich erklärte Maximilian dem veldenzischen Abgesandten, es würde ihn nicht verdriessen und er wolle durch die Finger sehen. Der Gesandte verfügte sich von Wien aus zu Alba, gut empfohlen vom Kaiser und vom spanischen Gesandten; die Werbungen wurden eifrig betrieben, ihr wahres Ziel hinter den verschiedensten Gerüchten verborgen.[3])

Wie ahnungslos Friedrich war, beweist die Kühnheit, womit er eben damals Spanien noch besonders herausforderte. Er belegte eine Anzahl genuesischer Waarenballen mit Beschlag, welche fremde meist spanische Silbermünzen enthielten und nach den Niederlanden unterwegs waren. Die Sache machte grosses Aufsehen und Spanien, auf das Lebhafteste vom Kaiser unterstützt, drang auf Herausgabe. Friedrich aber, der von Anfang an einen Zusammenhang mit den päpstlichen Praktiken voraussetzte, weigerte sich standhaft; er be-

---

1) Calendar of State Papers 1566—68 p. 421/3; Prinsterer I. 3, 172 ff.; 190 ff.

2) Vgl. z. B. Struvius, Formula successionis ser. domus Palatinae (Mannheimer Ausgabe mit Anmerkungen) p. 135 ff.

3) Chantonay, span. Gesandter in Wien, an Alba 18. 21. Febr. 1568 (Coleccion XXXVII, 130 ff.; das „miraria por entre los dos" p. 130 wohl Druckfehler für: „dedos"!); zuerst verwertet von Kl. Fr. p. 327, wo aber das Scheitern des Plans nicht ganz richtig erklärt wird; von einer edleren Regung, die G. H. abgehalten hätte, kann nicht die Rede sein; s. unten. Eine Zeitung vom 24. März (Ma. 229/10 f. 186) berichtet, dass G. H. 100 Fähnlein wirbt, nach seiner Angabe teils für Schweden, teils für Polen. Vgl. auch Zasius an Baiern, Wien 13. Mai (ebd. 229/1), der das Vorhaben des Pfalzgrafen gegen Heidelberg „visierlich und artlich, auch nit so gar böss" nennt.

rief sich dabei auf die Reichsconstitutionen über den Import und die betrügerische Unprägung fremder Münzsorten.[1]) Alba liess dem Kaiser mitteilen, er müsse von jedem unmittelbaren Verkehr mit dem Kurfürsten absehen, der gegen Spanien eine unverkennbar feindselige Haltung beobachte. Trotzdem ging er auf die Anträge des Veldenzers nicht ein, obwohl ihm Maximilian den „trefflich gesinnten Fürsten" wiederholt ans Herz legte und der Wiener Hof noch im Mai den Gedanken eines Angriffs auf Kurpfalz nicht aufgeben wollte. Aber als entscheidendes Hinderniss war, wie der spanische Gesandte klagt, „dieser verfluchte französische Friede" dazwischengekommen. Allmählich regte sich da und dort gegründeter Verdacht gegen den Pfalzgrafen, der seine Rüstungen immer noch nicht einstellte; vom Prinzen von Oranien, vom Pfalzgrafen Wolfgang liefen ernste Warnungsschreiben ein. Der Letztere, der vor einem Jahr selbst ganz gleiche Pläne gehegt hatte, führte jetzt seinem Vetter zu Gemüt, wie unrühmlich er sich durch ein solches Unternehmen „gegen unserem lieben Gott und dem Vaterland vergessen und vergreifen" würde. Und Georg Hans hatte die Stirn, in seiner Antwort an Oranien einen Angriff auf die wahre Religion und auf Stände des heiligen Reichs als ein „abscheuliches Werk" zu brandmarken und zu versichern, dass ihm „auch solches bis hieher nicht zugemutet worden."[2])

Der Kaiser selbst, der seine üble Gesinnung gegen Friedrich keineswegs aufgab, musste doch die veränderte Lage begreifen. Uebrigens stand er bereits auf gespanntem Fuss mit dem einseitigen Reaktionssystem Alba's, das er aus politischen Gründen entschieden missbilligte.[3]) Dagegen beschwerte sich der spanische Gesandte in Wien ganz offen über Maximilians allzugrosse Rücksicht auf die deutschen Fürsten; ja, er wagte im Auftrag Alba's zu bemerken, Spanien könnte, um den Reichsfürsten ihr Interesse für die Niederlande auszutreiben, jeden Augenblick den Ausbruch einer deutschen Adelsrevolution gegen Sachsen, Kurpfalz und andere Stände veranlassen; nur dem Kaiser zulieb habe man bisher dieses Mittel nicht

---

1) Vgl. Kl. II, 189 ff. und Colleccion XXXVII, 177; 202 u. s. w.; über ein Gerücht, Friedrich habe den Kaufleuten die Hälfte des Gelds zurückgegeben, XXXVII', 212 (Okt 1569).

2) Chantonay an Alba, 8. 13. 16. Mai 1568 (Colleccion XXXVII, 224; 228; 232/3); ferner Prinsterer I. 3, 254 ff; 261 ff.; Zasius a. a. O.

3) Ritter im Arch. f. sächs. Gesch. N. F. V, 337 ff., wo statt der gewöhnlichen Phrasen von Maximilians Edelmut die wirklichen Motive seiner niederländischen Politik beleuchtet werden.

3

angewendet, wozu man aber vielleicht genötigt werden dürfte. Solche Drohungen steigerten vollends die Befürchtungen des Kaisers vor einer grossen Unruhe im Reich und den Wunsch, keine Partei zum Aeussersten zu treiben. Noch im Sommer 1568 machte ihm der Nuntius den Vorschlag, Friedrich mit Hülfe Roms, Spaniens und Frankreichs abzusetzen und die pfälzische Kur auf einen seiner eigenen Söhne oder auf Baiern zu übertragen. Aber der Kaiser wollte von einer so „kitzlichen“ Sache nichts mehr wissen. Obwohl er, wie der spanische Gesandte berichtet, bereitwillig zugab, dass Friedrich die schwerste Strafe, selbst den Verlust der Kurwürde reichlich verdient habe, war er doch eben so fest überzeugt, dass schon die leiseste Andeutung einer solchen Exekution sofort nicht nur die Freunde, sondern auch die Feinde des Pfälzers zu geschlossener Verteidigung der ständischen Freiheit um denselben schaaren würde.[1])

Mit vollem Recht schrieb ein gewiegter protestantischer Politiker nach dem Frieden von Longjumeau: „Casimirs Zug hat die Stellung seines Vaters befestigt; die, welche ihn vorher aufs Schnödeste behandelten, suchen jetzt seine Freundschaft.“ Man hatte gesehen, dass die Heidelberger nicht nur die Bibel citiren, sondern auch Reiter und Landsknechte ins Feld stellen konnten; das imponirte doch der herrschenden Unentschlossenheit vielleicht mehr als sie es zugeben wollte. Selbst der alte Gegner Wolfgang scheint sich damals mit dem Kurfürsten versöhnt zu haben.[2]) Aber von höchster Bedeutung für Friedrich und für den deutschen Protestantismus überhaupt war jene Annäherung Kursachsens, die schon während des Feldzugs bemerkbar sich jetzt zu einem förmlichen Bund der zwei ersten evangelischen Fürstenhäuser gestaltete.

---

1) Chantonay an Alba, 7. 10. Febr., 13. Mai, 12. Juni 1568 (Colecion a. a. O. 111 ff.; 121; 227; 268).

2) Im Winter 1567 war Wolfgang noch von Alba aufgeboten worden; vgl. Alba an K. Philipp, 6. Nov. 1567 (Gachard, Corresp. de Philippe I, 597; vgl. Cal. of St. P. 1566—68 p. 372). Am 13. März 1568 schreibt Languet, W. habe seine spanische Pension aufgekündigt, am 5. April, er glaube, W. habe sich mit Kf. Friedrich versöhnt (Arc. I, 59; 62).

III. Die Jahre der sächsisch-pfälzischen Freundschaft.

August von Sachsen galt unbestritten für den ersten Fürsten des Reichs. Nicht nur die evangelischen Stände, auch die Katholischen und die Ausländer hatten sich gewöhnt in ihm die mächtigste Stütze jenes Compromisses zu sehen, das schon über ein Jahrzehnt den deutschen Religionsparteien ein erträgliches Zusammenleben möglich machte. In seinen persönlichen Beziehungen sprach sich diese Vermittlerrolle deutlich aus; er stand mit dem Kaiser Maximilian, sogar mit Albrecht von Baiern vertraulicher als vielleicht mit irgend einem protestantischen Fürsten. Eine ganz besondere Verehrung brachte man ihm an ein paar italienischen Höfen entgegen; der römischen Curie erschien das Schicksal des deutschen Protestantismus an seine Person geknüpft und sie ward nicht müde auf seine endliche Bekehrung zu hoffen. Dagegen hiess es wohl in eifrig protestantischen Kreisen, August sei ein versteckter Papist, mache sich fremden Potentaten und dem römischen Bischof dienstbar.[1]) Nur Spanien hat trotz aller sächsischen Artigkeiten sein Misstrauen gegen den einflussreichen Ketzer niemals aufgegeben. Und die Vorgänge des Jahres 1568 schienen diese Zurückhaltung der ersten katholischen Macht vollauf zu rechtfertigen.

Schon während der Grumbachischen Unruhen hatte es Augenblicke der Entfremdung zwischen den natürlichen Bundesgenossen, zwischen August und dem Haus Oesterreich gegeben. In Sachsen traute man den Spaniern die Absicht zu, mit Benützung der schwedisch-lothringischen Praktiken und der Grumbachischen Partei an der Ostsee Fuss zu fassen; während der Belagerung von Gotha erhielt dann Kurfürst August Kenntniss von jener Instruktion, durch deren Enthüllungen der Kaiser auf die Seite der Aechter und der unzufriedenen Ritterschaft gezogen werden sollte.[2]) Die Gegner Dänemarks und Kursachsens bedienten sich dabei der keineswegs neuen Behauptung, der Wettiner trete in die Fussstapfen seines Bruders Moritz und habe sich als festes politisches Ziel die Erwerbung der römischen Krone vorgesetzt; selbst die Astrologie

1) Schr. eines englischen Agenten aus Strassburg, 8. Juli 1567, Cal. St. P. a. a. O. 276; vgl. die offizielle Warnung der sächsischen Räte wegen dieses Gerüchts Kl. II, 207.

2) Archiv f. sächs. Gesch. V, 61 ff.; Ortloff II, 329 ff.

musste zur Verbreitung dieser Fiktion herhalten.[1]) Das gegenseitige Misstrauen wuchs dann mit den niederländischen Unruhen. Immer wieder erhoben sich Stimmen, die den Kurfürsten als heimlichen Gönner Oraniens bezeichneten; er sollte sogar mit den Aufständischen sich bereits in die Niederlande geteilt, Friesland und Overyssel als seine Beute ausgeschieden haben. August, der von der andern Seite durch aufgefundene Correspondenzen der Niederländer und der Grumbachischen sehr unangenehm berührt sein musste, bemühte sich zunächst Spanien und den Kaiser nach Kräften seiner Ergebenheit zu versichern. Aber seine Entschuldigungen waren nach den Reden, die er selbst mit Graf Ludwig von Nassau gepflogen hatte, keineswegs der Wahrheit gemäss. Er vermochte auch den Verdacht der Spanier nicht zu beseitigen, während gleichzeitig der Prozess der Grafen Egmont und Hoorn sowie die Eröffnungen des Kaisers über das päpstliche Bündniss den Kurfürsten mehr und mehr in die ängstliche Aufregung seiner übrigen Glaubensgenossen hineinzogen.[2])

1) Schon vor der Wahl Maximilians traute man dem Kurfürsten Absichten auf die römische Krone zu; der Herzog von Savoien äusserte damals „che niuno possa succeder ragionevolmente all' imperatore se non il presente duca Augusto di Sassonia — avendo messo insieme molti denari a questo fine" (Bericht des venez. Gesandten, Albèri, Relazioni II. 1, 452). Selbst Granvela hielt es für möglich, dass August sich oder seinem Schwager Friedrich von Dänemark die Krone verschaffen wollte (Papiers de Granvelle VI, 320); letztere Combination war insofern nicht ganz aus der Luft gegriffen, als ein französischer Gesandter, der Rheingraf, im Spätherbst 1561 die geplante Verbindung König Friedrichs mit Maria Stuart dadurch besonders zu empfehlen suchte, dass Dänemark, durch Schottland verstärkt und von Frankreich unterstützt, mit ziemlicher Sicherheit auf die Erwerbung der römischen Königswürde rechnen könne (Historisk Tidsskrift IV. 2, 925/6). Später suchte bekanntlich die Grumbachische Partei den Kf. August durch den Vorwurf zu verdächtigen, er sei insgeheim ein Feind der Habsburger, die er vom Reich verdrängen wolle; oder es hiess auch wohl, Maximilian habe dem Kurfürsten die römische Krone versprochen, aber sein Versprechen nicht gehalten (vgl. Granv. IX, 179; Cal. of St. P. 1566—68 p. 554; über ein zu Gunsten Augusts interpretirtes Prognostikon des Nostradamus vgl. Lang. Arc. III, 307; auch Kl. I, 575). Der Kurfürst selbst hat wohl gelegentlich erklärt, wie fern ihm jeder derartige Gedanke liege, aber wir werden jenen Vermutungen, die nicht aus der Welt zu schaffen waren, noch öfters begegnen.

2) Vgl. Ritter a. a. O. 326 ff., 335 ff.; die sächsische Darstellung des Verkehrs mit Ludwig von Nassau, 29. März 1567, stimmt mit dem

Die Ueberzeugung, dass der Protestantismus wirklich bedroht sei, dass zwischen den französischen und niederländischen Ereignissen ein innerer Zusammenhang bestehe, äussert sich wie bemerkt schon in der Stellung Kursachsens zum Kriegszug Johann Casimirs. Dabei sind auch die besondern Interessen, die bei allen politischen Entschlüssen Augusts wesentlich mitspielen, leicht zu erkennen. Die französischen Beziehungen der Ernestiner und Grumbachs waren ihm noch in frischem Andenken; die Aufnahme des Aechters Mandelslohe am lothringischen Hof und der Anschluss Johann Wilhelms an die Mächte der katholischen Reaktion konnten in Dresden die Sache der Hugenotten und Pfälzer nur empfehlen. Als aber vollends im Jahr 1568 nicht nur der Kaiser, sondern sogar die geistlichen Kurfürsten sich über Albas rücksichtslose Schreckensherrschaft entsetzten, als spanische Soldaten in Trier einrückten und nach einem groben Brief des furchtbaren Herzogs Niemand mehr das Kreisobristenamt am Niederrhein zu führen wagte, da suchte Kurfürst August die im Reich herrschende Gährung dadurch in verfassungsmässige Bahnen zu leiten, dass er selbst an die Spitze der antispanischen Bewegung trat. In einem Gutachten der kursächsischen Räte wird August geradezu darauf hingewiesen, dass, wenn er der päpstlichen Tyrannei gegenüber auf der Neutralität beharren wollte, Kurpfalz und andere Fürsten vielleicht ohne ihn vorgehen und Kursachsens Ruf und Einfluss bei den Evangelischen schwere Einbusse erleiden würde.[1])

So wenig August und seine Ratgeber gesonnen waren, sich förmlich der pfälzischen Unionspolitik anzuschliessen, so schien doch ein entschiedenes Auftreten der Reichsgewalten gegen die spanischen Uebergriffe durchaus geboten und ausserdem durch die Umstände begünstigt zu sein. Im Juli 1568 verständigte sich Kurfürst Friedrich zunächst mit Daniel von Mainz, der ihm persönlich befreundet und bei den eifrig Katholischen der Lauheit verdächtig war; kurz darauf beschlossen sämmtliche rheinische Kurfürsten mit Sachsen und Brandenburg den Kaiser um Beilegung der niederländischen Händel und Beseitigung der spanischen Truppen anzugehen. Freilich wurde der pfälzische Vorschlag, eventuell mit gewaltsamer Selbsthülfe der Reichsstände zu drohen, von den

---

Bericht des Letzteren von weitgehenden Aeusserungen des Kurfürsten nicht überein (Prinsterer I. supplément p. 55* ff.) Ueber die unveränderte Abneigung der Spanier gegen den Kurfürsten vgl. Koch II, 46/7; Coleccion XXXVII, 227.

1) Kl. II, 207 (März 1568).

„Pfaffen“ abgeworfen, wie Ehem klagt.[1]) Aber der Beitritt Sachsens gab der Sache wieder mehr Nachdruck. August, der nur auf die Initiative der rheinischen Kurfürsten gewartet hatte, war entschlossen, den Kaiser der spanischen Frechheit gegenüber nicht länger „so gar still sitzen“ zu lassen. Die sächsischen Intercessionen zu Gunsten Oraniens erregten längst den Unwillen der Spanier. Jetzt erschien (September 1568) eine Gesandtschaft sämmtlicher Kurfürsten, verstärkt durch Abgeordnete einiger protestantischer Fürsten, in Wien und neben ihrer etwas allgemein gehaltenen Werbung musste ein besonderes Anbringen im Namen Sachsens und Brandenburgs den Kaiser davon überzeugen, dass die bedeutendsten Reichsstände es wirklich ernst meinten. Dieser Nebenvortrag verlangte gebieterisch die Entfernung der spanischen Truppen aus der Nachbarschaft des Reichs, für welches sie gefährlicher seien als Türken und Moskowiter; er betonte die Zugehörigkeit der Niederlande zum Reich und forderte den Kaiser geradezu auf, für die Wahrung der deutschen Interessen sogar mit Waffengewalt einzutreten, wobei die gesammten Stände mit Leib und Gut zu ihm stehen „und also pro patria, focis et aris im Fall der Not mannlich streiten würden.“[2])

Die Gesandten fanden am Kaiserhof das freundlichste Entgegenkommen und die einflussreichsten Persönlichkeiten „bös spanisch“; namentlich der Kriegsoberst Lazarus von Schwendi, obwohl selbst Pensionär Philipps II., vertrat sehr lebhaft die Entfernung der spanischen Truppen, wies aber zugleich auf die Rücksichten hin, die dem Kaiser ein tätliches Vorgehen gegen den König unmöglich machten.[3]) Maximilian selbst war in seiner entschiedenen Verur-

1) In einem Schr. vom 30. Juni 1568 (an wen? Mb. 108/4 f. 1245) setzt August gegenüber der Untätigkeit des Kaisers, an dessen Hof übrigens die Stimmung zu Ungunsten Spaniens gewechselt habe, seine Hoffnung auf einen Tag der rheinischen Kurfürsten zu Oberwesel (4. Juli). Es kam aber nur zu einem Convent von Pfalz und Mainz zu Oppenheim, wobei Mainz ohne die andern Geistlichen sich in nichts einlassen wollte (Kl. II, 222; 233). Erst Ende Juli erfolgte dann der Zusammentritt von Pfalz, Mainz, Köln und den trierischen Abgeordneten zu Bacharach.

2) Ritter a. a. O. 341 A. 130.

3) Kl. II, 253/4; über die antispanische und antirömische Haltung von Schwendi und Zasius vgl. F. Wimmer, Vertraul. Briefwechsel des Cardinals Otto Truchsess mit Albrecht V. (Augsb. 1851) p. 58; 62; 72 ff.; die Schr. Chantonay's an Alba vom 18. Sept. 1568 und Philipps II. an Alba vom 14. 29. Okt. 1568; 10. 12. Jan. 18. Febr. 2. März 1569 (Coleccion XXXVII); Philipp II. an Granvela 12. März 1569 (Gachard II, 72).

teilung des spanischen Terrorismus gewiss aufrichtig, ausserdem persönlich gegen Alba und augenblicklich auch gegen die römische Curie sehr aufgebracht. Aber sein Bestreben ging trotzdem von Anfang an nicht weiter als sich zwischen den contrastirenden Anforderungen seines kaiserlichen Amts und seiner Stellung im Haus Habsburg, zwischen den unzufriedenen Reichsfürsten und den schroffen Spaniern möglichst glimpflich durchzuwinden. Während er einem sächsischen Gesandten vertraulich klagte, wie er als Freund der Protestanten vom Papst, von Spanien und seinen eigenen Brüdern angefeindet werde, bemühte er sich, allerdings vergebens, den entrüsteten spanischen Gesandten mit der Versicherung zu beruhigen, dass die Sendung eines Erzherzogs nach Spanien nur „den Leuten das Maul stopfen" sollte.[1]) Die gleiche Entschuldigung liess er durch den Kurfürsten von Trier an Alba gelangen. In Heidelberg wurden diese Verhältnisse von vornherein richtig beurteilt; man setzte auf einen kaiserlichen Vermittlungsversuch wenig Hoffnung, baute nicht auf die vorübergehende Aufwallung der geistlichen Kurfürsten und war trotz aller schönen Reden der Wiener Hofleute der Ansicht, „dass alle Ding auf die Harr gespielt" und der ganze Aufschub nur den energischen Spaniern zugute kommen werde. Friedrich liess dem Kurfürsten August geradezu erklären, nach seiner Ansicht seien die kaiserlichen Vorschläge allein im Interesse Philipps und mit Rücksicht auf die in Spanien lebenden Söhne Maximilians gemacht.[2])

Der Erfolg rechtfertigte nur zu sehr diese Befürchtungen; allerdings kam die Intercession des Reichs bei Alba und Oranien sowie die Sendung des Erzherzogs Karl nach Spanien zu Stande, aber der Kaiser hatte niemals mehr beabsichtigt als durch die Drohung mit den deutschen Fürsten auf Spanien eine Pression zu üben, die natürlich misslang. Da nun gleichzeitig durch den Tod der Königin Elisabeth von Spanien die Aussicht auf eine Verbindung Philipps

---

Schwendi hatte eine lebenslängliche Pension von 1200 fl. jährlich (Verzeichniss der deutschen Pensionäre Pap. de Granv. VIII, 182 ff.), an deren Rückstände er gelegentlich der Sendung des Erzh. Karl erinnern liess. Ueber die Absicht, Zasius zu gewinnen, Alba an Philipp, 25. Sept. 1569 (Coleccion XXXVIII, 196).

1) L. Wilhelm an Friedrich, 21. Nov. 1568 (Kl. II, 265); Chantonay an Alba, 8. Oct. 1568 (Coleccion XXXVII, 459); Alba an Philipp, 10. Mai 1569 (ebd. XXXVIII, 66/7).

2) Instruktion für Johann Casimir nach Dresden, 31. Okt. 1568 (Kl. II, 252 ff.).

mit der ältesten Kaisertochter eröffnet, überdies nach dem Ableben des Infanten Don Carlos sogar die Möglichkeit einer Succession des Erzherzogs Rudolf angedeutet wurde, beeilte sich Maximilian der formell sehr trotzigen Werbung seines Bruders in Madrid die Spitze abzubrechen; er stellte sie als eine leere Demonstration hin, die ihm von den Fürsten aufgenötigt worden sei. Philipps offizielle Antwort fiel so schonungslos aus, dass der Kaiser es gar nicht wagte sie den Kurfürsten in ihrem ursprünglichen Wortlaut vorzulegen; für die elende Auskunft einer Textfälschung, die er sich gestattete, musste er noch eine wohl verdiente Zurechtweisung von Seiten seines künftigen Schwiegersohns hinnehmen.[1]) Wenn Kurfürst August, veranlasst durch die kaiserlichen Concessionen an die österreichischen Lutheraner, damals darauf zurückkam, dem Kaiser das offene Bekenntniss der A. C. ans Herz zu legen, so war er in einer gründlichen Täuschung befangen. Die energische Aufforderung, Maximilian möge endlich mit den Protestanten vereint, die Land und Leute für ihn einsetzen würden, dem „abgöttischen Mönch zu Rom" Trotz bieten, spricht dafür, dass es der Kurfürst ernstlich meinte. Friedrich dagegen, durch Erfahrung belehrt, folgte zwar dem sächsischen Beispiel, konnte aber die Besorgniss nicht unterdrücken, dass der leidige Satan mit allen Mitteln „das angezündete Fünklein zu löschen" sich bemühen werde. In der Tat bewährte sich mehr als je das harte Urteil, welches Pius V. über den Kaiser fällte, „dass Mund und Herz weit genug von einander seien."[2])

Trotz aller Selbsterniedrigung des Kaisers bewirkte doch die Sendung des Erzherzogs, die Weigerung Oranien in die Acht zu tun und die Verständigung mit den österreichischen Protestanten in Spanien eine tiefe Verstimmung. Philipp II. erklärte das Benehmen seines Vetters in der niederländischen Frage für feindselig, den Religionshandel für eine Schande und liess als einzige notdürftige Entschuldigung die Machtlosigkeit des Kaisers gelten.[3]) Um so stärker richtete sich der Unwille der Spanier gegen die protestantischen Reichsfürsten und in erster Linie gegen Kursachsen, auf dessen unheilvollen Einfluss sämmtliche Verirrungen der Wiener Politik zurückgeführt wurden. Der Kaiser selbst war unvorsichtig

1) Vgl. über den ganzen Verlauf dieser Intercessionsgeschichte Kl. Fr. p. 330 ff. und namentlich Ritter p. 339 ff.

2) Arch. f. sächs. Gesch. III, 335/6; Kl. II, 265/6; 272 ff. Die Aeusserung des Papstes bei Wimmer a. a. O. p. 72.

3) Philipp II. an Alba, 18. 29. Okt. 1568 (Coleccion XXXVII, 469; 485/6.)

genug gewesen, August einmal als Verbündeten Oraniens zu bezeichnen.[1]) Längst hatten Alba und der Gesandte in Wien gedroht, man müsse den deutschen Fürsten ihre Neigung zu unbefugter Intervention gründlich austreiben. Jetzt schlug Granvela dem König vor, er solle einfach das linke Rheinufer wegnehmen; ein Vorschlag, der freilich selbst in Madrid Bedenken erregte, doch dachte man an ein Offensivbündniss mit den katholischen Reichsfürsten und vor Allem an die Beseitigung des sächsischen Einflusses. Granvela meinte, man könnte den Kaiser durch seine Gemahlin, Philipps Schwester, ernstlich auf den Glauben bringen, dass August nach der Königskrone trachte. Auch der Plan, einen Hauptgegner des Kurfürsten, den seit den Grumbachischen Händeln gefangenen Albrecht von Rosenberg zu befreien und in spanische Dienste zu nehmen, wird besprochen. Schon wagte der spanische Gesandte in Wien selbst dem Kaiser gegenüber die Sache Rosenbergs zu vertreten, ja sogar die Rechtmässigkeit der Exekution gegen Johann Friedrich in Frage zu ziehen; der unglückliche Herzog sei entfernt nicht so schuldig gewesen wie Oranien und eigentlich dem Hass Kursachsens geopfert worden.[2])

Nun musste noch ein Heiratshandel den Kurfürsten August in ein gespanntes Verhältniss nicht nur zu Spanien, sondern auch zum Kaiser und zu Frankreich bringen und zu einem höchst auffälligen Schritt veranlassen, der einen förmlichen Bund zwischen Dresden und Heidelberg zu bezeugen schien. Seit Jahren strebte der französische Hof nach einer Familienverbindung mit dem Kaiser, während Spanien dieselbe um jeden Preis zu hintertreiben suchte. Als Gegenzug benützten wieder die Franzosen das Projekt, ihren jungen König, falls das Haus Oesterreich Schwierigkeiten mache, mit der

1) Dietrichstein an Philipp II., 23. Aug. 1568 (Coleccion XXXVII, 362).

2) Chantonay an Alba, 18. 25. Sept. 1568 (Coleccion XXXVII, 437 ff.); Granvela an Philipp II, 3. Nov. 1568; 10. Jan., 22. April 1569; Philipp an Granvela, 12. März 1569 (Gachard II, 46; 54; 72/3; 84). Uebrigens war bereits zu Anfang 1568 in Spanien das Gerücht verbreitet, der Convent zu Fulda sei von den Kurfürsten aus eigner Initiative „pro electione regis Romanorum“ angesetzt (Schr. aus Madrid 5. Febr. 1568, Ma. 229/1). Auch Dietrichstein spricht in dem citirten Schr. (Col. a. a. O. 360) von den Praktiken vornehmer Reichsstände: „se teme que podrian resultar en que tratasen tambien de hacer eleccion de rey de Romanos“; im Nov. 1568 berichtet der Kanzler des Bischofs von Strassburg, in Heidelberg werde über die Wahl eines römischen Königs ohne die Geistlichen und katholischen Fürsten verhandelt (Ma. 230/3 f. 55).

ältesten Tochter Augusts zu verheiraten. Die Spanier aber liessen sich nicht darüber täuschen, dass eine so unwahrscheinliche Combination nur den Zweck hatte, auf den Wiener Hof einen Druck auszuüben. August selbst muss, seinen späteren Klagen zufolge, in dieser Richtung Verdacht geschöpft haben, und zwar vor dem Sommer 1568.[1]) Denn im Juni dieses Jahrs begannen die Verhandlungen über eine Verbindung seiner ältesten Tochter Elisabeth mit dem Pfalzgrafen Johann Casimir.[2])

Der erste Gedanke ging von Friedrich aus, der schon seit dem Augsburger Reichstag seinen zweiten Sohn in Dresden wiederholt so warm empfohlen hatte, dass man die Absicht nicht missverstehen konnte. Endlich liess er durch Ehem, der in Sachen Oraniens und eines protestantischen Convents nach Sachsen ging, ganz insgeheim um Elisabeth werben. Der Kurfürst hielt vorsichtig zurück, vor Allem wegen des confessionellen Gegensatzes, der aber durch den vermittelnden Einfluss des sächsischen Rats Cracov, der gemässigten Wittenberger Theologen, des Landgrafen Wilhelm, wenn auch nicht ausgeglichen, so doch verdeckt wurde. Schon im August war das kurfürstliche Elternpaar entschlossen es mit dem jungen Pfalzgrafen zu wagen, der nach der Versicherung Wilhelms von

1) In einem Schr. des französischen Gesandten Vulcob, Wien 3. August 1570, heisst es, der Kurfürst habe im Gespräch mit dem Grafen von Barby, der eine Verbindung mit Alençon anregte, erinnert an „d'autres propos de mariage, qu'il dit luy avoir esté tenuz par aucuns ministres de V. M. — ne dissimulant point au dit conte le mescontentement qu'il en avoit eu, d'autant qu'iceux propos n'avoient depuis esté suiviz". Am 10. Okt. schreibt dann Barby an Vulcob, der Kurfürst hege einen Verdacht gegen K. Katharina „touchant sa première fille" (Pb. 500 de Colbert 397). Am 18. Juli 1574 schreibt der venezianische Gesandte Tron aus Wien, man erkläre das Verhalten des Kurfürsten gegen K. Heinrich „per sdegno chi tiene con S. Christma M., che li diede speranza di tuor la figliuola, la qual di poi [fu?] accompagnata con Casimiro — et li mancasse". Ven. Cop.). — Ueber Baierns Absicht, anstatt der ketzerischen Sächsin eine von seinen Töchtern mit Karl IX. zu vermählen, vgl. Simon Eck an Cardinal Otto Truchsess (1568, undatirt, Ma. 284/12) und Wimmer p. 100 ff.

2) Noch während des französischen Feldzugs waren verschiedene Gerüchte von Johann Casimirs Heiratsplänen aufgetaucht; man sprach von seiner Verbindung mit der jungen und schönen Herzogin-Wittwe von Nevers (!), eine Zeitlang von seiner unmittelbar bevorstehenden Hochzeit mit K. Elisabeth von England (Depeschen des venezian. Gesandten in Wien 1. 15. April, 9. 16. Sept. 1568, Ven. Copp.).

Hessen dem Calvinismus seines Vaters innerlich fremd geblieben war. Johann Casimir selbst stellte über seine Auffassung der Abendmahlslehre einen Revers aus, der mit seiner absichtlichen Zweideutigkeit zur äusserlichen Beruhigung beider Parteien diente; insgeheim rechnete man freilich in Dresden wie in Heidelberg darauf, nach diesem halben Entgegenkommen die confessionellen Widersacher noch vollends zu sich herüberzuziehen, eine Hoffnung, die nachmals auf das Bitterste getäuscht worden ist.

Die Verlobung erfolgte am 26. November 1568; wegen der grossen Jugend der Braut ward die Hochzeit noch verschoben. Kurfürst Friedrich selbst äusserte vertraulich sein Erstaunen, dass August seine Tochter wirklich einem „zwinglischen" Fürsten zur Ehe gebe.[1]) Zunächst waren es die Freunde Oraniens und der Niederländer, die mit freudiger Hoffnung auf diese engere Vereinigung der deutschen Protestanten sahen; einer von ihnen meint, das werde „etlichen Leuten, die dem Pfalzgrafen Kurfürsten gern an das Leder gewesen, nicht wenig in die Knie schrecken."[2]) Jedenfalls war die Uebereinstimmung dieses Schrittes mit dem antispanischen Auftreten Kursachsens in Wien unverkennbar. Und dass auch das alte vertrauliche Verhältniss zwischen August und dem Kaiser eine Störung erlitten hatte, lag ebenfalls am Tage.[3]) Nach dem Sturz der Kryptocalvinisten beschuldigte der Kurfürst seinen ersten Ratgeber Cracov, er habe gelegentlich dieser Heirat nicht nur für den Calvinismus der Heidelberger, sondern auch für ihre Pläne

---

1) Joh. Jezlerus an Ulmer, Heidelberg 10. Dez. 1568 (Bm. cod. lat. 11470a f. 102): „narravit hoc consiliario cuidam ipse elector, summa cum voluptate, haec verba subiungens: Quis unquam fore putasset, ut Augustus principi Zuingliano suam in uxorem daret filiam?" Alles Nähere bei Kluckhohn, die Ehe des Pf. Johann Casimir mit Elisabeth von Sachsen (Abhandlungen der bair. Ak. der W. III. Classe XII. 2, 83 ff.); über den unglücklichen Ausgang dieser Ehe vgl. meinen Nachtrag: die letzten Jahre der Pf. Elisabeth, Gemahlin Johann Casimirs (ebd. XIV. 3, 1 ff.).

2) Prinsterer, I. 3, 300.

3) Dr. Jung an Baiern, Wien 5. März 1569: „Das ist aber gewiss, das der churf. von Sachsen kaine solliche correspondenz mit irer mt. hölt, wi er zuvorn getan" (Ms. 229/10 f. 231 ff.). Aehnlich berichtet der venezianische Gesandte am 20. Jan. 1569, in Deutschland sehe es unruhig aus, „dispiacendo secondo intendo ogni di maggiormente all' imperatore questa nova affinità et colleganția de Sassonia et del Palatino;" man fürchte die Beiziehung von Dänemark und Schweden zum Bund der deutschen Fürsten (Ven. Cop.).

gegen das Haus Oesterreich sich gewinnen lassen. Diese Anklage übertreibt freilich zweifellos, aber ebenso gewiss hat die besprochene Entfremdung zwischen Sachsen und dem Kaiser ein paar Jahre lang dem deutschen Protestantismus einen festeren Halt verliehen, Kurpfalz aus der gefährlichsten Isolirung befreit und den auswärtigen Evangelischen wenigstens mittelbar Vorteil gebracht.[1]) Dass dem Pfalzgrafen Johann Casimir und der sächsischen Prinzessin ihre Verbindung zum schweren Unheil geworden ist, dass August seine damalige Politik später als eine traurige Verirrung und ihre Vertreter als treulose Schurken gebrandmarkt hat, das konnte die günstigen Wirkungen dieser wenigen Jahre der Eintracht nicht mehr ganz aufheben.

Obwohl die sächsisch-pfälzische Verlobung im Ausland als eine Demonstration gegen die päpstlich-spanische Politik aufgefasst wurde, so hat doch in Wahrheit nicht Kurfürst August sich den Plänen der Heidelberger Staatsmänner angeschlossen, sondern umgekehrt Kursachsen die Pfälzer ins Schlepptau genommen und von einer energischen Verfolgung ihrer unionistischen Ziele abgehalten. August wollte eben die Bewegung, die sich von den Niederlanden und von Frankreich aus dem Reich mitgeteilt, bemeistern und als Führer der protestantischen Hälfte von Deutschland jeder Friedensstörung von Seiten der eignen Partei wie der Katholischen vorbeugen. Den internationalen Kampf des alten und neuen Glaubens meinte er mit dem Buchstaben des Religionsfriedens und der Reichssatzungen beschwören und am Ueberschreiten der Reichsgrenzen hindern zu können.

Die Pfälzer selbst erscheinen nach dem Ausgang ihres französischen Zugs etwas abgekühlt; sie wollten zunächst die Unionsprojekte, die sie immer noch hegten, im Reich nicht mehr unmittelbar vertreten, um nicht in den Verdacht einer „neuen Conspiration"

---

1) Die Auffassung Ritters (a. a. O. p. 355), dass gerade damals die schärfere Sonderung der sächsischen und pfälzischen Politik ihren Anfang genommen habe, vermag ich durchaus nicht zu teilen. Kl. Darstellung (Fr. p. 335; 341 ff.) trifft gewiss das Richtige. Allerdings musste sich in den Jahren des Einverständnisses die pfälzische Politik der sächsischen unterordnen, aber um den Preis dieser Unterordnung gewährte August den Heidelbergern seinen Schutz. Auf das unleugbar veränderte Verhältniss zwischen Wien und Dresden, das erst im Jahr 1573 wieder die alte Vertraulichkeit annimmt, legt Ritter offenbar zu wenig Gewicht.

zu geraten; „denn was Pfalz tut, ist übel getan.“[1]) An ihrer Statt übernahm jetzt Wilhelm von Hessen, der älteste Sohn Philipps des Grossmütigen die Anregung zu einem evangelischen Bund innerhalb des Reichs. Der Landgraf, der im lutherischen Deutschland natürlich mehr Vertrauen genoss als der calvinistische Kurfürst, stand in der Auffassung religiöser Fragen über der Mehrzahl seiner confessionell befangenen Zeitgenossen. Aber wie er hier trotz seines freieren Standpunkts eine bedenkliche Isolirung zu vermeiden suchte,[2]) so hatte er sich trotz seiner kriegerischen Jugendjahre in politischen Dingen eine Vorsicht angeeignet, die manchmal nicht nur ängstlich, sondern geradezu zweideutig war. Mit dem französischen Hof, von dem er eine stattliche Pension bezog,[3]) unterhielt er das beste Einvernehmen; er fertigte vor dem Zug Johann Casimirs eigene Gesandten ab, um jeden Verdacht einer Beteiligung von seiner Seite zu zerstreuen. Damals riet er auch dem Kurprinzen Ludwig, das gefährliche Treiben seines Vaters und Bruders

---

1) Protokoll vom 14. Juli 1568 (Kl. II, 234; vgl 237).

2) Vgl. z. B. seine Weigerung, sich für mildere Behandlung der verhafteten sächsischen Kryptocalvinisten zu verwenden, Heppe, Gesch. des deutschen Protestantismus II, 444/5. Nach dem Tod Kf. Friedrichs lässt er ein Memorial an dessen lutherischen Nachfolger mit Rücksicht auf Kursachsen sehr vorsichtig abfassen; er befiehlt seiner Kanzlei, „das ir den stylum in allweg zu benehmung solcher gedanken, die man von uns des Zwinglianismi halben schöpfen möchte, dirigirt“ (Wilhelm an den Kanzler Dr. Scheffer, 9. Nov. 1576, Marb.). Dieser Verdacht ist ihm allerdings trotz seiner Vorsicht nicht erspart geblieben.

3) Was sehr mit Unrecht in Abrede gestellt worden ist (vgl. Sugenheim, Frankreichs Einfluss auf und Beziehungen zu Deutschland I, 288) Das bereits angeführte Verzeichniss deutscher Pensionäre in Paris (Pb. 500 de Colbert 397) führt auf: „le sr langrave Guillaume de Hessen“ mit 10000 livres, ausserdem „le jeune langrave“ mit 2000 livres (wohl ein Bastard Philipps des Grossmütigen?). Am 18. Febr. 1568 schreibt Wilhelm an Karl IX., er habe dessen Brief empfangen, „ensemble la libéralité des dix mil livres, de laquelle il luy [V. M.] plaist user en mon endroit“ (Pb. fonds français 15918 Nr. 105) Einige Jahre später sagt der französische Agent Schomberg von Wilhelm: „il a la fleur de lys engravé dans le cueur“ (Prinsterer I. 4, 54 *). Nach einer Mitteilung des Grafen Lynar im J. 1575 hätte Wilhelm damals die Pension nicht mehr bezogen (Kl. II, 851), während ein Schr. des Pfalzgrafen Georg Hans an Beutterich vom 27. Juni 1585 (Mb. 90/12 f. 275) im Gegenteil versichert: „er ist auf dise heutige stund noch der cron Frankreich pensionarius.“

beim Kaiser förmlich zu desavouiren, ein Rat, den zu befolgen Ludwig sich doch schämte.[1]) In seinem Verhältniss zu Oranien zeigte Wilhelm noch augenfälliger diesen unedeln Zug. Er hatte im Juni 1568 mit Pfalz zusammen die Unterstützung des oranischen Feldzugs bei Kursachsen beantragt. Einen Monat später, als das niederländische Heer bei Jemmingen von Alba geschlagen worden war, wies er die Bitte des bedrängten Prinzen um Geld und Ueberlassung eines hessischen Obersten schroff zurück und überhäufte ihn mit Vorwürfen, dass er gegen seinen „gütigen und milden König" die Waffen ergriffen habe.[2])

Aber er war doch zu sehr Politiker, um die Gefährlichkeit der katholischen Reaktionsgelüste und der protestantischen Zerrissenheit zu übersehen. Er hasste und fürchtete das „zänkisch Pfaffengeschwätz", die „vorwitzigen Theologen" mit ihren „unnötigen Disputationibus und Spaltungen", die nicht nur die kirchliche, sondern auch die politische Stellung der Evangelischen schwer erschütterten. Demgemäss beförderte er eifrig die sächsisch-pfälzische Familienverbindung; gleichzeitig trat er selbst vor seine protestantischen Mitstände mit einem fertigen Unionsentwurf, der für den Fall eines fremden Angriffs die Aufstellung eines beträchtlichen Bundesheers (9000 Reiter und 75 Fähnlein Knechte, nebst Geschütz) ermöglichen sollte. Die Stelle des Bundesobersten war Kursachsen zugedacht, eine Verbindung mit dem Ausland vorerst in den Hintergrund gerückt; dagegen hätte Wilhelm den Anschluss katholischer, geistlicher Reichsstände gern gesehen.[3]) Aber so eindringlich die Triumphe Alba's, der Widerruf des Friedens von Longjumeau und die fortdauernden Gerüchte von dem papistischen Bund für das hessische Projekt sprachen, so überwog doch bei der Mehrzahl der deutschen Fürsten die hergebrachte Scheu vor energischen Massregeln und die confessionelle Engherzigkeit. Während den Pfälzern

1) Kl. II, 132 A. 1; 172; Prinsterer. I. 3 164. Das Urteil Kl. (II. p. XLII): „auf Wilhelm konnte der Kurfürst mit Sicherheit zählen" geht entschieden zu weit.

2) Vgl. die sächsische Erklärung vom 18. Juni (Kl. II, 224) und Wilhelms Schr. an Oranien vom 27. August, nebst der hessischen Instruktion vom 28. Juli 1568 (Prinsterer I. 3, 273 ff.; 286 ff.). Eine gute Charakteristik des „weisen" Landgrafen bei Prinsterer, I. 4, XXIX/XXX.

3) Ein Auszug des hessischen Entwurfs (nach einer „Verzeichniss" vom 13. August 1568) bei Heppe II, 187 ff. Kf. Friedrich spricht von einem „discours" des Landgrafen (an Wilhelm 8. Dez. 1568, Neudecker, Neue Beiträge zur Gesch. der Ref. II, 137).

der Vorschlag nicht weit genug ging, vor Allem der Beitritt Englands unerlässlich schien, trug Christoph von Würtemberg Bedenken, mit dem Kurfürsten Friedrich, diesem „antesignano Zwinglianae doctrinae“, zusammenzugehen und sich in Kriegsgefahr zu begeben. Kursachsen wollte gleichfalls nicht recht daran und den Schutz des Reichs lieber in der bestehenden Kreisverfassung suchen. Als endlich selbst August eine geheime Conferenz evangelischer Fürsten sich gefallen liess, erhob sich von verschiedenen Seiten Widerspruch. Brandenburg verlangte die offene Besprechung der ganzen Frage auf einem Reichstag und Kurfürst Friedrich erklärte, der persönliche Besuch eines Fürstentags sei ihm augenblicklich unmöglich und er schlage eine baldige Zusammenkunft aller, auch der geistlichen Kurfürsten vor.[1]) Schliesslich kam nicht einmal diese zu Stand, da der Kaiser eben einen neuen Deputationstag ausschreiben liess.

Friedrichs plötzliche Weigerung, sich ausser Lands zu begeben, ist auf eine von Westen drohende Kriegsgefahr zurückzuführen, die wieder mit den unausgesetzt und auf eigene Faust betriebenen Unionsbestrebungen der Pfälzer zusammenhing. Seit Anfang 1568 bemühten sich die Heidelberger England als die unentbehrliche Stütze für eine gemeinsame protestantische Defensive zu gewinnen die im Feld stehende Armee Johann Casimirs sollte mit englischem Geld verstärkt und zu einem weiteren christlichen Unternehmen gebraucht werden, wobei man jedenfalls an die Niederlande dachte.[2]) Aber obwohl der pfälzische Gesandte bei den „Grossen“ günstige Aufnahme fand, so widerstrebte doch Elisabeths damalige Stimmung jedem Bündniss mit dem Calvinismus, dessen Fortschritte in ihrem eigenen Land sie lebhaft bedauerte und fürchtete; noch im Sommer hat sie Alba's Sieg bei Jemmingen offiziell auf das Freudigste begrüsst und von den geschlagenen Rebellen mit bitterer Verachtung

---

1) Kl. II, 237; 263/4; 284/5, wo zuerst auf Friedrichs schliessliche Bedenken gegen den Fürstentag aufmerksam gemacht wird; Kugler II, 524 ff. Ueber Friedrichs Misstrauen gegen Würtemberg vgl. Friedrich an Wilhelm 8. Dez. 1568 (Neudecker II, 138).

2) Leider ist das Material für die Verhandlungen der Pfälzer mit England hier wie auch in späteren Jahren sehr fragmentarisch; von den zahlreichen und wichtigen Gesandtschaften Friedrichs und Johann Casimirs finden sich in den deutschen Archiven so gut wie gar keine Berichte und Correspondenzen. — Vgl. das „Bedenken“ Kl. II, 211 A. 1, wonach Friedrich auch um Geld zu seiner eigenen Verteidigung bat.

gesprochen.[1]) Andererseits nahm auch Johann Casimir, der von der englischen Sendung nicht rechtzeitig Kenntniss erhalten hatte, die Sache anfangs kühl und misstrauisch auf.[2]) Ebenso erfolglos waren die pfälzischen Bemühungen, bei einzelnen protestantischen Reichsfürsten wenigstens eine finanzielle Unterstützung Oraniens durchzusetzen; Friedrich allein half mit einer namhaften Summe aus, wie der Schatzmeister des Prinzen nachmals den Spaniern im peinlichen Verhör bekannte.[3]) Dieser Schritt des Kurfürsten ist umsomehr anzuerkennen als er eben erst für den Hugenottenkrieg Geldopfer gebracht und die unangenehmen Verhandlungen über die seinem Sohn geschuldeten Rückstände als warnendes Beispiel vor Augen hatte.

Die Vermutung der Spanier, dass Johann Casimir sich persönlich dem Kriegszug Oraniens anschliessen werde,[4]) bestätigte sich allerdings nicht. Dagegen scheint der junge Pfalzgraf seine Blicke wieder nach Frankreich gerichtet zu haben, wo die Erneuerung des Bürgerkriegs nicht lange auf sich warten liess. Während verschiedene hugenottische Gesandte in Heidelberg über die Tyrannei des Cardinals von Lothringen Klage führten und schon im August um wiederholte Hülfe mit Geld und Volk ersuchten, unterliess auch der König nicht, Johann Casimir an sein zu Ungunsten der Hugenotten gegebenes Versprechen zu erinnern. Der junge Pfalzgraf wies aber die Mahnung energisch zurück, indem er sich auf die schmähliche Missachtung des Pacificationsedikts stützte. Schon im Juli hatte Friedrich einen andern Gesandten nach England abgefertigt; nominell stand in erster Linie die Anbahnung eines Defen-

1) Cirler an den Gesandten Tremellius, Heid. 8. April 1568 (Kl. II. 211 ff.) spricht mehrfach von der günstigen Gesinnung der „magnates" oder „proceres". Ueber die damalige Haltung der Königin und ihre Abneigung gegen den Calvinismus vgl. Froude, History of England IX, 321 ff.

2) Cirler an Tremellius, 25. April 1568 (Kl. II, 218/9); das „Macchabaeum iuniorem" geht ganz sicher auf Johann Casimir; die folgende Stelle „iuniorem vero in responsione" u. s. w. lautet ursprünglich: „filium vero Machabaei in responsione haesitasse et aliquantulum alienum a consueta humanitate apparuisse", was der Schreiber dann gemildert hat.

3) Alba an Philipp, 10. April 1569 (Coleccion, XXXVII, 67; nach dieser Angabe hätte der Kurfürst dem Prinzen 70000 Taler zugestellt „por compra de un estado que á él le estaba bien"); vgl. Kl. II, 227; 267; 330 A. 1.

4) Col. XXXVII, 328; 352.

sivbündnisses der Königin mit den deutschen Protestanten. Wichtiger und dringender war den Pfälzern jedenfalls das Ansuchen, die Königin möge Bürgschaft für eine Summe von 800000 Gulden leisten, womit die Kosten eines grossen Unternehmens wider die Feinde des Evangeliums gedeckt werden sollten. Der Gesandte sah sich jedoch veranlasst diese Forderung bedeutend herabzustimmen; Johann Casimir würde auch für ein paarmal hunderttausend Kronen entweder den besondern Zwecken der englischen Politik oder der gemeinen Sache sein Schwert zur Verfügung gestellt haben. Mit einem Unternehmen „im besondern Dienst der englischen Krone" kann kaum etwas anderes gemeint sein als der Anschlag zur Wiedereroberung von Calais, woran man damals in England, angeregt durch den französischen Bürgerkrieg, ernstlich dachte.[1]) Ueberhaupt war im Lauf des Jahres die Stimmung für die festländischen Protestanten bedeutend günstiger geworden, so dass die Königin zwar nicht auf die pfälzischen Anträge ohne Weiteres einging, aber doch dem Vertreter des Kurfürsten Dr. Junius keine ganz abschlägige Antwort und sogar einen englischen Gesandten als Begleiter auf die Heimreise mitgab.

Junius hatte übrigens keineswegs allein operirt; mit ihm zusammen drangen Gesandte der Hugenotten, Oraniens und des Pfalzgrafen Wolfgang auf die Unterstützung einer kriegerischen Politik, die, ursprünglich auch die Niederlande ins Auge fassend, nach dem unglücklichen Ausgang von Oraniens Feldzug sich mit voller Kraft gegen Frankreich wandte. Ein merkwürdiger hugenottischer Kriegsplan, der noch vor dem Einmarsch Oraniens in die Niederlande abgefasst ist, denkt sich den Angriff des Letzteren auf Alba combinirt mit einem deutschen Vorstoss zu Gunsten der Hugenotten; er spricht von einem oder mehreren deutschen Fürsten und schlägt dieser Hülfsarmee einen Marsch durch die Freigrafschaft und Dauphiné bis in die Provence und von da hinüber nach Languedoc vor;[2]) ein abenteuerlicher Plan, der wohl kaum ernsthaft in Be-

1) Kl. II, 270/1; 304 ff. Vgl. über den Anschlag auf Calais die Schr. des franz. Gesandten in London La Mothe Fénélon an den König vom 15. Dez. 1568 und 6. Jan. 1569 (Corresp. diplomatique de La Mothe Fénélon I, 45 ff.; 91/2): Froude IX, 355 ff. Auch der spanische Gesandte erwähnt den pfälzischen „Agenten" Doctor Junio in einem Schr. an Alba, Dez. 1568 (Coleccion XXXVII, 509 ff.).

2) Dieses Schriftstück, unterzeichnet Barnaud (in der deutschen Aufschrift: „Capitayne Bernauds bedenken", Ms. 544/13 f. 224) gehört nach den Stellen: „monseigneur le prince a l'entrée libre en Flandres"

4

tracht gezogen worden ist. Ehe die deutschen Rüstungen fertig waren, musste Oranien, in den Niederlanden unglücklich, auf französischen, von da auf deutschen Boden entweichen; man dachte an einen vereinigten Zug seiner und der pfälzischen Armee längs der nordfranzösischen Grenze, um zunächst Calais für England wegzunehmen.[1]) Aber die englische Regierung wollte weder mit Frankreich noch mit Spanien offenen Krieg und scheint in die Waffen der deutschen Fürsten wie Oraniens geringes Vertrauen gesetzt zu haben.

Seltsamer Weise trat jetzt der frühere Calvinistenfeind Wolfgang von Zweibrücken in die Fussstapfen seiner Heidelberger Vettern, die er sogar für den Augenblick an kriegerischem Eifer überbot. Dass Johann Casimir ursprünglich sich selbst an die Spitze einer neuen Expedition hatte stellen wollen, ergibt sich mit Sicherheit aus jenen englischen Verhandlungen.[2]) Das Zögern Englands und das entschiedene Vorgehen Wolfgangs, der schon im September 1568 mit einem Condé'schen Gesandten den Vertrag auf Zuführung von 22000 Mann abschloss,[3]) scheint die Kurpfälzer in den Hintergrund gedrängt zu haben. Neben der Abneigung sich ohne hinreichende finanzielle Deckung von Neuem einzulassen, dürfte übrigens auch die Rücksicht auf Kursachsen in die Wagschale gefallen sein; wenigstens wurde dieses Moment in den folgenden Verhandlungen Friedrichs mit dem englischen Gesandten Killegrew stark betont, den man sogar veranlasste, seinen Aufenthalt in Heidelberg abzukürzen, um jeden unliebsamen Verdacht zu vermeiden.[4]) Friedrich versicherte nachmals offiziell, er habe dem

und „les ennemis de l'évangille — sont aussi despartis au mandement du roy pour le joindre à son camp près d'Orléans et d'Estampes" (vgl. Soldan II, 335) in den September 1568. Die Vorschläge sind wunderlich, z. B. Einnahme von Besançon, Lyon, Avignon, Marseille u. a. Plätzen.

1) Der Gesandte de La Mothe erhielt Nachricht, die deutschen Fürsten hätten der Königin den Vorschlag gemacht, „que, quant le duc de Deux Pontz et le prince d'Orange seront joinctz, qu'ilz viendront le long de la Picardye et du pays d'Arthois pour assiéger le dict Callais" (La Mothe I, 100).

2) Vgl. die ausdrückliche Erklärung Friedrichs am 14. April 1569 (Kl. II, 306).

3) Wolfgang trat im August 1568 gleichzeitig in Verhandlung mit England und mit den Hugenotten (J. H. Bachmann, Herzog Wolfgangs Kriegs-Verrichtungen, Mannh. 1769, p. 18; Cal. of St. P. 1566—68 p. 523).

4) Killegrew an Burghley, 11. 16. April 1569 (Calendar 1569—71 p. 58; 73); vgl. über das erstere Moment eine Zeitung vom 19. Dez. 1568 (Ma. 285/2).

Pfalzgrafen Wolfgang den Zug widerraten. Aber die Verbindung der Hugenotten mit Wolfgang war zu Heidelberg unter den Augen des Kurfürsten eingeleitet worden; Friedrich unterstützte den Vetter mit einem Darlehen und Johann Casimir scheint sich bald mit dem Gedanken eines Nachzugs befreundet zu haben. Einstweilen hofften die Heidelberger durch Wolfgangs Vermittlung ihre früheren Auslagen von Condé und Oranien zurückzuerhalten[1])

Unter den ungünstigsten Verhältnissen hat Pfalzgraf Wolfgang seinen kriegerischen Entschluss mit einer Energie festgehalten und durchgeführt, die von dem sehr unerfreulichen Wesen seiner bisherigen Politik wohltätig absticht. Der frühere Pensionär Spaniens, der fanatische Lutheraner erscheint wie umgewandelt. Die Abmahnungen des Kaisers und verschiedener Reichsfürsten vermochten so wenig wie das Missvergnügen seiner eigenen Gemahlin und seiner Räte; selbst die schändlichen Irrlehren der französischen Calvinisten, die ihm sein Prediger, der berüchtigte Heshusius, strafend vorhielt, taten keine Wirkung. Die finanzielle Grundlage des Unternehmens war eine äusserst schwache; die englischen Subsidien, auf die der Pfalzgraf sicher rechnete und von denen man allgemein sprach, blieben aus, ebenso die Gelder, deren Beischaffung ein politischer Abenteurer, Dr. Weyer, übernommen hatte. Trotzdem gelang es, mit dem vorhandenen Bargeld, den hugenottischen Verschreibungen und der Hoffnung auf englische Hülfe die Truppen in Marsch zu bringen.[2])

---

1) Vgl. Kl. II, 276; 285; Wolfgang verpfändete seinen Anteil an Parkstein und Weiden für 100000 Taler an Friedrich (ebd. p. 1058, nach den Urkk. im kurhessischen Archiv); auf eine Aeusserung Friedrichs bei Schlichtegroll p. 82 dürfte dieser Tatsache gegenüber nicht viel Gewicht zu legen sein, vgl. die Klage eines zweibrückischen Gesandten ebd. p. 81. Ueber W. „enge und geheime Rät und Anschläg" mit Friedrich schreibt Viehauser an Baiern, Speier 25. Nov. 1568 (Ma. 230/3 f. 55).

2) Der Cardinal von Châtillon sagt in seiner Erklärung vom 28. September 1569 über Wolfgang: „laquelle (armée) sans avoir reçeu aucuns deniers pour la solde d'icelle il a conduicte depuis l'Allemaigne jusqu'à près de l'autre estrémité du royaume de France" (Schlichtegroll p. 105). Derselbe entschuldigt in einem Schr. an Friedrich von 10. Juni 1569 das Ausbleiben der englischen Subsidien, die ihm versprochen, aber nicht rechtzeitig ausgehändigt worden seien; erst vor einer Woche habe er, was er bekommen konnte, einstweilen nach Rochelle geschickt (Kl. II, 334 ff. vgl. La Mothe I, 416/7). Demnach erscheint die Angabe La Mothe's in seinem Schr. vom 6. Febr. 1569 (La Mothe I, 178; vgl. 387; 409) mindestens verfrüht. Auch die ausweichende Art,

4*

Während die sich sammelnden Reiter des Pfalzgrafen und das aus Frankreich kommende Kriegsvolk Oraniens den Elsass und die benachbarten Bistümer [1]) gräulich verwüsteten, schienen die Franzosen dem neuen Angriff zuvorkommen und für die früheren deutschen Invasionen Rache nehmen zu wollen. Der Herzog von Aumale, der seit Herbst 1568 in der Champagne Stellung genommen hatte, näherte sich zu Anfang des Winters der Reichsgrenze und begann veldenzisches, kurpfälzisches, strassburgisches Gebiet als Feindesland zu behandeln. Vergebens wandten sich die Betroffenen an den Kreis, an die Nachbarfürsten, an den Kaiser; vergebens versicherte Kurfürst Friedrich, Frankreich wolle seine Grenzen gegen den Rhein vorschieben. Bei der kläglichen Wehrlosigkeit des Reichs wie der Einzelterritorien und vor Allem bei dem unerschütterlichen Egoismus sämmtlicher Stände, die selbst noch nicht berührt waren, hätte ein französischer Vorstoss alle Aussicht auf Erfolg gehabt. Wirklich bekannte kurz darauf ein verhafteter französischer Emissär, man sei am Hofe mit einem Anschlag „zur Eroberung von Deutschland" umgegangen. Die Franzosen hatten auch Spanien nicht nur dringend um Hülfstruppen gegen Wolfgangs Angriff ersucht, sondern auch durch den Cardinal von Guise in Madrid angedeutet, sie wollten Zweibrücken wegnehmen. Aber Philipp ging auf den letzteren Vorschlag gar nicht ein, da ihm, wie er an Alba schrieb, eine solche Ausdehnung der französischen Herrschaft gegen den Rhein hin durchaus unerwünscht war. [2])

---

womit K. Elisabeth in einem Gespräch mit dem zweibrückischen Gesandten (21. Oktober) die Geldfrage behandelt, spricht dafür, dass sie wenig oder nichts gegeben hatte und auch weiterhin nichts geben wollte; sie meinte, die deutschen Fürsten müssten anfangen, und nannte den Kf. Friedrich „un bon gardeur de ces coffres" (Schlichtegroll p. 81). — Ueber die hugenottischen Verschreibungen, deren Unzuverlässigkeit ein zweibrückischer Rat bitter beklagt (ebd. p. 108), vgl. Bachmann p. 28; 31 ff.; über W.'s vergebliche Versuche von der Stadt Strassburg ein Darlehen zu erhalten, Languet Arc. I, 86.

1) Man brachte die Verwüstung des Bistums Strassburg damit zusammen, dass Pf. Reichard sich dafür habe rächen wollen, dass er bei der Bischofswahl durchgefallen sei (Lang. Arc. I, 80; ad Camerarium p. 72).

2) Am 14. Juli 1569 bekannte der verhaftete Agent Peter Clar u. a., „man habe am hoff vill närrischer anschlege gehabt, und sonderlich pour la conqueste d'Almaigne" (Ms. 544/8 f. 226; Näheres bei Kl. II, 310 ff.). Ueber das wahre Verhältniss zwischen Frankreich und Spanien vgl. die Schr. des Cardinals von Lothringen vom Jan. und Febr. 1569 (bei de Croze, les Guises I, 335) und vor Allem das Schr. Philipps an Alba vom 18. Febr. (Coleccion XXXVII, 553 ff.)

Ausserdem befand sich Spanien im Conflikt mit England, hatte zu Haus einen Moriskenaufstand und sah den Religionskrieg zunächst nicht ungern aus den Niederlanden ganz nach Frankreich verlegt. Alba, dem Pfalzgraf Wolfgang beruhigende Versicherungen gegeben hatte, stellte den Franzosen allerdings Truppen zur Verfügung, verbot diesen jedoch an dem Angriff auf das Reich teilzunehmen und zeigte überhaupt so wenig Entgegenkommen, dass man ihn nachträglich geradezu des Einverständnisses mit den Ketzern beschuldigte.[1]) Diese kühle Haltung Spaniens hat wohl noch mehr als die Rüstungen der Pfälzer den Franzosen den Gedanken einer förmlichen Offensive verleidet.

Wolfgang dachte ursprünglich seinen Marsch aus dem Elsass nach den drei Bistümern zu nehmen, aber er wurde, da ihm in militärischen Fragen die nötige Selbständigkeit fehlte, durch seine Umgebung hievon abgebracht und entschloss sich obwohl ungern den Weg durch die Freigrafschaft und Burgund einzuschlagen (12. März 1569). Er führte etwa 17000 Mann und einige Artillerie und hatte zu seinem Glück erfahrene Kriegsleute bei sich, wie den Grafen Volrad von Mansfeld und die nassauischen Brüder Wilhelm und Ludwig; das erwartete Heer Oraniens war freilich auf eine kleine Truppe zusammengeschmolzen. Unterwegs kam die Nachricht von der unglücklichen Schlacht bei Jarnac und der Ermordung des Prinzen von Condé; die Gegner hofften, Wolfgang werde diese Gelegenheit ergreifen, um sich vom König mit einer tüchtigen Geldsumme den Rückzug abkaufen zu lassen.[2]) Wirklich fertigte er einen Gesandten an das königliche Hoflager ab, der aber wider Erwarten nur eine Motivirung des pfälzischen Kriegszugs nebst der Bitte um Religionsfreiheit für die Hugenotten brachte. Der Hof war wütend; Katharina von Medici sagte dem Gesandten ins Gesicht: „Euer Herr hat da dem König eine Schrift zugeschickt, so schmutzig, so unflätig, so unverschämt wie möglich. — Das ist ja ein wahres Cartell und eine Franziskanerpredigt.“ Sie entliess ihn mit Schmähungen überhäuft, aber nicht ohne deutlichen Wink,

---

1) Alba an Philipp, 30. Jan., 11. März, 4. April, 31. Mai, an Alava 29. März 1569; vgl. auch das Gespräch Alba's mit einem französischen Agenten 19. Febr. 1569 (Colleccion XXXVII, 541; 564 ff.; XXXVIII, 10/11; 41 ff.; 52 ff.; 100 ff.). Ueber das französische Misstrauen gegen Alba vgl. ein Memoire La Mothe's vom Nov. 1569 (La Mothe II, 354).

2) Petrucci an Franz von Medici, 11. April 1569 (Desjardins, Négociations dipl. de la France avec la Toscane III, 588); Alba an Albrecht von Baiern, 5 Mai 1569 (Ma. 284/12 f. 189). Vgl. auch La Mothe I, 362

dass auch jetzt noch ein friedlicher Rückzug für seinen Herrn und für ihn sehr einträglich sein würde.[1]) Wolfgang sah sich damals ohnedies durch seine ernstliche Erkrankung beinahe zur Umkehr genötigt. Aber um das völlige Scheitern des Unternehmers zu verhüten, hielt er aus, obwohl er das Schlimmste befürchten musste. Die ungewohnte Aufregung des Feldzugs tat das Uebrige; er hatte, wie er einmal sagte, zwei starke Feinde zur Seite, den Tod und den von Aumale. Als er die Loire überschritten hatte und sich in der Nähe von Limoges befand, verliessen ihn die Kräfte; Coligny, der zur Begrüssung des Verbündeten herbeieilte, fand ihn im Todeskampf (11. Juni). Aber das Hauptziel, die Vereinigung der protestantischen Streitkräfte war erreicht, die hugenottische Sache aus schwerer Gefahr gerettet. So hat Wolfgang von Zweibrücken, der ehemalige Todfeind der „Sekten", im Dienst des französischen Calvinismus sein Leben eingesetzt. Wenige Monate später empfing ein anderer lutherischer Reichsfürst, Philibert von Baden, als Offizier des Königs bei Montcontour die Todeswunde.

Inzwischen bemühten sich die Heidelberger unverdrossen, einen „Nachzug" unter Johann Casimir und ein evangelisches Bündniss mit England zu Stande zu bringen. Wirklich kam im April 1569 ein englischer Gesandter, Heinrich Killegrew nach Heidelberg, aber seine Werbung liess von vornherein das Misstrauen seiner Regierung gegen die deutsche Behandlung politischer Geschäfte durchblicken. Dem gegenüber konnte die unsichere Haltung der Pfälzer, die einerseits ihre politischen Ziele viel zu hoch steckten, andererseits im Reich keinen Verdacht erregen wollten, nur ungünstig wirken. Die englische Forderung, vor Allem die Garantien für die vorzuschiessenden Summen genau zu bezeichnen, scheint nicht erfüllt worden zu sein; auch begnügte man sich nicht damit, die Unterstützung Wolfgangs durch einen Nachschub deutscher Truppen zu beantragen, sondern erklärte sehr zum Ueberfluss, Johann Casimir werde solang im Feld bleiben, bis er die Religionsfreiheit in Frankreich und die Vertreibung der Spanier aus den Niederlanden durchgesetzt, Metz wieder deutsch und Calais wieder englisch gemacht habe.[2]) Den ganzen Sommer und Herbst, ja noch bis ins folgende Jahr erhielten sich die Gerüchte von seinen Rüstungen;

1) Die Unterredung fand am 16. April 1569 in Verdun statt; vgl. Schlichtegroll p. 75 ff.; Kl. II, 312 A. 1.

2) Killegrew's Berichte vom 11. 16. 23. April und 12. Mai 1569 (Calendar 1569—71 p. 58/9; 62/3; 65; 72/3); seine Werbung und Beantwortung Kl. II, 302 ff.

Königin Elisabeth selbst wies zeitweilig die Franzosen auf diese von Deutschland drohende Gefahr hin und der französische Hof suchte durch den nämlichen Hinweis Spanien zu kräftiger Unterstützung zu veranlassen. [1]) Aber Alba, der aus Deutschland beruhigende Nachrichten hatte, fasste zum grossen Aerger der französischen Regierung die Sache viel kühler auf als Philipp II; er hatte keine Lust, einer eingebildeten Gefahr wegen seine militärische Stellung in den Niederlanden zu schwächen oder gar aufs Spiel zu setzen. [2]) In der Tat scheinen die vielbesprochenen pfälzischen Rüstungen nicht über das Projekt hinausgekommen zu sein, obwohl Friedrich allerdings im Sommer 1569 Sachsen und andere Fürsten für einen „Nachzug" zu gewinnen suchte und noch im folgenden Winter seine Bemühungen um englische Subsidien fortsetzte. Aber Elisabeth war nicht gesonnen, ihr Geld an eine isolirte Unternehmung der Kurpfälzer zu wagen; sie äusserte sich über diese Zumutung einmal mit bitterem Spott. [3])

Ueberhaupt war sie auf die deutschen Fürsten nicht gut zu sprechen, und das mit vollem Recht. Denn die Verhandlungen

---

1) Ueber die schwankenden Gerüchte von J. C. Rüstungen vgl. namentlich La Mothe's Depeschen vom Juni 1569 bis zum März 1870 (La Mothe II; III); über die Zumutungen der französischen Regierung an Spanien Alba an Philipp 29. Juni, 8. August, 27. Okt., Philipp an Alba 4. Juli 1569 (Coleccion XXXVIII, 143 ff.; 153 ff.; 173 ff.; 206/7).

2) Noch am 27. Oktober bittet Alba den König, den Franzosen begreiflich zu machen „que en ninguna manera podré hacer ausencia por una hora ni volver la cabeza á estos estados ni sacar dellos la gente;" nur auf Sendung von 3000 Pferden will er sich einlassen; aber er hält die pfälzischen Rüstungen für eine tendenziöse Erfindung („que habia sido querer con este rumor animar los rebeldes y apretar al rey al cordio"). Vgl. die Klagen Karls IX. über Alba in einem Schr. an den Cardinal von Guise vom 5. Juli 1569 (Charrière, négotiations de la France dans le Levant III, 60 A.); auch in Rom war man mit der Haltung Spaniens unzufrieden (ebd. p. 48 A.).

3) Schlichtegroll p. 81. Ueber die Werbung eines pfälzischen „Sekretärs" in England vgl. La Mothe an Karl IX. 21. Jan. 1570 (III, 23). Ueber die pfälzische Befürwortung eines „dritten Haufens" (Nachschubs) bei Sachsen u. a. Kl. II, 341; 347 ff. Im Nov. 1569 wurden Schr. der Prinzen von Navarra und Condé an Friedrich und Johann Casimir, datirt Saintes 11. Oktober, aufgefangen, worin um Beschleunigung des Nachzugs gebeten wurde, daneben ein Schr. Coligny's an Sachsen mit der Bitte um Beistand (Tavannes an Vergy 16. Nov. 1569, mit Beilagen, Ma. 284/12 f. 268 ff.).

über ein evangelisches Defensivbündniss, auf die sie sich nur ungern und ohne grosse Erwartungen eingelassen hatte, lieferten einen neuen Beweis dafür, dass die Reichsstände eigentlich einer politischen Aktion gar nicht fähig waren. Die Werbung Killegrews bei Friedrich betonte von vornherein den defensiven Charakter des Bundes, der übrigens für England in seiner geschützten Lage weit weniger Bedürfniss sei als für die Protestanten des Festlands. Trotz dieser Behauptung, die den uneigennützigen Eifer der Königin für die Religion in ein helles Licht setzen sollte, hatten die englischen Vorschläge unverkennbar eine sehr praktische handelspolitische Seite. Die Defensivallianz sollte nicht nur die evangelischen Fürsten und Reichsstädte, sondern auch Schweden und Dänemark umfassen; auf die Teilnahme der nordischen Reiche, sowie der Fürsten und Städte, die „an der See und der englischen Küste benachbart" seien, war besonderes Gewicht gelegt. Killegrew selbst war kurz vorher im Interesse des englischen Ostseehandels tätig gewesen; man dachte sogar daran, den englisch-deutschen Handelsverkehr von Antwerpen nach Hamburg zu verlegen und liess den spanischen Kauffahrern durch englische Piraten den Krieg machen.[1]) In Heidelberg würdigte man die Bedeutung solcher Massregeln für die gemeinsame Sache; wenigstens zeigt ein Memorial Ehems wirklich staatsmännischen Blick, indem er den Gedanken einer englisch-dänischen Handelssperre gegen die Niederlande, die Beiziehung Frankreichs zum Kampf gegen Alba und die Benützung des für Spanien sehr unbequemen Moriskenaufstands vertritt.[2]) Aber für

1) Vgl. Froude IX, 429; 437/8; Kl. II, 321/2. Im J. 1567 machte ein niederländischer Flüchtling dem Prinzen von Oranien den Vorschlag, „den gansen handel van den Neederlanden alhier tot Emden te trecken" (Prinsterer I. 3, 137 ff.). Dagegen hatten auch die Spanier ein wachsames Auge auf die deutschen Nordseehäfen; im Sommer 1569 schrieb der spanische Gesandte aus London, man solle Englands Verbindung mit Hamburg um jeden Preis zerstören, eventuell eine Reichsexekution gegen die Stadt veranlassen, da sie von der A. C. zum Calvinismus abgefallen sei (Coleccion XXXVIII, 110). Vor späteren Versuchen Alba's in dieser Richtung (1571/2) wurden die Engländer wiederholt von ihren festländischen Freunden gewarnt (La Mothe III, 463; 472; Cal. of St. P. 1572—74 p. 92).

2) Memorial Ehems für J. C. Juli 1569 (Kl. II, 348). Die hier vorgeschlagene Sperrung des Sunds durch Dänemark wurde nachmals, in den J. 1581/2 umgekehrt von Spanien zu Ungunsten der Niederländer gewünscht und vom Kaiser unter Vermittlung Kursachsens bei K. Friedrich betrieben.

die Mehrzahl der Fürsten waren solche Gesichtspunkte, die über das Nächstliegende hinausgingen, vollends unverständlich, da sie ja nicht einmal durch die von ihnen offen zugegebene Bedrohung ihres Bekenntnisses in Bewegung gesetzt werden konnten.

Schon im Mai war Elisabeth über die Erfolglosigkeit ihrer Sendung im Reinen,[1]) obwohl die Pfälzer immer noch auf ihre neue Freundschaft mit Kursachsen hofften und namentlich Ehem seine Lieblingsidee, die protestantische Union mit wahrem Feuereifer zu verwirklichen strebte. Dabei war und blieb das Hauptargument, dass der Religionsfriede und die übrigen Reichsconstitutionen nur auf dem Papier stünden. Aber so gutwillig auch Kurfürst August die pfälzischen Vorschläge anhörte, so blieb er doch bei seinem Grundsatz, mit Ausländern sei kein Bündniss einzugehen, und trotz der übeln Erfahrungen in der niederländischen Sache meinte er doch, man müsse sich nach wie vor an die Reichsverfassung halten und den Kaiser zu gewinnen suchen.[2]) Ehem, der Augusts Freundlichkeit viel zu günstig auslegte, bedauerte lebhaft, dass Johann Casimir ihm nicht rechtzeitig nach Dresden gefolgt sei, um seiner Werbung mehr Nachdruck zu verleihen. Aber der junge Pfalzgraf war durch neue Verhandlungen über die französischen Ausstände zurückgehalten und scheint überhaupt die englische Frage viel kühler aufgefasst zu haben als Ehem, der mit Recht darauf hinwies, die Königin werde allmählich an der Aufrichtigkeit der Fürsten zu zweifeln anfangen.[3]) Uebrigens hatten nachher auch die persönlichen Bemühungen Johann Casimirs, der über die bewaffnete Unterstützung der Hugenotten „vielfältig und beweglich" mit August und dessen Gemahlin redete, gar keinen Erfolg.[4]) Kurbrandenburg war, wie gewöhnlich, noch vorsichtiger wie Sachsen; selbst Wilhelm von Hessen zog dem ausländischen Bündniss eine engere Correspondenz der protestantischen Reichsfürsten vor, die ja ihren Untertanen den Kriegsdienst gegen fremde Evangelische verbieten könnten.[3])

---

1) K. Elisabeth an Killegrew, 31. Mai 1569 (Calendar. a. a. O. p. 80).

2) Hiefür sehr charakteristisch der Auszug aus einem Schreiben Augusts an Friedrich, den Killegrew in seinem Schr. vom 16. April mitteilt (ebd. p. 62/3).

3) Ehem an Fr. 22. Mai 1569 (Kl. II, 327 ff.): „damit man nit schimpf und spott einlege und das ansehen hab, als het man der kunigin brillen gerissen."

4) Kl. II, 350 A. 1; 352 A. 3.

3) Ebd. 352 A. 2.

Mit Mühe brachten die Pfälzer wenigstens die Bewilligung eines evangelischen Convents zu Stande, der am 8. September in Erfurt zu tagen begann. Neben den englischen Anträgen sollte auch die Werbung eines hugenottischen Gesandten in Beratung gezogen werden; sie ging auf ein „unwiderrufliches" Schutz- und Trutzbündniss mit den deutschen Fürsten und hatte ausserdem gleichfalls die Beiziehung von England und Schottland, den nordischen Reichen, den deutschen Reichs- und Hansestädten ins Auge gefasst.[1]) Dieser Bündnissvorschlag, der selbst den Pfälzern bedenklich schien, wurde natürlich abgelehnt, aber auch das englische Anerbieten, ja selbst der Gedanke einer engeren Correspondenz innerhalb des Reichs fand keine Gnade. Die Pfälzer mussten sich damit begnügen, dass man ihnen das Präsidium zugestand und überhaupt freundlich begegnete, aber sie bekamen doch zu hören, dass die A. C. Verwandten sich mit den englischen Calvinisten nicht verbinden könnten, und standen ganz allein der kleinlichen Reichstreue aller übrigen Teilnehmer gegenüber. Ein offizielles Dankschreiben an Königin Elisabeth sollte als Grund der Ablehnung angeben, man fühle sich durch den Religionsfrieden hinlänglich gesichert und dürfe den katholischen Mitständen keinen Anlass zum Misstrauen und Gegenbündniss geben. Die gleichen Argumente brachten auch den Vorschlag einer deutschen Correspondenz zu Fall. Vergebens hofften die Pfälzer durch interessante Aufschlüsse über den französischen Angriffsplan vom letzten Frühjahr[2]) jene

---

1) Auszug der Instruktion des Gesandten Vezines bei Kl. II, 354/5; vgl. Languet's Schr. vom 15. Juni 1569 (Arc. I, 101/2).

2) Ueber Peter Clar's Aussagen vgl. Kl. II, 310 ff.; Ma. 544/8 f. 214 ff.; er wurde am 22. Mai 1569 zu Weisenau bei Mainz aufgegriffen (Languet Arc. I, 99; vgl. Ortloff IV, 404, wo aber Ort und Datum nicht richtig wiedergegeben sind). Das wiederholt citirte Verz. französischer Pensionäre erwähnt ihn am Schluss: „Petre Clair, qui sera tenu de fère porter à ses despens aux colonnelz et cappitaines de pistolliers les lettres que le roy leur escripvra — VI^{c} livres"; vgl. Ortloff I, 163; II, 58 ff.; Kl. I, 384; Archiv f. sächs. Gesch. V, 67. — Kurz vor Clar's Verhaftung war ein anderer Agent, der sieur de Luz, von deutschen Reitern, die ihre französische Bezahlung noch nicht erhalten hatten, niedergeschossen worden, vgl. Friedrich an August, 21. April 1569; bei ihm fanden sich gravirende Aufzeichnungen über die französischen Praktiken (Kl. II, 308 ff.; Neudecker II, 177; Calendar. p. 68). Die Deutschen nennen ihn Ludwig von Bar oder Lucis, während er in französischen Briefen als s^{r} de Luz erscheint. Am 5. Mai 1569 schrieb Pf. Georg von Simmern an Karl IX., er habe sicher ermittelt, dass de Luz durch einige

Aufregung zurückzurufen, die im vorigen Jahr selbst eifrige Lutheraner erfüllt hatte. Die Hitze war längst verraucht, als der gefürchtete papistische Angriff auf sich warten liess.

Wilhelm von Hessen bemerkte ganz richtig, bei solcher Stimmung wäre der Tag besser unterblieben. Der Eindruck war nach allen Seiten ein sehr ungünstiger. Die Königin von England fühlte sich, wie die Pfälzer bestimmt voraussagten, höchlich beleidigt; die deutschen Fürsten, äusserte sie, hätten mit ihr und ihrem Gesandten unziemlichen Spott getrieben.[1]) Und gerade was man so ängstlich vermeiden wollte, die misstrauische Erregung der katholischen Reichsstände wurde schon durch die Tatsache eines protestantischen Convents, dessen Verhandlungen geheim bleiben sollten, herausgefordert. Die Versammlung zu Erfurt hatte freilich ein erklärendes Schreiben an den Kaiser gerichtet, das sich aber auf sehr allgemeine Versicherungen beschränkte; auch beeilte sich August von Sachsen, einen bairischen Gesandten über die englischen Verhandlungen zu beruhigen, aber ebenfalls ohne eigentliche Aufschlüsse zu geben.[2]) So blieb der Verdacht und der Wunsch nach einem Gegenbündniss bei den eifrig Katholischen ungeschwächt. Und dabei glaubte man sogar auf die Unterstützung protestantischer Elemente zählen zu können. Sassen doch im Erfurter Convent selbst die Vertreter eines spanischen Pensionärs, des Markgrafen Hans von Brandenburg, der sich nachher auf seine erfolgreiche Tätigkeit gegen das englische Bündniss berief. Alba empfahl ihn auch seinem König als „den besten Kopf in ganz Deutschland" und Philipp II. erklärte, so sehr er beklage, dass ein so trefflicher Mann

---

Rittmeister seines Neffen Casimir umgebracht worden sei (Pb. fonds français 15918). — Ueber einen französ. Gesandten Malassis und seine angebliche Instruktion, Kurpfalz von Wolfgang gütlich abzuziehen oder durch Bestechung einen deutschen Angriff auf den calvinistischen Kf. zu veranlassen, Kl. II, 312/3.

1) Schlichtegroll p. 79.

2) Schr. der Erfurter Versammlung an den Kaiser, 10. Sept. 1569 (Heppe II, Beilagen p. 60 ff.). Am 20. Nov. berichtet der nach Sachsen abgefertigte bairische Gesandte Dr. Everhardt, August habe ihm zugestanden, „das ein gesandter von der kunigin aus Engelland verruckter zeit in disen landen gewest, der allerlei brieve mit sich gebracht, gleichwol er ein schlechter kärle ward" (!), aber vom Erfurter Tag erwähnte der Kf. nichts (Ma. 401/2 f. 314). Daher glaubte Albrecht von Baiern am 21. Nov. an Alba die drohendsten Gerüchte über den Verlauf dieses Tags ohne Vorbehalt mitteilen zu dürfen (Sugenheim, Baierns Kirchen- und Volkszustände p. 574 A. 14).

der Ketzerei anhänge, wolle er sich doch seiner Talente in weltlichen Sachen gern bedienen.[1]) In der Tat schienen diese unfruchtbaren protestantischen Bestrebungen des Jahres 1569 einzig und allein den Katholischen Vorteil bringen zu sollen.

Das System des Kurfürsten August, den vereinigten deutschen Protestantismus auf conservativen Bahnen festzuhalten, hatte sich bisher bewährt. Auch ein klug angelegter Plan der Katholischen, die evangelische Einheit zu zerreissen, wurde noch glücklich zum Scheitern gebracht. Erst den Einwirkungen der französischen Politik, die während der Unterbrechung des innern Kriegs ihren traditionellen Kampf gegen Habsburg wieder aufnahm, sollte es gelingen den niemals ganz verschwundenen Gegensatz zwischen Sachsen und Pfalz aufs Neue zu verschärfen und den förmlichen Bruch der Freundschaft vorzubereiten.

Wenn im Jahr 1568 das Schlagwort vom päpstlichen Bündniss selbst die deutschen Lutheraner aus ihrer hergebrachten Ruhe aufgeschreckt hatte, so wurden wieder die Katholiken durch die unter den Protestanten wahrnehmbare Bewegung geängstigt. Den Unionsprojekten auf der einen Seite trat auf der andern naturgemäss der Gedanke einer katholischen Liga gegenüber, wobei die Rolle der auswärtigen Schutzmacht nur Spanien zufallen konnte. Aber auch hier macht sich mit wenigen Ausnahmen die gleiche Scheu vor dem fremden Bundesgenossen und die gleiche Schwerfälligkeit bemerklich; Alba wusste so gut wie Königin Elisabeth über das endlose, entschlusslose Verhandeln der Deutschen zu klagen.[2]) Die erste energische Anregung zu einem katholischen Defensivbündniss ging, soviel ich sehe, von dem Cardinal Otto Truchsess aus, der schon im Herbst 1568 dem Herzog von Baiern die Verbindung aller „gehorsamen" Reichsstände unter sich und mit den katholischen Nachbarstaaten als ein unabweisbares Bedürfniss darstellte; denn der grosse protestantische Bund sei im Begriff, seinen Lieblingsplan, die Erhebung eines Evangelischen zur römischen Königswürde, zu verwirklichen; überall reiche die religiöse Rebellion der politischen die Hand. „Da wird man weder Papst noch Kaiser verschonen." Wir

---

1) Alba an Philipp, 31. Okt., Philipp an Alba 24. Dez. 1569 (Coleccion XXXVIII, 210/11; 278).

2) „Ellos son tan largos en negocios" (Alba an Philipp 11. März 1569)

erkennen leicht jenes Gerücht von den ehrgeizigen Planen des Kurfürsten August, das gerade damals wieder auflebte und von verschiedenen Seiten absichtlich genährt wurde. Herzog Albrecht aber verhielt sich den Mahnungen des Cardinals gegenüber, die immer deutlicher und heftiger lauteten, ziemlich ablehnend.[1])

Gleichzeitig dachten auch die Spanier, durch die Haltung des Kaisers und das Auftreten Kursachsens in der niederländischen Frage gereizt, die eifrigen Katholiken unter den Reichsständen in einer Liga zu vereinigen. Philipp II. correspondirte über den Plan, wenigstens die den Niederlanden benachbarten Fürsten zu gewinnen, mit Alba und Granvela; der Kurfürst von Trier kam überdies den Wünschen des Königs entgegen, indem er im Februar 1569 dem Herzog von Alba eine Liga mit den geistlichen Kurfürsten, dem Bischof von Münster und dem Herzog von Jülich vorschlagen liess. Aber Alba, der die deutschen Fürsten gut kannte und von Seiten der Protestanten für die Niederlande nichts befürchtete, hielt vorsichtig zurück. Granvela erklärte ganz offen einen derartigen Plan für aussichtslos.[2]) Jedenfalls waren aber die Pfälzer vollkommen im Recht, wenn sie, gegenüber der sächsischen Vertrauensseligkeit den Zusammenhang der „Pfaffen" mit Spanien behaupteten; sie erwarten, schrieb Ehem, „nicht weniger ihres Erlösers Alba als die Juden ihres Messias."

Das Haupthinderniss für eine spanisch-deutsche Liga lag in der Politik des Kaisers, der sowohl eine offene Herausforderung der deutschen Protestanten als auch das unmittelbare Eingreifen Philipps und mehr noch des ihm verhassten Alba in die Reichshändel durchaus vermeiden wollte. Wir sahen bereits, wie übel es ihm in Madrid vermerkt wurde, dass er auf die Reichsfürsten überhaupt noch Rücksichten nahm. Der stolze Alba gab in einem ausführlichen Schreiben an Philipp seiner Verachtung der kaiserlichen Schwäche und Hinterlist unverhüllten Ausdruck; er traute Maximilian sogar den Gedanken zu, mit Hülfe Frankreichs die Nieder-

---

1) Vgl. die Corresp. des Cardinals mit Albrecht V. (Sept. 1568 bis März 1569) bei Wimmer p. 81 ff.

2) Schon am 12. Sept. 1568 schreibt der Gesandte Chantonay an Alba: „seria bien — despertar al duque de Baviera, á los archiduques y otros eclesiásticos poderosos" (Coleccion XXXVII, 435). Vgl. weiterhin Philipp an Alba, 12. Jan. 1569 (ebd. 530); Alba an Philipp, 11. März 10. Mai 1569 (Col. XXXVIII, 9; 68; 79); Philipp an Granvela 12. März; Antwort vom 22. April 1569 (Gachard II, 78; 84).

lande wegzunehmen.[1]) Wenn hier die Abneigung der Spanier gegen ein französisch-österreichisches Ehebündniss mitspielte, so drückte doch immer am Schwersten der unvertilgbare Zweifel an der Rechtgläubigkeit des Kaisers. Im Oktober 1569 sah sich Philipp II. veranlasst, seinen Vetter geradezu über die umlaufenden Gerüchte zu interpelliren und ernstlich zur Rückkehr auf den Weg der römisch-katholischen Religion zu ermahnen. Maximilian beeilte sich, jeden Verdacht mit Entrüstung zurückzuweisen und zu beteuern, dass es sein einziger Gedanke sei, „als katholischer Fürst zu leben und zu sterben." Aber sein fortgesetzter Widerstand gegen Alles, was einer katholischen Liga ähnlich sah, und seine zunehmende Verstimmung über die rücksichtslose Politik Pius V, vor Allem die nichts weniger als fanatische Haltung seiner vornehmsten Räte, eines Schwendi und Zasius, liessen kein rechtes Vertrauen bei den eifrig Katholischen aufkommen. „Zu Wien," klagte Cardinal Truchsess, „ist man den Türken viel holder als den Pfaffen."[2])

Ueber allem Verdacht stand dagegen, wenn auch erst seit einigen Jahren, Albrecht V. von Baiern; ohne Uebertreibung durfte man ihn und den Erzherzog Ferdinand als „die Hauptsäulen des Katholizismus" in Deutschland rühmen. Dabei unterhielt er doch freundschaftliche Beziehungen zu manchem protestantischen Fürsten und vor Allem ein wahrhaft vertrauliches Verhältniss mit August von Sachsen, der mit seinem „Bruder" Albrecht viel ungezwungener verkehrte als mit Kurpfalz oder Hessen. Das immer wieder auftretende Gerücht, August sei katholisch geworden oder wenigstens zum Uebertritt geneigt, fand jedenfalls eine Hauptstütze in dieser bairischen Freundschaft. Herzog Albrecht freilich, der im Jahr 1571 und später mehr als einmal von Rom aus bestürmt wurde, die Bekehrung Sachsens zu vollenden, kannte die wahre Gesinnung des Kurfürsten zu gut, um sich derartigen Hoffnungen hinzugeben.[3]) Dagegen ergriff und verfolgte er mit Lebhaftigkeit den Gedanken,

1) Alba an Philipp, 18. Sept. 1568 (Coleccion XXXVII, 412 ff.).

2) Truchsess an Albrecht von Baiern, 12. Febr. 1569 (Wimmer p. 88).

3) Im J. 1567 verbreitete sich das Gerücht, August sei katholisch geworden (K. v. Weber, Anna Churf. zu Sachsen, p. 373/4). Trotz der Entrüstung des sächsischen Hofes erhielt es sich sogar in protestantischen Kreisen (Cardinal Hosius an den Nuntius zu Wien, Heilsberg 1568, Hosii Opera II, 254; Alba an Philipp, 30. April 1570, Gachard II, 130). In den J. 1571 u. 1572 correspondirte der Cardinal Hosius, der sich die Sache besonders zu Herzen nahm, über die gehoffte Bekehrung Augusts mit Albrecht von Baiern, Erzh. Karl, dem Nuntius zu Wien und dem

Kursachsen entweder mit andern streng lutherischen Ständen oder allein zum Eintritt in den Landsberger Bund zu bestimmen und damit den deutschen Protestantismus politisch lahm zu legen.

Dieser Landsberger Bund, eine ursprünglich rein süddeutsche und confessionell gemischte Schutzvereinigung weniger Reichsstände, war von König Ferdinand im Jahr 1556 gegründet und hatte schon bald nach seiner Entstehung versucht, ansehnliche protestantische Fürsten und namentlich Kursachsen und Brandenburg beizuziehen. Aber er galt schon damals den eifrigen Protestanten für einen „Papisten- oder Pfaffenbund", wie er auch später zum Anknüpfungspunkt für ligistische Versuche und zum Vorbild der katholischen Liga Maximilians von Baiern gedient hat.[1]) Im Jahr 1569 nahm nun Albrecht von Baiern, der ständige Bundeshauptmann, jenen Gedanken einer Erweiterung wieder auf und zwar unmittelbar veranlasst durch den Zug des Pfalzgrafen Wolfgang und die angebliche Absicht von Kurpfalz und Kursachsen das Reich gegen Spanien und Frankreich in Verteidigung zu setzen.[2]) Die offizielle Anregung scheint auf dem Bundestag vom Februar März 1569 durch den Vertreter der Stadt Nürnberg geschehen zu sein, der auf das Misstrauen der Protestanten gegen den Verein und auf dessen eigene Schwäche hinwies. Die ersten Schritte Herzog Albrechts trafen mit dem Frankfurter Deputationstag zusammen, wo die Katholischen eben einen Vorteil errangen; gegen die heftige Opposition der Pfälzer wurde beschlossen, zur eventuellen Abwehr des in Frankreich weilenden deutschen Kriegsvolks die benachbarten Kreise aufzumahnen und den Kaiser als Generalobristen anzunehmen.[3]) Kursachsen hatte seinen

---

Jesuitenprovinzial (Hosii Opp. II, 296 ff.; vgl. A. Eichhorn, Cardinal Hosius II, 442 ff.; 517/8).

1) Vgl. über den Landsberger Bund Kl. II, 379 ff.; Kugler II, 5; 184 ff.; Stieve, Briefe und Acten zur Gesch. des 30jährigen Krieges IV, 4 ff., wo namentlich die Ueberschätzung der Bedeutung des L. Bundes zurückgewiesen wird.

2) Vgl. den Abschied des Einigungstags vom 7. März 1569 (Stumpf, dipl. Beytrag zur Gesch. d. L. B. p. 49 ff.). Die angebliche Absicht Kf. Friedrichs, einen Reichskrieg gegen Frankreich zu veranlassen (vgl. Albrecht an Truchsess, 3. März 1569, Wimmer p. 91; Alba an Philipp, 31. Mai 1569, Coleccion XXXVIII, 105) reduzirt sich auf die fruchtlosen pfälzischen Bemühungen, den Exzessen Aumale's gegenüber bei den benachbarten Kreisen sowie bei den einzelnen befreundeten Fürsten Kriegsbereitschaft, eventuell auf Kosten des Reichs, durchzusetzen.

3) Häberlin, Neueste Teutsche Reichs-Geschichte VIII, 89 ff.; Kl. II, 324 ff.

Gesandten freilich aufgetragen mit den Pfälzern gute Correspondenz zu halten, aber, wie er beifügte, ohne den Kaiser zu beleidigen. Auch in seinem Widerstreben gegen einen neuen Reichstag wurde Friedrich von den weltlichen Mitkurfürsten allein gelassen. Damals begann nun Baiern seine Werbungen für den Landsberger Bund, zunächst bei dem Markgrafen Georg Friedrich von Ansbach, der sich wie zu erwarten an Kursachsen wandte, aber fürs Erste den Rat erhielt höflich abzulehnen.[1])

Ein neuer Einigungstag (Juni 1569) beauftragte den Bundeshauptmann mit Sachsen und Brandenburg, Würtemberg und etlichen Geistlichen am Rhein wegen des Beitritts zu verhandeln. Es sollten also sämmtliche Kurfürsten ausser Pfalz beigezogen werden. Albrecht wartete aber nicht, wie ihm freigestellt war, auf den künftigen Reichstag und ging überdies auf eigene Faust viel weiter, als seine Bundesverwandten dachten; die Angst vor den vielbesprochenen Kriegs- und Unionsplänen der Protestanten mag dabei mitgewirkt haben. Er beschickte von katholischen Ständen ausser den drei geistlichen Kurfürsten die Bischöfe von Münster, Lüttich, Strassburg und Speier sowie den Herzog von Jülich; noch mehr, er trat in Verbindung mit Alba und mit Lothringen.[2]) Philipp II. ergriff mit Begierde die Gelegenheit seine Niederlande durch eine förmliche Schutzverbindung dem Reich gegenüber sicher zu stellen; er fasste aber die Sache sogleich international und wollte auch die streng katholische Partei in Frankreich, selbst in England heranziehen, also zu einer grossen katholischen Liga den Grund legen. Abenteuerliche Gerüchte über den Erfurter Tag und die Hochzeit Johann Casimirs, über die Absicht der Protestanten, „einen Pfaffen nach dem andern herumzurucken," konnte den deutschen Katholiken

---

1) Kl. II, 327.

2) Vgl die Erklärung der geistl. Kff. vom 15. Sept. und den Bundesabschied vom 17. Dez. 1569 (Stumpf p. 111 ff.). Der würzburgische Kanzler Balthasar von Hellu verrichtete die Werbung bei den Geistlichen und dann bei Alba (Philipp an Alba, 18. Nov., Antwort, 11. Dez. 1569, Coleccion XXXVIII, 232 ff.; 255 ff.). — Von protestantischen Fürsten wurden zuerst Würtemberg und Ansbach, dann (Instruktion vom 13. Okt.) Kursachsen angegangen; August antwortete am 3 Nov. (Landsberger Bundes-Akten Ma. 401/2). An der Zusammenkunft zu Prag (Febr. 1570) nahmen (aussser dem Kaiser) Kursachsen, Baiern und wie es scheint auch Ansbach (Kl. II, 378) teil; ausserdem sollte durch Sachsen mit Pfalz und Brandenburg, Julius von Braunschweig und Wilhelm von Hessen gehandelt werden.

das Eingehen auf ligistische Vorschläge wohl nahe legen. Statt dessen erhoben selbst gut katholische Mitglieder des Landsberger Bundes Bedenken gegen die Aufnahme der Niederlande und Lothringens. [1]) Der Kaiser vollends, an den sich Alba auf Anregung Baierns gewendet hatte, erklärte die Verbindung mit Spanien für ganz unzulässig und verbot dem Herzog Albrecht ausdrücklich, auf der Bundesversammlung den spanischen Antrag auch nur zu erwähnen. Alba geriet ausser sich; er schrieb seinem König: (die kaiserliche Antwort) „hat mich furchtbar geärgert und mir die Galle stärker erregt, als es einem Mann meines Standes in Verhandlung mit einem so grossen Fürsten, wie der Kaiser ist, geziemt. — In Wahrheit, Sire, ich weiss nicht mehr, was ich sagen soll." Die kaiserlichen Räte aber erklärte er für bezahlte Creaturen der protestantischen Fürsten. [2])

Um so eifriger wurde von bairischer und kaiserlicher Seite Kurfürst August bearbeitet, mit der deutlichen Absicht, ihn vor Allem von Kurpfalz zu trennen; der Einigungstag vom Dezember 1569 führte gegen die Aufnahme Friedrichs eine Reihe von Bedenken an, seine Religion, seinen Streit mit dem Kaiser über die säcularisirten Stifter, seine Irrungen mit Frankreich und Spanien. In der Tat zeigte eben damals Maximilian wieder seine Missstimmung gegen Friedrich, an den er wegen eines oberpfälzischen Klosters ein ernstliches Schreiben erliess. [3]) Und August selbst liess in Heidelberg, als er den bairischen Vorschlag zuerst empfahl, auf die Gefahren einer möglichen Isolirung der Pfalz aufmerksam machen; Pfalz solle sich nicht weiter fremder Sachen annehmen noch Leuten anhängig machen, welche „die Stifter zerreissen möchten." [4])

---

1) Stumpf p. XXXII/III.

2) Vgl. die Correspondenz zwischen Albrecht von Baiern und Alba bei Sugenheim p. 575 A. 15; Alba an Philipp 11. Dez.; Philipp an Alba 24. Dez. 1569 (Col. XXXVIII, 278/79).

3) Der pfälzische Kanzler sagt in der Beratung vom 2. Dez. 1569: „die werk kombt von Osterreich; dan kaiser P. auch ernstlich geschrieben closters Selingenpfort halb."

4) Kl. II, 380. Die Pfälzer legten diese Aeusserung verschieden aus; manche bezogen sie auf England oder die Hugenotten. Sie bezog sich aber jedenfalls auf die angeblichen Absichten der Kurpfalz gegen die rheinischen Bistümer. Bei seiner dritten Werbung vom April 1570 erklärte der sächsische Gesandte, Sachsen wünsche den Missverstand (der Geistlichen gegen Pfalz) aufzuheben; die Geistlichen sollten „bei ihren übrigen Stümpfen bleiben." Ein pfälzischer Rat äusserte mit Bezug

5

Uebrigens musste August selbst bemerken und wurde ausserdem vom Landgrafen wiederholt darauf verwiesen, dass Baiern offenbar am Liebsten Kursachsen allein oder mit wenigen Evangelischen in den überwiegend katholischen Bund gebracht und so von den andern Protestanten ganz abgesondert hätte. Dazu war der Kurfürst viel zu vorsichtig; er stellte von Anfang an die Bedingung, dass Kurpfalz, Brandenburg und Hessen jedenfalls miteintreten müssten. Ueber den Verdacht, dass man Alba beiziehen wolle, suchte ihn Herzog Albrecht persönlich bei einer Zusammenkunft in Prag zu beruhigen; der Kaiser fügte die Erklärung bei, dass er selbst Alba durchaus abgewiesen habe und dagegen den Beitritt einer Anzahl von Evangelischen dringend wünsche. Beide Parteien nahmen es mit der Wahrheit nicht ganz genau; Herzog Albrecht behauptete, Alba habe sich ohne sein Zutun um die Aufnahme bemüht; August stellte für den Fall, dass er nicht förmlich beitreten würde, doch einen Schutzvertrag zwischen Kursachsen und dem Landsberger Bund in Aussicht. [1])

In Heidelberg erregte jene sächsische Werbung anfänglich die grösste Bestürzung. Der Abgesandte Berlepsch verschlimmerte den Eindruck, indem er sich drohende Aeusserungen über den „Praktikanten Dr. Ehem" erlaubte. Schon glaubte man sich der früheren Isolirung verfallen und einer Wiederholung der Vorgänge von 1566 ausgesetzt; der Grosshofmeister meinte im Rat, die Sache sei sogar schwerer als der berüchtigte 14. Mai. Kurfürst Friedrich selbst sprach wehmütig davon, wie er sich keines Menschen zu trösten habe; Pfalzgraf Wolfgang sei der Einzige gewesen, der sich kurz vor seinem Ende ihm näher angeschlossen habe. Wenn er aber versicherte, er wolle sich an dem Bündniss mit seinem Gott genügen lassen, und sich auf den Religionsfrieden berief, neben dem man kein weiteres Bündniss bedürfe, so vergass er völlig den

---

hierauf: „Die pfaffen besorgen, man nem ire herlichkeit und bauchspeis Sachsen und Hessen haben gleichwol gut darzu reden. Sie haben ire gefressen und schon verdauet." — Die Protokolle der pfälzischen Beratungen über die drei sächsischen Werbungen vom 30. Nov. 1569, 23. März und 21. April 1570 Ma. 544/9 und 544/10.

1) Die Instruktion Baierns für den an August abgefertigten Dr. Halver vom 20. Juni 1570 (Ma. 401/2) nimmt hierauf Bezug. August antwortete dilatorisch. Bei der Erneuerung seiner Versuche im Jahr 1577 gedachte Herzog Albrecht mit Bitterkeit der Prager Zusammenkunft, „do ich gedacht, es were alles richtig, do war es alles nicht" (Albrecht an Kf. August, 17. Febr. 1577, Ma. 401/10).

Standpunkt, den er eben noch in den Unionsverhandlungen mit England eingenommen hatte. Mit Recht erinnerte ein pfälzischer Rat daran, dass die Stellung des Kurfürsten teilweise durch unvorsichtige Reden seiner eignen Leute so schwierig gemacht werde; da äussere man öffentlich, der Religionsfriede sei nichts nutz, man müsse die Pfaffen verjagen. Immerhin beschloss man jetzt, die Bedenken gegen das Landsberger Projekt in einer Kursachsen keinesfalls verletzenden Form auszusprechen. Die Antwort fiel also nicht unbedingt abweisend, sondern, wie August rühmte, „freundlich und bescheiden" aus. Der Verdacht, Pfalz habe sich allein mit England eingelassen, wurde in Dresden durch eine ausdrückliche Erklärung Friedrichs beseitigt.

In ihren vertraulichen Beratungen führten die Heidelberger freilich eine andere Sprache. Vor Allem fehlen da nicht die Argumente „aus Gottes Wort", die man nach aussen diesmal nicht anzuwenden für gut fand; so meinte der Kanzler Probus, gegen die Zulässigkeit solcher Bündnisse spreche schon der Vers des zweiten Psalms: die Könige und Fürsten sammeln sich contra dominum et Christum eius; und als Saul Gott verliess und mit Fremden Bündniss machte, da habe Gott ihn auch verlassen und David erwählt.[1]) Politisch betrachtet erklärte er das Projekt für einen Pfaffenbund und „ein österreichisch Werk". Und dass eine verstärkte Sicherung der katholischen, vor Allem der geistlichen Stände in ihrem Besitz sowie die völlige Trennung der deutschen von den ausserdeutschen Protestanten notwendige Folgen des neuen Bundesverhältnisses sein würden, konnte ernstlich kaum bestritten werden. Es handelte sich, wie Friedrich sagte, nur darum, „die Glieder Christi von einander zu reissen." Aber wenn die Pfälzer anfangs besorgten, Sachsen wolle entweder ihre bedingungslose Nachgiebigkeit erzwingen oder die Gelegenheit ergreifen sich künftig von ihnen loszusagen, so taten sie August doch Unrecht. Nachdem er durch jene erste Gesandtschaft den Heidelbergern die Gefahr einer Isolirung wohl absichtlich so derb vorgehalten hatte, dass sie in ihrer Antwort die von ihm gewünschte Vorsicht wirklich beobachteten, suchte er wieder zu beruhigen. Im März und April 1570 erschien Berlepsch noch zweimal in Heidelberg, um die sächsische Aufforderung in milderem Ton zu wiederholen und vertraulich zu erklären, Sachsen handle nur im Interesse der Pfalz

---

1) Dagegen verwies Dr. Pastor auf das Bündniss zwischen David und dem ungläubigen König Hiram (Ms. 544/9 f. 100).

und wolle sich mit einer „aufzügigen“ Antwort begnügen. Ehem tat seinerseits Alles, um jedes weitere Misstrauen gegen August zu zerstreuen und die Notwendigkeit einer gemässigten Politik zu betonen. Von jenen Gewissensskrupeln wollte er nichts hören; müsse man doch auch im Religionsfrieden die Pfaffen als Brüder erkennen![1])

Die Bereitwilligkeit der Pfälzer wurde nicht weiter in Anspruch genommen; August scheint sich vielmehr der Bedingungen, die sie und der Landgraf für den Fall des Beitritts stellten, Baiern gegenüber bedient zu haben, um seine eigene Abneigung einigermassen zu verbergen. Der grundsätzliche Widerwille gegen förmliche Bündnisse, gegen bindende Verpflichtungen, die einmal unbequem werden konnten, scheint auch diesmal bei dem vorsichtigen Kurfürsten den Ausschlag gegeben zu haben. Baiern wusste er durch vertrauliche Aeusserungen noch eine Zeitlang hinzuhalten; Herzog Albrecht behauptete sogar, August habe sich der Aufnahme Spaniens günstig gezeigt.[2]) Aber allmählich musste auch er sich überzeugen, dass die sächsische Politik in der Sache unerbittlich blieb und gar keine Lust hatte ihren Rückhalt an den übrigen Protestanten preiszugeben. Ebenso erfolglos waren die fortgesetzten Bemühungen Baierns und Spaniens, den Kaiser für die Aufnahme der spanischen Niederlande in den Bund zu gewinnen. Nicht nur Maximilian, selbst sein erzkatholischer Bruder Ferdinand, der Erzbischof von Mainz, der Bischof von Würzburg widerstrebten dem Anschluss eines so übermächtigen Bundesgliedes.[3]) Der Landsberger Bund war aber,

---

1) Ehem sagt in der Beratung vom 22. April 1570, nachdem er u. a. darauf verwiesen, dass die Gesinnung Sachsens durch die pfälzische Heirat hinreichend dokumentirt sei und dass Pfalz den Pfaffen das Ihrige nicht nehmen wolle und dürfe: „Ob P. mit gutem gewissen könt sich in bund begeben? helt dorfur, quod sic. Dan religionfridt halten, die pfaffen bruder halten, idem est“ (Ma. 544/10 f. 27).

2) Memorial Hrz. Albrechts für den an den spanischen Botschafter zu Wien abgefertigten Dr. Halver, 4. Okt. 1571: „item wie auch Saxen nit allein nit derwider, sonder ime sölches wolgefallen lassen, mit meldung, wann Hispania nit im bund, so wer der bund so vil als ni chts Et ad hec ne verbum quidem Cesar respondit“ (als ihm nämlich Albrecht dies mitteilte). Ma. 401/2 f. 351 ff.

3) Noch am 31. Jan. 1572 entwarf Baiern eine Instruktion an die drei weltlichen Kff. „auf verbösserung der kais. Mt.“, doch sollte, wenn bei Sachsen nichts zu erreichen sei, bei den andern kein Versuch gemacht werden. (Ma. 401/2 f. 372 ff.; vgl. 401/5 f. 259 ff.) Ueber den fortgesetzten Widerstand des Kaisers vgl. dessen Schreiben an Baiern,

wie August einmal treffend bemerkte, ohne Spanien „so viel als nichts."

Im Ausland konnte man sich nicht dabei beruhigen, dass Kursachsen bei seiner dominirenden Stellung nichts weiter als die Erhaltung des Religionsfriedens und die Sicherung seines eigenen territorialen Besitzes anstreben sollte. Man traute dem Kurfürsten einen höheren Ehrgeiz zu; die römische Krone musste einmal sein politisches Ziel sein und in Polen wollte man sogar bereits wissen, dass August dieses Ziel durch Gründung einer dänischen Kurwürde und Verbindung mit der emporstrebenden Macht des Moskowiters zu erreichen gedenke.[1])

Bedeutend näher kam man der Wahrheit, wenn man von einer Liga der weltlichen Kurfürsten sprach. Als Kurfürst August im Sommer 1570 die Familienverbindung mit den Pfälzern schloss,[2]) erschien er wirklich wie das Haupt eines Bundes, der die deutschen Protestanten mit geringen Ausnahmen vereinigte und dem

---

10. Nov. 1570 (Sugenheim p. 577 A. 17); Alba an Philipp, 15. Jan., 14. 30. Dez. 1570, 7. Juli 19. Okt. 1571: Philipp an Alba 16. April 1571 (Gachard II).

1) Droysen, Gesch. der preussischen Politik II. 2, 443 ff. (Mitteilungen aus dem Berliner Archiv über polnische Werbungen bei Brandenburg Herbst 1570).

2) Die Hochzeit war inzwischen wiederholt verschoben worden, was bereits Aufsehen gemacht und zu der Vermutung Anlass gegeben hatte, die Sache werde wieder zurückgehen; vgl. Granvela an Grobbendoncq, 19. Febr. 1569 (Gachard, corr. de Philippe II, 65); Christoph Mundt an Bullinger, Strassb. Dez. 1569 (Parker Society Bd. V: Zurich letters, II series no. 67); Charles de Harlay an Camerarius, Strassb. 28. Dez. 1569; 5. Jan. 1570 (Bm. Coll. Camerar. XIV). Am 4. Nov. 1569 schreibt Kf. August an Baiern, der Hochzeitstag seiner Tochter sei wegen des Zustands seiner Gemahlin noch nicht bestimmt. (Ma. 401/8 f. 263 eig.) Ueber die schliesslichen Verabredungen vgl. Kl. II, 395 A. 1. — Was das ursprüngliche Zustandekommen der Verlobung betrifft, so mag hier zur Ergänzung der oben p. 42 A. 1 gegebenen Belege noch folgende Notiz aus einem Heidelberger Schr. (in einer Zeitung vom 19. Dez. 1568, Ma. 285/2) nachgetragen werden: „das man am sachsischen hoff kein hofnung mehr habe, das sich der künig in Frankreich mit hochbemelts churfürsten [tochter] verheurat. Man meint, disser heurat werde beide churfürstentumb nutzer sein, insonderheit diewill der elter des churf. pfalzgraven suhn herzog Ludwig noch kein suhn haben soll."

der Kaiser mit den Katholischen nicht die Wage zu halten vermochte. Neben dem Reichstag zu Speier versammelten sich die protestantischen Fürsten in Heidelberg zur Hochzeit Johann Casimirs wie zu einem „Gegenreichstag"; ausser Sachsen und Pfalz waren der Markgraf von Ansbach, der junge Herzog von Würtemberg, Adolf von Holstein, drei Landgrafen von Hessen und Markgraf Karl von Baden anwesend. Die kriegerischen Absichten, die man ihnen in Frankreich zuschrieb, erwiesen sich freilich als leeres Gerücht,[1]) aber die fürstliche Hochzeit machte ihre politische Tragweite in und ausserhalb des Reichs deutlich genug fühlbar. Vor Allem ergriff August die Gelegenheit, gegen seinen ernestinischen Vetter Johann Wilhelm aufzutreten, mit dem er wegen der Kosten der Gothaischen Exekution und wegen der Feindseligkeit der weimarischen Theologen in Unfrieden stand. Der Zorn des Kurfürsten gegen „die unsinnigen losen Leute", deren flacianischer Eifer sich in wilden Schmähungen gegen seine Geistlichen und ihn selbst erging, wurde noch gesteigert durch das Gerücht von einer neuen Adelsverschwörung; im Frühjahr 1570 schien der Krieg ernstlich zu drohen und Kurfürst Friedrich liess seinem unruhigen Schwiegersohn sagen, es könnte mit ihm leicht „ein Grumbachisch Ende nehmen." [2]) Jetzt fertigten die in Heidelberg versammelten Fürsten, August ausgenommen, eine Gesandtschaft nach Weimar ab, deren Instruktion das zelotische Gebahren der herzoglichen Ultra-

1) Vgl. die offenbar aus blossen „Zeitungen" geschöpften Mitteilungen des französischen Gesandten in England, der auch auf Augusts Streben nach der Königskrone Bezug nimmt, Depeschen vom 16. 21. 25. 29. Juni 1570 (La Mothe III, 195; 208; 215; 221); übrigens sagte auch K. Elisabeth dem Gesandten, der Kaiser habe ihr geschrieben, dass angeblich zu Gunsten der Hugenotten „il s'estoit faicte une plus grande assemblée à ces nopces de Casimir, que ne requéroit l'ordre des maryez." Vgl. den Bericht des venezianischen Gesandten, Speier 21. Juni 1570, der neben den geheimen Beratungen der Heidelberger Fürstenversammlung namentlich die von sächsischer Seite entfaltete übermässige Pracht betont; so habe sich die Kurfürstin Anna beim Abendtanz von acht der vornehmsten Herren mit Fackeln vortanzen lassen, „dove all' imperatrice non sogliono preceder più che doi." Was er aber von Verhöhnung der Pfaffen in Maskenfesten und Bildern erzählt, ist sicher Erfindung. (Ven. Cop.)

2) Kl. II, 389; über die angebliche Adelsverschwörung Languet's Brief vom 15. März 1570 (Arc. I, 142/3); eine Zeitung vom 11. März 1570 erwähnt eine praedictio des kursächsischen Astrologen auf dieses Jahr, die u. a. besagt: „den 19ten Junii wirdt ein verjagter furst wider einkomen" (Bm. Cod. germ. 1320 f. 150).

lutheraner auf's Schärfste kritisirte und überdies jedes fernere Unternehmen Johann Wilhelms gegen die Hugenotten als schmähliche Religionsverfolgung brandmarkte. Der trotzige Fürst liess sich allerdings noch nicht einschüchtern, sondern stellte die Verweisung seiner Sache vor Kaiser und Reich in Aussicht. Wirklich hatte bisher Maximilian sich in den aus dem Gothaischen Handel erwachsenen Streitfragen mehr dem Herzog günstig gezeigt, wie er auch den Wünschen des Kurfürsten August in Sachen der Erwerbung des Voigtlandes das hartnäckigste Zögern entgegensetzte. Landgraf Wilhelm glaubte geradezu an ein Einverständniss Johann Wilhelms mit dem Kaiser, der sich erst im folgenden Winter mit Entschiedenheit gegen die allzu frechen und unzuverlässigen Weimarer erklärte. [1])

Die auswärtige Politik der Evangelischen stand damals ganz unter kursächsischer Führung; alle Versuche der Pfälzer, eine kriegerische Unterstützung der Hugenotten oder wenigstens eine bewaffnete Demonstration zu ihren Gunsten und eine Annäherung an England durchzusetzen, blieben fruchtlos. [2]) Die äusserste Massregel, wozu August sich bisher verstanden hatte, war ein Mandat des Inhalts gewesen, dass vom obersächsischen Kreis Niemand bei der französischen Regierung oder bei Alba Kriegsdienste nehmen oder weiterhin leisten dürfe. [3]) Wie aber dieses Verbot ganz im

---

1) Vgl. über den ganzen Handel Kl. II, 386 ff.; 397 und die dort citirten Werke; über die voigtländische Sache Arch. f. sächs. Gesch. III, 298/9. Wie in Paris über die weimarische Verwicklung gesprochen wurde, darüber vgl. Desjardins III, 628.

2) Oranien und Ebem gingen zu diesem Behuf Okt. 1569 nach Sachsen, bekamen aber den Kf. nicht einmal zu sehen; vgl. Kl. II 367 ff., Prinsterer I suppl. p. 107* ff. (Bericht Oraniens). Im März 1570 wurden die Pfälzer wieder einmal, durch einen hessischen Diener der Krone Frankreich, gewarnt, „das P. von herzog Erich eins dreingeschlagen werden solt"; sie gaben jedoch selbst nicht viel darauf (Ma. 544/10 f. 8 ff.).

3) Dieses sächsische Mandat, worauf mehrfach Bezug genommen wird (vgl. Lang. Arc. I, 105; Kl. II, 571), findet sich bei dem Abschied des obersächsischen Kreistags zu Jüterbogk, 22. Dez. 1568 (Ma. 53/1 f. 88 ff.) und bezieht sich ausdrücklich nur auf die „Albanische und französische Bestallungen", da diese Kriege unter dem Schein eines Kampfes gegen die Rebellion zu Austilgung der wahren christlichen Religion der A. C., Unterdrückung der Freiheit und Einführung einer beschwerlichen Dienstbarkeit im hl. Reich gemeint seien. Ldgr. Wilhelm schlug wiederholt vor, alle evangelischen Stände sollten das gleiche Verbot erlassen (Heppe II, 189; Rommel V, 589).

Rahmen der Kreisverfassung blieb, so wurde auch bei der Heidelberger Versammlung der streng legale Standpunkt gewahrt. Vergebens suchte ein englischer Agent die Fürsten zu einer Schickung an seine Königin zu bewegen; man verwies ihn einfach auf die Erfurter Beschlüsse, wogegen er die Bemerkung nicht unterdrücken konnte, er verstehe dies dahin, dass die Reichsstände den Kaiser fürchteten. Eine Bitte hugenottischer Gesandten um Geldunterstützung wurde ebenfalls abgeschlagen. Aber die versammelten Fürsten richteten ein Schreiben an den König von Frankreich, worin sie Frieden und völlige Religionsfreiheit für die Hugenotten forderten und die Andeutung machten, das deutsche Reich könne einer Fortdauer des französischen Bürgerkriegs nicht länger ruhig zusehen. Dieser offizielle Schritt mag auch jenen abenteuerlichen Gerüchten von den deutschen Rüstungen mehr Ansehen verliehen haben; jedenfalls bestärkte er die französische Regierung in ihrem Entschluss, dem Friedensbedürfniss des eigenen Landes nachzugeben und den Hugenotten das „ewige und unwiderrufliche" Edikt von S. Germain (8. August 1570) zu gewähren.[1])

Während die Franzosen endlich Frieden machten, knüpften sich aufregende Vermutungen verschiedener Art an den Reichstag zu Speier. Die bevorstehende Vermählung zweier Kaisertöchter mit den Herrschern von Spanien und Frankreich gab dem Misstrauen der Protestanten frische Nahrung; man behauptete, der Papst wolle den Kaiser zur Absetzung der drei weltlichen Kurfürsten nötigen oder den Erzherzog Karl zum römischen König erheben. Namentlich Friedrich der Fromme sollte seiner Kur, ja sogar seines Lebens nicht mehr sicher sein. Auf der andern Seite sprach man von dem bewaffneten Bund der weltlichen Kurfürsten, die einmal der habsburgischen Succession im Reich ein Ende zu machen gedächten.[2])

---

1) Kurz vorher hatte die Regierung ihre Befürchtungen wegen einer deutschen Invasion noch nicht aufgegeben, vgl. Karl IX. an La Mothe, 6. Juli 1570 (La Mothe VII, 121).

2) Der französische Gesandte in London gefiel sich darin, seinem Hof immer die auffallendsten und unwahrscheinlichsten Gerüchte über Deutschland zukommen zu lassen (La Mothe III, 228; 231/2; 248/9; 298; 322; 326; eine ungläubige Bemerkung des Königs VII, 141). Uebrigens sprach man 1570 auch in Italien von der römischen Königswahl; der Herzog von Savoien sagte zum venezianischen Gesandten: „oh! la casa d'Austria ha fornito il suo corso d'aver imperatori; non bisogna che vi pensino più" (Albèri, Relazioni degli amb. Veneti II, 2, 178).

Die evangelischen Stände hatten aber wirklich allen Grund auf ihrer Hut zu sein. Die vornehmsten Artikel der kaiserlichen Proposition wollten, ganz im Sinne jener Landsberger Bundesprojekte, jede fernere Verbindung der deutschen Protestanten mit ihren auswärtigen Glaubensgenossen unmöglich machen und gleichzeitig eine Verstärkung der kaiserlichen Gewalt erzielen; jede ausländische Werbung im Reich ohne Bewilligung des Kaisers sollte verboten, ferner zur Förderung künftiger Reichsexekutionen ein Generalobrister aufgestellt und Reichszeughäuser und Kriegskassen in den einzelnen Kreisen angelegt werden. [1]) Vollends bedrohlich erschienen die Nebenfragen, wie die Teilnehmer des letzten französischen Zugs zu bestrafen seien, und ob man einem Reichsstand, der einen fremden Potentaten grundlos beleidigt und zum Angriff herausgefordert habe, von Reichs wegen Hülfe leisten müsse. Ein weiterer Artikel, wie den Sekten im Reich zu begegnen, war gleichfalls zur Aufnahme in die Proposition bestimmt, blieb jedoch weg, als die erwartete Niederwerfung der Hugenotten nicht eintrat. [2])

1) Dieser Gedanke, das Kriegswesen des Reichs in centralistischem Sinne umzugestalten, besass seinen hervorragendsten Vertreter in Lazarus von Schwendi, der seit dem Frankfurter Dep.-Tag (s. o. p. 63) als Obrister Leutenant des Kaisers seinen Aufenthalt am Oberrhein genommen und bereits das Misstrauen der Protestanten erregt hatte (vgl. Häberlin VIII, 105; 374; Lang. Car. I, 116; 118; 121 ff.; A. Schumacher, Gelehrter Männer Briefe an die Könige von Dänemark III, 258/9). In der Depesche des venezianischen Gesandten aus Wien vom 16. März 1569 heisst es: „La M^{tà} sua è consigliata d'armarsi ancor lei, cioè di procurar d'haver sempre in - - - a suo nome et requisitione un buon numero di gente, pagate però dall'imperio.“ (Ven. Cop.) Am 21. Sept. schreibt Dr. Bernhard Botzheim an Kf. Friedrich aus Strassburg: Schwendi klage zwar über die ihm lästige Deputationshandlung, etliche glauben aber, „das berurt werk von niemands meer als eben durch ine regiert und getriben werde“ (Mb. 131/1); letzteres wird bestätigt durch ein Schr. Schwendi's an Baiern über die nicht länger zu duldende schädliche Freiheit des deutschen Kriegsvolks, „Kürnshaim“ 24. Jan. 1570. (Ma. 284/13 Or.)

2) Friedrich an August, 18. Nov. 1572 (Kl. II, 557). Schon vor dem Erfurter Tag, in der Beratung vom 27. Aug. 1569 sagte Ehem: „reichstags halben auch zu handlen, das man fur einen man stehe. Sachsen hat auch sich horn lassen, wan Cesar de religione handlen will, sie nichts tun wollen“ (Ma. 544/8 f. 503). Der Kaiser interessirte sich lebhaft für das von Andreä betriebene Concordienwerk, wie dieser selbst am 31. März 1570 dem Landgrafen schrieb: „dan S. Ro. k. Mt. nichts lieberes sehen, dann das ins reich wo nicht

Der Kaiser hatte also seine Reaktionsgelüste gegen Pfalz immer noch nicht vergessen, so freundlich er auch während des Reichstags in Heidelberg und in Speier mit dem Kurfürsten und dessen Familie verkehrte.

Zum letzten Mal traten die deutschen Protestanten der erkannten Gefahr einmütig entgegen. Sie wollten, wie ein Gesandter berichtet, durchaus nicht zugeben, „dass die deutsche Libertät dergestalt eingepfercht und eng gespannt werde“, und beschränkten sich auf den nichtssagenden Beschluss, dass fremde Kriegswerbungen nicht ohne „Ansuchung“, d. h. Anzeige beim Kaiser stattfinden dürften. Auch nach aussen dokumentirten die protestantischen Fürsten noch einmal ihre Zusammengehörigkeit, indem sie auf Anregung eines hugenottischen Gesandten eine Legation nach Frankreich abfertigten, um den jungen König zu seiner Vermählung und zur Herstellung des Friedens zu beglückwünschen.[1] Dagegen wurde namentlich durch die grosse Vorsicht Kursachsens die Erörterung religiöser Beschwerden auf dem Reichstag selbst möglichst beschränkt. Wie der Kaiser jenen bedenklichen Artikel der Proposition nicht einverleibt hatte, so unterblieb von Seiten der Evangelischen der grosse Angriff auf den geistlichen Vorbehalt, den die Katholiken erwartet hatten.[2] Zugleich schien auf dem gefährlichen Gebiet der protestantischen Dogmatik eine gemässigte Richtung über die rücksichtslose Einseitigkeit der Zeloten triumphiren zu sollen; eben war ein Versuch des Würtembergers Andreä Kursachsen und Hessen unvermerkt in eine strenger lutherische „Concordie“ zu ziehen gescheitert.[3] Die weimarischen Flacianer standen unter ihren Confessionsgenossen schlimmer isolirt als die calvinistischen Heidelberger.

In eine höchst eigentümliche Lage war damals der Kaiser nicht nur den Protestanten, sondern mehr noch der römischen Curie gegenüber geraten. Während die Ersteren seine Anträge zu Fall brachten, sah er sich doch wieder an ihre Seite gedrängt. Papst

---

ein allgemeine vergleichung doch unter den stenden A. C. ein beständige christliche einigkeit angestellet“ (Neudecker II, 235). Die Heidelberger aber, die eben damals ihren Calvinismus durch Einführung der Kirchenzucht nach französisch-niederländischem Muster recht auffällig betätigten, hätten natürlich in dieser Concordie keinen Platz gefunden.

1) Koch II, 90/1.

2) Granvela an Philipp, 25. April 1570 (Gachard II, 128). Das Protokoll über die Sonderberatungen der Evangelischen zu Speier Ma. 544/8.

3) Heppe II, 330 ff.

Pius V. hatte den Herzog Cosimo von Medici eigenmächtig zum Grossherzog von Toskana erhoben und (am 5. März 1570) in Rom gekrönt, ohne sich um den Protest des kaiserlichen Gesandten zu kümmern. Maximilians Erbitterung wurde durch den Uebermut des Papstes noch gesteigert, der sogar von der Anwerbung deutscher Landsknechte gegen den Kaiser gesprochen haben soll.[1]) Dafür erging sich der Kaiser zu Speier einem englischen Abgesandten gegenüber in den schärfsten Ausdrücken; er denke den frechen Bischof von Rom zum apostolischen Wandel zurückzuführen; bei einem Kriegszug nach Rom würden ihn die deutschen Fürsten nicht im Stiche lassen.[2]) Wirklich finden wir die deutschen Protestanten bald darauf in diesen Handel verwickelt, der aber weniger im Reich als am französischen Hof getrieben wurde. Gerade die Pfälzer ergriffen die neuen freundschaftlichen Beziehungen zur Krone Frankreich mit einer Lebhaftigkeit, zu der die sächsische Zurückhaltung den schärfsten Gegensatz bildete.

In Paris drängten sich seit dem Frieden von St. Germain die Intriguen um Heiraten, Bündnisse, Kriegspläne, worin jetzt auch die Hugenotten ihre Hand hatten. Katharina von Medici dachte bereits an die verhängnissvolle Verbindung ihrer jüngsten Tochter mit dem künftigen Haupt der Reformirten, Heinrich von Navarra. Gleichzeitig nahm der französische Hof seinen früheren Plan einer sächsischen Heirat wieder auf. Einer seiner deutschen Pensionäre, der Graf von Barby, wagte es im Sommer 1570 beim Kurfürsten August die Verlobung der Prinzessin Dorothea mit dem jüngsten Valois, Franz von Alençon anzuregen. Er wusste den Einwendungen Augusts, der sich mit Missvergnügen an das Scheitern jenes ersten Projekts erinnerte, geschickt zu begegnen und ein paar Monate später schien es nur noch der Sendung eines vornehmen und gewandten Bevollmächtigten zu bedürfen, um die Sache in Richtigkeit zu bringen.[3]) Etwa

---

1) Thuanus XLVI. 16.

2) Cobham an Burghley, Speier 17. Sept. 1570 (Cal. of St. P. 1569—71 p. 339). Zasius hatte schon im J. 1568 gegen einen pfälzischen Rat eine ähnliche drohende Aeusserung über Rom getan (Kl. II, 255).

3) Vgl. den Bericht des Gesandten Vulcob an Karl IX. 3. Aug. 1570 (Pb. V^{c} Colbert 397; vgl. Prinsterer I suppl. 111*) über das Vorgeben und den Erfolg Barby's, der übrigens beifügte, „que si c'est chose, laquelle V. M. voulust faire, il ne faudroit longtems attandre",

um die nämliche Zeit begannen die Verhandlungen über die Vermählung Heinrichs von Anjou, der zuerst von hugenottischer Seite als Bewerber um die Hand der „jungfräulichen Königin" ausersehen wurde. Der Gedanke ihrer Verbindung mit dem Erzherzog Karl war damals in England und in Oesterreich so gut wie aufgegeben. Gerade die antihabsburgische Tendenz wurde von den Vertretern einer französisch-englischen Verbindung geltend gemacht.[1]) Diese Tendenz lag ja überhaupt der politischen Umgestaltung zu Grunde, für welche Hugenotten und katholische Politiker den Hof zu gewinnen strebten.

Kurz nach der Vermählung Karls IX. mit der Erzherzogin Elisabeth erschien die feierliche Legation der protestantischen Fürsten am königlichen Hoflager; sie fand den freundlichsten Empfang. Ihr Sprecher, der Franzose Languet, der in Deutschland eine zweite Heimat gefunden hatte, erging sich neben den Glückwünschen für das königliche Paar ganz offen über die Notwendigkeit religiöser Duldung und die Praktiken des „Bischofs von Rom" und versicherte den König im Namen der deutschen Fürsten ihres kräftigen Beistands gegen jeden Friedensbrecher.[2]) Die Antwort des Königs

---

da jene Prinzessin auch von Würtemberg und Pommern ins Auge gefasst sei. Am 10. Okt. schreibt dann Barby an Vulcob, man müsse durch einen „homme de qualité" dem Kf. jenen immer noch vorhandenen Verdacht benehmen und dann die Werbung anbringen lassen; hierüber schreibt Vulcob an den König, aus Kaiserslautern 19. Okt. Ein paar Monate später erklärte dann K. Katharina den sächsischen Gesandten Languet und Czeschau, jener Gedanke einer Verbindung Karls IX. mit Elisabeth von Sachsen sei vom Rheingrafen u. a. ohne ihren und des Königs Auftrag beim Kf. angeregt worden; sie hätten allerdings an eine sächsische Heirat Anjou's gedacht, da aber jetzt Johann Casimir zuvorgekommen sei, „regem et se inituros aliam rationem coniungendi se cum V. Cels., si modo per ipsam steterit" (die Gesandten an Kf. August, Paris Jan. 1571, Scholz, Hubert Languet, Halle 1875, p. 50; 61/2; hier findet sich p. 34/5 ein näherer Beleg für die ersten Anregungen im Jahre 1565, vgl. oben p. 22 A. 1).

1) Vgl. z. B. das interessante Schr. des Vidame de Chartres an Montmorency, Okt. 1570 (Arch. des miss. scient. III. 3, 610 ff.).

2) Das Citat bei Kl. II, 408 A. 1 ist dahin zu berichtigen, dass bei La Mothe (Cooper) VII, 169 ff. wohl die Antwort des K., nicht aber die Rede der Gesandtschaft im Wortlaut gegeben ist. Beide Stücke sind wohl zuerst gedruckt zusammen mit: „La Harangue que feit le roy a messieurs de la court de parlement — le lundy douziesme jour de mars 1571", ohne Druckort, M. D. LXXI. 4°; neuerdings bei Chevreul, H. Languet (Paris 1856) p. 220 ff.

war sehr höflich, aber im Grund nichtssagend; ausserdem erhielten die Gesandten im Verkehr mit hervorragenden Hugenotten den Eindruck, dass der Friede immer noch durch die lothringische Partei schwer bedroht sei und die deutschen Fürsten auch weiterhin Alles aufbieten müssten, um den jungen König vor einem Rückfall in die Schlingen der Papisten zu bewahren. Sie traten vor Allem zu den englischen Gesandten in nähere Beziehungen; einer von ihnen, der braunschweigische Rat Heinrich von der Lühe, reiste sogar nach Rochelle, wo er ohne von der Gesammtheit der Fürsten beauftragt zu sein mit der Königin von Navarra und den beiden Prinzen verhandelte.[1]) Wir erfahren, dass diese Reise mit Vorwissen des französischen Hofs geschah; kurz darauf erklärte Teligny, der hugenottische Vermittler zwischen Rochelle und Paris, dem toskanischen Gesandten, die deutschen Fürsten hätten bei den Hugenotten die Teilnahme Frankreichs an einem Krieg gegen den Papst befürwortet.[2]) Dies führt uns zu jener toskanischen Verwicklung zurück die eben jetzt die antispanischen Pläne Coligny's und seiner Freunde zu durchkreuzen drohte.

Es war in erster Linie der Kaiser, der in Verbindung mit Spanien den französischen Hof für einen Krieg, wie behauptet wird, oder wenigstens für eine ernsthafte Demonstration gegen den Papst und seinen Schützling Toskana zu gewinnen suchte. Italienische Rivalen der Medicäer, wie Ferrara und Savoien, intriguirten in der

---

1) Desjardins III, 643; Kl. II, 411/2; vgl. auch La Huguerye I, 11 ff., dessen angebliche Enthüllungen jedenfalls auf Languet, nach dessen Schr. vom 14. April, 19. Juni und 3. Juli 1571 (Arc. I, 169 ff. ad Cam. p. 155) zu schliessen, keinen tiefen Eindruck gemacht haben. Ueber Languet's Verkehr mit den englischen Gesandten und die Unterstützung des deutschen Anbringens von englischer Seite vgl. die Schr. von Norris und Walsingham an Burghley (Cal. of Th. P. 1569—71 p. 387; 455; Digges, the compleat ambassador p. 26), dann ihr Gesammtschr. an die Königin vom 29. Jan. und Walsingham's Schr. an Mildmay vom 27. Jan. 1571 (Digges p. 23 ff.; 30). Languet hatte von Kursachsen noch speziell Auftrag, am französischen Hofe gegen den Ernestiner Johann Wilhelm zu wirken (Lang. an Kf. August, 3. Okt. 1570, Arc. I, 164; vgl. Gillet I, 405).

2) Vgl. die Berichte des toskanischen Gesandten Petrucci aus Paris, 12. Jan. und 8. März 1571 (Desjardins III, 643; 648 ff.). Teligny sagte ihm: „l'imperatore con molti principi persuade il re di Francia, mio signore, a una guerra contra il papa, e per consequenza contro il vostro padrone. — Li principi d'Alemagna fanna istanza a quelli di Navarra e Condé, che si offerischino al nostro re per questo.“

gleichen Richtung; beide sprachen gern von ihrer Freundschaft mit Sachsen und Pfalz, auf deren bewaffnete Unterstützung sie stets und namentlich dem Papst gegenüber zählen könnten.[1]) Aber der neue Grossherzog Cosimo versäumte es nicht seine Gegenzüge zu tun. Nach einer Nachricht hätte sein Agent Fregoso erst in Heidelberg den Vorschlag gemacht, mit Toskana's Unterstützung Spanien in den Niederlanden zu beschäftigen; jedenfalls betrieb er in Rochelle wie in Paris diese Umwandlung des italienischen Kriegs in einen niederländischen mit Erfolg.[2]) Dass die Hugenotten eine engere Verbindung mit Oesterreich und Spanien nicht ernstlich wünschen konnten, liegt auf der Hand; zudem weilte der feurigste Vertreter der Niederlande, Oraniens Bruder Graf Ludwig in ihrer Mitte. So wenig wir über die Rolle der deutschen Fürsten in diesen überhaupt nicht klar liegenden Verhandlungen unterrichtet sind, so steht doch die Fühlung und Uebereinstimmung des Kurfürsten Friedrich mit den Hugenotten ausser Zweifel. Nach der Rückkehr der deutschen Gesandten empfiehlt er aufs Wärmste den Krieg gegen Alba und die Verbindung mit England; er weist darauf hin, wie das Zusammentreffen des französischen und des nordischen Friedens mit der italienischen Verwicklung und dem Tod des Kurfürsten von Brandenburg eine Gelegenheit biete, die nicht vorbeizulassen sei; er betont die Wechselbeziehung zwischen der niederländischen und antitürkischen Politik Spaniens.[3])

Die Besorgnisse der Spanier, „das Feuer könnte in ihrem Kamin angehen", war wohl begreiflich. Abgesehen von den Hugenotten zeigte auch der französische Hof eine bedenkliche Verstimmung über die Rücksichtslosigkeiten Philipps II. Wir erinnern uns an die wenig zuvorkommende Haltung Alba's im letzten Hugenottenkrieg. Trotzdem nahm man in Madrid den Frieden von

---

1) Ueber die Versuche des Kaisers und Spaniens bei Karl IX. vgl. die Depeschen Petrucci's vom 22. Febr. 8. 14. 19. März 11. April 1571 (Desjardins a. a. O.).

2) Von seinem Auftreten in Heidelberg berichtet allerdings nur La Huguerye (I, 14), der aber bei aller Unzuverlässigkeit nicht selten durch das unverdächtige Zeugniss gleichzeitiger Correspondenzen gerechtfertigt wird. So erweist er sich für diese Verhandlungen, wenn wir die Berichte Petrucci's beiziehen, jedenfalls als gut unterrichtet; vgl. z. B. seine Angaben über Fregoso's Reise nach Rochelle und erfolgreiche Bearbeitung Ludwigs von Nassau (p. 16 ff.) mit der Darstellung Teligny's bei Petrucci (Desjardin III, 649).

3) Friedrich an August, 2. März 1571 (Kl. a. a. O.).

St. Germain sehr übel auf; einige Zeit nachher wurden die Verhandlungen, die über eine Verbindung Margaretha's von Valois mit dem König von Portugal gepflogen worden waren, in einer für Frankreich höchst verletzenden Weise abgebrochen. Dafür durfte am Pariser Hofe der alte Verdacht wieder laut werden, Philipp II habe seine vorige Gemahlin Elisabeth, die ältere Schwester Margaretha's vergiftet.[1]) Dazu kam das Misstrauen der französischen Regierung gegen die heilige Liga, die der Papst mit Spanien und Venedig zur Bekriegung der Türken schloss. Schon im Januar 1571 äusserte Karl IX, falls dieser Bund zu Stande kommen sollte, werde er sich genötigt sehen mit England und den deutschen Protestanten eine Gegenliga zu bilden. Wenig später schien er für den Plan gewonnen, Oranien mit hugenottischer Unterstützung losschlagen zu lassen. Im Sommer trug Ludwig von Nassau sein Projekt einer Teilung der Niederlande zwischen Frankreich, Deutschland und England dem König und der Königin-Mutter persönlich vor; er wagte selbst die deutsche Kaiserkrone dem Haus Valois als höchsten Kampfpreis in Aussicht zu stellen. Dafür drohte der spanische Gesandte offen mit Krieg.[2]) Trotzdem ging der König vorwärts. Am 12. September erschien der grosse Todfeind Spaniens, der Admiral Coligny am königlichen Hoflager zu Blois; er wusste wohl, dass er unter gewissenlosen Gegnern sein Leben einsetzte, aber das Wagniss gelang und der Rebellenführer durfte fortan in den höchsten Fragen der Politik den Einfluss seiner gewaltigen Persönlichkeit geltend machen.

Liga und Gegenliga war die Losung. Aber es ist nicht zu verkennen, dass auf dem Verkehr des Hofs mit den neuen hugenottischen Freunden noch eine unheimliche Befangenheit lag und dass in der wichtigen Frage der auswärtigen Allianzen die Rechnung sich immer mehr als trügerisch erwies. Durch und durch treulos war von vornherein die Politik des Grossherzogs von Toskana, der nur um jeden Preis die Gefahr eines Angriffs von sich ablenken wollte; während ihn der König durch Fregoso direkt um Unterstützung Oraniens anging, während die kriegslustigen Hugenotten nicht nur Florenz, sondern auch Venedig und sogar den

---

1) Vgl. Froude X, 134 A. 2; Depeschen Petrucci's vom 8. 23. März 1571 (Desjardins III, 651; 659).

2) Walsingham an Burghley, 12. Aug. 1571 (Digges p. 123 ff.); die Aeusserungen Graf Ludwigs über die römische Krone, die hier nicht erwähnt sind, recapitulirt ein Memoire des Grafen für den König vom J. 1573 (Prinsterer I. 4, 83/4*).

Papst gegen Spanien in Bewegung zu setzen hofften, beeilte sich Cosimo, was er wusste, an Philipp zu verraten, um damit die Anerkennung seines Titels zu erkaufen.[1]) Daneben suchte er aber im Vertrauen des französischen Hofs und der Hugenotten zu bleiben und durch Vermittlung der Letzteren sogar Pfalz und andere Reichsfürsten zu veranlassen, dass sie den Kaiser in der toskanischen Frage günstiger stimmten. Bis ins folgende Jahr wurde Toskana bei den Projekten gegen Spanien in Anschlag gebracht.[2])

Das Fehlschlagen dieser italienischen Hoffnungen hätte sich immerhin unschwer ertragen lassen. Aber der schlechte Fortgang vor Allem der englischen Verhandlungen ist für Coligny's grossen Plan und in Folge dessen für den Bestand des französischen Friedens äusserst verhängnissvoll geworden. Der Admiral erkannte vielleicht klarer als alle seine Parteigenossen, dass dieser Friede nur durch Ableitung der herrschenden Gährung nach aussen, nur durch einen nationalen Krieg mit Spanien lebenskräftig werden konnte; dabei glaubte er auf England und die deutschen Protestanten sicher zählen zu dürfen, während er zugleich Alles aufbot, seiner alten Feindin Katharina von Medici den entscheidenden Einfluss auf ihren königlichen Sohn streitig zu machen. Welche üble Rolle die ewig zaudernde Politik der Königin Elisabeth in der Vorgeschichte der Bartholomäusnacht spielt, kann hier nur angedeutet werden; ihre treuen und einsichtigen Vertreter am französischen Hof vergingen beinahe vor Kummer und Scham. Die Unschlüssigkeit der deutschen Fürsten, über die Elisabeth so bitter gespottet hatte, war immerhin noch eher zu entschuldigen und überdies weniger einflussreich als die unzuverlässige Haltung der ersten protestantischen Macht.

Unsere Kenntniss von den auswärtigen Beziehungen der deutschen Protestanten ist für diese Jahre äusserst lückenhaft, doch macht sich die beginnende Trennung zwischen Sachsen und Pfalz

---

1) Ueber die Tätigkeit und Beobachtungen des toskanischen Gesandten vgl dessen Depeschen aus dem J. 1571 (Desjardins III, 646 ff. passim); dazu Reumont, Gesch. Toskana's I, 244.

2) Vgl. die Depeschen Petrucci's vom 8. März 5. 11. Okt. 1571 (Desjardins III, 650; 715; 718). Am 3. August 1571 bezeichnet Walsingham in einem Schr. an Burghley den Florentiner als einen hauptsächlichen Förderer ihrer Interessen (Cal. 1569—71 p. 501). Am 1. Jan. 1572 schreibt Aguilon aus Amboise an Philipp II über die von England betriebene Liga mit Frankreich, Deutschland, Florenz und Schweden (Teulet, Relations polit. de la France et de l'Espagne avec l'Ecosse V, 101).

bereits bemerklich. Kurfürst August, der jenen französischen Heiratsantrag schon zu Anfang 1571 entschieden abgelehnt hatte,[1]) vermied damals ein vertrautes Zusammengehen mit den Pfälzern; auf den Vorschlag Friedrichs, die Fürsten sollten einen gemeinsamen Agenten am französischen Hof unterhalten, liess er sich nicht ein.[2]) So blieb den Pfälzern nur übrig, in Frankreich wie in England ihre eigenen Wege zu verfolgen. Von dem unmittelbaren Verkehr, der zwischen dem pfälzischen und englischen Hof im Jahre 1571 stattfand, wissen wir fast gar nichts Näheres.[3]) Dagegen finden wir den Kurfürsten und Ehem in Correspondenz mit Walsingham und Killegrew, die am französischen Hof das Bündniss zu fördern suchten und hiebei durch den pfälzischen Agenten Dr. Junius lebhaft unterstützt wurden. In unlösbarer Verbindung mit dem Bündnissprojekt standen die kühnen Pläne Ludwigs von Nassau; sein Gedanke einer Teilung der Niederlande, wodurch Brabant, Geldern und Luxemburg wieder zum Reich kommen sollten, fand, wie er sagte, bei „den deutschen Fürsten", genauer genommen wohl nur

1) Ruffec an Katharina von Medici, Stuquart (!) 4. Febr. 1571 (Pb. V^c Colbert 397). Der Kf. berief sich dem französischen Abgesandten gegenüber auf das allzu jugendliche Alter seiner Töchter und auf die Religion; „pour résolution il m'a dit n'y pouvoir pour le présent aucunement entendre." Der Abgesandte meint in seinem Schr. trotzdem: „je vous diray d'où vient la maladie, qui est bien grande, mais non pas incurable." — Vgl. Walsingham an Burghley, Paris 18. März 1571 (Calendar p. 420).

2) Kl. II, 414/5.

3) Am 1. Aug. 1571 empfiehlt Friedrich den an K. Elisabeth abgefertigten Schotten William Melville an Burghley (Calendar 1571 p. 500; vgl. p. 583); die kurz vorher fallende Werbung des englischen Agenten Dr. Mundt, der bei der Königin die Bündnisspläne des Vorjahrs wieder anregte und die Lieferung von 500000 Talern nach Strassburg beantragte, geschah wohl zweifellos im Einverständniss mit den Pfälzern (La Mothe IV, 153). — Höchst auffallend ist die Meldung des französischen Gesandten in London vom Dez. 1571, der Pfalzgraf lasse durch einen geheimen Abgesandten um die Hand der Königin für seinen jüngsten Sohn Christoph anhalten (ebd. 311). Wirklich findet sich im englischen Archiv ein derartiger Vorschlag, von einem gewissen Baptista an Elisabeth gerichtet, aber von Burghley mit der Bemerkung versehen: „A fond Italian" (Calendar 1571 p. 585). Im Winter 1572 trat dann ein anderer Italiener, der sich Pacceco nannte, in Heidelberg mit der Behauptung auf, er sei von der Königin abgesandt, um den jungen Pfalzgrafen zu beobachten. Friedrich wandte sich um Aufklärung an Dr. Mundt und an Walsingham (Cal. 1572 p. 62/3; Digges, the compleat ambassador p. 190).

in Heidelberg Beifall. Immer noch wurde von den antispanischen Politikern der toskanische Gesandte mit ins Vertrauen gezogen auch Junius versprach für die Interessen des Grossherzogs bei Pfalz zu wirken.[1])

Während aber der pfälzische Agent die Fäden der deutsch-französischen Beziehungen in der Hand zu halten glaubte und von Karl IX wirklich mit der Einleitung weiterer Bündnissverhandlungen beauftragt wurde, stand der französische Hof bereits in diplomatischem Verkehr mit Kursachsen. Zweimal im Laufe des Jahres wurde Kaspar von Schomberg dorthin abgefertigt, um ein „Defensivverständniss“ Frankreichs mit den deutschen Fürsten anzubieten und mit der Bedrohung des Königs von papistischer Seite zu motiviren. Erst im Dezember zog August, der natürlich zunächst keine bindende Antwort gab, die Pfälzer ins Vertrauen und zwar in einer für Friedrich verletzenden Form; der sächsische Gesandte sollte „vieler Ursachen halb“ sich nicht unmittelbar an den Kurfürsten, sondern an Johann Casimir wenden, damit die Sache geheim bleibe und nicht den „calvinischen Theologen“ geoffenbart werde. Die Abwesenheit des jungen Fürsten nötigte jedoch den Gesandten Friedrich zuerst aufzusuchen. Die gemeinsame Antwort der beiden Pfalzgrafen lautete sehr zurückhaltend; sie ergriffen ihrerseits die Gelegenheit Kursachsen von ihren eigenen Verhandlungen mit dem König zu unterrichten.[2]) Damals regte sich bereits in Sachsen das Misstrauen gegen die calvinisirende Landestheologie, aber die politische Entfremdung zwischen Dresden und Heidelberg ist zu-

1) Am 2. Okt. 1571 wurde die Werbung des Dr. Junius in Sachen des Bündnisses vom König zu Blois beantwortet (Walsingham an Burghley, 7. Okt., Digges p. 143). Im Febr. 1572 scheint dann Junius aufs Neue nach Frankreich gesandt worden zu sein, wo er noch im Juni weilte; vgl. Ehem an Killegrew 12. Febr. (Calendar 1572 p. 41); ein Schr. Walsingham's an Burghley vom März (Digges p. 175); über sein Verhältniss zum toskanischen Gesandten, von dem er eine Kette zum Geschenk erhielt, die Depesche Petrucci's vom 23. Mai (Desjardins III, 776/7); ausserdem Kl. II, 442/3: 458; 466/7.

2) Im Mai 1571 erschien Schomberg zuerst mit einer kgl. Werbung am kursächsischen Hof, wo er zuvorkommend aufgenommen, aber auf seine Bündnissanträge zunächst mit einer Vorantwort abgefertigt wurde. Seine zweite Instruktion datirt vom 28. Aug. 1571 (vgl. Capefigue, Hist. de la Réforme III, 16/7); im September und Oktober finden wir ihn wieder in Sachsen (Scholz, Languet p. 50 ff.; Prinsterer I. 4, 1*). Vgl. die kursächsischen Mitteilungen an Pfalz, 12. Dez., und die Antwort Friedrichs und Joh. Casimirs, 16. Dez. 1571 (Kl. II, 427 ff.).

nächst wohl darauf zurückzuführen, dass August die Pfälzer augenblicklich nicht brauchte und seine grundsätzliche Abneigung gegen ihre unionistische Politik niemals aufgegeben hatte.

Schomberg, der bei August die freundlichste Aufnahme gefunden hatte, glaubte seine Sache schon gewonnen zu haben und setzte seine Bemühungen bei Brandenburg, Hessen, Braunschweig und schliesslich auch bei Pfalz eifrig fort. Im Februar 1572 erschien zu seiner Unterstützung ein zweiter königlicher Gesandter, der in Heidelberg, Dresden und Cassel die Loyalität der französischen Regierung und ihre Abneigung gegen die heilige Liga aufs Neue bekräftigen musste.[1]) Aber Schomberg's triumphirende Berichte sollten sich bald als verfrüht erweisen. Die offiziellen Antworten Sachsens und der übrigen Fürsten beschränkten die gewünschte „Correspondenz" auf ein so bescheidenes Maass, dass sie fast ganz wertlos erschien. Sachsen erklärte anfangs, im Fall eines Angriffs auf den französischen Religionsfrieden wolle er dem König Truppenwerbung gestatten, den Gegnern aber nicht; auch der spätere Vorschlag des Kurfürsten, der König und die Fürsten sollten gegenseitig eine Geldsumme für den Notfall hinterlegen, war doch eine recht klägliche Auskunft. Als dann die Taufe des hessischen Prinzen Moritz den Kurfürsten August und Johann Casimir nach Cassel führte, bot der Letztere sein „jugendliches Feuer" auf, um den Schwiegervater und den Landgrafen zu einem kräftigeren Vorgehen zu bestimmen; man sprach wirklich davon, dem König im Fall eines spanischen Angriffs 3000 Pferde bis an die Grenze zu schicken und die Kosten zu tragen. Aber Kursachsen kam gleich darauf zu seiner früheren Ansicht zurück; von einer eventuellen Gegenleistung des Königs in

1) Ueber Schombergs Reisen vgl. Prinsterer I. 4, 2/3*; Kl. II, 448 A. 1; der zweite Gesandte, den Friedrich in seinem Schr. an Hessen vom 14. Febr. 1572 (Kl. II, 446) Faye nennt, hiess nach einer Notiz der Biogr. universelle (XXVI, 525, Artikel Jean-Casimir) Hector Maniquet s^r de Fayet. Für die ebenda wiederholte Angabe de Thou's (LI. 13), Schomberg habe Johann Casimir das Commando der deutschen Truppen angetragen und der König gleichzeitig den jungen Pf. Christoph mit einer Pension bedacht, finde ich sonst keinen Anhaltspunkt, abgesehen von der Behauptung Davila's (historia delle guerre civili, Lyon 1641, p. 265): „già s'erano condotti a' stipendii del re il prencipe Casimiro e Gulielmo (!) suo fratello ambedue figliuoli dell' elettor Palatino del Reno." Im Mai erschien noch ein dritter französischer Agent, Argenlieu, in Heidelberg, um sich über den Stand der Verhandlungen zu informiren (Kl. II, 457/8).

Form französischer Hülfstruppen wollten ohnedies die Fürsten ausser Pfalz durchaus nichts wissen. Die Einführung fremden Kriegsvolks, musste Schomberg vom Landgrafen hören, würde ihnen vor Gott und der Welt zu Schimpf und Schande gereichen.[1]

Wenn Schomberg später behauptet hat, Pfalz und Hessen seien anfänglich seiner Werbung abgeneigt gewesen,[2] so ist dies nicht völlig aus der Luft gegriffen. Sowohl die Pfälzer als der Landgraf liessen nämlich zuerst ihre Meinung nicht recht heraus, wohl mit Rücksicht auf Sachsen, aber in Heidelberg wenigstens war diese Zurückhaltung nicht von langer Dauer. Es gereicht den Pfälzern zur Ehre, dass sie allein in Deutschland den Ernst der Lage erfassten und die Verbindung mit Frankreich, daneben auch die Unterstützung Oraniens unermüdlich vertraten. Aber ihre Bemühungen blieben fruchtlos. Der Convent fürstlicher Räte, den Friedrich im Februar 1572 zu Stande bringen wollte, wurde von Sachsen hintertrieben; die Versuche Johann Casimir's und Ehem's, Sachsen, Hessen und andere Stände für die Stellung von deutschen und die Annahme von französischen Hülfstruppen zu gewinnen, missglückten ebenfalls, zeigen aber, dass die Pfälzer jene nationalen Bedenken gegen fremdes Kriegsvolk keineswegs teilten.[3] Dies hängt übrigens jedenfalls damit zusammen, dass Friedrich sich wieder ernstlich bedroht glaubte, und zwar von Seiten Spaniens.[4]

---

1) Die spärlichen Mitteilungen über diese Verhandlungen bei Prinsterer a. a. O. sind durch die von Kl. II, 427 ff. gegebenen deutschen Aktenstücken und Correspondenzen in höchst erwünschter Weise ergänzt worden. Vgl. Kl. eigene Darstellung Fr. p. 350 ff.

2) Schomberg an Heinrich III, Dresden 18. Juni 1580 (Pb. V^c Colbert 400): „Or sçay-je fort bien que du commencement de ce traicté-là les dicts conte Palatin et landgrave n'y vouloient nullement prester l'aureille."

3) Kl. II, 453. Der Kf. wünschte mindestens 3000 französische Pferde und ein Regiment Gascogner Schützen auf 6 Monate.

4) Vgl. die Corresp. Friedrichs vom Juni u. Juli 1572 (Kl. II, 465; 468 A. 1; 475 ff.). Friedrich reizte gerade damals die Spanier noch besonders durch die Verhaftung des Grafen Otto von Eberstein, der ein Schiff mit Waffen rheinabwärts führen wollte, vgl. Christoph Mundt an Bullinger, 8. Juli (Epistolae Tigurinae, Publikationen der Parker society V No. 83); Alba an Philipp II., 18. Juli (Gachard II, 268); vgl. auch eine Zeitung Calendar 1572 p. 162. Von einer im August 1572 zu Mannheim erfolgten Confiscation verbotenen Geldes handelt eine Urk. vom 9. März 1575, wonach die Hälfte — 17000 fl. — einem Kaufmann zu Lucca zurückerstattet wurde (Mb. 90/1).

Als im August 1572 Schomberg eine neu formulirte Werbung dem Landgrafen und Johann Casimir zu Cassel vortrug, musste er bald zu der Erkenntniss kommen, dass seine Anträge für die deutschen Fürsten „eine schwer verdauliche Speise" seien. Ganz abgesehen nämlich von der bisher besprochenen Verbindung gegen Spanien lagen noch kühnere Projekte im Hintergrund. Es handelte sich um nichts Geringeres als um die polnische und die römische Königskrone, deren Erwerbung für das Haus Valois in den Combinationen französischer Politiker damals eine nicht unbedeutende Rolle spielte. Katharina von Medici hielt bekanntlich viel auf eine Prophezeiung, sie werde alle ihre Söhne auf Königstronen sehen; ausserdem wurden die alten Verheissungen von einem gleichnamigen Nachfolger Karl's des Grossen da und dort an die Person des jungen Königs geknüpft. Aber man begnügte sich keineswegs mit solchen phantastischen Spielereien. Schon im Jahre 1569 hatte der Grossvezier einem französischen Gesandten den Vorschlag getan, Karl IX solle seine eigene Wahl zum römischen König durchsetzen, seinem Bruder Anjou zur polnischen Krone verhelfen und seine Schwester Margaretha dem Wojwoden von Siebenbürgen vermählen.[1])

Das bevorstehende Ableben des letzten Jagellonen Sigmund August († 7. Juli 1572) veranlasste allerdings die Franzosen wie die Österreicher sich rechtzeitig für den polnischen Wahlkampf zu rüsten. Aber auch das Ende des Kaisers Maximilian schien nicht mehr ferne zu sein; anknüpfend an die vielbesprochene „Schwachheit" des Kaisers, empfahl Ehem in Dresden das französiche Bündniss, das die „freie Wahl eines christlichen Haupts" erleichtern werde.[2]) In diesem Fall, meinte ein französischer Staatsmann schon 1571, müsse die römische Krone den Valois vor die Füsse rollen. Wir sahen, wie sich Ludwig von Nassau auch dieses Hebels für seine Zwecke bediente; er behauptete ohne Weiteres, die deutschen Protestanten wünschten nichts sehnlicher als Karl IX zum Reichsoberhaupt zu machen; eine Entstellung der Tatsachen, die aber doch hier und da Eingang fand.[3])

---

1) Vgl. Du Bourg's Memoire bei Charrière III, 73, A. 1.

2) Kl. II, 452; über Gerüchte von der tötlichen Erkrankung Maxim. und Baierns Absichten auf die Krone vgl. ein Schr. des Gualterus an Ulmer, Zürich 1. Febr. 1572 (Bm. cod. lat. 11470^a f. 171^b).

3) In dem Memoire des Bischofs von Dax, Aug. 1571, heisst es: „advenant la mort de l'empereur, qui est fort maladif, cette couronne ne peut rouler qu'aux pied de l'un des deux" (Karl IX und Anjou).

Uebrigens wurde im Jahre 1572 der Fall einer Neuwahl sowohl von den Kurfürsten als auch von der französischen Regierung ernstlich ins Auge gefasst. Kurpfalz erklärte es für wünschenswert, dass man bei Frankreich „einen Rücken" suche, was natürlich nur auf Verhinderung einer habsburgischen Wahl gedeutet werden kann.[1]) Der eigentliche Vertrauensmann der Franzosen war aber Landgraf Wilhelm, obwohl er es sicher nicht aufrichtig mit ihnen meinte. Immerhin ging er so weit mündlich durch Schomberg wie auch brieflich der Königin Mutter die Wege anzudeuten, auf denen ihr Lieblingssohn Anjou zur römischen Krone gelangen könne; vor Allem empfahl er sich des Fürsten von Anhalt durch eine Pension zu versichern.[2]) Dass Wilhelm gleichzeitig Sachsen gegenüber eine ganz andere Sprache führte und die Franzosenfreundschaft des Kurfürsten Friedrich rügte, gibt uns einen neuen Beweis seiner Zweideutigkeit. Allerdings hütete sich Katharina von Medici, allzu lebhaft auf die hessischen Vorschläge einzugehen; Schomberg, der sie befürwortete, wurde im August ange-

---

Weiterhin wird bemerkt, Frankreich habe sich schon zweimal, unter Karl V und Ludwig XI, die Gelegenheit entgehen lassen, von der Weltherrschaft („l'empire de toute l'Europe et bonne part en Asie") Besitz zu ergreifen; jetzt biete sich diese Gelegenheit zum dritten Mal und es hänge von den beiden Valois ab, „de donner la loy au monde ou de la recevoir" (Charrière III, 171 ff. A.). Vgl. die hugenottische Phantasie des Vidame de Chartres von der Weltstellung Frankreichs, Arch. des miss. scientif. a. a. O.; die späteren Behauptungen von der französischen Gesinnung der deutschen Fürsten vor der Barth. Nacht ebd. 669; Prinsterer I, 4, 83/4*.

1) Kl. a. a. O.; über Correspondenz Augusts und Friedrichs wegen einer Neuwahl ebd. 459.

2) Schon im Okt. 1571 äusserte Katharina von Medici zu Blois dem Vertreter Toskana's gegenüber die Absicht, ihrem Sohn Anjou nicht nur die polnische, sondern auch die römische Krone zu verschaffen („di più, che potrebbe pervenire in Alemagna tale, che cercherebbe conservare e guadagnare sempre per la religione cattolica", Desjardins III, 723). Diese Combination beherrscht den interessanten eigenhändigen Instruktionsentwurf Schombergs, dessen meist verneinende Randbemerkungen (von der Hand des kgl. Sekretärs Brulart) vom 9. Aug. 1572 datirt sind (Noailles, Henri de Valois III, 285/6). Was hier über die Verhandlungen mit Hessen mitgeteilt wird, macht die Annahme Kl. Fr. 351, Schomberg habe damals noch keine Andeutungen über das Kaiserprojekt gewagt, unhaltbar. Die Sendung Reifenbergs, den Katharina, Juli 1572, im geheimen Auftrag an den Landgrafen abfertigte (Rommel V, 549 A. 59), hängt wohl auch mit diesen Umtrieben zusammen.

wiesen, zunächst den deutschen Fürsten gegenüber weder das deutsche noch das polnische Projekt, ja nicht einmal die englische Heiratsache weiter zur Sprache zu bringen. Dass die Regierung vollends erklärte in Sachen des Prinzen von Oranien sich ganz nach den deutschen Fürsten richten zu wollen, ist ein weiterer Beleg dafür, wie kühl man in Paris damals die diplomatischen Beziehungen zu den protestantischen Reichsständen auffasste. Aber in den neuen Verhandlungen mit dem französischen Agenten kam der Landgraf, so entrüstet er auch das Anerbieten französischer Hülfstruppen verwarf, selbst wieder auf jenen verfänglichsten Punkt; er wies darauf hin, dass der König, wenn er die freilich mehr als bescheidenen deutschen Vorschläge zu einer Correspondenz verschmähe, damit auch auf jenen „höheren Gewinn“ verzichte, nach dem seine Vorfahren längst sehnlich gestrebt und gerungen hätten. Und die polnischen Pläne, die Schomberg doch verlauten liess, ergriff er mit beiden Händen; er meinte, die Sache des „Rivalen“ stehe im Reich eben so schlecht wie in Polen.[1])

Während in Cassel noch hin und her geredet wurde, war in Paris die furchtbare Blutarbeit der Bartholomäusnacht bereits vollendet. Die bange Unentschiedenheit der letzten Jahre schien durch einen rasenden Gewaltstreich für immer beseitigt, jede fernere Gemeinschaft zwischen den Ketzern und ihren Henkern undenkbar geworden zu sein.

Die immer noch schwebende Frage, ob die Bluthochzeit die Frucht eines Jahrelang festgehaltenen und mit allen Mitteln der entsetzlichsten Verstellung durchgeführten Plans gewesen sei oder nicht, kann hier nicht ausgetragen werden. Dass die Mediçäerin mit dem Gedanken einer „bella vendetta“ wohl vertraut war, steht ausser Zweifel. Dass sie aber keineswegs unter spanischem und guisischem Regiment leben wollte und dass die seit 1570 eingeschlagene Richtung der Politik in manchen Punkten ihren persönlichen Wünschen entsprach, lässt sich ebensowenig läugnen. Ihre „innere Zweizüngigkeit“, wie sie Ranke unübertrefflich charakterisirt hat, bietet eine höchst ansprechende psychologische Lösung des unheimlichen Rätsels, während die Annahme eines längeren Vorbedachts nicht nur moralische, sondern auch politische Ungeheuerlichkeiten in sich schliesst, abgesehen von dem

1) Schombergs Instruktion vom 10. August und Berichte aus Kassel 29. Aug. 1572 bei Noailles III, 286 ff.

beispiellosen Glück in der durch Jahre unverletzten Wahrung eines solchen Geheimnisses. Vollends bei dem jungen König spricht die grössere Wahrscheinlichkeit dafür, dass er erst unmittelbar vor der Katastrophe dem stürmischen Drängen seiner Mutter erlegen ist.[1]) Wie wenig übrigens die grässliche Tat ihren Zweck erfüllte und wie die französische Politik sich gleich darauf genötigt sah, die abgerissenen Fäden mühsam von Neuem zu knüpfen, das wird uns, soweit es Deutschland berührt, näher beschäftigen.

Das Ereigniss hatte seinen Schatten vorausgeworfen; auch die deutschen Fürsten, besonders die Pfälzer waren von Paris her längst gewarnt. Noch am 22. August schrieb Walsingham dem Kurfürsten Friedrich, wenn die gemeinsame Sache nicht rascher vorwärts gebracht werde, so seien die Evangelischen sammt und sonders verloren. Vielleicht trugen solche schlimme Ahnungen zu dem Entschluss des Kurfürsten bei, seinen Sohn Christoph nicht zur Vermählung Navarra's reisen zu lassen. Landgraf Wilhelm hatte von Anfang an die allzugrosse Zuversicht der Hugenotten missbilligt; „Gott weiss", schrieb er nachher, „es hat uns allzeit vor der Hochzeit gegrauset." Dass aber, wie Johann Casimir meinte, auf die deutschen Protestanten wegen ihrer Haltung in der Bündnissfrage eine schwere Verantwortung falle, lässt sich doch nicht behaupten.[2])

---

1) Von jeher und in jüngster Zeit wieder besonders lebhaft hat sich die Forschung mit dem grossen geschichtlichen Rätsel befasst, dessen Lösung auch heute noch nicht gefunden ist. Ich darf hier auf eine Frage, deren Erörterung nur im Rahmen einer Monographie wirklich fruchtbar werden könnte, nicht eingehen und will nur constatiren, dass mich die bedeutendste neuere Publication, Wuttke's historisch-kritische Studie: Zur Vorgeschichte der Bartholomäusnacht (Leipzig 1879) nicht von der Unhaltbarkeit der in letzter Zeit herrschenden den Vorbedacht ablehnenden Ansicht überzeugt hat. W. betrachtete übrigens selbst seine Arbeit nicht als völlig abgeschlossen, wollte vielmehr noch in Paris ergänzende Nachforschungen anstellen (p. IV). Dass er auf das Zeugniss Capilupi's zu viel Gewicht legt, ist bereits mehrfach mit Recht hervorgehoben worden.

2) Vgl. Kl. II, 458 A. 1; 467; 481; 498; Rommel V, 554 A. 63. — Trotz des oben geschilderten schleppenden Gangs der Bündnissverhandlungen sagt Joh. Casimir später in einem Schr. an Wilhelm von Hessen vom 19. Sept. 1585 (Marb. Or.), Schomberg habe im J. 1572 die Verständniss mit der Krone Frankreich „biss zum beschluess sollicitirt und getrieben, biss man die feder zur verfertigung solcher vergleichung ansetzen wollen." Noch weiter ging Schomberg in seinen Behauptungen, als er 1580 von Neuem in Sachsen das französische Bündniss antrug;

Noch standen für den französischen Hof diese Verhandlungen erst in zweiter Linie; im Uebrigen hätte das Vorhandensein eines deutschen Bündnisses die Hugenotten ebensowenig geschützt, wie die wirklich abgeschlossene Allianz mit England es vermocht hat. Wahrhaft verhängnissvoll dagegen wurde den französischen Reformirten die Zweideutigkeit der Königin Elisabeth, ihre ewig wechselnde Stimmung bald für bald gegen die Heirat und ihr unwürdiges Liebäugeln mit Spanien.

Das Gefühl der tiefsten Entrüstung, worin für den Augenblick die gesammte protestantische Welt einig war, mischte sich mit der lebhaften Angst vor einem Weitergreifen des katholischen Fanatismus. In Deutschland waren es begreiflicher Weise die Pfälzer, die sich als die nächstbedrohten Opfer dieser beginnenden „Exekution des Trientiner Concils“ ansahen. Wirklich meldet gleich nach der Bartholomäusnacht ein unverdächtiger Berichterstatter aus Rom, dort halte man in den höchsten Kreisen dafür, der Kaiser solle endlich das längst verdiente Strafgericht an dem Pfalzgrafen vollziehen, ihn selbst dem Schicksal Johann Friedrichs überliefern und seine Kur auf Baiern übertragen.[1]) Andrerseits galt es selbst im katholischen Deutschland für ziemlich sicher, dass Alba die „neuen calvinischen Schulen in Neuhausen und Heidelberg zu visitiren“ beabsichtige.[2]) So eifrig aber Kurfürst Friedrich die zahlreich ein-

---

in dem Entwurf eines Memoires vom Mai/Juni 1580 heisst es ausdrücklich: „le dict S$_r$ de Schomberg a besoing surtout d'une coppie collationnée du traicté qui feust signé de la propre main d'A. [Kf. August] devant la journée de St. Barthélemy“; er habe dem Kf. gegenüber erklärt, der König habe das Original unter seinen geheimsten Papieren, glaube aber, es werde sich unter den Papieren von Retz, Limoges oder Morvilliers finden. Natürlich fand sich nichts, da die Existenz eines solchen Vertrags einfach von Schomberg erfunden war (Pb V^c Colbert 400). Jenen Versuch, Pf. Christoph nach Paris zu ziehen, verwertet die bekannte hugenottische Schrift: le Réveille-matin des François, Edinb. 1574, I, 102 in ihrer Weise: „le roy taschoit d'attirer en sa cour le duc Christofle et d'endormir le duc Jean-Casimir par des pensions qu'il luy offroit, pendant qu'il faisoit son apprest pour perdre tous ceux de la religion.“

1) Vgl. den Brief Cusano's an den Kaiser, Rom 6. Sept. 1572 (aus dem Wiener Archiv mitgeteilt von Lord Acton, Northbritish Review LI, 58 A. 1).

2) Schomberg an K. Katharina, Rathenow 9. Okt. (Noailles III, 294); Dr. Timoth. Jung an Albrecht von Baiern, Bonn 15. Okt. (Ma. 229/10 f. 360); er fügt übrigens bei, der Kf. (von Köln) habe für den Fall, dass

laufenden Drohungen und Warnungen verwertete, um eine Defensivvereinigung deutscher Fürsten und gleichzeitig eine kräftige Unterstützung Oraniens durchzusetzen, so wenig liessen sich die friedensseligen Herren aus ihrer Ruhe bringen. Trotz der Bartholomäusnacht missglückte der neue unionistische Versuch der Pfälzer vollständig; ein Convent fürstlicher Räte zu Heidelberg (Sept. 1572) wurde nur von Simmern, Ansbach und Baden beschickt und der äusserst vorsichtige Abschied nicht einmal von den wenigen Teilnehmern ratifizirt.[1])

Kurfürst August vollends wollte von solchen Versammlungen, Ratschlägen und Bündnissen gar nichts mehr wissen. Der Landgraf, der die pfälzischen Vorschläge einer evangelischen Vereinigung eine Zeitlang bei Sachsen unterstützt hatte, wusste schliesslich für Friedrich keinen bessern Rat, als den, seine bisherige Politik ganz aufzugeben; dann könnte er mit Hülfe des Kaisers, der geistlichen Kurfürsten, Baierns bei Spanien und Frankreich wieder zu Gnaden kommen und „seine Tage fürder in Ruhen hinbringen!" Ein Rat, der dem klugen Wilhelm vortrefflich entsprach, aber bei der in Heidelberg herrschenden Erregung, gegenüber der beispiellosen Bedrängniss der Evangelischen und dem Triumphgeschrei der Papisten ganz verloren ging. Inzwischen stand bereits der förmliche Bruch mit Kursachen den Pfälzern näher bevor als sie vermuten konnten; der deutsche Protestantismus ging einer neuen Spaltung entgegen, die selbst den inneren Hader des Jahres 1566 in Schatten stellte.

IV. Die sächsische Reaktion und die pfälzischen Praktiken. 1572—1575.

„Die Niederlage und Zerstörung der französischen Kirche, an und für sich schon tief zu beklagen, scheint auch für die benachbarten Evangelischen schweres Unglück anzukündigen." So schreibt ein deutscher Zeitgenosse, dessen schlimme Ahnungen freilich nur aus den Zänkereien der deutschen Theologen abgeleitet waren,

---

Alba wirklich das Reich angreifen würde, seinen im spanischen Lager befindlichen Reitern bereits den Abzug anbefohlen, „und on zweifel ander mer also ton wurden."

1) Kl. II, 489 ff.; 510 ff.; der Abschied des Heidelberger Tags ebd. p. 289 ff. (vgl. die Bemerkung p. 523 A. 1).

aber im ausgedehntesten Mass verwirklicht werden sollten. Kirchliche und politische Motive der verschiedensten Art trafen damals zusammen, um in Kursachsen eine gründliche Reaktion herbeizuführen.

Schon im Jahr 1571 war das Vertrauen des Kurfürsten August zu seinen Theologen melanchthonischer Richtung und ihren Anhängern erschüttert, war gegen sie der Vorwurf des verkappten Calvinismus mit bedrohlichem Nachdruck erhoben worden. Unter dem Schutz der „Mutter Anna" sammelte sich die strenglutherische Partei und erwartete nur die günstige Gelegenheit, um den Kurfürsten selbst über das verderbliche Treiben seiner geistlichen und weltlichen Ratgeber völlig aufzuklären. Wir bemerkten die kühle Vorsicht, die August allen Bestrebungen entgegensetzte, die nach einer protestantischen Unionspolitik aussahen; für den Abbruch der französischen Heiratshandlung hatte jedenfalls auch die Kurfürstin ihren Einfluss aufgeboten, gewiss nicht, wie die Franzosen meinten, allein aus Groll darüber, dass jenes frühere Projekt, ihre älteste Tochter einem Valois zu vermählen, gescheitert war.[1]) Eine Reise des kurfürstlichen Paars nach Dänemark (Sommer 1572) scheint gleichfalls von den Orthodoxen ausgebeutet worden zu sein. Kurz vorher war das Gerücht aufgetaucht, Dänemark habe sich mit Spanien zu einem Angriff auf England oder Schottland verbunden.[2]) So unglaublich dies lautet, so dürfte es doch einen Kern von Wahrheit enthalten, nämlich die Tatsache einer entschiedenen Abkehr Dänemarks von Frankreich. Wenigstens machen die folgenden Schritte, die Kurfürst August zu einer förmlichen Herstellung seiner österreichischen Freundschaft unternahm, eine ähnliche politische Schwenkung bei seinem königlichen Schwager höchst wahrscheinlich.

Noch ehe die Bartholomäusnacht die entsetzliche Treulosigkeit des französischen Hofs enthüllte, hatte der Kurfürst dem Kaiserhaus deutliche Zeichen seiner veränderten Stimmung gegeben. Gelegenheit hiefür bot die Versammlung kurfürstlicher Räte zu Mühlhausen (Juli 1572), die von Maximilian wegen seines eventuellen Bei-

---

1) Noch in seinem Schr. an Heinrich III. vom 18. Juni 1580 kommt Schomberg auf den unversöhnten Groll der Kurfürstin zurück: „qui peult tout en son endroict [beim Kurfürsten] et ne peult oblier l'injure qu'elle tinst luy avoir esté faicte à cause de sa fille" (l'b. a. a. O.).

2) Walsingham an Burghley, 29. März 1572 (Digges p. 183; vgl. Calendar 1572 p. 64). Dagegen hielt es Kf. Friedrich in seinem Schr. an Kf. Anna vom 6. Juni für angezeigt, ausdrücklich darauf hinzuweisen, dass Spanien auch gegen Dänemark Böses im Schilde führe (Kl. II, 462).

tritts zur Türkenliga veranlasst war und die innere Zerrissenheit der deutschen Zustände nur zu deutlich wiederspiegelte. Während dem Kaiser sowohl der Türkenkrieg als die Berufung eines Reichstags abgeschlagen wurde, äusserte sich der confessionelle Gegensatz, das tief eingewurzelte Misstrauen mit drohender Heftigkeit. Die Pfälzer, die ihrerseits zu Gunsten Oraniens agitirten, wurden von geistlicher Seite gewaltsamer Säcularisationspläne beschuldigt.[1]) Dagegen trägt ein von den kaiserlichen Commissaren für ihren Herrn abgefasstes Memorial unverkennbare Spuren protestantischer und zwar, wie anderwärts geradezu angedeutet wird, pfälzischer Einwirkungen.[2]) Wenn aber dieses Memorial sich teilweise die Sprache und die Argumente der protestantischen Opposition aneignet, so bilden die vertraulichen Erklärungen von Sachsen und Brandenburg hiezu den schärfsten Gegensatz. Ihre Vertreter liessen in der niederländischen Frage die Pfälzer völlig im Stich und versicherten, dass ihre Herren mit Oranien nicht das Geringste zu schaffen haben, vielmehr dem Kaiser zur Einstellung der Kriegsgewerbe und Herstellung der Ruhe im Reich behülflich sein wollten.[3]) Mit anderen Worten, Kursachsen liess zu Mühlhausen die bedenkliche pfälzische Politik vor den kaiserlichen Commissaren

---

1) Ueber den Mühlhauser Tag vgl. Ma. 229/10; der Abschied datirt vom 26. Juli 1572, das interessante Memorial von Philipp Freiherr zu Winnenberg und Lazarus von Schwendi, beim Kaiser angebracht durch den Hofrat Dr. Timotheus Jung, vom 28. Juli; hier heisst es über die Befürchtungen der Geistlichen: „die geistlichen besorgen sich immer zue, als wann die andern nun damit umbgangen, wie sie si gar undertrucken oder ausrotten mechten. — Und erzaige sich das maist mistrauen etlicher gaistlichen gegen Pfalz, welches aber Pfalz abgesandten auch heftig entschuldigen."

2) Dr. Jung sagt in seinem Bericht an Albrecht von Baiern, Wien 10. Aug. 1572 (ebd. eigh.): „Es hett der von Schwendi ein discurs iber disen abschid gemacht und ein grosse correspondenz mit Pfalz gehalten." Schon auf dem R.-Tag zu Speier sprach Schwendi mit den Kurpfälzern vertraulich über die niederländische Sache und sie fanden ihn „des vatterlands freund, auch dem spanischen Regiment abhold" (die pfälz. Räte an Friedrich, Speier 24 Nov. 1570, Mb. 109/5).

3) Dr. Jung's Schr. vom 10. August a. a. O.; weitere Aeusserungen Jungs teilt ein bairischer Agent dem Herzog mit (ebd.). — Ueber die herbe Kritik der pfälzischen Politik von Seiten Augusts vgl. Kl. II, 515 A. 1; 534 ff.; in seinem Schr. an Friedrich vom 10. Okt. sagt er u. a.: „so ist uns alle zeit zuwider gewesen, das man sich in Deutschland mit solchen auslendischen practicanten behengt und so gemein gemacht hat."

und den Gesandten der geistlichen Kurfürsten desavouiren. Pfalz war wieder isolirt.

Was aber den Kurfürsten August vollends zum Kaiser zurückführte, war die Ueberzeugung, dass er in seinen territorialen Händeln, seinem feindlichen Vetter Johann Wilhelm und den Kindern des unglücklichen Johann Friedrich gegenüber der kaiserlichen Gunst notwendig bedürfe. Gerade im Sommer 1572 hatte Johann Wilhelm seine Interessen persönlich bei Maximilian vertreten.[1]) Im folgenden Winter fasste August den Entschluss zu einer Reise nach Wien, wo er mit seiner Gemahlin am 14. Februar 1573 eintraf und den Kaiser nach dessen eigenen Worten „unversehens überfiel".[2]) Die Heimlichkeit, womit man sächsischerseits diese Reise umgab — der Kurfürst betrat die Hofburg zuerst verkleidet — reizte auswärts zu den mannigfachsten Vermutungen; namentlich in Frankreich fühlte man sich durch den auffälligen Schritt unangenehm berührt. „Darüber", schreibt Walsingham, „ist Alles einig, dass es sich um Dinge von höchster Wichtigkeit handelt".

In der Tat kamen nicht nur die Interessen der kursächsischen Hauspolitik zur Sprache, sondern sämmtliche grosse Fragen, welche damals den Wiener Hof beschäftigten. Vor Allem suchte sich August von dem Vorwurf zu reinigen, als habe er den gewaltsamen Unternehmungen Oraniens irgend welchen Vorschub geleistet. Trotzdem erklärte er eine Aenderung des Regiments in den Niederlanden für unvermeidlich und erbot sich, mit den übrigen Fürsten

1) Ortloff IV, 437; Heshusius, den er mitnahm, bereitete ihm natürlich durch seine Taktlosigkeit Verlegenheiten (Heppe II, Beilagen p. 139; auch Dr. Jung sagt in dem citirten Schr.: „Welchermassen herzog Johan Wilhelm mit seinem propheten alhie wieder abgeraist und in seinen eignen sachen nichts verricht, das werden on zweifel E. F. Gn vor disem bericht worden sein").

2) Gillet I, 433 und Kl. Fr. p. 403 lassen irrtümlich den Kf. die Reise erst nach dem Tod Johann Wilhelms († 2. März 1573) antreten. Augusts Ankunft in Wien fällt aber bereits auf den 14. Febr. (Maximilian an Albrecht von Baiern, 24. Febr., Mc. Oesterr. Sachen VIII, 158; Bericht des spanischen Gesandten s. u., Johann Casimir an Retz? 4. März); er blieb dort eine volle Woche, bis zum 21. Febr. Ueber die territorialen Angelegenheiten, welche August mit dem Kaiser besprechen wollte, vgl. das „memoriall, was mit der Kais. Mt. zu Wien mundlich zu reden sein mochte" (D. 8499; citirt im Arch. f. sächs Gesch. III, 301). Für die politischen Verhandlungen während des Besuchs ist meine Hauptquelle die „Relacion de carta del conde de Montagudo á S. M., de Viena á ultimo de hebrero 1573" (Wb. Hdschr. 595, Bd. VI, 288, Cop.)

den Kaiser und Spanien behufs einer friedlichen Lösung dieser brennenden Frage zu unterstützen. Als der einfachste Ausweg erschien ihm die Uebertragung der Statthalterschaft auf einen Erzherzog, [1]) ein Gedanke, der in den nächsten Jahren immer wieder hervortrat, bis die Niederländer auf eigne Faust einen freilich nicht glücklichen Versuch machten ihn zu verwirklichen. Ueber den Anschluss des Reichs an die Türkenliga wurde zwar ohne endgültige Entscheidung gehandelt, aber August äusserte sich doch sehr entgegenkommend und sagte, man dürfe eine so gute Gelegenheit die Christenheit wider den Erbfeind zu vereinigen nicht versäumen; der Kaiser liess auch sofort die übrigen Kurfürsten durch Abgesandte um ihren Bescheid angehen. Johann Casimir schrieb später in seiner derben Weise: „Sachs seliger zu Wien hätt schier die sancta liga unterschrieben; Mutter Anna hat stark am Wagen geschoben“.[2]) Jedenfalls hat

---

1) Dieser Vorschlag war bereits viel früher von der Kaiserin vergebens gemacht, dann im Herbst 1572 von Seiten Spaniens aufgegriffen und durch den Gesandten in Wien Monteagudo beim Kaiser eifrig vertreten worden; die Spanier dachten an den Erzh. Ernst (Monteagudo an Philipp II, 12. Okt. 1572, Gachard II, 284 ff., vgl. die Schr. Karls IX an seinen Gesandten in Madrid, 17.–22. März 1573, Prinsterer I. 4, 33*; 39*). Dass dann August von Sachsen dem Kaiser aufs Dringendste empfohlen habe, diesen Weg einzuschlagen, sagte der kaiserliche Gesandte in Venedig seinem französischen Collegen (Charrière III, 366 A., vgl. die italien. Zeitungen Calendar 1573 p. 271, 283). Am 26. Mai 1573 schreibt Schomberg an K. Katharina, der Kaiser hoffe seinen zweiten Sohn zum Statthalter der Niederlande erhoben und weiterhin mit der Infantin vermählt zu sehen; „ung ellecteur qui le peult sçavoir, l'a dict à ung de vos collonels en très grande confiance“ (Prinsterer I. 4, 80*); letztere Andeutung scheint mir auf den Kf. von Sachsen und den Grafen von Barby zu gehen. — Johann Casimir (an August, 13. Juni, Kl. II, 579) schlug schon damals vor, die Einsetzung eines Erzherzogs mit Hülfe Oraniens zu bewerkstelligen.

2) Joh. Casimirs Tagebuch p. 380; 394. Dem spanischen Gesandten teilte der Kaiser selbst hierüber folgendes mit: „Que en lo de la liga general se havia resuelto el dicho elector con S. M. Ces., que holgava mucho de ayudarle en esta occasion, no solo con su voto, persona y hazienda, pero que con los demas principes haria tales oficios, quales S. M. los veria brevemente, y luego le responderia mas en particular á un memorial que le avia dado. Y aun le dixo estos palabras formales: Señor, lo que ha muchos años que desseávamos que era ver colligada la christiandad con el imperio para contro el Turco: lo vemos agora; no sera justo perder tal ayuda ni tal occasion. V. M. sede [?] priessa, que yo no faltaré. Lo qual agradó mucho á S. M., paresciéndole que

der vertrauliche Verkehr zwischen Anna und der Kaiserin den beiden Fürsten die Herstellung des alten Einverständnisses nicht wenig erleichtert und sich überdies keineswegs von der Politik ferngehalten.[1]) Der Einfluss der Kurfürstin erreichte eben damals seinen Höhepunkt, zum schweren Schaden des deutschen Protestantismus.

Dem Lieblingswunsch des Kaisers, seinem ältesten Sohn die römische Krone zu verschaffen, gab August ebenfalls seine Zustimmung, nachdem Maximilian die gegen Rudolfs Person erhobenen Bedenken entkräftet hatte. Der Kurfürst hielt übrigens auch in der Frage der polnischen Wahl mit der Ansicht nicht zurück, dass gerade der Erzherzog Ernst wegen seiner spanischen Erziehung für diesen Tron sich minder eigne als seine jüngeren Brüder. Aber der Kaiser liess sich auf keinerlei Aenderung des einmal beschlossenen Planes ein. Ob August seinerseits wirklich, wie behauptet wurde, eventuell bewaffnete Hülfe zusagte, ist mindestens zweifelhaft.[2]) Eben so unverbürgt sind die Nachrichten über Gebietserweiterungen, die dem Kurfürsten in Aussicht gestellt worden seien; dass die sächsischen Wünsche keineswegs alle befriedigt wurden,

---

no se podia dezir mas.“ Die Antwort der übrigen Kff. hoffte der Kaiser bis Mitte März zu bekommen (Relacion). Auch an Albrecht von Baiern schrieb Maximilian, obwohl Sachsen keine endliche Antwort gegeben, „so haw ich doch so fil vermerkt, das S. L. zu diser handlung zu befurdern nit ungenaigt sain, und hawn sich darinnen hoch erbotten.“ — Ueber die kaiserliche Gesandtschaft an die Kff. vgl. Kl. II, 574/5; weiteres Ma. 230/1.

1) Der spanische Gesandte berichtet hierüber: „Tambien habló la emperatriz á la duquesa, encomendándole tomasse á cargo las cosas de sus hijos, dándole á entender que lo que mas le premia era la election de rey de Romanos, sin nombrarle á ninguno dellos. La duquesa se le offresció grandemente“ u. s. w (Relacion). Auch in Heidelberg hörte man von der Freundschaft der beiden Fürstinnen (Heppe II, Beilagen p. 136).

2) Vgl. die Mitteilungen des Gesandten Vulcob an Karl IX über die angeblichen Kriegs- und Eroberungspläne des Kaisers und der Kff. bei Noailles II, 240 ff.; III, 420 ff.; Schomberg spricht gleichfalls wiederholt von der Nachricht, Sachsen habe dem Kaiser 1000 Pferde auf 5 Monate versprochen, was aber Joh Casimir für höchst unwahrscheinlich erklärte (Moser IV, 324; vgl. ebd. 329 die Behauptung, Sachsen habe beim Kaiser die Aechtung Erichs von Braunschweig durchgesetzt). Joh. Casimirs Aeusserung über Kursachsen in dem Schr. vom 4. März (an Retz?): „et me semble qu'il a peur du Moscovite“, ist mir nicht recht verständlich.

unterliegt keinem Zweifel.[1]) Das Hauptresultat war und blieb die erneute Befestigung des politischen Vertrauens zwischen dem Albertiner und dem Haus Habsburg. August verfehlte nicht auch mit dem spanischen Gesandten Höflichkeiten auszutauschen und ihn zu versichern, dass er selbst keinerlei Gemeinschaft mit den „Rebellen" haben und sich nach Kräften bemühen wolle, der Begünstigung Oraniens von Seiten anderer Fürsten ein Ende zu machen. Seine Räte aber beteuerten dem Vertreter des katholischen Königs ausdrücklich, ihr Herr habe stets einen Ruhm darin gesucht, „der Diener und Knecht seiner Majestät zu sein".[2])

Für Frankreich war der Kurfürst seit dieser Reise gänzlich verloren; die üble Auffassung der Bartholomäusnacht am Kaiserhof stimmte ohnedies mit seiner eigenen Ansicht und seiner sonstigen Abneigung gegen die Franzosen überein. Er sei zu Wien in der Schule gewesen, klagt der Unterhändler Schomberg, dem übrigens auch die antifranzösische Gesinnung der Kurfürstin kein Geheimniss blieb.[3]) Wenn die Politik der Valois im Reich wieder Boden gewinnen wollte, musste sie um jeden Preis und trotz der frischen Erinnerung an die Bluthochzeit die deutschen Glaubensgenossen der Hugenotten, die Pfälzer auf ihre Seite bringen.

---

1) Schomberg hörte beim Landgrafen, der Kaiser habe dem Kf. die beiden Lausitzen für 600000 fl. verkauft; andere sagten, der Kaiser wolle ihm Schlesien verpfänden, oder: August wolle brandenburgische Territorien in Schlesien erwerben. Auffallend ist die Aeusserung eines vom kursächsischen Hof aus an Schomberg gerichteten Schreibens: „il ne tient qu'à nous n'aggrandissions bien nostre pays de Meissen" (Noailles III, 317; vgl. 318/9); Schomberg bezog dies nachher auf die oben erwähnten Gerüchte. — Darüber, dass z. B. die von August dringend gewünschte Belehnung mit dem Voigtland in Wien nicht erreicht wurde, vgl. Arch. f. sächs. Gesch. III, 301.

2) Relacion; der Marschall, Kanzler und ein Rat des Kf. erklärten dem Gesandten, ihr Herr wünsche S. Kathol. Maj. von seiner Dienstwilligkeit zu überzeugen, „sin dar crédito á los que con passion le querian desviar de lo que tanto se havia preciado, que era de ser servidor y criado de S. M. (que deste termino usaron)."

3) Schomberg an Brulart, Dresden 12. Mai 1573 (Prinsterer I. 4, 76*). Von sonstigen Berichten über die Wiener Reise vgl. das Schr. des Agenten Labbe an K. Katharina, Wien 14. März (Pb. 500 de Colbert 397); gut unterrichtet ist Granvela (an Morillon, 18. März, Prinsterer I. 4, 35*).

Katharina von Medici war keineswegs gesonnen, durch die Bartholomäusnacht ihren Sohn und Frankreich unter päpstlich-spanische Vormundschaft zu liefern. Im Gegenteil, auch nach dem Ereigniss glaubte sie die eingeschlagene antihabsburgische Richtung festhalten zu können. Diese scharfe Trennung der innern und äussern Politik, diese Vereinigung von Hugenottenverfolgung und protestantischen Allianzen besass in Frankreich bereits eine Tradition und ist bekanntlich nachmals von Richelieu meisterhaft ausgenützt worden. Auch die Florentinerin wollte vor Allem in Frankreich Herrin sein, die Lothringer und Spanier ebenso wenig regieren lassen wie den Admiral und seine Freunde. Aber wenn sie gleichzeitig nach aussen freie Hand zu behalten wünschte, so musste diese Zumutung den auswärtigen Protestanten zunächst unglaublich frech erscheinen. Konnte sie denn ernstlich hoffen, die Engländer, Deutschen, Niederländer würden entweder die offiziellen Lügen der französischen Sendlinge glauben oder den entsetzlichen Eindruck der Pariser Ereignisse so rasch überwinden? Und doch blieb keine andere Wahl als die Politik Coligny's wieder aufzunehmen und sich weder durch die Mühe noch durch die vorauszusehenden Demütigungen abschrecken zu lassen. Denn schon hatte Spanien die tiefe Verstimmung der Königin Elisabeth benützt, um ein freundlicheres Verhältniss zu England herbeizuführen. Vollends die polnische Wahlsache forderte dringend den Kampf gegen Oesterreich nicht nur in Polen selbst, sondern auch im Reich.

Am Tag nach der Bluthochzeit erhielt Schomberg gemessenen Befehl, der zu vermutenden Entrüstung der deutschen Fürsten mit einer offiziellen Entstellung des Hergangs entgegenzutreten. Wenig später schrieb ihm die Königin-Mutter: „Wir sind mehr als jemals gewillt, diese Beziehungen zu einer festen Correspondenz zu gestalten, trotz aller schlimmen Auslegungen der hiesigen Vorgänge.“ Ebenso äusserte sich Anjou. [1]) Freilich war das leichter gesagt als getan; Schomberg, der den Herbst und Winter in Sachsen, Brandenburg, Hessen wieder anzuknüpfen suchte, fand zunächst, dass „die ganze Verhandlung in Rauch aufgegangen“ sei. Kurfürst August liess ihn überhaupt nicht vor und erklärte jede nähere Verbindung mit Frankreich von nun an für unmöglich. [2]) Auch Kur-

1) Katharina an Schomberg, 13. Sept. 1572; Anjou an denselben, gl. Datums (Noailles III, 293/4).

2) Die Instruktionen und die Correspondenz Schombergs während seiner Verhandlungen mit Deutschland 1571—74 befinden sich grossenteils in der Pariser Bibliothek (fonds français 3880; 3899; 3951; coll. Dupuy

fürst Friedrich war fest überzeugt, dass man in der Bluthochzeit eine „fast lang angesponnene Praktik“, ein wohlbedachtes Werk der heiligen Liga zu sehen habe und dass Schombergs Entschuldigungen rein aus der Luft gegriffen seien. Noch verdächtiger war ihm der itaienische Intrigant Fregoso, der unmittelbar von Paris nach Heidelberg abgefertigt wurde, aber seine Fabel von der Hugenotten-Verschwörung nicht einmal dem Kurfürsten selbst vortragen durfte. Trotzdem gewann es Friedrich über sich, in seiner schriftlichen Antwort den Gesandten, den er doch für einen Schurken und Mitanstifter der Bluthochzeit hielt, zu versichern, er sei ihm sonst mit Gnaden wohl gewogen.[1]) Die Franzosen hatten sich in der Vermutung nicht getäuscht, dass gerade die calvinistischen Pfälzer am Ersten wieder mit ihnen anbinden würden.

Furcht und Hoffnung verschafften den Mördern der Hugenotten neues Gehör am pfälzischen Hof. Einmal waren die Pfälzer, und gewiss mit vollem Recht, davon überzeugt, dass die katholische Reaktion, wenn sie einmal das Reich ergreifen sollte, den ersten Schlag gegen Heidelberg führen würde; nun folgten aber der Kunde von der Bluthochzeit Warnungen über Warnungen, von feindlichen Absichten Alba's, der Franzosen, der geistlichen Fürsten, Erichs von Braunschweig. Und alle diese Briefe und Zeitungen, verstärkt durch Reminiscenzen an die papistischen Projekte des Jahres 1566, vermochten den lutherischen Mitständen, die den Heidelberger Tag im September 1572 beschickt hatten, die Notwendigkeit gemein-

---

Bd. 86 und 477; namentlich V^c Colbert no. 400, wo sich aber nicht, wie Noailles II, 232 A. 3 angibt, seine ganze diplomatische Correspondenz von 1571–81 findet). Leider sind diese wichtigen Schriftstücke nur zum Teil und in verschiedenen Publicationen zerstreut veröffentlicht; das Meiste, aber ganz schlecht herausgegeben bei F. C. v. Moser, Beyträge zu dem Staats- und Völcker-Recht IV, 219 ff.; andere zum Teil ergänzende und berichtigende Veröffentlichungen im 1. Band von L'Estoile's Journal de Henri III, im 3. Band von Noailles, bei Prinsterer I. 4, im Bulletin de la société pour l'hist. du protest. franç. XVI, 547 ff.

1) Friedrich an Wilhelm von Hessen, 1. 18. Sept. (Kl. II, 489 ff.; 512 ff.). Ueber die Verrichtungen Fregoso's vgl. Kl. II, 501 ff.; er wurde vom Kf. nicht gehört, wie dieser wiederholt versichert (p. 501; 521), und das „wir“, an dem Kl. II, 504 A. Anstoss nimmt, lässt sich doch wohl auf pfälzische Räte deuten, die mit Fregoso verhandelten. Der Schluss der Antwort ebd. 521 A. 2. Vgl. über Fregoso's Sendung auch Desjardins III, 835/6 und La Huguerye I, 153, der aber wie meistens falsch datirt; die ebd. citirten Documente in der Revue rétrospective V sind mir leider nicht zugänglich.

samer Verteidigungsmassregeln nicht begreiflich zu machen.[1]) Dagegen hatte in Heidelberg die fortgesetzte Spannung der letzten Monate wirklich eine kriegerische Stimmung erzeugt, die jetzt im Augenblick der höchsten Gefahr selbst gewagte Projekte und bedenkliche Bundesgenossen annehmbar erscheinen liess.

Wenn der alte Kurfürst mehr von dem Gedanken einer herannahenden schweren Krisis erfüllt war, so vertraten seine jüngeren Söhne eine Politik der bewaffneten Aktion mit voller Herzensneigung. Neben Johann Casimir zog bereits der einundzwanzigjährige Pfalzgraf Christoph die Blicke auf sich, dessen ritterliche Tatenlust durch eine strenge wissenschaftliche Erziehung[2]) keineswegs erstickt worden war. Kaum vom „Studio" befreit, wollte er sich um jeden Preis in einem „ehrlichen Zug" nützlich machen „und nit also stets alhie auf der Bärenhaut liegen." Gegen den Willen des Vaters war er im Sommer 1572 der Armee Oraniens gefolgt, hatte sich mit kölnischer Reiterei siegreich herumgeschlagen und während des unglücklichen Versuchs Mons zu entsetzen glänzende Bravour

---

1) Unter den zahlreichen Belegen für die Absichten der katholischen Reaktion, die Friedrich und seine Räte damals den fürstlichen Vertretern vorlegten, hebe ich hervor einmal die Behauptung, der Landsbergische Bund sei „uf ain zeit" (wann, ist nicht gesagt) bereits zu einem Angriff auf die Evangelischen entschlossen gewesen; nur Mainz und Nürnberg hätten die Sache hintertrieben (Kl. II, 518). Etwas genauer gefasst, aber nicht glaubwürdiger ist eine zweite „in sonderm Vertrauen" gemachte Mitteilung, gegründet auf die Aussagen eines zu Frankfurt eingezogenen Juden, wonach auf dem R. Tag von 1566 der Legat mit den geistlichen Fürsten die Ausrottung der deutschen Ketzer verabredet hätte und ein Teil der hiezu veranschlagten Gelder bereits im Schloss des Kf. von Mainz deponirt worden wären; der Jude wollte das Geld selbst unter der Hand gehabt und den Originalcontrakt u. a. mit dem Mainzer und Trierer Siegel gesehen haben. (Kl. II, 522/3; vgl. Friedrich an Ehem 22. Jan. 1568 (Mb. 108/4): „was die verhafte person zu Frankfurt uns biebevorn der spanischen practiken halb fur bestendige anzaigungen getan, auch daruff noch beharren tut").

2) Vgl. oben p. 3 A. 3; Christophs Heidelberger Rektoratsrede vom 3. Jan. 1566 in Nic. Cisneri opuscula p. 323 ff.; ebd. 332 ff. Epigramme an Christoph von Beza u. a. Chr. war im J. 1567 zu Genf (Lang. ad Camerar. p. 57). Einer seiner Lehrer war der Constanzer Zündelin, dem wir später noch öfter begegnen werden (Epistolae selectiores p. 579; vgl. die Vorrede zu Lang. epist. ad Camerarium). Ueber Christophs Interesse an dem berühmten französischen Philosophen Petrus Ramus, der vorübergehend in Heidelberg weilte, vgl. Sudhoff, Olevianus p. 332/3.

gezeigt.[1]) Als er mit dem Prinzen nach Deutschland zurückziehen musste, fand er den Hof seines Vaters in lebhafter Bewegung; sie galt sowohl den verwegenen Plänen der eben erst besiegten nassauischen Brüder als der wieder und wieder versuchten Annäherung des französischen Hofs.

Die eigentliche Seele dieser französisch-niederländischen Praktiken war wie vor der Bartholomäusnacht so auch jetzt der kühne Graf Ludwig von Nassau. Gleich nach seiner Niederlage hatte er schon wieder einen grossen Plan fertig, worin ein Bund der protestantischen Grafen und Herren am Rhein unter kurpfälzischer Führung eine bedeutsame Rolle spielte. Sein Bruder Johann vertrat diese Vorschläge in Heidelberg, wo er bei Friedrich und Johann Casimir lebhafte Zustimmung fand, und begann dann selbst mit verwandten und befreundeten Herren die Sache einzuleiten.[2]) Ein

1) Die Angabe Prinsterer's über den tätigen Anteil Pf. Christophs am niederländischen Feldzug 1572 ist von Kl. (II, 625 A. 2) mit Unrecht bestritten worden. Am 24. August schrieben die beiden Praillon, französische Agenten, an Karl IX aus Köln: „Le jeune filz du conte Palatin est tousjours avec monsr. le prince d'Orange contre la volunté de son père, et dict qu'il n'e. veult bouger qu'il ne voye la fin de ces guerres“ (Pb. V^c Colbert 397). Am 29. August berichtet Schomberg dem König aus Cassel: Pf. Christoph habe zwei Compagnien Reiter eines gewissen Brempt zersprengt („défaict“, Prinsterer I. 4, 8*; Näheres teilt Kf. Friedrich in einem Schr. an Würtemberg mit, freilich ohne seinen Sohn zu erwähnen, Kl. II, 491/2; Johann von Brembd, der Führer dieser kölnischen Hülfstruppen, war spanischer Pensionär, vgl Granv. VIII, 18). Am 11. Okt. finden wir den Pfalzgrafen mit Oranien zusammen in Köln (Dr. Jung an Baiern, Bonn 15. Okt., Ma. 229/10), ein paar Tage später in Dillenburg (Prinsterer p. 16*), vor dem 21. Okt. in Heidelberg (Kl. II, 547). Ein kühnes Reiterstück des Pf. vor Mons erzählt La Huguerye I, 136/7; 346.

2) So wenig verlässig La Huguerye namentlich in seinen Datirungen ist und so sehr seine Berichte tendenziös gefärbt und im Einzelnen willkürlich ausgeschmückt sind, so bleibt doch zweifellos, dass er in die Politik der Herren, denen er jeweils diente, tief eingeweiht war. Was er (I, 146 ff.; 150; 158 ff.) über den Plan eines rheinischen Protestantenbunds und über Johanns von Nassau Reise nach Heidelberg mitteilt, stimmt mit den spärlichen Nachrichten, die uns sonst vorliegen, im Wesentlichen überein. Ueber Johanns von Nassau Besuch bei Pfalz vgl. Zuleger an Ludwig von Nassau, 3. Dez. 1572 (Prinsterer I. 4, 31; vgl. p. 43*). Die „Grafeneinigung“ wird uns noch später begegnen; hier sei nur eine Mitteilung Vulcob's (an Karl IX, 8. Nov. 1572, Pb. a. a. O. 397) angeführt, wonach die rheinischen Stände rüsteten, „mesme

gleichfalls in Heidelberg besprochener Plan, noch zu Anfang des Winters dem Prinzen von Oranien frische Truppen zuzuführen, liess sich nicht verwirklichen; Zuleger meinte schliesslich, die letzte Hoffnung der Niederländer bleibe die Abtretung von Holland und Seeland an England; dann würde mit englischem Geld sich Mannschaft aufbringen lassen und einer der jungen Pfalzgrafen gern das Commando übernehmen. Zuleger zweifelte übrigens, ob England darauf eingehen würde.[1]) So hoffnungslos ihm die Lage Oraniens erschien, so bedenklich machten ihn zugleich die unermüdlichen Anläufe der Franzosen zur Wiederherstellung ihrer pfälzischen Beziehungen.

Im November finden wir Fregoso, der eben mit Ludwig von Nassau verhandelt hatte, von Neuem am kurfürstlichen Hofe; schon wagte die französische Regierung Johann Casimir Pension anzutragen, zunächst ohne Erfolg. Aber Kurfürst Friedrich liess sich doch bestimmen, weitere Verhandlungen mit dem berüchtigten Grafen von Retz in Metz, dem Sitze seines Gouvernements, anzuknüpfen. Die Zumutung freilich, welche Retz sowie der inzwischen nach Heidelberg gekommene Schomberg stellten, das Bündniss mit Frankreich ohne Rücksicht auf die Hugenotten abzuschliessen, wies der Kurfürst energisch zurück; Gott verabscheue und strafe solche Bündnisse, wie die Geschichte des Volks Israel genugsam zeige. Er be-

---

le conte Palatin, qui prattique, ainsy qu'on m'a naguères escript, de liguer avec soy quelques villes impérialles; mais il semble qu'elles ne veullent entrer en nouvelle alliance" (chiffrirt). Dies hängt vielleicht mit den am Rhein umlaufenden Gerüchten von französischen Anschlägen gegen Strassburg und andere Städte zusammen (vgl. Kl. II, 519; 571) Tatsache ist, dass Friedrich bei den vier evangelischen Orten der Eidgenossenschaft um Verständniss nachsuchte (Friedrich an Zürich, 25. Sept. 1572, Za.); hierauf reduzirt sich wohl die aus Besançon nach Spanien gelangte Nachricht, er sei zum Bürger von Bern aufgenommen worden (Prinsterer I. 4, 78*). Kl. (II, 580 A. 3) erwähnt im Zusammenhang hiemit eine unbewiesene pfälzische Tradition, dass Friedrich sich im J. 1566 um das schweizerische Bürgerrecht bemüht habe. Sicher ist so viel, dass der Kf. damals, als er einen Angriff von Seiten des Kaisers und seiner andern Gegner befürchtete, bei Zürich und Bern um ein Schutzbündniss für diesen Fall nachsuchte (Werbung Zulegers bei Zürich, Juni 1567; Bern antwortete zustimmend, Zürich ablehnend, Za.).

1) Vgl. Zulegers Schr. vom 8. Nov. 1572 (Prinsterer I supplément p. 134* ff., wonach die pfälzische Beglaubigung für den eventuell nach England abzufertigenden Dr. Junius bereits vom Kurf. eigenhändig abgefasst war.

schränkte sich auf das Versprechen gute Nachbarschaft halten zu wollen.[1]) Ueber diese Verhandlungen wurde Kursachsen fortwährend von Heidelberg aus benachrichtigt und der Kurfürst entschuldigte sich gegen August, er dürfe aus politischen Rücksichten Frankreich nicht zu sehr vor den Kopf stossen. Auch Johann Casimir, der in Ottweiler persönlich mit Retz zusammentraf, beeilte sich seinem Schwiegervater brieflich jeden Anlass zum Misstrauen vorwegzunehmen; Retz habe ihm durchaus eine königliche Pension aufnötigen wollen und sei offenbar hauptsächlich desshalb herausgeschickt worden, er habe sich aber auf seinen Vater und auf August berufen, ohne deren Zustimmung er keinen derartigen Schritt tun könne.[2]) Dies kam allerdings einer völligen Ablehnung gleich.

Nur hatten in Wirklichkeit die Dinge doch ein etwas anderes Ansehen als in den nach Dresden abgefertigten Berichten. Schomborg konnte mit Recht behaupten, die Zusammenkunft Johann Casimirs mit Retz habe dem König mehr genützt als man denken sollte. Der junge Pfalzgraf, der seinem Schwiegervater gegenüber jede ernstliche Verbindung mit „diesen Leuten" in Abrede stellte, versäumte nicht den französischen Hof von Augusts Reise nach Wien und von dem Stand der polnischen Wahlfrage in Kenntniss zu setzen. Und Retz, den Johann Casimirs Entgegenkommen bereits ziemlich sicher gemacht hatte, wagte ihm gegenüber sogar jenes Projekt einer französischen Kaiserwahl wieder aufs Tapet zu bringen. In den neuen Instruktionen des Hofs für Schomberg nahm

---

1) Zuleger a. a. O. 135*: „le roy de France sollicite le duc Casimir plus que jamais pour l'attirer à son service, mais ne veu." Eben im Nov. 1572 erschien Fregoso zum zweiten Mal in Heidelberg (Kl. II, 553 ff.; Excerpt aus der ihm erteilten Antwort, 7. Nov., bei Prinsterer I. 4, 20*. Fr. selbst berichtete, „che il conte Palatino gli ha fatto una gratissima cera", Albèri, Vita di Caterina de' Medici p. 403; über seinen Verkehr mit Ludwig von Nassau La Huguerye I, 152 ff.). Die Verhandlungen pfälzischer Abgeordneter mit Retz fanden Ende November und Dezember statt; Johann Casimir war dabei durch einen sehr unwürdigen Vertrauensmann, Friedrich Cratz von Scharfenstein, vertreten (Moser IV, 401); auch Schomberg und Fregoso waren anwesend. Vgl. Zuleger an Graf Ludwig, 3. Dezember; Retz an Ehem, Metz 12. Dez. (Bm. Coll. Cam. XXXVII f. 9); Depeschen Petrucci's vom 2. Nov., Alamanni's vom 16. Dez. (Desjardins III, 855; 864). Am 3. Dez. finden wir dann Schomberg bereits in Heidelberg (Kl. II, 563). Friedrichs Antwort an Retz, 30. Dez., Kl. II, 567 ff.

2) Friedrich an August, 13. Sept. 18. Nov. 3. Dez. 1572, Joh. Casimir an August 3. Jan. 1573 (Kl. II, 501 ff.; 553 ff.; 562 ff.)

der junge Pfalzgraf neben Landgraf Wilhelm die erste Stelle ein; auf diese beiden Fürsten glaubte man vor Allem zählen zu können.[1])

Man muss zugeben, dass der junge Fürst damals im Verkehr mit den geriebenen französischen Diplomaten ein nicht geringes Geschick entwickelte und sie tatsächlich mehr als einmal düpirte. Aber er geriet dabei selbst immer tiefer in ein gefährliches Treiben und verwickelte sich in das nämliche „Lügen- und Brillenwerk", welches die Pfälzer an den Franzosen so sehr zu rügen fanden. Schomberg wandte sich im Frühjahr 1573 wirklich zuerst nach Kaiserslautern und schien bei Johann Casimir gewonnenes Spiel zu haben. Der Pfalzgraf dachte seinerseits freie Hand zu behalten, liess sich jedoch im Laufe des Gesprächs zu bedenklich weitgehenden Aeusserungen hinreissen. Nachdem er anfangs den Gesandten einige sehr bittere Wahrheiten über die veränderte Stimmung der deutschen Fürsten hatte hören lassen, versprach er schliesslich seinen ganzen Einfluss aufzubieten, um den übeln Eindruck der Bartholomäusnacht bei seinem Vater allmählich zu beseitigen; übrigens hege man in Heidelberg bereits den Verdacht, er habe sich vom König gewinnen lassen. Dass er ausserdem eine deutsche Unterstützung der Hugenotten für unwahrscheinlich

1) Vgl. Schomberg an Karl IX, 23. März (Moser IV, 305); Retz an K. Katharina, 19. März (Pb. V^c Colbert 7 f. 480). Johann Casimir versprach u. a. dem Retz, den Unterhändler Cratz (den Retz als gewonnen bezeichnet) nach Frankreich zu schicken, „quant il l'aura peu obtenyr, comme il désire fort, qui luy soit permys de son père et beaupère d'entrer ouvertement en vostre service." Einen willkommenen Anlass für diese Verhandlungen boten die französischen Rückstände vom Jahr 1568, mit deren Empfangnahme eben jener Cratz hauptsächlich beschäftigt war. Vgl. die citirten Schr. des Retz vom 12. Dez. u. 19. März; K. Karl IX an den Präsidenten Viart, 28. März (Pb. fonds français 3213); Viart an Karl IX 1. April (Pb. V^c Colbert 397). Im März 1573 finden wir gleichzeitig mit Schomberg, Fregoso und Graf Ludwig die Obersten der in Frankreich verwendeten deutschen Truppen in Frankfurt, wo eine französische Zahlung erfolgte (vgl. Moser IV, 325). — Drei eigenhänd. Schr. Johann Casimirs, an K. Katharina, Karl IX und einen französischen Unterhändler (Retz?, dem er auch ein Memoire schickte), vom 4. März Pb. a. a. O. Ueber die Besprechung der römischen Königswahl zwischen Retz und dem Pfalzgrafen vgl. Schombergs Schr. vom 19. Aug. und 1. Sept. (Noailles III, 504; 509). — Die neuen kgl. Instruktionen für Schomberg vom 15. 25. Febr. bei Moser IV, 253 ff.; vgl. Noailles III, 304 ff.

erklärte und für den Fall, dass Anjou in Polen gewählt würde, seine Unterstützung gegen jedermann antrug, konnte das Zutrauen des Unterhändlers nur bestärken. Schomberg berührte sogar die Angelegenheit, „die dem König vor allen andern am Herzen liegt", das heisst die Frage der römischen Königswahl und glaubte aus den Reden Johann Casimirs entnehmen zu können, dass Pfalz Vater und Sohn günstig gesinnt seien und selbst Mainz von Heidelberg aus bearbeitet werde.[1])

Der Gesandte, dem der junge Pfalzgraf trotz aller schönen Worte einen Besuch am väterlichen Hofe durchaus widerraten hatte, setzte seine Reise über Frankfurt nach Hessen fort. Unterwegs brachte er den Grafen Ludwig von Nassau zu einem Vertragsentwurf, der den Franzosen gegen offene oder geheime Unterstützung Oraniens die Erwerbung von Holland und Seeland in Aussicht stellte. Ausserdem förderte der Nassauer die Werbung Schombergs beim Landgrafen Wilhelm; selbst dieser vorsichtige Fürst liess sich soweit ein, der Königin Elisabeth die Verbindung mit Alençon brieflich zu empfehlen und wenigstens indirekt auch für das polnische Projekt zu wirken.[2]) Inzwischen versicherte Johann Casimir einen zweiten französischen Bevollmächtigten Viart, der wegen der rückständigen Kriegsschulden gekommen war, wiederholt seiner aufrichtigen Ergebenheit gegen das Haus Valois. Er bedauerte ausdrücklich, dass er sich im zweiten Hugenottenkrieg durch die Vorspiegelungen falscher Ratgeber habe verführen lassen gegen den König zu ziehen; Gott sei sein Zeuge, dass er nicht die geringste Lust habe jetzt den Hugenotten wieder Truppen zuzuführen. Auch gegen Viart liess er sich über die kurpfälzischen Räte heftig aus, die ihn selbst für einen französischen Pensionär erklärten und das Misstrauen seines Vaters gegen Frankreich aufrecht zu halten suchten. Was er eigentlich zu erreichen hoffte, darüber liess er Viart wie Schomberg durch andere aufklären; eine gewöhnliche Pension schien ihm eines Fürsten nicht würdig, dagegen wünschte er zum General der königlichen Pensionäre deutscher Nation ernannt zu werden. Diese teure und politisch bedenkliche Stelle überhaupt zu schaffen fiel natürlich den Franzosen gar nicht ein; sie dachten, der junge Fürst, der sich durch ihre Bemühungen um seine Person offenbar geschmeichelt fühlte, werde mit der Zeit auch billiger zu haben sein.[3])

1) Schomberg an Karl IX. 28. März (Moser IV, 319).

2) Vgl. Soldan II, 525 ff.

3) Vgl. das oben citirte Schr. des Präsidenten Viart an Karl IX vom 1. April; Schomberg an Karl IX. 4. April (Moser IV, 384); Ant-

Dass übrigens damals zwischen Heidelberg und Kaiserslautern Meinungsverschiedenheiten bestanden, dürfen wir Johann Casimir wohl glauben. Denn der alte Kurfürst duldete zwar die Wiederaufnahme des diplomatischen Verkehrs mit Frankreich, aber mit sichtlichem Widerstreben; er konnte sich die furchtbaren Erinnerungen des letzten Jahrs nicht so rasch aus dem Kopf schlagen. Die eifrigsten Calvinisten seiner nächsten Umgebung dachten vielleicht noch strenger; Zuleger wenigstens missbilligte von Anfang an, dass man mit diesen durch und durch verlogenen und nichtswürdigen Leuten überhaupt noch Beziehungen anknüpfte.[1]) Dagegen wäre nach den Berichten Schombergs Ehem mehr auf Seiten Johann Casimirs gestanden, was bei seiner unverrückt festgehaltenen Richtung gegen Spanien als den eigentlichen Todfeind des Evangeliums sehr wahrscheinlich lautet.

Bis zum Sommer 1573 bewahrte Kurfürst Friedrich den Franzosen gegenüber eine mindestens kühle Haltung. Während er in England, freilich vergebens, die alten Bemühungen um ein protestan-

---

wort des K. 21. April (ebd. 421/2). Viart ging auch nach Heidelberg, wo er mit Friedrich eine ausführliche Unterredung hatte. Johann Casimir äusserte ganz wie gegen Schomberg (ebd. 305; 313) auch gegen Viart, „combien il avoit à grand desplaisir que monsieur l'électeur se laschoit tant à quelques-ungs de son conseil, qui l'enveloppent de tant de rapportz et s'efforçoient luy persuader que jà le dict s^r duc s'estoit engagé par pention à V. M^té, laquelle certainnement estoit entrée en la ligue." Ueber Johann Casimirs Streben nach der Würde eines königlichen Generals, das auch von Schomberg (ebd. 401/2) besprochen wird und von Kluckhohn (II, 576 A.) mit Unrecht bezweifelt worden ist, berichtet Viart des Näheren; der Pf. wünsche „la charge de commander à V ou VI^m reittres, quand il plaira à V. M^té s'en servir, dont il en aurait particulièrement XV^c ou II^m soubz luy et les aultres soubz plusieurs cappitaines, de tous lesquelz il seroit le général. . . . . Et par telles charges d'honneurs j'ay aprins qu'on l'obligera trop plus volontiers que par seulles pentions qu'il estime estre moiens peu honnorables et dignes d'ung prince et du lieu qu'il tient. Mais la charge de commander tenant le premier lieu, la pention se pourra plus honnorablement suivre." Viart schlägt vor, dem Pf. die durch den Tod Johann Wilhelms freigewordene Pension ganz oder teilweise zu verleihen, was jedoch der erfahrene Morvilliers (Schr. an K. Katharina 1. April, Prinsterer I. 4, 69*) dringend widerriet.

1) Zuleger an Ludwig von Nassau, 3. Dez. 1572 (Prinsterer I. 4, 30* ff.).

tisches Defensivbündniss fortsetzte,[1]) war er durchaus nicht zu bestimmen, zu Gunsten der Verlobung Alençons mit der Königin sein Fürwort einzulegen. Er empfing eine kaiserliche Gesandtschaft, deren Werbung hauptsächlich den Beitritt des Reichs zur Türkenliga betraf, mit besonderer Auszeichnung; wiederholt sprach er sich sehr entschieden für eine Pacification der Niederlande durch Kaiser und Reich aus, wogegen Frankreich nichts sehnlicher wünschen musste als die Fortdauer eines Kriegs, der Spanien beschäftigte und band.[2]) Mit den übrigen Kurfürsten fertigte auch Pfalz auf kaiserlichen Wunsch Gesandte nach Polen ab, um vor der Wahlversammlung die Candidatur des Erzherzogs Ernst zu vertreten. Dass Friedrich sich zu diesem Schritte nur ungern bequemt hat, dürfen wir gewiss annehmen; Schomberg, der es von Johann Casimir selbst hörte, berichtet weiter, eine in Heidelberg sehr einflussreiche Persönlichkeit habe den Kurfürsten veranlasst, an der Gesandtschaft zwar teilzunehmen, aber als seinen vornehmsten Vertreter Ehem, den Todfeind Oesterreichs, abzufertigen. Wirklich versicherten die

---

1) Depeschen La Mothe's vom 9. 19. März 1573 (La Mothe V, 271; 281); der „homme du comte Palatin" dürfte wohl Junius gewesen sein, vgl. Zulegers Schr. vom 8. Nov. 1572 (Prinsterer I supplément p. 135*). Ein Schr. des Kf an den in England befindlichen Hugenottenführer Vidame de Chartres wird erwähnt in dem Schr. Karls IX an La Mothe vom 17. März 1573 (Mém. de Castelnau, Ausgabe von 1731, III, 310). Neben dem Vidame war damals der Hauptvertreter der Hugenotten in England Graf Montgommery, der im Frühjahr 1573 dem belagerten La Rochelle mit einer Flotte zu Hülfe kam. Ein Abgesandter des Grafen erschien noch im Sommer bei Friedrich, um den alten Plan eines englisch-deutschen Verständnisses wieder anzuregen; seine Beglaubigungsschreiben datirten freilich vom März (Kl. II, 582 ff.). Wie das Gerücht dieses Bündniss bereits als bestehend behandelte, darüber vgl. Charrière III, 366 A.; 378 A.

2) Die Werbung der kaiserlichen Gesandten Winnenberg und Dr. Hegenmüller, von deren Relation aus Heidelberg (18. April) Kl. II. 574/5 ein unvollständiger Auszug gegeben ist, betraf nicht, wie Kl. annimmt, die römische Königswahl, sondern gemäss den Wiener Besprechungen zwischen dem Kaiser und Sachsen die schon 1572 zu Mühlhausen erörterte Frage, ob Kaiser und Reich der Liga gegen die Türken beitreten sollten. Friedrich sprach sich gegen die Aufnahme von Verhandlungen aus; vor ihm hatte schon Mainz darauf verwiesen, dass die Sache zu Mühlhausen der Entscheidung eines R. Tags vorbehalten worden sei (Mainzische Antwort vom 14. April, Ma. 230/1 f. 102 ff.). In Heidelberg erfuhren die Gesandten zuerst den Abfall Venedigs von der Liga, der natürlich ihre Werbung vollends aussichtslos machte.

pfälzischen Gesandten, als sie auf ihrer Heimreise mit Schomberg zusammentrafen, sie hätten nur zum Schein für den Erzherzog, insgeheim aber für Anjou gewirkt. Dass jedoch ein solches verräterisches Spiel in der Absicht und in den Anweisungen des Kurfürsten gelegen habe, ist durchaus unwahrscheinlich. [1])

Freilich nahm kurz darauf die Heidelberger Politik in der Tat eine franzosenfreundliche Haltung an, und zwar zunächst unter dem Einfluss der niederländischen Verhältnisse. Graf Ludwig von Nassau, der „Kämpe Gottes" wie ihn Beza nennt, wusste durch unausgesetzte Bemühungen die Pfälzer ernstlich in seine weitreichenden und gefährlichen Anschläge zu verwickeln. Schon seit dem Winter hatten neben seinem Bruder Johann verschiedene niederländische Parteigänger in Heidelberg eine bewaffnete Unterstützung Oraniens beantragt. [2]) Es galt vor Allem den Entsatz von Haarlem zu ermöglichen; auch der Gedanke, Alba selbst in Nymwegen zu überfallen,

---

1) Leider findet sich über diese Dinge nichts in den pfälzischen Akten; wir sind durchaus auf die Mitteilungen Schombergs (Moser IV, 330/1; 337; 366 ff.; 511) angewiesen, die, soviel ich sehe, bisher nur bei Sugenheim (p. 348 irrig für 351) und Barthold (Raumers histor. Taschenbuch 1849 p. 233; 235; 248) berücksichtigt worden sind. „Un certain personnage", Schombergs Gewährsmann, mit dem er in Frankfurt zusammentraf (Moser IV, 300; 325; 330), ist wohl Johann Casimirs Vertrauter, der Hauptmann Friedrich Cratz, den Schomberg erst später (p. 401) dem König namhaft macht. -- Johann Casimirs Erbieten, Anjou nach der Wahl gegen jedermann zu unterstützen (ebd. p. 325), wird von Kluckhohn unterschätzt (II, 576 A; Fr. p. 358; 471; ebd. eine Stelle bei Moser IV, 389, die auf den Landgrafen geht, irrtümlich auf Johann Casimir bezogen). – Ueber Ehems polnische Beziehungen vgl. seinen Brief an Crato vom 18. Sept. 1573: „Quid ad me scripserit Polonus amicus, suis vates, ex superioribus litteris meis intellexisti" (Breslau, Stadtbibl.), ferner Kl. II, 704. Heidenstein (Rer. Polonic. libri XII, Frkf. 1672), der übrigens den Kf. Friedrich vor der Wahl an die protestantischen Senatoren in Polen zu Ungunsten Anjou's schreiben lässt (p. 31), berichtet, dass der Kf. während der Reise der polnischen Gesandtschaft nach Frankreich ihren protestantischen Teilnehmern die Sache der Hugenotten ans Herz gelegt habe „cum literis tum voce per Maximilianum Skomonsky, qui in aula eius versabatur" (p. 35).

2) So Dietrich Weyer, dem wir noch öfter begegnen werden, ein Prediger Charles, Dr. Gerart Boeth, dann im Sommer der vielberufene Geistliche Peter Dathenus, vgl. Prinsterer I 4, 24; 134; 140; Kl. II, 580. Ueber einen Abenteurer und Goldmacher Leonhart von Embbe vgl. Prinsterer I. 4, 71; über die Aufnahme flüchtiger Niederländer in der Pfalz ebd. 24.

tauchte auf. Dann bot der Anmarsch frischer spanischer Truppen vom Süden her Gelegenheit ausserhalb der Niederlande einen Schlag zu führen. Im Mai 1573 war allem Anschein nach der Plan einer nassauisch-pfälzischen Expedition gereift; um ihre wahre Bestimmung zu verbergen, wurde die kurz vorher erfolgte Wegnahme der Herrschaft Bitsch durch Lothringen zum Vorwand der Rüstungen ausersehen. [1]) Aber weder dieses Projekt noch ein späterer Anschlag auf Besançon, woran auch Genf und Bern teilnehmen sollten, kam zur Ausführung. [2]) Am 12. Juli capitulirte das heldenmütige Haarlem;

1) Vgl. hierüber die Schr. Schombergs an Karl IX vom 23. März (Moser IV, 350), Oraniens vom 28. Mai an Ludwig, Weyers vom 31. Mai 1. Juni an Johann und Ludwig von Nassau (Prinsterer I. 4, 129 ff.); hieher gehört auch ein Schr. Ludwigs an Oranien (ebd. 313 ff.), das Prinsterer sehr mit Unrecht in das Ende des J. 1573 verweist, während darin auf Verhältnisse Bezug genommen wird, die gerade während des Frühjahrs lebhaft erörtert wurden. Vgl. über die zwischen dem deutschen Kriegsvolk und den Staaten von Holland zu vereinbarenden Bedingungen p. 130, über die Aeusserung Oraniens von der übeln Gesinnung des Kaisers dessen Schr. vom 3. April p. 79 und vom Mai p. 114, über die Tätigkeit des Hauptmanns Helling ebd., über den Anschlag auf Nymwegen p. 131, über „le faict de Bitz" p. 136. Ueberdies war Johann Casimir Ende 1573 in Sachsen, konnte also nicht in Simmern sein. Schloss und Herrschaft Bitsch waren nach dem Aussterben des alten Grafengeschlechts (1570) von Lothringen als dem Lehnsherrn eingezogen, dann an den Schwiegersohn des letzten Grafen, Philipp von Hanau, als Lehen gegeben, im Juni 1572 aber wegen angeblicher Felonie wieder eingezogen und stark besetzt worden (vgl. Häberlin VIII, 151 ff.; Kl. II, 477; Friedrichs Schr. an August vom 6., an den Kaiser vom 22. Okt. 1572, J. C. Schr. an Hessen vom 15. Jan. 1573, ebd. 534; 548; 571), Eine Flugschrift: „Entdeckung etlicher heimlichen practiken, so jetzund vorhanden wider unser geliebtes vatterland" — s. l. 1573, bringt diese Tatsache mit der Barth.-Nacht und einem gegen die deutschen Evangelischen, zunächst gegen die Stadt Speier und den Rheinstrom geplanten Unternehmen in Zusammenhang.

2) Vgl. St. Goard an Karl IX, Madrid 20. Mai (Prinsterer I. 4, 78); Ehem und Dathenus an Ludwig von Nassau, Heidelb. 1. Juli 1573 (Kl. II, 580/1); die Geständnisse des Jean de Ragecourt nach seiner Verhaftung, die trotz der Dementis von Seiten der Berner und Beza's mit dem Heidelb. Brief wohl übereinstimmen, bei Stettler, Annales (Bern 1626) II, 244 (wo übrigens als das Jahr der Verhaftung R.'s gewiss irrig 1573 statt 1574 angegeben ist). Eine Zeitung aus Frankreich vom April 1574 (Mb. 90/1 f. 84) meldet u. a., „der von Ragecourt seie enthaupt worden." Vgl. auch die Notiz: „mit einnehmung Bisantz" in dem Résumé Johanns von Nassau Prinsterer I. 3, 484.

Oranien schrieb seinem Bruder, lange werde auch er sich nicht mehr halten können.

Bei der damaligen Stimmung der Königin Elisabeth, die eben einen Handelsvertrag mit Spanien abschloss, und bei den geringen Mitteln der wenigen deutschen Stände, die für die Niederländer Sympathien hatten, blieb wirklich Frankreich die einzige Zuflucht. Graf Ludwig drängte trotz seiner eignen schlimmen Erfahrungen doch wieder und wieder zum engen Anschluss an das Haus Valois. Die Franzosen ihrerseits fürchteten die Möglichkeit eines Ausgleichs zwischen Spanien und den Nassauern und suchten namentlich den unberechenbaren Grafen Ludwig sich selbst vom Leib zu halten; Schomberg, der neben Fregoso die Verhandlungen mit ihm führte, erklärte ihn dem König gegenüber für „einen höchst gefährlichen Menschen", dem man durchaus Gelegenheit schaffen müsse, seine Unternehmungslust anderwärts zu befriedigen.[1]) Oranien freilich liess sich auf die von seinem Bruder angeknüpften Verhandlungen nur widerwillig ein, aber schon die französische Geldhülfe — denn von einem offenen Krieg gegen Spanien wollte man in Paris nichts wissen — war in diesem Augenblick äusserster Erschöpfung von unschätzbarem Wert.

Die Subsidien sollten übrigens zur Vermeidung allen Aufsehens scheinbar an einen deutschen Fürsten geliefert werden und hiefür liess sich endlich Kurfürst Friedrich gewinnen, bei dem Johann von Nassau ausserdem die Bewilligung eines ansehnlichen pfälzischen Vorschusses[2]) durchsetzte. Johann Casimir, der sich vor einem Abzug der neuen französischen Zahlungen von den ihm gebührenden Rückständen urkundlich sicher stellte, liess durch seinen Vertrauten Cratz von Scharfenstein die königlichen Hülfsgelder zu Metz in

---

1) Prinsterer I. 4, L; über die Angst der Franzosen vor einem Vergleich Oraniens mit Alba vgl. die Depesche Alamanni's vom 27. April (Desjardins III, 875; „e questo è il maggior timore che abbino i Francesi"). Schomberg bemühte sich schon im März den Grafen Ludwig zu überzeugen, dass alle auf friedliche Beilegung zielenden Schritte Spaniens und des Kaisers keineswegs ernst gemeint seien und nur die Vereitelung der nassauischen Unternehmungen bezweckten (Prinsterer I. 4, 46/7*).

2) Vgl. Kl. II, 576 ff.; es waren nach Ehems Mitteilung 50000 fl. (die spätere Proposition des Grafen Johann an die Staaten von Holland und Seeland, 16. Juli 1578, rechnet die pfälzische Schuld nur zu 45000 fl., vgl. van de Spiegel, onuitgegeven stukken I, 33 ff.), für deren Rückzahlung die Nassauer das Amt Siegen zum Pfand setzten (Instr. Gr. Johanns für seinen an die von Holland abgeordneten Sohn Wilhelm Juni 1579, Idstein).

Empfang nehmen.[1]) Freilich verschwand von den 100000 Talern, die dem Pfalzgrafen und durch ihn dem Grafen Ludwig ausbezahlt werden sollten, eine nicht geringe Summe in den Taschen des elenden Marschalls von Retz.[2]) Trotzdem hatten jetzt die Nassauer, wie Schomberg in seinem Landsknechtstil an Graf Ludwig schreibt, „dasjenige, was zum Tanze gehöret. Ihr krieget es in einer Summe und krieget es bar und an dem Ort, da ihr es euch wünschen sollet.“[3])

Schomberg, der übrigens die energische Ausnützung dieses Vorteils von Seiten der Nassauer und Pfälzer bezweifelte, war fest überzeugt, dass wenigstens den französischen Interessen die Bewilligung der Subsidien bedeutenden Vorschub leisten werde. Er hatte seit jenem Besuch zu Kaiserslautern nicht nur in Hessen, sondern auch in Braunschweig und in Sachsen wieder anzuknüpfen gesucht und war dabei mit Johann Casimir und mit Graf Ludwig in Fühlung geblieben.[4]) Kurfürst August verhielt sich, wie zu erwarten,

---

1) Ueber die ursprüngliche Auffassung der Bürgschaft eines deutschen Fürsten vgl. die Frankfurter Stipulationen zwischen Gr. Ludwig und Schomberg (Prinsterer I. 4, 45*); später beschränkte man sich darauf, die Zahlung der Subsidien dadurch möglichst wenig auffällig zu machen, dass sie zunächst an Johann Casimir, beziehungsweise dessen Vertreter in Sachen der französischen Rückstände Cratz erfolgte, also den Eindruck machen musste, dass es sich um die Kriegsschulden von 1568 handle. Vgl. die Urkunden, wodurch sich J. C. vor einer nachträglichen Beziehung dieser Lieferung auf jene Kriegsschulden sicher stellte, Mb. 90/7 (Orig. Verschreibung Schombergs vom 23. Aug., Copien einer kgl. Erklärung vom 28. Sept. und der Quittung J. C. über den Empfang von 270000 livres vom 21. Okt., dazu eine eigenh. Bemerkung J. C. auf dem Umschlag). Der Zahlungsbefehl des Königs vom 23. Sept. (ebd. Cop. des eigenh. Or.) schärft dem Zahlmeister ein: „Mais sur vostre vie, que personne que la royne madame et mère n'entende ce que dessus, d'aultant qu'il importe grandement pour le bien de mon service qu'il soit tenu secret.“ Von den Nassauern wurde keinerlei Obligation oder Bescheinigung verlangt; sie sollten die Summe als „eine freie königliche Gabe“ erhalten (Prinsterer I. 4, 98*), bekamen sie übrigens erst im Dezember, gelegentlich der Reise des Polenkönigs, zu Heidelberg (ebd. 4, 384; 8, 491).

2) Nach La Huguerye (I, 191) 40000 livres, „que ledict sr mareschal retint pour son pot de vin;“ vgl. L'Estoile, Journal de Henri III, II, 411.

3) Schomberg an Gr. Ludwig, Paris 29. Sept. (Prinsterer I. 4, 207 ff.).

4) Vgl. Barthold a. a. O. p. 240 ff.; Soldan II, 530. Sch. Verkehr mit Johann Casimir vermittelte u. a. der Herr de la Personne, von dem schon Zulegers Schr. vom 8. Nov. 1572 spricht (Prinsterer I suppl. p. 135*), vgl. Moser IV, 368/9; 481.

durchaus ablehnend; er liess seinen Rat Dr. Cracov mit Schomberg verhandeln. Dass in Polen, Frankreich und Italien damals der alte Gedanke einer Verbindung Heinrichs von Valois mit der Tochter des Kurfürsten von Neuem Fürsprecher fand, zeigt, wie wenig man auswärts die deutschen Verhältnisse kannte.[1]) Selbst der Umschwung der Dinge, den die polnische Wahl und in ihrem Gefolge der neue Friedensschluss mit den Hugenotten (10. Juli) herbeiführte, vermochte am Dresdener Hofe keinen Wechsel der Stimmung hervorzurufen. Um so stärker wirkten diese Ereignisse zusammen mit den nassauischen Einflüssen in Heidelberg. Im August durfte Schomberg, der mit Graf Johann hinkam, zum ersten Mal wieder vor Kurfürst Friedrich erscheinen und wurde „ganz gnädigst getraktiert und gehalten“.[2]) Er konnte es wagen, mit den äussersten Consequenzen antihabsburgischer Politik offen hervorzutreten.

Am 9. Mai 1573 war Heinrich von Anjou zum König von Polen gewählt worden; eine eigentümliche Verkettung der Umstände hatte sowohl den Papst als einen Teil der polnischen Protestanten zu seinen Bundesgenossen und zu gemeinsamen Gegnern des österreichischen Mitbewerbers gemacht.[3]) Diese polnische Wahl galt

---

1) Nach dem Schr. Graziani's an den Cardinal von Como, Krakau 13. Dez. 1573, hätten die polnischen Protestanten diese Verbindung gewünscht und betrieben (Theiner, Annales ecclesiastici I, 362). Schon im Sommer 1573 wurde sowohl in Paris als auswärts davon gesprochen; bei der Regierung von Venedig fand, wie der dortige Gesandte du Ferrier berichtet, die Sache grossen Beifall (Calendar 1573 p. 383; Charrière III, 418 A.; 423 A.; der Gesandte Vulcob in Wien schreibt gleichfalls hierüber an Karl IX, 15. August, Pb. V° Colbert 397). Selbst der alte Protestantenfeind Monluc meinte damals: „il fault, que le roy de Polonye se marie avec la fille de quelque grand prince d'Allemaigne, et ne reguarder à Hugenault ny à Papiste“ (Commentaires — de Blaise de Monluc, herausg. von de Ruble, V, 318).

2) Schomberg an K. Katharina, Frankfurt 19. August (Prinsterer I. 4, 96*; bei Noailles III, 504 heisst es an der betr. Stelle jedenfalls unrichtig: „vient avecques moy à Heydelbergk“ statt „vint“); Ludwig von Nassau an Simon Bing, 28. August (Prinsterer I. 4, 106*).

3) Ueber das Auftreten der kurfürstlichen Abgesandten vor der Warschauer Versammlung vgl. Heidenstein p. 26; Noailles II, 292/3. Die wechselnde Politik des Legaten Commendone, der erst für Oesterreich wirkte, dann aber zur französischen Partei überging, schildert Noailles II, 79 ff.; 256 ff. Der Kaiser gab dafür dem zurückreisenden Legaten seinen Groll deutlich genug zu erkennen; Commendone, der trotz der kaiserlichen Ungnade seinen Weg durch Oesterreich nahm, schob die ganze Schuld auf Maximilian und sagte einem bairischen Agenten,

aber den eifrigsten Anhängern des französischen Königshauses nur für die erste Etappe auf dem Weg zur „europäischen Monarchie", wie man die Hegemonie in Europa, das Ziel des französischen und spanischen Ehrgeizes, damals nannte. Längst hatte Schomberg es ausgesprochen: wir müssen Polen um jeden Preis haben, „und zwar um nachher noch höher zu steigen". Selbst ein so grimmiger Hugenottenfeind, wie der alte Blaise Monluc entwarf nach der Wahl Anjou's ein politisches Programn ganz im Geiste Coligny's. Polen und Frankreich mit den Türken verbunden könnten das ganze übrige Europa in Schach halten; mit dem Tod des Kaisers müsse auch die römische Krone einem der königlichen Brüder zufallen; Anjou solle mit Rücksicht darauf die Tochter eines mächtigen Reichsfürsten, ohne Ansehen der Religion, heiraten. Er erinnerte an die Prophezeiungen, die auf einen neuen allmächtigen Kaiser Karl aus dem Haus Frankreich hinwiesen.[1])

Diese Stimmung wusste Ludwig von Nassau durch Erinnerung an seine vor der Bartholomäusnacht gegebenen Verheissungen noch zu steigern; der französische Hof, der ohnedies seit dem Besuch Kursachsens in Wien und den spanischen Pacificationsversuchen ernstlich fürchtete, demnächst durch eine neue habsburgische Kaiserwahl überrascht zu werden,[2]) ergriff das frühere Projekt mit

---

kais. Mt. „werde sich beschämbt (nennet es in welscher sprach svergognato und scornato, welches uber di mass scharpfe wort seind) finden indeme sie alsbald warhaft befunden alles, was derselben er geprophecelet gehabt" (Haberstockh an Baiern, Wien 20. Nov., Ma. 230/12).

1) Commentaires de Blaise de Monluc V, 318; 324. Auch in Spanien wurde die polnische Wahl so aufgefasst: „que ceste eslection est significative d'oster à la maison d'Austriche l'Empire, et au contraire fondement et chemin asseuré de le transférer en celle de France" (St. Goard an Karl IX, Madrid 9. Juli, Prinsterer I. 4, 92/3*).

2) Die „Remonstrance faicte au roy par le conte Ludovic de Nassau", Siegen 1. Juni 1573 (bei Prinsterer I. 4, 81*—90*) wurde dem König durch den Herrn von Chastelier, einen Hugenotten in kgl. Diensten (vgl. oben p. 24 A.), zugestellt. La Huguerye, Ludwigs Sekretär, erzählt, dass er sie verfasst habe, und gibt ein freilich vielfach abweichendes Résumé (I, 162 ff.), das aber doch in manchen wichtigen Punkten mit dem obigen Schriftstück zusammentrifft und vielleicht auf ein früheres, dann umgearbeitetes Concept zurückgeht (vgl. z. B. die Stellen über die Gesinnung der deutschen Fürsten vor der Barth.-Nacht Pr. p. 84* und La Hug. I, 162, hie und da selbst wörtliche Anklänge, wie Pr. 89*: „pour le faire — baigner au sang de ses subjectz", La H. p. 163: „pour se saouler du sang de ses plus fidèles subjectz" u. a. m.) Vgl.

grösserer Lebhaftigkeit als im vorigen Jahr. In welcher Form Schomberg diese schwierige Frage behandelte, sehen wir am Deutlichsten aus dem Bericht, den Ludwig von Nassau an einen hessischen Staatsmann, Simon Bing, gelangen liess. Der Gesandte hatte dem Grafen erklärt, Karl IX wünsche, um der Verwandlung des Reichs in eine österreichische Erbmonarchie vorzubeugen, dringend die Erhebung eines protestantischen Reichsfürsten zur römischen Königswürde und wolle dieselbe mit Polen zusammen gegen Spanien durchsetzen helfen. Sollten es aber die Fürsten vorziehen den König selbst zu wählen, so werde derselbe die Reichsverfassung aufrechthalten, das Reich aller Contributionen entledigen und einen dauernden Frieden mit den Türken zu Wege bringen. Eine vertrauliche „Correspondenz" der deutschen Protestanten mit Frankreich und Polen sollte die unumgängliche Grundlage ihres gemeinsamen Vorgehens gegen Spanien und dessen deutsche Anhänger bilden. Der Graf übernahm es, diese Vorschläge an Hessen zu bringen. Schomberg liess zu Frankfurt, wo die Gesandten der Kurfürsten eben über den begehrten Durchzug des Polenkönigs berieten, bei den Vertretern Kursachsens vorsichtig sondiren und zunächst auf die Notwendigkeit hinweisen, endlich einmal das Haus Oesterreich bei einer Neuwahl zu übergehen.[1])

Dass die Frankfurter Versammlung einstimmig beschloss, dem König Heinrich freien Durchzug durch das Reich zu gewähren, war

La H. I, 178 (mit falscher Datirung, wie fast immer); 186 ff. (wonach die Schrift zum grossen Verdruss des Grafen in Genf gedruckt und auf der Frankfurter Messe vertrieben worden wäre). — Ueber die Gerüchte, dass Spanien selbst nach der römischen Krone strebe oder sie wenigstens in der Person eines Erzherzogs dem Haus Habsburg sichern wolle, vgl. Schomberg an Anjou, 10. Febr.; Karl IX an St. Goard, 17. März; Karl IX an Schomberg, 22. März (Prinsterer I. 4, 30*; 33*; 40*); du Ferrier an Karl IX, April (Charrière III, 380 A.); 3. August (ebd. 417 A.); eine französische Zeitung vom 23. Juli (Calendar 1573 p. 392). Motley, The rise of the dutch republic II, 478/9 und Noailles II, 235 behandeln die von Schomberg mitgeteilten Nachrichten über Philipps Absichten als Tatsache, während sie gar keine Wahrscheinlichkeit haben.

1) Ludwig von Nassau an Simon Bing, 18. August (s. oben); eine „bonne lettre" Ludwigs an den Landgrafen selbst erwähnt Schomberg (an Katharina, 19. Aug., Noailles III, 504/5); vgl. Zeitschr. f. preuss Gesch. V. (1868), 94. Ueber den Frankfurter Tag vgl. Kl. II, 587 ff.; Noailles III, 493 ff.; über die formalen Mängel des Decrets vom 17. Aug. ebd. 512/3. Kl. Fr. p. 471 lässt nicht ganz genau Schomberg selbst mit den kursächsischen Gesandten zu Frankfurt verhandeln, vgl. Noailles III, 504.

nicht zum geringsten Teil das Verdienst des Kurfürsten Friedrich. Im persönlichen Verkehr mit Schomberg gab er dann die nötigen Anweisungen, wie der König mit Hülfe des Frankfurter Beschlusses und mit Umgehung lästiger Verzögerungen seine Reise möglichst rasch und sicher ausführen könne; er empfahl dem König namentlich, die zu seiner Begleitung bestimmten kaiserlichen Commissäre lieber nicht abzuwarten, da dieselben doch nur Spionendienste leisten und jeden vertraulichen Verkehr mit den deutschen Fürsten verhindern würden. Dagegen stiessen die Bemühungen Schombergs, den Kurfürsten für eine Zusammenkunft mit Katharina und ihren beiden Söhnen zu gewinnen, auf grosse Schwierigkeiten. Johann Casimir erklärte sich allerdings bereit, als Bevollmächtigter seines Vaters nach Nancy zu kommen, suchte sich aber gegen eine Erneuerung der französischen Pensionsanträge durch ausweichende Aeusserungen zu decken. Dass er und vollends sein Vater nach einem persönlichen Zusammentreffen mit den Valois geradezu „schmachteten", wie Schomberg hoch und teuer versichert, ist entweder eine bewusste Lüge oder eine starke Selbsttäuschung des eifrigen Unterhändlers.

Schomberg durfte freilich damit sehr zufrieden sein, dass die beiden Pfalzgrafen und ihre vornehmsten Räte Ehem und Zuleger seinen Ausführungen über eine französische Allianz und Kaiserwahl ernstlich Gehör schenkten; namentlich Ehem's günstige Gesinnung weiss er nicht genug zu rühmen. Zwar liessen sich die Heidelberger nicht bewegen in dem mit Frankreich und Polen abzuschliessenden Bündniss die Hugenotten förmlich preiszugeben; gegen ihre Religionsverwandten zu fechten wollten sie keinenfalls verpflichtet sein. Aber das Kaiserprojekt wurde eingehend durchgesprochen und Schomberg brauchte nicht bei dem Scheinvorschlag der Wahl eines protestantischen Reichsfürsten stehen zu bleiben, die ja überhaupt nur die Notwendigkeit, einen Valois als Candidaten aufzustellen, zum Bewusstsein bringen sollte. Die Pfälzer bezeichneten sogar auf seinen Wunsch eine Reihe von Punkten, die eine Art Wahlcapitulation für das fremde Königshaus enthalten; als die wichtigsten hebt er hervor den Schutz des Reichs gegen die Türken, die Bewahrung der reichsständischen Rechte und Libertät, die Sicherstellung der evangelischen Religion, wofür noch besondere Garantien gegeben werden sollten. Von diesem letzten Punkt, meint Schomberg, hänge überhaupt Alles ab. Erst nach genauerer Verständigung mit dem französischen Hof wollte der Kurfürst bei Hessen, Ehem bei seinem sächsischen Vertrauensmann Cracov die ganze hochbedenkliche Sache zur Sprache bringen.

Einen Allianzentwurf dagegen teilte Friedrich schon jetzt dem Landgrafen mit. Und selbst für die früher verabscheute englische Vermählung Alençons versprach er eintreten zu wollen.

Schomberg hatte zu Heidelberg nicht offiziell als königlicher Gesandter, sondern, wie er sagt, „als Privatperson", als einfacher Agent ohne ausdrücklichen Auftrag unterhandelt; ein Umstand, der vielleicht den Pfälzern ihr Entgegenkommen unbedenklicher erscheinen liess als es wirklich war. Der Unterhändler selbst wusste recht gut, dass er keineswegs am Ziele stand, hielt aber eine günstige Entwicklung der vorhandenen Keime für möglich und suchte durch die Uebertreibungen seiner Berichte den französischen Hof, der noch nicht völlig traute, zu rascherem Vorwärtsgehen fortzureissen. Die ausgesuchte Höflichkeit, womit man ihn empfing — er wohnte sogar im Schloss — mag seine Stimmung nicht wenig erhöht haben, aber bei aller Grosssprecherei von seiner Seite bleibt doch die einfache Tatsache solcher Verhandlungen für die Pfälzer, was sie sich auch dabei denken mochten, compromittirend genug.[1])

1) Unsere Quelle ist der ausführliche Bericht, den Schomberg auf Veranlassung Katharina's und Anjou's dem Grafen von Retz erstattete (Paris, 1. Sept. 1573, teilweise bei Prinsterer I. 4, 107* ff., ganz bei Noailles III, 505 ff.). Prinsterer (I. 4, XXXII; 273/4), Sugenheim (p. 355/6), Soldan (II, 555), J. Janssen (Frankreichs Rheingelüste, Frkf. 1861, p. 24/5) und Noailles (II, 391 ff.) haben diesen Bericht verwertet, ohne Bedenken zu erheben. Barthold dagegen übergeht ihn mit Stillschweigen und Kluckhohn, der ihn II, 576 A. ebenfalls nicht berücksichtigt, verwertet ihn allerdings Fr. p. 358/9; 471, bezieht aber die Heidelberger Unterredungen nicht ganz genau nur auf die Bedingungen des zwischen den deutschen Protestanten und Frankreich abzuschliessenden Spezialbündnisses. Aber einmal sind als Contrahenten dieses Bündnisses auf der einen Seite die beiden Könige von Frankreich und Polen vorausgesetzt (Noailles III, 509: „les roys") und dann sagt Schomberg ganz ausdrücklich: „et avons desjà discouru deux jours entiers de ce que se pourroit et debvroit traicter à l'entreveue de L. Mtés et dudict conte Palatin, assavoir la ligue (dont a esté question) et du moyen de mettre la couronne de l'Empire en la maison de France" (Prinsterer I. 4, 108*). Ganz übereinstimmend mit Schombergs Bericht schreibt Graf Ludwig an Bing und fügt noch bei, dass Sch. bei Pfalz war „und ihren Ch. Gn. disser ding bericht gethan; darauff man ihm dan mit ganz guter antwort, doch conditionaliter . . . begegnet" (ebd. 106*; vgl. mit der Stelle über den spanisch-papistischen Einfluss im Reich die Werbung Joh. Cas. bei Sachsen, Kl. II, 597). Friedrichs Warnung vor den kaiserlichen Commissären, seine Geneigtheit für Alençon etwas zu tun, Johann Casimirs Erbieten, den französischen Hof in Lothringen zu begrüssen, erwähnt Kl. nicht.

8*

Während nun das Bewusstsein einen Rückhalt an Frankreich zu haben die Nassauer und Pfälzer in ihren kriegerischen Absichten gegen Spanien bestärkte, gab sich Kurfürst Friedrich alle Mühe, Sachsen und Hessen auf die von ihm betretene Bahn herüberzuziehen. Aber der kluge Landgraf liess sich weder brieflich noch durch den Besuch des Grafen Ludwig und Johann Casimirs überreden; er widerriet jeden gewaltsamen Schritt zu Gunsten der Niederlande und wollte auch von einer Intercession für Alençon's Verlobung nichts wissen. Vergebens schrieb ihm Schomberg: „Die Mutter hat all ihren Trost und Hoffnung auf E. F. Gn. gesetzt, auf den Weg leitet sie ihre Söhne auch." Er hielt die französischen Annäherungsversuche für wälsches Possenspiel; Graf Ludwigs Andeutungen wegen der römischen Königswahl teilte er, statt eine Antwort zu geben, dem Kurfürsten August mit, als eine Probe der gegen den Frieden des Reichs geschmiedeten Anschläge.[1]) Dies machte in Dresden jedenfalls mehr Eindruck als die gleichzeitige Sendung Johann Casimirs, der seinem Schwiegervater kräftige Unterstützung Oraniens vorschlagen und sogar die Gefahr einer spanischen Kaiserwahl berühren sollte. Natürlich beeilte sich August im Gegenteil den Kaiser vor den französisch-polnischen Praktiken ausdrücklich zu warnen. Und statt sich auf eine Begegnung mit dem Polenkönig einzulassen, behielt er seinen Schwiegersohn bei sich zurück, der somit sein Versprechen am königlichen Hoflager in Lothringen zu erscheinen nicht halten konnte. Noch vor der Reise Heinrichs von Valois waren die kühnen Projekte der Nassauer und die rastlosen Bemühungen der französischen Diplomaten an der unerschütterlichen Abneigung Kursachsens gescheitert.

Gegen Ende November traf der König von Polen, dem seine Mutter das Geleite gab, an der lothringisch-deutschen Grenze ein; Karl IX war bedenklich erkrankt und unterwegs zurückgeblieben. In Blamont begrüssten Ludwig von Nassau und anstatt Johann Casimirs Pfalzgraf Christoph die königlichen Gäste; auch Pfalzgraf

---

1) Vgl. die Auszüge aus hessischen Correspondenzen bei Prinsterer I. 4, 115* ff.; 123/4*. Am 29. Okt. erklärte Kf. Friedrich dem Landgrafen, er ziehe es doch vor, für Alençon keine Schritte zu tun, womit die Sache abgemacht war.

Georg Hans war erschienen.[1]) Graf Ludwig fand die Königin zur Unterstützung seiner niederländischen Kriegspläne geneigt, aber die Klausel, dass Frankreich sich hierin ganz nach dem Vorgang der deutschen Fürsten richten wolle, war nicht geeignet lebhafte Hoffnungen zu erregen. Ausserdem liess die offenkundige Spannung zwischen den königlichen Brüdern, die Krankheit Karls IX, die trotzige Haltung Alençon's, des Jüngsten, den inneren Frieden des Königreichs selbst bedroht erscheinen. Graf Ludwig suchte sich freilich gerade diese Verhältnisse zu Nutze zu machen. Schon seit dem Sommer stand er mit Alençon und der sich bildenden Partei der Unzufriedenen, der sogenannten Politiker, in Verbindung; in Blamont verkehrte er persönlich und durch Mittelspersonen mit dem ehrgeizigen jungen Herzog, auf dessen bevorstehender Vereinigung mit den nassauisch-pfälzischen Streitkräften das ganze niederländische Kriegsprojekt eigentlich ruhte.[2])

---

1) Thuanus LVII. 11; Mém. du duc de Bouillon (Petitot, collection XXXV, 96); Journal de l'institut historique II, 101. Theiner (I, 160) nennt irrig den Grafen Ludwig einen Sohn des Kf., Noailles (II, 394) lässt statt Christophs Johann Casimir in Blamont erscheinen. Ueber die dortigen Verhandlungen mit den kaiserlichen Commissären, zu deren grossem Erstaunen man die Reiseroute über Metz nicht eingehalten hatte (Theiner I, 375), vgl. Heidenstein p. 47/48; auch einen Bericht aus Paris, Calendar 1573 p. 446.

2) Ueber die Verhandlungen zu Blamont vgl. vor Allem das Schr. Graf Ludwigs an Oranien, Dez. 1573 (Prinsterer I. 4, 278 ff.) und die im Prozess La Mole-Coconnas gemachten Aussagen Alençons und seiner Anhänger (Mém. de l'estat de France III, 210 ff.; 216; 246; 276); ferner den Bericht des Legaten Salviati an den Cardinal von Como, Poissy 25. Dez. (Theiner I, 376). Ueber die vorhergegangenen Sendungen Alençon'scher Agenten (Cormont, vgl. Prinsterer I. 4, 216, und La Rocque) sowie über die Abfertigung des s[r] de St. Martin von Seiten Ludwigs von Alençon vgl. La Hug. I, 184 ff.; Mém. de Bouillon (a. a. O. 98). — Der von Teulet, Relations polit. de la France et de l'Espagne avec l'Ecosse V, 113 ff. abgedruckte und (vgl. p. VI) seltsamer Weise für echt gehaltene Bundesvertrag zwischen Fürsten, Städten und Herren beider Religionen in Deutschland, England, Schottland, der Schweiz und den Niederlanden zur „Befreiung" Frankreichs (datirt Speier 15. Okt. 1573), den der spanische Gesandte aus dem Französischen übersetzt an Philipp II schickte, ist natürlich eine Fälschung und am Wahrscheinlichsten auf die französischen Gegner der Politiker und Hugenotten, wenn nicht auf die Spanier selbst zurückzuführen. Auch Froude XI, 13 verwertet dieses in die Reihe der katholischen „Verbündniss" von 1567 u. a. Brandschriften gehörige Stück als authentisch.

Katharina und ihre Ratgeber sahen mit sehr erklärlichem Misstrauen auf die beiden kriegslustigen deutschen Herren; sie befürchteten bei der unruhigen Stimmung der Hugenotten neue Interventionsversuche der deutschen Protestanten. Wirklich gestand Alençon später während seiner Haft, Ludwig und Christoph seien vom Kurfürsten beauftragt gewesen, dessen Unterstützung zur Ordnung der französischen Zustände anzutragen. Den Prinzen von Condé aber liessen die zwei Herren schon damals auffordern, mit ihnen nach Heidelberg zu gehen und dort unter dem Schutz des Kurfürsten die Fesseln des französischen Hofs abzuwerfen. Condé ging nicht darauf ein; er wollte vielmehr in Frankreich zurückbleiben, wohl mit Rücksicht auf die sich vorbereitende Umgestaltung der Dinge. [1])

Die niederländische Frage bildete den Kern der zu Blamont gepflogenen Verhandlungen, als deren Resultate einmal die endliche Auszahlung der französischen Subsidien, dann die geheime Annäherung Graf Ludwigs an Alençon zu betrachten sind. Die Behauptung aber, man habe die Leitung des niederländischen Kriegs dem Polenkönig übertragen wollen, hat gar keine Wahrscheinlichkeit. [2]) Eben so grundlos waren die Vermutungen, die sich an das

1) Vgl. Mém. de l'estat de France III, 212; 216; über den angeblichen Plan, für Alençon um eine Tochter des Kf. Friedrich zu werben, vgl. das Verhör La Mole's ebd. 256; der „conte Charles", der von der Anklage als Vermittler bezeichnet wird, ist Graf Karl von Mansfeld, der damals aus den französischen in spanische Dienste übertreten wollte, vgl. ebd. 271; Gachard III, 49; Archives des missions scientifiques III. 3, 732. Ueber das Anerbieten an Condé vgl. La Huguerye I, 192/3; seine Nachricht, dass C. absichtlich in Frankrich blieb und nicht jetzt schon Verdacht erregen wollte, ist ganz glaubwürdig, vgl. Alamanni's Depesche vom 16. Dez., wonach der Hof bereits misstrauisch geworden war (Desjardins III, 893/4; ein etwas anderes Scheinmotiv gibt Dale, an Burghley, Paris 12. Dez. Calendar 1573 p. 447).

2) Sie findet sich bei Thuanus LVII. 7, wonach während der kgl. Reise Schomberg im Auftrag der Königin hierüber mit Abgesandten Oraniens zu Metz verhandelt hätte (eine übereinstimmende Andeutung bei d'Aubigné II, 107) und wird von Prinsterer (I. 4, 275) und Soldan (II, 557) bezweifelt, von Noailles (II, 395,6) dagegen angenommen. So abenteuerlich der Plan erscheint, die Niederlande von Polen aus mit einer Kriegsflotte heimzusuchen, so wenig lag es in Katharina's Absicht offen mit Spanien zu brechen. Sie versprach und konnte ohne grosse Gefahr im Namen Karls IX versprechen, „d'embrasser les affaires du dit Pais Bas, aultant et aussy avant que les princes protestans les vouldront embrasser, en quelque sorte que ce soit, ouvertement et aultrement" (Schr. Gr. Ludwigs an Oranien). Damit war

bereits zum öffentlichen Geheimniss gewordene Kaiserprojekt und an die angeblichen Eroberungsgelüste des neuen Königs knüpften.[1]) Die Frage der Kaiserwahl scheint vielmehr trotz jener Verheissungen Schombergs nicht mehr berührt worden zu sein und der Empfang Anjou's in Deutschland konnte auch wahrhaftig nicht dazu ermutigen.

Der weitere Verlauf der Reise brachte nämlich dem König selbst und seinen französischen Begleitern, den Männern der Bluthochzeit, manchen Augenblick der Beschämung und der Angst Schon das plötzliche Erscheinen von 600 völlig gerüsteten Reitern, die Kurfürst Friedrich als Geleite an die pfälzische Grenze geschickt hatte, verursachte eine unangenehme Ueberraschung. Der Kurfürst, den man in Oppenheim zu finden dachte, liess sich mit Unwohlsein entschuldigen; von dem sehnlichen Verlangen nach einer Zusammenkunft, wie es Schomberg geschildert, war nichts zu bemerken. König Heinrich fand keinen anderen Ausweg als sich selbst in Heidelberg anzusagen, was natürlich nicht abgelehnt werden konnte. Als er am 11. Dezember einritt, empfing die Bevölkerung seinen Hofstaat, die berüchtigten Henker ihrer Glaubensgenossen, mit lauten Verwünschungen; im Schlosse liess der Kurfürst ziemlich lange

natürlich nicht gesagt, dass etwa schon das isolirte Vorgehen der Pfälzer den offenen Anschluss Frankreich zur Folge haben werde. Der Legat Salviati schreibt am 25. Dez.: „mi pare impossibile che hoggi questo re intraprenda guerra forestiera, et questo non tanto per i disordini che sono nel regno di Francia — quanto perchè non è possibile che a ciò condescenda la regente" (Theiner I, 376).

1) Das Kaiserprojekt war nicht nur am französischen Hofe selbst ganz bekannt, sondern auch in England, Italien, Deutschland mehr und mehr verbreitet worden. Der toskanische Gesandte in Paris schreibt davon an den Grossherzog (26. August, Desjardins III, 887), der Legat Salviati an den Cardinal von Como (26. Nov., Theiner I, 375: „il pensiero dell' Imperio, al quale non è dubio che questa principessa con grande ardore aspira per uno de' suoi figliuoli", wird wohl den Gegenstand der Verhandlungen mit den Pfälzern bilden). Vgl. Calendar 1573 p. 392; 395/6. Erstenberger schreibt an Baiern (1. Dez., Ma. 230/7), über die französisch-polnischen Praktiken gegen Oesterreich, wovor Kursachsen den Kaiser gewarnt habe; „was es aber (ausser affectation imperii Romani) in specie sei", weiss er noch nicht. Der Gedanke, die an Polen grenzenden Reichs- und österreichischen Erblande mit Hülfe Frankreichs loszureissen, mag wohl da und dort aufgetaucht sein, vgl. Theiner I, 382; das merkwürdige Schr. eines ungarischen Abenteurers an den Pascha von Ofen, Krakau 21. Febr. 1574, Ma. 230/13.

auf sich warten und beschränkte sich dann auf eine kurze Begrüssung seines Gastes. Tags darauf fand jene mehrstündige vertrauliche Unterredung zwischen beiden statt, die Friedrich selbst aufgezeichnet hat. Der fromme Kurfürst erging sich rückhaltlos in ernsten Vorwürfen über die Pariser „Mordtaten“ und vergass nicht die sonstigen Zustände des liederlichen und unzuverlässigen französischen Hofs scharf zu kritisiren. „Auf diese Gesetzpredigt“, berichtet Friedrich, „hab ich unterstanden wieder das Evangelium ihm vorzuhalten“; er empfahl als Heilmittel aufrichtige Reue, Freilassung der Religion und andächtiges Gebet; dabei überreichte er dem Valois eine französische Bibel, worin dieser notgedrungen etwas blätterte, natürlich ohne auf die religiöse Wendung des Gesprächs weiter einzugehen. Auseinandersetzungen solcher Art, zwischen zwei Naturen, die gar keinen Berührungspunkt hatten, konnten zu nichts führen. Der König blieb fest dabei, die Freilassung der Religion sei in Frankreich unmöglich und die Hugenotten halte man wohl hier, nicht aber in Frankreich für loyale Untertanen. Trotzdem liess ihm der Kurfürst bei der zweiten Zusammenkunft, die Nachmittags stattfand, durch den Grafen Ludwig nochmals „eine Collekte lesen“, wie es scheint, in noch derberen Ausdrücken.[1])

Diese Proben deutschen Freimuts mochten den König an die Mahnung eines kundigen Franzosen erinnern, in Deutschland Alles zu hören, nichts zu behalten und sich nicht zu ärgern. Auch das vielbesprochene Porträt Coligny's, dessen Anblick dem Mörder nicht erspart blieb, wird den Sohn der Medicäerin wohl innerlich beleidigt, aber kaum ernstlich erschüttert haben.[2]) Am Nachmittag des

1) Vgl. Kl. II, 612 ff.; Fr. p. 360 ff. Nach einem Heidelberger Bericht kamen der König und Friedrich am 12. Dez. zweimal zusammen („utraque parte diei“, Noailles III, 532). Am Vormittag fand das Gespräch ohne Zeugen statt (Prinsterer I. 4', 316), während die Rede des Grafen Ludwig über die Barth.-Nacht „durch bevelch des churfursten“ und in dessen Gegenwart offenbar in der Nachmittagsconferenz gehalten wurde (Noailles a. a. O. „Grundtliche und warhaffte beschreibung, wie die reformirte religion in Franckreych . . . . . biss auff gegenwürtige zeit verfolget worden“ . . . . . 1573, p. 90 ff.). Vgl. ausser den bei Kl. gegebenen Belegen auch Thuanus LVII. 11 und die Darstellung bei Heidenstein p. 49, die offenbar aus guten Quellen geschöpft ist. Wie der ganze Besuch nachmals ausgeschmückt wurde, darüber vgl. z. B. Bouillé, hist. des ducs de Guise II, 550 ff.

2) In keinem der mir vorliegenden gleichzeitigen Schr. und Berichte wird diese Scene erwähnt, die gleichwohl in allen späteren Geschichts-

12. Dezember wurde mit Beiziehung der beiderseitigen Räte über den französischen Antrag verhandelt, der Schombergs früheren Erklärungen gemäss auf ein „Spezialbündniss" der Pfalz mit beiden Königen ging. Aber die Pfälzer, jedenfalls durch die vorhergehende Correspondenz mit Hessen und wohl auch durch die Haltung Sachsens vorsichtiger gemacht, antworteten ausweichend, sie müssten sich erst mit andern Reichsfürsten verständigen. Die Entscheidung wurde daher auf die Zusammenkunft Heinrichs mit dem Landgrafen verschoben und dem König ausser Christoph und dem Grafen Ludwig der Licentiat Zuleger mitgegeben; Ehem sollte eigentlich den Grafen zum Erzbischof von Köln begleiten, versprach aber gleichfalls sich erst in Hessen einzufinden. Dies brachte Schomberg zu Wege, der ihn weit „zugänglicher und zuverlässiger" fand als den ganz hugenottischen Zuleger. Endlich wurde auch Johann Casimir durch Eilboten seines Vaters zum Landgrafen beschieden.[1])

Am 13. Dezember reiste König Heinrich weiter, nach einem Austausch reicher fürstlicher Geschenke. Jedenfalls war der politische Zweck des königlichen Besuchs nur halb erreicht worden. Trotzdem und trotz der nicht gerade entgegenkommenden Art, womit Friedrich diesen Besuch über sich hatte ergehen lassen, machte in gut calvinistischen Kreisen und vor Allem in Heidelberg selbst die ganze Episode den übelsten Eindruck. Der strenge Theolog Ursinus verglich in seiner schneidenden Weise Friedrichs Mahnungen an den Valois mit dem Unternehmen, einen Mohren weiss zu waschen. Viel boshafter wurde die Haltung des Kurfürsten in einem an der Universität entstandenen Epigramm gegeisselt. Und

---

werken bis in die neueste Zeit figurirt; soviel ich sehe, hat nur Soldan sie nicht aufgenommen. Nun gibt Charrière (III, 458 A. 1) allerdings an, sie komme in den Berichten Schombergs vor, ohne aber irgendwelche nähere Mitteilungen zu machen. Dagegen scheint mir wirklich beachtenswert die Erwähnung in einer am 5. März 1587 vor Johann Casimir gehaltenen Rede des Tossanus (Oratt. p. 55/6), der aber einfach berichtet, Friedrich habe mit dem König in seinem Gemach geredet, „in quo tunc forte appensam habebat magni illius Galliae amiralii Casparis Colignii imaginem", was freilich die späteren Versionen von hierauf bezüglichen Aeusserungen des Kf. oder von einem Gemälde der Bluthochzeit selbst als Ausschmückungen kennzeichnet. Letzteres Gemälde erscheint wohl am Frühesten in den Aufzeichnungen des Heidelberger Kirchenrats Marx zum Lamb (vgl. die bei Kl. Fr. p. 472 angeführte Stelle).

1) Schomberg an K. Katharina, Frankf. 20. Dez. 1573 (Noailles III, 529 ff.); Zuleger an Joh. Casimir, Cassel 2. Jan. 1574 (Prinsterer I. 4, 316 ff.).

eine berühmte hugenottische Flugschrift spricht mit genügender Deutlichkeit von den deutschen Fürsten, die sich nicht schämen den Bruder des Tyrannen zu empfangen wie einen Ehrenmann, anstatt die ihnen von Gott dargebotene Gelegenheit zu ergreifen! [1])

Beim Einzug Heinrichs in Frankfurt gab es wieder finstere Gesichter und man entging mit genauer Not einem blutigen Zusammenstoss mit der bewaffneten Bürgerschaft; einer der vornehmsten Edelleute, der dem König nachreiste und in einem benachbarten Dorf sich frech benahm, wurde von den Bauern halb tot geprügelt. Zu Vacha empfing zwar Landgraf Wilhelm seine Gäste mit allen Ehren, kam aber natürlich mit dem König sofort ins Gespräch über die Bartholomäusnacht und erhitzte sich dabei so sehr, dass man seine derben Vorwürfe bis auf die Strasse hinaus hören konnte.[2]) Die politischen Verhandlungen, die hier weitergeführt wurden, blieben resultatlos. Landgraf Wilhelm und Ludwig von Nassau bemühten sich vergebens, für Oranien fernere Unterstützung zu er-

1) Vgl. ausser dem oben citirten Heidelberger Bericht vom 22. Dez. das Schr. des Ursinus an Bullinger vom 3. Jan. 1574 (Heppe II Beilagen p. 180); ferner Le Reveille-matin des François et de leurs voisins Ausgabe 1574, II, 165/6.

2) Ueber den Aufenthalt in Frankfurt und die feindlichen Absichten der dort befindlichen ausländischen Protestanten vgl. namentlich Heidenstein a. a. O. und La Huguerye I, 197 ff.; auch Schomberg a. a. O. deutet wenigstens an, man habe den König zu beunruhigen gesucht. Vgl. dagegen die Behauptung bei Thuanus, die Frankfurter hätten den König als einen Nachkommen ihrer gemeinschaftlichen Ahnen, der alten Franken empfangen! — Ueber den Aufenthalt und die Verhandlungen zu Vacha vgl. ausser Zulegers Bericht das Anbringen des Grafen von Retz bei Kf. Friedrich, 22. Mai 1574 (Mb. 90/1 f. 69/73); die Antwort vom 24. Mai; Wilhelm an Friedrich 15. Juni; Friedrich an Wilhelm 23. Juni (Kl. II, 680; 687 A. 3; 699). Retz berichtet, Ehem und Zuleger hätten allein mit dem Landgrafen und Graf Ludwig verhandelt und nachher ihm sowie Bellièvre und Schomberg erklärt, „qu'ilz ne pouvoyent penser, qui détournoit lors ce prince [den Landgrafen] de prendre auqune résolution, combien qu'ilz l'en eussent fort bien pressé et par plusieurs apparentes raisons, dont ilz avoient charge de S. Exc. [Friedrich]; mais puisque ledict prince ne la vouloit prendre, qu'ilz nous vouloient bien déclarer que la volunté de l'excellence de leurs prince estoit telle qu'ilz déclarèrent lors.“ Vgl. hiemit Wilhelms oben citirtes Schr. — Was La Huguerye I, 200 von der Grobheit des Landgrafen erzählt, stimmt mit dessen eigenem Bericht; den französischen Prediger Garnier, dessen Sermon eigentlich dem König zugedacht war, musste wenigstens Retz wohl oder übel anhören (Hotomannorum epistolae, Amsterd. 1700, p. 42/3; La Hug. I, 201/2).

langen; andrerseits wies der Landgraf die französischen Bündnissanträge durchaus zurück und auch Ehem und Zuleger erklärten endlich, Pfalz wolle es bei der bisherigen Freundschaft bewenden lassen. Es stellte sich immer gewisser heraus, dass die Franzosen nur desshalb so lebhaft auf das Bündniss drangen, um wenigstens die Pfälzer der Regierung gegenüber unbedingt zu binden, den Hugenotten jede weitere Hülfe abzuschneiden und zugleich die drohende Partei der unzufriedenen katholischen Grossen im Schach zu halten. Die letztere Rücksicht gab der Kanzler Pibrac im Gespräch mit Zuleger ganz offen zu. Der pfälzische Abgesandte hielt es für angezeigt, dem Pfalzgrafen Johann Casimir, der wieder nicht erschienen war, einstweilen ausführlich zu berichten und ihn vor den Lockungen der Retz und Schomberg zu warnen; sich hierauf einzulassen wäre vor Gott nicht zu verantworten, „auch vor der Welt die grösste macula und Fleck." Der Ton seines Schreibens zeigt, dass er in die Festigkeit Johann Casimirs noch immer kein rechtes Vertrauen setzte. Der junge Christoph aber, der unterwegs an dem weiblichen Hofstaat des üppigen Valois immer mehr Gefallen fand und gern bis nach Sachsen mitgezogen wäre, erhielt von Heidelberg Weisung, sich mit dem Grafen Ludwig zusammen in Hessen zu verabschieden. [1])

Wenn vor der Conferenz zu Vacha nicht nur Schomberg, sondern auch Graf Ludwig noch voll froher Hoffnung war und selbst auf Sachsens schliessliche Nachgiebigkeit zählte, so sollten beide bald enttäuscht werden. Die Franzosen hatten nämlich längst Kunde erhalten, dass nach dem Tode Johann Wilhelms von Sachsen zwischen Kurfürst August und dem Kaiserhof eine neue Spannung eingetreten sei. Dies entsprach allerdings der Wahrheit; August, in seinen territorialen Plänen beeinträchtigt, hatte sich sehr stark darüber geäussert, u. a. der Kaiser habe einen der getreuesten Fürsten im Reich hiemit verschenkt und verworfen. Aber im Herbst war die Sache bereits wieder ausgeglichen [2]) und die Franzosen hatten ihre

1) La Huguerye I, 201. Friedrich sagt in seinem Schr. an den Kaiser vom 13. März 1574 (Kl. II, 638), Christoph sei mit dem Polenkönig von Heidelberg, „gleichwohl diss etwas wider mein willen", weitergezogen und am 1. Febr. wieder zurückgekommen. Ueber Joh. Casimirs persönliche Beziehungen zum König vgl. Kl. II, 623 A. 1; 816 A. 2.

2) Vgl. Schomberg an K. Katharina, 19. Mai 1573 (Prinsterer I. 4, 77*); Näheres über Grund und Entwicklung des Missverhältnisses zwischen Wien und Dresden in der Sammlung vermischter Nachrichten zur sächs. Gesch. XII (Chemnitz 1777), 25 ff.; 111 ff.; vgl. Böttiger, Gesch. des Kurstaates Sachsen II, 18 ff.

Versuche, die Verlobung König Heinrichs mit einer Wettinerin von Neuem anzuregen, sehr zur Unzeit aufgenommen. August war fest entschlossen den jungen König nicht einmal persönlich zu begrüssen, geschweige denn auf Heiratsverhandlungen einzugehen, deren wahre Absicht zu nahe lag, um sie ernst zu nehmen. Er liess sich beim Empfang des Zugs an der sächsischen Grenze durch seinen Schwiegersohn vertreten und entschuldigen. Die dringenden Bitten Heinrichs, die Verwendung des Landgrafen, die Schreiben Johann Casimirs vermochten ihn nicht zu einer nachträglichen Aenderung seines Entschlusses zu bestimmen, der allerdings selbst im Ausland als eine beabsichtigte Unhöflichkeit aufgefasst wurde. [1])

Johann Casimir, der den König bis Torgau begleitete, machte Bruderschaft mit ihm und liess sich beschenken. Aber die Verbindung der Pfälzer mit dem blutbefleckten Haus Valois sollte nur zu bald die schlimmsten Früchte tragen, während gleichzeitig nicht nur die politischen, sondern auch die persönlichen Bande zwischen Dresden und Heidelberg gewaltsam zerrissen wurden.

---

1) Ein englisches Schr. an Walsingham, Paris 31. Juli 1573, behauptet, Fregoso sei nach Sachsen zurückgekehrt, um die Heirat der Prinzessin mit Heinrich weiter zu betreiben (Calendar 1573 p. 396). Im September sagt dann der venezianische Gesandte Morosini in seiner Relation, die Praktik, den Polenkönig mit der Tochter Kursachsens zu vermählen, sei in vollem Gang („col quale — le cose sono ridotte a stretti termini, perchè quanto alla religione, in che pareva consistere tutta la difficoltà, sperano di poter fare a modo loro"); doch spricht er auch den Verdacht aus, die Königin habe dabei vielleicht nur den Durchzug Heinrichs durch Deutschland im Auge (Albèri, Relazioni I. 6, 262). Noch ein Jahr später wurde wenigstens gerüchtweise die sächsische Prinzessin neben andern Partien genannt (ebd. I. 4, 319). Im Prozess La Mole-Coconnas wird dagegen von einem Projekt ihrer Verbindung mit Alençon gesprochen (Mém. de l'estat III, 272). — Der Gewährsmann Erstenbergers (citirtes Schr. vom 1. Dez. 1573) fand den Kurfürsten „von dem zugemutten franzosischen heirat ganz alienum." Ueber die französischen Bemühungen, wenigstens eine Zusammenkunft des Kf. mit dem König durchzusetzen, vgl. B. von Limoges an K. Katharina, Châlons 28. Nov. (Pb. V^c Colbert 7); Schomberg an dieselbe, 20. Dez (beide fürchten namentlich den Einfluss der ganz von der Kaiserin gewonnenen Kurfürstin); Joh. Casimir an August, 5. 6. Jan. 1574 (Kl. II, 620 ff.). Von dem allgemeinen Erstaunen über die mehr als kühle Haltung des Kf. sprechen du Ferrier (an Karl IX, Venedig 6. Febr. 1574, Charrière III, 464 A.) und Tron (an den Dogen, Wien 18. Juli 1574, Ven. Cop.)

Man kann wohl sagen, dass Kurfürst Friedrich damals die Sache Oraniens mehr als je zu der seinigen gemacht hatte. Die Befreiung der Niederlande vom spanischen Joch war für ihn mit dem Sieg des Evangeliums gleichbedeutend. Und der Wunsch, dem reinen Bekenntniss des Evangeliums zum Sieg zu verhelfen, steigerte sich bei ihm mit den Jahren; er wollte, wie ein Zeitgenosse sagt, „die ganze Welt calvinisch machen". Erst jetzt erfuhr seine eigene Pfalz die volle Umgestaltung zu jener „Zucht und Stille", wie sie den ausserdeutschen Reformirten eigen war; im Gefolge dieser strafferen Kirchendisziplin, die manchen Einheimischen schon eine „spanische Inquisition" dünkte, kam die von der strengen Reinheit unzertrennliche Härte, wurden die Wiedertäufer unterdrückt, der Arianer Silvan enthauptet. Sehr bezeichnend für die zunehmende Schroffheit des Kurfürsten ist sein Gespräch mit dem trefflichen Holländer van der Myle, worin er die Alleinherrschaft des reinen Glaubens über eine gegenseitige Duldung setzte und selbst die groben Excesse eines Grafen von der Marck gegen die Katholischen zu entschuldigen suchte.[1])

Man könnte die neue pfälzische Kirchenzucht wohl als ein Gegengeschenk der ausserdeutschen Reformirten für den Heidelberger Katechismus und die zweite helvetische Confession bezeichnen. Aber die fremden Theologen beschränkten sich so wenig auf das kirchliche Gebiet wie ihre deutschen Amtsbrüder. Die Gestalt des geistlichen Gesandten oder Agenten, des diplomatischen „ministre" war gerade unter den Calvinisten eine nur zu häufige Erscheinung. Ein hervorragender Vertreter dieses theokratischen Wesens, der Flamänder Peter Dathenus, hatte bereits zu Ende der sechziger Jahre seinen folgenreichen Einfluss in Heidelberg fest begründet, kämpfte für die Kirchenzucht und spielte, wie die pfälzischen Herren meinten, den „Hofmeister" auch in weltlichen Dingen.[2]) Wir finden ihn lebhaft beteiligt bei einem Ereigniss, dessen Bedeutung für das Erstarken der pfälzisch-niederländischen Beziehungen keineswegs zu unterschätzen ist. Im Frühjahr 1569 nämlich vermählte sich der verwittwete Kurfürst mit der Gräfin Amalia von Brederode, die gleichfalls erst vor Kurzem ihren Gemahl, den wüsten Führer des ersten Geusenbunds, verloren hatte. Amalia, eine berühmte Schönheit und eifrige Calvinistin, hat freilich nie den politischen Ein-

1) Adrian van der Myle (vgl. Prinsterer I. 6, 16) an Zündelin (einen zu Venedig lebenden protestantischen Agenten), Speier 25. Febr. 1573 (Epistolae selectiores p. 571 ff.).

2) Sudhoff, Olevianus und Ursinus p. 325/6.

fluss einer Anna von Sachsen besessen, aber zweifellos die Sache der fremden Glaubensgenossen und vor Allem die Verbindung mit dem Haus Nassau nach Kräften gefördert.[1])

Im Sommer 1573 hatte Kurfürst Friedrich noch den Gedanken einer Pacification der Niederlande durch den Kaiser und vermittelst der Statthalterschaft eines Erzherzogs lebhaft ergriffen. Johann Casimir dachte sich dies freilich schon damals als ein mit Oraniens Waffen durchzuführendes Unternehmen. Etwas später schreibt Ehem an einen Wiener Freund, der Kaiser möge doch die Gelegenheit wahrnehmen und den Tyrannen verjagen.[2]) Aber im Oktober war der Kurfürst selbst bereits zu der Ueberzeugung gekommen, dass auch die Einsetzung eines Erzherzogs wahrscheinlich nichts helfen

1) Vgl. Kl. Fr. p. 424 ff. Die Kurfürstin Amalia oder, wie sie selbst schreibt, Amelya war eine geborne Gräfin von Nuenar und stand während ihrer ersten Ehe im Ruf intimer Beziehungen zu Oranien, vgl. Corresp. de Granvelle 1565—1586, I (Brux. 1877), 303 (Morillon an Granvela, Brüssel 9. Juni 1566: „maintenant se refreschissent les amorettes du prince d'Orange cum uxore de Brederode: huic aliquid turbae succedere possit"). Von ihrer Schönheit spricht der venezianische Gesandte in seiner Depesche aus Wien, 16. März 1569 („donna nobile, ma bellissima sopra quante siano in Fiandra"). Friedrich hatte sie wiederholt im Gefolge der Prinzessin von Oranien gesehen; wenn er sagt, dass sie die allerjüngste nicht sei (Kl. II, 299 A. 2), so war doch die dreissigjährige schöne Frau für einen Mann von 54 Jahren immerhin jung genug. Dass bei der Hochzeit getanzt wurde, gab dem Gegner der Kirchenzucht, Erastus, Gelegenheit zu bitterem Spott. Vgl. dagegen die Rechtfertigung des Tanzes von Seiten eines gewiss nicht anfechtbaren Calvinisten, des berühmten Marnix (Epistolae selectiores, Leyden 1617, p. 753 ff.), der mit Recht bemerkt, dass in Deutschland viele schon desshalb von den ausländischen Reformirten nichts wissen wollten, „quod morositatem nostram extimescant." Dagegen erregte der Umstand, dass Amalia ihre Hofdamen in Gegenwart ihres Gemahls singen liess, seltsamer Weise Anstoss bei der lutherischen Anna von Sachsen (Kl. II, 836). — Amalia's Bitte an Anna, sich mit ihr für die Freilassung der in Savoien eingesperrten Wittwe Coligny's zu verwenden, Kl. II, 633 ff. Am 31. Jan. 1571 schreibt Viehauser an Baiern, Casimir solle seine Rittmeister abgedankt, die Kurfürstin sich dieser Sache angenommen und für die vindices religionis et libertatis etliche hundert Fuder Wein gekauft haben (Ma. 230/3 f. 190). Dass auch Friedrich über kriegerische Dinge mit ihr sprach, zeigt seine Aeusserung Epist. select. p. 577.

2) Vgl. Kl. II, 577 ff.; Ehem an Crato, 9. 18. Sept. 1573 (Breslau, Stadtbibl.); im ersten Schr. sagt er: „Crede mihi res Belgicas non parum impedivisse electionem Ernesti" (in Polen).

und dass ein den Niederländern erträglicher Zustand nur mit Gewalt zu erreichen sein werde. Rascher als der Vater waren die Söhne zu der von den Nassauern stets gepredigten Ablehnung jeder Pacification und unbedingten Kriegspolitik bekehrt worden. Nur die verzögerte Auszahlung der französischen Hülfsgelder hatte den von Graf Ludwig und Pfalzgraf Christoph geplanten Feldzug vereitelt und damit die zahlreichen Projekte, deren Kern immer die Einnahme eines festen Platzes, wie Bergen op Zoom, Maestricht, Gröningen u. a. bildete, zu Schanden gemacht.[1])

Dass aber die wahre Gesinnung der jungen Fürsten trotzdem kein Geheimniss blieb, dafür sorgten sie durch eine möglichst auffällige Demonstration. Am 6. Oktober überfielen Johann Casimir und Christoph einen grossen Pulvertransport, der von Augsburg nach den Niederlanden ging, von kaiserlichen und spanischen Dienern geleitet und dem Schutz des Kurfürsten Friedrich vom Kaiser ausdrücklich empfohlen war; ohne Rücksicht auf die kaiserlichen Patente, unter Drohungen und Hohnreden wurden fünfzehn Wagenladungen „im Rauch gen Himmel geschickt“. Johann Casimir hatte dann die Keckheit, dem Kaiser selbst Anzeige zu erstatten und die „rechtmässigen und billigen Ursachen“ seines Vorgehens ziemlich derb auseinanderzusetzen. Die zornige Antwort Maximilians aber lässt die kaiserliche Ohnmacht gegenüber solchen fürstlichen Beschimpfungen nur zu deutlich durchblicken; dass die Sache an die Kurfürsten gebracht wurde, führte zu nichts als zu wiederholten Correspondenzen, da selbst August von Sachsen, so wenig ihm die Tat gefiel, sich seines Schwiegersohns mit aller Entschiedenheit annahm. Kurfürst Friedrich hatte jede Mitwissenschaft in Abrede gestellt. Dagegen finden wir ihn kurz darauf an dem noch bedenklicheren Plan beteiligt, den neuen spanischen Gouverneur, der als Alba's Nachfolger in die Niederlande ging, unterwegs abzufangen; nur durch grosse Eile entging der Spanier diesem Schicksal.[2])

---

1) Ueber den Anschlag auf Besançon u. s. w. vgl. oben p. 108; über die im Lauf des Sommers und Herbstes auftauchenden Projekte, die sich abwechselnd auf Maestricht, Antwerpen, Bergen op Zoom, Lüttich, Gröningen bezogen, die Correspondenz Oraniens und seiner Brüder vom August bis Dez. 1573 bei Prinsterer I. 4. Schon am 19. Aug. schreibt Schomberg an K. Katharina, Kf. Christoph sei bereit zu marschiren, am 1. Sept. an Retz, Pfalz zeige seine Gesinnung gegen Oesterreich deutlich genug „par l'entreprinse qu'il faict faire par son fils le duc Christoffel“ (Noailles III, 504; 513).

2) Ludwig von Nassau an Oranien, Dez. 1573 (Prinsterer I. 4, 278). — Ueber die Bestellung des Pulvers für Spanien in Augsburg vgl. ein

Ungestört entfaltete inzwischen die pfälzische Diplomatie an den verschiedensten Punkten rege Tätigkeit, um den verschobenen niederländischen Krieg wenigstens im Beginn des nächsten Jahres zu verwirklichen. Während man mit der Regierung und mit ihren Gegnern in Frankreich anband, suchten die pfälzischen Agenten unermüdlich in England ein Bündniss oder wenigstens Gelder zu Stande zu bringen.[1]) Johann Casimir selbst ging im Oktober nach Hessen und von da nach Sachsen, um einen Teil der vorhandenen Pläne und Vorbereitungen zu enthüllen. Er wies auf die Notwendigkeit einer Continuation des Kriegs und auf die von Frankreich und England zu erwartende Geldhülfe hin, berichtete über die Verhandlungen mit Köln und Mainz und berührte die Gefahr eines künftigen spanischen Kaisertums. Natürlich zog sich August völlig auf die im Werk befindliche Friedenshandlung zurück; Wilhelm von Hessen warnte gleichfalls vor jedem gewaltsamen Versuch, obwohl ihm die Aeusserung entfuhr, dass „diesem Handel nicht wohl zu helfen, man stopfte denn einmal die Quellen in der Pfaffengassen, daher diese Unruhe und Uebel ursprünglich herfliessen tun.“[2])

Letzterem Wunsch dachten aber die Nassauer und Pfälzer längst ganz wörtlich zu genügen. Die „Grafeneinigung“, ein wesentlicher

---

Schr. Albrechts von Baiern, 30. Mai 1573 (Ma. 230/12). Am 9. Sept. schreibt Ehem an Crato: „Mirantur omnes, vestros non probare actiones tyranni, interea eundem non obscure tormentario pulvere et aliis iuvare‘, (Breslau). Die wichtigsten Schr. in Sachen der Pulveraffaire bei Kl. II, 598—607. Die Sendung war lang vorher ruchbar geworden, vgl. Languet's Schr. vom 30. Juni und 8. Juli (Arc. I, 196; 198). Ein Bericht des Augsburger Bürgers Lucas Müller über die Wegnahme des Transports (Ma. 230/7) constatirt die rohe Verhöhnung des kais Passbriefs, den er den Reitern vorweisen wollte. Vgl. Hegenmüller an Baiern, Wien 21. Okt. (Ma. 230/1). Vgl. auch Prinsterer I. 4, 223; 233.

1) Ueber die englischen Verhandlungen der Pfälzer vgl. die Depeschen La Mothe's vom 6. 20. Juni und 11. Nov. 1573 (La Mothe V, 347; 354; 443); ferner die Registrirung des pfälzischen Bündnissantrags vom 18. und der englischen Antwort vom 21. Dez. Calendar 1573 p. 448/9. Dass Friedrich ein Schr. der Königin erhalten habe, meldet Languet am 24. Dez. (Epistolae ad Sydnaeum, 1646, p. 27).

2) Joh. Casimirs Anbringen bei Sachsen Kl. II, 591 ff.; die sächsische Antwort vom 1. Nov. ebd. 601 ff. Auf diese diplomatische Reise J. C. dürfte sich eine Stelle in dem Schr. der nassauischen Brüder an Oranien vom 22. Okt. (Prinsterer I. 4, 223) beziehen, wo von der Hintertreibung der römischen Königswahl die Rede ist.

Bestandteil von Graf Ludwigs grossem Plan, lief im Grunde auf eine ausgedehnte Säcularisation der rheinischen Stifter, also auf eine durchgreifende Reinigung der „Pfaffengasse" hinaus. Wie weit der kriegerische Bund des rheinischen Adels unter kurpfälzischer Führung in Wirklichkeit gedieh, darüber fehlen leider bisher zuverlässige Nachrichten; doch hören wir schon im Frühjahr von einer förmlichen Defensivvereinigung und bestimmten Geldbeiträgen der Herren vom rheinischen Kreis und im Oktober berichten die nassauischen Brüder dem Prinzen, die Grafeneinigung lasse sich wohl an und es hätten sich seither nicht nur etliche Grafen, sondern Kurfürsten, Fürsten und Städte, die Könige von Frankreich und Polen und namentlich die polnischen Protestanten desshalb in Handlung eingelassen.[1]) Besonderes Gewicht legte man aber in Dillenburg wie in Heidelberg auf die lockende Aussicht, den Erzbischof von Köln für die niederländische und vielleicht auch für die protestantische Sache zu gewinnen; man dachte, wie Friedrich sich sehr offen ausdrückt, „ihm ein Weib und Pension von der Krone Frankreich an Hals zu werfen." Andere geistliche Fürsten, wie Mainz und Speier, standen ohnedies im Ruf der Protestantenfreundschaft.[2])

---

1) Vgl. oben p. 100; ferner Viart an Karl IX, 1. April; Johann, Ludwig und Heinrich von Nassau an Oranien, Dillenburg 22. Okt.; Oranien an seine Brüder, Delft 31. Okt. 13. Nov. (Prinsterer I. 4, 51*; 224; 230; 236; leider ist ein offenbar wichtiger Br. des Gr. Johann an Oranien vom 21. Nov., supplément p. 140* ff., nicht dechiffrirt). Ueber das Bestreben, den Grafen Ludwig von Witgenstein in kurpfälzische Bestallung zu bringen, vgl. ebd. 329; Im. Weber, Decades III epistolarum (Frankf. 1702) p. 6. La Huguerye behauptet (I, 167/8), schon vor Ostern 1573 seien gegen 500 Grafen und Herrn dem Bunde einverleibt und auf 10000 Pferde und 20000 Knechte veranschlagt gewesen (!), über welche Streitkräfte Kurpfalz den Oberbefehl übernommen habe, mit der Zusage als seine Generallieutenants Johann Casimir und Christoph zu stellen. Dies ist jedenfalls übertrieben, aber nicht vollständig aus der Luft gegriffen. Damals ging auch in Frankreich, wie J. C. selbst Viart gegenüber berührte, das Gerücht, „qu'il avoit X^m chevaulx prestz à passer le Rhein." Vielleicht liessen sich in den Nassauischen Papieren zu Idstein nähere Aufschlüsse finden.

2) Für die Verhandlungen mit den andern geistlichen Fürsten ausser Köln ist allerdings La Huguerye (I, 202 ff.) unser einziger Gewährsmann. Er gibt an, dass man auch Speier und Lüttich, ja selbst Mainz für Ehe und Säcularisation zu gewinnen hoffte. Was Lüttich betrifft, so steht ausser Zweifel, dass die Nassauer Ende 1573 und noch im nächsten Jahr geheime Verhandlungen mit ihm pflogen (Prinsterer I. 4, 233; 248;

Die Verhandlungen mit dem sehr ungeistlichen Kölner, Salentin von Isenburg, führten im Winter 1573 Johann von Nassau und Ehem. Kurfürst Friedrich war sogar bereit, dem Erzbischof, auf dessen Bekehrung er sicher rechnete, seine eigene Tochter zu vermählen.[1]) Gleichzeitig kam übrigens auch die päpstliche Confirmation nach Köln; die beiden calvinistischen Unterhändler sassen, wie Ehem erzählt, an der kurfürstlichen Tafel mit dem Nuntius und seinen Jesuiten zusammen, „da einer den Kurfürsten unserm Herrn Gott, der andere aber dem Teufel hat wollen zuführen". Die protestantischen Hoffnungen gingen nicht in Erfüllung. Saleutin war durchaus kein Fanatiker, aber von einem Bekenntnisswechsel wollte er doch nichts wissen. Die Hauptsache war ihm offenbar die in Aussicht gestellte französische Pension, die er am Liebsten mit der Resignation seines Stifts und dem Rücktritt in den weltlichen Stand vereinigt hätte. Nur mühsam brachte man ihn zu der Erklärung, er wolle heiraten und das Stift behalten, wenn ihn die Protestanten trotz seines katholischen Glaubens in Schutz nehmen würden. Salentin wusste mit seiner derben und wunderlichen Art die Abgesandten ganz gut auszuholen; Ehem liess sich selbst zu vertraulichen Aeusserungen über die römische Königswahl hinreissen. Der Erzbischof dagegen, der auch während dieser Ver-

---

V, 102), während er freilich seine Spione im protestantischen Lager hielt (Gachard, corr. de Philippe, III, 27/8). Daniel von Mainz aber galt vielfach für einen Gönner der Protestanten und besonders der Pfälzer, vgl. z. B. Schombergs Schr. vom 23. März 1573 (Moser IV, 349), Requesens Schr. an K. Philipp vom 15. Mai 1574 und 6. Juni 1575 (Gachard a. a. O. 87; 319); er unterhielt damals Verkehr mit den Nassauern (Kl. II, 596). Der B. von Speier entschuldigte noch am 28. März 1575 dem Nuntius gegenüber sein gutes Verhältniss zu einigen benachbarten Fürsten (Theiner II, 51; über einen Besuch Joh. Cas. beim Bischof vgl. Kl. II, 843).

1) Diese Mitteilung La Huguerye's (I, 204) stimmt mit den in der pfälzischen Instruktion und in den Berichten Ehems enthaltenen Andeutungen von einer ansehnlichen Heirat, wodurch Köln die vornehmsten kurfürstlichen und fürstlichen Häuser an sich brächte, deren unerlässliche Bedingung aber der Uebertritt des Erzb. zum Protestantismus wäre (Prinsterer I. 4, 339; 342/4), vortrefflich überein. Die Warnung des Landgrafen, Johann Casimir möge versöhnten Feinden und Pfaffen nicht zu viel glauben und sich versichern lassen, „damit E. L. oder derselben schwester nicht uf ein eys geführt werden" (ebd. 127*), wird erst hiedurch verständlich. Auch die Angabe La Hug., man habe den Marschall des Erzbischofs gewonnen, findet ihre Bestätigung in den nassauischen Correspondenzen (Prinsterer I. 5, 78; 294; vgl. 4, 342 seine Gegenwart bei der Beantwortung Graf Johanns und Ehems).

handlungen seine Beziehungen zu Spanien nicht ganz einschlafen liess, verurteilte im Gespräch mit einem kursächsischen Rat die religiöse und politische Sonderstellung des Pfalzgrafen rückhaltlos. Dem Prinzen von Oranien war der ganze Handel stets verdächtig vorgekommen und die gleiche Ansicht hegte Wilhelm von Hessen.[1])

Frankreich war und blieb die unentbehrliche Stütze einer niederländischen Aktionspolitik. Aber die von der Regierung gewährten Subsidien genügten nur zur Aufstellung einer sehr bescheidenen Streitmacht; Hauptfaktor in der Rechnung des Grafen Ludwig war Alençon, der gleichzeitig mit dem Vormarsch der nassauisch-pfälzischen Armee den Hof verlassen und als Haupt der unzufriedenen Elemente in Frankreich zunächst dem gegen die Spanier beabsichtigten Stoss den nötigen Nachdruck verleihen sollte. Ende Februar sollte er bei dem ins Geheimniss gezogenen Herzog von Bouillon zu Sedan eintreffen, worauf die im Feld stehenden Truppen dort zu ihm stossen und zugleich ihr Geschütz abholen würden. Als Gegenleistung versprachen seine Verbündeten ihm zu einer dominirenden Stellung in Frankreich zu verhelfen, die bei dem hoffnungslosen Zustand des Königs und der Abwesenheit des Tronerben Heinrich nur die Vorstufe zur Monarchie bedeuten konnte.[2])

Während der vertraute Sekretär Graf Ludwigs erst in Sedan die nötigen Verabredungen traf und dann mit einem Edelmann Bouillons nach Paris weiterzog, um mit Alençon zu verhandeln,[3]) brachten Ludwig und Christoph mit den französischen Geldern einige Regimenter Fussvolk und 3000 Reiter zusammen. Mitte Februar machte der junge Pfalzgraf sich auf, um, wie er öffentlich verbreiten liess, dem Prinzen von Oranien „einen Reiterdienst zu leisten". Der jugendliche General der Cavallerie soll die Schärpe seiner auserwählten Dame, einer Tochter des Prinzen, getragen haben, die ihm schon vor Jahren als Braut zugedacht war.[4]) Uebrigens ver-

1) Vgl. die Correspondenzen Oraniens, seiner Brüder, Wilhelms von Hessen, Schombergs, Ehems, bei Prinsterer I. 4, 245; 279; 284; 297; 335 ff.; 348 ff.; ferner Kl. II, 595/6; über Kölns gleichzeitigen Verkehr mit den Spaniern Gachard II, 395; 444/6.

2) Vgl. die Darstellung Soldan's (II. Capitel 18. u. 19, p. 563 ff.).

3) Vgl. La Huguerye's Bericht über seine damalige diplomatische Tätigkeit I, 204 ff.; ferner mém. de l'estat III, 209; 247; 276/8.

4) La Huguerye I, 136; 237. Eine Zeitung vom 20. März 1569 meldet, dass Casimir und Christoph bei Oranien und Graf Ludwig zu Germersheim waren „und solle pfalzgrave Christoff seins, prinzen, tochter vermehelen" (Ma. 285,2). Es kann nur die älteste Tochter Maria gemeint sein. Ueber eine angeblich bei Christoph gefundene Medaille vgl. Bor VII, 14, der die Geschichte selbst für „fabuleus" erklärt.

pflichtete ihn der Reiterdienst, wenn Alençon nicht eintreffen sollte, nur auf sechs Wochen. Einen Nachzug Johann Casimirs scheint man nur für den Notfall ins Auge gefasst zu haben. Zunächst warb sein Vertrauter Cratz von Scharffenstein ein weiteres Regiment in Lothringen, das unter Führung eines Obristen von Ische zum Hauptheer stossen sollte, aber freilich erst einen weiten Marsch zurückzulegen hatte.[1])

Die strengen Abmahnungen des Kaisers wie die Warnungen des Kurfürsten August und des Landgrafen blieben nach gewohnter Weise unbeachtet. Kurfürst Friedrich forderte wohl in einem offiziellen Schreiben seinen Sohn zum Gehorsam auf, beharrte aber dem Kaiser gegenüber auf der diesmal geradezu unwahren Behauptung, er habe für seine Person mit der ganzen Sache nichts zu schaffen und von dem bevorstehenden Unternehmen erst in allerjüngster Zeit Kenntniss erhalten. Man kann es dem Kaiser nicht verdenken, wenn er dem Kurfürsten sein Erstaunen darüber ausdrückte, „dass D. L. Söhne, jetzt dieser, bald der andere, ungeachtet sie sich gutenteils bei D. L. Hof oder je nahe dabei aufhalten und mit den Ihren fast täglich zu und abreiten dergleichen Handlungen vornehmen, die nicht allein unsern und des heiligen Reichs Constitutionen stracks zuwider, sondern auch vielen friedliebenden Ständen ärgerlich und verdriesslich sind, und solches dennoch D. L. verborgen bleiben soll." Er sei der Ansicht, gerade der Kurfürst könne entweder kraft der väterlichen Gewalt oder doch als Kreisobrister diesen Dingen wohl einen Riegel vorschieben.[2]) August aber wies mit gutem Grund darauf hin, wie schlecht sich bisher das Vertrauen auf französische Hülfe und Beständigkeit gelohnt habe.

Der unglückliche Ausgang des kurzen Feldzugs ist bekannt. Hauptursache des Misslingens war das Ausbleiben Alençons, dessen Flucht vom Hofe sich aus verschiedenen Gründen und nicht nur durch seine Schuld verzögerte, bis es zu spät wurde. La Huguerye, Graf Ludwigs Sekretär, der in Paris vergebens zur Eile getrieben hatte, erstattete hierüber Bericht beim Kurfürsten Friedrich und riet dringend zur Abberufung Christophs, da der Zustand der

---

1) La Huguerye I, 208; 222/3; vgl. mit seiner Angabe, dass Soldaten von Metz, Toul und Verdun dabei gewesen seien, die Warnungen des Grafen Coconnas Mém. de l'estat III, 247/8. In den Berichten Languet's aus Wien vom 24. März und 19. April (Arc. I, 236/7; 239) ist die Schwierigkeit einer Vereinigung mit der Hauptmacht richtig gewürdigt.

2) Der Kaiser an Friedrich, 26. Febr. 1574 (Kl. II, 630/1).

nassauischen Armee Schlimmes befürchten lasse.[1]) Nicht nur die französischen Streitkräfte, auf die man fest gerechnet hatte, blieben aus, auch die in Lothringen aufgebrachten Truppen wurden vergebens erwartet und Oranien stand weit oben an der Waal. So kam es, nachdem die nassauischen Anschläge auf Maestricht und Antwerpen vereitelt waren, zur Entscheidungsschlacht auf der Moocker Haide (14. April 1574). Die ungeübten protestantischen Truppen erlagen den kriegsgeschulten Spaniern; mit den Grafen Ludwig und Heinrich von Nassau verschwand auch der junge Pfalzgraf im letzten verzweifelten Handgemenge. Einer von den Siegern, Mendoza, gibt ihnen das ehrenvolle Zeugniss, dass sie mit ihrem geringen Kern von wirklich brauchbarer Mannschaft das Mögliche geleistet und als „tapfere Ritter" das glänzendste Beispiel todesverachtenden Mutes gegeben hätten.[2])

So fand der noch nicht dreiundzwanzigjährige Pfalzgraf Christoph einen ruhmvollen Tod; sein Name darf den Helden der niederländischen Freiheitskriege beigezählt werden, während Johann Casimir aus all seinen Feldzügen wenig Ehre davongetragen hat. Monatelang hoffte der alte Kurfürst, durch widersprechende Gerüchte in Spannung erhalten, auf die Heimkehr des Sohnes; dann ergab er sich ruhig in den Willen seines Gottes und hielt nur um so fester an der Sache, für die er ein so kostbares Opfer gebracht hatte. „Seid getrost", sagte er zu seiner trauernden Umgebung,

---

1) Der ausführliche Bericht La Huguerye's (I, 215 ff.) zeigt bei allen Unwahrscheinlichkeiten seiner Datirung und bei aller Selbstgefälligkeit doch in wesentlichen Punkten grosse Vertrautheit mit dem damaligen Stand der Dinge. Er nennt Valkenburg (Fauquemont) als Hauptquartier des Gr. Ludwig (217), vgl. Prinsterer I. 4, 333; 357; Gachard III, 48; er kennt den Plan des Grafen, mit Oranien bei Tiel (an der Waal) zusammenzutreffen (218; 223; 231/2; 235), sowie die Unzufriedenheit Oraniens mit diesem gefährlichen Marsch nach Holland, der er freilich nach seiner verläumderischen Art höchst gehässige Motive unterlegt (vgl. Prinsterer I. 4, 363/5/8; 370/1); er weiss von der Anwesenheit des Herrn de Poyet beim Prinzen (223, vgl. Prinsterer I. 4, 175/7). Ueber die Sendung des Geistlichen Louis Cappel (der Herausgeber La H. I, 216, A. 1 verwechselt ihn irriger Weise mit seinem ältesten Bruder Jacques, einem Juristen, dem er ausserdem noch die theologischen Werke seines gleichnamigen Sohnes zuschreibt!) von Sedan nach Deutschland vgl. mit La Hug. I, 216 die Notiz der France protestante III, 198; seinen Streit mit de Rosier, der in Sedan stattfand, verlegt La Hug. (224/7) nach Heidelberg!

2) Vgl. Bernardin de Mendoce, hist. mémorable des guerres de Flandres (Paris 1611) p. 264 ff.

„ich weiss, dass mein Sohn ein Mensch gewesen." [1]) Es liegt in diesem unerschütterlichen Wesen des echten Calvinismus bei aller Christlichkeit etwas von antiker Grösse und Herbheit.

Es war eine verhängnissvolle Zeit für den Protestantismus. Während seine entschlossensten Verteidiger in den Niederlanden bluteten, fand die längst vorbereitete Reaktion des kursächsischen Luthertums endlich die erwünschte Gelegenheit ihre Gegner zu zermalmen. Gerade die Pfälzer mussten, ohne es zu ahnen, zum Verderben ihrer sächsischen Freunde die Hand bieten.

Jener Winterbesuch Johann Casimirs am Hofe seines Schwiegervaters brachte vor Allem die persönlichen Verstimmungen der beiden fürstlichen Familien zum schärfsten Ausdruck. Dass der Pfalzgraf seine Gemahlin nicht mitgebracht hatte, erregte gleich

1) Tossanus, oratt. volumen unum p. 56 (hieraus Alting, bei Mieg, Monumenta pietatis I, 220); vgl. Ehem an Crato, Heidelb. 2. Juni 1574: „Josias pater aequo animo fert ista et scit se mortalem genuisse" (Breslau). Ueber die wechselnden Gerüchte vom Schicksal Christophs (den Kf. Friedrich noch eventuell in sein Testament vom Sept. 1575 aufnahm) vgl. Kl. II, 648; 651; 672 ff.; 684; 688; 701. Oranien war schon im Mai von dem Tod seiner Brüder und des Pf. überzeugt (Prinsterer I. 4, 390); Ehem (a. a. O.) nimmt das Gleiche an „certissimis indiciis." Den näheren Bericht über Christophs Ende, den Kf. Ludwig nach dem Tod seines Vaters erhielt, teilt Kl. Fr. p. 472/3 im Auszug mit. Am 28. Nov. 1576 schreibt Viehauser an Baiern, dem Kaiser sei Zeitung zugekommen, dass in Heidelberg von zwei anscheinenden Kaufleuten eine Truhe zurückgelassen und nach Ablauf eines von ihnen bezeichneten Termins von den kurf. Räten geöffnet worden sei; „drinne soll nichtz als des jungen herzog Cristoffs pfalzgraven hochseeligen kopf geweesen sein" (Ma. 230/3). — Landgraf Wilhelms sehr günstiges Urteil über den jungen Pf. und seine „angeborne freudigkeitt" (d. h. Freidigkeit), Prinsterer I. 4, 367; La Huguerye (I, 346/7) rühmt ihn auf Kosten seines älteren Bruders: „c'estoit ung prince vrayement généreux et ne cherchant rien que l'honneur...... et nous pouvons dire que le duc Casimir n'a jamais encores tiré ung coup de pistole." Aehnlich, wenn auch nicht in lobender Absicht, stellt ein katholisches Pamphlet vom März 1574 (Bm.) dem seit seiner Vermählung unkriegerisch gewordenen Casimir Christoph gegenüber, der, früher so hoffnungsvoll, „correptum insania et furore aulico Germanis consueto unum hoc ardere, ut cum Cyclopibus ac Centauris paria facere possit." Trauergedichte auf Christophs Ausgang in Cisneri opuscula p. 307/8; 341 ff.

anfangs ernstlichen Unwillen; die confessionelle Verschiedenheit hatte ja schon diese ersten Jahre der jungen Ehe hässlich getrübt. Obwohl nun Johann Casimir die Pfalzgräfin nachkommen liess, führte die vorhandene Spannung vor dem Abschied zu ärgerlichen Wechselreden mit den Schwiegereltern. Dabei mag auch die modische Unmässigkeit im Trinken das Ihrige getan haben, aber trotz aller nachträglichen Entschuldigungen Johann Casimirs, der seine Schwäche wohl kannte, blieb das Geschehene unvergessen; auf beiden Seiten hatte man gar zu offen merken lassen, dass man die unter einer andern politischen Constellation geschlossene Verbindung am Liebsten wieder aufheben würde. August erklärte übrigens dem Schwiegersohn noch schriftlich, er sei entschlossen, um ihn und seine Händel sich das Wenigste nicht mehr zu kümmern, und warne ihn hiemit als getreuer Eckart das letzte Mal. Johann Casimir dagegen fasste die politische Seite des Zerwürfnisses vertraulich in den echt pfälzischen Vorwurf zusammen, August und Anna „hingen dem Kaiser an.“ [1])

Der lutherische Hofprediger der jungen Pfalzgräfin hatte Oel ins Feuer gegossen, indem er dem Kurfürsten August über die Beziehungen der Wittenberger Theologen zum Heidelberger Calvinismus einen zusammenhängenden möglichst drastischen Bericht lieferte. Es ist wohl zu beachten, dass diese Verdächtigung der gemässigten melanchthonischen Richtung schon seit Jahren systematisch betrieben wurde, aber gerade jetzt mit der politischen und persönlichen Entfremdung zwischen August und den Pfälzern unglücklich zusammentraf. Als daher im April 1574 durch einen aufgefangenen Brief die völlige Entlarvung der „Kryptocalvinisten“ gelungen und mit dem Sturz ihres mächtigsten Gönners, des geheimen Rats Dr. Cracov besiegelt war, sah der Kurfürst in seinen bisherigen Vertrauten nicht nur heuchlerische Todfeinde der reinen Lehre, sondern zugleich staatsgefährliche Verschwörer und Reichsfeinde. Cracov musste schwer dafür büssen, dass er mit Wissen und Willen seines Herrn die pfälzischen und auswärtigen Beziehungen geschäftlich in der Hand gehabt hatte. Für den leidenschaftlichen August stand es fest, der „verzweifelte Bösewicht“ habe nach hugenottischem und niederländischem Muster unter dem Schein der Religion eine politische Umwälzung herbeiführen wollen; Cracov und Ehem zusammen seien die wahren Urheber der ver-

1) Vgl. über diese und die folgenden Vorgänge Kl. Abhandlungen: die Ehe des Kf. Johann Casimir (a. a. O.); der Sturz der Kryptocalvinisten in Sachsen (Sybel's historische Zeitschrift XVIII, 77 ff.).

werflichen pfälzischen Kriegspolitik. Auch die pfälzische Heirat wurde jetzt dem Gestürzten zur Last gelegt und in Sachen der Kaiserwahl sollte er gleichfalls „denen zu Gutem, davon er die Religion gelernt", intriguirt haben.[1]) August ruhte nicht, bis der Unglückliche, der seine angeblichen Staatsverbrechen auch in der Tortur nicht gestehen wollte, seinen körperlichen und seelischen Qualen erlegen war.

Johann Casimirs fanatische Gemahlin erhob auf die Nachricht, dass ihr Vater „die Zwingler gekriegt" habe, ihr Herz dankbar zu Gott; sie erteilte ihren Eltern den sehr unnötigen Rat, die Gefangenen nicht aus der Hand zu geben, da man sie in Heidelberg mit Freuden aufnehmen würde. Der sächsische Gesandte, der eben dem Kurfürsten Friedrich die unfreundliche Weisung überbrachte, er solle seine Schwiegertochter bei ihrer Religion bleiben lassen, vermied es über die Katastrophe zu sprechen. August selbst wies jede Fürbitte energisch zurück; als vollends Friedrich es wagte für die Verhafteten ein gutes Wort einzulegen, empfing er eine Antwort, die über sein jetziges Verhältniss zu Kursachsen keinen Zweifel mehr gestattete. August erinnerte an den Augsburger Reichstag und sagte ganz offen, Friedrich und seine Theologen hätten mit der A. C. keine Gemeinschaft; gerade der verdächtige Beifall der Pfälzer habe ihn nicht am Wenigsten „zu solchem billigen Eifer und Einsehen bewegt." Uebrigens solle Friedrich sich nicht der Dinge annehmen, die ihn nichts angingen, sondern lieber seine eigenen Ratgeber genauer ansehen, die schon viel unschuldiges Blut vergossen hätten und den Kurfürsten noch einmal in ein Bad führen könnten, woraus ihm zu schwimmen unmöglich sein werde. Als aber Friedrich den Briefwechsel fortsetzte und von lutherischem Papismus sprach, brandmarkte August die calvinische Lehre als die Predigt der Revolution und bat zuletzt ihn für die Zukunft mit dieser Sache zu verschonen.[2])

Grosse Freude erregten dagegen die Nachrichten aus Sachsen in Rom; der Papst glaubte jetzt den günstigen Augenblick wahrnehmen zu müssen, um die Bekehrung des Kurfürsten durchzu-

1) Viehauser an Baiern, Prag 28. April 1575 (Ma. 230/3 f. 279). Darüber, dass August auch an Praktiken zu Gunsten der Ernestiner dachte (!), vgl. Weber, Kurfürstin Anna p. 379. Den unglücklichen Cracov erklärte später Schomberg, der so viel mit ihm verhandelt hatte, in einem Schr. an Heinrich III (18. Juni 1580, Pb.) für einen „ennemy de V. Mté et tout le support des Huguenotz."

2) August an Friedrich, 1. Juli 1574 (Heppe II, Beilagen p. 111 ff.); Friedrich an August, 28. Juli (Kl. II, 713/4 nebst Anm.).

setzen. Albrecht von Baiern bemühte sich freilich diese auf Unkenntniss der Verhältnisse beruhenden Erwartungen nach Kräften herabzustimmen; er bezeichnete namentlich den lutherischen Eifer der Kurfürstin als ein kaum zu überwindendes Hinderniss.[1]) Aber die Katholischen konnten sich einstweilen wohl damit begnügen, Kursachsen von jeder Spur französischer, niederländischer und pfälzischer Einflüsse gereinigt und dem Haus Habsburg fester als je verbunden zu sehen. Welche Bedeutung dies für die bevorstehende Neuwahl eines römischen Königs hatte, wird unten im Zusammenhang besprochen werden. Eine Zeitlang erhielt sich sogar am kaiserlichen Hof das Gerücht, Maximilian wolle seinen ältesten Sohn, den künftigen Kaiser, mit einer sächsischen Prinzessin vermählen.[2])

1) Vgl. über die Verhandlungen zwischen Rom und Baiern Theiner I, 222 ff.; ferner ein Schr. des Cardinals Hosius an Daniel von Mainz, 5. Okt. 1574 (Hosii opera omnia II, 387 ff.). Maffei, Annali di Gregorio XIII, I, 136/7 berichtet, dass der Papst sich auch an Erzh. Ferdinand und an den Kaiser gewendet habe, und erklärt des Letzteren Ablehnung aus dynastischen Rücksichten. Am 26. Nov. schreibt der in Venedig lebende Zündelin an Camerarius, „illustris quidam vir" in Rom habe bei ihm angefragt, „an verum sit, Saxonem electorem pontificium esse factum" (Bm. Coll. Camerar. XXI). Ueber die legendenhafte Ausschmückung der sächsischen Vorgänge vgl. eine Zeitung aus Italien vom 9. Jan. 1575, Mb. 110/6b f. 102.

2) Schon im J. 1573 wurde davon gesprochen (Correr an den Dogen, Wien 6. August 1573, Ven. Cop.; Vulcob an Karl IX, Wien 15. Aug. 1573, Pb. Vc Colbert 397). Am 25. Nov. 1574 teilt Dr. Weyer dem Kf. Friedrich unter andern Nachrichten aus Frankreich mit: „On a nouvelles du succès du mariage du filz esné de l'empereur avec la fille du dict électeur, et qu'il ne peult faillir d'estre roi des Romains" (Mb. 90/1 f. 162). Im April 1575 wurde die Sache als sicher aus den Niederlanden nach England berichtet (La Mothe VI, 416). Vgl. dann namentlich die Depeschen des venezianischen Gesandten Tron vom Kaiserhof, 19. 26. Nov. 1574, 4. 30. April 1575 (Ven. Copp.). Er bezeichnet als Fürsprecher des Projekts „alcuni signori thedeschi", während der Papst, Spanien, die Kaiserin dagegen tätig seien. Im letzten Schr. berichtet er dann, man sage, „che la duchessa di Sassonia si sia lassata intendere, che non è per consentir mai, che la figliuola sia per haver marito di altra religione che della sua." Auch Languet erwähnt gelegentlich der Kaiserreise nach Dresden, aber als unwahrscheinlich, das Gerücht „de contrahenda inter ipsos affinitate" (J. Weber, Decades III epp. p. 12). In der Werbung Beutterichs bei den Züricher Theologen wird einfach behauptet, August stehe beim Kaiser „von wägen eines abgehandleten hyrats" hoch in Gunst (Züricher Rat an die Abgesandten der Stadt zu Baden, 10. August 1575, Za.). Noch im J. 1576 kommt Friedrich auf das Gerücht zurück (Kl. II, 994).

Jedenfalls gab ein Besuch des Kaisers in Dresden (April 1575) dem Kurfürsten willkommenen Anlass, seine Reichstreue und seinen Sektenhass recht augenfällig zu betätigen. Der spanische Gesandte, den Maximilian mitgenommen hatte, ward mit Ehren überhäuft, kurfürstliche Hofleute wohnten kniend der für die Gäste im Schloss celebrirten Messe bei und die Vernichtung der „calvinischen Rotte“ kam vermittelst eines mehr pompösen als geschmackvollen Feuerwerks zur Darstellung.[1]) Aber die Fürbitte des Kaisers für den gefangenen Dr. Peucer lehnte August, der im Uebrigen ganz den kaiserlichen Wünschen lebte, mit Entschiedenheit ab.

Eben damals gedieh in Heidelberg ein Plan zur Reife, der im Interesse der Pfälzer und ihrer Freunde besser nicht gelungen wäre, aber wenigstens die feindselige Haltung Sachsens mit einem offenen Schimpf vergalt. Kurfürst Friedrich vermittelte nämlich die Vermählung seiner Schutzbefohlenen, Charlotte von Bourbon, mit dem Prinzen von Oranien. Die hugenottische Fürstin, aus einem französischen Kloster entflohen, wurde vom Kurfürsten wie eine Tochter gehalten; im Jahr 1574 scheint der Gedanke aufgetaucht zu sein, sie mit Oranien zu vermählen, der aber von seiner ehebrecherischen Gattin Anna, einer Nichte Augusts und des Landgrafen, noch nicht in aller Form geschieden war. Der Niederländer Dathenus und Zuleger vertraten mit Feuereifer dieses bedenkliche Projekt, während Ehem anfangs dagegen sprach.[2]) Katharina von Medici und König

1) Gillet, Crato I, 465 ff.; die Berichte Haberstockhs vom 26. und Viehausers vom 28. April 1575 an Baiern (Ma. 231/1, beiliegend eine ausführliche Relation; 230/3); die Depeschen des venezianischen Gesandten Tron, Prag 4. April 8. Mai (Ven. Copp); nach der letzteren sagte August einmal zum spanischen Gesandten, „che sentiva estremo dispiacere, che li sudditi volessero far professione d'altra religione di quella che haveva il principe; et che questo da se haveva scritto più che una volta al principe d'Oranges.“ Haberstockh berichtet u. a., man habe „dem spanischen pottsc after seins herren stell gegeben, qui etiam eum locum sibi dari facile est passus, unangesehen die mainung gewest, das er allain proprio et privato nomine daselbsten erscheinen soll“ (vgl. Charrière III, 597); der Bericht auch sonst interessant.

2) Vgl. Kl. II, 852; auch La Huguerye I, 292 lässt Junius und Zuleger gegen Ehem die Partei Oraniens halten. Ebd 2.51/2 und 262 wird die Entstehung des Heiratsplans in das J. 1574 verlegt; bezieht sich vielleicht hierauf das Schr. des Sr de Lumbres, der im Juli dieses Jahrs in Heidelberg war, bei Prinsterer I. 5, 38? Dass Friedrich später Sachsen gegenüber die Sache anders darstellte (Kl. II, 886), ist kein strikter Beweis dagegen. Die Sendung des Marnix nach Heidelberg fällt in den Anfang 1575 (Prinsterer I. 5, 113).

Heinrich III, bei denen Friedrich anfragen liess, antworteten ausweichend, doch nicht ablehnend; dagegen wurde den nächsten Verwandten der insgeheim verstossenen Prinzessin Anna vorerst gar keine Eröffnung gemacht, wohl in der Voraussicht, dass sie ihr Veto einlegen würden. Charlotte erklärte vor dem Kurfürsten und den Räten Ehem und Zuleger, sie betrachte Friedrich in dieser Sache als ihren Vater und seinen Rat als entscheidend. Friedrich aber sagte, er könne ihr diese dem Rang und der Religion nach passende Partie nicht widerraten, worauf sie ihre förmliche Einwilligung gab. Trotz der ernsten Warnungen des Grafen Johann von Nassau wurde dann ohne Rücksicht auf Sachsen und Hessen, deren Bedenken man gleichwohl noch eingeholt hatte, die Heirat rasch vollzogen.

Nicht nur August, auch der Landgraf geriet ausser sich vor Zorn. Sie hätten die Schande ihrer Verwandten gern den Augen der Welt entzogen; Wilhelm hielt es sogar für ratsam, die Ehebrecherin hinter Kerkermauern verschwinden zu lassen und für tot auszugeben. Dass Friedrich nachträglich seine Unschuld beteuerte und dabei den wahren Hergang arg entstellte, half natürlich nichts; selbst Wilhelm, der übrigens Sachsen vom Aeussersten abzuhalten suchte, wusste keine andere Entschuldigung, als dass der Pfalzgraf eben „quasi delirus und nicht pleni iudicii" und daher ganz in den Händen seiner Pfaffen und Räte sei.[1]) Für August aber reihte sich diese „Hundehochzeit" würdig an die bisherigen Praktiken der Heidelberger, für deren intellektuellen Urheber ihm Ehem galt; offen sprach er es aus, wie bitter ihn die Vermählung seiner Tochter mit Johann Casimir reue. Alles schalt oder verlachte den „Papst zu Heidelberg."[2]) Aber die pfälzische Politik verfolgte ihren gefährlichen Weg aller Welt zum Trotz.

1) L. Wilhelm an August, 27. Sept. 1575 (Prinsterer I. 5, 300). Friedrichs Entschuldigungen (für Sachsen bestimmt, in dem Schr. vom 17. Okt., Kl. II, 886/7) sind nicht stichhaltig; eine Einsprache von seiner Seite wäre allerdings in die Wagschale gefallen und eine anderweitige Vermählung Oraniens ohne Heidelberger Vermittlung hätte ja den Pfälzern nicht zum Vorwurf gereicht. Jedenfalls musste er, auch angenommen dass er wirklich nichts dagegen tun konnte, loyaler Weise Sachsen benachrichtigen (vgl. Kl. II, 890 A. 1).

2) Haberstockh schreibt an Baiern (Prag 31. Juli 1575, Ma. 231/2), Sachsen habe wiederholt geäussert, „wie oft und hart ine der heurat zwischen seiner tochter und pfalzgraf Casimirn gereuet habe." Der Pfalzgraf habe „als pabst zu Heidelberg (also nennen si ine per invidiam selbst)" Oranien Dispens für seine Ehe erteilt. Ueber den schlimmen Eindruck der Heirat in Frankreich und England vgl. Prinsterer I. 5, 257; 277; La Mothe VI, 450.

V. Die Verhandlungen mit Condé und Johann Casimirs zweiter französischer Feldzug. 574—1576.

Auch während des niederländischen Kriegs hatten weder die Pfälzer noch ihre Verbündeten Frankreich aus den Augen verloren; seit Jahren liefen hier mehr als irgendwo die politischen Interessen von ganz Europa zusammen. Selbst der gewaltige Kampf Oraniens gegen die Spanier hatte wiederholt und eben in letzter Zeit die entscheidende Einwirkung französischer Ereignisse empfinden müssen. Die Pfälzer aber waren, mehr noch in Folge ihrer religiösen Sonderstellung als durch die Nachbarschaft der Länder, derart mit den französischen Dingen verwachsen, dass in Frankreich bereits die Rechnung aller Parteien Heidelberg als einen unvermeidlichen Faktor aufwies. Ausgehend von ihrer Glaubensgemeinschaft mit den Hugenotten hatten sich die deutschen Calvinisten daran gewöhnt, in allen Krisen des Königreichs ihr Wort mit dareinzureden; das pfälzische Schwert, das Friedrich nur für die „bedrängten Christen" gezückt wissen wollte, begann neuerdings in der Hand Johann Casimirs auch rein politischen und vor Allem persönlichen Zwecken dienstbar zu werden. Kein Wunder, wenn diese „casimirische" Politik nach dem Scheitern des niederländischen Zugs ihr Operationsgebiet wieder ganz nach Frankreich verlegt.

Sowohl der Pariser Hof als seine einheimischen Gegner warben um die Freundschaft der deutschen Protestanten. Die Verschwörung der „Politiker", die unter Führung des jüngsten Valois das Regiment der Mediciäerin stürzen, dem König von Polen die französische Tronfolge entziehen und einen aristokratischen Rückschlag gegen den um sich greifenden Absolutismus führen wollten, war von der Regierung noch rechtzeitig entdeckt und unterdrückt worden. Aber die nationale Erbitterung über die „Gynäkokratie" und ihre italienischen Werkzeuge liess sich damit nicht ersticken, Tausende von Hugenotten und Katholiken blieben unter den Waffen und der Tod Karl's IX konnte, wenn König Heinrich nicht schleunig zurückkehrte, doch noch Alles, vielleicht selbst die staatliche Einheit der Nation in Frage stellen. Katharina von Medici suchte daher das äusserliche Einvernehmen mit den mutmasslichen Gönnern der Rebellion, mit England und den deutschen Protestanten durchaus aufrecht zu halten.

Wohin diese Bemühungen der Regierung eigentlich zielten, war auch den Pfälzern im Verlaufe der Königsreise vollständig klar geworden. Aber es galt, wie Graf Johann einmal sagt, gleich den Bienen sowohl aus den giftigen als aus den guten Blumen den

Honig zu nehmen. So finden wir im Winter und Frühjahr 1574 den Dr. Weyer wieder am französischen Hof, um weitere Subsidien für den niederländischen Zug zu erwirken und nochmals über die Bedingungen einer „Verständniss" zu verhandeln. Wir dürfen annehmen, dass die Pfälzer den letzteren Punkt ihrerseits nur vorschoben, um zu dem Geld zu kommen; Weyer's Berichte stellten der Aufrichtigkeit der französischen Regierung ein übles Zeugniss aus und Zuleger arbeitete ohnedies unermüdlich gegen jeden engeren Anschluss an Frankreich.[1]) Ein Antrag der Stadt Bern, Friedrich möge mit andern deutschen Fürsten einen Frieden zwischen dem König und den Hugenotten vermitteln, stammte ebenfalls aus trüber Quelle; er war, wie sich herausstellte, von dem königlichen Gesandten in der Schweiz veranlasst, um die deutschen Vermittler und die kriegslustigen Hugenotten einander zu entfremden.[2])

Vergebens drängten die alten Unterhändler Schomberg, La Personne und Fregoso in Heidelberg und Cassel; man wollte zunächst den aus Polen heimkehrenden und von Karl IX angekündigten Marschall von Retz abwarten. Uebrigens gab die Antwort Friedrichs an Fregoso, die auf freie Religionsübung und Einberufung der Stände als die einzigen Heilmittel hinwies, von vornherein wenig Hoffnung.[3]) Früher als Retz trafen die aufregenden Nachrichten

---

1) Ueber Weyers Aufenthalt und Verrichtungen in Frankreich vgl. die spärlichen Nachrichten bei Kl. II, 624; 677; 680/1; 687; Kl. Zwei pfälz. Gesandtschaftsberichte p. 29; 55; eine Zeitung aus Frankreich vom 7. April 1574 (Calendar 1574 p. 486). Nach einem Schr. Zulegers vom 22. Januar (Prinsterer I. 4, 328) wäre Weyer schon damals in Frankreich gewesen. Ausser den 16000 Kronen, die Frankreich für das nassauisch-pfälzische Unternehmen weiter liefern sollte, betrieben die Pfälzer auch die Auszahlung der französischen Pension von 6000 Kronen, die für Köln bestimmt war (Zuleger an Graf Johann, Heidelb. 20. April, Kl. II, 647; Schomberg an denselben, April, Prinsterer I. 4, 384/5; vgl. supplément p. 165*; „die bewusste Person" Zulegers, wie der „alte Deutsche" Schombergs ist sicher der Erzb. von Köln, vgl. Kl. II, 851).

2) Der Berner Antrag vo 19. April, Friedrichs Antwort vom 30. April Kl. II, 643 ff. 652 ff. Ein warnendes Schr. aus der Schweiz vom 22. April Mb. 90/1 schreibt den Königlichen die Absicht zu, „ut, si quas vobis conditiones pacis probarint, quas accipere postea nostri recusent, tum vos prorsus a nobis abalienent". Sachsen und Hessen, denen Friedrich den Antrag mitteilte, antworteten ablehnend (Kl. II, 654 ff.)

3) Ueber die Anwesenheit von Fregoso, Schomberg, La Personne in Heidelberg, Frankfurt und Cassel April 1574 vgl. Kl. II, 647; 656. 673;

von dem Vorgehen des Hofs gegen Alençon und seine Anhänger ein; in Cassel empfing Landgraf Wilhelm den Marschall als entschiedener Fürsprecher der Hugenotten und Politiker.[1]) Friedrich hörte den französischen Grafen zu Germersheim; die königlichen Anträge gingen, ohne eine deutsche Vermittlung zwischen dem Hof und den Hugenotten zu berühren, auf Abschluss der früher betriebenen Correspondenz, wobei die Bitte angehängt war, den in die Pfalz geflüchteten Condé zur Rückkehr nach Frankreich zu bestimmen. Der Kurfürst antwortete durchaus ablehnend und bezog sich auf die Auseinandersetzungen zu Vacha, da auch heute noch die unerlässliche Bedingung, Religionsfreiheit für die Hugenotten, nicht zugestanden werde. Retz beklagte sich dagegen bitter, der Kurfürst habe ihn nicht zu Ende hören wollen und sei von Weyer falsch berichtet worden; der König sei in der Tat bereit, die Religionsübung freizugeben. Übrigens habe er auch Vollmacht für die kölnische Sache sowie für Abmachungen zu Gunsten „der Herren Söhne Seiner Durchlaucht". Aber eine weitere Audienz vor Johann Casimir und zwei Räten blieb ebenso fruchtlos, da weder Retz noch Schomberg und Fregoso gegenüber einer an Weyer ergangenen Erklärung des Königs ihre Darstellung der beabsichtigten religiösen Zugeständnisse aufrecht zu halten vermochten.[2]) Als der Marschall

---

Prinsterer I. 4, 376/8; 384/5; suppl. p. 165*. Mit Schomberg zusammen (der namentlich mit Ebem verhandelte) war auch Graf Johann in Heidelberg. Ein reformirter Prediger in Frankfurt klagt damals über die Leichtgläubigkeit der deutschen Fürsten (ebd. 5, 2).

1) Wilhelm an Pf. Ludwig, 17. Mai; an Friedrich, 24. Mai (Kl. II 672 ff.); an Johann Sturm, 19. Juni (Ch. Schmidt, vie de Sturm p. 166 A. 2). Retz war am 7. Mai in Cassel; in dem Schr. Schombergs bei Prinsterer I. 5, 6 muss das Datum unrichtig sein, denn am 22. Mai kam Retz nicht erst nach Giessen, sondern war in Germersheim beim Kf. Friedrich. Sollte mit der „Heiratshandlung", die Retz dem Landgrafen vergeblich vortrug, vielleicht immer noch jene Scheinwerbung Heinrichs um die sächsische Prinzessin gemeint sein?

2) Die Ankündigung des Retz bei Johann von Nassau ist datirt Krakau 19. März (Prinsterer I. 4, 352/3, vgl. Kl. II, 653 A. 1). Friedrichs nicht sehr freundliches Zugeständniss einer Audienz vom 18. Mai bei Kl. II, 677; die Antwort auf das Anbringen des Retz, Germersheim 22. Mai, ebd. 679 ff.; eine ausführliche Replik des Retz, gl. Datums, Mb. 90/1 f. 69; es ist das Schriftstück, worauf sich Friedrich in seinem Schr. an L. Wilhelm vom 3. Juni (Kl. II, 686 ff.) bezieht.

die Pfalz verliess, entging er mit genauer Not den auf ihn streifenden Reitern Condé's und seiner Genossen.[1])

Die glücklich bewerkstelligte Flucht des jungen Condé nach Deutschland beunruhigte die französische Regierung mit vollem Recht. Er nahm seinen Aufenthalt meist in Strassburg und Basel, vorübergehend auch in Heidelberg;[2]) andere vornehme „Politiker" beider Confessionen, zwei Montmorency, der Vicomte von Turenne hielten zu ihm. Diese unruhigen Herren brachten neues Leben in die nassauisch-pfälzische Politik, denn bei allen Plänen sahen sie sich zunächst auf den guten Willen der Pfälzer angewiesen. Andererseits hatte man in Heidelberg wieder einmal Angst vor spanischen Rachepläneu und der begreiflichen Verstimmung des Kaisers. Friedrichs Entschuldigungen machten keinen Eindruck, seine eigenen Beschwerden über Spanien wurden von Alba's Nachfolger Requesens als völlig grundlos bezeichnet und der Kaiser mahnte Pfalz, statt Schutz zu versprechen, zu einem verfassungsmässigen und friedlichen Verhalten. Und doch schienen die spanischen Werbungen im Reich und in der Schweiz den Gerüchten von einem Rachezug einigen Anhalt zu geben, während auch aus Frankreich drohende Zeitungen einliefen.[3])

---

1) Vgl. hierüber das Schr. eines Davis (?) an Johann von Nassau, Köln 7. Juni (Prinsterer I. 5, 18/9); Languet an Kf. August, Wien 5. Juni (Arc. II, 15); Calendar 1574 p. 512/3. Jener Davis, wohl richtiger David, ist nicht, wie Prinsterer I suppl. 187* annimmt, identisch mit La Huguerye, in dessen Memoiren (I, 269) vielmehr eben die Verhandlungen des s^r^. de Lumbres und des Sekretärs David mit den Franzosen erwähnt werden, von denen der Brief des Letzteren p. 18/9 spricht.

2) Condé kam am 23. April nach Kaiserslautern, ging mit Johann Casimir nach Heidelberg und begab sich von da nach Strassburg (Kl. II, 650; vgl. Prinsterer I. suppl. p. 166*). Aus Strassburg datirt sein Schr. vom 4. Mai (La Popelinière, II. 288), aus Heidelberg sein Schr. vom 1 Juli, aus Heppenheim jenes vom 12. Juli (die Bemerkung hierüber bei Polenz II, 671 beruht auf einem Versehen). Dem Rat zu Basel musste Condé, als er dort Wohnung nahm, versprechen, sich aller Praktiken und Kriegswerbungen zum Nachteil der Eidgenossen und ihrer Verbündeten zu enthalten. „Neuwe zeitung, allerley sachen, so sich von dem augstmonat nechstverschinen jars — biss auff disen lauffenden monat aprillens dess MDLXXVI. jars allenthalben in Franckreich unnd Teutschland zugetragen" .... Basel 1576 (Bm.). Vgl. Mörikofer, Gesch. der evangelischen Flüchtlinge in der Schweiz (Leipz. 1876) p. 106.

3) Friedrich an den Kaiser, 29. April; an August, 23. Juni (Kl. II, 649; 697 ff.); das hier erwähnte Rundschreiben des Gubernators Re-

In Sachen der Niederlande hielten sich die Pfälzer nach der Moocker Schlacht vorsichtig zurück. Oranien scheint schon damals kein rechtes Vertrauen auf Johann Casimir gesetzt zu haben; er schrieb seinem Bruder, von deutschen Fürsten wisse er keinen, der sich für die Niederlande der Mühe eines Armeecommandos unterziehen würde. Er schlug dagegen vor, es mit einem erfahrenen deutschen Militär, wie Dietz von Schönberg, oder mit dem Prinzen von Condé zu versuchen. Letzterer ging wirklich auf die ihm durch La Huguerye in Heidelberg gemachten Eröffnungen ein, aber das Regiment Ische, das nach den traurigen Zeitungen aus Holland am Mittelrhein Kehrt gemacht hatte, war nicht mehr zu halten und wollte lieber nach Frankreich geführt werden.[1])

Dorthin standen auch Johann Casimirs Gedanken; selbst Oranien hielt dafür, die deutschen Fürsten müssten in ihrem eigenen Interesse Alençon zur Tronfolge verhelfen. Ehem meinte, wenn Alençon, wie das Gerücht ging, auf die Seite geschafft würde, so

---

quesens vom 22. Mai sowie weitere Correspondenz zwischen Friedrich und dem Kaiser Ma. 230/14. Ueber die Drohungen der Spanier und Franzosen vgl. auch Lang. ad Sydnaeum p. 117; Kl. Zwei Gesandtschaftsberichte p. 55; über spanische Werbungen in der Schweiz die Sammlung der älteren eidgenössischen Abschiede IV. 2a, 536 ff.; 549.

1) Vgl. das (aufgefangene) Schr. Oraniens an Johann von Nassau, 7. Mai (Prinsterer I. 4, 390 ff.); Gr. Johann an Oranien, 31. Mai (ebd. suppl. 161/2*, wo sogar daran gedacht wird, Lothringen auf Oraniens Seite zu ziehen!); noch im Herbst hielt Oranien an dem Plane mit Dietrich von Schönberg fest (Oranien an Gr. Johann, 7. September, ebd. 5, 54). Auch La Huguerye (I, 269) spricht hievon. Ueber die Verhandlungen La Huguerye's mit dem Regiment Ische, den Pfälzern und Condé vgl. La H. Schr. (vom Mai) ebd. suppl. 163* ff., womit seine Erzählung in den Mém. I, 236 ff. teilweise gut übereinstimmt, während wieder manches, wie der zweite Besuch La H. bei dem Regiment, ganz weggelassen oder wie die Stellung der Heidelberger zu der Sache äusserst unklar behandelt ist. — Friedrichs Schr. an den Kaiser vom 1. Juni, betr. Cratz und Ische, bei Kl. II, 684 ff.; die für Kurpfalz als Kriegsobristen ausgestellte Caution des Niclaus von Schoissel, Herr zu Isch, der kgl. Mt. zu Frankreich Ritter, datirt Mastershausen auf dem Hundsrück 20. April 1574, sowie das Entschuldigungsschr. des Cratz an Friedrich vom 5. März Ma. 230/7 f. 316 ff. La H. Darstellung von dem sehr bedenklichen Charakter des Cratz stimmt mit dem, was wir sonst von dem Mann wissen, wohl überein. Nach einer Zeitung vom 12. Mai (Ma. 230/13) hatten die Truppen des Ische damals die Schlösser Châtillon und Türkenstein und den Flecken Bacharach (Bacarat) eingenommen; vgl. Lang. Arc. II, 13.

könnte Frankreich „in Provinzen und Kreise dividirt werden"; er bedauert Deutschlands gegenwärtige Ohnmacht, denn sonst „wäre eine gute Gelegenheit der Christenheit zu helfen."[1]) Der Tod Karls IX, der eben damals (30. Mai) eintrat, war keineswegs, wie Johann Casimir später behauptete, ein Grund alle kriegerischen Absichten fallen zu lassen; man hatte ja im Gegenteil längst auf dieses Ereigniss gerechnet. Und der junge Pfalzgraf, der seine nicht eben grossartige Stellung im zweiten Hugenottenkrieg keineswegs verschmerzt hatte, dachte jetzt das Versäumte nachzuholen und die Notlage der Franzosen, in erster Linie seiner eigenen Verbündeten, energisch auszubeuten.

Vor Allem wurden die Verhandlungen zum Stillstand gebracht, die zwischen den Hugenotten von Languedoc und dem Pfalzgrafen Georg Hans schwebten; Condé selbst schrieb seinen Landsleuten, sie sollten ihr Geld für die Armee sparen, die er mit Hülfe mächtigerer Fürsten aufzubringen im Werk stehe. In einem beiliegenden Schreiben war überdies angedeutet, die eigentliche Absicht des Veldenzers gehe nicht auf die Unterstützung der Reformirten, sondern auf die Wiedereroberung von Metz, Toul und Verdun.[2]) Georg Hans, der wie immer seine Hoffnungen auf einen Wendepunkt seiner finanziellen Bedrängniss scheitern sah, wurde mit leeren Entschuldigungen abgefunden. Jenes zu seinen Ungunsten angeführte Motiv hätte freilich noch besser gegen Johann Casimir Anwendung finden können.

Das „Bündniss" des Pfalzgrafen mit Condé und seinen Anhängern wurde am 1. Juni 1574 zu Strassburg vermittelst einer Reihe von notariell beglaubigten Verträgen festgemacht. Johann Casimir sollte selbst das Commando der deutschen Hülfstruppen übernehmen, unter der Bedingung, dass ohne genügende Versicherung

---

1) Oranien an Gr. Johann, Juni 1574 (Prinsterer I. 5, 12); Ehem an Ldgr. Wilhelm, 8. Juni (Kl. II, 691).

2) Vgl. La Popelinière II, 227/8 (wo das Schr. Condé's vom 4. Mai 1574); Georg Hans an Heinrich von Navarra, Veldenz 16. Nov. 1587 (Mb. 131/4); La Huguerye I, 205, der aber irriger Weise Condé nach seiner Wahl zum Parteihaupt eingreifen lässt; die beiden hugenottischen Unterhändler waren der sr. de Gasques, den Georg Hans als in Heidelberg verführt bezeichnet, und der Prediger Alexander Gotin. — Ueber Schritte des Pf. zu Gunsten der „armen Leute" zu Metz vgl. Chambray an Georg Hans, Pfalzburg 28. Febr. 1573 (Mb. 131/3). Noch am 17. Mai 1574 berichtet eine Zeitung von grossen Rüstungen des Veldenzers (Calendar 1574 p. 500).

10

ihrer Geldforderungen kein Friede oder Waffenstillstand geschlossen werden dürfe. Ausserdem erklärten Condé und die zwei Montmorency, zugleich im Namen Navarra's, Damville's und der übrigen Verbündeten, dass im Fall eines Angriffs auf die Pfalz oder überhaupt auf einen Reichsstand der A. C. nicht nur diese deutschen Truppen, sondern auch französisches Kriegsvolk noch vor dem französischen Zug zur Verteidigung des Pfalzgrafen und der ihm verwandten Fürsten verpflichtet sein sollten. Aber den Kernpunkt der Verträge bildete die Zusage der französischen Contrahenten, den Krieg nicht eher enden zu wollen als bis Johann Casimir mit ihrer Hülfe die dem Reich entzogenen Bistümer Metz, Toul und Verdun zurückerobert habe. Bis zur völligen Ratifikation des Vertrags von Seiten des Königs und der Stände sollten überdies alle von den Deutschen gemachten Eroberungen in Johann Casimirs Händen bleiben, die französischen Contrahenten sein Heer auf ihre Kosten unterhalten und sich auf Verlangen selbst als Geiseln stellen. Sie verpflichteten sich endlich sogar dazu, Johann Casimir und seine Erben gegen jede Störung im Besitz der drei Stifter zu verteidigen. Ausserdem gab Condé das schriftliche Versprechen, die reformirte Religion (zu der er in Strassburg zurückgekehrt war) nie mehr verläugnen zu wollen; die katholischen Herren verbürgten sich ihrerseits für völlige Religionsfreiheit, Reform der Justiz und Polizei und gebührende Bestrafung der „Tyrannen“ als unerlässliche Friedensbedingungen.[1])

---

1) Kl. hat zuerst auf die Existenz dieser interessanten Vereinbarungen hingewiesen und sie (II, 719 ff.) nach deutschen Uebersetzungen im Auszug mitgeteilt. Es sind drei Documente: 1) der Hauptvertrag, betr. die drei Stifter und die Friedensbedingungen, Strassburg 1. Juni 1574 (Dr.); 2) die Obligation wegen der Bezahlung Johann Casimirs und seines Kriegsvolkes, Strassb. 1. Juni 1574 (Ma. 230/7 f. 341—346); 3) die eigentliche Bestallung Johann Casimirs zum Generalfeldobristen über das deutsche Kriegsvolk; dieselbe ist undatirt, fällt aber, da sie vom „nächstverschienenen“ Monat Juni spricht, in den Juli 1574 (Ma. 230/7 f. 331—340). Kl. Auszug übergeht die wichtige Stelle der Bestallung „gegen männiglich, gar Niemand denn die röm. kais. Mt., des hl. röm. Reichs A. C. Verwandten und eines jeglichen Herrn ausgenommen,“ die bei den Katholischen am Meisten Anstoss erregte und dem Kaiser Anlass gab, die Verträge als „ausdrücklich wider die katholischen Stände gerichtet“ zu bezeichnen (Kl. II, 719). Zwischen Nro. 1) 2) und 3) fällt ein Schreiben Johann Casimirs an Condé, Kaiserslautern 5. Juni 1574, worin der Pf. auf ein Schr. Condé's vom 1. Juni diesem und dessen Bundesgenossen seine bewaffnete Unterstützung förmlich verspricht und für nähere Mit-

Dass die Ausführung dieser von übertriebenem Egoismus und Religionseifer diktirten Verträge ein Ding der Unmöglichkeit sei, daran konnten die französischen Teilnehmer keinen Augenblick zweifeln. Und obwohl im Reich und selbst am Kaiserhof der Verlust der drei Bistümer immer noch mit Schmerz empfunden wurde[1]), hätte doch eine derartige Vergrösserung der pfälzischen Hausmacht auch in Deutschland wenig Beifall gefunden. Für den Augenblick lag es jedenfalls näher, den schwer bedrängten Niederländern die Hand zu reichen und, wie La Huguerye vorschlug, die Armee über die nordfranzösische Grenze nach der Picardie zu führen, um die Spanier zu einer Diversion zu zwingen.[2]) Aber Oraniens Sache schien mit einem Mal den Pfälzern ganz fern zu liegen. Johann Casimir schrieb damals dem Landgrafen, er für seine Person wisse nicht, wer seinem Bruder zum niederländischen Zug geraten habe. Es stimmt mit dieser weit getriebenen Vorsicht

---

teilungen auf Méru verweist (Pb. V° Colbert 399 p. 14, eigenh.) Nr. 2) führt als gegenwärtig folgende französische Herren auf: Condé, Méru, Thoré, die Herren de la Pote, Montagu, Maleroi, Maucourt, Bonouille, Castreaubodeau, d'Lavergne (!), de la Ferest, Chosnai, Angiers, Bothanien (!), Blasi, Faiat, Gramail, Nauconnon, d'La Place, Bui (zum Teil vom deutschen Copisten arg entstellt).

1) Die Franzosen hatten gefürchtet, man werde sich der Person König Heinrichs auf der Reise nach Polen bemächtigen, um die Rückgabe der Bistümer zu erzwingen; bei seiner Rückreise über Wien schien selbst am Kaiserhof manchem die Gelegenheit sehr verlockend (Hegenmüller an Baiern, Wien 3. Juli 1574, Kl. II, 707 A.). Die wahren Hindernisse eines energischen Vorgehens zu diesem Zwecke erörtert Schomberg (an Retz, 1. Sept. 1573, Noailles III, 513) schonungslos: man könnte sich doch nicht darüber einigen, wem die Stifter zufallen sollten, und den entfernteren Ständen sei der Verlust ganz gleichgültig; „ils se sentiroient plus foulés de mille talers qu'il fauldra contribuer annuellement que de la perte de Spire et de Strasburg avecques".

2) La Huguerye an Oranien, Köln 10. Juli 1574 (Prinsterer I suppl. p. 170* ff., die Vergleichung dieses Briefs mit mém. I, 252 zeigt die ganz willkürlichen Datirungen der letzteren besonders deutlich). Vgl. Oranien an Graf Johann, 23. Juni; Condé an denselben, Strassb. 23. Aug.; zu Heidelberg verhandelte im Juni der oranische Agent de Lumbres, an Condé sandte Oranien ebenfalls noch im Juli den Herrn von Affenstein (Prinsterer I. 5, 25 ff.; 33/5; 41 ff.). Letzterer hatte Oranien im Namen La Huguerye's dessen Dienste angetragen, die auch angenommen, aber nach La H. Ansicht zu schlecht bezahlt wurden (vgl. mém. I, 252 ff.; Prinsterer I suppl. p. 173*).

10*

überein, wenn Schomberg behauptet, der pfälzische wie der hessische Gesandte am französischen Hof vermieden es, von Oranien zu sprechen.[1])

Diese Gesandtschaft nach Frankreich hängt aber mit dem völligen Aufgeben der kaum gefassten Beschlüsse zusammen. Alles war ja auf die Fortdauer des französischen Interregnums berechnet. „Es sollte männiglich helfen", schreibt Ehem an den Landgrafen, „dass der König aus Polen nicht könnte herauskommen, sonst wird das Uebel ärger werden." Gleich darauf gibt er seine kriegerischen Wünsche noch offener zu erkennen: „es muss eine Partei die andere fressen, ist sonst kein Medium vorhanden". Gegenüber einem Gesandten Katharina's, der Heinrichs Rückreise durch Deutschland in Anregung brachte, zog sich Kurfürst Friedrich auf den Standpunkt der Reichsverfassung zurück; er könne dem Kaiser und den andern Kurfürsten nicht vorgreifen. Ausserdem erklärte er, unmittelbar nach dem Abschluss jener Bundesverträge, von einem neuen Zug deutscher Truppen nach Frankreich wisse er nichts, könnte ihn übrigens keinenfalls hindern.[2]) Als aber die Nachricht von der gelungenen Flucht König Heinrichs eintraf und dieser selbst den Kurfürsten brieflich ersuchte, um ihrer Freundschaft willen ihm zur Beilegung der französischen Wirren behülflich zu sein, da blieb nichts anderes übrig als die geplanten Feindseligkeiten zu vertagen.[3]) Ob freilich Johann Casimir sich so erfreut über diesen Zwischenfall äusserte, wie später sein Gesandter dem König berichtete, ist mehr als zweifelhaft; noch weniger Wahrscheinlichkeit hat das angebliche Vertrauen Condé's auf den tückischen Fürsten,

---

1) Schomberg an Gr. Johann, Verdun 28. Aug. 1574 (ebd. 5, 48). Im Herbst versicherte der bairische Abgesandte Dr. Halver den Statthalter Requesens, selbst der Pfalzgraf habe keine Lust mehr Oranien weiter zu unterstützen (Requesens an Philipp II, 6. Okt. 1574, Gachard III, 171).

2) Ehem an L. Wilhelm, 8. Juni; Friedrichs Antwort an den Gesandten Harlay, 14. Juni (Kl. II, 688 ff.).

3) Am 17. Juni (nicht 15. wie Kl. II, 695 irrtümlich steht) schrieb K. Heinrich aus Krakau an Kf. Friedrich; der Ueberbringer sr. de Herbault, übergab das Schr. und tat seine Werbung am 17. Juli zu Alzei, worauf am 22. Dr. Weyer nach Frankreich abgefertigt wurde (Kl. Gesandtschaftsberichte p. 36). Gleichzeitig war die Kunde von der Einstellung der casimirischen Rüstungen bereits an den Wiener Hof gelangt (Depesche des savoyischen Sekretärs Pistone, Wien 21. Juli, Compte-rendu des séances de la commiss. d'histoire III, 2, Brux. 1861, p. 252/3).

den er doch besser kennen musste. Jedenfalls beeilten sich Friedrich und sein Sohn den König durch ihren Vertreter begrüssen zu lassen, ehe er den französischen Boden betreten hatte.

Inzwischen liefen am pfälzischen Hof die gewohnten Warnungen des Kaisers und des Kurfürsten August ein; als vollends ein Teil jener Strassburger Verträge abschriftlich nach Wien gelangte, steigerte sich die Erbitterung Maximilians und die Angst der Katholischen vor einem pfälzischen Handstreich. August, an den sich der Kaiser wandte, erklärte, offiziell befragt müsste er eigentlich zur Anwendung der Reichsconstitutionen raten; dies hiess aber die Pfälzer verurteilen, da nach dem Speirer Abschied von 1570 jeder, der ohne vorherige Anzeige beim Kaiser und Kreisobristen Werbungen für fremden Dienst unternahm, ipso facto in der Acht und der Reichsexekutionsordnung verfallen sein sollte. Doch empfahl der Kurfürst vorerst nur „ein hart, ernst, scharf und rauh Schreiben an die Pfalzgrafen Vater und Sohn" ergehen zu lassen, worauf man sich in Heidelberg wohl eines Bessern besinnen werde. Der Kaiser war trotz seines Unwillens noch vorsichtiger; er wollte die Entschuldigung der Pfälzer abwarten, die freilich erst spät einlief und keineswegs befriedigen konnte. Johann Casimir erklärte, da die Vertragsentwürfe durch den Gang der Ereignisse hinfällig geworden seien, habe er den Kaiser nicht unnötig bemühen wollen; übrigens verwies er auf die päpstlichen Praktiken und besonders auf die gegen seinen Vater gerichteten Drohungen der Katholischen, wovor sich zu schützen sowohl dem Gebot Gottes als dem Naturgesetz entspreche. Ausserdem berief er sich in einem Schreiben an seinen Vater, das er dem Kaiser ebenfalls mitteilte, darauf, dass man ihm als „einem jungen und sonst noch unverbundenen Fürsten" seine Werbung nicht übel nehmen könne.[1])

---

1) Der Kaiser an Friedrich, 28. August; Sachsen an den Kaiser, 7. September; der Kaiser an Sachsen, 23. Sept. (Kl. II, 718 ff.). Die Schr. Johann Casimirs an Friedrich vom 7. September und an den Kaiser vom 12. Oktober, sowie Friedrichs an den Kaiser vom 13. Oktober finden sich Ma. 230/14; das letzte schliesst mit der naiven Hoffnung, der Kaiser werde nach diesen Erklärungen Johann Casimir „fur ein fridtfertigen gehorsamben jungen fursten" erkennen und halten. Ueber den Eindruck am Kaiserhof vgl. ausserdem die Schr. der bairischen Agenten Erstenberger (25. Sept.) und Viehauser (5. Sept., 10. Okt. und 21. Nov.), Ma. 230/3 und 230/7. L. Wilhelm fragte den pfälzischen Gesandten Dathenus, wer der Judas sei, der dem Kaiser die Verträge zugeschickt habe (Kl. II, 768).

In der Umgebung des Kaisers betrachtete man diese Erklärungen als eine bewusste Verhöhnung des bestehenden Rechts. Höchst bedenklich erschien der Umstand, dass in der Bestallung nur der Kaiser und die A. C. Verwandten, nicht auch die katholischen Reichsstände ausgenommen waren. Wenn ein katholischer Berichterstatter die pfälzische Motivirung in den Satz zusammenzog, die Reichssatzungen hätten wider das Wort und Gebot Gottes keine Statt,[1]) so charakterisirte er damit wenigstens Friedrichs Anschauung ganz richtig. Selbst der Erzbischof von Mainz, der sonst mit Pfalz fast freundschaftlich stand, vermied damals eine von Friedrich vorgeschlagene Zusammenkunft; gegen Hessen liess er sich heraus, wenn Kurpfalz einen fremden Angriff erfahren sollte, dürfe man ihn nicht verlassen, „da es aber von der Obrigkeit herkäme, hätte es eine andere Meinung.“ Und gerade in mainzischen Kreisen ging das Gerücht, auf dem künftigen Reichstag werde man endlich zur Absetzung Friedrichs schreiten.[2]) Aber obwohl im Herbst 1574 der feindliche Vetter des Kurfürsten, Georg Hans persönlich am Kaiserhof erschien und bei seinen „fremden und verwunderlichen Vorschlägen“ und kecken Drohungen die Heidelberger zweifellos nicht vergass,[3]) geschah von Seiten Maximilians

1) Viehauser an Baiern, 21. November.

2) Vgl. die Relation des Dathenus vom Dez. 1574 (Kl. II, 767; 773; auch 777); jene bedenkliche Aeusserung des Erzb. hatte schon im Sommer der Landgraf Ehem mitgeteilt (ebd. 718).

3) Pf. Georg Hans kam am 14. Oktober 1574 nach Wien (Lang. Arc. II, 44) und blieb bis 2. Dezember; er wurde vom Kaiser verpflegt, verkehrte ausserdem viel mit dem französischen Agenten (vgl. die Berichte der bairischen Agenten Haberstockh, 15. 17. 19. 20. 29. Okt. 3. 6. Dezbr. und Viehauser, 21. November, Ma. 230/14 und 230/3). Haberstockh schreibt am 6 Dezember: seine Anbringen sollen gar wunderlich gewesen sein, „als nemblich seiner neuen statt, einer admiralitet und dergleichen castell' in aria . . . halber. Daneben habe er auch etliche rät verklagt.“ H. weiss gewiss, „das er in anbringung seiner sachen einen seltzamen frembden ungewohnten weeg brauchen wellen, auch gebraucht hat.“ Am 12. Dezember kommt er dann auf seine vor 8 Tagen gemachten Mitteilungen etlicher castell' in aria zurück, was sich wohl auf jene Anträge des Pf. bezieht; er legt vier „Modelle“ davon bei und sagt: „Abundant quidem materia, sed illa ita constituta, ut omni ex parte animus hominis tam rerum novarum quam seditionis studiosus elucescat. Quae res nonnullis risui, aliis vero despectui est.“ Dass der Pf. drohte, „er wölle ein weisse lilgen auf den huet stöcken“, und sonst wüste Reden führte, berichtet Viehauser. Uebrigens kam damals auch ein kurpfälzischer Gesandter nach Wien, wie es hiess, nur in Sachen des zu den Türken abgefallenen Prädikanten (Neuser), was aber nicht sehr wahrscheinlich ist.

nichts Ernstliches. Die einfachste Erklärung hiefür liegt in der bevorstehenden Wahl eines römischen Königs, wozu man eben des verhassten Calvinisten doch auch bedurfte.

Inzwischen hatte die pfälzische Sendung an den französischen Hof[1]) nur den einen Erfolg gehabt, jede Unklarheit über die wahren Absichten der neuen Regierung zu zerstreuen. Dr. Weyer, der erst in Paris vergeblich die Königin-Mutter zu friedlichen Zusicherungen zu bringen suchte, trug dann seine Werbung König Heinrich III an der savoyischen Grenze vor. Der Kurfürst und Johann Casimir stellten dem König für den Fall eines „christlichen" Friedens ein Defensiv-Bündniss in Aussicht und der junge Pfalzgraf erbot sich sogar das früher abgelehnte Dienstverhältniss zur Krone Frankreich anzunehmen.[2]) Der Vortrag schloss, echt pfälzisch, mit zwei salomonischen Aussprüchen. Heinrich antwortete vorläufig ganz ablehnend, trotzdem Weyer ihm wiederholt eifrige Einwendungen machte; er versprach den Gesandten in Lyon förmlich abzufertigen. Weyers Bitte an den Herzog von Savoyen, für den Frieden eintreten zu wollen,[3]) hatte ebenfalls trotz der freundlichen Aufnahme keine ernstliche Wirkung. Heinrich III aber war damals bereits zu einer antihugenottischen Politik fest entschlossen.

Auf der Reise nach Lyon traf Weyer den hessischen Gesandten Wamboldt; die erwarteten Botschafter anderer Fürsten und der Schweizer blieben aus. Dafür erregten die aus Kursachsen einlaufenden Nachrichten die höhnische Befriedigung des französischen Hofs, der übrigens noch einen Versuch machte, Weyer auf Grund eines sogenannten königlichen Pardons zur Ueberschreitung seiner Instruktion und zum eigenmächtigen Abschluss eines rein politischen Bündnisses zu verleiten. Der Gesandte erklärte dagegen ganz offen, der König mache sich auf diese Weise noch verdächtiger als sein Vorgänger

---

1) Die Friedensvermittlung deutscher Fürsten war, nach Weyers Aeusserung, von Seiten der K. Katharina während jener Rüstungen Joh. Casimirs „durch dritte personen (etliche woll bekant)" angeregt worden (Kl. Gesandtschaftsberichte p. 37); hiebei ist vor Allem an Johann Sturm zu denken, über dessen allzugrosse Willfährigkeit und rege Tätigkeit in dieser Sache Ch. Schmidt, vie de Sturm p. 163 ff. zu vergleichen ist.

2) Kl. Gesandtschaftsberichte p. 59: „il présente à V. Mté en mesme cas ce qu'il a refusé au roy défunct vostre frère, asçavoir son asseuré service, m'aiant donné charge d'appoincter avec V. Mté" (Weyer's Werbung).

3) Weyer verwandte sich bei Savoyen auch, natürlich vergebens, für die gefangene Wittwe Coligny's, ebd. 53.

und scheine wirklich der Religion zum Aeussersten Feind zu sein. Ueberhaupt begann Weyer, als er sich von der Erfolglosigkeit seiner Reise überzeugte, mit dem König und seiner Mutter so deutlich zu reden, dass seine Derbheit nachmals nur von Dr. Beutterich noch übertroffen wurde. Im Gespräch mit Katharina warf er ihr schliesslich vor, man wolle offenbar die Deutschen nur zum Besten haben und sie selbst habe ihn zu Paris absichtlich im Unklaren gelassen. Die Königin antwortete verächtlich, Frankreich werde bald wieder ganz katholisch sein. Die Abschiedsaudienz beim König (23. September) sollte den Gesandten mit ein paar nichtssagenden Worten und dem vorwurfsvollen Hinweis auf Condé abspeisen. Aber Weyer zwang den Monarchen geradezu Farbe zu bekennen; er sagte ihm ins Gesicht: „Es ist nicht mehr die Zeit wie bei E. Mt. Vorfahren, denen man auf ihr Wort hat glauben können. Die Katholischen selbst können beim jetzigen Regiment nicht trauen." Der kühne Fürsprecher der Hugenotten hörte nicht auf, vor dem König und dessen Bruder, dem Cardinal von Lothringen und sämmtlichen Guisen seine Mahnungen zu wiederholen, bis ihm Heinrich demonstrativ die Hand zum Abschied reichte.[1])

Der französische Hof bemühte sich übrigens ungeachtet aller hochfahrenden Reden die deutschen Protestanten auf diplomatischem Weg zu beruhigen. Selbst bei Friedrich und Johann Casimir versuchte es ein königlicher Gesandter nochmals mit der wertlosen Versicherung, der König wolle den Hugenotten allerdings Gewissensfreiheit, nur keine Religionsübung gestatten. Der Kurfürst unterliess nicht, in seiner Antwort an Heinrich III den Unsinn dieses angeblichen Zugeständnisses und die Gefahr einer wortbrüchigen Politik mit scharfen Worten auseinanderzusetzen. Gleichzeitig liess Fregoso, der bei Hessen die alten Bündnisanträge wieder hervorholte, die Beschwerden und Drohungen des Königs gegen die Pfälzer offen vernehmen. Aber auch der Landgraf erklärte die neuerfundene Gewissensfreiheit für widersinnig und riet zu guter

---

1) Vgl. über den ganzen Verlauf die bei Kl. a. a. O. 36 ff. veröffentlichten Aktenstücke; leider fehlt uns die Relation Weyers über seine sonstigen Beobachtungen und Verrichtungen in der Schweiz und am Hofe, worauf er (p. 53) verweist. Ein Schr. des Christoph Landschad an L. Wilhelm vom 22. Dez. 1574 (im Marb. Archiv, nach einer Aufzeichnung Kluckhohns) bezieht sich auf das Projekt einer Vermählung K. Heinrichs mit dem „zweibrückischen Fräulein" (? Wolfgang hatte eine im J. 1554 geborne Tochter Anna hinterlassen).

Correspondenz mit Pfalz; der Kurfürst stehe nicht dermassen bloss, wie manche dem König einreden wollten.[1])

In der Tat war den Franzosen selbst nicht nur Condé's Aufenthalt in Deutschland, sondern auch das vertraute Verhältniss der Pfälzer zu England ein Stein des Anstosses;[2]) jeden Augenblick konnte, so meinten sie, das längst gefürchtete Bündniss Elisabeths mit den Deutschen, zunächst mit Pfalz und Hessen, ins Leben treten. Und Condé war seit dem Sommer 1574 als Haupt und Protektor der Hugenotten anerkannt und zu Ende des Jahrs zum Führer einer hugenottisch-katholischen Conföderation erhoben worden, als deren eigentliche Seele ihm der kriegerische Marschall Damville zur Seite stand. Andererseits erfuhr Condé nur zu sehr, wie schwierig es sei, für eine grössere Aktion erst die Geldmittel zu schaffen; er blieb ohne Geld auch als Chef der französischen Conföderation ein abhängiger Flüchtling, der mit den freundlichen Worten seiner deutschen Glaubensgenossen vorlieb nehmen musste. Kein Wunder, dass nach jenem ersten kriegerischen Anlauf, der zu gar nichts geführt hatte, der Prinz den vom König eingeleiteten Friedensverhandlungen nicht widerstrebte; überdies zählte der Hof unter den Begleitern des Prinzen selbst seine Spione, während England, die Schweizer, Savoyen ebenfalls einen Ausgleich befürworteten.[3]) Gleichzeitig suchte Heinrich III sich mit Johann Casimir

---

1) Heinrich III an Friedrich, Lyon 26. Oktober; Antwort, Neuschloss 27. November (Kl. II, 727/8; 759 ff.; über die Werbung Lyencourt's bei Johann Casimir ebd. 757/8). Ueber Fregoso's Werbung bei Hessen und Köln vgl. Kl. II, 772/3, über seine beruhigenden Mitteilungen in Frankreich die Depesche Alamanni's aus Lyon, 27. Dezember (Desjardins IV, 33).

2) Ueber den Verkehr Weyers mit dem englischen Gesandten am französischen Hof vgl. Dale's Berichte vom 9. August 11. 29. September (Calendar 1574 p. 537/8; 553/4; 560); Heinrich III an La Mothe, Lyon 1. Oktober (Mém. de Castelnau III 432; dass Weyer auch mit Giacomo Manucci, einem italienischen Agenten in englischen Diensten, viel verkehrte, sagt ein Schr. Katharina's gl. Datums, ebd. 433; über Giacomo, der mit Weyer schon im Frühjahr zu Paris verhandelte, vgl. Calendar 1574 p. 344; 476; 486; 493/8; 501; 538).

3) Im Juli hatten Friedrich und Johann Casimir noch einen selbstverständlich fruchtlosen Versuch gemacht, den Kf. August zur Geldunterstützung oder Bürgschaft für Condé zu vermögen (Kl. II, 710 ff.). Am 30. Juli konnte Beutterich bereits an Crato schreiben: „Condaei conatus irritos fuisse intelligimus apud Germanos. Itaque quoniam haec non successit, alia ineunda erit via“ (Breslau). Letzteres dürfte sich auf die

besser zu stellen; er liess ihm durch einen Gesandten die baldige Abzahlung der Soldrückstände ankündigen, mit dem Erbieten, er wolle die in Sachsen gemachte Bruderschaft treulich halten.[1])

Damals schrieb der junge Philipp Sidney an den Grafen von Leicester, nach der Ansicht wohl unterrichteter und gut protestantischer Gewährsmänner trage am Misslingen der Condé'schen Pläne Johann Casimir die Hauptschuld; man halte ihn sogar für bestochen. Und ein französischer Diplomat, Fregoso, meinte von dem jungen Pfalzgrafen: „non quaerit religionem, sed regionem".[2]) Die Betrachtung der folgenden Verhandlungen und der leitenden Persönlichkeiten wird diese harten Urteile wenigstens zum Teil rechtfertigen.

Als die verantwortlichen Leiter der pfälzischen Politik galten auswärts immer noch Ehem und Zuleger; dass der Erstere damals (November 1574) zum Kanzler erhoben wurde,[3]) schien diese Auffassung zu bestätigen. Nach dem Tod Kurfürst Friedrichs war er der Einzige, der vom Nachfolger in Haft gebracht wurde; glücklich entging er noch dem Schicksal Cracov's, dem seine „Praktiken" mit Ehem so jämmerlich vergolten wurden. Und als Ehem selbst nicht mehr unter den Lebenden war, wurde die Verbindung mit

---

Versuche Condé's beziehen, in der Schweiz Truppen aufzubringen oder wenigstens eine Intercession der Schweizer für den französischen Frieden zu erwirken; der Prinz besuchte im Herbst 1574 Genf, Lausanne, Bern und Basel (Sammlung der eidgenössischen Abschiede IV. 2a, 550 ff.); in letzterer Stadt, wo er den Winter zubrachte, begannen die Friedensverhandlungen, die dann am kgl. Hof fortgesetzt und bis tief ins nächste Jahr hingezogen wurden (vgl. Serranus V, 63/4; Cisneri opusc. p. 997; Mém. de Philippi, Petitot XXXIV, 385; sie wurden, so viel ich sehe, durch den auch an die Pfälzer abgefertigten Lyencourt eingeleitet, Calendar 1574 p. 569).

1) Diese Sendung des Herrn d'Averly erwähnt ein Schr. Friedrichs an J. C. vom 22. März 1575 (Kl. II, 816 A. 2).

2) Sidney an Leicester, Wien 27. Nov. 1574 (the corresp. of sir Phil. Sidney, London 1845, p. 91); die Aeusserung Fregoso's bei Kl. II, 773.

3) Beutterich an Gr. Johann, Heidelb. 26. Nov. 1574 (Prinsterer I. 5, 100); das Glückwunschschr. Condé's an Ehem, Basel 30. Dezember Bm. Coll. Camerar. XXXVII f. 5.

ihm dem bekanntesten Opfer des kursächsischen Luthertums, dem Kanzler Krell, zum Verbrechen angerechnet. Der Heidelberger Staatsmann konnte sich übrigens mit dem Bewusstsein trösten, dass er in der Tat nicht so „blutdürstig" war, wie seine Feinde behaupteten. Denn seine Ueberzeugung, dass der deutsche Protestantismus in Frankreich und den Niederlanden mitverteidigt werde und ohne auswärtige Verbindungen der sich mehr und mehr sammelnden Gegenpartei erliegen müsse, traf ohne Zweifel das Richtige; hätte Kursachsen sich dieser Erkenntniss nicht hartnäckig verschlossen, so wäre nicht etwa, wie die Lutheraner meinten, mehr Blut geflossen, sondern vielleicht öfter als einmal in und ausserhalb des Reichs „ein Schwert durch das andere in der Scheide gehalten" worden. Und so unerfreulich jene französischen Beziehungen des Jahrs 1573 sein mögen, so liegt ihnen doch immerhin ein politischer Gedanke zu Grund, der sie über die ganz gewöhnliche Geldgier anderer deutscher Fürsten und ihrer Räte erhebt.

Freilich hat die pfälzische Politik keine Scheu getragen, dem Erzbischof von Köln zu einer französischen Pension zu verhelfen, und der fromme Kurfürst selbst nahm hie und da seine Zuflucht zu einer höchst offiziellen Notlüge. Dies würde aber ohne den Contrast der von Freund und Feind berufenen „pfälzischen Heiligkeit" gewiss nicht auffallen. Ein wahrhaft bedenklicher Handel war dagegen die Vermählung Oraniens, die allerdings eine starke politische Haltlosigkeit verrät. Ehem versicherte aber den Landgrafen: „wo er Ursache oder Förderung zu dieser Heirat gegeben, so sollten S. F. Gn. ihm den Kopf abschlagen lassen." Wir sahen auch bereits wiederholt, wie in schwierigen Fällen nicht Ehems, sondern Zulegers Wort den Ausschlag gab. Zuleger stand, wie es den Anschein hat, in besonders enger Verbindung mit den streng calvinistischen Theologen; unter diesen übte in politischen Dingen wohl Dathenus den grössten Einfluss. Damals bediente sich sogar Oranien mit Vorliebe des gewandten pfälzischen Hofpredigers,[1]) dessen ungeistlicher Tatendrang sich später gegen den Prinzen selbst gekehrt und, obwohl Dathenus gewiss stets die Sache Gottes zu för-

1) Vgl. über Petrus Dathenus, dessen entschiedene Verdienste um die niederländische Reformation durch das zelotische Treiben seiner späteren Jahre in den Schatten gestellt wurden, Prinsterer I. 4, 217 ff; die Biographie in van der Aa, biogr. Woordenboek der Nederlanden IV, 63—68; H. Q. Janssen, P. D. Een blik op zijne laatste levensjaren Delft 1872. Von seiner Correspondenz noch sehr wenig veröffentlicht.

dern glaubte, schweres Unheil angerichtet hat. Schon der unglückliche Ausgang des niederländischen Feldzugs, der dem Kurfürsten seinen besten Sohn kostete, wurde von sehr verschiedenen Seiten auf die Rechnung dieser ultracalvinistischen Politiker gesetzt.[1]

Johann Casimir stand ursprünglich in einem entschiedenen Gegensatz zu den „Pfaffen“ und ihren Freunden; er begünstigte die Gegner der Kirchenzucht und zeigte seine Stimmung deutlich genug, als er sich weigerte, seine eigene Trauung durch Olevianus oder Dathenus vollziehen zu lassen und an ihrer Statt einen wegen seiner Opposition versetzten Geistlichen wählte.[2] Seine Klagen über die heidelberger Räte, die den französischen Unterhändlern so angenehm zu hören waren, finden ihren Widerhall in dem letzten Schreiben seines Bruders Christoph; der junge Pfalzgraf beschwert sich bitter über die Leute, die „nicht gern sehen, dass wir Fürsten etwas wissen, und uns gern unter dem Joch der Unwissenheit behalten wollten, damit sie die Regierung allweg in ihren Fäusten und Handen haben und wir andern nicht weiter gucken möchten, dann was man uns vormalet und was sie haben wollen.“[3] Den Söhnen Friedrichs waren also die Männer, die anderwärts als die gefährlichsten Ruhestörer galten, noch viel zu friedlich und pedantisch. Johann Casimir kam allerdings später nicht nur zu Ehem und den weltlichen Ratgebern, sondern auch zu den einflussreichen Predigern in ein besseres Verhältniss; nach Friedrichs Tod blieb ohnedies der junge Pfalzgraf ihr einziger Hort vor der lutherischen Reaktion und Ehem hat ihm bis zum Ende treu gedient. Aber neben diesen Räten und Diplomaten, die doch manchmal störrig oder allzu bedenklich waren, bedurfte und schuf sich Johann Casimir willigere Werkzeuge; alles Leute von beweglichem Geist und weitem Gewissen, meist Ausländer, deren Charakter und Wirksamkeit den Klagen der Gegner über das „verderbliche und undeutsche Unwesen“ in der Pfalz eine gewisse Berechtigung verliehen.

Einer aus ihrer Mitte, La Huguerye, hat in seinen Memoiren

---

1) So von Bullinger, der freilich durch den Streit über die Kirchenzucht gegen die strengere Partei in Heidelberg eingenommen war (Sudhoff p. 364). La Huguerye gibt speziell dem Zuleger Schuld, dass Christoph nicht rechtzeitig zurückgerufen worden sei (I, 222; 236).

2) Sudhoff p. 361 A. Eine Spannung zwischen Friedrich und Johann Casimir trat noch im J. 1574 ein, als der Letztere sich durchaus weigerte, seinen ständigen Aufenthalt beim Vater in Heidelberg zu nehmen; vgl. die Klagen Elisabeths gegen ihre Mutter Kl. II, 668.

3) Christoph an Johann Casimir, 15. Febr. 1574 (Kl. II, 626).

sozusagen die chronique scandaleuse dieses Kreises niedergelegt. Geborener Franzose, ursprünglich auf katholischer Seite, kam er als Sekretär erst Ludwigs von Nassau, dann Condé's seit 1573 in lebhaften Verkehr mit den Pfälzern und trat nachmals ganz in die Dienste Johann Casimirs, in dessen politische Geheimnisse er sich völlig eingeweiht zeigt; zuletzt verkaufte er sich der Ligue.[1]) So wenig Vertrauen seine Persönlichkeit und die arge Unzuverlässigkeit seiner Memoiren einflösst, so stimmt doch die von ihm gegebene Zeichnung seiner eigenen Freunde nur zu sehr mit dem Zeugniss unanfechtbarer Quellen überein. Mag auch der boshafte Memoirenschreiber in einzelnen Fällen zu schwarz malen, die Gewohnheit gegenseitiger Verdächtigung tritt auch sonst bei Johann Casimirs Günstlingen bezeichnend hervor; andererseits hat selbst ein La Huguerye nicht gewagt an die Ehre des alten Kurfürsten oder eines Mannes wie Ehem zu rühren.

Diese casimirischen Politiker offenbarten sämmtlich früher oder später ihre völlige Gesinnungslosigkeit. Wie La Huguerye hat auch Friedrich Cratz von Scharffenstein, eine Zeitlang Amtmann zu Kaiserslautern, später die protestantische Sache verraten und bekämpft.[2]) Sein Nachfolger im Amt wie in der Gunst des Pfalzgrafen, Dr. Weyer, hielt sich allerdings länger, erscheint aber nachmals in

1) Ueber Michel de la Huguerye, dessen Memoiren erst neuerdings beachtet und bereits zum grösseren Teil von de Ruble edirt worden sind (Bd. I, die Jahre 1570—77, Paris 1877; Bd. II, die Jahre 1577—87, Paris 1878, im Auftrag der Société de l'histoire de France), liegen bis jetzt nur wenige zerstreute Notizen vor; eine zusammenfassende Beurteilung des Mannes und seiner Memoiren steht von dem Herausgeber zu erwarten. Vgl. Tessier, l'amiral Coligny (Paris 1872) p. 183/4; 242 ff. wo ein paar Bruchstücke aus den Memoiren mitgeteilt sind, der Autor aber noch als „inconnu" bezeichnet wird; L. Pingaud, les Saulx-Tavanes (Paris 1876) p. 97 A. 2; H. M. Baird, history of the rise of the Huguenots in France II (New-York 1879), 423 ff; Revue historique VII (1878), 131; Sybel, histor. Zeitschrift XLII, 508—512.

2) Cratz, mit dem noch 1575 von nassauischer Seite Beziehungen unterhalten wurden (Prinsterer I. 5, 255), kam später wiederholt mit seinem früheren Herrn J. C. in Conflikt. Vgl. J.C.Memorial vom 12. April 1577. Am 28. Okt. 1579 wird eine Streitsache zwischen beiden, betr. 12000 Franken, die Cratz bei der Bezahlung der französischen Soldrückstände eigenmächtig an sich genommen hatte, zu Kaiserslautern verglichen (Carlsr. Pfalz Copialb. 505b). Jm August 1587 liess J. C. sogar den Cratz wegen seiner Werbungen gegen die Hugenotten zu Worms verhaften. Nach dem Bericht La Hug. I, 245 trat Cratz aus dem pfälzischen in

Diensten des verrufenen Veldenzers Georg Hans.[1]) Die älteren Räte des Kurfürsten mussten vor den neuen Staatsmännern die Segel streichen oder ihnen ganz zu Willen sein; so sehr Johann Casimir die standhafte Treue eines Ehem anerkannte, so vermied er es doch bei den späteren Irrgängen seiner Politik den bewährten Diener um Rat zu fragen. Ehem wurde selbst von manchen entschiedenen Gegnern Johann Casimirs nicht mit den eigentlichen Unruhstiftern zusammengeworfen. Dagegen schloss sich Zuleger eng an die „Meutmacher" an, wurde aber endlich von dem nachgerade allmächtigen Beutterich sehr unsanft verdrängt. Dathenus war die geistliche Stütze des neuen „Doctorenregiments".

Weitaus die bedeutendste Persönlichkeit in diesem Kreis war eben der „doctor equester", wie ihn seine Freunde nannten. Peter Beutterich aus Mümpelgard, halb Deutscher, halb Franzose, ursprünglich Gelehrter, dann Diplomat und Soldat, wusste durch seine geistreiche und energische Art nicht nur den jungen Pfalzgrafen, sondern auch feinere Naturen zu fesseln; ihm selbst war trotz seiner gewandten lateinischen Briefe am Wohlsten auf dem Sattel oder auch im Wortgefecht, wo er die Sprache der Reiter und Landsknechte recht absichtlich gegen die höfischen Formen ins Treffen führte. Mit Johann Casimir, dessen „Abgott" er wurde und blieb, verkehrte er auf dem Fuss völliger Gleichheit; „adieu, monseigneur," schliesst er einen Brief, „je suis vostre Beutterich." Seine unheilvolle Herrschaft über die pfälzische Politik fällt in eine spätere Periode, aber schon bei der ersten Berührung, als er im Auftrag Kurfürst Friedrichs die Sache der aus Besançon vertriebenen Protestanten am Kaiserhof vertrat, erregte seine Leidenschaftlichkeit

———

französischen Dienst, was durch ein Schr. K. Heinrichs III an den „colonnel Craz" vom 18. Juli 1577 (Pb. fonds fr. 3304) bestätigt wird, und bezog ferner eine Oberstenpension von Lothringen.

1) Ueber Weyers Haltung vor und in dem zweiten französischen Feldzug Johann Casimirs weiter unten. Noch in den folgenden Jahren behauptete er einen gewissen Einfluss (Kl. Ebe Johann Casimirs p. 51; 58). Im Nov. 1579 vertrat er noch den Pf. (als Amtmann zu Lautern) auf dem Weissenburger Landrettungstag (Mb. 112/1). Ich finde in den nächsten Jahren keine weitere Spur von ihm. In einem Schr. Zulegers an Johann von Nassau vom 9. März 1584 (Idstein) erscheint er als Diener des Pf. Georg Hans Am 29. Jan. 1586 erteilt derselbe seinem Oberamtmann Dr. Dietrich Weyer Instruktion für eine Werbung bei Johann Casimir. (Marb.)

Ehems Bedenken.[1]) Im Jahre 1574 finden wir ihn als bestellten kurfürstlichen Rat in seiner Heimat und kurz darauf brachte der französische Feldzug den unerschrockenen Werber und sprachkundigen Diplomaten zu Ehren.[2])

---

1) Ehem an Cratz, 18. Sept. 1573: „Quodsi non confecit negocium ex animi sententia in aula, mirum non est, sed certe non debebat calor ipsius causae bonae nocere apud fontem iustitiae." (Breslau). Vgl. Gillet II, 36; in dem hier citirten Schr. vom 30. Juli 1574 bezieht sich B. auf seinen Misserfolg („cum tam aperte sim ab illis, a quibus minime hoc sperandum erat, ludibrio habitus"). Mehrere hierauf bezügliche Schriftstücke von B's Hand Mb. 112 1 f. 483 ff. Vgl. ein Schr. an Morvilliers aus Wien, 22. Jan. 1575 (Pb. fonds français 15560 f. 10), wonach B. „depuis peu de tems" zum kurpfälzischen Rat „sans demeurer toutes fois en sa cour ordinairement" ernannt war; der Schreiber fügt bei: „le dict sr électeur l'envoya dernièrement vers le commandeur majour à Brusselles", was wohl mit der Mitteilung des Statthalters Requesens an Philipp vom 30. Okt. 1574 (Gachard III, 178), dass ein Diener des Pfalzgrafen in Brüssel um die Restitution der Brederode'schen Güter nachgesucht habe, zusammenzuhalten ist.

2) Die ausführlichste Biographie Beutterichs, vorwiegend nach handschriftlichen Quellen, bei Melch. Adami Vitae Germanorum iureconsultorum et politicorum (Heidelb. 1620) p. 263—287; hieraus schöpfen spätere Sammelwerke, wie z. B. Iselin oder Jöcher. Die Biographie bei Haag, La France Protestante II, 257—259 benützt noch andere Quellen, ist aber teilweise unzuverlässig (vgl. z. B. die Behauptung, B. habe Johann Casimir schon auf dem Feldzug von 1568 begleitet); auch die Schreibung Beutrich für Beutterich ist zu rügen. Eine kurze Uebersicht von B's Leben verfasste nach seinem Tod (1587) sein Freund La Huguerye auf Befehl Johann Casimirs; sie finden sich in La Hug. Memoiren (bei deren Edition sie aber — II, 384 — nur kurz erwähnt worden ist) sowie abschriftlich Mb. 90/12 f. 144/5 und ist mit der La H. eigenen Flüchtigkeit gemacht, ohne doch eigentlich falsche Angaben zu enthalten (vielleicht mit Ausnahme des auf 42 Jahre angegebenen Lebensalters). Ich setze eine auf B's. Jugend bezügliche Stelle hierher: „Germaniam, Galliam, Italiam, Angliam, Hiberniam, Scotiam et Belgium maximis laboribus iuvenis peragravit horumque populorum mores, leges et suaviores linguas didicit. Iuri civili et potissimum theologiae tam sedulam operam navavit, ut dignus brevi visus sit, qui ad verbi divini ministerium vocaretur. Literas graecas et latinas humaniores et philosophiam publice multis in locis professus tandem Heidelbergam pervenit." Auf die zeitgenössischen und späteren Historiker hat sein Auftreten am französischen Hof zu Blois 1577 am meisten Eindruck gemacht; schon seine Grabschrift und verschiedene Gedichte auf seinen Tod (vgl. Paulus Melissus, Naeniae in funere Petri Beuterichi, Heidelb. s. a., jedenfalls 1587; N. Chytraeus, variorum in Europa itinerum

Zunächst begrüssten die fremden Glaubensgenossen in den Niederlanden, der Schweiz, Frankreich und England die wachsende Unternehmungslust des jungen Pfalzgrafen mit freudiger Zuversicht; die misstrauischen und warnenden Stimmen waren noch sehr vereinzelt. Während der Verhandlungen mit Condé suchte namentlich Johann von Nassau die Pfälzer wieder mehr in seine Kreise zu ziehen und den Einfluss eines Dathenus und Beutterich hiefür zu verwerten. Der Graf dachte an eine umfassende Verfolgung der von seinem Bruder Ludwig vorgezeichneten Projekte; Besançon sollte durch Handstreich genommen, Emden unter niederländische Botmässigkeit gebracht, selbst die Säcularisation der Stifter im Nordwesten des Reichs weiter betrieben werden.[1]) Der Anschlag auf Besançon, für den sich wie vordem auch Beza interessirte, scheint in der Pfalz keine allzu lebhafte Unterstützung gefunden zu haben; als man im Juni 1575 endlich zur Ausführung schritt, scheiterte die Sache im letzten Augenblick an ein paar Zufälligkeiten und an der Entschlossenheit des Erzbischofs, der persönlich mit seinem Klerus die Waffen ergriff.[2]) Noch weniger sind wir über den Verkehr unter-

---

deliciae, 2. Ausgabe 1599, p. 306; Adam p. 284/5) sprechen mit Vorliebe von diesem Beweis seiner Unerschrockenheit, der auch Barthold (Raumer hist. Taschenb. 1849 p. 258) Anlass zu seiner überaus günstigen Charakteristik B. gibt. Dieses Urteil über B. lässt sich allerdings schon auf Grund der von Prinsterer veröffentlichten und der mir vorliegenden ungedruckten Materialien zurückweisen. Von B's. Correspondenz war bis jetzt nur eine kleine Zahl von Briefen in Hotomannorum epistolae und bei Prinsterer gedruckt; die vorliegende Publication wird hiezu eine Reihe von wesentlichen Ergänzungen fügen. Manches dürfte noch in England, in der Schweiz, in Paris (vielleicht auch in Besançon und Montbéliard ?) zu finden sein. Eine vorläufige Charakteristik B. auf Grund des mir Zugänglichen: Allg. deutsche Biographie II, 593—595.

1) Vgl. hierüber die Correspondenz Johanns von Nassau mit Beutterich vom Nov. 1574 bis Juni 1575 und andere hieher bezügliche Stücke bei Prinsterer I, 5 (unter „son Exc.“ p. 100 ist nicht, wie Pr. angibt, Condé, sondern Kf. Friedrich zu verstehen). Ueber die Verhandlungen mit Köln, Lüttich, Bremen, Münster vgl. ebd. p. 102; 183 ff; auch das Schr. von Requesens an Philipp II., 23. Sept. 1574 (Gachard III, 162); am 4. Febr. 1575 schreibt R. dem König, der Graf von Schwarzburg habe gesagt, Köln habe sich nicht nur in französische Pension eingelassen, sondern seine Wahlstimme Heinrich III versprochen! (ebd. 258.)

2) Dunod, histoire de l'église — de Besançon (Bes. 1750) I, 306 ff; vgl. Theiner II, 130/1 (Schr. des Erzb. nach Rom, 22. Juni 1575); ein Bericht an den Kaiser vom 24. Juni und sonstige Correspondenzen über das Ereigniss Ma. 231/2 f. 141 ff.

richtet, den die Pfälzer und Nassauer damals mit den polnischen Protestanten pflegten. Im Frühjahr 1575 finden wir Marnix, den vertrauten Freund Oraniens, als Abgesandten Kurfürst Friedrichs in Polen. Und ein undatirter Brief der Pfalzgräfin Elisabeth an ihre Mutter Anna berichtet von der Werbung eines vornehmen polnischen Herrn, der bei Friedrich anfragte, ob Johann Casimir allenfalls geneigt wäre die polnische Krone anzunehmen. Vater und Sohn antworteten vorsichtig, man müsse, wenn es Gott so haben wolle, sich nach seinem Willen richten; Johann Casimir selbst hatte überhaupt keinen Glauben an die Sache, wie er nachmals auch dem Schwiegervater eröffnen liess. August antwortete, er habe es ebenfalls stets für „Vexationen" gehalten.[1]) Trotzdem blieb der Gedanke, das Ansehen der Pfalz bei den Evangelischen aller Nationen in eine wirkliche Machtstellung zu verwandeln, das politische Ziel, dem Johann Casimir und seine Leute auf den verschiedensten Wegen näher zu kommen suchten.

Im Sommer 1575 ermöglichte endlich das Eintreffen englischer Subsidien eine feste Gestaltung der kriegerischen Pläne. Die Bemühungen der Pfälzer, Hugenotten und Niederländer, unterstützt

1) Schon im April 1574 erwähnt ein Schr. von Olevianus und Mylius eine Sendung des Kf. Friedrich nach Krakau „ob gravia quaedam ecclesiae nostrae negotia" (Fontes rer. Austr. II. 19, 397/8). Im Sommer 1574 kamen dann polnische Gesandte zum Kf. und führten Klage über die Flucht K. Heinrichs (Vulcanius an van der Myle, Köln 3. Aug. 1574, Epistolae selectiores p. 657). Das Schr. Elisabeths an Kf. Anna (etwa Ende 1574 ?) berichtet nach Mitteilungen Johann Casimirs an seine Gemahlin (Dr.). Am 18. Febr. 1575 schreibt Dr. Hegenmüller dem Kaiser, man habe ihn am pfälzischen Hof über die Person des Erzh. Ernst [eben des österreichischen Candidaten] ausholen wollen (Schneidt, Gesch. der röm. Königswahl Rudolphs II p. 236). Ueber die Gesandtschaft des Marnix nach Polen vgl. die Schr. des Herrn Peter Zborowski an Oranien vom 25. März, an Marnix vom 19. Juli 1575. (Epistolae sel. p. 587 ff.); über den „Memorialzettel" Johann Casimirs und die Antwort Augusts Kl. II, 835 A. 2. Auf eine hieher bezügliche Stelle in Quir. Reuters oratio de vita et morte Jo. Cas. hat Büttinghausen in den Ergözlichkeiten aus der pfälzischen und schweizerischen Gesch. u. Literatur II (Zürich 1768) p. 52 aufmerksam gemacht. („quorum [procerum] olim post regis vestri Sigism. Augusti mortem non pauci Casimirum regio sceptro dignum iudicarunt", in der Dedikation).

durch die eifrigen Protestanten in England, hatten, allerdings nur sehr langsam das Zaudern der Königin überwunden; im Frühjahr traf der Sekretär Wilkes in Heidelberg und Basel die entscheidenden Abmachungen[1]) und im Juni kehrte er von Neuem dahin zurück, mit dem ersehnten Geld und in Begleitung des Herrn von Méru, der persönlich in England für seine Bundesgenossen gewirkt hatte. Die bewilligte Summe belief sich auf

1) Wieder fehlen fast ganz die unmittelbaren Zeugnisse, so dass wir vorwiegend auf vereinzelte Notizen namentlich in den Depeschen des französischen Gesandten am englischen Hof angewiesen sind; La Huguerye, der diese Verhandlungen ausführlicher erzählt, wirft in geradezu unheilbarer Weise Vorgänge der Jahre 1574 und 1575 durcheinander. — Im August 1574 bemühte sich ein hugenottischer Agent Dupin oder Poutrin in London um Geld für die deutschen Werbungen (La Mothe VI, 210; 239). Um dieselbe Zeit finden wir Méru mit Ehem zusammen am Hofe des Kf. von Mainz und dann des Landgrafen, der umsonst ersucht wurde, sich an einer Schickung nach England zu beteiligen (Kl. II, 715 ff.). Méru selbst kam in der ersten Hälfte September nach London (La Mothe VI, 233/7); wohl mit ihm zusammen der kurpfälzische Kämmerer Wilhelm von Melleville, der am 15. Sept. von der Königin wieder abgefertigt wurde (Calendar 1574 p. 554: La Mothe VI, 238; 249; vgl. La Huguerye I, 266). Er war Schotte u. La Mothe (VI, 265) spricht den Verdacht aus, dass man auch davon gehandelt habe, den jungen K. Jakob nach England zu bringen. Am 3. Oktober schreibt Ehem an Gr. Johann, sein Schwager sei aus England zurückgekehrt (Kl. II, 726; vgl. 577 A. 1, wo aber kaum richtig Zuleger hierunter vermutet wird). Was La Mothe VI, 249 von den Verhandlungen auf einem Landsitz Burghley's berichtet, erinnert an die Erzählung bei La Hug. I, 289, der sich selbst eine bedeutende Rolle in diesem Verkehr Condé's mit England zuteilt, aber bei seiner grenzenlosen Confusion und dem Mangel anderweitiger sicherer Controle sogut wie gar nicht zu brauchen ist. La Mothe spricht noch von verschiedenen anderen Zwischenträgern, so von einem Franzosen Du Lua oder Du Rua (VI, 112; 240; 280; 288), von einem neuen pfälzischen Agenten, der im Dez. 1574 eintraf (p. 328), von einem Sekretär Méru's, der unterwegs in Bouloigne verhaftet wurde (p. 425; La Hug. I, 290/1). Im Jan. 1575 spricht er von einem regelmässigen fast wöchentlichen Verkehr zwischen Deutschland und England (VI, 352); die rege Teilnahme der in England lebenden französischen und niederländischen Geistlichen, die La Hug. (z. B. I, 298/9) so bitter kritisirt, wird durch La Mothe (VI, 219; 380) bestätigt. Entscheidend ist die Sendung des Sekretärs Wilkes nach Deutschland, von wo er im Mai 1575 zurückkehrte. (La Mothe VI, 425/6/8; vgl. La Hug. I, 292 ff.) Im Juni erscheint dann ein angeblicher Arzt Condé's in England (La Mothe VI, 449).

50000 Taler, wurde aber nur als Darlehen und zwar nicht direkt an Condé, sondern zu Handen des Kurfürsten Friedrich geliefert;[1])

Damit befanden sich die französischen Herren den Pfälzern gegenüber in der gleichen Abhängigkeit wie zuvor und Johann Casimir hielt es auch diesmal für gut die Gelegenheit für seine Zwecke auszubeuten. La Huguerye gibt in seinen Memoiren einen ausführlichen Bericht von den Verhandlungen, die dem zweiten Bündniss zwischen Condé und dem Pfalzgrafen vorhergingen. Wir haben freilich keine sonstigen Zeugnisse, wesshalb seine Erzählung nur mit allem Vorbehalt aufzunehmen ist, aber die zu Grund liegende Tatsache, dass Johann Casimirs Ehrgeiz die Verhandlungen erschwerte und die Hugenotten ihre deutsche Allianz so teuer als möglich bezahlen liess, steht ausser allem Zweifel. La Huguerye, der namentlich Dr. Weyers Einfluss als höchst verderblich hinstellt, schildert die erfolglosen Bemühungen Condé's, mit Umgehung Johann Casimirs die deutschen Truppenführer in seine Dienste zu ziehen oder den alten Kurfürsten zur Lieferung der Gelder zu bewegen. Eine Zeitlang habe Friedrichs Wunsch, seine Tochter mit dem eben verwittweten Condé zu vermählen, eine günstige Lösung der Schwierig-

1) Méru und Wilkes verliessen England im Juni 1575 (La Mothe VI, 456; La Hug. I, 309 gibt natürlich wieder ein falsches Datum — 3. Juni — für Méru's Eintreffen in Mainz). K. Elisabeth läugnete dem interpellirenden Gesandten La Mothe gegenüber Alles ab (La Mothe VI, 470 ff; 503/4). Die 50000 Taler wurden von der Königin dem Kurfürsten Friedrich geliehen und sollten zurückerstattet werden (Kl. II, 920; pfälzische Rechnung über die Forderungen an die Krone Frankreich, vom 11. Mai 1599, Mb. 301/14 f. 35 ff; La Huguerye I, 290/1). Wir haben ein Dankschreiben Condé's an den Gr. von Sussex, vom 27. August, aber ein von Weyer und Beutterich am 25. Sept. zu Strassburg ausgestelltes Recepisse belehrt uns, dass Condé allerdings am 25. Juli eine Obligation über obige Summe ausgefertigt, vom Kf. aber vorerst nur 1000 Taler erhalten hatte (Prinsterer I. 5, 317/8). Uebrigens darf man nicht etwa glauben, dass Friedrich selbst nichts beigetragen hätte; er tat sogar mehr als K. Elisabeth; Mb. 301/14 f. 3—8 findet sich ein „ungefarlicher uberschlag und auszug, was die Ch. Pfalz dem prinzen von Condé geliehen und fürgestreckt hat“, wonach in den Jahren 1574—76 Condé unmittelbar oder in Form von Vorschüssen für die Truppenführer und für die Kosten der Werbung überhaupt von Kurpfalz (nach Abzug des englischen Wechsels von 75412 fl. 10 Batzen) 176735 fl. 13½ Batzen erhalten hat. Vgl. La Huguerye I, 359 Am 1. Nov. 1575 fordert Joh. Casimir Burghley auf, die Königin zu fortgesetzter Unterstützung ihrer Sache zu bestimmen; als Ueberbringer des Briefs nennt er jenen Sekretär Wilkes, der damals noch in Heidelberg war. (Ma. 544/13 f. 58 Conc.)

keiten wahrscheinlich gemacht. Aber die Gewalt Johann Casimirs über den persönlich wohlgesinnten Vater war schon zu fest begründet. Condé machte, so erzählt La Huguerye, die Verlobung davon abhängig, dass der junge Pfalzgraf seinen Ansprüchen auf das Gouvernement der drei Bistümer entsagen solle; er wollte sich nicht „für den Herzog Casimir verheiraten." Dieser blieb aber dabei, der Besitz der Bistümer sei im Interesse der pfälzischen Hausmacht keinem andern zu überlassen und ohnedies nur mit Hülfe seines Schwerts zu erreichen.[1])

Die neue Capitulation vom 27. und 28. September 1575 stellt die Bedingungen allerdings etwas niedriger als der Vertrag von 1574, hat sich aber auch so noch unausführbar erwiesen. Johann Casimir verpflichtet sich unter dem Oberbefehl Condé's, des Hauptes der französischen Verbündeten, 8000 Reiter und 8000 Schweizer nebst Artillerie ins Feld zu bringen; die Besoldung der Truppen, die Abzahlung der früheren Rückstände und der jetzt geleisteten Vorschüsse und Auslagen, daneben stattliche „Tafelgelder" für den Pfalzgrafen werden garantirt. Der Hauptpunkt betrifft wieder die drei Bistümer, über welche Johann Casimir auf Lebenszeit als königlicher Gouverneur gesetzt und deren Temporalien ihm zu vollem Genuss überlassen werden sollen; er hat die reformirte Religion daselbst einzuführen und als Besatzung ausschliesslich französische Evangelische zu gebrauchen. Die ausdrückliche Erklärung, dies Alles sei freiwillig zugestanden, lässt die Zwangslage der Franzosen nur noch deutlicher erkennen. In einem besondern Vertrag wurde dann, ähnlich wie im Vorjahr, die Unterstützung der Pfalz gegen etwaige Angriffe geregelt, wogegen der Kurfürst 6000 Reiter für den Fall versprach, dass Condé und die Seinen nach dem Frieden neue Hülfe bedürften. Ein eigener Artikel bestimmte noch, dass der Sohn des Herzogs von Lothringen für die abzutretenden Temporalien der Bistümer anderweitig entschädigt werden solle.[2])

---

1) La Huguerye I, 307—350. Trotz der wiederholten Verwechselung der Jahre 1574 u. 1575 (z. B. 311 ff; 330/5) zeigt sich La H. doch wieder in manchen Details gut unterrichtet; vgl. die Bedingungen p. 319 mit den Bestimmungen der Verträge Kl. II, 920/1, namentlich aber die Erzählung von den Verhandlungen mit Stein, Buch und Dersch zu Erfurt (nicht Herford, wie de Ruble p. 325 A. 1 meint) mit der Capitulation zwischen Stein und Condé, Erfurt 5. Sept. 1575 (Mb. 90/1 f. 1—15) und dem Schr. Johann Casimirs an Georg von Dersch, 16. Nov. 1575 (ebd. 90/7 f. 4).

2) Die Verträge sind, soviel mir bekannt, noch nicht gedruckt, die Auszüge bei Kl. II, 919 ff. nicht ganz genau. Es sind zwei Hauptur-

Die Pfälzer hatten bis zum Abschluss der Verträge selbst Sachsen und Hessen über ihre wahren Absichten im Unklaren gelassen; noch am 23. September lobte der Landgraf Johann Casimir, dass er die Vorschläge Condé's nicht angenommen habe.[1]) Als aber die Sache in Richtigkeit war, bemühte man sich nachträglich die Formalitäten der Reichsverfassung möglichst genau zu beobachten. Condé und die französischen Verbündeten mussten durch Gesandte den Regensburger Kurfürstentag um Erlaubniss für ihre Werbungen ersuchen, worauf eine ausweichende Antwort erfolgte. Einen härteren Stand hatten die Pfälzer, deren offizielle Entschuldigungen auf ein Haar den früheren glichen. Vertraulich liess Johann Casimir

---

kunden: 1) die „capitulation" vom 27. Sept. 1575, wovon ein Originalexemplar in München (Mb. 90/7 f. 8—15), ein zweites in Paris (vgl. Aumale, hist. des princes de Condé II, 112 A. 1; La Huguerye I, 350 A. 2); sie trägt Unterschrift und Siegel von Condé, Méru und Johann Casimir; 2) der Hülfsvertrag vom 28. Sept. 1575, dessen Original Mb. 90/7 f. 6/7, unterzeichnet und besiegelt von Condé und Méru. Die Beitrittserklärung des Kf. Friedrich vom 27. Nov. 1575 ist nach dem Concept Ma. 544/13 f. 49/50 gedruckt bei Kl. II, 918/9 (wo z. 17 für „cousté" zu berichtigen ist: „conste" = constat). Zu den Auszügen bei Kl. sei noch bemerkt, dass unter 1) die für Johann Casimir festgesetzten Tafelgelder nicht 10000, sondern 12000 Taler und die erwähnten Schulden vom früheren Feldzug her nicht 25000, sondern 95000 („quatre vingt quinze mil florins") Gulden betragen. Ferner fehlt bei Kl. die Zusage, dass J. C. beim Frieden fürstliche „pension et entretenement" erhalten soll und ihm einstweilen „la pension de 6000 escus par an des églises de Languedoc, selon le pouvoir qu'avons d'elles" verschrieben wird. Hierauf bezieht sich eine Originalverschreibung Johann Casimirs, Kaiserslautern 30. Sept. 1575 (Ma. 544/5 f. 94/5), worin er den französischen Kirchen jene Pension von 6000 Talern nachlässt, für den Fall von Condé's Ableben dessen von den Kirchen und ihren Verbündeten zu wählendem Nachfolger schuldigen Gehorsam verspricht und für die von ihm zu stellenden Truppen die Capitulation Condé's mit Stein, Buch und Dersch als Norm aufstellt; die eigenhändige Unterschrift des Pf. ist jedoch durchgestrichen, so dass trotz der Siegelreste aus diesem Exemplar nicht zu ersehen ist, ob die Verschreibung überhaupt in Kraft trat. In dem Auszug des Vertrags 2) bei Kl. II, 921 ist die Stelle „die Fackel des Kriegs" zu berichtigen (es heisst im Original: „le faix de la guerre"); die im folgenden Satz gebrauchten Ausdrücke „in Sicherheit" und „auf Verlangen" bestimmt das Original näher und etwas anders: „en lieu de seureté" u. „ceux qui le demanderont." — Ein guter Auszug von 1) — (nur jene Schuldsumme ist auch hier nicht richtig angegeben) — bei Serranus V, 127—9.

1) Wilhelm an J. C., 23 Sept. 1575 (Kl. II, 871).

dem Kaiser vorstellen, die Reiter hätten ihn sozusagen genötigt ihr Commando zu übernehmen. Friedrich liess wie immer versichern, er habe mit der Sache gar nichts zu schaffen; er verstärkte diese Lüge durch den Zusatz, dass er weder Geld gegeben noch sonst etwas dazugetan habe. Der Kaiser bemerkte darauf den pfälzischen Räten, er wolle es dem Kurfürsten zu Gefallen glauben, würde ihm aber wünschen, „dass er sich nicht also mit der Nasen umführen liesse.“ Friedrich trat übrigens erst später (27. November) den Verträgen seines Sohnes förmlich bei, um sich für den Notfall zu decken. Natürlich ergingen die gewohnten Abmahnungsschreiben mit ihrer gewohnten Fruchtlosigkeit. August von Sachsen drückte ausserdem dem Schwiegersohn seine Missbilligung ganz unverhohlen aus; gesetzt der französische Krieg betreffe die Religion, so wisse er nicht, ob der allmächtige ewige Gott zur Erhaltung seines Worts Johann Casimir und dessen Kriegsvolk nötig und dazu berufen habe. Gegen die Heftigkeit Sachsens soll im Kurfürstenrat namentlich Mainz eine mildere Auffassung der Sache vertreten haben; der Erzbischof stand schon seit längerer Zeit in Verkehr mit den Condé'schen und dachte wohl auch an die seinem Stift gefährliche Nähe der Truppensammlungen. [1])

Johann Casimir legte in seiner Verantwortung besonderes Gewicht darauf, dass der Bruder des Königs selbst auf ihrer Seite stehe. Alençon hatte sich endlich (15. September 1575) aus seiner höfischen Gefangenschaft befreit und der bewaffneten Opposition angeschlossen, die ihn freudig begrüsste; Condé spricht in einem Schreiben an Johann Casimir von einer göttlichen Fügung und auch am pfälzischen Hof liess man sich zunächst durch die skeptischen Bemerkungen des Landgrafen nicht anfechten. Friedrich sprach die Hoffnung aus, „Gott der Herr und die gemeine Not“ würden

1) J. C. an Friedrich, 21. Oktober; der Kaiser an J. C., 30. Oktober; J. C. an den Kaiser, 9. November, an die Kff 11. Nov. (Kl. II, 891 ff; 903 ff.) Ueber die hieher bezüglichen Vorgänge des Regensburger Tags vgl. Senckenberg, Sammlung von ungedr. u. raren Schriften III, 50; 53 ff; 66; 71; Kl. II, 912; Thuanus LXI. 5. Die Werbung der Condé'schen Abgesandten de la Galaisière u. François de Bouchart in Regensburg sowie die kurfürstliche Antwort vom 3. November finden sich in den pfälzischen Reichsakten Mb. 110/1; vgl. die Notiz de Ruble's La Hug. I, 301 A. 4. Das Schr. Augusts an J. C. vom 24. Okt. bei Kl. II, 897. Ueber den Verkehr Daniels von Mainz mit den Pfälzern, Nassauern und Condé'schen vgl. Kl. II, 715 ff; La Hug. I, 309 ff; die übertriebene Darstellung im Schr. des Requesens an Philipp II, 6. Juni 1575 (Gachard III, 319; vgl. 87).

die Hugenotten und Papisten zusammenhalten.[1]) Diese Ansicht, dem strengen Calvinismus eigentlich zuwiderlaufend, erwies sich als falsch. Die Bundesgenossenschaft eines Alençon war recht dazu angetan, die schon bestehende Spannung zwischen den bisherigen Häuptern der Opposition zu verschlimmern und die religiösen Motive der Erhebung vollends in den Hintergrund zu drängen. Condé und der Pfalzgraf zogen, wie sich bald herausstellte, äusserlich vereint, aber innerlich entfremdet ins Feld. Alençon's Tätigkeit aber bestand von Anfang an darin, den Krieg seines wahren Charakters zu entkleiden und in ein Intriguenspiel zu verwandeln, dessen Fäden in der kundigen Hand der Medicäerin zusammenliefen. Es fehlte nicht an Stimmen, die den Uebergang des Valois zur Opposition für einen mit der Königin-Mutter verabredeten Schritt erklärten.

Das Vorspiel des Feldzugs fiel unglücklich aus; ein paar tausend Reiter, die unter der Führung Thoré's zur Unterstützung Alençons vorausgegangen waren, wurden am 10. Oktober bei Dormans von dem jungen Heinrich von Guise geschlagen und zersprengt.[2]) Gleichzeitig schienen die Verhandlungen, die Katharina mit ihrem rebellischen Sohn angeknüpft hatte, dem Krieg vor seinem eigentlichen Beginn ein Ende zu machen. Schon am 22. November schloss Alençon auch im Namen Condé's und seiner Partei einen sechsmonatlichen Waffenstillstand; der Einmarsch der fremden Truppen sollte mit Geld abgekauft werden. Des Pfalzgrafen wurde dabei gar nicht gedacht, doch hatte Alençon ihn wie Condé vorher ersucht sich seine Vermittlung gefallen zu lassen; ausserdem bemühten sich königliche und lothringische Abgesandte sowie der Veldenzer Georg Hans die Kriegslust Johann Casimirs zu beschwichtigen.[3])

---

1) Friedrich an L. Wilhelm, 16. Dezember (Kl. II, 928); vgl. das Schr. Condé's an J. C. bei Serranus V, 123 ff. Ein Schr. Alençons an J. C., datirt Paris 14. Sept. 1575, also den Tag vor seiner Flucht, wurde übersetzt und im Druck verbreitet („Copey — herrn Francisci von Valois, hertzogen zu Alentzon — schreibens an H. J. C. P. B. R. H. J. B." Ma. 284/13 f. 334/5).

2) Ausführliche Berichte in den Mém. de madame Duplessis-Mornay (Mém de Dupl. M., Paris 1824, I, 89 ff.) und meist nach ungedruckten Quellen bei Bouillé, hist. des ducs de Guise III, 16 ff. Ursprünglich hatte der Zug der Reiter nach Languedoc gehen sollen (Serranus V, 140a). In Frankreich war man längst in Bereitschaft sie zu empfangen (Schomberg an Dr. Schwartz, 15. August, Prinsterer I. 5, 277).

3) Ueber die Sendung Bournonville's an Condé und J. C. und Alençon's begleitende Schr. vom 9. Nov. 1575 vgl. La Hug. I, 354 ff. Kl. II, 928;

Oranien, der den französischen Ausgleich für ziemlich sicher hielt, traf bereits Anstalten, um den Pfalzgrafen und seine Truppen für den Dienst der Staaten zu gewinnen.[1]) Gleichzeitig stiessen die pfälzischen Werbungen in der Schweiz, die von Zuleger und Beutterich besorgt wurden, noch im letzten Augenblick auf den heftigen Widerstand der von Frankreich beeinflussten Berner Regierung.[2]) Selbst Beza, der persönlich den Einleitungen des Feldzugs am Rhein beiwohnte, scheint wenigstens Johann Casimirs Anspruch auf die drei Stifter als unberechtigt und hinderlich betrachtet zu haben.[3])

Trotz alle dem setzte sich der Pfalzgraf am 5. Dezember in Marsch; Friedrich gab ihm als geistlich-politischen Beirat den Prediger Dathenus mit und versprach für einen Nachzug Sorge zu tragen, dessen Führung dem verlumpten Herzog Heinrich von

---

ausserdem Joh. Casimirs Schr. an Hessen, u. an K. Heinrich III. 13. 17. November (Kl. II, 909 ff.)

1) Oraniens Schr. an Gr. Johann, Nov. u. 4. Dez. Prinsterer I. 5, 315; 324; über die Befürwortung dieses Auswegs von Seiten der K. Katharina vgl. Serranus V, 152ª. Im Nov. waren Gerüchte hievon bereits nach Italien gelangt (Charrière III, 624).

2) Chronik von Haller u. Müslin 1550—1580 p. 187 ff; Stettler, Annales II, 251 ff; Sammlung der eidg. Abschiede IV. 2ª, 581 ff. Der Auftritt Beutterichs u. des Condé'schen Commissärs Graffinière mit der Berner Gesandtschaft fand zu Cornol (in der Nähe von Pruntrut) statt (vgl. Tillier, Gesch. des eidg. Freistaates Bern III, 438 ff.). Auch die weitere Führung der Schweizer-Truppen bis auf den Musterplatz bot Schwierigkeiten (Beutterich an Condé, Marlenheim 21. Dezember, Pb. Vᶜ Colbert 399 p. 397; vgl. La Hug. I, 363 A. 3). Ueber die von der Berner Regierung gegen Beutterich getroffenen Massregeln vgl. Stettler II, 265/6; Johann Casimirs Schr. an Bern u. Zürich zu Gunsten seines Rates, Igelheim 9. Nov. 1579, Ma. 544/15.

3) Beza (den nach La Hug. I, 356 Condé hätte kommen lassen, um durch ihn Johann Casimir zur Mässigung seiner Ansprüche zu bewegen) war schon im Febr. 1575 mit Condé zusammen in Heidelberg gewesen (Sudhoff p. 314 A; vgl. Gachard III, 280). Er schrieb am 23. Nov. 1575 aus Strassburg an das Consistorium zu Rochelle (La Popelinière II, 296), hauptsächlich um vor den gegnerischen Friedensbestrebungen zu warnen. Seine Anwesenheit zu Strassburg erwähnt auch ein Schr. Zulegers vom November, Mb. 90/12 f. 265,6. Am Zuge selbst teilzunehmen (vgl. Fontes rer. Austr. II. 19, 414) hinderte ihn sein Gesundheitszustand. Dass er sich über Johann Casimirs Forderung der drei Stifter missbilligend geäussert haben muss, geht aus den Andeutungen im Schr. Friedrichs an L. Wilhelm vom 14. Jan. 1576 hervor (Kl. II, 938, vgl. 932).

Liegnitz zugedacht wurde.[1]) Die Schwierigkeiten, die sich in der Schweiz erhoben, wusste Beutterich teils durch List, teils gewaltsam zu besiegen. Seit dem Sommer hatte er, offiziell wegen der gegen die lutherische Reaktion zu ergreifenden Massregeln abgefertigt, insgeheim die Rüstungen vorbereitet. Gegen das Verbot der Obrigkeit stahlen sich die Leute zu den Fahnen; als die Berner dem versammelten Kriegsvolk noch unterwegs Halt gebieten wollten, wurde ihre Gesandtschaft von Beutterich und einem Condé'schen Commissär unter Drohungen weggejagt. Dieser Zwischenfall machte in der Schweiz böses Blut und brachte nicht nur den kecken Beutterich dort in übeln Ruf, sondern auch den Pfalzgrafen selbst, wie wir sehen werden, in Schaden.

Schlimmer als diese Verstimmung der Schweizer war freilich das kühle Verhältniss zwischen Condé und Johann Casimir, das gleich zu Beginn des Feldzugs deutlich hervortrat; schon der Aufmarsch wurde durch widersprechende Befehle der beiden Heerführer erschwert.[2]) Ein längerer Aufenthalt in Lothringen hatte grauenhafte Verwüstungen im Gefolge; Johann Casimir, so erzählt ein Augenzeuge, liess jeden Morgen die Quartiere anzünden, „dass einem das Herz weinen mochte, dieweil es so ein schön gebautes Land war." Der Unmut des Pfalzgrafen galt aber nicht nur der feindlichen Haltung Lothringens, sondern auch der unentschiedenen Führung des Condé'schen Hauptquartiers. Am 14. Januar fertigte er Beutterich mit einer scharfen Instruktion an den Prinzen ab und verlangte unverzügliche Fortsetzung der Marsches, grössere Rücksicht auf seine Truppen und enge Fühlung mit Alençon, von dessen Mitwirkung ja das ganze Unternehmen abhänge. Condé seinerseits geriet in heftigen Zorn, als Johann Casimir und dessen Berater eine allerdings ungeschickte Disposition des obersten Feld-

1) Die Bestimmungen der Capitulation über den eventuellen Nachzug (Kl. II, 918; 921) stimmen mit den Angaben La Hugueryе's (I, 360) u. Schweinichens (Denkwürdigkeiten, hers. von Oesterley, p. 87) nicht ganz überein. Letzterer, dessen Herr, Herzog Heinrich von Liegnitz, den Nachzug führen sollte, spricht von 3000 Pferden und 4000 Knechten.

2) Am 19. Dez. 1575 behauptet Johann Casimir in einem Schr. an Piennes, Gouverneur zu Metz (Pb. V^{c} Colbert 9) von sich und Condé: „nous ne faisons rien l'ung sans l'aultre." Wie wenig dies der Wirklichkeit entsprach, zeigt Beutterichs Schr. an Condé vom 21. Dezember, s. o. B. sagt: „le changement des desseins de V. Exc. nous a rendus aulcunement perplex" und spricht von einer doppelten Marschordre Condé's und einer dritten des Pf.

herrn rückgängig zu machen suchten; er warf seine besondere Ungnade auf Beutterich sowie auf seinen eigenen Kanzler Bossulus, dem die Pfälzer am Meisten vertrauten. Dagegen war man im andern Lager der Ansicht, Condé lasse sich von Verrätern beeinflussen. [1]) Die Truppen aber gerieten bei der schleppenden Art der Kriegführung und der Uneinigkeit der Häupter in eine wahrhaft erschreckende Zuchtlosigkeit, wovon namentlich die eigenmächtige Plünderung und Zerstörung der Stadt Nuits ein für die Feldherrn beschämendes Zeugniss gab. [2])

1) J. C. Instruktion für Beutterich, Marsilly 14. Jan. 1576 (Pb. V c Colbert 399 p. 410 ff.). Ueber das weitere Missverständniss zwischen den Führern, das sich bei der Ueberschreitung der Loire und des Allier ergab, vgl. La Huguerye I, 374 ff. In der Tat geriet am Allier, da Condé bereits auf dem linken Ufer, bei Bi zat, stand, Johann Casimir, vom Hauptquartier des Prinzen zu weit zurückgelassen, in eine gefährliche Lage (Serranus V, 171). Nicht nur La Huguerye, auch der auf entschieden hugenottischem Standpunkt stehende Serranus legt Gewicht auf den verderblichen Einfluss, den der Herr von Montaigu, Condé's katholischer Haushofmeister, auf den Prinzen geübt habe (ebd; La Hug. I, 263; 355; 380; 386). Dagegen verteidigt La Popelinière Montaigu's aufrichtige Treue gegen Condé (II, 361/2); freilich muss er zugeben, dass sie vielfach bezweifelt wurde und dass M., als er 1577 in die Hände der Königlichen fiel, die Partei des Prinzen verliess.

2) Vgl. das Schr. Johann Casimirs an Friedrich, Argilly 26. Jan. 1576 (Mb. 90/12 f. 106/7; ein kurzer Auszug bei Kl. II, 943). Ich kann hier ebensowenig wie beim Feldzug von 1567/8 auf das Militärische eingehen, das übrigens noch nirgends, soviel mir bekannt, eine genügende Darstellung gefunden hat. Das wichtigste unverwertete Material hiefür bietet jedenfalls die Pariser Nationalbibliothek; vgl. eine Reihe von Verweisen bei Bouillé a. a. O. u. de Ruble. Eine gleichzeitige schon von Häusser benützte Quelle, dem Tagebuch eines casimirischen Artilleristen entstammend, ist: „Aigenliche beschreibung des jüngstergangenen zugs in Frankreich, von dem durchleuchtigen — herren Johann Casimirn Pfalzgrafen etc. vollpracht, was man dabei von tag zu tag biss zu auskündung des friedens zu S. Martin für läger und quartir, auch zu zeiten selsamen zustand gehabt habe. Von ainem, so selbs dem zug beigewonet, inn ainer eil, wie es hat geschehen können, aufgezaichnet“ (Strassburg) 1576; angehängt das Friedensedikt vom Mai 1576. Mir nicht zugänglich, aber nach den Citaten mit obigem nicht identisch ist der von de Ruble (La Hug. I, 361 A. 2 und sonst) angeführte „Recueil des choses jour par jour avenues en l'armée conduite d'Allemagne en France par M. le prince de Condé“, 1577, gleichfalls von einem Augenzeugen. Nicht identisch mit der gedruckten „Aigenlichen beschreibung“ ist auch die bei Kl. II, 929 A. 2 angeführte

Jedenfalls trug aber Alençon die Hauptschuld daran, dass der ganze Feldzug sich in eine Reihe von Verhandlungen auflöste, worin nach den Worten eines zeitgenössischen Historikers ein Weib durch Sitzungen, Besprechungen, Schreibereien den Sieg erlangte. Schon jene Niederlage Thoré's und seiner deutschen Reiter war zum Teil auf Rechnung von Schombergs Umtrieben gesetzt worden; dass er die Pfälzer durch Schreiben in Misscredit zu bringen suche, klagt Johann Casimir.[1]) Diese Taktik des Verrats und der Verdächtigung wurde beibehalten, als die Gesandten des Hofs und Alençons zu Charmes im Hauptquartier der Verbündeten eintrafen. Die Gesandtschaft sollte zu Gunsten der Friedenstraktation den Vormarsch ins Stocken bringen; insgeheim erklärten freilich die Vertreter Alençons, ihre offizielle Werbung sei nur ein scheinbares Zugeständniss an die Regierung. Inzwischen bemühten sich königliche Emissäre die Truppen zum Abfall zu verleiten; selbst bei Johann Casimir hatte man einen Bestechungsversuch machen wollen, was aber der königliche Gesandte Bellièvre als gar zu bedenklich hintertrieb.[2]) Dagegen scheint Dr. Weyer, wenn auch nicht, wie La Hu-

---

„verzeichnus des feldzuges“ im Dresdener Archiv, die ausser einem Diarium des Zugs vom 29. Dez. 1575 bis zum 25. Aug. 1576 Aufzeichnungen über die Bezahlung u. Versicherung, die Unterhändler u. Geiseln, die französischen Schenkungen an Joh. Casimir u. a. enthält. Vgl auch ein paar Zeitungen, so die oben p. 143 A. 2 citirte „Neuwe zeitung“, die bei Weller (die ersten deutschen Zeitungen, Bibl. des literar. Vereins CXI, 239) registrirte „Newe zeitung auss Franckreich,“ Strassburg 1576, von der sich übrigens ein etwas abweichendes Exemplar Bm. befindet. Von den zeitgenössischen Historikern ist Serranus am Besten unterrichtet, nimmt aber nicht selten zu sehr Partei für den Pfalzgrafen.

1) Serranus V, 141; Johann Casimir an L. Wilhelm, Anoy 23. Dez. 1575 (Kl. II, 930).

2) Am 14. Dez. 1575 hatte der König an J. C. wegen des Waffenstillstands geschrieben. In seiner Antwort vom 24. Dez. bittet der Pf. um Geleite für seinen an Alençon abgefertigten Kammerdiener Matthieu Corum (Pb. V^c Colbert 7; über Corum, eigentlich Carum, vgl. Prinsterer I. 6, 392; La Hug. I, 224 ff.). Die Verhandlungen zu Charmes erzählt ein Schr. Friedrichs an L. Wilhelm, Heidelb. 14. Jan. 1576 (Kl. II, 935 ff.), womit La Hug. I, 364 ff. u. Serranus V, 161/2 zu vergleichen. Von dem durch einen Herrn von Beaufort eingeleiteten Versuch „par dons et promesses... d'attirer à vostre service le duc Casimir“ spricht ein Schr. Bellièvre's an K. Heinrich III, St. Dizier 26. Dez. 1575. (Pb. a. a. O.) Johann Casimir betonte dem Gesandten gegenüber namentlich, dass nicht er, wie man den König bereden wolle, den Frieden hindere (die Gesandten an Heinrich III, Charmes 5. Jan. 1576, Pb fonds fr. 15904).

gueryе behauptet, wirklich Verrat geübt, so doch wenigstens den Königlichen Hoffnungen erregt zu haben.[1])

Landgraf Wilhelm hielt die „coniunctio Papistarum et Hugonotorum" von Anfang an für innerlich unwahr und Johann Casimirs Lage für höchst bedenklich; „uns ist nicht wohl dabei," schrieb er an Friedrich, „dass S. L. unter so gefährlichen Leuten versirt." Mochte auch Johann Casimir den königlichen Gesandten gegenüber durch tadellose Höflichkeit und sehr zuversichtliche Sprache seine Haltung wahren, so wurden die Verhältnisse doch immer unklarer. Der angebliche Vergiftungsversuch auf Alençon, die Flucht Navarra's vom Hof (3. Februar), die starken Rüstungen des Königs verringerten die Aussicht auf eine friedliche Lösung, während gleichzeitig von einem einheitlichen Zusammenwirken der Verbündeten nicht die Rede und die Invasionsarmee zu einer traurigen Untätigkeit verurteilt war. Alençon hatte wohl das Bündniss Condé's mit dem Pfalzgrafen ratifiziren lassen[2]), aber sein persönliches Zusammentreffen mit den beiden Heerführern schob sich weiter und weiter hinaus; er hatte ein schlechtes Gewissen und wollte erst sondiren, ehe er sich persönlich dem ketzerischen Kriegsvolk anvertraute. Am 13. März erfolgte endlich die Begrüssung der drei Fürsten und die äusserst glänzende Heerschau in der Nähe von Moulins; mit betäubendem Kanonendonner empfing man den neuen Oberbefehlshaber, dessen Gedanken freilich auf andere Dinge gerichtet waren als auf kriegerische Operationen. Der Valois erschien mit geringem Volk; von dem brüderlichen Zusammenleben der Fürsten und ihrer Leute, das ein pfälzischer Berichterstatter rühmt, war in der Tat nicht viel zu spüren.[3]) Der wahre Kriegsschauplatz

---

1) La Hug. I, 366/7; 386; 394. Auffallend ist es immerhin, dass nicht Weyer, sondern Beutterich zu den Pariser Traktationen im März abgeordnet wurde. Am 12. Juli 1576 empfiehlt Harlay W. ganz besonders der K. Katharina, „espérant que cela pourra servir à l'avancement de vos affaires" (Paris Vc Colbert 8 f. 212). Doch spricht die damalige Sendung Weyers an den Hof sowie seine spätere Stellung in der Pfalz dafür, dass sein Einfluss bei J. C. nicht ernstlich erschüttert wurde.

2) Die Vollmacht Alençon's für La Fin, St. Maixant 17. Dez. 1575, Ma. 544/13 f. 174 (Cop.); die Bestätigung des Hülfsvertrags vom 28. September, Atigny la Tour 9. Januar 1576, ebd. f. 60/1 (Or. unterzeichnet und besiegelt von Jacques de La Fin, als bevollmächtigtem Vertreter Alençon's, Chrestien de Savigny, Balsac-Montaigu, Claude Antoine de Vienne-Clervant, Bossulus.)

3) J. C. Hofmeister Starkenberg, der im März nach Heidelberg gesandt wurde, sagt in seinem Bericht (Mb. 90/12 f. 79 ff.), Casimir liege

aber befand sich in Paris, wo die Gesandten der Verbündeten sich unter einander und mit dem Hof zu verständigen hatten.

Damit begann für den ehrgeizigen Pfalzgrafen, der auf Krieg und Eroberung ausgezogen war, eine lange Reihe von Enttäuschungen und Verdriesslichkeiten. Von vornherein galten, und zwar mit vollem Recht, seine Forderungen als Haupthinderniss des Friedens. Ausser jenem Vertrag mit Condé, den Alençon wohl oder übel dem König überreichen und empfehlen liess, verlangte der Pfalzgraf noch besonders für die Hugenotten das Recht der Mitbenützung an den katholischen Kirchen und eine Erklärung des Königs, dass die protestantischen Schweizer des Bundesheers auf seinen Befehl nach Frankreich gezogen seien.[1] Aber die unerträglichste Bedingung blieb immer die Ueberlassung der drei Stifter; die Mehrzahl der Franzosen ohne Unterschied der Partei musste sich hieran stossen. Ebensowenig dachte sich Johann Casimir den Lohn entreissen zu lassen, auf dessen Zusicherung sein ganzes Unternehmen recht eigentlich gegründet war. Vergebens strebte die Hofpartei, unterstützt durch Alençon, die Pfälzer von den Hugenotten zu trennen und für eine Sonderverhandlung zu gewinnen. Katharina selbst versicherte die Gesandten Beutterich und Starkenberg, man werde sie und ihren Herrn aufs Reichste bedenken, sie erlangte jedoch nichts und ärgerte sich über Beutterichs derbe Antworten. Auch die Rede, die der soldatische Jurist in feierlicher Audienz hören liess, war von einer unerhörten Offenheit und machte den König besonders auf die „Fuchsschwänzer" in seiner Umgebung aufmerksam. Beutterich, der die Wertlosigkeit der schwebenden Verhandlungen richtig erkannte, gab seinem Herrn den Rat, mit Condé ohne Weiteres auf Paris zu marschiren und nötigenfalls den Nachzug zu beschleunigen; sonst würden sie die Betrogenen sein.[2]

---

zu Moulins (?), Alençon zu Decize, „lebten mit einander wie brüder, wie auch das kriegsvolk." Vgl. dagegen Mém. de Bouillon (Petitot XXXV) p. 141 ff. La Hug. I, 390 ff. Ein Schr. Joh. Casimirs an La Noue, Chasteau le Don 22. Febr. 1576 (Mb. a. a. O. 89) rechnet auf den günstigen Einfluss dieses berühmten Hugenotten bei Alençon.

1) Die im Namen Johann Casimirs überreichten Forderungen an den König, vom 15. März, citirt de Ruble (La Hug. I, 394 A. 2); vgl. Serranus V, 181/2. Eine Erklärung Joh. Casimirs gegen die Verläumdungen etlicher Franzosen, die seinem Kriegsvolk einzureden suchten, er verhindere aus Eigennutz den Frieden und die Bezahlung der Truppen, Za. (Churpfalz 1416—1592).

2) Vgl. den ausführlichen Bericht Starkenbergs vor dem Kf. und den Räten zu Heidelberg (Protokoll vom 31. März 6. April 1576, Mb. 90/12

Johann Casimir folgte diesem Rat und überschritt gegen Ende März mit Condé die Loire in nördlicher Richtung. Alençon entschuldigte sich mit Krankheit; Unterhändler gingen zwischen seinem Quartier und dem Lager der Verbündeten hin und her, um das gegenseitige Vertrauen herzustellen. Die Zweideutigkeit des königlichen Prinzen hatte sich vollends dadurch verraten, dass seine Forderung einer „Superiorität", die den Casimirischen bedenklich erschien, in einem an den Pfalzgrafen geschickten Exemplar der Friedensvorschläge weggelassen war.[1]) Dathenus, der mit Alençon verhandelte, befestigte sich in der Ueberzeugung, dass man es mit einem ergebenen Sohn der Medicäerin zu tun habe. Auch ein paar hugenottische Gesandte liessen sich vom Hof dazu gebrauchen, dem Pfalzgrafen den Verzicht auf die drei Bistümer im Interesse der Religion ans Herz zu legen. Die Antwort war eine neue grobe Erklärung Beutterichs vor dem König; der Pfalzgraf bestand auf seinem Vertrag, drohte eventuell den Krieg mit Einsetzung aller Kräfte weiterzuführen und deutete an, künftig werde man vielleicht noch ganz andere Bedingungen stellen. Das königliche Anerbieten einer stattlichen Pension und Reiterbestallung blieb zunächst unbeachtet und die Truppen des Pfälzers und Condé's rückten der Hauptstadt immer näher.[2])

---

f. 79—83, vgl. das Schr. Friedrichs an L. Wilhelm 2. April, Kl. II, 946 ff.). Beutterichs erste Werbung beim König, Paris 15. März, L'Estoile, Journal de Henri III, (Haag 1744) III 60 ff; lateinisch Serranus V, 182 ff. Die von La Hug. I, 397/8 mitgeteilten kriegerischen Ratschläge B.'s („repasser Loire et s'en venir droict à Paris") wurden auf J. C.'s Veranlassung zum grossen Aerger Alençon's sofort verwirklicht (Serranus V, 197/8; Mém. de Bouillon a. a. O. Ein Schr. Condé's an J. C. über einen beabsichtigten Handstreich, Sougères 9. April, bei Aumale II, 416/7)

1) Starkenberg a. a. O. Ebenso beschwerte sich später J. C. gegen den kgl. Schatzmeister Molé, in dem ihm überschickten Exemplar des Edikts hätten sich, verglichen mit den von ihm unterzeichneten Artikeln, von denen er nie Abschrift erhalten habe, mehrfache Auslassungen und Veränderungen gefunden (Bericht Molé's vom 23. Mai, Pb. V° Colbert 8 f. 137).

2) Vgl. Serranus V, 190 ff; über die Spannung und die Verhandlungen zwischen J. C. und Alençon, ausser Mém. de Bouillon a. a. O. den Bericht des Dathenus an Johann Casimir, Moulins, 7. April (Mb. 90/12 f. 119 eigh.), die Depesche Alamanni's Paris 9. April (Desjardins IV, 60/1), nach La Hug I, 395/6 hätten Condé u. J. C. sogar einen Handstreich des Alençon'schen Regiments Bussy befürchtet. Ueber Alençons Absicht, den Frieden ohne die Auslieferung der drei Bistümer durchzu-

Da verfiel die französische Regierung auf den besten Ausweg und wandte sich an den Vater des hartnäckigen jungen Fürsten. Die Eidgenossen liehen ihre Vermittlung, vor Allem Bern, das die Gelegenheit sicherlich in Erinnerung an die neuliche Behandlung seiner Gesandtschaft gern ergriff. Der Appell an die Hochherzigkeit des alten Kurfürsten trug die gewünschten Früchte; Friedrichs Anschauungen konnte es nicht entsprechen, einen für die Hugenotten günstigen Frieden um eines weltlichen Vorteils willen in Frage zu stellen. Leider fehlt uns sowohl die Instruktion der Räte, die er im April nach Paris und in das Lager des Sohnes abfertigte, als auch seine Beantwortung der Berner Gesandten. Aber die Tatsache, dass jene Schickung der Berner an den Kurfürsten die Zurücknahme der auf die drei Bistümer bezüglichen Forderungen zur Folge hatte, wird durch Johann Casimirs eigenes Zeugniss ausser Zweifel gesetzt. Auch Beutterich schiebt die Schuld des „trügerischen Friedens" auf Bern und Freiburg.[1])

---

setzen, vgl. Mém. de Duplessis-Mornay (Ausg. 1824) I, 105. Am 20. Febr. 1577 schrieb Dathenus an L. Wilhelm, Alençon habe im letzten Krieg nie im Interesse der Protestanten, vielmehr aus Anstiftung der Königin-Mutter gehandelt, die durch ihn Condé die Führung entzog und das gegnerische Heer lähmte (Marb.). Also jener Verdacht, den Serranus (V, 132b) als die Ansicht kundiger Beobachter referirt, wird hier, wie bei La Hug. I, 352 ganz bestimmt ausgesprochen; La Hug dehnt ihn sogar, natürlich völlig grundlos, auf Navarra aus.

1) Vgl. Kl. II, 949 A. 1; das Heidelberger Protokoll vom 20. 22. 23. April Mb. 90/12 f. 84 ff; Haller u. Müslin, Chronik, p. 197; Serranus V, 200a gibt an, dass ausser Bern auch der Landgraf bei Friedrich in gleichem Sinne intercedirt habe. In seinem Schr. an Heinrich III vom 7. April, das jedoch nicht ganz veröffentlicht ist, spricht Friedrich nur von der Freilassung der Religion, Prinsterer I. 5, 337 ff; Tags zuvor hatte Starkenberg vorgeschlagen, in diesem Schr. zu erklären, wenn der Punkt die Religion betr. bewilligt u. die principes sonst etwas Ungleiches begehren würden, wolle Pfalz gern als Mittler bei denselben das Beste tun. Mit dem zurückreisenden St. ging damals Dr. Junius nach Frankreich; ein kgl. Pass für letzteren, als vom Kf. an Johann Casimir abgefertigt, Paris 19. April, Ph. fonds fr. 15904. — Am 9. Nov. 1579 schreibt J. C. an den Züricher Rat davon, „was uns sowohl vor und in werender fridshandlung fur ungelegenheit auf ir der von Bern an die kgl. W. und weiland unsern geliebten herrn vatter ... geschickte legation mit begebung der dreien verschribnen stift Metz, Tull und Verdun zu nachteil unser selbs und der gemeinen sach, auch darauf erfolgten abzug der aidgenossen ervolget, welliches aber alles wir nit geandet."

Dieser Friede wurde endlich durch die alte Königin in Person zu Stande gebracht und am 6. Mai in einem Schloss bei Sens unterzeichnet,[1]) nachdem gerade die letzten Verhandlungen an Johann Casimirs fast unüberwindlicher Halsstarrigkeit, aber auch an dem unwürdigen Benehmen Katharina's zu scheitern gedroht hatten. Gleich die erste Zusammenkunft nämlich in der Abtei Cerquensaux war dazu bestimmt, Condé und den Pfalzgrafen durch erbärmlichen Verrat zu Gefangenen zu machen. Condé fand sich bereits in der Falle, konnte aber seinen Genossen noch rechtzeitig warnen lassen, worauf Johann Casimirs Weigerung, das unheimliche Kloster zu betreten, den Anschlag zu Fall brachte. Auch die Reize ihrer Hofdamen suchte Katharina in gewohnter Weise und nicht ganz ohne Erfolg zu verwerten.[2]) Das ganze Gebahren des Hofs liess auf die geringe Lebensfähigkeit des „ewigen und unwiderruflichen" Edikts schliessen, das allerdings den Hugenotten über Erwarten grosse Zugeständnisse bot.

Das Edikt erwähnte nur vorübergehend Johann Casimir und seinen Vater als gute Freunde des Königs und beschränkte sich im Uebrigen darauf dem Einmarsch der Schweizertruppen die königliche Sanktion zu verleihen. Nach dem ursprünglichen Wunsch des Hofs und Alençons vertrug sich jetzt Johann Casimir wirklich abgesondert mit dem König, freilich um einen teuern Kaufpreis. Der Pfalzgraf verzichtete auf die drei Bistümer, erhielt aber dafür das Commando über eine Compagnie hommes d'armes und 4000 deutsche Reiter, eine Jahrespension von 40000 Franken, das Herzogtum Etampes und neun Herrschaften in der Bourgogne; Alençon fügte als Geschenk auf Lebenszeit das Herzogtum Château-Thierry

---

(Ma. 544/15). Und Beutterich schreibt am 8. Sept. 1579 einem Ungenannten: „Hoc mihi crede possum demonstrare, Bernates et Friburgicos in causa esse, quod profugae facti sunt Helvetii nostri, quod inscio Casimiro tormenta aenea ad aliquot milliaria abduxerunt, quod denique pax ista fraudulenta, nobis tum suspectissima, inita est." (Mb. 90/12 f. 136 Conc.)

1) Ueber die Oertlichkeit, Etigny, vgl. Serranus V, 201[b]; La Hug. I. 415 A. 1.

2) Vgl. La Hug. I, 411 ff; Serranus V, 200[a] ff; Mém. de Mergey (Petitot XXXIV) p. 76/7. Wie J. C. seiner Gemahlin schreiben konnte, die alte Königin habe sich im Handel des Friedens ganz wohl erzeigt (Kl. Ehe p. 46 A. 1), ist schwer zu verstehen.

bei.[1]) Hier wie in Etampes beeilte sich Johann Casimir „die Predigt göttlichen Worts anzurichten.“[2]) Ein alter Lieblingswunsch freilich wurde ihm nicht erfüllt; vergebens bat er den König ihm für den Kriegsfall das Oberkommando über alle in königlichen Diensten stehenden deutschen Reiter zu verleihen. Auch fehlte zuerst in seiner Bestallung die Ausnahmeklausel zur Sicherung seiner Religion, seines Gewissens und des Reichs, doch muss sie, da Johann Casimir die Obristenstelle wirklich annahm, nachgetragen worden sein.[3])

Weit grössere Schwierigkeiten bereitete die Abfindung der deutschen Truppen, denen der König vor Allem den rückständigen Sold von vier Monaten, 1700000 Franken, bar bezahlen sollte.[4]) Dieses Versprechen konnte, wie vorauszusehen war, nicht eingehalten werden; es knüpften sich an die alten und neuen Kriegsschulden der französischen Krone nicht nur ärgerliche Szenen mit den verwilderten Söldnern, sondern sie bildeten auch ein lästiges, nicht eben freundschaftliches Band zwischen Frankreich und Johann Casimir, dessen Politik überhaupt jetzt und nachmals nicht zu ihrem

1) Serranus V, 202; vgl. die Aufkündigung zu Blois 7. März 1577 s. unten); Ehem an L. Wilhelm, 19. Mai 1576 (Kl. II, 951 ff.); La Hug. I, 417. Das Geschenk Alençon's war, wie Junius und Beutterich am 6. Juni aus Paris an J. C. schrieben, „das peste stuck, so E. F. Gn. in Frankreich hat“, was aber die Alençonischen gerne beschneiden möchten (Mb. 90/12 f. 111). Noch im November schreibt J. C. an Bellièvre, derselbe möge etwaige Schwierigkeiten des Parlaments betreffs der Verification dieser Schenkung beseitigen helfen (Pb. fonds fr. 15905).

2) Friedrich an Joh. Friedrich von Sachsen, 31. Juli (Kl. II. 984).

3) Vgl. Joh. Casimir an Friedrich, 9. Mai (Kl. II, 952 A. 6). Vom 12. Mai datirt eine Reihe von Artikeln, die Beutterich im Namen seines Herrn zu Paris anbrachte und worin u. a. die Einsetzung jener Klausel in die Bestallung, ferner die Freiheit, andere Kriegszüge unbeschadet des kgl. Dienstes zu unternehmen, am Schluss nochmals die kgl. Sanktion für die Werbung der Schweizer durch Beutterich verlangt wird. Gleich der erste Artikel aber greift auf den schon 1573 angedeuteten Wunsch Johann Casimirs zurück: „qu'au cas que mon dict s^r amenast les dicts quatre mille reittres pour le service du roy, soit dedans ou dehors ce royaume, et il en heust d'aultres, il soit colonel général de tous les reittres que le roy aura à son dict service“ (Pb. Vc Colbert 8 f. 122/3). Noch am 9. Juli behauptete aber Kf. Friedrich in seiner Beantwortung des kgl. Gesandten Beaufort von seinem Sohn: „qui a cest honneur d'estre nommé colonel général des reistres et troupes alemandes pour le service de sa dignité royale.“

4) Kl. II, 953; 983; Charrière III, 651 A.

Vorteil unter dem Druck finanzieller Fragen stand. Monatelang musste er noch mit seinen unbezahlten Reitern und Knechten in Frankreich und Lothringen umherziehen, während der Hof in furchtbarer Geldverlegenheit immer neue Ausflüchte ersann und nur mit Mühe in Lothringen und der Schweiz die erforderlichen Bürgschaften aufbrachte; auch die zugesicherte Auslieferung von Kleinodien und von vornehmen Geiseln liess lange auf sich warten. Alençon hatte ebenfalls bei Johann Casimir Geld aufgenommen, was erst im Winter erstattet werden sollte. [1])

Der Pfalzgraf, dessen Heer wieder wie im Jahr 1568 als beschwerlicher Ueberrest der Kriegszeit die allgemeine Antipathie erregte, erhielt von verschiedenen Seiten Warnungen, „man beabsichtige ihm auf dem Heimweg noch einen Possen zu spielen." Wohl beriet er sich mit seinen Offizieren über die Aufnahme der Feindseligkeiten, aber eine genaue Veranschlagung ihrer Streitkräfte, die durch Krankheit und den Abzug verschiedener Truppenteile sehr geschmolzen waren, sprach gegen jeden gewaltsamen Versuch. [2]) Man musste sich damit begnügen, Alençon tatsächlich als Geisel im Lager festzuhalten; [3]) die Soldaten entschädigten sich auf eigene

1) Laut der Schuldverschreibung Alençon's, Lisle sous Monréal 6. Juli 1576 (Mb. 90/12 f. 104) waren es 11000 fl., für deren Rückzahlung an Weihnachten sich gleichzeitig La Noue verbürgte. — Von den zahlreichen bisher ungedruckten Urkunden, Werbungen und Schreiben, die sich auf die monatelangen Verhandlungen des Hofs mit J. C. und seinen Truppen beziehen, findet sich das Meiste in der Correspondenz Bellièvre's (Ph. fonds fr. 15904, manche Ergänzungen Vc Colbert 8), eine Reihe von Documenten in Abschrift Mb. 90/7, 90/11 und 90/12. Die Hauptobligation K. Heinrichs III ist datirt Paris 27. Juli 1576. Ueber die Versuche des Königs in Frankreich und im Ausland Geld aufzutreiben vgl. ausser L'Estoile, Journal de Henri III die Corresp. des Königs mit seinem Gesandten in Venedig bei Charrière III, 650 ff.

2) Molé's Bericht (a. a. O.); Werbung und Beantwortung Bellièvre's, 20. Juni 1576 (Mb. 90/12 f. 90).

3) Johann Casimir sagte zu Molé, „que ses rappors et soupçons étoient cause que Monsieur à sa requeste avoit promis de ne se partir qu'il n'eut été satisfaict au dict sr duc." Am 3. Juni schreibt der toskanische Gesandte aus Paris: Monsieur könnte sich vielleicht, auch wenn er wollte, nicht von Casimir und den Reitern losmachen (Desjardins IV, 71). Alençon verliess das protestantische Hauptquartier erst am 7. Juli (La Hug. I, 439 A. 1, vgl. Kl. II, 980), nachdem er an Joh. Casimir und dessen Offiziere eine Art von Urlaubsgesuch gerichtet hatte („sie wöllen in gutem aufnehmen, das er in seine erblande sich verfüge," deutsche Uebersetzung von Beutterichs Hand Mb. 90/11).

Faust an den Gebieten, die ihr endlos dauernder Rückzug traf. Ihr Beispiel steckte die deutschen Truppen des Königs an, die sogar drohten sich ihren protestantischen Landsleuten anzuschliessen, wenn sie nicht bezahlt würden. Die Reiter liessen überhaupt in Frankreich, besonders den Herrensitzen gegenüber, keine Rücksichten der Religion gelten; der toskanische Gesandte glaubte zu bemerken, dass auch der hugenottische Adel Angst bekam, die Fremden könnten mit den demokratischen Elementen des französischen Protestantismus Fühlung suchen. [1])

Vor und während der Friedensverhandlungen hatte es eine Zeitlang den Anschein, als sollte diese stattliche Armee, „die schönste Truppe, die man je aus Deutschland marschiren sah", doch noch ein angemessenes Feld der Tätigkeit finden. Im Frühjahr 1576 trugen die Staaten von Holland und Seeland dem Herzog von Alençon die Regierung an; er liess bei Condé und Johann Casimir wegen eines niederländischen Zugs sondiren. Auch Agenten Oraniens fanden sich im Lager der Verbündeten ein; man dachte daran, dass Condé mit einem Teil der im Feld stehenden Truppen sogleich nach Norden ziehen, Johann Casimir inzwischen für den Fall einer Friedensstörung in Frankreich eine neue deutsche Armee bereit halten sollte. Nach dem Frieden wurde zwischen Alençon, Condé und dem Pfalzgrafen eifrig weiterverhandelt; der letztere soll bei einem Bankel mit einem starken Trunk bekräftigt haben, dass er jetzt, nachdem er Alençon geholfen, dem Prinzen von Oranien helfen wolle. [2]) Aber zunächst kam

---

1) Depeschen Alamanni's vom 2. Mai 3. Juni (Desjardins IV, 65; 71); vgl. das Schr. des Brüsseler Staatsrats an Philipp II, 14. August (Gachard IV, 309). Nach der Angabe La Huguerye's (I, 455; 461) hätte Johann Casimir wirklich mit Mandeslohe als Vertreter der unzufriedenen kgl. Obersten Unterhandlungen behufs gemeinsamen Vorgehens angeknüpft.

2) Vgl. oben p. 168; über die weitere Verfolgung dieses Gedankens berichtet am Ausführlichsten La Hug. I, 371; 405 ff; 424 ff; womit vor Allem zu vgl. die Depeschen des spanischen Gesandten in Paris vom 25. Mai, 5. 19. 23. Juni, 6. 8. Juli, 16. Sept. (Gachard IV, 160; 188; 202/3; 232/3; 377.) Nach dem citirten Schr. des Dathenus vom 7. April sollten damals Maleroy und Bouchart zu Oranien gehen, um sich genauer über die von Alençon zu beschwörenden Privilegien zu erkundigen. Vgl die Schr. Ehems u. Brunynck's an Gr. Johann, 20. Mai 1. Juni (Prinsterer I. 5, 363 ff.), eines Ungenannten an Oranien (ebd. suppl. p. 136/7*, von Prinsterer irrig in das Frühjahr 1573 gesetzt); hier erscheint als Unterhändler Oraniens Dr. Rosenberger, während La Hug. nur La Garde und Calvard anführt; letzteren erwähnt auch der spanische Gesandte neben

die niederländische Friedenstraktation dazwischen und die zunehmenden Klagen der Hugenotten über mangelhafte Ausführung des Edikts veranlassten Johann Casimir, nochmals als der Anwalt der französischen Glaubensgenossen aufzutreten; Dr. Weyer musste dem Pariser Hof wieder eine jener Lektionen erteilen, deren halb religiöser halb soldatischer Ton allmählich zum regelmässigen Stil der pfälzischen Diplomatie wurde.[1]) Eine Lektion anderer Art war die Verhaftung des Parlamentspräsidenten Bellièvre, der vom König an die deutschen Truppen abgefertigt war; da er die Forderungen nicht befriedigen konnte, liess es Johann Casimir zu, dass die Offiziere ihn und einen königlichen Commissär festnahmen, und führte sie bis nach Heidelberg mit. Die vom König gestellten Geiseln wurden gleichfalls scharf bewacht und rücksichtslos behandelt. So nahmen die gegenseitigen Recriminationen kein Ende, auch als das Heer endlich im August das französische Gebiet räumte.[2])

---

andern. Am 17. Juni schreibt Bellièvre dem König aus Châtillon sur Seine: „Ces gens sont fort avant à traicter des affaires de Flandres et désirent de retenir près d'eux mon dict seigneur à ce qu'ils en ayent prins résolution. Il semble que ceux de la nouvelle religion ont fort à cœur ceste entreprinse" (Pb. V^c Colbert 8 f. 180). Die im Text angeführte Aeusserung Joh. Casimirs bei Gachard IV, 174 A. Vgl. auch Bouillé III, 27.

1) Thuanus LXIII, 3; Weyer's Werbung gedr. bei La Popelinière II, 318/9; die Antwort des Königs vom 27. Juli Pb. Dupuy no. 99. Weyer, über dessen „extrême avarice" nicht nur La Huguerye, sondern auch Molé klagt, wäre kurz vorher beinahe ein Opfer der über die Soldfrage aufgeregten Reiter geworden (La Hug. I, 421). Dass in seiner Werbung die Beschwerden Condé's so kräftig vertreten werden, hat seinen guten Grund; Condé glaubte übrigens um diese Zeit sogar einen Anschlag auf seine Person von Seiten Alençons befürchten zu müssen (Mém. de Bouillon p. 153/4; La Hug. I, 440; Aumale, hist. des princes de Condé II, 115/6).

2) Vgl. vor Allem Bellièvre's ausführliches Beschwerdeschr. an Joh. Casimir, Andelot 11. August 1576 (Za. Frankreich). Am 13. August meldete J. C. dem König die Festnahme B's. u. Harlay's, mit der Bitte die Zusage betreffs der Geiseln zu erfüllen (Pb. V^c Colbert 8 f. 266; vgl. Kl. II, 996). Von den fünf zugesagten Geiseln wurden nur zwei, Yves d'Allègres und François d' Escars, gestellt (Thuanus a. a. O; La Hug. I, 428); Molé berichtet der Königin aus Nancy, 15. August, die Geiseln seien „menez jusques icy avec toute l'indignité qui se peult souffrir" (Pb. V^c Colbert 8; ebd. ein dringendes Schr. von Escars an den König um Erlösung aus seiner sehr trübseligen Lage — „je suis icy comme ung bellistre" — Kaiserslautern 30. August, sowie eine Erklärung von J. C.

Am 25. August hielt der junge Pfalzgraf seinen festlichen Einzug in Heidelberg; er wurde vom Hof und der bewaffneten Bürgerschaft unter Geschützsalven empfangen, mit dem Lorberkranz geschmückt und wie ein Triumphator in die Stadt geleitet. Sein Vater führte ihn freilich zur Schlosskapelle, wo der glücklich Heimgekehrte noch im Kriegsgewand sein Dankgebet verrichtete. Aber die Predigten und Reden, die den neuen „Gideon" und „Alexander den Grossen", die „Zierde von Germanien und Gallien" verherrlichten, hielten sich nicht in den Schranken christlicher Demut.[1]) Auch der alte Kurfürst sonnte sich freudig in dem Glanz seines jungen „Josua" und hörte ohne Widerspruch auf die masslosen Schmeicheleien und die kühnen Luftschlösser der Hofleute und Räte, die Johann Casimir für „den feinsten Fürsten unter der Sonne" erklärten. Und wenn man in Heidelberg meinte, Kaiser und Reich würden jetzt die Pfalz mit andern Augen ansehen, so war das nicht einmal so übertrieben; wenigstens für den Augenblick dachten der Kaiser und besonders die geistlichen Kurfürsten an die Mög-

betreffs der Geiseln, Heidelb. 2. September). Ein Versuch des Hofs, durch den Gesandten Beaufort den alten Kf. zu einer wiederholten Herabstimmung der casimirischen Forderungen zu veranlassen, hatte Friedrich ziemlich deutlich zurückgewiesen (Werbung Beaufort's beim Kf. 7. Juli, Beantwortung 9. Juli, Mb. 110/1, Missiven zwischen Pfalz und dero Räten ao. 76, f. 201 ff; vgl. Kl. II, 972).

1) Quirinus Reuter, oratio de vita et morte Joh. Casimiri p. 15 ff; Tossanus, oratt. p. 233/4; vor Allem Guil. Rodingus, Oratio ad ill^mum principem Johannem Casimirum, Heidelb. 1576. Letztere Rede wurde am 29. August gehalten und ist, abgesehen von ihren unsinnigen Lobeserhebungen, dadurch beachtenswert, dass eine auf den ersten Blick sehr unglaubwürdig erscheinende Erzählung Brantôme's, J. C. habe seinem Einzug die Gestalt eines altrömischen Triumphs gegeben, wenigstens teilweise bestätigt wird. Roding berichtet nämlich (p. 18), dass der junge Pfalzgraf bei seiner Einholung vor der Stadt mit einem goldenen Lorberkranz („serto aureo laureatoque") geschmückt wurde. Ferner ruft er die Pfalz und Deutschland, alle Stände zur freudigen Teilnahme auf: „triumphent et te equis albis et curru inaurato lauro capite coronatum Romano triumphantium more in urbis Heidelbergae capitolium vehant atque deducant" (p. 5.) Die altrömisch herausstaffirten Ochsen Brantôme's erwähnt bereits das „Advertissement des catholiques anglois aux François catholiques", 1586. p. 81. Von der grossen Masse der mit Beute gefüllten Wagen, die das Heer mitherausbrachte, spricht nach Bericht von Augenzeugen Johann Sturm, der überhaupt Johann Casimirs Zug herb kritisirt (de bello adversus Turcas perpetuo administrando . . sermones tres, herausg. von Reusner, Jena 1598, f. 121/2; 137/8).

lichkeit eines pfälzischen Gewaltschritts in Deutschland.[1]) Wir werden noch finden, dass in der Tat eine kriegerische Aufregung auch zu Hause, am Heidelberger Hof vorhanden war. Und Johann Casimir, kaum zurückgekehrt, hoffte bald genug seine Rolle als von Gott berufener Schützer der Religion in Flandern mit gleichem Erfolg zu spielen.[2])

Diesen Scheintriumph der pfälzischen Politik sollte Friedrich der Fromme kaum einige Monate überleben. Als er starb, war der Zerfall des französischen Friedenswerks unaufhaltsam im Gang. Was aber seiner eigensten Schöpfung, der deutsch-reformirten Kirche bevorstand, darüber musste er längst im Klaren sein. Denn die letzten Jahre hatten seine Vereinsamung innerhalb des Reichs besiegelt und sein Erbe wartete nur auf den Tod des Vaters, um diesen ihm verhassten Bann durch eine lutherische Reaktion wieder aufzuheben.

VI. Königswahl und Freistellung; Friedrichs Tod.

Wenn die politische Haltung der deutschen Protestanten in diesen Jahren ihren katholischen Gegnern, zumal den geriebenen Italienern fast unbegreiflich erschien, so kann das nicht Wunder nehmen. Ausländische Pamphletisten liessen sich ganz offen heraus und übergossen die „unvorsichtigen Bestien", die weder die Grösse der Gefahr noch ihre eigene Stärke erkannten, mit bitterem Hohn. Man nahm die einzelnen Fürsten vor und zog aus der Betrachtung ihres Tuns den Schluss, eine solche Summe von Verkehrtheiten

1) Mainz fürchtete beim Herauszug des casimirischen Kriegsvolks Schaden zu leiden (Morone an Cardinal von Como, Regensb. 19. Juni, Theiner II, 525). Später sprach man von einem Anschlag des Pf. gegen Köln (Jaroslav von Kolovrat an K. Rudolf, 24. August; Georg Ludwig von Seinsheim an den Kaiser, Würzb. 10. Oktober, Wh. Kriegsakten).

2) Vgl. unten die pfälzische Instruktion vom Sept. 1576; ferner die Mitteilung der Pf. Elisabeth vom 10. Dez. (Kl. Ehe p. 51 A. 1.); übrigens sei bemerkt, dass die Berichte der jungen Pf. an ihre Eltern die Politik Friedrichs und ihres eigenen Gemahls geradezu feindselig besprechen.

sei das untrüglichste Zeichen, dass die deutsche Ketzerei nicht lange mehr zu leben habe.[1])

In der Tat war ja Kurfürst August auf einen Standpunkt geraten, der ihm Spanien weit ungefährlicher erscheinen liess als die calvinistischen „Schelmen und Aufrührer". Auch Landgraf Wilhelm hielt es für ein Gebot politischer Klugheit, „ums, quod Graeci moriantur, nicht hoch zu bekümmern." Ja, er hatte es Johann Casimir gegenüber geradezu für unchristlich erklärt, sich fremder Nationen anzunehmen, „die beides, moribus et lingua, von uns abgesondert." Er fasste übrigens diese Neutralität derart auf, dass er zwar sich hütete, einen Schritt zu Gunsten der Pfälzer und Hugenotten zu tun, dem König dagegen freien Durchzug und Anwerbung hessischer Untertanen bewilligte.[2]) Neben solcher Beschränktheit des Urteils oder Schwäche des Charakters erscheint allerdings die Heidelberger Politik trotz aller Mängel immer noch achtungswert, denn sie vertrat wenigstens consequent, wenn auch nicht immer geschickt die Einheit der protestantischen Interessen. Ihr Programm hiess, wenn wir die besonderen Wünsche des ehrgeizigen Johann Casimir bei Seite lassen, „Freistellung inner und ausser des Reichs", d. h. Religionsfreiheit für sämmtliche Evangelische gleichviel welcher Nation.

Nun war allerdings die „Freistellung" innerhalb des Reichs ein Postulat, woran selbst die strengen Lutheraner festhielten. Aber es ist neuerdings klar auseinandergesetzt worden, wie verschieden man den Begriff dieser Forderung in Dresden und in Heidelberg fasste. August verstand die Freistellung ursprünglich dahin, dass der vielberufene geistliche Vorbehalt aufgehoben und gleichzeitig die nicht in den Religionsfrieden aufgenommene Declaration König Ferdinands zu Gunsten der evangelischen Untertanen geistlicher

---

1) Vgl. ein paar Flugschriften: „Rapsaces hohnsprechen vnnd Senacheribs Schmachschrifft — welche ein gotloser, hochmütiger vnd blutdurstiger römischer spitzbube — geschrieben hat" ..., aus dem Lateinischen, 1573; ferner: „Romanae sedis iudicium de principibus Protestantibus in Germania, anno 1574. mense Martio", handschriftlich Bm. Cod. lat. 11470b f. 21/2 (aus der Pfalz an den Schaffhausener Geistlichen Ulmer mitgeteilt); vgl. auch eine Aeusserung im Schr. des Pf. Ludwig an Friedrich, 5. März 1575 (Kl. II, 811).

2) Wilhelm an Friedrich, 18. Juli, an Johann Casimir, 23. Sept. 1575 (Kl. II, 845; 871/2); an K. Heinrich III, 9. Dez. 1575 (Prinsterer I. 5, 325); an den Statthalter zu Metz mons[r] de Piennes, Febr. 1576. (Pb. V[c] Colbert 8 f. 222 Or.)

Stände als Reichssatzung anerkannt werden sollte. Den pfälzischen Standpunkt erläutert ein Gutachten des Kurprinzen Ludwig, der in dieser Frage ausnahmsweise mit seinem andersgläubigen Vater übereinstimmte. Er empfiehlt, den obigen Begriff „dahin zu extendiren", dass nicht nur die geistlichen Reichsstände ohne irgendwelchen ernstlichen Nachteil die A. C. annehmen dürften, sondern die evangelische Religionsübung auch den Landständen und Untertanen aller katholischen Reichsstände, der weltlichen wie der geistlichen, freistehen sollte. Von einer Gegenseitigkeit, von dem gleichen Recht die A. C. mit dem römischen Bekenntniss zu vertauschen ist dabei keine Rede; die Pfälzer fühlen sich als Verteidiger der Wahrheit gegen den Irrtum von vornherein im bessern Recht.[1]) Aber der Religionsfriede wie jedes Compromiss beruhte ja eben darauf, dass beide Religionsparteien die schroffe Einseitigkeit ihrer Ueberzeugung einem gemeinsamen politischen Zweck unterordnen sollten. Auf die Inconsequenz des Gewissenszwangs, den Friedrich seinen lutherischen Untertanen aufzuerlegen suchte, müssen wir noch zurückkommen.

Von dem unerschütterlichen Widerstand der Habsburger gegen jedes weitere Vordringen des Protestantismus, von ihrer Begünstigung katholischer Reaktionsversuche entnahm die pfälzische Opposition innerhalb des Reichs ihre Berechtigung. Als einen ganz offenkundigen Widersacher des Hauses Oesterreich bezeichnet damals ein venezianischer Gesandter den Kurfürsten Friedrich; der Kaiser, fügt er hinzu, verfährt sehr vorsichtig mit ihm.[2]) Seit einer Reihe von Jahren hatte sich der Kurfürst in Dingen der äusseren Politik eigentlich nur einmal den österreichischen Interessen geneigt erwiesen, als die Hoffnung auftauchte, den Niederlanden durch Einsetzung eines Erzherzogs die ersehnte Ruhe zu verschaffen. Uebrigens kam man in Heidelberg bald wieder von dieser Anwandlung zurück; Friedrichs Teilnahme an den folgenden Versuchen, den Kaiser zu einer neuen Intercession in Spanien zu veranlassen, beschränkte sich auf einen gemeinsamen Schritt der vier rheinischen Kurfürsten, dem er sich nicht wohl entziehen konnte.[3]) Im

1) Vgl. Ritter, im Archiv für sächs. Gesch. N. F. V, 356 ff; über die Entwickelung der die Freistellung betreffenden Polemik Stieve, Briefe und Akten IV, 156 ff.

2) Relation des Vincenzo Tron vom J. 1576 (Albèri, Relazioni I. 6, 183/4).

3) Ueber die Pacificationsbestrebungen Maximilians und die Sendung Rumpfs nach Spanien 1574 sowie die hiemit zusammenhängenden Verhandlungen zu Breda 1575 vgl. Bor, oorsprongh der nederlantsche oor-

Uebrigens liessen die Feldzüge seiner Söhne am Wiener Hof über die wahre Gesinnung der Pfälzer keinen Zweifel aufkommen.

Die Bemühungen des Kaisers um die niederländische Pacification hingen aber mit seinem dringenden Wunsch zusammen, die Wahl seines ältesten Sohns zum römischen König endlich durchzusetzen. In Spanien suchte er sogar mit der Behauptung Eindruck zu machen, von dem niederländischen Ausgleich hänge überhaupt das Verbleiben der Kaiserkrone beim Haus Oesterreich ab.[1]) Auch die tatsächliche Milde, womit Maximilian die stets wiederholten Ausschreitungen der Pfälzer behandelte, hatte sicher ihren Hauptgrund darin, dass man von Pfalz den meisten Widerstand in der Wahlsache befürchtete. Die französischen Umtriebe waren allerdings durch die völlig veränderte Lage der Dinge so gut wie verschwunden. Aber die Nassauer hielten noch an den unausgeführten Plänen der früheren Jahre fest. Oranien verfehlte nicht in seiner Beglückwünschung des neuen Königs von Frankreich die künftige Kaiser-

---

loghen, 8. Buch; Motley III, 10 ff; Gachard III passim, namentlich die Zusammenstellung von Aktenstücken p. 567 ff. Das Schr. der vier rheinischen Kff. an den Kaiser vom 8. April und Maximilians Antwort vom 16. (18?) Mai 1574 Kl. II, 640/1; 670/1. Ueber den allgemeinen Wunsch der deutschen Fürsten, den niederländischen Krieg beendigt zu sehen, schrieb Requesens an K. Philipp unter dem 8. März (Gachard III, 31). Ueber die kölnischen Vorschläge betreffs eines Ausgleichs vgl. Requesens an K. Philipp, 18. August; Bericht des Unterhändlers Fonck. (ebd. 131 2; 140 ff.) Interessant sind die Mitteilungen von Requesens über besondere Ausgleichsvorschläge, die ihm der bairische Rat Dr. Halver vortrug und die Baierns Missstimmung gegen den Kaiser deutlich genug verrieten. Ein zweiter bairischer Agent kam nach; sie behaupteten, der Herzog sei von Kurpfalz und Hessen zur Intercession aufgefordert worden (ebd. 170 ff; 178/9; 205/6; 242; 260). Was Pfalz betrifft, so schreibt noch am 18. Dez. Dr. Jung aus Augsburg an Baiern: Kurpfalz habe einen Gesandten bei Mainz gehabt „und wollt geren auch ein mithendler sein, aber der könig aus Hispania kan J. Ch. Gn. nit leiden“ (Ma. 229/10). Uebrigens empfahl selbst der Papst den Ausgleich (Gachard III, 67).

1) Schr. St. Goard's aus Madrid an Karl IX, 15. Mai, an Heinrich III. 15. Okt. 1574 (Prinsterer I. 5, 5; 81). Requesens spricht in seinem Schr. an Philipp vom 15. Mai ebenfalls die Ansicht aus, die kaiserliche Pacification und namentlich die Sendung des Erzh. Ernst in die Niederlande würde auch die Wahl Rudolfs zum römischen König fördern (Gachard III, 85). Im gleichen Sinn (ohne aber den Erzh. zu erwähnen) äussert sich der venezianische Gesandte am Kaiserhof in seiner Depesche vom 18. Juli. (Ven. Cop.)

krone wieder erscheinen zu lassen. Er wünschte, die deutschen Fürsten möchten die Wahl eines Kaisersohns noch verzögern und inzwischen einen Rückhalt an Frankreich suchen.[1]) Und Graf Johann wurde nicht müde, die „gemeine Sache", d. h. den rheinischen Bund und die Säcularisation der Bistümer anzuregen; er fand die Gelegenheit sehr günstig und bedauerte nur seinen eigenen Mangel an Geld und gewandten Unterhändlern.[2]) Noch im Sommer 1574 eröffnete Mainz einem kaiserlichen Gesandten vertraulich, vor nicht langer Zeit habe ihn Graf Johann gegen die Königswahl einzunehmen gesucht; ausserdem aber seien ihm, wie vielleicht auch anderen christlichen Kurfürsten, falls sie ihre Treue vergessen wollten, sehr grosse Vorteile in Aussicht gestellt worden. Der Gesandte verstand ganz gut, was der Kurfürst meinte, dass nämlich im Fall eines Interregnums „ihnen den Geistlichen die Religion und matrimonia durchaus zugelassen und freigestellt, daneben auch die Kur- und Bistümer bei ihnen wie bei den Weltlichen erblich sein und bleiben sollen."[3]) Das war der grosse Plan, der sich dem deutschen Protestantismus von selbst wieder und wieder aufdrängen musste, solange er noch einen Funken seiner ursprünglichen Expansionskraft in sich hatte.

Der Gedanke, die Nachfolge im Reich zu Lebzeiten des Kaisers unentschieden zu lassen und nach seinem Tod das Reichsvikariat, das nach der goldenen Bulle Kurpfalz und Kursachsen zustand, im Interesse des Protestantismus auszunützen, war von Friedrich schon vor der Wahl Maximilians (1562) lebhaft ergriffen worden. Damals erklärte man in Heidelberg, die Wahl des Böhmenkönigs gebe „eine öffentliche Succession, des Reichs Libertät zu ewiger Verkleinerung und Unterdrückung;"[4]) ein Argument, dessen Gewichtigkeit mit jedem neuen habsburgischen Candidaten zunahm. Fried-

---

1) Prinsterer I. 5, 61; 116. Noch am 8. Juli 1575 schreibt du Ferrier aus Venedig an Heinrich III, die Venezianer wünschten nicht nur, dass Polen dem König bleibe, „mais de vous voir empereur" (Charrière III, 606).

2) Johann von Nassau an Oranien, Dillenburg 13. Okt. 1575. (Prinsterer I. 5, 285 ff.)

3) Relation des kaiserlichen Rats Dr. Hegenmüller über seine Verrichtung bei Mainz (J. M. Schneidt, Vollständige Gesch. der römischen Königs-Wahl Rudolphs II, aus meistens annoch ungedruckten Urkunden, Würzb. 1792, p. 45/6; vgl. Kölns Aeusserung über „allerhand Praktiken' gegen die Succession ebd. p. 55).

4) Kl. I, 354.

rich kam auch, wie man auf kaiserlicher Seite fürchtete, darauf zurück, sobald etwas von der Absicht einer Neuwahl verlautete. Offiziell freilich sprach er Mainz und Sachsen gegenüber nur von der Notwendigkeit, dem römischen König, wenn man überhaupt Gott durch die Wahl vorgreifen wolle, wenigstens ein Reichsregiment beizugeben. Aber seine Instruktion zum Wahltag selbst ermangelt nicht das Vikariat und das demselben erwachsende Präjudiz zu erwähnen.[1])

Tatsächlich war die Nachfolge des ältesten Kaisersohnes Rudolf seit jenem Besuch Kursachsens in Wien so gut wie entschieden, obwohl die Sache sich noch ein paar Jahre hinzog. Es gab Stimmen am kaiserlichen Hof, die dem Kurfürsten August diese Verzögerung sehr übel auslegten und seine Ergebenheit für eine blosse Maske hielten.[2]) August fand es angezeigt, während des Kaiser-

1) Friedrichs Schr. an Sachsen und Brandenburg und Instruktion für den an Mainz abgefertigten Dr. Hartmanni, beide vom 9. Nov. 1574; seine Instruktion für den Regensb. Tag vom 20. Sept. 1575 (Kl. II, 741 ff; 864). Kf. August teilte Friedrichs Vorschlag eines R. Regiments im Dezember einer kaiserlichen Gesandtschaft mit (Schneidt p. 165). Den Verdacht, „das Pfalz des interregni begierig," äusserte Trier schon im Sommer einem mainzischen Gesandten gegenüber, den er übrigens wegen etwaiger Absichten Frankreichs auf die römische Krone völlig zu beruhigen suchte (ebd. p. 73). Vgl. die Schr. Viehausers an Baiern, Wien 10. Oktober 1574; 16. Jan. 1575 (Ma. 230/3); er teilt die Vermutung mit, dass Pfalz „auf einen hochbedenklichen duumviratum geen möchte", gesteht aber nebenbei zu, dass auch die Person Erzh. Rudolfs Schwierigkeiten mache „ob maledictos nostros hispanicos mores et vitam".

2) Der Kaiser sagte im Febr. 1573 dem spanischen Gesandten: „que assi con la buena esperança, que le havia dado este elector, daria la priessa possible á tratar de la dicha election de rey de Romanos; en que se deve caminar con gran tiento" (Relation vom 28. Febr. 1573). Irrig ist die Annahme Prinsterers (I. 5, 299), die Wahl sei durch französische Praktiken so lange hintertrieben worden. Dagegen hat, soviel ich sehe, die böhmische Wahl und Krönung Rudolfs zur Verschiebung der römischen beigetragen (Schneidt p. 39; 50; 52). Der venezianische Gesandte Tron macht sich in seiner Depesche aus Wien vom 18. Juli 1574 zum Echo des über Sachsens geheime ehrgeizige Pläne umlaufenden Geredes und erklärt sogar Augusts Convent mit Mainz für verdächtig! Einige Zeit später, 8. Mai 1575, weiss er freilich Besseres zu berichten; die oben anzuführenden Auslassungen Augusts hatte er von dem, an welchem sie gerichtet waren; der spanische Gesandte kam während des Gesprächs dazu. Der Schluss lautet: „che quando anco tutti

besuchs in Dresden sich recht nachdrücklich über seine prinzipielle Stellung zur römischen Königswahl auszusprechen; weder einem Ausländer noch einem deutschen Fürsten würde er je seine Stimme geben, ebensowenig aber selbst die Krone annehmen. Um seine wahren Motive ja nicht im Dunkeln zu lassen, sagte er, er wolle lieber ein reicher Herzog sein als ein armer Kaiser.

Im Frühjahr 1574 verhandelten der Kaiser und Mainz über einen Kurfürstentag, auf dem der gegenwärtige Zustand des Reichs und die Mittel zur Besserung erwogen werden sollten. Bald darauf verständigte sich Kurfürst August über die Wahlsache erst mit Brandenburg,[1]) dann mit dem Mainzer, der seinerseits Köln und Trier ohne sonderliche Mühe gewann. Der Pfalzgraf sollte nach Sachsens Vorschlag bei den Vorverhandlungen ganz bei Seite gelassen und erst bei der offiziellen Einleitung des Wahltags angegangen werden; dann könne er wohl eine oder die andere Schwierigkeit erheben, werde sich aber schliesslich wie immer dem Consens der andern Kurfürsten fügen. Uebrigens wurde auf den Rat von Sachsen und Mainz in den ersten kaiserlichen Schreiben jeder Hinweis auf die Person des Nachfolgers vermieden. Als nun die kurfürstliche Versammlung vom Kaiser angeregt wurde, trug Friedrich bei seinen Mitkurfürsten auf einen vorhergehenden Convent ihrer vertrautesten Räte an, natürlich ohne Erfolg. August versicherte den Pfälzer, er habe sich der Succession wegen noch nicht erklärt und wolle seiner kurfürstlichen Obligation gemäss vor dem Collegialtag keine weiteren Schritte tun. Köln, der gleichfalls behauptete nichts Bestimmtes zugesagt zu haben, war etwas offener; er riet dem Pfalzgrafen, da die Succession doch nicht zu hindern sei, statt allzuheftigen Widerstands auf eine gute Capitulation zu denken.[2])

Friedrich hatte freilich trotz aller Heimlichkeit von jenen hinter seinem Rücken getroffenen Abmachungen Nachricht erhalten.[3]) Dies konnte, zusammengehalten mit den zahlreichen Warnungen, die ihm während des Jahres 1574 zugingen, sein Misstrauen nicht

---

gli elettori concorressero nella persona sua, egli non se ne contenterebbe amando di esser piuttosto ricco duca che povero imperatore" (Ven. Cop., vgl. Tron's Relation bei Albèri I. 6, 183).

1) Ueber Brandenburgs damalige territoriale Anliegen vgl. Droysen, Gesch. der preuss. Politik II. 2, 477/8.

2) Die von Schneidt mitgeteilten Aktenstücke zusammen mit den Ergänzungen bei Kl. II bieten für die Vorgeschichte der Wahl ein ziemlich vollständiges Material.

3) Hegenmüllers Relation (Schneidt p. 44/5).

verringern. Köln selbst sprach mit dem Grafen Johann von Nassau über das Gerücht, dass man Kurpfalz der Regierung entsetzen wolle. Johann Casimir empfahl seinem Vater, den Wahltag, falls er zu Köln nahe der spanischen Grenze gehalten würde, ja nicht persönlich zu besuchen[1]). Die Ereignisse des folgenden Jahrs, vor Allem die oranische Heirat verliehen diesen Warnungen einen noch ernsthafteren Hintergrund. Es war ein unglücklicher Gedanke des Landgrafen Wilhelm, in dieser Zeit gegenseitiger Verbitterung Lutheraner und Calvinisten durch das längst compromittirte Mittel eines Religionsgesprächs versöhnen zu wollen. Gerade Kurfürst Friedrich, auf den er sicher gerechnet hatte, hintertrieb mit Zustimmung der Schweizer Reformirten das gefährliche Unternehmen, woraus in der Tat nur grösseres Unheil hätte erwachsen können. Wilhelm aber, durch das Zusammentreffen dieses Misserfolgs mit dem oranischen Familienskandal empfindlich getroffen, schrieb zuletzt dem Kurfürsten, er seines Teils habe alles Mögliche getan und würde es lebhaft bedauern, wenn in Folge des ungeschlichteten Zwiespalts „jemand aus dem Religionsfrieden in Unfrieden gesetzt werden sollte." Und Dathenus gegenüber bezeichnete er deutlich genug die Pfälzer als Heuchler, die sich immer auf die A. C. beriefen, ohne ihr in Wahrheit anzugehören.[2])

Solche Aeusserungen des Fürsten, der ihm confessionell am Nächsten stand, regten den Pfalzgrafen vielleicht noch stärker auf als das anticalvinistische Feuerwerk zu Dresden. Er liess im Sommer 1575 die protestantischen Schweizer durch Beutterich auffordern, gleich ihm den feindseligen Absichten Kursachsens durch eine Verantwortung ihrer Religion auf dem Wahltag zuvorzukommen. Seinen eigenen Gesandten trug er auf, bei den Kurfürsten eine förmliche Erklärung zu erwirken, dass die Pfälzer und ihre ausserdeutschen Religionsverwandten ausdrücklich im Religionsfrieden miteinbegriffen und nicht davon ausgeschlossen sein sollten.[3]) Aber die heidelberger Räte und der Kurprinz Ludwig waren ver-

1) Kl. II, 767; 776/7; 790/1.

2) Kl. Fr. p. 397 ff. Das Schr. Wilhelms an Friedrich vom 7. Juni 1575 Kl. II, 832/3; das Schr. Wilhelms an Dathenus citirt Heppe II, 456.

3) Beutterichs erste Werbung bei Zürich recapitulirt in dem Schr. des dortigen Rats an seine Gesandten zu Baden, 10. Aug. 1575 (Za. Churpfalz 1416—1592; ebd. ein Mahnschr. Friedrichs vom 8 Sept. und eine zweite Credenz für Beutterich vom 15. September); vgl. Haller u. Müslin, Chronik p. 188. — Friedrich an Wilhelm, 20. Sept. 1575, Kl. II, 854; vgl. die Stelle in der pfälzischen Instruktion ebd. 867.

nünftig genug diese bedenkliche Anregung eines Punktes, der am Besten unerörtert blieb, zu unterlassen. Im letzten Augenblick ersuchte auch der Landgraf trotz seiner Verstimmung den Kurfürsten August dringend, er möge über dem „Privatodium" die gemeine Sache nicht zu Schaden bringen. Eine Bitte, die August allerdings nicht vollständig erfüllte; aber die pfälzischen Gesandten konnten doch mit erleichtertem Herzen nach Hause berichten, dass zu Regensburg von der gefürchteten Exclusion oder Condemnation kein Wort gefallen sei. [1])

Das war freilich nicht zu hindern, dass der Regensburger Wahltag nicht nur den uneinigen Protestanten eine politische Niederlage, sondern auch den Gesandten Friedrichs eine Reihe von Demütigungen brachte. Der Kurfürst hatte, zum guten Glück, seinen ältesten Sohn als Stellvertreter abgeordnet; der bekam die Grobheiten, die August dem Vater zugedacht hatte, unverkürzt zu hören. Pfalzgraf Ludwig selbst, obwohl in der Frage der Freistellung mit Friedrich einig, war von der Fruchtlosigkeit der ihm aufgenötigten Sendung von vornherein überzeugt und verabscheute die calvinistischen Räte, die ihm von Heidelberg aus beigegeben waren. Als Kursachsen anfangs nicht einmal die Gegenwart Ehems im Rat dulden wollte, kostete es den jungen Fürsten grosse Ueberwindung, für den Kanzler, den er selbst als seinen Todfeind betrachtete, ein gutes Wort einzulegen. Vom Kaiser wurden die Gesandten wenigstens tüchtig angefahren; Alles half dazu, ihnen ihre Isolirung recht fühlbar zu machen, so dass sie sich vorkamen „wie Samariter unter den Pharisäern". Natürlich war unter solchen Umständen für die volle Freistellung oder gar für die Einsetzung eines Reichsregiments nichts zu hoffen. Kurfürst August liess sich nur ein einziges Mal aus seiner verhängnissvollen Befangenheit reissen. Als die Geistlichen sogar die Existenz der Ferdinandeischen Declaration läugneten, trat er, der Besitzer des unanfechtbaren Originals, für dieselbe ein und schien einen Augenblick geneigt ihre Aufnahme in die Wahlcapitulation mit Brandenburg und Pfalz zu erzwingen. Aber diese protestantische Anwandlung war rasch wieder verflogen; in einer Unterredung mit dem Kaiser, [2]) zu der ihm Pfalz und

1) Pf. Ludwig an Friedrich, Regensburg 14. Okt. (Kl. II, 882); Wilhelm an seine Gesandten, 21. Okt. (Prinsterer I. 5, 300); an Friedrich, 26. Okt. (Kl. II, 911 A. 2).

2) Maximilian, der über diese schlimme Wendung der Sache in Bestürzung geriet, hatte schon vorher in seiner offiziellen Beantwortung des Anbringens der weltlichen Kurff. vom 19. Oktober zu Ungunsten der

Brandenburg Vollmacht gaben, liess er sich mit dem Erbieten Maximilians abfinden, dass der Streit über die Declaration auf dem nächsten Reichstag erledigt werden und die Geistlichen einstweilen ihren protestantischen Untertanen die Religionsübung nachsehen sollten. Der Kaiser vergass nicht den guten Dienst des Kurfürsten dem Nuntius zu rühmen; bei der folgenden Scheinwahl, die dem König Rudolf von Ungarn und Böhmen auch die römische Krone zusprach, war der junge Habsburger so artig, seine böhmische Wahlstimme für den getreuen Wettiner abzugeben [1]). Schon Monate vorher hatte ein kaiserlicher Gesandter seinem Herrn, gerade aus Heidelberg, geschrieben, Rudolf werde „ob Gott will, Pfalzgraf hin, Pfalzgraf her", römischer König sein. Auch Philipp von Spanien stellte in seinen Schreiben an Kaiser und Kurfürsten diesen Ausgang als zweifellos hin. Mit berechtigter Bitterkeit referirten die Heidelberger Räte, die Glocke sei gegossen gewesen, ehe man zusammengekommen. [2])

Dass Friedrich auf dem Wahltag bei Köln neuerdings die Säcularisation des Erzstifts oder wenigstens die Uebertragung desselben auf den protestantischen Erzbischof von Bremen anregen liess, war von vorneherein aussichtslos. Salentin antwortete dem pfälzischen Gesandten Witgenstein, er gedenke nicht mit Beibehaltung des geistlichen Stands zu heiraten und werde die Neuwahl des Capitels in keiner Weise beeinflussen; von der französischen

---

Evangelischen hervorgehoben, dass die A. C. gegenwärtig „zum gemeinen Mantel viel einreissender Sekten gebraucht werde" (Lehmann, de pace religionis acta publica I, 128).

1) Der Nuntius an den Cardinal von Como, Regensburg 28. Okt. 1575 (Theiner II, 466). Uebrigens war dem Nuntius die Haltung der geistlichen Fürsten und Baierns in der Religionssache nicht entschieden genug (sein Schr. vom 13. Okt. ebd. 464/5).

2) Ueber den Verlauf des Wahltags vgl. Ranke, zur deutschen Geschichte (sämmtliche Werke VII, 85 ff; 107/8); Kl. Fr. p. 412 ff. Beide erwähnen übrigens Schneidt's wertvolle Publication nicht. Die citirten Schr. Philipps II vom 6. September bei Schneidt p. 461 ff; ebd. Einleitung § 14 findet sich bereits die auch von Kl. II, 879 A. 1 ausgesprochene Vermutung, dass Ludwig von Witgenstein der Verf. des Diariums sei, welches Schneidt ungeachtet der beiden Ausgaben von Weber und Senckenberg (vgl. § 13) nochmals ganz abdruckt (p. 486 ff); hier ist u. a. (p. 501) die richtige Lesart der bei Senckenberg p. 21 verderbten Stelle, wie sie Ranke p. 108 A. 1 vermutet. Vgl. zu Ranke's Auffassung auch die Bemerkung bei Ritter a. a. O. 358 A. 169.

Pension wagte der Pfälzer gar nicht anzufangen.[1]) Es kann uns in der Tat Wunder nehmen, dass die heidelberger Politik, damals von allen Seiten angefochten und verlassen, sich keineswegs entmutigen liess. Ihre Niederlage auf dem Wahltag befestigte nur den Entschluss, die Freistellung auf dem bevorstehenden Reichstag eifriger als je zu vertreten. Während der Ausschluss der nichtlutherischen Protestanten vom Religionsfrieden drohte, stürzte sich Johann Casimir in den französischen Krieg und fuhr man in Heidelberg fort sich für die polnische Wahl zu interessirn.[2]) Und mehr durch glückliche Zufälle als durch eigene Einsicht entging die kurfürstliche Regierung einem offenen Bruch mit ihren oberpfälzischen Untertanen, der nicht nur die Pfalz sondern das ganze Reich in schwere Unruhe gebracht hätte.

Die seltsame Hoffnung Friedrichs, dass die lutherischen Oberpfälzer sich doch noch von der Wahrheit seiner Confession überzeugen würden, war nicht in Erfüllung gegangen. Eine im Jahr 1574 angestellte Visitation ergab das Gegenteil und brachte den kurfürstlichen Commissären nur unangenehme Erfahrungen. Noch übler wurden der Grosshofmeister, der Hofprediger und zwei Kirchenräte empfangen, als sie im Mai 1575 zu Amberg erschienen um endlich mit der Abstellung der Irrtümer und Beseitigung der lutherischen Geistlichen Ernst zu machen. Die Bürger griffen zu den Waffen, beschimpften den Grosshofmeister, störten den reformirten Gottesdienst mit Steinwürfen. Der Statthalter, Pfalzgraf

1) Witgensteins Audienz bei Köln 15. Oktober bei Senckenberg III, 25 ff. Salentin war noch auf der Reise zum Wahltag von Graf Johann in gleicher Richtung bearbeitet worden (Gr. Johann an Oranien, Dillenburg 13. Okt. 1575, Prinsterer I. 5, 288 ff.). Am 6. Juni schreibt noch Requesens an Philipp II, dass Köln nach glaubwürdigen Mitteilungen eine Schwester Oraniens heiraten und mit Hülfe der rheinischen Fürsten sein Erzstift nach dem Muster Preussens säcularisiren wolle (Gachard III, 319).

2) In seinem Schr. an L. Wilhelm vom 14. Jan. 1576 (Kl. II, 938) erwähnt Friedrich „unsere abgesandte in Poln“. Vgl. oben p. 161. Im Juni erschienen polnische Gesandte zu Heidelberg, mit denen Friedrich u. a. davon sprach, ob „man etwan dieserseits ein gute gelegene portion lands mit gutem willen davon [von Polen] bringen möge“, was natürlich verneint wurde (Kl. II, 956 A. 2; 977).

Ludwig, hielt nach wie vor zu ihnen. Dass hier ohne Gewalt nichts zu erreichen sei, stand nunmehr ausser Zweifel. Trotzdem waren in Heidelberg die Stimmen geteilt; kurz vorher hatte selbst Beza, das Haupt der calvinistischen Kirchenmänner, zur Nachgiebigkeit geraten. Dagegen zeigen uns vertrauliche Aeusserungen des Ursinus, dass wenigstens manche pfälzische Theologen die Anwendung äusseren Zwangs durchaus gebilligt haben würden.[1])

Friedrich selbst war fest entschlossen, seine Untertanen nicht „in steter Finsterniss und Unerkenntniss“ zu lassen, was ihnen ja zum ewigen Verderben ausschlagen und nicht Barmherzigkeit, sondern das Gegenteil sein würde. Der Fürst, der eben damals Frankreich gegenüber die religiöse Duldung als obersten Staatsgrundsatz predigte, redete gleichzeitig als Landesherr die Sprache Pius V und Philipps II. Als ihn Landgraf Wilhelm aufmerksam machte, welch bedenkliches Beispiel er der katholischen Restauration gebe, zog sich Friedrich auf das wohlbekannte Argument des Fanatismus zurück, „dass es viel ein ander Ding ist, einen zum Guten und Gottes Wort und der Wahrheit, ein anderes aber, zum Bösen, Abgötterei und Lügen treiben.“[2]) Er beabsichtigte auf der Reise zum Regensburger Wahltag die widerspenstigen Amberger an de Spitze einer stattlichen reisigen Schaar heimzusuchen. Pfalzgraf Ludwig soll bereits den Herzog von Würtemberg ersucht haben, ihm für den Fall einer Katastrophe Unterkunft zu gewähren. Aber das Aufgebot des rheinpfälzischen Adels, der überhaupt der Regierung abhold war, stiess auf Schwierigkeiten und die Warnungen des Landgrafen und der gemässigten Räte drangen schliesslich durch. Doch glaubte Wilhelm noch im Januar 1576 seine Abmahnung wiederholen zu müssen.[3])

1) Vgl. Kl. Fr. p. 389 ff; über die Haltung Beza's und die entgegengesetzte Ansicht des Ursinus Sudhoff p. 314.

2) Friedrich an L. Wilhelm, 10. Dez. 1575. (Kl. II, 926 ff.) Vgl. die begründeten Bemerkungen Wilhelms in seinem Schr. an Johann von Nassau, 3. April 1575 (Kl. II, 818).

3) Vgl. die Schr. der Pf. Elisabeth an ihre Mutter Kf. Anna 2. 13. Juli 1575 (Kl. II, 836/7; 843; ebd. 853 eine übereinstimmende Aeusserung des Grafen Lynar). Am 4. Juli kündigte Friedrich dem Statthalter Ludwig die Verlegung seiner Hofhaltung nach Amberg für den August an; auf den 30. Juli sollten die Lehensleute sich mit Harnisch und Feuerbüchsen in Heidelberg einfinden (ebd. 839/840). Was Elisabeth von der Abneigung der rheinpfälzischen „Landschaft“ berichtet, ist nach den wiederholten ernsten Klagen des Kf. über die oppositionelle Haltung seines Adels (vgl. z. B. ebd. 975/6) mehr als wahrscheinlich. Trotzdem stellte noch am 30. Sept. 1575 Ehem zu Amberg das Kommen des Kf. in Aussicht

Dieser Sieg der trotzigen Untertanen war für den alten Kurfürsten, abgesehen von der Kränkung seiner Religion und seiner landesherrlichen Autorität, dadurch besonders niederschlagend, dass ihn die Opposition unter Führung seines eigenen Nachfolgers errungen hatte. Seit den Vorgängen von 1566 war Ludwig dem Vater und den Brüdern fast ganz entfremdet; die folgenden Wandlungen der Heidelberger Politik erregten in ihm nur Missfallen oder ernstliche Besorgniss und die Regierung eines entfernten Territoriums brachte ihn, den Erben der Kur, neben dem vielgenannten Johann Casimir beinahe in Vergessenheit. Den Letzteren betrachtete er mehr und mehr als seinen entschiedenen Widersacher, namentlich seit Friedrich wiederholt versucht hatte, die Amberger Statthalterschaft auf den jüngeren rechtgläubigen Sohn zu übertragen. Der Vorwand, Ludwig gehöre als Aeltester in den Mittelpunkt der Geschäfte, und die offenbare Lüge, Kurfürst August wünsche gerade Amberg als Residenz für seinen Schwiegersohn, wurden von Ludwig völlig durchschaut, „und will mich bedünken," schreibt er, „man wolle der blinden Maus mit mir spielen." Am Liebsten und Offensten vertraute er seine Not dem Schwager Wilhelm von Hessen, namentlich sein tiefes Misstrauen gegen Johann Casimir, dem, wie er sich unbrüderlich ausdrückt, „das Maul gar sehr nach diesem Fürstentum stinkt."[1]) Wirklich liess eine Aeusserung des Vaters, er werde die ganze Oberpfalz testamentarisch dem jüngern Sohn zuteilen, sowohl dessen starke Bevorzugung als die geplante Beseitigung des oberpfälzischen Luthertums deutlich erkennen. Vollends verdächtig war die im Jahr 1572 an Ludwig gestellte Zumutung, das väterliche Testament zu ratifiziren, ohne es gelesen zu haben.[2])

(Senckenberg III, 4). Am 19. Jan. 1576 rät L. Wilhelm dem Kf. dringend ab, „einen solchen Ernst" gegen die Amberger zu gebrauchen (Kl. II, 941). — Ueber die Schrift des Hofpredigers Tossanus und die Gegenschrift der Amberger sowie spätere Massregeln des Kf. gegen die Nabburger vgl. Kl. II, 849 A. 1; Fr. p. 306. Noch in den ersten Jahren von Johann Casimirs Administration beriefen sich die Amberger auf ihre siegreiche Opposition gegen Friedrich: „sie haben umb den alten und rechten herrn nie nichts geben, was sie dann jetzt nach dem zwinglischen vormund fragen solten?" (Kolbinger an Dohna, 18. Dez. 1585, Mb. 113/3c).

1) Vgl. über diese Verhandlungen Ludwigs Correspondenz mit L. Wilhelm im Sommer und Herbst 1569, (Kl. II, 331 ff; 364 ff.); über einen früheren Versuch des Kf. vom Jahre 1566 Wittmann, Gesch. der Reformation in der Oberpfalz (Augsb. 1847) p. 43.

2) Wilhelm an Ludwig, 28. Dez. 1571; Wilhelms Memorial für seinen Bruder Georg, 1. Juni 1572 (Kl. II, 439 ff; 454/5).

Das gefürchtete Testament wusste der Kurprinz damals noch hinauszuschieben; dass aber die Spannung zwischen ihm und dem Vater nicht zu einem förmlichen Bruch führte, dafür sorgte sowohl Ludwigs treuer Berater, der Landgraf, als auch die Hoffnung Friedrichs, dass es ihm doch noch glücken werde, den Sohn zu bekehren. Im Februar 1575 machte der alte Kurfürst einen letzten Versuch, Ludwig durch eine theologische Auseinandersetzung davon zu überzeugen, dass sein Heidelberger Bekenntniss schriftgemäss und die abweichende Auffassung der Abendmahlslehre kein Grund zu feindlicher Trennung sei. Er gab von vornherein zu, „dass in Händeln die Seligkeit belangend die praerogativa des väterlichen Gewalts nicht gilt, sondern allein die Wahrheit in Gottes Wort verfasset"; auch bezeugte er dem Sohn aus freien Stücken, dass dieser es sonst am kindlichen Gehorsam nie habe fehlen lassen.[1]) Als aber Ludwig, statt sich endlich seines „selbstgemachten Gewissens" zu entäussern, vielmehr die Partei der rebellischen Amberger hielt und die Stellvertretung des Vaters auf dem Wahltag nicht übernehmen wollte, da war Friedrichs Geduld zu Ende. Am 23. September 1575 vollzog er ohne Ludwigs Beisein das Testament, worin Johann Casimir ausser Mosbach und Boxberg mehrere oberpfälzische Aemter erhielt und auch Christoph für den Fall seines Wiedererscheinens mit dem Stift Waldsassen bedacht wurde.[2]) Gegen diese Bestimmungen konnte der Erbe der Kur nicht wohl etwas einwenden, da sie keineswegs eine übertriebene Begünstigung seiner Brüder enthielten. Aber der Uebergang lutherischer Gebiete in die Hände von Calvinisten widersprach natürlich geradewegs seinem dringenden Wunsch, vor Allem das Luthertum der Oberpfalz ungeschwächt zu erhalten. Noch bedenklicher für ihn war die Verfügung, dass, falls er selbst unmündige Erben hinterliesse, die Vormundschaft dem verhassten Johann Casimir zustehen sollte;[3]) ein Fall, der bei der zunehmenden Kränklichkeit Ludwigs sehr leicht eintreten konnte. Vergebens hat Ludwig nachmals versucht durch sein eigenes Testament einer wiederholten Calvinisirung der Pfalz vorzubeugen; so wenig er selbst den letzten Willen des Vaters beachtete, so wenig kümmerte sich nach seinem Tod Johann Casimir um die testamentarischen Verfügungen des Bruders.

---

1) Friedrich an Ludwig, 15. Febr. 1575 (Kl. II, 792 ff; mit Weglassung der theologischen Erörterungen).

2) Kluckhohn, das Testament Friedrichs des Frommen, Churf. von der Pfalz (Abdr. aus den Abhandlungen der bair. Akad. der Wiss. hist. Cl. XII. 3; 1875) p. 7.

3) Kl. a. a. O. p. 44.

Das Schreiben, worin der Kurfürst seinem ältesten Sohn den Testamentsvollzug mitteilte und die Reise nach Regensburg endgültig befahl, [1]) atmet eine ganz ungewöhnliche Gereiztheit. „Es hat aber," schreibt Friedrich, „bei uns das Ansehen, als wolltest Du uns ipso facto condemniren und durch falsch Eingeben etlicher unruhiger Köpf uns heftiger zusetzen (welches wir Dir jedoch nicht zutrauen können) als alle unsere Mitreligions der A. C. verwandte Stände anno 66. auf dem Reichstag zu Augsburg." Wie das eigenhändige Concept ausweist, hatte sogar die ursprüngliche Fassung jede fernere Weigerung des Sohns als frech und frevelhaft bezeichnet. Begreiflicher Weise empfing nach dieser Einleitung Ludwig die heidelberger Räte, die ihn zum Wahltag abholten, sehr unfreundlich; er hielt ihnen drohend vor, man gehe mit Praktiken um, man hetze den Vater gegen den Sohn, den Bruder gegen den Bruder. [2]) Zu Regensburg vertrat er wohl offiziell die heidelberger Politik, hielt sich aber für seine Person zum Kaiser und zu Sachsen. August sprach es offen aus, dass er die Person des Kurprinzen von seinem Hass gegen die Pfälzer ausnehme; als Ludwig ihm das Zuentbieten und die Entschuldigung seines Vaters vortrug, fiel er ihm ins Wort, er glaube das nur, weil Ludwig es sage. Statt ein eigenhändiges Schreiben Friedrichs unmittelbar zu beantworten, richtete er seine Entgegnungen an den Sohn; auch sein Anerbieten, er wolle Ludwig ein Vater sein, blieb Friedrich nicht verborgen. Der Riss im kurpfälzischen Haus, für alle Gegner ein erfreulicher Anblick, schien jetzt unheilbar; in reformirten Kreisen traute man dem gewissenhaften Ludwig sehr mit Unrecht das schändliche Vorhaben zu, mit Hülfe des Kaisers und Sachsens die Absetzung seines Vaters herbeizuführen. [3])

---

1) Friedrich an Ludwig, 27. September 1575. (Kl. II, 873 ff.) Dieses Schr. wie der von Druffel (Sitzungsber. der bair. Akad. der Wissensch. 1876, I, 525/6) mitgeteilte Brief an Johann Friedrich vom 27. Jan. 1574 sind auch sprechende Belege für die zunehmende Härte des früher so milden und wenig reizbaren Kurfürsten.

2) Kl. II, 913.

3) Gualterus an Erzb. Grindal, 24. Aug. 1576 (Epistolae Tigurinae, Parker society V, p. 168). Dagegen konnte sich Ludwig wenigstens bei seiner nachmaligen Restauration des Luthertums darauf berufen, dass er ganz nach dem Rat des verstorbenen Kaisers Maximilian handle (Gillet II, 147 A. 14.)

Seit im Jahr 1575 der persönliche Verkehr zwischen den Kurfürsten Friedrich und August von Letzterem abgebrochen worden war, glaubten die Pfälzer sowohl sich selbst als ihre auswärtigen Glaubensgenossen vor der genugsam bezeugten Rachsucht Kursachsens ernstlich wahren zu müssen. Man suchte vor Allem mit den evangelischen Schweizern enge Fühlung zu gewinnen, um durch eine Legation von ihrer Seite auf dem Reichstag unterstützt zu werden; eine geheime Mitteilung über die Absicht der Katholischen, unter der Führung Erzherzog Ferdinands und mit Zustimmung Sachsens einen grossen Schlag gegen die Reformirten zu wagen, dürfte wohl auch aus der Pfalz an die Regierungen von Basel und Zürich gelangt sein. Die Verhandlungen mit Bern wurden freilich durch den jüngsten Missverstand erschwert, den Johann Casimirs Truppenwerbungen hervorgerufen hatten.[1]) Selbst mit den polnischen Protestanten verständigte man sich; gegenüber der Exclusivität der Lutheraner sollten Gesandtschaften „etlicher fremder Nationen" für den lebendigen Zusammenhang aller protestantischen Bekenntnisse und die Abstellung der verhängnissvollen Condemnationen eintreten.[2])

Die lutherischen Bemühungen um eine möglichst gereinigte „Concordia", denen sich sogar Landgraf Wilhelm angeschlossen hatte, führten allerdings mit Notwendigkeit zu einem endgültigen Ausschluss aller Dissentirenden aus dem Religionsfrieden; nur die immer noch vorhandenen Meinungsverschiedenheiten der Lutheraner selbst standen einer Verwirklichung dieses Gedankens im Weg. Das „Torgische Buch", das unter der Aegide Kursachsens und der theologischen Führerschaft des Würtembergers Andreä im Juni 1576 zu Stande kam, fand doch nicht die erwartete allgemeine Zustimmung; selbst Pfalzgraf Ludwig, dieser anerkannte Hüter der reinen Lehre, hatte seine starken Bedenken. Landgraf Wilhelm vollends

---

1) Instr. für den an die Geheimen von Zürich abgeordneten Basler Geheimen Gebhart, 9. Febr. 1576 (über die von „hoch- ja wohlgebornen Personen" mitgeteilten Praktiken der Katholischen, als deren Feldobrister Erzh. Ferdinand bezeichnet wird, vgl. Kl. II, 995), Za. (Zeitungen) Cop. Eine Zeitung aus Nürnberg vom 15. März über gewalttätige Absichten Sachsens Za. (Pfalz.) Ueber die Berner Gesandtschaft bei Friedrich vgl. oben p. 175. Die pfälzische Instruktion für den Reichstag nimmt auf ein eventuelles Zusammengehen mit Schweizer Gesandten zu Regensburg Bezug (Häberlin X, 259; vgl. Kl. II, 957 A; dass die Züricher sich bei Fr. entschuldigten, berichtet Alting, bei Mieg, Monum. pietatis I, 221).

2) Friedrich an Wilhelm, 7. März 1576; an die Räte in Regensburg 26. Juni. (Kl. II, 944; 957 A.)

war bei aller Missbilligung der „unerbaulichen paradoxen und curiosen Quästionen“, die ihm an den Heidelbergern unangenehm auffielen, niemals der Meinung gewesen, Luther zum dogmatischen Abgott erheben und die Tausende todesmutiger Glaubensbrüder im Ausland förmlich verläugnen zu lassen. Friedrich betrachtete den Landgrafen geradezu als religiösen Gesinnungsgenossen; er wies darauf hin, dass, wenn er nicht mehr sein werde, Wilhelm offen bekennen müsse, was er jetzt heimlich denke.[1]) Nun war freilich der im Grund untheologische und dabei ängstliche Wilhelm weder ein Calvinist noch eine Bekennernatur, aber seinen Entschluss, den unheilvollen Wirkungen einer ausschliesslich lutherischen Concordie nach Kräften entgegenzuarbeiten, hielt er dennoch fest. Unermüdlich wies er auf die politische Selbstverstümmelung hin, die man zu begehen sich anschickte. Dem Herzog von Würtemberg gab er einmal zu bedenken, dass, „wo es dem Pfalzgrafen sollte übel gehen, E. L. arme Untertanen nicht würden lachen.“[2])

Zu diesem Aeussersten ist es nun freilich nicht gekommen, doch bezeichnet der Regensburger Reichstag vom Jahr 1576 einen neuen Rückgang des deutschen Protestantismus, einen Sieg der katholischen Restauration, den sie wieder hauptsächlich dem Kurfürsten August zu danken hatte. Wie unnötig war die Angst des Wiener Hofs, der sich immer noch nicht entschliessen konnte auf Kursachsen unbedingt zu vertrauen. Albrecht von Baiern musste seinen Freund August besuchen, um ihn zum Erscheinen auf dem Reichstag zu veranlassen und gleichzeitig etwaige Einflüsse des Dänenkönigs, den man in Sachsen erwartete, unschädlich zu machen.[3]) Dass aber August trotz der kaiserlichen und bairischen Bitten nicht in Regensburg erschien, hing gerade mit seinem Wunsch zusammen, einer Pression seiner evangelischen Mitstände aus dem Weg zu

---

1) Friedrich an Wilhelm, 7. März 1576. Ueber das Misstrauen der Lutheraner gegen den Landgrafen vgl. z. B. die Aeusserung der würtembergischen Theologen bei Kl. II, 801 A.

2) Wilhelm an Ludwig von Würtemberg, 7. Aug. 1576 (Bm Coll. Camerar. I no. 164). Ueber die ersten Phasen des Andreä'schen Concordienwerks vgl. Heppe II; III; eine Reihe von Briefen bei Kl. II.

3) Letzteres behauptet der venezianische Gesandte (Depesche aus Regensburg vom 30. Juni 1576, Ven. Cop.). Albrecht selbst sagt, dass er die Reise „mit erlaubnus und zum tail auch aus bevelch der kais. Mt. etlicher furnemer ursachen willen“ unternehme (an die Räte zu Regensburg 6. Juni, Ma. 162/11 f. 43). Ein eigenh. Schr. des Kaisers an Albrecht hierüber, Wien 25. Mai, Mc. Oester. Sachen VIII, 244.

gehen. Wäre er zugegen, so sagte er selbst dem Baiernherzog, so könnte er sich im Declarationswerk „weder Gewissens halber noch Ehren halber nicht von den andern absondern"; abwesend dagegen vermöge er dies zu bewerkstelligen. Er hatte, wie er dem Herzog weiter eröffnete, seine Gesandten dahin instruirt, anfangs die Forderungen der übrigen Protestanten zu unterstützen, „aber doch nicht zu beharren"; er für seine Person lasse sich am Religionsfrieden völlig genügen und begehre keine Aenderung. Der Kaiser solle die Entscheidung wieder auf den nächsten Reichstag verschieben und vor Allem nur fest halten; „denn wenn man ihnen einen Finger zeigt, wollen sie die Hand gar haben". Baiern konnte sich nicht enthalten von dem günstigen Verlauf seiner Mission den Cardinallegaten Morone insgeheim zu unterrichten; der römische Diplomat hatte übrigens von vornherein auf den „gemässigten und einsichtsvollen" Kurfürsten gerechnet, den man schliesslich doch noch in den Schoss der Kirche zurückführen werde.[1]) Der Vorwurf einer verräterischen Politik, der wiederholt gegen August gerichtet worden ist, findet hier seine volle Bestätigung.

Der Augenblick wäre für eine energische Behauptung der protestantischen Interessen wie geschaffen gewesen. Im Dezember 1575 hatte der polnische Reichstag eine zwiespältige Königswahl zu Tage gefördert; eine starke Partei entschied sich für Maximilian selbst, aber die Gegner wussten durch grössere Rührigkeit ihren Candidaten Stephan Bathori von Siebenbürgen in den tatsächlichen Besitz der Herrschaft zu bringen. Bathori war Vassall der Pforte gewesen und unter türkischer Beeinflussung gewählt worden; der Kaiser musste, wenn er sich nicht

---

1) Vgl. die Schr. Albrechts an den Kaiser, Chemnitz 7. Juli, Dresden 23. Juli (Mc. a. a. O.), an seinen Sohn Wilhelm, Freiberg 18 Juli (Ma. 162/11 f. 73). Erzh. Ferdinand schrieb an Albrecht den 11. Juni, A. möge die Reise, von der er nicht gern höre, wenigstens zu Hinderung der protestantischen Absichten in Religionssachen benutzen, „man wur diers sonst seltzam an allen orten auslegen" (Ma. 401/10 f. 199 eigenh; ebd. 204 die beruhigende Antwort vom 14. Juni). Ueber die Hoffnungen und Befürchtungen, die sonst an diese Reise geknüpft wurden, vgl. Morone's Schr. vom 19. Juni (Theiner II, 524); Friedrich an Wilhelm und an Pf. Ludwig, 20. August (Kl. II, 994); Gualterus an Grindal, 24. August (s. o. p. 196 A. 3). Wenn Friedrich hörte, dass zwischen Baiern und Sachsen wieder der Eintritt des letzteren in den Landsberger Bund zur Sprache gekommen sei, so wird das durch die Correspondenz der zwei Fürsten im J. 1577 bestätigt.

ohne Weiteres besiegt geben wollte, auf einen polnisch-türkischen Krieg gefasst sein. Nun zeigte freilich Maximilian, der die Wahl eigentlich seinem Sohn Ernst zugedacht hatte, mehr Unschlüssigkeit als Kriegslust, doch knüpfte er Beziehungen mit Russland an, sprach von einer neuen Liga gegen den Türken und wünschte die Reichsstände wo möglich in die polnische Sache hereinzuziehen, jedenfalls aber eine starke Türkenhülfe durchzusetzen, die ihm überhaupt erst die Mittel zu einer freieren politischen Aktion verschaffen sollte.[1] Hier lag nun für die Evangelischen die Möglichkeit, diese

1) Ueber Maximilians Haltung zur polnischen Wahl von 1575 vgl. K. A. Menzel, Neuere Gesch. der Deutschen III, 32/3; Gillet II, 293 ff. Der Kaiser hatte, nach Aussage seiner Umgebung, nie so viel, so oft und streng nach einander in einer Sache Rat gehalten als in dieser (Haberstockh an Baiern, Wien 1. März 1576, Ma. 231/3), kam aber zu keinem rechten Entschluss, zumal ihm die polnischen Bedingungen nicht wohl annehmbar erschienen und er seinem Sohn Ernst wenigstens die Nachfolge gern gesichert hätte. Uebrigens rivalisirte sein Bruder Erzh. Ferdinand in diesem wie in manchen anderen Fällen mit der Kaiserfamilie (Charrière III, 627; vgl. Viehauser an Baiern, Wien 27. Nov. 1575: „die f. Dt. erzherzog F. will sich so woll als wier aussagen lassen und wierd villeicht sovill als wier erhalten", Ma. 230/3; sein Gesandter trat wirklich nach dem kaiserlichen vor den polnischen Wählern auf, Heidenstein a. a. O. 74). Von einem nachträglichen Vorschlag des päpstlichen Nuntius in Polen, des Kaisers jüngeren Sohn Matthias mit der Tochter K. Johanns von Schweden zu vermählen und zum Nachfolger Bathori's zu bestimmen, erzählt Thuanus LXII. 3. — Die Kff. hatten zu Gunsten der Candidatur des Erzh. Ernst eine Gesandtschaft nach Polen abgefertigt (vgl. deren Schr. aus Warschau, 15. Nov. 1575, und Schlussrelation, Mainz 30. Jan. 1576, Mb. 93/1). Als der Kaiser gewählt war, versprachen ihm Sachsen und Brandenburg eventuell zur gewaltsamen Behauptung der Krone einen Reiterdienst zu leisten; Kf. August erliess am 3. Jan. 1576 ein Mandat an seine Lehensleute, sich bis zur andern Mahnung gefasst zu machen (Ma. 231/3 f. 54; ein Schr. Viehausers vom 11. Sept. 1575 berichtet bereits von einer starken Anleihe des Kaisers — 200000 Taler, bei Sachsen, Ma. 230/3 f. 302). Die folgenden förmlichen Gutachten Sachsens und Brandenburgs wiederholten allerdings dieses Anerbieten, rieten aber zunächst von gewaltsamen Massregeln ab, wie auch die Gutachten der kais. Brüder Ferdinand und Karl (sämmtlich mitgeteilt von Haberstockh, Ma. 231/3; Sachsens Antwort auf die Werbung Viehausers datirt vom 9. Februar; sie wurde von Haberstockh „zimblich lau" befunden, von den polnischen Gesandten in Wien als Hauptursache für den Entschluss des Kaisers, keinen Krieg anzufangen, betrachtet, Charrière III, 649 A). Obwohl nun der Kaiser die begonnenen Verhandlungen mit Russland fortsetzte (Häberlin X, XXXIII ff.) und die polnische Wahl

Contributionen an Bedingungen zu knüpfen und nichts zu bewilligen, ehe ihnen die wichtigsten Forderungen in Sachen der Religion zugestanden waren.

Darauf drang natürlich vor allem Kurpfalz und selbst die sächsischen Gesandten sprachen anfangs in diesem Sinn. Aber das geschah ja, wie wir sahen, nur „Ehren halber"; vertraulich erklärten sie, keine Bewilligung für den Kaiser werde ihnen zu hoch sein. Der Kurfürst selbst schrieb an seine jungen ernestinischen Vettern, die Türkenhülfe müsse man leisten, wenn auch der Kaiser den ganzen Religionsfrieden aufheben wollte.[1]) Uebrigens sorgten seine Räte auf dem Reichstag dafür, dass in den Schriften, welche die sämmtlichen Protestanten dem Kaiser übergaben, nur die Bestätigung der Declaration gefordert, die eigentliche Freistellung aber nicht einmal genannt wurde. Sie deuteten sogar den Pfälzern an, um die Freistellung könne man nur bitten, nicht aber sie verlangen, da sie eigentlich dem Religionsfrieden zuwiderlaufe.[2]) In dieser

---

vor den Reichstag brachte, versichert doch der Cardinal Morone am 19. Juni: „l'imperatore è inclinatissimo a non muover armi" (Theiner II, 523); noch weniger kriegslustig war natürlich der Reichstag.

1) Mitteilung des weimarischen Gesandten Dr. Thangel, Häberlin X, 331; ganz übereinstimmend äussert sich August in dem bei Ritter p. 360 A. 171 citirten Schr. an seine Gesandten vom 30. Juli. Vgl. auch die Berichte der pfälzischen Gesandten zu Regensburg vom 7. und 21. Juli (Kl. II, 965/7; 974); vollständig im Irrtum war dagegen L. Wilhelm, wenn er noch am 22. Juli an Friedrich schrieb, nach den Berichten seiner Räte sei Kursachsen ganz mit den übrigen einverstanden und also kein Grund vorhanden „equo currenti calcaria zu adhibiren" (ebd. 976).

2) Die pfälzischen Gesandten an Friedrich, Regensburg 11. Juli (Kl. II, 967); vgl. Ritter p. 359 A. 170. Die förmliche Absonderung der Kursächsischen erfolgte übrigens erst bei Beratung der am 9. Sept. eingereichten Triplik der Evangelischen, die sie nicht mehr mitunterzeichneten, ebd. 360 A 172; vgl. Lehmann I, 144; 171. Nach der ausführlichen Rechtfertigung seines Verfahrens, die Kf. August unter dem 1. Februar 1577 an den Nachfolger Friedrichs ergehen liess, waren die Kursachsen instruirt, den Weg der Supplikation prinzipiell zu bekämpfen und statt dessen eine Mahnung des Kaisers an seine auf dem Wahltag gegebene Zusage zu beantragen, die entweder „durch alle Stände des Reichs" oder bei der voraussichtlichen Weigerung der Katholischen von sämmtlichen Evangelischen in Form einer Relation anzubringen wäre. Bezüglich der Freistellung spricht er die Ansicht aus, die kaiserliche Erklärung vom J. 1557 habe „der stende der A. C. gewissen ganz davon befreiet und erledigt, daher wir uns auch der freistellung in dem h. römischen reich nicht mer anzunemen gehabt". (Ma. 544/15).

Auffassung begegneten sich Kursachsen und die Reichsritterschaft, die ja sonst mit ihrem Widersacher August, dem echten Repräsentanten selbstherrlicher Fürstlichkeit, wenig freundliche Berührungspunkte hatte. Während die evangelischen Grafen und Herren eine Supplication zu Gunsten der Freistellung einreichten, ersuchten die Vertreter der Ritterschaft den Kaiser ausdrücklich, einer so gefährlichen, insbesondere für den Adel höchst nachteiligen Aenderung keine Statt zu geben. Umsonst hatte Friedrich vor dem Reichstag versucht dieser Absonderung des Adels von den höheren Ständen der A. C. vorzubeugen.[1]) Doch gab immerhin erst der Abfall Kursachsens den Ausschlag, den die Opposition der Ritterschaft allein wohl kaum herbeigeführt hätte.

Die Pfälzer boten Alles auf, um wenigstens die Anerkennung der Declaration zu retten; der von ihnen eingeschlagene Weg musste, wenn consequent festgehalten, das Ziel erreichen.[2]) Friedrich ging

---

1) Auf die Bedeutung dieser Opposition des Adels gegen die Freistellung hat vor Allem Ranke a. a. O. 90 ff. nachdrücklich hingewiesen. Vgl. die Eingaben der Grafen und Herren sowie der R.-Ritterschaft an den Kaiser, in ausführlichen Auszügen bei Häberlin X; eine Zusammenstellung der „supplicationes, erklärungen und protestationes der churf. fürsten und stände der A. C. verwandt, die freystellung der geistlichen belangend", worin u. a. die Declaration K. Ferdinands vom 24. Sept. 1555 zum ersten Mal im Druck veröffentlicht wurde, erschien bereits 1576 und, mit Schriftstücken des J. 1576 vermehrt, 1579 (Stieve, Briefe und Acten IV, 157/8, wo auch einige hieher gehörige katholische Flugschriften dieser Jahre charakterisirt sind). Ueber die Versuche der Grafen und des Kf. Friedrich, die Ritterschaft (und auch die Reichsstädte) vor dem R.-Tag zum Anschluss an die Bewegung zu Gunsten der Freistellung zu bestimmen, vgl. Häberlin X, 360 ff. sowie den bei Theiner II, 152/3 in lat. Uebersetzung mitgeteilten Brief vom 1. Jan. 1576. Ueber die gefährliche Verbindung des Adels mit der katholischen Restauration klagen L. Wilhelm und Friedrich in den Schr., die sie im Juli 1576 betreffs der Fuldischen Sache (worüber mehr in den folgenden Correspondenzen) wechselten (Kl. II, 974 ff.). Kf. August dagegen beruft sich in seinem Schr. an Hessen vom 13. Sept. 1576 geradezu auf die Stimmung der Ritterschaft, die doch sonst keineswegs massgebend für ihn zu sein pflegte: „und ob gleich die kais. Mt. dahin gedrungen wurde, die freistellung aus not zu willigen, so wurde doch der freie adel am Rheinstrom, Franken und in andern stiften solchs keineswegs willigen noch gestatten." (Mb. 110/3, Corresp. zwischen Friedrich und Wilhelm während des R.-Tags, f. 273, Cop.)

2) Vgl. die anfeuernden Aeusserungen Schwendi's gegen einige evangelische Gesandte, „man solte mit mehrerm ernst audacter und viriliter dazu thun, . . . kais. Mt. wäre auff guten wegen" (Lehmann p. 143). Ueber

von der richtigen Ansicht aus, dass die Türkengefahr in Wirklichkeit nicht so schlimm sei, als man sie mache, dass vielmehr die Pforte den Frieden halten werde, wenn der Kaiser sie nicht durch Behauptung der polnischen Krone zum Krieg reize. Uebrigens ergriff der Kurfürst den Gedanken, einem Ritterorden den Schutz der ungarischen Grenze zu übertragen; für den Fall eines plötzlichen Friedensbruchs schlug er Unterstützung des Kaisers mit Truppen vor[1]. Aber von einer Contribution ohne jede Gegen-

die Bemühungen Morone's den Kaiser und die Katholischen, unter denen ihm einige verdächtig schienen, standhaft zu erhalten sowie über seine kräftige Unterstützung durch den Erzb. von Köln, der seine römische Reise in Venedig unterbrochen hatte, um nach Regensburg umzukehren, vgl. die Schr. Morone's vom 4. 13. Juli (Theiner II, 525). Der nachmals von Pfalz den Protestanten empfohlene Vorschlag, sich eventuell vom R.-Tag zurückzuziehen, wurde auch auf der Gegenseite in Erwägung genommen.

1) Ueber Friedrichs Auffassung der polnisch-türkischen Frage vgl. seine Schr. an die Gesandten vom 5. 13. 31. Juli, an Wilhelm vom 13. Juli (Kl. II, 961/2; 966 A. 1; 985). Was er mit der eventuellen Truppenhülfe gegen einen türkischen Angriff meinte, erklärte er deutlicher in dem einer kaiserlichen Gesandtschaft mitgegebenen Bedenken vom 14. September, worin er dem Kaiser eröffnete, dass eine Anzahl französischer Herren seinem Sohn Johann Casimir angeboten habe, unter ihm mit 10000 Schützen und 2000 leichten Pferden auf ihre eignen Kosten wider die Türken zu ziehen (das Bedenken ganz bei Lünig, Staatsconsilia I, 353 ff., im Auszug bei Häberlin X, 49 ff; vgl. Kl. II, 1002 ff.); darauf mag das schon vorher umlaufende Gerücht zurückgehen, „ducem Casimirum ... se suumque exercitum Caesari contra Polonos obtulisse“ (Venezianische Zeitung vom 15. Juni, Mb. 110/1, Missiven, f. 142). In den Artikeln für Beutterich vom 12. Mai (s. oben p. 177 A. 3) wird Bezug genommen auf „quelque bonne occasion soit contre le Turc ou ailleurs“, für welche Eventualität Joh. Casimir freie Hand behalten will. — Die Pfälzer scheinen übrigens nach den vorliegenden Correspondenzen so gut wie gar keine Kenntniss von den zwischen Rom und dem Kaiser eingeleiteten Verhandlungen wegen einer neuen Türkenliga gehabt zu haben; Friedrich erwähnt nur einmal das Gerücht von einem neuen Bund, dessen Obrister Erzh. Ferdinand sein solle (Kl. II, 995). Vgl. über die Tätigkeit Morone's beim Kaiser Theiner II, 523/4; Maffei, Annali di Gregorio, I, 229; der Papst legte das Hauptgewicht auf den Beitritt Spaniens, wollte übrigens auch die Hülfe Russlands nicht verschmähen; ein Schr. der bairischen Räte zu Regensburg vom 8. Sept. erwähnt einen Brief Morone's an Herzog Albrecht betr. einen Dr. Klenck, der im Namen des Papsts in die Moskau abgefertigt werden sollte „von wegen der confederacion mit I. Ht. und andern kristlichen potentaten gegen den Turken“ (Ma. 162/11 f. 139).

leistung wollte er nichts wissen; solange im Reich selbst die Christen derart verfolgt und vertrieben würden, könne er gegen den „ausländischen Türken" nichts bewilligen. Einer kaiserlichen Gesandtschaft erklärte er noch im September, „dass wir nichts gedächten zu contribuiren, wir hätten dann unserm Herrn und Gott auch etwas erlangt." Dem geistlichen Vorbehalt wollte er zum Mindesten eine drohende Protestation entgegensetzen; er war völlig entschlossen, wenn der Kaiser nicht nachgeben würde, seine Gesandten vom Reichstag abzurufen; „man würde dann wohl ein anderes Lied singen." Natürlich fand dieser kühne Vorschlag bei den evangelischen Mitständen wenig Beifall; selbst Wilhelm von Hessen, der im Uebrigen die pfälzische Auffassung teilte, verwahrte sich gegen einen Schritt, der das Ansehen einer „widersetzlichen Rebellion" und Verachtung der kaiserlichen Majestät tragen würde [1]). Das Aeusserste, was man bei der offenen Absonderung Sachsens noch erreichen konnte, war die conditionirte Bewilligung der Türkenhülfe von Seiten der übrigen A. C. Verwandten und der Beschluss, sich

1) Kl. II, 1004; 1006 ff. Eine Erklärung der A. C. Verwandten, übertretende geistliche Stände schützen und handhaben zu wollen, also eine einseitige Aufhebung des geistlichen Vorbehalts, wurde von Friedrich vor dem R.-Tag lebhaft betrieben und noch im September entschieden gefordert (ebd. 933; 941; 998). Nachmals berichtete der Vicekanzler Pastor in der Heidelberger Beratung vom 18. Nov. 1576: „di churf. Brandenburgischen wern unverrichter ding davon gezogen, wen sie von andern ein beifall gehabt hetten" (ebd. 1022 A. 1). Ritter vermutet dagegen nach sächsischen Berichten, Kurbrandenburg sei schliesslich der Absonderung Sachsens gefolgt (360 A. 172). In der Tat war die Haltung der Brandenburgischen trotz Pastor's Lob nach dem Abgang der Kursachsen eine etwas zweifelhafte. Nach dem pfälzischen Protokoll der evangelischen Beratungen (Mb. 110/5 f. 107 ff.) fehlten die Brandenburger wie die Sachsen in der Versammlung vom 21. September, während erstere allerdings in der Audienz des Ausschusses beim Kaiser (24. Sept.) wieder vertreten waren. Als sie am 29. wieder fehlten, erwachte bereits bei den andern Ständen das Misstrauen. Dagegen schloss sich von der Audienz der evangelischen Gesandten bei den kais. Räten wieder nur Kursachsen aus. Bei der Schlussverhandlung vom 12. Oktober, die zur Vereinbarung des Memorialzettels führte, liessen sich die Kurbrandenburger durch Pfalz entschuldigen und erklären, sie würden sich von der Mehrheit nicht absondern. Kf. Ludwig schreibt nachmals (13. Dezember) an den Kf. von Brandenburg, dessen Gesandte seien in Uebereinstimmung mit den andern Vertretern der A. C. vom R.-Tag abgeschieden. Aber Brandenburg liess sich in der Tat auf ein Festhalten der conditionirten Bewilligung nicht ein und folgte nachträglich der Willfährigkeit Kursachsens.

nach dem Reichstag über den Zusammentritt eines evangelischen Convents zu verständigen. Vom Erlass einer förmlichen Protestation wurde gleichfalls abgesehen und der Reichsabschied auch von Pfalz mitbesiegelt[1]).

Die Pfälzer selbst konnten trotzdem mit einer gewissen Genugtuung auf den Verlauf des Reichstags zurückblicken. Sie hatten gefürchtet in eine gefährliche Defensive gedrängt, über ihr Bekenntniss, über die Amberger Vorgänge und über den französischen Krieg zur Verantwortung gezogen zu werden[2]). Statt dessen fanden sie sich im Streit um die Declaration an der Spitze der Evangelischen; selbst eifrige Lutheraner liessen sich jetzt die Führerschaft der Calvinisten gefallen, die ein Jahr zuvor auf dem Wahltag eine so klägliche Stellung eingenommen hatten; der Grosshofmeister Witgenstein konnte diesmal versichern, dass er keinerlei Zeichen von Gehässigkeit gegen Pfalz bemerkt habe[3]). Sogar die kursächsischen Gesandten erfüllten nur mit Widerstreben die undankbare Aufgabe, die ihnen von ihrem Herrn vorgezeichnet war; Brandenburg, sonst unzertrennlich von Kursachsen, neigte geradezu auf die pfälzische Seite[4]). Der Kaiser freilich gab noch in seinen

1) Im citirten Bericht des Dr. Pastor heisst es: „Es wer gleichwol auch davon geredt, ob nit zu protestirn und solche protestation hinder die stat Regenspurg zu legen, aber durchs merer nit für gut angesehen worden.“ Ueber den Memorialzettel, womit die Gesandten der A. C. ihre Conferenzen zu Regensburg beschlossen, vgl. Häberlin X, 369 ff; die spätere Correspondenz Kf. Ludwigs mit andern Ständen über die Frage, ob an der conditionirten Bewilligung festzuhalten sei oder nicht, s. unten. Den R.-Abschied besiegelten als Repräsentanten der Kff. der Mainzer Dalberg und der pfälzische Grosshofmeister Witgenstein (Häberlin X, 215).

2) Vgl. die Auszüge aus der pfälzischen Instruktion bei Häberlin X, 70 ff; 267 ff; 383/4. In der Tat schlugen unter den Katholischen Trier und Baiern eine Anregung wegen der wider die A. C. eingerissenen Sekten vor, was aber Köln, Oesterreich u. a. als odios ablehnten. (Lehmann p. 106).

3) Witgenstein an Rudolf Gualterus, Heidelb. 30. Nov. 1576: „Non incommode accidit, quod ordines A. C. amplectentes omisso intestino dissidio sua nobiscum consilia placide communicarunt neque ullam odii adversus nos (quantum observare potui) significationem dederunt. Quin potius, ubi unus Saxo secessionem fecisset, caeteri animis coniunctis ad electorem Palatinum confugere coeperunt.“ (Bm. Cod. lat. 11470^{b} f. 53. Cop.)

4) Dr. Pastor sagt: „Das sich aber die churf. Saxischen abgesondert, konnen sie di ursach nit wissen; von inen het man sovil vermerkt, das sie gern das best getan heten, wo sie gekönt heten“. Dies wird hinlänglich erläutert durch einen furchtbar groben eigenh. Brief des Kf.

letzten Lebenstagen dem Groll gegen Friedrich in einem scharfen Dekret Ausdruck, das dem Pfalzgrafen die Restitution einiger säcularisirter Stifter ein für alle Mal befahl[1]). Auch der zweite Artikel der kaiserlichen Proposition, der auf Abstellung der unerlaubten Werbungen und Bestrafung der „vorsätzlichen Betrüber des gemeinen Friedens und Verächter der kaiserlichen und Reichsordnungen" antrug, war deutlich genug gegen Johann Casimir gerichtet. Aber die hierin liegende Beschränkung der deutschen „Libertät" verstiess zu sehr gegen die Anschauungen aller Reichsfürsten, um durchdringen zu können[2]).

Kurfürst Friedrich hatte gegen den Landgrafen geäussert, wollte man ihm und Johann Casimir etwas anhaben, so werde er zum Schutz deutscher Freiheit und Redlichkeit nötigenfalls auch seine „alte Haut" daransetzen. Mit dem Kriegsvolk des jungen Pfalzgrafen waren in der Tat vor der Abdankung Verabredungen für einen solchen Fall getroffen worden[3]). Ueberhaupt fühlte man sich in der Pfalz mehr als je selbst einer schlimmeren Wendung der Dinge gewachsen; schon in seiner Instruktion hatte Friedrich den Gesandten die trotzige Weisung erteilt, eine etwaige Exclusion des pfälzischen Bekenntnisses mit der Erklärung zu beantworten, dass der Kurfürst weder die Stände noch den Kaiser für seine Richter in dieser Sache erkenne. Der Ausgang des französischen Feldzugs und Johann Casimirs glückliche Heimkehr steigerte dann zweifellos sowohl das Ansehen als das Selbstbewusstsein der Pfälzer. Sie betrieben eine Legation protestantischer Fürsten nach Frank-

---

August an Dr. Lindemann und die andern Räte (21. Aug. 1576, Dr. Acta corpus doctrinae betr.), denen er heimliche Sympathien mit den Calvinisten vorwirft, „wie dan das iczige geheisse auf dissem reichstage der religion halben auch von niemandes anders als eben von euch sein aufank und ursprunk hat, wellichs euch der teufel noch ein mal danken wirt. Ir wollt nicht calvinisch sein, ir braucht aber calvinische ratschlege" u. s. w. Schon im J. 1566 hatte der Kaiser Lindemann als einen vom Teufel besessenen Calvinisten und Buben bezeichnet (Kl. Fr. p. 247).

1) Häberlin X, 366 ff.

2) Kl. Fr. p. 219.

3) Friedrich an seine Gesandten, 7. September, an Wilhelm 24. Sept. (Kl. II, 997; 1005 A. 3). Am 24. Sept. schreiben Friedrich und Johann Casimir an Wilhelm über die ausländischen Protestanten: „und werden wir in Teutschland villeicht bälder irer hülf, raths und beystands bedürfen, als viel meinen, sonderlich da man der teutschen freyheit also zuschanzet" (ebd. 1013).

reich, regten den Gedanken einer allgemeinen Synode der deutschen und ausserdeutschen Evangelischen wieder an, um Sachsen „aus vielen Inconvenientien zu helfen", und dachten an einen neuen Zug Johann Casimirs, der seine Fahnen diesmal ehr- und beutelustig in die Niederlande tragen wollte [1]). Als vollends Kaiser Maximilian unmittelbar nach Schluss des Reichstags starb (12. Oktober), hegte Friedrich die Hoffnung, bei dem Nachfolger durch vorläufige Zurückhaltung der Türkenhülfe die Correktur des Religionsfriedens doch noch erzwingen zu können. Gern hätte er dem jungen Kaiser persönlich ins Gewissen geredet, „dass er die Bibel fleissig lese, daraus regieren lernte und das arme Deutschland mit vielen Schatzungen unbeschwert liesse" [2]).

Da starb nach ganz kurzem Krankenlager Friedrich der Fromme am 26. Oktober 1576. Sein ältester Sohn weilte selbst krank in Amberg; übrigens hätte er bei dem raschen Verlauf keinenfalls vor dem Tode des Vaters in Heidelberg eintreffen können. So war der Fall eingetreten, den ihm sein Schwager Wilhelm einst warnend vorgehalten hatte, und Johann Casimir hat, wie nicht zu läugnen, daraus Vorteil gezogen, dass er allein am Sterbebett stand. Am 25. Oktober unterfertigte Friedrich ein Codicill, worin er dem jüngern Sohn freistellte, statt der im Testament bestimmten rheinpfälzischen Aemter Neustadt, Kaiserslautern und Böckelheim zu fordern. Diese Abänderung wurde mit der Rücksicht auf Johann Casimirs jüngsterworbene französische Territorien begründet, doch

1) Witgenstein schreibt (a. a. O.): „Accessit deinde Gallicae illius expeditionis successus non infaustus, qui principis nostri authoritatem et gratiam apud bonos magis auxit ac piis spem sortis melioris dedit". Vgl. oben p. 181; über die evangelische Synode und die Legation nach Frankreich Friedrich und Johann Casimir an Wilhelm 24. Sept., Joh. Casimir an Wilhelm Oktober, Beutterichs Werbung bei Würtemberg 26. Sept. (Kl. II, 1013 ff.) Auf die niederländischen Pläne Joh. Casimirs bezieht sich ein merkwürdiger Instruktionsentwurf vom September, der die Reihe der folgenden Documente eröffnen soll; der ganze Ton dieses Schriftstücks ist casimirisch, namentlich die Warnung vor einem Friedensschluss, während Friedrich im Gegenteil über die Nachricht von der zu Stande gekommenen Pacification noch am Tag vor seinem Tode lebhafte Freude äusserte (Kl. II, 1026 A. 1).

2) Kl. II, 1027.

waren die einzutauschenden Aemter auch bedeutend einträglicher [1]. Der neue Kurfürst, stark verhetzt von seiner hessischen Gemahlin, hielt nachmals das Codicill für erschlichen und warf deshalb namentlich auf Ehem schweren Groll. Für die Brüder wurden Testament und Codicill zum Anlass langer und ernsthafter Streitigkeiten; in den Kampf der Interessen mischte sich der Widerspruch ihrer Bekenntnisse und die gegenseitige Verbitterung führte beide hart an den Bruderkrieg.

Dieser Streit über Friedrichs Vermächtniss und die von Ludwig unternommene lutherische Reaktion gehören nicht mehr in den Rahmen unserer Darstellung. Wie unter so drückenden Verhältnissen Johann Casimir die väterlichen Traditionen zu wahren und in seinem Sinn politisch zu verwerten verstand, davon sollen zunächst die folgenden Briefe und Aktenstücke Zeugniss ablegen. Aber selbst Ludwig, der gewissenhafte Lutheraner, hat sich als Kurfürst in Heidelberg der einflussreichen calvinistischen Erinnerungen nicht immer zu erwehren vermocht. Und als nach seinem frühen Hinscheiden Johann Casimir die Zügel der Regierung ergriff, kam das politische Testament des frommen Kurfürsten: christliche Freistellung und evangelische Kaiserwahl, wieder zur vollen Herrschaft. In dem Augenblick freilich, als Friedrich glaubensstark und todesfreudig entschlafen war, erschien die nächste Zukunft der Pfalz trostlos. Auf der einen Seite drängten die lutherischen Eiferer frohlockend heran, das Regiment der „Gottlosen" und seine Spuren zu vertilgen. Ihnen im Weg stand der bisher allmächtige Johann Casimir mit seinen „blutdürstigen" Räten, bereit an die Fäuste der Reiter und Landsknechte zu appelliren. Mit dankbarem Herzen schrieb ein päpstlicher Abgesandter nach Rom, die pfälzischen Wirren könnten nur zum Besten der katholischen Religion ausschlagen und Viele auf den Weg des Heils zurückführen.

---

1) Kl. Testament p. 42 A. 2; vgl. das bittere Schr. der Kurfürstin Elisabeth an ihren Bruder Wilhelm vom 29 April 1577 (Marb.). Dass übrigens Friedrich trotz der Verschlimmerung seines Zustands am 25. Oktober doch mindestens manche freie Augenblicke hatte, bezeugen verschiedene Berichte (Kl. II, 1026; Sudhoff p. 367/8).

1576.

1. Entwurf einer pfälzischen Instruktion.[1] Sept./Okt.

(Werbung bei Oranien und den Staaten von Holland und Seeland: niederländische Friedenshandlung; pfälzische Geldforderungen; Anerbieten für den Kriegsfall.)

„Comme ainsi soit que nostre bon dieu voulant secourir à son église tant oppressée et affligée par la tyrannie de ce dernier siècle ayt suscité monseigneur le prince électeur Palatin, qui de faict s'est déclaré envers icelle comme père et vray nourricier, et monseigneur son filz le duc Jehan Casimir etc., qui par deux fois a esté à ceulx de la religion réformée en France comme un aultre Josua: leur Exc. poulsées de l'affection et zèle, qu'elles ont à l'accroissement de la gloire de dieu et au bien, repos et tranquillité de la républicque chrestienne, n'ont volu obmettre dépescher vers mons^{r} le prince d'Orenge et les estatz d'Hollande et Zélande N. N.

Premièrement pour les congratuler de ce que dieu leur faict à présent veoir et gouster la fruyct de leur constance et travail qu'ilz ont monstré et enduré durant ces troubles civiles, c'est que par là il a ouvert en parfin les yeulx aux estatz et aux villes du Pays-Bas de recognoistre à certes que les Espaignolz n'ont jamais eu aultre but ny visée sinon soubz le prétexte de raison et honneste, s'abusant du nom, authorité et du tiltre du roy, de piller, ravir et saccager ce bau Pays-Bas et de violer illecq tout droict divin et humain, et d'avoir donné aux susdicts estatz et quelques villes le ceur de courage de s'opposer à ceste rage, dont il y a espérance et apparence d'une bonne et heureuse issue et délivrance entière de ceste tyrannie barbare.

Secondement N. N. entendera à certes du dict s^{r} prince et des estatz, en quel estat proprement sont à présent leurs affaires; que ce n'est pas une curieusité qui les esmeut à cela, mais ung soign paternel et désir de continuer à les ayder fidèlement de tout bon conseil et aviz autant que sera en leur Exc^{es}.

14

Sept.,Okt. Et par ainsi en cas que les affaires sont [?] disposées qu'on puysse espérer en brief une bonne paix, N. N. les exhortera de ne la refuser pas, ains de l'embrasser et de monstrer par les effectz le propre de vrayz christiens, qui est d'estre pacificques.

Et ce-néantmoins de ne viser poinct en cecy tant à leur bien, prouffict particulier qu'à la gloire de dieu, avancement de son église, bien et repos publicq, si comme ilz ont monstré avoir eu singulièrement regard, lors qu'ilz estoyent pour traicter la paix à Bréda[2]), dont ilz ont acquiz devant dieu et le monde louange, et en quoy leur Exc[es] les exhortent et prient de continuer et s'asseurer, que ce faisant le dieu vivant les aydera.

Doncques en cas qu'on entrera au traictement d'une paix, après qu'on aura arresté ce qui concerne la gloire de dieu, le bien et repos publicque, N. N. remonstrera, de quelle affection, piété et compassion monseig[r] le prince électeur leur a assisté,*) sans avoir eu regard à l'incommodité de ses affaires, comme eulx mesmes sçavent, que pourtant la raison, honnesteté et vraye gratitude, laquelle mesmes envers les payens a estée en tout temps en singulière recommandation et observation, les doibt aussi émouvoir de rembourzer fidèlement à leur Exc.[es], voire devant tout aultre payement[3]).

Et d'autant que la somme n'est pas petitte, le remboursement de laquelle seroit peult-estre trop grief à ceulx de Hollande et Zélande, lesquelz ont sçait estre assez dénuez de moyens à cause de la longueur de la guerre, laquelle ilz ont endurée, si N. N. apperchoit à certes, que ceulx de Hollande et Zélande, pour le secours desquelz directement ces deniers ont esté prestez, ne seroyent bastans de les rendre, il fera deue et diligente instance et poursuyte que les estatz du Pays-Bas et se chargeut pour la dicte somme et promectent de la payer.

Mais aussi en cas qu'il voit qu'il n'y a moyen que cela se face promptement par faulte d'argent contant, N. N. sollicitera que le payement se face par sel ou semblable marchandises dont on pourra promptement faire argent contant; à tout le moins que les susdicts estatz promectent soubs bonne et suffisante caution de payer en certein temps préfix et le plus brief qu'il sera possible de nommer;

---

*) Am Rand: „Hie wert N. N. gefast sein mit behorliche extracten des gelts, so ire chur- und furstliche gnaden dem prinzen, graff Ludwig und den staten von Holland und Zelande geliehen und vorgestreckt haben"; beigefügt von andrer Hand (Joh. Casimir?): „ja auch sein aigen fleisch und blutt nit verschont, sonder darzu geopfert."

et cependant pour plus grande asseurance qu'ilz conseignent et mettent entre les mains de leus Exces pour hypotecque quelques terres ecclésiasticques ou séculières seignenriales, dont leur Exces à petit à petit se puyssent payer eulx-mesmes.

Au demeurant N. N. aura l'oeyl à l'apparence de l' - - - - - que prendront les affaires publicques au Pays-Bas par une paix. Car comme il est vraysemblable que ceulx du Pays-Bas ne se rengeront jamais plus soubz une puyssance absolue du roy de Spaigne et moigns soubz le gouvernement des Espaignolz, dont ilz n'auroyent que d'attendre continuelles troubles, ains qu'ilz tascheront à une liberté soit semblable à celle des Suysses ou celle des villes impérialles qui sont en Allemaigne[4]), N. N. comme de soy-mesme, usant de la prudence que dieu luy dorra, leur pourra conseiller au meilleur et plus seur party, dont la gloire de dieu puysse estre le plus illustrée, le repos de la républicque christienne plus espéré*) et le bon droict et tiltre que leur Exces ont à quelques endroictz partyes du dict pays,[5]) joinct leur mérite soit recogneu et respecté.

D'aultre part que ainsi soit qu'on voyt ordinairement en tout temps la vérité du vieu proverbe qui dict: Difficilia que pulchra; et par ainsi en cas que N. N. apprendra, que bonne paix et repos publicq n'est à espérer, ains la continuation d'une guerre pour quelque temps, et que aultrement il n'y aura poinct ordre d'accabler entièrement un tast d'Espaignolz qui troublent le Pays-Bas ou les contraindre de sortir le pays, icy N. N., s'il apperchoit en eux quelque lâcheté de courage, leur remonstrera, qu'en cas qu'ilz commenchassent ores à défaillir tant quant au courage que volonté de durer et continuer jusques à la fin, que tout ce qu'ilz ont faict et enduré par cy-devant, seroit en vain et décourageroyent ceulx qui voyent leur vouloir prester la main fidelle. Et pourtant leur ayant renvoyé à leur propre symbole qui dict: Bellum pace dubia securius[6]), il les exhortera non seulement de continuer en courage de masle, mains aussi de mettre à ce coup le verd et le sec et d'employer libéralement leur moyens restans, dont ilz puyssent achapter le vray chappeau de liberté et éviter la servitude insupportable extérieure et intérieure de la conscience, à laquelle ses Espaignolz tyrans taschent les rédiger ignominieusement.

Et à ce propos duyra fort bien la remonstrance du malheur qui est advenu à ceulx de Sirixée[7]); auquel ilz ne fussent jamais tombé, si de bonheure ilz eussent libérallement pourveu et victu-

*) Am Rand: „Haec habeat in scrinio pectoris."

14*

Sept./Okt. alié leur ville de vivres nécessaires, dont ilz avoyent bien les moyens, comme l'expérience a monstré, lorsqu'ilz ont estez occupez des ennemis, ausquelz ilz ont bien depuys payé en contant bien deux cent mille florins, ceulx - - - - - qui paravant se disoyent n'avoir le moyen de trouver XX[tz] florins pour achapter de bon heure des vivres nécessaires.

Or les trouvant N. N. délibérez de continuer la guerre pour obtenir le susdict effect, à fin de les asseurer de la continuation de la piété paternelle et bonne affection envers eulx de leur Exc[es], s'ilz déclairent de désirer que monseig[r] le duc Casimir leur monstre du faict semblable fidélité et bénéfice, comme il a dernièrement déclaré à ceulx de la religion réformée en France, N. N. leur asseurera de la part de son Exc. sa promptesse et bonne volonté, y estant - - - - - requiz et deuement appellé et invoqué à les secourir *).

Et conséquamment N. N. entrera alors avec mon dict s[r] prince et les estatz en communication, sur quel pied et fondement, avec quelles forces et quant ilz désireroyent que cela fust faict. Dont en après le dict N. N. nous viendra faire rapport en toute diligence, ammenant avec luy quelque personnage de qualité, avec laquelle on puysse de leur part arrester et conclure ceste négotiation.

Finalement N. N. leur remonstra [!], combien qu'il sera nécessaire (singulièrement en cas qu'il sera question de continuer la guerre) de dresser des intelligences, correspondences et mesmes ligues et confédérations avec certeins princes, princesses, républicques et villes **), et que pour cest effect est dressée la légation en Angleterre (où doibt estre envoyé N. N. et avec lequel N. N. tiendra bonne correspondence), item la légation en Gelre, en France, en Pologne, Denemarck, Danswyck et Constantinople." [3])

Idstein, Dillenburger Archiv, Corresp. von 1581. Conc.

1) Die Abfassung dieses undatirten Entwurfs fällt in die Zeit nach dem zweiten französischen Zug Johann Casimirs und vor dem Tod Kf. Friedrichs; über die damalige Absicht der Pfälzer, in den Niederlanden zu interveniren, vgl. oben p. 182.

2) Hier verhandelten Bevollmächtigte des Prinzen von Oranien und der Staaten von Holland und Seeland auf der einen, des Königs von Spanien auf der andern Seite von Anfang März bis Mitte Juli 1575, ohne eine Verständigung zu erzielen. Dagegen wurden im Herbst 1576 von den niederländischen Ständen auf eigene Faust ohne jedes Zutun der spanischen Regierung jene Verhandlungen eingeleitet, die zunächst zu der gegen Spanien gerichteten Genter Pacification (8. Nov. 1576) führten.

*) Am Rand: „Nota: de n'oblier, sur quelles conditions une telle vocation seroit d'accepter à monseig[r] le duc Casimir."

**) Am Rand: „Poulogne. Danswyck. Denemarck."

3) Ueber Kf. Friedrichs Darlehen an Oranien vgl. oben p. 48; 51; 109 A. 2. Nach der dort citirten Werbung bei den Deputirten von Holland und Seeland, 16. Juli 1578, betrug die Schuld der Staaten an Kurpfalz 45000 fl., wovon übrigens die eine Hälfte (22000) vom Grafen von Hanau, die andere von den kurpfälzischen Kirchen vorgestreckt worden war (van de Spiegel, onuitgegeven stukken I, 35 ff.). Wie Graf Johann auf der einen Seite von Kurpfalz gedrängt wurde, auf der andern die Staaten von Holland und Geldern nur langsam und mit Mühe zur Rückzahlung veranlassen konnte, zeigt seine Correspondenz aus den Jahren 1579 und 1580 (Idstein; vgl. van Hasselt, Stukken voor de vaderlandsche historie IV, 155/6); er fürchtete das Amt Siegen, das er als Pfand eingesetzt hatte, ganz an Pfalz zu verlieren. Noch am 10. Juni 1580 schreibt ein kurpfälzischer Abgeordneter, Balth. Schmitz, aus Köln einen drohenden Mahnbrief an den Grafen. Sept. Okt.

4) Die Pfälzer wurden bereits damals an manchen Orten nicht nur als ständige Verbündete der Rebellion, sondern geradezu als bewusste Gönner republikanischer und demokratischer Bestrebungen angesehen; vgl. oben p. 179. Kurz darauf berichtet Pf. Elisabeth ihrer Mutter, die Räte hätten ihrem Gemahl vorgeschlagen, er solle sich ganz in die Schweiz zurückziehen (Kl. Ehe p. 52). Mit der Befürwortung eines „schweizerischen" Föderalismus in unserm Entwurf stimmt die nachmalige Haltung Johann Casimirs in den Niederlanden völlig überein; Beutterichs Pamphlet „le vray patriot" vom J. 1579 erklärt die Errichtung einer Eidgenossenschaft für „das einzige wahre Heilkraut gegen das spanische Gift." Erinnern wir uns, dass Hotman seine Francogallia dem Kf. Friedrich gewidmet hatte.

5) Dies kann sich wohl nur auf die confiscirten Güter Brederode's beziehen, deren Restitution seine Wittwe, Friedrichs zweite Gemahlin Amalia, beanspruchte (Prinsterer I. 5, 464).

6) Legende einer beim Abbruch der Verhandlungen von Breda 1575 geschlagenen Medaille (ebd. 259).

7) Zierixsee capitulirte am 29. Juni 1576.

8) Es scheint nicht, das irgend eine der hier aufgeführten Sendungen wirklich stattfand; ihre Zusammenstellung zeugt übrigens von der damaligen Beschäftigung der pfälzischen Politik mit umfassenden Combinationen.

2. Kurfürst Friedrich an Pfalzgraf Ludwig.

24. Okt. Heidelbg.

Hat schon am 14. über seine Leibsgelegenheit geschrieben, die sich seither merklich verschlimmert hat; er weiss nicht, wie es der liebe Gott mit seinem Zustand schicken wird. Hat schon mehrmals sein Verlangen „zu D. L. gegenwart, auch anschauwungen deren gemahel und kinder unser geliebten enklein" kund gegeben und wünscht jetzt um so dringender L's Anwesenheit; Joh. Casimir ist seit etlichen Tagen bei ihm. L. soll sich so bald als möglich sammt Gemahlin und Kindern (falls dies angeht) hieher verfügen und ihm in seinem Zustand söhnlich beiwohnen [1]).

Mc. 987. Cop.

1) Noch am 25. Okt. wurde Credenz und Instruktion für einen an L. abzufertigenden Rat verfasst. L. Antwort, Amberg 28. Oktober, lehnt unter Hinweis auf sein und seiner Gemahlin Uebelbefinden die Bitte des Kf. ab und hofft auf Gottes Hülfe.

28. Okt. Rothenberg

3. Landgraf Wilhelm von Hessen an Kurfürst Friedrich.

Teilt Copie eines ausführlichen Entschuldigungsschr. mit[1]), das Kursachsen zur Erklärung seiner Absonderung in Religionssachen auf dem Reichstag an ihn und vermutlich auch an die übrigen Stände der A. C. gerichtet hat. Bittet um vertrauliches Gutachten über die darin enthaltenen gewichtigen Argumente. Schickt niederländische Zeitungen (Intercession von Jülich und Lüttich für die gefangenen Herren); Jülich hat sich doch früher Egmonts und seiner Leidensgenossen gar nicht angenommen.

Ma. 544/13 f. 191. Cop.

1) Ebenso Herzog Julius von Braunschweig in einem gleichfalls an Kurf. Friedrich adressirten Schr. vom 7. November (ebd. f. 192 ff.).

7. Nov. Zapfenburg

4. Landgraf Wilhelm an Kurfürst Ludwig.

Condolenz. Ermahnung, in Verteidigung des Evangeliums und der deutschen Libertät in die Fusstapfen des Vaters zu treten[1]), die Reformation der väterlichen Kirchenordnung mit möglichster Schonung vorzunehmen, sich unter keiner Bedingung von seinem Bruder zu trennen.[2])

Marb. Pfalz R. A. Conc. (im Auszug bei Rommel V, 586 A. 81.)

1) Mit dieser Ermahnung entsprach der L. fast wörtlich einer Bitte Johann Casimirs, der ihm unter dem 28. Oktober (Kl. II, 1028) das Ableben des Vaters mitgeteilt und ihn ersucht hatte, den Bruder aufzufordern, er möge in die Fusstapfen des Vaters treten, „so uns brüdern und andern die bahn gemacht und das eis gebrochen", und sich von schädlicher Aenderung hüten. Die Antwort Wilhelms an J. C. vom 6. Nov. Me. 991. Acta post obitum Friderici 3. II. f. 16 ff. Or.

2) Ueber die Art und Weise, wie seine Gesandten dem Kf. möglichste Behutsamkeit in Sachen der Religion ans Herz legen sollten, spricht sich W. des Näheren in einem Schr. vom 9. Nov. an seinen Kanzler Dr. Reinhard Scheffer aus. Er wünscht, der Kf. möge zur Durchführung einer Reformation Theologen gebrauchen, die bisher nicht gegen die Heidelberger geschrieben, wie Dr. Mirus oder den hessischen Superintendenten Dr. Weyer, nicht Andreä, Selnecker und ähnliche Leute; er solle allenfalls die Austeilung von Hostien, aber nicht förmlich papistische Bräuche wiedereinführen. Wenn es den Gesandten „unoffendtlich" erscheine, könne man den Kf. seiner schwachen Natur und des möglichen Falls erinnern, dass Johann Casimir dann nach der goldenen Bulle die Administration übernehmen und neue Aenderungen vornehmen würde. Vgl. Rommel a. a. O. Wie sich W. dabei vor dem Schein einer Hinneigung zum Calvinismus zu wahren suchte, wurde oben p. 45 A. 2 erwähnt; vgl. seine Vorsichtsmassregeln gegenüber Kf. Friedrich, als ihn dieser um Mitteilung des Torgischen Buches ersucht hatte, Heppe III, 162/3. Trotzdem begrüsste ihn Beza nach dem Tod Kf. Friedrichs als dessen Nachfolger in der Beschirmung der Kirche („quum ad tuam pene iam unam Cels. hae partes redierint". Beza an L. Wilhelm, 25. Nov. 1576, Heppe, Epistolae, quas Th. Beza ad Wilhelmum IV. — misit, Marb. 1860, p. 6).

5. Memorial Johann Casimirs für eine Unterredung mit Kurfürst Ludwig. [1]) November

(Das väterliche Testament; Motivirung seines Festhaltens am väterlichen Bekenntniss; Gründe gegen eine gewaltsame Aenderung in Sachen der Religion.)

(„Instruction, wess man sich nach eröffnung des testaments zu verhalten.)

Wan das testament geoffnet und der churf. anzeigen wollte, das S. Ch. Gn. die confession den chur- und fursten nit wisten zuzuschicken, darauf muessen I. Ch. Gn. ursach anzeigen entweder das solche wider sein gewissen, oder sei meins gnedigsten herrn seligen bekantnuss nit gewesen, sonder von D. Eheim oder eim andern gestelt.

Antwort.

Ich kann aber solches nit underlassen:

1) von meins gewissens wegen, dieweil ich die confession vor gott recht und gottes wort gemess halt;

2) von wegen unsers herrn vatters bevelch und sein letzten willen zu gehorsamen;

3) zu errettung I. Ch. Gn. ehr, das die nit als ein ketzer, sonder als ein christ gestorben;

4) zu trost seiner armen hinderlassenen wittib, erbauung seiner hinderlassenen kinder und sterkung irer hinderlassenen undertanen und aller christen in und ausser Teutschlands;

5) zu erhaltung des erworbenen friedens in Frankreich, zu dem I. Ch. Gn. mich als ein werkzeugk gebraucht, welcher sambt den armen christen daselbst ein greulichen stoss leiden wurden, wo dem geschrei nit gesteurt, so von I. Ch. Gn. ausgossen wirt, das solche bekantnus nit rein oder gottes wort gemess und nit ir bekantnus sein, sondern von etlichen iren leuten deren beredet worden sein solten.

6) Wan sie gleich von eim andern gestelt, so ist sie doch S. Ch. Gn. confession, dieweil man weiss, das I. Ch. Gn. der gewesen, so solche zu stellen bevolen; sonsten muesten auch alle bevelch nit churfurstlicher will sein, die I. Ch. Gn. nit selbst mit eigner hand gestelt oder geschrieben hetten. [2])

Hergegen:

Kan ich meinen herrn brudern nit underlassen zu erinnern und freundlich zu warnen, wo I. L. als der successor in der chur der kais. Mt., auch chur- und fursten solche nit communiciren und aber solches durch mich geschehen muss, das hierdurch sonderlich

November den Papisten ursach zu frolocken gegeben wurdt, das sie sehen, das wir bruder in religione getrent; welches wa möglich zu vorkommen guet were und geschehen konte, wan E. L. [!] schlecht vermog unsers herrn vatters letzten willen solche confession hetten der kais. Mt. und allen chur- und fursten zugeschickt, dan je nit die schlechte zuschickung, sonder die guethaissung allein E. L. [!] gewissen beschweren kan.

Zum andern, do I. Ch. Gn. wurden abschlagen, vermog testaments weiland meins gnedigsten herrn kirchenordnung, catechismum, almusen und andere ordnung zu halten, sonder die abzutuen, item do I. Ch. Gn. wolten uff abstellung der kirchenräte ampts beharren, auch kirchendiener absetzen und uffstellen, werden sie ursach anzeigen:

1) solche seien wider ir gewissen;

2) man müsse gott mehr gehorchen dan den menschen; sie hetten irem herrn vattern solches selbst gesagt, sie muesten mehr uff gott und die undertanen sehen dan uff I. Ch. Gn. als den vatter;

3) sie hetten irem herrn vattern bei iren lebzeiten nit eingeredt, was die getan; sie kunten ir auch nicht einreden oder ordnung geben lassen.

Antwort.

Ich kan nit underlassen, catechismum, kirchenordnung, ehepolicei, almussen und andere ordnung zu halten, allermassen wie die uffgericht:

1) meins gewissens halb, dieweil die gottes wort allerdings gemess seind;

2) unsers herrn vatters testaments und letzten willens halben, und dieweil ich mit der tadt erfaren, wan ich meins herrn vatters rat und bevelch gevolget, das mich gott der herr gesegnet hat;

3) dieweil auch weder die kais. Mt., churfursten, fursten und andere, sonderlich aber die A. C. verwandte stende solche weder mit gottes wort noch sonsten haben konnen umbstossen, sonder S. Ch. Gn. die vor inen allen mit furlegung der bibel und A. C. gegen menniglich behaubtet, die auch gott bis in sein todt bestendiglich und unangefochten dabei erhalten, ja ime auch ehr, rum und segen reichlich desswegen verliehen;

4) dieweil ich auch nimmermehr meinem herrn vattern die unehr antuen kan, dasjenige, so S. Ch. Gn. mit so vil muhe, arbeit, beten und seufzen zu gott, mit so grossem unkosten, mit rum der ganzen welt und einem aufrichten runden gewissen fur gott, wie dan sein ruiger abschied bezeuget, angerichtet, uff einmahl ohn-

uberzeigt und unuberwiesen, das darin der wenigst irtumb, uber ein haufen werfen kan; November

5) das ich auch hierdurch, da ich es tun hülfe, mich selbsten und alle meine bishero gepflogene handlungen zu nicht machen und fur der ganzen welt zu schanden wurde, als ob ich bei lebzeiten unsers herrn vatters I. Ch. Gn. zu gefallen und nit von herzen aller derselben handlungen, reformation und entlich den zugen in Frankreich (welcher furnembst ziel gewesen ist die erhaltung und fortpflanzung eben der religion, so I. Ch. Gn. gewesen) beigewonet, jetzt aber nach irem todtlichen abgang so wendete ich den mantel nach dem wind und endere die religion, das als alle historien meiner unbestendigkeit wurden voll sein.

6) Uber solche jetzt erzelte meine eigene schand wurde auch ervolgen, das ich meniglichen in und ausser teutschen landes, in Frankreich und anderen konigreichen ergernus und anstoss geben wurde, welche viel ein anders von mir gewarten.

7) Diesem ergernuss wurde auch nachvolgen der schaden, nemblich die zerruttung des gemeinen stillen und ruwigen wesens, so weiland unser gnedigster herr und vatter in der Pfalz angerichtet, das gott lob kein zweitracht, kein gezenk unter den theologis in der Pfalz uberig, sonder alles gestillet und das geistlich und weltlich regiment in gueter ordnung und schwank gehet.

8) Ich wurde auch ursach geben, das der mit so viel muhe und arbeit durch gottes gnadt erworbene frieden in Frankreich genzlich wider zerruttet, in dem das die Papisten und friedhessigen durch meinen abfall und solch exempel andere desto mehr zu undertrucken und zu verfolgen genzlich gesterket, die christen betruebet und kleinmuetig gemacht und also leicht wider zum krieg und unruhe ursach genohmen werden mochte; daraus hernach ervolgen beschwerliche durchzuge im reich, verlust der nachparlichen correspondenz, deren man sich uff alle nottfell bei Frankreich und dero religionsverwandten zu getrösten, verlierung und inziehung der gueter in Frankreich, so der konig mir zugestelt, verlust meiner bezahlung, verlust dern schulden, so der Pfalz noch ausstendig.

9) Zu dem, so ich von solcher lehr und bekantnuss abfiele, bin ich gewiss, dass ich von allen gueten getreuen leuten, so mir bishero in und ausser Teutschland gedienet, denen auch gelegenheit der Pfalz, des reichs und anderer nationen bekant, verlassen und mit neuen unbekanten unerfarnen leuten mich mueste gefast machen, daraus ich dan dessen hochsten nachteils zu gewarten.

Aus diesen oberzelten wichtigen und andern mehr ursachen, von dern wegen ich von dieser lehr und unsers herrn vatters seligen

November testament nit kan abweichen, kan auch ich E. L. [!] bruderlich und freundlich und bei der hochsten warheit, die ich vor gott hiermit bezeuge, keins wegs raten, das sie so geschwind unerkant der sachen in kraft ires oberkeitlichen gewalts enderung in kirchen und schulen in der chur mache.

Dan obwol E. L. fur sich einer andern meinung vom heiligen abentmahl des herrn, so ist doch solches kein ursach, das sie darumb sollen alles abstellen, was mit derselben meinung nit zustimmet. Dan das were ein schwer ding, das sovil menschen gewissen in einer landschaft eines herrn gewissens halben muesten beschwert und so oft ein neuer herr, so oft ein neue religion angestellt und geduldet werden. Und ob wohl wahr, das unser freundlicher und gnediger lieber herr vatter seliger gedechtnuss enderung furgenohmen, so ist doch solches nit in der ganzen religion, sonder einem einzigen puncten des nachtmals des herrn halben allein und nit aus irem eigenen willen, und gutdunken, sonder uff stadtliche vorgehende handlung und colloquia aus gottes wort furgenohmen und behaubtet worden.

Vermeinen dan je E. L. und ire theologen, das sie uf besserm grund stehen dan weiland unser herr vatter seliger, ich und die ganze universitet alhie, alle kirchen- und schuldiener dieses landes und der groste teil der undertanen, so handlen E. L., wie von anfangk in der christlichen kirchen der brauch gewesen, halten colloquia, bescheiden die kirchendiener gegen einander fur, lassen sie offentlich gegen einander horen. Wer dan sein sach aus gottes wort besser beweisen kann, der pleib, und weiche der ander. Also tuet gott dem Adam im paradies, rufft und hort ine, ehe er ine verdampt. Also hat Constantinus Magnus getan. Also hat auch weiland unser herr vatter oftermals hie und zu Amberg getan. Dardurch werden E. L. dieser beschwerlichen nachredt geubrigt sein, das sie ires herrn vatters testament zuwider haben kirchen und schulen ohn erkantnuss und unerhort meniglich auf weniger leut anreizen uber ein haufen geworfen, welches I. Ch. Gn. sovil muhe, arbeit und gefahr gekost zu erbauen. Also tuen auch E. L. nichts wider ir gewissen, und pleibt die landschaft in stiller ruhe, und pleiben die rete und beambten, auch undertanen ruwig jedes in seiner ordnung, bis E. L. mit wolbedachtem mut die sachen fur henden nemen, die theologos gegen theologis verhoren, selbst dabei seien, wie unser herr vatter loblich getan, darzu ich mich dan auch erpiete. Also geben auch E. L. weder inheimichen noch frembden einichen anstoss oder ursach, das der frieden in Frankreich gebrochen und das alle die beschwerungen mir, den es haut und alles, was ich in der welt hab, gekost, bis ichs dahin pracht, uff den hals fallen. November Dan sobald E. L. mit solchem process und abstellung aller vatterlichen ordnungen volfaren und ich, wie ich dan anderst nit kan, der disposition mich gemess erkleret, so werden E. L. sovil beschwerungen an dero gemuet und leib heufig zufallen, daraus die nit werden kommen konnen. Alle guete leut, die der Pfalz gelegenheit wissen und der bishero umb unsers loblichen herrn vatters redlichen handlungen und gueten ordnung willen gedienet, die auch mit allen treuen und zum genauesten haben alles zusammen gehalten, werden die verlassen, neue leut, die weder umb die Pfalz noch dero beschwerung noch die mittel, wie oder wo dero daraus zu helfen, sonder die nur uff sich und iren nutzen sehen werden, an die statt kommen. Und ehe E. L. weiss, wie ire sachen stehen, werden sie den mangel und den reukauf finden und werden jederman fur den kopf gestossen haben, wie dan ich meins teils derselben in solcher zerruttung alsdan weder zu raten noch zu helfen wiste. So wurden E. L. etlich dausend personen muessen endern; ob dan andere irer besten leut sich berauben und die E. L. geben werden, das ist nit der prauch, und werden sie wohl befinden, was sie fur leut ins land bekommen werden. Da aber E. L. mit sittsamkeit, erkantnuss der sachen und guetem rat handlen, so wurden dieselben ein stil und friedsams regiment konnen fueren, hulf und trost finden, wie dan uff denselben fall ich mich erpiete, das ich dero bruderlich und treulich beispringen, dero meins vermogens raten und helfen, ja fur sie mein leib und gut darstrecken wölle, und wirdt der Pfalz und gemeiner religion feinden alle ursach abgeschnitten uns zuzusetzen. So ist auch nit frembt, das in spaltigen religionen ein andere religion den undertanen gestattet werde dan dern die obrigkeit selbst ist: wie E. L. an der kais. Mt. und andern fursten, auch bischoffen, dessgleichen dem könig in Frankreich und Hispanien teglich genugsame exempla sehen, und wie enderung der religion sonderlich ohne handlung enderung und zerruttung des ganzen regiments bringt, darob sich E. L. zuspiegeln. Und kan allen durch mich, wo E. L. solches gefellig, und die rate das angestellt werk continuirt werden, das E. L. gewissen gar nit beschwert."

Me. 991. Acta post obitum Friderici 3. II f. 56 ff. Conc.

1) Diese Aufzeichnungen, obwohl nur für den mutmasslichen Gang einer Auseinandersetzung mit dem Kf. entworfen, sind doch als unmittelbarer Beleg für J. C. Stimmung wertvoll. Die Testamentseröffnung, vom Kf. immer wieder hinausgeschoben (vgl. die „verzaichnuss" über ein hierauf bezügliches Anbringen bei J. C., geschehen im Namen des Kf. durch den Herrn von Speinsshart, Köttnit und Schwartzmair am 22. Nov. ebd.)

November erfolgte endlich auf das kategorische Verlangen J. C. am 24. November; auf die Anregung J. C. wegen dessen, was laut des Testaments an die Kff. und Fürsten gelangen zu lassen [Artikel 1. und 30.], entgegnete der Kf., er habe wegen Geschäftsüberhäufung das Testament noch nicht durchlesen können, wolle aber diesen Dingen mit Ernst nachdenken und sich in dem unverweislich erzeigen („Faut zu Heidelberg ubergibt summarie, was sich bei eroffnung der vatterlichen disposition und darnach verlaufen", 25. Nov. ebd.).

2) Dies spricht doch gegen die Vermutung Kluckhohn's (das Testament Friedrichs des Frommen, abgedruckt aus den Abhandlungen der Münchener Akad. der Wissenschaften III. Cl. XII. 3, p. 12/4), dass Friedrich die Confession selbst verfasst habe.

12. Nov. Weidenhain

6. Kurfürst August von Sachsen an Kurfürst Ludwig.

(Condolenz. Rät zur Beseitigung des Calvinismus und Vermeidung der ausländischen Händel.)

„Mein freundlichen dinst und was ich iderzeit liebes und guttes vormack. Hochgeborner furst, freundlicher lieber vetter, schwager und sonn! E. L. schreiben, dorin sie mir derselben hern vatters weilant pfalzgraff Friderichs churfursten milder gedechtnus totlichen abgank vormelden, habe ich heut dato den 12 dises monates freuntlich empfangen, habe mit E. L. auch dises fals halben ein christliches mitleiden. Weil aber das sachen sein, so mit keinem harrn herwider zu bringen, so werden sich E. L. als ein gotseliger christlicher furst mit gedult dem willen des allerhochsten unterwerfen und dem trauen gott heimstellen. Und die weil durch diesen fall die chur Pfalz an E. L. gefallen, so wunsche ich E. L. zu sollicher dingnitett gottes Segen und alle zeitliche und ewige wolfart. Und bitte E. L. zum freuntlichsten, sie wollen ihr in ihrer iczo angehenden regirunk das reine unvorfelste lauter wort gottes in ihren landen zu pflanzen und vortzusetzen je nicht unterlassen, auch allen Calvinisten steuren und weren, das sie in derselbigen landen nicht mer leut mit irem gifte beschmeissen, in zeiten abhelfen. Und dormit ich mein treues herz, so ich zu E. L. trage, gar auschutte, so bitte ich auch E. L. selbest zum besten, E. L. wollen sich in die ausländischen hendel nicht mengen, es gesche auch gleich in was schein es wolle, so werden E. L. sunder zweifel eine ruige regirunk und gutt gewissen haben und behalten. Und bit nach einmall E. L. ganz freuntlich, sie wollen meine trauherzige ermanunk jo nicht anders als christlich und wol gemeint von mir verstehen und aufnemmen. Do auch doruber E. L. mit dem geringsten solten beschwert werden, es were auch gleich von wem es wolt, so sollen E. L. gewisslich sich das zu mir vorsehen, das ich derselben die hulfliche hant treulich bitten und bei derselbigen, was ich im wammes habe, willick zuseczen will. Die ich hiemit dem treuen gott in seinen schutz will freuntlich befollen haben. 12. Nov.

Datum Weydenhan, den 12. novemb. anno 1576.

E. L. trauer vetter, schwager und vatter

Augustus churfurst."

Me. 987. Des Ch. Friedrich Ableben betr. 1576. Eigh.

7. Bischof Marquard von Speier an den Kaiser. 17. Nov. Speier

Auf dessen Schreiben vom 9., betr. eine Kriegswerbung, welche durch Johann Casimir getrieben und in die Niederlande gerichtet sein soll. Allerdings gehen solche Reden unter dem Pöbel; er hat noch nichts Gewisses davon vermerkt, will aber weiter nachforschen und berichten.[1])

Wb. Kriegsacten. Or.

1) Dass Oranien damals eventuell auf Johann Casimirs Hülfe zählen zu können glaubte, beweist die durch Marnix an die Generalstaaten gebrachte Vorstellung des Prinzen, 24. Nov. 1576 (Bondam, Verzameling van onuitgegeevene stukken I, Utr. 1779, p. 192).

8. Ursinus an einen Ungenannten.[1]) 24. Nov. Heidelberg

. . . .

„Ill^{mus} successor est animo a nobis tam alieno, ut magis non possit esse, instigatus a multis, quorum arbitrio si res agerentur, multo durius quam Missnice haberemur [?]. Nobilitas, praefecti, magistratus, maior pars populi sunt nobis infensi, alii neque intelligunt neque curant religionem, pars minima nobiscum gemit et ea, quae nihil potest. Johannis Casimiri bona quidem adhuc apparet voluntas, sed parva rebus succurrendi facultas. . . . . .

Hic nullis precibus obtineri potuit, ut funebrem concionem haberet Tossanus.[2]) Habuit ergo eam concionator, quem ill^{mus} secum adduxit, satis tamen modeste. Postridie suam item funebrem habuit Tossanus frequentissimo auditorio, praesente Casimiro, sorore et noverca. Nam ut adesset ill^{mus} exorari non potuit. Exemplar concionis mitto.[3]) A consiliariis non iuramenta, sed tantum dextrae sunt acceptae, ut pergat quisque in officio et patri data fide usque terminum sui anni. Senatui etiam [?] ecclesiastico interdictum, ne quem ecclesiae aut scholae ministrum recipiant nec aliquid edi curent usque ad aliam declarationem. D. Olevianus die funeris habuit concionem, in qua digressus ad coenam domini hortatus est populum, ut perstet in confessione principis defuncti. Vellem non fecisset. Nam ea concio est reprehensa tamquam non pacifica. Interdictum D. Oleviano, ne concionetur nec scribat nec ingrediatur paedagogium neque colloquia vel conventus habeat neque oppido exeat usque ad aliam declarationem sive mandatum. Interea iuramenta solemnia sont praestita hic et in vicinis oppidis Viae montanae. Religionis mutationem deprecati sunt, qui hic in monte habitant sub arce, et Weinhemiani; aliorum nemo praeter Olevianum et Tossanum." . . . . . .

Letzte Sonntagspredigt des mit dem Kf. gekommenen Geist-

24. Nov. lichen. „Dixit, graves rationes reddituros deo illos, qui veritatem per philosophicas artes corrumpunt, et principes, qui hoc ferunt, et parentes, qui suos liberos patiuntur ab illis seduci. Praeterea nihil asperum. Sed in aula virulentae conciones habitae. Rumores de Casimiro adhuc quidem falsi sunt et speramus fore deinceps.[4]) Tossanus privatim concionatur in aula viduae principi; eius concionem audit cum sorore Casimirus. Ad alias non accedit. Excusavit se electori petenti, ut ipsius concionatores audiat, se non posse sine multorum scandalo, cum elector nostrorum conciones audire recuset; sic enim fore, ut plerique putent ac dicant, eum a sententia, in qua est educatus et quam veram esse iudicat, defecisse. Promittit constantiam et studium res mitigandi, quantum possit. Veremur autem, eum parum posse praestare. . . Testamenti apertio etsi petitur, tamen ante abitum obtineri non potest. Itaque de his, quae quaeris, minime [?] sciri certo potest. . . . . : Audio tamen illud, quod de praefecturis scribebas, sic esse. Itaque si removeamini, fortasse non deerit locus. Salutat vos D. cancellarius et hortatur, ut omnia modestissime fiant a nobis et tamen constanter et cordate.“ . . . .

Gotha. Bibl. Chart. A. 46 f. 131. Cop.

1) Die neueren Darstellungen der lutherischen Reaktion in der Rheinpfalz (bei Struv, pfälz. Kirchenhistorie p. 293 ff., D. L. Wundt, Magazin für die Kirchen- und Gelehrtengesch. des Kurfürstentums Pfalz II, 71 ff., Häusser, Gesch. der Pfalz II (2. Aufl.) 85 ff. Heppe III, 191 ff; Sudhoff p. 419 ff, Gillet II, 146 ff; Hautz, in versch. Schriften) haben die reiche Correspondenz der beteiligten Theologen und Gelehrten, wovon hier nur eine Nummer Platz finden soll, noch lange nicht erschöpfend verwertet.

2) Ueber Daniel Tossanus (Toussaint) vgl. Melch. Adami, vitae Germ. Theolog.; la France protestante IX, 400 ff.

3) Von den beiden offiziellen Leichenpredigten erschien die später gehaltene des Tossanus zuerst im Druck: „Leichpredig, so zu begrebnuss . . . . herrn Friderichen . . . . ist gehalten worden durch I. Ch. Gn. hoffpredigern M. Danielem Tossanum, den 12. tag des monats Novembris anno 1576“. Die Fassung des Titels, die allerdings nicht ganz richtig ist, erregte den besonderen Zorn des Kf. Ludwig, der sofort die Publication der von seinem Prediger Johannes (nicht Paul!) Schechsius bei der eigentlichen Leichenfeier gehaltenen Predigt befahl (Bericht Bidenbachs s. u.): „Eine christliche und einfältige predigt, gehalten bei dem begrebnuss . . . . herrn Friedrichs . . . . auf den 11. tag novembris zu Heydelberg; durch . . M. Johannem Schechsium, damals Ch. G. pfaltzgraff Ludwigs etc. predigern“ (angehängt die Predigt des Barth. Hoffmann, Prediger von J. C. Gemahlin, über das Sonntagsevangelium; beide Predigten dem Kf. und J. C. gewidmet), Heidelb. 1576.

4) Das Gerücht vom Uebertritt J. C. zu den Lutheranern, das uns im Folgenden noch begegnen und womit in den Leichenreden des Reuter und Tossanus auf J. C. sein Wahlspruch: „Constanter et sincere“ in Beziehung gebracht wird. Ueber die Hoffnungen seiner lutherischen Gemahlin vgl. Kl. II, 668; Ehe p. 51 ff; über die Unzufriedenheit mit J. C. Haltung in streng reformirten Kreisen z. B. Languet an Camerarius 17. Juli 1577 (p. 181); Prinsterer I. 7, 551.

26. Nov. Heidelberg

9. Zuleger an Beutterich.

„Monsieur et frère! Ich hab den botten zwen tag uffgehalten, vermeinend ich wolt euch ein schreiben vom herzogen schicken, dorin ir alher beruffen würden.[1]) Aber er ist so verwirret und wustet man alhie also, das wir schier nit bei uns selbst seien. Ich halt aber, ir teten nit ubel, das ir alher rittend und sehet, ob ir etwas in der bewussten sachen kündt anzettlen; dan wahrlich das arm freulin ganz weissloss, wi ir wol, wan ir di personen, in dero hend sie gefallen, bedenket, zu betrachten hapt. Und sonderlich künt ir solches nunmehr tun, dieweil Don Ioan d'Austria albereit zu Lutzelburgk ankomen, wie ir vieleicht schon werdet verstanden haben, und wir gewisse kundschaft davon haben; ist mit 5 pferden durchkomen.[2]) Elector plane patris ordinem invertit, ecclesias perturbat et se perdit; vereor, ne magnam sue existimationis iacturam faciat. Haec in summo maerore ad te scribo. Olevianus dimissus, senatui ecclesiastico offitio interdictum est. Tossano etiam concio civica interdicta; alii ex agro Wirtembergico et aliunde accersentur, qui singuli suas sectas secum ferunt. Ego nisi Casimiri essem, iamdudum fuissem in vinculis.[3]) Cancellarius heret, interim se fortiter gerit. Heri ore et scripto fuit a summo consilio admonitus, ne se perdat hac mutatione, sed fuit male accepta admonitio. Juxta biduum hinc discedet, redibit Ambergam elector. Got weiss, was nach seiner widerkunft wird fur ein regiment werden. His vale... Der herzog hatt gestern gesagt, das ich euch solt alher beschreiben; aber ich hab vermeint, er solt euch selbst schreiben lassen; das ist nit beschehen. Ich hielt doch furs best, ir kemet. Saluta tuam nostro nomine." 26. Nov.

Mb. 90/12 f. 76/7. Eigh.

1) Beutterich war laut seiner Empfangsbestätigung vom 3. Dezember zu Betoncourt; es existiren vier Orte dieses Namens im Dep. Haute-Saône (Jeanne, Dictionnaire géogr. de la France, 2. éd. Paris 1869) p. 263).

2) Don Juan d'Austria, der Nachfolger des am 5. März 1576 gestorbenen Requesens in der Statthalterschaft der Niederlande, war am 4. November in Luxemburg eingetroffen (Havemann, das Leben des Don Juan d'Austria, Gotha 1865, p. 208).

3) Am 8. Dez. schreibt Kf. Ludwig an J. C., Zuleger habe ihn in Religions- und andern Sachen gegen sein Gewissen und helle Wahrheit verunglimpft, „inmassen solches seine schriften und gedicht, so er uns vor der zeit zuschieben lassen, ausweisen"; da er sich nicht selbst rächen will, befiehlt er solches alles dem lieben Gott mit christlicher Geduld, erteilt übrigens J. C. den Auftrag, dem Z. befehlen zu lassen, dass er seinen Unterhalt anderswo suche. J. C. entschuldigt sich in einem Schr. vom 18. Jan. 1577, dass er den Z. als in Sachen seines französischen Zugs unentbehrlich und der kurf. Pfalz Gelegenheit kundig in seinen Diensten behalte. Me. a. a. O.

10. Bericht Balthasar Bidenbachs an Herzog Ludwig von Würtemberg. 27. Nov. Heidelberg

(Erklärung des Kf. Ludwig in Sachen der Religion.)

Ankunft zu Heidelberg am 25. Audienz beim Kurfürsten am nächsten Tag. Der Kf., der alle bis auf den „Kettenich" abtreten liess, fing vor Ueberreichung der Credenz zu reden an „ungefehrlich in hanc sententiam:

Meinem vetter und bruder etc. hab ich geschrieben umb ein

27. Nov. theologum, und ob ich woll doctor Schnepfen begert,[1] so hab ich doch woll vermuten mögen, das man desselbigen bei der hohen schul nit woll möge entraten, und es derwegen zu S. L. gestellt, mier disen oder ein andern zu schicken. Das nun ir komen seien*), tue ich mich gegen meinem vetter und bruder freuntlich bedanken und sihe euch gern, dan wier einander lang gekennet etc. und ich woll weiss, das ir bei meinem geliebten herrn und vetter herzog Christoff, woll herkomen, und hab noch ein gnedig gut vertrauen zu euch.

Nun wisst ir, wie die kirchen in der churf. Pfalz vill jar her übel verwundt und grosse unordnung fürgeloffen.

So will ich nun das reich gottes am ersten suchen und sehen, das meinen undertanen gottes wort lauter und rain fürgetragen werde, auch die h. sacramenten vermög der ordnung und einsatzung Christi gehandlet und gereicht werden, und mich daran nichts verhindern lassen.

Und solle die lehr gerichtet werden nach gottes wort und darinnen gegründter A. C. und apologi. Und die kirchenceremonien sollen gehalten werden nach der alten kirchenordnung herzog Otten Heinrichs,**) und solches darumb, das man nit sage, man mach etwas neuwes, sunder meniglich sehe, das ich es beger in den alten stand zu bringen, wie es bei herzog Otten Heinrichs zeiten gewesen, und das ichs darfur halte, solche kirchenordnung seie dem wort gottes gemess und (sich gegen Kettnich wendend) dem bewussten vorstenden werk (welches ich von der sachsischen concordia verstanden***).

Und weil ich anderer meiner gescheft halben muss von hinnen verraisen, so ist mein beger, das ir bis zu meiner widerkunft das werk allhie neben euwern adjuncten helfen anfahen und die predig zum hailigen gaist helfen verrichten. So soll euch dieselbige kirchen aus meinem bevelch alsbald eingeraumbt werden und die, so bisher darinnen gepredigt, genzlich abgeschafft werden, das sie derselbigen kirchen müssig gen und euch nit irren sollen. Ich will auch bevelch geben, das man das dischlin under der canzel, daruf sie ir brotbrechen gehalten, hinweg ton soll und ein altar setzen und zurichten an dem ort, da er zuvor gestanden.

Ir werdet euch wissen aller beschaidenheit zu halten und euch nit irren lassen der ander unbeschaidenheit und der gottlosen leut, die sagen, wir seien ärger als die Papisten, mit unserm brötern gott, und seien fleischfresser.

Mier ist es auch nit zu ton umb das welsch und niderlendisch gesindlin, sunder umb meine bevolne schäfflin und undertanen, wan nur die recht gewaidet werden. Ich weiss auch, das noch vill

---

*) Am Rand: „Verba sunt electoris. Nihil dissimulare, sed referre, quod dictum est, debui."

**) Am Rand: „Ir Ch. Gn. haben deren herrn vatters gar nicht gedacht."

***) Am Rand: „J. Ch. Gn. haben sonst desselbigen werks nit weiter gedacht; hab aber kein zweifel, J. Ch. Gn. werden das sechsisch scriptum haben."

guttherziger leut seien, die nach der rainen lehr seufzen und gar guttherzig seien und gott werden danken, das inen geholfen wirt. Und die gleich den andern angehangen und mit dem bösen gift eingenomen, die werden sich berichten lassen, dan sie bisher beredt gewesen, das wir es mit den Papisten halten. 26. Nov.

Die andern muss man fahren lassen, dan Lutherus schreibt: Man soll das wort gottes den leuten fürtragen; wer nit wölle, der fahr hin.

So dörft ir euch nichts besorgen, dan ich dem obervoten allhie will bevelch geben, euch schutz und schirm zu halten, und noch vor nacht die von der universitet und den rat der statt erfordern und inen fürhalten lassen, das euch und euwern adjuncten die kirch zum h. geist eingeraumbt seie, und inen bevelen, das man euch soll unbetrübt lassen.

Und da euch etwas sollte begegnen, so sollt ir den obervoten allhie und den alten decanum ansprechen, die desshalb von uns bevelch werden haben, euch beizustön und wa von nötten, uns dessen uf der post zu berichten. Und da sie dasselbig nit wöllten tun, so sollt ir mich dasselbig berichten; kan mier das uf der gelegten post in vier tagen zukommen. Soll euch fürderliche resolution und beschaid widerfahren.

Darüber I. Ch. Gn. die credenzschrift ist erst überantwurt und das vermeldet, was in meiner instruction begriffen und zu berichten gewesen."[2]) . . . .

St Relig. Sachen: Consistorial-Acten no. 747. Eigh.

1) Vgl. das Schr. Kf. Ludwigs an den Herzog um Ueberlassung des Tübinger Professors Schnepfius, Heidelb. 18. Nov. (Or.) und die Instruktion des Herzogs für den statt Schnepfs abgefertigten Propst zu Stuttgart Bidenbach vom 23. Nov (Conc. St. a. a. O.), ferner Sattler, Gesch. des Herzogthums Würtenberg unter der Regierung der Herzogen V (Tüb. 1772), 43/4. Die Instruktion befahl Beobachtung grosser Vorsicht, namentlich in Bezug auf das Concordienwerk und auf den verstorbenen Kf. Friedrich. Ueber Ludwigs ablehnende Haltung gegen das Torgische Buch vgl. Heppe III, 165 ff.

2) Bidenbach berichtet weiter ausführlich über seine neue Stellung und die sonstigen Vorgänge in Heidelberg.

11. Landgraf Wilhelm an Johann Casimir.

10. Dez. Ziegenhain

(Ermahnung zu brüderlicher Eintracht. Kf. Ludwigs ablehnende Haltung hindert ihn weitere Schritte zu tun.)

. . . „E. L. schreiben, so sie under dato den 1. decembris an mich getan, hab ich entpfangen und gelesen, du mich erstlich gegen E. L. der zuentbietung bestendiger freundschaft, daran mir nie gezwaifelt, auch mains tails kain mangel sain soll, freundlich bedanken. Also hab ich auch aus dem selben schraiben E. L. freundlich erpieten und das sie sich gegen irem bruder dem churfursten dermassen verhalten wollen, damit das widertail, so die trennung zwischen euch den geprudern verhoffen, zu schanden werden sollen,

15

10. Dez. mit sondern fremden vornommen. Dan E. L. daran ganz vorsichtig und waislich handeln. Es wirdts auch niemand, der E. L. guts gan, derselben anderst raten, dan da E. L. anderst teten, was deten sie anderst als das sie wider sich selbst, in tam vicina expectatione handelten? Darumb faren E. L. in dem intent immer fort und gedenken an das exemplum Masinissae und lassen sich je nit uff ainen andern sin umb ainiger ursach willen bringen; so werden sie des bischoffs von Rennes, welcher vor 9 jaren sich darauf gespitzt, und vieler irer misgonner, welche alle hirauf lauren, hoffnunge prechen. Was aber E. L. freundlichs ersuchen betrifft, das ich E. L. bruder wolte erinnern, das S. L. kain enderung in der religion vornemen, auch die leute unverhort nit wolte condemnieren, wissen E. L., das ich S. L. nun zum trittenmal baid schriftlich und durch schickunge ganz embsig und ausfurlich ermanet, das S. L. nit praecipitanter hierin handeln, souder mit gutem vorbedacht ein cristliche conciliation versuchen, auch der auslendischen kirchen einen respect haben wolt. Ich bin aber auf alle treimal so stumpf und in forma generalissima beantwortet worden, das ich nit waiss, ob ich viel danks darmit verdient. Zudem hat mir auch S. L. ausser zweien obgedachter recepisse uff andere maine schraiben magnae importantiae kain antwort geben, das ich nit waiss, obs ein stolz oder zorn oder ob sonst S. L. kain correspondenz zu halten bedacht. Dan diewail E. L. her vater als ein treuer und vorsichtiger wechter des vaterlands darvon, denke ich, wir wollen nun ein jeder das saine warten, publica negligiren und so lang uff dem hert sizen zu picken und den samen aufzuklauben und kainer den andern warnen, bis uber uns aller das netz gezogen. Darumb haben E. L. freundlich zu erachten, das mir bedenklich, ferner deswegen in S. L. zu tringen, auch viel untonlicher von baiden E. L. unerfordert gen Haidelberg zu zien und mich viel tractirens oder conciliirens zu undernemen. Werde ich aber von baiden E. L. deswegen ersucht, wil ich mich als ein freund, sofern sich main vermogen und verstand erstreckt, erzaigen, in allem dem, so zu furderung der ehren gottes, einer christlichen reconciliation und verainigung in gaistlichen und weltlichen sachen dut geraichen.

Beschlislich du ich mich gegen E. L. der mitgetailten zaitungen und berichts, wie es in Frankraich geschaffen, freundlichen bedanken; horte gerne, das sich der von Alancon der religionverwanten noch etzwas annem und der frid noch so bestendig were, wie Clervant berichtet. Ottomannus aber schraibt das contrarium. Bit freundlich, was E. L. hirvon und aus den Niederlanden ferners haben und bekommen, mir fr. mitzutailen, wie ich hinwieder zu tun bedacht. - Und du hirmit E. L. got befelen und bin iro zu dienen ganz willig. 10. Dez.

Datum Zigenhain, den 10ten Decemb. ao. 76.

E. L. treuwer vetter alzait

Wilhelm L. z. Hessen."

Me, 991. II f. 105. Eigh.

12. Alençon[1]) an Johann Casimir. 12. Dez. Blois

Condolenz; versichert Fortdauer seiner Freundschaft. Empfiehlt den s[r] Dorndorff, der von den letzten Kriegen her noch nicht bezahlt ist.

Me. 991. Acta post obitum II. f. 127. Or.

1) Ich gebrauche diesen Namen des jüngsten Valois, obwohl derselbe seit dem Frieden von 1576 in erster Linie Herzog von Anjou war, da der frühere Titel des Prinzen in den gleichzeitigen Correspondenzen, ja sogar hier und da in den Akten das Uebergewicht behielt.

13. Kurfürst Ludwig an Kurfürst Johann Georg von Brandenburg. 13 Dez. Amberg

Ausgang der Religions- und Contributionsfrage auf dem R.-Tag. Kf. Friedrich beabsichtigte sich mit andern evangelischen Fürsten durch Zusammenkunft, Schickung oder Schreiben darüber zu verständigen, ob sie bei der Protestation und conditionirten Bewilligung zu bleiben gedächten oder nicht. Da ihm leider eine persönliche Zusammenkunft jetzt nicht möglich, das erste Ziel der Türkenhülfe aber bereits verfallen ist, bittet er um J. G. vertrauliches Gutachten, was zu tun sei.[1])

Mb. 544/13 f. 217. Cop.

1) Gleichlautende Schr. ergingen an Markgraf Georg Friedrich von Brandenburg, Herzog Ludwig von Würtemberg, Markgraf Karl von Baden und Landgraf Wilhelm. Würtemberg antwortete am 3. Jan. 1577, die Bewilligung der Contribution sei ohne Conditionen in den R.-Abschied aufgenommen, wonach man sich richten müsse; er habe seine Gebühr zum 1. Ziel bereits entrichtet. Karl von Baden erklärte sich am 8. Jan. mit einer Zusammenkunft der A. C. Verwandten selbst oder einer Zusammenschickung ihrer Räte in Sachen der Declaration einverstanden, ohne die Contribution zu erwähnen. Landgraf Wilhelm antwortete am 18. Jan. auf zwei Schr. des Kf. (vom 13. und 17. Dezember), da Sachsen und Brandenburg sich zur Erlegung der Contribution entschlossen hätten, bitte er L. um sein und der anderen Fürsten Bedenken; übrigens sei seine eigene Gebühr für das erste und zweite Ziel bereits durch ein dem verstorbenen Kaiser gewährtes Darlehen gedeckt. Markgraf Georg Friedrich von Brandenburg (an den das Schr. des Kf. vom 13. Dez. nicht abgegangen zu sein scheint) fragte am 25. Januar an, wie der Kf. es mit der Contribution gehalten haben und zu halten denke. In seinen Antworten an den Markgrafen vom 1. und an den Landgrafen vom 2. Febr. sprach Ludwig bereits sehr kleinlaut die Vermutung aus, dass die conditionirte Bewilligung „in den Brunnen fallen" und nicht aufrecht zu halten

15*

13. Dez. sein werde. Wie zu erwarten, lehnte auch die Antwort Kurbrandenburgs auf das pfälzische Schreiben (2. Febr.) sowohl den Convent als die Zurückhaltung der Contribution ab. (Mc. Fürstensachen CXXIII no. 1010; Ma. 544/15.)

14. Dez. Montbéliard

14. Lagrandfemme[1]) an Beutterich.

„Monsieur! Sy la dame estoyt certaine que le messager vous eu trouvez à Estrabourg, elle vous eu envoyez les almanac; mais sy en avez affaires prestement, l'on les vous envoyra à la premières occasyons. Monsieur, ses bons seigneurs, donc je vous faict mention déans mes lestres, bien volontiers il vous usse escript, més il craignoyent de se mectre en dangers et moy aussy, parquoy vous les excuserez, sy vous plaist. J'avoye encour obmys une parrolle que mons^r de Béza me dict, que le roy faisoyt encour une levée de 3000 reistre et que cella n'estoyt pas cigne d'en envoyez les siens, comme il l'a promys. Vellà se que j'avoye à vous dire daventaige; en passant par Neuchastel il arriva ung homme de Berne qui dict que monseigneur le duc Casymier avoyt envoyez ung embasadeur à messieurs de Berne pour leur demandez troye mille homme pour aller en Bourgongne, lesquel luy estoyent accourdez. Je ne sey, sy l'est vraye ou non. Les Bourguignon il on envoyez, més je ne suys pas certain de la responce que l'on leur a faict. Je ne vous puys escripre aultres chose, synon que je vous prie derechef vous prandre garde; car l'on vous dresse embûche en plusieurs lieux. Je fusse bien volontiers aller vers vous pour dire toust, mais comme vous n'en avez donnez aulcun commandement, vellà se qui me faict tenir en la maison, où je prie le créateur, qui à vous, mons^r, doinct l'entier de voz nobles désirs."

Mb. 90/12 f. 78. Or.

1) Ein Schr. von Syndiques und Rat von Genf an Johann Casimir vom 1. Juli 1583 (Mb. 90/12 f. 208) erwähnt „Estienne Lagrandfemme vostre serviteur", dem sie das vom Pf. begehrte Darlehen ausgezahlt haben. Bei dem Mangel von Nachrichten über die auswärtigen Beziehungen Johann Casimirs unmittelbar nach dem Tod seines Vaters gebe ich obiges Schr. unverkürzt, ohne seinen Inhalt völlig erläutern zu können.

28. Dez. Amberg

15 Kurfürst Ludwig an Kurfürst Johann Georg.

Auf dessen Schr. vom 26. November, betreffend das Ableben Kurf. Friedrichs und seinen Regierungsantritt. I. G. wird seine friedliebende Gesinnung gegen Kaiser und Stände kennen. „Das aber der jungst in got verstorbenen kais. Mt. durch die churfurstliche Pfalnz ein zeitlang allerhand widerwertigkeit begegnet, dessen sich I. Mt. zu mehrmaln beschwert haben sollen, mögen E. L. uns das zutrauen, das wir umb solche vorlaufene handlung einige sonderbare wissenschaft nicht haben, inmassen wir dan solchs mit betruebung vornemen," denn der Kaiser ist ihre von Gott verordnete Obrigkeit und hat allen Gehorsam (ausser wider Gottes Wort) zu beanspruchen; will sich gegen den Kaiser allezeit unvorgreiflich und wie I. G. angedeutet verhalten.

Wh. Kriegsacten. Cop. (von Brandenb. unter dem 20. Jan. an den Kaiser geschickt)

16. Warnungsschreiben an Johann Casimir. Dezember

„Gnediger furst und her! Ich bin genotigt E. F. Gn. zu warnen, das leut bei derselben geliebten bruder seind, die I. Ch. Gn. persuadieren, E. Gn. das selbige, so E F. Gn. hern vatter in dero letzen willen verordnet, nicht zuzulassen. Darumb derselben hohe noturft solchs zu suchen und darauf zu dringen, auch die ding an dero hern freunden gelangen zu lassen, ir treuen rat darunder zu haben, E. Gn. auch mer glimpf damit erhalten und der unglimpf auf andern bleibe. Wollen E. Gn. nit betrogen werden, so sehen sie auf ire sachen, sonst seind E. Gn. verroten und verkauft.

E. Gn. underteniger N. N.

N° Discr auszug ist mir bald nach meines bruder hinaufreisen von einem vertrauten gewissen ort zugeschrieben worden."

Mc. 991. Acta postobitum II. f. 73. Eigh. Cop. Joh. Casimirs.

1577.

2. Jan. Prag

17. Der Kaiser an Kurfürst Ludwig.

„Hochgeborner lieber ohaimb und curfurst! Ich hab aus E. L. andwortschreiben vom 12. decembris[1]) verstanden, wes E. L. beurlaubung halber etlicher weiland meines geliebten hern und vatters hochseliger gedechtnus hinderlassener rätt und diener, so sich zu der A. C. bekennen, bericht worden,[2]) und kan darauf nit unterlassen, E. L. zu erinnern, das der ratte gar kainer, aber etliche andere gleichwoll, doch one ainige unterschied der religion geurlaubt worden, wie E. L. selbst wissen, wie es in anordnung aines neuen hoffstats pflegt zuezegehen. Und mag E. L. woll vergwissen, das was derselben der rätte halben furgebracht, mit ungrund und wider alle warhait beschehen. Hab derwegen das gnedig vertrauen zu E. L., sie werde dergleichen berichten kainen glauben geben, sonder wan ier etwas dergleichen von mier furkomt, mich dessen zu verstendigen, damit ich E. L. der warhait berichten kunne. Dan ich hoffe mich mit gottlicher hulf dermassen zu verhalten, das man mich unbillicher sachen zu verdenken nit ursach hab; wie ich mich hinwider auch zu E. L. versiche, sie werde ainiger frembden religion nit stat geben. Wolte E. L. ich in gueten vertrauen nit verhalten. Und bin derselben mit gnaden und allem gueten ganz woll gewogen.

Datum Prag, den 2. Jannarii.

E. L. guetwilliger Ohaim

Ruedolff."

Me. 987. Ch. Friedrichs Ableben betr. 1576. Eigh.

1) Das eigenh. Condolenzschr. das Kaisers an Ludwig, Regensburg 2. Nov. 1576, Me. a. a. O.

2) Ein Schr. vom kais. Hof, datirt 19. November, nach J. C. Mitteilung an seinen Bruder (12. Januar) von einem vornehmen kais. Rat [etwa Dr. Crato?] herrührend, berichtet über die Entlassung der geringeren Hofdiener der A. C., die Inquisition, zu der Dietrichstein und Rumpf verordnet, die Ersetzung Dr. Webers und Dr. Hegenmüllers durch Dr. Viehauser und Herrn Bernstein (Ma. 544/13 f. 206). Vgl. Languet, Arc. II, 243 ff.

18. Kurfürst Ludwig an Johann Casimir. 4. Januar Amberg

Auf dessen Schr. vom 19. Dez. betr. die geistlichen Funktionen des Tossanus in der Hofkapelle und Peterskirche zu Heidelberg; hat dem Faut Befehl zur Einstellung des Gottesdienstes in der Hofkapelle gegeben. Tossanus soll nur im Zimmer vor der Kurf. Wittwe und J. C. predigen. Bedauert, dass die Mutter und J. C. den Prediger von dessen Gemahlin Barth. Hoffmann nicht gehört und dieser, dem er die Predigt in der Hofkapelle (nicht zur Beeinträchtigung von J. C. Präeminenz) befohlen, sich wieder auf das Zimmer der Pfalzgräfin beschränkt hat. Seine Prädikanten hat er auf die Schrift, A. C. und Kirchenordnung Ottheinrichs gewiesen und sie vollziehen seine Anordnung nicht, um J. C. zu ärgern, sondern aus göttlichem Befehl.

Me. 991. II. f. 129. Or.

19. Pfalzgräfin Elisabeth an Kurfürstin Anna von Sachsen. 6. Januar Heidelberg

. . . . Die „bösen Tröpfe“, deren Abschaffung der Vater [Kf. August] betreiben möge,[1]) haben J. C. geraten, er solle das Land wider den Willen des Kf. [Ludwig] einnehmen und dessen Reformation der Kirchen nicht zulassen, die Doctoren und Räte des Vaters [Kf. Friedrich] aber, wenn der Kf. sie nicht behalten will, zu sich nehmen; wirklich hat J. C. sich zu Letzterem bereit erklärt und den beurlaubten Zuleger zu sich genommen; Dr. Weyer ist Amtmann zu Lautern. Sie raten J. C. viel, das wider den Bruder ist, das sie nicht alles schreiben kann, und J. C. folgt ihnen getreulich. Wären sie von ihm, so würde J. C. sich wohl mit der Religion weisen lassen. Sie sagen auch zu J. C., wenn sein Bruder nicht will wie er und sich wider ihn auflegt, so soll er in die Schweiz ziehen und darinnen wohnen; die Schweizer werden dem Kaiser und allen Fürsten genug zu schaffen geben. Sie raten so viel Böses und J. C. hats nicht bös in Willen in Schweiz [zu gehen]. Sollen die Brüder uneins sein, so begehrt sie keine Stunde zu leben. . . . .

Dr. (nach einem Auszug von Kluckhohn; vgl. Kl. die Ehe Joh. Casimirs p. 51/2).

1) Dies geschah eben damals durch ein Schr. des Kf. August an Kf. Ludwig, Dresden 7. Januar; A., der auf sein letztes Schr. noch keine Antwort hatte, hofft, dass L. seine wohlgemeinte Erinnerung nicht übel genommen hat. (Me. 992. Or. Ebd. L. Antwort vom 15. Jan.)

20. Kurfürst Ludwig an Kurfürst August. 11. Januar Reichenbach

Zweifelt nicht, dass A., obwohl dessen Räte zu Regensburg das weitere Ansuchen anderer A. C. Verwandten beim Kaiser nach dessen erster Hauptresolution nicht unterstützt haben, doch die gemeinen Religionssachen auch künftig befördern und Verletzungen des Religions-Friedens sowie der Nebendeclaration abschaffen helfen will. Da das Memorial der übrigen Gesandten vor seinem Regier-

11. Jan. ungsantritt vereinbart worden ist, hat er hierüber an Brandenburg geschrieben, wie beiliegt,[1] und bittet A. um seine Meinung.[2])

Ma. 544/15 f 6. Cop. (m. m wurde an Landgraf Wilhelm und an Julius von Braunschweig gleichlautend geschrieben).

1) Vgl. über das Schr. an Brandenburg vom 13. Dezember und seine Beantwortung vom 2. Februar oben no. 13. Der von Joh. Casimir und den Heidelberger Räten abgefasste Entwurf eines zweiten Schr. an Brandenburg vom 28. Dezember (der ursprünglich unter gleichem Datum auch Sachsen mitgeteilt werden sollte) fand beim Kf. Ludwig keinen Beifall, ebensowenig die in Heidelberg concipirten Schr. an Julius von Braunschweig und Wilhelm von Hessen 28. Dez), welch letztere von Ludwig, wie er an Joh. Casimir schrieb (15. Januar), „sonderlich der römischen kais. Mt. und des churfurstens zu Sachsen person halben etwas scharpf und hitzig, auch zum teil anzügig befunden" wurden (Ma. 544/13 f. 227 ff; 544/15 f 12. Vgl dagegen Ludwigs in anderer Sache abgelassenes Schr. an Brandenburg vom 28. Dezember, oben no. 15). Das zweite Schr. Ludwigs an Brandenburg in Sachen der Declaration und sonstigen Religionsfragen erging erst am 14. Januar (aus Amberg) und schlug entweder Beratung auf den Kreistagen oder Convent der evangelischen Räte vor. Kf. Johann Georg antwortete am 8. Februar seinem vorigen Schr. vom 2. gemäss; er hielt eine Mahnung des Kaisers durch einige vornehme Evangelische in einzelnen Beschwerdefällen für wirksamer als „die andern unmildere und sorglichere mittel." (Mc. Fürstensachen CXXIII no. 1010 Or.)

2) Das Antwortschr. Kf. Augusts vom 1. Februar (Mc. a. a. O. Or., vgl. oben p. 201 A. 2) ist zu einer förmlichen Staatsschrift angewachsen.

16. Jan. **21. Instruktion des Rats zu Speier für den an Kurfürst Ludwig abgesandten Stadtschreiber Lic. Joseph Feuchter.**

Die Werbung möglichst geheim anzubringen. Frühere und jetzige Besetzung der Pfarre zu S. Gilgen; Conföderation des Infantius mit seiner Gemeinde, im calvinistischen Irrtum zu beharren. Steinwürfe in die Ratsstube, Mordversuch auf einen vom Rat; verstärkter Wachtdienst und Unruhe unter dem gemeinen Mann, der die Calvinischen beschuldigt. Gefährdung des Kammergerichts. Bitten den Kurf. zur Herstellung der Ruhe den Infantius und mit ihm den calvinischen Irrtum abzuschaffen.[1])

Speier, städt. Archiv 450. Or

1) Vgl. über den Tumult zu Speier und die hiedurch herbeigeführte Absetzung des reformirten Predigers Infantius Mieg, Monum. pietatis I, 227; Remling, Gesch. der Bischöfe zu Speier II, 388; Gillet II, 150. — Ein Warnungsbrief, dem Bürgermeister Petsch ins Haus geworfen, meldete eine Verschwörung der „Zwingler" mit ihrem Pfaffen, deren Zeichen drei Steinwürfe sein, die am 28. Dez. 1576 losbrechen und von Dr. Gottwald geleitet werden sollte; ein zweiter Brief, dem Bürgermeister Permenter geworfen, kündigte an, die Verschwörer, gegen 400, von den Frankenthalern unterstützt, würden am 10. Jan. die Stadt anzünden, falls dies nicht ginge, am 13. die Kirche stürmen und das Kind im Mutterleib verderben; würde der Rat nicht vorbauen, so würden die beunruhigten Bürger „euch vielleicht selber erschlagen" (Speier, st. Arch. 450 Copp.). In der Tat geschahen zwei Steinwürfe in die Ratsstube am 26. Dezember, ein dritter am 6. Januar, ferner wurde nach einem des Rats gestochen, ohne dass jedoch trotz der von dem Warner mitgeteilten Namen der an-

geblichen Rädelsführer weder hierüber, noch über die Zusammenkünfte 16. Jan. der „Gilganer" (Gemeinde zu St. Aegidien) noch über ein dem Hausknecht „zur pfrumen" zugestelltes Fass mit Pulver statt Wein gefüllt etwas zu ermitteln war. Der eine Bürgermeister meinte in seinem Bericht vor Mitgliedern des R.-Kammergerichts selbst: „seien alles flugrede" (Speier, Kreisarchiv 17ª, Prot. 10 Januar). J. C. damalige Zusammenkunft mit seinen Obristen und Rittmeistern gab der Furcht vor einem calvinistischen Gewaltstreich weitere Nahrung. Der Bischof von Speier, an den J. C. den Dr. Hartmann abfertigte, erklärte den Handel „fur ein vexation und fatzwerk" und schob die Schuld auf die Hetzereien der städtischen (lutherischen) Prädikanten und auf die Spannung zwischen Rat und Bürgerschaft (der Bischof an J. C. 1. Febr; Bericht Hartmanns 6. Febr.); fast ebenso urteilte das Mitglied des Kammergerichts Melchior von Feiltsch (an J. C. 31. Januar). — Kf. Ludwig, an den sich auch das Kammergericht um Schutz für die Reichsjustiz gewendet hatte (22. Jan.), ordnete am 28. Jan. dem Landrichter und Pfleger zu Auerbach Soldan von Wirsberg und den Bertholf von Gemmingen nach Speier ab, die am 6. Febr. den Infantius ab- und an dessen Stelle am 2. März den M. Amandus Beurer einsetzten, ohne letzteren dem Rat zu präsentiren. (Speier, städt. Archiv 450.)

22. Johann Casimir an Kurfürst Ludwig. 21. Jan. Heidelberg

Auf dessen Schr. vom 4. Hätte gedacht, L. würde sich in den Religionshändeln nicht durch seine Leute zu so plötzlicher Aenderung bewegen lassen; hat, um das ihm von seiner Gemahlin mitgeteilte Gerücht, als wolle er L. in dessen Beruf und Stand eingreifen, zu entkräften, bisher geduldig zugesehen. Nun geht aber L. immer weiter und untersteht sich (abgesehen von dem ihm zugekommenen Gerücht, er sei mit L. von des Vaters Bekenntniss abgetreten, sowie von der Ausbeutung von L. Vorgehen von Seiten des französischen Hofs) ihm in sein Gewissen zu greifen und vorzuschreiben, bei wem und wo er Predigt hören soll oder nicht. Bittet, wie er L. nicht Mass gibt, ihn auch bei der väterlichen Confession bleiben zu lassen. Hat von Tossanus eine andere Meinung und kennt den Hoffmann besser als L., mit dem er über die Ceremonien beim Abendmahl nicht weiter disputiren will.

Carlsr. Pfalz Generalia. Relig. I. Or. (Vgl. Häusser II, 94).

23. Johann Casimir an Landgraf Wilhelm. 24. Jan. Heidelberg

Ein Courier von den Religionsverwandten zu Blois berichtete ihm zu Strassburg über die friedensfeindlichen Umtriebe des französischen Klerus (wobei auf Kf. Ludwig verwiesen wird) und die Klagen der Evangelischen und friedfertigen Katholischen, dass die Versammlung nur vom Papst und den ihm ergebenen Potentaten beschickt worden sei. Kriegerische Aussichten; Bericht eines Abgesandten von Condé über dessen Stellung; auch Navarra hat ihn berichten lassen.[1]) Hat zur Erhaltung des Friedens und seiner Zahlung halber eine Legation nach Frankreich geschickt.[2])

Marb. Wilh. IV. Corr. mit Pfalz. Or.

1) Damals war eben Dathenus von einer Gesandtschaft an Navarra und Condé zurückgekehrt (Epist. select. p. 736). Ueber die Sendungen

24. Jan. Navarra's und der Hugenotten an J. C. vgl. unten das Memoire vom 21. Juli und die Instruktion Navarra's vom 1. Oktober. Von der Desjardins IV, 90 (31. Dez. 1576) erwähnten Gesandtschaft J. C. bei Katharina weiss ich nichts Näheres.

2) Diese Legation bestand aus Beutterich, dem Rittmeister Hans Bernhard von Walbron und dem Schweizerhauptmann Bernhard Tilman (vergl. Haller und Müslin, Chronik p. 191 ff; 216); ihre Instruktion (Heidelberg 21. Januar, Ma. 544/15 f. 17 Conc.) ging auf Werbung „bei der K. W., deroselben frau mutter, herzogen von Alanzon und andern in beisein der stende wo muglich" und fasst die deutschen Forderungen folgendermassen zusammen: 1) Erlegung der Rückstände von den ersten zwei (100000 Franken) und folgenden 3 Monaten (150000 Fr.) sowie des 6. und 7. Monatsolds, 2) ferner der Auslagen der Obristen und Rittmeister gelegentlich der von ihnen besuchten jetzigen Strassburger und künftigen Frankfurter Messe; 3) Abfertigung eines Commissars zur Abrechnung der Schulden von 1568 und 1569; 4) Ueberlieferung der versprochenen Geiseln an die Gesandten; 5) Rückzahlung der dem König von J. C. vorgestreckten 100000 Franken an die Gesandten, 6) der rückständigen 77695 fl. an Kurpfalz auf der Frankf. Fastenmesse, 7) der von K. Elisabeth an Kurpfalz geliehenen 50000 Kronen an England; 8) Rückzahlung der von J. C. an Alançon geliehenen 11000 fl. an die Gesandten. Ueber die Werbung selbst vgl. unten die kgl. Antwort vom 9. März.

2. Februar Bedbur

24. Graf Adolf von Neuenar an Johann Casimir.

War in der bewussten Sache beim Erzbischof,[1]) der aber „keiner dingen etwas schriftlich von sich geben wollen"; da es Reden waren, die der Feder nicht zu befehlen, wird Jorg von Wallenfels mündlich J. C. Bericht erstatten. Nachdem das Capitel seinen Entschluss an der freien Kur festzuhalten hat verlauten lassen, soll der Erzb. zwar seinen Plan einen Nachfolger einzudrängen aufgegeben haben, dafür wurde aber die Praktik erdacht, den Vater des nächsten und jüngsten zum Capitel, Manderscheit-Giretstein, zu bestechen, „denen von Freisingen an statt seines sons zu capitularn vorsteben zu lassen, also per liberam electionem zum churf. stand zu gereichen." Gefahr einer Vereinigung von Köln, Freising, Hildesheim, Münster und Lüttich in der Hand des Herzogs von Baiern. Dass J. C. auf das Anerbieten von 100 Pferden und etlichen Schützen auf seinen Leib zu warten erklärt, er sei von den Staaten noch nicht aufgefordert ihnen zuzuziehen, werde auch erst bedenken, ob solches ratsam,[2]) „wurd solches aus angeborner E. F. Gn. verstendigkeit wol geschehen." Würde einen Zug unter J. C. gern mitgemacht haben. Gefährliche Krankheit seines Vetters Hermann von Neuenar-Mörs; im Fall seines Tods könnten „etliche scharpfe vögel die greifenglauwen in die graveschaft Mörs und andere statliche stucken zu schlagen vermeinen"; bittet, falls J. C. dieser Orten sein würde, um dessen Vorschub und Beförderung.

Mb. 111/3a f 20. Or.

1) Bezüglich dieses schon seit Jahren spielenden kölnischen Handels (Rücktritt des Erzb. Salentin von Isenburg, Bemühungen Baierns seinem Sohn Ernst die Kur zu verschaffen und schliessliche Wahl des nachmals vielberufenen Gebhard Truchsess von Waldburg) kann ich auf eine dem-

nächst erscheinende eingehende Monographie von **Max Lossen** verweisen. 2. Februar

2) Vgl. oben p. 209; 221; ein Schr. aus Antwerpen vom 28. März 1577 (angeführt im Compte-rendu de la commission d'histoire, Bruxelles, III. 2, 364) spricht bereits davon, dass Casimir mit 5000 Reitern auf englische Kosten kommen solle. Adolf von Neuenar hatte am 11. Aug. 1576 bei Kurfürstin Amalia um ein Empfehlungsschr. des Kf. Friedrich gebeten, da er in englische Dienste treten wolle (Mb. 96/5 eigh.).

25. Johann Casimir an die Herzoge Heinrich und Franz von Sachsen-Lauenburg.

4. Februar Heidelberg

Warnung vor den an die bevorstehende Resignation des Erzb. Salentin von Köln sich knüpfenden Praktiken; die Herzoge sollen sammt ihren Mitkapitularen auf eine der deutschen Freiheit und bisherigen Correspondenz zwischen den Kff. günstige Wahl bedacht sein.

Mb 111/3a f. 8. Cop.

26. Kurfürst Ludwig an Johann Casimir.

7. Februar Amberg

Hat dessen Schr. vom 21. Jan. „nit one sondere betrübung" gelesen; erkennt den Einfluss derselben Leute, die ihn seinem Vater zu entfremden suchten. Was er tut, geschieht keinem Menschen zu Lieb oder zu Leid, sondern nach seinem Gewissen, das ihn zur Fortpflanzung der wahren Religion verpflichtet und keine Duldung der widerwärtigen Opinion gestattet. Sein Vater und J. C. haben ja durch das Verlassen des Papsttums ihre Vorfahren auch nicht verunehrt. Will J. C. durchaus nicht Mass in Religionssachen geben; seine Feinde, die seine Worte falsch auslegen, haben früher recht geheissen, „uns solle keine kirch zugelassen werden, und das uns angemutet worden ist, wir solten andere hörn und ire bucher lesen." Wegen der Gerüchte aus Frankreich kann er nicht wider Gott und Gewissen handeln. J. C. sollte seine Massregeln fördern, wie auch er J. C. in religiösen wie in politischen Sachen Dienst erzeigen will. Lehnt Zulegers Entschuldigung ab.

Mc. 991. II. f. 158. Or.

27. Soldan von Wirsperg und Bernolff von Gemmingen an Kurfürst Ludwig.

8. Februar Heidelberg

Haben am Mittwoch den Prediger zu S. Egid in Speier, Georgius Infantius in zweien Tagen abzuziehen abgeschafft und ihm die Kirchenschlüssel abgenommen. Als sie dann nach Heidelberg kamen, war Infantius bereits da und bei Hof; auf ihre Werbung erklärte J. C., er wolle Erkundigungen einziehen, worauf sie replizirten, Infantius habe sich zwar entschuldigen wollen, aber doch „fast mitbekent" und nur eine Vermäntelung vorgebracht. J. C. verschob ihre Abfertigung, da er ihnen Verschiedenes an den Kf. mitgeben wolle.[1]) Der Voit Dr. Hartmann sagte ihnen, er habe ihnen viel anzuzeigen, das der Feder nicht zu vertrauen und doch

8. Februar dem Kf. zu wissen nötig; er habe selbst in der Stille zum Kf. kommen wollen. Sie wollen hören und berichten, was es ist.

Heut Freitag predigte der Erbachische Superintendent Andreas Stoltz beim hl. Geist; Soldan fand viel Volk in der Kirche, in der Predigt gutes Herausstreichen des Sakraments sowie Abweisung der subtilisirischen Argumente der Gegner. Bei St. Peter predigte ein Calvinischer, dort waren in die 100 Manns- und etwa 24 Weibspersonen. Am Sonntag empfingen beim hl. Geist das wahre Abendmahl über die 100 Menschen, „wie man sagt." Ein junger Rheingraf kam gestern hier an; der sagt, Cundi [!] solle erschossen und Roschella eingenommen sein. . . . .

Speier, städt. Archiv 450. Or.

1) Infantius hatte den beiden Abgeordneten zugestanden, dass er seine Gemeinde „zur bestendigkeit, und ob es schon leib und leben costet" vermahnt und sie darüber die Hand aufgehoben hätten. Später erklärte er ihnen in Gegenwart J. C, wahrscheinlich seien die drei Fragstücke (der ref Kirchenordnung) an die Communikanten, nach welchen er und vielleicht auch andere mit aufgehobenen Händen beteten, von Uebelwollenden missdeutet worden. Uebrigens gab er die Zahl seiner Zuhörer auf höchstens 16 Weibs- und 24 Mannspersonen an. Nach einer dem B. von Speier gemachten Mitteilung hätte I. gepredigt: obschon die Widersacher riefen, ihr Abgott wäre gestorben, so lebe doch noch ein Starker, der würde sie bei ihrer Lehre erhalten; davon sollten sie nicht weichen, wie er auch tun wollte, und wenn es gleich Leib, Ehr, Gut und Blut oder Alles kostet. (Werbung der Abg. beim Rat, Speier, 9. Febr; Relation an den Kf., Speier 10. Febr. a. a. O.)

11. Febr. Heidelberg

28. Johann Casimir an Kurfürst Ludwig.

Speirischer Tumult; kindischer gegen ihn gerichteter Verdacht der Speirer. Erklärung des Infantius [s. o.]. Die Prediger des Rats verkündigten, man dürfe die Calvinischen wie die Hunde und Katzen totschlagen; einer predigte: „Ir burger, was tut ir? Was lang verzihet ir das kartenspiel zertrennen? Wüst ir nit zu St. Gilgen? ich hett schier gesagt, zu vertilgen. Ist doch ir abgott nunmehr todt." Der wegen Ehebruchs aus dem Nassauischen verwiesene Prediger Bernhardus strebt nach der Pfarre zu St. Gilgen. Ersucht um Restitution des Infantius und genauere Nachricht über die Verunglimpfung seiner eigenen Person. . . . .

Speier, städt. Archiv 450. Or.

17. Febr. München

29. Herzog Albrecht von Baiern an Kurfürst August.

(Kölnische Wahl; bittet um Fürwort für Ernst. Erweiterung des Landsberger Bunds.)

. Kölnischer Handel. Verbitterung zwischen dem Erzb., der seinen Sohn Ernst zum Nachfolger wünscht, und dem Capitel; Mainz und Trier vermitteln auf Befehl des Kaisers; der Erzb. hat seine Hochzeit auf den Mai verschoben.

„Du möchtest mir und meim son hierin auch wol ain dienst tun, darumb ich dich will auch ganz freuntlich gebeten haben;" wenn nämlich Aug. und Brandenburg dem Capitel erklärten, sie möchten Ernst wohl zu einem Mitkurfürsten leiden, was bei den zahlreichen nicht durchaus katholischen Capitularen wohl wirken dürfte. Sie könnten sonst wohl einen nehmen, der August nicht so annehmlich wäre. Will Aug. mit Brandenburg etwas tun, so ist es Zeit. 17. Febr.

Hat sich und seine Gemahlin auf die kaiserliche Erforderung zur „besingknus" entschuldigt; sie wollen ihren Sohn Wilhelm schicken. Hat u. a. einen Bundestag vorgewandt. · „Und weil ich gleich in die materi des bunds komme,[1]) hab ich dich gleich freuntlich anmonen wellen, das du dich wirdest wol zu erindern haben, was wir vertreulich, wie wir bei einander gewesen sein, dises halben geredet haben. Und kan dir in vertrauen nit verhalten, das ich jungst zu Regenspurg mit der itzigen kais. Mt. gar weitleufig und ausfürlich dises werks halben geredt und ir Mt. fur ir person nit ungeneigt darzue befunden. Aber wie der guet herr jung und noch wenig practico ist, hat ers zu bedacht genommen, mit seinen reten davon zu reden. Und ob ich mich wol etlich mal erboten hab, ich welle dises alles in beisein der ret furbringen, ir Mt. solle auch in meim beisein daruber consultiren lassen und mich und die rät gegen einander hören, alsdann tun, was si dannocht wellen, so hab ichs doch nit erhalten können, sonder also on ain antwort abgeschieden, wie ich dann auf dise stund kain antwort hab, auch keine mer begeren will, weil ich wol hab abnemen können, das der kaiser zuvor und ehe ich gen Regenspurg bin kommen, wirdt von denen gueten eerbarn leuten, die diess guet und nutzlich werk nie gern gesehen oder leiden können, avisirt worden sein, das er sich gegen mir nit solle einlassen, sonder sich mit nitwissen entschuldigen, wie dann beschehen. Darauf ich alsbald wider davon gezogen; und so sis guet machen, so haben sis guet; will mit iren sachen nichte zu tun haben. Das hab ich darumb gegen dir vertreulich zweier ursach halber melden wellen. Erstlich damit du sehest, in was ansehen und reputation ich bei dem kaiser sei, wie du mir vor der zeit einen discurs geschickt hast, darin man mich zeicht, das der kaiser alles tun müess, was ich welle und ime furschreibe. Die ander ursach ist, das ich gern von dir wollt in vertrauen versteen, was du fur dein person noch zu disem werk gesinnet seiest; ob du noch gesinnet seiest an dem hohen ort zu hangen wie vor, oder ob dus mit dein und unser aller gemeiner notdurft bas bedenken wellest. Dann du sihest und weist es selber, wann unser einen ein not anstosset, was fur schutz er sich do zu versehen hat, und obs nit besser sei wir tun uns zusammen und halten bei einander, als das man also sollen in gevar immer steen müessen. Und wann mans schon nit gern sehe, so sihe ich doch nit, was man uns darumb tun soll wellen oder könden. Zu dem so ist es nit allein nit wider unsern herrn, sonder nur mit ime und zu erhaltung seiner authoritet und reputation. Und wann ich von dir verstand hett, das du lust und neigung daheer hettest, wollte ich wol sehen, wie der sachen weiter zu tun wer. Allein do du willens

17. Febr. werest dich einzulassen, so hab nit vil rats am bewusten ort, damit dir nit geschech, wie dern mal eins zu Prag, do ich gedacht, es were alles richtig, do war es alles nicht.[2]) Dann do man was tun will, so dunkt mich, itz sei die zeit darzue. Bitt dich derhalben ganz freuntlich, wellest dich in allen disen sachen gegen mir vertreulich ercleren, eintweders schriftlich oder durch jemand vertrauten. Und sonderlich lass mich vertreulich wissen, ob man dich von der grossen glocken aus nit schon avisirt hab, wann ich bei dir etwan anmonen wurde in disem handl, was du mir solltest zu antwort geben. Dann gott wais, das ich nichts anders suche, dann das misstrauen, so hin und wider zwischen unser ist, aufzuheben und dagegen ein vertreuliche guete bestendige freuntschaft anzurichten, unserm kaiser zum vördersten und uns andern allen zum besten. Damit was dir alzeit freunt- und dienstlich lieb ist."

Ma. 401/10 f. 252. Cop. des eigenh. Or.

1) Die Correspondenz zwischen Albrecht und August über diesen Punkt, die an Besprechungen während ihres Zusammenseins im Sommer 1576 anknüpft (vgl. p. 109 A. 1) widerlegt die Ansicht Stieve's (Briefe und Akten IV, 6 A. 2), als habe Albrecht damals die Erweiterung des Landsberger Bundes nicht mehr auf dessen confessionsloser Grundlage betrieben.

2) Vgl. p. 66 A. 1.

23. Febr. Annaburg

30. Kurfürst August an Albrecht von Baiern.

Unbotmässigkeit des Adels; teilt ein Schr. des L. Wilhelm im Original mit.[1]) Hat Kundschaft angestellt. Die Eröffnung des pfälzischen Testaments, von dem er noch keine Abschrift hat, wird, obwohl bereits geschehen, laut beiliegendem Schr. des Kf. an seine Schwester[2]) in Abrede gestellt.

Ma. 53/1 f. 234. Eigh.

1) Der Landgraf hatte am 9. Februar dem Kf. über das Gerücht einer harten Verbündniss des fränkischen und buchenauischen Adels geschrieben; nach der Mitteilung eines jungen Adeligen an Landgr. Georg hätten ihrer 1800 zusammengeschworen, Geld zusammengelegt und an den Adel besonders in Thüringen und Hessen geschrieben. „Dieweil dann nit one, das etzliche grinte schaff unter der herde, welche gern Schweizer frei sein und sich und den adl der furstlichen jurisdiction eximirn wolten", sei Vorsicht nötig, damit nicht etwa ein Sickingischer oder Grumbachischer Handel dahinter verborgen. Ebd. f. 232 Cop.

2) Kf. Ludwig schrieb am 4. Febr. aus Amberg seiner Schwester Dorothea Susanna, Wittwe Johann Wilhelms von Sachsen-Weimar, das Testament sei vielfacher wichtiger Geschäfte halber noch uneröffnet. Ebd. f. 230 Cop. Dagegen teilt J. C. dem Kf. August in einem eigh. Schr. Heidelberg 28. Januar (Dr. 8514) mit, er habe nach dem Testament (worüber er erst jetzt sich äussern könne) und vorgefundenen Codicill die unterpfälzischen Aemter als einträglicher und weil seiner Gemahlin die Luft zu Lautern gut bekomme, vorgezogen.

31. Memorial Johann Casimirs für die kurfürstlichen Räte[1]) 24. Febr. Heidelberg

(Darstellung seines Verhaltens gegenüber den bisherigen Handlungen des Kf. in Sachen der Religion und des Testaments.)

„Nach meines gnedigen herren vatters seliger gedechtnuss absterben haben sich nachvolgende ding zugetragen.

1) Erstlich, sobald I. Gn. in gott verschiden, alspald ein solches durch burkgrafen zu Starckhenburg meinem herren brudern zu erkennen gegeben, begerend was man sich mit der leich zu verhalten.

2) Alsobald neben canzler und marschalken alles verpetschiren lassen.

3) Des andern tags in allen ambtern den ambtleuten bevolen, guete inspection zu haben, sie irer bestallungen und pflichten erinnert und vermanet.

4) Alle räte erfordert und sie irer pflichten, auch daneben vermanet, ein jeder seinen bevelch und dienst versehen soll.

5) Hernacher uff meines bruders schriftliches begern des stathalterambts mich angenommen.

6) Zu meines brudern ankunft mich aller bruderlichen treu und freundschaft erzeigt.

Dises alles ist furgangen und darauf ervolgt:

1) Als nun S. L. ankommen, hat man von der sepultur geredt; darauf sich churf. Pfalz erclert, sein vater were kein Zwingler gewesen, muste auch kein Zwingler I. Gn. leuchpredig tun. Darauf habe ich S. L. freundlich darfur gebeten, sintenmahl keiner besser zeugknuss geben kan, dan derselbe, so bis zu ende S. V. L. beigewohnet, als dero V. L. hofprediger, dessen leuchpredig ich J. L. zuvor zuzestellen sich darin haben zu ersehen mich erbotten.

2) Darauf ich sonntags vor essens sambt den hohen räten zu S. L. gangen, freundlich vermanet und gebetten, dem hofprediger Tossano die leichpredigt zu tun zu vergunstigen; welches alles nicht verfangen wöllen, sonder haben sich letzlich erclert, den andern tag möge Tossanus seine predigt tun.

24. Febr. 3) Als nun Tossanus seine predigt am montag getan, hab ich vermeint, mein bruder solte auch in die predigt gangen sein, in bedrachtung, Tossanus und mit andern sich erbotten, die predigt furzulegen; welches also verblieben und S. L. nit erschinen.

4) Desselbigen tags nach mittag haben S. L. alle rät, wie sie titul haben mögen, erfordert und pflicht von inen genomen. Als hernacher die kirchenrät besonders erfordert und die pflichten von inen genommen worden, hat inen S. L. also ir ambt verbotten, kein kirchendiener anzunemen und sich furterhin ires ambts furthin gepurlich zu verhalten.

5) Olevianus aber, welchen man die canzel verbieten und inen in continenti abschaffen wöllen, ist alspald darauf zu rede gestelt worden, weil er bezichtigt, als solte er uffrurisch gepredigt, welches er in meinem beisein verantwort, und ist ime hernacher sein abschied gegeben.

6) Als ich gesehen, das man so streng procedirt, hab ich mich des rats entschlagen und disen dingen, weiln es wider Pfalz seligen reputation, nicht beiwohnen konnen.

7) Am mitwochen aber, als mein bruder die huldigung der stat Heidelberg annemen wöllen und in der stat sein predigt durch Barthl Hofman, meiner gemahelin prediger, wollen tun lassen, haben S. L. zu mir den herrn prelat vom Speinsshardt und Schwarzmeyrn geschickt und mich antroffen im neuen bau, als ich in der churfurstin wittibin stuben zur predigt gehn wollen, unangesehen Hans Wahl desswegen zuvor bei mir auch gewesen und mich freundlich entschuldigt hette, widerumb begert, ich wolte mit S. L. hinunder in die kirch geen, weiln sie huldigung darnach einnemen wolten. Darauf ich mich nochmals entschuldigt und also fortgangen, jedoch mich erpotten, nach der predigt uffzuwarten und der huldigung beizuwonen, als auch geschehen.

8) Nach mittag bin ich zu S. L. gangen und meiner confession gegen S. L. rund erclert, bittend, dieweil ich sehe, das sie endlich gesinnet, die kirchen und dero diner abzuschaffen, nachmals dero herr vatter under der erden die schand nit anzutun und mich meines gewissens halb auch freizulassen.

9) Als nun die huldigung eingenommen worden und S. L. die berkstrass angestelt einzunemen, hab ich begert, das testament geoffnet möcht werden, wie auch die hohen rät einmütiglich darzu geraten, dann es breuchlich und billich fur einnemung der huldigung.

Darauf S. L. sich entschuldigt, sie hetten die zeit nit; muesten morgen frue uffsein und das volziehen, so angestelt. 24. Febr.

10) Darauf ich angezeigt und begert, das solches doch zur widerkunft furgenommen wurde, welches S. L. zu bedacht gezogen.

11) Wie nun die huldigung der berkstrassen ist eingenommen worden und S. L. wider gen Heppenheim ankomen, bin ich des andern tags zu meinem bruder gangen, mich beschwerd und freundlich gebetten eröffnung des testaments; dann ich begert desselbigen zu wissen, damit ich mich zu verhalten wusste und nit zuvil, auch nit zu wenig tete. Darauf sie freundlich 24 stund dilation begert.

12) Als nun S. L. zu Heidelberg ankomen und ich abermal umb öffnung angehalten, haben S. L. den prelaten zum Speinsshard, Kodnit und Schwartzmeyr zu mir geschickt und begert, mit eröffnung des testaments bis zu S. L. widerkunft inzustehen; ich aber nochmals darumb fr. gebeten. Hergegen S. L. durch gemelte gesandte anzeigen liessen, das sie dissmals irer gescheft und irer gemahel krankheit halben nit langer bleiben könten, und nachmals einzustellen begert. So haben sie doch entlich sich erclert, sie wollen uff mein vilfeltigs anhalten solches eroffnen, und mich befragen lassen, wen ich darzu ziehen wolt. Darauf ich mich erclert, ich begert niemands darzu zu ziehen, weil ich ratloss bin; sie wolten mir freundlich vergonnen, den marschalk Christoffen von Gottfardt und faut zu Heidelberg, weil sie bei der Pfalz herkomen und vertrauet weren. Darauf S. L. sich ercleret, sie weren wol zufriden, und haben begert, ein secretarium soll ich darzu ziehen, welches beschehen; hab Hans Kaufman, so weiland Pfalz camersecretarius gewesen, darzu erfordert. S. L. haben den prelaten vom Speinsshardt, Schmidperger und Schwartzmeyr sein secretarium darzu gezogen.

13) Als nun S. L. zwei exemplaria von den vier originalien der disposition herausgenommen und von obgemelten personen, so dabei gewesen, handtreu genommen, solches bei ine pleiben zu lassen.

14) Wie die disposition verlesen ist worden, haben S. L. uf mein begeren mir ein originaltestament und das codicill behendigt; darneben furnemblich an S. L. begert, sie wollen dero marschalk und faut dero pflicht ledig zelen, uff das sie, sovil dise vatterliche disposition betrifft, mir ratlich sein mögen; welches S. L. inen in continenti bevolen.

15) Darauf ich nach mittag mich mit inen beredt und dahin geschlossen, das S. L. solte anzuzeigen sein, das ich im testament

16

24. Febr. befunde, das wir sambtlich die huldigung solten einnemen, welches gleichwol nit geschehen, und dahero ervolgt were, das S. L. das testament nit hetten offnen wollen; habe protestirt, dadurch dem testament an seiner würklichkeit nichts prejudicirlich sein solt.

16) Und nachdem ich befunde, das mir Boxsperg und Mosspach im testament und hernach im codicill Neustatt, Lautern und Beckelnheim verordnet, also wolte ich mich gern in registern ersehen und mich alsdann vor verfliessung der dreien monat, wie das testament bevilcht, mich ercleren. Daneben wolte ich S. L. gebeten haben, in obgemelten uns vermachten stucken kein enderung in religions- und andern sachen furzunemen und nichts von bemelten ämbtern alienirn zu lassen. Darauf S. L. sich ganz freundlich erbotten, ich solle mich dessen alles versehen; und wann sie mir ir herz im leib mitteilen konnten, sie woltens tun. Wie solches marschalk und faut gehört und dessen guet zeugknuss geben konnen.[2])

17) Es haben auch grosshofmeister, canzler und räte sontags nach mittag ein schrift, darinnen S. L. die neurung in religionssachen, was daraus ervolgen wurde, angezeigt, ubergeben, numero 1.[3])

18) Nach dem nachtessen haben S. L. mich zu sich allein erfordert und mich ganz freundlich gebetten, das stadhalterambt anzunemen und die inspection fleissig versehen wolt. Darauf ich gesagt: weiln S. L. sich gegen mir in tractatu der vatterlichen disposition so freundlich und bruderlich selbst mundlich erclert, konnte ich solches fuglich nit wol abschlagen; solten S. L. mir genzlich vertrauen, da ich wuste derselben in politischen sachen in eim mehrern zu dienen, das ich solches von herzen gern tun wolt. Und seind S. L. des andern tags hinweg gezogen.

19) Disen abend ist ein hessischer gesandt mit namen Arnold von Virmunde ankommen und den andern tag frue gehort worden, darnach sein anbringen in schriften begert, wie ime wider ein antwort gleichsfals in schriften gegeben worden, laut copei mit numero 2 und 3 bezeichnet.

20) Etliche wenig tag hernacher, als S. L. abgereiset, so hab ich abends bevolen, zur predigt wie preuchlich in der capellen im schloss zu leuten. Da hat mir mein gemahel gesagt, mein bruder hette irem predicanten bevolen in der capellen zu predigen. Darauf ich geantwort, mein bruder hette mir vor S. L. abreisen nichts davon gesagt; ich hette mich sonsten der gebur gegen ime erclert. Also des andern tags hat mir gemelter meiner gemahel prediger ein schrift ubergeben hieneben zu sehen mit num. 4.[4]) Darauf ich geantwort, mein bruder hette mir das wenigste nit davon gemeldet. Also ist solliches an meinen bruder hinaufgelangt. Darauf S. L.

an den faut alhie ein schreiben desswegen getan, ime bevolen, 24. Febr. Tossano solches predigen in der capellen und zu Sanct Peter zu beschweren, dieweil S. L. sich gegen mir erclert, er Tossanus der frau mutter und mir allein predigen soll, laut schreibens; und was ich daruff in schriften meiner und Tossani person halb zur entschuldigung gegen S. L. getan, mit num. 5 und 6. Bin doch zufriden gewesen, das S. L. die capell durch iren faut alhie bis zu irer glücklichen widerkunft verschliessen hat lassen, und bin in die stat in die predigt gangen [5])

21) Indessen bin ich zu Strassburg gewesen meiner bezalung halb; nach meiner widerkunft bald kommen S. L. gesandten der von Wirsperg landrichter zu Aurbach und Bernolff von Gemingen von Speir zu mir und zeigen mir an, wie sie daselbsten den pfarrern zu S. Gilgen von wegen einer conspiration abgeschafft, laut irer instruction mit numero 7 bezeichnet. Dessen ich mich beschwert, den kirchendiener alher erfordert, in irem beisein gehört, der sich genugsamb verantwort. Und dieweil ich auch mit ins spil bin gezogen worden, als ob ich die stat Speir wollen einnemen, laut churf. schreibens an mich ausgangen und sonsten allgemeinen geschreies, desswegen dann die wacht so stark zu Speir besetzt, hab ich sie gebetten, zu meiner unschuld den kirchendiener wider einzusetzen, bis ich solches an mein bruder gelangen liess. Dessen sie aber keinen bevelch. Indeme meins bruders schreiben eben derselben sachen halben num. 8 ankommen, ich der von Speir instruction so sie durch iren statschreiber bei meinem bruder tun lassen, von den gesandten bekommen, num. 9, und mich gegen meinen bruder entschuldigt und ine umb beistand gegen sollich ausgegossne verleumbdnus, auch wideraufstellung des kirchendieners freundlich gebeten, laut schreibens num. 10.

22) Damals als ich von Strassburg wider alhero ankommen, hab ich auch die abgeschaffte predicanten von Amberg alhie gefunden und bericht empfangen, das mein bruder droben lands die huldigung empfangen und meins hern vatters seligen kirchendiener abgeschafft habe, unangesehen der räte und zuhörer ubergebener supplication mit num. 11.[6])

23) Dieweil dann dise ding wider die vatterlich disposition und mein zutrauen also furgangen und dann die vatterliche disposition vermag, das innerhalb 3 monat alle puncten derselben sollen exequirt sein, so hab ich meinen secretarium Caspar Fausen zu meinem bruder mit schreiben, instruction und gewalt num. 12. 13. und 14 abgefertigt und in gemeltem schreiben die 3 ambter Lautern, Neustat und Beckelnheim gewehlet, wie mir das vatterliche codicill

16*

24. Febr. macht gibt, und begert, S. L. wolten irem rat dem Haller, S. L. marschalk Christoffen von Gottfartt und gedachtem meinem secretario zuordnen, meine drobigen lands ämbter in pflicht und huldigung anzunemen, auch des landtags halben erkundigung einzunemen, auch jemands aus S. L. räten hieniden bevelen, der mir die hienidigen ambter anweise; darauf aber mir dise begerte uffzugliche antwort geben mit num. 15 bezeichnet.[7])

24) Ferner als S. L. mir die capell verschliessen lassen und geschriben, das sie sich versehen, ich und die frau mutter solten meiner gemahelin predicanten gehört haben, laut schreibens num. 6, so hab ich S. L. sollich disputation und zumuttung der religion halben abzuschneiden, inhalt beigelegter concepts num. 7 bezeichnet, geschriben und mich widerumb erclert bei meins hern vatters seligen bekanntnuss zu bleiben. Darauf aber mir S. L. geantwort und lauter erclert, das sie also in kirchen und schulen fortzufahren gedechten, wie sie angefangen, inhalt schreibens mit 16. signirt.[8])

Inmittelst haben alle zunft zu Heidelberg supplicationes ubergeben und sich und die burger underschrieben und begert, sie bei meines herrn vatters seligen religion zu lassen; welche ich S. L. neben einem meinem schreiben und treuem bruderlichem bedenken hab zukommen lassen, wie die copei num. 17 vermag.

25) Uff solches bin ich in glaubhafte erfarung kommen, das S. L. den N. tag das drowige paedagogium von unserm geliebten herren und vatter gestiftet und in S. L. testament under dem sechsten articul zu erhalten bevolen abgetan, den knaben ire buechlin und verzeichnusse abnemen und den praeceptoribus innerhalb monatsfrist aus dem lande zu ziehen gebieten lassen.[9])

26) Als auch die jetzigen leuft sich schwerlich ansechen lassen, desswegen allerhand kreistage angestellt, auch mir im 29. articul der vatterlichen disposition ufferlegt, meine session und stimm in reichs- und andern versamblungen zu haben und zu halten, so hab ich demnach S. L. mit eim schreiben num. 18 signirt [10]) ersucht, den churf. zu Meinz als ausschreibenden churf. zu ersuchen, das S. L. mich uff jetzt vorstehenden kreistag gein Cöln auch beschreiben wolten. Uff welches S. L. mir abermals uffzugige antwort geben, als ob das testament usserhalb zweier exemplar, wie sichs zu recht geburt, solenniter nicht publicirt und eröffnet, auch S. L. im wenigsten mit mir noch nit verglichen, inhalt schreibens mit num. 19. Welches dann mir ein unverhoffte erklerung und auslegung aller obigen händel und schriften ist, deren ich solang mit gedult auf bessers vertrauen ausgewartet hab, und ich euch den räten darumb anzeige, dieweil solches alles

wider die vatterliche disposition, meines herren bruders obgemeldte zusag und mein antrauen ist. 24. Febr.

Dieweil dann ich nit allein S. L. stadhalter, sonder auch meines herren vatters sohn sowol als S. L., auch mich zu V. L. confession je und allwegen bekannt und noch, und auch ein executor S. V. L. letzten willens verordnet, ir aber bei der Pfalz herkommen, des testaments zeugen, auch laut beigelegts extracts darzu verpflicht seient, so beger ich an euch gnediglich, ir wollent ferner disputirn und weitleuftigkeit zwischen uns gebrudern furzukommen zu I. L. euch verfugen und dahin handlen, das wir fur unser zusammenkunft allerdings verglichen, ich in dem meinigen seie und also nit landraumig gemacht, sonder alles nachdenken und argwohn zu beiden teilen uffgehobt und also ungeferbte bruderliche lieb und freundschaft erhalten werden möchte. Welches dann kein verzug leidet bei disen gefehrlichen leuften, da man bei den genachbarten allenthalben kriegsgewerb und anschleg siehet und keiner schier wissen mag, waran er seie.

Actum et datum Heidelberg, den 24. Februarii anno im siben und sibenzigisten.

J. Casimir pfalzgraf."

Mc. 991. I f. 41 ff; II f. 202 ff. Copp. (Die letztere mit der Bemerkung Zulegers: „uberraicht durch S. F. Gn. sondags 24. Februarii ao. 77. post contionem"; das zum Teil eigenh. 1. Conc. II f. 28 ff; das Or. Carlsr. Pfalz Generalia. Relig. Conv. 1.)

1) Diese Aufzeichnung, worin der Pf. seine Rechtfertigung und Verwahrung gegenüber dem bisherigen Vorgehen seines Bruders zusammenfasst, ist allerdings bereits gedruckt in: J. Fr. Ribstein (evang. Prediger in Flinsbach bei Sinzheim), Abgefertigte Anmerkungen u. Berichtigungen des Nachdrucks der Schrift: Ueber protestantische Kirchengüter überhaupt, und die Ansprüche der evangelisch-lutherischen Kirche insbesondere. Mannheim (der Vorbericht ist datirt: 2. Juli 1802) p. 337—345. Die ausserordentliche Seltenheit dieses Buches (ich konnte das Exemplar der Heidelb. Univ.-Bibl. einsehen) und die Wichtigkeit des Documents rechtfertigen dessen unverkürzte Wiedergabe.

2) Diese Darstellung stimmt in allem Wesentlichen mit dem oben no. 5 A. 1 angeführten Schriftstück vom 25. Nov. überein.

3) Im Auszug bei Sudhoff p. 421/2. Die Vorstellung (vom 18. November) enthält u. a. den Hinweis: „Solte dann auch, wie nit verpleiben würde, der gemeine man neben den vielen ufgelegten beschwerungen und schatzungen durch solche enderung betrübt und unwillig gemacht werden, so haben E. Ch. Gn. gnedigst zu ermessen, was für eine weitleuftigkeit daraus zu gewarten." (Me. 991. II. Cop.)

4) Eine Bittschrift des Predigers an Pf. Elisabeth, ihn beim Kf. zu entschuldigen ebd. f. 120; er sagt u. a.: „ist mir auch als eins, ich predig in der stube oder kirchen."

5) Vgl. J. C. an Ludwig, 21. Januar (oben no. 22). Ein Beispiel der damals vor J. C. gehaltenen Kanzelreden bietet: „Ein christliche Predigt vnd Bekanntnuss ..... gehalten zu Heidelberg den 3. Februarii anno 1577, in gegenwart .... hertzog Johan Casimir ... auff das ein jeder, so vern er dise predigt lesen will, sehen möge, wie biss-

24. Febr. hero unter . . . hertzog Friderichen pfaltzgraven . . . von dem hl. abentmal nicht nach menschlicher vernunfft . . . sonder rund vnd einfaltig nach gottes wort, tröstlich vnd christlich gelehret worden ist", 1577 4°. (Bm.) Am Schluss die Klage, dass sie nie in einem freien synodo gehört worden; sie flehen um Gotteswillen, dass man wolle gemach tun und die Sach zur freundlichen Unterredung kommen lassen u. s. w. Die Predigt ist von Tossanus, dem ihre Veröffentlichung nachher von Seiten des Kf. zum besondern Vorwurf gemacht wurde. (Mieg, Monum. pietat. I, 229)

6) Datirt Amberg 24. Dezember 1576 (Me. 991. II. f. 117 Cop.).

7) Das Schr. J. C. an Ludwig, Heidelb. 25. Januar, ebd. I f. 1 Or., Ludwigs Antwort, Amberg 7. Febr., II f. 154 Or. (lehnt die begehrte Huldigung ab und ersucht J. C. wegen des Codicills seine Hinabkunft und gänzliche brüderliche Vergleichung abzuwarten.)

8) Vgl. oben no. 26.

9) Gemeint ist das 1566 gegründete Pädagogium zu Amberg. (Mieg I, 197; Struv p. 168 ff.)

10) Das Schr. J. C. Heidelb. 6. Febr., Me. 991. I. f. 16 Or., die Antwort Ludwigs Amberg 12. Febr. ebd. II. f. 179 Or.

24. Febr. Heidelberg

32. Johann Casimir an Kurfürst Ludwig.

Bedenken zum Kölner Kreistag.[1] Der Friede in den Niederlanden unwahrscheinlich; der einzige Ausweg gänzliche Abschaffung des spanischen Regiments und Kriegsvolks, ohne welches Fundament die deutschen Fürsten mit allen Handlungen nur bei der Nase herumgeführt werden. Die Geistlichen neigen zu Spanien. Die [vom Kf. angeregte] Unterscheidung zwischen den Verwicklungen des Reichs [Maestricht, Lüttich] und denen der Niederlande mit Spanien nicht durchzuführen; das Reich sollte mit den Staaten gemeinsam handeln,[2] die übrigens schon durch Verbindung mit den fünf Kreisen oder sogar durch blosses Reichsverbot des spanischen Kriegsdienstes hinlänglich unterstützt wären; verweist auf das frühere Verbot des obersächsischen Kreises; das Reich ist jetzt überdies im Stand der Notwehr; „so erstreckt sich auch die teutsche freiheit nicht wider die keis. Mt. oder das reich." . . . . Die Freilassung ihres Vetters Egmont zu erwarten. Pf. Georg Hans berichtet ihm, dass die Franzosen bis nach Lützelstein und Einertshausen streifen und Châtillon und Dürkenstein eingenommen haben sollen.[3] Spanische Werbungen Hannibals von Ems in der obern Markgrafschaft und im Breisgau. Gefahr einer Vereinigung französischer und spanischer Truppen in Deutschland. Mitteilung der Dreizehn zu Strassburg, was Erzh. Ferdinand der Religion halber gegen die Stadt Colmar vornehmen will. . . . .

Mb. 111/3a f. 93. Cop.

1) Am 17. Dez. 1576 schrieb der niederrheinisch-westfälische Kreistag zu Köln wegen der Exzesse der Spanier zu Maestricht gegen Lüttich u. a. R.-Stände eine Versammlung der Obristen und Zugeordneten (bes. Räte) ihres eigenen sowie des kur- und oberrheinischen Kreises auf den 14. Jan. 1577 nach Köln aus. Diese Versammlung beschloss am 30. Jan. Abhaltung eines weiteren Tags zu Köln am 4. März (mit Beiziehung des niedersächsischen und schwäbischen Kreises, die aber nicht erschienen), Veranlassung eines R.-Deputationstags, Aufstellung von 600 Pferden für Lüttich und ein Schr. an Don Juan. Inzwischen kam unter kais. Ver-

mittlung der Friede in den Niederlanden (das „ewige Edikt“ vom 17. Febr. 1577) zu Stande und die zweite Versammlung der drei Kreise zu Köln begnügte sich in ihren Abschied (11. März) eine den Gesandten der Staaten erteilte sehr allgemeine Zusage für den Fall eines Friedensbruchs aufzunehmen und nochmals an Don Juan um Entschädigung der Vergewaltigten und friedlichen Abzug der Spanier zu schreiben (Mb. 111/3a; 111/4b). 24. Febr.

2) In einer Beratung vor dem Tag vom 14. Januar hatte J. C. sich bereits an der Spitze einer von den Kreisen zu beschliessenden Exekution gesehen; „das gelt sei besser angelegt dan wans dem kaiser geben; . . . soll man sich noch zur zeit an keiner statt [Maestricht] ufhalten, sonder ins herz hineinziehen; wurd das arm volk dieser seiten beifallen.“ (Mb. 111/3a f. 326 Prot.) Nach seinem Schr. an L. Wilhelm, Heidelberg 4. März (Marb. Niederl. 1577 Or; teilweise bei Prinsterer I. 6,300) gingen seine Gedanken auf ein Unternehmen nicht des gesammten Reichs, sondern der nächstgesessenen weltlichen Fürsten, die sich bei den Staaten „mit versicherung etzlicher stuck landes und stift, so ohne das dem heil. reich zustendig“, schadlos halten oder die Geistlichen zur Deckung der Kriegskosten beiziehen könnten.

3) Vgl. p. 144 A. 1.

33. Kurfürst August an Kurfürst Ludwig.

25. Febr.
Annaberg

Mit der zu Köln bewilligten Hülfe, ev. mit Erhöhung derselben einverstanden [vgl. no. 32 A. 1]. Weiss nichts von der Aufnahme des Kf. von Köln und Erichs von Braunschweig (dessen Kriegswerbung ins Stocken gekommen) in den Landsberger Bund. Ungewisser Bericht über die Heirat der Tochter des K. von Spanien. Gerücht von einem baldigen Besuch des Kaisers in Dresden, veranlasst dadurch, dass der Kaiser sich in der Nähe der sächsischen Lande aufhält und bei seiner Reise in die Lausitz wohl noch näher kommen wird. . . . .

Mb. 111/3a f. 307. Or.

34. Kurfürst Ludwig an Johann Casimir.

1. März
Amberg

Werbung Villequier's[1]) bei ihm am 26. Februar (von Braillon deutsch wiederholt), mit der an J. C. gebrachten gleichlautend. Schickt Copie seiner Antwort. V. hätte gern specialia von ihm herausgepresst, aber er hat sich in kein Privatgespräch eingelassen. V. geht zu Wilhelm von Hessen, welchem die Werbung und seine Beantwortung derselben zu schicken.[2])

Marb. Frankr. 1577 Cop.

1) Claude de Villequier, vicomte de la Guerche, wurde von K. Heinrich III an mehrere deutsche Fürsten abgefertigt, um den Beschluss der Ständeversammlung zu Blois, nur die katholische Religion in Frankreich zu dulden, zu rechtfertigen und gegen jede künftige Unterstützung der Hugenotten Verwahrung einzulegen. Die Sendung V's erfolgte aber nicht, wie La Popelinière (II, 357), Thuanus (LXIII. 24) und d'Aubigné (II 315) und nach ihnen neuere Historiker (auch Polenz IV, 90/1) angeben, nach der Werbung Beutterichs und durch dieselbe veranlasst; vielmehr fanden die Audienzen Beutterichs in Blois und V's in Amberg beide am 26. Februar statt; vorher (und nicht, wie Thuanus behauptet, nachher) hatte V. bereits seine Werbung bei Joh.

1. März Casimir verrichtet, die nebst der scharfen Antwort des Pfalzgrafen bei La Popelinière II, 357—9 gedruckt ist. Ein Bericht von Des Traos an L. Wilhelm, Frankfurt 25. Febr. 1577 (Marb.) sagt: „Villequ.... iam Heidelberga discessit.“ Nach einer Marb. Copie von J. C. Antwort ist zu lesen La P. II, 358a Z. 35: „par Praillon mesmes“; Z. 46: „adverty du serment qu'a naguères faict S. Mté; 358b Z. 30: „auctorité d'ung roy pour faire et jurer ces choses-là“; 359a Z. 6: „cela accroist encoire“; Z. 16: „et ne sont ceux-là qui estoient promis par l'édict. Car ilz debvoient estre tenuz pour maintenir“ u. s. w; Z. 31/2: „trouveront infiniment estrange et chose du tout impudente.“

2) Die Antwort L. Wilhelms auf V's Werbung, Cassel 18. März 1577, bei La Popelinière II, 359/360; im Marb. Archiv findet sich ausserdem Cop. von einem Schr. des L. an K. Katharina, datirt 17. März, das „ceste pernicieuse déclaration du roy“ tief beklagt. Am 19. März schrieb Wilhelm an J. C., nach Mitteilung des Dolmetschers habe auch Mainz V. erklärt, obwohl er ein Papist sei, könne er doch nicht gut finden, dass der König seine hoch beteuerte Zusage nicht halte. Vgl. Heppe, Epp. Bezae p. 9; Hotom epp. p. 80; über die Verteidigungsschrift der Hugenotten gegen V. Polenz IV, 92 ff.

1. März Annaburg

35. Kurfürst August an Albrecht von Baiern.

(Kölnische Wahl. Kaiserl. Begräbnise. Landsberger Bund.)

. . . .

„Was deinen sun Ernesten antrifft, habe ich einen eigenen botten heut dato ans capitel zu Coln abgefertigt, wie du aus hiebeigelegter copei freuntlich zu ersehen.[1]) Unser hergott helf, das meine forschrifft deinem sone muge furderlich und nuczlich sein. Das ich Brandenburk desfals ersuchen solte, habe ich von desweg[en] unterlassen, das eben seine liebe icziger zeit seine tochter [Lücke] Pummern gefürt und aldo beigelegt, dohin den ein weiter weck; und weil ich besorget, es mocht diser vorzuck deinem sonne in seiner sachen schedlich sein, so habe ich gleich im namen gottes meinen botten vortreiten lassen.

Die K. Mt. haben mich auch auf die begrebnus der vorstorbenen K. M. kegen Prage erfordert. Ich habe mich aber entschuldiget, wie ich dir nechst geschriben. Den bundstack belangende, auch was du mit I. K. Mt. zu Regenspurk disfals discurrirt, hore ich gerne. Das sich aber I. K. Mt. darauf nicht richtick erklert, gleube ich, das I. K. Mt. vileicht die motifen, so die vorstorbene K. Mt. gehapt, daran verhindern und noch zur zeit im wege ligen. Und werdet euch woll als her und knecht mit einander zu vertragen wissen, und konnen sollicher streit unter sollichen nahen vortrauten blutsfreunden gar fill in einem tage vortragen und hingeleget werden. Was mein gutachten bei disem werk sei, will ich dir, weil es freuntlich von mir durch dich gesucht, nicht vorhalten, und sage noch, wie ich mich vorhin kegen dir auch freuntlich erklert, das mir solliches werk, wofer es nicht wider die K. Mt. und den religionfriden gemeint, nicht misfelt. Jhedoch achte ichs, allen mistrauen untern stenden zu vormeiden, es solte besser sein, das solliches ein gemein werk durchaus wurde, den das sich enzelne stende dergestalt zusammen tetten und den andern durch solliche absunderunk ferner ursach zu mistrauen geben. Ich mus es bekennen, do es muglich were, das die leute konten oder mochten darzu und sich in solliches werk zu begeben vormocht werden, das es dem ganzen reiche heilsam und nuczlich sein wurde; und wolte meines teils eine statliche summa geldes vorfallen sein, das ich erfaren mochte, das solliches werk allein meine erbeinigunksvorwanten for notick, gutt und dem gemeinen friden zum besten erkenten und achteten. Also dann soltestu dich gewis zu mir vorsehen, das ich mich wider von ihnen oder dir weder in guttem oder bossem nicht absundern wolte. Und lege mir sunsten wenick daran, ob gleich meine mittchurfursten sich darein zu lassen bedenken hetten. Due wirdest den sachen weiter nachdenken und mein einfeltick gemutt besser den ichs von mir geben kann vorstehen und freuntlich aufnemen. Und bin dir allen freuntlichen und bruderlichen dinst und willen zu erzeigen iderzeit geflissen und ganz willick. 1. März

Datum Annenburk, den 1 Marczi anno 1577.

Dein dinstwilliger vetter und bruder allezeit

Augustus churfurst."

Ma. 53/14 f. 178/9. Eigh.

1) Dieser Abgesandte war Dr. Andreas Paull, der obwohl eifriger Melanchthonianer nicht in den Sturz der Kryptocalvinisten verwickelt worden war und als gewandter, namentlich sprachkundiger Diplomat nach wie vor das besondere Vertrauen des Kf. genoss. Vgl. seine Biographie bei Melch. Adami Vitae German. Jureconsultorum p. 303 ff; Ritter's Aufsatz: Krells Stellung zu seinen Collegen im Archiv für sächsische Gesch. N. F. VII, 211 ff. Ueber seine Sendung nach Köln vgl. Languet an Camerarius (p. 177), 1. März, an Crato 4. März (Gillet II, 173 A. 5), Paull an Ludwig von Witgenstein, 11. April (Weber, Decades p. 46).

36. Dr. Dietrich Weyer an Johann Casimir.

3. März Kaiserslautern

Ein Schr. des Gubernators von Metz an J. C. Abschaffung der Predigt zu Metz am 21. Februar[1]). Aeusserung des Königs, warum er in seinem Reich nicht eben so viel Macht haben solle, wie „ces messieurs d'Allemagne." Abfertigung Guise's mit Truppen an die Grenze,[2]) um einer Unterstützung der Hugenotten vorzubeugen, mit der Bemerkung, dass es ihm leicht sein und viele in Deutschland dazu lachen würden; er soll versprochen haben den Fuss bis an den Rhein zu setzen. Trotz- und Schreckensworte, auf deren Wirkung bei den Deutschen jedoch die Franzosen rechnen. . . . . .

Mb. 544/15. Eigh.

3. März 1) Nach J. Worms, hist. de la ville de Metz, p. 168 wäre die Schliessung der reformirten Kirche noch 1576 erfolgt.

2) Guise verliess Blois erst am 7. März, um sich in seinem Gouvernement für den Angriff auf La Charité zu rüsten (L'Estoile, Journal de Henri III, III, 214).

9. März Blois

37. Antwort König Heinrichs III auf das Anbringen der Gesandten Johann Casimirs.

Hat ihr Anbringen im Namen J. C's und seiner Leute vernommen[1]; wünscht die Zahlung ebenso sehr wie sie, konnte aber leider bisher das Geld hiezu nicht aufbringen; selbst ein blühendes Reich würde solche Summen in so kurzer Zeit nur schwer erlegen können. Trotzdem versichert er, nach genauer Untersuchung seiner gegenwärtigen Lage und Mittel, dass er auf der nächsten Frankfurter Septembermesse zwei Monate des Solds erlegen werde, nämlich die von Vaudemont verbürgten 500000 Livres und den Rest der „partye de Castellas"; ausserdem kann ihnen Lothringen einen Teil der von ihm verbürgten Summe auszahlen. Mehr kann er für jetzt nicht tun; bedauert die Unruhen, hofft aber die Abzahlung doch allmählich zu bewerkstelligen. „Et quant à ce qui touche le faict des trois ostaiges, sa dicte M. avoyt cy-devant destiné aucuns gentilzhommes pour les envoyer audict seigneur duc Cazimir à cest effect. Mais sur l'occasion des nouveaux troubles qui sont survenuz et pour la craincte qu'ilz ont eue de recevoir quelque mauvais traictement, ilz se sont retirez." Er wird so gut es geht für andre sorgen.

Ma. 544/15. Or.

1) Die Werbung Beutterichs, die eine gewisse Berühmtheit erlangt hat, wurde am 26. Februar vor dem König und dessen Räten angebracht („Proposition faicte au roy estant en son conseil à Bloys le 26e feborier 1577", Ma. 544/15, gedruckt bei La Popelinière II, 355a—356b, mit unrichtigem Datum: 25. Februar; deutsch in: „Frankreichische zeitung von schriftlichen und mündtlichen handelungen mit K. Maj. in Frankreich durch die deputirte abgesandte von wegen und in namen . . . . hörzogen Johan Casimirn . . . vnd der obersten, ritmaister, hauptleut vnd anderer aller . . . Alles getreulich aus französischen vnd latinischen copien verteutschet". S. l. 1577 kl. 8). Am 7. März erfolgte dann die Aufkündigung der Territorien, Pension und militärischen Würden, die J. C. beim Friedensschluss erhalten hatte („La rénunciation faicte au roy des terres et estatz que monseigr tenoit de S. Mté", Ma. a. a. O.; gedruckt bei La Popelinière II, 356b, mit unrichtigem Datum: 8. März, das auch Thuanus LXIII. 23 gibt; d'Aubigné, hist. II f. 814/5; deutsch in der „Frankr. Zeitung"). La Huguerye's Erzählung von einem Vergiftungsversuch auf B., der aber misslang (I, 443, auch in der vita erwähnt) wird von Melch Adam (p. 283), doch mit einem „fertur" wiederholt; vgl. La France prot. II, 258. Den von B. verlangten Pass nach England schlug ihm der König ab; vgl. das Schr. Heinrichs III vom 13. März an seinen Gesandten Castelnau, dem er aufträgt, wohl Acht zu haben, falls „le docteur Butois, qui est fort grand ennemy des Catholiques," trotzdem Gelegenheit gefordert haben sollte nach England zu gehen; derselbe sei zu St. Dié [sur Loire] mit dem englischen Gesandten Paulet zusammengewesen (Mém. de Castelnau, Ausg. 1731, III, 503 ff.). Vgl. die irrige Nachricht, dass B. wirklich dorthin gegangen sei, bei dem mit Recht verrufenen Varillas (hist. de Henri III, Haag 1694, I, 329).

38. Johann Casimir an Landgraf Wilhelm.

15. März Kaiserslautern

Zettel: Erhielt gestern Abend Schreiben von Beutterich aus Blois, worin u. a. gemeldet, „das die K. W. uns gern zwischen derselben und den Protestirenden zu einem mittelman gebrauchen wolt." Nach seiner Ansicht „ist nit ratsamb, sich zwischen dur und angel zu stecken"; denkt es bei dem mühsam erworbenen Frieden bewenden zu lassen.

Marb. Frankr. 1577. Or.

39. Johann Casimir an Landgraf Wilhelm.

15. März Kaiserslautern

Speirischer Tumult; nicht so unbedeutend, wie es dargestellt wird; „der author und redlinsfurer dieses tumults leichtlich zu praesumirn." Seine Ehre nötigt ihn, dem Grund des Handels nachzugehen.[1])

Marb. Wilh. IV Corr. mit Pfalz. Or.

1) J. C. Supplikation beim R. Kammergericht „ad inquirendum uber ettliche beschreiungen und besorgten tumult" war bereits am 2. März abgeschlagen worden (Speier, Kreisarchiv 17ª, Prot.).

40. Johann Casimir an Kurfürst Ludwig.

27. März

Die Supplikationen der Heidelberger, die nach L. Abreise aus eigenem Antrieb bei St. Peter und den Barfüssern sehr zahlreich Predigt gehört und nach hunderten communizirt haben, rühren nicht von den Hetzereien etlicher Räte her; „da dan jemand hierunder zu verdenken, so müsten wir derselbig sein," als Statthalter L. Die Untertanen sollen der Obrigkeit, die den wahren Gottesdienst handhabt, Gehorsam leisten, dagegen hat bei Aufdringung einer unrechten Lehre die Regel statt, „das gott mehr als der obrigkeit zu gehorsamen." Darauf beruht der rechtmässige Kampf der Stände der A. C. gegen den Papst. Sein Vater hat die Untertanen nicht nach dem französisch-spanischen Grundsatz: „car tel est nostre plaisir" zur Religion gezwungen, sondern mit den Schwachen bis an sein Ende Geduld gehabt. Weist die Behauptung L., die Kirchendiener seines Vaters lehrten wider die A. C. als nicht aus Gottes Wort erwiesen und selbst ao. 66 nicht aufrechtgehalten zurück; dagegen ist, was L. Geistliche von der Allenthalbenheit des Leibs Christi lehren, Eutychianische Ketzerei, von Melanchthon ein monstrum genannt und vor 4 Jahren zu Torgau verworfen worden; abscheuliche Consequenz, dass der Leib Christi „in allen bosen und guten creaturen, in seuen, ja in teuflen selbst sei." König und Königin von Frankreich berufen sich zu Ungunsten des Friedens und der Zahlung der Rückstände auf L. Vorgehen. L. soll die Pfalz mit dieser neuen Lehre gegen Wort Gottes und A. C. verschonen, „damit sie [E. L.] gottes zorn und das gemeine seufzen nit wider sich erwecken.". . . .

Me. 991. II f. 263. Cop.

27. März Annaburg

41. Kurfürst August an Albrecht von Baiern.

Pfälzisches Testament; „man vortrauet aber meiner tochter nicht so fill, das ich durch si hihefon was gruntlichs erfaren mochte." .... Schickt Copie der Supplikation der Ritterschaft der Orte Rhön und Werra in der Buchen [vom 6. März, um Interzession gegen den Abt von Fulda beim Kaiser]; hat dem L. Wilhelm Albr. Bericht [vom 11. März, über die gegen die Landsässerei gerichteten Schritte der trierischen und rheinischen Ritterschaft] mitgeteilt. Zusammenkünfte und Aufstellung von Hauptleuten ist sonst bei diesen Kreisen alter Brauch. . . . . .

Ma. 53/1 f. 251. Eigh.

29. März Burkheim

42. Lazarus von Schwendi[1]) an den Kaiser.

Stillung des niederländischen Kriegswesens. Der. K. möge auf die Sicherung des getroffenen Friedens bedacht sein, namentlich gegen Anwendung übertriebener Schärfe in Religionssachen wirken. Auf dem künftigen Ständetag den Beschluss zu Wege zu bringen, dass die Stände gegen Kaiser und Reich in alter hergebrachter Verwandtniss bleiben und bei Kaiser und Reich ansuchen, sie dabei im Fall der Not zu schützen. Dies würde einer neuen spanischen Unterdrückung vorbeugen und den Ansprüchen des Kaisers und der Seinigen in allerlei zutragenden Fällen zu Gute kommen. „Davon aber nit mehr zu schreiben." Auf demselben Tag soll der K. die Abschaffung der für das Reich beschwerlichen neuen Accisen, Zölle u. s. w. unvermerkt auf die Bahn bringen.

Gegenwärtig ist die beste Gelegenheit, die drei Bistümer wieder für das Reich zu gewinnen, da der König durch den neuen Hugenottenkrieg geschwächt und deutscher Reiterei bedürftig wird. Der K. sollte mit dem Kurff. insgeheim sich über eine Rückforderung des Bistümer beraten und dem König keinen Zuzug gestatten, dagegen mit Johann Casimir, der vermutlich den Hugenotten wieder Volk wird zuführen wollen, dahin handeln, dass er sich von des Reichs wegen der Wiedereroberung annehme. „Und ich wais sovil, das er darzue ganz willig sein und sein eussersts treulich und aufrichtig darbei tuen, auch mit eim grossen anhang sich darzue gefasst machen wurde. Und beschehen also die ding auf sein abenteur und on sonder erregung oder grosses zutuen und einmischung des reichs oder E. Mt., und tete E. Mt. abermals zu anfang irer regierung ein gross werk, das ir in vil weeg gross ansehen und nutzbarkait schaffen und ein grosse vorberaitung zu andern mehrern und gressern sachen, deren glegenheit E. Mt. gleichsfals durch verleihung des allmechtigen an die hand fallen, machen wurden." Zweifelt nicht, dass hiedurch in Kürze der König zu Restituirung der Plätze und zum alten Frieden mit den Hugenotten gezwungen würde.

Wh. Kriegsacten. Or. (Cop. Ma. 231/5, aus Prag an Baiern geschickt.)

1) Vgl. über diesen ausgezeichneten Staatsmann und Militär Röhrich, Mitteilungen aus der Geschichte der evangelischen Kirche des Elsasses III, 61 ff; Janko, L. Freiherr von Schwendi, Wien 1871.

43. Johann Casimir an Grosshofmeister, Kanzler und Räte zu Heidelberg.

31. März Kaiserslautern

Hat den ihnen vom Kurf. erteilten Befehl wegen Einräumung der Aemter empfangen. Der Kurf. braucht sich gar nicht über sein Drängen desswegen zu wundern; wenn derselbe erklärt, sich in allen möglichen und billigen Dingen mit ihm vergleichen zu wollen, so hat er seinerseits nie etwas anderes gesucht als was billig und dem Testament entsprechend ist. Schickt Copien seiner Schr. an den Kurf.[2]) [vom 27. und 28. März]. Bittet sie, bei der Ankunft des Kurf. die verlangte kategorische Resolution zu befördern, damit er „mit desto frolicherm gemut" bei demselben erscheinen könne.

Carlsr. a. a. O. Or.

1) Das Schr. vom 28. März berührt die Einnahme der oberpfälzischen Huldigung ohne Rücksicht auf J. C., den Handel in Speier und mit der Hofkapelle, fordert in bitterm Ton eine kategorische Erklärung, ob der Kf. seinem vielfältigen Ansuchen Statt geben wolle oder nicht, und fügt bei: „dann wir uns keins wegs zu E. L. in der person zu begeben wissen noch auch solliches ratsam finden, bis solliches alles beschehen, sintemmal wir sowoll aus E. L. letztem aignen schreiben als Schmidtbergers gegen uns getanen aussagen befinden, das nicht gut, diese ding mundlich mit E. L. zu tractirn, sondern allein schriftlich, damit die rede nicht anderst von keinem teil verstanden oder hernacher von E. L. leuten, wie albereit beschehen, verdrehet werden, sondern man einen richtigen und keinen umbsch[w]eifigen verstand in allen und jeden puncten haben und behalten muge." Dass J. C. versprach, einmal im Besitz des Seinigen zu beweisen, „das wir mehr das ewige dann das zeitliche suchen und es mit E. L. von herzen mainen und halten," konnte den verletzenden Eindruck der vorhergehenden Stelle nicht abschwächen. Me. 991. I f. 76 Or. Niklas Schenk von Schmidberg, einer der Zeugen bei der Testamentseröffnung, hatte sich geweigert nachträglich zu bezeugen, dass L. seinem Bruder ohne Vorbehalt fernerer Communikation oder Traktation die Wahl unter den im Test. oder Cod. benannten Aemtern freigestellt habe (Schmidberg an Kf. Ludwig, 9. März, ebd. f. 51).

44. Herzog Karl von Lothringen an Pfalzgraf Johann.

31. März Nancy

Weiss nichts von einer Bedrohung der Pfalz durch Frankreich, an die er seinerseits nicht glaubt. Will eventuell warnen und vorbeugen.

Wh. Kriegsacten. Cop.

45. Bericht Beutterichs über seine Verhandlungen zu Blois.[1])

März

„Des koenigs aus Frankreich geheime raete hetten verhoffet, wir wurden uns die augen mit leichten und geschmierten franzoesischen worten verblenden lassen; do dann, nachdem der canzler Biragua sich zuforderst von wegen des koenigs mit einer geringschetzigen antwort und mit welcher das kriegsvolk keines weges zu befriedigen, ercleret gehabt, desgleichen nach beiderseits beschehenen hihn- und widerreden Doctor Beutrich, furstlicher pfalzgraevischer ratt, wider der koeniglichen raete zuversicht alles dasjenige, so der koenig kurzverruckter zeit pfalzgrave Casimirn ahn landen und sonsten ubergeben, als nemblich das herzogtumb Estamps, die herrschaften in Burgund gelegen, desgleichen die jaerliche pension uber hundert kurischer und 4000 teutscher pferde, beneben I. F. Gn. diensten und pflichten aufkuendet und renunciirt hat.

Hiedurch seind die herren nicht wenig verstuerzet worden. Solchs ist geschehen den 7. Martii*) in dem schloss Bloys zu zwo uhren nach mittagk.

Den 9. Martii wurd Beutrich widerumb ihn ratt gefordert und eben ahn dasjenige ort, da auch die loskuendigunge berurter herrschaften beschehen wahre, und hat der canzler Biragua in jegenwertigkeit Morvillirs, Chiverni und Bellivers als des koeniges vornembsten raete und des secretarien Brullarts nachvolgende puncten vorgebracht:

1) Die ursachen, derenhalben der koenige nacher dem ersten vortrag mich nicht selbsten angeredet, seie der ohnwille, so er ob meiner ersten oration jegen mich geschoepfet; denn beides mein schriftlich und muentlich vorbringen wie auch alles mein tun K. Mt. verdriesslich und ohnleidlich seie, sonderlichen aber meines geringen alters halben. Hierumb hab mich der koenig inmittelst in der person nicht anreden, sondern durch die raete mit mir woellen handlen lassen.

2) K. Mt. koente nicht glauben, das mir dasjenige, so ich geredet, getan und vorgepracht, einbevolen gewesen, sondern seie alles aus meinem eigenen vornemen beschehen. Denn es seie nicht glaublich, das mein herr nicht haben wolte, das man dem koenig gebuerliche ehr erweise.[2]) Man muesse solcher gestalt mit den monarchen und grossen herren nicht handlen. Wenn der koenig schon nicht zahle, so solte doch die anmanunge sinnigklichen und glimpflich beschehen und nicht mit ohngestuemme, wie ich denn ein solichs keines weges getan und koenigkliche dignitet hierunter nicht angesehen habe. .

3) Furs dritte, so begere der koenig, wofern mein Gn. F. und H. hinforters mit K. W. weiters tractiren wolte, das man also dann

*) Randbemerkung Johann Casimirs: „Disen tag bin ich geborn ao. etc. 43."

mich nicht schicke, aldieweil mit mir nicht zu handlen seie; sonsten moechten I. F. Gn. schicken, welche die wolten. März

4) Letzlichen habe der koenig dem secretarien Brullarten bevelch geben, irer Mt. antwort mir schriftlichen zuzustellen, mit deren man ohne zweifel werde ersetiget sein.

Diese puncten begere der koenig, das die meinem Gn. F. und H. hinwiderumb vermeldet werden.

Antwort.

Herr canzler, domit ich von wegen meiner kurzen und gebrechlichen memorien mehr oder weniger nicht zuruck bringe, denn eben des koenigs meinunge ist, so ist mein embsiges bitten, das ihr angedeuten des koenigs willen und meinunge schriftlichen zustellet, und soll mir lieber sein, do dieselbige gescherpfet wurdt, als wens glimpflich verfertiget werde.

Der canzler.

Es ist wider des koenigs bevelch, denn ers nicht haben will.

Beutrich.

Wolan, so will ichs zum forderlichsten und dero massen referiren, wie ihr geantwortet habt.

Soviel aber den ersten puncten und dasjenige belangen tutt, das der koenig mich derowegen nicht selbsten angeredet, dieweil mein erster vortragk scherpfer, als es sich gebueren taete, gewesen wehre, da verwundere ich mich, das ihr ein solichs itzo sagen moeget, do ihr doch vor zweien tagen, als ich die brieve uber die herschaften und anderst sagende widerumb beantwortet, euch dohin vernemen lassen, das meine oration ganz hovelich und wol gestellet gewesen. Dohero ich schliesslichen abneme, das man vermeinte ursachen hierunder gesucht habe.

Wenn meine schriftliche und muentliche handlunge dem koenigk missfaellet, da kann ich zwaar wider die natur nicht handlen, welche ihren freien willen hat.

Die gebreuch zu hove seind mir ohnbekant; so habe ich hochtrabende und geschmueckte wort nicht gelernet und halte von der ohnnott sein, do ich die schon koente, das ich mich dero gebrauchen wolte. Ich nenne ein jedes kind mit seinem rechten namen. Bedenket aber, das ich nicht des koenigs undertan noch demselbigen in etwas verpflichtet, das ich auch eines fursten diener bin, welcher ein furst des reichs ist.

Woellet ihr nun, das ich sagen solte, der koenig halte dasjenige, so er zugesagt hat? Daran luege ich.

Die ursachen des koeniglichen widerwillens ist nicht aus mei-

März nem ersten vorbringen, sondern doraussen entsprungen, dieweil ich alle ubergebene herschaften etc. dem koenig widerumb zugestellet und demselben alle dienstpflichten aufgekuendet habe, welchs ihr stilschweigend uberschreiten woellet.

Dem koenig und euch wurde Beutrich ein angenemer gast sein, do er irer Mt. verspreche, das er seines herrens gemuet linderen und das kriegsvolk dohin bereden wolte, das es zufrieden seie, ob schon bezahlunge ervolgete[!]. Ja, ein angenemes werk wehre es, jedoch verraeterisch; wolte viel lieber tot sein.

Was den zweiten puncten antrifft, da wehre ich nicht wurdig, das mich die sonnen beschiene, wenn ich eine so hochwichtige sachen, derogleichen vieleicht keine, aldieweil das Valesier geschlecht gewa[e]hret, denselbigen vorgefallen, aus meinem eigenen vornemen, vermessenheit und bosheit ohne vorgehenden bevelch zur hand gezogen hette. Es wehre ein laster geubtes falsches. Das kann ich zum hoechsten bedeuren, das ich so viel nicht eingebracht, als mir bevolen gewesen. Es hat bei mir gestanden, die ursachen unsers auftragens zu erclaeren; dieweil aber des orts gelegenheit dasselbige nicht leiden wolte, so ist es wegerer gewesen, dasselbige genzlichen zu uberschreiten, als mit dem geringsten anzurueren, domit es nicht das ansehens hette, als ob wir aus geringschetzigen ursachen willen zu mehrgemeltem auftragk bewogen worden.

Ich weiss wol, das ich zu Blois bin und in dem schloss doselbsten; das moeget ihr aber wol wissen, do wir samptlichen zu Strassburgk wehren, das ich furwar mit euch anderst reden wolte. Ich will aber, sobalt ich zu hause komme, daran sein, das euch die ursachen zu wissen getan werden.

Wessen wir dem koenig fur reverenz zu erweisen schuldig, ist mir ohnverborgen. Das weiss ich auch, das mein genediger furst und herr ein freier furst ist, welcher dem koenig ferners nichts zu leisten verpflichtet, denn wessen aus gutem willen geschieht. Aber wenn deme, inmassen durch euch eingebracht, also ist, ich auch so ohnhoevelich gewesen bin, so hette der koenig guten fugk gehabt, sobalt nach der ersten handlung mich zu erforderen, meiner uberfahrunge halben zu schelten oder aber euch dasselbige zu bevelen, meinem Gn. F. und H. zu schreiben, das ich zu solchen handlungen ohntuchtigk seie.

Do ich mich also dann nicht verantworten gekoennet, hette man mich zu straffen gehabt. Sintemal ich aber mit gruntlosen antworten nunmer vierzehen tage durch euch hoenisch genug aufgehalten, ihr auch mich anderst nicht, denn nicht wie eines vom adel, sondern des allerschlechtigsten bauern procuratorn umb die wege gefueret, so muss ich nummer von euch hoeren, das ich ohnhoevelich gehandlet habe. März

Mein bedenken ist gewesen, wessen ich im ratt geredet, das ich eben dasselbige so balt schriftlichen ubergeben habe, domit mein will und meinunge dardurch bezeuget, auch weder ab noch darzu getan werden koente. Solchs ist zeit meines abwesens, gleichsam ob ich persoenlich zur stett, vorhanden und ist vieler menschen urteil unterworfen, mag leiden, das es menigklichen lese.

Dieweil ihr aber dermassen ahn mir stochert, so will ich eins fur alles teutsch und rund sagen, was war ist. Furwar alles dasjenige, so der koenig zugesagt hat, ist im geringsten nicht gehalten worden; und ihr begeret noch, das ich heuchlen und darbeneben sagen solte, es wehre alles recht getan. Ein solichs ist wider mein natur, bin auch zu solichen dingen nicht erzogen worden.

Soviel meine person anlanget, da ist es warlich ubel umb mich geschaffen; denn ich von deswegen, das ich das mein mit ernstlichem vleiss verrichtet, des koenigs ohngenad erlanget hab, und bin darbeneben des kriegsvolks widerwillen jegen mich ohne einigen zweifel jewertigk, als ob ich die sachen zu gelinde angriffen hette.

Den dritten puncten beruerende, da bezeuge ich gott, das die tage meines lebens keine reise mir mehr zuwider gewesen als diese, dieweil ich gewust, das mein beginnen dem koenig missfallen wurde; wie dem aber allem, so hab ichs tun muessen; meinem Gn. F. und H. hab ich unterteuigen gehorsamb erweisen soellen.

Einfeltigk aber und mit einem wort hiervon zu reden: wenn der koenig leistete, was er verheissen hat, so wehre beides meinem Gn. F. und H. ohnnoetig, mich anhero zu verschicken, ich auch dieser enden zu kommen uberhaben gewesen.

Nun aber, wenn man nicht helt, das man verheist, so musse es auch schmehlich gehandlet sein, do umb voluziehunge dessen, so verheissen ist, angehalten wurdt.

Uber das so hat auch mein Gn. F. und H. nicht so viel diener, wie er auch deren nicht bedurftigk, das er hierinnen viele gebrauchen koente. In wichtigen sachen gebrauchen I. F. Gn. furnemblich diejenige, zu denen dieselbige ein sonderbares vertrauen haben. Jedoch halte ich es genzlichen darfur, der koenig hab so viel gewalts uber meinen herren nicht, das er bevelen moege, wessen I. F. Gn. fur diener gebrauchen solten.

Der koenig loese und errette seinen versetzten glauben, so will ich mich dieses koenigkreiches leichtlich enthalten. Itzunder

März aber bin ich ein gefreite person, verhoffe auch, man werde mich ohne gefahr hinziehen lassen.

Das Brulart bevelch hat, mir eine schriftliche antwort zuzustellen, so meinem Gn. F. und H. belieben werde, solchs moechte ich wol leiden, habs aber aus dieser handlung nicht vermerken koennen.

Do ihr nun anderst nichts begeret, will ich auch ohne antwort hinziehen."

(Von andrer Hand: „Was D. Beuterich am letzten mit den koniglichen geheimen raten gehandelt").

Ma. 544/15. (nicht von B's Hand).

1) Ich gebe diesen Bericht, obgleich er bereits gedruckt ist, und zwar in der oben no. 37 A. 1 angeführten „Frankreichischen Zeitung". Diese Publication enthält a) die Werbung vom 26. Februar; b) die Aufkündigung vom 7. März; c) den darstellenden Bericht; d) das Schr. Joh. Casimirs und seiner Offiziere an den König, Alzei 5. April 1577; e) Artikel und Eidesformel der heil. Ligue. Sowohl die Seltenheit des Drucks als der Umstand, dass unsere Fassung des Berichts von der gedruckten Uebersetzung des leider nicht vorliegenden Originals verschieden ist, liessen die Wiedergabe des interessanten Documents berechtigt erscheinen. Der hier fehlende Schluss im Druck f. C^3—C^4. Vgl. Weller, die deutschen Zeitungen p. 246 (no. 469).

2) Dem gegenüber versicherte das oben angeführte Schr. vom 5. April, die Gesandten hätten ihren Befehl nicht überschritten und Beutterich habe „innsonderhait von mir [Joh. Casimir] zu handeln, zu thun und zu reden dises, was durch sie gehandelt, gethan und geredet worden", ausdrücklichen Befehl gehabt.

12. April Kaiserslautern

46. Memorial Johann Casimirs für den an Kurf. Ludwig abgefertigten Secretarius Caspar Fauss.

. . . Hat L. am 8. obiter von einer Reiterei geschrieben, die sich auf den Ostertag hierum zugetragen. Er vermerkt, „das Friderich Kratz, dessen schreiber dan bei der statt alhie gesehen worden, und Dietz von Schonberg, in diesem spiel stecken und sonder zweifel furhabens seien, der Pfalz ein panket zu schenken, wo es ihnen gelingen möchte." Fernere Kundschaft und Verständigung mit den Benachbarten. Bittet dem Knecht Batt genannt, der mit Kratzens Schreiber war, nachstellen zu lassen, ferner die Resolution wegen Einräumung des ihm nach Testament und Codicill Zuständigen nicht länger zu verschieben.

Mc. 991. I f. 81. Or.

18. April Neustadt

47. Beutterich an Johann Casimir.

(Verhandlungen zwischen J. C. und Kf. Ludwig. Hauptpunkte: die Religion und Neustadt. Durchaus nicht nachzugeben)

„Monseigneur! Je suis arrivé fort tard en ceste ville et ay trouvé des gens que je ne pensoye pas estre encores en chemin. Ce sont le groshofmeyster, Landschadt, marschalch, faut, Pastor.

J'ay esté du commencement en doute, si je rebrousserois chemin avec eux, mais j'ay pensé que leur négotie peut estre ou bon ou médiocre ou mauvais. S'il est bon, je n'ay que faire d'y estre, et quand j'y serois, je ne servirois à autre chose que de vous congratuler; si médiocre ou mauvais, tousjours faudra-il venir à la source qu'est monseig^r l'électeur, où je feray tout porté et attendray vos commendemens. 18. April

Pour vous dire deux mots, monseig^r, je supplie V. E. tenir bon et ne fleschir aulcunement aux deux points principaux, que sont la religion et Newstat. Quant à la religion, je ne peux croire que ces ambassadeurs qui en ont tous fait profession, vous osent divertir ni veuillent encores; et quand faire le voudroyent, ne fais doute que V. E. n'aye assez que respondre. Quant à Newstat, ne vous laissez jamais esbranler; persistez sur la disposition et n'en bougez aulcunement. S'ils proposent le bien de paix, les incommoditez que suivront la désunion, leur faut monstrer que ce n'est à V. E. qu'il tient que la concorde ne soit, et que la désunion, si aulcune survient, ne vous peut estre imputée, qui ne demandez que l'effet de la disposition. Dieu par sa sainte grâce veuille entretenir la paix. Cependant tenez bon sur vostre droit, quoy faisant viendrez à chef. Ils sont desjà esbranlez, et ne reste qu'à poursuivre. Vous ne demandez que ce que vous est deu par loy divine, naturelle et civille.

Puis que monseig^r l'électeur a différé son voyage des bains, V. E. aura plus de loysir de tout vuider et mettre une bonne et heureuse fin à ces commencemens de deffience, laquelle faisant plus longs progrès ne peut amener que désunion, discorde et ruine de la maison Palatine. Mais si faut-il que V. E. persiste à ce que luy est ordonné.

I'ay parlé deux mots au marschalkh et luy ay dit ce que V. E. m'a commendé de mettre en mes tablettes. Il a discouru sur sa fidélité et dit qu'il n'estoit pas homme pour laisser clocher le chien.

Au reste V. E. cognoist, à qui elle a affaire. Ce sont ambassadeurs, habituez au Palatinat, gens faits et créez par les Palatins, et l'heur desquelz despend de l'heur de la maison Palatine. Tant plus librement peut-elle traiter avec eux et sur tout rondement, sans fleschir aulcunement. Vostre qualité le requiert, qui avez commendé à tant de bravez [!] soldats et en estes heureusement venu à chef.

Je ne sçay, si Lebenstein et moy nous présenterons à monseig^r l'électeur avant qu'avoir de vos nouvelles; nous suivrons l'advis

18. April du grand maistre et chancelier. Monseigneur, vous avez bonne cause, tenez bon et ne fleschissez point; vous les ferez ranger au point.

Je prie dieu qu'il baille heureuse issue à vos affaires.

De Neustadt, le 18e d'avril 1577.

de V. E. trèshumble

P. Beutterich.

V. E. jugera aisément de la première négotiation, s'ils procèdent rondement ou non, et selon cela se sçaura gouverner envers monseigr l'électeur. Quoy qu'en soit, si nous parlons à S. Alt. avant que d'avoir de vos nouvelles, ce ne sera que généralités, affin de ne mespraudre. V. E. jugera, s'il faut rescrire, ou comment il faudra que nous gouvernions. Je ne passeray pas une syllabe outre vostre commendement."

Mc. 991. II. f. 298/9. Eigh.

29. April Heidelberg

48. Kurfürstin Elisabeth an Landgraf Wilhelm.

(Schwierige Lage ihres Gemahls. Die hinterlistige Aenderung des väterlichen Testaments. J. C. trotzige Haltung.)

Hat vom hess. Gesandten über dessen Werbung bei ihrem Herrn nichts vernommen, aber ihr Herr hat ihr geklagt, wie er bei allen Kurff. und Fürsten im Verdacht sei, als breche er das väterliche Testament. Ihr Herr ist mit wenig treuen Räten umgeben, von seinen Freunden verlassen, „wie ein schone rosse under den stechenden dornen;" Gott und sein Gewissen sein einziger Beistand. Anlass der Irrung ist die Aenderung des Testaments in einem „Nebenbrief", den der Teufel durch böse unruhige Köpfe, „als doctor Ohm und Zuleger seind, den ihr herz nach blut durstet", angerichtet hat und dessen Unterschrift von dem schon sterbenden Kurf. kaum 1½ Tage zuvor nur mit grösster Anstrengung vollzogen worden ist. Sie haben den guten alten Fürsten zur Einsetzung des zur Kur gehörigen Neustadt wider seinen Eid und wider Siegel und Brief überredet, „das ihr falscher glaube nicht gar undergehe, und was sie nicht bei meinem gutten frumen alten fursten konnen verrichten, das ehr meinen herzlieben herrn gar verdilget hette, doch bei dem bruder solchs mochte zuwegen bringen, der dan ein wenig mehr von dem welschen geblut erhitzt ist als der gutte alte churfurst, der aus vetterlicher liebe sich nicht hat so gar hetzen lassen." Oft ist auf die bösen nicht eigenhändigen Schreiben des Kurf. an ihren Herrn ein eigenhändiges Brieflein erfolgt, „so vetterlich, das es nicht vetterlicher hett sein konnen." Wenn die bösen Leute den frommen alten Herrn schon bei gutem Verstand eingenommen haben, was konnten sie nicht tun, als er im Sterben lag und genug mit sich beschäftigt war? Er hat bis zum letzten Seufzer nach ihrem Herrn gefragt und gewünscht, ihr Herr sammt seinen Kindern möchte bei ihm sein, so wollte er um so lieber sterben. Darauf sagte J. C., er solle sich zufrieden geben, „mein herr sei schon uf dem wege, er werde bald hie sein"; aber niemand hat ihrem Herrn ein Wort davon gemeldet, dass der Kurf. bereits so schwach sei. Solche Hinterlist hat man gegen ihren Herrn gebraucht. Leider hat dann ihr Herr nach dem Begräbniss nicht alles gleich erledigt, um an ihr Krankenlager zurückkehren zu können, hat das Testament einstweilen nur zwischen wenigen Räten einsehen und zunächst geheim halten lassen und J. C. sogar zum Statthalter gemacht. Ueber das brüderliche Verhalten J. C's brachte ihr Herr die erfreulichsten Nachrichten zurück, aber er schädigte sich selbst durch sein gewissenhaftes Schweigen über das Testament. J. C. zog dann ohne jeden Grund von hier weg nach Lautern, das er besetzen liess, als ob er verfolgt würde. Auf die freundlichen Bitten ihres herrn hatte J. C. nur trotzige Antworten. Ihr Herr ist geduldiger und tut mehr als er schuldig ist. W. sollte lieber J. C. sein Unrecht vorhalten [1]) und sie bei ihrem Leibgeding schützen. „Aber wehr sich tut trucken, da will idermann uberhuppen; also geschicht auch meinem frommen herrn." . . . . . 29. April

Marb. Pfalz 1577. Cop.

1) Tatsächlich ermahnte W. eben in seinem Schr. vom 27. April und 3. Mai (Me. 991. II. Orr.) J. C. dringend, dem Bruder als dem Kurerben nicht Mass geben zu wollen, wie er es mit der Religion und sonst halten solle. Dagegen suchte er in seiner lebhaften Correspondenz mit der zelotischen Schwester dieser die Gefahr ihrer Einmischung in den Bruderstreit sowie der kirchlichen Gewaltmassregeln, der Anfechtung des Testaments, der Verhaftung Ehems begreiflich zu machen. Seinem Bruder L. Ludwig schrieb er am 12. Mai, L. möge den Kf. zu Ems für ein Gespräch der beiderseitigen Theologen gewinnen; J. C., der „dem konnig in Frankreich derhalben [in Relig.-Sachen] in bart dorfen greifen", habe im Fall eines Bruchs als Kriegsfürst den Vorteil, da der Kf „ein schwacher abgehender herr", kein Kriegsmann sei. „Summa, wir riechen feur; da wolten wir gerne alle mugliche mittel und wege suchen es in der aschen zu behalten". (Marb. Pfalz 1577.)

49. Weyer, Lewenstein und Beutterich[1]) an Johann Casimir.

1. Mai Heidelberg

(Bericht über eine Unterredung Weyers mit Pf. Reichard in Sachen des Bruderstreits.)

„Nachdem wir gestert nachmittag zu drei uhren E. F. Gn. undertenig berichtet, welcher gestalt wir derselben uns zugeschickte beide schriftliche bevelch verrichtet, sein ich und Lewenstein gesterigs abont zu hof gangen, D. Beutterich aber im hirs zum englischen gesanten.[2]) Nach essen hat mich herzog Reichart[3]) im sahl, inmittels als der churfurst mit den saxischen und brandenburgischen gesanten redeten, a part zu sich genommen und begert, ich und meine mitgesanten wollen S. F. Gn. freuntlich vetterlichen gruss E. F. Gn. vermelden und dabei dieselbe zu erinneren, das sie dem churfursten uf sein bruderlich erpieten freuntlich begegne und nicht

1. Mai so hoch herein draben wolle. I. F. Gn. und E. F. Gn. weren nur fursten und hetten dennoch nicht einen romischen kaiser zu wehlen, wie ein churfurst, sonderlich pfalzgraf. Der churfurst ist das haubt aller pfalzgraven, musse den hohen stand und die grosse uncosten fuhren. Die legationes kommen zwar dem churfursten ufm hals. Jedoch gebe er E. F. Gn. die schuld nicht, sondern dero reten. Wolte, wie er auch dem von Lewenstein angezeigt, uns darfur gewarnet haben, auch E. F. Gn., das sie sich nicht vom churfursten absondere; sondern jetzo zu Alzei sich zu I. Ch. Gn. tue.

Hieruf habe ich geantwort, das wir den gruss verrichten wollen. Was aber die haubtsach belangt, begere herzog Casimir nichtz hohers oder mehrers dan was ime geburt. Ein churfurst hat viel onera, darzu hat er auch viel zum voraus. Aber ein furst und insonderheit H. Casimir haben auch viel legationes uf sich und seine beschwerden an Turken- und andere reichssteur, auch ablegung schulden und dergleichen mehr. Unsere person betreffend, ist herzog Casimir kein kind, wisse besser, was er zu tun und zu lassen, dan wir. Wir haben uns auch uf ostermontag fur I. F. Gn. in person gegen dem fauten ercleret, das wir gern gesehen und geraten, das E. F. Gn. zum churfursten kommen were, dessen E. F. Gn. auch zeugnus gegeben; item das wir personlich uns gegen dem churf. purgiren und dartun wollen, das wir nicht anders dan zu einigkeit geraten; woltens mit dem kopf entgelten, wo es anderst were. Ich sei furhabens gewesen, bei solchen zeiten ganz abzuziehen und wider dem einen noch dem andern hern zu dienen, habe mich auch umb andere wohnung umbgesehen. Aber dweil es dahin verstanden werden wollte, als deserirte ich meinen beruf und hette nur, da keine beswernus furhanden, der Pfalz gedienet, in notten aber sie verlassen, so bin ich biss noch gepliebcn, der meinung, soviel meines gerings verstands muglich, diese beswernussen helfen zu schlichten und darnach mit der tat zu beweisen, das ich allein aus solcher lauter affection geplieben und nicht meines eigenen nutzen oder dienstes halber. Bitte darumb I. F. Gn. uns des verdachts erlasse und beim churf. entschuldige.

Herzog Reichart sagte: Ir tut recht daran, wen ir zu einigkeit ratet, dan ir seit auch allein der churf. Pfalz verpflichtet. Wenn ihr aber soviel die sachen befurdern hielfet als hinderschieben und verhetzen, so wurds besser stehen. Ihr habet mehr und andere wort dan in den instructionen befunden, geredet; und sein sonsten in den zwein letsten schreiben und euerm anbringen sehr anzugige wort. Es ist seltzam, das mein vetter einem churfursten und darzu pfalzgraven mass geben will. Wer keiser oder anderer wolle das

von seinem jungen brudern leiden! Wen wir das ufsehen nicht 1. Mai
haben uf den churfursten, so muss es der Pfalz nicht woll gehen.

Ich habe geantwort, dass ich sonderlich laut meiner bestallung, so ich I. F. Gn. zu weisen urputtig, uf hanthabung der angestelten kirchen- und policei-ordnungen und E. F. Gn. diensten bestelt bin (dessen I. F. Gn. sich verwunderten). I. F. Gn. verfuge sich selbsten zu E. F. Gn., so wurdet er befunden, ob nicht herzog Casimir die sachen also verstehe, wie ich die aus bevelch furgebracht. Wir hetten nicht allein schriftlichen bevelch laut der instruction, sondern auch muntlichen, und stehen unsere uberreichte credenzschrift daruf. So begere herzog Casimir nicht mass zu geben, sondern das das wort gottes zu allen seiten mass gebe und das richtsnur sei. Ich frage I. F. Gn., ob sie vermein, das man christliche conferierung und das begert colloquium christlich abschlagen kan.

Herzog Reichart sagte: Ja, dan was haben die colloquia ausgericht? Zu Molbrun seiet ir doch uberwunden, item zur Naumburg[4]) und sonsten. Die bucher seien gedruckt und es darf keines disputirens mehr mit uns.

Daruf sage ich: Nein, sondern zur Naumburg hat man nicht verdambt, imo der churf. seliger hat daselbsten die A. C. underschrieben.

Herzog Reichart sagte: Ich bin zur Naumburg nicht gewesen. Aber von Molbrun habe ich gesagt.

Ich antwortet, das unsere widersacher dazumahl uberwunden worden, und referire mich uf die acta. Wa I. F. Gn. zu Frankfurt gewesen, da man die A. C. ercleret,[5]) werden sie sich zu berichten wissen, das nicht wir, sondern die, so die sacramenta fur blosse zeichen halten, verworfen werden. Solte man so gegen Huss zu Costnitz, gegen Luther zu Wormbs und hernacher gehandelt und die leut nicht zu verhor haben kommen lassen, wo were die A. C. geplieben? So hetten die kunigen in Spanien und Frankreich recht.

Herzog Reichart sagte: Ja, solche wort brauchet ir und sagt, der churf. setze die christen ins blutbadt. Ir sagt von dem Frankfurtischen abscheid, dabei bin ich nicht gewesen. Aber ir glaubt gleichwoll nicht, das Christus da sei im nachtmahl. In summa, die ketzer wollen alzeit gehort werden, soll aber nie kein end haben.

Ich antwortet: Ich habe gesagt, der churf. gebe durch angefangene enderung ursach den tyrannen die christen zu verfolgen und das blutbadt zu continuiren, sage es noch und habs bevelch. So sagen wir, wie die A. C., das wir des waren leibs und [b]luts Christi, da wir an in gleuben, teilhaftig werden und das es wahr zeichen und unser seelen speis und drank sei.

1. Mai Herzog Reichart sagte: Ja, ja, alles spiritualiter; wir empfangen jo den leib Christi selbst mit unserm leib.

Daruf muste ich jo sagen, ich verhofeten jo nicht, das I. F. Gn. es fur des leibs speise hielte; und soviel die ketzer belangt, hetten I. F. Gn. noch churfurst noch keiser nicht macht nicht allein herzog Casimirn, sondern auch mich oder den geringsten zu verketzeren, sondern allein das wort und urteil gottes. Diss were eben der weg, das man herzog Casimir und die pfalzische undertonen aus dem religionfrieden schliesse.

Herzog Reichart sagte: Das tu ich nicht, sondern die andere chur- und fursten. Lieber, wer fallet euch bei? und richtet doch solche confusion an. Man hat hiebevor auch colloquia angestelt, man solls in geheim halten. Ja, strack hats in druck ausgehen mussen. So tut ir auch, und wen dan die dingen vom blutbadt und dergleichen in druck kommen, gedenket, wie das dem churf. wehe tu. Da verneme ich, das man das testament habe abschreiben und in allen sprachen vertiren lassen.

Ich antwortet: Es were wie im capittel; jeder canonicus saget, er tu es nicht, sonder das capittel. Also wen man von uns redet, so schreiet man nur zu: crucifige. Wen I. F. Gn. nicht mit stimmeten, andere wurdens auch nicht tun. In der schrift und allenthalben stehet, das die warheit wenig beifalls hat. Ist kein boss, sonder gut zeuchnus und zeichen, nicht wie der brandenburgischer gesanter am tiss gesagt, das sie in der markgrafschaft Brandenburg noch bilder hetten, were zeichen, das sie keine Calvinisten seien. Das das testament soll abgeschrieben oder transferirt sein, sei nicht wahr, aber die confession woll. Ich habe verstanden, das sie in allen sprachen ubergesetzt werde, aber von anderen leuten ohne H. Casimirs wissen. Solches kan und soll man nicht wehren.

Herzog Reichart sagte: Ir saget all, ir tuts nicht, ir richtet nichtz an. Waher kommet dan die hessische botschaft?[6]) So mussen andere in unsere carten sehen.*) Ir saget, das ir kein mass geben wollet, und wollet doch, das zwein churfursten in der Pfalz seien.

Daruf sagte ich: Solchs behute gott, und soll nihe befunden werden.

Herzog Reichart sagte: Ir wollet doch die erbhuldigung. Hat der churf. nicht ein sohn? kan mehr bekommen.

*) Am Rand: „Nota."

Ich sagte: Hat herzog Casimir nicht die negste anwartung? und ist die erbhuldigung nicht uf dem fall? 1. Mai

Herzog Reichart sagte: Ich bin auch ein pfalzgraf; so geburete mir auch die erbhuldigung. Und da mein bruder seliger churfurst worden, habe ich zwar die erbhuldigung noch mein bruder die erbhuldigung begert, sondern uns nach einander mit Simmeren begnugen lassen.

Ich habe geantwort: Es sei viel ein ander gestalt hie. Der churf. und H. Casimir sein beide sohne. So ist die vatterliche disposition clarlich da, und ist umb einigkeit zu erhalten also disponirt worden.

Herzog Reichart sagte: Der churf. seliger hats nicht macht gehabt, hets auch nicht geton, sondern es haben andere geton, seien lecker und wehe denen. Man werde ufm grund kommen, was sie geton. Der das testament gemacht, hat dise heren mit die habr an ein andern knupfen wollen und sie getrent halten wollen. Man erfaret all, was furlauft.*) Dar trotzet ir, das mein bruder seliger ufm reichstag zu Augspurg darvon kommen und euer werk erhalten habet. Nein, ich wisse es besser. Ich habe das best geton. Herzog Philips ist zu mir kommen, sag: der kaiser hat uns protestirenden den spitzen am bauch gesetzt. Da gedachte ich: nun ist zeit helfen. Horet andere darvon reden.

Ich sagte: Ich habe die ganze action von meinem gnedigsten hern seliger nicht einmahl, sondern dreimahl selbst gehort. Und wils mit I. F. Gn. morgen fruhe in beisein anderer reden, wie auch uf allen anderen puncten fernern bericht tun.

Der churf. ist in diesem aus dem sahl neben uns gangen und herzog Reichart sagte, I. F. Gn. muste heut fruhe verreisen; ich mogte in dero gemach sie volgen. Dieweil aber I. F. Gn. zimblich den nachmittag getrunken und ein gelag mit den saxischen und brandenburgischen gesauten angestelt, es auch ganz spatt und die wort hoch gelaufen, also das ein jeder im sahl die ohren ufstreckten, so bin ich abgaugen mit Lewenstein und habe diss alles summariter verzeichnet besser behaltnus halber.

Diese und anders, was uns begegnet, sein E. F. Gn. nottig zu wissen, aber auch niemantz viel zu communiciren, aus ursachen, wie D. Peuttrich davon schreibet". . . . .

. . . .

Mc. 991. II f. 385—7. Eigh. (Weyer.)

---

*) Am Rand: „N."

1. Mai 1) Ihre Instruktion vom 28. April (ebd. I. f. 144 Cop.) dringt auf Resolution des Kf., kritisirt sein Verfahren in Sachen der Religion als Verdammung seines toten Vaters und als Christenverfolgung und behauptet, wenn der Kf. die im Testament und Codicill bezeichneten Stücke J. C. nicht einräumen wolle, könne dieser auf dem Rechtsweg Teilung der ganzen nicht zur Kur gehörigen Erbschaft verlangen. — Steuerberg von Lewenstein (vgl. Lehmann, Urk.-Gesch der Burgen der bayer. Pfalz III, 317) war Kämmerer J. C

2) Ueber die Gesandtschaft des jungen Philipp Sidney vgl. Heppe, der kirchliche Verkehr Englands mit dem evangelischen Deutschland im 16. Jahrh., Marb. 1859; Languet, Arc. II, 291; ad Sydn. p. 266 ff; ad Camerar. 180.

3) Pf. Reichard, der jüngste Bruder Friedrichs des Frommen, geb. 1521, † 13. Jan. 1598, seit 1569 Nachfolger seines Bruders Georg in Simmern; eifriger Lutheraner trat er doch der Concordienformel nicht bei.

4) Ueber den Naumburger Fürstentag im Jan./Febr. 1561 und das Religionsgespräch der Pfälzer und Würtemberger zu Maulbronn im April 1564 vgl. Kl Friedrich p. 79 ff; 167 ff.

5) Gemeint ist der Frankfurter Fürstentag, auf welchem der (melanchthonische) Recess vom 18. März 1558 vereinbart wurde.

6) Sie betraf die Vergleichung der pfälzischen Brüder, vgl. die Relation der Gesandten Rolshausen und Wersabe, Heidelb. 28. April und ihr Schr. an L. Wilhelm, Darmstadt 1. Mai, Marb Pfalz 1577 Copp. Vgl. oben p. 242.

2. Mai Kaiserslautern

50. Johann Casimir an Kurfürst Ludwig.

(Wird nicht nach Alzei kommen. Bericht seiner Räte über die Aeusserungen Pf. Reichards. Ludwig soll seine Zusage halten.)

„Mein freundlichen dinst, auch wass ich mer treue, liebs und guts vermag, zuvor. Hochgeborner furst, freundlicher und herzallerliebster bruder und gevatter! E. L. werden zweifels ahne mein schreiben, so ich gesterigs abends spott an sie geton, darinen ich derselben zu erkennen gegeben, das ich auf derselbigen begeren mich heutigs tags sampt meiner freundlichen und herzallerliebsten gemahl gen Alzheim zu verfugen willens, woll empfangen haben. Nun ware ich genzlich des furhabens, mich vermog schreibens dahin zu begeben. So kan ich derselbigen nit bergen, das ich aus meiner ret schreiben, so sie heut frue an mich geton und empfangen und daraus allerhand reden und gesprech, so mein freundlicher lieber vetter und vatter H. Reichard pfalzgraf mit inen gehabt, vermerkt, mit was renk man umbgehet, damit mir aller unglimpf des alles, so zwischen uns beden bishero in traction ergangen, auf den hals drehen und laden will, in dem das ich auf die erbhuldigung vermog vatterlichs testament dringen tue, ob ich auch ein churfurst neben E. L. sein will (welchs ich nie nit im sin genomen); ich must nit so hoch hierein traben, und dero reden, so ergangen; daraus ich woll abnemen kan, wie man mich hinderrucks ubergibt, welchs alles ich dem lieben gott bevelchen tue. Zudem vernim ich auch aus bemeltem schreiben, das der faut sich vernemen lassen, E. L. instruction sampt einem reversall wurdt verfertigt sein, und damit sich zu mir begeben wollen. Dieweil dan, freundlicher herzlieber bruder, E. L. mir einmahl zugesagt, mir alles dasjenig zu halten, wass die vatterlich disposition und codicils belangt und vermag, und aber E. L. sich bishero, wie ich begert, categorice nit resolvirt, also wurdt mich beschwerlich fallen, mich zu einem ding zu reversieren, welchs ich nit in handen habe. Darumb bitt ich nachmals und zum uberfluss ganz dinstlich, E. L. wollen dero abgeordneten reten bevelch zukomen [!], damit das alles volzogen werde, wass sie mir bruderlichen zugesagt,[1]) und mit der tatt beweisen, das sie mir das herz im leib mitgeteilt, so sollen sie das wissen, ir lebenlang kein treuern freund und diener haben werden als mich, niemands veracht. Zudem auch so vernim ich, der engelischer gesandter auf dem wege alhero zu mir gelangen will, welchen ich auch nit gern mit grossen uncosten aufhalten kan. So gelangt an E. L. mein freundliches und bruderlichs bitten, sie wollen mich dissmals aus oberzelter ursachen entschuldigt halten, dan dergleichen schlappen gedenk ich von herzog Reichart pfalzgrafen oder andern, wie den meinigen geschehen, nit zu erwarten. Sunst bin ich, wie alzeit, derselbigen bruderliche und treue dinst zu erzeigen jederzeit ganz willig und geneigt, bittende, sie wollen unbeschwert sein und derselben herzgeliebte gemahlin von mein und meiner freundlicher herzgeliebte gemahlin (welche E. L. ire schwesterliche treue dinst vermelden lassen, auch mir samptlich E. L. samptlichen vil glucks zu dero furgenomenen badtfart wunschen tuen) wegen zu verichten unbeschwert sein. Welchs ich derselben zur besser nachrichtung nit verhalten wollen 2. Mai

Datum Lauter, den zweiten may anno 1577.

Ich bitt auch ganz freundlich, E. L. wollen zeigern von meinetwegen privatim audienz geben und sich darauf bruderlich erkleren, wie mein vertrauen zu derselben ist.

E. L. alzeit dinstwilliger getreuer bruder und gevatter J. Casimir pfalzgraf."

Mc. 991. (Erster Teil der Acten zwischen Pfalz und dero Brudern H. Joh. Casimir) f. 157. Eigh.

1) L. bevollmächtigte am 4. Mai seine Räte Albrecht von Pack, Joh. Phil. von Helmstatt, D. Micyllus und Peter Cleinmann zur Einräumung von Stadt und Amt Lautern sowie von etlichen Flecken und Dörfern im Amt Neustadt, am 6. Mai seine Räte Alex. von Redwitz, Wolf Haller und Andreas Ködnit zur Einräumung von Neunburg, Schwarzenburg, Retz, Waldmünchen und Dresswitz (Carlsr. Pfälz. Copialb. 502; Mc. Fürstens. CXXII 1006).

3. Mai Heidelberg

51. Weyer und Beutterich an Johann Casimir.

(Ehems Verstrickung. Der englische Gesandte. Heinrich von Liegnitz. Pf. Reichard. Pf. Georg Hans.)

. . . .

„Dem canzler[1]) ist kein ursach angezeigt worden, dan allein hat der churfurst gesagt: Wir erfaren, das trennung im regiment gewesen und ir habt so gedienet, das wir ein andern canzler haben und euch erlauben wollen; doch das ir nicht aus euerm haus gehet und die faust gebet. Der canzler hat sich uf die anwesende rete beruffen und bezeuget, ob jemantz dartun kunte, das er anderst mit den reten gehandelt dan eindrechtig, was der Pfalz zum besten dienen kunte, seines besten verstands. Begere die ursachen zu wissen. Er sei dar, wolte fuss halten. Ohne das were im beschwerlich die faust von sich zu geben. Er were jederzeit rund gangen und hette die warheit, wie er es verstanden, ratione officii nicht underlassen kunnen zu sagen. Der churfurst hat kurzumb die faust von ime gewolt und entlich gesagt, er solte zu keinen conventiculen gehen. Hat also die faust geben und pleibt zu haus; tut sich underteuig bedanken, das E. F. Gn. seiner so gnedig ingedenk sein, vermeint aber, der englischen botschaft intercession mogte ime mehr schaden dan befurderlich sein, dieweil man so argwonich ist; ja das I. Ch. Gn. auch gedenken mogten, er der canzler hette die potschaften als Hessen und englische practicirt, das sie zu I. Ch. Gn. kommen. Welchs woll glaublich, dan der englischer gesanter drei puncten proponirt. 1° Leidclagen, congratulation und vermanung, das I. Ch. Gn. in dero vatters fussstapfen vortfaren, hergegen wolle die kunigin in correspondenz continuiren. 2° Erinnerung zu einigkeit mit herzogen Johann Casimirn, und was daraus gutz publice und privatim zu erwarten. 3° Die religion. Diss hat er im sahl, als I. Ch. Gn. zu diss gangen und den gesanten daselbsten emfangen, proponirt, in beisein des fautz und D. Pastors, der geantwort, erstlich gedankt und gesagt, I. Ch. Gn. wolte seine regirung so anstellen, wie sie es vermeinten fur gott zu verantworten, wolte die correspondenz continuiren; mit H. J. Casimirn seien sie woll eins; wolte keine religion einfuren, so den teutschen fursten zuwider were. Hat den gesanten bei sich zum essen gehalten, und ist im gestert des churfursten schreiben zugestelt worden. Languetus ist gestert abont kommen[2])

Der herzog von der Lignitz hat seiner leut einen alhie, dem J. Ch. Gn. fur den herzogen ein jung hups pferd hat geben lassen. Don Johan hat ime geschrieben und er wurdet alsobald zu ime ziehen; hat ein schon rondatse zu verehrung fur Don Johan. Wen er da eine jarliche Pension erlangt, soll er in Engelland ziehen wollen. Der churfurst hat ime zuentbieten lassen, er soll zu seiner gemahlin ziehen, dero freunden ungern sehen wurden, das er bei I. Ch. Gn. ufgehalten wurde.[3]) 3. Mai

Herzog Reichart ist den 1. Maii, als er vom bischof von Ladenberg uf Neuenschloss gezogen, mit seim gaul und ein axel auseinander gefallen, mit gefahr, das I. F. Gn. lahm daran pleiben werden. Pleibt zu Neuenschloss.

Herzog Jorgen Hans fordert viel dings und ist ganz ernstlich mit scharfen dreuen.[4])

Diser und anderer ursachen halber were nichtz besser dan das E. Ch. und F. Gn. mit einander woll verglichen.". . . .

Me. Acta post obitum II. f. 397/8 Eigh. (Weyer.)

1) Ehem's Entlassung und „Verstrickung" erfolgte am 30. April (Wundt, Magazin II, 80). Die Erinnerung an Cracov's Schicksal lag sehr nahe; Ludwig von Witgenstein schreibt an Ehem (Berleburg, 15 Mai): „scio vix posse tristes effugere cogitationes, qui nostrorum temporum iniquitatem, principum mores et ingenia, tum recentia Saxonum exempla consideret." (Bm. Coll. Camerar. XXXVII Cop.) In dem Schr. der Gesandten Joh. Casimirs an diesen, Heidelb. 1. Mai (s. o.) heisst es gegen den Schluss: „Des canzlers verstrickung ursach mag von Saxen herkommen, wie etlich vermutten; 2° item das wir bie etlich mahl, aber nicht anders in gasterei bei ime gewesen; und 3° furnemblich E. F. Gn. schreiben, darin sie den halben teil aller teilbaren gutter begeren, da man das testament und codicill nicht durchaus pure halten will"; von diesem Begehren, wovor der Kf. gewarnt worden, hat der Kanzler zu ihnen nicht ein Wort gesagt; „zum 4ten, dweil ime zugemessen wurdet, das er das testament gesmidet habe . . . . . zum 5ten hat er der canzler dem churf. uf sontag sehr rund zugesprochen und die gefahr auch gewissen furgemahlet, das Smidberger . . . gesagt haben soll: Wen ich ein her were und mein diener so mir begegneten, griffe ich im nach der hauben." 6. zeigen etliche an, der Kf. habe erfahren, dass der Kanzler Urlaub begehrt, und gefürchtet, er werde stracks zu J. C. ziehen. Nach dem Schr. Johanns von Nassau an den Hofmeister seiner Söhne (zu Heidelberg), Dillenburg 13. Juli, bezichtigten der Kf. und seine Gemahlin andern gegenüber Ehem, dass er nicht allein Kf. Friedrichs Confession „aus seinem eigenen kopf gemachet, sondern auch irer Ch. Gn. testament gestelt und deroselben kurz fur irem ende, als sie in höchster schwachheit gelegen, die hand gefuret und, wie wirs anderst nicht verstehen können, ganz gefehrlicher weise hierin gehandelt habe"; ferner solle auch „die nassauische sach" seine Verstrickung mitverursacht haben, wogegen der Graf unter kräftiger Verteidigung des „frommen ehrlichen Manns" Verwahrung einlegt. (Idstein, Conc.) Unmittelbar vor der Katastrophe hatte Oranien Ehem brieflich ersucht seinen in Heidelberg studirenden Sohn Moritz zu sich ins Haus zu nehmen (Prinsterer I. 6, 82; 89; 94).

2) Languet Arc. II, 291.

3) Vgl. Schweinichen, Denkwürdigkeiten p. 133 ff; 155.

4) Vgl. über den Erbschaftstreit des Pf. Georg Hans mit Kurpfalz Moser, Patriot. Archiv XII, 13 ff.

13 Mai Zürich

52. Bürgermeister und Rat von Zürich an Johann Casimir.

Danken für die Exemplare von Kf. Friedrichs Confession[1]). Wollen bei Strassburg die Wiedergestattung öffentlicher Predigt und Exercitiums für die armen Christen befürworten[2]) und überhaupt ihren Confessionsgenossen nach Kräften förderlich sein.

Za. Missiven. Conc.

1) Die auf Befehl J. C. erfolgte Publication der „Christlichen Confession“ Kf. Friedrichs III (d. h. der Artikel 1—3. des väterlichen Testaments) trägt in der deutschen und lateinischen Ausgabe (die französische, wovon Tossanus spricht, ist mir nicht zu Gesicht gekommen) das Datum: 25. Februar 1577. Die deutsche Fassung hat Struv nach jenem Druck seiner Kirchenhistorie (p. 275—292) einverleibt und neuerdings Kluckhohn nach einem der Orig. Exemplare des Testaments neu herausgegeben (vgl. oben p. 195 A. 2). J. C. versandte am 11. März Exemplare der Conf. (an Genf, Koch II, 145; an Zürich, Za; an Frankfurt, Frkf; an Ludwig von Hessen, dessen Antwort 21. März Carlsr.), später (18. April) an Gottfart, Landschad, Hartmann und Pastor, die der Kf. darüber zu Rat gezogen (Carlsr.).

2) Vgl. über die Schliessung der französischen Kirche zu Strassburg (20. Febr. 1577) Röhrich, Gesch. der Ref. im Elsass III, 116.

18. Mai Ems

53. Kurfürst Ludwig an Herzog Ludwig von Würtemberg.

Bedrohung der Stände der A. C. durch die sancta liga des Papstes; Umtriebe des Erzb. von Köln und des Legaten in Sachen der Nachfolge im Stift. Schlägt Gesammtschickung an das Capitel, Abmahnung des Erzb.[1]) oder vorläufige engere Besprechung vor.

St. Or.

1) Hierum ersuchten die Wetterauischen Grafen den Kf. in einem ausführlichen Schr. vom 26. Juni. (Mb. 111/1a f. 125 Cop.)

6. Juni Speier

54. Dr. Johann Hegenmüller an Albrecht von Bayern.

Eine englische Botschaft war bei J. C., französische Hugenotten ziehen ab und zu. England soll das Anrittgeld und 3 Monate Sold erlegen, dafür Rochelle und Chales [!] als Unterpfand erhalten. Dietz von Schönbergs Aeusserung, der K. von Frankreich werde einen neuen Angriff J. C. nicht mehr abwarten, sondern auf deutschem Boden zurückweisen.[1]) J. C. soll nach dem väterlichen Testament Stadt und Amt Cham erhalten; eine schlechte Nachbarschaft der Religion halben für Baiern und Böhmen. „Der pfalzgraff churfürst läst die calvinische predicanten fein algemach nach und nach alle aus seinem land abschaffen. Und als sie die pfalzgrevin churfurstin bei wenig tagen aus dem Embserbad widerumb gen Heidelberg gelangt, hat sie von stundan die kirchenschliessel von den noch ubrigen calvinischen kirchen begert, zu sich genommen und also den zugang gespert und verschlossen.[2]) Jederman läst es geschehen und hör von niemands, ausserhalb was herzog Hans Casimier sein möcht, der sich mit einem wort darwider setz oder vernemmen lass.“ 6. Juni

Ma. 230/2 f. 56. Or.

1) Am 3. Mai hatte H. an Baiern berichtet: „es sollen etlich Franzosen nit weit von der Zaber staig ligen und schon etlich mal auf ine [Joh. Casimir] gemaust haben.“ Vgl. nr. 46.

2) Vgl. Gillet II, 151.

55. Erzherzog Ferdinand an Kurfürst August.

11. Juni Innsbruck

Freut sich über die Zusammenkunft A. mit dem Kaiser auf dessen Reise von Prag nach Breslau[1]), die zur Fortsetzung des besondern Vertrauens, in dem der vorige Kaiser mit A. gestanden, nicht wenig dienstlich sein wird. A. möge dem jungen Kaiser ebenso wie dem Vorgänger seinen Rat und Beistand erweisen. Für seine Person bleibt er mit A. in dem alten brüderlichen Vertrauen.

Dr. 8503., Oest. Erzh. Ferd. an Aug. Or.

1) Ueber die Zusammenkunft zu Bautzen vgl. Neues Lausitzisches Magazin XLII (1865), 171; Lang. ad Sidn. p. 268; Dr. Labbe (Agent Katharina's von Medici am Kaiserhof) an Nevers, Breslau 2 (?) Mai, wonach der Kaiser die Kff. hoch ehrte „les appellant en présence et absence ses pères. Monsr le nonce du pape fut veoir Dresna, où il fut défrayé et par tout le païs du duque de Saxe, et luy fut faict partout l'honneur qu'on auroit peu faire à un ambassadeur de prince hérétique ou protestant“ (Pb. fonds fr. 3198). Ueber Augusts gute Beziehungen zu Spanien vgl. seine Schr. an Philipp II und Mendoza vom 28. Okt. 1576, an den letzteren vom 31. Mai 1577 (Dav. Peiferi epistolae, Jena 1708, p. 197 ff; 207).

56. Pfalzgraf Georg Hans an Landgraf Wilhelm.

22. Juni Lützelstein

Schöne Gelegenheit, den Hochmut der Stiefkinder des Antichrist zu reprimiren[1]) „und nit zu warten, bis sie uns die schuch anziehen.“ Würtemberg, M. Georg Friedrich und Herzog Hans Casimir zu adhortiren, „weil one das der zug in Frankreich wider angehen würdt,“ dass man diese Gelegenheit nicht aus der Hand lasse; „dan solche landfridbruchige handlungen und gelegenheit zu einem pfaffen sich nit allezeit zutragen.“ Feste und dominirende Lage des Hauses Veldenz. W. und andere Verwandte sollen ihn allein den Tanz austanzen lassen und ihm bloss einen Rückhalt für den Notfall gewähren. Will so kaltblütig als möglich vorgehen.

P. S. Für ein oder zwei Tonnen Gold weiss er Rat.

Marb. Pfalz 1577. Or.

1) G. H. wollte wegen der gewaltsamen Wegführung seines Schultheissen durch Leute des Erzb. von Trier gegen letzteren als Landfriedensbrecher eine Achtserklärung veranlassen und inzwischen (wie es der Landfriede gestatte) selbst gewaltsam vorgehen. Vgl. sein Schr. an Joh.

22. Juni Casimir vom 19. Juni und dessen Antwort vom 3. Juli, die einen friedlichen Ausgleich empfiehlt. G. H. dankt für diesen Rat am 12. Juli, mit der Versicherung: „du solt mich wieder zum besten haben, so dir etwas begegnen solt; und so wir pfalzgrafen also zusammenhalten, so wirt das sprichwort, ob gott will, wider uffkommen: man sol uns ungeheit [= ungeplagt, ungeschoren, Schmeller I², 1026] lassen, wir seien pfalzgrafen" (Ma. 544/15).

23. Juni Greenwich

57. Königin Elisabeth von England an Johann Casimir.

Hat Vertrauen zu J. C., den sie zu unterstützen geneigt ist und auffordert am Bekenntniss festzuhalten. Kündigt ihren Gesandten Daniel Rogers an; Projekt eines Defensivbündnisses [zwischen England, den deutschen Protestanten und Oranien [1]].

Regest (aus dem State Paper Office) in Compte-rendu de la commission d'histoire, Brux. 1861, III, 2. 373

1) Vgl. Rogers an Walsingham, Hoorn 20. Juli (ebd. 376). Am 28. Juli empfiehlt Oranien den R. und seine Werbung dem L. Wilhelm (Marb. Frankr. 1577 Or.).

24. Juni La Guierche

58. Instruktion König Heinrichs III für den nach Deutschland abgefertigten Obersten Dietz von Schomberg.[1])

Condolenz beim Kaiser, der Kaiserin, der Königin Elisabeth [Wittwe Karls IX] und den Erzherzogen. Beim Kaiser soll Sch. ausserdem über die neuen Werbungen Johann Casimirs gegen die Krone Frankreich Beschwerde führen und erklären, falls Casimir dieselben nicht einstellt (wozu ihm und seinen Leuten der Kaiser gemessenen Befehl erteilen soll), werde der König dem drohenden Angriff energisch entgegen treten und auch die Territorien der Angreifer, an denen er nur gerechte Rache nimmt, nicht verschonen. Bei Mainz, Trier, Kurpfalz, dem Landgr. von Hessen, Zweibrücken, Lützelstein [Georg Hans], den Bischöfen von Speier und Worms soll Sch. um Hinderung jedes Zuzugs zu Gunsten der Rebellen nachsuchen, Kurpfalz insbesondere an die Werbung Villequier's erinnern und zur Abmahnung seines Bruders auffordern; dem Landgrafen [Wilhelm] das Gerücht eröffnen (was der König nicht glaubt), dass er nebst noch einem Fürsten Casimir mit Geld unterstützen wolle oder gar selbst werbe. Den Kaiser und die Fürsten soll Sch. ersuchen dem König eventuell die Werbung gegen Casimir oder andere zu gestatten.

Pb. fonds fr. 3304 f. 45 ff. Cop.

1) Dietrich von Schönberg (franz. Schomberg), Namensvetter Caspars, aber aus einem andern (rheinischen) Geschlecht (Raumer, Taschenbuch 1849, p. 198) diente früher unter Johann Casimir 1568, vgl. oben p 27 A. 2), dann unter Oranien, der ihn später (1574) als spanischen Pensionär bezeichnet, aber seine Tüchtigkeit hoch rühmt. Im J. 1576 finden wir ihn in Diensten des K. von Frankreich. Vgl. oben J. C. Memorial vom 12. April 1577.

59. Vertrag zwischen Kurfürst Ludwig und Johann Casimir. 25. Juni Ems

Der Streit um Neustadt, das vorläufig J. C. eingeräumt wird, soll nach Einholung der consilia von Marburg und Tübingen durch beiderseitige Räte, event. durch den Markgr. Georg Friedrich definitiv entschieden, andere politische Punkte das Testament betreffend durch beiderseitige Räte zu Heidelberg verglichen werden.

Me. Or. Mb. 90/13 Cop.

60. Rudolf Walther an Konrad Ulmer.[1]) 5. Juli Zürich

(Beutterich in Genf. J. C. Vorschlag einer gemeinsamen ref. Confession und eines Convents zu Frankfurt.)

. . . . „Jnterea a Beza literae allatae sunt de negotio illo, de quo antea scripseram. Venit enim Genevam Beutherichus a Joanne Casimiro missus. Petit hic, ut ex confessionibus, quae hactenus aeditae sunt, una conscribatur et praesentibus aptetur controversiis, deinde ut omnium gentium, quae nostrae sunt confessionis, ministri convenirant mense Septembri Francofurti aut alibi inque ea synodo de liberetur, quid fieri debeat aut qua ratione conatus eorum impediatur, qui nos in Magdeburgico conventu damnare volunt[2]). Petit autem Beza, ut nos nostram sententiam brevi indicemus. Nobis autem multa obstare videntur, et inter alia hoc quoque, quod Joannes Casimirus eo legato utitur, quo nemo incommodior reperiri poterat. Est enim Bernensibus exosus propter fallacias, quibus anno superiori ipsorum milites in Galliam abduxit, et habent nostri quoque causas non leves, ob quas ei male volunt. Deinde quod de synodo Francofurtensi scribitur, est prorsus impossibile, utut nonnullis expeditum et facile videatur. Oporteret enim praecedere (quod et Beza fatetur) synodum Helveticarum ecclesiarum, quae absque magistratuum authoritate et consensu cogi non potest. Et periculum est, ne si nova scribatur confessio, adversarii pro suo more novam habeant calumnandi occasionem. Quia vero Beza scribit, senatum Genevensem rem hanc cum Bernensibus communicaturum, nolumus nos nostro senatui quicquam indicare adhuc, maxime propter Beuterichum, ne cum homine, cuius inquietum ingenium omnibus fere notum est, consilia nostra conferre et nos huius rei authores esse videamur; et proinde expectare statuimus, num Bernenses a Genevensibus edocti aut moniti ad nostros aliquid scribant." Seine Meinung, welche er auch Beza mitteilen will, geht dahin: „ut non nova confessio scribatur, sed breve scriptum controversiis nostri saeculi accommodatum, quo lectores ad confessionem nostram communem et responsiones iam pridem datas et aeditas remittantur; deinde ut hoc scriptum una cum libello supplici a Simlero meo scripto transmittatur ad landgravium Guilhelmum isque rogetur, ut hunc principibus in Magdeburgico conventu exhibeat idque faciat patris exemplo, qui non semel obstitit, ne nostrae ecclesiae damnarentur. Neque dubito, eum libenter hanc operam nobis daturum". . . . .

Bm. Cod. lat. 11470b f. 65 Cop.

18

5. Juli 1) Zahlreiche Schr. des bekannten Züricher Theologen Rudolf Walther (Gualterus, Schwiegersohn Zwingli's) abschriftlich in den Collektaneen des Schaffhausener Geistlichen Joh. Konrad Ulmer (Bm. a. a. O.).

2) Am 14. Juni lädt J. C. die Züricher zur Beschickung dieses Convents ein, der, vom engl. Gesandten Sidney für die Fastenmesse 1578 vorgeschlagen, wegen des von den Lutheranern geplanten Tags zu Magdeburg [vgl. Heppe III, 211 ff.] auf Sept. 1577 angesetzt wird (Za. Or. Vgl. Fontes rer. Austr. II. 19, 435); Calendar of State Papers 1575—77 p. 599.

18. Juli Poitiers

61. König Heinrich III an Graf Burkhard von Barby.[1])

Schickt ein Beglaubigungsschr. für B. an den Kurf. von Sachsen, dem B. erklären soll, der König müsse, falls Herzog Casimir oder andere gegen ihn Truppen werben, das Gleiche tun, und bitte den Kurf. dies zu gestatten.[2])

Pb. fonds fr. 3304 f. 60. Cop.

1) Französischer Pensionär, „qui a charge de mil chevaulx", mit 6500 livres für sich, drei Hauptleute und einen Lieutenant, vgl. das p. 4 A. 1. citirte Verzeichniss; p. 42 A. 1; V. König, Genealog. Adelshistorie (Leipz. 1729) II, 971. B. starb 2. Juni 1586.

2) Gl. Datum tragen eine „capitulation faicte et arrestée à Poictiers pour la levée de VIIm IIc reistres" sowie eine Reihe weiterer kgl. Schreiben (zwei Schr. an den „colonnel Craz", der 5 Fähnlein Landsknechte werben und sich am 20. Aug. mit mindestens 600 Reitern zu Metz bei Guise einstellen soll; ähnliche Schr. an die Obristen „Lutzelbourg" und Eltz), Pb. fonds fr. 3304. Vgl. die Relation Lippomano's bei Tommaseo, Relations des amb. Vénit. (Coll. de documents inédits I. 9, Bd. II, 318).

21. Juli Neustadt

62. Memoire für Verhandlungen Johann Casimirs mit England und den Hugenotten.[1])

„Mémoire de l'ordre qu'il semble devoir estre tenu au progrès de ceste négotiation pour la conduire au but où on prétend.*)

Premièrement persuader à monseigneur le duc, qu'il accepte l'obligation de la royne d'Angleterre comme pour en fournir à ceste prochaine foire de Franceford l'enritgelt à son armée, affin que Sa M[té] soit obligée de la somme qu'elle promect, et que ceux que l'embassadeur renvoye raportent ceste acceptation, estant tout asseuré par exemples du passé que Sa Mté ne manquera de sa promesse, moings à ung prince d'empire qu'à ung aultre, moings quand elle y sera obligée qu'aultrement et moings quand elle entendra que les deniers de son obligation sont desjà avancez par le dit seig[r] duc.

*) Auf der Rückseite von anderer Hand bemerkt: „Ordre de la négotiation de Neustat 21 juillet 1577."

Cependant pour mettre le dit seig[r] duc hors de risque, il ne fournira poinct les dicts deniers, s'il veult, ains pourra négotier avec ses colonnelz à Francford que des bagues qu'il a soit distraict ce qui en peult appartenir à l'asseurance de la partie de la royne d'Angleterre, pour avoir tousjours la main de tant plus garnie et davantage persuader à ses dits colonnelz d'advancer des dites bagues l'enritgelt de leurs levées, pour s'ayder à se dresser de leur payement, plustost avec asseurance d'intérest de leurs deniers au taux de l'empire, voire plustost de France à la fin de la guerre. 21. Juli

Par les mesmes hommes qui s'en retournent ou après par embassadeur de sa part le dit seig[r] duc peult solliciter Sa M[té] de sa promesse, mesmes avant noël, s'il est possible, pour haster le partement de l'armée; et pour tirer d'aultres moyems de Sa M[té] pourroit traicter icy secrètement avec son embassadeur de l'asseurance qu'elle peult avoir de son armée pour son service, mesmes pour le recouvrement de Calaiz[2]); dont il peult entrer en traicté secret avec Sa M[té] et avec ceste occasion luy persuader d'ayder de plus grande somme, et mesmes de vouloir par soubz main et connivence laisser sortir quelque seigneur et gentilzhommes ses subjects avec quelque bon nombre d'infanterie pour faciliter cet effect.

De la somme, dont il peult traicter mainctenant, et de ce qu'il pourra défalquer des bagues pour l'asseurance de la partie de Sa M[té] et de quelques aultres moyems le dit seig[r] duc se pourra servir à la place-monstre. Les aultres moyems qu'on entend sont ceux qui peuvent procéder de l'affaire proposé par le s[r] de Clervaut[3]), dont on aura meilleure issue, quand le dit s[r] duc donnera espérance de son secours à ceux de Languedoc, et à ceste fin les exhortera par ses lettres de fournir le sel de Pecquay jusques à la somme dont on pourra convenir avec le marchant de Gênes au meilleur marché que faire se pourra.

Pour ceste cause et pour retenir aussy le roy de Navarre et monsieur le prince de Condé en la bonne résolution où ilz sont, par espérance d'estre secourus, il est besoing de capituler au dit Francford, pour les en advertir par homme exprès et de tout ce qu'ilz auront à faire de leur costé.

Pendant qu'on négotiera du sel de Pecquay, on pourra entendre nouvelles de Brouage telles qu'on aura moyem d'en faire quelque chose en la vente du sel de ce cartier-là, suivant ce qui en est advancé en Anvers, et mesmes de la vente de quelque partie des biens des dits princes en Flandres avec la faveur du dit seig[r] duc vers les estatz du dit païs."[4])

Pb. Moreau 720 (Bréquigny 96) f. 33/4. Cop.

21. Juli 1) Leider kann ich Herkunft (vielleicht hugenottisch?) und Tragweite dieses Schriftstücks bei dem Mangel an Belegen für J. C. damaligen Verkehr mit dem Ausland nicht sicher bestimmen. Vgl. Calendar of State Papers 1575—77 p. 465/6; 575; Froude XI, 87.

2) Vgl. mém. de Castelnau III, 505; oben no. 53.

3) Claude-Antoine de Vienne, seig[r] de Clervant (Clairvant? Clairvaux?), hervorragender hugenottischer Diplomat, der uns noch häufig begegnen wird; vgl. la France prot. IX, 483 ff; Prinsterer I. 6, 63.

4) Ueber die flandrischen Besitzungen Navarra's (Herzogtum Enghien u. a.) vgl. La Huguerye II, 292 A. 1; über die hier berührten Finanzoperationen ebd. I, 447/8; 457 ff. Die Salinen von Peccais suchte J. C. später (1580) ganz in seine Hand zu bekommen.

22. Juli

63. Instruktion der kurpfälzischen Gesandten zum Frankfurter Reichsdeputationstag[1])

Ausgestellt für die Räte: Albrecht von Pack, Burggraf zu Alzei, Meinhard von Schönberg, Amtmann zu Bacharach, Nicolaus Schenk von Schmidberg, Amtmann zu Kreuznach, Hans Philipps Landschad von Steinach, Faut zu Brettheim, D. Julius Micyllus, D. Ludwig Culman und D. Justus Reuber — und auf folgende Punkte bezüglich: 1) Reichsmatrikel und Moderation; 2) Anlegung der Türkenhülfe; 3) Errichtung eines neuen Ritterordens gegen die Türken; 4) Münzwerk; 5) wucherliche Contrakte; 6) Zollsachen; 7) Pfennigmeisteramt; 8) Schwedens Anerbieten betr. Livland und Reval; Legation an den Moskowiter; 9) niederländische Friedenshandlung; 10) Holzsachen contra Kammergericht; 11) Ortenburgische Sache (hiezu kam ein Nebenmemorial, 25. Juli, betr. den Streit zwischen Danzig und Polen und die Abschaffung des niederländischen Licenzgeldes).

Mb. 111/2b. Or.

1) Vgl. Häberlin X, 504 ff; von den vorbereitenden Kreistagen kann ich den oberrheinischen zu Worms (10. Februar), die kurrheinischen zu Wesel (13. Januar) und zu Köln (1. März) anführen. Der Wormser Abschied vom 16. Febr. beschwert sich u. a. über die ungebührliche Ausdehnung der Competenz der Deputationstage, deren Beschlüsse über die wichtigsten vor den R.-Tag gehörigen Sachen gleiche Geltung mit den R.-Constitutionen prätendiren. Mb. 111/1a; 111/3a.

9. August Altenhain

64. Kurfürst August an Albrecht von Baiern.

(Landsberger Bund. Kölnische Wahl. Bittet um Förderung des Erzb. von Bremen in der Münsterischen Sache.)

„Ich vorneme aus deinem schreiben gerne, das du meine antwort der Lanzburgischen schirms verein halben, wie es von mir gemeint, freuntlich und bruderlich vorstehest und aufnimmest.[1]) Und dieweil du befindest, das ich das meinige dorbei getann und mir nicht gezimmet, mich von meinen erbeinigunks- und confessionsvorwanten zu sundern, du dir auch selbest nicht getrauest, bei denselbigen ichtwas fruchtbares hirin auszurichten, derowegen du vor das beste achtest, dise sache bis zu anderer gelegenheit ruhen zu lassen, so lasse ich es meins teils auch dorbei wenden, und soll derhalben unserem freundlichen und bruderlichem vortrauen nichtes abgehen. Dormitte du auch hirann deste weniger zu zweifeln, habe ich deinem begeren nach alsbalde nach ein schreiben an das tumcapittel zu Chöllen bei einem reitenden botten abgefertiget, dessen inhalt du beiligende zu vornemmen, und bin der freuntlichen zuvorsicht, du werdest dargegen meinen vetter den erzbischoff zu Bremmen in der Munsterischen sache sofill an dir auch treulich befurdern. Mein gemall bedankt sich kegen dir und deiner lieben gemall euer beider begrussunk ganz freuntlich und lest dir widerumb ihren grus und alles guttes vormelden. — 9. August

Datum Oldernhain, den 9. Augusti anno 1577."

Ma. 401/10 f. 401. Eigh.

1) Albrecht hatte den Kf. durch Dr. Ludolf Halver (dessen Instr. München 7. Juni) noch einmal in aller Form auffordern lassen, mit M. Georg Friedrich und L. Wilhelm, ev. auch mit Kurbrandenburg in den Landsberger Bund einzutreten. Augusts Antwort vom 3. Juli lautete ablehnend. Ma. a. a. O.

65. Caspar von Schomberg an König Heinrich III.

13. August Orleans

Mitteilung vom Lieutenant des verstorbenen Bünau. Versammlung der rheinischen Kff. zu Bingen[1]) seit 4. August „pour renouveller leur alliance et jurer l'un à l'autre de vouloir employer le verd et le sec pour empescher le passage par leurs terres tant aux reistres huguenotz que ceulx que vouldriés faire marcher pour vostre service",[2]) was ein für den K. höchst nachteiliger Beschluss wäre. Johann Casimir wird sich nicht offen in die Werbung für die Hugenotten einlassen, das Commando ist dem Herzog von Holstein, Pensionär der K. von England[3]) zugedacht und der Rheinübergang dürfte wohl bei Wesel stattfinden, ohne das Gebiet der „ligue de Bingen" zu berühren, die vielmehr den kgl. Truppen aus Sachsen, Brandenburg u. s. w. den Weg sperrt. Der K. soll ihm für alle Fälle ein Schr. für den Gesandten des Kf. von Köln schicken, mit dem er sich über einen Ausweg aus der Verlegenheit besprechen könnte; ferner hat der K. versprochen, Ende Juli jemand zum Herzog von Zweibrücken wegen dessen Forderungen zu schicken; „ces petites oubliances" schaden der Reputation des K. . . .

Pb. Vc Colbert 9. Or.

1) Zu Bingen erfolgte schon am 31. Juli Ludwigs Aufnahme in den kurfürstlichen Verein (Carlsr. Pfälz. Copialb.).

2) In der Tat war, nach dem Schr. Kf. Ludwigs an seine Gesandten zu Frankf. 22. August, zu Bingen wenigstens Mainz auf die Ansicht eingegangen, man solle den König warnen und zur Bezahlung des deutschen Kriegsvolks ermahnen; helfe das nicht, so könne man weiterhin die Selbst-

13. August hülfe des Kriegsvolks nicht hindern und dem K. keine deutschen Truppen zukommen lassen. Mb. 111/2b Or.

3) Ueber Herzog Adolf von Holstein (geb. 1526, † 1586) vgl. allg. deutsche Biogr. I, 111 ff.

17. August Heidelberg

66. Kurfürst Ludwig an Kurfürst Daniel von Mainz.

Der drohende französische Einfall. Sein Bruder steht in keiner Werbung. Einladung zu einem Tag in Weissenburg (1. Sept.) wegen Beschickung des auf der Grenze liegenden französischen Volks.[1])

Wm. Milit. f. 3. Or.

1) Der Weissenburger Tag, von den Pf. Johann Casimir und Georg Hans persönlich besucht, von Kurpfalz, den Pf. Reichard und Johann, den B. von Speier und Strassburg, den Gr. von Nassau-Saarbrücken, Hanau, Leiningen, den Städten Strassburg, Worms, Speier, Weissenburg und Landau beschickt, beschloss (6. Sept.) den R. Dep.-Tag zu einer Legation an den K. von Frankreich, den Kaiser zu einer ernstlichen Mahnung an den König zu veranlassen und an die kgl. Obristen zu Metz ein Mahnschreiben zu erlassen, und regelte die „eilende hülf auf zutragenden Notfall." Mb. 111/1a

24. August Paris

67. Caspar von Schomberg an König Heinrich III.

Guise, von den Obersten in Metz mit Ungeduld erwartet, muss erst eine kgl. Botschaft abwarten.[1]) Der K. scheint überzeugt zu sein, dass den Hugenotten keine Reiter zuziehen werden,[2]) darf aber die Obersten nicht länger warten lassen und noch weniger heimschicken, ohne ihnen das Anrittgeld zu liefern.

Pb. Vc Colbert 9 Or.

1) Vgl. Bouillé, hist. des ducs de Guise III, 61/2.
2) Vgl. Mém. de Castelnau III, 531; 533; Murdin, collection of state papers (Lond. 1759) p. 314.

28. August Udenheim

68. Johann Casimir an Kurfürst Ludwig.

Erklärung auf dessen durch Pf. Reichard u. a. Gesandte vorgetragene und übergebene Beschwerungsschrift.[1])

St. Pfalz 14b Cop.

1) Auf diese wie die folgenden Wechselschriften der Brüder (Ludwig an J. C., 18. Sept; J. C. an Ludwig 26. Okt; kurpfälzische „Erzählung" s. d.) kann ihrer ausserordentlichen Weitschweifigkeit wegen hier nicht eingegangen werden; sie wiederholen meist Bekanntes.

30. August Neustadt

69. Johann Casimir an Thevalles.[1])

Hat das Schr. des Königs nebst dem Schr. Th's. über die Capitulation von Brouage erhalten. Würde lieber hören, dass der König das Friedensedikt halte, „qu'il ha faict, signé et juré et qu'il m'a fallu signer et jurer aussi," und dass er ihnen den versprochenen Sold schicke, „que d'ouir ainsi nouvelles des prinses ou pertes de villes de costé et d'aultre que ne servent à aultre chose que de l'affoiblir davantage, et des plus grands troubles à son royaulme." Frankreich ist nur durch Beobachtung des Friedensedikts zu retten. 2) 30. August

Pb. Vc Colbert 9. Or.

1) Thevalles, ein Neffe des Marschalls von Vieilleville, war 1568 zum Stellvertreter des Gouverneurs in Metz ernannt worden (Worms p. 164).
2) Ein Schr. Joh. Casimirs an den König, gl. Datums, im Auszug Prinsterer I. 6, 136 A. 1.

70. d'Ancel an den kgl. Sekretär Brûlart.[1]

31. August Wien

(Werbung Dietrichs von Schomberg. Stellung des Kaisers zu Johann Casimir; dieser von Schwendi befürwortet.)

„Monseigueur! Monsr le colonel de Schonburg m'avoit dit qu'il feroit une dépesche au roy, mais il a esté tant empesché de ces seigneurs qui le sont venuz visiter ce jourd'huy, oultre qu'il a esté en bauquet soir et matin, qu'il luy a esté impossible de ce faire. Aussi n'avoit-il délibéré d'escrire qu'il n'eust la response de l'empereur par escrit; laquelle mons^r le vichancellier me vient de dire ne pouvoir estre preste que damain. Toutes fois pour ne tenir leurs M^tez trop en suspens, j'estime ne fère mal d'en mettre icy à la haste le sommaire, ainsi que l'empereur luy a dit de bouche et comme je l'ay peu recueillir de celle du dict s^r colonel. *Sur l'article du Cazimir, qu'il luy desplaist et est très-mal contant de ce que oultre son gré et vouloir le dict Cazimir a faict les levées par le passé au préjudice des affères et service du roy de France son bon frère; que non seullement il luy en fera desfence pour l'advenir et en escrira tant à luy particullièrement que tous les électeurs et princes de l'empire assemblez à Francfort pour l'empescher* [2]*, mais aussi user de tous les aultres meilleurs moiens que dieu luy donnera pour l'en divertir, et tellement embrassera ce faict, comme si c'estoit le sien propre, espérant que le dict s^r roy en retirera le fruict qu'il désire et cognoistra qu'il y a de l'affection. Mais d'aultre par il prie sa M^té de ne rien précipiter ny attenter chose qui peust endommaiger les aultres estatz de l'empire et suciter les confédérez du dict Cazimir; ce qui ne se pourroit faire sans apporter ung grand trouble à toute la crestienté. Quant aux levées de reistres en la faveur du roy de France, il n'y a riens respondu et fault entendre ce que on donnera par escript.*". . . .

„Je ne veus faillir à vous dire que sa [3]) charge a esté bientost esventée par deçà, tellement que plusieurs en ont discouru à leur fantasie, *l'approuvant les ungs et disant que le roy d'Espaigne*

31. August *avoit voullu user de mesme, si Cazimir feust allé au Païs-Bas, les aultres tenant les contraire; entre lesquelz est le s^r de Schuendy qui en a parlé fort sinistrement et dict jusques là. qu'il failloit que l'empereur favorisast icelluy Cazimir à l'encontre du roy de France comme prince perfide. Ce qui a esté rapporté au dict s^r empereur;* ainsi que le dict s^r colonel pourra raconter plus amplement de bouche, quand il sera pardelà."

Pb. V^c Colbert 398, p. 439. Or.

1) Guillaume d'Ancel, kgl. Sekretär und Resident am Wiener Hof.

2) Die kais. Schr. in dieser Sache an Kf. Ludwig und an den R.-Deputationstag zu Frankfurt, Wien 25. August, Mb. 111/2^b f. 81; 598. Vgl. unten. no. 74.

3) Schombergs; dieser letzte Absatz ist einem Schr. Ancel's gleichen Datums (ob auch an Brûlart ?) entnommen.

6. Sept. Neustadt

71. Johann Casimir an die Generalstaaten.

Auf ihr Schreiben vom 20. August; erklärt sich bereit, ihnen in längstens 8 Wochen mit Reitern und Fussvolk zu Hülfe zu kommen,[1]) obwohl er gegenwärtig kein Volk habe oder sammle, und schlägt den Prinzen von Oranien für die oberste Leitung vor.

Gedruckt bei Bor II f. 287 (Holländische Uebersetzung).

1) Vgl. Compte-rendu de la comm. d'hist. III. 8, 208. Im Okt. verlangte bereits die Brüsseler Gemeinde bei den Generalstaaten dringend die Berufung J. C. (Gachard, Corr. de Guillaume le Taciturne IV, XXXIX; Actes des états généraux I, 462.)

7. Sept. Heidelberg

72. Kurfürst Ludwig an Ludwig von Würtemberg.

Schickt Werbung und Beantwortung eines englischen Gesandten.[1]) Bittet um Gutachten.[2]) Sieht sich veranlasst, die Mandata etlicher Kreise gegen Werbungen oder Zuzüge zu Ungunsten der Religionsverwandten oder ohne Ausnehmung des Reichs ergangen vom Jahre 1569[3]) zu erneuern.

St. Rel.-Sachen 27^b. Or.

1) Ueber Werbung und Aufnahme des englischen Gesandten Daniel Rogers bei Kurpfalz und L. Wilhelm vgl. oben no. 57; Heppe IV, 6 ff. und derselbe, der kirchliche Verkehr Englands u. s. w.; Gillet II, 173 ff; über seine besondere Werbung bei Johann Casimir „de ferendo auxilio Huguenotis in Gallia" Languet an Kf. August, Frankf. 23. Sept. 1577 (Arc. II, 320); an Dohna, 1. Febr. 1578 (ad Camerar p. 210). Kf. Ludwigs Antwort an Rogers, Heidelb 4. September, versichert seine Geneigtheit zur Eintracht mit J. C., zur Defensivvereinigung der A. C. Verwandten mit England und Abstellung der Condemnationen (St. ebd.).

2) Würtembergs ablehnende Antwort vom 19. Sept ebd.

3) Vgl. p. 71 A. 3.

13. Sept. Zürich

73. Rudolf Walther an Konrad Ulmer.

Erhielt ein Schr. Beza's vom 27. Aug. über den Frankf. Convent. „Addit autem in postremis: Aliquot abhinc diebus scripsit ad me D. Beuterichus, mutatum hoc fuisse multis iustisque de causis consilium, sicuti etiam adversarii suum illum syncretismum in aliud tempus incertum reiecerunt. Itaque nunc quidem causa nulla est, cur hac de re laboremus. Rationem mutati consilii nullam aliam accepi quam quod nonnulli veriti sint, ne regina Angliae aegre ferret suos alio evocari, et quidem non prius rogata ipsius sententia. Haec Beza.[1]) Missbilligt die Einmischung der eigennützigen für Kirche und Staat gefährlichen „viri politici" in kirchliche Dinge. Fortgang der lutherischen Reaktion in Heidelberg; Marbach. „Quod vero me magis terret, audio non deesse principi Casimiro homines inquietos, qui πῦρ ἐπὶ πῦρ addant"; der Pf. hat Neustadt, das sein Bruder als zur Kur gehörig ansprach, mit 200 Schweizern besetzt, „senatores omnes domi suae captivos fecit.[2]) Metuo, ne hoc maioris turbae sit praeludium neve causam bonam eiusmodi factis temerariis malam reddat. Sed si reliqui consiliarii Beuterichi similes sunt, non possum meliora sperare." . . . . 13. Sept.

Bm. Cod. lat. 11470b f. 82. Cop.

1) Die Züricher wurden daher durch die bald folgende Mitteilung von dem stattgehabten Convent überrascht (Walther an Ulmer 13. Oktober), traten übrigens den Beschlüssen desselben nicht bei.

2) Ueber die Occupation von Neustadt a. d. Hardt (16/17. August) vgl. namentlich Languet an Kf. August, 23. August (Arc. II, 313) und das Schr. eines Ungenannten vom 28. Okt. Fontes rer. Austr. II. 19, 447 („Ernestus" ist der in dem kryptocalvinischen Händeln genannte Mag. Ernst Vögelin, vgl. Kl. Ehe p. 59). Beutterich hatte die von Bernhard Tillman commandirten Schweizer an Ort und Stelle gebracht (Prinsterer I. 6, 150; Haller und Müslin p. 216) Vgl. die Anekdote bei Merian, Topographia Palat. Rheni (1645) p. 66. Ganz irrig fasst Gillet II, 175 die Sache auf.

74. Johann Casimir an den Kaiser.

21. Sept. Oppenheim

Auf dessen Schr. vom 25. August und Schritte bei den Kff. und dem R. Dep. Tag. Seine von Frankfurt hieher beschiedenen Obristen, Rittmeister, Hauptleute und Kriegsleute[1]) haben sich mit ihm über die grundlosen Beschwerden des Königs von Frankreich gewundert; „dan ich je in der wenigsten rustung oder bewerbung kriegsvolks bisher nit gestanden, auch noch nit stehe, sonder langt solch I. K. W. gesinnen allein aus forcht her", weil der König 1) den Frieden gebrochen, 2) die ihm und den Seinen gegebene Obligation in keinem Punkt gehalten hat und 3) von etlichen, die sich Deutsche nennen, aber mit den Franzosen laichen, den Rheinstrom wegnehmen und zum Schaden des Reichs ihren Vorteil suchen wollen, in seiner Furcht bestärkt wird. Diese Ursachen hat er dem König auch jederzeit offen vorgehalten. In seinen beiden Zügen hat er sein Kriegsvolk nach Möglichkeit von Brand und Plünderung abgehalten und dem Königreich einen guten Frieden gemacht. Wünscht Versicherung für die kgl. Obligation (deren Copie er beilegt); das Kriegsvolk dringt auf Verteilung der verpfändeten Kleinodien. Kaiser und Reich werden wohl nicht verlangen, dass er seine rechtmässigen Ansprüche fallen lasse, vielmehr den König zur Erfüllung seiner Zusagen anweisen und einem etwaigen französischen Einfall

21. Sept. begegnen. Von den kgl. Obersten und Rittmeistern sollen einige sich zur Verpflichtung gegen jedermann bereit erklärt haben, falls kais. Patente beizubringen seien. Bittet seine und des Kriegsvolks Forderungen zu unterstützen und die kgl. Obersten abzumahnen.[2]

Mb. 111/2b f. 40. Cop.

1) Vgl. über diese Versammlung zu Oppenheim Languet an Kf. August, 23. Sept. (Arc. II, 321); ferner eine Zeitung vom 15. Oktober (Auszug bei Capefigue IV, 95/6). Ein Schr. des kgl. Schatzmeisters Molé an den nach Frankfurt abgefertigten Praillon (Poitiers 17. Sept.) gibt diesem Anweisung, wie er die Deutschen, statt sie zu bezahlen, geschickt hinhalten solle (Pb. Vc Colbert 9). Der venezianische Gesandte Cavalli berichtet am 13. Oktober aus Wien, nach Zeitungen aus Flandern sollten Abgeordnete der Staaten mit Casimir zu Oppenheim verhandeln, „et per l'altra parte era sollecitato da quelli di Navarra et suoi confederati a voler passar in Franza." (Ven. Cop.)

2) In gleichem Sinn schrieb dem Kaiser auf Bitten Joh. Casimirs Kf. Ludwig, Heidelb. 30. Sept. (Mb. a. a. O.) Trotzdem erklärten seine Gesandten auf dem Dep. Tag, die man erst von der Beratung der französischen Sache ausschliessen wollte: „was herzog Joh. Casimirs handlung und schreiben betreffe, mit dem heite churf. Pfalz nichts gemein oder das geringste nit zu tun." (Prot. Kurf. Rats 4. Okt., vgl. Häberlin X, 509). Uebrigens befürwortete der Kaiser wiederholt die Forderungen J. C. beim König. (Rudolf II an Heinrich III, Wien 17. Mai 1578; Prag 7. Jan. 1580, Wh.)

30. Sept. Heidelberg

75. Antwort Kurfürst Ludwigs auf die Werbung des englischen Gesandten Robert Beale.[1]

Wünscht auch seinerseits Fortsetzung der Freundschaft zwischen England und Pfalz. 1) Will die Anregung wegen der angeblichen neuen Confession (die in Wahrheit nur die Beilegung einiger unter den Theologen streitiger Punkte nach der A. C. bezweckt) an die übrigen Stände der A. C. bringen. 2) Verweist betreffs des Bündnisses auf seine Beantwortung früherer Gesandten, besonders des Rogerius, und auf die übrigen deutschen Fürsten.

St Relig. Sachen 27b. Cop.

1) Ueber die Werbung und Aufnahme Robert Beale's bei Kurpfalz, Würtemberg, Landgr. Wilhelm, Kursachsen, Kurbrandenburg u. a. Fürsten vgl. Heppe IV, 8 ff; kirchl. Verkehr u. s. w.; Gillet II, 189 ff. Stälin, Wirtemberg. Gesch. IV, 792, nebst den dort angeführten Belegen. Eine besondere Werbung Beale's bei Anna von Sachsen Dr. 7278 Or; deren Antwort, Dippoldiswalde 6. November, Peiferi epp. p. 47 ff. Die Werbung bei Kf. August enthält mehrere nur für Sachsen bestimmte Zusätze.

30. Sept. Neustadt

76. Johann Casimir an Bürgermeister und Rat von Zürich.

Frankfurter Convent,[1]) beschickt von England, Polen, Ungarn, Frankreich und den Niederlanden. Sie sollen die an Kursachsen u. a. Fürsprecher der Condemnationen gerichtete Supplikation unterschreiben, Basel und Strassburg warnen und eine künftige Versammlung auch beschicken.

Za. Pfalz. Or. (Bm. cod. lat. 11470b Cop).

1) Vgl. Heppe IV, 16 ff; derselbe, der kirchl. Verkehr Englands; Gillet II, 185 ff; Fontes rer. Austr. II. 19, 441 ff; oben no. 60; 73; Teile eines Protokolls bei Gerdesius, scrinium antiquar. I, 192 ff. A. 30. Sept.

77. Instruktion König Heinrichs von Navarra für den an Johann Casimir abgesandten s[r] de Bonnecourt. 1. Oktober Agen

Erkenntlichkeit des K. und der französischen Kirchen „pour tant de bons offres et assistances" von Seiten J. C. Der K. hatte bei den ersten Bewegungen der Ligue gegen das letzte Edikt den s[r] de la Personne an J. C. abgefertigt[1]); da derselbe ihm aber bei seiner Rückkehr nur seine „mémoires" geschickt hat und von dem Prinzen von Condé, dem der K. „la conduite et direction . . . de tous affaires qui se présenteroient à luy pour y pourveoir selon les occurences et occasions" übertragen hatte, sogleich wieder zurückgesandt wurde, konnte er damals keine Antwort vom K. mitnehmen, der übrigens seither „ung nommé La Roche" an J. C. mit den nötigen Aufklärungen abgefertigt hat.

Ueber die Friedenshandlung und ihren Ausgang soll nun Bonnecourt J. C. des Näheren unterrichten. Geheime Kriegsvorbereitungen der Gegner seit dem letzten Frieden; sie missbrauchten die Ständeversammlung, errichteten zur Ausführung ihrer Beschlüsse bewaffnete „ligues publicques" und betrieben vollkommen gerüstet „une conférence de paix" mit dem K., der in seiner Notlage und ohne sichere Aussicht auf baldige fremde Hülfe nach dem Rat der Besten und Einsichtigsten der Partei die Unterhandlung hinzog, endlich aber, um nach der Uebergabe von Brouage wenigstens Montpellier der Partei zu erhalten, nach dem Rat der Deputirten aller Kirchen am 17. September Frieden schloss.[2]) Auch die arge Zuchtlosigkeit der Soldaten und der Geldmangel drängte zum Frieden, der freilich ungünstiger („moindre") ist als der letzte; ferner hätte die Fortdauer des Kriegs die schrecklichste Gottlosigkeit und Corruption herbeigeführt („renversement de toute religion et une corruption incurable de tant de vices qui s'estoient engendré en nostre corps depuis le massacre"). Dagegen wird der Friede die Kirchen rasch zu neuer Blüte bringen, „n'estant point si meigre et désadvantageuse que nous n'ayons dix fois plus de lieux pour prescher que de ministres. Comme aussy il n'est raisonnable de nous imputer que nous faisons la part à dieu, mais plustôt à noz ennemys qui nous oppressent." Für die Befriedigung der Forderungen J. C. und seines Kriegsvolks gelegentlich des Friedens ist der K. wie er hofft mit Erfolg eingetreten. „Mais il sera besoing que le dit s[r] duc envoye soliciter le roy pour en avoir l'assignacion par termes. Le dit s[r] prince y a faict de sa part tout debvoir. On a aussy fort insisté sur les pensions du dict s[r] duc, de quoy encores qu'on ayt faict reffuz du commencement, on a eu enfin bonne espérance[3]), parce que le dict s[r] roy de Navarre, le dict s[r] prince et les députez des dictes églises ont asseuré, qu'ilz sont obligez de les payer, et qu'en tout événement il estoit nécessaire qu'ilz les levassent sur eulx-mesmes, comme ilz sont délibérez de faire, au cas que le roy n'y satisface."

1. Oktober Verweist wiederholt auf Bonnecourt und verspricht in seinem und der Kirchen Namen ewige Freundschaft.

Marb.' Frankr. unter Heinr. III. 1577.

1) François de La Personne, (vgl. über ihn Kl. II, 675) war im März 1577 zu Heidelberg (Prinsterer I. 6, 5), wurde später von Condé in die Niederlande und mit La Huguerye und Argentlieu nach England geschickt und erschien im August wieder bei J. C. zu Neustadt (ebd. 150; vgl. La Hug. I, 441 ff; Thuanus LXIV. 2; Calendar a. a. O. 465) Im Sept. wohnte er als Vertreter Navarra's dem reformirten Convent zu Frankfurt bei.

2) Vgl. über den Frieden von Bergerac Polenz IV, 119 ff; im Art. 54 erklärt König Heinrich III J. C. für seinen guten Nachbarn, Verwandten und Freund.

3) Vgl Languet an Kf. August, Frankfurt 17. Okt. (Arc. II, 324).

7. Oktober Zweibrücken

78. Pfalzgraf Johann an Johann Casimir.

Ist nebst Albrecht und Philipp von Nassau und Rheingraf Otto zu S. Nabor mit Guise zusammengekommen, der wohl bald mit seinem Volk abgerufen wird. Hat mit G. nichts gehandelt, „so uns und dem hail. reich zuwieder und nachteil ausgelegt werden mocht."

Marb. Wilh. IV. Corr. mit Pfalz. Cop.

10. Okt. Heidelberg

79. Antwort Kurfürst Ludwigs auf die Werbung des Grafen Georg von Westerburg.[1]

Weist die Bitte des Herzogs von Guise um Hinderung gegnerischer Werbungen oder Durchzüge zurück und versieht sich, dass Guise den Gedanken an das gedrohte Herausziehen bis an den Rhein fallen lässt. Von dem Anbringen Dietrichs von Schomberg bei den deutschen Fürsten ist ihm nichts zugekommen.[2])

Mb. 111/2b f. 731. Cop.

1) Guise's Instruktion datirt Joinville 9. Sept. Ueber Westerburg, dessen Werbungen schon im April den oberrheinischen Kreis in Aufregung versetzt hatten (Mb. 111/1b), vgl. J. G. Lehmann, Gesch. der Burgen der Pfalz III, 317.

2) In seiner Antwort (12. Okt.) auf die unmittelbar folgende Werbung Sch. erkläte der Kf. unter Hinweis auf die Beantwortung Westerburgs, er wisse nichts von Werbungen gegen den König, sei vielmehr über dessen Rüstungen und Besetzung der Grenze befremdet und wolle sich hierüber mit den andern Ständen vergleichen (Mb. 111/2b).

17. Okt. Heidelberg

80. Kurfürst Ludwig an Daniel von Mainz.

Dietrich von Schönberg hat neben seiner Werbung gegen das Gerücht protestirt, dass er um vergangene Ostern unverwahrt seiner Ehre Johann Casimir habe aufheben und in die Hand des K. von Frankreich liefern wollen,[1]) dass er ferner geäussert habe, er wolle den Rheinstrom mit 6000 Hakenschützen einnehmen und dann die Brücke zu Strassburg abbrennen. Er bat, ihm die Verläumder zu bezeichnen und, falls sie den Beweis schuldig blieben, zu bestrafen. Antwort: der Kf. habe dies Gerücht, da es von vielen Orten ergangen, nicht ganz in den Wind schlagen können, wolle sich aber künftig an Sch. Entschuldigung erinnern, die Personen jedoch nicht nennen. Sch. hat, obwohl er mit niemand in Ungutem zu tun, von wegen des Königs ein Geleit begehrt und erhalten. 17. Okt.

Wm. Milit. 3. Or.

1) Vgl. oben no. 46; Languet an Kf. August, 19. Aug. (Arc. II, 308/9.) Damit mag die Tatsache zusammenhängen, die in Schombergs Instruktion vom 24. Juni (no. 58) so berichtet wird: als Harlay zur Condolenz an den Kaiser abgefertigt werden sollte, „veindrent nouvelles, comme ung gentilhomme qui avoit esté dépesché en Poloigne pour [Lücke] celles, où avoit auctorité le duc Cazimir, luy ayans toutes ses lettres esté ostées et luy mis à la gehenne avec beaucoup de tourmens, qui luy auroyent esté faictz." Am 18. August schickt Ludwig von Würtemberg an L. Wilhelm Bericht aus einem guten Ort über einen missglückten Versuch Schombergs, J. C. in die Hände des Königs zu liefern. (Marb. Frankr. 1577 Or.) Noch am 9. Okt. nach seiner Unterredung mit Schomberg rät der Landgraf J. C. sich im Ausreiten und sonst vorzusehen. (ebd. Wilh. Corr. mit Pfalz Cop.) Vgl. auch ein Schr. des Kf. Friedrich vom 26. Sept. 1576 (Kl. II, 1011 A. 1).

81. Lic. Haberstockh an Albrecht von Baiern. 17. Okt. Wien

Bericht über die Flucht des Erzherzogs Matthias vom Wiener Hof.[1]

Ma. 231/6 Eigh.

1) Erzh. Matthias, der vierte Sohn Kaiser Maximilians II, geb. 1557, hatte in der Nacht vom 3. Oktober den Kaiserhof heimlich verlassen und sich in die Niederlande begeben, wohin ihn ein Teil des katholischen Adels rief, um durch seine Erhebung zur Statthalterwürde sowohl einer Restauration der spanischen Herrschaft vorzubeugen als auch dem steigenden Einfluss Oraniens Schranken zu setzen. Ein Schritt, der nicht nur in den Niederlanden, sondern fast überall, in England sogut wie in Spanien und Frankreich sehr unangenehmes Aufsehen machte. Trotz aller Beteuerungen des Kaisers war man fast allgemein von seiner Mitwissenschaft überzeugt. Das mir zugängliche Material über diese Frage, dessen Umfang die Verarbeitung an dieser Stelle ausschliesst, gedenke ich anderwärts monographisch zu verwerten.

82. Pfalzgraf Reichard an Ludwig von Würtemberg. 19. Okt. Simmern

Pfälzischer Bruderstreit; Haupthindernisse der Einigung vier Räte Johann Casimirs: Weyer, Zuleger, Beutterich und Fauss. L. möge mit Markgraf Georg Friedrich eine grössere Weiterung zu verhüten suchen. Schlägt L. vor, Beutterich, der in Mömpelgard oder Hochburgund sesshaft und der Krankheit seiner Frau halber nach Haus verreist ist, auf der Heimfahrt durch vertraute Leute unvermerkt auf die Seite schaffen zu lassen, „als er dan auch warlich wol verdient hett" und womit dem Allmächtigen keineswegs zuwider gehandelt würde; die andern würden, wenn dieser ihr Mitgesell verloren, leiser gehen und mehr zum Frieden raten.

St. Pfalz 14b. Eigh.

28. Okt. Simmern

83. Pfalzgraf Reichard an Ludwig von Würtemberg.

Ist endlich von den kurpfälzischen Räten aufgefordert worden, sich mit andern Verwandten in den Bruderstreit zu schlagen; Joh. Casimir verlange ausser dem ihm Gebührenden das Stift Neuhaus, das Kurpfalz mit etlichen Schützen besetzt hat, und die Kellerei Dirmstein sowie mehrere Kurpfalz mitzuständige Gefälle, die er zum Teil schon occupirt habe, ganz oder gleiche Abteilung ausserhalb der Kurstücke. Trotz seiner „Kaltsinnigkeit" kann der Kurf. diesen Dingen doch in die Länge nicht ruhig zusehen. Ersucht L., sich mit ihm, M. Georg Friedrich, den L. Wilhelm und Ludwig der Sache anzunehmen.[1])

St. Pfalz 14b. Or.

1) Die Vertreter Reichards, Würtembergs, des M. Georg Friedrich und des L. Wilhelm handelten erst mit dem Kf. zu Heidelberg (25. Nov. ff.), dann mit J. C. zu Kaiserslautern (3. Dez.), endlich nochmals zu Heidelberg (6. 7. Dez.), aber jeder der beiden Streitenden schob dem andern die Verantwortung zu und J. C. Vorschlag die Sache vor unparteiische Richter zu bringen wurde vom Kf. perhorrescirt. (Berichte des simmerischen und des würtembergischen Gesandten, St. ebd.)

28. Okt.

84. Ursinus an Christoph Herdesianus.[1])

. . Am 2. Okt. befahl der neue Kirchenrat den Zöglingen des Sapienzcollegiums, dieses am nächsten Tag zu räumen; „iussi etiam sunt sumtus in se factos restituere,[2]) sed frustra, cum responderint se hoc ex obligatione sua non debere et per suas fortunas facere nequaquam posse"... Am 11. entliess der Kirchenrat im Namen des Kf. ihn und seinen Collegen; sie erhielten ihren Sold bis zum Tag der Entlassung herausbezahlt; am 16. zog er aus dem Colleg zu Freunden.[3]) Ebenso wurden in diesen Tagen Lehrer und Schüler der Schule zu Neuhausen bis auf fünf Knaben, des Heidelberger Pädagogiums bis auf zwei entlassen. „Idem fit de schola Selzensi." Die Universität erwartet das Gleiche. . . . . Ehem hat immer noch keine Antwort auf seine Bitte um Gehör. . . . .

Bm. Coll. Camerar. IX. no. 34. Eigh.

1) Ueber den theologischen Juristen Christoph Herdesianus (Hardesheim, † zu Nürnberg 1585) vgl. allg. deutsche Biographie XII, 101.

2) Das Gleiche geschah in der Adelsschule zu Selz, Wundt, Magazin II, 87.

3) Hienach sind die von den Späteren (auch Gillet p. 156) wiederholten Angaben Alting's (bei Mieg I, 231) zu berichtigen.

18. Novbr. Heidelberg

85. Kurfürstin Elisabeth an die Landgrafen Wilhelm und Ludwig.

(Pfälzischer Bruderstreit. Einnahme von Neustadt durch J. C. Derselbe hat das Testament durchstochen.)

Schlimme Gestaltung des Bruderstreits; hitzige Schreiben J. C.'s. „Je mehr sich mein herzlieber her demutiget, je mehr man ihm denkt auf den kopf zu sitzen. Ich denk woll, es sei der bossen giftigen practicirischen leut schuld, die gerne ein bludtbadt in der Pfalz anrichten, wie sie vorhin in andern konigreichen und landschaften getan haben. Gott wolle ihnen wehren und steuren durch seine gottliche craft und sie in die gruben sturzen, die sie andern gedenken zu machen." 18. Nov.

Der Kurf. wünschte aus etlichen hohen Ursachen die Neustadt nicht auszuliefern, sondern J. C. durch etwas besseres und mehreres zu entschädigen. Aber J. C. blieb bei seinem im Codicill begründeten Anspruch und so wurde der Emser Vertrag geschlossen, kraft dessen der Kurf. seinem Bruder alles einräumen liess, was er begehrte; nur Neustadt hat trotz ernstlichen kurf. Befehls J. C. nicht huldigen wollen. Der Kurf. wollte die Stadt J. C. mit Glimpf einräumen; „indes so komen die blutturstigen leute und bereden meinen bruder, das er die stadt bei nachtlicher weil mit lautern Schweizern einnimpt, zum spott und honn beide meines herzlieben hern und sein selbst. Da nun mein herzlieber her solches erfehret, tut im billich solche unbescheidenheit von herzen wehe, lest meinen bruder herzog Reichert mit glimpf meinem bruder herzog Casimir anzeigen; daruber wirdt herzog Casimir so tull, das er das testament sampt dem codicill durchsticht,[1] welches im doch nicht geburt, und will nuhn so viel ungereimdes vorbringen, went erst itzt die religion fuhr, da nichts im vertrag zu Eimbs von stehet, nur das er seiner bossen sachen ein ausflucht suchet, die ihm dan seine blutturstige leute eingeben." Ihr Gemahl hat sich von seinem Vater in Religionssachen nichts vorschreiben lassen und gegen ein väterliches Testament, das gegen sein Bekenntniss wäre, zu Lebzeiten und mit Zulassung des Vaters protestirt.[2] Er wird sich von seinem Bruder gewiss nichts vorschreiben lassen und diesem auch nichts vorschreiben. Wenn aber J. C. alle losen Pfaffen aufnehmen will und der Kurf. soll sie ihm erhalten, so sind das Vorwände, die nur auf Zank und Streit gerichtet sind, „und muss der liebe gott schalkdeckel sein." Wünscht die Gegenwart der Brüder. Sie steht bei der gerechten Sache, und sollte sie darüber verderben; „es ist ein kleines umb dies zeitliche, gott beschere uns das ewige!"[3]

Marb. Pfalz 1577. Cop

1) Dass J. C. „die vätterliche dispositionem, sovil dieselb die temporalia belangt, durchstochen", wird nicht nur in der kf. „Erzählung", sondern auch in J. C. Schr. vom 28. Aug. (vgl. no. 68) erwähnt; vgl. Languet, Arc. II, 319.

2) Friedrich bestätigt wiederholt, dass er seinen ältesten Sohn „der Religionshändel erlassen" habe, Kl. II, 793; 874; L. Verwahrung selbst liegt bei Kl. nicht vor. Vgl. oben p. 194. Zu p. 195 muss ich berichtigen, dass nach dem bei P. Schechsius, kurtzer, warhafftiger vnd gründlicher bericht auff etliche vnverschampte calumnien, abgedruckten Schr. Ludwigs an seinen Vater, Amberg 12. Juni 1575, Friedrich der Antwort des Sohnes auf seine Bekehrungsepistel vom 25. Febr. noch „ein weitleuffig vnd zimlich gescherpffte confutationschrifft" folgen liess.

3) Am 12. Nov. hatte der Kf. seinem Bruder geschrieben, er müsse, falls J. C. wie bisher fortfahre, sich durch ordentliche und zugelassene Wege bei dem Seinen schützen. (St. Pfalz 14[b] Cop.).

24. Nov. Cassel

86. Landgraf Wilhelm an Johann Casimir.

Bedauert die wachsende Anzüglichkeit in den Wechselschriften der Brüder. [vgl. no. 68 A. 1] Der Kf. hat ihm von diesen beiderseitigen Handlungen kein Wort geschrieben; er kann denselben „uber zuvor empfangenen schumpf" nicht weiter vermahnen. J. C. zuletzt gestellte Vorbedingungen würde der Kf. selbst dann kaum annehmen, „wenn S. L. schon im veld geschlagen oder gefangen."

Marb. Pfalz. 1577 Cop.

28. Nov. Speier

87. Dr. Matthäus Wacker an Jakob Monau.[1])

Der speirische Unruhstifter, der vor einem Jahr durch Brandbriefe und Steinwürfe die Stadt gegen die Calvinisten aufgeregt hatte,[2]) wurde „nudius septimus" Nachts „cum idem rursus tentasset", verhaftet; er gestand auf der Folter seinen Plan, die Speirer zur Ermordung der Calvinisten zu veranlassen, deren Unschuld jetzt offen am Tage liegt. Doch wird der Schuldige wohl loskommen, weil er ja gegen „blutdürstige Ketzer" gehandelt hat.[3])

Breslau, Stadtbibl. Briefband VII, 151 (im Auszug bei Gillet II, 90 A. 32).

1) Vgl. über den Constanzer Wacker und den Breslauer Monau Gillet II, 70 ff.
2) Vgl. oben no. 21; 27.
3) Am 21. Dez. berichtet Wacker weiter: „Seditiosus ille Pseudomyconius . . . nudius septimus capite truncatus est, quanquam non deessent, qui diutius vivere cupissent hominem, e quo plura desiderarent investigari, ac sane non paucis suspecta fuit festinatio. Sed quaerebatur fortassis ἀναντιφωνησία." Bresl. a. a. O. 152. Worauf das „Pseudomyconius" geht, vermag ich nicht zu sagen.

13. Dezbr. Metz

88. Praillon[1]) an Brûlart.

Seine Reise zu J. C. erfolglos; derselbe drohte, wenn nicht die fünf Geiseln und die Bezahlung zur nächsten Frankf. Messe einträfen, Teilung der Geiseln und Kleinodien unter die Interessenten. . . . . Der junge d'Escars wurde wegen Mordversuchs gegen einen kf. Diener im Heidelberger Schloss in schärfere Haft gebracht.[2]) Casimir „mal accompaigné à Lauther"; Ankunft des jüngeren Herzogs von Zweibrücken [Pf. Johann], „qui est ung prince qui n'a ny force ny vertu." Die meisten deutschen Fürsten wünschten die Niederlande unter Matthias mit dem Reich vereinigt zu sehen. Gerücht von der Vermählung des sächsischen Kurprinzen mit der Schwester des Kaisers und des Erzh. Matthias mit der Tochter Kursachsens.[3])

Pb. Vc Colbert 9. Eigh.

1) Die Gebrüder Praillon erscheinen vielfach in den Verhandlungen mit Deutschland. In dem kgl. Beglaubigungschr., Paris 21. November, bittet Heinrich III J. C., an stelle der beiden bisherigen Geiseln den sr de Soicourt anzunehmen, dem noch vier weitere folgen sollen; die schlechte Behandlung der Herren d'Escars und d'Alègre hat bisher die übrigen abgeschreckt. Pb. a. a. O. Conc.

2) Auf einen Fluchtversuch bezieht sich die Urphede eines Estienne de Bonnefont (Heidelb. 23. Mai 1579), der mit unziemlichen Mitteln die Geiseln d'Alègre und d'Escars aus der Verwahrung des Kf. befreien wollte und dadurch ihre strengere Einschliessung sowie seine eigene Haft verursachte (Carlsr. Pf. Copialb. 503). Die Lösung der beiden Geiseln erfolgte erst 1581, s. u. 13. Dez.

3) Aehnlich eine Zeitung aus Italien, Idst. Dillenb. Corr. 1578.

89. Die Geistlichen zu Neustadt an den Rat zu Schaffhausen.

Dezember Neustadt

„Ex literis ad senatum scriptis excerpta: [1])

1) Über die 500 kirchen- und schuldiener in der Pfalz beurlaubet.[2]) 2) Haben sich zu den synodis und gesprechen erbotten und supplicirt, man wolt sie zu verhör kommen lassen. Idem ecclesiae fecerunt. 3) Durch amptleut und schultheissen auch etwa zu mitternacht beurlaubet und ussgetriben worden. 4) In 400 knaben uss V schulen bestendig bliben und von stipendiis kommen, [3]) das sie vom catechismo nit wöllen weichen und Lutheri annemmen wöllen. 5) Geleerte Oberdeutsche vom H. Casimiro uffgenomen, Niderlender mit vorschriften heimgeschickt. 6) Sind dannocht noch über 200 ministri, die sich schweerlich erneeren, hin und her in der Pfalz zerstreuwt. 7) Nullus princeps eos ad ministerium vocat praeter Iohannem Nassovium et comitem Witgensteinium. 8) Synodus in Augusto Neostadii an der Harth mitten in Unterpfalz ein collectam dahin zu legen erkennt. 9) Sind oeconomi H. Wenzeslans Zuleger, vitztumb, Ernestus Vögelin Constantiensis landschreiber, exul Lipsensis, [4]) praefecti Neostadii, cum tribus ministris ecclesiae. 10) Ex collecta praedictis ministris ecclesiarum, scholarum et scholasticis, qui maxime inopes, subministratur, qui sua testimonia habent. 11) Aliquibus viaticum donatur. 12) Qui peregrinari nesciunt, ex his aliqui semel pro semper, aliqui viaticum in mensem accipiunt. [5])

Daniel Tossanus. Balthassar Copius. Georgius Hanfelt."

Bm. Cod. lat. 11470b f. 109. Cop.

1) Einem Schr. des Tossanus an Ulmer vom 23. Dezember beigefügt.

2) Die Angabe der Zahl der Vertriebenen auf 500 (im Ms. irrig: 800, vgl. das Schr. der Neustädter an die Schaffhausener Geistlichen vom 4. November: „ex quingentis ministris qui a muneribus suis remoti sunt in utroque Palatinatu" sind nur 7 oder 8 abgefallen; ebenso Ulmer's Vortrag vom 9. Dezember: in die 500 Kirchen- und Schuldiener, Bm. a. a. O.) bleibt noch unter den „wenigstens" 600, die Wundt, Magazin II, 126 ausrechnet, zu schweigen von den c. 1000 bei Hospinian. Löscher wollte kaum 20 zugestehen!

3) Dies stimmt mit Alting's Angabe aus den Akten (Mieg I, 231) überein.

4) Vgl. über ihn Gillet I, 438 ff; no. 73 A. 2.

5) In Zürich ergab die Collekte für „die aus der Pfalz vertriebenen Brüder" 800 fl., in Schaffhausen, wo man den „öffentlichen Kirchenruf" vermied, um den Kf. nicht „für einen Tyrannen auszurufen," 400 fl; die Genfer Kirchen schickten gleichfalls 400 fl. (Corresp. Bm. a. a. O.)

? 90. Zwei chiffrirte Zettel von Johann Casimirs Hand.[1])

„*128.* [Casimir] *ne se peut anbarquer avecque les 176.* [Estats] *que la 207* [royne d'Angleterre] *ne s'en mesle; car il craint ses teres et hay des princes de 102.* [Alemagne]. Toutesfois sy *la 207. me favorise, je y mettrés le verd et le seck.* Vous ferés ce que la raison requiert."

„*G. me mande de 151.* [Frise] *que les 145.* [Eglises] *me donneront deux 88. 98.* [eine Geldsumme?] *et qu'ils ont envoyé en 103.* [Angleterre] *prier la 207. 147.* [L'empereur] *cherche une diète.*"

Ma. 544/15 f. 308. 312. Eigh.

1) Die einzigen Ueberreste von der chiffrirten Correspondenz des Pfalzgrafen, die ich gefunden habe und hier einschiebe, ohne Zusammenhang und Jahr sicher bestimmen zu können.

1578.

91. Erasmus von Venningen an Ludwig von Würtemberg. 17. Januar Neuenburg

Johann Casimirs Gemahlin, als „friedenmacherin aus gotes ingeben", begab sich „schweres und sahwangers leibs" von Igelheim nach Schwetzingen zum Kurf., der nach einem vertraulichen Gespräch mit ihr nach Igelheim zu J. C. zog; zusammen kehrten sie nach Schwetzingen zurück, wo J. C. sogar mit in die Predigt ging. Nachdem die Brüder beide Graf Albrecht von Nassau, ferner der Kurf. Gotfart, Appenzel und Reuber, J. C. Landschad, Wamolt und Weier zum Austrag erkoren hatten,[2]) zogen sie mit ihren Gemahlinnen nach Heidelberg und wohnten zusammen den zwei Sonntagspredigten in der Schlosskapelle bei; der Kf. erzeigt J. C. und dessen Gemahlin alle Ehre und Freundschaft. . . . . .

St. Pfalz 14b Eigh.

1) Vgl. Elisabeths eigenen Bericht, Kl. Ehe p. 55.

2) Nach dieser mit der Vergleichsurk. vom 27. Januar ganz übereinstimmenden Angabe ist die ungenaue Darstellung des Schr. bei Sudhoff p. 501 zu berichtigen Vgl. ebd. p. 499 den interessanten Bericht (Schilling an Crato, Heidelb. 30. Januar) über den Vergleich und den freundlichen Verkehr der versöhnten Brüder. Die Mitteilung der Brüder an Würtemberg datirt vom 27. Jan. (St. a. a. O.)

92. Brüderliche Vergleichung zwischen Kurfürst Ludwig und Johann Casimir.[1]) 27. Januar Heidelberg

. . . . In Sachen des Gewissens, der Religion oder Confession soll keiner dem andern in dessen Gebiet etwas vorschreiben. Jeder soll bei seinen Geistlichen und Untertanen das ärgerliche Condemniren und Verketzern der Confession des andern soviel möglich abschaffen (unbeschadet der Freiheit der Theologen ihre Lehre vorzutragen und schriftlich zu verteidigen). Um die Concordie zwischen den Evangelischen vorzubereiten, soll, da ja beide wie ihr Vater sich zur heil. Schrift, A. C. und deren Apologie in rechtem Verstand nach der Richtschnur des Wortes Gottes bekennen, einen Heiland erkennen und also wider den Papst und seine falsche Kirche eins sind, jeder den andern, falls dieser seiner Confession wegen aus dem Religions- oder Landfrieden ausgeschlossen oder sonst angefochten werden sollte, hiegegen verteidigen und in Not-

19*

27. Januar fall bei dem Seinigen handhaben, zudem solche Ausschliessungen gegen die Papisten keine Statt haben und dies Alles dem 21. Artikel des väterlichen Testaments, den Abschieden zu Frankfurt ao. 58 und Naumburg ao. 61 gemäss und bisher also gehalten worden ist. Kf. Ludwig darf in allen den zehn ersten Punkten des Testaments (fremde Christen, Kirchenrat, Universität u. s. w.) handeln, wie er es vor Gott zu verantworten getraut, unter Beobachtung dessen, was sein Vater den fremden Christen politice verschrieben hat. . . . .

Me. Or. Mb. 90/11 und 90/13 Copp.

1) Zu Stande gebracht durch Graf Albrecht von Nassau-Saarbrücken als Obmann und die Beisitzer Christof von Gottfart, Hofmarschalk, Sebastian Uriel von Abtenzell, Haushofmeister, Dr. Justus Reuber (von Seiten Ludwigs), Christof Landschad von Steinach, Philipp Wambold von Umbstadt und Dr. Dietrich Weyer (von Seiten J. C.). — Den hier gegebenen Bestimmungen folgen die territorialen Auseinandersetzungen. Am 5. Febr. erteilte L. den endgültigen Befehl, J. C. die Stadt Neustadt einzuräumen; sie huldigte am 7. Febr. Carlsr. Copp. Einige noch unerledigte Punkte und neu eingetretene Missverständnisse erledigte ein weiterer Vergleich beiderseitiger Räte, Heidelb. 13. Dez. 1578, aber erst durch die Vereinbarungen vom Febr. 1582 kam die Auseinandersetzung zwischen den Brüdern zum wirklichen Abschluss.

27. 30. Jan. Lectoure 93. Instruktion König Heinrichs von Navarra für den an Johann Casimir abgefertigten Sr de Brigneux.

(Regelung des Verkehrs mit J. C. Aenderung der hugenottischen Politik. England und das protestantische Bündniss. Vereinigung der Confessionen. Synode von Ste Foi.)

„Le sieur de Brigneux fera la plus grande diligence qu'il pourra, d'aller trouver le dict seigneur duc à Keyserslauttern ou aultre endroit où il sera. Où estant arrivé, sans faire aultre mention d'avoir charge du dict seigneur roy, demandera comme gentilhomme françoys, passant pour aller durant ce temps de paix veoir l'Allemaigne, de faire la révérence à S. Exc., et à ceste fin s'adressera aux docteurs Junius ou Zoulegre, sans toutesfois leur faire entendre l'occasion de son voyage. Ayant salué S. Exc. la requérera, comme il verra estre à propos, de luy parler à part, à fin d'avoir moyen de déclarer à luy seul sa charge, suyvant le commandement qu'il luy dira en avoir de Sa Mté., à fin de n'estre descouvert et de pouvoir conduire les choses avec le silence en ce requis qui est le nerf de la prudence.

En premier lieu fera entendre au dict seigneur duc que le plus grand désir que Sa Mté ayt, est de se veoir tous deux joints ensemble d'un lyen d'amitié et bonne intelligence qui soyt perpétuel et indissoluble; que pour cest effect elle luy promect et jure toute syncérité et fidélité et qu'elle n'obmettra rien de tout ce qui sera en son pouvoir pour y satisfaire avec vraye et certaine correspondence."

Der K. bedauert den bisherigen Mangel eines geregelten Verkehrs mit J. C. Der zu Beginn der letzten Unruhen abgefertigte

Couvrelles ist erst nach 6 Monaten bei J. C. eingetroffen; La Personne konnte den K. nicht aufsuchen, um eine Verständigung herbeizuführen; von Bonnecourt sind seit 4 Monaten keine Briefe eingelaufen. Erst kürzlich vernahm der K. durch Clervant und La Personne, die gleichzeitig aukamen, Näheres über die fortgesetzte Neigung J. C., die Sache Gottes und der Kirche zu führen.[1]) Br. soll nun J. C. über die Lage in Frankreich und die Gesinnung des K. unterrichten. 27.30. Jan.

Mangelhafte Ausführung des Edikts; Gewalttätigkeiten der Katholiken. Der K. will sich auf Rat „des gens de bien de ce royaulme" diesmal nicht wieder täuschen lassen und die gegenwärtige Stille benützen „calfretant et radoubant nostre vaisseau froissé et ouvert par la violence des orages passez." Sie dürfen nicht wieder warten, bis ihnen das Messer an der Kehle sitzt, sollen vielmehr entweder völlig vorbereitet den Gegnern den Frieden diktiren oder dieselben, falls sie ihre Vorbereitungen bemerken, veranlassen den Frieden zu halten. In einer Zeit von 2 bis 3 Jahren kann für künftig jeder Ausrottungsversuch unmöglich gemacht werden. Innerhalb des Königreichs hat der König folgende Mittel zur Hand genommen: Herstellung der alten Ordnungen der Kirchen, Anlegung eines Verzeichnisses aller Waffenfähigen und Steuererhebung, ausserdem eine Reinigung der Kirchen von allen lasterhaften und skandalösen Mitgliedern, um künftig den Zorn Gottes zu vermeiden und die alte Hingebung und Kraft herzustellen. Ferner gedenkt der König vor Allem mit dem Herzog eine vollkommene Freundschaft und gegenseitiges Einverständniss einzurichten, ihn um seinen guten und weisen Rat anzugehen „et tenir toutes choses en estat à ce que, si on vient cy-après à descouvrir quelque entreprise et résolution qui soit à la ruyne des églises, on puisse s'asseurer d'avoir à la frontière troys moys après l'advis donné forces suffisantes pour rompre telz desseings des ennemis du repos commun." Die Rathschläge J. C. hierüber soll Br. dem K. mitteilen; zur Sicherung des Verkehrs soll eine Verbindungslinie von Kaiserslautern bis hieher festgestellt und die vom K. an J. C. gesandte Chiffre benützt werden. Br. soll J. C. mitteilen, die Königin von England sei nach dem Bericht Duplessis[2]) zur Unterstützung der französischen Kirchen entschlossen und sogar zu einem Bündniss mit sämmtlichen evangelischen Fürsten, Städten und Gemeinden geneigt. J. C. soll daher selbst mit England in Bündniss treten und möglichst viele Fürsten und Städte zum Beitritt veranlassen. Frage an J. C.: ob es genügt, dass dieser Bund sich zum Schutz der französischen Kirchen verpflichte „d'y employer forces suffisantes, aux conditions des moyens que sa dicte M^{té} et les dictes églises seront tenues et s'obligeront secrètement d'y apporter de leur part" ? ob der K. „se faisant fort des dictes églises" förmlich dem Bund beitreten oder nur unter den Verbündeten der Königin oder J. C. genannt werden soll? Br. soll J. C. darüber beruhigen, dass die Königinmutter dem K. seine Gemahlin wieder zuführen wird; letztere hat dem K. die besten Zusicherungen gegeben und überigens ist der K. fest entschlossen für die Sache Gottes und der Religion Alles daranzusetzen. J. C. möge gegenteiligen Gerüchten

27. 30. Jan. nicht glauben, übrigens von der Freundschaft des K. überzeugt sein und sie vertrauensvoll erwiedern. Br. soll J. C. fragen, ob er die Schr. an Kf. Ludwig[3]) und den Landgrafen überreichen soll oder nicht. Die Vereinigung der Augsburger Confession mit der der Schweizer und der Franzosen soll auf der Synode vom 1. Februar beraten werden,[4]) die dem K. die desshalb nach Deutschland abzuordnenden Personen bezeichnen wird, wo J. C. seinerseits die nötigen Vorbereitungen treffen möge. „Faict à Lectoure, le 27 janvier ao. 1578."

„Depuis S. M. a eu advis que Maurevert[5]) est à Metz luy sixiesme, tous montez de chevaulx d'Hespaigne, pour faire quelque coup de sa main, et que depuis qu'il y est, on luy a envoyé de l'argent qui venoit de la court. Aulcuns disent que c'est pour surprendre et tuer le baron de Viteaux. Mais tout ainsy qu'ayant entrepris de tuer ledict seigneur amyral et n'en trouvant la commodité, il tua le feu sieur de Mouy, aussy pourroit-il encores faire le semblable. Et portant l'affection que S. M. port[e] audict seigneur duc et le soing qu'elle ha de sa conservation, le faict prier de prendre garde à soy."

Als Br. im Begriff stand, abzureisen, begann die Nationalsynode ihre Sitzungen zu St. Foy. Daher befahl der König Br., über St. Foy zu gehen, um dem Herzog über die Verhandlungen zur Herstellung der alten Ordnungen berichten zu können. „Et entre aultres à ce que toutes choses se manient par bon ordre et conseil pour le bien des dictes églises, sa dicte M. faict instance à ladicte assemblée de députer de chascune province personnages dignes et de vertu, fidélité et piété cogneues, pour résider auprès de sa personne et faire toutes choses par leur conseil, sans y admettre d'aultres que ceux-là en ce qui touchera le général. Comme aussy S. M. a prié son cousin monseigneur le vicomte de Turaine, les seigneurs de La Noue et de Guitry et aultres seigneurs et gentilshommes de valeur de se tenir avec elle pour les honorer et ne faire rien que par leur conseil. Il n'est sepmaine qu'elle ne escrive à monseigneur le prince de Condé, lequel elle aime comme son propre frère,[6]) comme aussy le dict seigneur vicomte, ayant sa dicte M. entièrement voué et dédié ses moyens, son estat et sa propre vie pour la défense de l'église de dieu.

Faict à Lectoure, le 30me janvier 1578."

Ma. 544/15 Cop.

1) Vgl. no 62; 77; 100; 102.

2) Vgl. über seinen Aufenthalt in England (Frühjahr 1577 — Sommer 1578) Mem. de Mornay I, 116 ff; La Huguerye I, 448 ff.

3) Das (undatirte) Schr. des K. an Kf. Ludwig ersucht diesen, beim K. von Frankreich die Erhaltung des Friedens zu befürworten und „de voulloir donner la liberté en voz païs à ceux de nostre confession"; es wurde am 29. März 1578 überreicht Ma. a. a. O. Or.

4) Vgl. über die General-Synode von S. Foi Polenz IV, 363/4; 639 f.

5) Derselbe, der am 22. Aug. 1572 auf Coligny schoss, meist Maurevel genannt (Mém. de Tavannes, Petitot XXV, 147: Movert). Der Baron de Viteaux war einer Verschwörung gegen K. Heinrich III beschuldigt (L'Estoile I, 221; Desjardins IV, 133).

6) Eine arge Entstellung der wirklichen Sachlage. Vgl. über das gespannte Verhältniss der beiden hugenottischen Prinzen Aumale II, 122 ff; ein Beispiel von Condé's Misstrauen in Mém. de Mornay I, 113/4, mehr bei La Hug. a. a. O. 27. 30. Jan.

94. Die Vertreter der evangelischen Kirchen in Polen an Johann Casimir.

10. Febr. Warschau

Hinweis auf den Segen der bei ihnen im achten Jahr bestehenden Eintracht der drei Confessionen (A. C., böhmische, schweizerische) und auf die Gefahr der von einigen herrschsüchtigen Theologen herrührenden Spaltungen im Ausland. Schlagen zur Herstellung der Einheit eine evangelische Generalsynode vor.[1])

Bm. 11470b f. 131. Cop.

1) Ueber die Schr. der polnischen Protestanten an die weltlichen Kff. (das der Geistlichen wie oben) vgl. Chr. G. von Friese, Beyträge zu der Ref. Gesch. in Polen und Litthauen II, 51 ff.

95. Hubert Languet an Beutterich.

14. Febr. Frankfurt

(Beutterichs Reise. Ausgang des pfälzischen Bruderstreits. Verhältniss des Kaisers zu Matthias, den Niederlanden und Spanien.)

„Monsieur! J'ay receu de vos lettres de Bacara et de Cologne et non point d'Anvers, combien que vous m'aiés promi par voz lettres de Cologne de m'écrire quand vous seriés là.[1]) J'ay totefoys entendu par mes amys que vous y estiés arrivé en bonne santé, dont j'ay esté fort joieux. Je vous ay écri par monsieur Beale, désirant vous bailler par mes lettres occasion de prendre congnoissance et contracter amytié avec luy, comme j'éspère que vous aurés faict. J'ay grande peur que vous n'aiés trouvé par delà les humeurs des hommes aultrement disposés que vous n'eussiez désiré, et principalement au Pays-Bas où il se faict de grands changemens de jour à aultre et s'en y fera ancor de plus grands par cy-après. Dieu face par sa sainncte grâce que le tout torne à bien. Il me semble qu'ilz mouvent un peu à la longue le faict de la religion et perdent des occasions que par avanture ils ne recouvreront pas aysément par cy-après. L'empereur voiant que la venue de son frère Matthias ne peust conduire le cours des affayres au but où il prétendoit et désiroit qu'elles fussent conduites, commance à prendre un aultre chemin et se veult entremettre de fayre la paix. L'on dict qu'à cest effect il porchase une assemblée des électeurs pour aviser avec eux, par quel moien on pourra obvier aux grand maulx qui de plus en plus menacent ces pays-là, et parvenir à une bonne paix. J'ay entendu que quelques-uns des électeurs n'ont point d'envie de s'empescher de celà, puys qu'ils n'en sont pas requis par les parties, et à mon advis qu'ils ont raison; car ils sont en danger de perdre leur temps et leur paine, s'ils s'entremectent. Ils ont laissé le prince d'Orange empiéter trop avant pour en vouloir jouer à la pelote. Ne croiés rien de ce que on vous a écrit que l'empereur a délibéré d'emploier en ceste guerre du Pays-Bas l'argent que l'empire luy accorda à Ratis-

14. Febr. bonne. Il fera sans doubte au roy d'Hespagne toutes les faveurs qu'il luy pourra fayre, excepto qu'il ne mectera pas la main à la bourse pour luy, quelques bons frères et amys qu'ils soient; car l'argent est une chose sacrée qui est dehors du commerce des amytiés qui de nostre temps se contractent entre les princes, si bien que ceux qui vous ont écrit cela, ont estés mal informés et n'ont pas entendu le mot du guet, qui est, que la court d'Autriche a costume de prendre et non pas de donner et tient en ses procédures une méthode du tout dissemblable à celle d'Hespagne qui ne faict que parler de millions, nonobstant que bien souvent elle n'ayt pas un double. Au contraire celle d'Autriche dict franchement qu'elle n'a point d'argent, mesme quant elle en a. Monseigneur l'électeur Palatin et monseigneur son frère sont d'accord touchant les différens qui estoient survenus entre eux à cause du testament de feu monseigneur l'électeur leur père. L'arbitrage a esté faict à Heidelberg. Les arbitres du nostre costé ont estés Landschaden, Vambold et le docteur Veier. Le docteur Ehémius a plus gagné au marché que personne, car il a esté remis en pleine liberté et croi qu'il sera conseiller des deux princes.[2]) Quant à vous, vous n'y avés pas perdu, car vous este absous du violement de la paix de l'empire et crime de lèse-majesté que vous aviés commis en prenant par force ou à la desrobée avec vos Suisses la magnifique cité de Neustatt. Il vault mieux taire le reste jusques à nostre entreveue, car je ne sçay, comme vous le pourriés prendre. Quoy que ce soyt, je désirerais que vous eussiés esté présent, quant les coups se sont rués. Nous entendons icy que messieurs les Etats du Pays-Bas ne font pas toutes leurs affayres à souhait et que les Hespagnols leur ont baillé sur les doigs ces jours passés.[3]) C'est un merveilleux stratagème que d'avoir entretenu tout le long de l'hyver gens devant Ruremonde et auprès de Namur et les avoir faict retirer incontinent que l'ennemy s'est approché; combien que nous entendons icy qu'il eust mieux vallu que ceux qui estoient auprès de Namur se fussent retirés un peu plus tost; cau on dict icy que les Hespagnols ont baillé sur les doigtsà quelques-uns d'entre eux. Et bien l'on dict que vostre landsman Champagney[4]) est desarconné et que le caquet luy a esté rabaissé. A ce que j'ay peu entendre de ses déportemens, il me semble qu'il pensoit estre par cy-devant un peu plus habille homme qu'il n'est. Son frère le cardinal l'a eschappée belle, s'il est vrai que tous les Hespagnols aient estés tués à Naples, comme on en vient tout à ceste heure de recouvrir icy nouvelles, et que le gouverneur de Milan aiant entendu cela a rappellé vingt et deux compagnies d'Italiens et d'Hespagnols qui s'acheminoient vers Don Juan, et les a mises en garnison par les forteresses de son gouvernement. Si cela est vrai, voilà le prince d'Orange à cheval! On dict que les plus cortes folies sont les meilleures. Il me semble que celles des roys de France et d'Hespagne durent un peu trop et qu'à la fin ils s'en pourroient bien mal trouver. Vostre marquis de Varembon[5]) n'a rien faict à la court de l'empereur. Il demandoit à l'empereur qu'il rappellast son frère Matthias et qu'il donnast congé à Don Juan d'Austriche de fayre levée de gens de guerre en Allemagne.

L'empereur a respondu qu'il ne rappelleroit pas son frère, par ce qu'il sçavoit bien qu'il ne luy obéiroit pas, puys qu'il estoit parti sans son congé. Quant au congé que Don Juan demandoit de fayre levée de gens de guerre en l'empire, il ne luy pouvait respondre qu'il n'eust premièrement l'advis des élécteurs sur cela. Bien s'offroit-il de s'entremectre d'appoincter les différens survenus entre le roy d'Hespagne et ceux du Pays-Bas, s'il en estoit requis, adjoustant qu'il luy sembloit que le roy d'Hespagne feroit beaucoup mieux de cercher la paix que de porsuivre la guerre contre ses subjects. Vous entendés, à quoy tend ceste rhétorique. L'ambassadeur d'Hespagne nouvellement venu en ceste court-là a faict semblant de trouver bien estrange que l'empereur s'emploiast si froidement aux affayres de son maistre. Quant on est trop long temps à tendre les filets, bien souvent les oiseaux s'envolent, c'est à dire que le temps se passe et les occasions se perdent et les affayres s'embroillent de plus en plus. Si vous faictes plus long séjour par de-là, mandés-nous de vos nouvelles et principalement, si monsieur de Sidney se marie point. Si vous ne retournés bien tost, on pensera incontinent que vous vouliés remarier par delà; car il me semble que j'en ay desjà oui parler, ou bien je l'ay songè à ce karesmeprenaut. Je prie à dieu, monsieur, qu'il vous ayt en sa saincte guarde, après m'estre recommandé à vostre bonne grâce. De Francfort, ce 14e de febvrier 1578. 14. Febr.

Vostre serviteur et entier amy Hubert Languet.

Si mes lettres vous trouvent encor en Angleterre, je vous prie de présenter mes très affectionnées recommandations à monsieur Rogérius, auquel je récris pas pour le présent, par ce que je suys pressé du messagier et si ay peu d'argument d'écrire, comme vous pouvés veoir par les beaux discours que je vous fais."

Mb. 90/12 Fol. 117/8 Eigh.

1) Ueber die Sendung Beutterichs nach England, von der hier die Rede ist, sind wir leider sehr ungenügend unterrichtet. Vgl. Languet an Sidney, 26. Dez. 1577; 8. Jan. 1578 (p. 303; 308); an Camerar. 26. April 1578 (p. 196); Sidney an Languet, 1. 10. März 1578 (Pears, the corresp. of Sir Ph. Sidney and H. Languet, Lond. 1845, p. 228; 230). Ueber die französischen Bemühungen, seine Werbung zu hindern, vgl. die Schr. K. Heinrichs III in den Mém. de Castelnau (1731) III, 543; 549. Die Abneigung J. C. gegen Oranien trat schon damals in unerfreulicher Weise zu Tage, vgl. Sidney a. a. O; Prinsterer I. 6, 334.

2) J. C. ernannte Ehem zu seinem Kanzler. (Bestallung vom 29. März, Carls. Cop.)

3) Gemeint ist die schwere Niederlage der staatischen Armee bei Gemblours (31. Jan. 1578).

4) François Perrenot seig[r] de Champagny, Bruder Granvela's, in den letzten Jahren einer der einflussreichsten katholischen Anhänger Oraniens, vgl. Prinsterer I. 6, 298/9.

5) Vgl. Arc. II, 344.

96. „Le petit Velch" an Beutterich.

16. Febr. Antwerpen

Mitteilungen über den Vergleich zwischen den pfälzischen Brüdern. „Cest accord est trouvé par deçà fort louable et s'en

16. Febr réjouissent beaucoup de gentz de bien. Le seigneur Cunigtzlo[1]) s'en partit hier d'icy por aller vers mons^r vostre maistre avec dépesche de prières très-affectionnées de vouloir fère levée de 3000 reitres, oultre autre levée de 6000 qui se faict par trois ou quatre autres, requérantz encores mon dict seig^r vostre maistre de fère autre levée de 3000 Suisses.[2]) Je ne sçay ce que en sera faict."

. . . .

Mb. 90/12 f. 121. Or.

1) Adriaen van Coninexloo, schon von Kf. Friedrich verwendet (Prinsterer I. suppl. 135), war vor und in dem Feldzug von 1578 als Gesandter und Commissar Johann Casimirs tätig.

2) Vgl. Gachard, Corresp. de Guillaume le Taciturne IV, 172; Bondam, Verzameling V, 362/3/7.

16. März Antwerpen

97. Werbung des englischen Gesandten Daniel Rogers bei den Generalstaaten.[1])

Der Gesandte Casimirs, Beutterich, hat der Königin mitgeteilt, dass sein Herr von den Staaten um Zuführung von Reiterei und Fussvolk ersucht worden und auch gern dazu bereit sei, wenn er die Mittel zur Aufstellung einer seiner Reputation und Sicherheit entsprechenden Truppenzahl erhalte, „estant prince de telle qualité qu'il ne se doibt legièrement hazarder ny se fier de forces quy ne soyent bonnes et grandes." Die Königin wünscht nun, dass statt der von ihr selbst zu schickenden Truppen Casimir den Staaten 5000 Reiter und 6000 Schweizer zuführe, und hat dessen Gesandten 20000 Pfund für die Werbung, weitere 20000 für die Musterung zugesagt; letztere sollen die Staaten, und zwar auf die 100000 Pfund, die ihnen die Königin im 1. Vertrag versprochen hat, im Notfall aber die Königin selbst liefern. „La vertu, prudence, prouesse et fidélité de mon dict s^r le ducq Casimir" bürgt für den Erfolg.

Gedruckt bei Vreede, inleiding tot eene geschiedenis der nederlandsche diplomatie II. 1, bijl. p. 108/9.

1) Vgl. Gachard, Actes des états gén. I, 340; 345; 362; Rogers Instruktion vom 9. März citirt bei Froude XI, 96. — Die Königin, die von ihrem früheren Gedanken, englische Truppen (unter Leicester) zu schicken, abgekommen war, hatte sich offenbar durch Beutterich bestimmen lassen, den Staaten eine Vermehrung des casimirischen Hülfscorps von 6000 Mann (vgl. oben no 96) um 2000 Reiter und 5000 Fusssoldaten aufzunötigen; vgl die vergebliche Einwendung der Niederländer, dass diese Verstärkung ihrem Land und vor Allem ihrer Kasse sehr beschwerlich fallen werde, in einer Vorstellung Havré's Compte-rendu III. 3, 333 ff. (irrig ins Jahr 1577 statt 1578 gesetzt); vgl. ebd. I. 11, 14; Prinsterer I. 6, 353 ff; Gachard, Corr. de Guill. IV, 173. Eine weitere Verstärkung J. C. durch 2000 Reiter in englischem Sold verlangt ein aus den Niederlanden an Walsingham geschickter „Discurs" (4. Mai, bei Strype, Annals of the reformation II. 2, 13 ff; 95 ff., beidemale mit falscher Jahrzahl — 1576, 1577).

98. Erzherzog Matthias an Johann Casimir. 3. April Antwerpen

„Ich kan nit underlassen, E. L. durch dies zu besuchen und derselben zu vermelden, das ich ungezweifelter hoffnung pin, E. L. werden mir und disen landstenden zu gefallen uhusaumblich uf die angenommene bestallung persohnlich erscheinen und sich gegen mir als ein treuer blutsfreund erzaigen. Dagegen ich mich hienwiederumb zu schuldiger dankbarkeit gegen E. L. in alweg erbiet, wie die selbst verner von diesem meinem rat und gesanten vernemmen wirdet, dem ich glauben zu geben pitt und E. L. zu ehistem ersehen gott bevelc." [1])

Marb. Niederl. 1578 Cop.

1) J. C. Antwort, Lautern 26. April, spricht die Hoffnung aus: „wir werden einander baldt mit fröllichen gemueht auf gruner haiden sehen vnnd dem feindt einest also begegnen, wie aufrichtigen redlichen teutschen vnnd fürsstlichen personen gebuert vnnd woll anstehet" (Chmel, die Hdschr. der k. k. Hofbibliothek in Wien I, 84, wo aus einem Correspondenzen des Erzh. von 1577 bis 1582 enthaltenden Sammelband eine Reihe der wichtigeren Schr. veröffentlicht ist).

99. Johann Casimir an Kurfürst Ludwig. 12. April Kaiserslautern

Ausführliches Gutachten zum bevorstehenden kurf. Collegialtag in Worms. Hauptpunkte vermutlich 1) das niederländische Kriegswesen, 2) die Ausschreibung eines Reichstags (in Sachen der Niederlande, Türkenhülfe, Religion). Bei der unklaren Stellung des Kaisers, der vielleicht mit Spanien zusammen die Reise des Erzh. Matthias veranlasst hat, und den spanischen Neigungen der katholischen R.-Fürsten kein richtiger Ratschlag und Beschluss zu erwarten. L. soll vorschlagen: Einstellung der Feindseligkeiten und Entfernung der fremden Truppen von Seiten Don Juan's und der Staaten; Lösung der niederländischen Frage durch Kaiser und Reich, und zwar vermittelst Verbesserung des burgundischen Vertrags von 1548, Restitution der zum R. gehörigen Stücke, Münzvergleichung und Freistellung der Religion. L. wird dabei wenigstens erfahren, „was man allerseitz im schilt furet." Alles dem Kaiser überlassen hiesse nur „mit seinem eigenen gelt ein rutten uf den rucken zu binden." Der Religionsfriede darf nicht etwa zur Wiedereinführung des Papsttums in Holland und Seeland benützt werden. [1])

Mb. 111/4c f. 174. Or.

1) Die kf. Instruktion für den R.-Deputations- und kf. Collegialtag zu Worms, vom 21. April, schlägt vor: Unterhandlung durch den Kaiser und die Kff. allein oder mit andern Ständen, jedenfalls mit Beteiligung der Evangelischen, da ohne Religionsfrieden keine beständige Ruhe herzustellen ist; für den Kriegsfall die vom Kaiser vorgeschlagene „Gegenverfassung" sowie etwaige Neuerungen zu Ungunsten der deutschen Libertät nicht zuzulassen. L. schickte nach Worms den Burggrafen zu

12. April Alzei Albrecht von Pagk, die Amtleute zu Bacharach Meinhard von Schönberg, zu Kreuznach Niclas Schenk von Schmidberg, Dr. Reuber und Dr. Cullman. Mb. a. a. O.

16. April Frankfurt

100. Languet an Beutterich.

Bittet Dhona[1]) zu grüssen. . . . . . . Das von B. berührte Unternehmen Guise's gegen Genf[2]) soll seines Erachtens nur etwaige Werbungen der Pfälzer im Bernischen verhindern. „Je vous prie surtout, tenés-vous sur voz guardes"; der Kaiser wird diese Unternehmungen ganz anders aufnehmen als die französischen, „car elles le touchent de plus près. Ils ingnorent point, quantum sit situm en vostre personne, et quant à vous pour le moins vous debvriés sçavoir, combien il vous importe de ne point tomber entre leurs mains et vous tenir sur voz guardes." Il semble à ouir parler le gentilhomme présent porteur qu'on a eu quelque souspeçon sur luy en vostre court";[3]) hält denselben für einen aufrichtigen Diener „de S. Exc." [J. C.] und höchstens für unerfahren in den hiesigen Sitten und in solchen Geschäften überhaupt. Bittet „luy faire obtenir sa dépesche". . . . . . Empfehlungen an den Gesandten Rogerius.[4]) . . . .

Mb. 90/12 f. 123. Eigh.

1) Fabian Burggraf zu Dohna, geb. 1550, † 1621, ein feingebildeter preussischer Edelmann, der nach mehrjährigem Aufenthalt in Frankreich und Italien eben damals in Joh. Casimirs Dienste trat (Languet an Dohna, 1. Februar, an Camerar. 8. Mai 1578, p. 198; 211) und sich rasch Neigung und Vertrauen des Pf. sowie seines Faktotums Beutterich gewann. Seine interessante, leider fragmentarische Selbstbiographie im Dohna'schen Archiv zu Schlobitten. Vgl. Ersch und Gruber XXVI, 303 ff; H. Hagen, Zur Gesch. der Philologie (Berl. 1879) p. 84/5.

2) Vgl. Desjardins IV, 162; Gaberel, hist. de l'église de Genève II, 400 ff.

3) Offenbar ist der navarrische Gesandte Brigneux (vgl. no. 93; 102) gemeint.

4) Rogers, der mit Beutterich zusammen aus England in die Niederlande (vgl. no. 97; Languet ad Camerar. 196/7) und zu J. C. ging (vgl. das Schr. an Paulet vom 28. März, Compte-rendu III. 2, 364, dort irrig beim J. 1577), kehrte bald nach England zurück („is celeribus equis in Angliam contendit et ad nos est brevi reversurus", Beutterich an Musculus, Mömpelgard 17. Mai, Zb. Cop.).

23. April Worms

101. Philipp von Marnix und Jan van Gendt[1]) an Kurfürst Ludwig.

Schicken, da L. nicht zu Worms erschienen ist, die Schr. des Erzherzogs [3. April], der Staaten und Oraniens [4. April] nebst der Werbung Adolfs von Nuenar beim Kaiser.

Mb. 111/4c f. 213. Or.

1) Ausser ihnen war auch Ludwig von Wittgenstein beim Dep.-Tag beglaubigt, vgl. Gachard, Actes I, 349 ff. Leider fehlt uns die bei Scheltema (geschied-en letterkundig mengelwerk IV. 1, 10) angeführte

Relation des M. an die Staaten von Holland über seine Verrichtungen und Gespräche mit Kurpfalz und Johann Casimir. Seine berühmte Rede vor der Wormser Versammlung (7. Mai) erschien noch im J. 1578, lateinisch, französisch und deutsch (zwei deutsche Ausgaben: „Oration Phil. de Marnix" s. l. et a., und „Werbung und anbringen" u. s. w, Neustadt 1578). Am 18. Mai schreibt M. aus Frankenthal (Oeuvres de Marnix, Corr. p. 244 ff.). 23. April

102. Du Plessis-Mornay an Beutterich.

24. April Antwerpen

(Verhältniss der Niederländer und Navarra's zu Alençon. Brigneux. Don Juan will den Krieg.)

„Ornatissimo viro D. Petro Beutrichio S. Nudius quartus ex Anglia Antwerpiam appuli. Marchionem Londini reliqui.[1]) Is de discessu rogitabat iamque valedixerat reginae. Interea nondum venit; forte suspenditur ad reditum usque Wilkii, qui ad Austriacum, pacem bellumne optet, rogaturus missus est. Si quid medium respondeat, suspendet adhuc Anglorum consilia atque ita perpetuae nectentur morae. Ordines Belgici in tanta mora mortem sibi parari vident. Urget Alenconius, amicum an hostem malint, sibi an Austriaco adiunctum. Urbes obsides postulat. Itaque electi missique, qui cum suis oratoribus colloquantur. Locus colloquii in Hannovia dictus. Dies 24ª Aprilis.[2]) Si rogas, quid sentiam, ita cum illo acturos ordines puto, ut amicitiam ipsius sibi concilient, eo tamen modo, ne publica negotia damnum ex eo patiantur. Rex Navarrae omnium gratiam init, omnibus charus est. Ecclesiae nostrae optime erga eum sunt affectae. Ita providebit, ne fraus hostium reipublicae sit fraudi. Verum tu cogita de hypotheca. Nihil enim expeditius video. Curabo ego, ut quae ad contrahendam eam necessaria sunt, tempestive adsint, quae quidem in dies expectamus. Quae sub fide reginae Angliae hic quaerebatur pecunia, hactenus inveniri non potuit.[3]) Translatas alio causantur, nec, credo, falso. Optimi enim quique mercatores aut in Germaniam aut in Galliam sese contulerunt. Qui vero supersunt, opes ostentare non audent, quod in bellis civilibus periculosum id videatur. Quod rogabas, rumores illos tanquam fumos inanes dissiparem, feci ac perfeci. Tu vide, ne novis offensionibus redintegrentur. Cupio ita cum Brignio agi, ut antea scripsi. Nobilis est, honesto loco natus et quod praecipuum est, vir bonus. Fac, attestari possit Navarraeo summam principis tui erga eum benevolentiam.[4]) Sin quid ante tuum adventum alio cum culpa secus factum est, excusabo facile. Si quem forte Alenconius ad vos mittat, quod agitari persensi, suadeo, honestis et speciosis verbis pascatur, ubi leni aliqua obiurgatione prius admonitus fuerit. Alias metuo ne in desperationem coniectus auscultet matri, quae

24. April proculdubio conabitur suos impetus in nostrum caput convertere. Author fui Navarraeo, ut amicitiam eius oblatam non reiiceret, societatem, si proponeretur, plane (sed honeste) fugeret. Ut enim amicum malim quam hostem, ita et hostem quam socium. Hargentius[5]) noster idem Condaeo scripsit, etsi nondum colloquuti eramus. Vel ex pessimis boni aliquid trahi potest, si prudentia adsit. Quod superest, memento nostri et nos ama. Qui te vehementius diligat, quam ego, habes neminem. In Angliam statuo intra quatriduum redire, illic literas a te expectaturus. Vale. 24. Aprilis 1578, Antverpiae.

Rediit hodie Wilckius.[6]) Bellum nunciat. Austriacus pacem Gandavensem plane reiicit et tantum num audire recusat. Videbimus, quid statuetur.

Tuus in omnibus Plessaeus."

Mb. 90/12 f. 125. Eigh.

1) Der berühmte hugenottische Diplomat und Publizist kam also nicht, wie seine Biographie (Mém. de Mornay I, 121) angibt, erst im Juli von England nach den Niederlanden. Der „marchio" ist der Gesandte der Generalstaaten Charles Philippes de Croy, marquis de Havré.

2) Vgl. Gachard, actes I, 353/4; Prinsterer I. 6, 369.

3) Vgl. Gachard, actes I, 354; 357; 362.

4) Vgl. no. 100. Das von La Huguerye kaum übertriebene Misstrauen Joh. Casimirs gegen Navarra wird auch in Brigneux' Instruktion deutlich genug berührt. Worauf sich die „hypotheca" bezieht, ist mir unklar; über ein später von Du Plessis vorgeschlagenes Geldgeschäft vgl. La Hug. II, 14 ff.

5) Jean de Hangest, s^r d'Argentlieu, hugenottischer Diplomat (France prot. V, 429) und Kriegsmann (Thuanus LXVI, 11), bereits 1570 und 1572 als Gesandter in Deutschland tätig (Berger, lettres de Henri IV, I, 8; Kl. II, 407; 457; Lang. Arc. II, 739).

6) Vgl. Froude XI, 103.

25. April Kaiserslautern

103. Johann Casimir an Königin Elisabeth.

Zusammenkunft seines Schwiegervaters mit L. Wilhelm zu Salza; Beschluss, am 7. Juni zu Schmalkalden die Subscription des corpus doctrinae mit seinen Condemnationen durch Theologen der Fürsten, die das wahre Verständniss der A. C. zu haben behaupten, und etliche Räte vollziehen zu lassen.[1]) Bittet E., über deren Gesinnung er durch Beutterich und Beale unterrichtet ist, die Versammlung durch einen Gesandten von der Subscription abzumahnen, die dann nicht mehr so leicht zu Stande kommen dürfte.

Marb. Niederl. 1578. Cop.

1) Vgl. Heppe, IV, 51 ff.

104. Die pfälzischen Gesandten an Kurfürst Ludwig. 3. Mai Worms

. . . Die Sachsen und Brandenburger sind, nachdem sie und nach ihnen die Pfälzer im 1. Votum die Freistellung [für die Niederlande] angeregt, „durch ir indifferenz davon abgewichen“; gegen das Votum der Pfälzer ward beschlossen die Fortsetzung der Friedenstraktation sowie die Beiziehung von Kff. oder Fürsten ganz dem Kaiser anheimzustellen. . . . .

Mb. 111/4c f. 384. Or.

105. Werbung des englischen Gesandten Davison bei den Generalstaaten. 20. Mai Antwerpen

Die Staaten sollen 1) ihre Obligation über die ihnen von England geschickten 20000 Pfund D. zustellen, 2) diese Summe dem Herzog Casimir zur Beschleunigung seiner Werbung überlassen, 3) sich verpflichten, ohne den Herzog sich in keinerlei Verhandlungen einzulassen und ihn zu behandeln, „comme s'il estoit prince anglois, lieutenant de S. M.“ nach der Uebereinkunft zwischen der Königin und dem Marquis [Havré], da der Herzog hauptsächlich durch England zur Theilnahme am Krieg bewogen worden ist.

Gedruckt bei Vreede, inleiding II. 2, bijl. p. 110. (holländisch bei van Hasselt III, 326 ff. Vgl. Gachard, Actes I, 373; 377.).

106. Johann Casimir an die Generalstaaten. 6. Juni Kaiserslautern

Ist mit ihren Randbemerkungen zu der ihnen übergebenen Schrift unzufriedener; Leute wie die Fürsten, Grafen, Herren u. s. w., die er ihnen zuführen will, rechnen auf einigermassen entsprechende Bestallungen. Verweist auf seine Abgeordneten Schregel und Conincxloo. [1])

Im Auszug bei Gachard, Actes des états gén. I, 380.

1) Vgl. Beutterich an Graf Johann, gleichen Datums, Prinsterer I. 6, 375 ff; das Anbringen der Gesandten ebd. 391 ff; Gachard, Actes I, 388. Georg Erasmus Schrögl (Schregel) stand früher in Diensten Oraniens („im 75. bin ich verschriben von P. von Uranien an Pf. in vorstehenden 2. krieg H. Casimiri; da bin ich fur rat und kriegscomissari gebraucht worn“, Mb. 90/12).

107. Johann Casimir an Kurfürst August. 22. Juni Kaiserslautern

Auf dessen Schr. vom 26. Mai betr. das Concordienwerk. Wiederholte Rechtfertigung seiner Opposition und Gegenvorschläge. [1])

Gedruckt bei Struv, pfälz. Kirchenhistorie p. 364—371.

1) Ueber die vorausgegangene Correspondenz vgl. Heppe IV, 125 ff.

24. Juni Mor-scheid

108. Bonnecourt an Beutterich.

Bittet sein Nichtschreiben bei „S. Exc.“ [Joh. Casimir] zu entschuldigen, dem „mons[r] de Lebestein“[1]) Bericht erstattet haben wird, und um Angabe einer sichern Marschroute für „ceste bonne troupe de gentilzhommes, cappitaines et soldats“ anzuhalten. Capitän Louffart ist zu ihm gestossen.

Mb. 90/12 f. 133 Or. (Präs. Rheinfels).

1) Lewenstein (vgl. no. 49 A. 1) und Dr. Junius musste 2000 französische Schützen (die Hälfte) auf den Musterplatz führen (J. C. an Johann von Nassau, 2. Juli, Idstein); ausser Bonnecourt (Languet ad Cam. p. 202; ad Sydn. p. 332) commandirten bei den Franzosen Argentlieu (vgl. no. 102 A. 5), Mouy und Lanti der Alte (Dohna's Selbstbiographie).

27. Juni Paris

109. Der spanische Gesandte Juan de Vargas an König Philipp II.

. . . . Die Berner sollen an Casimir geschrieben haben, er möge die Grafschaft Burgund nicht angreifen, da sie ihm sonst mit aller Macht entgegentreten müssten, „procurando damnificarle en sus tierras proprias“; . . . worauf Casimir dem Gouverneur der Grafschaft Vergi schrieb, seine Absichten gingen nur gegen die spanische Tyrannei in Flandern. . . .

Pa. K. 1544. Cop.

1. Juli Ant-werpen

110. Wilhelm von Oranien an Fabian von Dohna und Zuleger.

Hört gern von ihrer Ankunft zu Nymwegen und hofft auf wirksame Unterstützung durhc J. C. gegen den Feind, „lequel jusques à présent nous a fort travoillez.“ Verweist im übrigen auf die Commissäre des Pf., dem er stets „de très bon coeur“ dienstlich sein will.

Dohna'sches Archiv Schlobitten. Or.

2. Juli Nieder-wesel

111. Johann Casimir an Landgraf Wilhelm.

Hat seine Reise am 22. Juni angetreten. War unterwegs incognito in Köln.[1]) In Wesel hochgeehrt; die Stadt der Religion ganz und gar zugetan. Zeitungen. Das englische Geld richtig gemacht. Will sich morgen auf den Musterplatz [Zütphen] begeben.

Marb. Niederl. 1578. Or.

1) Am 29. Juni mit Beutterich (Languet ad Sydn. p. 331/2; Arc. II, 738). — L. Wilhelm, der während des Zugs mit J. C. sowie mit dem zurückgebliebenen Ehem ständig correspondirte und einen eigenen Berichterstatter (Des Traos) hatte, war wie fast alle Freunde des Pf. von Anfang an gegen das gefährliche Unternehmen gewesen (Prinsterer I 6, 317; 374). Auch Ehem, der W. gegenüber seinen Herrn häufig verteidigen musste, bemerkt doch wiederholt, er sei nicht um Rat gefragt worden. Männer wie Ursinus, Tossanus, Walther missbilligten den ganzen Zug, Languet wenigstens die übergrosse Truppenzahl (Languet Arc. II, 368; ad Sydn. 328).

112. Kurfürst Ludwig an Landgraf Wilhelm. 4. Juli Braubach

Niederländischer Krieg und französische Praktiken; Schr. des Kaisers hierüber. Schlägt eine geheime Zusammenschickung der Stände der A. C. vor. [von W. widerraten.]

Marb. Or.

113. Ehem an Landgraf Wilhelm. 4. Juli Neustadt

Hat die Mitteilungen einer „beglaubten" Person aus den Niederlanden über die Praktiken des Pf. Georg Hans [1]) an Kurpfalz und seinen Herrn gebracht und sich auch an G. H. selbst gewendet, von dem er Besseres hofft. Wechselschriften zwischen Herzog Ludwig und Gr. Friedrich von Würtemberg in der Mömpelgartischen Sache und Werbung Beutterichs des verhafteten Marion [2]) und der verjagten Christen von Bisanz wegen, worin nichts Unziemliches begehrt wurde. Etliche Personen in der Mümpelgartischen Regierung, die um des M. Sachen Wissens gehabt, sehen nicht gern, dass solche an den Tag kommen; glaubt, „I. F. Gn." [der Graf?] werde die Sache jetzt ersitzen lassen. . . . .

Marb. Or.

1) Eine Zeitung aus dem Lager vor Nymwegen 11. Jan. 1578 (Marb. Wilh. Corr. mit Pfalz) besagt, G. H. habe sich mit Don Juan eingelassen und wolle Ditmarschen für Spanien einnehmen, unter der Bedingung Herr des Landes zu werden.

2) Ueber die Verhaftung des ev. Geistlichen zu Dampierre, Jean Marion, der in Correspondenz mit Heinrich III und Guise stand und kurz darauf katholisch wurde, über die angeblichen Pläne der Lutheraner gegen die Calvinisten und einen Anschlag gegen das Leben des Grafen Friedrich vgl. Heppe IV, 21 ff; Duvernoy, éphémérides de Montbéliard p. 154. Im Stuttgarter (bez. Ludwigsburger) Archiv fand sich nichts hierüber.

114. Johann Casimir an Landgraf Wilhelm. 14. Juli Zütphen

Ist am 5. mit Pfalzgraf Friedrich und Herzog Moritz von Sachsen [1]) hier angekommen. Die Musterung kann hoffentlich Mittwoch oder Donnerstag geschehen; die staatischen Commissarien sind schon vor 2 Tagen hier angekommen, [2]) das englische Geld kürzlich zu Antwerpen eingetroffen. Dann soll der Rheinübergang erfolgen. Beiliegend das Verzeichniss der Streitkräfte. [3]) Die Spanier sammeln sich unterhalb Maestricht.

Marb. Or.

1) Pf. Friedrich, der 4. Sohn Pf. Wolfgangs, geb. 1557 † 1598; Herzog Moritz von Sachsen-Lauenburg († 1616, Bruder des Erzb. Heinrich von Bremen), damals Rittmeister über J. C. Hoffahne, unter dem ausser Friedrich die Rheingrafen Otto und Adolf, Otto von Solms, Wilhelm von Wied, Heinrich von Lewenstein, Friedrich von Hohenlohe dienten.

20

14. Juli 2) Vgl. J. C. an Matthias, Zütphen 20. Juli (Chmel I, 88), an die Generalstaaten ebd. 27. Juli (Gachard, Actes I, 405).

3) Dasselbe gibt a) das Kriegsvolk der Staaten — 460 Kürisser, 150 leichte Pf.; 6100 deutsche Reiter; 6400 niederl. und wallon. Schützen zu Fuss; 2100 Engländer; 2300 Schotten; 1000 Franzosen; 15 Fähnlein Landsknechte; b) das Kriegsvolk J. C. — 5500 deutsche Reiter; 10 Fähnlein Landsknechte; 500 französ. leichte Pf.; 4000 französ. Schützen. Alençon wird auf 3000 Pf. und 12000 Schützen taxirt.

15. Juli Antwerpen

115. Zuleger an Ehem.

.... Religionsfriede; ein Teil soll den andern, J. C., Oranien und Graf Johann die Aebte und Pfaffen versichern. Der Consens von Seeland, Holland, Utrecht, Brabant, Flandern und Geldern gewiss.[1]) Predigt hier, zu Gent (Chimedoncius und Dathenus) und Brüssel, „und seind eitel pfalzische predicanten".[2]) Argenlieu zieht heut oder morgen mit gegen 2000 Soldaten von hier. .....

Marb. Cop.

1) Diese Ansicht war zu optimistisch; vgl. über das Schicksal des Projekts Prinsterer I. 6, 386 ff.

2) Dathenus schreibt am 28. August (an Ehem?): „Ex 28 civitatibus Flandriae 24 evangelium amplexae sunt et oppidorum et pagorum pars maxima sequitur. Brabantia tota vastata est, urbes tamen omnes, utcunque nonnullae superstitione dementatae sunt, religionis exercitium ferunt. .... Gandavenses supplicatoriis suis literis apud illmum nostrum principem effecerunt, ut ipsis sim concessus." Marb. Cop. Ueber die Wirksamkeit der fanatischen Prediger, des „obersten Bischofs von Gent" Dathenus, Jakob Kimedoncius, Hermann Strickerius, vgl. de Jonghe, Gendsche geschiedenissen II, 62; 70; 86; Janssen, Dathenus. J. C. selbst hatte den aus Speier vertriebenen Georg Infantius als Prädikanten bei sich.

Juli

116. Landgraf Wilhelm an Ehem.

Johann Casimirs Ausschreiben[1]) wäre besser unterblieben. J. C. hätte einfach sich auf die deutsche Libertät und auf das Begehren des Erzherzogs Matthias und der Staaten beziehen sollen. Seine Ausführungen dürften ihm nur Spott und Nachrede erwecken.

Darmst. Kr.- und Mil.-Angel. Cop. (Fragm.)

1) „Ausschreiben .... herrn Johann Casimirs pfaltzgrauens bey Rhein ... darinnen kürtzlich die vrsachen, warvmb sich S. F. Gn. in jetzige kriegsexpedition ... begeben, auszgeführet werden", Neustadt, 1578; datirt vom 22. Juni. J. C. beruft sich u. a. auf die Friedensbestrebungen des Kaisers, der überdies zugesehen habe und noch zusehe, dass sein Bruder Matthias das Gubernament der Niederlande angenommen, ferner auf die Wahlcapitulation, die dem Kaiser Einführung fremden Kriegsvolks ins Reich verbiete. Eine lat. Ausgabe: „Brevis et luculenta Expositio causarum, quibus adductus ... Johannes Casimirus .... hanc expeditionem ... susceperit," s. l. 1578. Dinothus, de bello civili belgico (Basel 1586) p. 272 hebt die „multa praeconia ipsius regis in eo scripto" hervor, die aber den Unwillen der Spanier nicht verminderten, vgl. unten no. 130.

117. Zuleger an Johann Casimir.

7. August Antwerpen

(Verhandlung mit den englischen Gesandten.)

.... „Und kan ich dobei E. F. Gn. nit verhalten, das uff das memorial, so ich gestern E. F. Gn. uberschickt, ich nechten spatt mit den englischen gesandten[1]) gehandelt und nach langer ausfürung der sachen, auch ableinung irer argumenten, das ire konigin allein in solchen und dergleichen sachen das ire getan und andere chur- und fürsten des reichs, auch konig und potentaten teten nix, so doch gleichsowol di sach mit berürte: hab ich inen allegirt meins gnedigsten hern seligen exempel, das der sein eusserst vermögen, ja auch bis an seine kinder zu diesen sachen zugesetzt; endlich sie dohin bracht, das sie sich erkleret, ich soll mich allein nix annemen bei den stenden und bei denselben für und für uff bezalung dringen, wi auch pillich; do es aber daselbst manglen solte, wolten sie ir bestes tun. Doraus wol soviel abzunemen, das sie bevelch haben werden, E. F. Gn. nit zu verlassen in der not.

Gleichwol haben sie mir den langen verzugk, das der I. Mt. hochlich missfallen werde, und das schier ein monat ohne nutz dahin gehet, ehe man ins land oder vor den feind kompt, fürgeworfen. Welches ich verantwort, das es E. F. Gn. schuld nit, sonder der staden were, und das mir nit zweifelt, E. F. Gn. würden nunmehr nit allein strack ohne einiges aufhalten fortziehen, sonder auch sampt irem kriegsvolk allen verzugk einbringen und mit irem ernst und vleiss erstatten. Daruff sie mich gebetten, E. F. Gn. ja, das sie solches tun und sich nit ferner aufhalten wolten, von irentwegen zuzuschreiben, wi ich dan hiemit getan haben will.“ ...

Mb. 90/12 f. 126. Or.

1) Cobham und Walsingham, am 12. Juni in die Niederlande abgefertigt, hatten Friedensverhandlungen zu führen und litten schwer unter der unglaublich launenhaften Politik ihrer Gebieterin, die sich eben zu Anfang August von der Sache der Staaten ab und dem Verlobungsspiel mit Alençon wieder zugewendet hatte. Sie trug damals dem jungen Sidney auf Casimir zu sagen, „that she marvelled and was offended with him that he did give out that his coming was by her means ... since she commanded him not to come and the states entertained him“; Sidney wies den Auftrag zurück (Leicester an Wals. 1. Aug Froude XI, 125). Am 9. Sept. schreibt Wals an Burghley: „As for Casimir he doth curse the time that ever he departed out of his country, finding her Maj. deal so coldly and grow so hateful to this people, and he himself for her sake the less esteemed“ (ebd. 131).

7. August Rüg (Ryge ?) **118.** König Friedrich von Dänemark an Johann Casimir.

Wollte längst J. C. in den Niederlanden beschicken; Glückwunsch zum Feldzug. Ob J. C. nicht nach dessen Beendigung seine vor einem Jahr geäusserte Absicht eines Besuchs in Dänemark ausführen will? Dem Ueberbringer soll J. C. mündlich Auftrag erteilen, „da E. L. was hetten, so sie der feder nicht zu vertrauen und uns zu communiciren stünde."

Dr. 8514. Cop.

11. Aug. Arschen a. d. Maas **119.** Johann Casimir an Landgraf Wilhelm.

Ist am 6. bei Emmerich und an der Beek über den Rhein gegangen, Samstag [9.] zu Venloo gewesen. . . . Oeffentliche Predigt zu Mastricht.

Marb. Or.

18. Aug. Antwerpen **120.** François de La Noue an Alençon.

Verdächtigungen de la Motte's gegen A.[1]) . . . . . A. soll seine Armee marschbereit machen, sich an Oranien halten und jemand an Casimir senden, um denselben günstig zu stimmen, was leicht gehen wird; „et si je le voye bientost, je luy parleray, comme il fault."

Pb. fonds fr. 3277 f. 63. Eigh.

1) Vgl. Prinsterer I. 6, 443 ff; über den berühmten „hugenottischen Bayard" La Noue (geb. 1531 † 1591) La France prot. VI, 280 ff.

21. Aug. **121.** Zuleger an Beutterich.

(Finanzielle Schwierigkeiten; Vorschläge zur Abhülfe.)

„Monsieur et frère! Ich treibe was ich kan, bei den Staden und prinzen; so konnen wir doch noch zu keinem gelt kommen. Wan wir nur en attendant ein gulden oder 25000 konten haben, so were es noch etwas. Aber do ist noch kein gelt fertig; wan man inen dan vom hals kompt, so denken sie nit mehr doran. Ich will tun, was ich kan.

Mich hette aber bedunkt, das mein her nit ubel getan, das S. F. Gn. ein kron oder zwelf dausend hette lassen holen, uff das S. F. Gn. alzeit uff ein solchen nottknopf hette konnen etwas tun und den staden und diesen landen, so feil seind, beweisen, das S. F. Gn. etwas tun künten zur nott und das sie auch den willen hetten, solches zu tun. Dan warlich in solchen fellen lest es sich nit so genau spannen, und were das I. F. Gn. in ander wege bei diesen landen fürtreglich gewesen; dan man noch nit weiss, was gott I. F. Gn. noch bescheren oder warzu er di beruffen will. 21. Aug.

Ferners so bedunkt mich, dieweil mein her dise sach mit der konigin aus Engelland angefangen und sie I. F. Gn. auch so statliche vertröstung getan hat, auch die Staden, so oft man di umb gelt ansucht, alzeit sich beklagen, di konigin halte inen nit glauben, und soviel zu verstehen geben, ja wol austrucklich sagen, das alle handlung, mit I. F. Gn. gepflogen, sie in ansehung der englischen zusage getan: das mein her zu vorigem angewendten unkosten auch noch diesen angewendet, und hette Junium in Engelland geschickt und der konigin alle diese ding ernstlich lassen zu gemütt füren, wiewol daselbst hin mehr ein Beutrich dan ein Junius von notten were. Es ist wol etwas, das die englischen gesandten an di konigin schreiben, aber es hat keinen solchen nachdruck, als wen jemand von meins hern wegen selbst anhelt und ir ire zusage einreibet und di eusserste nott zu verstehen gibt. D'Avison hat mir und Junio gestern gesagt, das di gesandten vleissig geschrieben, aber es gehoeret ein nachdruck darzu. Summa, weil wir die sach mit der konigin angefangen, so weisen uns die Staden immer dahin. Derhalben were gut, das mein her seinen eussersten vleiss bewiese; gienge es dan fort und erhielte man etwas, so müsten die Staden desto dankbarer sein; erhielte man nix, so sehen sie dennest, das wir das unser treulich getan, und hetten wir desto mehr und bessere ursach, in sie zu dringen.

Noch einem hapt ir nachzudenken: mein her hat gelt, so er begert anzulegen; wan er dan hette dasselb holen lassen und solches durch Conigssloen oder ein andern (meins hern unvermelt), als wan Conigssloe für sich ein partida machet mit seinen gesellen zu Frankendal, hette lassen entweder der konigin aus Engelland oder den Staden uff gewisse versicherung etlicher stedt in Holand oder sonst, di am sichersten sein, leihen lassen [!] und das solch gelt were S. F. Gn. kriegsvolk zum besten kommen; solchen und dergleichen sachen habt ir nachzudenken und hat man dennest in mittels bei den staden umb bezalung anzuhalten." . . . .

Mb. 90/12 f. 129. Eigh.

122. Johann Casimir an Landgraf Georg.

28. Aug. Lager bei Mecheln

Hat am 20. zu Lierre beim Erzherzog zu Mittag gespeist,[1]) Tags darauf demselben sein ganzes Kriegsvolk in Schlachtordnung vorgeführt. Ist am 22. hier bei Mecheln angekommen und vom

28. Aug. Grafen von Boussu, staatischem Feldobristen, empfangen worden. Friedenstraktation. Die englischen Gesandten waren zu Mecheln und wollten hieher, wurden jedoch von Don Juan zurückgerufen; in wenigen Tagen wolle er sich besser erklären. Vor zwei Tagen hat Alençon, der noch zu Bergen ist, durch einen Gesandten, Namens Sechelles, begehrt,[2]) „die alte kundschaft wider mit uns zu erneueren und uns in der personn anzusprechen; was etwan hie bevor furgelaufen und den einen oder den andern zum unwillen bewogen haben möchte, das solte allerdings hingelegt sein. Und damit wir desto besser personlich zusamenkommen möchten, wer er urpüttig, den halben weg zu ziehen, und solten wir auch den halben reisen; und wolte er andere leut nicht mit sich nemen, dann die uns gefallen und wir ime ernennen wurden, auch da wir es an inen begerten, uber vier personen nit, damit wir ja sehen möchten, das er nichts anders als unsere freundschaft und sich uns ganz und gar zu ergeben begere. Darauf wir uns hinwider gegen ime also ercleret, das wir der sachen weder zu viel oder zu wenig getann. Was aber das mundliche ansprechen belanget, haben wir uns entschuldiget, das wir noch zur zeit nicht füglich von unserem kriegsvolk abkommen konten; müsten bei demselben pleiben und solches in gutter ordnung halten. Der gesandt ist von uns zum prinzen von Uranien gezogen, bei demselben ebenmässigs zu suchen."

Darmst. Fam.-Nachr. Or.

1) Vgl. Chmel I, 53; Compte-rendu III. 11, 395.

2) Alençon hatte schon im Juli den Herrn von Beaujeu bei J. C. gehabt (Nicolas, memoirs of Hatton p. 70 ff; Chmel I, 88/9). Es fehlte nicht an Stimmen, die den Pf. (sehr mit Unrecht) des Einverständnisses mit Al. beschuldigten (Tommaseo, relations des amb. vénit. II, 362); Albèri, relazioni I. 4, 390; Desjardins IV, 174); sogar Schwendi, anfangs J. C. geneigt, glaubte schliesslich den Erzh. Matthias desshalb vor dem Pf. warnen zu müssen (an Matthias, 28. Nov. Chmel I, 102 ff.).

2. Sept. Arnhem

123. Antoine Des Traos[1]) an Landgraf Wilhelm.

Der Vertrag zwischen Alençon und den Staaten [13. August], für die Niederlaude höchst verderblich; auch Nuenar ist (wie Casimir) der Ansicht, dass Oranien den Al. herbeigerufen hat. Ist seinerseits vom Gegenteil überzeugt; Oranien hat seine Beistimmung nur wegen der drohenden Stellung Al. an der Grenze und der Gefahr eines Vergleichs der Staaten mit Don Juan gegeben. . . . . Tiefer Unwille J. C. über das Bündniss mit Al. Der Pf. hatte gehofft auch die Armee der Staaten zu commandiren; ausserdem „*finito bello de creverat et suis cappitaneis pollicitus erat stipendii non soluti causa proficisci recte in Galliam, quod iam difficultatem pariet.*"[2]) . . . .

Marb. Niederl. 1578. Or.

1) Französischer Sekretär des Landgrafen, dessen interessante Correspondenz mit seinem Herrn über die niederländischen Vorgänge des J. 1578 Prinsterer nur wenig benützt hat. Wir werden diesen guten Beob-

achter im J. 1583 als Berichterstatter über den kölnischen Krieg, im J. 1586 als Begleiter der deutschen Legation nach Frankreich wiederfinden; 1579 berichtet er vom Kölner Congress (Prinsterer I. 7, 40 ff.). 2. Sept.

2) Ausser dieser Notiz und einer Aeusserung Castelnau's (Petitot XXXIV, 225) fand ich nichts über den von La Hug. II, 12/3 mitgeteilten Plan J. C., die Armee der Staaten an sich zu ziehen und mit Condé zusammen über Gent in die Picardie einzufallen, um die Herstellung des Edikts von 1576 durchzusetzen, hierauf die Niederlande von der Tyrannei der Spanier und Oraniens zu befreien. In Frankreich fürchtete man längst eine Invasion J. C. gelegentlich des niederländischen Zugs (Desjardins IV, 166).

124. Antwort Kurfürst Ludwigs auf die Werbung des französischen Gesandten Poigny.[1]

2. Sept. Heidelbg.

Hofft, dass Alençon, wenn auch ohne Wissen und Willen des Königs und seiner Mutter in den niederländischen Krieg eingetreten, gegen das Reich nichts vornehmen und dass durch die Besetzung der französischen Grenzfestungen das Reich nicht bedroht werde.

Darmst. Fam.-Nachr. Cop.

1) Jean d'Angennes, seigr de Poigny, Kämmerer bei Heinrich III und bei Navarra (Berger, Recueil des lettres missives de Henri IV, I, 78 A. 1; in einer Zeitung bei Gachard, Actes II, 35 irrig Bovigny), abgeordnet Paris 26. Juli; am 17. Sept. wird er in München beantwortet (Ma. 284/14) vgl. Hotom. epp. p. 99.

125. Johann Casimir an Kurfürst August.

7. Sept. Lager bei Mecheln

Friedenstraktation mit Don Juan, dem der kais. Gesandte, Graf Ottheinrich von Schwarzenberg, begleitet von den englischen und französischen Gesandten und Vertretern der Staaten die Artikel der letzteren vorlegte. „Als er nun solche ubersehen, hat er in puncto geantwort, wen die sach ine so woll als seines hern des kunigs zu Hispanien angieng und uf dem brotthaus zu Brussel gefangen were, wuste er nit, ob er dise ubergebne puncten einwilligen konte; darauf mit den engelischen gesandten, wie sie mich berichtet, vill discours und rats bei inen gefragt und gehabt, und sie ime die beschwernus und absunderung diser land von Spanien furgemalt, auch was mit Alensoni beschlossen, uf den fahl er solchs von Spanien wegen nicht einwilliget. Und hat sich letzlich dahin erkleret, das der kunig von Spanien alle volmacht und gewald der kais. Mt. heimgegeben und darzu alsbald ein volmechtigte person hierzu hernach schicken wolle", laut beiliegender Cop. des kais. Schr. an Matthias ihm durch Asmus von Lichtenstein mitgeteilt.[1] Die Staaten glauben, Spanien wolle die Sache auf die lange Bank schieben, um seine und des deutschen Kriegsvolks Abdankung in Folge der Geldnot herbeizuführen. . . . . Die Staaten sind den Seinigen noch einen Monat und am Nachtgeld $1/2$ Monat schuldig und die Zahlung des 1. Monats geschah auch von Seiten Englands. Die Leute mussten, um bei dem Mangel eines Commiss im Feldlager nur leben zu können, ihre Ketten, Ringe und Dolche versetzen. Er hat den

7. Sept. Reitern all das Seinige vorgestreckt, seine Ketten versetzt und will auch sein Silbergeschirr versetzen. . . . . „Es hat mich wunder genomen, wie Don Johan des Alenson kriegsvolk nit begert heimzusuchen, da er sich doch am meisten uber ime beschwert. Was darunder irgends verborgen sein mag, kan ich nit wissen, aber die zeit wurdts geben.“ . . . . Wünscht einen baldigen Frieden, „damit ich desto eher einmahel zu E. Gn. komen möge.“

Dr. 8514. Schr. Joh. Cas. und Elis. an Aug. Eigh.

1) Vgl. Prinsterer I. 6, 440; Gachard, Actes II, 18 ff. Chmel I, 53. Philipp II bevollmächtigte in der Tat schon am 30. Aug. den Herzog Terranova für die Friedenstraktation, die bekanntlich unter Vermittlung des Kaisers im folgenden Jahr zu Köln stattfand, aber erfolglos blieb.

11. Sept. Arnhem

126. Des Traos an Landgraf Wilhelm.

. . . . Alençon als Defensor der Niederlande und Prinzipalfeldobrist der Staaten angenommen. Aber derselbe wird von Casimir und dessen Kriegsvolk nicht anerkannt, während die deutschen Reiter Schwarzburgs, Eitelhenrichs u. a. sowie alle Schotten und Engländer den von Bossu, unter der (ungerechten) Anklage, dass er am 31. Juli die völlige Vernichtung der Spanier gehindert habe, verwerfen „und einmütiglich . . . herzogen Casimirum für ihren einigen feldobersten . . . anzunemmen begeren“.

Marb. Or.

13. Sept. Lager bei Wavre

127. Johann Casimir an Landgraf Wilhelm.

. . . Ist am 9. bei Löwen zum staatischen Kriegsvolk gestossen, Tags darauf mit 1000 Engländern und Schotten, ebensoviel französischen Schützen und 2 Fahnen Reiter vor die Stadt gerückt; der Feind ergriff nach einem Scharmützel von ein paar Stunden die Flucht in die Stadt, wo er die grösste Vorstadt in Brand steckte. Am 11. Aufbruch gegen den zwischen Löwen und Namur stehenden Feind. . . . Einnahme eines mit Spaniern besetzten Hauses.

Marb. Or. (M. M. an L. Georg, Darmst. Or.)

14. Sept. Frankfurt

128. Daniel Tossanus an Theodor Beza.

(Ungünstiger Verlauf des niederländischen Feldzugs. Lutherische Reaktion in Heidelberg.)

„Non immerito certe, vir clarissime, de exitu infaelicis istius belli belgici pro tua pietate sollicitus es, neque aliud quam tu ominari video omnes prudentes et rerum humanarum peritos, ita ut, cum res in eum sit deducta locum, ut retrocedere nec honestum nec integrum sit, hoc unum superesse videatur, ut oculos in caelum, unde nobis salus, continuo levemus et patienter et exitum expectemus atque etiam aequo animo quidquid acciderit feramus. Consumpti sunt multi sereni dies in otio, multi in vanissimis et perfidiosissimis, si hostes spectes, de pace tractationibus intercedentibus legatis imperatoris, regis Galliae et reginae Angliae. Princeps Uraniae nostrum ducem Casimirum nondum vidit. Archidux autem Matthias Liram usque obviam ei processit et lustrato exercitu honorifice per biduum apud se habuit.[1]) Nihil tam nostrum bonum principem discruciat, quam quod videt, dum serio agit et vitam ac fortunas in discrimen adducit, Antuverpiae indulgeri sumptuosis et prolixis conviviis, religionis professionem iis sordere, quos eam summo studio amplecti decebat, stipendia maligne solvi militibus, totum tempus legationibus hinc inde, compotationibus, deliberationibus extrahi, comiti de Bossu et Alenconio summum imperium deferri atque ita ordines volentes et videntes se in exitium coniicere. Eo tamen est animo dux noster, ut quidvis potius experiri decreverit, quam ut ipsis malis et difficultatibus turpiter cedat. Elector Palatinus a quibusdam furiis aulicis magis ac magis in nostram religionem inflammatur. Scholas omnes privatas Heidelbergae nostris interdixit et in eos, qui communionis causa aliquando ad nos transeunt, severe inquirit, nec desunt qui putent, illum brevi Pandorae[2]) subscripturum. De conventu tamen principum magnum est adhuc silentium; omnes proculdubio belli belgici exitum expectant." . . . 14. Sept.

Gotha, Bibl., Chart-A. 405. f. 339. Eigh.

1) Vgl. no. 122. Oranien, „quy pareillement entendoyt aller audevant", wurde von den Staaten in Antwerpen zurückgehalten.
2) Gebräuchliche Bezeichnung des Concordienbuchs bei dessen Gegnern.

129. Johann Casimir an Landgraf Wilhelm. 24. Sept. Brüssel

Einnahme des Schlosses Genep [Genappe]. Das ganze Lager vor Nivelle [Nivelles]. Alençons Volk bei Bins [Binche]. Die Friedenshandlung vereitelt. Hofft noch auf Bezahlung. Zunahme der Predigt in diesem Land.[1]) War mit einem starken „durchlauf" behaftet und hat daher das Lager verlassen müssen. Ist auf dem Weg der Besserung.[2])

Marb. Or.

1) Vgl. Henne et Wauters, hist. de la ville de Bruxelles, I, 496.
2) Ueber die Auffassung von katholischer Seite vgl. eine „Remonstrance aux troys estatz de Hénaut" (Pb. f. fr. 3277 f. 85) kurz nach dieser Zeit: „La présente et fainte maladie de D. C. [duc Casimir]

24. Sept à Bruxelles en faict assez de preuve, qui à la requeste de quelques-unge faict fère la dicte presche à Bruxelles et praticque les habitans de la ville, les induisans à le faire et eslire leur protecteur, contre le traicté faict avec monsr le duc d'Alençon; attirant à ceste mesme volunté les Gantois aucuns de la ville d'Anvers, à tous ceulx qu'ilz peuvent gaigner par toutes sortes d'inductions et persuasions, dont il se peult adviser." Ihr Vertrauen auf [England]. „Le roy de D. [Danemarc] l'assiste de son costé" [vgl. no. 118]. Ganz irrig ist die Ansicht des Verf., dass Oranien „faict jouer le jeu au D. C., duquel il se veult ayder pour instrument de la ruyne des Catholicques"; ebenso urteilt die „Lettre d'un gentilhomme vray patriot" (1579), gegen welche Marnix seine Widerlegung schrieb.

26. Sept. Cassel **130.** Landgraf Wilhelm an Landgraf Ludwig.

Werbung des spanischen Gesandten Ramiro Nuñez de Guzman [20. Sept.]; derselbe prahlte mit den indischen Schätzen des Königs und äusserte sich über J. C. Ausschreiben bewegter als über dessen Feldzug. . . . .

Marb. Cop.

2. Oktober Antwerpen **131.** Adriaen van Coninexloo[1]) an Johann Casimir.

Hat die Rechnungen der von Geldern gelieferten Munition und Lebensmittel vom Schatzmeister nicht angenommen, da sie ganz in Unordnung waren. Gestern Abend liess er den Staaten sagen, er könne nicht länger auf ihre Antwort warten, worauf sie ihn rufen liessen und ihm dieselbe (nach Mitteilung an den Erzh. Oranien und den Staatsrat) auf heute nach Tisch versprachen. Schwarzburg und St. Aldegonde heut früh noch nicht abgereist.[1])

Mb. 90/12 f. 131. Eigh.

1) Vgl. Prinsterer I. 6, 466/7. Am 3. Okt. überreichte C. die ausführlich motivirte Aufkündigung des Pfalzgrafen („Was . . . her Johann Casimir . . . . bey den generalstaden der Niderlanden zu Antorff den 3. octobris . . . . fürbringen lassen", s. l. 1578). Die Staaten suchten vergebens den Pf. durch Günther von Schwarzburg und Marnix von seinem Entschluss abzubringen: vgl. unten no. 135; Berichte einzelner Mitglieder der Staaten im Compte-rendu III. 11 und bei Willems, Belgisch Museum V.

10. Okt. Dresden **132.** Kurfürst August an Albrecht von Baiern.

Auf dessen vertrauliches Schr. betreffend die von August dem verstorbenen Kaiser vorgestreckte Summe. „Und ist nicht an, das wir hochgedachter kais. Mt. in irem damals obliegenden drangsall eine summe geldes aus treuherziger gutwilligkeit vorgesatzt, dafur uns dan I. kais. Mt. anfenglich etzliche stedte in Schlesien und Lausnitz sambt dem neuen zoll zum unterpfand eingesetzt. Und ob uns wol sieder dess an solcher summa etwas vergnugung geschehen, so stehet uns doch noch eine ansehenliche summa aussen, mussen auch selbst uff bequeme mittel trachten, wie wir vollent befriedigt werden möchten. Derowegen wir verhofft von E. L. vorschlege zu erfahren, wie wir vollents zu unserer entlichen bezalung kommen möchten; haben uns auch E. L. als dess orts nahen verwanten vettern und schwagern furderung nicht wenig getröstet, zu geschweigen das wir E. L. mittel an die hand geben konten, wie sie contentirt werden möchten." 10. Okt.

Ma. 53/14 f. 208. Or.

133. Johann Casimir an Landgraf Wilhelm. 10. Okt. Gent

Ist am 9. von Brüssel aufgebrochen, am 10. hier angekommen und herrlich empfangen worden; für seine Person beabsichtigte er nur „die stat und landschaft Flandern zu besichtigen und ein wenig ein frischen luft zu schopfen."[1]) Will jedoch auf Bitten des Rats mit seinen 6—800 Reitern (bei Courtray) die meuterischen Wallonen in Menin vertreiben. . . . .

Marb. Or.

1) Der wahre Grund lag in seiner Verbindung mit der calvinistischen Demokratie in Gent, von deren Führern Hembyze und Ryhove der erstere den Pfalzgrafen gegen die sich sammelnden katholischen „Malcontenten" zu Hülfe rief und als „Vorschöppe" (Bürgermeister) der Stadt feierlich begrüsste. Vgl. Prinsterer I. 6, 463 ff; Maatschappy der vlaemsche bibliophilen I. 1, 30; 37; II. 7, 60/61; 86; de Jonghe, Gendsche geschiedenissen II, 63.

134. Schwendi an Beutterich 12. Okt.

Dringende Ermahnung, sich durch anderer Leute Neid nicht von dem angefangenen Werk abbringen zu lassen; das ist einmal der Welt Lauf und ein gesonderter Abzug vor Ende des Kriegs würde ihnen zum schweren Vorwurf gereichen. „Oportet principem vestrum magnanimitate et constantia et virtute aemulos et invidos suos vincere, non intempestiva et abiecta vindicatione, qua se et aestimationem suam plus laedet quam sui invidi ullis indignitatibus et calumniis facere possent. Darumb helfet treulich abweren und seit dran, das I. F. Gn. dem krig fur dis jar zu end fleissig abwarte . . . . . Uf ein ander zeit steet I. F. Gn. frei, was sie ferrer tun welle." Don Juan's Tod wird den König nachgiebiger machen, Kaiser und Kff. sich der Niederlande mehr annehmen wegen der zunehmenden Gefahr der französischen Einmischung. „Darumb ligts alles an dem, das ir eurem krig dis jar ein guten und ansehenlichen ausgang machet und treulich zusamen haltet und sonderlich dem erzherzog Matthias durch die franzosischen praktiken nit ausstossen lasset". . . . . Einnahme einiger Plätze in Burgund durch die Franzosen. Hält mit Neustadt fleissig Correspondenz, doch über Strassburg, da er Ursache hat, unvermerkt zu handeln. Zeitung aus Lothringen (vom 8. Oktober: die Guisen und Condé nicht unter den Waffen; kein Bruch zwischen Frankreich und Spanien u. s. w.).

Ma. 544/15. Or. (chiffrirt, mit Auflösung); die Zeitung ebd. 545/1.

18. Okt. Courtray

135. Johann Casimir an Landgraf Wilhelm.

(Ausführliche Rechtfertigung seiner Entfernung von der Armee und Reise nach Gent. Will von da weiter nach Seeland. Hat niemals nach der Grafschaft Flandern getrachtet.)

Verweist auf sein Schr. vom 12. Will allerlei Reden halber, die über ihn ausgebreitet, W. aller Sachen gründlich berichten.

Als er seiner Leibsschwacheit wegen zu Brüssel war und seine im Lager zurückgelassenen Reiter bei Nivelle aufziehen sollten, weigerten sie sich zu marschiren, ehe ihnen das von den Staaten öfters zugesagte Nachtgeld bezahlt sei. „Welches wir gleichwoll, als wirs erfaren, ungern gehört und dahero verursacht, inen ein solches durch unsere abgesandten ausfürlich und ernstlich zu beschweren, auch zum teil umb desswillen unsern abschied von inen zue nemmen." Anderntells liess er, da er sah, wie die Staaten mit ihm und seinem Volk umgingen und wie mehr Spott und Schimpf als Ehre bei solcher Unordnung zu erlangen, auch die zugesagten drei Monate verflossen seien, ein ausführliches französisches Schreiben den versammelten Staaten durch seine Gesandten vorlesen; verweist auf beiliegende Uebersetzung desselben; „haben gleichwoll viel erhebliche uhrsachen darinnen usgelassen, damit die Staten nit zuviel beschwert würden." [vgl. no. 131 A. 1.]

Seine Reiter haben ihn schriftlich und durch die Befehlshaber und einen Ausschuss ersuchen lassen, ferner bei ihnen zu bleiben und die Ungnade fallen zu lassen, wogegen sie als redliche Kriegsleute das Ihrige tun und Leib und Gut bei ihm wagen wollten. „Wiewoll wir nun entlich bedacht gewesen, unserm furhaben nachzukommen, und uns us diesem uhnordenlichem werk zu wickeln, jedoch und dieweil noch der bezahlung halben nichts richtig gemacht, so haben wir inen versprochen, uns us diesen landen nit zu begeben, sie seien dann bezalt oder gnugsamb versichert. Aber uns bei diesem regiment in der person wider ins läger zu begeben, trügen wir bedenkens; dessen sie auch also zufrieden gewesen." Dieses Bedenken besteht noch, denn sein Volk ist vom Grafen von Bossu unter das andere gemengt worden, „also das wir, da es zum treffen kommen solte, unserm kriegsvolk nit allein nichts zu gebieten hetten, sondern auch nit versichert weren, was wir uns zu denjenigen, so bei uns, zu versehen; uber das auch wir von vilen orten fur des von Alanzons kriegsvolk, welches sich täglich zum haufen nähert, verwarnet worden. Nichts desto weniger aber haben wir einen weg als den andern unsers abschieds halben bei den Staten anhalten lassen. Darauf dieselben graff Güntern von Schwarzenburg und den von St. Aldegonde zu uns gein Brüssel abgefertigt und zum hochsten gebetten, das wir us diesen landen nicht weichen wolten, sintemall inen viel hieran gelegen und der gemeine man allein uf uns sehe, so wolten sie uf wege gedenken, wie unser kriegsvolk zufrieden gestelt werden und alle ding richtig nacher gehen solten." Da er aber nach dem Vorgegangenen abnehmen konnte, was auf die Zusagen der Staaten zu bauen, hielt er nur darum an, dass das Kriegsvolk vor allem zufrieden gestellt werde und dass man mit demselben, da die 3 Monate vorflossen, handle, ob sie länger dienen sollten oder wollten; „als dann solte es uns freistehen, uns ferner einzulassen oder aber abzuziehen. Was aber die underhaltung fur unser person ahnlangen tette, hetten wir uns je und alwegen, wie auch noch, dahien erclert, das wir fur unser person von den Staten weder heller noch pfenning begerten; wolten auch die verflossene drei monat und was wir noch ferner dienen würden, nit allein inen den Staden, sonder vielmehr dem gemeinen mann und der sachen zum besten us unserm seckel gedienet haben. Dabei es also noch beruhet." 18. Okt.

Diese Handlung dauerte drei Wochen, während deren er zu Brüssel war. „Und weiln wir ohne das unsern pfennig dess orts so woll als anderswo zeren müssen, so haben wir lust gehabt, andere provinzen, furnemblichen aber Flandern, welches der schönisten eine und darinnen die religion angestelt ist, zu besichtigen; wolten uns also von Brüssel erheben und gein Gent begeben. In deme schicken die von Gent zween vom adel zu uns gein Brüssel und lassen uns undertenig ersuchen, das wir denen von Gent und der provinz Flandern zum besten funf oder sechshundert pferde von den unsern vom lager abfordern wolten, welche sie zu gebrauchen hetten, uns doch nit ustrücklich vermeldet, warzu, sonder allein die vertrostung und zusag getan, das sie woll gehalten und inen kein schade zugefugt, auch da sie es begerten, wider mit schützen zum haufen begleitet werden solten. Wann wir dan betrachtet, was fur uhnordnung im läger in allen dingen furgehen, auch die uberschwengliche menge der reuter und uhngelegenheit des lands zur reuterei, das erst kurzlich zwo frischer fanen reuter im läger ankommen, zu dem uns hiebevor zugemuttet worden, ein fanen reuter von drei oder 400 stark naher Deventer in Geldern zu schicken, auch albereit bei uns beschlossen hatten, diese landschaft zu besichtigen, und also zu unserm gleit und versicherung solcher anzahl pferde villeicht bedurftig, so haben wir denen von Gent die 600 pferde bewilligt und darauf unser hoffgesinde, hoff- und Moritz von Doneps unsers rittmaisters fanen abgefordert und uf Audenar, welches zwo tagrais vom läger, beschaiden; wir auch umb dieselbe zeit mit denen, so bei uns, deren uf 80 pferde gewesen, zu Gent ankommen, da wir nit allein herlich empfangen, sondern auch die zeit uber wir da gewesen statlich tractirt worden." Der Rat teilte ihm dort mit, etliche Wallonen, ursprünglich führerlos, jetzt unter Montigny, Lalaing's Bruder, hätten den Grenzflecken Meny [Menin] eingenommen, und ersuchte ihn um Rat und Hülfe, „dieweil sie unser nit allein von dieser Walonen wegen begert, sondern auch gewisse nachrichtung hetten, das dies nit ein neuw, sondern ein lang von den Papisten angesponnenes werk were, darhinder etwas merklichs verborgen lege, wie solches die tägliche erfarung mit sich brechte." Er wies sie anfangs ab und an die Generalstaaten. „Dagegen sie noch heftiger bei uns angehalten und anzaigt, es were ein langsamb werk mit den Staten und keine resolution bei inen, und da sie uf dieselb warten solten, wurden sie inmittels umb die häls und das land kommen." Er liess sich nun bewegen, an die Grenze zu gehen, und erfuhr hier, Alençon schicke den Wallonen noch 2000

18. Okt. Schützen zu, welche mit ihnen zusammen Land und Volk jämmerlich beschwerten. Er besichtigte die hiesige Stadt und riet, da des Gesträuchs halben mit Reiterei nicht viel anzufangen, sie sollten sich um Fussvolk bewerben und inzwischen in gutem Gewahrsam halten. „Nachdem nun diese ahnordnung und sunsten allerhand anstellung beschehen, wollen wir uns geliebts gott von hinnen erheben und uf Brück und villeicht gar in Seeland begeben und daselb land besichtigen. Inzwischen versehen wir uns werden sich die Staden in einen oder den andern weg ercleren.

Wiewoll nun diese handlungen in der wahrheit also, wie oberzelt, ergangen und dies der grund ist, so mögen wir doch E. L. nit pergen, das etliche hohe personen bei den stenden wider unser ehr und reputation etliche reden ausgestossen, sonderlich aber grave Günter von Schwarzenburg zu Brüssel einen herren, so mit uns gein Gent reiten wollen, zu sich gefordert und ine seiner pflicht erinnert, nichts wider das haus Osterreich zu tun; dann wir zögen darumb gein Gent, das wir dieselbe statt einnemen und uns furter zum herren der graffschaft Flandern machen wolten. Daran er und andere uns zuvil unguetlich tuet, sinteinmal uns ein solches nie in unsern sinn oder gedanken kommen, auch bei unsern fürstlichen ehren und wahren worten erhalten konnen, das weder von hohen oder niederen stands personen disser landschaft mit uns gehandelt, conferirt oder tractirt worden, die possession dieser graffschaft noch das gubernament anzunemmen. So seind wir auch so stark nicht in diese landschaft kommen, das wir solches mit gewalt einnemen könten. Wir wissen aber hergegen woll, das berurter graff selbst durch allerlei mittel nach diesem gubernament gedrachtet hat." Was den Vorwurf betrifft, er verlasse und schwäche das Heer, während man den Feind angreifen wolle, so hat er bereits auf die Ueberzahl der Reiterei im Lager hingewiesen; sein ganzes Fussvolk hat er im Lager gelassen. Ausserdem sind die drei zugesagten Monate und bald schon der vierte dazu verflossen und hat er, ehe er nach Gent ging, seinen Abschied von den Staaten genommen; Schwarzburg hält sich gar nicht bei seinen Reitern auf, Havré und Schenck von Daudenberg sind fast immer in Antwerpen. Endlich ist ja sein Volk in drei Züge und unter das andere verteilt; in seinem, dem Mittelzug ist er mit den Seinigen der schwächste und hat den andern nichts zu gebieten; „also das wir nit unbillich allerhand zu bedenken haben; müssten also nit allein in gleiche oder grösserer gefar bestehen, sondern auch, da es ubel geraten solte, den schimpf und spott neben dem schaden allein tragen." Hätten die Staaten, wie er oft begehrt, ihm mit seinem Volk den Vorzug gelassen, so hätte er sich unbedenklich und mit der nötigen Selbständigkeit gegen den Feind gebrauchen lassen können.

Marb. Niederl. 1578. Or.

136. Graf Johann von Nassau an Beutterich. 20. Okt.

Hat auf sein Schr. über die Union etlicher Provinzen und die bewusste burgundische Sache noch keine Antwort. Hört, dass der Prinz bei J. C. als dessen Gegner und Urheber der Weigerung der Generalstaaten dargestellt, dass dagegen bei den Staaten und dem Kriegsvolk von einer Forderung B. (1000 Taler monatlich und 12 Kronen für seinen Jungen) viel Geschrei gemacht wird. B. möge den Sachen bei Zeiten zuvorkommen; hofft, sie [die Pfälzer] werden die wahre Gesinnung des Prinzen, der nicht alles nach Wunsch einrichten kann, je länger je mehr erkennen und Geduld haben.

Idstein. Conc.

137. Des Traos an Landgraf Wilhelm. 21. Okt. Antwerpen

. . . . „Quand à monsieur le duc Cazimir, il n'est encores nouvelles qu'il eut accepté le gouvernement ou plustost la seigneurie de Flandre, comme les Gantois luy ont présenté absolument;" er ist gegenwärtig zu Courtray und nur von etwa 1800 Pferden (mit der Hoffahne) und zwei Regimentern Franzosen unter Argenlieu und Lanty begleitet. Die Wallonen, die er bändigen wollte, haben sich in dem Flecken Mening so verstärkt und verschanzt, dass man noch keinen Angriff gewagt hat, während sie seit ein paar Tagen verheerende Ausfälle machen.[1])

. . . . 4.[2]) (den er vergebens in Brüssel, wo ihn J. C. zurückliess, zu treffen hoffte) hat aus dem Lager der Staaten an den friesischen Gesandten hier geschrieben mit der Bitte den Staaten sein Bedauern über diese unrühmliche Wendung der Dinge auszudrücken, an der er ganz unschuldig sei „et qu'yceulx y veuillent de bref donner tel remède qu'ils voyent estre expédient". . . . .

Marb. Or.

1) Vgl. über J. C. und der Genter kraftlose Demonstrationen gegen die Malcontenten ein paar gleichzeitige Aufzeichnungen (Collection de mémoires relatifs à l'hist. de Belgique XXII, 113 ff; Maatschappy III. 10b, 81; Compte-rendu III. 11. 383 ff.). Lanty, der eine Oberst der Franzosen, die vorher um Deventer schlimm gehaust hatten (Dumbar, Analecta III, 64), liess sich von den Gentern gewinnen und brachte selbst durch Geld einige wallonische Truppen auf ihre Seite.

2) Friedrich von Rollshausen, hessischer Marschall, ein bewährter Offizier, der u. a. im J. 1562 den Hugenotten ein deutsches Hülfscorps zugeführt hatte (vgl. Rommel V, 428; 531 A. 47).

138. Des Traos an Landgraf Wilhelm. 21. Okt.

(Johann Casimir und Oranien; Beutterichs Einfluss. Anschläge Alençons.)

„Gnediger fürst und herr! *Simultates inter 3.*) et 2**) non modo de die in diem augentur, sed in odium quasi apertum con-*

*) Casimir.

**) Oranien.

21. Okt. *versae videntur.* Nichts desto weniger ist es an dem, das noch kurzlich *3. scripserit 2.* und ihn bitten lassen, das er sich zu ihme etzlicher hohen wichtigen sachen halben zu underreden unbeschwert verfuegen wolte, welches ihme dann genzlich abgeschlagen, mit vorwendung, das es gewisslich an deme, *si semel Antwerpia discederet, ut omnes Papistae et* □*) *ipsi a caeteris trucidarentur.* Darumb wölle er ihn für entschuldigt haben und es gewisslich darfür halten, das solchs allein aus hohen not und ihme zu keiner verkleinerung beschehe, wie er dann *3. arbitratur, quae praecipua causa est odii*, nemlich das bishero *ipsum 3. nondum inviserit.* Desses alles *2. omnem culpam in Beutrichum reiicit, qui ab ipso 2. et* □ *pessime vult*, in deme er ohne zweifel seinem hern keinen gutten noch treuen dienst beweist, *prout ipse 2. mihi dixit. 8.* **) *apud* □ *et 2. in suspicionem incidit, tanquam Meningensibus faveret*, und besorgen sich beide 2. als auch der von *Séchelles*, wie ich von ihme selbst ihn hochsten vertrauen vernommen, *ne tandem 8. aperte se praebeat protectorem Papistarum.* Daraus dann E. F. Gn. leichtlich zu erachten, was ihn dem fahl disen Niderlanden gutz zu gewarten. *Auget dubium*, das man ihn erfahrung kommen, wie das □***) den heurat *cum filia 6.*†) und 8. praktizieren soll, unangesehen was hieroben von S.††) gemeldet ist. Darumb man auch sagen will, das sie die :□: *Baionnam profecta* und vileicht noch mehr unglücks dann leider albereit verhanden anzurichten.

. . . .

Gnediger fürst und herr! *3. gravissime mecum de 2.* □. und auch *S. conquestus est*, als wan er schandlich von obgemelten allen betrogen und ahm narrenseil gefürt worden were; sonderlich aber beklagt er sich zum hochsten *de comite a Schwartsenburg, quem scelestum et impium appellat, quod dixerit, eum esse mercenarium principem.* Ich besorge auch, das er nicht etwan endlich *instigante Beutricho, origine omnium horum malorum, in controversiam veniat cum S., de qua etiam pessime nunc loquitur*, unangesehen das ich von *D. Junio*, so kurzlich daselbst gewesen, vernommen habe, *illam adhuc ipsi bene favere*, aber gleichwohl sich höchstlich beschwere *persolvere debita* □, wie man dan solches von ihro erfordern tutt."

Marb. Niederl. 1578. Or.

---

*) Status.
**) Alençon.
***) Regina Franciae.
†) Regis Hispaniae.
††) Königin von England.

139. Sarrazin[1]) an Beutterich.

2. Nov. Antwerpen

. . . . . Hiesige Bemühungen „à recouvrer des finances"; der Bankrott wird wohl nicht ausbleiben. Unverständiger Beschluss „Dietz" zu belagern. Neuigkeiten aus Frankreich. Bittet ihn dem Herzog zu empfehlen und wünscht „une des médailles de monseigr le duc."

Mb. 907 f. 54. Or.

1) Théophile Sarrazin, sr de Salneuve, Sekretär Condé's (La France prot. IX, 138), neben La Huguerye tief in die Umtriebe des Genter Demagogen Hembyze verwickelt (Thuanus LXVI. 15; ein Spottgedicht von 1579, Maatschappy der vlaemsche bibliophilen II. 7, 73; La Hug. II, 3; Mém. de Bouillon, bei Petitot XXXV, 198.). Ueber La Hug., der in seinen Memoiren hier sehr vorsichtig zurückhält, sagt der navarr. Gesandte Ségur in seinem Schr. an Lucas Mayus vom 17. Sept. 1587 (Marb.): „La Huguerie, omnium mortalium impudentissimus et fallacissimus, is est, qui in Belgio semina illa discordiae inter illmum principem ducem Joannem Casimirum et principem Uraniae iecit et pertracto in suas partes Beutrichio omnia istic ita turbavit, ut ruere ex eo coeperint ruantque etiammum hodie."

140. Des Traos an Landgraf Wilhelm.

4. Nov. Antwerpen

. . . . Aldegonde [Marnix] wies Casimir darauf hin, dass vielmehr O. sich über ihn beklagen könnte, „de ce que de Lière elle [S. E.] est venue dedans un coche en cachette en ceste ville pour veoir la citadelle, où le dit sr prince se tient, et puis s'en estoit rétournée en son camp sans jamays parler à luy ny se donner à congnoistre en façon que ce soit, ainsi que S. E. mesmes ne peut nyer." . . . .

Doktor „Souleger" ist bei Casimir in Ungnade, weil er seinem Herrn zu dessen Ehre und der Wohlfahrt dieses Landes raten wollte [1]); derselbe sagte ihm „4. [Rolshausen] avoir este durant toute ceste guerre en fort petit crédit vers 3. [Casimir] ny mesmes presques jamays appellé en conseil, pour cause, comme on estime, qu'il a esté avancé de 2. [Oranien] et monstre luy porter grande faveur. Somme, que l'on diroit, que ce bon prince tant maniable de sa nature est maintenant comme du tout privé de ses bons espritz"; unbegrenzter Einfluss von Leuten wie „*Paf Carlewits*, qu'un chacun afferme estre un très-dangereux et pernicieux homme." [2]) . . . . .

Marb. Or.

1) Ueber Zulegers Ungnade und Skandal mit Beutterich vgl. den Bericht Abr. Bocks vom 13. März 1579 (Kluckhohn Ehe p. 59). Z. lebte weiterhin als Privatmann erst in Neustadt, dann in Heidesheim, später in Heidelberg, und schliesslich in Frankenthal, wo er im Febr. 1596 starb (Melch. Adami a. a. O. 327).

2) Dohna's Selbstbiogr. erwähnt beim J. 1578 Georg von Carlewitz, „den man den Pfaffen nennet", in der Umgebung J. C., den er bereits 1576 als Hofmarschalk und Rittmeister nach Frankreich begleitet hatte vgl. die p. 170 A. 1 citirte Dresdener „verzeichnus"; eine Instr. J. C. für ihn an Lothringen, Plombières 15. Juli 1576, Mb. 90/7 f. 22.

8. Nov. Antwerpen

141. Des Traos an Landgraf Wilhelm.

(Johann Casimir bleibt in Gent; allgemeiner Unwille und Verdacht gegen ihn; seine Absichten auf die Herrschaft in Flandern.)

. . . .

„Quand à ce que touche la résolution du partement de mon dit s^r le duc Cazimir, nonobstant ce qu'il a mandé à V. E. et à quelques autres princes d'Allemaigne, qu'ycelle demeuroit ferme et arrestée, si est-ce néantmoins que les effectz montrent qu'il a changé d'advis et délibéré ne bouger cest hyver de Gand pour se rendre leur chefz contre les Walons mutinez, ainsi que S. E. a jà donné à entendre (à ce que m'a dict hier Keudel et quelques autres dignes de foy) qu'elle ne veut tant seullement retenir de tous ses reistres que 600. Mays quand aux contes et gentilzhommes quy l'ont suyvy, iceulx pourront demeurer, si bon leur semble, pourveu que les premiers ne tiennent point plus haut de 6 chevaulx et les derniers 4, sinon, ce sera à leur propre despens, parce que la cavallerie n'est point beaucoup en usage en ces pays-là durant l'hyver. Quy est occazion que les Gantois pour l'heure présente font sonner le tabourin partout, mesmes en ceste ville, afin de lever gens de pied jusques au nombre de 8 à 10 mille hommes. Car quand aux Walons, ilz ne cessent de se renforcer journellement, comme encores la semaine dernière plus de 2000 Françoys du camp du duc d'Alençon se sont allez rendre à eux, combien qu'il proteste journellement aux Estatz, mons^r le prince d'Orange et autres, que ce soit contre son gré est consentement.

„Duquel trouble cy-dessus de la Flaudre et de ce qu'il n'a peu estre appaisé, on en met ouvertement toute la faute sur mon dit s^r le duc Cazimir, comme celuy quy a eu moyen (s'il eut voulu) de donner ordre que l'on se fut accordé, si tant seullement il eut voulu prester (comme ilz disent) un [!] bonne parolle pour la cause commune et bien publicq de tout le pays, arguans par là que S. E. nourrist secrètement la guerre civille de Flandres pour par ce moyen se faire grand et si possible luy estoit, se rendre enfin non seullement gouverneur, mays conte et supérieur seigneur de la Flandre,*) comme sans doute il eut jà esté créé, n'estoit que les autres troys membres de ceste province, sçavoir Bruges, Ypre et Francq, n'y ont encores jamays voulu consentir. S. E. est pareillement blasmée de ce quelle auroit secrètement escrit quelques lettres à quelques colonnelz tant Anglois que Escossois du camp des Estatz pour les induire de se retirer et venir suyvre les Gantois,

*) Auf diese Stelle bezieht sich die Nachschrift.

quy auront bon moyen de les contenter, ayans jà l'argent en main. 8. Nov. Concluans par là que son but n'est sinon d'affoiblir de plus en plus l'armée des ditz Estatz, laquelle il désireroit jà veoir deffaicte, veu que non seullement il l'abandonne luy-mesmes, mays comme ilz disent, taschent de débaucher ceulx quy sont de bonne volonté. Somme, que l'on ne sçauroit croire, combien l'affection qu'on luy a portée par cy-devant, est maintenant diminuée à l'endroit d'un chacun, m'asseurant que les Estatz et :2:*) redoutent plustost l'indignation des princes d'Allemaigne, que ce pays se pourra acquérir, où le dit Cazimir partiroit en disgrâce et malcontent, que non point pour la perte de sa personne, selon que l'on dit publicquement qu'on voudroit ne l'avoir jamays veu et que le beau mesnage qu'il tient sera cause de la ruyne totalle de ce Pays-Bas, joinct comme j'ay dit cy-devant, qu'il a faict une grande playe à sa bonne renommée et réputation à l'endroit de tous ses reistres qu'il a abandonnez; ainsi que V. E. pourra congnoistre quelque jour d'eux-mesmes, et combien par ce moyen il a pareillement diminué l'honneur et respect qu'on luy portoit." [Nachschrift.] „*Soulegerus mihi dixit hanc spem ipsi a Beutricho datam fuisse, ut plane :2: sibi persuasum habet ipsum :3:**) adhuc dum eo tendere*, wie dan solchs derjenig, von deme ich neulich E. F. Gn. zugeschriben, das :3: sich so heftig beklaget, in ipsius invidiam propitirt [?] und ausbreitet."

Marb. Niederl. 1578. Or.

142. Johann Casimir an Landgraf Wilhelm. 10. Nov. Gent

(Werbung und Beantwortung eines englischen Gesandten.)

. . . . Die Staaten haben wiederholt erklärt, sie wollten Commissarien hieher abfertigen und wegen Abdankung der Reiter u. s. w. mit ihm handeln lassen, was bis jetzt nicht geschehen ist. Die gestern angekommenen Commissarien, ohne Befehl an ihn, handeln mit denen von Gent wegen der Wallonen.[1]) „Dergleichen mögen wir E. L. auch nit verhalten, das wir hievor unser rät einen zu der K. W. in Engelland abgefertigt, welcher dieser tagen wieder bei uns alhie angelangt und von I. K. W. ein packet brief an deroselben ordinari legatum, so sie stetigs zu Antorf ligen haben, bracht, darin I. K. W. ime legato befelen, das er sich zu uns verfuge, wie er dann darauf auch nechten bei uns erschienen und nachvolgende zween puncten uns angebracht.

Erstlich begert er von I. K. W. wegen, inmassen dan der erz-

---

*) Oranien.
**) Johann Casimir.

21*

10. Nov. herzog und Staten uns hievor auch ersucht, wir wolten uns bei denen von Gent (welche die mess durchaus abgeschafft) fur ein mittelman gebrauchen lassen und gemelte von Gent dahien adhortiren helfen, das sie alles, was sie fur sich selbsten abgeschafft, wider in integrum restituirten. Furs andere, nachdem die von Gent hievor etliche herren und furnembste von den Staten gefenglich einzogen und noch alhie enthalten tetten, wir wolten befurdern helfen, das sie solche gefangene herren sequestrationsweis ledig geben und der konigin in Engelland jetzt gehorter gestalt gefolgt wurden.[2]) Darauf wir ime gesandten diese antwort geben: Was erstlich die abgeschaffte mess anlangt, were solches alles fur unser hieherkunft beschehen, und wann wir die warheit, wie wirs in unserm gewissen befinden, sagen solten, konten wir anderst nit sagen, dann das sie an dem allem recht und gott ein wollgefellig werk getan hetten. Derhalben konten wir uns mit gutem gewissen in dem nicht gebrauchen lassen, noch viel weniger dasjenige raten helfen, so wir wider unser gewissen befünden. Uf den andern puncten, die gefangne herrn belangend, gaben wir ime diese antwort, das sie auch fur unser ankunft in diese land gefenglich eingezogen gewesen; wüsten nicht, warumb es zu tun. Wir hetten uns unser reuter und kriegsvolk zalung halb hieher begeben, der mainung, das wir des prinzen oder der Staten commissarien, damit sie allerdings mit uns abhandlen, alhie erwarten wolten. So weren wir kein glied oder stand dieser Niederlanden, liessen sie verantworten, was sie handleten und tetten, geburten diese ding nit uns, sonder dem prinzen als generalleutnant richtig zu machen, und ine mit diesem seinem suchen auch füglich abgewiesen."[2]) . . . .

Marb. Or.

1) Vgl. ihre Instruktion vom 6. Nov. Gachard, Actes II, 76. Die Schr. der Staaten an J. C. vom 4. und 5. Nov. (ebd. 73/4) ersuchen den Pf. ausdrücklich, dem englischen Gesandten und ihren Abgeordneten zur Beilegung der gentisch-wallonischen Unruhen behülflich zu sein. Auch hatten schon früher Marnix u. a. Abgeordnete der Staaten mit J. C. in Gent verhandelt; vgl. den „Summarischen Bericht" von Seiten des Pf. (Marb. Cop.), den Bericht der staatischen Gesandten, Gent 15. Okt. (Gachard, actes II, 56); Willems, Belg. Museum V, 268 ff. Aber er wollte sich seiner Bezahlung wegen auf keinen Aufschub mehr einlassen und forderte kategorisch die Abordnung von bevollmächtigten Commissären (J. C. an Oranien, Gent 31. Oktober; an die Staaten, gl. Datums, Gachard, Corr. de Guill. IV 99 ff.).

2) Weitere Schr. der Königin und Leicester's an J. C. in dieser Sache (30. Dez.) bei Kervyn et Diegerick, Documents hist. inédits I, 77 ff; die Königin an Hembyze (30. Dez.), Messager des sciences hist. 1829/30 p. 434.

c. 11. Nov. Gent

143. Werbung des englischen Gesandten Davison bei Johann Casimir.

Die Königin ist sehr befremdet über J. C. Abzug aus dem Lager nach Gent, der seinem Eide zuwider ist, ihm die Verantwortung für den wahrscheinlich ausbrechenden Bürgerkrieg zuschiebt und seine Reputation zerstören wird. Sie fühlt sich durch das Gerücht, als ob sie das insgeheim begünstigte, in ihrer Ehre gekränkt und genötigt vor aller Welt zu versichern, dass sie keinen Teil an seinen Anschlägen hat. 11. Nov.

B. de Jonghe, Gendsche geschiedenissen II, 73 ff. (Holländ. Uebersetzung.)

1) Vgl. Bor XIII, 71; weiterhin (75b) nennt er irrig Dan. Rogers statt Davison's. Eine ganz confuse Darstellung von J. C. Aufenthalt in Gent bei Motley III, 385 ff.

144. Des Trans an Landgraf Wilhelm.

19. Nov. Antwerpen

Die Staaten haben nur noch c. 8000 Reiter und 2000 Landsknechte in ihrem Lager und wollen für den Winter nur 4000 bis 5000 Reiter Schwarzburgs u. a. behalten, die Truppen Casimirs aber ganz cassiren, obwohl Bossu heute vor den Staaten dem guten Willen Stein's, Buch's und der im Heer Gebliebenen das beste Zeugniss ausgestellt und erklärt hat, nur der Befehl der Staaten nicht zu schlagen habe ihn von der Benützung der sich bietenden günstigen Gelegenheit abgehalten; er legte ihnen ihre eigenen Schreiben vor. . . . .

Casimir noch in Gent, sehr niedergeschlagen; gegenwärtig ist der englische Gesandte dort, um im Namen der Königin ihm das Ungeziemende seiner Handlungsweise („de s'estre si fort oublié en son devoir") vorzuhalten und ihn zur Rückkehr ins Lager aufzufordern, wohl vergebens, „selon les lettres que le dit ambassadeur a escrit de naguères en ceste ville, mandant qu'il apperçoit bien que toute sa paine sera perdue." . . . .

Tadelt die feindselige Haltung Casimirs (der ohnedies genug Gegner hat) gegen Alençon. „Nouvellement a esté imprimé à Gand un petit traicté intitulé „Le bon patriot à tous autres patriotz", 1) sans le nom de l'autheur, duquel ne m'a esté possible en recouvrer exemplaire quy soit, ny mesmes pour le transcrire, ne contenant que 3 feuilles, parce que sur peine de la vie personne ne l'oseroit avoir en ceste ville." Die Schrift enthält die Aufforderung nach dem Beispiel der Genter sich von den Staaten frei zu machen, „venant à parler du duc d'Alençon le dépeinct de telle sorte que je m'asseure que jamays n'a esté déchiffré de telle façon" und nimmt auch Oranien vor, obwohl ohne ihn zu nennen, „comme dissimulant trop avec les ecclésiasticques et à l'entretenement de la pacification de Gand". Oranien hält Dathenus für den Verfasser „de ce petit traicté autant séditieux qu'autre que je pense avoir veu pour cydevant." . . . .

Marb. Or.

1) Der genaue Titel des Pamphlets (wovon D. Tr. kurz darauf dem L. doch eine Copie schickte) lautete: „Le vray patriot aux bons patriots" (Pa. K. 1544 no. 6, Cop.). Ueber ein franz. Exemplar im Haag vgl. Juste, Guillaume le Taciturne (1873) p. 239 A. 1. Bm. besitzt eine deutsche Uebersetzung: „Le vray patriot etc. Das ist: Getreues er-

19. Nov. mahnen vnd ausschreiben deren inn den Niderlanden vm das gemeyn heyl des vatterlands sorgtragenden vnd eiferigen stände vnd sonderlich deren zu Gent in Flandern vnd anderer jrer benachbarten." . . . . Anno M. D. LXXIX. 4°. Ein kurzer Auszug bei Dinothus p. 290. Verf. der Schrift ist Beutterich (La Hug. II, 24/5; van Reyd, Oorspronck — van de nederl. oorloghen, Amst. 1644 p. 34); sie gipfelt in dem Satz: „Ware freiheyt vnd handhabung der eynigen catholischen römischen religion vertragen sich nicht mit eynander", fordert Beseitigung Alençon's und des „verwirrten Chaos" der Generalstaaten mit ihren Prälaten und „verspanisirten" Adeligen und empfiehlt eine freie föderalistische Constituirung („Schweitzerbund", vgl. p. 213 A. 4.). Uebrigens begnügte sich die casimirische Partei nicht mit diesem einen Pamphlet. Es folgte: „Wachtgeschrey der betrangten vnderthanen in den Niderlanden . . . . auss flämischer spraache inn hoch Teutsch gebracht zu Gent," M. D. LXXIX; ebenfalls gegen die Tyrannei der Staaten gerichtet, als deren „Gefangener" Oranien hingestellt wird, mit einem die schmähliche Behandlung J. C. schildernden Nachwort, Gent 22. Febr. 1579. Wenn diese Schrift Erneuerung der Verfassung „nach der alten Regel und Form" empfiehlt und auf die vornehmen Landesverräter hinweist, „die nit werdt sein, das sie leben", so übertrifft ein 3. Pamphlet: „Advertissement et conseil au peuple des Pays Bas" (Gent 1580) seine beiden Vorgänger weit an zügelloser Heftigkeit; mit dem unverhüllten und masslosen Angriff auf Oranien den Atheisten und Bigamisten, der zu Gent den Pf. durch Anstiftung eines Aufruhrs habe auf die Seite schaffen wollen, verbindet sich wieder der Vorschlag einer „ligue et confédération" der sich souverän erklärenden Provinzen.

21. Nov. Gorkum

145. Johann von Nassau an Zuleger.

Beschwert sich bitter über die wie er hört von Beutterich verbreitete Verläumdung, als habe er dem Prinzen übel nachgeredet. Hat allerdings in Zütphen sich gegen B. beklagt, dass der Prinz jetzt lange Zeit ohne das exercitium religionis gewesen[1]), und besonders dass in des Prinzen und in ihres Schwagers des von Berge Gebieten noch keine Kirchen christlich reformirt, dass ferner Berge kein guter Patriot sei, sich von anderen verführen lasse und selbst nicht wisse, was er glaube. B. hat dies vielleicht auf den Prinzen bezogen oder sich sonst sammt J. C. gegen denselben verhetzen lassen; bittet, B. oder wer es sonst gesagt hat, treulich abzumahnen. . . . . .

Idstein. Conc.

1) Vgl. Walther's Aeusserung über Oranien in Antwerpen: „Neque aliquem secum habet verbi ministrum et ex quo illic fuit, concionem nullam audivit. Et hic ille est, qui Israelem redempturus putabatur!" (an Ulmer, 7. Febr. 1578). Graf Johann selbst war übrigens mit den paritätischen Bestrebungen seines Bruders durchaus nicht einverstanden. (Prinsterer I. 6, 433 ff; 494 ff.)

28. Nov. Gent

146. Johann Casimir an Kurfürst August.

. . . Die Staaten, die von seinen Reitern verlogene Leute genannt werden, haben mit diesen über die Zahlung gehandelt. . . . Glaubt, Oranien wolle mit den Franzosen „den fromen erzherzog wieder hinweisen, da S. L. herkomen sein. Ich werde mich heimbegeben und numer meiner gensen hutten, dan ich numer gnugsam uber den tulpell zu etlich mahlen geworfen worden, und meine haut fur das vatterland zum besen [!] ersparen, wo es einmahl von noten sein wurdt, welchs doch gott gnediglich verhutten wolle. Dan ich dergestalt kein kriegsman zu sein begere, sonder teglich meinen lieben gott umb gnedigen frieden anruffen tue." . . . . 24. Nov.

Dr. 8514. Eigh.

147. Des Traos an Landgraf Wilhelm.

November Antwerpen

(Die beabsichtigte Zusammenkunft Oraniens mit J. C.)

Oranien hat sich von hier nach Flandern begeben, u. a. um Casimir zu begütigen; die Staaten stimmten zu, da gegen üble Folgen seiner Abwesenheit Vorkehrungen getroffen wurden. [1]) „Il y a jà quelque temps que mon dit s^r le duc Cazimir à la sollicitation de l'ambassadeur de la royne d'Angleterre et de beaucoup de gens de bien, entre autres de M. Languet mesmes (quy pour le jour d'huy est à Gand et s'employe fidellement en ce faict) [2]) avoit donné quelque espérance, selon que le D. Junius m'a dit, se transporter en ceste ville, si seullement il estoit asseuré, *ne a* □ *) *detineretur captivus*, comme il est tout certain que dernièrement *contigisset Bruxellis, si adhuc per semihoram ibi mansisset* [3]). Or combien que touchant ceste difficulté :2:**) mesmes se soit offert de l'asseurer *literis propria manu exaratis*, si est-ce néantmoins qu'en la fin tout cela eut esté en vain; et pour tascher de luy donner contentement a esté trouvé le plus expédient qu'il se transporteroit à Dermont quy est à michemin, se confiant, comme je croy, que là mon dit seigneur le duc Cazimir ne faudroit pareillement de le venir trouver. Ce que toutesfois il n'a encores faict jusques à ce jourd'huy. Et sy n'avons aussi receu nouvelles que mon dit seigneur le prince d'Orange se fut encores transportée à Gand."
. . . .

Marb. Or.

1) Vgl. Gachard, Corr. de Guill. IV, 89 ff; 99 ff; Actes II, 83 (J. C. an die Staaten, Gent 23. November).

2) Vgl. die interessanten Berichte Languet's, den J. C. von Köln nach Gent berief, an Kf. August (Arc. II, 768 ff.), worin freilich der Pf. möglichst geschont wird (Prinsterer I. 6, 468 A. 1).

3) Dohna sagt in der Selbstbiographie (Schlobitten): „Were M. Gn. H. noch ein par stunde in Brüssell geblieben, so hette graff Günter zu wege gebracht, das ein uflauf in der stadt geschehen und mein herr und alle die seinen weren arrestirt worden, sub praetextu, mein herr wolte sich zum grafen in Flandern machen lassen."

---

*) Staaten.
**) Oranien.

4. Dezbr. Gent

148. Johann von Nassau an Graf Günther von Schwarzburg.

(Oraniens Einzug in Gent und Verkehr mit Johann Casimir. Sturz der Herrschaft des Hembyze. Oraniens heftige Aeusserungen über Beutterich und Dathenus.)

„Nachdem mir nicht zweifelt, E. L. werden gern wissen wöllen, wie die sachen alhie ablaufen, so hab ich, unangesehen das noch zur zeit nichts besonders gehandlet, nicht underlassen mögen, E. L. desjenigen, so biss dahero vorgefallen, freundlich zu berichten.

Der her prinz ist den 2. huius nicht allein gotlob gesund und wolfarend alhie ankommen, sondern auch von herzog Casimiro und der statt ganz herlich und wol, sonderlich aber von der gemeinde mit grosser affection entpfangen worden.

I. Gn. haben mit dero guardi, hoffgesinde und andern vom adel, so bei I. Gn. gewesen, item mit den burgern von Antorff und Termundt, so I. Gn. begleitet, ungefehrlich ein tausend man und etwan ein 30 oder 40 pferde mit sich bracht.

Die von Gent haben I. Gn. ungefehrlich 120 pferde, so zum teil schutzen, zum teil spiesser und ziemlich wol gerust und beritten gewesen, von iren eigen leuten under augen geschickt. Darnach ist hochermelt herzog mit den beiden fursten herzog Moritzen und herzog Friedrich von Zweibrucken I. Gn. gleichfals entgegen kommen mit sambt dem Ambise und etlichen hundert burgern. Und nachdem die hern abgestanden und einander gegrusset, ist hochermelter herzog Casimir mit dem hern prinzen in S. Gn. kutsche gesessen.

Ambise, wiewol er sich hart herbei gedrungen, wie die hern einander entfangen, auch darnach ein zeitlang nechst bei der kutschen geritten und den her P. oft angesehen, der zuversicht, I. Gn. solten mit im reden, so hat ime doch S. Gn. im feld nie nichts zugesprochen, dan allein, das sie ime gleich andern die hand geben. Uf der kutschen haben die hern der sachen gar nicht gedacht, sondern allein generalia geredt, und ist niemand bei inen gesessen dan ich.

Die beide fursten seind zu dem von Hohenlohe auf seine kutsche gesessen.

Herzog Casimirus hat den hern prinzen alsbalt auf der kutschen zu gast geladen und fure mit S. Gn. biss in ihr losament. Alsbalt wie I. Gn. nach dero losament geritten, hat der magistrat, darunder dan der Ambises als ein burgmeister mit gewesen, im hoff S. Gn. mit einer langen oration empfangen, in welcher sie S. Gn. zu dero ankunft insonderheit congratulirt und fur die irenthalben bis dahero gehabte vielfaltige sorg, muhe und arbeit und sonderlich das I. Gn. dissmals auf ir begeren zu inen kommen, sich ganz höchlich bedankt und S. Gn. sich und die statt und dero obliegende sachen zum hochsten recommendirt und bevolchen. 4. Dez.

Darauf dan I. Gn. inen kurzlich, doch ganz wol und mit vielem erpieten geantwortet.

Als nun I. Gn. auf die cammer gangen und der magistrat gefolgt, haben sie mit denselben alsbalt angefangen darum zu reden, wan und wie man die sachen nun fur die hand nemen und mit der gemeinde tractiren möge, und darbei anfenklich kurzlich angezeigt, in was schworlichem stand sie alhie nit allein stunden, sondern auch was fur gross ubel aus solcher unordnung erfolgt und entstanden.

Es hat aber Ambise die versamlung der gemeinde im nicht gefallen lassen, sonder darauf gangen, das man dieselbe zuvor durch etliche deputirte musste informiren. Weil aber etliche vom magistrat dieselbe gern gesehen, haben sie einen abtritt aus S. Gn. in meine cammer genommen und nach lang gehabter unterredung I. Gn. angezeigt, welcher gestalt man des volgenden tags zu 8 uhren aufm rathhaus zusamen kommen solle. Damit dan der her prinz auch zufrieden gewesen.

Nach solchem hat der her prinz inen angezeigt, welcher gestalt I. Gn. denselben tag zwischen wegen, wie es dan auch die warheit ist, zeitung und warschowung zukommen, das der von Arsanli die ganze nacht mit den Franzosen vortgezogen und auf 2 kleiner meiln bei der statt Gent in einem flecken genant Nazareth weren; mit begeren, das sie I. Gn. berichten wolten, was dieses (welches I. Gn. nich wenig nachdenkens machte) auf sich hette und bedeute; und das man derenthalben alsbalt in aller eile leute abfertigen und inen ferner vortzuziehen nicht allein verbieten, sondern auch abfragen wölle, aus was bevelch und ursach sie dahero gezogen.

Als nun der mehrerteil von dem magistrat hiervon nichts gewusst und Ambise dasselbig mit allerlei verdunkelten reden beschönen wöllen, haben I. Gn. inen anfengklichs undersagt, das inen nicht gebure also zu handeln, und inen alda weitleuftig und der lengde nahe erzelet und zu gemut gefuret, wie ubel man ein zeit lang alhie gehandlet und was merklichen grossen schaden man getan, und dermassen teutsch geredt, das dem Ambise darbei nicht wol zu mut, sonder ganz ubel und dermassen bang gewesen, das er nicht wusste, was er reden oder wie er seinen abscheid von I. Gn. nemen solte; ahn stat das er mit I. Gn. reden solte, fienge er

4. Dez. mit dem hund Cuntzen ahn zu spielen, und dasselb mit solcher manier, das man wol sahe, das er nicht wuste, was er tun solte.

Wie nun der her P. naher herzog Casimiro zu dem nachtessen gienge, kamen etliche gutherzige leute, die mir anzeigten, demnach Ambise die Schlussel zur pforten hette, wurde S. Gn. nicht wol sicher in der stat sein. Derwegen ich dan S. Gn. solchs vermelt und mit guten leuten die versehung getan, da man die schlussel nicht bekommen konte, das man auf des Ambise haus, wer da aus und eingieng oder er die tor öfnen wolte, achtung geben solte; wie auch geschehen.

Als nun I. Gn. in herzog Casimiri losament kommen, haben sie mir alsbalt ein schreiben uberantwort, mit vermeldung, das ein guter gesell I. Gn. solchs zugestelt und S. Gn. begeren were, das ich dasselbig lesen wolte.

Uber disch seint die hern frölich gewesen und hat herzog Casimirus balt, nachdem er ein zeit lang gesessen, ein gross glass genomen, dasselbig dem hern prinzen bracht und begert, das der her prinz I. Gn. fur einen sohn annehmen wölle. Darauf dan ein grosser trunk und gute reusche erfolgt.

Als nun der her prinz dieses etwas difficultirt und allerlei cortusi gebraucht, ist under anderm mit undergelaufen, das I. Gn. sich nicht allein gegen den herzogen erbotten, das sie demselben treue dienst zu erzeigen begert, sondern auch darneben vermelt, das die sachen sowol mit sein H. Casimiri Gn. als auch ingemein dieser ort nicht zum besten abgelaufen, sondern darinnen dermassen gehandlet worden were, das es wol besser gedocht hette und anders zu wunschen were, und daselbst S. Gn. etliche actus und unbilliche handlungen, die sich in und ausser der statt zugetragen, angezeigt. Darauf dan H. Casimirus sich anfenklich entschuldiget darneben auch zum höchsten beteuret, protestirt und geschworen das I. Gn. hiervon noch nie nichts gehört, und darneben auch sich vielfeltig beschwert, das I. Gn. allerlei mit ungrund nachgesagt und zugemessen sei worden.

Wiewol nun beide hern etlich mahl einander gebetten, das man die sachen den abent bis auf den morgen solt bleiben lassen, so haben sie doch beide von solchem gesprech nicht wol ablassen können und entlich aber der her prinz damit geschlossen, das S. Gn. den morgen nit allein weitern bericht tun, sondern auch vor S. Gn. raison und justicie uber diejenige, so dieselbe belogen, fur ein Epicuraeum und atheisten angeben und ausgeben hetten [!].

Ambises, welcher neben dem pfalzgraven von Zweibrucken sass und vleissig zuhorte, sahe ganz sauer zur sachen und ware, wie man das vermerken konte, in seinem sin gewisslich nicht wol zufrieden. 4. Dez.

Nach der malzeit aber kam der her prinz mit dem hern von Dohn, monsieur de Lanti und andern eben derselben sachen und sonderlich des Beuterichii halben gar in ein hart gesprech, also auch das I. Gn. ine uberlaut einen lecker und canalien nenten, auch sich dahien erclerten, das sie es nicht gedechten darbei bleiben zu lassen, sondern wolten raison und justicie von herzog Casimiro uber ine begeren, oder da sie die nicht erlangen könten, selbsten auf mittel und wege denken, wie sie sich ahn ime rechnen möchten. Wie dan auch der her prinz herzog Casimirum darumb ansprachen und baten, das sie in dieser sachen richter sein und die billikeit erkennen wolten.

Die nacht uber hat Ambises, welchen diss und das vorige gesprech ohn zweifel nicht sehr erfreuet, sein haus ganz stark mit burgern und von denen, welche die kirchen und clöster plundern helfen, besetzt gehabt und, wie man sagt, gestrigen tags ein starker guardi als der her prinz selber gehabt.

Ambyses liess sich den abent in herzog Casimiri losament gegen mich vernehmen, das diese handlung gar zu ungelegener zeit keme, weil es des andern tags ein fast- oder bett-tag sein wurde.

Den morgen frue kamen 3 vom rat und baten, das den hern prinzen ich dahin vermögen wolte, dieweil es ein solcher tag were und man fur- und nach mittag predigen wurde, das man denselben tag die handlung einstellen wolte. Wie dan auch I. Gn. solchs getan, vor und nach mittag in die, doch nicht des Dateni, sondern ein andere kirch gangen, und zwischen beiden hern noch auch den gemeinden gar nichts gehandlet worden; dan allein das diejenige, welche zu diesen unordentlichen handlungen alhie mit rat oder tat geholfen, von S. Gn. dermassen ins wasser geritten worden, das sie sich dessen gewisslich nicht hoch berumen werden.

Was weiters vorleuft, bleibt E. L. unverhalten.

Datenus beschwert sich in seinem schreiben, so er an mich getan, das er bei dem hern P. in solche ungnade kommen, und sonderlich das S. Gn. sich solten haben vernemen lassen, das sie ine mit ruten zur statt und dem land aus wolten streichen lassen, mit bitt, das man mit ime nicht ab executione, sondern vielmehr causae cognitione anfahen, ime die capita seiner ubertrettung und misshandlung anzeigen und unverhorter ding nicht verdammen wölle.

Wiwol ich ine nun gestern abent, auch diesen morgen frue zu mir anhero erfordert und willens bin, ime weniger nicht dan

4. Dez. ich auch dem Beutrichio getan, alles dasjenig, damit sie sambt und sonder beschuldiget werden, anzuzeigen, so hat er sich doch von einer zeit zur andern mit seiner schwachheit entschuldiget. Wie mich aber bedunket, so ist es mehr ein angenommene dan ein rechte Schwachheit und ime so wenig als dem Beutrichio und andern, so diss spil angetrieben und gefuret, wol zu mut.

Weil herzog Casimirus sich den abent in S. Gn. haus vernemen lassen, welcher massen I. Gn. ganz wol zufrieden und erfreuet weren, das ich anhero kommen, und sie es darfur hielt, das es gott also sonderlich geschickt hette, so hab ich gestern den ganzen tag gewartet und vermeint, das I. Gn. mich etwan fordern wolten. Weil aber solchs, weis nicht aus was ursachen, verblieben noch auch I. Gn. zu dem hern prinzen gestern geschickt haben, so bin ich gemeint, diesen morgen oder wan I. Gn. mir ein stunde benennen werden, dessen ich dan jetzo gewertig, zu derselben zu gehen und sie zu berichten, was fur geschrei und reden nicht allein von iro gehen und fur ubel aus dieser unördentlichen handlung und dem bösen rat, welchem I. Gn. gefolgt, entstanden, sondern was auch I. Gn. zu dem hern prinzen sich versehen und getrösten mögen. Nicht weiss ich, was ich fur dank darmit erlangen werde. Vieleicht mag ich damit eher schweinen wilpredt als anders etwas verdienen.

Doch zweifel ich nicht, wan I. Gn. die sachen gruntlich vernemen und die begangene faute recht verstehen werden, sie werden viel anders gesinnet und dieses sowol derselben als auch sonsten insgemein zu vielem guten gereichen, sintemal aus den reden, so I. Gn. uber tisch gefuret, so viel abzunemen, das derselben von allen sachen nicht alwege gut bericht geschehe und sie ahn den unordnungen gar kein gefallens tragen. Bin auch der hofnung, demnach ich gesehen, mit was frolocken der her prinz alhie entfangen worden, ich auch I. Gn. in keiner sachen noch nie so rund und ernst als eben in dieser befunden, es werde nicht allein in dieser sachen, sondern auch in der handlung mit den Malcontenten viel guts ausgerichtet werden.

Was weiter vorlaufen wirdt, dessen solchs [!] bleibt E. L. unverhalten. Und bin derselben.

Datum Gent, den 4ten Decembris ao. 78."

Idstein. Dillenburger Correspondenzen 1578 f. 513b—518b Conc.

149. Landgraf Wilhelm an Ramiro Nuñez de Guzman. 9. Dez.

Condolirt zum Ableben des Infanten und des Erzherzogs Wenzel. Ersucht um Betreibung seiner Privatsache wegen der Herrschaft „Linge“ [1]) am spanischen Hof.

Marb. Cop.

1) Ueber W's. Ansprüche auf das von den Spaniern besetzte Lingen vgl. Rommel V, 330.

150. Kurfürst Ludwig an Bischof Dietrich von Worms und Pfalzgraf Reichard. 19. Dez. Heidelberg

Weitere Mitteilungen des Kaisers über das französische Kriegsvolk in Hochburgund, das einige Orte befestigen und vor Besançon rücken will. [1]) Denkt den kurrheinischen Kreis in Bereitschaft zu setzen.

Mb. 111/4b f. 207. Cop.

1) Schon im Sommer hatten die Werbungen katholischer Truppenführer (Bollweiler, Ems) dem Kf. Besorgniss erregt; er berief im Aug. seine Lehnsleute nach Heidelberg (Archival-Urk. ad causam equestrem I, 586). Ueber die Ansammlung von Kriegsvolk in Hochburgund und Mömpelgart unter dem Namen Alençon's, der auch durch Volrad von Mansfeld deutsche Pferde angeworben habe und etliche vornehme Kriegsobristen in den Niederlanden an sich ziehen wolle, schrieb der Kaiser unter dem 10. Okt. an den oberrhein. Kreisobristen Ernst von Solms. Mb. a. a. O. Vgl. Sammlung der eidg. Abschiede IV. 2a, 663 ff.

151. Ehem an Landgraf Wilhelm. 23. Dez.

. . . . Hat zu Speier von Pf. Georg Hans persönlich Drohungen gegen Kurpfalz gehört, „sampt anderen mugken, so dazumal I. F. Gn. von Joan de Austria et Gwisii halben, die sie lobten, fliegen liessen.“ [1]) Der Pf. hat einen schottischen Bischof, der vom Papst an den Kaiser, Mainz, Baiern, Würzburg, Lothringen, Guise, K. und Königin-Mutter von Frankreich, Birago und den schottischen Adel abgefertigt. [2]). . .

Marb. Or.

1) Vgl. no 113.
2) Ueber die Verhaftung des Bischofs von Ross, den G. H. für den nach Köln abgeordneten Nuntius Erzb. von Rossano hielt, vgl. Maffei, Annali di Gregorio XIII, II, 6; Teulet V, 176 ff.

1579.

8. Januar Gent

152. Johann Casimir an Kurfürst August.

Die Staaten wollen dem Kriegsvolk 2 Monate erlegen und für das Uebrige Versicherung geben, worauf er (hoffentlich bald) abziehen will.[1]) Hat Alençon's Argwohn, „als wan wir nit wol mit ihm stehen und ihm abgünstig sein solten", beseitigt; Al. Gesandter La Noue hat ihm von seinem Herrn (der nach Frankreich berufen sei) alles Gute und treue Freundschaft entboten.

Dr. 9309. Or.

1) Eine ausführliche Erklärung J. C. an Vertreter seiner Obristen und Obristlieutenants, zur Widerlegung der gegen ihn ergangenen Reden 5. Januar, Dr. a. a. O. Cop.

15. Januar Gent

153. Ein Ungenannter an Landgraf Wilhelm.

. . . .

„Ill^{mus} princeps dux Joannes Casimirus adhuc Gandavi haeret[1]) equitesque suos Donzae [Deinze?] habet tribus abhinc miliaribus . . . . . Dux ipse alternis propemodum diebus aut principem Arausinum visit aut ab eo visitur, et quantum cognoscere possumus, quidquid simultatum inter absentes malorum ministrorum opera obortum esse videbatur, id omne mutuo principum conspectu et quotidiana conversatione sublatum est".[2]) . . . .

Darmst. Kriegs- und Milit.-Angel. Cop.

1) J. C. war eben am Morgen des 15. Januar heimlich abgereist, um sich, begleitet von Languet, Beutterich und Dohna, nach England zu begeben.

2) Diese irrige Auffassung vertritt auch Languet in seinem Schr. an Kf. August, Gent 14 Jan. (Arc. II, 771.)

154. Pfalzgraf Georg Hans an den Kaiser.

26. Jan.

Schickt seinen Anschlag gegen den Moskowiter. [1])

Dr. 8512. Cop. [an die Kff. gl. Datums.]

1) Vgl. sein ausführliches Schr. an den Deutschmeister vom 27. Sept. 1578 (Occupation von Livland u. s. w.), seine Corresp. mit Polen, Pommern u. a. ebd. Am 26. Aug. 1579 schreibt der Kaiser an Sachsen, G. H. sei nach Lübeck, um die Hansestädte Polen zu gut zum Krieg gegen den Moskowiter zu veranlassen, wobei er sich zum Admiral anbieten und auf seine Verbindung mit etlichen Tartaren hinweisen solle. Ueber dieses „Admiralwerk" des Pf., das er schon auf den R.-Tagen von 1570 und 1576 und bei seinem Wiener Besuch 1574 betrieben hatte, vgl. Koch II, 72; Moser, patr. Archiv XII, 111 ff; 119 ff; oben p. 150 A. 3; ein Bericht der bair. Räte aus Regensburg, 12. Okt. 1576, bemerkt hiezu mit Recht: „ist grosse beisorg, er fahe an zu schwirmen" (Ma. 162/11).

155. Johann Casimir an Kurfürst August.

27. Jan. London

Verweist wegen des Gr. von Schwarzburg auf ein früheres Schr. A. soll sich darauf verlassen, „das wir in allen unsern sachen nichts anders furnehmen tuen, handlen oder anzufangen gedenken, dan das sich eim ufrichten, ehrlichen fursten zimbt und gepuert"; bittet um Mitteilung fernerer verkleinerlicher Behauptungen. Stellt es seiner Gemahlin heim, wo sie ihre Entbindung erwarten will. . . . . . Seine glänzende Aufnahme in England. Die Königin ist nur seinetwegen am 24. hieher gekommen; er hat ihren stattlichen Einritt heimlich angesehen. Am andern Tag empfing sie ihn und sprach länger als eine Stunde mit ihm über das niederländische Kriegswesen; sie bedauert die schlechte Behandlung des deutschen und englischen Kriegsvolks daselbst. Heut geht es nach den kgl. Lusthäusern; Lycestre u. a. sind ihm zugeordnet. Denkt (wegen des Aufschubs mit der Zahlung der Reiter) in 6 Wochen zu Hause zu sein.

Dr. 8514. Or.

156. Albrecht von Baiern an Kurfürst August.

4. Februar

Empfiehlt den Dr. Antonius Possevinus, [1]) der dem Kf. ein päpstliches Breve (enthaltend den Dank für die freundliche Aufnahme des Cardinallegaten Commendone)[2]) überreichen wird.

Ma. 53/14 f. 222. Conc.

1) Der jesuitische Diplomat Possevino, seit 1577 um die Katholisirung Schwedens bemüht, war zugleich dazu ausersehen, die längst angestrebte Bekehrung Augusts (vgl. oben p. 62; 136/7; 199) zu verwirklichen; wir werden seinen Beziehungen zu Sachsen noch wiederholt begegnen.

2) Vgl. no. 54 A. 1.

10. Febr. **157. Die sechs Kurfürsten an den Kaiser.**

Auf dessen Werbungen wegen der niederländischen Unruhe und französischen Praktiken. Raten zur Continuation der Friedenshandlung, für den Fall des Fehlschlagens zu einer R.-Versammlung; sonst wäre eine solche, ehe die Wormser Heimstellung vollkommen beendigt, kaum nützlich oder förderlich.

Dr. 9309, Cop.

1. März Neustadt **158. Abraham Bock[1]) an Kurfürst August.**

(J. C. Abreise von Gent; Anschläge auf seine Person. Feindseligkeit Oraniens. Eigennützige Freundlichkeit der K. von England. Anerbieten Dänemarks.)

. . . . . Neidecker[2]) hat allerlei berichtet, „sonderlich aber das herzog Johan Casimir von Gent gar eilents und vor tag, auch also nach Engellant unvormerkt aufgezogen, das ehr oder imands anders von reutern oder hofgesinde nichts davon gewust habe. . . . Ich halt es aber auch gleichwoll allen umbstenden nach davor, das fleissige bestallung uf S. F. Gn. person gemacht sei. Und obwol S. F. Gn. einen weiten umbschweif vorhin genommen, auch nachmals nemen mochten, so werden sie doch allen muglichen fleiss tuen; und dorfen sich S. F. Gn. weder uf den prinzen, graff Gunthern noch imands anders disfals vorlassen, wi dan eine, wo nicht mere posten neulich seint nidergeworfen worden.“ Neidecker bat den Prinzen im Namen J. C. um ein Zehrgeld von den Staaten und etliche Schützen für das Gesinde des Pf. „Aber nicht einen groschen oder hakenschutzen hat ehr erlangen mögen. Man hat sich auch so fremde und honisch gestelt, als wie man spreche: Ich kenne des menschen nicht. S. F. Gn. leut seint so zurissen und elend heimkommen, das der kleidung und dem ansehen nach, wan man sie nicht kente, den meren teil vor arme mendicantes geachtet werden mochten. Und wiewol sie es nicht gern tuen, dennoch glauben sie und ist inen der glaub numer in di haut kommen, das E. Ch. Gn. des hern treuer Eckhart et fidus Achates gewesen, das sie auch nicht mit wenigem schaden und schimpf im werk erfaren, wi schwer es inen gefallen, das sie E. Ch. Gn. treuherzige wolgemeinte vilfeltige erinnerungen und vornunftige bedenken so gering gewogen und hindan gesetzt haben. Noch dennoch dorfen sie so vormessen schreiben, wie die kirchen so trefflich des orts zunemen.

Herzog Johan Casimir schreibt S. F. Gn. stathalter alhie, genant Philipsen von Wambolt, mit eigner haut, das inen der zug, sonderlich die reise in Engellant nicht reue. Und wiewol ich nicht weiss, wie es S. F. Gn. meinen, so glaub ich doch, die konigin werde S. F. Gn. das maul schmiren und sich befleissigen, es dahin zu richten, wie bis daher geschehen, dass sie anderswo uneinigkeit stifte und erhalte, dadurch sie und ihr konigreich in hoher aufnemen kommen möge. Ich hab auch alhie vortreulich mer als ein mal von den reten ein ungeverlich wort gehort, der konig von

Denmark hab S. F. Gn. etlich mal geschrieben und gebeten, das S. F. Gn. zu I. K. W. kommen wolle.[3]) Ob sie nun wol nicht sagen, das es itzo geschehen wurde, dennoch aber geben sie fast zu vorstehen, wan man auch in Engellant so lang zu bleiben höfligkeit halben und mit fugen nicht ursach hette, das man einen andern weg die zeit hinzubringen und den donner furuber gehen zu lassen furnemen möchte. Und in summa, sie wissen itzo nicht, uf welche seite sie sich wenden sollen. Es ist inen auch die carte so seltzam vormischt, das sie sich und ire treffliche consilia, so in irem ersten ausschreiben begriffen, nicht recht recolligiren konnen." 3. März

Dr. 9978, Schriften mit Abr. Bock 1579. Eigh. Conc.

1) Kurf. Rat, damals am Hof der Pf. Elisabeth, Kluckhohn, Ehe p. 57 ff.
2) Wilhelm Eitel von Neidecken, Hofmeister J. C.
3) Vgl. no 118.

159. Abraham Bock an Kurfürstin Anna. 13. März Neustadt

Ausführlicher Bericht über seine Wahrnehmungen. J. C. Regierung (Wambold, Ehem, Vögelin). Der Streit zwischen Zuleger und Beutterich; der letztere „vexirt die andern alle." Beschwerden des lutherischen Hofpredigers der Pf. Elisabeth; Unterredung mit dem Statthalter Wambold über das Verhältniss J. C. zu seinen Schwiegereltern. Beutterich soll von J. C. eine schriftliche Erklärung erlangt haben, dass er den Krieg nicht geraten. Beschwerden J. C. und seiner Umgebung gegen die Pfalzgräfin, die er seinerseits ernstlich und ausführlich verwarnt. Missverstand unter den fürstlichen Frauen, namentlich zwischen der Kurfürstin und Fräulein Kunigunde Jacobe [Tochter Friedrichs III].

Dr. 9978. Eigh. (theilweise im Auszug bei Kluckhohn, Ehe J. C. p. 59 ff.)

160. Johann Casimir an Ludwig von Würtemberg. 19. März Neustadt

Seine englische Reise;[1]) war während der Rückfahrt 9 Tage und 9 Nächte auf der See. Da nun die Reiter schon im vollen Abzug waren, ist er nicht mehr, wie er vorhatte, zu diesen,[2]) sondern gleich heimgegangen und vorgestern hier angekommen, wo er Gemahlin und Tochter[3]) wohl vorfand.

St. Pfalz. Or.

1) Näheres hierüber bei Languet, Arc. II, 772 ff; Lodge, Illustrations of british history II, 204 ff. Die Verleihung des Hosenbandordens an J. C. (8. Febr.) machte viel Aufsehen; auffallender Weise ging in Frankreich schon im Mai 1578 das Gerücht, die Königin habe den Kaiser, den K. von Dänemark und Casimir zu Rittern des Ordens ernannt (Desjardins IV, 167). J. C. englische Reise besang mehrfach der Neumärker Jakob von Falkenburg (Casimirus sive de concertatione Eliae cum Baalistis; David; Goliath, sämmtlich London 1579).

22

19. März 2) Moritz von Sachsen u. a. Führer der casimirischen Truppen hatten inzwischen in ihrer Geldnot mit Alexander von Parma einen Vergleich über ihren Abzug getroffen. Eine boshafte Aeusserung K. Elisabeths gegen J. C. über diesen Ausgang teilt Thuanus LXVIII. 16 mit. J. C., der in Middelburg ehrenvoll empfangen und durch einen Gesandten Oraniens nach Antwerpen eingeladen wurde, lehnte trotz Languet's Zureden diese Einladung ab. Er war sogar taktlos genug, in Utrecht an offener Tafel ein von seinen Soldaten gedichtetes Spottlied auf die Staaten, diese „verlogenen Leute", zum Besten zu geben (Bor XIII, 90b; vgl. Languet Arc. II, 775; ad Sydn. 358 ff; 365). Aber man sang auch Spottlieder auf den Pfalzgrafen („seine reuter lest ehr stecken, tutt, was sein doctor will," Marb.) und in einem Pasquillus Virgilianus (ebd.) hiess es von ihm:

„Foemineo praedae et spoliorum ardebat amore,
montes parturiere, est natus ridiculus mus."

3) Die Tochter ist Elisabeth, geb. 5. Mai 1578 † 20. Okt. 1580. — Seiner Schwiegermutter Anna versprach J. C. am 5. April: „ich woll mich disc sommerzeit als der verloren sohn einstellen, dan ich mit den schweinen nun genugsam gessen." (Dr. Eigh.)

4. April Neustadt

161. Abraham Bock an Kurfürstin Anna von Sachsen.

(Verdächtigungen Beutterichs; dessen Aeusserungen über Oranien und Gent und bevorstehende Reise.)

Zu Heidelberg sagte der Herzog von Würtemberg über Tisch zum Kf., „also das wirs alle hören könten, wan herzog Johann Casimir doctor Peuterich so wol kente als ehr, so würden S. L. seiner müssig gehen; ehr wehre auch S. F. Gn. diener gewesen, aber ehr hette ihnen weggetan; mit etlichen andern worten und umbstenden. Es ist auch sonst mit furgelaufen, das man ihme schuld gegeben, das ehr an alle ort in Deutschland, Schweiz, Frankreich, Niederlande und sonst schreiben solle, daraus herzog Casimirs fuhrnehmen und geheime sachen geoffenbaret werden möchten." J. C., der hievon hörte, schrieb an Würtemberg, er danke für die Warnung, bitte aber um speziellen Bericht über Beutterich und dessen gefährliche Briefe; sei dem also, so wolle er sich danach richten; wo nicht, so möge man seine Diener nicht unschuldig verdächtigen. „So seind auch gleich herzogk Johann Casimirn und doctor Peuterichen selbst von mehren underschiedenen orten schreiben zukommen, darinne wird Peuterichen schuld gegeben, das ehr und Datenus der pfaff den tumult, der abermals zu Gent den 10ten Martii sich erhoben, darinne die Calvinisten die Papisten wieder ihren religionsfrieden aus den clostern und kirchen gesturmet, angericht, mittel und wege, auch anleitung darzu gegeben habe.

Darauf antwort doctor Peuterich, wan es der sachen zu guttem gemeint und die im Niederlande, die sich aus furcht darzu nicht bekennen dorfen und doch dasselb angerichtet, darumb ihme zumessen, die gefahr, die ihnen darauf stehen möchte, durch ihnen, der davon weit genug entsessen, zu vormeiden, so wolle ehrs den armen bedrangten leuten und der sachen zu guttem gern uf sich bleiben lassen. Tetten sie es aber darumb, das sie ihnen bei menniglich verhast machen und fur einen aufruhrer ausgeben wolten, darinne geschehe ihme zu viel. Ehr wehre aber auch als ein privatpersohn darzu zu wenig, were auch seltzam zu hören, das man ihme eine triumph zumessen wolte von einem kriege, darinne ehr selbst nicht gewesen. Ercleret sich aber auch darauf, wie ehr mir selbst sagt und ein französsisch schreiben lesen lassen, das ehr dasjenige, was wieder die Papisten vorgenommen, gar gerne hörete, und wann ehr sich wieder sie alle (darunter ehr den prinzen mit meinet, dem ehr spinnefeind ist und ehr ihme wieder) nach seinem vormögen der gemeinen sache zu guttem gebrauchen lassen könte, das ehrs treulich tuen und niemant ansehen wolte. Es nehme ihnen aber wunder, warumb sie (damit ehr aber den prinzen und Schwartzburg meint) mit ihme nicht zufrieden wehren, dieweil ehr seinen herren Johann Casimiren, der sie also in ihre augen gestochen und denen sie umb glimpf und soviel an ihnen umb alle wolfart zu bringen vormeint, wegbracht, das ehr sie numehr ungeirret liesse. Hat auch darauf an die von Gent und Flandern, auch viel seine gutten freunde geschrieben, sie vormant und vorwarnt. In summa, ehr wirft seltzame karten aus, sonderlich uber den prinzen und graff Gunthern, und ich vormerke, was herzogk Johann Casimir vor sich nicht schreiben will, das lest ehr doctor Peuterich schreiben; der ist die zange, damit S. F. Gn. diesfals ins feuer greift. 4. April

So zeucht doctor Peuterich itzo anheimb gen Mompelgardt, von dannen in Schweiz, Burgund, Frankreich; ob des orts was praeficiret wirdt, kann ich nicht wiessen. Jedoch soll ehr gegen der Heidelbergischen hochzeit wieder alhie sein." . . . . . .

Dr. 9978, Allerlei Schr. und Berichte, so an Kf. Aug. Abr. Bock gethan anno 1579. Or.

162. Der Kaiser an Kurfürst August.

11. April Prag

Verweist auf die heimlichen Praktiken der K. von England, die nichts unterlässt, im Reich die Leute, auch vornehme Stände an sich zu ziehen. 1)

Dresden. 8500. Or.

1) Seit Jahren liefen Gerüchte von einer „Liga" Englands mit den deutschen und schweizerischen Protestanten, Hugenotten und Niederländern; über die angeblichen Beschlüsse einer Versammlung zu Middelburg vom 15. Jan. 1577, worin u. a. auch Contingente von Kurpfalz und Würtemberg aufgeführt werden (deutsche Uebersetzung, von Kf. Ludwig unter dem 15. Okt. 1579 an Würt. geschickt, St. Pfalz 14c II.) vgl. Prinsterer I. 6, 55; Bouillé III, 47 und de Croze I, 238 halten sie für authentisch; vgl. auch Desjardins IV, 253.

163. Johann Casimir an Kurfürst August.

25. April Neustadt

Hat nach seiner Wiederankunft zu Middelburg einen Diener vom Adel zu den Obristen gesandt und eine Zusammenkunft zu Arnheim angeboten, wo ihm aber statt dessen der Aufbruch der

23. April Reiter und von Seiten der Obristen der Rat zuentboten wurde, ohne Mittel lieber nicht ins Lager zu kommen. Da er ausserdem erfuhr, die Reiter seien mit den Spaniern in Verhandlung getreten, wollte er sich gar nicht weiter mit dieser Sache befassen. Von den Obristen hat er sich zu ihrer Zufriedenheit schriftlich verabschiedet und ihnen zu Gutem etliche Räte zu Antorf gelassen. Besorgt, dass, wenn er nur die Obligation erlangt, die Reiter ihn auffordern, um Erlaubniss zur Selbsthülfe bei Kaiser und Kurff. nachzusuchen.

Dresden. 8514. Or.

6. Mai Paris **164. John Lesley Bischof von Ross an Albrecht von Baiern.**

Ist von seiner deutschen Reise unversehrt hieher zurückgekommen, nachdem ihn unterwegs Lothringen und die Guisen freundlich aufgenommen, der Pfalzgraf de la Petite Pierre aufgehalten und belästigt hat; dankt für A. Bemühungen um seine Freiheit; „inde tamen amice datisque dexteris tandem dei gratia discessi.“ Gute Aufnahme beim König. Lage der Königin von Schottland. . . . .

Ma. 285/6 f. 25. Eigh.

Mai ? **165. Ein Ungenannter an den Marschall Bellegarde.**[1])

(Vorschläge der Königin Katharina für einen Angriff auf Spanien. Verständigung mit Navarra. Versammlung der reformirten Kirchen.)

„Copia d'una lettera al marescial di Bellagarda.

La regina madre alli 15 fù a Feraz a veder la nuova fabrica del signor di quel luogo già suo maestro di casa, et passeggiando nel parco, sapendo ch'io son vostro parente, ella mi parlò liberamente et fra l'altre cose mi disse che voi ben sapete che l'ha sempre favorito tutto ciò che di voi toccava presso al re suo figliuolo, ancor che ella havesse havuta opinione che voi altre volte ricercaste modi di allontanarla dall' intelligenza degli affari di Francia, ma ciò non ostante vi tenea per il primo capitano ch'il re havesse et quello che teneva più credito presso a soldati, nè toccarebbe hora ad altri che a voi che la guerra civile fusse cacciata fuori di Francia. Perchè ella ha già disposto il re di Navarra, che voi pigliasse [!] l'impresa dalla parte d'Italia et mons$_r$ d'Alanzon da quella di Fiandra et esso re di Navarra da quella di Fonterabia et d'Aragon,[2]) in maniera che il re christianissimo commettesse la guardia d'alcune terre di frontiere che le sarebbono nominate a quelli della religione per confermar loro la buona intentione ch'egli tiene nella ragion loro, oltre che egli eseguirebbe il suo editto in tutto ciò che fosse possibile. Jo li risposi, ch'ella non potrebbe eleggere meglior instramento di voi dalla parte d'Italia, perchè voi havete cognitione della lingua et del paese; et ella mi replicò, che con questa mira havea negotiato col re ch'egli vi commandasse, ch'andasse [!] a ritrovarla nel Delfinato, quando ella passasse per colà. Mai ?

Ciascuno loda l'intentione del re di Navarra, facendo egli per quello conoscere la affettion, che vuol mantenere il ben della corona. Et per prevenir a questo egli ha adunato una congregatione di tutte le chiese della nuova religione al primo di giungno, dove interveranno i delegati del duca Casimiro,[3]) assicurandosi il detto re di Navarra di tirar di Alemagna in questo modo l'essercito che egli vorrà. Fra tanto i popoli perdono la credenza et singolarmente quelli di questo paese, dove liberamente rifiutano di pagare tutti li tributi di danari et la tenuta delli stati della provincia fin tanto che la pace sia realmente et di fatto esseguita per tutto, volendosi ritenere le loro facoltà per loro conservatione."

Ma. 231/9. Cop.

1) Roger de Saint Lary, seigr de Bellegarde, seit 1574 Marschall von Frankreich, suchte sich damals mit Hülfe Spaniens, Savoiens und der Hugenotten zum Herrn der Markgrafschaft Saluzzo zu machen; vgl. Thuanus LXVIII, 6. 7; Polenz IV, 18/9. Wer der an ihn schreibende „Verwandte" ist, vermag ich nicht zu bestimmen; ein Herzog von Bellegarde, grand écuyer de France, wird bei Berger, lettres de Henri IV, I, 387 A. 3 erwähnt. Sollte unter „Feraz" vielleicht Ferrals (im Dep. Aude) zu verstehen sein?

2) Ueber den am 31. Aug. 1579 unternommenen Versuch der Franzosen sich Fuenterrabia's zu bemächtigen, vgl. Charrière III, 836 A. 1.

3) Hiefür findet sich sonst keine Bestätigung. Die Versammlung zu Montauban fand erst im Juli statt, vgl. das Schr. Navarra's an K. Katharina vom 29. Juli (Berger, I, 237/8), welches Polenz IV, 194 A. 4 bei seiner Unterscheidung der Versammlungen zu M. 1579 und 1580 nicht beigezogen hat. Sie wird ausser von Bouillon und d'Aubigné auch von Maffei II, 85 erwähnt.

166. König Heinrich von Navarra an König Friedrich II von Dänemark.

30. Juni Nérac

Beklagt sich über das Unternehmen einiger deutscher Theologen, alle andersdenkenden Evangelischen zu verdammen, und bittet, Fr. wolle seinerseits dieses Condemniren nicht zulassen.

Nürnb. Rel.-Acta 1524—1654. Cop.

167. Don Juan de Borja an König Philipp II.

12 Juli Prag

. . . . Schwedische Gesandtschaft „à las bodas de un marques de Brandenburg", dann beim Kaiser, namentlich um sich über

12. Juli Herzog Magnus zu beklagen.[1]) „El rey de Dinamarca se tiene por cierto que viene á verse con el elector de Saxonia y que llegará hasta Dresden, adonde el duque tiene su assiento; no se dexa de discurrir en que llegado aqui tan cerca ha de querir ver al emperador, aunque hasta agora no se ha hablado en ello. De lo que succediere, daré cuenta á V. Md."

Pb. f. fr. 15564 f. 49 Or.

1) Auf der Hochzeit des M. Georg Friedrich von Brandenburg mit Sophia, Tochter Herzog Wilhelms von Lüneburg (Plassenburg 3. Mai) war auch Kf. August anwesend; J. C. wollte gleichfalls hin, „postea mutavit consilium, gravibus quibusdam de causis, darvon nicht viel zu melden" (Dohna). — Die Werbung der schwed. Gesandten beim Kaiser (30. Juni) betraf Schwedens Erbschaftstreit mit Braunschweig und Ansprüche auf Livland, den ostfriesischen Bruderstreit, die Beschwerden der Markgräfin-Wittwe Cäcilia von Baden und die „unfürstlichen und unchristlichen Untaten" des Herzogs Magnus; „und ist zu beclagen, das aus dem löblichen hause zu Sachsen ein solch monstrum und unartiger fürst entsprungen sein soll." (Ma. 230/4 f. 95 ff; ebd. die kais. Antwort, Prag 8. Juli).

23. 24. Juli Genf

168. Verhandlungen des Genfer Rats über Beutterichs Anbringen.

[23. Juli]. „Le dit Beuterich estant arrivé icy mardy dernier avec lettres de créance du dit sr duc Casimir du premier de ce moys julliet,[1]) et totesfois il n'a encor dit aultre sinon qu'il désire avoir vision des capitulations estans entre le duc Casimir et mr le prince de Condé, qui ont esté remis closes et cachetées en garde à la seigneurie. A esté arresté qu'on attende, s'il se présentera".

Am 24. Juli berichteten Beza und ein anderer Geistlicher im Namen ihrer „compagnie" über ein Anbringen Beutterichs, der „estant en voie par deçà pour d'aultres afaires" im Namen seines Herrn um ihr Gutachten ersuchte, wie derselbe, bei seinem Entschluss bei der Confession seines Vaters zu bleiben, sich gegenüber dem neuen corpus doctrinae verhalten solle. „Là-dessus ayans prié dieu ils luy ont donné advis qu'il se conjoigne avec les personages, églises et princes, lesquelz n'ont encor peu approuver ceste procédure, afin qu'ils soient tant mieulx fortifiés." Ferner hielten sie die Abfassung einer Harmonie der bisherigen [reformirten] Confessionen „avec une préface amyable" für angezeigt. Zur Unterschrift gedrängt, soll er sich auf die von seinem Vater und ihm unterschriebene A. C. berufen, und auf vorheriger Prüfung des neuen Buchs durch seine Geistlichen bestehen. „Finalement est exhorté à la paix." Sie werden ihre schriftlich gegebene Antwort mitteilen.

Genf. Arch. Rég. du conseil 1579 f. 128/9.

1) Beutterichs Beglaubigung vom 1. Juli bei Genf, Genf Arch. Or; bei Zürich, Za. Or.

169. Ehem an Dohna.[1]) 4. August

(Kurpfalz zur Unterschrift der Concordienformel gedrängt; Massregelung der Heidelberger Universität.)

. . . .

„Vigesima sexta Julii duo pontifices Smidelinus et Chemnitius et uterque cancellarius electoris Saxoniae et Brandeburgici Meinsidelius et Distellmorus quatuor curribus et equitibus comitati solemniter Heidelbergam ingressi sunt, ubi Marbachium reliquias universitatis deformantem et evellentem invenerunt. Caput praecipuum legationis fuit, quidem ex aliis accipimus, ut electorem ad subscriptionem libri discordiae permoveant. Quid futurum sit, omnes expectant. Ego vero satis esse puto, etsi verbis non subscribat, facto tamen id ipsum praestet, quod illi petunt et quod res ipsa declarat. Vocati enim sunt omnes professores ad electorem praesente Marbachio et senatoribus ecclesiasticis, petitum a Donello rectore (cum quo tamen ante paucos dies ipsemet elector clementissime egerat, ut Heydelbergae maneret ac oblatae conditioni Leidensi, cui operam suam iam addixerat, renuntiaret, ipseque annuisset et mansurum certis conditionibus promisisset), ut professores omnes suis iuramentis, quibus universitati et ipsi rectori obstricti essent, liberaret; habere enim electorem, quae cum universitate conferret. Rector cum collegis aliquid monstri ali existimantes uno ore id ipsum se facturos negarunt, privilegia universitatis neque quidquam sibi cum senatoribus ecclesiasticis negocii esse allegantes. Integro die hac de re certatum, rectore et professoribus in pristina sententia persistentibus. Hac frustra tentata via ad inquisitionem fidei uniuscuiusque ventum et colloquium privatum cum unoquoque petitum est, quibusdam id in totum tanquam partiale detrectantibus, caeteris vero id ipsum adhibitis scribis et arbitris concedentibus. Sed a Marbachio pernegatum; unde post longas rixas factum est, ut Donellus resignato sceptro rectoratus cum Tobino et Lanoio dimissionem, caeteri absolutum responsum ab electori [!], quid cum ipsis facere constitueret, supplice libello oblato petierint. Elector cum Donellum et alios de discessu serio agere conspexisset et fortasse a consiliariis, quid inde secuturum mali, vel etiam, quod verisimile est, a Jacobo Andreae et suis, sub quorum adventu haec fierent, praemonitus esset, cum Donello per consiliarios iterum agere coepit, ut manere vellet; esse enim ipsum deceptum a quibusdam neque satis de privilegiis universitatis instructum, daturum operam, ut omnia tranquille et pacifice componerentur et universitati ius suum sanctum certumque maneret. Interea discedit elector Stutgardiam ad Wir-

4. August tembergicum; subsequuntur legati cum Jacobo Andreae et Chemnitio. Marbachius Argentoratum, uti dicitur, se confert. Ita relinquuntur in suspenso omnia et expectatur exitus huius comoediae aut tragoediae, quod finis ostendet.[2]"

Bm. Coll. Cam. XI. 161. Eigh.

1) Dohna war vom 3. Juli bis 17. August mit dem neunburgischen Kanzler Dr. Johann Albrecht in Prag, um im Namen J. C. die Belehnung vom Kaiser zu empfangen. Aber Kf. Ludwig hatte, wie Dohna erzählt, dem Kaiser geschrieben, er solle seinen Bruder nur mit den Regalien belehnen: Land und Leute müsse derselbe nach dem väterlichen Testament vom Kf. als Afterlehen empfangem. Der Kaiser erklärte den Gesandten, wenn die Brüder sich verglichen haben würden, solle es an ihm nicht fehlen (Dohna's Selbstbiographie). Tatsächlich erfolgte die Belehnung erst am 22. Sept. 1582.

2) Der Kf. hatte bereits am 31. Juli die Präfation des Concordienbuchs, in welcher seinen bisherigen Einwendungen gegen letzteres Rechnung getragen worden war, unterschrieben (Heppe IV, 128 ff.). Mit dem Bericht Ehems über die Misshandlung der Universität ist der Brief des Rektors Donellus vom 1. Aug. (Cisneri opusc. p. 951 ff.) zusammenzuhalten, der z. B. jenen letzten Versöhnungsversuch der kurf. Räte gar nicht berührt. Von der Kurfürstin sagt ein Schr. des Patiens vom 14. September 1579 (Jo. Fechtius, Historiae eccl. seculi XVI. supplementum, Durl. 1684, p. 601): „ita aliquando nobiscum urget electorem ad serium agendum in rebus Calvinisticis, ut saepe optimi principis in angustiam redacti et officium suum promittentis misereat."

11. August
Zürich

170. Bedenken der Züricher Theologen.

(Auf die Frage J. C., ob er sein Bekenntniss im Notfall mit Gewalt verteidigen dürfe. Raten zum Frieden; der Krieg nur in der äussersten Not erlaubt.)

Dr. Beutterich hat ihnen im Namen Johann Casimirs vorgetragen, wie die bevorstehende Publication des Concordienbuchs für seinen Herrn wahrscheinlich die Ausschliessung vom Religionsfrieden und gewaltsame Unterdrückung nach sich ziehen werde; der Pf. wünsche zur Sicherung seines Gewissens ihre Meinung darüber, wie solche Gefahr abzuwenden, ferner wie er sich im Fall der Not halten und ob er dem Widerpart mit Gewalt begegnen und demselben mit etwas tätlicher Handlung etwas Unruhe machen solle, „dieweil mitel und weg vorhanden, durch die söllichs wol und komlich beschechen möge."

Weil dies mit Zustimmung ihrer Obrigkeit an sie gelangt ist, sind sie schuldig zu antworten. Sie loben J. C. Standhaftigkeit im Glauben und erinnern ihn an ähnliche Zustände in der Kirche seit den Zeiten der Apostel. Zuerst raten sie zur Abfassung einer Harmonie der Lehre der englischen, schottischen u. s. w. und ihrer Kirchen (aus deren Confessionen zu ziehen),[1] mit einer Vorrede an die Stände der A. C., worin man sich zu weiterer Erklärung in einer Synode oder sonst erbieten und sie vor der Gefahr unüberlegter Condemnationen ernstlich warnen soll; dies würde hoffentlich die Einsichtigen in der A. C. veranlassen, die Vorschnellen zurückzuhalten. Sollte dies nicht helfen und offene Verfolgung eintreten, so soll J. C. sich erinnern, dass das Reich Gottes nicht von dieser Welt, also auch durch weltliche Mittel nicht zu stürzen oder zu erhalten ist. Doch muss die christliche Obrigkeit ihre Untertanen vor Gewalt beschützen und den wahren Glauben handhaben; erinnern an Josua, David, die Makkabäer u. a., ferner an Constantin, Theodosius, die Gott hiezu gebraucht hat. Aber man darf auch mit guter Absicht nicht unbesonnen und freventlich handeln. Es zeigt sich oft ein schweres Wetter am Himmel, das ohne Schaden durch den Wind wieder zerstreut wird; so geht es wohl auch mit der Kirche, wie man zur Zeit des Pfalzgrafen Friedrich gesehen hat und noch täglich sieht. Erinnern an die Zeiten des Königs Ezechias und an den Rat des Jesajas: In der Stille und Hoffnung wird eure Stärke sein. Aehnlich steht es jetzt namentlich in Deutschland, wo das Evangelium durch seine Bekenner entehrt wird. Sie können nichts anderes raten, als dass alle Regenten ihr Volk zur Besserung, Bekehrung, Gebet und Zucht anhalten, Niemandem Anlass zu Zwietracht oder Krieg geben, sondern sich gegen jedermann des Friedens befleissigen. Denn der Krieg ist die allerletzte Hülfe und nur in der äussersten Not anzuwenden. Die deutschen evangelischen Fürsten sollen eher alle Mittel des Friedens versuchen, damit sie in jedem Fall vor Gott und der Christenheit ihre Unschuld bezeugen können. Der Gott des Friedens und der Liebe wolle alle bösen Praktiken brechen, die Kirche vor Gewalt behüten und aller Fürsten Gemüter zum Gehorsam gegen sein Wort erweichen. 11. August

Za. Pfalz 1416—1592. Cop.

1) Vgl. no 168. Um baldige Abfassung dieser Harmonia, welche schon das Schr. der Züricher an J. C. vom 24. Juni (Hospinianus, Concordia discors p. 146) empfohlen hatte, ersucht J. C. in seinem Schr. an die Züricher vom 25. Aug. Za. Or.

171. Beutterich an einen Ungenannten.

8. Sept. Montbéliard

(Sein Streit mit den Bernern; deren Verhalten während des französischen Zugs. Kurpfalz hat das Concordienbuch unterschrieben. Niederlande. Alençon. Irland.)

„S. Scripsi Bernatibus moderate quidem, sed vereor ne parum gratum sit futurum, quod scripsi. Mandaverunt se brevi responsuros; nil dum autem ad me est perlatum.[1]) Quia in me omnem invidiam Helveticae expeditionis et Cornavii negotii derivant et omnem spem reconciliationis tollere videntur, igni et aqua interdicunt, quod cives et subditos ipsis refractos reddiderim, incusant gravissime et alia atrocia ipsorum literis ad me scriptis aspergunt, non possum dissimulare, nisi innocentiam meam prodere et famam apud omnes Helvetiae pagos prostitui velim. Moderata expositio [!]

8. Sept. totius negotii forsitan indignationem publicam leniam, quae dissimulando magis cresceret. Hoc, mihi crede, possum demonstrare, Bernates et Friburgicos in causa esse, quod profugae facti sunt Helvetii nostri, quod inscio Casimiro tormenta aenea ad aliquot milliaria abduxerunt, quod denique pax ista fraudulenta, nobis tum suspectissima, inita est. Haec ignorantur publice. Quod autem Cornaviensem actionem attinet, fateor me nimiam adhibuisse moderationem. Debui enim iure militari rigidius eiusmodi legatos tractasse; uti demonstrabo facile.[2]) Scio Melunium praetorem alicui nobili Bernae nuper admodum exprobrasse, quod me prandio excepisset extra Bernatum ditionem. Sed agam hac de re amplius cum principe meo, quem spero me intra 17. huius salutaturum coram; sum enim iam saepe vocatus. . . . . Negotium theologicum tandem successit ex Smidelini sententia. Utcunque enim simularit elector Palatinus se non subscripturum, iam constat subscripsisse cum praefatione quadam; affirmat se petiisse multarum rerum emendationem, quam impetrare non potuerit. Donellus et alii dimissionem petierunt, sed tandem retenti sunt bonis persuasionibus; promittitque elector se diplomate illis cauturum.[3]) Quid hinc emanaturum sit mali, facile conieceris. Belgium summis conflictatur utcunque difficultatibus. Auriacum audio scripto publico causam suam egisse et in provincias culpam reiicere.[4]) Mechlinienses cum Malcontentis plane transegerunt. Hi iam senatum apud Insulam Flandriae condunt, quem statibus opponant vel statuis potius.*) De Alanconio hoc intellexi, Caleti esse; in Angliam profectum nondum percepi.[5]) Perscribitur ad me certo Hispanorum aliquot millia (quidam quatuor, alii sex dicunt) in Hiberniam appulisse et munimenta quaedam occupasse, duce Hyberno proscripto et laesae maiest[at]is reo.[6]) Haec habui, quae ad te ante discessum meum in Germaniam raptim scriberem, rogans, si quid rescribere dignaris, ad Lobetium nostrum, qui Argentinae est, literas transmittas. Cupio autem unice scire, quid Occitanici nostri sint tandem consilii capturi. Vale, vir eximie."

Mb. 90/12 f. 136. Conc.

1) Die Berner baten am 21. Aug. J. C., ihnen sein Ansinnen schriftlich oder durch andere Botschaft mitzuteilen, und erinnern B. selbst an die ihren Gesandten von ihm angetane Schmach, wesshalb sie ihm nicht gestatten könnten, „sicheren fuss uf unser ertreich ze setzen, viel weniger vor uns zu erschinen" (vgl. p. 168/9). Ueber D. Antwort

---

*) „Bruxellenses fidem Auriaco conservant."

(Bétoncourt 30. August,) und weitere Schritte vgl. Stettler, Annales II, 265/6. Die von Stettler erwähnte Apologia oder Schutzschrift B. ist mir nicht zu Gesicht gekommen. 8. Sept.

2) Vgl. p. 168 A. 2; 175 A. 1.; unten 9. Nov.

3) Vgl. no. 169.

4) Gemeint ist wohl das bekannte Schreiben Oraniens an die in der Union verbliebenen Provinzen (bei Bor vom 1. August datirt), das 1579 im Druck erschien, vgl. Gachard, Corr. de Guill. IV, 167 ff.

5) Al. war damals allerdings in England gewesen. Walther schreibt an Ulmer, Zürich 9. Oktober: „Alenzonius in Anglia fuit sub coniugii cum regina contrahendi praetextu, sed longe alia res acta fuit. Dicunt contra Hispanum conspirasse Anglos, Gallos Alenconios atque Venetos." Vgl. über die noch nicht genügend aufgeklärte Politik des jüngsten Valois no. 165; 184.

6) Vgl. über die Landung und anfänglichen Erfolge des Rebellen Fitzmaurice in Irland Froude XI, 207 ff.

172. Landgraf Wilhelm an Johann Casimir.

12. Sept. Cassel

. . . Hätte nicht gedacht, dass Kurpfalz sich so leicht zur Annahme des Bergischen Buchs sammt seinen „hochbedenklichen absurditeten und paradoxen" würde bewegen lassen. Sein Schr. an Anhalt u. a. wegen der Präfation. Zeitung aus Köln. Alençon bei der K. von England. „Ob aber der von Alanzon die konnigin oder die konnigin ihnen den von Alanzon nehmen werde vor das gelt, so I. K. W. vor Calis zugesagt worden, solchs wird die zeit offenbaren." Bittet um Mitteilung darüber, was Dathenus, der wieder bei J. C. sein soll, berichtet, „sonderlich des prinzen halben, dan es wird von ime geschrieben, das er in religione zu wackeln anfange, darumb auch die religionsverwante nit viel mer von im halten sollen."[1])

Carlsr. Pfalz Gen. Relig. I, Or.

1) W. fragte sogar bei Beza an, „quid nimirum mihi videatur de papismo apud Gandavenses [nicht Gaudanenses] . . . auctoritate principis illius quem nominare necesse non est instaurato"; Beza sprach sich gegen die zelotischen Verdächtigungen und für die religiöse Politik Oraniens aus (an W. Genf 9. Dez. 1579, Heppe, Epp. Bezae p.22). — Dathenus, der Gent vor Oraniens Ankunft im Winter 1578 verlassen hatte, war bald dorthin zurückgekehrt und von J. C. am 13. Juni 1579 den Gentern noch auf ein Jahr geliehen worden, zog sich aber, als Oranien im August wiederkam, mit Hembyze nach Deutschland zurück, Prinsterer I. 6, 616 ff; 7, 79 ff; Janssen, Dathenus, p. 11 ff.

173. Johann Casimir an Kurfürst Ludwig.

24. Sept. Friedelsheim

Wiederholt und motivirt seine Erklärung, dass er die Concordienformel nicht unterzeichnen könne.[1])

Gedruckt bei Gerdesius, scrinium antiquarium VIII, 481—498 (lat. Uebersetzung).

24. Sept. 1) Vgl. Heppe IV, 131; J. C. vergebliche Berufung auf den Vergleich vom 27. Jan. 1578 ebd. 132. Ein für alle Mal sei ausserdem verwiesen auf Pressel, Churf. Ludwig von der Pfalz und die Konkordienformel (Zeitschrift für histor Theologie XXXVII, Gotha 1867, mit Benützung ungedr. Materials; über dieses Schr. vgl. Johannsen, J. C. und sein Kampf gegen die Conc. F. ebd. XXXI, 1861, p. 454 A.).

27. Sept. Gray

174. François de Vergy, Graf von Champlite, Gouverneur von Burgund, an die niederösterreichische Regierung.

Weiss noch immer nichts Gewisses über die heimlichen Praktiken der Franzosen. Savoien will zur Königin-Mutter. Die obersten Führer der Franzosen, zwei oder drei, zürnen, wenn die Hauptleute sie fragen. Die Werbung geschieht in der Champagne und im Messin, der Musterplatz soll um Metz ernannt sein. Bestallungen in der Picardie für Alençon. . . . .

Ma. 401/13 f. 66. Cop.

29. Sept. Strassburg

175. [Lobbetius][1]) an Beutterich.

„Monsieur! Depuis vostre partement dernier de ceste ville, on a envoyé vostre coffre à Columbier. J'ay retiré du maistre la marcque d'estain que vous aviez faict fayre, et luy ay baillié les six batz de reste. Je croys que monseig^r vostre maistre aura jà receu le pacquet de mons^r Grenon,[2]) lequel pacquet avoit esté je ne sçay par quelle oubliance laiscé icy, on m'a dit en la boutique de Wycker, quand avoit-ung m'esscript pour l'envoyer. Messieurs Sturmius et Sidney vous saluent; aultant en faict mons^r Fremin, qui m'a escrit d'Anvers. On parle icy bien fort de la descente de la Welscherie que sçavez. Le capitaine Moron n'est encoire de retour. On attend icy bientost le seig^r de Malroy, tuus intimus.[3]) On continue tousjours de dire que vostre maistre veult fayre quelque grande chose; j'employe mon éloquence pour fayre croyre le contrayre, sed frustra; parquoy je laisseray ung chascun en son crédo; fides cogi non debet. . . . . Vous avrez entendu des nouvelles par mess^rs de La Huguerie et Sarrazin[4]); mons^r de Loynes se recommande, en cas qu'on traicta quelque chose qu'il le peut concerner". . .

Mb. 90/12 f. 135. Eigh.

1) Eine unsichere Vermutung, nur gestützt auf den Schluss von no. 171. Dr. Jo. Lobbetius erscheint häufig in der Corresp. Languets mit Sidney.

2) Jacques Grenon, vormals Prediger an der ref. Kirche zu Strassburg, vgl. no. 52 A. 2.

3) Robert de Heu, s^r de Malleroy (Malroy), Hugenott und Schwager Clervant's, stand 1575 in Diensten Condé's (La Hug. II, 40 A. 1), wurde 1577 von Oranien als Vertrauensmann gebraucht (Prinsterer I. 6, 207), trat aber dann in die engsten Beziehungen zu Heinrich von Guise, dessen Plan sich Strassburgs zu bemächtigen er nach Kräften förderte. — Mit

der „descente de la Welscherie" ist die Annäherung des französischen Kriegsvolks gemeint, das sich damals zur Verwirklichung jenes Plans an der Westgrenze des Reichs sammelte. Strobel, Vaterl. Gesch. des Elsasses IV, 176/7 bezweifelt sehr mit Unrecht diesen Anschlag, den er ins J. 1577 setzt! Vgl. Thuanus LXXIV. 20 (bei J. 1581!); Languet ad Sydn. p. 409; die Imlin'sche Chronik (hers. von R. Reuss, Alsatia 1873/4 p. 459); Haller und Müslin p. 263/4; Stettler, Annales II, 265; über den Zug des Marschalls Matignon nach Lothringen und in die Franchecomté Nov. 1579 Bourquelot, mém. de Haton II, 997/8; Desjardins IV, 269. 29. Sept.

4) Beide gingen im Spätjahr 1579 nach England, La Hug. II, 31.

176. Claus von Hatstatt an die Regierung in Oberelsass.

30. Sept. Hatstatt

Beutterich war bei ihm über Nacht und steht, wie er gemerkt hat, in Werbung mit deutschem und welschem Kriegsvolk, wollte aber nichts darüber mitteilen. Er hält die Sache für gefährlich und rät, „dieweil das offentlich geschrei auf herzog Casimirum erschöllen", denselben um Schonung dieser Lande zu ersuchen, „das er nit sagen möcht, er were veracht und nit ersucht worden, wie ich von herzog Wolfgang, dem gott gnad, selbst gehört."

Ma. 401/13 f. 60. Cop.

177. Die vorderösterreichischen Commissarien an ihre Regierung.

2. Oktober Basel

Audienz bei den Herrn der vier Häupter, die antworteten: ungefähr im Juli sei ein ähnliches Ansuchen wegen eines Durchzugs an sie geschehen, woraus aber nichts geworden, wesshalb sie damals nichts mitgeteilt hätten; auf das jetzige Ansuchen hätten sie erklärt eine Belästigung ihrer getreuen guten Nachbarn nicht dulden zu wollen. Sie glaubten aber, die Ansuchenden eilten stracks fort nach dem Niederland, hätten ihnen daher den Pass gegönnt. Der Gesandte habe ihnen gesagt, die vorderöst. Regierung sei von Erzh. Matthias derwegen auch ersucht worden, „dann ir Dt. sich zu den durchziehenden Franzosen schlagen und ein tun sein werden." Gewiss sei aber, dass sie nunmehr nicht zu Basel oder in der Nähe, sondern erst unter Breisach („als Biessen") auf dem Rhein einsitzen werden und bis Dinstag oder Mittwoch hier ankommen und keine Eidgenossen darunter seien. Etliche meinen, Casimir wolle Burgund, das ihm von Oranien übergeben, wegen seiner ausstehenden Bezahlung einnehmen;[1]) nicht wahrscheinlich. . . . .

Ma. 104/13 f. 70. Cop.

1) Als einer der Commissare einem Hauptmann der Franzosen zu Basel von den Besorgnissen der Burgunder sprach, die aus ihnen nicht klug werden könnten, „schüttelt er den kopf und lacht, dass er sich darüber erschittelt, und antwort: Monsieur, croyés qu'ilz ne le sentiront pas si tost, quelque bon né qu'ilz ayent. Vous verrez une entreprinse si bien et subtilement menée et en si brief temps qu'en serez esbays." (Bericht Basel 11. Okt. ebd.)

3\. Okt. Annaberg

178\. Kurfürst August an den Kaiser.

Auf dessen Schr. vom 17. Sept. Rät durchaus zur Suspension, um das Misstrauen zwischen Spanien und den Staaten abzuwenden. Ist sie nicht zu erhalten, so schlägt er wiederholt einen R.-Tag vor.[1])

Dresden. 9309. Conc.

1) Das Scheitern des Kölner Friedenscongresses war damals bereits vorauszusehen. Johann von Nassau hatte dem Kf. (am 7. Aug.) die dringende Gefahr einer Trennung der Niederlande vom Haus Oesterreich vorgestellt (Prinsterer I. 7, 46/7).

11\. Okt.

179\. Anzeige der Strassburger Abgeordneten bei den elsässischen Ständen.

Monsr de Huy und mons[r] de Mallroy teilten ihnen mit:

Ihre von Oranien eigh. unterschriebene Bestallung, auf des von Huy Bruder und Malroy; der Erstere habe 500 zu Fuss bei Saarburg; 2000 Schützen und 2500 Pf., die noch um Langres lägen, führe Malroy und Beajou. Falls ihr Anschlag in Burgund fehlt, wollen sie ins Niederland; werden von den Spaniern in Lützelburg erwartet. . . . Viele guisische Hauptleute vom Adel schlagen sich zu ihnen; wissen nicht, ob sie ihnen vertrauen sollen.

„Mehr haben obvermelte gesanten anzeigt, das der künig in Frankreich inen hievor durch ein secretari lassen anzeigen und sie verwarnet, das etliche böse rebellische dinnen sich zusammen geschlagen, und wöllen was gegen der stat furnemmen; davor woll I. Mt. sie gewarnet haben.“ Der Gouverneur zu Marsell [Marsal] mons[r] de Larot habe etliche 1000 deutsche Landsknechtkleider machen lassen, in den Hosen zwei Taschen, worin je eine „wurfleiter.“ Sie sollen etlich 100 Instrumente haben, „damit man di tor und muren an den stetten ufbricht“, ferner besonderes Feuerwerk, eine Stadt an mehr Orten anzuzünden. „So ist die stat Strassburg von denen von Nich [!] gewarnet worden, das die von Marsell inen ein unversehene cassata [camisada ?] wölln geben;“ dieselben haben „teglich kässleut, die hieher kommen“, als Kundschafter. . . Jene Franzosen haben für 5000 fl. Büchsen nach Strassburg bestellt, die im Kaufhaus liegen und deren Auslieferung der Rat verbot.

„Der von Lanti hat auch darnach andern anzeigt, das alles nicht seie, was obgemelte welsche bevelchsleut anzeigen, sonder sei vil ein ander werk.“ Die welschen Hauptleute zeigten an, die Regierung in Oberelsass und die von Breisach hätten ihnen schon den Pass den Rhein herab bewilligt.

Ma. 401/13 f. Cop.

17\. Okt. Udenheim

180\. Bischof Marquard von Speier an den Kaiser.

Auf die Bitte des Kaisers, ihm ein Verzeichniss aller bisherigen Praktiken und Anschläge Oraniens mitzuteilen, welches Johann

Casimir in Handen haben soll[1]). J. C. hat es ihm auf einer Zusammenkunft mit Ludwig zu Germersheim gegeben; da es sehr weitläufig, bat er den Pt. um Erlaubniss, es abschreiben zu lassen. Derselbe weigerte dies mit der Erklärung, „das es solche sachen, die noch und bis zu anderer zeit nit zu publiciren seien." Inzwischen kam der Kurf. dazu, J. C. nahm die Schrift wieder an sich und so hat er sie nicht einmal gelesen. Will trotzdem das Aeusserste versuchen, um sie für den Kaiser zu erlangen. J. C. denkt übrigens auf einen von Oranien publicirten Druck (beiliegend), in dem er sich angegriffen glaubt, einen Gegenbericht erscheinen zu lassen, dem vielleicht der Inhalt obigen Verzeichnisses einverleibt wird. Will dem Kaiser ein Exemplar schicken. Schickt Abdruck des Schr. eines Adeligen an die Generalstaaten. . . . . 17. Okt.

Wh. Kriegsacten. Or.

1) Die Schrift gegen Oranien, mit der sich J. C. damals trug, ist jedenfalls das 1580 erschienene „Advertissement et conseil" (vgl. no. 144 A. 1), der am Schluss erwähnte Druck die „Lettre d'un gentilhomme vray patriot à messieurs les états généraux" Antw. 1579, gegen welche Marnix seine „Réponse à un libelle fameux" u. s. w., Antw. 1579, veröffentlichte.

181. Malleroy an Sigmund von Andlaw.

17. Okt. Vic

Hat durch einen seiner Hauptleute ein von einem Flüchtigen zurückgelassenes Schr. erhalten, wonach A. nebst einem andern vom Adel von der Regierung zu Ensisheim an ihn abgefertigt ist. Ersucht durch den Ueberbringer um eine Zusammenkunft und bittet ihn noch diese Nacht wissen zu lassen, ob A. hieher kommen könnte. Sie sollen mit ihm und den Seinigen zufrieden sein, da er sich ihnen noch verpflichtet weiss.

Ma. 401/13 f. 154 Cop. (deutsche Uebersetzung).

1) Am 19. Okt. berichten die drei Commissare Mich. von Ampringen, S. von A. und Jakob Truchsess von Rheinfelden der Regierung über ihre heutige Zusammenkunft mit M. vor Lauders. M. versicherte seine freundschaftlichen Gesinnungen und erklärte, sie wollten sich ob oder unter Strassburg aufs Wasser begeben, wo aber oder welchen Weg sie dorthin nehmen würden, könne er ihnen zur Zeit noch nicht sagen. Ihre Tagemärsche würden mindestens fünf Stunden betragen. Beiliegend M. Vorschläge Proviant und Quartiere betr. Ebd. Cop.

182. Bechtoltsheim[1]) an Kurfürst Ludwig.

19. Okt. Kaiserslautern

Ueber sein Anbringen bei Johann Casimir, der erklärte, er habe mit jenem Kriegsvolk nichts zu thun; „es wehr nit ohne, es hetten diegenige, so ire bestelte obristen, als der vohn Maleroy, der vohn Buy, der von Beaujeu[2]) diesmals sein solten, wol hiebevohr mit I. F. Gn. des vorhabenden gewerbs in verdrauen geredt und begert umb vohrschriften ahn die statt Strassbergk, sie ire volg der ort

19. Okt. mechten versamlen; aber solchs abgeschlagen. I. F. Gn. betten aber anderster nit gemeint, es wird etwan ein einfal im land von Lutzelburgk oder Burgund angedroffen haben; deswegen I. F. Gn. nit bett fragen wollen, wohe sie hinaus gedechten." Aber nach Zeitungen aus Frankreich und andern Orten habe J. C. entnommen, der Anschlag sei auf Strassburg gemeint gewesen, und daher die Stadt gewarnt. Die, welche zu Basel Schiffe bestellten, hätten umsonst den Pass durch die Strassburger Brücke verlangt. J. C. glaubt nicht, dass Clervant, der ihm erst geschrieben, das Volk bei Lixheim versammelt habe. Wäre denen zu Basel der Anschlag geglückt, so wären wohl die bei Lixheim zu ihnen gestossen und Guise nachgefolgt; so aber sei zu hoffen, dass es ihnen nicht angehe.

Mb. 112/1 f. 960. Or.

1) Heinrich von Mauchenheim, genannt Bechtoltsheim, Amtmann zu Otzberg, vom Kf. unter dem 15. Okt. mit Meinhard von Schönberg an J. C. abgefertigt. Die Instr. verweist namentlich auf die letzten Drohungen des Pf. Georg Hans und Clervant's Anwesenheit in Pfalzburg.

2) J. C. schreibt dem Kf. am 19. Oktober, nach einem Schr. Clervants werde von drei Parteien, nämlich von Guise, Rocheguyon und Malroy nebst Buy geworben (ebd. Or.). Ueber Clervant und Malroy vgl. no. 62 A. 3. und 175 A. 3; über Paul de Beaujeu († 1590), der bei dem verunglückten hugenottischen Anschlag auf Besançon 1575 (oben p. 160) eine Rolle spielte, la France prot. II, 90 ff. Henri de Silly, comte de la Rocheguyon, war damals beim König in Ungnade und hatte sich vom Hofe zunächst auf seine Besitzung Commercy zurückgezogen (Bourquelot, mém. de Claude Haton II, 997; Languet, Arc. II, 802/3).

20. Okt. Prag

183. Der Kaiser an Kurfürst Ludwig.

Fremdes Volk bei Basel und über die Zaberer Steig. Fast alle Berichte melden, es sei auf J. C. beschieden, was ihm jedoch nicht glaublich scheint. Bittet J. C. eventuell abzumahnen oder sonst auf Einhaltung der R.-Constitutionen zu sehen.

Mb. 112/1 f. 803. Or.

26. Okt.

184. d'Aranger an Des Pruneaux.[1])

(Verhandlungen zwischen Alençon und „monsr Vray"; Reise der K. Katharina; Bellegarde; Al. Spannung mit dem König; auswärtige Unternehmungen.)

. . . .

„Monsieur! Depuys ceste lettre escripte j'ay esté veoir monsr Vray, lequel m'a dict qu'après toutes ces remises dont luy ont uzé monsr de Maude et Marcel, ainsi qu'il s'attendoit ce jour d'huy de recevoir argent, ilz l'ont donné une baye, luy ayant voulla faire croyre que S. Alt. leur avoit mandé de ne bailler un seul sold sans son exprès commandement, et qu'à ceste fin le dict Marcel s'en alloit le trouver pour entendre de nouveau sa volunté. Ce qui a tellement mis en cholère le dict s[r] Vray contre eulx qu'il leur a dict pouilles, et veoy bien qu'il en sortira quelque chose qui ne tournera qu'à leur préjudice *pour ce que par ce moyen retardent des afaires de très-grande importance, entre les autres une aveq des Allemans quy sont isit* [!]; *quy est pour aporter beaucoup de desréputation à ses afaire; et puys le fait de mons*[r] *de Simyés*[2]) *faire le vostre marchent après; mès l'ocasion principalle que le dit argent ne c'est touché, a esté, comme nous pensons, que le dit demandé voulloit sçavoir, pourquoy c'estoit faire, pour le diveulguer; ce que S. Alt. ne veult.* Cependant sur tous les événemens je me suys deslibéré de m'achemyner devers luy aveq mons[r] Tardif et *dieu sçait, si je leurs sauray laver la teste et en la présence du dit Marcel. Mons*[r] *de Marchaumont et Vray en sont d'avys et escripvent mesmes de bonne ancre. Nous partons demain de grant matin.* Il est arrivé le jour d'huy un courrier de devers la royne qui dict l'avoir laissée malade à Monluel, ce qui avoit retardé son partement; mais qu'elle se devoit mectre en chemyn en lytière le XXme pour s'achemyner tout bellement jusques à Nevers, ayant acomodé le mareschal de Bellegarde et pris le serment de luy pour le gouvernement de Saluces.[3]) Làdessus Sa M[té] a remys son voiage après La Ferté, et s'attend que *S. Alt. les yra rencontrer, puys le ramènera, ce que luy ce que sera* [!] *fort difficille et qui sera plustost changer l'extrème volunté qu'yl a de le veoir, comme il luy a promis; car il n'a aucun désir de revenir, et en ung mot, il n'aime le roy; c'est ung des principaulx pointz de ce que m'a commys le dit s*[r] *de Marchaumont;*[4]) *pour luy faire antendre, vous an aurés des nouvelles. Comme je vous ay dit si-desus, il y a de grandes entreprinses, où sont meslés et Protestans et Catholiques; mais c'est en somme hors de ce roiaulme et contre les Espagnolz. Nous aurons prou argent pour l'exécution et ne manquerons de bons chefz, car j'é desjà ouy parler du mareschal de Cussé; voire s'ozeroit-on asseurer de Belleguarde; vostre amy de l'infanterie poura aussi estre de la partie. Desjà l'ont tient que mess*[rs] *d'Aumalle et marquys d'Albeuf sons près de luy malcontans de ce costé et que mons*[r] *de Laval y viendra, assitost mons*[r] *de Thurène n'y sera des dernyers*[5]) L'on m'a asseuré qu'il est vray que Laverdin soit passé, mais seullement aveques quelques cent chevaulx, et que les forces de Clervans et Beaujeu coullent le long du Rhyn, et est aussi venu advis véritable au roy que le Cazemyr se mect bientost en campaigne.[6]) *De* 26. Okt.

23

26. Okt. *par dieu que l'on haste les résolutions que l'on doit faire; autremant tout ce perdra; et escripvés librement ce quy ce doit espérer.* Vous serez bientost secouru ou je brusleray mes livres, et croyez que je n'y perdray temps." . . . . . .

Pb. fonds fr. 3281 f. 127. Or.

1) Roche de Sorbies, seig[r] des Pruneaux, Rat und Kämmerer Alençon's (Prinsterer I. 6, 436), in dessen Beziehungen zu Oranien und den Staaten er eine sehr bedeutende Rolle spielte. D'Aranger ist mir unbekannt, manche Namen in seinem Schr. (wie Vray, Tardif) scheinen noms de guerre zu sein; „Son Altesse" ist jedenfalls Alençon.

2) Simier, Hauptvermittler in Sachen der Vermählung Alençon's mit K. Elisabeth (die ihn ihren „Affen" — singe — nannte).

3) Die Unterredung und Versöhnung Katharina's mit Bellegarde fand am 16. Okt. zu Montluel statt; am 20. Dez. starb er vergiftet zu Saluzzo.

4) Ueber die Spannung zwischen dem König und Alençon und die Abneigung des letzteren mit seinem Bruder zusammenzutreffen vgl. Desjardins IV, 268 ff., wo auch Al. Verbindung mit Bellegarde berührt wird. Ueber das Gerücht, Al. wolle mit Casimir vereint ins Feld ziehen, schreibt Du Ferrier an den K. (Venedig 31. Okt. Charrière III, 863 A.)

5) Aumale und Elbeuf suchten, nach dem Schr. des Vargas an Philipp II, Paris 13. Febr. 1580 (Teulet V, 204/5), im Auftrag Guise's die Beziehungen Al. zu Oranien und den Hugenotten zu lösen.

6) Nach der Darstellung La Hug. II, 31; 37 hätte J. C. beabsichtigt, zunächst mit Condé, der am 29. Nov. La Fère durch Handstreich weggenommen hatte, in Cambray und den südlichen Niederlanden feste Stellung zu nehmen; vgl. das Gerücht von J. C. Absichten auf Artois und Hennegau, Charrière III, 863.

30. Okt. Heidelberg

185. Kurfürst Ludwig an Johann Casimir.

Aeusserung eines Lothringers zu Landau, Georg Hans habe das Kriegsvolk wider die Kurpfalz und zur Erlangung seiner ververmeintlichen Ansprüche versammelt, nach einer mit dem König von Frankreich verabredeten Praktik. Glaubt, „das E. L. dise kriegsversamblung nit so gar unbewust." Hat nun drei Mal, zuletzt am 28. Okt., J. C. um vertrauliche Erklärung hierüber ersucht. Da er aber von J. C. bisher „vast unbeantwort gelassen" und das Kriegsvolk inzwischen sein Unwesen fort treibt, hat er als Kriegsobrister seine Lehenleute aufgemahnt und an den kurf., rheinländischen und schwäbischen Kreis die Aufforderung zu Gleichem aufgesetzt,[1] „sonderlich und furnemblich auch dieweil sich E. L. des betrohentlichen und unsägsamen schreibens und vor der zeit vorgangener reden gedachts unsers vetters herzog Georg Hansens pfalzgrafens etc. wol zu erinnern wissen".[2] Erbietet sich, eventuell von J. C. Caution zu nehmen, falls dieser dem Volke zugetan ist; ersucht J. C., sich seines Gemüts offen zu erklären, ferner, wie stark er auf die Aufmahnung erscheinen werde. Sonst müsste er jene Ausschreiben laufen lassen.

Mb. 112/1 f. 805. Conc.

1) Das kurpfälz. Aufgebot vom 29. Okt. Mb. 111/4 c. f. 25; es erschienen im Ganzen 119 Pferde zu Germersheim (Archival-Urkun-

den ad causam equestrem I, 587 ff.). Ein Schr. des Kf. an den oberrhein. Kreisobristen Ernst von Solms, 31. Okt. Mb. 112/1 f. 778. Conc. Der vom Kf. ausgeschriebene und von Kurpfalz, den B. von Worms und Speier, J. C., Pf. Johann, Albrecht und Philipp von Nassau, Philipp dem Ae. von Hanau, den Städten Strassburg, Worms, Speier, Weissenburg, Landau beschickte Landrettungstag zu Weissenburg beschloss am 11. November, den Weissenburger Abschied von 1577 (no. 66) auf alle Invasionen und nicht versicherten Durchzüge auszudehnen, den Elsässer Landrettungsverein (vom 2. Febr. 1578) zum Muster zu nehmen und einen weiteren Tag anzusetzen (Mb. a. a. O. 1257). Ueber den vergeblichen Versuch Würtembergs, den schwäbischen Kreis in Bewegung zu setzen, vgl. Sattler V, 57. 30. Okt.

2) Ueber den Stand des simmerisch-veldenzischen Erbschaftstreits im J. 1579 vgl. Moser, Patriot. Archiv XII, 17 ff. In einem Schr. vom 16. Aug. hatte G. H. dem Kf. geradezu mit dem „Faustrecht" gedroht und bemerkt: „so würde darum das ganze reich um E. L. willen nit ufsatteln."

186. Johann Casimir an Kurfürst Ludwig.

31. Okt. Kaiserslautern

Auf dessen Schr. vom 26. Zeitungen von Strassburg, der von Malroy sei dort angekommen und habe dem Rat berichtet, sein Volk sei nicht stark — 1800 zu Fuss und 500 zu Ross. Der andere Haufe bei Mümpelgard sei bei 3000 Schützen stark. Sie bieten hin und wieder ihren Dienst an, da ihnen ihr Anschlag auf Strassburg, „wie die vermuetung und sage gewesen", misslungen ist. Ratsam, sich gefasst zu halten, nach dem Weissenburger Abschied. Erwartet von einer weitern Weissenburger Versammlung keinen besonderen Nutzen, „zudem die erfarung hiebevor geben, da man schon etwas wider die auslendische beschlossen, nit in gehaimbde gehalten und inen etwan hernach schier zu fuess gefallen, dardurch dann unser kleinmutigkeit und forcht am tag, inen aber destomehr uhrsach zu iren practiken gegeben"; will jedoch schicken und sich bereit halten.

Mb. 112/1 f. 1028. Or.

187. Johann Casimir an Kurfürst Ludwig.

31. Okt. Kaiserslautern

Lässt es bei seiner L. überschickten Erklärung wegen des Kriegsvolks bewenden. Hat mit Georg Hans weitläufig discurirt, aber nicht bemerken können, „des S. L. etwas damit zu schaffen, oder auch das sie das geringste irer vermainten erbforderung halben damit furhetten,[1]) also das wir darfur halten, man werde sich derenhalb nichts zu befaren haben, wie dann wir und unsere räte mit S. L. der ausgegossenen betrounngen halben nach notturft geregt und dieselben S. L. beschwert. Dann solte uns S. L. wegen herunder etwas verdechtigs furkommen sein, mögen E. L. uns freundlich woll zutrauen, das wirs derselben nit verschwigen haben wolten." Will wegen Aufmahnung der Kreise nicht Mass geben und sich auf den Notfall dem letzten Weissenburger Abschied gemäss verhalten.

Mb. 112/1 f. 1049. Or.

23*

31. Okt. 1) In einem undatirten Zettel an J. C. (Darmst. Cop.) beteuert G. H. bei seiner höchsten Seligkeit von den Anschlägen Guise's, Maleroy's und Buy's nichts zu wissen und erbietet sich, gegen den Urheber des Gerüchts, dass er mit Frankreich Strassburg, Ehrenbreitstein und Speier wegnehmen wolle, seine Unschuld mit Mund und Faust zu verteidigen.

6. Nov. Worms

188. D. Konrad von Ofenbach an Landgraf Georg.

Man sagt, dass Johann Casimir etwa 14 Tage nach Martini öffentlich anziehen wolle „und das also S. F. Gn. sampt pfalzgr. Georg Hansen in dissem spill mitbegriffen sein sollen"; um so glaublicher, „dieweil die obristen, als nemblich der her von Clerevant, monsyr de Landy, D. Beuterich und andere mer, hugenotisch und eben diejenigen sind, welche zuvor hochermeltem pfalzgr. in kriegswessen beigewonet. So liegen itziger zeiten der von Landy, D. Beuterich und etliche andere französische graven und obristen sampt dem von Walbron alhie in ofner herberig, reuten täglichs ab und zu, under dem schein, als ob sie die stat besehen wollen, darzu sie dan herzog Johan Casimir an den rat alhie verschrieben hat. Wan aber der vertrag ires teils nit gering ist, so hat man albereit uf weg gedacht, sie us der stat zu pringen[1]) und nach gemeiner stat notturft gute beraitschaft anzustellen." . . . . Man sagt, Guise ziehe gegen jenes Kriegsvolk,[2]) welches desshalb an der Zaberer Steige umgekehrt sei. Auf der anderen Seite soll Schwendi 2 starke Blockhäuser errichtet haben, ein grosser Teil des Volks aber bei Bitsch und Hornbach liegen.

Darmst., Kr.- und Mil-Angel. Conv. 2. Or.

1) Bürgermeister und Rat zu Worms wandten sich desshalb wiederholt (3. 6. Nov.) an Kf. Ludwig, da sie J. C. Unwillen zu erregen fürchteten. Am 3. Nov. war der Graf de La Roche-Guyon dort eingetroffen. Pierre de Châtenoy, gewöhnlich monsr de Lanty (Lanti) genannt, hatte 1578, Hans Bernhard von Walbron 1576 und 1578 unter J. C. gedient, vgl. no. 23 A. 2; no. 108; 137. Lanti war nach einer Zeitung (Mа. 401/13) am 9. Okt. in Zabern über Nacht, von wo er nach Strassburg wollte, um Schiffe zu bestellen.

2) Nach einer Zeitung aus Lothringen (ebd.) zog Guise um die Mitte Oktober von Langres nach Vauillers (Vanvillers).

4. Nov. Strassburg

189. Meister und Rat zu Strassburg an Kurfürst Ludwig.

Werden den Weissenburger Tag beschicken. Rückzug des Kriegsvolks; ein Teil davon, guisisches Volk, nach Marsal, die andern auf Lützelburg zu.[1]) . . . . Was den Zettel im letzten Schr. des Kf. [vom 31. Okt.] anlangt, „des von Malleroy verstrickung oder den schlosser betreffend, bei dem alle unsere statt tor zu offnen solten instrumenta funden worden sein", so hat sich nichts dergleichen begeben, obwohl sie auf empfangene Warnung Erkundigung eingezogen haben.[2])

Mb. 112/1 f. 1194 Or.

1) Am 1. Nov. schreibt Bechtoltsheim aus Pfalzburg, das Volk bei Elsasszabern sei durch die Grafschaft Nassau nach Saarbockenheim, das Volk um Lixheim liege jetzt bei Rixingen. 4. Nov.

2) Am 14. Okt. hatte allerdings in Str. eine Haussuchung stattgefunden (Alsatia 1873/4 p. 459.).

190. Johann Casimir an Schultheiss und Rat zu Bern.[1]

9. Nov. Igelheim

Auf deren Schr. vom 21. Aug. Hofft, sie „als verstendige und der welt erfahrne leut" würden Beutterichs Verfahren gegen ihre Gesandten zu Cornou nicht als ihnen zu Schmach, Trotz und Unfug geschehen auffassen, vielmehr Zeit und Ort und die Wichtigkeit der Sache, die damals auf dem Spiel stand, erwägen. Bis auf ihre Antwort will er B., der bisher nur Gutes von ihnen gesprochen hat, von Veröffentlichungen zu seiner Rechtfertigung abmahnen.

Ma. 544/15 Cop.

1) Vgl. no. 171. Unter gl. Datum schreibt J. C. zu Gunsten Beuterichs an Zürich (Za. Or. vgl. p. 175 A. 1).

191. Kurfürst Ludwig an Ludwig von Würtemberg.

18. Nov. Heidelberg

Kais. Werbung bei der Stadt Köln behufs Abtilgung der Bekenner der A. C.; vertrauliche Mitteilungen über das dortige Vorgehen gegen dieselben.[1]) Bittet um Gutachten, wie dem von Seiten der Religionsverwandten abzuhelfen, an deren einige er ebenmässig geschrieben hat. Der Religionsfriede, „welchen der widerteil one das nur fur temporal achten will," könnte sonst von selbst gänzlich sinken.[2])

St. Pfalz 14c II. Or.

1) Vgl. Ennen, Gesch. der Stadt Köln V, 357; im J. 1579 hatte der Rat selbst und durch Vermittlung des Kaisers die Intervention Joh. Casimirs zu Gunsten seiner Religionsübung zurückgewiesen.

2) Würtemberg schlägt in seiner Antwort (29. Nov.) wie jüngst [13. Okt.] mündlich zu Heidelberg zunächst Erinnerung des Kaisers durch die weltlichen Kff. vor.

192. Bischof Marquard von Speier an den Kaiser.

23. Nov.

Johann Casimir soll seinen Obristen u. s. w. das Anrittgeld zu Frankfurt erlegt haben und zu Neustadt etliche blauweisse Fahnen machen lassen; Verkehr fremder Franzosen zu Frankenthal.[1])

Wh. Kriegsacten 1579—90. Or.

1) Nach einer Zeitung aus Frankfurt vom 26. Nov. handelte dort Rocheguyon um Werbung mit Moritz von Sachsen, Stein, Buch und Dalwigk; am 29. Nov. heisst es, J. C. selbst sei mit Beutterich und Dohna

23. Nov. in Frankfurt. Andere Zeitungen liessen J. C. mit Georg Hans im Bunde stehen oder gar für England und Oranien werben (Ms. 401/13). Dohna sagt in seiner Selbstbiogr., er habe mit Rocheguyon, „desgleichen einem Le May, der ein arger gast und anima ducis Guisii war, zu Chronweissenburg," ferner mit den deutschen Obristen und Rittmeistern zu Frankfurt und Frankenthal allerlei traktirt. Den Anschlag des Kriegsvolks, von dem „insgemein gesagt ward," er sei auf Strassburg gerichtet, habe „einer Buy, ein unruhiger kopf," gemacht; Buy sei später, nachdem er einen ebenfalls vergeblichen Anschlag auf Diedenhofen unternommen, gefangen worden und der Gubernator in Lützelburg Gr. Peter Ernst von Mansfeld „lis ihm den grind herunter hauen, doch heimblich, in einem gemach." Auch bei Languet (ad Sydn. p. 409) wird „Buyus ille, quem nobiscum in Anglia vidisti", besonders hervorgehoben.

3. Dez. Frankenthal

193. Johann Casimir an den Kaiser.

Dankt in seinem und seiner Obersten u. s. w. Namen für die kais. Fürschrift an den König von Frankreich vom 7. Mai 1578.[1]) Da seither nicht das Geringste erfolgt ist, ersucht er auf Bitten der Obersten u. s. w., die sammt anderen Interessenten dieser Tage zu Frankfurt waren, um eine Wiederholung der Fürschrift, worin dem König mit der Selbsthülfe des einen oder andern Gläubigers zu drohen wäre. Der K. kann erachten, dass es einem armen Gesellen wehe tue, das Seinige, das er redlich aufgewendet, zu verlieren; ist die Fürschrift wieder erfolglos, so möge der Kaiser ihnen (wie früher andern erlaubt wurde) gestatten, sich an die Obligation zu halten.

Mb. 90/12 f. 137. Conc.

1) Vgl. no. 74 A. 2. Am 23. Okt. schrieb J. C. aus Kaiserslautern dem Obristen Heinrich von Stein, er werde die von St. und Buch auf den 25. Nov. nach Frankfurt angesetzte Zusammenkunft besuchen oder beschicken; Adrian von Königslo, den er von Antorf abgefordert, könne über die niederländische Handlung mündlich berichten; man müsse sich schlüssig machen, was von den französischen Geiseln zu fordern, „damit si der harten gefenknus erledigt werden, ehe si gar darinnen zu scheiteren geen" (vgl. no. 88.).

15. Dez. Kaiserslautern

194. Beutterich an Musculus.

(Sein Verhalten zu Cornol 1575 und seine Ansicht von der Republik Bern. J. C. hat die beabsichtigte Reise in die Schweiz auf nächstes Frühjahr verschoben.)

„S. Pro amplitudine et dignitate senatus vestri placuit mihi satis, quod principi meo dederunt responsum, quod ad clementiam pronius sit. Fateor certe me in Cornaviensi actione vehementiorem fuisse. At quae in tanto tamque praesenti periculo moderatio adhiberi potuit? Me plane inscio, me absente advenerunt legati subditos suos revocaturi. In castris, quae tum mea erant, me absente, a dominis legatis convocatur tuba concio. Hic quid ego agam? An patiar revocari militem a me tot difficultatibus et tantis sumptibus allectum? Deliberationi nullus mihi dabatur locus. Quod rei magnitudo, quod tempus suggessit, quod tutissimum et certissimum videbatur ad impediendum conatum, arripui subito consilium eoque respexi, ne verbo uno subditos suos, tum autem milites meos, alloquerentur. Inde autem Bernatum nomini accessisse contumeliam me nemo extraneus aegrius tulit nec feret. Scio, quanta sint me passim omnes, dum isthic esse tuto liceret, prosecuti humanitate et benevolentia et favore et studio. Ego vicissim quidquid extra illam actionem obsequii Bernensibus quibuscunque praestare potui, ex animo praestiti. Etsi scio quosdam minus gratos se exhibere et veteribus beneficiis ex animo deletis nova extra meam potestatem requirere. Quod autem non desunt, qui spargant parum honorifice me alicubi de Bernatum republica dixisse, ea summa calumnia est. Soleo saepe Venetam, Genuensem et vestram rempublicam inter se componere, quod non ad contumeliam, sed laudem pertinet, et quotiescunque apud principes viros helvetici nominis incurrit mentio, toties in amplissimae reipublicae vestrae laudes profundor. Hanc autem indignationem ego mimime refricassem, nisi publica negotia per ditionem Bernatum proficiscendi necessitatem imposuissent et amicorum consilia, ut veniam peterem, impulissent . . . . 15. Dez. Kaiserslautern

Jam cuperem ill^{um} principem meum ad D. D. Tigurinos die IX novembris non scripsisse, quod verear, ne illud scriptum vestros offendat. Est enim accuratius et pressius. Quanto satius fuisset haec irrevocabilia sepeliri! . . . . . Princeps meus cupit plane cum magnifico senatu vestro et Evangelicis Helvetiis [!] arctam colere amicitiam. Constituerat proximo autumno iam praeterito ipse urbes invisere. Impeditus est gravioribus negotiis. Hoc autem vere certo statuit, nisi alia incurrant, profectionem instituere, ut ex mutuis colloquiis et aspectu arctior oriatur amicitia. Qua de re alias pluribus." . .

. . . .

Zb. Cop.

195. d'Aranger an Des Pruneaux.

31. Dez. Paris

[Unterredung des Königs mit mons^r de Symiers.] „Je ne sçay ce qui y fut traicté. *Maiz j'ay bien apris que sa dite M^{té} fut fort édifié de luy, mesme le remercia des bons offices qu'yl avoit faitz en Angleterre et entre autre d'avoir rompeu le négose du Casemier,*[1] *quelque Allemans, à quy il est deu, ceulx de la religion et le roy de Navarre, à quy i avoient tout envoyés depputés pour y faire ligue au préjudice de cest estat, jusque à avoir promis à la renne* [!] *de*

31. Dez. *luy mectre antre les mains quelque places comme Boullongne ou aultre*[2]) *pour l'i faire antrer aveq asseurance de ne se départir de la France jusque à ce qu'ylz fussent entièrement paiés de leur deu.* C'est certes aussi ung traict d'un fort abil homme et qui monstre bien avoir de la cervelle.“ . . . .

Pb. f. fr. 3281 f. 139. Or.

1) La Huguerye war von J. C. nach England abgefertigt worden, um Elisabeths Verbindung mit Alençon offiziell freudig zu begrüssen, insgeheim aber zu hintertreiben; La H. trat hiebei mit Castelnau, dem französischen Gesandten, und mit Simier, dem er Schr. von J. C. zustellte, in freundschaftlichen Verkehr, doch entdeckten sie bald seine Beziehungen zu Walsingham (La Hug. II, 29 ff; vgl. no. 175 A. 4).

2) Vgl. no. 62.

1580.

196. Beutterich an Malleroy.

8. Januar
Pfalzburg

(Verhandlungen Johann Casimirs mit Guise; Verdacht La Rocheguyon's, den B. zu beschwichtigen suchte.)

„Monsieur! Vous entendrés par mons^{r} de Buy l'alarme et le mescontentement que vous avez donné à plusieurs. Vostre voyage et celluy de vostre compagnon a esté descouvert, avant mesme que feussiez party de Blanmont. Le conte de la Rochegyon en estoit en extrême peine, pensant que feussiez venu pour troubler ses affaires. J'estois contrainct de parler, la chose estant descouverte, mais voilà tout ce que j'ay dict: que celuy que sçavez [1]) estoit venu principalement pour offrir son service à mon maistre avec six mille harquebusiers, où je vouldrois [!],[2]) à cause de sa vertu et ayant entendu qu'il vouloit armer; puis qu'estant serviteur particulier de monsieur de Guyse, j'avois proposé à monseigneur en son particulier, disant n'avoir charge, qu'estant mon dict seigneur de Guyse prince généreux et de vertu et le duc Casimir aussi et l'un et l'aultre d'aage compétant, il désireroit à s'employer à faire une bonne correspondance et amitié entre ses deux princes, s'offrant à cela et sachant que de [!] l'amitié seroit honnorable et avantageuse et à l'un et à l'aultre; mais qu'il proposoit de soy-mesme. Il me demanda, si je n'avois rien parlé contre luy. Je dy que non, sinon en honneur, disant que le conte de la Rochegyon estoit ung des premiers de Normandie et y avoit grand crédit. Il se contenta fort. Voilà tout, et sur quoy vous pouvez fonder asseurément; adjoustant cecy, que mon dict seigneur [Lücke] et générallement, et désiroit sçavoir, comme ceste correspondance pourroit estre establie. Et l'aultre dit qu'il en avertiroit avec le temps. Icy dessus, je fis [!] demande, si monsieur le duc de Lorraine veoit le

8. Januar duc de Guyse. Je dy, que je n'en sçavois rien, mais que je ne pensois pas, parceque l'aultre n'avoit heu charge de luy et ne parloit qu'en son particulier; que je croyois bien, qu'il faisoit cecy pour sonder, mais qu'estions demeurés en la généralité. Je jure dieu que par moy ny par mon maistre ne ce feust jamais évanté cecy, que nous mectra en soubson, si dextrément n'y est remédié. Alençon a recerché le conte, qui a presté l'oreille. Je me recommande. Je me haste pour ma maison.

De Pfaltzbourg, ce 8me en janvier 1580. Vous cognoissés la Chouette."

Pb. fonds français 3902, f. 212. Cop.

1) François de Quinquempoix, sr du Mais, comte de Vignori, Vertrauter Guise's (vgl. Dohna's Aeusserung no. 192 A. 1) hatte mit M. den Anschlag auf Strassburg hauptsächlich betrieben und verhandelte unter Vermittlung M. mit J. C., der in der Tat daran dachte sich nebst Condé mit den Guisen gegen den französischen Hof und den ihm verdächtigen König von Navarra zu verbinden; Condé seinerseits, den die Königin-Mutter vergebens zur Rückgabe von La Fère zu bestimmen suchte, hoffte Cambray, mit dessen Gouverneur damals La Noue wegen Auslieferung des Platzes an Alençon verhandelte, in seine Hand zu bekommen. Beide Pläne wurden vereitelt; vgl La Huguerye II, 37 ff. Dass die Beziehungen Guise's zu J. C. von den Hugenotten ihren Gegnern vorgehalten wurden, zeigt das „Advertissement sur l'intention et le but de la maison de Lorraine" (von 1585, Mém. de Mornay II, 424) sowie das leidenschaftliche Dementi („comme si les Catholiques avoient affaire du Casimir!") des p. 181 A. 1 citirten „Advertissement" (vom Advokaten Louis d'Orleans, 1586). Duplessis' Gegenschrift („Lettre d'un gentilhomme catholique françois") geht auf diesen heikeln Punkt nicht ein.

2) Die Verwechslung von „il" mit „je" durch den Abschreiber kehrt öfters wieder; die Copien dieser Briefe bilden ein Heft mit der Aufschrift: „Double de onze lettres de feu Beutrich à M. de Maleroy" und dürften mit jenen identisch sein, die Pf. Georg Hans am 29. Mai 1587 dem K. Heinrich III zuschickte (das Schr. des Pf. Pb. f. fr. 3314). Vielleicht waren die Briefe, die der Gesandte Navarras Ségur in Händen hatte, die Orginalien; derselbe sagt in seiner Instruktion für den sr d'Averly (Ende 1587, Pb. Vc Colbert 402) von jener Verhandlung Beutterichs: „de laquelle nous avons onze lettres."

8. Januar

197. Bericht des Dr. Andreas Paull an Kurfürst August.

(Ueber seine Unterredung mit Languet.)[1]) L. eröffnete ihm u. a., Oranien halte eine Versöhnung mit Spanien für unwahrscheinlich, im Fall eines völligen Bruchs aber würde der grössere Teil der Niederlande sich keinem Herrn aus dem Haus Oesterreich mehr anvertrauen, auch dem Erzh. Matthias nicht; bei Alençon sei seine Anwartschaft auf die französische Tronfolge hinderlich; die Niederlande würden am Besten einen sonderlichen eigenen Herrn haben, der sich mit der deutschen Nation, Frankreich und England verbinden könnte. . . . . Auf sein weiteres

Forschen riet L., der Kf. solle sich nicht mit dem Kaiser zusammen, der nur für Spanien arbeite, in der Friedenshandlung gebrauchen lassen, sondern dieselbe mit Dänemark, England, Mainz und Brandenburg u. a. in die Hand nehmen und sich für den Fall der Widersetzlichkeit einer von beiden Parteien mit einem Kriegsvolk gefasst machen. Würden die Niederlande für die Bestätigung des Matthias oder eines anderen österreichischen Gubernators nicht mehr zu gewinnen sein, so würden sie doch bei der Wahl eines neuen Herrn sich vor Allem nach dem Kf. richten. L. hatte, in der Meinung, der Kf. habe zwei Söhne, hierüber mit Oranien gesprochen und war der Ansicht, „E. Ch. Gn. konten dero landen alsdan bald mechtig werden." Da aber der Kf. nur einen Sohn habe, „so hette er wohl ehe gedacht auf die coburgischen hern, da dern einer konte dazu gefordert werden," an deren Land sich der Kf. für die aufgewandten Kosten schadlos halten könnte. Wäre der Kf. geneigt, so sollte er die coburgischen Herren ohne Aufsehen französisch lernen lassen. Oranien habe nicht die Absicht sich selbst für einen Herrn aufwerfen zu lassen. . . . . . . 8. Januar

Dr. 9818 Conc.

1) Leider ist die interessante Relation zu umfangreich, um hier im Wortlaut oder vollständigen Auszug Platz zu finden. Ueber die Zusammenkunft Paull's mit L. (Dez. 1579 zu Köln) vgl. Lang. Arc. II, 8C4 ff.

198. Beutterich an Malleroy. 19. Januar

(Neue Schwierigkeiten. Plan einer Zusammenkunft in Lothringen. Die angebliche Baseler Praktik hat nichts zu bedeuten. Clervant.)

„Pour oster tous sinistres soubsons et asseurer tout mieulx ceulx, lesquelz estoient en très-grande jalousie, il m'a fallu dire quelque chose pour colorer tout et les oster de jalousie, puisque tout estoit divulgué. Celuy qu'estoit avec vous fust remarqué à Pfaltzbourg mesmes. C'est à mes [!] qu'il n'en soit survenu aultre inconvénient. Bien est-il que de nostre costé on en a faict diverses jugemens. Je remédie tant que je puis. La Huguerie est présentement icy avec moy et nostre Mathieu;[1]) quoy que l'on vous die ou que l'on se vante, asseuré-vous que nous ne changeons point de résolution. Aussi n'avons rien du monde traicté pour conclure, avec qui que soit. Depuis vostre partement, je n'ay rien parlé du voyage de Suysse, qui est mal prest. J'espère que nous verrons ensemble, avant qu'il se face. Nous attendons le 25me de ce mois, auquel celuy que sçavez nous promect de me faire sçavoir, si celuy que sçavez trouveroit moyen expédient de venir à Nancy.[2]) Celle résolution venue, nous avons bien-tost préparé toutes choses vers le duc de Lorraine. Les soubsons et jalousies estant si grandes, je doubte, s'il sera ex-

19. Januar pédient aux deux de s'entrevoir, quelque prétexte que l'on prenne, craingnant que cela ne ennuysit à l'un et à l'aultre. Toutesfois si de vostre costé icy est mis empeschement, nous nous accommoderons. Pensés-y bien meurement, et que je sache vostre advis au plustost. Aultant ce pourroit à mon advis traicter avec les fidelles serviteurs avec moins d'asseurance; mais pour ung commancement, ce seroit beaucoup. Le sang boult merveilleusement. J'ay esté à Basle. Vous avez esté mal informé dès le commoncement. Car toute ceste négotiation et le desseing entier estoit sans fondement ny apparence de fondement.[3]) Vous sçavez, combien je m'esbahyssois, quand m'en parliez la première fois. Rigner [4]) m'a juré que nul du conseil n'en a jamais esté content ny mesme en communication du faict; ce sont esté discours de table dictz par gens de nul crédit en la républicq. Il y [a] traictés, unions, confédérations signés scellés jurées entre l'évesque et le sénat, et vous sçavez que l'on est plus soigneux de les garder en Suysse qu'en beaucoup d'aultres lieux. Ainsi s'en va tout ce mystère en fumée, comme entendrés vous-mesmes par Rigneur. J'attends de voz nouvelles asseurées à nostre entreveue. J'ay esté auprès mons[r] de Clervant. Je désirerois pour le bien de tous deulx, que partissiez ensemble, pour vous mieulx entendre l'un l'aultre. En tant je me recommande à vous deulx.

De ma maison, ce 19e en janvier 1580.

J'ay receu vostre lettre en disnant. Je suis le Chouette."

Pb. f. franç. 3902, f. 212. Cop.

1) Matthieu de Carum, während der Feldzüge von 1576 und 1578 mehrfach verwendet, Kammerdiener (Prinsterer I. 6, 392), dann seit 24 Juni 1581 französischer Sekretär Joh. Casimirs (Bestallung, Carlsr.) — La Hug. war von Condé am 26. Dez. 1579 aus La Fère abgefertigt worden (Kentzinger, documens hist. I, 89), wo er also nicht, wie er behauptet, (La Hug. II, 37), erst Mitte Jan. aus England eintraf.

2) Mit „celuy que sçavez" scheint mir das erste Mal Vignory, das zweite Mal Guise gemeint zu sein. Die geheime Zusammenkunft Joh. Casimirs mit Vignory zu Kaiserslautern erzählt La Hug. II, 49 ff.

3) Diese Praktik, worüber Näheres in B. Werbung vom 12. Mai, steht in Beziehung zu dem am 28. Sept. 1579 zu Luzern abgeschlossenen und am 21. Jan. 1580 zu Pruntrut beschworenen Bund des Bischofs von Basel mit den 7 katholischen Kantonen.

4) Wohl Dr. Ryhiner von Basel?

19. Jan. **199.** Bericht über Johann Casimirs Kriegspläne.

(Beutterich in Mömpelgard; Anritt des pfälzischen Kriegsvolks; J. C. Schreiben an den Gouverneur von Burgund; La Rocheguyon bei J. C.)

„Zeitung vom 19. Januarii anno 80.

Wolgeporn etc. Und kan dero nit verhalten, das doctor

Bütrich in wenig tagen von Basell, ouch zuversichtlich zuvor uss der eidgnosschaft von seinen mitpraticanten gon Mumpelgart ankommen, daselbst ein grosse anzall tutsch und welsch missiven von seinem herren herzog Hans Casimirn pfalzgraven meines Gn. F. und H. underschriben gefunden, welche die notturft erfordert, abgelesen, mit seines herren habenden vertrauwten secret, so er von J. F. Gn. hat, verfertigt, uff die missiven cito citiss. cito geschriben, ein grossen teil in Berner und Genfer gebiet, die andern in Lotringer, Französischen und Burgundischen frontier, den Franzosen, so letstermals hie durch gezogen, in grosser eil zugeschickt; und wie ouch Butterich sich selbs vernemmen lassen, ligen sie nit witers von einandern, als das sie in funf tagen zusammen kumen mogen. Also das gewiss und eigentlich das kriegsvolk oder versamblung tractiert würdet. So hat ouch Büttrich sich offentlich vernemmen lassen, das die pfalzische geworbene und bestelte reuter den letsten tag des monats Januarii von huss uss eigentlicher iren antritt [!] tun sollen. Ebenmessig will man mit den aidgnossen, deren zwei regiment sein sollen, und dan den Franzosen beschechen vermutten, wie dan der augenschein deshalber mitbringt; dan eigentlich wahr, das zwen houptlut von gemelten Franzosen zu Faulcogney in Burgund offentlichen Knecht annemmen; zu besorgen, der herr gubernator in Burgund muss also gedult haben wider seinen willen. 19. Jan

Ferrer eigentlich war, das under gemelten schriften ein missive von herzog Hans Casimirs eigner hand an herren gubernator in Burgund geschriben, darin gemelt, wie das er ine nun mer malen von wegen der banditen aus Bysantz, [!] von dem iren vertriben worden, dieselbigen widerumben inkommen ze lassen erindert, aber kein willfarung erlangt; dernhalben er ine jetzt für das letste mall ermant und gewarnet haben wolle; und er gubernator werde hierdurch grosse unruw in Burgund erwecken, wie er dan dises und anders mer von sinem diener Beuttrichen vernemmen werd. Die missive hat Beuttrich nach verlesung wie auch die andere verfertigt. Und ist die vermuttung bei etlichen, er Beutrich tractier von wegen des prinzen von Organes [!] gutter oder von des durchzugs wegen mit dem herren gubernator im Burgund.[2])

Sonst hat Beutrich sich sovill vernemmen lassen, als ob einmall der durchzug durch dise land geschechen muss, doch darbi vermeldet, wo schon mit dem ganzen houfen verschont, so wende doch das geschutz mit etlichem geschwader oder fanen reuter sambt einer anzall schutzen und den zweigen regimenten Schwytzern biss uff die burgundisch frontier durch dise land ziechen mussen; alda soll

19. Januar sich der ganz haufen mit grosser anzall zu ross und fuss samlen und irem fürnemmen nach fortziechen.

So hat auch Beutrichts [!] geheimster diener, als er zeitungen erfragt worden, geredt, man solle nur dise acht tag gedult tragen, werd man zeitungen gnug haben, dan die sachen onmuglichen lenger zu verhalten.

So ist ouch eigentlich war, das der graff La Roche Guyon, als wirt er genant, ein Britanier, sich bei herzog Hans Casimiren haltet und des anzugs, darvor und ee die rynstromische und disslandische verbündnuss oder verglichung beschlossen angeen soll, zu erwarten bedacht. Was dasselbig für ein bundnuss, werden E. G. und G. besser als ich wussen.

Es soll genanter graff das anrit- und laufgelt uff das kriegsvolk albereit erlegt haben, und sollen sich die uffrurischen französischen land, als Picardei, Normandei, Bytania [!] und andere mer land ein monat umb den andern das kriegsher zu bezalen verglichen haben, und haben die Normander jetzt das erst gelt bezalung geton."

Za. Zeitungen 1534—85. Cop.

1) Von den dreizehn der Stadt Basel unter dem 25. Jan. an Zürich geschickt, als „von einer vertrauten Person herrührend". Vgl. Sammlung der eidg. Absch. IV. 2a, 704.

2) Beutterich (vgl. no. 200.) kam am 9. Febr. persönlich mit dem Gouverneur von Burgund, Grafen von Champlite (vgl. no. 174) zusammen.

10. Febr. **200. Beutterich an Malleroy.**

„Monsieur! Je viens d'arriver présentement en ce lieu, selon que je vous ay mandé, et m'en va demain à Gresille[1]) trouver monsieur de Brissigny, de là à Nancy. J'attend icy pour le jourd'huy lettres [de] mon maistre, lesquelz donneront addresse à ce que j'auroy affaire. Je va à Nancy soubz espérance de luy trouver, mais si les lettres d'aujour d'huy me contremandent, je ne lafray d'aller à Grisille, de là à Haracourt, puis retournerés en ma maison. J'attendray de voz nouvelles avec ung merveilleux désir de conférer avec vous. Je couche ce soir à la Ville-neufve. Le gouverneur de la Bourgoigne me vient [!] hier trouver. Entant me recomande.

Le 10me de febvrier 1580.

Je serés [!] le 11. 12. 13. et 14me de ce mois à Nancy. Trouvévous-y. Je suis Le Chouette.

Pb. f. franç. 3902, f. 213. Cop.

1) Griselles (Côte d'Or, Arrondiss. Châtillon); La Villeneuve dürfte der Ort dieses Namens im Dep. Aube, Arr. Bar-sur-Seine, Haraucourt jenes im Dep. Meurthe et Mos. Arr. Nancy sein. 10. Febr.

201. Der Kaiser an Erzherzog Matthias.

10. Febr. Prag

Sein Bedenken in der münsterischen Sache[1]). Bleibt M. bei der Absicht, das Bistum neben dem niederländischen Gubernament zu besitzen, und bei seiner vorigen Erklärung wegen des geistlichen Stands, so kann er sich der Sache nicht annehmen, wie auch das Capitel und namentlich der Papst nicht hierauf eingehen würden; M. soll dann lieber das Stift ihrem Bruder Maximilian zuwenden helfen.[2])

Wh. Ms. 630. Cop.

1) Vgl. über die Bemühungen des Erzh. um das Stift Münster Chmel I, 118 ff; 130 ff; Hurter, Gesch. Kaiser Ferdinands II, V, 56.
2) Vgl. Prinsterer I. 7, 354.

202. Beutterich an Malleroy.

20. Febr. Nancy

„Je ne sçay que dire ny que penser de voz négociations, n'ayant receu aucune lettre de vous depuis celle du premier de ce moys, que Hertzog m'apportoit. Vous ne faictes rien en mon absence. Je m'en vois à Genève et serés [!] dedans' 18 ou 20 jours à Montpelliard, où*) faut qu'escriviez ce que me vouldrés mender, et de là l'on m'envoyra la lettre, où je les trouvera. Nous sommes telz qu'avons esté, asseuré-[vous]-en. Je monte à cheval."

Pb. f. franç. 3902, f. 213. Cop.

203. Johann Casimir an Landgraf Wilhelm.

22. Febr. Kaiserslautern

Fastnachtsbesuch in Nancy mit seiner Gemahlin und mit den Grafen Albrecht und Philipp von Nassau.[1]) Alençon hat einen bei ihm mitgehabt und um Continuirung der alten Freundschaft gebeten. Die alte Königin sucht Alençon wieder an den Hof zu ziehen. An den Zeitungen, als sei Guise bei ihm gewesen, ist nichts; es war vielmehr dessen Bruder, der Herzog von Mene, der zu Nancy Kurzweil mitgetrieben hat.[2])

Marb. Frank Heinr. III. 1578—84. Or.

1) Die Grafen waren schon bei der Zusammenkunft Pf. Johanns mit Guise im Herbst 1577 gegenwärtig, vgl. no. 78.

---

*) Im Ms. „ne".

22. Febr. 2) Vgl. unten 13. Mai. Brantôme sagt von J. C.: „n'estant si zélé en sa religion qu'il ne fust confédéré à la Ligue dernière, au commencement de laquelle il se trouva pour un mardy-gras à Nancy, avec monsr de Guise, où ils taillèrent et cousurent force besogne ensemble." Dohna in seiner Selbstbiographie sucht die Beziehungen J. C. zur Ligue als „simulirte" zu entschuldigen und den Besuch zu Nancy, dem er beiwohnte, als eine blosse Freundschaftsbezeigung gegen Lothringen hinzustellen, sagt aber doch: „Die ligueurs stelleten eine zusammenkunft an zu Nanci; dahin wart M. Gn. H. auch beruffen." . . . . Mayenne, Karl von Mansfeld und andere Ligueurs waren da, „aber es ist derselben tractation wegen einer ligu[e] nicht eins gedacht worden. Wier blieben alda vom 11. bis uf den. 18. Alles zu erzelen, was zu Nanci sonsten furgangen, wolte zu viel zeit und papier wegnemen."

22. Febr. Aschaffenburg

204. Kurfürst Daniel von Mainz an Kurfürst August.

Gefährlicher Stand der Dinge in den Niederlanden. Wünscht eine Unterredung mit A. und schlägt eine (nach der kurf. Verein eigentlich alle 4 Jahre zu haltende) Kurff. Versammlung vor.

Dr. 7389. Or.

24. Febr. Fontenay

205. Beutterich an Abraham Musculus.

(J. C. Absicht, die Schweiz zu besuchen. Sein eigenes Verhältniss zu Bern und zu England. Der Fastnachtbesuch in Nancy. Tag der Obristen zu Frankfurt.)

„Constituit plane illustrissimus princeps meus vel hoc vere vel ineunte aestate Helveticas civitates puriori religioni addictas visitare. Non potest autem commode, imo non potest carere mea opera. Ideo scribit ad ampliss. senatum vestrum rogatque, ut quamdiu in Bernatum ditione erit, tuto mihi liceat secum esse. Id ante sesquiannum a ser^{ma} regina Angliae quoque petiit et impetravit, quamvis infensissima mihi esset, meo merito. Scripseram enim ad ipsam literas manu mea, quibus accusabam, quod fidem defellisset. Scis autem veritatem parere odium. Si gratificabitur senatus vester principi meo hac in re, videbitis eum brevi. Sin minus, dubito, an ad vos venturus sit, quamvis Tigurinos, Scaphusianos et Basilienses visitaturus est. Per me non stabit, quo minus eo proficiscatur, si maxime commeatum denegabit senatus vester. Mitto hunc tabellarium, dedita opera, principis iussu. Proficiscor ego Genevam incommode per Burgundiae comitatum, quia non licet Bernatum regionem attingere. Fuit princeps meus his Bachanalibus Nancei, exceptus non solum, sed habitus honorificentissime. Invitaverat eum dux Lotharingiae. Aderat Meinius Guisii frater. Summa gratia discessum est; ipse Lautercam, ego Genevam. Convenient his proximis nundinis Francofortensibus equitum praefecti, deliberaturi de solutione. Mandatum est mihi, ut ad vestros quoque scriberem ipsisque significarem. Id facio. Quid ipsi facturi sint, haud scio. Vale, vir honorande, et rescribe. 24. Febr.

Datae Fontenoy-en-Vange, XXIV. Febr. 1580."

Zb. Coll. Siml. 138. Cop.

206. Beutterich an Malleroy.

24. Febr. Fontenoy

„Je vous ay escrit de Nancy par le jeusne Buy, que je m'en allois à Genèves. Je serés de retour dedans 13 jours de cestuy-cy pour le plus tard. Vous ne ferés rien près de mon herr à mon absence. Escrivez à Montpelliard, ce vouldrés; je fairé séjour à Montpelliard de dix jours, puis à Lautern, de là à Francken-fort, où noz beuveurs s'assemblent. Je ne die aultres chose, sinon que sommes telz que sçavez.

De Fontenoy, ce 24me de febvrier 1580.

Le Chouette."

Pb. f. franç. 3902, f. 214. Cop.

207. Bericht des Genfer Syndicus Roset über eine Unterredung mit Beutterich.

1. März Genf

(J. C. Absicht nach Genf und in die Schweiz zu kommen; sein Besuch bei Lothringen; Berufung des Tossanus nach Genf; J. C. wird nichts gegen sein Gewissen und die französischen Kirchen unternehmen.)

„M[r] le syndicque Roset a adverti, que hier au soir m[r] Beutrich estant avec m[rs] de Bèze et Salvart s'addressa à luy et dit qu'il ne portoit lettres de créance de m[r] le duc Casimir son maistre, d'autant qu'il ne prétendoit venir en ces quartiers. Toutefois il a charge de son dict maistre de faire entendre à mess[rs] qu'il est fort affectionné envers cest estat et désire bien fort de venir visiter ceste ville, comme aussy m[rs] de Berne, ausquelz il a escrit, et les Suisses de la religion, Basle et Zurich.[1]) Désireroit seulement sçavoir, s'il y a des occasions, pour lesquelles on ne trouvast sa délibération bonne, d'autant qu'il s'en déportera. L'occasion qui meut le duc Casimir est qu'ayant esté invité à ce nouvel an par le duc de Lorraine il l'est allé visiter en son païs et a esté receu

*) Am Rand: „Duc Casimir".

24

1. März avec grand honneur; et n'a estre [!] traicté pendant leur entrevene d'aucun affaire.[2]) Estant le duc retourné en sa maison et se trouvant sans affaires il désire visiter ceux qui sont de mesme religion, lesquelz il aime, et d'autant que ceste ville est comme la mère, il a bien désir de la veoir. Sur ce m[r] de Bèze s'estant approché demanda au dict s[r] Beutrich, quelle responce il bailloit touchant m[r] de Beaumont.*) A quoy le dict Beutrich respondit, que sur les lettres qu'on luy avoit envoié il en parla au duc son maistre, lequel du premier coup fut tout pensif, tellement qu'il ne respondit rien. Quelque temps après, en ayant derechef parlé, m[r] le duc Casimir dit: „Je porte telle affection à l'église de Genève que si ma personne pouvoit servir de ministre, j'y voudrois aller. Et jaçoit que m[r] Tussanus soit grand personnaige, toutefois je ne feray difficulté de l'accorder, s'il m'est demandé." Et ainsy il tient pour résolu que si on en escrit au duc son maistre, on l'obtiendra.[3]) Et s'estant retiré m[r] Beutrich avec m[r] Salvard, m[r] de Bèze dit à m[r] Roset avoir entendu que le duc Casimir estoit sollicité pour remuer les armes en France, mais sa résolution est qu'il ne fera jamais entreprinse contre sa conscience, et ne fera aucun exploit en France qu'en faveur des églises et par l'adveu et secours d'icelles.

A esté arresté que les s[rs] Roset, Bernard, Varro allent [!] faire compagnie au dict Beutrich à disner et luy déclairent la bonne volonté de m[rs] envers le duc son maistre, et que sa venue leur sera aggréable. Et pour le fait de m[r] le Beaumont qu'on en escrive à m[r] le duc par les marchandz qui vont à Francfort; et aussy à l'université de Neustat."

Genf. Arch. Régistres du Conseil 1580 f. 40.

1) Vgl. no. 194; 205.

2) Am 14. März teilte Beza dem Rat ein Schr. des französischen Gesandten Sancy mit, der sich über die Genfer Beziehungen Beutterichs („homme turbulent et qui incite son maistre à trouble") beklagte und mitteilte, er habe ein Schr. Beutterichs an einen Freund gesehen, „où il fait cas de l'entreveue de son maistre avec le duc du Maine et l'exhorte de se tenir prest avec les autres reitmeistres." Man beauftragte Beza, den Gesandten über die hiesigen anscheinend friedlichen Verrichtungen Beutterichs zu beruhigen. Genf a. a. O.

3) Trotzdem erfolgte auf das Gesuch des Genfer Rats vom 3. März (Mb. 90/12 f. 163 Or.) eine abschlägige Antwort J. C. Ein Schr. des Tossanus an die Genfer Geistlichen, Neustadt 31. März (Genf Bibl. publ. mf. 197[aa] II. Eigh.) motivirt den Entschluss auf seinem Posten in Deutschland auszuharren ausführlich, u. a. damit: „quantum id quoque mihi incumbat, ut cum moriens Josias ille Germanicus mihi cum lachrymis la-

*) Am Rand: „Monsr Tusanus."

bentem ut praevidebat domum et labentes Palatinatus ecclesias commendarit, ego dum licebit tum heroa nostrum [J. C.] tum novercam viduam tum virginem sororem, quas omnibus adhibitis machinis ad defectionem elector hactenus sollicitavit, pro virili confirmem.“ 1. März

208. Beutterich an Malleroy. 6. März

„J'ay faict ung petit tour de voyage, duquel je fus hier de retour assez tard, et ay trouvé trois de voz lettres en ma maison. Il est bien nécessère que nous entrevoyons. Je partiray d'icy pour aller trouver mon maistre le 15me ou 16me de ce mois et prendray mon chemin par la Lorraine pour ne vous discomoder. Je ne désire pas d'entrer à Nancy, si quelque raison ne m'y conduict. Je prandray mon chemin par Haracourt et m'en yray dès icy à Fontenoy. Advisés, où voullez que nous nous voyons. Je ne passe pas loing de la maison de monsieur de Rosne.[1]) Et faictes que j'aye de voz nouvelles à Fontenoy pour le 16me de ce mois, car j'espère y estre, ou le 17.me Je remect tout à ce temps-là. Nous sommes telz que sçavez.

De vostre maison, ce VIme de mars 1580.

Je baise les mains au gentilhomme, qui désire le manteau de velours;[2]) sa volonté s'accomplira.

Chouette.“

Pb. f. franç 3902, f. 214. Cop.

1) Chrétien de Savigny, sr de Rosne, Kämmerer Alençon's.

2) Eine nicht sicher zu deutende Anspielung, vielleicht auf Guise?

209. König Heinrich von Navarra an König Friedrich II von Dänemark. 10. März Nérac

Wiederholtes Ansuchen um eine Synode aller Evangelischen, die einer willkürlichen Verdammung der übrigen Kirchen durch einige deutsche Theologen vorbeugen und in Deutschland zusammentreten soll. Der K. möge dies bei Sachsen betreiben.[1])

Nürnb. Rel. Acta. 1524—1654. Cop.

1) Vgl. no. 166; ferner das Schr. Duplessis-Mornay's an den französ. Gesandten in Dänemark Danzay, 29. Febr. 1580, Mém. de Mornay (Ausg. 1824) II, 84 ff. Auf Dänemark suchten in gleichem Sinne Schr. der K. Elisabeth (19. April, Nürnb.) und Joh. Casimirs (5. April) zu wirken (Heppe IV, 217). Die Antworten des Königs an Navarra und an die Königin (13. Juni, Nürnb.) lauteten ganz nach Wunsch; vgl. über den Eindruck jener Mahnschreiben Danzay an Mornay, Hamburg 14. Juni (Mém. de Mornay II, 100 ff.); auch Hotom. epp. p. 124.

24*

12. März Heidelberg

210. Kurfürst Ludwig an Meister und Rat zu Strassburg.

Die französische Praktik mit Uebereilung ihrer Stadt soll immer noch „sowol von Franzosen als etlichen ihnen anhangenden degenerirten Teutschen" mit Unterstützung des Königs, Alençon's und Guise's fortgetrieben werden; zweifelt nicht, „es werden euch dieser leut practicirisch art und unersettigte gemüter bekant sein."[1]) Ob sie wirklich einen des Verrats Verdächtigen eingezogen haben[2]) und was sie sonst davon wissen? Sendet Copie eines kais. Schr.[3]) und ersucht um den Beschluss der niederelsässischen Stände wegen der Landsrettung.[4])

Strassb. Or.

1) Aehnliche Warnungen Würtembergs vom 24. Febr. und 21. März ebd.

2) Die Antwort vom 23. März stellt dies in Abrede.

3) Der Kaiser an Ludwig, Prag 30. Jan. (Mb. 112/1 Or.); ein Schr. vom 12. März (ebd.) ersucht L. auf Speier und das R. K. Gericht gut Achtung zu geben. Am 29. März fordert der Kaiser die Stadt Strassburg auf, ihm die am französ. Anschlag beteiligten Deutschen ohne Scheu zu nennen (Wh. Ms. 630 Cop.).

4) Der Abschied des Landtags zu Strassburg vom 14. Febr. 1580 (Mb. 102/3 f. 91 ff.) veranschlagt das 1. Aufgebot für Oberelsass auf 3850 zu Fuss 189 Pf., für Unterelsass auf 6450 zu Fuss 319 Pf.

13. März Kaiserslautern

211. Johann Casimir an Kurfürst August.

Auf ein Anbringen Georgs von Carlewitz. Freut sich, dass A. seine Entschuldigung wegen Nichterscheinens bei der Heimführung des M. Georg Friedrich[1]) annimmt und ihn gegenüber den Gerüchten, als stehe er in neuer Kriegsrüstung, beim Kaiser entschuldigt hat.[2]) Hat A. die Ursache seiner neulichen Zusammenkunft mit den Obristen und Rittmeistern zu Frankenthal berichtet und bittet, auch hierüber fliegenden Zeitungen nicht zu glauben. Hat ihnen versprochen, in der französischen Schuldsache sich nicht von ihnen abzusondern. Wünscht Glück zur Reise nach Dänemark, an der er leider nicht teilnehmen kann.

Dr. 8514. Or.

1) Vgl. no. 167 A. 1.

2) Aug. an den Kaiser, Annaberg 14. Jan. 1580, Dr. 8500. Conc.

25. März Prag

212. Der Kaiser an Kurfürst August.

Auf dessen Gutachten über die niederl. Sache vom 13. Jan. und 13. Febr. Resultat der Verhandlung mit den kurf. Räten.[1]) Terranova ist abgereist, die Staaten lassen nichts mehr hören und wollen durch Annahme Anjou's sich dem Haus Oesterreich ganz entziehen. Seine Mahnschreiben voraussichtlich fruchtlos; ob ein Dep. Tag auszuschreiben, oder was sonst vorzunehmen sei?[2]) 25. März

Dr. 9310. Niederl. Sache 1580. Or.

1) Die Räte der Kurff. waren ursprünglich nach Prag abgefertigt, um sich mit dem Kaiser über das Urteil in der seit 1568 schwebenden Streitsache zwischen dem Erzbischof und der Stadt Trier zu verständigen (vgl. Häberlin XI, 256 ff.), wurden aber (auf Rat des Kf. August) vom Kaiser auch um Gutachten in der niederl. Sache angegangen und erklärten sich für Continuation der Friedenshandlung, trotz der bisherigen übeln Erfahrungen; Trier und Köln wollten sich allerdings nicht mehr dazu gebrauchen lassen, dagegen war, nach dem Schr. des sächs. Gesandten an Kf. August vom 23. März, schon zu Köln die Beiziehung von Mainz und Sachsen in's Auge gefasst und Sachsen von Terranova selbst als der einzige Stand der A. C. bezeichnet worden, den Spanien allenfalls zulassen könnte. Die Sächsischen, hiegegen bedenklich, schlagen dem Kf. vor, man solle die Handlung dem R.-Ausschuss übertragen (Dr. a. a. O.).

2) A. antwortet am 13. April, er wolle seinen Mitkurff. nicht vorgreifen.

213. König Philipp II an Don Juan de Vargas Mexia.

28. März Guadalupe

„*He visto lo que dezis de la junta del Casimiro y otros coroneles en Francafort que han de haver dineros en Francia, y la resolution que entendiades quc havian tomado de embiar á pedir licencia al emperador para levantar gente y yr á cobrarlos, y el passo que havian pedido al de Lorena*[1]). *Que ha sido bien havermelo avisado, y lo será que hagais lo mismo de lo que mas dello entendieredes.*“ . . . . . .

Pa. K. 1447. Cop. (aufg. Chiffre).

1) Letzteres bestätigt eine toskanische Depesche aus Paris vom 10. Jan. (Desjardins IV, 282), wonach Lothringen desshalb einen eigenen Courier K. Heinrich III gesandt hatte. Eine Zeitung vom 12. Jan. (Za. Zeitungen) spricht sogar bereits von der Bewilligung des Durchzugs.

214. Die Kurfürsten von Mainz und Sachsen an den Kaiser.

3. April

Schlagen eine persönliche Zusammenkunft des Kaisers und aller Kurff. wegen des für das Reich höchst bedrohlichen niederländischen Wesens vor.

Dr. 7389. 1. Buch Zskft. zu Nürnb. 1580. Cop.

215. Johann Casimir an König Friedrich II von Dänemark.

5. April Kaiserslautern

Concordienwerk. Bittet, dem Kurf. von Sachsen, der den K. besuchen will,[1]) zur Einstellung der Publication zu raten und schlägt

6. April eine freie und unparteiische Synode der Evangelischen aller Nationen vor, oder, falls dies nicht zu erhalten, wenigstens Abstellung des Condemnirens und vorläufigen Religionsfrieden unter den vom Papsttum Abgefallenen. Schickt eine gedruckte Historie der A. C.[2]) wider die Verläumdung der sächsischen Theologen, als habe Melanchthon die A. C. verfälscht.

Nürnb. Rel. Acta. Cop.

1) Kf. August wollte mit dem König in Schleswig zusammentreffen und denselben vor Allem für die Concordienformel gewinnen, der K. schrieb aber im letzten Augenblick noch ab. Danzay äussert in seinem Schr. an Mornay vom 14. Juni (Mém. de Mornay II, 108), es seien seltsame Praktiken mit untergelaufen und der Kf. habe mehrmals bitterlich geweint. K. Friedrich warf bekanntlich die ihm überschickten Prachtexemplare der Concordie ins Feuer und erliess ein scharfes Verbot gegen Einführung des Buchs (Heppe IV, 217 ff; 275/6).

2) Diese Historia von der Augspurgischen Confession erschien zu Neustadt 1580 und in zweiter vermehrter Auflage 1581; der Titel nennt als Verf. Mag. Ambros. Wolfius, sie war aber von Herdessianus (vgl. no. 84) verfasst; vgl. Heppe IV, 277.

7. April
Paris

216. Instruktion König Heinrichs III für Caspar von Schomberg.[1])

Da der K. Mitte Mai sich in die Bäder von Plombières verfügen will, soll Sch. von der deutschen Grenze aus vor dem 25. April berichten, ob keine Werbungen gegen den K. vorhanden sind, dann zuerst den Herzog von Zweibrücken und Casimir aufsuchen, die Unvollständigkeit der bevorstehenden Zahlung in Sachen ihrer Rückstände entschuldigen und sie zum K., der keineswegs gegen sie eingenommen ist, nach Plombières einladen; auch den Pfalzgrafen [Ludwig] kann er einladen. Dann soll er Mainz, Hessen, Sachsen und Brandenburg aufsuchen, zuerst Sachsen, dem er im Verlauf des Gesprächs die ehrgeizigen Pläne Spaniens vorstellen und an der Usurpation von Portugal deutlich machen soll;[2]) der K. obwohl selbst ausser Gefahr wird, wie er England bereits erklärt hat, anderen mehr bedrohten Fürsten gern zu einer Schutzvereinigung („une commune bonne intelligence") die Hand reichen und bietet dem Kf. an „d'entrer en ligue avec luy et telz autres princes de la Germanie qu'il trouvera estre plus à propos d'y adjoindre, pour la commune deffense et conservation de leurs communs estatz, qui pourroient estre assailliz par qui que ce soit, sans nul excepter;" England dürfte wohl gern beitreten. Zeigt sich der Kf. geneigt, so soll Sch. denselben bitten die Sache bei den andern Fürsten anzuregen und ihm Verhaltungsmassregeln zu geben, eventuell versuchen „de le faire entrer en ouverture des secours réciproques qui se pourroient donner entre les princes contractans". Hessen hat ohnedies einen alten Hass gegen das Haus Oesterreich wegen der Misshandlung seines Vaters, „aussy qu'il s'est tousjours monstré plus particulièrement affectionné à la France que nul autre des dictz princes". [3]) 7. April

Pb. f. franç. 3902 f. 218. Or.?

1) Von dieser wichtigen Gesandtschaft Schombergs kennt Barthold's Darstellung (Raumer, Taschenbuch 1849 p. 272) nur die dürftigen bei Beckmann, Hist. des Fürstenthums Anhalt V mitgeteilten Schreiben; Prinsterer (I. 7, 366; 404; 447) gibt ebenfalls nur ein paar Notizen. Die kgl. Beglaubigung Schomberg's bei Kf. Ludwig, Paris 7. April, Mb. 112/1 f. 113 Or.

2) Vgl. das Memoire bei Charrière III, 918 A. 1.

3) Vgl. oben p. 45; 86; 116.

217. Beutterich an Malleroy. 16. April

(Versichert seine und seines Herrn günstige Gesinnung, die trotz anderweitiger Verhandlungen nicht verändert worden ist; wünscht eine Zusammenkunft.)

„Vostre homme nous a trouvé à Haidelberg. Asseuré-vous de ce que vous avons déclairé. Rien ne nous fera changer de résolution que vostre irrésolution; mais quoy qu'en soit, nous désirons demeurer voz amys. Nous avons desjà traicté et conclud, nompas [!] avec celuy que laissastes icy, mais avec l'aultre que je dis estre fâché contre vous. [1]) La résolution n'est point à vostre desadvantage. J'aperçoy bien, où tout cela tend. Nous avons à contenter plusieurs. Cependant le but demeura tel qu'il a tousjours esté de nostre part. Partant ne vous donnez alarme peine [!], quoy que l'on die. Il sera très-nécessaire que nous veniez trouver, quand vous aurés quelque chose asseuré, afin que nous mections ordre à toutes choses avec discrétion. Le temps court et l'on nous presse fort d'ailleurs pour gaigner ce point que vous craignez, dont nous appercevant faisons qu'il fault. Advertisés-nous de bonne heure, quand vouldrés venir, et m'assignez quelque part, afin que je ne m'esloigne; aultrement vous pourriez bien faillir à me trouver en ses quartiers. Vous entendrés sans doubte ce qu'avons résolu. Car celuy qui est fâché contre vous, m'a dit qu'il en parleroit à quelqu'un. Celuy qui vient avec vous demeure en ses quartiers pour nous eclaircir de près. [2]) C'est en vain. Je vous prie baiser les mains à ses deulx, desquelz parlé [!] en voz lettres, [3]) et me tenir en leurs bonnes grâces, les asseurans que je suis prest à leurs services et mon maistre bien affectionné à eulx et à vous, comme avez assez veu et cognoistrez cy-après davantage.

Datum le 16me apvril 1580.

Le Chouette."

Pb. f. franç. 3902, f. 214/5. Cop.

16. April 1) Sollte La Rochegnyon gemeint sein? Vgl. no. 196; unten no. 228 A. 12.

2) „Celuy qui vient avec vous" dürfte La Huguerye sein, der mit M. zugleich nach Kaiserslautern kam, die Verhandlungen mit Vignory in einem Versteck mit anhörte und nach M. und V. Abreise bei J. C. blieb (La Hug. II, 49 ff.).

3) Vielleicht Guise und Lothringen?

16. April Nürnberg 218. Hieronimo Scotto[1]) an Kurfürst Gebhard von Köln.

(Seine ehrenvolle Aufnahme beim B. von Würzburg; dessen Zuneigung für Gebhard und ungünstige Aeusserungen über Mainz. Geht nach Prag. Versicherung seiner unbegrenzten Ergebenheit.)

„Illustrissimo et ecc^mo^ signor et principe suo colendissimo!

Se io fusse partito fuora di Norimbergo senza fare riverenzia a V. Ec. ill^ma^, me parerebbe de essere il più discortese huomo che sia in el mondo. Et per questo V. Ec. ill^ma^ me pardonerà, se io piglio ardire di scrivergli così famigliarmente, come io faccio, et tutto deriva de la mia pura et sincera servitù che io gli porto et portarò in eternum. Non restarò di fargli sapere, come io son stato alcuni giorni in Weertzpurg con la Ec. ill^ma^ del s^r^ vescuo et così gli ho appresentata la lettera di V. Ec. ill^ma^, la quale gli è stata tanto carissima che più non potrei scrivere a V. Ec. ill^ma^. Et habbiamo fatto insieme retiratamente parecge brindis alla sanità del grand valor et de l'unica buontà de la ill^ma^ persona de V. Ec. Et veramente non ho che dire nè mancho scrivere senon che l'Ec. ill^ma^ del s^r^ vescuo è una anima et uno corpo unito con V. Ec. ill^ma^, et se ni [!] puòl assecurarse che è così, et mi ha parlato molto in colera de l'arcevescuo di Maganza con dirme che'l ditto arcevescuo gli domandò strettamente delli affare d [!] V. Ec. ill^ma^, con parer ch'el se burlasse, et non altra cosa. Et ancho domandò, quanti huomini haveva mazzato il s^r^ Carlo suo s^r^ fratello; et a tutti modi il ditto archevescuo di Maganza voleva che'l s^r^ Carlo havisse mazzato il gigante. Et il vescuo di Weertzpurg haveva da fare assai a difendere che'l non era vera, et che il gigante non era morte, et che tutto era bosie gli possevan [!] essere referte, come anco era stata quello del gigante. Et a questa foggia si scopra gli animi cattivi. Et il vescuo di Weertzpurg dicho che è huomo maligne, et ho veduto (parecci mezi sono) chel archevescuo di Maganza è huomo che si vorebbe viderse solo al mondo et poi fare belli parolle et ceremonie. Il nostro carissimo s^r^ principo di Weertspurg è gentilissimo et molte honorate, et mi ha ditto che'l cavallo di V. Ec. ill^ma^ gli ha donato, è dovintato poltronissimo;

et così io gli ho donato il bello cortalde che V. Ec. ill^{ma} mi ha donato, et è venuto tanto bello et gagliardo che non si può'l desiderare de avantaggio. Gli ho ancho donato il gioannetto di Napoli, il quale sua Ec. non glo voleva accettar nè l'uno nè l'altro. Et così a la mia partenzia di Weertzpurg il ditto principo mi ha appresentato al suo proprio cocghe con quattro cavalli di Hongeria sotto, et poi uno de gli più belli frisoni che'l se retrovasse in la sua scuderia, accompaignato l'uno et l'altro con tanti belli parollo et honorati offerte che più non si potrebbe desiderare de la benignità di questo principo. Non mancharò di dare riguaillio a V. Ec. ill^{ma} di quanto sarà passato a la courte in materia etc. [?] Non gli scrivo per hora particulari fantastiche per essere così di camino, et per altro occasione non mancharò di far quanto si convienne a la servitù che tengo con V. Ec. ill^{ma}; alla quale humilmente mi l'inclino et fo reverentia con quella humiltà che se convienne al Schotto tanto suo suiseratissimo [!] et incadenato servitore di V. Ec. ill^{ma}. Doman mattina con l'aiuto del nostro s^{r} iddio me partirò di Norimbergo per la volta di Pragha. Et occorrendo a V. Ec. ill^{ma} di commandarme gla poterà [!] indretciar gli suoi dolcissimi comandamenti al s^{r} Gioan Battista Bosco, al quale a commission da me di fare diligenzia per fare tonir il tutte a fidel ricapito. Et per non essere più noyoso per hora a V. Ec. ill^{ma} qui farò fine humilmente et mille offere et ricommande di buonissimo cuore; et senza più scriva più parole per hora, non mancharò, di quanto si mi conviene, al debito mio ad ogni occasione che se mi appresenterà. Et ancho glo farò il debito mio fuora d'occasione et al torto et al dritto. Pregandola humilmente che gla me pardona, se questa mia è mal scritta et peggio dittata, per non saper io nè leggere nè scrivere. Et che si può'l salvar, si salva. Et che male vole a V. Ec. ill^{ma}, il malangno et la mala pascua iddio gli dia, et ogni giorno et hora sia pascua per loro, et appresso di questo gli possa cascar gli stivailli. Et così sia per gli forfanti et indigne di vivere in el mondo. 16. April

Di Norimbergo, alli 16. d'Aprille 1580.

Di V. Ec. ill^{ma}

affettionatissimo servitor incadenato fin alla morte, et in conclusione eternamente, et così sia o che io sarò uno grando traditore.

Hierouimo Scotto.

Al l'illustrissimo ett eccell^{mo} signor il sig^{r} arcevescuo di Colognia etc., principo suo colendissimo colendissimo colendicissimo etc.

Mc. Köln. Orig. Acta I. f. 58/9. Or. (ohne Empfangsbestätigung).

16. April 1) Dieses merkwürdige Schriftstück lässt den Verkehr zwischen Gebhard Truchsess und dem berüchtigten italienischen Schwarzkünstler doch in einem andern Licht erscheinen als die bekannte Erzählung von dem Zauberspiegel. Denn bei dieser Reise Scotto's handelt es sich offenbar um die Beziehungen Gebhards zu Julius von Würzburg, von denen weiter unten beim kölnischen Streit (1582/3) die Rede sein wird.

27. April Prag

219. Der Kaiser an Kurfürst Ludwig.

Auf die vorgebliche Badereise des Königs von Frankreich mit 8—10000 Mann gut Acht zu geben.[1])

Mb. 112/1 f. 77. Or.

1) J. C. hatte am 21. April (Friedelsheim) an L. hierüber beruhigend geschrieben (ebd. Or.).

Mai

220. Caspar von Schomberg an König Heinrich III.

(Pfalz, Mainz u. a. werden Gesandte nach Plombières schicken. Die Verhandlungen der Hugenotten mit J. C. ohne Resultat. Bisherige Besorgnisse der Fürsten vor einer französisch-spanischen Praktik. Die Forderungen J. C. und der Reiter; die Geiseln und Kleinodien; Absonderung der Schweizer. Cratz zu beglaubigen.)

Seine Verhandlungen mit Zweibrücken, Kurpfalz, Würtemberg, den Markgrafen von Baden und „Pfortzen", dem B. von Speier, J. C. und Mainz haben guten Erfolg. Trotz der Warnung Lothringens vor den bei J. C. versammelten Hugenotten wollte er dem kgl. Befehl nachkommen, „quand bien il m'eust deu couster la vie, laquelle je tiendray pour bien employée, quand je seray si heureux que de la perdre pour vostre service." Kurpfalz, krank in Baden, wird wenigstens eine Gesandtschaft nach Plombières schicken, ebenso Mainz, Würtemberg und dessen Schwager „Pfortzen." Sie werden keine Werbungen gegen den K., dagegen Durchzug der für den K. geworbenen Truppen gestatten. „Guitry, Clerevan et La Huguerye sont à Caiserslautern, mais ilz n'ont rien sceu gaigner jusques icy.[1]) Le duc Jehan Cazimir, pour ne rompre avecques ceulx de la religion, a envoyé à la requeste des susdictz son maistre d'hotel par devers Buch et Stein leur faire entendre ce que Guitry et Clerevan luy ont proposé,[2]) mais ce ne sont point gens qui veullent jecter le manche après la coignée (le voiage de Flandre les a bien refroidiz), moyennant qu'ilz voyent quelque asseurance et acheminement de leur payement. Argenlieu et d'aultres doibvent venir aussy bien tost à Cayserslautern, mais ilz brûleront leurs bottes, si V. M^{té} s'achemine sur les frontières. Je supplie très-humblement V. M^{té} de croire que nostre voiage (sans forces) sur ces frontières vous réconcilie la volonté de touz les princes de la Germanie, auxquelz j'ay bien sceu faire gouter la confiance qu'ilz peuvent juger par là que vous avez d'eulx; et leur ay par là levé l'opinion que l'on leur avoit imprimé, que vous vous acheminiez avec forces extrêmement grandes et que les forces du roy d'Espaigne sesjournoient sur les frontières pour exploicter par ensemble ung très-dangereulx desseing que de longue main vous aviez trainé contre l'Allemaigne. Et je crois que ce bruict est la cause principalle que l'électeur de Saxe a rompu son voiage en Dannemarch, encores qu'il fust desjà au pays de Mequelbourg.[3]) Vostre dict voiage déplaist grandement à une partie de voz subjectz, et de faict La Huguerie a dict à l'ung des principaulx conseillers du duc de Deuxpontz, qu'il gageroit mil escus contre dix, que V. M[té] ne feroit le dict voiage, et qu'eulx vous bailleroient l'alarme si chaude que vous ne songeriez plus aux baings de Plumbières. Le duc Jehan Casimir monstre au reste vouloir accepter l'offre que je luy ay faict pour le rachapt des ostages, à sçavoir la somme de deulx centz cinquante mil livres sur la maison de la ville; mais il ne l'a peu fère sous en avoir l'advis premièrement des aultres collonelz, auxquelz il en a escript." Könnte der K. ausser den 60000 escus des s[r] Horace und den 25000 l. Rente „sur la maison de ville" noch einen Fonds von 40000 escus für Ende des Jahres auftreiben, so könnte man die Geiseln und die (einer Million livres entsprechenden) Kleinodien, schlimmsten Falls mit den 60000 escus die Geiseln allein auslösen und mit den Renten „gratifier et obliger le duc Jehan Cazimir et son frère l'électeur en leur particulier." J. C. will seine Abgeordneten behufs der Abrechnung nach Paris schicken (was für den K. ehrenvoller und vorteilhafter ist). Er wird zum Landgrafen, von dort zum K. an die Grenze gehen, weil die Fürsten und Gesandten dorthin kommen, und dann erst Kursachsen aufsuchen. Bei J. C. fand er einen Abgeordneten der Schweizer, Capitän Tilman, der den Pf. von ihrem Vergleich mit dem Gesandten des K. unterrichtet[4]) und um „ung descompte de leur debte" bat; J. C. verweigerte denselben, „se doulant grandement qu'ilz se sont séparez d'avecques luy et les reistres contre leur promesse et signature, dont le dict député s'est plainct à moy. Or m'a le dict duc prié de faire entendre à V. M[té], qu'il ne veult bailler quictance des sommes qui seront ainsy délivrées aux dictz Suisses; ce que je ne luy ay osé refuser de faire." Er rät jedoch dem K. an den Abmachungen seines Gesandten nichts zu ändern, sondern sich bei J. C. zu entschuldigen. Bittet den Obersten Cratz bei Trier, Köln und L. Philipp (die er nicht aufsuchen kann) zu beglaubigen. Mai

Pb. f. fr. 15905. Cop.

1) An K. Katharina schreibt Schomberg: „Butrich ne m'a pas célé, que son maistre fust desjà à cheval, s'il eust voulu croire Clèrevan, Guitry et La Huguerie, mais qu'il n'est pas prest de s'y embarquer, si le désespoir de son payement ne l'y faict précipiter" (ebd Cop.).

2) La Hug. II, 54 lässt J. C. nach der Unterredung mit Vignory nicht nur an seine, sondern auch an die kgl. Obersten schreiben, dass sie von keinem andere Bestallung annehmen sollten.

3) Vgl. no. 215 A. 1.

4) Vgl. Sammlung der eidgen. Abschiede IV. 2a, 711.

4. Mai Markgrafen-Baden

221. Kurfürst Ludwig an Johann Casimir.[1])

Teilt Schombergs Anbringen und seine Antwort mit. Hat bemerkt, dass der Gesandte sich auch zu J. C. verfügen will; bittet um Mitteilung seines dortigen Anbringens nebst Beantwortung; ferner um J. C's Gutachten und um Nachricht über etwaige Kriegswerbungen.[2])

Mb. 112/1 f. 55. Conc.

1) Ebenso an Mainz. Schomberg, der zuerst den Pf. Johann (vgl. dessen Schr. an Ludwig vom 26. April) aufgesucht hatte, brachte am 30. April seine Werbung beim Kf. und ein paar Räten an; am 2. Mai entschuldigte der Kf. sein Nichterscheinen am kgl. Hof mit seiner eignen Kur und lehnte die begehrte Sperrung der Durchzüge ab, da er sie nicht allein vornehmen dürfe. In seiner Entgegnung liess sich Sch. mit Drohungen heraus: „do aber nach der padenfahrt jemand sein hern nit wolt hochmuets erlassen, muest derselb auch gewarten, was demselben darauf begegnet; widerfuhre demselben nuhn daruber sein lohn, das möcht er im haben". Weiter erklärte er: „da er [der König] sich je mit einem raufen muest, so wurde er dasselb ehe auf einem frembden poden als in seinem land selbst tun." Daneben berührte er auch die Notwendigkeit eines deutsch-französischen Bündnisses gegen Spanien (was er eigentlich zuerst bei Sachsen hätte zur Sprache bringen sollen, vgl. no. 216). Der Marschalk erwiderte, Pfalz sei bereit behufs Aufhaltung eines grösseren Kriegsvolks sich mit den andern rhein. Kff. zu verständigen (Mb. a. a. O.).

2) Am 10. Mai mahnte der Kf. die Theilnehmer des Weissenburger Abschieds (vgl. no. 185 A. 1) zur Bereitschaft und machte dem Kaiser Mitteilung.

9. Mai Mainz

222. Schomberg an König Heinrich III.

Auf dessen Depesche vom 26. April; „je regrette infiniment l'occasion que V. M^{té} perd de venir sur les frontières." Der K. möge die Badereise doch nicht ganz aufgeben, sondern auf Anfang August verschieben, wo diese Bäder so gut sind wie im Mai, und nach feierlicher Eidesleistung der Prinzen, Beamten und ersten Herren des Reichs mit den Fürsten in Nancy zusammentreffen; „car ilz n'iront pas à Metz, pour les raisons que j'escrips à mons^{r} Brulart" [nämlich: „à cause de la prétention que l'empire y peult avoir, et que la maison d'Austriche se scandalisera assez de lour voiage sans cela"]. Den Fürsten gegenüber will er zunächst nur von einer Verschiebung der Reise sprechen[1]) und nach dem Wunsch des K. dessen grosse Milde gegen die unbotmässigen Protestanten hervorheben. Notwendigkeit, die den Reitern des K., J. C. und Zweibrückens gegebenen Zusagen zu erfüllen; mit J. C. wird man kaum zurecht kommen „sans les 60000 escus qui sont ordonnez pour luy, veu mesmement qu'il en a eu le vent;" ohne seine Eröffnungen wegen der Kleinodien würde sich J. C. wohl schon beklagt haben . . . .

Pb. f. fr. 15905. Cop.

1) Dies tut Sch. in seinem Schr. an Pf. Johann, Marburg 15. Mai (Mb. 112/1 Cop.), ebenso in seiner Audienz bei Mainz (dessen Schr. an

Ludwig, Mainz 20. Mai, ebd.). L. Wilhelm (dessen Schr. an Ludwig, Cassel 30. Mai, ebd.) erklärte sich zu einem persönlichen Besuch „neben Kurpfalz" bereit, was einer Ablehnung gleichkam; das Dankschr. des Königs, Paris 12. Juni (Ms. 545/1 Cop.) teilt dann die definitive Vereitelung der geplanten Reise durch die ganz ungerechtfertigte Erhebung der Hugenotten mit. 9. Mai

223. Anbringen Beutterichs bei den Geheimen der Stadt Strassburg.*) 12. Mai Strassburg

(Enthüllungen über die Anschläge Guise's und des Pf. Georg Hans sowie über Johann Casimirs Stellung zu den französischen Parteien.)

„Dornstags den 12. Maii hora nona matutina in meinr hern XIII stuben, her Liechtensteiger, her Schötterle, her Weicker, her Molsheim, alle vier alte ammeister, her Johann Ulrich Röttl und ich.

D. Beutterich gehört. Zeigt an, S. gn. F. und H. pfalzgraf Johann Casimir hat ihm befalen, bei dem hern ammeister anzusuchen, etliche hern von den geheimen zu verordnen oder die geheimen zusammen kommen zu lassen und denen anzuzeigen: Nachdem S. F. Gn. gestern abend brief kommen, das wider gesandte aus Frankreich vom könig von Navarra, prinzen von Condé und den französischen kirchen vorhanden, die S. F. Gn. begerten anzusprechen und sie also nit gelegenheit, zu disem mal mit mein hern selbs vertreulich zu reden, so hett sie ihm uferlegt, den geheimen in gemein oder den verordneten in vertrauwen zu eröffnen, was S. F. Gn. von den französischen practicken, so zu end nechstvergangnen sommers durch die Franzosen getriben worden, in erfahrung gebracht.

Und were damit also geschaffen, das es einmal gewüss, das es umb dise statt und S. F. Gn. zu tun gewesen und die practick daruf gericht worden. Dazu hett fürnemblich ein Teutscher, der bekant were, den er aber befelch nit namhaft zu machen, ursach gegeben und sein anlass von dem neuwen wahl genommen, den mein hern hetten vor 2 jaren angefangen zu machen. Hette dem von Guis die gelegenheit angezeigt, wie es an dem ort leichtlich zu wegen zu bringen, dieweil die statt daselbst geöffnet, und wer sein anschlag gewesen, in das sondersiechen haus oder diselb kirch etlich volk zu verstecken; dann wolt er seine leut auch in der statt ge-

*) Sp. Aufschrift: „D. Beutrichs communication aus bevelch seines hern herzog Johannis Casimiri den verordneten hern von den 13 gescheen den 18. Maii anno 1580. Daraus sich befind, das herzog Georg Hans aller darin verwarneter uff diese statt vorgewesener ahnschleg author und redlinsfürer gewesen."

12. Mai habt haben in heusern umb denselben wahl herum versteckt, die solten zu der bestimbten zeit die wacht am morgen eilends uberfallen haben. Und hab ers also fürgeben, wann er 600 mann daselbst hett, wolt er denselben platz wol so lang inbehalten haben, bis der nachzug kommen wer. Den nachzug hette der von Matignon haben sollen, der sein volk uf der Champanien beisamen gehabt under dem schein Commerci zu belegern. Der von Guis hett es dem könig angebracht, ihm darbei zu erkennen geben, wann er Strasburg könte einbekommen, so könte er allzeit leichtlich verhindern, das kein teutsch kriegsvolk in Frankreich mehr kommen könt. Er könt auch den Teutschen unru machen, so oft er wolt, damit sie dest weniger gegen Frankreich etwas dörften understehn. Der könig hett ihm die sach lassen gefallen und daruff ihm befelch geben, zu tun, was er könt. Der von Guis hette sich angenommen, als were er mit dem könig ubel zufriden und uneins. Der könig begert ihn wider zu gewinnen und hett ihm etlich tausent franken verehrt. Das wer alles ein gemacht spiel gewesen, dann der von Guis dasselb gelt hett sollen uff die practick wenden, volk in still zu wegen zu bringen und alles ins werk zu richten.

Daruf weren uff S. Johanns mess anno 78 etliche, nemblich La Routte, Beajeu [!], Sansac, du May,[1]) allher kommen under dem schein pferd zu kaufen; die hetten alle gelegenheit, sonderlich mit dem neuwen wahl besichtigt, und als sie die sachen etwas schwerer und gefahrlicher befunden, dann sie ihnen von dem Teutschen angeben worden, hetten sie dieselb practick und denselben anschlag, als der nit ins werk zu richten, fallen lassen*) und ein andern uffs Metzger tor gemacht; daselbst wer wenig volk umb das tor und wer nur ein hülzin gerems uber das wasser, da wer vil leichter herein zu kommen, dann gar wenig volk daselbst in der statt. Dise practick hett bei dem von Guis etwas mehr ansehen gehabt, dann des Teutschen, darum hett er disern [!] understanden nachzusetzen, und je den andern sitzen lassen. Dessen hett sich der Teutsch hernach in schriften beschwert, das er den anfang gemacht, die mittel gezeigt; deren gebraucht man sich und liess ihn sitzen, darüber verlür er sein reputation und alles, was er daruff gewendet. Dieselben schreiben in originali hett er D. Beutterich in seiner hand und verwahrung.

Dem andern fürschlag hett der von Guis begert nachzusetzen mit allem ernst; daruf wer der anschlag ervolgt, das, under dem schein in Niderland zu ziehen, sie hetten sollen den Rhein herab

---

*) Am Rand: „seiner anzeig nach das Neuwtor.“

zu schiff kommen an das ort, da das hölzin gerembs oder gatter 12. Mai
uber das wasser, den sie mit instrumenten zu brechen vermeint. Da hetten auch sollen leut inwendig versteckt sein, die porten mit denen, so auswendig angriffen, einzunemmen und die zu behalten, bis der nachtruck were gevolgt; der hette von der Champanien balt können, wann der boss angangen, hernach volgen. Es sei auch der anschlag gemacht gewesen, wenn der nachzug kommen wer, alsdan welten sie die Hugenotten erwürgt oder zum wenigsten zur statt hinaus gewisen haben.

Es were auch der von Malleroy zu seinem hern pfalzgr. Johann Casimir kommen, und ihm gesagt, das practicken wider dise statt*) vorhanden, die er S. F. Gn. eröffnen wolt, mit dem geding, das er D. Beutterich nichts darvon sagen solt, deswegen aber sein her ihn nit hören wöllen, sonder von sich gewisen, wo er nit leiden möcht, das es Beutterich auch wüssen solt.

Des königs verstendigste rät hetten dem könig missraten, dem von Guis dazu behülflich zu sein, die statt einzunemmen; dann der von Guis begert es nit dem könig, sonder ihm selbs zum besten einzunemmen; und wann es ihm durch hülf des königs solt geraten, so würd er an gelt, an geschütz, munition und aller notturft ein solchen vorrat allhie finden, das er nit allein des königs nit würd bedörfen, sonder würd ihm nach können den kopf bieten; könt sich allhie als an einem vesten ort halten und gegen Frankreich und Teutschland fürnemmen, was ihm geliebt. Das hett der könig zu herzen gefasset und angefangen hinderung zu tun, wo er könt, dem von Guis austruckenlich gesagt, er könt nit zugeben aus allerhand ursachen, das Strasburg eingenommen würd. Der von Guis sich dessen beschwert und gesagt, warum er ihn dann da hinein gesteckt. Der könig geantwort, er hett seim rat gevolgt und wer uff sein des von Guis anzeig gangen ohn ferner nachdenken. Daruff were auch ervolgt, das der könig mein hern per obliquum hett warnen lassen, da doch die practick schon fast offenbar gewesen. [2])

Es wer Malleroy, als er vermerkt, das herzog Johann Casimir ihn nit hören wöllen, dieweil er nit leiden möcht, das er Beutterich der sachen wüssens haben solt, zu ihm Beutterich kommen und ihm gesagt, wo er ihm zusagen wolt, die sach still zu halten, wolt er ihm anzeigen, was sie für practicken fürhetten. Er ihm daruff die hand gebotten, damit versprochen, bei sich zu behalten, was er ihm

---

***) Am Rand, aber durchgestrichen: „dergleichen, wo es ihnen mit diser statt feelen solt, wider sein des herzogen person."**

12. Mai vertrauwen würd. Malleroy ihm daruff geantwort, das sie etwas in Burgund understehn wolten, ob er mit in der compagnei sein wolt. Beutterich geantwort, wann es ernst wer mit Burgund, das sie etwas bestendigs wolten fürnemmen, so wolt er mit teilhaft sein, wo es aber nur umb rauben und plündern zu tun, so wolt er nichts mit zu schaffen haben; darum wolt er clar darein sehen, sonst sich nit einlassen. Malleroy ihm geantwort, sie hetten 2000 zu fuss und 500 pferd; damit wolten sie understehn, in Burgund ein lermen anzufahen und wo es nit angehn wolt, alsdann den Rhein hinab nach Niderland zu fahren, dem prinzen von Oranien zu. Dess er Beutterich befremdens gehabt, auch dem von Malleroy gesagt, es liess sich mit pferden nit also den Rhein hinab fahren, und darumb vermuttet, es würd ein französisch ubelbedacht werk sein. Wo er auch merken können, das sie etwas bestendigs in Burgund wider Hispanien anfahen wöllen, wölte er stracks seine gueter verkaufen, sein son zur Neustatt getan und sich mit eingelassen haben. Daruf Malleroy an ihn begert, mit seim hern herzog Johann Casimirn zu reden, das er den am Rhein gesessnen ständen schreiben und sie versichern wolt, ihne Malleroy, wo es dazu käm, mit seim volk den Rhein sicher hinab passiren zu lassen. Welches er D. Beutterich uff sich genommen seim hern fürzubringen, wie er auch getan, mit den worten: „Monsr, ceulx fols [?] ont une entreprinse". Sein her gefragt, wan er köm, was er antworten solt. Er D. Beutterich ihm geraten, solte er bewilligen, damit könt man eigentlich hinder die sach kommen und erfahren, was sie doch fürhetten.

Bald daruf wer Malleroy wider zu seim herrn kommen und ihm gesagt, das gewüsse practiken wider dise statt und wider sein des herzogen person under den Franzosen vorderhand, dargestelt [!] wo es ihnen mit diser statt nit angieng, das es uber S. F. Gn. person ausgehn solt. Er Malleroy aber wolt es dahin richten, das es ihnen feelen und den kirchen in Burgund oder Niderland zu gutt kommen solt, wann allein S. F. Gn. ihm behülflich weren, uf den fall es in Burgund nicht angehn möcht, das sie sicher den Rhein hinab zum prinzen kommen möchten, welches S. F. Gn. bei den fürsten und städten am Rhein leichtlich vermöchten, wann sie denselben allein schrib, das sie sich vor ihm dem von Malleroy und sein volk nichts solten befaren, sondern sie passiren lassen; welches S. F. Gn. zu tun bewilligt, daruf ihn Malleroy zu Beutterich gewisen, der allen bevelch haben wird, das er Malleroy mit grossen freuden angenommen und sich gegen ihn Beutterich hochlich bedankt. Er wer auch uber etlich zeit hernach zu ihm D. Beutterich kommen und ein sollich schreiben an mein hern begert.

Er hett aber ihn damit abgewisen, das er selbs herziehen und mein hern der sachen berichten wolt. 12. Mai

Also were es ohnzweifelig, das die praktick wider dise stat und wider sein hern were gericht gewesen; das hett er Beutterich seither von den fürnembsten, so mit im spiel gewesen, selbs gehört, die es frei rund bekant, die auch eins teils, als Beaujeu, du May und andere, bei seim hern seither gewesen, sollichs rund bekent und uf S. F. Gn. befragen, warum sie auch seiner person nachgetrachtet, geantwort, es were einmal ihr fürhaben gewesen, dem könig zu wilfahren. Sie bekennen auch rund, und sonderlich capitaine Johannes des Daspis [?], auch der fürnemsten einer, ihr sach were ihnen von den Hugenotten entdeckt und verraten worden. Ist ihm gesagt, es sei ein capitaine Joannes zu Metz deswegen gefangen. Sagt, es sei nit diser, der sitz so wol im sattel, das ihn keiner bald herausheben werd. [3])

Das seie das ein, so S. F. Gn. ihm befolen mein hern in vertrauwen anzuzeigen, wie es ein gelegenheit gehabt mit der nechst verloffnen französischen practick. Das sei auch der rechte grund, den S. F. Gn. durch ihn D. Beutterich mit vilen hin und widerreisen und nicht geringem uncosten erkundigen lassen bei denen selbs, so die fürnembsten im spiel gewesen. Wie es auch S. F. Gn. von ihr etlichen, die seither zu ihr kommen, als der von May, so der fürnembst gewesen, und andern mehr selbs gehört.

Fürs ander aber haben S. F. Gn. ihm auch uferlegt, mein hern aus sonderm hohen vertrauwen, so sie zu mein hern haben, zu communiciren, wie die sachen jetzt mit S. F. Gn. geschaffen, das sie nemblich gesandten gehabt vom könig aus Frankreich, von seim bruder dem von Alanzon, desgleichen von dem von Guis auch, item vom könig von Navarra, vom prinzen von Condé, von den reformirten kirchen in Frankreich, welche alle ihre underschiedliche werbungen gehabt, wie dann S. F. Gn. nächten abend brief empfangen, das wider andere underschiedliche gesandten vorhanden, darum sie dann auch wider zu haus eilen. [4])

Und obwol die drei, Navarra, Condé und die kirchen, in effectu eins seihen oder einerlei werbung haben, so hab doch ein jeder teil seine sondere particulariteten auch, die den andern nicht sollen communicirt werden.

Nun haben S. F. Gn. solche werbungen alle angehört und den sachen, soweit derselben verstand sich erstrecken mögen, nachgedacht, was ihr als eim teutschen fürsten darin zu tun gebüren wöll.

Und befinden aus allem, das die Franzosen einmal nit rüwig ohn practicken und anschläg sein können, sonder zu tun und sich

12. Mai zu uben müssen haben, es sei innerhalb des königreichs oder ausserhalb mit andern nationen.

Wo auch ein teil, es wer welcher es wollt, der andern mechtig würd und sie im land nichts mehr zu tun hetten, sei nichts gewüssers, dann das sie ihr macht uf Teutschland wenden würden. Dann sie seien des lebens, das kein disciplin under ihnen gehalten werde, gewohnt und die, so anno 61, da es angefangen, noch kinder gewesen, die seien jetzt Männer und in solchem uben uferzogen worden. So seien die grössten herrn alle verarmbt, haben kaum das brot zu essen, werden also getrungen umb sich zu sehen, wie sie stettigs händel und unru anfahen, davon sie zu leben haben. .

Also können S. F. Gn. nit sehen, wie Teutschland vor ihnen durch andere Mittel unangefochten bleiben könn, dann das man ihnen ursach gnug geb, das sie under einander selbs zu tun haben; inmittels seie man ihren in Teutschland gewüss und sicher.

Dieweil dann alle parteien, sovil derselben in Frankreich sein, umb S. F. Gn. bulen, jeder teil meint, sie uf sein seit zu ziehen, und hofft, wann er S. F. Gn. uf sein seit bring, er hab den grössten vorteil erreicht,[5]) sonderlich aber die drei, Navarra, Condé und die kirchen, jeder teil abgesündert mit ihm handlen, der religion und den betrangten zu guttem ein anzal zu ross und fuss in Frankreich zu führen und ihnen beistand zu tun, gleichwol jeder teil mit sondern particulariteten und umbstenden, dieweil sie drei, unangesehen sie in principali der religion halb ein werk fürhaben, doch under sich selbs gegen einander eifern: so seien S. F. Gn. genzlich entschlossen, welches er in höchstem vertrauwen mein hern zu vermelden befelch, sich im namen gottes in rüstung zu begeben und uf 8 oder 10000 pferd hineinzuführen, desgleichen 10000 doppelsölder, es seien gleich halb Schweizer und landsknecht oder wie es noch gerat, 4000 schützen Franzosen und andere, und uf 3000 schanzgräber, und sollichs mit sonder conditionen, auch anders und ehe nit, sie haben 150000 cronen in der hand, nit ufm papier, in verschreibung oder underpfand, sonder an barem gelt, die auch S. F. Gn. zu underschiedlichen terminen zu erlegen zugesagt. Nemblich sollen jetzt uf Johannis 45000 cronen an eim bestimbten ort erlegt werden, wenn sollichs und anders, was zugesagt, würklich geleist und gelüffert, die obristen und rittmeister alsdan insonderheit nit allein S. F. Gn. als feldhern gelobt und geschworn, sonder sich verpflicht und underschriben, das im feld oder wan man hineinkom, aus mangel gelts, wann sie den ersten monat und das anrittgelt von den 15000 ♁ empfangen, nit meuten wöllen, und sonderlich das S. F. Gn. selbs feldherr seien, weder uf Guis, Navarra,

Condé, Alanzon noch einigen menschen sehen dörf, sonder seines gefallens fortrucken und fürnemmen könen, was sie werd befinden, das ihrem intent zu wohlfart und ru dises vatterlands nottwendig und fürstendig sei. 12. Mai

Darum sie dann bedacht, auch nottwendig geschütz nit allein ins feld, sonder auch zu anderer notturft grobe stuck einzuführen, deren sie etwas mangel; des kleinen feldgeschütz haben sie genug, und eben das, so zuvor auch darin gewesen, dessen uf 20 stuck sie jetzt mitzunemmen vermeinen. Sie weren aber vorhabens, acht carthaunen auch einzuführen; an dem hetten sie mangel. Dieweil dann S. F. Gn. nit zweifelten, mein hern würden bei ihnen die sachen auch also geschaffen befinden und derwegen sollich S. F. Gn. fürhaben für gott und disem gemeinen land hochnutzlich erkennen, auch darzu gern alle befürderung, wie hievor etwan geschehen, tun, so hetten S. F. Gn. nit underlassen wöllen, mein herrn aus sonderm vertrauwen dessen alles zu berichten und an sie zu begeren, das werk ihnen nit zuwider sein zu lassen, sonder S. F. Gn. die hand darin sovil möglich, zu bieten, nit das S. F. Gn. mein hern mit fürleihung gelts oder in andere weg begeren zu beschweren, sonder allein das sie möchten der carthaunen zwo allhie in ihrem namen fertigen lassen, uf das allerschlechtest ohn einig wappen, uberschrift oder dergleichen, nur schlegt glatt, also das eine möcht uf 50 centner halten und uf 25 lib. schwer schiessen.

Dieweil dann mein hern der ru, die S. F. Gn. disem land dardurch suchten, am nechsten zu geniessen, so versehen S. F. Gn. sich, mein hern würdens desto weniger bedenken haben, die befürderung darbei zu tun, dann sie es nit bei mein herrn allein, sonder gleicher gestalt bei Nürnberg, Frankfurt und Basel auch vermeinten zu suchen und verhofften zu erlangen, da es dann am unvermerktesten geschehen könt; dann S. F. Gn. sonst kein mittel wüssten, sollichs in geheim zu wegen bringen, das es nit ausbrech. Sobald es offenbar oder allein vermuttet würd, das S. F. Gn. etwas liessen zurüsten, so kömen alsbald der keis. Mt. ernstliche schreiben und abmanungen, im reich nichts anzufahen, dem reich kein anhang zu verursachen und dergleichen, wie dann vergangnen sommer S. F. Gn. zwei solcher schreiben von I. Mt. zukommen und erst neulich wider eins, daruf sei widergeantwort, er were ein freier fürst des reichs, und wo S. F. Gn. sich zur erhaltung der teutschen kriegsleut freiheit den reichsconstitutionibus gemäss verhielten, so verhofften sie ein gnedigsten keiser zu haben, bliben also gegen I. Mt. in der generalitet und geben doch zu verstehn, das sie nit

25*

12. Mai gedenken von den Franzosen sich in sack schieben oder disem land unru, sovil an ihr, erwecken zu lassen.[6])

Damit dann sollichs desto geheimer zugericht werden möcht, so were S. F. Gn. ganz nachbarlich bitten und vertraulich suchen, mein hern wöllen in dem sie nit lassen; es geschehe ohn alle meinr hern gefahr und costen, dann S. F. Gn. urbittig den uncosten, sobald sie abgeholt würden, zu erstatten, versehen sich also nit gelassen zu werden.

Er konte auch die hern dessen zum höchsten vorgwüssen, das S. F. Gn. sollichs in höchstem vertrauwen eröffneten, dann ausserhalb S. F. Gn. und sein D. Beutterichs niemand bei S. F. Gn., kein rat, kein secretarius, der dessen etwas, auch das geringste wort wüsst. Es würd alles durch sie beede allein gehandlet und wüsste, das nichts ausköm, dann was S. F. Gn. selbs oder er aus deren befelch andern communicirt. Er hett sein sonder protocoll, darinn verzeichnet er selbs aller gesandten werben und anbringen; die antwort und abfertigungen würden alle zwischen ihnen beeden, seim hern und ihm allein beratschlagt und durch ihn gefertigt; davon wüsste sonst niemand, darum er auch bitt, solichs desto in besserm vertrauwen und geheim zu halten und S. F. Gn. in dem nit zu lassen. Daruf von den hern allerhand wechselreden mit ihm fürgenommen:

Ob er mein, das der von Malleroy umb die practick gewüsst. Sagt, er glaub, das ers gewüsst hab; dann er müss ihm das zeugnus geben, das er sein hern lenger dann ein jar, wol anderhalb jar zuvor gewahrnt und begert, das S. F. Gn. mein hern auch warnen wolten, welches auch beschehen, und hab er D. Beutterich also [?] das schreiben an mein hern her Math. Weickern geliefert. Aber seither hab es auch an Malleroy nit erwunden, sein hern umb sein reputation zu bringen und ihn Beutterich auch.

Zeigt auch ferner an, das er einmal selbs die practicken von den fürnembsten selbs, wie eben erzehlt, erfahren, die es ohn scheu seim hern und ihm besonder hin und wider erzelt, teils bei seim hern sich darmit entschuldigen und wider einzukaufen vermeint Und sei die practick erstlich in eim wald bei Harracourt und Lenoncourt beschlossen worden, da ihren nur 5 beisamen gewesen: du May, Beajeu [!], Sansac, La Routte und Malleroy. May hab sollen in der execution der fürnembst sein, aber im herabzug kein namen haben wöllen. Und sei bei ihnen so ring angeschlagen gewesen, sie habens so leicht geacht ins werk zu richten, als wann sie es schon im werk verrichtet hetten.

Er hab auch zu Basel erfahren, das ein Franzos, der den hern allen bekant, lang daroben gelegen, die schiff und anders zu bestellen[7]); der hab in der herberg zum wilden mann uber dem ecktisch mit etlichen Basslern, nachdem er gehört, das sie verwandte im rat haben, für sich selbs, als sie wol gezecht gehabt, angefangen, sie die von Basel hetten allerhand händel mit ihrem bischof; sie hetten jetzt ein gutte gelegenheit vor der hand, die ding auszumachen; es wer umb ein cron 60000 zu tun, die man ihnen geb, so wöllten sie dem bischof Bruntrautt einnemmen und es ihnen denen von Basel ubergeben; sie würden mit dem bischof hernach wol zu tädingen wüssen. Das hetten ihnen die zechgesellen gefallen lassen und vermeint, es wer nit zu verabsaumen. Welches der Franzoss den andern entdeckt, die ihren anschlag daruf gemacht, und wer daruf capitaine La Routte hinein gehn Bruntraut kommen, under dem schein, als ob er krank, und hab seiner knecht zu 12 zu 14 hinein bescheiden zu ihm zu kommen. Inmittels haben sie wider einen gehn Basel abgefertigt endliche resolution von den geheimen zu empfahen und wo ihnen das gelt gelüffert werden soll, zu vernemmen. Als derselb dem burgermeister das schreiben gelüffert, hab sich derselb befrembdet, nichts darum gewüsst und sich verwundert, wo das herkomm. Da nun der abgesandt gesehen, das es feelen wöll mit den 60000 cronen, sei er wider zu den seinen zogen und anzeigt, das es nichts. Daraus abzunemmen, uf was geringen anlass sie dörfen ein anschlag fürnemmen und daruf practiciren, als wann es schon gar gewüss, wie in disem uf der zechgesellen privatreden geschehen. Und seie die warheit, das um der ursachen willen allein sie aus Burgund so weit sich herausgetan, das sie darnach den weg daherab genommen, nicht wider zuruck gekönt, da sonst, sobald sie in Burgund gespürt, das ihnen das boss nit angehn wöll, das man auch hieaus gewarnt, sie gewüsslich von einander würden verloffen sein. 12. Mai

Es sei auch im ersten des Teutschen anschlag die austeilung uf etlich örter gemacht gewesen; der, so die practick fürgenommen, hett sollen den pfennigturn einhaben, andere andere orter, den zeughof und dergleichen. Und hab Rheingraf Fritz am lottringischen hof seither zu deren eim, die mit im spiel gewesen [!]: „Herstu, lieber, wo seind deine silbere becher von Strasburg? ich wolt dir gern einen gar ausbringen." Das sei offentlich vor der taffel geschehen.

Es hab auch der Teutsch nit underlassen, seither andere fürschläg fürzunemmen, die auch anzubringen. Man hab ihn aber damit auch sitzen lassen; dessen hab er sich auch schriftlich beschwert, das man ihn die sachen lass anfahen und darnach darin stecken; die anschläg machen ihnen andere zu nutz, und verlier er darüber sein reputation und alles. Dieselben schreiben hab er

12. Mai alle in originali in seiner verwahrung von denen selbs bekommen, an die der Teutsch sie geschriben. Und hab er uf einmal durch ein Franzosen, den er für sein gesandten gebraucht, dreierlei widerwertige furschläg tun lassen. Erstlich sich wider den churf. pfalzgrafen gebrauchen zu lassen, da wolt er zwo stätt einnemen und demnach die besetzen und wunder würken;*) oder wider sein hern herzog Johann Casimirn, dem könig zum besten; oder auch mit herzog Johann Casimir wider den könig, wo es sich begebe. Daher wer auch die beschreibung der sächsischen rittmeister und obristen ervolgt.[8])

Bei dieser anzeig hat D. Beutterich uf der hern vermelden, das es herzog Geörg Hans pfalzgraf were, dasselb gestanden und ferner angezeigt, das er dem von Alanzon die dreierlei anbieten getan, durch den von Rhan,[9]) dem das haus Tûrquestein zum teil zugehörig. Derselb von Rhan sei zu ihm Beutterich kommen, ehe dann er sein legation verrichtet, habs auch nacher dem von Alanzon anbracht, sei ihm vertröstung ervolgt der sachen nachzudenken. Man hab ihn aber sitzen lassen. Nichts desto weniger hab er uf die blosse vertröstung den botten mit briefen an die vil rittmeister und obristen ausgesandt, davon sein her mein hern auch geschriben; deren ein teil vor acht jaren tot. Und da er gesehen, das ihm kein gelt daruf ervolgen wöll, hab er sich abermalen in schriften zum höchsten beschwert und beclagt, das er die besten und fürnembsten obristen bestelt, die im reich seien etc. Die brief hab er Beutterich all in originali in seiner verwahrung. Es hab auch einer genant Held, den er in Engelland verschickt, an ihn herzog Geörg Hansen geschriben, under anderm mit den worten: „Wann ich wider jenseit des grossen bachs wer, wolt ich E. F. Gn. allerhand weitleufiger berichten, weder mir uf dise weis zu tun möglich“, und anders mehr. Sollich schreiben hab er Beutterich auch in originali bekommen und abcopirt, dann er das original widergeben müssen. Es hab aber derselb Held seither andere schreiben an ihn herzog Geörg Hansen getan, die er Beutterich auch in seiner verwahrung. Und dieweil er herzog Geörg Hans bald zu sein hern kommen soll, so wöll er ihm alsdann die originalia einander nach fürlesen, wie er dann S. F. Gn. albereit die verba formalia aus dem vorgemelten schreiben aus Engelland erzehlt, S. F. Gn. darüber geantwort, sie glaub, er Beutterich hab ein teufel oder spiritum familiarem bei sich.[10])

---

*) Weiter unten am Rand: „Germersheim, Billigkheim, die zwo stätt.“

Ist gefragt, ob der von Buy[11]) auch etwas von der practick gewüsst. Sagt, nein. Sie halten ihn für ein estourdi, für ein schwermer, der sich in alle sachen eintring, aber nichts verschweigen oder behalten könn; als er sich letstlich in diss werk auch eingetrungen, haben sie ihm 400 cronen geben pour tenir les correspondences, das ist, brief und packet hin und wider zu schicken, nur damit sie sein mit fugen ledig würden. 12. Mai

Gefragt, ob nit der graf von Roche-Guyon auch seine werbung bei S. F. Gn. gehabt. Sagt, ja; es sei aber gar ein abgesöndert werk von dem andern allen. Er sei auch mit sondern conditionen schon abgefertigt und beantwortet, mit ihm gehandlet und geschlossen, und hab uf sondere conditionen sein endlichen bescheid.[12]) Und hab er brief von des königs geheimen rät einem bei sich im busem,*) das der Rocheguyon mit dem könig wider versönt und in wenig tagen zum könig kommen soll. In summa, was etwas fürnems in Frankreich, das bul umb sein hern; daher dann nit bald etwas in Frankreich fürgehn könn, dessen sein herr nit eigentlich durch diss mittel avisirt werd; dann es wöll jeder teil der liebst bei ihm sein. Das sei aber seins hern endliche resolution, das er sich keinem teil, er heiss wie wöll, gedenk anhengig zu machen, sonder wann er ihr gelt in der faust hab, das er für sich volk ufbringen und allein uber dasselb feldherr sein, das ihm auch allein verpflicht sein soll; mit demselben wöll er das fürnemmen, so er disem land am nutzesten zu friden und ru befinden werd, nit allein den betrangten, das das fürnembst ist, rettung und beistand zu tun, sonder auch, wie ihm von etlichen guttherzigen teutschen hern geraten würt, ein fuss zu setzen, welches das einzig mittel disen landen ru zu schaffen. Dazu sollen billich mein hern in dem geringen auch an ihnen nichts erwinden lassen, die befürderung zu tun, die ohn ihren schaden und costen geschehen könn. Das haben S. F. Gn. ihm uferlegt mein hern aus sonderm vertrauwen zu communiciren, und werden mein hern es auch in höchstem vertrauwen bei sich wüssen zu behalten, dann in höchster warheit, sovil S. F. Gn. vorhaben anlangt, kein mensch kein wüssen darvon, als sein her und er. Und was er mein hern jetzt eröffnet, so wüss er seins herrn gemüet gegen fürnemblich diser statt also geschaffen, das sie gewüsslich mein hern nichts werden verhalten und was sie tun, dahin richten, das dise statt, sovil S. F. Gn. immer möglich, vor gefar und schaden mög gewahrnt sein.

---

*) Randbemerkung „Den brief hat er auch aus den hosen gezogen und gelesen."

12. Mai Sovil sein Beuterichs person anlang, was er in erfahrung bekomm, daran diser statt gelegen, sollen mein hern sich zu ihm gewüsslich auch versehen, das er es jederzeit in vertrauwen zu communiciren und zu warnen willig und bereit sei; dann ihm vil guts von mein hern widerfahren, und sonderlich in seinen höchsten nötten mit den Schweizern haben ihm mein hern sein leben errett;[13]) darum müsste er der undankbarste mann uf erden sein, wann er nicht meinr hern nutz fürdert und schaden seines bestens vermögens warnte, das man sich doch billich zu ihm zu versehen. Ist an ihn begert worden, mein hern ein wenig zu entweichen. Daruf die hern sich underredt und dahin verglichen, ihm anzuzeigen:

Es hetten die verordneten hern sein anzeig gehört, täten gegen F. Gn. S. sich undertenig bedanken der vertreulichen und ausführlichen communication, woltens ihren mitgeheimen räten ufs fürderlichst und treulichst fürbringen, ungezweifelt, sie würden, was zu continuirung solcher vertreulicheit dienen möchte, an ihnen gegen S. F. Gn., zu deren mein hern bissher allweg ihr sonder vertrauwen gehabt, nichts erwinden lassen. Sovil dann das begern des geschütz anlangt, solte die sach befürdert und was mein hern tunlich, S. F. Gn. auch fürderlich zu wüssen getan werden. Sovil sein D. Beutterichs anbieten anlangt, und das er sonderlich meldet, das er undankbar sich selbst halten müsst, wo er nit mein hern ufs treulichst jederzeit vor ihrem nachteil wahrnt, das hetten die geordneten hern gern gehört; es solte auch mit fleiss mein hern fürbracht werden, die würden es mit allem freundlichen willen auch gern beschulden. Und betten die geordneten freundlich seim erbieten nach, was etwan fürfiel, so ihm zu communiciren nit bedenklich, sonderlich dise statt betreffend, im selben kein costen zu sparen; das würden mein hern, wo möglich, beschulden.

Ist ihm durch mich angezeigt. Erbeut sich, seim hern das freundlich erbieten zu vermelden, der werd nichts underlassen zu wolfahrt gemeines vatterlands und sonderlich diser statt. Sovil sein person anlangt, sei es in warheit also, wie gemelt, geschaffen. Was von ihm da bei mein hern stehe, das sei er mein hern schuldig, darum müsst er in undankbar sein etc. Und wann er umb weniger weitleufigkeit allein wüssen möcht, welchem under mein hern er etwan zuschreiben möcht, wolt er nichts versaumen, sovil die gelegenheit geben möcht. Ist ihm anzeigt, er kenn die hern alle, man stellets ihm heim, mit welchem, eim oder mehr oder jetzt dem jetzt eim andern, er die correspondenz halten wöll. Dessen ist er zufriden, bittet aber allein in ansehung aller umbständ sein hern in dem geringen mit den 2 carthaunen nit zu lassen, und das mein

hern gedenken sollen umb gemeines nutzen willens ein büsslin uber 12. Mai
macht zu essen. Gefragt, wie bald sie wol müssten gefertigt sein. Sagt, so ehe, so besser. Man hab aber disen summer frei, das sei gewüss, sein her nemm disen summer nichts für; was gegen winter geschehen möcht; das wüss man noch nit. Sein her wöll seiner sach gewüss sein oder still sitzen, werd keinen verheissungen, verschreibungen, verpfendungen trawen, sonder den vogel in der hand haben wöllen. Er mach sich um deswillen bei Guis, bei Alanzon, bei Lottringen etc. etwas gemeiner, dann man meint ratsam sein. Es geschehe aber allein, damit man in alle ire sachen sehen mög. „Wir wüssen wol", sagt er, „das sie uns vil mucken bringen. So geben wir ihnen ander vögel daran, lassens mit hinziehen, hören sie all, was ein jeder bringt, und sehen wir ufs gemein werk. Wann mein her gefasst, werd er wüssen, was er tun soll. Er sagts ihnen auch, wann sie ihm ihre zusagen leisten, wöll er sie alle gleich halten, das ist, sie alle zu freund halten etc".

Strassburg, Städt. Arch. A. A. art. 733. Or.

1) Ueber Beaujeu und du Mais (Vignory) vgl. no. 182 A. 2; 196 A. 1. La Routte war Gouverneur von Marsal (vgl. no. 179), Sansac wird in einem Verzeichniss der französischen Heerführer vom Herbst 1579 (Ma. 401/13) als Guise's Lieutenant aufgeführt. Der „Deutsche" ist, wie B. unten selbst erklärt, Pf Georg Hans.

2) Vgl. Thuanus LXXIV. 20; oben no. 74; 150.

3) Das oben citirte Verz. nennt einen Hauptmann Johannes. Am 6. Nov. schreibt der Rat zu Worms an Kf. Ludwig, zu Rocheguyon, Beutterich u. s. w. habe sich gesellt „Johann Heser, ein geborner Teutscher und us dem land zu Meissen, welcher sich fur ordensperson der cron Frankreich usgibt, doch bei vielen Deutschen eines andern wandels bekant sein solle"; er wurde wegen Verwundung eines Dieners von R. verhaftet (vgl. no. 188 A. 1.).

4) Vgl. no.220. Am 27. Mai schrieb Beutterich an Hotman (Hotom. epp. p. 119, „Zurczeae", wohl irrig für „Lutreae"), Guitry, Clervant und La Huguerye seien hier, Sarrazin zu Condé zurückgekehrt, gestern ein Gesandter Alençon's Bellefontaine und ein Sekretär Condé's Villesaison eingetroffen (vgl. die Nachricht bei Desjardins IV, 315). J. C. hatte Strassburg am Nachmittag des 12. Mai verlassen (Botzheim an Kf. Ludwig, Strassb. 13. Mai, Mb. 112/1 f. 38).

5) Dohna schildert in seiner Selbstbiogr. mit Befriedigung den regen diplomatischen Verkehr der Hugenotten, Navarra's und Condé's, Englands und der Schweizer mit seinem Herrn und den Vorteil, den die Sache der Protestanten aus der fortwährenden Kriegsbereitschaft des Pf. gezogen habe; „so hielt ein schwert das ander in der scheiden." Er fügt bei: „Und wie das haus Guise die fundamenta der Ligue wollte legen, wahr ihnen niemants mehr im wege als M. gn. H. Derowegen buleten sie umb I. F. Gn. wie umb eine braut, utrum possent ipsius Cels. pertrahere in suas partes."

6) Vgl. no. 183; 211.

7) Vgl. no. 198.

8) Hiemit dürfte die auch bei Heppe a. a. O. erwähnte „Beschreibung" gemeint sein.

12. Mai 9) Rosne, vgl. no. 208.

10) Vgl. Beutterichs Biographie in Adami Vitae p. 286: „vulgus magiae ipsum insimulavit," was B. belachte und sogar zur Erhöhung seines Ansehens ausbeutete.

11) Vgl. no. 192 A. 1.

12) Vgl. no. 217.

13) Dies bezieht sich jedenfalls auf Beutterichs Marsch mit den unbotmässigen Schweizertruppen durch den Elsass im Winter 1575, vgl. p. 168 A. 2.

12. Mai Strassburg

224. Beutterich an Malleroy.

(Schombergs Werbung. J. C. in Strassburg. Fortgang der geheimen Verhandlungen. Ein dem Schomberg gespielter Streich. La Rocheguyon.)

„Le feldmareschalck Gaspard de Chomberg a esté à Fridoltzheim, a passé par Deulx-Pontz, Baden, où l'électeur est, et le duc de Wurtemberg, s'est aussi trouvé à Spire, s'en va [à] Mayance et à Casselle et doit revenir par noz quartiers. Il a mesme charge partout, à ce qu'avons peu comprendre, qu'est de prier les princes et [!] visiter le roy au baings. Mon maistre a promis d'y aller, si quelque grande affaire ne l'engarde. Nous sommes venus en ceste ville pour bonnes occasions et nous en revenons chez nous à Lautern. Je ne pense pas que celuy que sçavez soit entré empartie [!] avec celuy que laissastes près de nous. Aussi suis-je comme asseuré qu'il n'en sera rien. Quoy que l'on en die, nous n'avons rien receu de La Rochegyon. Il ne trompera personne que soy-mesme, s'il se fie. Je suis fort désireux entendre le succès du voyage de celuy qu'attendez,[1]) quand vous viendrez et entendrez quelque particularitez. Nostre résolution est ferme comme du passé. Faictes-en estat et présentés mes humbles recommandations à ceux que sçavez. Je vous ay envoyé la lettre, an [?] laquelle je n'entend rien. L'on a joué ung bon tour à Chomberg;[2]) au moins il le dit; c'est que l'on a enivré quelque courier qui luy apportoit ung gros pacquet de lettre du roy; puis l'on a ouvert le pacquet et [Lücke] les lettres et mis aultant de papiers blanc en leur place. Il a faict démonstrance d'en estre bien fâché. Enquestés-vous-en et me mandés ce que sçavez. Il nous tâche à persuader à toute force que le roy viendra, qu'il partira le 15me de ce mois icy. Cependant on escrit de toutes parts qu'il n'en est rien. Nous n'entendons aucuns effectz des armes prinses.

La Chouette à Strasbourg, ce 12me en may 1580.

L'on me trouvera à Lautern ou de mes nouvelles. Chomberg a asseuré mon maistre que Rochegyon, lequel il disoit estre une fois [!] il avoit esté le bouffon de la court, avec le comte de

Maulevie estoit raccommodé avec le roy, par le moyen de Bassompierre." 12. Mai

o. f. franç. 3902, f. 215. Cop.

1) Hier ist offenbar Vignory gemeint, der von der Pfalz aus zu Guise gereist war, dessen definitive Antwort er J. C. zurückzubringen versprach; er kam jedoch nicht wieder, da, wie La Hug. II, 58 bemerkt, Guise in Folge des inzwischen ausgebrochenen Hugenottenkriegs „s'estoit refroidy", und fiel nachmals im Sommer 1580 während der Belagerung von La Fère, vgl. Thuanus LXXII. 10; LXXIV. 20. — Die Persönlichkeiten, auf die B. im Vorhergehenden anspielt, vermag ich nicht zu bestimmen.

2) Nach der Erzählung Dohna's erhielt Sch. ein Packet, worin „lauter copert und weis papier und nicht ein einziger buchstaben drinnen," an der Tafel zu Friedelsheim, „daselbst auch eine bottschaft war vom herzogen von Ferrar, der ein grossen streit hatte wegen der praecedenz mit dem herzogen von Florenz." Sch. hielt nach D. Meinung Johann Casimir für den Urheber des Schabernacks.

225. Der englische Gesandte Cobham an Leicester. 13. Mai

(Guise's Verhandlungen mit J. C. durch Mayenne; Bedingungen des Pfalzgrafen.)

. . . .

„The duke de Meine lamenting to duke Casimir of the ill government of the realme of Fraunce requested of the said Casimir in the duke of Guyses name to ayde them with eight thousand reisters and six thousand Swytzers under pretence of maintayning them of the religion in peaceable state, and for performaunce therof the said duke promised, that the duke of Guyse should deliver in Casimirs hands five townes in Fraunce, named Langres, Troye, Metz, Toul and Verdun;[1]) and if he accepted not of these, he shoulde have in pledge the said dukes children. Wherunto Casimir answered: That yf the duke of Guyse woulde be the occasion, that the reformed churches shoulde be restored to that libertie of exercise of divine service, according to the peace which was made at Casimirs last being in Fraunce, and if the churches will agree that he may enter with those succours, and if in like sorte the kinge of Navarre, the prince of Condé and the Chastillons childeren may be restored to their estates and recompensed for the injuries done by them of the howse of Guyse, then he woulde graunte the duke of Guyse request.[2]) Wherein they made no conclusion, but passed yt over to a farther conferaunce uppon hearing from the duke of Guyse" . . . .

Pb. Moreau 720 (Bréquigny 96) f. 119/120. Cop. (aus Bibl. Cott. Caligula E. VII.)

13. Mai

1) Nach La Hug. II, 52 hätte J. C. in der Unterhandlung mit Vignory folgende Sicherheitspläne verlangt: Toul und Verdun (da Metz doch kaum zu erhalten sein werde), Châlons s. Saône, Châlons s. Marne, St. Ménéhould und Rocroi; dass er überdies eine Verbindung seiner Tochter (geb. 1578) mit Guise's Sohn (geb. 1571) vorgeschlagen habe, lautet nicht eben wahrscheinlich, ist aber bei seiner Neigung zu abenteuerlichen Projekten keineswegs undenkbar. Das oben no. 196 A. 2 angeführte Schr. des Pf. Georg Hans spricht nur von der Ueberlassung von Metz, Toul und Verdun an J. C., die ebd. A. 1 angeführte hugenottische Schrift allgemein von „des villes en leur gouvernement."

2). Die Bedingung eines für die Hugenotten sehr vortheilhaften Religionsfriedens führen sämmtliche A. 1 und no. 196 citirte Quellen übereinstimmend an. Dagegen ist das von Cobham berichtete Eintreten J. C. für den ihm verhassten K. von Navarra nicht sehr wahrscheinlich.

23. Mai Kaiserslautern

226. Johann Casimir an Kurfürst Ludwig.

. . . . Des Königs Badereise in den Brunnen gefallen; Schombergs Werbung „nichts dan lauter brillenwerk." . . . . L. merkt nun selbst, dass Sch. ihn und andere mit der angeblichen Reise nur geäfft hat. Es muss etwas anderes dahinter stecken. Will Kundschaft anstellen.

P. S. hat sicher erfahren, „das der könig seinen dolmetschen, den er stetigs zu Metz helt, Praillion genant, zu gedachtem Schönberger abgefertigt und ihm uferlegt hab, demselben anzuzeigen, das er mit seinen bewusten practiken noch zur zeit einstehen und ferners bescheids gewarten soll. Was solches uf sich hat, wirdt die zeit mitbringen."

Mb. 112/1 f. 11. Or.

26. Mai Trier

227. Heinrich von Condé an Johann Casimir.

Seine Begleiter ersuchten ihn, sich den Nachstellungen seiner Feinde, die ihn in La Fère einschliessen wollten, zu entziehen; da ihm der Weg nach England durch Frankreich „pour la difficulté des portz," durch Flandern in Folge von de la Noue's Niederlage verschlossen war, liess er sich bestimmen, seinen Weg zu J. C. zu nehmen. Hat es J. C. nicht früher wissen lassen, da er Festnehmung des Boten befürchtete.[1])

Mb. 112/3. Cop.

1) Condé, der La Fère am 22. Mai mit nur drei Edelleuten und einem Diener Nachts verliess, schreibt am 4. Juni bereits aus Friedelsheim (Kentzinger I, 92). Sonderbarer Weise folgen auch neuere Historiker (z. B. La France prot. II, 468; Aumale II, 131) dem schon bei d'Aubigné und Thuanus begegnenden Irrtum, C. sei zuerst in die Niederlande und nach England und von da erst nach Deutschland gegangen. Näheres über die Route seiner Flucht bei La Hug. II, 55 ff. Copp. seiner Erklärung an den K. vom 22. Mai sowie der Antwort des K. vom 26. Mai Ma. 545/1; ebd. ein Schr. des K. an Schomberg vom 26. Mai, mit dem Auftrag die voraussichtlichen Werbungen Condé's zu hindern.

Der Gesandte Castelnau schreibt hierüber an Sussex (London 27. Juni), Condé habe mit einer Armee von (deutschen) Reitern gedroht: „qui est aujourd'huy la chose du monde que le roy mon mestre craint le moins; car malaysément entreroient-ilz jamais en France, qu'ilz ne soint bien batuz, et peult-estre leurs conducteurs y seront les premiers trompez"; vor Allem fehle es ihnen an Geld (Pb. Moreau 720 f. 131 Cop.). Vgl. unten 29. Juni. 26. Mai

228. Schomberg an König Heinrich III. 31. Mai

(Mainz und Hessen. Die portugiesische Frage. Bellefontaine. Keine Rüstungen für die Hugenotten in Deutschland. Bezahlung der Rückstände. Aussichten für das Bündniss.)

Mainz scheint nun doch geneigt den K. persönlich aufzusuchen; der Landgraf ist hiezu bereit, falls auch einer von den Kff. kommt, und hat Mainz und Pfalz auffordern lassen, was er geheim zu halten bittet..... Der Landgraf lobt die Weisheit und Güte des K. „et est fort dégousté des actions et façons de faire du roy de Navarre et prince de Condé", während er dem K. an der bisher geübten Milde festzuhalten rät. „J'ay veu par vostre dicte dépêche l'occasion du voyage du s^r^ de Bellefontaine en Allemaigne,[1]) qui certainement n'aura pas grande affaire (ainsi que V. M^té^ a peu cognoistre par ma dernière dépêche), s'il n'a aultre négotiation que de retarder la levée que les s^r^ de Quitry et Clerevan ont eu charge de faire.[2]) Or parceque le roy de Navarre et prince de Condé ne peuvent ignorer le peu d'estat qu'ilz en doibvent faire, je crains bien que le dict Bellefontaine n'aye quelque aultre menée en main, si ce n'est que par ceste minne ilz veulent faire deux effects, assavoir entretenir V. M^té^ en craincte des moyen qu'ilz se vantent avoir en ce pays, et voz subjects leur adhérans en opinion que leur partie est forte et bien faicte. Je puis asseurer V. M^té^ qu'en tout le pays de Hessen, pays de Brunswich, pays de Saxen et en Franconie, qui sont les pays où l'on a accoustumé de faire les levées, il n'y a ung seul home à cheval ny levé pour eulx. Le conseil du landgrave est le plus seur, auquel celuy de l'électeur de Mayence se conformera, assavoir que V. M^té^ lève par effectz aux duc Jehan Casimir et aultres gens de guerre de nostre nation le désespoir, auquel ilz sont de leur payement, et que par ce moyen ilz soyent intéressez à la conservation de la paix en vostre royaulme. Guitry et Clerevan et toute leur sequelle auront peu de reistres à leur commandements, s'ilz ne les peignent sur du papier. Et s'il y avoit aultant de reistres levés pour aller en France, comme ont levés de verres et coldats [!] de vin en toutes les courts des princes où j'ay esté, non seulement les maistres, mais toute la suicte pour boir à la santé de V. M^té^, il y en auroit plus que la Champagne ne sçauroit nourrir; et tesmoigneront les gentilshommes françois qui sont avecques moy, que depuis qu'ilz ont mis le pied en Allemagne, ilz n'ont ouy dire ny préfèrer ung seul mot contre la dignité de V. M^té^ ny des Françays qui tiennent vostre party. Vray est que l'asseurance que j'ay baillé à tout le monde de l'ordre qu'aviez donné à la satis-

31. Mai faction des gens de guerre de nostre nation, y a très-bien servy. Sire, si V. M^{té} me là embarque et me faict trouver menteur touchant l'édict des procès et la vérification de la rente et les deniers du s^{r} Roucellai,[3]) V. M^{té} ne me ruinera pas seulement d'honneur et de réputation, elle ne me fera pas seulement perdre le moyen de vous faire service en ce pays icy à l'advenir, mais elle se causera elle-mesme ung mal dont je tins le remède pour quasi impossible."

Der Landgraf hat mehrmals die portugiesische Frage angeregt, worauf er nicht näher einging, da er namentlich den L. durch die Entdeckung, dass man sich desshalb nicht zuerst an ihn gewendet habe, zu kränken fürchtete. Wird vor seiner Reise zu Sachsen dem L. schreiben, dass er desshalb Befehl vom K. erhalten habe, und wünscht ein ausführliches Memoire über die Lage in Portugal (da Spanien hierüber sonderbare Gerüchte ausbreitet) „et à quoy V. M^{té} en est demeuré avecques Angleterre et Venize.[4]) Je ne veulx au reste faillir de dire à V. M^{té}, que j'ay sceu de bon lieu qu'à l'instance de la royne d'Angleterre le landgrave a faict sonder sous main l'électeur de Saxe de ces affaires de Portugal, mais il[5]) a faict semblance de n'entendre ce que l'on luy vouloit dire. Or feray-je la guerre à l'oeil, et selon que j'apprendray de son intention par le conte de Barby, mon frère[6]) et aultres, je m'estendray ou restrainderay en ma proposition." Der K. könnte sich übrigens auch ohne Beitritt Sachsens mit den Landgrafen, Kurpfalz, J. C., Zweibrücken und dessen Brüdern und Anhalt begnügen. Sollte Sachsen geneigt sein, so wäre ihm ein Beglaubigungsschreiben an Dänemark unentbehrlich.

Pb. V^{c} Colbert 400. Conc.

1) Vgl. no. 223 A. 4; Desjardins IV, 315; 319.
2) Vgl. no. 198; 220; 223.
3) Italien. Bankier, vielfach für den französ. Hof tätig.
4) Ueber französische Versuche einer Annäherung an Venedig behufs gemeinsamer Bekämpfung des spanischen Einflusses vgl. Charrière III, 858 ff.
5) Der Kurfürst.
6) Ueber Burkhard von Barby (geb. 1536 † 2. Juni 1586) vgl. no. 61. Hans Wolfgang von Schönberg, Caspars Bruder (geb. 1539 † 1602), war ebenfalls französischer Pensionär und erlangte später durch seine Ernennung zum Hofmarschall (1586) massgebenden Einfluss bei Kf. Christian I. Vgl. V. König, Adelshistorie II, 997 ff.

Juni **229. Memoire Schombergs für König Heinrich III.**

(Ausführliche Darlegung der Bedingungen, unter welchen Kursachsen sich zum Abschluss eines Bündnisses mit Frankreich verstehen würde.)

„Pour traictor la ligue requise par Sa M^{té},*) elle ne se peult

*) Oben am Rand: „Juni 1580." Das Stück ist mit der folgenden Instruktion (no. 230) zusammen unter die Aufschrift gebracht: „Mémoires

fère avec la généralité de ceulx qui y entrent, d'aultant qu'elle seroit à l'instant divulguée et par trop suspecte en Allemaigne, où ce mot de ligue est très-odieulx, qui mectroit infinité de personnes en deffiance et pourroit causer avec succession de temps une contre-ligue, qui altéreroit du tout les affaires du païs. Mais pour la couvrir, comme aussi c'est chose qui ne se peult aultrement, il fault traicter particullièrement avec chascun prince, selon l'advis de A., et de ce qui sera réciprocquément accordé, le retirer bien signé de leur main. Ce faisant le dict accord servira aultant et plus au roy; oultre ce il ne luy sera de si grands fraiz à l'advenir, d'aultant que traictant particullièrement avec l'un, il ne sera tenu que de fournir à celluy qui sera envahi ou mollesté aultant d'hommes, comme il luy en accordera. Et les faisans tous signer en une mesme ligue, le moindre assailly, il sera contrainct de leur subvenir des forces qu'il leur accorderoit en général. Et Sa M[té] ne laissera pour cela d'estre secourru de touttes les forces que tous en particullier luy ont accordés.[1]) Juni

A. tient que la ligue ne se doibt ny peult fère sans y apposer une clause, à la charge que le roy entretiendra inviolablement et sincèrement l'édict de la paciffication, articles secretz et conférance de Nérac. Et ne doibt Sa M[té] avoir opinion que ce soit faveur ou amitie qu'il porte aux Huguenotz qui luy face tenir ce langaige, ains la juste craincte qu'il a que ceste ligue traictée avec luy et par luy (lequel on tient ennemy juré des la Huguenoterie d'Allemaigne) face naistre quelque dangereuse deffiance au cueur des Huguenotz de la France et de l'Allemaigne. D'aultre part il doubteroit fort qu'il y auroit des princes qui ne sont pas tant altérez contre les Huguenotz comme luy, qui ne vouldroient entrer en ceste ligue, s'ilz n'estvient assurez du contenu cy-dessus. Et voit le dict Auguste que Sa M[té]. n'en peult faire difficulté, attendu la déclaration qu'elle en a faicte, mesme faict cognoistre par ses derniers depportemens et l'assamblée et serment sollennel que sa dicte M[té] veult fère avec les principaulx s[rs] de son royaume pour l'entreténement de ce que dessus, et en outre par le pouvoir qu'elle a donné à monseigneur de congnoistre des contraventions pour punir par sa justice ceulx qui les commectront.[2])

A. désire de fére entrer en ceste ligue avec luy le roy de Dannemarcq, le marquis de Brandenburg et le landtgrave de Hesse,

---

envoyeez par mons[r] Praillon au roy, environ sur la fin de may ou commencement de juing 1580." Darunter: „Se voit par là tout le secret de la négociation, selon l'advis de l'électeur Auguste de Saxe.'

Juni estant besoing que Sa M^té face bien amplement entendre à mons^r de Schonberg, comme elle en veult user en leur endroict, affin qu'il ne face chose qui ne soit de son intention et vollunté.

Il est besoing aussi de sçavoir, quelle force Sa M^té désire tirer de chascun en particullier, et de celles aussi qu'elle leur veult particullièrement accorder, et soubzmectre du premier coup à la raison, affin que l'on congnoisse que Sa M^té y marche d'un bon pied avec un cueur descouvert, sans tirer l'affère en longueur, et sans intermission poursuivre chaudement le fil de ceste négociation. Car si on venoit à coller la voix et à tirer cest affère en longueur, l'empereur qui n'est bien avec le dict A.[3]) auroit temps de se recongnoistre, qui pourroit par ses pratticques et menées rompre tout, de manière qu'il fault que la conclusion d'icelle se preigne avec le dict s_r dans trois sepmaines au plus tard, d'aultant que dedans le dict temps luy-mesmes ira trouver l'électeur de Brandenburg pour luy fère entrer; mesmes qu'il se doibt tenir une journée électoralle à Noremberg dans le VIIIe d'aoust, qu'il fault prévenir, craignant que l'empereur qui y sera en personne, ne se remecte avec le dict A., ou bien que la longueur du temps ne luy face penser à sa conscience.

Pour la conclusion de la dicte ligue il est très-nécessère d'envoier ung pouvoir bien ample au dict s_r de Schonberg, mesmes pour accorder quelques forces davantaige aus dictz princes, s'il en est besoing, qu'il ne se seroit contenu dans l'instruction qu'il plairoit à Sa M^té luy en envoier; sans grandz pouvoir il y auroit aucune restrinction, d'aultant que le dict s^r regardera d'ensuivre de poinct en poinct le contenu d'icelle.

Il fault aussi envoier au dict s^r de Schonberg une minute, comme Sa M^té entend que la ligue soit couchée; et si on trouvoit bon de luy envoier le traicté de la ligue d'Angleterre, il mectroit peine de se conformer entièrement selon icelle, comme il verroit estre plus à propos, pour les termes qui y sont, et remect à Sa M^té si elle veult fère coucher le dict traicté en latin ou non.

Le dict s^r de Schonberg a besoing surtout d'une coppie collationnée du traicté qui feust signé de la propre main d'A. devant la journée de St. Barthélemy, qu'il pense estre entre les mains de mons^r le mareschal de Retz ou de mons_r de Limoges ou parmy les papiers de mons^r de Morvillier, d'aultant qu'elle servira beaucoup à l'accellération de cest affère; aussi que le dict A. a demandé de la veoir au dict s_r, qui luy a respondu que Sa M^té l'avoit encores en nature parmy ses papiers les plus secretz et importans.

Si le dict traicté se trouve, sçavoir de Sa M^té, si elle vouldra qu'on suive les mesmes aires d'icelle, selon les clauses et articles qui y sont spécifiez, chose qui est très nécessère de sçavoir, d'aultant que le dict s^r^ de Schonberg pense que le dict A. le vouldra suivre.[4])

Il est aussi besoing que leurs M^tez^ escrivent de leur propre main lettres honnestes au dict s^r^ A., portans en substance qu'elles ont congnues par les lettres du dict s^r^ de Schonberg la bonne vollunté et affection de S. Exc. en leur endroict, dont elles ont eues une telle joie qu'elles désirent luy corespondre en tout et par tout, et avec honnestes propos le prier de la voulloir continuer et conduire cest affère si sainct à bonne fin.

Autres lettres aussi au landtgrave, par lesquelles elles diront qu'elles ont congnues par celles du dict s^r^ de Schomberg et par les siens [!] propres la bonne vollunté qu'il a au bien de leurs affaires, dont elles sont fort satisfaictz, et luy remectre l'ancienne corespondance d'amitié qui a esté de tout temps entre la maison de France et la sienne, devant les yeulx. Que le roy au reste a donné charge au dict s^r^ de Schomberg de luy communicquer choses qui importent le bien de la chrestienneté à quoy il désireroit qu'il voulsist entendre etc.

Dès à présent il est besoing que Sa M^té^ face escrire touttes nouvelles à mons^r^ de Schomberg de ce qui se présente pour le faict de Portugal et de Flandres pour en pouvoir donner advis à mons A., affin qu'il puisse par là remarquer une vollunté saine et parfaicte de leurs M^téz^ et qu'il ait occasion de leur correspondre.[5])

Monsr de Schomberg, pour fère congnoistre à A. au doigt et à l'oeil l'ambition de la maison d'Austriche et le peu de compte que faict l'empereur de luy et des autres princes de la Germanie, il luy représente devant les yeulx ses actions qui ne tendent qu'à l'entière suppression de la confession Augustane, le tout à la sollicitation du roy d'Espaigne, nonobstant sa pauvreté et les desseins divers qu'a pour ce jour d'huy devant les mains son dict oncle sur la Portugal qu'il désire réunir avec le royaume de Castille, l'Angleterre et autres lieux, luy laissant à considérer ce que les dictz princes peuvent attandre de luy, si ses affères venoient à succéder; veu que pendant les plus grandz de son dict oncle, il s'oblie tant en leur endroict que de les mescongnoistre, encores qu'ilz l'aient mis au lieu où il est, et spéciallement luy.

Le conte de Barby faict tous bons offices au roy envers son maistre en ceste dicte affère. Il est aussi besoing que Sa M^té^ luy escrive bien affectueusement, et le prier de voulloir continuer, comme il a bien commencé, avec honnestes propos et langaiges et promesse de recongnoissance.

Juni Il se plainct de ce qu'on luy a arresté ses terres. Il plaira Sa M^té en se souvenant de luy luy donner main levée, chose qui est ung peu odieulx, pardeçà - - - -.[7])

Il est besoing que la vériffication se face de l'édict des subsides sur les procès, et de fère party là-dessuz,[8]) affin d'affecter les deniers qui en proviendront au paiement des reistres et en envoier les contractz au dict s^r de Schomberg, affin qu'il en puisse fère affournir [?]*) de telle façon qu'il n'y puisse avoir faulte pour congnoistre par là sa vollunté et l'effect de la parolle de Sa M^té.

Le dict A. remect le dict s^r à quinzaine pour luy donner résolution de tout pendant ce temps. B. le doibt trouver et communicquer avec luy de la dicte ligue, en laquelle le dict A. le veult fère luy-mesme entrer. Cependant il fault tenir cest affère si secrette qu'on n'en sçache rien, d'aultant qu'elle seroit très-suspecte au C.[9])

A. est tout résolu à la dicte ligue, pourveu que Sa M^té ne face aucune chose approchant de la St. Barthélemy, et tient qu'il fault tenir la foy promise à ses subjectz spétiallement.

Remonstrer à mons^r Brullart, comme mons^r A. avoit esté adverty de la distribution des II^c - - - - avant qu'il vint jamais en Allemaigne, pour la voie des advis de Rome; à quoy il fault parcy-après pourveoir que rien ne soit escarté. [?]

Aux forces que A. demandera, il ne vouldra aucune cavallerie françoise, mais des gens de piedz seullement et quelque nombre de reistres.

Il se fault résouldre, qu'il ne vouldra conclure la dicte ligue, si l'intention de Sa M^té n'est d'y comprendre le roy de Dannemarcq.

Que surtout Sa M^té ne perde ceste occasion, qu'il fault suivre avec dilligence sans rien différer, dont deppend le repos de la France et l'augmentation de la grandeur de Sa M^té, qui suivra cest affère de bien près. Si quelcuns des subjectz du roy s'oublieroient tant que de voulloir fère lever pardeçà, mander à mess^rs les conte de Barby et de Schonberg, quelles forces Sa M^té vouldra qu'ilz lèvent, et leur envoier plain pouvoir à*) mon dict s^r de Schonberg et - - - - - au dict conte.[10])

S'il est question de fère passer mons^r de Schomberg en Dannemarcq, il luy fault donner des moiens, si l'argent n'est content,

*) Durchstrichen: „car sans cela il se trouvera abboyé de tous costez."

**) Durchstrichen: „deulx, qui trouveront moien de faire les advances [?] jusques à la frontière sans les assurances de Sa M^té."

faire que Rosselai luy face une promesse de sa main de luy paier ce qui luy sera ordonné par Sa M[té]. Juni

La journée électoralle se doibt tenir à Noremberg le 24e d'aoust, plus pour advizer aux affaires du Païs-Bas que autres choses, desquelles le roy d'Espaigne se remect sur eulx, pour les obliger d'aultant à luy.

Il fault sur tout que Monsieur s'abstienne de s'entremectre des affaires du Païs-Bas etc.

Sur le faict des levées le duc de la Petitte Pierre et le conte Charles de Mansfeldt l'aisné ont donné assurançe à infinité de gentilzhommes de leur trouver soldatz pour Monsieur, s'aidans de son nom frivollement, qui tourne au recullement des affaires du roy, à quoy il est besoing fère pourveoir par Monsieur, affin qu'il leur en escrive bien aigrement.

Il fauldroit que le roy s'acheminast aux baings de Plombières au commencement d'aoust et qu'au plus tard il fust à Nancy [et?] sur les frontières de Lorraine enver le dix[me] du [dict mois] pour y ouïr les princes qui le viendroient veoir, et en advertir le landtgrave, le duc Jehan Casimir*) de sa venue par lettres.

Remonstrer au roy les bons offices que font le chef du conseil de la chambre et le secrétère d'estat de monsieur le duc,**) affin qu'il pl[aise?] à Sa M[té] envoyer deux chaisnes d'or, l'une de III$_c$ escuz, l'autre de II$_c$, pour leur fère présent de la part de Sa M[té] lors la ligue sera arrestée et rédigée par escript.

Considérer aussi le grand maréchal de l'électeur de Branden-[burg], auquel Sa M[té] a cy-devant accordé XV[c] livres de pension, lors qu'il retourna de Pollongne, dont il n'a sceu estre paié jusques icy, pour luy faire tenir quelque deux années;[11]) si l'argent ne se tient comptant et que Roscellai en veuille fère sa promesse à mons[r] de Schomberg, le dict s[r] trouvera moien de luy fournir pardeçà, espérant par ceste voie l'obliger à continuer de fère service à sa dicte M[té] et spétiallement en cest affère.

De ceulx qui entreront en ceste ligue,***) A. ne sçauroit trouver que bon de Sa M[té], qu'il face en[trer] en la dicte ligue le s[r] conte Palatin, et s'il luy plaist d'y en appeller encores d'autre, il le remect à son option, d'aultant qu'il ne sera allié avec

---

*) Dazwischen durchstrichen: „le duc de Deux Pontz, le m".

**) Am Rand von anderer Hand bemerkt: „Doctor Hartmannus".

***) Durchstrichen: „A. ne se donne peine [de ceulx — ligue], veu que S. Exc. est du tout disposée de passer outre, que Sa M[té] y peult compr, [l] et que chascun s'oblige en son particulier; il le remect."

Juni les autres p[rinces?], mais seullement avec le roy; chascung sera pour son [particulier] et dieu pour tout."

Pb. V° Colbert 400. Conc.

1) In seiner Antwort auf das Memoire (St. Maur des Fossez 6. Juli) ist der K. hiemit sowie mit der Beiziehung Dänemarks, Brandenburgs, Hessens und des Pfalzgrafen („s'il y veult entrer") einverstanden. Pb. a. a. O. Or. Beiliegend eine Formulirung des Vertrags.

2) Diesen Punkt wünscht die kgl. Antwort beseitigt zu sehen; sollte A. darauf bestehen, so soll die Erwähnung des Edikts (vom J. 1577 und „ce qui en deppend) nur zum Beweis der Friedensliebe des K., der es halten wolle, solange seine Untertanen ihm den schuldigen Gehorsam leisten, geschehen.

3) In der Tat macht der damalige Verkehr zwischen August und dem Kaiser nicht den Eindruck jenes gegenseitigen Vertrauens, das uns nach der Prager Reise des Kf. 1581 und auf dem folgenden R.-Tag entgegentritt. Der Kf. teilt am 17. Juni dem Kaiser von der (am 11. Juni erfolgten) Werbung Schombergs nur den ersten unverfänglichen Teil (die Badereise des Königs betr.) mit.

4) Der K. schickte ein Concept nach dem Vertrag Karls IX mit England (vom Jahr 1572) und die besondere Vollmacht zum Abschluss des Vertrags. Der Vertrag (mit Sachsen) vom J. 1572 hatte sich nicht gefunden; vgl. p. 88 A. 2; no. 237.

5) Kgl. Antwort: ist geschehen. Beiliegend Copp. der Schr. an Sachsen und Hessen.

6) Kgl. Antwort: ist geschehen. Ein „mémoire pour le faict d'Angleterre et de Portugal", nach einer Notiz vom Sekretär Sch. am 5. Juli zu Leipzig empfangen, ebd.

7) Antwort: der K. und seine Mutter stellen dem Grafen spätere Befriedigung seiner Forderungen in Aussicht.

8) Antwort: das erste soll besorgt werden; das zweite zunächst nicht möglich.

9) B. ist Brandenburg, C. der Kaiser.

10) Antwort: der K. behält sich dies vor, bis er über die Absichten der Hugenotten mehr im Klaren sein wird.

11) Antwort: Sch. soll nötigen Falls die Ketten, für die kein Geld da ist, die Summe für den Marschall „Georges de Blancquenburg" und die Kosten seiner dänischen Reise auslegen. — „Dr. Hartmannus": Hartmann Pistoris, seit 1576 Mitglied des Collegiums von „sonderbaren" Räten (J. Falke, die Gesch. des Kf. August in volkswirthschaftl. Beziehung Leipz. 1868, p. 23; Adami Vitae p. 163).

Juni

230. Entwurf einer Instruktion für Schomberg.

Schomberg hofft mit den 200000 Franken, die er Casimir angeboten hat, die Geiseln und die Kleinodien zu lösen. Als Ort der Verhandlung mit den Abgeordneten Casimirs und seiner Reiter ist Paris unbedingt festzuhalten, wo man sie leichter dazu bringen kann ihre übertriebenen Ansprüche auf das Mass der Bestallung der kgl. Reiter herabzustimmen; im Notfall kann sich der König auf die Provinzen, die die Zahlung auf sich nehmen wollen, eventuell auf die Entscheidung eines R.-Fürsten berufen. Dies wird ihre Neigung den Hugenotten zu dienen vermindern, die bisher im Vertrauen darauf, dass der König es doch zahlen müsse, unmässige Bestallungen gegeben haben; „un mois d'appointement d'un collonnel des Huguenotz couste aultant que quatre de ceulx du roy." Sch. hofft die Ankunft der Abgeordneten in Paris hinausschieben zu können. Das Vorgehen des Herzogs Georg Hans „de la Petite Pierre", der, den Namen Monsieur's missbrauchend, an dessen Oberste, wie Karl von Mansfeld und Reinhard Dalwich geschrieben hat, ist für den K. sehr nachteilig. Man muss sagen, die 60000 escuz des „s[r] Rozelay" seien für die Lösung der Kleinodien, die 25000 livres Rente für jene der Geiseln bestimmt, und die Pässe [für die Abgeordneten] gleich schicken. Juni

Pb. Vc Colbert 400. Conc.

231. Pfalzgraf Georg Hans an die Geheimen der Stadt Strassburg. 4. Juni Pfalzburg

Condé und Roche-Guyon sind bei J. C. in Friedelsheim, Malroy hier angekommen. Caspar von Schönberg soll gegen 900 Pferde zu Rothenburg beisammenhaben. Will selbst zum K. von Frankreich, um eine Gefährdung der Grenzen abzuwenden. Seine Räte werden inzwischen mit den Geheimen, denen er seine Landschaft empfiehlt, gute Correspondenz halten.

Str. Or.

232. Instruktion der Geheimen der Stadt Strassburg für ihre Abgeordneten. 6. Juni Strassburg

Danken J. C. für das vertrauliche Anbringen Beutterichs. Ihre Correspondenz mit dem Kaiser, dem sie als einziges Mittel gegen die französischen Bedrohungen die Recuperation der drei Stifter bezeichneten, aber das, was sie von Pf. Georg Hans wissen, nicht zu eröffnen wagten. Schon ao. 74 hat G. H. der Stadt mit Frankreich gedroht und seitdem offen geäussert, Strassburgs Eroberung sei ihm, wenn er wolle, ganz sicher; ähnlich sprachen schon vor 3 Jahren die Rheingrafen. Der Zeugmeister des Neubaus floh, als die Geheimen ihn verstrickten, zum Pf., der ihn bei sich behielt und wiederholt zwischen Obrigkeit und Bürgerschaft und innerhalb der letzteren mit Hülfe eines Rheingrafen Misstrauen zu erwecken suchte. Hoffen auf einen durch J. C. zu vermittelnden Ausweg; sonst sehen sie sich einmal genötigt, G. H. sein unfürstliches und offen gesagt für ihn selbst schimpfliches Benehmen vorzuhalten und sich dagegen sicher zu stellen. Erbieten sich die 2 Karthaunen (wenn irgend möglich) hier oder in Frankfurt fertigen zu lassen.

Str. Conc.

233. Anselm Stöckhl an Herzog Wilhelm von Baiern. 11. Juni Augsburg

Herr Philipp Fugger hat ihm angezeigt, der Kaiser habe den Staaten auf Anmutung des K. von Spanien wieder eine Friedenstractation angeboten; „item der pfalzgrave Casimirus sei ermelten

11. Juli konigs pensionarius worden, welcher auf den von Alanzon mit ainem starken raisigen zeug und fuessvolk ziechen solle, da er sich umb die Niderland und zwar in denen sich zu impatroniern annemben wollt."[1]) Ferner, da der K. von Frankreich unter dem Vorwand des Bads nach Lothringen und weiter mit 10000 Mann und mehr zu kommen beabsichtigte, „sei hingegen ein practick auf der hand haimlich aus verordnung der kais. Mt. bei etlichen chur-, fursten und stetten gewesen, das er bald wär ausgeriben worden"; er habe es gemerkt und von seinem Vorhaben abgelassen. Man fürchte einen Einfall des Polen in Deutschland, aus Anstiftung des Türken.

Ma. 231/11 f. 118. Eigh.

1) Diese von dem bairischen Agenten mitgeteilte Zeitung, die wie wir noch sehen werden selbst bei protestantischen Fürsten' Glauben fand, war keineswegs völlig aus der Luft gegriffen; J. C. hat wirklich, wie er in seinem sog. Tagebuch bemerkt, wiederholt mit Spanien Unterhandlungen geführt. Von dem Anerbieten Spaniens, worauf L a H u g. I, 444 die Königin von England kurz nach dem Tod Kf. Friedrichs Bezug nehmen lässt („ayant refusé [J. C.] une si belle pension d'Espaigne"), fand ich sonst keine Spur. Dagegen erfahren wir durch J. C. und ein Schr. des Gr. Johann von Nassau an Oranien vom April 1581, dass auf dem Kölner Congress 1579 darüber beraten wurde, wie man J. C. in spanischen Dienst bringen könnte (P r i n s t e r e r I. 7, 540). Im J. 1580 finden wir Beutterich in vertraulichem Verkehr mit dem Gouverneur von Burgund (vgl. no. 199; 200; P r i n s t e r e r I, 7, 302). Weiteres unten beim J. 1581. Dohna bespricht diesen Punkt wiederholt in seiner Selbstbiographie: „Dis mus ich aber melden, das graff Johan von Nassau der elter eine lange zeit in dem schentlichen wahn gewesen, als weren I. F. Gn. und alle derselben diener, sonderlich aber ich und Beutterich, durch spanische largitiones corrumpiret, quo mendacio nullum potest esse maius." Und später, wo er von den Bemühungen der Guisen spricht, J. C. durch Beutterich, „qui erat moderator et director omnium consiliorum arcanorum", dafür zu gewinnen, dass er sich nicht gegen die Ligue gebrauchen lasse: „I. F. Gn. hatten ratione religionis et pro amore erga rempublicam nichts weniger im willen als sich in eine solche bludtligue umb eines schnoden geldes willen (dan der könig von Hispanien lies I. F. Gn. durch den gubernator von Burgunt in höchster geheimb anbieten jerlich 60000 ducaten, dafür I. F. Gn. zu nichts sollen obligirt sein als still zu sitzen und weder vor noch wieder die ligue sich lassen gebrauchen) zu begeben, gott, die religion, die freiheit des vatterlandes und sich selber zu verrahten. Aber d i e w e i l I. F. G n. s o n s t e n n i c h t v i e l m i t t e l h a t t e n s i c h z u m a i n t e n i r e n, s o m u s t e n s i e d e r g l e i c h e n t r a c t a t e n s i c h a u c h z u n u t z m a c h e n, sich wider meninglich verfolgung umb soviel mehr zu versichern. S i m u l i r t e n d e r o w e g e n u n d h i e l t e n d i e i n t e r n u n c i o s f a s t 3 g a n z e r j a h r u f, d a s s i e n i c h t w u s t e n, w o r a n s i e w a h r e n."

11. Juni
Prag

234. Hegenmüller an Wilhelm von Baiern

Man weiss bei Hof nicht anders, als dass die Zusammenkunft des Kaisers und der Kurff. auf Bartholomäi zu Nürnberg stattfindet; der Kaiser soll beabsichtigen, etliche benachbarte Fürsten, worunter M. Georg Friedrich, der Pf. zu Neuburg und vielleicht auch Würzburg, zu beschreiben. „Man verhofft vil guets auszurichten".[1])

Ma. 230/2 f. 191. Eigh.

1) Diese Nürnberger Zusammenkunft (vgl. no. 229), ursprünglich durch die niederländische Frage veranlasst, verursachte bei den Reformirten grosse Aufregung durch das Gerücht, Kf. August wolle daselbst die zwangsweise Einführung der Concordienformel bei sämmtlichen evangelischen R.-Ständen durchsetzen (Heppe IV, 364 ff.). Eine Voraussetzung, die bei den an die Publication der Concordie sich knüpfenden Meinungsverschiedenheiten ihrer eignen Anhänger (vgl. ebd. p. 221 ff.) und namentlich bei der entschieden ablehnenden Haltung Dänemarks (vgl. no. 215 A 1) keine Wahrscheinlichkeit hat. — Höchst abenteuerliche Gerüchte vom Nürnberger Tag in dem Schr. Oraniens bei Prinsterer I. 7, 461; schon am 22. Jan. 1580 schrieb Zündelin an Camerarius aus Venedig: „comitia Germanorum Romana aula promittit, quibus Caesar omnia ex pontificis et Hispanorum sententia si non perficiat, tentet certe" (Bm. Coll. Cam. XXI. 159). 11. Juni

235. Gebhard von Köln an Daniel von Mainz. 16. Juni Linne

Meldet, dass eine Anzahl wohlgerüsteter und bemannter Schiffe, von Holland und Seeland kommend, sich zwischen Neuss und Köln, auch weiter hinauf gelegt haben; der eine Capitän zeigte zu Kaiserswerth eine Bestallung Oraniens, in welcher neben andern Potentaten allen Reichsständen Sicherheit versprochen war, und leistete eidliche Caution. Störung des Handels und sonstige Gefahr, welche diese Kriegsschiefe verursachen.[1])

Wm. Milit. 4. Or.

1) Diese fünf Schiffe („Ausleger"), die von Köln aus rheinaufwärts streiften und nach den von Graf Johann von Nassau und den unirten Provinzen ausgefertigten Bestallungen den Rhein sperren sollten, verursachten einen von den vier rheinischen Kff. beschickten Tag zu Coblenz (24. Juli bis 5. Aug.). Da die Capitäne in Köln den Gesandten der Kff. erklärten, dass „one kraut und lot si nicht zu weichen gedechten", die Capitäne bei Ruprechtsegg sogar das Schr. nicht annahmen und drohten weitere Briefe „an unehrliche örter zu wüschen und wider zuezuschicken," schritt man zur Exekution; am 25. Aug. fuhren die Kriegsräte und Soldaten von Coblenz ab, aber schon am 26. zu Bonn traf eine Mitteilung Jülichs ein, die Schiffe seien auf sein Ermahnen vermöge kais. Befehls zurückgegangen. Die Stadt Köln hatte sich neutral erklärt und dem einen Capitän sogar ein Zeugniss seines Wohlverhaltens ausgestellt. Kf. Gebhard erhielt Nachricht, dass die Niederländer die Aufnahme einiger von den Gaffeln gewählter Protestanten in den kölner Rat (vgl. Ennen V, 329) und die Einführung des Calvinismus erzwingen sollten. Johann von Nassau, von Kf. Ludwig persönlich zur Rede gesetzt, entschuldigte sich und liess die Schiffe durch einen Diener zum Abzug auffordern. Vgl. Corresp. und Protokolle hierüber Wm. a. a. O. Der kurpfälz. Vorschlag, eine Landsrettung für die Lande zwischen Rhein und Mosel einzurichten, erregte bei Mainz die Besorgniss, Kurpfalz wolle J. C., Reichard, Georg Hans u. a. in den kurf. Kreis bringen (Memorial für einen Abgesandten an Trier, 1. Juli, ebd. no. 3).

236. König Philipp II an Don Juan de Vargas Mexia. 17. Juni Badajoz

„*Lo de la leva de la gente del Casimiro sera bien que procureys entender en lo que para, y lo que havrá tratado con el el coronel*

17. Juni *que dezis que de ay se le embió, y lo aviseys con todo de mas que se offresciere tocante asto.*" . . . . .

Pa. K. 1447. Cop. (aufgel. Chiffre).

237. Schomberg an König Heinrich III.

18. Juni Dresden (Verzögerung, Bedingungen und Vorteile des sächsischen Bündnisses; Geschenk für den Kurfürsten und dessen Gemahlin.)

Der Kf. hat seine Entscheidung verschoben,[1]) aus Gründen, die nur mündlich mitteilbar, aber durchaus überzeugend sind. Die sächsischen Räte haben bei der Durchsicht der vor der Barth.-Nacht in dieser Sache gewechselten Schriften Briefe des Landgrafen und des Pfalzgrafen gefunden, die dem Kf. damals jedes auswärtige Bündniss durchaus widerrieten, so dass der Kf. besorgt auch jetzt von den anderen Ständen allein gelassen zu werden. Er hat freilich damals jene beiden Fürsten umgestimmt und ihre Erklärungen dem Kf. in Copie mitgeteilt, aber diese finden sich nicht und müssen durch den hugenottisch gesinnten Cracau auf die Seite gebracht worden sein, wie auch die neulich von ihm erwähnte Antwort des Kf. an den K. Bittet diese Schriftstücke aufsuchen und ihm sofort zukommen zu lassen; „il fault nécessairement, si mons[r] Brulart ne les a, qu'ilz soient ès mains de mess[rs] le mareschal de Retz ou de Limoges ou parmy les papiers de feu mons[r] de Morvillier." Im Fall eines Bündnisses will der Kf. dem K. 200000 Taler zusagen, „au cas que V. M[té] vienne à estre assally de quelqung," wogegen der K. das Doppelte versprechen soll; beide Summen sollen zu Handen eines Dritten erlegt werden, eine Bedingung, die sich hoffentlich beseitigen lässt. Ferner wünscht der Kf. die gegenseitige Zusage, kein anderes Bündniss zu schliessen, ohne den Mitcontrahenten anszunehmen; „et à ceste occasion il veult contracter le premier, affin que le traicté d'entre vous deux vous oblige à ce que desus." Doch sind ja die übrigen deutschen Contrahenten „une mesme chose et ung mesme corps avecques luy et le contrepoix et opposite de la ligue de Landsberg, laquelle est à la dévotion du roy d'Espaigne." Ferner will der Kf. das Reich, den Kaiser, die Kff. und Fürsten, mit denen er schon verbündet ist, vorbehalten, was ganz unerheblich ist. Die andern Forderungen wird der K. durch Praillon erfahren haben...... Rät zur Sendung eines kostbaren Diamantrings für den Kf., „lequel je ne luy présenteroy pas qu'alors qu'il auroit signé la ligue", und einer Kette mit Edelsteinen für die Kurfürstin, „qui peult tout en son endroit et ne peult oblier l'injure qu'elle tinst luy avoir esté faicte à cause de sa fille." Ein Bündniss mit dem Kf. sichert bei dessen Autorität dem K. das übrige Deutschland; das Haus Oesterreich und Savoien haben wohl empfunden, „de quelle affection il embrasse les affaires de ceulx qu'il fait profession d'aymer. . . . L'électeur de Saxe approuve fort la résolution que le duc Jehan Casimir a prinse de vous aller trouver, si veniez sur les frontières;" Spanien und die Hugenotten werden freilich dagegen arbeiten.

Pb. V° Colbert 400, Conc.

1) Die kurf. Antwort auf Sch. Werbung, Dresden 18. Juni, betont bei allen Freundschaftsversicherungen die Unruhe im Reich über das Gerücht von der Badereise, stellt den „andern Potentaten" betreffend Alles Gott anheim und lehnt das Bündniss unter Hinweis auf die Verpflichtung gegen Kaiser und Reich entschieden ab. Pb. a. a. O. Cop. (deutsch mit frzös. Uebersetzung.). 18. Juni

21. Juni Birkenfeld

238. Beutterich an Malleroy.

(Ist mit J. C. im Bad. Stand der Verhandlungen mit Guise und andern. Pf. Georg Hans; dessen angeblicher Anschlag gegen J. C.)

„Mon maistre et moy avons esté saisy d'une mesme maladie en mesme temps, de laquelle dieu nous a délivré. Nous sommes présentement icy, trouvant [!] des eaues aigres, et nous donnons du bon temps. Vous nous trouverés, où avez accoustumé de venir, sur le commancement du mois de juillet. Je vous avois mandé que me donniez assignation aillieurs à cause des aultres Welsches, lesquelz se sont présentement retiré à Franckenthal. Je ne doubte aucunément que celuy qu'avez si longuement attendu,[1]) n'ait de grandes traverses, qui l'empeschent de fère tout ce qu'il vouldroit, pour faire demonstration plus ouverte de son intérieure. Nous n'avons pas hasté aussi estant dieu-mercy bien à nostre ayse. Nous avons accordé avec celuy qui est passé secrètement, comme avez entendu par monsieur de Buy; mais les choses sont encores mal prestes à mon jugement. Je vous prie de retirer toutes les lettres que pourrez de celuy qu'estoit tant eschauffé à fère le voyage en court; lequel nous avons mandé pour nous venir trouver à Lautern; il ne fauldra pas s'y trouver.[2]) J'ay compassion de ses follies; dieu le face sage. Asseuré-vous gens de bonne volonté, laquelle ne chongera aysément, s'il ne nous en donnent très-grandes occasions. Ce que je crois pas, combien que l'on me mande de rechef cela estre vray, que je vous ay monstré en ung advis de Paris, qu'il livreroit mon maistre vif ou mort. Bon nous avertit aussi journellement des propos que La Route[3]) tient de nous venir trouver dedans Lautern. Je vous prie de vous informer de ce qui en est. Cela ne sert en rien et vauldroit mieux ne tenir ses propos. Vous entendrés le surplus à vostre venue. Je me recommande à celuy qui a esté en mon [Lücke] et à celuy qui m'a faict manger des bons brochetz. Adieu.

De Birckenfeld, ce 21e juing l'an 1580.

La Chouette."

Pb. f. franç. 3902 f. 215. Cop.

21. Juni

1) Vignory.

2) Pf. Georg Hans, vgl. no. 231; 242. „Celuy qui est passé secrètement" könnte Condé sein.

3) Vgl. no. 223 A. 1.

28. Juni Lützelstein

239. Pfalzgraf Georg Hans an die Geheimen von Strassburg

Teilt ein Schr. von J. C. nebst Antwort sowie den Auszug eines Schr. an den Kaiser mit, „daraus ihr verhoffentlich abnehmen werdet, wie treuherzig und gut wir es gemeinen. Dieweil wir dan mehr als uberflüssig berichtet worden, das wir uns und ihr sonderlich euch wol vorzusehen, dan auch wo wir selber wolten, uns mittel an die hand zu geben, innerhalb vierzehn tagen von etlichen gepotten: nun seind 24 stunden in tag und nacht und deren viel in einem jahr, und ist die verreterei so gross, das furwar ir wol aufzusehen habt." Hätte gern weitläufiger als der Feder zu vertrauen mit ihnen geredet, kann aber zur Zeit nicht abkommen. „Das französische fursten in euerer statt gewesen sein, euch nit zu gutem, das ist gnugsamb am tag. Ob es clar in euerer statt sei, das weis unser herr gott. Es ist von nöten, das man sitsam, verstendig und doch sorgfeltig handel, und ist die rede Christi wol in acht zu nehmen, da er mit seinen jungern redet." Bittet sie, dies im Vertrauen zu behalten.

Str. Or.

29. Juni

240. Mémoire Condé's für Königin Elisabeth.

Walsingham wird der K. die gewünschten Aufklärungen gegeben haben; nötigenfalls wird C. dieselben ergänzen. Eine englische Gesandtschaft an den König hält C. für nachteilig. Bittet die K. „d'envoier promtement la somme dont il luy plaira assister les affaires en Allemagne, laquelle y soit comme en dépost jusques au bout d'un mois, que Sa M^{té} sera esclaircie de l'intention du roy;" dann kann sie das Geld, je nach dem sie berichtet sein wird, gegen oder für C's. Partei verwenden. Doch soll sie, wie sie C. zur Einstellung seiner deutschen Werbungen veranlasst hat, auch den König zur Einstellung der Belagerung von La Fère veranlassen. Dabei wird dann die wahre Absicht zu Tage treten.

Pb. Moreau 740 (Bréqu. 96) f 136. Cop.

1) Condé ging von Frankenthal nach Oppenheim, von da zu Schiff nach Köln (Dohna); über den weitern Verlauf seiner Reise nach England vgl. den Bericht seines Begleiters La Hug. II, 60 ff., über seine vergeblichen Versuche bei Elisabeth eine Geldunterstützung zu erhalten Strype, Annals II. 2, 319 ff; 668 ff; Lodge II, 230 (wonach auch der Plan einer Eroberung von Calais für England wieder auftauchte). La Hug. Behauptung, die Königin habe Casimir zu weiteren Rüstungen ermutigt, wird durch die Versicherungen Dohna's (Condé „hat aber daselbst auch nichts erhalten") und Beutterichs („is [Condé] in Anglia nil

effecit", Hotom. epp. 130) widerlegt; Condé selbst schrieb am 3. Aug. aus Frankenthal an Hotman, die Königin habe ihm versprochen „se pacis conciliandae rationem inituram" (ebd. 131). Auf der Rückreise hatte Condé in Gent Gelegenheit seine Bravour gegen die Spanier zu zeigen (d'Aubigné II, 383; La Hug. II, 63). 29. Juni

241. Der Kaiser an Bürgermeister und Rat zu Nürnberg.

4. Juli
Prag

Bestellt Losament, Proviant u. s. w. für sich und die Kurfürsten, welche am 28. August in Nürnberg zusammenkommen wollen.[1])

Nürnb. B. No. 114. Or.

1) Die Quartierbestellung Kf. Ludwigs, Heidelb. 5. Juli, ebd. Or. Am 17. Juli kam der R.-Erbmarschall Pappenheim nach Nürnberg, mit dem alsbald Misshelligkeiten entstanden; an etlichen Häusern wurden Nachts die kursächs. Wappen abgerissen, wofür P. den Rat verantwortlich machte und bedrohte (u. a. „das unsere privilegia weniger dann ein kachlofen nutz weren", Schr. des Rats an den Kaiser, 14. Sept.). Die Kff. hatten ausser Köln und Pfalz ihr Erscheinen zugesagt; ausser ihnen war nur Erzh. Ferdinand entboten worden (Vieheuser an Baiern, Prag 29. Juli, Ma. 230/4), obwohl am 19. Aug. auch Pf. Philipp Ludwig Quartier bestellte. Am 16. Aug. teilte der Kaiser dem Rat die Verschiebung des Tags auf etwa vierthalb Wochen mit. Am 27. Aug. schreibt Hegenmüller aus Prag an Baiern, aus der Nürnberger Reise werde wohl gar nichts werden (Ma. 230/2).

242. Katharina von Medici an Schomberg.

6. Juli
St. Maur-des-Fossez

Sie sind mit Sch. Erfolg bei Kf. August sehr zufrieden.[1]) Der K. wünscht durchaus das Friedensedikt zu erhalten und hat nur gezwungen den Weg der Gewalt betreten. Quincey, der im Namen Anjou's hier war, erklärte die Behauptung des „prince de la Petite Pierre", er sei von Anjou beauftragt Truppen zu werben, für ganz erfunden. Sie selbst hat den Prinzen [Georg Hans] von seiner Absicht, sie vor 14 Tagen oder einem Monat zu besuchen, abgebracht,[2]) da sie hier seine Forderungen doch nicht hätten befriedigen können. Anjou will sich in Allem nach dem Willen des K. richten.

Pb. Vc Colbert 400. Or.

1) Der K. erklärt unter gl. Datum Sch. seine Zufriedenheit darüber, dass der Kf. seinen alten Groll wegen jener Aeusserungen des Rheingrafen [vgl. p. 22; 42 A. 1; 75 A. 3] aufgegeben und erklärt habe „vouloir le tout oublier et se conjoindre avec moy d'une vraye amityé et bonne intelligence". (ebd. Or.) Dem Schreiben beiliegend das Memoire auf die von Sch. angeregten Punkte und ein aus der früheren engl. Allianz gezogenes Formular des abzuschliessenden Vertrags. Ein Schr. des K. an den Kf. vom 6. Juli beglaubigt Sch. für ein 2. Anbringen und teilt mit, es sei für schnelle Justiz „aux associez de Turinge contre Conrart Rode" gesorgt (Dr. 8088. Or.). Ueber den Augsburger Spekulanten Konrad Roth und die „thüring. Handelsgesellschaft" des Kf., die Leipzig zum Mittelpunkt des portugiesischen Pfefferhandels nach dem Nordosten

6. Juli machen sollte, vgl. Falke, Gesch. des Kf. August p. 307 ff; Archiv f. sächs. Gesch. V, 390 ff. Im J. 1580 erschien sogar ein „Gespräch, so Pasquinus mitt dem Marphorio . . . . gehapt, vber die handlung vom herrn Conradt Rotten", in deutscher Uebersetzung.

2) Vgl. no. 238 A. 2.

8. Juli St. Maur des Fossez

243. König Heinrich III an Schomberg.

Auf dessen Schr. vom 18. Juni. Will Sachsen nicht weiter drängen und fürchtet, dass jenes Schr. des Landgr. und des Pf. den Kf. sehr abkühlen wird. Die von Sch. begehrten Antworten der Fürsten von damals [1572] haben sich nicht gefunden. Es genügt, Sachsen eventuell „la minute que je vous envoie" vorzulegen. Er hat freilich den Artikel wegen der Hülfe „en la minutte du traicté" auf französisches Fussvolk lautend gesetzt; überdies ist die von A. vorgeschlagene Geldhülfe für ihn unerschwinglich und der Nutzen des Bündnisses sehr fraglich, wenn der Kaiser, das Reich und alle deutschen Verbündeten Sachsens ausgenommen werden. . . .

Pb. Vc Colbert 400. Or.

19. Juli Prag

244. Der venezianische Gesandte Alberto Badoer an den Dogen.

. . . . Mitteilungen über eine geheime Beratung in der Kammer der Kaiserin „alla presentia di S. M." mit Dietrichstein, Rumpf und Trivulzio, die wegen der Abneigung der Portugiesen gegen die Herrschaft der Castilianer vorschlugen, der Kaiser solle seine Successionsansprüche geltend machen und seinem Bruder Ernst, der die Tochter Braganza's heiraten könnte, die portugiesische Krone verschaffen. Die Kaiserin bekämpfte diesen Vorschlag lebhaft und trägt selbst Bedenken denselben in ihrem Namen an Spanien gelangen zu lassen.

Ven. Cop.

22. Juli auf dem Meissner

245. Landgraf Wilhelm an König Heinrich III.

Auf dessen Schr. vom 22. Juni. Bedauert die Einstellung der kgl. Reise und die neuen Unruhen in Frankreich und rühmt den Entschluss des K. nochmals die Güte durch seinen Bruder zu versuchen und sein Edikt zu halten; „en quoy V. M. se monstre ung vray père de sa patrie"; Gots wird seinen Segen geben.

Ma. 545/1. Cop.

4. August Dresden

246. Kurfürst August an Kurfürst Johann Georg.

Schickt die mainzische Antwort auf sein Schr. „Weil es dan mit Collen noch weitleufick und du aus J. K. Mt. schreiben, darvon ich dir hiebevor vertreulichen zugeschrieben *) vormerkt, das J. K. Mt. ausserhalb aller churfursten perschonliche beiwonunk zu Nuerenberk zu erscheinen nicht bedacht, so werde ich vor mich ausserhalb deiner erklerunk auch etwas ihre gemacht. Wie mich die dinge auch ansehen, so weiss ich nicht, weil nicht iderman darzu geneiget, wie den dingen fucklich zu tun. Was du nun bei dir im ratt gutt findest, wollest mich darnach ferner zu richten unvorzuglich wissen lassen.[1]) Den so du nicht kommest, ist mir auch bedenklich dohin zu reisen und mit retten zu handeln." 4. August

Dr. 7389. Eigh. Conc.

1) Genau im nämlichen Sinn schrieb fast gleichzeitig Johann Georg an August (Köln an der Spree, 5. Aug.). Ebd. Eigh.

247. Der Kaiser an Kurfürst August.

17. Aug. Prag

a) Französische Praktiken in den Niederlanden; sind wie er hört immer noch zu hintertreiben, wenn er sich der Lande für sich und von des Reichs wegen annimmt; doch müsste man bald dazutun. Ein Friede zwischen Spanien und den Niederlanden soll unmöglich sein. Bittet um Geheimhaltung und Gutachten.

b) Schickt ein Schr. der Staaten und seine Antwort; hört daneben, die Annahme Alencons sei bereits beschlossen und bevorstehend. Gefahr auf Verzug. Bittet um Gutachten.

Dr. 9310. Orr.

248. Daniel von Mainz an Johann Casimir.

17. August Aschaffenburg

Auf dessen Schr. vom 14. Aug. in Sachen der niederländischen Schiffe [Or. Wm. gedr. bei Prinsterer I. 7, 381 ff.]. Trotz der Entschuldigung des Gr. Johann, die Schiffe seien weder von ihm allein noch gegen das Reich abgeschickt, er habe von der kurf. Verein nichts gewusst u. s. w. konnte er nichts Weiteres erklären, da die Sache jetzt bei Pfalz steht und kais. Befehle vorliegen. J. C. möge mit seinem Bruder die Sache beilegen, da der Gr. sich mit Pfalz befreunden soll.

Wm. Mil. 4. Conc.

249. Werbung Schombergs bei Kursachsen.**)

25. August Dresden

(Neue Vorschläge für eine Defensionsvereinigung. Stellung Frankreichs zum Papst und zu Spanien. Die ehrgeizigen Pläne der Kaiserin.)

Der K. schlägt auf die Einwendungen des Kf. gegen ein Bündniss die Bezeichnung Defensionsvereinigung vor, die dem Kf. nur

*) Von anderer Hand corrigirt; ursprünglich: „so ich dich zu Neslingen vortreulich lessen lassen."

**) „Verzeichnuss, was der von Schönberg von wegen der K. W. in

25. August von heimlichen Feinden übel ausgelegt werden kann. Der K. erbietet sich, dem Kf. gegen einen Angriff 6000 französische Soldaten auf 3 Monate (oder länger, dann aber auf Kosten des Kf.) zu stellen, wogegen der Kf. dem K. unter gleichen Bedingungen 1500 deutsche Schützenpferde stellen soll. Der K. ist auch zu andern Vereinbarungen bereit, falls diese dem Kf. bedenklich. Der K. ist zu dieser Verbindung mit den deutschen Protestanten um so mehr veranlasst als er dem Papst, Spanien u. a. katholischen Potentaten den Beitritt zum heil. Bund und die Einführung der Inquisition abgeschlagen hat. Spanien hat seine Feindseligkeit gegen Frankreich durch Unterstützung Bellegarde's und in der portugiesischen Sache gezeigt und neben andern Praktiken „durch mittel hoher personen etlichen befelchshabern teutscher nation, so in den letzten französischen zögen sich haben gebrauchen lassen und denen noch etliche ire besoldungen aussen stehet, ahnbieten lassen, inen beisteuer mit gelde zu tun, damit sie auf die beine kommen und iren ausstendigen rest in Frankreich mit gewerter hand fordern könten." Der Papst unterstützt in der portugiesischen Sache Spanien mit den geistlichen Waffen; sein Legat hat von den aufrührerischen Bauern im Delphinat Geleit erhalten. Der Papst wollte neulich den Vorsitz von Frankreich auf Spanien übertragen, dem er wenigstens eine besondere Session verschaffte, und wies den Cardinal von Este, den protector Gallicae nationis, ohne jeden Grund aus der Stadt. Dies Alles kann nur aus den obgenannten Gründen herkommen. Die deutschen Fürsten haben aber keinen Grund, Spanien zu helfen und Frankreich wie bisher vom Reich aus schädigen zu lassen. Nach dem Tod des K. von Spanien wird die Kaiserin, die schon bisher dem Vorteil des Papstes die Wohlfahrt ihrer eignen Kinder geopfert hat, Regentin in Spanien werden und im ruhigen Besitz der Niederlande und Portugals diese ganze Macht zur Stärkung der kais. Autorität einsetzen, wie sie dem Kaiser ihrem Sohn zweifellos bereits versprochen hat. Desshalb bemüht sich auch der Papst in Sachen des türkischen Friedens, der Niederlande und Portugals so sehr für den K. von Spanien, der „auf der letzten gruben gehet", weniger „aus neid I. Mt. als zu sterkung obgemelter faction"; gegenüber den Lockungen derselben versichert der K. den Kf., „das sie [J. Mt.] kein wind, blitz, donner oder hagel, so scharf oder hart ehr sein möge, von J. Ch. Gn. und den andern protestirenden chur- und fürsten und andern stenden des reichs abwenden sollen, es gehe I. Mt. auch drüber, wie der liebe gott wölle", wofern der K. vom Kf. und den andern des Gleichen versichert wird. Der K. bittet daher um freundliche, endliche und spezifizirte Resolution des Kf.

Mb. 90/12 f. 227 ff. Cop.

Frankreich bei Sachsen angebracht, davor er den marschalk copei sehen lassen, davon disses abcopirt."

250. Johann Casimir an die Geheimen von Strassburg. 25. Aug. Kaiserslautern

Hat den Pf. Georg Hans zu sich erfordert und ihm ihre Beschwerdepunkte in Gegenwart ihrer beiderseitigen Räte vorhalten lassen. Obwohl der Pf. anfangs mit Gegenbeschwerden antwortete, „so ist doch zuletst auf unser vielfaltiges erinnern, sonderlich aber ezlicher sachen, davon S. L. nit vermeint, das wir derselben wissens tragen solten, und das wir auch I. L. in freundlichem vertrauen eröffnet, was etwa hiebevor der verstorbnen kais. Mt. S. L. person und von dero bisweiln fürgenomnen ungereumpten handlungen und ausgegosnen reden halben for bedenken suggeriert und gegeben worden, uber das alles auch zu gemüet gefüeret, wellicher gestalt die Franzosen I. L. ein zeit hero ir selbs und gemeinem vatterland zu nachteil zu betriegen und zu missbrauchen understanden, die sach dahin gelangt, das S. L. uns dieselbe heimgestellet und zufriden ist, das auf alles dasjenige, was sich zwischen S. L., euch und gemeiner statt Strasburg bisher ungüetlichs fürgelaufen, ein stein gelegt, dessen nimmermehr gedacht und fürbas zu baiden teiln bestendige gute nachbarschaft gehalten." . . . .

Str. Or.

251. Johann Casimir an Landgraf Wilhelm. 25. August Kaiserslautern

Die Hochzeit von J. C's. Schwester Kunigund Jacobe[1]) mit Graf Johann von Nassau soll am 13. September zu Dillenburg stattfinden; er kommt mit seiner Gemahlin dorthin und würde gern W. dort treffen, um wegen der Niederlande und anderer Sachen zu reden.

Ma. 545/1. Conc.

1) Friedrichs des Frommen jüngste Tochter, geb. 9. Okt. 1556, blieb am Heidelberger Hof bis ins J. 1579, wo sie, als ihr der Kf. verbot weiterhin nach ref. Ritus zu communiziren, sich zu J. C. begab (Heppe IV, 252; vgl. no. 207 A. 3; über die Verhandlungen wegen ihrer Vermählung mit Johann von Nassau Prinsterer I. 7).

252. Rudolf Walther an Ulmer. 26. August Zürich

. . . „De comitiis Norinbergensibus plane tecum sentio, mi frater. Est res maximi momenti. Si enim ita insaniat Saxo cum suis sociis, ut Pandoram publico imperii decreto omnibus obtrudi velit, qui confessionem Augustanam profitentur, diu optatam et quaesitam occasionem habebunt Austriaci, qua Protestantes ordines (ut vocant) vel potius Germanos omnes inter se committant. Quod si fiat, incendium exorietur, quod vix aliter quam ruina extingui poterit.[1]) Non desunt, qui hoc intelligant; sed trium electorum oculos ita fascinavit Elymas Tubingensis, ut suorum idolorum, quae tuentur similes nihil videant, nihil audiant, nihil odorentur." . . . .

26. August Rex Navarreuus et Condaeus doctorem Hotomanum ad comitia destinarunt, ut ecclesiarum Gallicarum causam illic agat, si opus sit. Hic onus illud libenter a se reiiceret, et nuper meum consilium requisivit. Ego, ne hanc operamillis et patriae neget, suasi; posse enim eum apud landgravium Guilhelmum, qui eius Maecaenas et patronus est, vel huius legatos latere, donec legationes aliae veniant, quibus sese coniungat.[2]) Et puto non defuturam officio suo serenissimam Angliae reginam, quae nuper Daniae regem monuit, ut synodum generalem cogi curet, cuius examini Jacobandreanus liber subiiciatur.[3]) Scripsi autem Cantuariensi et Eboracensi archiepiscopis, ut causam hanc pro virili iuvent, de quorum fide non dubito, quae mihi a multis annis perspecta est." . . . . . .

Bm. Cod. lat. 11470b f. 165. Cop.

1) Charakteristisch ist die Aeusserung des Augsb. Advokaten Dr. Seuter in seinem Schr. an den Neuburger Rat Agricola (Jan./Febr. 1580), der Rat zu Donauwörth glaube nicht anders „als das under dem sigillieren und subscribieren ein verbindnus, pluetvergiessen und subjection, auch andere mehr polytica gesucht werden" (Mc. Abt. III. facs. 132 no. 46).

2) Vgl. Beutterich (irrig: Beutterus) an Hotman, Igelheim 28. Juli; Hotman an Walther, Basel 7. Aug; W's Antwort, Zürich 12. Aug. (Hotom. epp. p. 130 ff.)

3) Vgl. no. 219 A. 1. J. C. hatte die prot. Schweizer aufgefordert, durch eine Gesandtschaft auf dem Nürnb. Tag gegen den Vollzug der Concordie Verwahrung einzulegen (J. C. an Zürich, Igelheim 23. Juli, Za. Or.). Die vier evangel. Orte beschlossen auf einer Versammlung zu Aarau (29. Aug.) den Prof. Stucki als eventuellen Vertreter für sich und die drei Bünde an J. C. abzuordnen (Sammlung der eidg. Absch. IV. 2_a, 722).

253. Kurfürst August an den Kaiser.

27. August Dresden

Auf dessen zwei Schr. vom 17. Bleibt bei seiner Aeusserung vom 13. April. Der Kaiser kann hier ohne das Reich nicht vorgehen, ausser wenn Spanien einwilligt, dass der Kaiser vorläufig die Niederlande als Reichslehen an sich nimmt, um sie der drohenden Gefahr zu entziehen. Hat dieser Tage mit Brandenburg ein Gesammtschr. an den Kaiser gerichtet, worin ihr Wunsch nach einem Reichstag motivirt ist, da ein Kurf.-Tag nach ihrer Ansicht nicht genügt.

Dr. 9310. Conc.

254. Alberto Badoer an den Dogen.

6. Sept. Prag

Der Kaiser hat Mainz, der bereits nach Nürnberg unterwegs war, durch einen Curier von der Entschuldigung Kölns und Triers, der Abneigung des Pfalzgrafen und dem Rat Sachsens und Brandenburgs den Tag zu verschieben unterrichtet. Mainz schrieb dem

Kaiser, letzteres wäre allerdings das Beste, wenn S. und Br. mehr Wert auf die Jagd legten als auf andere Geschäfte. Der Kaiser hat noch einmal an S. und Br. geschrieben, doch meinte ein sehr vornehmer Herr, „che non vorranno perdere, massimamente il marchese di Brandemburgh, questa brama di cervi.“ . . . . . . Cardinal Delfino, B. von Brescia, Nuntius S. Heil. für den Nürnberger Tag, ist in Augsburg angelangt. Der Kaiser liess demselben durch den Vicekanzler sagen, „che la sua venuta haveria fatto nascere maggior sospetto in quei di Fiandra et impedita qualche buona trattatione; che se S. S^{tà} havesse communicata questa sua opinione a S. M^{tà}, li haveria la M^{tà} S. fatto conoscere che ciò non haverebbe potuto apportare se non grandissimo danno al desiderio loro comune come havea fatto in Colonia mons^{r} di Rossano.“ Der Cardinal wird am Hof und besonders vom Kaiser immer sehr gern gesehen sein, da er von seiner früheren Nuntiatur her beliebt ist, aber falls der Tag wirklich stattfindet, seine Reise umsonst gemacht haben („restar . . . condennato nella fatica del viaggio et nella spesa“). [1] 6. Sept.

Ven. Cop.

1) Vgl. Maffei II. 128/9. Auch Parma wollte einen Gesandten Spaniens (Salentin von Isenburg) nach Nürnberg abfertigen (Marg. von Aremberg an Baiern, 28. Okt. Ma. 307/11 f. 143).

255. Kurfürst August an König Heinrich III. 15. Sept. Liebenwerda

Auf dessen Schr. vom 30. Juli und Schombergs fernere Werbung.[1]) Kann aus wichtigen Ursachen sich nicht anders erklären, als Sch. berichten wird; hat kein Gefallen an aufrührerischen Untertanen und jede derartige Bestallung untersagt. Erbietet sich zu aller Freundschaft nach Ehre und Gewissen.

Dr. 8088. Conc.

1) Vgl. no. 249. Die kf. Räte halten mit Sch eine Unterredung entsprechend ihrem (durchaus ablehnenden) Gutachten vom 7. Sept. über die von ihm eingereichte Schrift; nach ihrem Bericht an den Kf., Dresden 15. Sept., stellten sie auf Sch. Drängen ein freundliches Schr. des Kf. an den K. in Aussicht, um den Verdacht des letzteren zu beruhigen, „weil wir dann in der ganzen handlung dohin gesehen, wie E. Ch. Gn. beide bei Spanien und Frankreich freundlichen willen erhalten und keinen dem andern merklich vorziehen mochte“ (Dr. a. a. O.). August hatte aber schon am 1. Febr. 1580 dem span. Gesandten am Kaiserhof Borja zu den Erfolgen seines Königs in Portugal gratulirt (Peiferi epp. p. 246 ff.) und auch das Gutachten der Räte erklärt, im Notfall sei die Wahl zwischen Spanien und Frankreich sehr leicht; ersterer sei R.-Fürst deutschen Geblüts und die Erfahrung gebe, „was Hispanien geredet und zugesagt, das solchs me, dann etwa ein zeit hero in Frankreich geschehen, gehalten ist worden;“ Frankreichs Spannung mit dem Papst komme nur von der Rivalität mit Spanien und „kan sich der wind zu Rom bald wenden.“

19. Sept. Genf

256. Verhandlung des Genfer Rats über ein Anerbieten Clervant's.

(Clervant, Unterhändler zwischen Navarra und Savoien, will Genf mit letzterem vergleichen.)

„Estant proposé entre les commis pour les affaires secretz, que mons^r de Clervant est en train pour aller vers le roy de Navarre et présentement passer par le Piedmont; et d'autant que cy-devant le feu duc Emanuel l'a voulu avoir à ses gaiges luy offrant deux mil escus d'estat pour luy servir de ritmeistre et qu'il se pourra faire qu'il ira faire la révérence au duc de présent, offre, s'il est ainsy trouvé bon, de faire entendre à S. Alt. que pour bien asseurer ses estats, lesquelz il n'y a doute qu'ilz ne soyent enviés de plusieurs, et aussy pour se rendre amy et affectionné le duc Casimir (duquel son feu père a recherché l'amitié), ensemble aussy les églises, le vray moyen seroit d'estre d'accord avec ceste ville et quicter ses prétensions sur icelle; ce qu'estant il ne doute point que ceste ville ne luy fut affectionnée, comme il a peu appercevoir. Et en après estant vers le roy de Navarre fera qu'il retournera avec charge du dit s^r roy pour parler de ce fait avec S. Alt.[1]) A esté arresté qu'on le prie de faire cest office à ceste ville', toutefois en telle façon qu'on n'apperçoive point qu'il en ayt communiqué à personne de pardeçà."

Genf. Arch. Rég. du conseil 1580 f. 168a.

1) Karl Emanuel, Sohn des am 30. Aug. gestorbenen Emanuel Philibert. Bei dem Mangel an Nachrichten über die damaligen Verhandlungen Clervant's mit Savoien, die nach L a. H u g. II, 59 den Hugenotten „des deniers d'Espaigne, soubz le nom de Savoye" verschaffen sollten, mag dieses freilich vereinzelte Aktenstück hier Platz finden.

20. Sept. Antwerpen

257. Adriaen van Conyncxloe an die Abgeordneten der unirten Provinzen.

Ist von Johann Casimir vor etwa drei Monaten von Lautern an sie abgefertigt worden, hat aber Anfang Juni Niemanden zu Utrecht angetroffen, dafür gehört, dass einige von ihnen zu Deventer ganz mit der friesländischen Handlung beschäftigt seien. Da ihn mittlerweile die von Brüssel zu Dienst ihrer Stadt berufen, schickt er ihnen zunächst statt persönlichen Erscheinens seine Credenzschriften sammt Commission folgenden Inhalts. 1) Die Obersten, Rittmeister und Hauptleute, die er letzte Ostermesse zu Frankenthal mit J. C. antraf, ersuchten J. C. ihn an die Herrn der unirten Provinzen abzufertigen mit Erinnerung an die früheren vergeblichen Versuche J. C. bei den generalen Ständen die versprochene Obligation der den Reitern und Knechten ausständigen Schuld sowie sein eignes vorgestrecktes Geld zu erhalten. 2) J. C. habe sich nicht wenig verwundert, dass man die Obligation über sein vorgestrecktes Geld abschlug, während Leute geringern Stands und der Wohlfahrt der Niederlande nicht dergestalt zugetan solche erhielten. Da aber J. C. die Schuld an dieser bösen Traktation nicht ihnen, sondern etlichen boshaften Leuten zumisst, die weder J. C. noch ihrem eignen Vaterland hold gewesen, lässt J. C. sie ersuchen die Sache ernstlich zu erwägen und ihn, wie sie schuldig sind, besser zufrieden zu stellen, wodurch J. C. je länger je mehr Ursache gegeben wird, mit diesen betrübten Niederlanden ein herzliches Mitleid zu tragen und, da Gott Mittel und Gelegenheit gibt, mit Rat und Tat zu assistiren und zu helfen. Bittet um Mitteilung ihrer Resolution, falls sie selbe nicht schriftlich oder durch Gesandte an J. C. selbst gelangen lassen wollen. 20. Sept.

Mc. Fürstens. CXXIII. no. 1011. Cop.

1) J. C. beschränkte sich nicht darauf seine finanziellen Ansprüche in den Niederlanden geltend zu machen; er unterhielt daneben noch politische Beziehungen, die nicht ganz aussichtslos erschienen, vgl. eine Aeusserung Gr. Johanns Prinsterer I. 7, 301; ein Memoire von Geldendorp gegen die Wahl Alençon's schlägt in erster Linie die K. von England, in zweiter Oranien, in dritter Casimir vor, ebd. 286. J. C. Rat Schregel sagt in der no. 106 A. 1 citirten „memoria" (in der jedoch die Jahrzahlen fast durchgängig ganz falsch sind): „In ao. 79 bin ich nach Holl. an etliche staten verschickt worn, welche Pf. Holland und Seeland wolten uftragen und zu irm hern machen." Das zu Gent 1580 erschienene „Advertissement" (no. 144 A. 1) betont namentlich Oraniens Eifersucht auf J. C. Beliebtheit beim Volk, „qui ayme naturellement les gens du bien."

258. Wolfgang Eylenbeck[1]) an Kurfürst August. 7. Okt. Prag

Der kais. Arzt D. Cratho teilte ihm auf Erkundigung mit, es gehe dem Kaiser besser, derselbe werde sich aber, um von den Böhmen nicht zu sehr belästigt zu werden, noch nicht zeigen; es sei übrigens die jetzt umwandernde gemeine Krankheit, die der Kaiser durch Bewegung vertreiben wollte und dadurch nur schlimmer machte. . . . .

Dr. 9310. Eigh.

1) Kursächs. Rat. — Am 30. Nov. schreibt Vieheuser aus Prag an Baiern: „I. kais. Mt. seind noch immer übel auf, ligen gleichwoll nit gar zue pöt, daulen aber sonst und kommen gar nit herfür; daher es am hoff schier alles halb tot ist." Ma. 230/4. — Crato, der protestantische Leibarzt dreier katholischer Kaiser, verliess bald darauf (Sept. 1581) den Hof (Gillet II, 254).

12. Okt. Prag

259. Andreas Erstenberger[1]) an Wilhelm von Baiern.

Der Nürnberger Kurff. Tag wurde auf die willfährige Erklärung Kölns nochmals auf den 6. November ausgeschrieben. Bleiben Trier und Pfalz beide auf ihrer Entschuldigung, so ist der Tag zweifelhaft. . . . . Der Gedanke des Kaisers, vor dem Tag mit den Kff. die Staaten zu beschicken, liess sich brieflich oder durch die Räte nicht verwirklichen.

Ma. 230/7. Eigh.

1) Sekretär beim R. Hofrat und Verf. des berühmten Traktats de Autonomia (Stieve, Briefe und Akten IV, 159).

13. Okt. Kaiserslautern

260. Johann Casimir an Kurfürst Ludwig.

Auf dessen Schr. vom 9. Okt. über den französischen Einfall in Burgund.[1]) Beuterich hat ihm kürzlich geschrieben, dass die Franzosen eine Festung in Burgund eingenommen haben, aber Alençon und Montfort gar nicht erwähnt.

Mb. 112/1 f. 241 Or.

1) Vgl. ein Schr. Tavane's vom Sept. 1580 in den Mémoires de l'académie de Dijon III. 4 (1877), 307. Am 31. Okt. macht der Kaiser den Kf. auf die frzös. Praktiken (Alençon's) gegen Strassburg und Hagenau aufmerksam; er warnt wiederholt am 7. Dezember. Am 27. Dez. schreibt J. C. aus Kaiserslautern an Ludwig, auf kgl. Befehl sei jenes Kriegsvolk zu Bassigni durch Tavannes zerstreut, die Ergriffenen erschlagen oder gehenkt, Alençon's Leutenant, der von Ron (vgl no. 208) zur Auflösung seines Volks aufgefordert worden (Mb. a. a. O. Or.). Am 20. Dez. hatte der Kaiser die Eidgenossenschaft ermahnt, sich in die Praktiken wider Burgund nicht einzulassen, und hierüber auch an die Kff. geschrieben (Wh. Ms. 630 Cop; vgl. Sammlung der eidg. Absch. IV. 2a, 733).

13. Okt. Aschaffenburg

261. Schomberg an König Heinrich III.

Günstige mündliche Erklärungen Sachsens, der die Verschiebung des Kff. Tags auf den 6. November statt 16. Oktober veranlasst hat. Die Kriegsleute in Sachsen und Braunschweig werden für hugenottische Werbungen kaum zugänglich sein; Sachsen hat desshalb an J. C. geschickt. Der Landgraf und dessen Bruder sehr geneigt in der bewussten Sache; „l'aisné et l'électeur de Saxe se verront en brief pour ce mesme suget." Sucht Mainz in seiner guten Gesinnung zu erhalten. Geht nach Speier, dann zu Kurpfalz[1]) und J. C., der mit seinen Leuten auf der Frankfurter Messe beschlossen hat, die vom K. angebotenen Renten nur gegen Verpfändung von Sch. Gut, Ehre und Leben zu acceptiren. Er riskirt dabei seinen völligen Ruin, Erklärung zum „schelme" und Verstrickung in einer deutschen Stadt und wird sich nur gegen Versicherung der Herrn d'Escars und d'Allègre oder des K. auf eine derartige Verpflichtung einlassen. . . . . . 13. Okt.

Pb. Vc Colbert 400 Conc.

1) Am 11. Nov. schreibt Kf. Ludwig an Kf. August über die im Okt. erfolgte Werbung Sch. und bittet um Gutachten. Dr. 8088. Or.

262. Daniel von Mainz an Bürgermeister und Rat zu Nürnberg. 2. Novbr. Aschaffenburg

Der Kurfürstentag wegen neuer Verhinderungen, die dem Kaiser inzwischen eingekommen, eingestellt.

Nürnb. B. No. 114. Or.

263. Kurfürst August an Johann Casimir. 3. Nov. Dresden

Auf dessen Schr. wegen der Niederlande [11. Okt. ebd. Or.]. Die Ansicht von J. C's. Vater [in dessen Schr. an Mainz vom 12. Juli 1572], Spanien solle zur Restitution der vertriebenen Untertanen und der Privilegien und zur Freistellung veranlasst werden, wurde auch von andern ohne Erfolg geteilt. J. C's. Vorschlag [Protektion des Reichs und Freistellung] bedenklich, wünscht aber von J. C. weiter zu hören, wie sich die Sache mit Fug und Bestand einrichten liesse; lässt sich J. C's. Sorgfältigkeit und Liebe zum Vaterland wohl gefallen und ist bereit, mit gemeinem Rat alles zum Frieden Dienliche zu fördern.

Dr. 9310. Conc.

264. Hembyze an Johann Casimir. 22. Nov. Frankenthal

Auf dessen an ihn und Dathenus gerichtetes Schr. vom 15. aus Igelheim und die Mitteilung des Bürgermeisters von Brüssel „touchant l'hostesse de la pomme d'or à Gand." Ist wegen seiner Sorgfalt für die Verpflegung J. C. und seines Gefolges in Gent vielfach angegriffen worden von Leuten, „qui ne portent l'affection qu'ilz devroyent ny à V. E. ny à la cause publicque," hat aber von jener Forderung der Wirtin erst nach J. C. Abreise gehört und kann daher in dieser Sache seine Unterschrift nicht geben. . . . . Dathenus schickt Briefe an J. C. „de delà Coloigne."

Mc. Fürstensachen CXXIII. no 1011. Eigh.

265. Der Kaiser an die Kurfürsten von Sachsen und Brandenburg. 4. Dezbr. Prag

Da der persönliche Convent unterbleibt, billigt er den Vorschlag eines R.-Tags.[1]) Da bis dahin aber viel Zeit vergeht, er-

4. Dez. sucht er sie, ihre Räte an seinen Hof abzuordnen, mit Vollmacht, über eine Schickung in die Niederlande und eventuell nach Frankreich und andere nötige Massregeln zu beraten.[2])

Dr. 7389. Or.

1) Der Kaiser hatte schon die Nürnberger Versammlung zur Vorbereitung eines R.-Tags benützen wollen (Kaiser an Sachsen, Prag 8. Juli, Dr. 7389. Eigh.). Am 28. Okt. schlugen dann S. und Br. die Einstellung des Nürnb. Tags und Verweisung der Sachen auf einen R.-Tag, Dep.-Tag oder Convent kais. und kurf. Räte vor. (Wh. R.-Sachen. Cop.).

2) Ganz nach dem Gutachten des Erzh. Ernst, Wien 29. Nov. Wh. R.-Tagsakten 1582. Or. Am 10. Jan. 1581 erklärten sich S. und Br. dem Kaiser gegenüber zu einem Convent kais. Commissarien und kf. Räte bereit. Dr. a. a. O. Conc. Mainz hatte dagegen keine besondere Lust (Bock an Kf. August, Aschaffenburg 4. Jan. 1581, ebd. Eigh.).

11. Dez. Heidelberg

266. Kurfürst Ludwig an Landgraf Wilhelm.

Bittet um Rückgabe des von ihm vor Antritt der kurf. Regierung errichteten und zu W. Handen deponirten Testaments.[1])

Me. K. XV. 3, no. 3063. Conc.

1) Schon im Frühjahr hatte der Kf. dem M. Georg Friedrich seine Absicht ein Testament zu machen und ihn zum Vormund einzusetzen mitgeteilt und der M. sich geneigt erklärt (Werbung und Beantwortung des Marschalks Joh. Phil. von Helmstatt und des Peter Clainman, Windelsbach 12. April 1580, Mc. Fürstensachen CXXVII). Ein Or. Exemplar jenes älteren Testaments (Amberg, 26. Mai 1571), uneröffnet, Siegel abgeschnitten, Me. a. a. O. 3066. Ebd. 3058 das endgültige Testament vom 5. Dez. 1580.

12. Dez. Nanteuil

267. Schomberg an Bellièvre.[1])

(Ein sächsischer Abgesandter. Die günstige Stimmung des Kf. zu benützen; dessen Anerbieten und tatsächliche Freundschaftsbeweise. Verstimmung und Unhöflichkeit J. C.)

... „L'électeur de Saxe a envoyé ung gentilhomme pardeçà avecques moy pour luy rapporter l'intention et la volonté du roy sur les ouvertures qu'il luy a faict faire par moy d'entrer en ligue générale avecques le corps de l'empire." Der König, der ihm in Olinville versprach ihm seinen Aufenhalt mitzuteilen, lässt nichts hören und so begibt er sich, da der sächsische Edelmann schon fünf Wochen hier ist, unaufgefordert zu Hof, um den Kf. nicht zu verstimmen, „joinct qu'il fault battre le fer, durant qu'il est chaud, et tascher de nous empatroniser de la place, dont noz anciens ennemis de la France se sont esloignez par certains leurs déportements, et ce avant qu'ilz ayent loysir de la regnaigner, à quoy ilz font tout ce qu'ilz peuvent." . . . . Glückliche Wendung der Dinge in Frankreich. „Et m'a bien sceu dire le susdict électeur par plusieurs fois, quel appuy, support, assistance ou conseil il debvoit ou pouvoit attendre d'ung prince, duquel les afaires estoient si désespérées et qui par faulte de moyen ou de cuour se laissoit gourmander à nasardes, par manière de dire, par le premier à qui il en prenoist envie. Le dict électeur a faict des offres et une déclaration bien fort ample et plaine de rondeur par escrit à Sa M[té] de sa sincère volonté à l'endroict de sa dicte M[té] et du bien de ses affaires et de sa grandeur, et en a desjà monstré les effects si signalez [2]) que Sa M[té] luy en a une singulière obligation. Mais je crains fort que ne serons pas assez soigneux de le nous conserver longuement pour tel que je le nous ay laissé." Schickt die Bedingungen für die Lösung der Geiseln. „Je n'en ay rien peu résouldre avecques le duc Jehan Casimir, lequel, se sentant offensé de certaines lettres fort rigoureuses et haultes à la main que son beau-père luy a escrit à ma sollicitation touchant les trafiques d'entre luy et le prince de Condé, et estant aussy marry des traictés que je faisois avecques son frère l'électeur (avecques lequel il n'est trop bien) s'en alla de Cayserslautern, ainsi qu'il venoist d'estre adverty que j'y arrivois." Er wartete zwei Tage, hielt es aber für seines Herrn unwürdig „de le valletter plus long temps," [3]) hat jedoch dem König geraten, Lothringen die Bedingungen zuschicken, um darauf hin, aber im Namen der Verwandten und nicht des Königs, zu verhandeln, was wohl den gewünschten Erfolg haben wird. 12. Dez.

Pb. f. franç. 15905. Eigh.

1) Pomponne de Bellièvre, seit 1576 Präsident des Pariser Parlaments, 1599—1605 Kanzler von Frankreich, † 1607. Ueber seine Misshandlung durch J. C. Reiter vgl. oben p. 180; Kf. Friedrich gab noch Auftrag B. eine Kutsche als Geschenk zu schicken, was J. C. nach dem Tod des Kf. besorgte (J. C. an Bellièvre, Heidelb. 26. Nov. 1576 Pb. f. fr. 15905 Or; La Hug. II, 443). Beutterich behauptete, Bellièvre habe ihn 1577 zu Blois vergiften wollen, vgl. no. 37 A. 1.

2) Sch. erklärt sich näher in einem Schr. an Bellièvre, Blois 29. Dezember: „La diète electoralle, quelque brigue qu'aye peu faire l'empereur et le roy d'Espaigne principalement pour le grand advantage qu'il en espéroit, est allé à vau [!] l'eau, et ce par le moyen du personnage que sçavez." Vgl. no. 261.

3) Brûlart schreibt hierüber an Bellièvre, Blois 12. Dez. (Pb. a. a. O. Eigh.): „C'est dommaige qu'il [J. C.] n'a la puissance et la grandeur de mons[r] l'électeur de Saxe pour se fère valloir; encores avec si peu de moien qu'il a, s'en veult-il fère à croire." Br. fügt den Wunsch bei, die Spannung zwischen J. C. und Sachsen möge dahin führen, „qu'ilz puissent expérimenter à leurs despens ce qu'apportent les guerres civilles." Jenes Schr. des Kf. an J. C. liegt mir nicht vor.

268. Ruprecht von der Marck [1]) an Johann Casimir. 20. Dez. Sedan

. . . Cambray von den Spaniern hart bedrängt. Der Friede soll in Frankreich richtig gemacht sein, [2]) Alençon nach Brabant gegen die Spanier ziehen. Grüsse von seinem Bruder Johann.

Mb. 90/12 f. 157. Or.

1) Guillaume-Robert de la Marck, Herzog von Bouillon, geb. 1562 † 1. Jan. 1588; seit dem Tod seines Vaters Robert (1574) bis 1583 führte

20. Dez. seine Mutter Françoise de Bourbon-Montpensier die Regierung; sie dankt unter gl. Datum J. C. für die ihren Söhnen erwiesene Güte und verspricht deren Erziehung nach seinem Rat weiterzuführen. (Mb. a. a. O. Eigh.)

2) Der Friede, am 26. Nov. von Alençon und Navarra zu Fleix abgeschlossen, wurde am 26. Dez. von Heinrich III zu Blois unterzeichnet; er bestätigte im Ganzen den Frieden von Bergerac (Sept. 1577) und den Traktat von Nérac (28. Febr. 1579).

25. Dez. Dresden

269. Andreas Paull an Dohna.

. . . . . . Einstellung des Kff.-Tags, wie man glaubt, hauptsächlich wegen der Krankheit des Kaisers. „Quod si quis existimaverit victoriam Lusitanicam ad eam rem attulisse aliquid momenti et Hispanos iam insolentiores factos nolle electores de Belgicis negociis tractare, fortassis non multum erraverit.“ [1]) . . . . Gott erhalte den Kaiser; hoffentlich deuten die zwei Kometen nicht auf eine Veränderung. „Malo enim hunc qualisqualis est statum quam novos tumultus excitari, qui saepenumero vergunt in diversum quam putabatur. Scio alios aliter sentire, sed scio etiam eos, qui mare admittunt in novas lacunas, saepe falli. . . . . Unum fere exciderct, videlicet quod Sueculum doctorem, cuius anatomiam Pragae aliquando vidimus, Suevis suis iam remittimus; qua de re, qui has afferet, M. V. plura dicere poterit. Nam is, ut audio, eum comitabitur.“ [2]) · Bock ist vor 4 Tagen zum Kf. von Mainz gereist. . . . Lässt Beutterich grüssen.

Bm. Coll. Cam. XXIV f. 187. Cop.

1) Vgl. die entgegengesetzte Behauptung Schombergs no. 267 A. 2. Aber nach dem von Alençon aufgefangenen Schr. Granvela's an Borja, Madrid 27. Okt. 1580 (Prinsterer I. 7, 411, dessen Inhalt Languet am 2. Jan. 1581 dem Kf. August mitteilte, Arc. II, 840) urteilt Paull ganz richtig.

2) Ueber das schliessliche Zerwürfniss zwischen Kf. August und Andreä und den schimpflichen Abzug des letzteren aus Kursachsen vgl. Heppe IV, 256 ff; Pressel in den Jahrb. für deutsche Theol. XXII. 1 (1877), Die in Peuceri hist. carceris, bei Hospinian und zum Teil bei Heppe gedruckte grobe Instruktion des Kf. August findet sich in Dr. 10309; sie ist von Augusts Hand und trägt die Ueberschrift: „Ungeferliche meinunk, was ich D. Jacobo Andre, sunsten Schmidel genant, antworten will.“

25. Dez. Pfalzburg

270. Lanty [1]) an Johann Casimir.

„Monsieur! Sce maitre-masson, porteur de ceste, va trouver V. E. et a envye de besongner pour icelle fidèlement, sy tant est qu'en ayés affère; vous verés et entendrés de luy sce qui sayt faire. Sa demeure est en sce lieu; il est le maitre-masson de mons[r] vostre cousin. Je croit qui vous servira fidellement. Pour nouvelle, l'on tient que mons[r] de Loraine va à Bitche. Je croit que sce ne sera sans vous vois; sy cela est, que je vous puisse faire service, commande [?] vous estre mon maitre. L'on tient que la pais est rompuee en France par le moyen du roy de Navarre, que l'on dict qui a voulu prandre Moutoban pour s'acomoder à la mode de France. Monsieur frère du roy et le roy de Navarre sont ensemble et prépare des forces pour aller au Pais Bas. Il en ont dejà quelque nombre, que sy le Turq estoit en France, il ne sauroit faire plus de ravage que font leurs soldats. . . . . 25. Dez.

L'on m'a dict que madame ma mestresse vous a faict ung petit Jean Casimir;[2]) dieu la bénisse et mon petit mestre aussy." . . .

Mb. 90/12 f. 159. Eigh.

1) Pierre de Châtenay; er hatte unter J. C. in den Niederlanden gedient (no 108 A. 1; 137 A. 1) und war in den Anschlag gegen Strassburg verwickelt (no. 179; 188).

2) Die Nachricht war irrig; Elisabeth gebar am 6. Jan. 1581 wieder eine Tochter, Dorothea, das einzig überlebende Kind aus der Ehe J. C.

1581.

1. Januar Blois

271. Brûlart an Villeroy.[1])

. . . Condé soll in Dauphiné und Languedoc neue Kriegsgewerbe unternommen haben, „assisté du docteur Butrich et du s^r de Clervant que l'on pense estre allez avec luy pour effectuer une levée de reistres, quant ilz en verront les moyens, se disant que les ditz Huguenotz ont envoyé dix mil escuz à Genefve, dès il y a quelque temps."[2]) . . . . Der Auszug eines aus Deutschland an Schomberg geschriebenen Briefs zeigt, „que la mauvaise suspicion que l'on peult avoir en ce que dessus, est aucunément confirmée." . . .

Pb. f. franç. 15906 1. Eigh.

1) Nicolas de Neufville, seig^r de Villeroy, geb. 1543 † 1617, Staatssekretär unter Karl IX und dessen drei Nachfolgern.

2) Wir sind über Condé's damalige Reisen sehr wenig unterrichtet; sicher ist, dass er den Frieden in Frankreich' zu verhindern oder wieder aufzuheben beabsichtigte. Seine abenteuerliche Irrfahrt über Genf und Savoien nach Dauphiné im Winter 1580 (wobei er unterwegs vorübergehend in die Gefangenschaft savoyischer Soldaten geriet) erzählt am Ausführlichsten sein Begleiter La Hug. II, 64 ff., neben dem auch Clervant, Sarrazin und vor Allem Beutterich im Gefolge des Prinzen waren. Vgl. Pièces fugitives pour servir à l'hist. de France I. 2 (Paris 1759) p. 7; Mém. de Bouillon bei Petitot XXXV, 197.

4. Januar Aschaffenburg

272. Daniel von Mainz an Kurfürst August.

Die zwei durch Abraham Bock angebrachten Punkte erfordern wegen der Gefahr und Dringlichkeit der Lage mündliche Communication; erbietet sich mit A. „in aller eil und stille" zusammenzukommen, etwa in Eisenach, nicht in Hessen oder Mühlhausen; etwaige Suspition beim Kaiser oder den Mitkff. durch ein Schr. leicht zu beseitigen. Hat mit dem Gesandten nichts hievon geredet.[1])

Dr. 7389. Eigh.

1) Am 12. Jan. berichtet Abr. Bock (vgl. no. 159) aus Bamberg sehr ausführlich an A. über seine Unterredungen mit Mainz. Hauptgegen-

stand war die ev. Notwendigkeit einer römischen Königswahl, falls der Kaiser sterben oder unheilbar werden sollte. Kf. Daniel betonte anfänglich nur die Schwierigkeit, ja Gefährlichkeit eine derartige Frage anzuregen und hielt auch weiterhin, als er die Möglichkeit eines Notfalls und die Unleidlichkeit eines Interregnums zugab, vorsichtig zurück. Der Hofmeister Cronberg gedachte lobend des Erzh. Ernst, „aber der churf. hat ad individuum nicht gehen wollen." Bock brachte („vor mich") zur Sprache, „das fremden das reich nicht zu vortrauen, im reich keiner zu vormögen, der sich damit beladen liesse, das es des hauses Oesterreichs, chron Pehaim und Ungern halben, die gelegenheit hette, die andern ursachen auch, so in E. Ch. Gn. instruction verleibet, angezogen." (Bock's Instr. vom 20. Dez. 1580 sagt, auch aus dem Haus Oesterreich könnte keiner das röm. Königtum „erschwinden," ohne König von Böhmen zu sein, „mit welchen es noch sehr weit aussehe"). Cronberg erklärte im Gespräch, gegen den Kff. Convent sei viel praktiziert und namentlich auch jene Expedition der bewaffneten Schiffe im Rhein (no. 235) unternommen worden. Bock's Vorschlag, von der Succession durch die Räte bei Hof oder sonst handeln zu lassen sowie durch Mainz bei den rhein. Kff., durch Sachsen bei Brandenburg zu unterbauen, wies der Kf. zurück. — Bock berichtet weiter über ein interessantes Gespräch mit B. Julius von Würzburg, der sich über den Kölner Congress und die Lage in den Niederlanden verbreitete. 4. Januar

273. Vieheuser an Wilhelm von Baiern.

12. Januar
Prag

Gestern Abend traf ein Courir von Parma ein, mit der bösen Zeitung, der K. von Frankreich habe sich mit Alençon verglichen; sie beabsichtigten „coniunctis viribus, copiis et consiliis das Niderland aller orten anzugreifen und sich dort zu impatroniren. . . . I. Mt. sieht noch seer spitzig aus, ist seer verfallen und gar ubel gefärbt." 1)

Ma. 430/4 f. 184. Eigh.

1) Die Krankheit des Kaisers schleppte sich bis tief in den Sommer hin. Hegenmüller's Schr. vom 24. April spricht von der verderblichen „apothecarei" der Aerzte, die ihrerseits klagten, „quod Caesar nolit obsequi" (Vieheuser an Baiern, 30. Mai). Am 21. Juni berichtet Vieheuser: wenn man die Aerzte fragt, „ils ne sçavent quasi plus que respondre"; am 27. Juni: les médecins de l'empereur dient que son cas se porte bien, mais l'empereur dict que non." Am 23. Juli spricht Hochfelder in einem Schr. aus Strassburg (Ayrmannus, Sylloge anecd. p. 450) von „imperatoris calamitas ex Gallicana invasione ut fertur oborta"; doch seien gute Aerzte und nötigenfalls taugliche Successoren in der Familie da. Dass der Kaiser sein Ungemach lang verhehlt habe, schreibt Mainz an Trier, 10. April (Stieve, die Verhandlungen über die Nachfolge K. Rudolfs II in den Jahren 1581—1602, München 1879, p. 4 A. 2); vgl. no. 258; 276.

274. Schwendi an Kurfürst Ludwig.

14. Januar
Kilchofen

. . . . Warnungen „von hohen und gewissen orten", dass der K. von Frankreich und sein Bruder mit Hülfe Guise's „und etlicher sonderbarer personen und bevelchaber, sonderlich derer, so vor eim

14. Jan. jar durch diss land gezogen“, diesen Sommer über wieder in steter Bewerbung und Praktik gestanden, in dies Land einzufallen und einen oder mehr Plätze zu überfallen, wozu sie mit ledernen Schifflein, Steig- und Brechzeugen, Leitern etc. gefasst waren; „derfen sich auch allerlai anhangs und verstendnuss von hohen und nidern personen im Teutschland berüemen.“ [1]) Es ist um so mehr Aufsehens von Nöten als der neue für die Hugenotten sehr günstige Friede dem von Alençon die Verfolgung seiner niederländischen und anderen Praktiken mit Zutun beider Parteien ermöglicht. . . . . .

Mb. 112/1 f. 173. Or.

1) Die Strassburger wandten sich in der gleichen Sache an den Kf. um Correspondenz des Weissenburger Vereins mit den beiden elsässischen Bezirken; der Kaiser mahnte den Kf. als Kreisobristen zur Hülfe im Notfall (23. Februar); doch kam es auf dem Probationstag zu Mainz (im Mai) zu keinem Beschluss hierüber. Mb. a. a. O.

16. Januar Strassburg

275. Anbringen des Herrn von S. Blais bei den Geheimen der Stadt Strassburg.

„Anzeig M. de S. Blais, herzog Geörg Hansens practiken halb.“

Hat zum Besten der Stadt, ohne deren Bürger zu sein, die Praktiken ihrer Gegner erkundet; der Fürst von Lützelstein [G. H.] schöpfte nach seiner Rückkehr von Guise, mit dem er zu Joinville beisammen war, Verdacht; er nahm seinen Abschied, wurde jedoch trotzdem, als er nach Einstellung der Anschläge im Juni zurückkehrte, zu Pfalzburg verhaftet, nach Lützelstein gebracht und 18 Wochen in einem Turm verwahrt. Endlich am 15. Sept. verhörte ihn der Fürst selbst, der ihn beschuldigte fürstliche Schreiben über den Anschlag wider die Stadt derselben mitgeteilt zu haben. Der Fürst sprach die Absicht aus, den Strassburgern Freundschaft und Vergessen anzutragen, „damit ich si desto besser ertappen und betriegen möge, wie ich zu tun furhabens“; dies solle vor Beginn des bevorstehenden R.-Tags geschehen. Ferner beschwerte sich der Fürst über J. C., der ihm neulich Copien aller seiner Schr. nach Frankreich wegen des Strassburger Anschlags zeigte; „nicht weiss ich, wers ime gegeben, es sei dann, das mihr der konig dissen schölmenbossen gerissen“; J. C. sei trotz seiner Freundlichkeit gegen ihn ein Verräter, [1]) wie auch der Kurfürst. Während des vierstündigen Gesprächs [worin S. Bl. jenen Verrat der Schr. läugnete und G. H. noch andere wichtige Sachen berührte] stand der Nachrichter von Pfalzburg vor der Stubentür. Am 28. Oktober wurde er freigelassen. . . . .

Str. Or.

1) Vgl. no. 239; 250; auf letzteres Schr. (vom 25. Aug.) hatte J. C. nach seinem Schr. an die Geheimen vom 13. Dez. 1580 damals noch keine Antwort.

276. Abraham Bock an Trautson.

8. Februar Dresden

Ernste Sorge des Kf. um den Kaiser.[1]) Bedeutung des ungarischen, vor allem aber des bevorstehenden böhmischen Landtags, auf dessen Ausgang viel Gutherzige sehen; man muss Gewissheit erhalten, „das der jetzige status gubernationis in seinem alten wesen unzergenzt [!] in esse bleibe und denen, so villeicht andere respectus haben, ire gedanken et studium rerum novaudarum genommen werden möchte.“ . . . .

Dr. 7389. Conc.

1) Vgl no. 258. Nach einem Schr. von Mainz anSachsen (Aschaffenb. 30. Jan.) wäre es kürzlich, besonders am Christabend, ganz gefährlich gestanden, jetzt aber besser geworden. Ebd. Or.

277. Andreas Paull an Kurfürst August.

20. Febr. Innsbruck

(Eröffnungen Erzh. Ferdinands über einen ihm früher gemachten Antrag, sich der Lande Kf. Augusts zu bemächtigen. Vorschlag einer Zusammenkunft der beiden Fürsten.)

Gestern Audienz bei Erzh. Ferdinand. Auf sein Anbringen entgegnete der Erzh.: 1) die Acusserung des Grafen Bernhard von Hardeck betreffend, habe er allerdings mit dem Grafen davon gesprochen, „das E. Ch. Gn. landen I. Dt. fur dieser zeit angebotten weren worden, welches doch I. Dt. nit darumb gesagt, das andere weitleufigkeiten daraus entstehen solten, sondern damit I. Dt. dero gut gemut gegen E. Ch. Gn. zu verstehen gebe, dan I. Dt. allezeit so gesinnet gewesen, das sie sich mit denen, so E. Ch. Gn. zuwider, auch gerne (wie I. Dt. wort lauteten) hetten raufen mugen.“ Dem Grafen habe er erlaubt, obiges Gespräch wieder an den Kurf. zu bringen. „Und were solches anbieten E. Ch. Gn. lande fur vielen jaren geschehen, als I. Dt. noch gubernator ihn Behmen, die gewesene krieg ihn Deutschland noch nit gar erloschen und E. Ch. Gn. noch ein neuer her ihn dero regierung gewesen, und mogten vieleicht zu derselben zeit etlich E. Ch. Gn. undertanen etwas storrig und nit aller ding mit derselben zufrieden gewesen sein, wie es dan ihn der welt zuzugehen pflegte, das man nit allezeit ihn ein horn bliese, und keiner noch geboren were, der jederman recht tun konte. Und were damals I. F. Dt. durch einen furnemen behemischen herrn ahngezeigt worden, das E. Ch. Gn undertanen sich unter ander herschaft begeben mögten, wan sie einen hern bekommen konten, ahn dem sie einen rucken haben und doch gleich woll ihrer religion halber versichert sein konten. Von wem aber solches ahn gemelten behemischen hern gebracht, das wisten I. Dt. ihn warheit nit, und wan sie es wisten, so wolten sie es E. Ch. Gn. nit verhalten, dan E. Ch. Gn. ehr, reputation und wolfart I. F. Dt. nit weniger angelegen weren, als ihr eigne. Und haben S. F. Dt. etlich mal mit hohen worten dis beteuret, das sie es nit wisten, der behemische her aber wer fur etlich viel jaren gestorben. Und

20. Febr. hetten I. F. Dt. denselben dazumal zu antwort geben, das er mit solchen sachen I. F. Dt. zufriden lassen solte, dan sie E. Ch. Gn. dermassen zugetan, das sie dero ihr land und leut vil lieber erhalten und vermeren dan davon bringen helfen wolten." Aber den böhmischen Herrn wollte der Erzb. nicht nennen; es sei dem Kf. nichts damit gedient und man solle von den Toten nur das Beste reden. . . . .

Auf den Vorschlag einer Zusammenkunft A.'s mit dem Erzh., den ihm dessen Sekretär andeutete, liess er sich nicht ein.

Dr. 8274. Eigh.

21. Febr. Nîmes.

278. Beutterich an Malleroy.

„Je n'ay eu aucune nouvelle de vous, depuis que je vous laissay, lors qu'allastes à la picorée. Mon voyage est de beaucoup plus long que je ne pensois, mais il ne sera pas inutile pour le regard mesmes de ce que sçavés; puisque j'ay déformé [?] cest affère, il fault bien que j'attende que tout soit cuit. Je ne veux gaster tout. On viendra assez tost au reste; et il est nécessaire, que cecy se face devant les résolutions que mon maistre print, comme sçavez, né s'altèrent aucunément par ma négociation, de laquelle il fault nécessairement que je voye l'yssue. Il y a eu de l'indiscrétion en voz gens, mais je ne m'en donne point de peine. Asseuré-vous que tout est en mesme estat qu'il estoit, quand je vous laissé [!]; comme entendrés à mon retour, qui ne sera encores si-tost; mais je vous advertiray incontinent que je seray retourné, et nous parlerons à loisir. Adieu.

Nismes, [1]) ce 21e de febvrier 1581."

Pb. f. franç. 3902, f. 216. Cop.

1) Vgl. no. 271; über den Besuch Turenne's bei Condé in Nîmes um Fastnacht 1581 Mém. de Bouillon p. 198; La Hug. II, 89 ff.

14. März Paris

279. König Heinrich III. an Kurfürst August.

(Bitte, die französ. Anträge bei Dänemark zu vertreten. Der sächs. Vorschlag eines Bündnisses mit dem Reich. Geschenk für A.)

Auf dessen Schr. und Schombert's Bericht. [1]) Dankt für die seitherige Betätigung von A.'s freundlicher Gesinnung. Bittet A. seinem Erbieten gemäss die französischen Vorschläge an Dänemark zu bringen, „et ambrasser ceste négociation avec tel zelle et affection qu'elle puisse réussir au bien commun des deux parties; mesmement si vous cognoissez que la chose soit pour succéder à la commodité non seullement du dict s[r] roy et de moy, mais aussi de toute la Germanye, qui est le principal but et motif qui m'a faict désirer d'establir ceste correspondance deffensive, de laquelle vous a parlé de ma part le dict s[r] de Schombert; en quoy je suis tout prest et délibéré d'entrer avec vous, quant vous vouldrez, suivant les ouvertures que vous en a faictes de ma part icelluy sr de Schombert. Et pour ce, mon cousin, qu'il m'a aussi dict luy avoir esté tenuz quelques propoz par vous et aucuns de vostre conseil privé touchant une ligue généralle et deffensive qui se pourroit faire entre nous et tout le corps du St. Empire, je vous déclaireray franchement là-dessus, que recongnoissant le dict St. Empire avec tous ses membres pour les plus anciens amys que ayt ceste couronne, il ne s'offrira jamais chose que je puisse ambrasser avec plus de zelle et affection et en laquelle j'entre plus gaillardement pour raffraichir et confirmer à perpétuité par tous bons moyens ceste ancienne amityé. Mais d'aultant que je ne sçay pas bien particulièrement l'estat des affères du corps du St. Empire, je vous prye, mon cousin, que pour l'advancement d'un si bon oeuvres vous veillez me fère entendre avec toute confidence les moyens que je pourrois tenir pour y parvenir et les conditions réciprocques que je pourrois là-dessus offrir et demander pour estre acceptées et receues des ellecteurs et princes du dict St. Empire." Will sich hierin ganz nach A. richten, „que je veulx honorer non seullement comme mon plus seur et parfaict amy, mais comme mon propre père." Friedensschluss mit Navarra und den sog. Reformirten, jenem von 1576 ähnlich, durch Anjou vermittelt. 14. März

[Eigenhändig:]

„Vostre bon cousin Henry.

Mon cousin! Je vous anvoye ce diamant, lequel je vous prye guarder pour l'amour de moy, qui sera un guaige de nostre inviolable amitié."[2])

Dr. 8088, französ. Sachen 1574—87. Or.

1) Vgl. no. 255; 267.

2) Vgl. no. 237. — Ein Gutachten der Räte Bernstein, D. Peifer und Hartmann Pistoris, Dresden 19. Juni (Dr. a. a. O.) rät dem Kf. das Geschenk anzunehmen, aber nicht zu erwidern, die Vermittlung bei Dänemark zu unterlassen und wegen des Bündnisses mit dem Reich den K. an den Kaiser zu verweisen.

280. Johann Casimir an Kurfürst August. 19. März Kaiserslautern

Wiederholte Erklärung gegen das Concordienbuch und dessen Verfasser; schickt die Warnungsschrift seiner Theologen.

Dr. 10307. Or. Vgl. Heppe IV, 273.

281. Argenlieu[1]) an Johann Casimir. 19. März Brügge

(Verlässt die Niederlande. Condé's Reise. Aldegonde.)

. . . . „Le landemain de la réception de vostre susditte lettre mons[r] Languet freschement de retour de Hollande et venu disner avec moy veit l'article faisant mention de luy, surquoy je m'asseure

19. März qu'il vous aura satisfaict par les siennes. Je suis party d'Anvers le 14 du présent pour m'en aller chez moy, si dieu permette, que je y puisse trouver le repoz de moy si longtemps désiré, et ce après que monseig[r] le prince d'Orange et les s[rs] des quatre membres de Flandres m'ont souvent vollu retenir et emploier en charge honorable à leur service. . . . . .

Je n'ay eu aucunne nouvelles de monseig[r] le prince de Condé depuis son partement de Frankendal, comme aussi je n'ay peu à mon très-grand regret luy mander des miennes. Nous avons eu nouvelles pardeçà qu'entrant en Daulphiné il auroit esté pris par une garnison papiste et mess[rs] de Clervant et Beutricht avec luy et avant que d'estre congneuz eschangés à d'autres prisoniers que que tenvit mons[r] Desdiguières.[2]) Les dernières nouvelles que nous en avons icy, est qu'il estoit à Castres en Languedoc, d'où il auroit dépesché le s[r] de Montmartin pour aller vers monseig[r] le duc d'Anjou et le remercier de la paix par luy fermée [?] avec offre de son humble service. Mais encores freschement il s'est dict que ceux de Languedoc n'aprouvent ceste paix et que contre la teneur d'ycelle ilz ont mis des commissaires pour recevoir les deniers des salines de Pequaiz.[3]) Je croy que de l'estat certain de toutes ces choses vous en estes mieux informé que ne le vous sçaurois dire.

. . . .

J'ay opris en cette ville que le s[r] de Sainct Aldegonde dict aller vers V. E. de la part de monseig[r] le duc d'Anjou,[4]) mais je ne sçay pourquoy". . . .

Mc. Fürstensachen (unteklirt) CXXIII. no. 1011. Eigh.

1) Vgl. no. 102 A. 5.

2) Vgl. no. 271 A. 2.

3) Dies gibt mir Veranlassung von den zwei Verträgen J. C. mit Condé vom J. 1580 zu sprechen, über die ich leider nur wenige Andeutungen finde. Nach La Hug. (II, 59; 64; 376) schloss Condé zuerst am 4. Juni 1580 zu Friedelsheim mit J. C. einen Vertrag, der, ähnlich jenem von 1575, dem Pf. das Gouvernement der drei Stifter zusicherte; als er dann nach dem Scheitern seiner Pläne im Herbst die Reise nach Frankreich unternahm, ging er einen neuen Vertrag mit J C. ein, dem er jetzt die Verpfändung von Aiguesmortes sowie des Forts und der höchst einträglichen Salinen von Peccais (Pecquais) zusagte (vgl. d'Aubigné II, 364; 384). Letztere Finanzquelle von Languedoc spielte schon in den Verhandlungen mit J. C. vom Sommer 1577 eine Rolle (no. 62).

4) Vgl. Aldegonde's (Marnix) „Discours sur la correspondence d'Allemagne" vom Jan 1581 (Prinsterer I. 7, 492 ff.), der vor Allem Alençon zur Beschickung Condé's und J.C. auffordert und sogar empfiehlt, über weitere Schritte bei den deutschen Fürsten erst J. C. Rat einzuholen.

282. Dr. Andreas Paull an Kurfürst August.

23. März Turin

Berichtet ausführlich über seinen Empfang und seine Verrichtung bei Savoien[1]) (der u. a. durch seinen Grosskanzler erklärte, er wolle „ein Saxo Sabaudus[2]) leben und sterben"). Präcedenzstreit mit Florenz. Irrung mit Mantua wegen Montferrat. Heiratsangelegenheit; die Vorschläge mit Spanien, Lothringen, Navarra, Florenz, Mantua, Oesterreich. „E. Ch. Gn. geliebten tochter haben S. F. Gn. dazumahl nicht gedacht"; aber Tags zuvor machte einer der geheimen Räte, mons[r] Pignon, die Anspielung, er u. a. treue Untertanen und Räte wollten nichts lieber, „denn das ihr herr sich mit einer furstin verheiratete, die Donum Dei oder gottes gab were;" er seinerseits entgegnete, obwohl er sofort die Anspielung auf des Kf. Tochter Dorothea[3]) durchschaute, „das alles solches von gott herkommen müsste." Erst als jener weiter darauf einging, musste er schliesslich möglichst glimpflich nach dem Befehl des Kf. andeuten, „das man darauf keine rechnung machen dürfte." Wie Konrad Roth, der sich zu Genf aufhält, durch die Savoyischen ababzufangen.[4])

Dr. 8233. Cop.

1) Vgl. das Beglaubigungsschr. und die Instruktion für Paul, Dresden, 27. Jan. 1581, in Peiferi epp. 162 ff; Beglaubigungen gl. Datums bei Mantua ebd. 251, bei Ferrara und Florenz Dr. 8233.

2) Die sagenhafte Abstammung Savoien's von Wittukind und den alten Sachsenherzogen war eine Lieblingsidee des vor Kurzem verstorbenen Herzogs Emanuel Philibert gewesen, über dessen Beziehungen zu Moritz und August die Berichte der venezianischen Gesandten (bei Albèri, Relazioni II. 1, 451/2; 2, 215; 227 ff.) nachzusehen sind; vgl. auch Languet Arc. III, 32. Karl Emanuel hielt an dieser Vorliebe seines Vaters fest; im J. 1581 erschien zu Turin: „Inclitorum Saxoniae Sabaudiaeque principum arbor gentilitia, Philib. Pingonio authore" (vgl. Sammlung verm. Nachrichten zur sächs. Gesch. VII, 376 ff; Köhler, Münzbelustigungen XXII, 10 ff; Mutinelli, storia arcana d'Italia III, 252; Ricotti, storia della monarchia piemont. III. 428.)

3) Geb. 4. Okt. 1563; vermählt mit Julius von Braunschweig 26. Sept. 1585.

4) Vgl. no. 242 A. 1.

283. Anbringen Beutterichs in der Versammlung zu Montpellier.

28. März Montpellier

„Articles particuliers extraits des actes de l'assemblée des églizes du bas pays de Languedoc, tenue en la ville de Montpellier le vingthuitiesme jour de mars mil cinq cens quatre vingtz ung.

Le sieur de Beutrih ambassadeur de monseig[r] le duc Cazimir, venu en l'assemblée et apprès luy avoir fait entendre briefvement ce qu'il a par cy-devant bien au long et plus particulièrement discoreu aux précédantes assemblées[1]) des occasions, pour lesquelles son maistre l'auroit envoyé en ces provinces, et représenté à la compagnye la bonne volonté et constante affection qu'il porte au bien des affaires, repos et conservation des églises de ce royaume, a remonstré que le temps, auquel il devoit estre de retour en

28

28. März Alemaigne, est expiré, sans qu'il ayt receu aucunes lettres ny novelles du dict seig^r duc son maistre, lequel vraysemblablement a esté retenu de luy escrire, s'atandant de le voir de retour au temps préfix, sinon que ses lettres ayent esté surprises en chemin. Au moyen de quoy icelluy s^r Beutrich auroit prins résolution de partir pour s'en retourner. Cepandant il a esté requis et solicité d'aler truver monseig^r frère du roy et pareilhement le roy de Navarre, lesquels désirent parler à luy singulièrement, le dict seig^r roy de Navarre pour adviser aux moyens d'entretenir une bonne correspondance et inteligence avec le dit seig^r duc Casimir son maistre pour le bien général des dites églizes. Et pour ce qu'il craint d'ung costé de falir au devoir de l'obligation qu'il a au service de son maistre, s'il diffère plus longuement son retour, ou de fère d'autre part quelque préjudice aux affaires des dites églises, s'il refuse d'aler truver S. Alt. et ledit seig^r roy de Navarre, il a prié l'assemblée luy donner advis là-dessus, et cepandant prandre telle assurance de l'amitié de son maistre qu'il n'abandonnera jamais les dites églises, ains les secourra de toutes ses forces et moyens, cas avenant qu'elles en eussent besoing. A quoy le dict s^r Butrich tiendra la main et s'employera de tout son pouvoir pour le mesme désir et afection qu'il a au bien et service des dites églises tout le temps de sa vye."

Die Versammlung dankte für die gute Gesinnung Casimirs und Beutterichs und bat letzteren dringend, Alençon und Navarra aufzusuchen und insbesondere mit Navarra wegen des Einverständnisses mit Casimir zu verhandeln.

Ma. 544/14. Or.

1) Ein toskanischer Bericht aus Paris, 7. Febr. 1581 (Desjardins IV, 347/8) lässt Condé und „Butry" an einer Versammlung der Kirchen zu Montauban (vgl. Hist. de Languedoc V, 642/3) theilnehmen. Ueber Condé's vergebliche Bemühungen, den von Navarra abgeschlossenen Frieden zu hintertreiben und seinen eigenen Abmachungen mit Casimir die Zustimmung seiner Landsleute zu verschaffen, vgl. ausser d'Aubigné a. a. O. Mém. de Bouillon p. 197 ff; La Hug. II, 77 ff.; Sully, Oecon. roy. (Amst. 1652) I, 77/8. Mit der Erzählung La Hug. (p. 83), Navarra sei seinem Vetter in der Ausbeutung der Salinen von Peccais zuvorgekommen, hängt vielleicht eine Aeusserung Hotman's (an L. Wilhelm, 15. April 1581) zusammen, Beutterich sei nach Montauban gereist, „ingenti iam salis copia divendita".

1. April Kaiserslautern

284. Johann Casimir an Kurfürst Ludwig.

Billigt, dass L. die ausschreibenden Fürsten des rheinischen Kreises wegen der französischen Praktiken (die man durch Vereinigung der drei Stifter und der Niederlande mit dem Reich hätte hindern können) ermahnt hat. [1]) Der König soll krank sein, die alte Königin die Regierung führen.

Mb. 112/1 f. 186. Or.

1) Auf dem Mainzer Münzprobationstag betrieb der Kf. vergebens den Beitritt von Mainz und Trier zum Weissenburger Landrettungsverein

(Kurpfälz. Nebenmemorial vom 30. April, Mb. 112/2 c). Auch Schwendi warnt in einem Schr. vom 26. April (Str. Or.) die Geheimen von Strassburg vor Alençon's Anschlägen. 1. April

285. Christoph Elsenhaymer an Wilhelm von Baiern. 5. April München

Gerücht von einer Zusammenkunft der Kurfürsten von Sachsen und Pfalz nebst Pf. Casimir zu Neuburg, „herzog Otthainrichen seinen antail lands einzugeben." [1]) Unwahrscheinlich; sich zu erkundigen, da die Welt jetzt seltsam.

Ma. 230/5. Eigh.

1) Schon am 14. Febr. schreibt Badoer aus Prag an den Dogen über angebliche Werbungen Baierns, der befürchte, Casimir wolle dem Herzog von Zweibrücken das von dessen Vorfahren an Baiern verpfändete Ingolstadt zurückerobern (!). Später berichtet er, diese Werbungen in Tirol seien eine Demonstration des Erzh. Ferdinand gegen einige schwäbische Herren, namentlich Karl Truchsess. Ven. Copp.

286. Ehem an Johann von Nassau. 24. April

Hat des Grafen Schr. und Credenz auf Otto von Grunrad empfangen und dessen Anbringen mit dem Statthalter Wamold angehört. Die Antwort wird Grunrad mündlich referiren. Sie wollen Alles, was zur Förderung von Gottes Ehre, der wahren Religion und der Einigkeit der Herren dient, nach ihren Kräften befördern helfen. „Mit dem spanischen werk [1]) sein wir gleichwol bis noch auf keinen satten grund kommen, wer und warumb disse ding angezedelt. Ich hoff aber, wir wollen bald denselbigen erlernen und darnach die gepurend arznei, wa es vonoten, adhibieren. Das man sich in etwas eingelassen hab, konnen wir nit glauben. Ich befind das herz und affection noch aufrichtig, wie allweg, es hab sich gleich verlaufen, was da wolle. Aber das man alle actiones gut heissen solle, ist man nit zu verdenken, wie E. Gn. weitleufig von dero reten genedigklich vernemmen werden. Ich will mich versehen, mein sohn werde sich underteniger gepur und gehorsamblich verhalten." . . . .

Idstein. Eigh.

1) Vgl. no. 233 A. 1 sowie die Correspondenz des Grafen Johann mit Oranien und mit J. C. (namentlich dessen ausführliches Schr. vom 24. Mai) während des Frühjahrs 1581 bei Prinsterer I. 7, wo sich auch zwei gewiss nassauische Aufzeichnungen finden, deren eine die Consequenzen eines spanischen oder oranischen Bündnisses für J. C., die andere die Handlungen des Pf. und Oraniens gegen einander abwägt. Eine rechtfertigende Antwort J. C. an L. Wilhelm, der ebenfalls wegen der spanischen Bestallung angefragt hatte, vom 26. April Jdst Cop Vgl. Rommel V, 607 A. 96. Zu beachten ist die Unkenntniss des Kanzlers Ehem von den geheimsten Plänen seines Herrn, vgl. no. 111 A. 1; 290.

287. Konrad Dasypodius an den Rathsherrn zu Schaffhausen J. K. Meyer. 27. April

Der Rat zu Sch. möge sich für Johann Sturm, der durch Unterstützung der Hugenotten in Schulden geraten, bei der für Mai nach

28*

27. April Vitry angesetzten reformirten Synode verwenden, wie die Pf. Reinhard und Casimir und der Landgraf tun wollen, „quod ex his literarum Casimiri exemplaribus patet.“ 1)

Bm. Cod. lat. 11470b f. 180. Cop.

1) Beiliegend ein Schr. Sturms an die Synode zu Vitry vom 31. März. Vgl. über die finanziellen Verlegenheiten des berühmten Pädagogen sowie über seine damaligen Streitigkeiten mit den Strassburger Lutheranern, die in Folge der Einmischung Kf. Ludwigs Sturms Uebersiedlung von Strassburg nach Neustadt (30 Juli) und seine förmliche Amtsentsetzung durch den Strassburger Magistrat (Dez. 1581) herbeiführten, Ch. Schmidt, la vie de Jean Sturm. Vergebens ermahnte damals (26. April) Schwendi die Geheimen, „das ir eure gaistlichen im zaum reitet ..... damit si mit irem schmeben und verhetzen kain feuer under euch anzünden“ (Str. Or). Die Zeloten griffen zu ähnlichen Mitteln wie im J. 1576/7 ihre Genossen in Speier. Dasyp. ist der bekannte Strassburger Mathematiker.

Mai Montauban

288. Aus dem Protokoll der reformirten Synode.

Am 7. Mai Abends kamen Navarra und Condé 1) an. Auf Wunsch des K., den man feierlich empfing, begrüsste die Versammlung auch Condé und den Gesandten Beutterich, wofür diese dankten und ihre wie Casimirs Unterstützung anboten.

Am 20. Mai erklärte B. dem K., dem Prinzen und der Versammlung, er sei hieher gekommen „pour adviser aux moiens d'estre paié par le roy des debtes, dont Sa Mté est obligée envers le dict sr duc, srs colonnelz“ u. s. w., und bat sie „de procurer envers Sa Mté qu'elles soient au plustost acquités“, entweder gemäss der zwischen ihm und Belièvre getroffenen Verabredung oder „par aultre voie prompte et sûre que Sa Mté advisera.“ Die Fürsten und die Versammlung beschlossen nach B's Wunsch „d'intercéder avec toute humilité envers Sa Mté et soubz son bon plaisir pour le dict paiement.“

Pb. Vc Colbert 29.

1) Vgl. Aumale II, 135 A. 1.

Mai

289. Veranschlagung der französischen Kirchen.

„La Guyenne comprins le roy de Navarre et M. de Turenne 33000 V
Le hault Languedoc . . . . 6000 V
Le bas Languedoc . . . . 21000 V
Le Daufiné . . . . 15000 V
Prouvence comprins ce qui a esté baillé par le sr de la Breulle . . . . 4500 V
Poictou, Saintonge, Angoumoys, La Rochelle et Aulnis avec les isles . . . . 20000 V
Anjou, Mayne, Touraine, Lodunois et Vendomoys . . . 2000 V
La Bretaigne comprins messrs de Rohan et de La Val . 15000 V
116500 V
La Normandie et le Perche

L'Isle de France, Picardie, Champaigne et Brie, Orléans et Berry, la Bourgongne, Lyonnois, Forest, Auvergne et Bourbonnoys." Mai

[Auf der Rückseite eigenh. Bemerkung Johann Casimirs:]

„Verzeichnus, wie sich die kirchen in Galia haben taxirt, als Beutrich bei dem kunig von Navara gewesen."

Ma. 544/14.

290. Ehem an Graf Ludwig von Witgenstein.[1]) 27. Mai Friedelsheim

(Spanische Bestallung. Grafeneinigung.)

... „Was M. Gn. F. und H. herzog Johann Casimir an E. Gn. und Grave Johannen zu Nassau sämptlichen in bewuster spanischen und niederlendischen sachen geschrieben, sich erklert und erbotten, das werden E. Gn. aus dem original sehen und soviel vernehmen, das es mit der bestallung nichts ist, wie wir seithero dann auf den grund kommen, wer diese ding verursacht und ausgesprenget.

Was aber die niederlendische handlung antrifft, mögen E. Gn. neben andern guttherzigen graven ratschlagen und auf mittel und wege gedenken, wie denselben zu helfen und was der herzog darbei tun konne. Und ist dieses ein starke praeparation zu genzlicher wiederversohnung der gemutter. Unser meinung wer, wann E. Gn neben ander graven diesen handel erwögen, sich resolviret, das es gut, man zu haufen kommen were und von diesen franzosischen und teutschen sachen, die zuvor an einander hangen, geredt und communicato consilio geratschlagt hette. Dann es werden die Franzosen in den Niederlanden falliren, die sachen in Frankreich misslich stehen, die enderung in teuschem lande fur augen, auch Spanien nicht zum besten auf und balt verfallen möcht; der gemeine sachen und unser aller notturft wohl erfordert, [!] was in beforderung derselben fur dinstlichen ermessen werden [!], soll dieses orts nicht erwinden."

Idstein. Cop.

1) Derselbe hatte sich kurz vorher wegen der spanischen Bestallung bei J. C. persönlich erkundigt (Prinsterer I. 7, 548). Dohna berichtet: Graf Johann und Witgenstein hätten erst den Grünrade geschickt und seien dann selbst gekommen, „aber sie bekahmen eine solche antwort, das sie stillschwiegen und J. F. Gn. nicht weiter importunirten"; er setzt dies offenbar irrig vor die Vermählung Gr. Johanns mit J. C. Schwester.

291. Schomberg an Kurfürst August. 28. Mai

Entschuldigt sich, dass er Karlewitz mit des K. Abfertigung so lang aufgehalten. „Die Hugenotten furen den konigk recht mit dem friede bei der nasen ruhm. Der herzogk von Anjou, des konigs bruder, will wider des teufels dank ins Niderland, gott gebe der

28. Mai bruder und die mutter springen auf oder nider." In England wegen der heirat nichts ausgerichtet; „kenne ich anders die Engelender recht, so werden sie so lange diese tractation aufhalten und denen, biss des koniges bruder und der konigk aus Hispanien einander bei den kopfen kriegen; als dann werden sie die heurat an die wand henken. Es hat K. Mt. E. Ch. Gn. uber einen mahn klagen wollen, wie Karlewitz bewust, hat es doch entlichen lassen bleiben. Worauf sich auch die Hugenotten steuren und verlassen, kann briefeszeiger E. Ch. Gn. woll berichten, dann ehr es nicht alleine in Frankreich, sondern vohn leuten, die es woll wissen, selber haussen gehoret hat" [1].......

Dr. 8088. Eigh.

[1]) Gemeint ist wohl Joh. Casimir.

Mai–Juni 292. Aufzeichnungen des kursächsischen Gesandten D. Andreas Paull.

(Beobachtungen und Erkundigungen bei Erzherzog Ferdinand, Baiern, Ferrara, Mantua. Aeusserungen der Italiener über die künftige Kaiserwahl und die Stellung Kursachsens im Reich.)

„Arcid. Ferdinando.[1])

Vuol esser il direttorio della corte Cesarea, vigore privilegii, quo ipse tanquam maximus natu Austriacus est perpetuus summus consiliarius imperatoris.

Quello che havea parlato il Christoff Truchsess col Villebroch del maritaggio dell' arciduca etc.

Cecilia.

NB. Godt geb ihr die ewige ruhe etc. sic etc.

Baviera.

Il Nadler[2]) : come Baviera havesse amato il s^r^ elettor etc. et del matrimonio dell' arciduca etc.; sospettavano qualche chosa. Imp. Massimiliano non vedeva volentieri illam coniunctionem tra il s^r^ elettor et Baviera.

Il duca vuol esser buon figliuolo al s^r^ elettor et domandò gli ritratti di S. Alt., della sua consorte et del principe.

Ferrara.[3])

Ringratia il s^r^ ellettor dell' amorevolezza, la qual gli ha sempre usata, principalmente havendo il s^r^ elettor fatto gli dir, che quel negotio, per il quale lui all' hora haveva mandato, S. Alt. volesse pigliarlo, comme se fosse suo proprio, et lo ringratia infinitamente di questa amorevolezza; et che era sempre stato servitor di S. Alt., dolendosi che non l'havesse potuto veder, et che desiderana di servirlo in qualunque occasione con fatti et non con parole.

Item diceva che desiderava di veder il s^r^ elettor in quel luogho, volendo dir nell' imperio.

Item contava le sue chose di Polonia, che gli era stato offerto il reame, per dirlo al s^r^ elettor per la sua scusa. Mai—Juni

L'imperador gli volse mal per questo, et fece quella chose di Firenze in praeiudicium suum contra la sua promessa. Et havendo lui detto all' imperador liberamente, che gli Firentini dicevano che all' ultimo farrano [!] tanto con dinari che l'imperador si doveva acquetar, l'imperador havea risposto: I tristi, come sono coloro, fanno così.*) Et pur fece, la qual inconstanza sapeva che dispiaceva al s^r^ elettor. . . . .

N. Salutar da parte del duca di Ferrara duca Julio.[4])

Mandarli un ritratto di quella statua d'Ottone IIII.

Ch'il duca Giulio mandi il figliuolo una volta in Ferrara.

Mantova.[5])

Ringratia S. Alt. che gli havesse fatto questo favor, et si offerisce à servirla; et che nessun sì tosto metterà il piè avanti per servirla, come lui; et che non dovevano esser parole, ma fatti.

Pregò poi, che io non volessi partir sì tosto, ma restar qualche giorni, acciochè tutto il mondo vedessi il buon animo del s^r^ elettor verso di lui.

Mi disse poi della disgratia intervenuta alla sposa del figliuolo suo, et che non sapeva anchora, se fosse sua nuora; et che questa chosa lo tormentava molto, come io havessi a pensar, havendo quel figliuolo solo et desiderando posterità; et che erano mandati duoi chirugici [!] per segarla, et se non riusciva quella opera, che lui era deliberato di far il disfar il matrimonio.

Dissi, che era una gran disgratia et che mi maravigliava che non si seppe davanti, et che il s^r^ elettor gli havria certo compassion grandissima, havendo anchora lui un figliuolo solo. Item pregò che non si trattasse niente tra Savoia et Firenze, se lui non fosse compreso.

Item advertir il s^r^ elettor, se dovesse morir l'imperador, che s'eleggesse un suggetto, col quale si potesse trattar, perchè le chose andavano maravigliosamente etc. Et dicendo io delle chose del Final,[6]) lui anchora disse dell' arciduca Ferdinando, che non dovevano eleggerlo, dolendosi dallui, che lo minacciava per voler dar al suo figliuolo una figliuola del duca di Firenze, et non volendo lui acconsentir l'havea cravato [!] per il Sprinzenstein matto. Era molto partiale etc.

Pregava che lo voleva tener secreto. Item diceva che l'arciduca era stato secretamente a Praga senza parlar all' imperador.

*) Am Rand: „Mi mostrò lettere et altri scritti.“

Mai—Juni Mantova la 2da volta.

Jo lo ringratiai, offerendomi, havendo prima detto che il s[r] elettor haveva cara quella sua amorevolezza et cortesia.

Rispose, quanto era servitor di S. Alt., et che non volesse perdonar alla vita et alli stati per servirla.

Pregando, che se si dovesse trattar qualche chosa tra Savoia et Firenze,[7]) che anchora di lui non si dismenticasse, ma che lui et gli altri principi d'Italia anchora fossero restituiti del suo honor.

Poi che era anchora un altro negotio, il qual lui non poteva quasi dir senza rossor, ma pur confidandosi tanto di me voleva dir, et ciò era, che desiderasse che si trattasse matrimonio tra il duca di Savoia et la sua figliuola[8]) per il s[r] elettor, et che voleva pensar più oltra di ciò et forse mandar qualchuno a S. Alt.; ma che lo diceva adesso a mi confidentemente per preparatione. Et se si potesse far questa chosa, all' hora il s[r] elettor, come ha gran authorità con Savoia, così all' hora potria commandar a Ferrara, Mantua, Parma, ch'eran collegati insieme adesso.

Jo risposi, ch'io volentieri parlaria con S. Alt., non dubitando che S. Alt. faria tutto quello che saria possibile.

Et poi gli dissi, ch'era quasi una chosa non nata anchora quella del matrimonio di Savoia; et poi anchora dissi, che si parlava assai di Spagna. Il duca poi disse, che si diceva che Spagna praticava che l'arciduca Ferdinando fosse imperador.[9])

Jo dissi, che più tosto non lo saria, praticandolo Spagna, come avenne nelle chose di Colonia, perchè li elettori non si lasciavano così prescriber; ma che altrimenti l'arciduca Ferdinando era grand' amico del s[r] elettor et che lo poteva esser per altri rispetti etc. Poi mi licentiai, dicendo che tutto quello che S. Alt. m' havesse commandato, saria esseguito con grandissima diligentia et con quella secretezza che secondo la qualità delli negotii si conveniva etc.

Di S. Alt.

Il Delphino[10]) disse, che fuora della religione S. Alt. era molto politica.

Il Delfino disse a me, che haveva parlato al papa del Renzeugh del s[r] elettor et delle altre chose che havea visto a Dresda, et che il papa di tutto la sua relatione non havea inteso chosa più volentieri etc.

Item diceva, che bisognava maritar Savoia etc.

Item allargar le chose della religione in Francia etc.

Tutti principi d'Alemagna et l' imperador anchora niente stimati in Italia, salvo il s[r] elettor etc.

Itali dicunt, quod elector sit gubernator imperii et componat Mai—Juni discordias principum, imperator tantum scribit privilegia.

Marco Fuggero disse, che il s^r^ elettor voleva far il re di Dennemarck imperador l'anno passato, et che l'imperador l'havesse richiamato per questo.[11])

Julius Caspar Brancacius Neapolitanus fù nella battaglia di Mulbergh e dice d'haver visto all hora la virtù del s^r^ elettor et del duca Mauritio, l'un con spedo et l'altro con l'archibugo, weren herfur gewischt, et che gli Italiani haveano detto che quelli duoi signori diventariano grandi.

Principes Italici intellexerunt hanc legationem factam ad explorandos ipsorum animos, se S. Alt. forse pensasse all' imperio, et obtulerunt se ad obedientiam. Item dixerunt, che S. Alt. debebat astruere imperium filio."

Dr. 8233. Eigh.

1) Vgl. no. 277. Des Erzh. erste Gemahlin die berühmte Philippine Welser, war im April 1580 gestorben. Er vermählte sich zum zweiten Mal im J. 1582 mit der mantuanischen Prinzessin Anna Caterina. Wer „Cecilia" ist, vermag ich nicht zu sagen.

2) Bairischer Rat und Kanzler des Landsberger Bundes.

3) Alfonso II, der letzte Herzog von Ferrara († 1597), über dessen Verkehr mit Sachsen und Pfalz zu vgl. Albèri, Relazioni II. 2, 420 ff.; Peiferi epp. p. 224 ff.; 241; 248 ff. Alfonso's Bewerbung um den polnischen Tron fällt ins Jahr 1575.

4) Julius von Braunschweig. Wie Savoien die Verwandtschaft mit Sachsen so betonte der Este den Zusammenhang seines Hauses mit den deutschen Welfen.

5) Guglielmo Gonzaga, geb. 1538, Herzog von Mantua 1550—1587. Sein Sohn Vincenzio, geb. 1562, hatte den hier erwähnten Zustand seiner ersten Gemahlin, einer Farnese, dem Vater vergebens zu verheimlichen gesucht (Albèri II. 5, 370); er heiratete nach Auflösung dieser Ehe nachmals Eleonora, die Tochter Francesco's von Toscana.

6) Die Markgrafschaft Finale war seit 1567 vom Kaiser sequestrirt und seit 1571 von spanischen Truppen besetzt (Häberlin XI, 5 ff.); ihr vormaliger Herr Alfonso Caretto wurde in seinen Ansprüchen auf Restitution von Kf. August unterstützt (Peiferi epp. p. 205/6; 216/7; 222/3).

7) Dies bezieht sich auf die Präcedenzstreitigkeiten zwischen den italienischen Fürsten, die namentlich durch die Erhebung Toscana's zum Grossherzogtum sehr verschärft worden waren, vgl. Carutti, Storia della diplomazia della corte di Savoia I, 389 ff.

8) Vgl. Ricotti, storia della monarchia piemontese III, 10 f.

9) Ferdinand's Ehrgeiz war ebenso bekannt (vgl. Charrière III, 172 A.; seine Bewerbung um den polnischen Tron ebend. 627; oben p. 200 A. 1) wie sein intimes Verhältniss zu Philipp II, mit dem er am 20. Dez. 1577 eine Militärcapitulation auf 5 Jahre geschlossen hatte (Ma. 292/8 f. 12 Cop.). Auch in Venedig hielt man seine Wahl zum römischen König für wahrscheinlich (Charrière IV, 26); vgl. no. 296.

10) Giov. Delfino, früher Nuntius am kais Hof, seit 22. Nov. 1579 B. von Brescia; er hatte bei der Lausitzer Reise des Kaisers Frühjahr 1577 Dresden besucht (vgl. no. 54; Theiner, Vet. Mon. Slav. Merid. II, 66). Ueber seine Sendung zum Nürnberger Tag 1580 vgl. no. 254.

11) Vgl. p. 35/6; 69; 187/8.

11. Juni Friedelsheim

293. Werbung und Beantwortung des veldenzischen Rats Gerson Held.

Vor Johann Casimir, Kanzler [Ehem] und Stallmeister. Held stellte im Namen des Pf. Georg Hans den Antrag, das Haus Pfalz solle, da das Ableben des Bischofs von Speier bevorstehe, das Bistum nach dem Beispiel von Sachsen und Brandenburg einziehen, einen Administrator einsetzen und die Religion freistellen; gegen Ueberlassung der Administration an seinen ältesten Sohn Georg Gustav wolle der Pf. sich seiner Ansprüche gegen Kurpfalz begeben.

Der Kanzler erklärte nach Abgang des Gesandten den Vorschlag an sich für billig, aber kaum durchführbar; „seien auch Pfalz selig mit umbgangen, zum wenigsten das Stift Wormbs zu Pfalz zu bringen," [1]) man habe ihm aber nicht einmal Sinzheim und Neuhausen, die doch kein Stand, lassen wollen. Man solle übrigens den Pf. auffordern, seine Mittel anzugeben und sich selbst an den Kf. zu wenden, „den was von P. [Joh. Cas.] herrurete, were verdechtig". Der Gesandte erklärte nach der Antwort, sein Herr rechne auf einen Teil des Capitels und auf den Adel und sei nicht gegen eine Beiziehung von Zweibrücken und Neuburg; beim Kf. solle er seine Werbung nur nach Zustimmung J. C. anbringen. Der Kanzler: „Er were vor disem in diser sach gebraucht worden, selbst zu jetzigem bischof geschickt, der sich vil guts erbotten und designationem der capitularen geben, so auch nit darwider. Man hab daruf etlich vom adel, die gewogen, gen Heidelberg beschriben, mit inen gehandelt, den ubrigen adel zu vermögen; was aber darein komen, wiss man nit; weren alle wider zuruck gefallen. Bischof hab auch gewanket. Und musst man uf den Fall den nobilibus wol einbilden, das nobiles in Saxonia mit der einziehung wol zufriden." [2]) . . . . .

Ma. 545/1. Prot.

1) Wann Friedrich solche Pläne hegte, ist mir nicht bekannt; über seine Streitigkeiten mit dem Bischof 1564/5 vgl. Kl. I, 577.

2) Diese sonst nicht bekannte Thatsache dürfte zu dem oben p. 129 berührten grossen Säcularisationsplan der Nassauer und Pfälzer vom J. 1573 gehören; La Hug. I, 203 behauptet sogar, dass der B. von Speier „avoit sa femme toute trouvée". B. Marquard von Hattstein, von den Aerzten schon im Frühjahr 1581 aufgegeben, starb am 7. Dezember (Remling II, 393 ff.). — Ein weitläufiger „Discurs" des Pf. Georg Hans über seinen Speier Plan, die Freistellung, die Gefahren von Seiten der katholischen Reaktion (u. a. der päpstliche Plan, durch Erhebung katholischer, vornehmlich italienischer Fürsten zur Kurwürde die Protestanten im Collegium zu majorisiren oder allmählich ganz zu verdrängen!) Ma. a. a. O.

18. Juni Antwerpen

294. Languet an Johann Casimir.

Ausführlicher Bericht über die Lage in den Niederlanden, die Absichten Anjou's und das Verhalten der französischen Regierung. Englische Zeitungen.

Mb. 90/12 f. 165. Eigh.

295. Johann Casimir an die Geheimen der Stadt Strassburg. 19. Juni Friedelsheim

Glaubt nicht an ernstliche Absichten Alençon's zu Gunsten der Niederlande, noch weniger an einen Bruch des Königs mit Spanien. Es kann wohl sein, „das die Franzosen ein auge auf eure statt geschlagen“; erinnert an den Weissenburger Tag 1577; rät unter der Bürgerschaft Einigkeit zu halten . . . .

Str. Or.

296. Haberstockh an Wilhelm von Baiern. 28. Juni Wien

Reise der Erzherzoge Ernst und Karl nach Prag, des letzteren nach Sachsen, dann zu Rosenberg. Seltsame Reden hierüber: die Bestunterrichteten behaupten, die Abforderung des Erzh. Ernst sei durch Privatsachen der Kaiserin veranlasst. Etliche sagen, der Kaiser sei höchst gefährlich krank, was aber nicht so schlimm sein soll. Manche halten dafür, Erzh. Karl stehe in starker Praktik, eventuell dem Kaiser in Böhmen, Ungarn und im römischen Reich zu succediren. [1]) Weiss nicht, ob das mit Vorwissen des Kaisers geschieht; wenn nicht, so dürfte es böses Blut geben. Gewiss ist, dass ein ansehnlicher Minister geschrieben, Erzh. Karl habe bei allen Böhmen, besonders bei Rosenberg sehr gutes Gehör gefunden, „das sich also Erzherzog Ferdinanden, so gueten platz er alldorten immer habe, desto weniger zu besorgen.“ In Ungarn seien der Locumtenens und ein anderer ansehnlicher Herr mit 6—8000, höchstens 10000 Talern zu gewinnen. Bei den R.-Ständen der A. C. werde für den Erzh. sprechen die jüngste Religionssache und die Suspendirung eines bereits ergangenen Dekrets [2]) . . . . .

Ma. 231/10. Eigh.

1) Ueber diese Vorgänge geben Hurter II, 313 ff. u. Stieve, die Verhandlungen über die Nachfolge Kaiser Rudolfs II in den J. 1581 bis 1602 (Abhdlgen der Münchener Akademie III. 15, 1; 1879) Mitteilungen aus Wiener Akten. Das selbständige Vorgehen von Sachsen und Mainz erhellt aus no. 272; wie Kf. August bei Erzh. Ferdinand und in Italien sondiren liess, berichtet Paull (no. 277). Ferdinand besprach mit ihm „in privato colloquio, Monaci mense Junio 81“, die baldige Erledigung der Kaiserkrone: „rogat, ut elector cogitet, ne omnia sint all' improviso“ (Dr. 8233). Wenn der bairische Agent dem kais. Oheim Karl von Steiermark die besten Aussichten auf die Krone zuschreibt, stellt dagegen eine Depesche Badoer's aus Prag vom 23. Mai den Bruder des Kaisers Erzh. Ernst als den Candidaten hin, für den Erzh. Karl bei Sachsen und Brandenburg wirken solle (vgl. no. 272 A. 1). Und der Gesandte St. Goard schreibt aus Madrid an K. Katharina (24. Juli, Pb. f. fr. 16108), die Erzh. Ferdinand und Karl wollten die Kaiserin-Mutter nicht nach Spanien reisen lassen „de peur qu'en son absence plusieurs viennent en Germanie à perdre le respect à l'empereur, comme il y a quelque apparence, et mesme son frère Arnest.“ Auch Johann von Nassau nennt in einem Schr. an Oranien vom April (Prinsterer I. 7, 537) die Erzh. Ferdinand und Ernst als Rivalen; als solche erscheinen sie neben Erzh. Karl noch in einem Bericht des venezianischen

Gesandten vom J. 1582, während im J. 1584 die beiden Oheime sich mit der Kaiserin-Mutter zu Gunsten Ernst's vereinigten (Stieve a. a. O. p. 11).

2) Gemeint ist Erzh. Karls Toleranzerklärung vom 9. Febr. 1578 und die Zurücknahme seines Dekrets wegen Schliessung der Grazer Stiftskirche (3. Febr. 1581), vgl. Hurter I, 345 ff.; 444/5.

1. Juli Veldenz

297. Pfalzgraf Georg Hans an Johann Casimir.

Hat von Held noch keinen Bericht über den Entschluss Kf. Ludwigs, dagegen J. C. Bedenken vernommen. Copien seiner Schr. an das Trierer Capitel und an Ludwig.[1]) J. C. möge die kalten Fürsten erhitzigen helfen. Halten sie insgeheim zusammen, so kann wohl einer der Katze die Schellen anhängen, ohne dass die andern sich offen in die Gefahr stecken. Bittet um Geheimhaltung und vertrauliche Erklärung. „Dan wol mittel vorhanden, das, wo die capitularn billiche mittel nit annemen wolten, man nit lang umb die possession disputiren dorft.“ Man sollte zum Besten der Freistellung an einem Stift ein Exempel statuiren; „sonst spotten die pfaffen unser in die hand, das wir mit briefen sehr drauen und mit den herzen und der tat nichts ausrichten“. . . . . Ohne sein Vertrauen auf J. C. eifrige Gesinnung, die jener seines Vaters entspricht, „wolten wir E. L. nit sovil communiciren.“ . . . .

Ma. 545/1. Or.

1) Am 4. Juni war Erzb. Jakob III von Trier gestorben; am 30. Juni wählte das Capitel zu seinem Nachfolger den Dompropst Johann von Schonberg; vor ihm und dem Domdechanten von der Leyen hatte G. H. am 26. eine Werbung angebracht, die er in einem Schr. an das gesammte Domcapitel vom 1. Juli wiederholte. Sie enthält nach einer langwierigen Erörterung über die Frage der Freistellung und ihre beste Lösung den Vorschlag, einen „Potentaten deutscher Nation“ zum Erzb. und Kf. zu postuliren, wofür den einzelnen Capitularen 10000 fl. als Geschenk und andere finanzielle Vorteile versprochen werden. Natürlich meint er wieder seinen ältesten Sohn. Er schrieb unter gl. Datum an die einzelnen Capitularen und an Kf. Ludwig, der am 31. Juli dem Pf. von dem durch Held angebrachten Vorhaben abriet. Ma. a. a. O.

2. Juli Lützelstein

298. Pfalzgraf Georg Hans an die Geheimen von Strassburg.

Brauchen für seine treuherzige Mitteilung nicht zu danken. Copie seiner Antwort an J. C. Hofft, dass die Bösen zum Spott werden. Vor 3 Tagen kam ein kgl. Gubernator ins Elsass und besichtigte ihre Stadt. Die Bürger von Pfalzburg, durch den von Lanty benachrichtigt, dass die Garnison zu Metz und zu Marsal ausziehen solle, haben die ganze Nacht Wache gehalten. Gute Leute sollten einmal Geld aufbringen und den Praktiken ernstlich entgegentreten; er ist bereit dazu zu helfen. . . . .

Str. Or.

299. Bericht des Grafen von Champlitte[1]) über seine Verhandlungen mit Beutterich. 8. Juli

(Johann Casimirs Anerbieten, auf Kosten Spaniens gegen Alençon oder gegen die Staaten ins Feld zu ziehen)

„Lo que el conde de Champlite avisa aver entendido del doctor Beutric consejero de Casimiro, en las vistas que con el tuvó, en Beaujeu, una legua de Gray, [2]) á 8 de julio 1581.

Que el dicho Beutric par comission de su amo ha dado por toda Francia una vuelta visitando los de la yglesia reformada que ellos llaman para confirmarlos en su opinion y sabar sus fuerças y asegurarlos de la asistencia de su amo, y que en dar la vuelta ha tardado nueve meses.

Que sin duda el duque de Alanson embió á pedir á su amo con los señores de Malerol y de Bosle, [3]) que se encargasse de le levantar algunos reytres para su servicio; mas ni el uno ni el otro hizo nada.

Que pasando adelante en sus pláticas declaró el Beutric al conde la voluntad de su amo, diziendo que si Su Mag^d^ quiere impedir la yda de Alanson á las Payses Baxos y entremeterle á el en esto, que el se empleará en ello, con condicion que Su Mag^d^ le provea de dinero para la leva de la gente de á pié y de á cavallo que quisiere, y un medio mes por el servicio de tres meses, y dandole un mes entero servirá por otros tres mas, advirtiendo que el sueldo de un mes sube mas que el ordinario de Su Mag^d^. Que si entrando en Francia no se impide la yda del duque de Alansoná Flandes, lo podrá hazer de otra manera, porque con color de lo que le deven el de Orange y los estados rebeldes entrará y les hará la guerra, sin tocar á cosa que sea de Su Mag^d^, sino solo passar de transito, y que avria menester en tal caso el Casimiro una comission ó poder de Su Mag^d^ en su favor y de sus coroneles contra los dichos estados y cuerpos y bienes dellos por sus pagas;*) que el entraria con diez mil reytres y catorze mil infantes.

Y conviniendo entrar en Francia lo podria hazer con pretesto de lo que le deve el rey christianisimo. Pues por el acuerdo que tomaron está tratado que el se pague por lo ordinario y extraordinario, entendiendo lo extraordinario á mano armada. Sobre

---

*) In der beiliegenden französischen Fassung: „une commission ou pouvoir de Sa M^té^ sur son dict maistre et ses colonelz pour attenter contre les dictz estatz, corps et biens pour leur payement."

8. Juli la qual intencion de su amo ha pedido el dicho dottor al dicho conde que se sepa con brevedad la de Su Mag^d y se le avise; y offrezce que su amo hará de aquello que se tratare las promesas y seguridad que se le pudiere dandolo firmado y sellado; y sobre todo dessea que aquellos pretestos que dize se le tengan secretos."

[Auf der Rückseite:]

„Aviso del conde de Champlite, para embiar á Juan Baptista de Tassis,[4]) en cifra."

Pa. K. 1447. Cop.

1) Gouverneur von Burgund, vgl. no. 174; 199; 200; 233 A. 1.
2) Beaujeux, Dorf im Dep. Haute-Saône Arr. Gray.
3) Vgl. no. 223 A. 4; Prinsterer I, 7, 492 ff. Wer der Herr de Bosle sein soll, weiss ich nicht.
4) Juan Batista de Tassis, nach dem Tod des Gesandten Vargas Mexia spanischer Geschäftsträger am französischen Hof (Jan. 1581 bis Sept. 1584, Teulet V, 221 A. 1). Vgl. unten 4. September.

Ende Juli

300. Beutterich an Dohna.

(Missdeutung seiner Politik. Gefährliche Rückreise. Die Lösung der Geiseln. Die Hugenotten und ihre Führer; Synode zu Montauban. Streit J. C. mit Kurpfalz.)

„S. Nihil mihi, generosissime et idem colendissime et amantissime domine baro, absentia tua gravius accidit a multo tempore. Destinaveram te proposueramque mihi unum post principem, in cuius sinum intima quaeque effunderem. Alii enim nescio qua ratione vel non capiunt ista vel si possent, abstrusis consiliis deterrentur. Et cum si non laudem, congratulationem certe mererentur a me gesta negotia, tracta sunt tamen aliorsum multa et ita interpretata, ut parum abfuerit, quominus aspergerer. Egi autem, quod debui, obstruique os multis. Sed omitta ista. Redii XIX Julii, exceptus a principe omnium clementissime. Vix credas, quantum periculorum sustinendum mihi fuerit. Simulavi me Rupella in Angliam et inde ad Hanzas civitates navigaturum. Idque credebat Navarreus, Condeus et omnes intimi. Rex non poterat aliud suspicari; cum enim Montalbano potuerim quatriduo citius vel Lugdunum vel Genevam pervenire, nemo existimare poterat me Rupellam profecturum, ut deinde medium Galliae pertranseundum mihi esset. Qui me norunt, putabant circumspectiorem me fore. Ego simulavi omnia, quoad discedendum mihi fuit, et conscensis equis veredariis Pictos, Andegavos, Turonios, Bituriges, Borbonios, oram Ligeris et mediam denique Galliam penetravi, adeo ut Rupella Lugdunum triduo pervenerim, quod Bezae miraculo fuit. Lugduni agnitus sum et putabam tum mecum actum esse, etsi et nomen mutassem (vocabar enim Boythomas) et barbam abradi curassem et fuco faciem illivissem et totum habitum transfigurassem. Deus me mirabiliter eripuit e faucibus leonis.[1]) Ex animi sententia processere reliqua. Utilitati et honori principis nostri cedunt omnia, et inprimis ecclesiae incremento, equitibus, satisfactioni. Neque enim, nisi ego cum Bellievrio acriter contendissem, liberarentur obsides nec tractaretur de eo, quod debet rex. Mainradius Schonbergius, Walbronnius et ego proficiscimur cras Nanceium tractaturi cum regiis legatis de obsidibus et aliis rebus, reversuri intra XII dies.[2]) Offert rex bis centena millia francorum, quae iam Tulli dicuntur esse. Vereor autem, ne condiditionibus iniquis offerat. Suscepi aegre hoc negotium. Rogatus tamen a principe et sollicitatus ab aliis recusandum non duxi. Ende Juli

Quod ecclesias attinet gallicas, sunt certe meliore loco quam vel tu putasti vel ego discedens speravi.

Navarreus affecit me summis honoribus et muneribus, et Navarrea ducissae nostrae misit per me munus elegans nec me indonatum reliquit.[3]) Condeus autem praestitit se semper optimum et constantem. Non sunt contemnendae ecclesiarum vires. Monspellium, Nemausus, Lunella, Aquae mortuae, Uzegium, Montalbanum, Castra, Bergeracum, Perigordium, Saniangelium, Rupella sunt splendidae ecclesiae viris praeclaris et viribus munitae. E. Pedomontio Rupellam usque veni, ut nusquam alibi me esu, potu somnoque refecerim, quam apud Huguenotas. In Montalbano conventu, cui rex Navarreus, Condeus, Turenius et omnium Galliae provinciarum ministri egoque interfui, sancitum est foedus omnium ecclesiarum, quod principi nostro nostrisque communicatum valde placuit.[4])

Ho fatto capitulazione nova col re, ma per tutto simile a quella dell' anno passato. Tempus brevi aperiet, me non frustra abfuisse nec temere hanc provinciam in me suscepisse. Qra de re utinam tecum coram agere liceret!

Hodie in senatu actum est de electore nostro. Eo rediere omnia, ut Neostadium cum 4 pagis feuda sint, de duobus monasteriis decernatur per compromissum, reliqua eodem modo haereant. Ego vero dubito, an electori sint haec futura grata. Suasi certe reconciliationem, quantum potui, quia id et necessitas et utilitas et honestas suadet. Et disturbat haec altercatio multa praeclara. Sum author principi, ut etiam cum damno aliquo, modo honor salvus sit, huic negotio serio incumbat."[5])

Bm. Coll. Camerar. XI. no. 309. Eigh. (unvollständig.)

1) Schregel schreibt hierüber an Graf Johann (Frankenthal 14. Juli), B., der wieder zurückgekehrt, sei von Rochelle, statt wie er vorgab nach

Ende Juli England zu gehen, „stracks zu mitternacht nach Leon postirt; und wiewol er aldar erkant, hat er sich maisterlich ausgeredt". Idstein. Am 26. Juli wohnt B. einer Beratung J. C. mit Meinhard von Schönberg, Walbron und Lewenstein über die Schickung nach Nancy (s. u.) bei, Mb. 130/2.

2) Die Vollmacht J. C. für die drei Abgesandten, Friedelsheim 28. Juli (Mb. 90/11 Or.), beauftragt dieselben vor der von Lothringen angeregten Lösung der Geiseln um 200000 Franken zuerst von den Ausständen J. C. und des Kriegsvolks gemäss der kgl. Obligation und ihrer Instruktion zu handeln. Am 13. Aug. schreibt Caspar von Schomberg aus Nancy, am 21. Aug. aus Zweibrücken an J. C. wegen einiger Schwierigkeiten, die von Seiten der Abgesandten und des Kf. Ludwig erhoben wurden; am 21. Aug. lag das französische Lösegeld bereits zu Saargemünd bereit; die Rückstände sollten Ende Sept. zu Nancy liquidirt werden. Mb. 90/12 Or; Mc. a. a. O. Eigh.

3) Hierüber sowie über Beutterichs ungünstiges Urteil von der Politik und dem Privatleben Navarra's vgl La Hug. II, 134/5; 140 ff.

4) Vgl. no. 288,9. Palma Cayet gibt in seiner chronologie novéniare (Petitot I. 38, 430) Nachricht von der Absicht eines Teils der Hugenotten, J. C. mit einem Jahresunterhalt von 250000 escus für seine Offiziere und einem Fonds für die Besoldung seiner Reiter zum Protektor der Partei zu erheben. Aber es findet sich hiefür keine Bestätigung, ebenso wenig für seine Angabe, B. sei mit Dathenus nach Frankreich gekommen. Dass B. Trinken den „ministres" Aergerniss gab, ist wohl zu glauben.

5) Nach dem Vertrag vom 27. Jan. 1578 sollte J. C. Neustadt nebst den 4 Dörfern von Kurpfalz zu Lehen tragen. Die beiden Klöster, Seligenpfort und Gnadenberg in der Oberpfalz, zur Verlassenschaft der Wittwe Kf. Friedrichs II Dorothea gehörig, versprach Ludwig im Vertrag vom 9. Febr. 1582 seinem Bruder einzuräumen.

12. August Augustusburg

301. Die Kurfürsten von Sachsen und Brandenburg an den Kaiser.

Auf dessen Schr. vom 21. Juli. Werden es gegenüber dem kais. Vorschlag eines Reichstags (vor welchen die niederländische Sache gehört) an nichts fehlen lassen. [1])

Wh. Rtagsakten. Or.

1) Vgl. no. 253; 265. Mainz hatte sich schon am 31. Mai für einen R.-Tag ausgesprochen, worauf am Kaiserhof die Zeit Trium regum und als Ort Regensburg oder Augsburg ins Auge gefasst worden war. (Vorschlag des geh. Rats an den Kaiser, 10. Juni, Wh. a. a. O.)

14. August Commercy

302. La Rocheguyon an Johann Casimir.

„J'ay receu une lettre que m'a envoyée mons[r] Beuttrich de la part de V. E., mais d'aultant que je n'estoy chez moy lors qu'elle y fust apportée pour pouvoir trouver commodité de parler avec le dict s[r] Beuttrich, j'envoye Hypolite présent porteur vers V. E. pour luy faire entendre toutes choses de ma part et pour recepvoir ses advis et commeudements sur tout ce que j'auray à me conduire."

Mc. Fürstensachen CXXIII. 1011. Eigh.

303. Der Kaiser an Kurfürst August. 27. August Prag

Dankt für dessen Mitleid mit seiner Schwachheit, wie er überhaupt bisher A.'s Zuneigung immer wirklich befunden hat. Gegenerbieten; Fortdauer der von seinem Vater gepflogenen guten Correspondenz. Der von Rosenberg hat ihm einen Besuch A.'s, falls er ihm nicht entgegen, in Aussicht gestellt. „Nun ist es mier nit allain mit nichten zuwider, sonder E. L. tuet mir auch daran ain sonders guets gefallen, und solle E. L. mier ain gar angenemer lieber gast sein."

Dr. 8500. Eigh.

304. St. Goard an König Heinrich III. 28. August Madrid

. . . . „Je suis avisé que le roy catholique a voulu négosier avecque grandes sommes d'argent de guaigner les électeurs et aultres princes et grans seigneurs de l'empire, pour que l'on l'eslust roy des Romains, mais à se que j'entans aiant esté adverti par ses ministres qui avoest charge de sete négosiasion, qu'ils ne voioest nulle sallie en iscelle, il s'est résolu que l'on l'atantast avecque tous les moiens posible pour l'archiduc Arnest, achaptant avecque sa faveur et son argant la dicte élection; à quoy il croit réusir, atandu la condision, de laquelle il tient les électeurs, lesquelz il panse asurémant aimeront mieulx de bon argant que l'empire pour nul d'eus.[1]) J'ay ausi entandu que le dict sieur roy avoit propause au duc de Savoie de le marier avecque l'une des seurs de l'empereur, mais que voiant que le dict duc tournoit le dos à tel parti, l'on a recommansé la pratique de son mariage avecque l'infante doña Catharine."[2]) . . . .

Pb. f. franç. 16108, n. 52. Eigh.

1) Vgl. no. 296; oben p. 95. Am 6. Aug. schreibt der Gesandte Danzay aus Kopenhagen an K. Katharina, Burkhard von Barby (damals von Kf August an den dänischen Hof abgeordnet) habe ihm Spaniens Absicht sich selbst oder einen ihm ergebenen Habsburger wählen zu lassen vorgehalten und sich erboten, vor Allem Sachsen und Brandenburg zu beeinflussen „à favoriser le parti que vous voudrez avancer, soit pour le roi ou quelqu'autre prince qui vous sera agréable." Danzay überliess es dem Grafen „de lui même" bei den Fürsten zu sondiren (Handlingar rör. Skandinav. hist XI, 155 ff.).

2) Vgl. no. 282; 292.

305. Salvard an Johann Casimir. 28. August Genf

Entschuldigt die beschleunigte Veröffentlichung der ihm übertragenen Harmonie der älteren reformirten Confessionen[1]) und bittet sie in Deutschland zu befürworten.

Mc. Fürstensachen CXXIII. 10(1. Eigh.

29

28. August 1) Vgl. über diese Harmonia confessionum fidei orthodoxarum et reformatarum ecclesiarum (Genf 1581), an deren Abfassung ausser Salvart auch Beza u. Danaeus Teil hatten, Gillet II, 204/5; Zanchius, epp. II, 399; 405 ff. Ein Schr. der Neustädter Theologen an die Genfer vom 27. Juni 1581 hatte um Verzögerung der Herausgabe ersucht, auf das Fehlen der schottischen Confession u. a. Mängel hingewiesen, Zusendung der dänischen Confession durch Ehem versprochen (Genf, Bibl. publ. a. a. O.).

29. August Dresden

306. Dr. David Peifer an Dr. Hartmann Pistoris.[1])

(Unüberlegtes Vorgehen von Kurpfalz in der Aachischen Sache. Stellung von Sachsen und Brandenburg.)

Concepte zweier Schr. in der Aachischen Sache:[2]) an den Kaiser von den drei Kurff., an Pfalz von S. u. Br. „Und hat der herr der sachen vorstendiglich und wol nachgedacht, ob woll der kaiserliche bericht eines widerschreibens wirdig und Pfalz dazu auch zu ziheu, das doch S. Ch. Gn. die feder nicht zu vertrauen. Dann weil S. Ch. Gn. albereit so weit gangen, so wurde diselbe im stellen solchen weg sonder zweifel hinausgegangen und nicht weniger in aller dreier churfursten, dann in S. Ch. Gn. namen alleine gescheen, schreiben haben wollen." Nun konnte man wohl auch Pfalz nur eine Vorantwort geben, namentlich in Voraussicht dessen, was die R.-Städte vermutlich vom Speirer Tag an die Kurff. gelangen lassen werden. Aber andrerseits ist zu befürchten, der Kaiser werde wirklich zur Exekution gegen Aachen schreiten, „welchs eigentlich one zerruttung nicht abgehen kan, und dann Pfalz auch je lenger je weiter in disen handel geraten, dessen sich endlich unsere herrn nicht gar eussern, sondern demselbigen wurden beistand leisten mussen." Daher die Concepte so gestellt, um den Kaiser zur Verschiebung der Sache auf einen R.-Tag zu bewegen, „und damit Pfalz gleichwol gefast werde, sich alleine in disen kutzelichen sachen nicht hoher zu versteigen und der gemeinen sachen etwa ein praeiudicium zu machen. Dann sonsten und wann Pfalz nicht dergestalt gefast und es solte pfalzgraf Casimir, Hans Georg und Hessen, an welche S. Ch. Gn. albereit derowegen geschriben, etwa ein scherfers raten, so dorfte den dingen, ehe dann man sich vormutet, zu viel gescheen, endweder auf Pfalzen seiten mit scherfern schreiben an die kais. Mt., oder aber durch die gedrauete execution auf dem kaiserlichen teil." Acceptirt Pfalz das Gesammtschr., so wird er auch ferner nichts ohne gemeinen Rat tun; eventuell kann eine Aenderung des Schr. in Aussicht genommen und Pfalz solang zum Stillstand vermocht werden. Gegen den Kaiser aber sind die Kurff., wenn er trotz des Schr. mit der Exekution fortfährt, entschuldigt und er kann sich nicht auf ihr Stillschweigen berufen. . . . .

Dr. 8573. Eigh.

1) Dr. David Peifer, geb. zu Leipzig 1530 † 1601, Jurist u. Humanist (poeta laureatus), Mitglied des geheimen Rats seit 1575, kursächs. Kanzler

1586—1589, dann wieder nach dem Sturz Krells. Vgl. Jöcher III, 1346; über Hartmann Pistoris no. 229 A. 11. 29. August

2) Ueber den Streit der Katholischen und Evangelischen zu Aachen, der im J. 1581 zu einer Reihe kais. Mandate gegen alle unkatholischen Neuerungen, zu einer kais. Commission, zwiespältigen Bürgermeisterwahl und schliesslich (Mai/Juni) zu einem bewaffneten Aufstand der Evangelischen und zur Flucht der Commissarien und vieler Katholischer geführt hatte, vgl. Häberlin XI, 353 ff. Am 10. Juli hatten sich Sachsen und Brandenburg beim Kaiser für die Stadt verwendet; der Kaiser antwortete am 7. Aug. Kf. Ludwigs damalige Corresp. in dieser Sache liegt mir nicht vor. Ueber den Städtetag zu Speyer vgl. Häberlin XI, 458/9.

307. König Philipp II an Juan Baptista de Tassis. 4. Septbr. Lissabon

(Wünscht Aufklärung über Johann Casimirs Verhältniss zum französischen Hof und zu Alençon sowie über den Ursprung des Gerüchts, dass der Pfalzgraf spanische Pension beziehe.)

„El conde de Champlite ha embiado el aviso que va con esta de que os he mandado embiar copia, para que entendido lo que dize me aviseys, si es verdad, que el duque de Alanson pidió á Casimiro los reytres, y si lo es, que el se los negó, y la causa que pudo tener, si ay alguna fuera de la falta del dinero que devió ser la principal. Asimismo sera bien me aviseys, que monta la summa que se deve al dicho Casimiro en este reyno, y si se trata de pagalle y el está contento ó agraviado del rey y del duque su hermano, y todo lo que á este proposito alcançaredes, porque aunque está claro de ver lo que nos podemos fiar de semejantes ofertas, en especial de lo que dize de su entrada en mis Payses-Baxos, holgaré de tener entendido la opinion, en que ay está, y tambien, de donde ha salido y levantadose la boz de dezir que yo le doy pension, y que fin han podido tener los que esto han inventado y dibulgado, pues lo escriven le diversas partes. De todo lo qual os encargo que me aviseys muy en particular.

De Lisboa, á 4 de 7bre 1581."

Pa. K. 1447. Conc. (für Chiffre bestimmt).

308. Erzherzog Karl an Kurfürst August. 18. Septbr. Graz

(Ihre Unterredung über die Vorkehrungen gegen Eintritt eines Interregnums; denkt den Kaiser endlich zu einer Erklärung zu veranlassen.)

„E. L. solle ich lengst zu wissen gemacht haben, was ich auf E. L. mit mir gehabtes wolmainend und treuherzigs conversieren der unrichtikeit und mengl halben, die sich im heil. reich teutscher nation unserm geliebten vatterland, im fall die sachen zu einem

29*

18. Septbr. interregno komen sollten, begeben möchten, an die kais. Mt. gelangen lassen. So bin ich allain darumen abgehalten worden, das ich ve[r]hofft die sachen in kurzen dahin zu bringen, das ich E. L. schliesslich erindern könde, was etwo I. Mt. gelegenheit disfalls sein möchte. Aber wiewol ich zu I. kais. Mt. alspald von Leutmeritz aus einen meinen gehaimen ratt abgefertigt und iro die sachen umbstend ausfuerlich entdecken lassen, so hab ich doch damals weder seithero darauf nichts anders zu beschaid bekomen, dan das man sich solcher E. L. wollmeinung hoch bedanke und die sachen in meren bedacht genomen. Derwegen ich dau bissher aus vernunftigen ursachen merer erclarung gewartet, E. L. darvon nichts geschriben, sonder, wie vermeld, erst auf solliche erklarung, E. L. alle gelegenhait zu entdecken, bedacht gewest bin. Weil sich aber die sachen bissher lang genueg verzogen und villeicht noch weiter verlengern möchte, hab ich solliches E. L. hiemit vertreulich anfuegen und wie mich abermals der sondern freuntschaft und wolnaigung, so E. L. zu dem gemainen vatterland und sonderlich unsern haus Österreich tragen, zum höchsten bedanken, also auch E. L. vergwisen wollen, das ich die sachen eräfern und davon nit ausetzen, sonder sie bestes vermögens treiben, dan E. L. I. Mt. entliche erclarung unsaumlich zu wissen machen und also neben E. L. und andern des vatterlants liebenden fursten zu allen zeiten alles dasjenig bedenken, suechen und furdern helfen will, des imer zu gemeiner durchausgeender wollfart dienstlich und furderlich sein wirt mögen, E. L. mich hieneben insonderhait zu derselben diensten und aller annemigkait sönlich bevelent."

Dr. 8510. Eigh.

18. Septbr. Friedelsheim

309. Johann Casimir an Kurfürst August.

Da der K. von Frankreich die Rückstände nicht bezahlen kann, hat er die verpfändeten Kleinodien [1]) unter sein Kriegsvolk verteilt und bietet seinen Anteil A. zum Kauf für die bevorstehende Hochzeit des Hrz. Christian [2]) an, ehe er sich mit den Kaufleuten einlässt.

Dr. 8514. Or.

1) Vgl. no. 74; 88; 220; 222; 230. Die Mitteilung Dohna's, dass die Kleinodien schon auf der Versammlung zu Oppenheim 1577 unter die casimirischen Offiziere ausgeteilt worden seien, kann unmöglich richtig sein. Am 4. Jan. 1580 stellen Meister und Geheime von Strassburg einen Revers über Empfang einer Schachtel mit Kleinodien durch zwei Diener J. C. aus (Str.-Or.). Vgl. unten 14. Aug. 1582.

2) Der einzige lebende Sohn des Kf., der sich mit Sophia, Tochter Johann Georgs von Brandenburg verlobt hatte; die Hochzeit fand am 25. April 1582 statt.

310. Der Kaiser an Kurfürst Ludwig. 19. Septbr. Prag

Ersucht L. nochmals, die zu Regensburg bewilligte Türkensteuer in ihrem vollen Betrag (zu 60 Monaten) zu erlegen, und verweist L. im Fall einer Beschwerung auf den gewöhnlichen Weg der Moderation.

Ma. 545/2. Cop.

311. König Heinrich III an Pfalzgraf Georg Hans. 14. Oktobr. St. Mandé?

Hätte G. H. gern gesehen und seine Anschläge mit ihm consultirt, sowie ein sicheres Bündniss mit ihm errichtet; jetzt bietet sich wohl die Gelegenheit. Hat durch Capitän Niclaus viel von G. H. gehört; sendet Antwort durch den Herrn Mandacasa.[1])

Str. Cop. (deutsch).

1) Schon im vorigen Jahr hatte G. H. eine Reise an den französischen Hof vorgehabt, war aber durch K. Katharina und durch die dringenden Vorstellungen J. C. davon abgebracht werden, vgl. no. 231; 238; 242; das Schr. J. C., worin er den Vetter warnt, er werde von den Franzosen „artig hinders liecht mit der nasen herumb gefuert" werden, und die phrasenreiche Antwort, beide undatirt, Str. Vgl. unten 1. Nov.

312. Alberto Badoer, venezianischer Gesandter, an den Dogen. 24. Oktobr. Prag.

(Besuch des Kf. August beim Kaiser; Beratungen über den R.-Tag, die böhmischen und ungarischen Angelegenheiten; kais. Geschenke.)

„Venne il signor elettore di Sassonia il giovedì,[1]) come scrissi che doveva fare, et l'imperatore uscì in persona con forsi trecento cavalli ad incontrarlo fino alla riva del fiume, dove smontati l'uno et l'altro si diedero prima la mano et poi in cocchio stesso l'imperatore, il duca, il principe[2]) et un figliuolo del duca di Doiponti che già morì in Francia, il quale solo d'altri principi è venuto con l'elettore, andorno sino al palazzo dell' imperatrice. Jvi smontati S. M. accompagnò li suoi hospiti sino alle stantie preparateli, et poi lei per li corridori secreti ritornò alle sue. Quella sera cenorno separatamente, ma dappoi sempre l'imperatore ha mangiato con loro per il più nelle sue stanze solite, ma alcune volte ancho nelle stantie dell' elettore, et fra l'altre il sabato mattina. Domenica poi si corse all' annello, et non entrò l'imperatore per far compagnia al duca, ma si bene il principe di Sassonia, il qual cappo d'una quadriglia corse molto garbatamente et guadagnò doi pretii con grande consolatione del padre. Nel tempo che l'elettore è stato quì, ha fatto ogni giorno mattina e sera consiglio, et non si sa che S. M. sia stata lungamente seco in stretto ragionamenti, ma si bene il signor Traucen primo consigliero della M. S.,[3]) il quale più

24. Oktobr. volte è stato lungamente et col duca et con li consiglieri suoi. Non si può però sapper di certo, che cosa s'habbia trattato, perchè li consiglieri di S. M. non dicono alcuna cosa et vogliono che si credda essere stata questa semplice visitatione. Ma quei di corte dicono che s'habbia principalmente trattato dell' intimatione della dieta imperiale ventura[4]) et del servitio che desidera S. M., considerandoli la grande strettezza de' denari, in che si trova la M. S., et il bisogno d'Ongaria per le minnaccie che sono fatte a Constantinopoli; il che tanto maggiormente viene creduto, quanto che hora S. M. ha nominato il dottor Curtz del suo consilio aulico et il conte di Montfort per mandar alli elettori a trattar del tempo della intimatione della dieta, et un principal ministro, al quale dimandai, se ciò era vero, disse, che potrebbe essere, ma non passò più oltre. M' è bene stato affirmato, che l'elettore ha fatto ofitio con questi di Bohemia, perchè si portino meglio col suo re dandoli maggior sattisfattione et più aiuto di quello che fanno, et che loro li habbino dato intentione di doverlo fare, et che nella prima dieta ne faranno vedere l'effetto, come buoni e leal vassalli della M. S. Di più ancho che habbia persuaso l'imperatore ad andar quanto prima in Ongaria a consolar quei populi, quando ancho vi dovesse andar con la sua camera sola per poco tempo, il che forsi potrebbe seguire per fuggir la spesa di pagar la guardia et tutta la casa creditrice da molto tempo.[5]) . . . .

Et hora ho voluto dar particolar et riverente conto alla S. V. parendomi che sia da tenir in molto che l'elettore habbia parlato con forme et parole di tanto honore non solite ad usarsi si facilmente con altri. Hoggi poi è partito per andar cinque leghe discosto ad un locco [!] del signor di Rosimbergh, di dove tornerà a Dresda, se il rispetto della peste, che s'intende continuar anchora in quella città, non lo ritiene. Et parte molto satisfatto dell' imperatore, per quanto mi è stato detto, il quale ha ancho presentato il duca, la duchessa et ancho il principe di gioie per valore di vintiun mille talleri, et ha fatto dare a suoi ministri ventiquattro catene d'oro de diversi pretii secondo la qualità delle persone."[6])

Ven. Cop.

1) Vgl. no. 303. Erzhz. Karl, der mit dem Kf. in Prag zusammentreffen wollte, entschuldigt sich bei demselben am 24. Okt. mit Grenzsachen. Dr. 8510. Eigh.

2) Christian, geb. 29. Okt. 1560. Am 26. Aug. schreibt der Oberstburggraf Wilhelm von Rosenberg an den Kf., derselbe möge nach dem Wunsch des Kaisers seinen Sohn mitbringen. Dr. 8500.

3) Paul Sixt Trautson, Freiherr, Obersthofmarschall und R. Hofratspräsident, neben Rumpf der einflussreichste Berater Kaiser Rudolfs in seiner ersten Regierungszeit.

4) Am 14. Nov. berichtet Badoer, August habe den Besuch d. R.-Tags zugesagt und dem Kaiser den Erfolg seiner Propositionen betreffs der Niederlande und der Contributionen ausdrücklich garantirt, „quando però la dieta si facesse presto."

5) Hier folgt der ausführliche Bericht des Gesandten über seine eigene Audienz beim Kf.

6) Vgl. Augusts Dankschreiben an den Kaiser, Tetschen 27. Oktober, Dr. 8500. Cop. An Erzh. Karl (vgl. no. 308) schreibt der Kf. am 19. Nov., er habe den Kaiser „gott lob zimlich wol auf und besser, als ich dem ausgesprengten geschrei nach vormeint," gefunden, „auch die bewusten sachen mit gutter gelegenheit anbracht." Dr. 8510. Conc.

24.Oktobr.

313. Johann Casimir an Bürgermeister und Rath zu Frankfurt.

28.Oktobr. Neustadt

Hat gemäss einem Vergleich mit seinen Obristen und Rittmeistern die französischen Geiseln gegen Empfang der stipulirten Geldsumme auf freien Fuss gesetzt. Will am 9. oder 10. dieses Monats [!] zu Frankfurt das Geld den Obristen und Rittmeistern austeilen.[1])

Frankf. R.-Angel. fasc. 160. Or.

1) Laut der p. 27 A. 1 und 163 A. 1. angeführten ‚Rechnung" gingen an dem Lösegeld von nominell 200000 Franken, da man die Münzsorten höher als in der Obligation nehmen musste, 4500 fl. verloren. Walther schreibt unter dem 13. Okt. an Ulmer, nicht ganz genau: der König habe alle Rückstände an Casimir ausgezahlt und „vicies quater centena millia coronatorum" nach Neustadt liefern lassen.

314. Pfalzgraf Georg Hans an Alençon.

1. Novbr. Pfalzburg

Schickt die zwischen ihnen zu Chastelet accordirten Artikel.[1]) Da A. betreffs der Stadt Chasteauthierry, weil der vormalige Gubernator zu Cammerich, Herr von Avissi,[2]) darauf versichert, Schwierigkeiten erhob, beschloss er A. nochmals zu Abbeville zu besuchen, um die Sache zu bereinigen; nachdem er jedoch zu Paris von A.'s wegen nicht einen Pfennig empfangen und bei dessen Rat monsr Dureau gar keinen Beistand gefunden hat, musste er gegen seinen Willen wieder heimkehren.[3]) Man hätte wohl die Freundschaft haben können, ihm die Erfolglosigkeit einer Reise an den Hof, auf die er das für die Reise nach England bestimmte Geld verwendet hat, vorher deutlich zu machen; „dann wie ich mit jedermann ufrichtig und rund handle, also mein ich, das man dargegen mit mir auch also handlen solle"; es soll ihm für künftig eine Witzigung sein. A.'s Güte wird von dessen eigennützriger Umgebung missbraucht; A. bedarf eines Menschen, „der euch libere raten, euwer authoritet und hoffwesen erhalten und den uneinigkeiten, zwitrachten und eiferungen under euwern hoffleuten, so euwer vorhaben bishär sehr verhindert, wöhren möge." Der König[4]) und dessen Faktion wollen aber nicht, „das ihr ein fursten bei euch haben solten, der ein freien zaum hette, euwer ehr, ufnehmen und frommen suchte,

1. Novbr. dieweil sie euwern nutz und wolfahrt nit gern sehen." Sieht aber ein Fürst sein eignes Gebrechen nicht ein und wechselt seine Meinung, so wäre es töricht, dessen Aufseher machen zu wollen. Er will übrigens den Vertrag nicht rückgängig machen und besteht keineswegs durchaus auf Chasteauthierry. A. möge entschuldigen, dass er nicht wie ein Hofschmeichler schreibt, mit denen es doch einmal zu Ende gehen wird.

Str. Cop. (Uebersetzung)

1) Dieser höchst originelle Vertragsentwurf ist von Moser im patriot. Archiv XII, 129 ff. veröffentlicht; Georg Hans beansprucht darin „d'être la seconde personne de S. Alt. [Alençon] et le premier de son conseil", ferner den zehnten Teil von allen Eroberungen oder, wenn Al. ohne legitime Erben stirbt, das Ganze, die Einräumung von Châteauthierry u. s. w. Eine deutsche Uebersetzung Str. a. a. O.

2) Gemeint ist wohl der s[r] d'Inchy, den Margaretha von Navarra bereits im Sommer 1577 für ihren Bruder Alençon zu gewinnen wusste.

3) Georg Hans hatte am französischen Hof nicht nur keine Audienz erhalten, sondern sogar seine persönliche Sicherheit bedroht geglaubt, vgl. Moser a. a. O. 73.

4) Vgl. die beiden beispiellos groben und prahlerischen Schreiben des Pf. an K. Heinrich III. vom 11. Nov. bei Moser p. 73 ff.; 137 ff.

1. Novbr. Pfalzburg.

315. Pfalzgraf Georg Hans an Alençon.

Will die von A. gewünschten Bündnisse mit den See- und andern Städten vermitteln; bittet um ein Patent hiefür.

Str. Cop.

3. Novbr. Prag

316. Der Kaiser an Kurfürst August.

(Der Plan einer Sperrung des Sunds zu Ungunsten der Niederländer.)

„Was wir alhie der niderländischen sachen halben mit ainander conversiert, sonderlich auch, das under anderm von E. L. die vertreuliche anregung beschehen, das die vereinigte niderländische stende zur gepür zu pringen ain vast dienstlichs mittel sein solte, da inen durch den künig zu Dennemark die zufuer des traids und anderer victualien mit sperrung des Sunds abgestrickt werde", so hat er nicht nur selbst diesem Mittel nachgedacht, sondern ist auch von Seiten Parma's eben darum angegangen worden, „mit dem fernern andeuten, ob gleichwol sein des künigs zu Dennemark L. durch solche sperrung an iren zollsgefällen und einkomen etwas stattlichs abgehn möchte, das doch vom künig zu Hispanien desshalben solche contentierung zu gewarten, das Dennemark kainen sondern schaden darbei haben wurde." Wenn A. meint, dass bei Dänemark hierin etwas zu erhalten, möge sich A. solcher Handlung „in aller gehaimb, wie si dasselb wol füeglich wirdet zu tuen wissen, underfahen" und ihn seiner Meinung vertraulich baldigst verständigen. Ist geneigt das mit allem Guten zu beschulden, „neben dem künig zu Hispanien, so es von E. L. zu ainer sondern hohen freundschaft annemen und derselben zweifels one S. L. dankbares gemüet hinwiderumb zu erkennen geben wirdet."

Dr. 8500. Or.

317. Landgraf Georg an Landgraf Ludwig.

30. Nov. Darmstadt.

Nachricht, bei dem jüngsten Besuch der Kff. von Sachsen und Brandenburg beim Kaiser sei Sachsen in Unwillen weggezogen, weil auf seine Forderung der Rückzahlung der von ihm dem Vater des Kaisers vorgestreckten Summe der Kaiser Rückerstattung der damals an S. verpfändeten sechs Städte [1]) und des Ueberschusses ihrer seitherigen Nutzung verlangt habe. S. habe ein Mandat ergehen lassen, die Einwohner von Dresden, Leipzig und Wittenberg sollten sich auf ein Jahr verproviantiren oder bis Luciae wegziehen, bei Strafe an Leib und Gut [2]) . . . . .

Darmst. Kr. u. Mil.-Angel. Conc. 2. Cop.

1) Vgl. über K. Maximilian's Verpfändung „etlicher Städte in Schlesien und Lausitz sammt dem neuen Zoll" an Kf. August (worüber Näheres wohl in Dresden zu finden sein dürfte) die Gerüchte oben p. 96 A. 1; 200 A. 1 und die Andeutungen des Kf. selbst no. 132.

2) L. antwortet (5. Dez.), er und L. Wilhelm wisse nur von dem Gerücht, Sachsen habe befohlen, es solle sich jeder Untertan gerüstet und gefasst halten. Ebd. Or. Jene angebliche Verstimmung des Kf. widerlegt am Besten sein Schr. vom 4. Dez.

318. Kurfürst August an den Kaiser.

4. Dez. Dresden.

Hat das Handschreiben des Kaisers von dessen Räten empfangen und das denselben ausser der Werbung aufgetragene besondere Anbringen vernommen; „daraus ich allerhand E. kais. Mt. genediges vertrauen in untertenikeit vormarkt; will derowegen denselben also im werk nachzusetzen mich zum hochsten befleissigen;" will persönlich erscheinen, falls seine Mitkurff. ebenfalls kommen, [1]) und sich in dem andern, was der Kaiser daneben an ihn begehrt, so viel an ihm ist, so erzeigen, „dass E. Mt. hiraus meinen untertenigen getreuen gehorsam und besondere affection, so ich zu derselbigen und dem ganzen loblichem hause Ostereich je und allewege getragen und noch, allergenedigest zu spuren haben muge." Wegen der andern Werbung verweist er auf seine den Gesandten gegebene Erklärung; hat ausserdem mit ihnen einer vertrauten Sache wegen reden lassen. Bittet, sich hierauf gnädig zu erzeigen.[2])

Wh. R.-Tags-Acten 1582. Eigh.

1) Die sächs. Antwort auf die Werbung der kaiserl. Räte Lobkowitz und Freiman schlägt als Zeit für den R.-Tag Laetare (25. März), als Ort Augsburg vor; die brandenburgische Antwort (14. Dez.) geht auf Laetare und Regensburg. Trier schlug das persönliche Erscheinen ab (5. Dezember); Köln versprach dasselbe, falls die Mitkff. kämen und keine besondere Hindernisse stattfänden (Bericht der Gesandten vom 18. Dez.). Wh. a. a. O. Ueber Pfalz vgl. no. 320. Am 4. Febr. erklärte ein kursächs. Gesandter am Kaiserhof, sein Herr wünsche Gewissheit über die Absicht sämmtlicher Mitkurff., könne vor der 3. oder 4. Woche nach Ostern nicht kommen und schlage Eröffnung des R.-Tags durch die Räte vor.

4. Dez. 2) Die sächs. Werbung vom 4. Febr. (s. o.) ersucht den K., sich der Lauenburgischen Irrungen und namentlich der bedrängten Herzogin Sibylla anzunehmen; Sibylla, Schwester des Kf., war die Gemahlin des am 19. März 1581 verstorbenen Herzogs Franz I von Sachsen-Lauenburg; über die Streitigkeiten der Söhne unter einander und mit der Mutter vgl. Kobbe, Gesch. des Herzogthums Lauenburg II, 309 ff. Anguot hatte übrigens damals noch wichtigere „vertraute Sachen," da ja eben die definitive Uebertragung der Stifter Meissen, Naumburg und Merseburg im vollen Gang war; vgl. Ranke, Werke VII, 119; Böttiger (Flathe) II, 37/8.

18. Dez. Kaiserslautern

319. Johann Casimir an (Jo|hann von Nassau).

Hat seinem Bruder, L. Wilhelm und Pf. Johann eine Legation an Jülich zu Gunsten Aachens[1]) vorgeschlagen und will sich, da Eile von Nöten, selbst mit Pf. Johann hiezu gebrauchen lassen. Man könnte bei Jülich auch die Nuenarische Sache[2]) richtig machen. Ob J. mit Ludwig von Witgenstein u. a. Grafen teilnehmen will? Vorher mit den von Jülich entlassenen evangelischen Räten zu handeln.

Idstein. Cop.

1) Vgl. J. C. an Graf Johann, 21. Nov. Prinsterer I. 8, 23.
2) Ueber den Streit Adolf's von Nuenar mit Graf Reifferscheid 1580/81 vgl. Mb. 96/5.

1582.

320. Beantwortung der kaiserlichen Gesandten Graf Georg von Montfort und Jakob Kurtz von Senfftenaw.[1]) 2. Januar Heidelberg

(Der Kf. erklärt den R. Tag keinesfalls besuchen zu wollen, wenn die ungewöhnlichen Prozesse mit der Stadt Aachen und die spanische Einmischung nicht vorher abgestellt würden.)

Gegenwärtig: Kurf., Grosshofmeister, V. Kanzler, Marschalk, Gotfart, Hofrichter, Hoeneckh, D. Micyllus und D. Reuber. [2])

Das Entbieten mit Dank angenommen. P. erinnere sich der Correspondenz des Kaisers mit ihm über die französischen und niederländischen Dinge. „Het gern sehen mogen, ferntige derwegen angestelt zusambkunft fortgangen; weiln aber J. Mt. leibsgelegenheit solchs nicht zulassen konden, het es darbei bewendet.“ Die Kurff. hätten dem Kaiser den R. Tag bewilligt, die Zeit stelle ihm P. anheim. Regensburg sei unmassgeblich „der losamenter und victualien halb zu gering;“ ob es nicht besser, den Tag zu Augsburg und zwar um Ostern zu halten? Ueber sein persönliches Erscheinen könne er sich nicht endgültig erklären; 1) werde er wol wieder ein Bad brauchen, 2) stünden Kriegsläufe am Rheinstrom im Wege. So habe der Herzog von Jülich die Stadt Aachen sehr bedrängt und jetzt stehe Parma im Begriff, sie gleichsam zu belagern; man müsse grosses Blutvergiessen, ja den Verlust der Stadt befürchten. Höchst bedenklich seien Parma's Argumenta: die Aachener seien sektirerisch, handelten wider die Concordata und nähmen Feinde des Königs auf. Aber sie hätten die alte Religion nicht abgeschafft und überhaupt gehe dieser 1. Punkt Parma gar nichts an; vermöge des Religionsfriedens könnten sie beide neben einander haben. Ferner hätten sie gegen Schutz und Schirm der Concordata nicht gehandelt. Endlich begehrten sie, man solle ihnen die Feinde des Königs namhaft machen. Dieser letzte Vorwurf würde sich übrigens ebenso gegen Sachsen, Köln, Hamburg, Bremen anwenden lassen, die kraft ihrer Freiheiten arme Bedrängte angenommen haben.

2. Januar. Das K. Gericht weise die Aachener ohne weitere Begründung ab. „Derwegen tätten sie tor zuschlagen und erwarten hulf, konten auch wol ausfallen und das kriegsvolk, so umb die stadt in edelleut heusern leg, wegzuschaffen, aber tetten sich noch enthalten und liessen das best an in erwinden. Item wurden auch wol beistand finden und wurds feuer ein mal angehen, wurds so bald nicht zu leschen sein." Der Kaiser möge daher Jülich, Lüttich und den Abt zu S. Cornelius-Münster beauftragen, die ungewöhnlichen Prozesse abzuschaffen und Parma die weitere Einmischung zu untersagen; ferner möge er die Aachener zu ordentlichem Verhör kommen lassen; würden sie dann nicht just befunden, so wolle sich P. ihrer auf dem R. Tag nicht annehmen. „Und wolt also verhoffen, J. Mt. wurd ir ambt tun. Sunst da dis nit abgeschafft, kont P. fur sich nicht allein nicht erscheinen, sondern die reinische churfursten wurden schwerlich usm land ziehen, auch woll ufm reichstag nichts fruchtbarlichs ausgericht werden." Denn würde Parma so fortfahren, so müsste P. sich seines Kreisobristenamts erinnern, wonach einem bedrängten Kreisstand, dessen Obrister aus Privatrücksichten sein Amt versäume, der nächste Kreis und dessen Obrister Rettung zu tun schuldig. „Item man wurde auch dest weniger gegen Frankreich zu recuperirung anderer stuck vornehmen konden." Das befehle er der getreuen Relation der Gesandten. Diese baten abtreten und in ihrer Instruktion nachsehen zu dürfen.[3])

Ma. 545/1. Prot.

1) Ihr Anbringen (30. Dez.) ersuchte den Kf. um persönliches Erscheinen zudem (auf Mittfasten oder Ostern nach Regensburg oder Augsburg anzusetzenden) R.-Tag.

2) Grosshofmeister war Friedrich Schenk zu Limburg, Kanzler (eig. nur Vicekanzler seit 8. Nov. 1576) Dr. Gerhard Pastor (schon 1564 Rat Kf. Friedrichs), Marschalk Konrad von Obentraut (unter Friedrich 1575 Faut zu Mosbach); Christoph von Gottfart war unter Friedrich Untermarschalk und Stallmeister (1563), Amtmann zu Alzei (1568) und Faut zu Germersheim (1575), der Westfale Dr. Justus Reuber ebenfalls schon unter Friedrich kurf. Rat (1574) gewesen; der letztere dankt am 13. Juni 1577 dem Gr. Johann von Nassau für dessen Anerbieten, ihn in Dienst zu nehmen, und versichert, dass der Kf. „als ein ganz milter sanftmutiger furst mich in meinem gewissen bisanher unbedrubt gelassen, auch verhoffentlich hinfurter gegen mir und andern, so gewissens halben mit J. Ch. Gn. in religionssachen nicht durchaus ubereinstimmen konnen, sich nicht anderst dan bis daher beschehen, verhalten und erzeigen wirdt." (Idst. Eigh.) Ob Hoeneckh auch mit dem Rat Friedrichs Adam von H. (Faut zu Heidelberg 1563) identisch ist, vermag ich nicht nachzuweisen. Dr. Julius Micyllus, am 1. Nov. 1582 zum Kanzler ernannt, blieb nachmals wie auch Reuber und Pastor in Diensten Joh. Casimirs.

3) Sie replizirten Nachmittags und begehrten, ohne sich auf die niederländische und aachische Sache einzulassen, kategorische Resolution über das persönliche Erscheinen. Die schriftliche Antwort, ihnen am 3. Jan. zugestellt, blieb dabei, das Erscheinen nicht nur von der Gesundheit des Kf., sondern auch von der aachischen Sache abhängig zu machen. Das eigh. Schr. des Kf. an den Kaiser vom 2. Jan. Wh.

321. Ludwig von Würtemberg an Kurfürst Ludwig. 4. Januar Stuttgart

Auf dessen Schreiben und die Supplikation der Aachener; wird sich nach dem Kff. und andern Ständen der A. C. richten. Sollte die Behauptung Parma's und des brabantischen Kanzlers, es handle sich zu Aachen hauptsächlich nicht um die A. C., sondern um den calvinischen Irrtum, wahr sein, so wäre hierin vorsichtiger zu handeln.[1]) Sonst ist er bereit, den schwäbischen Kreis zu versammeln und bittet um Mittheilung vom Beschluss des kurrheinischen Kreises.[2])

Fortwährendes Conspiriren der Papisten gegen die A. C. Verwandten. Letztere sollten ihre deputirten Räte vor dem R.-Tag zusammentreten lassen, damit es, falls Religionssachen vorkommen, „nit diversa vota gebe.“[3])

Mb. 111/3b f. 58. Or.

1) Vgl. Sattler V, 76.
2) Der rhein. Kreistag zu Bonn beschloss (16. Januar) Schr. an den Kaiser, Parma, Jülich und Lüttich in der aachischen Sache und nötigenfalls Vorgehen gemäss den R.-Ordnungen (Nürnb.).
3) Vgl. no. 332 A. 1.

322. Kurfürst Ludwig an die Geheimen von Strassburg. 12. Januar Heidelberg

Hat zu Gunsten der Aachener mit andern Parma, Lüttich und den Abt von Corneliusmünster beschickt, einen Kreistag ausgeschrieben und den Kaiser angegangen, wie es scheint, ohne Erfolg. Bittet, die Sache an andere Städte zu bringen und ihr Gutachten mitzuteilen, wie eventuell mit der Tat das Verderben von Aachen abzuwenden sei. Gefährliche Consequenzen dieses Vorgehens der Papisten und eines ausländischen Prinzen.

Str. Or.

323. Der Kaiser an Daniel von Mainz. 23. Januar Pressburg

Begehrt Gutachten, ob Johann Casimir zum R.-Tag zu beschreiben, da bei der Ausschreibung hierüber Zweifel vorgefallen.[1])

Wb. Rtagsakten 1582. Conc.

1) Mainz rät den Pf. zu beschreiben (1. Febr.), widerrät dagegen die Einladung Schwendi's; er wisse nicht, „was dergleichen singulariteten viel nutz dabei schaffen konnen.“ (21. Febr. ebd. Orr.) Die kais. Einladung für J. C. zu dem Augsb. R.-T. (22. April), Prag 1. Jan. 1582, Mb. 111/1b f. 14.

3. Febr. Pressburg

324. Der Kaiser an Kurfürst Ludwig.

Irrungen zwischen den Administratoren des Stifts Metz einerseits und den beiden Grafen Philipp von Hanau und der Stadt Strassburg andrerseits wegen Ablösung des Städtleins Neuweiler und der Veste Herrenstein; die Administratoren sollen beabsichtigen, beide Orte mit Gewalt einzunehmen. Hat Lothringen ermahnt, seinen Sohn, den Postulirten von Metz, auf dem Weg des Rechts zu halten. Wegen der französischen Praktiken auf diese Sache wohl Acht zu geben.[1])

Mb. 112/1 f. 278. Or.

1) Schon am 23. Jan. hatte der K. den Kf. auf das Gerücht eines von Alençon beabsichtigten Einfalls ins Reich aufmerksam gemacht, der unter dem Schein der englischen Heirat vorbereitet werde. Am 28. Febr. berichtet L. dem K., der König wolle mit Guise gegen Fastnacht nach Nancy kommen, am 12. März, Frankreich suche unter dem Vorwand der Einlösung von Herrenstein den Fuss ins Elsass zu setzen und Obermünster, Benfeld, Gemar oder Hagenau zu occupiren. Mb. a. a. O. — Bischof von Metz war seit 18. Juli 1578 der 1567 geb. Sohn des Herzogs von Lothringen, Karl (nachmals Cardinal und B. von Strassburg).

5. Febr. Kaiserslautern

325. Johann Casimir an König Heinrich III.

Auf dessen Schr. vom 25. Nov. 1581 und vom 14. Januar. Beschwert sich (nicht seinetwegen) über das fortwährende Hinausschieben der Sendung von Abgeordneten nach Nancy zur Verhandlung über den Sold (vormals auf Ende September, jetzt erst nach Ostern in Aussicht gestellt). „Nos gens, sire, n'ont pas tousjours la discrétion de considérer les empeschements qui peuvent survenir. Ils s'arrestent au premier mot et ayants esgard à leur nécessité, au long temps qu'ils ont attendu et à l'équité de leur deu, s'imaginent que tels délays se mettent en avant pour les frustrer du tout.“ Bittet um Sendung nach Nancy Ende der Fasten; Bellièvre kann ja seinen Rat schriftlich erteilen. „Ce que je n'escris pas pour m'avancer de donner conseil à V. Mté en ses affaires, ains seulement pour avancer celle de mes reuttres.“ . . , Bittet jedenfalls den Gesandten eine ansehnliche Summe mitzugeben.

Mb. 90/12 f. 201. Conc. (Beutt.)

15. Febr. Köln

326. Johannes Barvitius an Hans Jakob von Dandorff.[1])

(Protestantische Bewegung in Aachen und Bremen; Grafenbündniss. Erzbischof Gebhard.)

. . . . . „Aquenses efferuntur literis Protestantium. Bipontini principes affinem administratorem Monasteriensem invisunt.[2]) Funestum de Bremensium motibus accepimus nuncium: exactos Martinianos cum Catholicis, si qui reliqui fuerunt; omnia modo a Calvinionis occupari, profanari; Calvini placita archiepiscopum sequi, eius sectam publice profiteri; atrociora minari eiusdem factionis populares ac socios.[3]) In comitiorum autem tempus quid expectandum? Arrigunt et aures et animos adversarii et ad horum et ad Aquensium facinus, metuendumque, ne et alibi fumus seditionis in flammas erumpat. Nobis enim stertentibus in nostram illi perniciem advigilant. Manifesta huius rei indicia sunt habiti a comitibus frequentissimi conventus, conchae coniurationis tesserae distributae, adventantium nunciorum et ultro citroque commeantium turba; ex omnibus locis ad Joannem Nassovium Auraici fratrem aliosque seditionum architectos literae adeo frequentes, ut noctis etiam quietem interturbent. Haec comitibus his nostris inter pocula excidunt. Comes *Hermannus a Solms*, qui impiger in huiuscemodi factionibus Davus et quasi Mercurius est, cuius opera comites, qui rerum novandarum cupidi sunt, plurimum utuntur, qui in varias partes huc illucque mittitur, ad recens ac flagrans Bremensium incendium latius propagandum advolaverat; rediit autem nudius tertius, ex itinere Joannem Nassovium salutavit ibique per aliquot dies tanquam in coniurationis officina commoratus fuit. Is hic suis ea, ex quibus coniecturam facimus, narrat.[4]) . . . . . Antequam haec absolvo, ea de adversariorum machinationibus intelligo ex gravissimorum virorum relatu, ut, nisi in comitiis vires regis catholici ostententur, eius minae audiantur et insignes ab eo legati cum magno auctoritate reliquis principibus catholicis adsint, metuenda sit difficultas maxima. Vehementer ab alteris solicitatur noster archiepiscopus.[5]) Sed scriptionis filum abrumpere cogor. Coloniae, xv. die Februarii 1582." 15. Febr.

Ma. 130/1 f. 8. Or.

1) Ueber den Niederländer Barvitius, der später in bairische und kais. Dienste trat (1588) und als Geheimsekretär des Kaisers und R. Hofrat bedeutenden Einfluss gewann, vgl. Stieve, Verhandlungen über die Nachfolge Rud. II. p. 48 A. 143. Damals war er als bairischer Agent in Köln tätig; wir werden ihm wie dem bairischen Hofmeister und Rat Dandorff noch häufig begegnen.

2) Die Pf. Philipp Ludwig und Johann, Schwäger des Administrators Johann Wilhelm von Jülich, suchten das Stift ihrem jüngeren Bruder (Karl?) zu verschaffen.

3) Ueber die Aufstellung reformirter Prediger in der Stadt Bremen, die übrigens gerade von Seiten des lutherischen Erzb. in der heftigsten Weise bekämpft, nicht gefördert wurde, vgl. Heppe IV, 338 ff.

4) Die „Grafencorrespondenz", ein Lieblingsgedanke Graf Johanns von Nassau, der hierin die Erbschaft seines Bruders Ludwig angetreten hatte, bezweckte wie die „Grafeneinigung" von 1573 (vgl. oben p. 128/9, über die Wetterauer Grafen und ihre Freistellungspläne überhaupt Lossen,

15. Febr. köln. Krieg I, 298 ff.) die Säkularisation der westdeutschen Stifter und die Errichtung einer bewaffneten protestantischen Union, als deren Hauptträger die kriegerischen Herren auch materielle Vorteile und politischen Einfluss im Reich zu gewinnen hofften. Nach der Instruktion Graf Johanns für den an Oranien abgefertigten Phil. Engel (Dillenb. 28. Nov. 1581, Prinsterer I. 8, 26 ff.) hatte die Correspondenz sich wesentlich befestigt und vermehrt, mit dem schwäbischen und fränkischen Adel Beziehungen angeknüpft und auf den Anschluss einiger Fürsten und Städte zu hoffen; die Grafen seien gemeint, Casimir, der seine Geneigtheit zum Beitritt „hiebevor" erklärt habe, aufzunehmen, doch nur unter gewissen Bedingungen, „und als für ein haubt über das gravenvolck zu gebrauchen". Vgl. Oraniens Antwort vom 22. April 1582 ebd. 92 ff. Ueber den Köln. Domcapitular Herm. Adolf Graf von Solms vgl. Ennen V, 17; 110.

5) Vgl. unten 20. März.

19. Febr. Kaiserslautern

327. Johann Casimir an Johann von Nassau.

Die Stadt Aachen ist so hart bedrängt, dass die angestellten Kreistage wohl kaum zeitig genug Hülfe bringen können. Er schlägt daher eine eilende Hülfe vor und hofft auf die Beteiligung des Grafen.[1])

Idstein. Cop.

1) Aehnlich schrieb J. C. unter gl. Datum an mehrere Städte. Worms verwies auf den Kreistag zu Köln, dem sie nicht vorgreifen könnten (26. Febr.), ebenso Frankfurt (2. März); Nürnberg erklärte sich geneigt, falls ausser der Kreishülfe sämmtliche R.-Städte auf ihrer bevorstehenden Versammlung „eines andern zu rettung der statt Ach als ihres mitglids dienstlichen mittel" vergleichen würden, das Seinige dabei zu tun. Frkf. R.-Angel. f. 159; Nürnb. Aach 1580.

23. Febr. Aachen

328. Bürgermeister und Rat zu Aachen an Kurfürst Ludwig.

Die neue kais. Commission wird voraussichtlich nur die Ausschliessung der A. C. betreiben. L. möge Köln und Trier veranlassen sich der Commission nicht anzunehmen und es beim Bonner Abschied [no. 321 A. 2] zu belassen, der eilige Kreis- oder andere Hülfe verspricht. Copien ihrer jüngsten Corresp. mit Parma und des Bekenntnisses der A. C. von den vornehmsten Bürgern. Bitten L. (wie auch J. C. und L. Wilhelm), falls die Commission zu Stande kommt, Gesandte hierher zu schicken.

Nürnb. Cop.

23. Febr. Heidelberg

329. Pfalzgraf Karl[1]) an Herzog Christian von Sachsen.

. . . Weiss nicht viel zu schreiben, „ohn das churf. pfalzgraff mit seinem brudern herzog Hans Casimirn, der neben seiner gemahlin kurzlich in guter gesundheit bei 8 tag alhie gewesen, nunmehr durchaus gott sei lob verglichen;"[2]) zu Fastnacht wird der Kf. von Mainz hierher kommen. . . . 3. Febr.

Dr. 8541. Pfalz. Eigh.

1) Der jüngste Sohn Pf. Wolfgangs, geb. 4. Sept. 1560.

2) Dieser letzte Vertrag zwischen Kf. Ludwig und J. C., abgeschlossen zu Heidelberg am 9. Febr. 1582, regelte die Teilung der von Kurf. Dorothea hinterlassenen Wittumsstücke dahin, dass der Kf. seinem Bruder die Neumarktischen Aemter (sammt den Klöstern Seligenpfort und Gnadenberg gegen Cession der vier Aemter (vgl. no. 50 A. 1), des Klosters Schönthal und der Aemter Hohenfels und Holenstein einräumte und traf ausserdem Verfügungen über das Wittum von J. C. Gemahlin und eine Reihe anderer strittiger Besitzverhältnisse und Geldforderungen.

330. Abschied des rheinischen Kreistags zu Köln. März 3. Köln

Aachische Sache. Parma hat statt zu antworten die Feindseligkeiten fortgesetzt. Da aber Köln und Trier inzwischen vom Kaiser zu Commissaren ernannt worden sind, haben sich nach ihrer Ansicht wie nach der der Mainzischen die termini, wie sie zu Bonn [no. 321 A. 2] gewesen, verändert und ist ein Gebrauch der wirklichen Kreishülfe nicht statthaft. Der Vorschlag der Pfälzer, die Stadt in die besondere Schirmverwandtniss der Kurff. zu stellen und mit Truppen und Proviant auf Kosten des Kreises zu versehen, sowie den westphälischen Kreis wegen seiner Untätigkeit zu verwarnen, dass man sich des Unkostens wegen bei ihm erholen wolle, und das Kriegsvolk abzurufen, fand keine Beistimmung.

Nürnb. Aach. 1580. Cop.

331. Bedenken des kursächsischen Rats Dr. Lorenz Lindemann für den Reichstag. 15. März Sedlitz

Betr. zwei Artikel. 1) Die Erledigung des Herz. Johann Friedrich. Der Kaiser zu ersuchen, dass die Traktation dieser Sache ganz abgewendet oder wenigstens möglichst hinausgeschoben werde. Ist dann der Kf. wieder abgereist, so können die Räte erklären, sie seien hierfür nicht instruirt, oder der Kaiser, er könne ohne des Kf. Beisein nicht procediren u. dgl.

2) Die Erhöhung der sächsischen Matrikel auf früheren Moderations- und R.-Tagen. Vorschlag: alle Stände, die seit ao. 20. Moderation erlangt, sollten dabei bleiben, die nicht moderirten dagegen die alten Anschläge der Matrikel von ao. 20. erlangen. Dafür lassen sich viel schöner Ursachen allegiren, dass man es doch nicht höher bringen könne u. dgl. Der Kaiser wird zwar nicht dafür sein, um so mehr die Stände.

Dr. 10200. Or.

(16. März) 332. Pfälzische Zusammenstellung der Religionsbeschwerden der Evangelischen.[1])

„Gravamina in religionssachen, so bei jungster wahl- und reichsversamblung unerörtert vorgelaufen.

1. Declaration Kaiser Ferdinands uber den religionfriden, de anno etc. 55.

2. Freistellung uff den hohen stiften, wie die von etzlicher chur- und fursten gesandten und sonderlich den graven gesucht worden.

3. Das man sich beclagt uber die betrangnus, so den evangelischen undertanen, hinder den Papisten sitzend, zugefugt werden, und gebetten, solche vermög religionfridens abzuschaffen.

4. Declaration de migrando, welchermassen die undertanen der religion halben vermög religionfridens abziehen mögen und solches in ihrer willkur stehn soll.

5. Hat man sich etlicher communen und privatpersohnen angenommen, als der stätt Fulda und Geisa contra den abt zu Fulda;

6. item dern uff dem Eisfeld, zu Duderstatt, Heilgenstatt etc, contra erzbischoven und churfursten zu Meinz;

7. item statt Bibrach, Schwebischgemund contra ides orts rat;

8. item Munerstatt contra Würzburg.[2])

Neue gravamina.

1. Gleich under werendem jungster reichstag ist ein buchlein papistischen teils wider die freistellung ausgangen, darin geschlossen, das der religionfried nunmehr post concilium Tridentinum ein end hab.[3])

2. Es wurd auch je lenger je mehr understanden, die reichsstett, so noch die religion nicht angenommen, abzufangen und sie zu persuadiren, zu der A. C. medio iuramento nicht zu tretten, item sich zu verschreiben, in rat keinen zu nehmen, er sei dann der papistischen religion;[4]) dardurch ihnen also der weg zur bekantnus verlaufen, und da kunftig bei einer solchen gemeint das licht des evangelii zu leichten anfengt, wurd mit ungewönlichen processen gegen solche verfahren, dabei die religion in den verdacht und dahin gesetzt, als wann solche ein stuck aller uneinigkeit were, wie dessen exempel bei der statt Ach und Cöln vorhanden und sonder zweifel an andern orten mehr practicirt wurdet. Derwegen wol zu bedenken, wie solches zu verkommen und den stetten zu helfen, dass sie solchen juraments erlassen und der religion halben freistehn mögen.

3. Das dem religionfrieden der verkert verstand uffgetrungen werden will, das die stett nicht macht haben sollen, exercitium

religionis einzufuhren, wann sie schon das babstumb auch daneben gedulden, alles dem buchstaben und herkommen gestracks zuwider.[5]) 16. März

4. Demnach der vorigen kais. Mt. ein supplication ubergeben zu Regenspurg, darin I. Mt. der cammergerichtsordnung erinnert und gebetten, zu solchem ambt ein weltlichen fursten oder graven zu ziehen, wie auch mit den praesidenten umbzuwechseln und der religion halben gleichheit zu halten,[6]) stehet zu bedenken, ob nicht solches itzo widerumb zu erregen, bevorab weiln deswegen und der ungleicheit halben allerhand gravamina verlaufen.

5. Soll auch D. Eders schandbuch, so hiebevorn von weilund der abgestorbenen kais. Mt. supprimirt und verbotten, itzo von neuem getruckt worden sein, dessgleichen was Frater Nass ausgehn lassen;[7]) zu bedenken, wess sich dargegen zu verhalten.[8])

6. Sich der kaiserlichen parteischen commissionen, so eine zeit hero im schwangk gangen, sonderlich in causa relligionis, zu welichen allein die genante catholici gezogen, als mit der fridshandlung in den Niderlanden, mit Aach, und Teutschmeister mit Fulda, zu beschweren und dahin zu dringen, das furbas in sollichen sachen, da die relligion mit underlauft, beider relligion verwandte zu verordnen, wie am cammergericht beschicht.

7. Der betrangten und ausgetribnen von Bisanz sach auch zu befurdren[9]).

8. Sich zu beschweren ob dem bepstischen und spanischen legaten und iren ratschlegen, so dem vatterland nit zum besten gemeint.

9. Sich in kein tractat einzulassen, es seien dann die gravamina erlediget.

10. Zu beschweren, das Caesar dem cammergericht die mandata contra Gulich in causa Aquensi beschwert hab.[10])

11. Die stende A. C. sollen sich vergleichen auf den notfall der hulf und sich der tergiversation der Papisten auf dem notfall beschweren, die constitution sterken."

Mb. 111/1b fol. 3. Or.

1) Am 16. März schreibt Kf. Ludwig an J. C. (m. m. an Sachsen, Brandenburg, die Pf. Reichard, Philipp Ludwig, Johann, M. Georg Friedrich, L. Wilhelm, der es weiter an Holstein, Braunschweig, Pommern, Mecklenburg, Anhalt, Henneberg u. a. bringen soll, L. Ludwig, L. Georg, Strassburg im Namen aller Städte, Gr. Albrecht von Nassau), gleich nach Ausschreibung des R.-Tags sei von etlichen A. C. Verwandten der Vorschlag eines dem R.-Tag vorausgehenden Convents der Evangelischen behufs einmütiger Vertretung ihrer Religionsbeschwerden an ihn gelangt; da die Zeit hiefür zu kurz sei, habe er wenigstens beiliegende Gravamina zu-

16. März sammenstellen lassen und ersuche nameutlich um Gutachten, ob die Freistellung nochmals auf die Bahn zu bringen sei. Mb. 111/1b f. 1; 112/3 f. 68.

2) Vgl. ausser der Darstellung der Regensburger Tage von 1575 und 1576 bei Häberlin IX. X. und Lehmann, de pace relig. acta publica I, 117 ff. über die fuldisch-eichsfeldischen Beschwerden Heppe, die Restauration des Kath. in Fulda u. s. w. 110 ff.

3) Es kann wohl nur die Schrift des Andr. Dorkenius, Von der hochberümpter religionsfreistellung ein kurzer bericht u. s. w. (1576) gemeint sein.

4) So verfügte die vom Rat zu Aachen 7. März 1560 errichtete Convention; zu Köln war 1562 und 1564 beschlossen worden, alle Ratsherrn auf den alten katholischen Glauben zu vereidigen. Eine forma iuramenti für Rat und Bürger zu Biberach bei Häberlin XII, 338 A. f.

5) Darüber, ob der §. 27 des Religionsfriedens, der nur von den im J. 1555 religiös gemischten Städten spricht, auch auf die damals noch einer Religion anhängigen Städte zu beziehen sei, ob ferner das im §. 15 den R.-Ständen eingeräumte ius reformandi auch den Städten zustehe, wurde lebhaft gestritten; über die Hereinziehung der Frage von der Teilnahme der Bürger an der Reichsstandschaft der Stadt vergl. Stieve, die Reichsstadt Kaufbeuren (München 1870) p. 32/3. Das R.-Kammergericht beschloss am 21. Juli 1582 dem R.-Tag vier Dubia vorzulegen, worunter die (3.) Frage: ob den 1555 noch nicht gemischten R.-Städten vermöge des §. 15 die Religion zu ändern zugelassen (Lehmann I, 438). Die protestantischen Aachener aber und durch sie auch die übrigen Städte der A. C. waren ganz besonders durch die Aeusserung eines kais. Commissars (Philipp von Nassau) aufgeregt worden, die R.-Städte seien keine Stände und desRel.-Friedens nicht fähig (Häberlin XI, 459; XII, 80; 466).

6) Ueber diese Beschwerdeschrift vom 5. Okt. 1576 vgl. Häberlin X, 337/8.

7) Die „Evangelische Inquisition" des Reichshofrats Eder, zuerst 1573 erschienen, dann von K. Maximilian unterdrückt, war im J. 1579 teilweise wieder aufgelegt und nebst einer neuen Schmähschrift: „Das guldene Flüss christlicher Gemain" zu Ingolstadt gedruckt worden (Stieve, Br. und Akten IV, 146 ff.). „Frater Nass" ist der Hofprediger Erzh. Ferdinands Johann Nas, einer der heftigsten Polemiker. („Widereinwarnung an alle fromme Teutschen", Ing. 1577 u. a. m.)

8) Bis hieher Beilage zum Schr. Kf. Ludwigs an J. C., die folgenden Punkte von Ehem's Hand beigefügt.

9) Die Vertreibung der Evangelischen zu Besançon hatte 1573 stattgefunden; Beutterich war deren eifriger, aber nicht glücklicher Vertreter am Kaiserhof gewesen (vgl. oben p. 158).

10) Das R.-K.-Gericht hatte auf die Supplikation der Stadt Aachen vom 19. Okt. 1581 nach langem Disputiren ein Poenalmandat gegen den Herzog von Jülich beschlossen (3. Febr. 1582), Lehmann I, 425.

333. Badoer an den Dogen.

20. März Wien

(Fortschritte und Plan der Calvinisten; Haltung des Erzb. von Köln. Alençon Herzog von Brabant; Sachsens kriegerisches Anerbieten an den Kaiser. Aachische Sache.)

. . . . „Le conventicule qui per Germania passano ogni giorno più gagliarde et quelle che si sottoscrissero alla fede Calvinista, sono hora accresciuti al numero di cento settanta doi, et pare che habbino questa principal intentione di voler la libertà di conscientia in tutti, et che quelli di qual si voglia seta possano havere vescovati, abbadie et altre dignità ecclesiastiche senza alcuna confirmatione da Roma, et sollecitano grandemente l'arcivescovo di Colonia, che se non vuol essere della loro religione o per dir meglio seta, ossentisca almeno a questa sua perversa opinione delli beni ecclesiastici, promettendoli di far tutta la spesa per sua S^ia^ Illma nell' andata alla dieta. Ma fin' ora l'arcivescovo non haveva voluto prometterli alcuna cosa et spero che manco lo farà per l'avvenire, se bene havendo d'andare in Westphalia ad abboccarsi con l'arcivescovo di Brema et non sapendosi la cagione si dubita da alcuni che sia per questo."[1]) 20. März

Alençon in Antwerpen zum Herzog von Brabant proclamirt. Man hört, dass alle deutschen Pensionäre des K. von Frankreich auf den 12. April in einen Ort bei Trier entboten worden sind. „L'elettore di Sassonia havendolo saputo, per che il primo consegliero, che è il conte de Barbi colonello anche di Franza,[2]) et altri suoi vassalli sono stati chiamati a quel convento, ha mandato un cavaliero Bohemo a S. M., dolendosi di questo procedere dei Francesi et ponendoli avanti li maggiori pericoli, che soprasteriano alla Germania, se non si provvedesse a questi principii di Fiandra, pregando la M. S. a far ogni cosa per provvedervi, quando anche dovesse poner mano alla forza, nel qual caso l'assicurava dover haver gagliardo aiuto da tutto l'impero, et ch' egli non vorrebbe esser il secondo a moversi con molte forze[3]) in servitio comune et particolare di S. M., la quale mostrando nella dieta questa heroica risoluzione di non voler sopportare, che in tempo suo sia fatto all' imperio iniuria così grave d'intromettersi un principe in stati dippendenti da esso imperio senz' alcuna autorità sua, guadagneria l'animo de tutti in maniera che si potrebbe poi promettere nelle occasioni ogni aiuto et favore possibile de dannari et di forze. Al che m' è stato detto haver risposto S. M. in modo tale, che mostra non esser affatto contraria da questa opinione, havendo concluso di non si dover partire dal consiglio di esso elettore, ma molti credono, che ciò sia fatto per poter cavar nella dieta maggior donativo valendosi anche di quest' occasione." Beschwerde des Kf. beim Kaiser über das Vorgehen Parma's gegen Aachen; der Pfalzgraf hat an den Kaiser und alle Kff. geschrieben, „che se lei non vi provvede, egli lo farà et haverà modo di poterlo fare." Gesandte der drei rheinischen Kff. in Köln versammelt.

Ven. Cop.

1) Vgl. no. 326. Schon im Nov. 1581 hatte Johann von Nassau seinen Bruder Oranien im Auftrag „gutherziger Leute", die den zum Ehestand geneigten Kf. von Köln zur Beibehaltung des Stifts bereden wollten, um Aufschluss ersucht, wessen sich der Kf. zu O. und den Niederlanden versehen könnte (Prinsterer I. 8, 34; Oraniens durchaus ablehnende Antwort ebd. 94).

2) Vgl. no. 61; 304 A. 1 Eine erneute Mahnung des Kaisers an Kf. Ludwig, Wien 2. April, wegen französischer Praktiken gegen Elsass, Mb. 112/1 f. 266 Or.

3) Vgl. die Gerüchte von Sachsens Rüstungen no. 317. Der „böhmische Edle" ist Kinsky, der eben vom Kf. zurückgekehrt war, vgl. no 334. A. 1.

31. März Friedrichsburg

334. König Friedrich von Dänemark an Ulrich von Mecklenburg.

Auf dessen Schr. vom 16., betreffend das vom Kaiser veranlasste Ansuchen Kursachsens bei M. wegen Sperrung des Oeresundes. Bedenken dagegen: einmal die Bedeutung des Zolls, dann die Verfeindung mit den Gegnern Spaniens sowie mit allen commerziell beschädigten Staaten. Ist zu Allem erbötig, was er ohne Gefährdung seines Reichs dem Kaiser, Spanien und Sachsen zu Gefallen tun kann. Verschiebt seine definitive Erklärung.[1])

Dr. 8500. Cop.

1) Vgl. no. 316. Kf. August hatte einem kais. Gesandten Kinsky in dieser Sache eröffnet, Mecklenburg, der Schwiegervater Dänemarks, habe sich auf seine Aufforderung zur Betreibung derselben bereit erklärt, aber auf die voraussichtlichen Bedenken seines Schwiegersohnes (wegen der finanziellen Seite und wegen des Schicksals der Niederländer) hingewiesen. Dr. a. a. O.

April

335. Ehem an Walsingham.

(Dem Franzosen ist nicht zu trauen; Praktiken der Jesuiten und Spaniens gegen England.)

„Monsieur! Il y a jà long temps que que j'ay laissé de vous escrire selon la correspondence que soulions avoir par ensemble, tant à raison de voz grandes occupations que pour ce que j'estime que vous estes par aultre voye trop mieux adverty des occurrences de pardeçà, tellement que je ne pensoye plus à rien moins qu'à vous faire perdre temps en la lecture de mes lettres, quant je fus adverty ces jours d'ung personnaige notable résident à Paris*) de quelque chose concernant l'Angleterre, qui me donne présentement occasion vous faire ces deux motz. Car encoires qu'il soit ainsi qu'il ne se traicte quasi rien à manière de parler au préjudice d'Angleterre dont la royne vostre maistresse ne soit bien informée, ce néantmoins présupposant que le François (s'il est ainsi qu'on dit qu'il ayt intelligence avec l'Espaignol) ne vous peult pas estre trop amis, quoy qu'il en face le semblant, au moyen de ce mariage et aultres confiences tendantes à se liguer avec vous, il m'a semblé ne debvoir pour cela obmectre à vous donner part de ce que le dict personnaige me mandoit, qui est en somme: qu'on avoit descouvert depuis peu de jours de grandes menées et praticques sur l'Angleterre par le moyen des Jésuittes, et qu'il avoit veu lettres d'Espaigne, par lesquelles l'on mandoit de donner advis aux amis d'Angleterre de mettre ordre au plustost à leurs affaires, à raison des grandes

*) Am Rand: „résident en France et qui a bonne correspondance à la cour".

entreprises que le roy d'Espaigne y avoit.[2]) Suivant quoy j'adjousteray que depuis que le François a eu accès en Angleterre, l'on est tousjours en peur pardeçà, voire et en Italie, comme bien souvent l'on m'escrit, craindant que la fin n'en soit tragicque. Vous recevrez, s'il vous plaist, cest advertissement de telle affection que le vous envoye. Et au reste faictes estat de moy comme d'ung que trouverez tousjours prest à vous faire service et plaisir de sy bon coeur etc." April

Mb. 90/12 f. 178. Conc. (Beutterich.)

1) Unter dem 8. April schreibt J. C. selbst an W., der Handel mit Anjou gefalle nicht jedermann, er sei jedoch bei der Weisheit der Königin und ihres Rates von einem für England glücklichen Ausgang überzeugt; zugleich bittet er um baldige Abfertigung seines am englischen Hof weilenden Dieners „Zolcker". Aehnlich schreibt J. C. unter gl. Datum über Anjou an Leicester, den er ausserdem ersucht „de m'envoyer la peinture de la corne de ce poisson du capitaine Forbisser que me festes monstrer à Vindélizor [?], qui ressemble à celle du licorne". Mb. a. a. O. 175. Conc.

2) Vgl. über diesen wirklich existirenden Jesuitenplan einer spanisch-italienischen Landung in Schottland und einer Rebellion der englischen Katholiken Froude XI, 474 ff.

336. Ladislaus Popel von Lobkowitz[1]) an den Kaiser. 10. April Prag

(Vertrauliche Unterredung mit Sachsen; dessen Ergebenheit gegen den Kaiser und Neigung, den inzwischen geheim zu haltenden Wunsch des Kaisers nach einer „Unterhaltung" aus Reichsmitteln auf dem R.-Tag zu befördern. Beginn des Tags; wie Brandenburgs Erscheinen zu veranlassen.)

Ist am 3. von Brandenburg weggezogen und am 6. nach Dresden gekommen. Am folgenden Morgen kam der Kf. selbst zu ihm, worauf er dem Kf. den Gruss des Kaisers entbot und die zwei Handschreiben desselben übergab, die der Kf. sofort las „und mich gehert, wider alspalden peantwurt, und also vast ein stund darmit zugepracht. Wie ich nu das von E. Mt. mir anpevolen J. kf. Gn. nachlengs erzelt, haben anfenklich I. kf. Gn. gegen E. Mt. dessen genedigisten zuempittens und zuschreibens sich untertenigist zu bedanken mir pevolen, neben vermelden, wie genedigist E. kais. Mt. ime und als vattern schraiben, dessen ehr sich glaichwoll unwirdig erkent; und zaiget mir darauf das kredenzschreiben, darin E. Mt. dero sönlichs hochs vertrauen gegen sainer person melden, welliches wort ime warlich, wie ich gespirt, dermassen contentirt, das ehr darauf saget: „Nu gesich ich, das I. kais. Mt. mich sovil wirdigen und ein sollichs guts gnedigs vertrauen zu mir haben; I. Mt. sols wils gott im werk erforen, das ich alles dasjenige, was I. kais. Mt. und dero löblichem haus Oesterraich zu ehren und wolfart raichen kan, untertenigist gern befurdern will und an mainer person nichts erwinden lossen." Und sagt abermal zu mir in vertrauen, ehr wehr woll von etlichen E. Mt. getraien dinern, ansehlichen laiteu,

10. April dahin vermant worden, sich dessen, wessen ime E. kais. Mt. gnedigist gewirdigt haben, zu geprauchen, E. kais. Mt. werdens gar gern sehen; ehr habs aber nicht tuen dirfen, nicht das ehr hirin was an E. Mt. genedigister naigung gegen sainer person zwaiflet, aber anderer lait diss etpo [!] anderst auslegen möchten. Damit ehr aber nit unrecht tet, hab ehr sich dessen pai E. Mt. durch schraiben erkundigen wollen, sai ime aber darauf kain antwort erfolgt. Darauf ich saget, ich hilts gewiss darfur, E. Mt. werdens etpo [!] neben so vil geschaften vergessen haben, und werd also ungever verpliben sein. Und ob mir I. kf. Gn. glaichwoll solliches nur vertraulichen mainung gesagt, hab ich doch solliches aus schuldigem gehorsam E. Mt. nicht verhalten wöllen; und erachtet firwar, allergenedigister kaiser, untertenigist, wo ime E. Mt. kinftig in dero schraiben selbst ein wenig ursach oder anreizung dazu geben, als woltens E. Mt. also von ime haben, E. Mt. wurden ime dermassen ainnemben (unangesehen, wie ich eracht, das er sich dessen wo nicht gar enthilt, doch solliches gewiss mit höchster peschaidenhait prauchen wurd), das ehr hoffendlich das tett, was er vermecht und E. Mt. von ime haben wolten. Dan furwar, solliche herrn werden mit dergelaichen sachen mehr als mit gelt und guet contentirt und erhalten, und wan man nur frei offen mit inen handlt, auch durch lait, mit denen sie vertrailichen reden und landlen mögen, erhelt man alles pai inen, wie dan E. Mt. zum vorstehenden raichstag gegen inen derglaichen lait gebrauchen genedigist woll werden wissen; so hoff ich zu dem allmechtigen gott, E. Mt. werden mehr als kain kaiser von vill hundert jaren und villaicht nie auf keinen raichstag ausgericht, richten und erhalten. Und meldet verner, ich wisset, wessen ehr sich nun zu zweien mallen wegen E. Mt. kaiserlichen person unterhaltung gegen mir vernemben hett lassen, darpei ers also nochmallen peruhen liss; sai auch der entlichen hoffnung gewesen, wan der gewest kurfirst zu Mainz gelebt hett, solliches woll zu sin gepracht haben. Er waiss nit, wehr der kinftig sein wirt;[2]) soll nu Pfalz und Brandeburg auch nit dahin komben, die andern, Trir und Keln, ken ehr noch nit, wist ehr nit, mit wellichen oder wehm vertrailichen darvon reden; dan dise sachen muss pai inen erstlich woll unterpaut werden. Es ist disen peden kurfirsten warlichen diser tottfall vast laid, aber der will gottes muss geschehen.

E. Mt. sollen aber itzt nu das tuen und dem kinftigen, so erwelt wirt zum kurfirsten zu Mainz, schraiben*) und in dahin vermanen und persuadiren, das ehr sich an den kurfirsten zu Sachsen wöll halten und mit ime in sollich gutt vernemben und vertrauen kumen, wie sein vorfar gewesen, wie dan I. kf. Gn. E. Mt. in dero hiepaigelegtem schraiben[3]) dessen auch selbsten sonder zwaifl untertenigist erinderen.

Wie nu aber, was gestalt, pai wem und zu wass zait E. Mt. solliches anstellen und anpringen mechten, mainen I. kf. Gn. E. Mt. wolten sich nur genedigist gedulden und waiter dessen gegen niemants gedenken, piss I. kf. Gn. selbst auf dem raichstag pai E. Mt.

*) Am Rand: „Fiat."

sein werden; sie wollen mitlerwail auf die weg gedenken, sich auch mit dem kurfirsten zu Brandeburg pai diser irer zusambenkunft unterreden, und die sach also in gehaim zu halten, wie ich dan dieselb vermant, und der kurfirst zu Sachsen ime dem von Brandeburg alspald geschriben, in vermanend, mitlerwail auch gegen saine ratten und gesanten dessen nichts zu melden. Dan ich dem kurfirsten zu Sachsen pericht, wie wait ich mit dem von Brandeburg dises punkts halber gerett, wie ims dann I. kf. Gn. auch gevallen lassen, und sonderlich, das ich dieselb nicht vermeldt, das dessen was zuvor mit im wehr gehandlet worden, ehr werd sich nu woll wissen in die sachen schigken. Meldet auch waiter, das diser punkt in die proposition nit soll komben; E. Mt. missen den anfenklich pai den andern kurfirsten unterpauen, doch erst dorten am raichstag und darnach erst letztlich in gemain ahn die stend langen lassen. Und summariter plaibts zur zait pai dem, das sich E. Mt. genedigist gedulden piss zu dero mit dem kurfirsten zu Sachsen gelugklicher zusambenkunft und mitlerwail disen handl ganz in gehaim phalten; wie mich denn I. kf. Gn. etlich mall gefragt, ob ich mit diser relation selbsten zu E. Mt. zihen werd, die ich peantwortet, ich wehr dess willens, wan ich nur erfar, wo E. Mt. anzutreffen wehren; als ichs dan untertenigst gern tett, wo ich E. Mt. kammerdinsts halber, sonderlich wail itzt Georgi an der hant, abkumben mecht; derowegen ich ditz mit aigner hant alles geschriben, untertenigist verhoffend, E. Mt. mich in dem fall genedigist entschuldigt halten. Waiter sagten I. kf. Gn., das sie gedenken auf des raichs matrikl, das darvon E. Mt. kaiserlicher person unterhaltung volgen mecht, welliches jarlich piss in die sechsmallhunderttausent gulden tragen soll, daraus E. Mt. gnedigist spüren, das dise hilf auf andere weg gericht wirt; derwegen ich die weg oder mitl, so in der instruction, als der Romzug, gemainer Pfenig oder prorogation der jüngsten Regenspurgischen hilf, alle umbgangen, und erwart, was fur mitl und weg zu sollichem I. kf. Gn. for sich haben. Derwegen ich in mainer vorigen relation von Dresden aus gemelt, das ich aus der instruction procediren müssen. Dan was wehr darmit E. kais. Mt. selbst person geholfen? Derglaichen Tirkenhilf sein schon zuvor mehrmallen geschehen, ist aber darmit E. Mt. kaiserlicher person darmit [!] nicht geholfen gewesen, ist auf die granitzen und etc. verwent worden. Ich hoff aber, wan man den handl nur recht angraifen wirt, E. Mt. werden aines und das ander erhalten, als nemblichen die prorogation der vorigen Tirkenhilf und auch stattliche unterhaltung dero selbst kaiserlicher person, die ich dan E. Mt. von dem allmechtigen gott treulich untertenigist winschen tu und mir von unserm herrgott fur ein sondere gnad halten will, das derselb E. Mt. und dessen loblichen haus Oesterreich zu ehren und guttem durch mainer geringen person treuherzige untertenigste dinst solliches genediglich richten wöllen; der verlaich ferner sein segen. Und sovil dises punkten." 10. April

Daneben bitten beide Kff., der Kaiser wolle ihnen seinen Anzug zeitig mitteilen*); sie schicken ihre Gesandten diese Woche

*) Am Rand: „Fiat."

10. April nach Augsburg. „Darauf ich fraget nur for mich selbst, obs schid [!], wann E. Mt. glaich auf angestimbten tag nicht zur stellen wehren, sonderlich wail sich der tottfall mit Mainz zugetragen.“ Sie meinten, ein Verzug von einigen Tagen würde nichts ausmachen, doch sollte der Kaiser jedenfalls seine Gesandten zum Termin dort haben,*) die dann den Verzug erklären könnten.

Hat mit Sachsen über einen Weg gesprochen, Brandenburg doch noch zum persönlichen Erscheinen zu veranlassen. Br. wird in den Osterfeiertagen zu Dresden sein; in dieser Zeit soll der Kaiser nochmals an S. (dessen Erscheinen ganz gewiss) schreiben, er möge Br. in seinem und des Kaisers Namen ermahnen, dann an Br.,**) wie zuvor, mit der Zusicherung, er solle nicht länger als 2 Monate aufgehalten werden; auf diese Dauer berechnet S. den Reichstag, falls die Kff. persönlich erscheinen. Damit Br., wenn S. in ihn dringt, sich nicht auf seine dem Kaiser bereits übermittelte Entschuldigung berufen kann, sollen die kais. Schr. spätestens bis zum 21. oder 22. April zu Dresden sein. S. hofft, dass dieses Mittel Erfolg haben wird.[4])

Wh. Rtagsakten 1582. Eigh.

1) L. P. der Jüngere von L. (kais. Rat, später, 1594, Mundschenk, Khevenhiller Ann. Ferd. IV, 1212) war bereits am 3. März an Kf. August abgefertigt, dann am 22. März wiederholt bei demselben wegen der kais. „unterhaltung“ beglaubigt worden (Dr. 8500). Am 24. März versprach der Kf. zu Dresden auf das Anbringen des Gesandten den R.-Tag zu besuchen, auch wenn einer oder zwei seiner Mitkff. ausblieben, und die Erleichterung der kais. Regierungslast wie die Sicherung des R. gegen den Erbfeind möglichst zu fördern (Wh. Or.). Dagegen schlug Brandenburg das persönliche Erscheinen auf dem R.-Tag ab (Popel an den Kaiser, Rathenow 2. April, ebd. Or.), während er sich erbot die Unterhaltung des Kaisers zu befördern, wogegen der Kaiser ihn mit dem beschwerlichen fiskalischen Einbringen solcher Hülfe verschonen und seinem Sohn endlich den Titel eines Administrators von Magdeburg zugestehen möge (Popel an den Kaiser, Prag 10. April, ebd. Eigh.).

2) Erzb. Daniel Brendel von Homburg war am 22. März 1582 gestorben. Seine freundschaftlichen Beziehungen zu den protest. Fürsten, besonders zu Kurpfalz wurden ihm oft genug zum Vorwurf gemacht und die Protestanten hielten es wohl selbst für möglich ihn zu gewinnen (vgl. oben p. 120 A. 2; die bekannten Klagen des Rob. Turner, Panegyrici duo, Ingolst. 1585, p. 108 ff.); trotzdem hatte er bereits 1562 den Jesuiten zu Mainz ein Colleg eingeräumt und im J. 1574 die Gegenreformation auf dem Eichsfeld eingeleitet. — Zu seinem Nachfolger wurde am 20. April 1582 der Dompropst Wolfgang Freiherr von Dalberg gewählt, der bei dem strengen Katholiken ebenfalls als „Neutralist“ verdächtig war, vgl. Stieve IV, 14.

3) Das Schr. des Kf. vom 8. April billigt die Absicht des Kaisers, den Tag wegen der Mainzer Wahl nicht zu verschieben, wünscht aber doch Resolution, wie es im Fall eines Verzugs zu halten (Wh. Or.).

4) Popel wurde am 14. April desshalb nochmals nach Dresden abgefertigt (Schr. des Kaisers, Dr. 8500), konnte jedoch den daselbst anwesenden Kf. Johann Georg nicht zur Zusage des Erscheinens bringen;

---

*) Am Rand: „Fiat“.
**) Am Rand: „Fiat.“

ebensowenig vermochte dies August, der übrigens versicherte, Br. werde sich sonst zur Zufriedenheit des Kaisers erzeigen, eine wiederholte Schickung an Pfalz des Erscheinens wegen anriet und die Erklärung Dänemarks (vgl. no. 334) schickte, dessen geheime Verhandlung mit den Reichsräten abzuwarten sei (August an den Kaiser, Dresden 25. April, Dr. 10200. Conc.; Popel an denselben, gl. Datums, Wb. Or.). Der Kaiser erliess am 4. Mai doch noch eine Aufforderung zum persönlichen Erscheinen an Brandenburg (Wb. Conc.). 10. April

337. Badoer an den Dogen.

17. April Wien

(Absicht Erzh. Maximilians zur Unterstützung Spaniens in die Niederlande zu ziehen.)

„Dall' altra parte ho inteso da persona molto principale, che l'arciduca Massimiliano sta aspettando di giorno in giorno commissione di Spagna di andar con qualche buona truppa di gente in Fiandra al servitio di S. M. Catt., contentandosi che li sia assegnata qualche poca parte di governo per andarvi con sua maggior riputatione, perchè l'imperatrice, che haveva da trattar questo negotio per concerto fatto con l'imperatore et gli altri suoi figliuoli prima della partita,[1]) hora dice haverlo scritto al re et parlato ancho col cardinal Granvella, et che sperava haver presto la risoluzione, la quale manderia in diligentia. Tra tanta S. Alt. va facendo scielta di quelle persone, che li pare poterla servire in questa occasione, ma non li dice, in che li vuole impiegare, perchè il negotio passa fin hora secretissimo. Et io l'ho avuto in molta confidentia da persona, che lo può benissimo sappere.“ . . . .

Ven. Cop.

1) Die Kaiserin-Wittwe hatte die längstgeplante, aber vom Kaiser immer wieder verhinderte Reise nach Spanien im Herbst 1581 endlich antreten dürfen; ihr Sohn Maximilian begleitete sie bis zum venezianischen Gebiet (Khevenhiller I, 189 f; Charrière IV, 79 A. 1). Dass wegen seiner flandrischen Reise noch kein Entschluss gefasst sei, berichtet Lippomano am 26. Juni.

338. König Heinrich III an Kurfürst August.

20. April Paris

Beglaubigt den Sekretär Ansel, seinen Residenten am kais. Hof, beim Kf. für den Augsburger R.-Tag.

Dr. 8088. Or.

339. Johann Casimir an Condé.

21. April Neustadt

Uebersendet diesen Brief als Zeichen seiner Freundschaft durch „le s[r] de la Huguerye, ... vous priant de croire que n'avez en nos

21. April quartiers ni par avanture ailleurs plus asseuré et sincère amy que moy; comme entendrez plus à plein par le dict Hugueryе", den er beglaubigt.[1])

Pb. V^{c} Colbert 29. Eigh.

1) La Huguerye war nach J. C. Schr. an Madame de Bouillon (vgl. no. 268 A. 1), Neustadt 19. April, „pour ses affaires" nach Frankfurt gekommen (Mb. 90/12 f. 206 Conc.; vgl. La Hug. II, 139: „soubz couleur de mes affaires"); die Zeit seiner Abreise nach Frankreich über Lothringen gibt er II, 152 ganz richtig als „incontinent après Pasques" (15. April), während er kurz darauf (154/5) seinen folgenden Aufenthalt in Nancy und Sedan in den Januar bis April verlegt! Das p. 153 angeführte Schr. J. C. an Dompmartin, vom 19. April, Mb. a. a. O. Conc. Nach p. 151; 164 ff. hätte La Hug. den Prinzen von Condé auffordern sollen, mit J. C. gelegentlich der bewaffneten Unterstützung Gebhards von Köln gemeinsame Sache zu machen und, einmal an der Spitze einer Heeresmacht, Navarra zum Trotz eine dominirende Stellung in Frankreich zu erringen. Am 23. April beglaubigt J. C. den Herrn von Châtillon (Sohn des Admirals Coligny), der „a prins la peine de me venir voir en passant", bei Navarra (Mb. a. a. O. 170 Conc.) und bei Condé (Pb. a. a. O. Or.).

21. April Bruchsal

340. Johann Achilles Ilsung an den Kaiser.

[Berichtet ausführlich über seine Werbung bei Kurpfalz.]

„Ich hab aber . . . under disser handlung nit obscure vermerkt, da mehr hochstgedachts churfursten rät sowol zu, als mich gedunken will davon rieten, so wurde es an derselbigen personlichen erscheinung usser leibs unvermöglichait sonsten wenig mangels haben. Warumben es aber nit beschicht, kan von dern tails nit uss fridliebendem oder vatterlands ruhe begierigen gemuet beschehen. Gott verzeichs inen, da si also gesinnet, oder mir, da ich si unrecht verdenke." . . . . . .

Wh. Klagsakten 1582. Or.

1) Johann Achilles Ilsung, schon in den J. 1567 und 1576 als kais. Gesandter an den kurpfälzischen Hof abgefertigt (Mitglied des R.-Hofrats 1582, Khevenhiller I, 230), hatte eben von Köln die Zusage des persönlichen Erscheinens erhalten (Ils. an den Kaiser, Köln 11. April, Wh. Or.) und in einer Audienz zu Heidelberg am 19. April das wiederholte Begehren der gleichen Zusage an Kf. Ludwig gerichtet. Nach einer Berathung am 20. April wurde die Antwort dahin erteilt: P. verweise auf seine kategorische Antwort vom 2. Jan. und mache sein Erscheinen, falls die noch nicht ganz beseitigte Verhinderung wegen Aachens (das immer noch von Parma bedroht sei) und wegen der Durchzüge wegfiele, nur von seiner Gesundheit abhängig. Der Gesandte erwiderte, da Parma abgezogen sein solle und gegen die Durchzüge das Nötige verordnet werden könne, versehe sich der Kaiser P. Erscheinens, ausgenommen Krankheitsfall. Ma. 545/1 Prot.

23. April Wien

341. Der Kaiser an Kurfürst Ludwig.

Nachricht, im geheimen Rat des K. von Frankreich sei beschlossen worden, „gegen disem frueling sich ungeferlich umb

Strassburg einzulägern und der orts ain vesten platz einzunemmen, dazue aus des königs fisco das gelt solt dargelegt werden." Gut aufzupassen.[1]) 23. April

Mb. 112/1 f. 320. Or.

1) Vgl. no. 324. Am 27. März hatte der Kaiser durch Hinweis auf Alençon und die französischen Praktiken den Kf. zum Besuch des R.-Tags zu bestimmen gesucht (Mb. a. a. O. f. 264 Or.). — L. Wilhelm schreibt (April/Mai) an Kf. August: die Händel, die Lothringen ohne Zweifel auf Anstiften Frankreichs mit Strassburg anfange, liessen ihn vermuten, „das es nurt vorbotten seien, wo man etzwas gegen Alenzon schlissen oder sich in die hendel stecken wolle, was Frankreich darjegen vorzunemen gemaint sei. Dan wo es ime [Al.] umb occupirung der lande ernst, ist nix gewissers, wo sich das raich darwider setzt, das man den Turken in Osteraich, Franzosen am Rainstram und vileicht andere vogel in der Mark oder Schlesi wird allicíren" (Dr. 10200. Eigh. P. S.). Ueber die damalige Stimmung der Pforte gegen Spanien und Oesterreich und eine türkische Gesandtschaft in Paris (Winter 1581/2) vergl. Charrière IV, 70 A. 1; 94 ff. A; 118 ff. A. Das „andere vogel" kann nur auf Polen gehen.

342. Kurfürst August an Kurfürst Ludwig.

3. Mai Dresden

Auf dessen Schr. nebst dem Verzeichniss der Religionsbeschwerden [16. März], die aber nicht ohne Zerrüttung des Rel.-Friedens zu beseitigen sind. Notwendigkeit des persönlichen Erscheinens der Kff. in Augsburg bei diesen „ganz sorglichen leuften." Verabredung über das Beilager seines Sohnes mit der Tochter Brandenburgs.

Mb. 112/3 f. 120. Or.

343. Johann Casimir an Schomberg.

3. Mai Kaiserslautern

Seine Obersten und Rittmeister wundern sich über die lange Verzögerung. Ersucht um Einhaltung des Termins für die auf Ende Juni nach Nancy zu liefernde kgl. Assignation; da der Friede in Frankreich so gut wie gesichert sein soll, erwarten die Obersten u. s. w. bestimmt die Zahlung.

Mc. Fürstens. CXXIII. 1011. Conc.

344. Johann Casimir an König Heinrich von Navarra.

4. Mai Kaiserslautern

„Monsieur mon honoré cousin! Vous m'honorez beaucoup en me départissant de voz bonnes nouvelles et me continuant la bonne affection et amitié, de laquelle j'ay esté rendu certain par le raport de plusieurs gentilshommes françoys et notamment par la relation de mon conseiller Beutterich.[1]) Aussi pouvez-vous estre asseuré que ne sçauriez départir vos faveurs et amytié à prince qui ayt plus de volonté de vous faire preuve de fidélité que j'ay selon les

4. Mai moyens que dieu m'a donné. Je fais mon conte qu'aurez desjà entendu ou entendrez du moings en peu de jours par le raport d'un bon seigneur qui a esté par deçà la disposition de nos affaires, ausquelles n'est survenu aucun changement depuis; et remets ce que j'en pourrois escrire davantage à ce que cestuy-là et le sieur Beringen, présent porteur, vous dira." . . .

Mb. 90/12 f. 200. Conc. (Beutterich.)

1) Vgl. no. 300. Der „bon seigneur" ist jedenfalls Châtillon (no. 339 A 1.), Beringen (Béringheu) wohl der France Prot. II, 195 erwähnte Kammerdiener Navarra's. Letzteren beglaubigt J. C. unter gl. Datum bei Condé, nachdem „l'un de voz plus fidèles serviteurs de ceux que je cognois a passé depuis deux jours par icy, avec lequel j'ay conféré à plein de la disposition de nos affaires" (Mc. Fürstensachen CXXIII. 1011. Conc.)

14. Mai Saintes

345. Montigny [1]) an Beutterrich.

Auf dessen Schr. vom 21. April. Bezicht sich auf die durch „Beringhen" überbrachte Depesche des K. von Navarra, „qui pourra servir pour lever l'opinion sinistre que plusieurs pouvoient avoir du dict s^r^ roi par les bruitz que ses ennemis ont semé en Allemaigne, que nous vous supplions croire estre entièrement faux.[2]) Le dict s^r^ roi, pour se délivrer de ceste importunité que les roines lui faisoient de venir en cour et pour rompre le voiage que le roi faisoit à ces fins à Blois, il partit de La Rochelle pour aller en Béarn le 24 du passé. Il sera de retour à la fin de ce mois pour se trouver à la journée de St. Jehan."[3]) Anschläge der heil. Ligue 1) auf Genf, das der Feind, nachdem die Ueberrumpelung nicht gelungen ist, belagern will; 2) auf La Rochelle, gegen welches zwei Tage vor Abreise des K. von Navarra „une grande entreprise conduite par Ruffec et St. Luc" und kurz darauf „une seconde encor plus dangereuse" entdeckt wurde; 3) auf England und Schottland, wo die Katholiken den Herzog von Meine zum Führer begehrt haben; die Guisen haben einen Vertrauten nach Schottland geschickt.[4]) . . . .

Mc. Fürstensachen CXXIII. 1011. Eigh.

1) Montigny, nach der Notiz Beutterichs auf einem Schr. M. an J. C. vom 30. Dez. 1585 (Marb.): „le ministre de l'église de Paris, qui se tient á Sedan" ist wohl der France prot. VI, 420 und bei Coquerel, précis de l'hist. de l'égl. ref. de Paris p. 180 erwähnte François de Laubéran, s^r.^ de M.

2) Ueber das damals auftauchende Gerücht von Navarra's Uebertritt zum Katholicismus vgl. z. B. Desjardins IV, 418.

3) Vgl. über die Versammlung der Reformirten zu St. Jean d'Angély das Schr. Navarra's an den König vom 20. Juni (Berger, lettres miss. I, 459).

4) Nach Mitteilungen des Gesandten Tassis an Philipp II, Paris 18. 29. Mai (Teulet V, 251; 256) hätte Guise selbst die schottische Expedition durch einen Angriff auf England unterstützen wollen (vgl. no. 335).

346. La Verrière an Johann Casimir. 14. Mai Metz

Schickt kgl. Schreiben, die ihm „mons[r] de Cheneberg" [!] für J. C. zukommen liess.

Mc. Fürstensachen CXXIII. 1011. Eigh.

347. Johann Casimir an Syndiques und Rat von Genf. 23. Mai Kaiserslautern

Hört, dass die Praktiken des Teufels und seiner „supposts" gegen ihre Stadt entdeckt sind [1]); erbietet sich zu jeder Unterstützung. Beutterich hat ihm getreulich berichtet „de ce qui se passa au voyage qu'il feit à Genève au moys de mars dernier. J'ay tousjours actendu qu'on en traictast plus particulièrement selon les ouvertures qu'il vous feit. Quand vous me ferez l'honneur de m'advertir de l'estat, auquel vous estes, et de ce que désirez de moy, vous me trouverez tousjours prest à m'employer pour le général et particulier en vostre ville et estat en ce qui pourra deppendre de moy, d'aussi bonne affection et volonté" . . . .

Mc. Fürstensachen CXXIII. 1011. Conc. (Beutterich).
Genf, Arch. Portef. hist. 2002. Or.

1) Ein undatirtes Schr. der Genfer an J. C. hierüber, Genf Arch. Copies des lettres. Ueber den savoyischen Anschlag, der am 18. April 1582 den Genfern entdeckt wurde, und die Hinrichtung des Verräters Du Plan vgl. Ricotti III, 11 ff.

348. Johann Casimir an (einen der Guisen?). [1]) 29. Mai

(Eine Mitteilung Parma's. Zeitungen über Bedrohung Spaniens durch die Gährung in Portugal und die Türken.)

„Monsieur mon cousin! Par la lettre que m'escrivez du 12e de ce moys que j'ay receu le 26e, j'ay entendu ce que mons[r] le prince de Parme vous a mandé touchant le passaige des Espaignolz, dont je vous remercie bien humblement qu'il vous a pleu m'en advertir. Je suis bien aise d'entendre que l'advertissement que vous ay donné des 1500 reittres vous a servy de quelque [!], affin que pour l'advenir je ne laisse à vous donner part de toutes les occurrences que se presénteront opportunes pour vostre service. Et puis qu'il vous plaict me faire cest honneur que j'aye correspondence avecque vous, je ne puis laisser à vous dire (quoy que soyez trop mieux adverty de la vérité des choses) ce que l'on maude d'Italie; qu'est en somme, que le séjour du roy d'Espaigne en Portugal ne se faict pas de bonne volonté, que de nécessité, à raison de l'apparence qu'il y a de nouveaux troubles et révoltes, si avant que Don Anthoine y mecte une foys le piedt, à raison de quoy le dict roy feroit bien munir toutes les forteresses et remectroit sur piedt

29. Mai quelque armée tant par mer que par terre; de plus que le commandement de faire passer la cavallerie de Naples et l'infanterie de Sicile en la Lombardie seroit refroidy, à cause du Turcq qu'on tient pour le seur avoir en volonté d'attacquer l'Espaignol ceste présente année. L'on affirme au reste le dict Turcq s'estre accordé avec le Perse de tout leurs différentz. Et n'ayant autre chose pour le présent, je prie dieu etc."

Mc. Fürstensachen CXXIII. 1011. Conc.

1) Eine etwas gewagte Vermutung, aber ich finde kaum einen andern wahrscheinlichen Adressaten. Das Schr. ist gerichtet an einen ausserdeutschen Herrn, der mit Parma correspondirt; der Herzog von Lothringen kann aber nicht gemeint sein, wegen der Wendung: „puis qu'il vous plaict" u. s. w., die ja dem alten Jugendfreund gegenüber undenkbar ist, ebensowenig Alençon, das damalige Haupt der aufständischen Niederländer. Uebrigens lässt die einfache Anrede „Monsieur mon cousin" nicht auf einen regierenden Fürsten schliessen, sonst könnte man allenfalls an den Herzog von Savoien denken, freilich ohne jeden sonstigen Anhaltspunkt, während der Verkehr J. C. mit den Guisen für diese Zeit (Frühjahr/Sommer 1582) durch La Hug. II, 177 ff. ausdrücklich bezeugt ist. Malleroy kam damals wieder mit Beutterich zusammen (zu „Momberinge"?), der J. C. Geneigtheit erklärte mit Guise und Condé zusammenzugehen, „ausquelz quiconque s'opposeroit en France se romproit la teste", freilich unter den früheren Bedingungen und gegen Wahrung der Religion.

29. Mai Kaiserslautern

349. Johann Casimir an Pfalzgraf Reichard.

(Eine Vorlage wegen des Concordienbuchs an den R.-Tag nicht wahrscheinlich; Gefahr einer Condemnation der zwinglischen und calvinischen Lehre. Die Ubiquitisten und ihre Gegner.)

R. hat ihm angedeutet, „was auf kunftigen reichstag des concordibuchs halben furlaufen und wir die stende, so es nit subscribirt, desswegen zur rede gestelt werden möchten", [1]) und sein Gutachten begehrt. Verweist auf die beiliegende Copie seines Schr. an seinen Bruder [2]); hier ist der Fall vorgesehen, dass der Kaiser und die Papisten die Nichtsubscribenten zur Rede stellen. Wenn im zweiten Fall die Subscribenten dies tun sollten, was er nicht glaubt, so soll man sich ihnen gegenüber auf die A. C. und Apologie bekennen, das Concordienwerk als nicht gemeinschaftlich unternommen an seinen Ort stellen, dagegen zu einem unparteiischen synodus und colloquium aller der A. C. Verwandten und Geneigten behufs Hinlegung der Irrungen sich bereit erklären. Am Wahrscheinlichsten ist jedoch der dritte Fall, dass die Subscribenten mit ihrem bergischen Buch ganz zurückhalten und nur einen Beschluss der gesammten Stände durchsetzen wollen, dass der Zwinglianismus oder Calvinismus verdammt und dass die Abendmahlslehre der A. C. Verwandten jederzeit die von der leiblichen Geniessung (realiter, oraliter und corporaliter) gewesen sei. Die Papisten würden gern hierauf eingehen. Man muss sich also vor dem Einlassen in Condemnationen hüten, da die Subscribenten alle Nichtsubscribenten für heimliche Calvinisten halten, da ferner die Tyrannei der Papisten hiedurch gestärkt und Sachsen und Schwaben als alleinige Inhaber des rechten Glaubens, als ein doppeltes Papsttum hingestellt würden. „Es haben auch E. L. und andere ihres gewissens zu verschonen und zu gedenken, das nit allein in frembden nationen, sondern auch in Teutschland und allen provincien viel tausend ehrlicher, gottsehlicher, verstendiger leut, ob sie schon nicht stende des reichs, doch kinder gottes seind, die es mit uns halten und heimlich seufzen und schreien zu gott wider diese der Ubiquitisten geistliche tyrannei und prechtige trutzige handlungen, die da in kein unparteiisch colloquium sich einlassen dörfen und fromme leut verketzern, so mit ihrem blut die A. C., da sie grund in gottes wort hat und wie sie in der apologie und andern abschieden, auf colloquien und tägen erkleret worden, zu unterschreiben urbüttig, sonder alles mit gewalt hinauszuführen und zu behaupten gedenken." Erinnert an den Beschluss der A. C. Verwandten wegen seines Vaters no. 66. zu Augsburg. 29. Mai

Endlich sollen R. und andere ermessen, dass, wenn Gewalt vor Recht geht, dies und die Verdammung unschuldiger Leute vor der Welt nichts Neues ist, aber Christi Wahrheit nicht zu Grunde gehen kann, „sondern bald ein vil grösserer reichstag angehen soll, da die richter und verdammer dieser welt sich werden müssen richten lassen, das ihnen genanten Calvinischen nit mittel und weg mangelen, ihre sach in ein oder andern weg auch zu verteidigen, und das sie alsdan dahin getrungen wurden, offentlich vor der welt darzutun, wie baufellig der condemnanten sach geschaffen und das sie selbs unter einander nit allein getrennet, sondern in vielen articuln mit der A. C. und derselben lehr gar nit einig. Was nun daraus für grossere weitleuftigkeiten zu unserm aller verderben und untergang ervolgen möcht, hat ein jeglicher gering verstendiger leichtlich zu ermessen."

Ma. 545/2. Cop.

1) Reichard, gewiss ein entschiedener Lutheraner (vgl. no. 49), hatte trotzdem die Subscription der Concordie standhaft verweigert (Heppe IV, 173/4). — Ueber die Befürchtung, die Publikation der Concordie werde den Ausschluss aller Dissidenten vom Rel.-Frieden nach sich ziehen, vgl. no. 170; 252. Wie weit sich die Phantasie der Reformirten verstieg, zeigt folgende Mitteilung Walther's an Ulmer (Zürich 1. Febr. 1582, Bm.): „Lutetia scribitur, et quidem a fratre optimae fidei, istuc esse aliunde perlatum, clam apud Venetos haberi aut brevi habendum a fidissimis quibusdam papae, Caesaris, Hispani et Italorum omnium principum consiliariis secretum conventum, in quo de confoederatione universali adversus nostrae confessionis omnes socios agatur, occasione belgici belli accepta; ad quem conventum Ubiquitarii quoque suos mittant, inter quos nominatim Andreas [Andreä] esse dicitur, et Hispani nomine Ericus Brunsvicensis." Sachsens Besuch beim Kaiser wurde auch hierauf bezogen. Die gleiche Nachricht figurirt in einem Schreiben Gr. Johanns an L. Ludwig vom 30. Mai 1582 (Prinsterer I. 8, 103). Dass auch am Kaiserhof wenigstens auf sächsische Schritte zu Gunsten der Concordie beim R.-Tag gerechnet wurde, zeigt die Depesche Badoer's Prag 21. Nov. (Ven. Cop.), die als wichtigste Vorlage die

29. Mai wegen der Religion bezeichnet, „sendo posto il duca di Sassonia con molti altri principi in quel pensiero di ridurre la opinione di Lutero divisa hora in diverse sette al suo primo stato." Dass auf dem R.-Tag Baiern allerdings den Kf. August zu einem Entschluss „der Calvinisten halb" zu drängen suchte, wird sich weiter unten (11. August) zeigen. Vgl. Walther's Schr. an Hotman vom 15. Juli (Hotom. epp. p. 155 ff.).

2) J. C. Antwort auf Ludwigs Schr. vom 16. März (no. 332 A. 1), Kaiserslautern 29. Mai, verweist auf Augusts Schr. vom 3. Mai (no. 342) und auf die frühere Haltung Sachsens und Brandenburgs, die nur „ire sachen durchpringen und vor irer turen keren möchten," und schlägt vor, in erster Linie Punkt 1.—4. der älteren, 2.—4., 6.—11. der neuen Gravamina zu vertreten, mit Punkt 5.—8. der älteren aber zu warten, bis sie von den Parteien selbst vorgebracht werden, no. 5. der anderen zunächst einzustellen, ausserdem den Kaiser um Abschaffung der päpstlichen Legaten „sonderlich tempore commitiorum" anzugehen, endlich eine Schärfung der Constitutionen über die Kreishülfe durchzusetzen oder eine Schutzvereinigung der A. C. Verwandten nach L. Wilhelms Vorschlag zu errichten. Mb. 112/3a f. 123. Or.

29. Mai Kaiserslautern

350. Johann Casimir an Kurfürst Ludwig.

Absicht Alençon's, durch eine Gesandtschaft an den R.-Tag die Anerkennung als R.-Stand zu begehren. Der Fürst, der sich hiezu gebrauchen lassen will, [1]) hat seinen Rat begehrt, aber noch keine Antwort erhalten. Am Besten wäre es, die Niederlande wieder zum Reich zu bringen. Baierns Anspruch wegen der Session im Fürstenrat. Absicht des Legaten und der Jesuiten, auf dem R.-Tag die Evangelischen vermittelst des Concordienbuchs („wann die kais. Mt. das irige erlangt") untereinander zu verhetzen. Die Stände der A. C. sollten erklären sich über Religionsfragen mit den Katholischen, denen sie hierüber keine Verantwortung schuldig seien, überhaupt nicht einlassen zu wollen; wogegen den Katholischen die Balken in ihrem Auge, Abgötterei u. s. w. vorzuhalten. . . .

Mb. 112/1 f. 408. Or.

1) Der junge Herzog von Bouillon (vgl. no. 268).

3. Juni Neustadt

351. Johann Casimir an Kurfürst Ludwig.

Billigt, „dieweil es nit one, das wir alle übernechtig", L. Errichtung eines Testaments („wie wir denn hiebevor auch getan"), obwol er L. noch ein langes Leben und Mehrung seines Stamms wünscht und an dessen Wiedervermählung gedacht hat. [1]) Erklärt sich bereit, falls L. sterben sollte, dessen Kindern entweder „mit anbegerter curatel oder in andere weeg" allen väterlichen Willen und Beistand zu erzeigen und hofft, dass seine Gemahlin und Tochter eventuell bei L. Beistand finden werden.

Mc. K. XV. 3 no. 3063. Or.

1) Vgl. no. 266. Kf. Ludwigs Gemahlin, die hessische Elisabeth, war am 21. März 1582 gestorben (eine „Pompa funebris" von Mich. Haeberus Brettanus, Heidelb. 1582, Bm.). Häusser (II, 130) hebt ihre „stille Frömmigkeit" hervor, aber der leidenschaftliche Ton ihrer

Briefe während des Bruderstreits (vgl. no. 48; 85) und ihr energisches Eingreifen in Sachen der lutherischen Reaktion (no. 51 A. 1; 53; 169 A. 2) widerlegen diese Charakteristik nur zu sehr. Noch im J. 1581 sucht L. Wilhelm seine Schwester von der Schriftwidrigkeit jeder Verfolgung in Glaubenssachen zu überzeugen (Rommel V, 580 A. 75). 3. Juni

352. Jakob Kurtz von Senfftenau[1]) an den Kaiser. 5. Juni Speier

(Hitzige Reden des Pf. Johann über Aachen u. s. w. Mässigung des Kf. Ludwig. Kammerrichteramt. Freistellung.)

[Berichtet ausführlich über sein Anbringen bei Kurpfalz.] [2])

„Ich solle neben disem E. Röm. kais. Mt. allerundertenigist nit verhalten, das sich under essens und sonsten im conversiern der Achischen sach, des camerrichter ampts und der freistellung halben allerlei reden begeben und dieselbige nit von dem churfursten, sonder von pfalzgraf Hansen auf die pan gebracht sein worden. Und hat von denen allen der churfurst gar wenig, wie gar ain frommer höflicher herr ist, pfalzgraf Hans aber sonderlichem [!] nach dem trunk etwas hitzig und mit grosem ernst geret: in der Achischen sach seie wider alle reichsabschied gehandlet worden, in deme gleichwol I. F. Gn. gewiss hielten, das es nit E. Röm. kais. Mt., sonder anderer leut schuld were. I. F. Gn. heten sich gezwungen der sachen underfangen muessen, dieweiln si der negste nachtbar weren [3]) und, wo gegen Aach dergleichen furzunemen gebillichet solte werden, ebenmessiges auch gegen I. F. Gn. zu tuen nit unrecht sein wurde. Insonderhait haben I. F. Gn. etliche hitzige reden, die Phillips von Nassau geton solle haben, angezogen, nemblich es seie Aach kein reichsstadt nit, und er welle die sach dahin richten, das man zu Aach allen denen, die der A. C. sein, schellen anhenken und zu der stat ausjagen muese.[4]) I. F. Gn. haben diser sachen wegen etlich mal E. Röm. kais. Mt. zugeschriben, aber nit beantwortet worden."

Ueber das Kammerrichteramt äusserte der Kurf., der Graf von Eberstein sei hiezu vor andern geeignet. Pf. Hans aber sagte, Winnenberg, der auch genannt werde, könne nicht dazu genommen werden,[5]) da ja nach den Abschieden eine gefürstete weltliche Person, deren nicht wenig qualificirte vorhanden, einem Grafen, Herren oder Geistlichen immer vorgehen solle. „Des er gleichwol allain gegen mier conversando und nit anderer gestalt vermeldet wölle haben.

Die freistellung anlangend hat pfalzgraf Carl ob tisch seinen bruedern pfalzgraf Hansen gefragt, was doch die ursach sei, das man jetziger zeit fursten, graven und herrn, so der A. C. sein, auf allen hohen stiften ganz und gar ausschliesse, da doch derselben voreltern nit wenig, sonder fast das maiste darzue guetwillig gewidmet und geschenkt hetten. Darauf pfalzgraf Hans vermeldet, er wisse die ursach nit, welle aber den kaiserlichen gesandten fragen. Habe ich I. F. Gn. geantwort, ich seie zu jung und unerfaren, von solichen wichtigen sachen zu reden, doch glaube ich nit, das ainicher furst, grave oder herr auf ainichem stift ausge-

31 *

5. Juni schlossen werde, wo sie sich allain den alten von vilen jaren hergeprachten ordnungen gemes verhalten wolten. Als aber pfalzgraf Hans repliciert, es seie nit bei den alten ordnungen verbliben, sonder die juramenta erst seithero des Tridentinischen concili vil verendert, habe ich mich nit verner einlassen wöllen, sonder vermeldet, ich wiste von den sachen nit vil zu reden, dieweiln mir unbewist, ob und was verendert worden; und hab das gesprach mit glimpf abgebrochen und selbsten was anders angefangen mit I. F. Gn. zu conversiern."

Will dem kais. Auftrag vom 15. letzten Monats der Freistellung wegen mit Fleiss nachkommen. „Ich habe noch bis dato nit erfarn kunden, was die ritterschaft der dreier crais Franken, Schwaben und Reinstroms derwegen endlich entschlossen, wil nit underlassen, von hinnen aus dem mainzischen hofmaister desswegen zuzuschreiben, und was ich in erfarung bringe, E. Röm. kais. Mt. allerundertenigist berichten." . . .

Wh. Reichstagsakten von 1582. Or.

1) Reichshofrat 1582, später Reichshofvizekanzler, vgl. Stieve, Verhandlungen u. s. w. p. 36 A. 99. Er war vorher bei den drei geistlichen Kff. gewesen. Mainz hatte versprochen den R.-Tag zu besuchen und mit Sachsen wie sein Vorfahr gute Vertraulichkeit zu halten (Kurtz an den Kaiser, Mainz 7. Mai). Trier (bei dem schon Ilsung im April geworben hatte) hatte gleichfalls sein Erscheinen zugesagt, auf Austrag der Irrungen zwischen Trier und Luxemburg gedrungen und es als unerlässlich bezeichnet, Sachsen noch vor dem R.-Tag dafür zu gewinnen, „das sich I. Ch. Gn. der freistellung entschlage" (Kurtz an den Kaiser, Coblenz 12. Mai). Köln hoffte seine Landstände, die ihn nicht nach Augsburg lassen wollten, noch umzustimmen (Kurtz an den Kaiser, Köln 19. Mai). — Der Reichshofvizekanzler Vieheuser, der ursprünglich zu Kurpfalz gehen sollte, war unterwegs schwach geworden (Werbung Kurtz's vom 2. Juni); seine Werbung beim Pf., von der die Depesche des venezian. Gesandten aus Wien vom 22. Mai berichtet, könnte daher nur schriftlich geschehen sein, worüber ich aber sonst nichts finde.

2) Das Anbringen (2. Juni) hatte wiederholt und dringend das Erscheinen des Kf. auf dem R.-Tag begehrt, da „alle wolfart in der kais. Mt. und der churf. selbst erscheinung in des reichs hohen sachen stunden" und auch Sachsen diese Ansicht teile. In der Beratung hierüber beschwerte sich der Kf. „man schreib P. ein zeit für" [der Kaiser versprach den Kf. nicht über 6—8 Wochen aufzuhalten] „werd bald ein servitut draus werden. Vermeint keiser gleich, weil Sachsen kom, muss sie [Pfalz] auch kommen" Eine zweite Beratung am 4. Juni zeigt das starke Misstrauen, welches „das heftig suchen" des Kaisers den Pfälzern erregte; sie zogen dabei die französischen Praktiken gegen Elsass, den bevorstehenden Durchzug der Spanier durch Lothringen, die Beziehungen des Pf. Georg Hans zu Guise in Betracht. Reuber wies auf das grosse Volk hin, „so Sachsen einfurt," der Kf. selbst auf die 2000 Pferde, die [Erzh.] Ferdinand und Lichtenstein haben sollten: „mochten umb Augspurg gelegt werden, wan einer nicht fort wolt, das es heissen möcht, friess vogel oder stirb." Die Antwort blieb bei den zwei Klauseln der vorigen (no. 340 A. 1); im Krankheitsfall wolle der Kf. Räte schicken, sobald der Kaiser ihn seines Anzugs berichtet. Ma. 545/1 Prot.

3) Vgl no. 319; 326.

4) Vgl. die no. 332 A. 5 berichtete Aeusserung. Graf Philipp von Nassau-Weilburg gehörte zu der im April 1581 vom Kaiser ernannten Commission (Häberlin XI, 355).

5) Philipp Freiherr von Winnenberg wurde trotzdem an Stelle des Dez. 1581 gestorbenen B. von Speier vom Kaiser zum Amt des Kammerrichters erhoben, das er am 17. Sept. 1582 antrat (Häberlin XI, 513). Kf. Ludwig hatte noch zu Lebzeiten des B. von Speier die Besetzung des Amts mit einem Evangelischen bei Würtemberg angeregt und nach dem Tod des B. dem Kaiser geradezu den Grafen Stephan Heinrich von Eberstein vorgeschlagen (Sattler V, 61/2). 5. Juni

353. Schultheis und Rat zu Bern an Petermann von Erlach. 13. Juni Bern

Auf dessen Bericht von Johann Casimirs Empfang zu Mümpelgart und dem freundlichen Erbieten des Pf., des Grafen von Mümpelgart und etlicher Privatpersonen gegen Bern, wofür denselben P. in ihrem Namen danken und Gegenerbieten tun soll.[1])

Bern. Deutsches Missivenbuch KK. I. 442. Cop.

1) Ein Dankschr. derselben an J. C. vom 17. Juni und ein Geleitsbrief für Beutterich gl. Datums ebd. Copp. So war also der alte Hass gegen den pfälzischen Rat, dem Pf. „zu eeren und gnädigem gevallen," aufgegeben worden.

354. Kurfürst Ludwig's Instruktion für seine zum Reichstag abgeordneten Gesandten.[1]) 16. Juni Heidelberg

Ausgestellt für den Grosshofmeister Friedrich Herr zu Limpurg, des hl. röm. Reichs Erbschenk, den Kanzler zu Heidelberg Dr. Gerhard Pastor, Christoff vou Gottfart, Dr. Julius Micillus, den Faut zu Mosbach Franz von Sickingen und Dr. Ludwig Culman.

Begrüssung des Kaisers und Anzeige bei Mainz. Proposition zu schicken.

Gravamina in Religionssachen. Correspondenz mit den Sächsischen und Brandenburgischen und Convocation der A. C. Verwandten, worin zu proponiren: 1) Declaration Kaiser Ferdinands; 2) Freistellung;[2]) 3) Bedrängniss der evangelischen Untertanen; 4) Vertreibung von Untertanen der Religion halben; 5) Beschwerden etlicher Communen und Landstände (Eichsfeld u. a.); 6) Bedrängniss der Städte in causa religionis, Aachen [Neue Gravamina 16. März 2. 3.]; 7) parteiische kais. Commissionen [N. Gr. 6]; 8) das Buch gegen die Freistellung und Eders gulden Fliess; 9) Kammerrichteramt [N. Gr. 4].

Ausschreiben: 1) Niederländisch Grenzwesen; 2) Ungarische Grenze; Ritterorden; 3) Landfrieden, Exekution, Kreisordnung, Werbung, Durchzüge, fremde Händel;[3]) 4) Justiciae; 5) Matrikel, Moderation; 6) Handhabung des Münzedikts; 7) Commertia; 8) Livland.

Intercession für Johann Friedrich. Forderung des Pf. Georg Hans gegen Kurpfalz. Waldsassen, Selz, Gelnhausen nicht reichsunmittelbar, sondern kurpfälzisch.

Mb. 111/3b f. 1—54. Cop.

1) Der Umfang dieses Aktenstücks und der Umstand, dass die Instruktion Joh. Casimirs wenigstens etwas ausführlicher wiedergegeben

16. Juni werden musste, nötigte hier zur Beschränkung auf ein kurzes Regest. Die Correspondenzen während des R.-Tags geben Gelegenheit auf ein und den andern wichtigeren Artikel der Instr. zurückzukommen.

2) Während die Declaration nach Kräften betrieben werden soll, heisst es beim 2. Punkt: „Aber principaliter daruf zu verharren, wie im puncten der declaration und andern, wurde sich schwerlich tun lassen, dieweil man in diesem nicht wie daselbsten fundirt und zu besorgen, man den religionfrieden zu lockern dadurch desto mehr ursach geben möchte. Da aber vielleicht uf der graven ansuchen andere dahin schliessen werden, solchen puncten als verlohren nicht gar aus handen zu lassen, sollen unsere ratte von andern sich nicht absondern, aber auch, da die Sachsen und Brandenburg hierin kalt vermerken, so heftig [nicht] daruf tringen." Zu der hervorgehobenen Stelle ist offenbar von casimirischer Seite bemerkt: „NB! Contrarium est verum und ist man wohl fundirt, dann man ao. 55. wieder der geistlichen vorbehalt protestirt und also in denselbigen nicht eingewilliget."

3) Hier zeigt sich die antiösterreichische Gesinnung der Heidelberger trotz des Luthertums sehr stark: bei diesem Punkt handle es sich um nichts anderes, als die deutsche Nation vollends um ihre Freiheit zu bringen, die Stände gleichsam in einen Zaun einzuschliessen und alle Gemeinschaft mit den benachbarten Potentaten abzustricken, „damit man sie furters zu ersehener gelegenheit entlich gar unders joch pringen und formam liberi imperii mutiren möge;" das zeige die kais. Proposition von ao. 70. (vgl. oben p. 73); natürlich sei alles nur gegen die Evangelischen gemeint und zu Speier „mit scherpfung der executionsordnung und erfindung verburgter caution, wo nicht zu viel, jedoch gnug geschehen." Jede Neuerung durchaus zu vermeiden. J. C. Instr. konnte sich hier in der Tat unbedenklich an die kurpfälz. anschliessen.

20. Juni Basel

355. Johann Pincier an Joachim Camerarius.

(Casimir in Basel; Verhandlung mit den Berner Gesandten. Anschläge gegen Genf und Bern. Der Graf von Mümpelgard.)

„Dux Casimirus Mompelgardio Basileam exiguo comitatu ad diem XVII. Junii advenit, cui equites obviam processerunt senatorum et praecipuorum civium nonnulli cum tribus comitibus a Solms, uno a Witgenstein, uno a Lewenstein et barone a Kitlitz.[2] In honorem eius tormenta bellica plurima, cum urbi appropinquaret, explosa civesque armati ad portas utrinque dispositi. Caeterum tanto omnium applausu exceptus est, ut ipsi cives affirment, sua memoria exoptatiorem principem Basileam non venisse. Hinc Bernam recta profectus fuisset, nisi Bernensium legati pridie quam iter ingressurus erat advenissent, qui cum ipso, Basiliensibus et Genevensium, qui Casimirum secutus fuit, legato[3] nescio quid arcani consilii ceperunt. Credibile tamen est, deliberatum esse de bello Sabaudo inferendo Ge.evensibusque defendendis.[4] Sabaudus enim adhuc etiam ab Helvetiis admonitus tam obstinate ad obsidionem se accingit, ut quidvis potius perdere malit quam a proposito desistere. Non solum autem Genevensibus periculum ab ipso imminet, verum etiam Bernatibus reliquisque adeo Helvetiis puriorem religionem amplexis.[5]) Qui papae sunt addicti, clam cum eo colludere videntur magisque hosti quam sociis evangelicis favere. Certa enim fama est eos praesidiarios milites Sabaudo misisse, in quo tamen non arbitrantur se quicquid contra pacta ante festum pentecostes Badenae inita[6]) facere, cum milites ipsi mittant, non quibus ad pugnam uti, sed quos in praesidiis tantum collocare debeat. Legati Badena ad hostem missi nondum sunt reversi, quos nonnulli tantisper ab ipso detentos iri arbitrantur, donec iam satis ad omnia sit instructus. Interea tamen Bernates non feriantur, qui suas etiam arces, maxime vero in confinio sitas praesidiis firmant militesque habere dicuntur, quandocunque postulante necessitate imperarint, paratissimos. Comes Mompelgardensis, apud quem Casimirus fuit, liberalissimum se erga Genevenses praestitit. Cum enim ducentos modios frumenti ab ipso pretio tolerabili et haud iniquo emissent, centum insuper gratis eis addidit, cui illi postea gratitudinis ergo nescio quid muneris remiserunt. Deus eos patrocinio suo conservet!" 20. Juni

Bm. Coll. Cam. XIV. 212. Eigh.

1) Ueber den Mediziner Johann P. (geb. zu Wetter in Hessen 1556 † zu Marburg 1624) vgl. Strieder, hess. Gelehrten-Gesch. XI, 90 ff. Der Adressat ist der Sohn des berühmten gleichnamigen Humanisten, Joachim II Camerarius (geb. 1534 † 1598), ebenfalls Arzt und Naturforscher.

2) Diese Begleitung deutet auf J. C. damalige Beziehungen zur „Grafencorrespondenz," vgl. no. 326 A. 4.

3) Die Genfer beglaubigen am 6. Juni den sr. Balbani, Mitglied des grossen Rats, bei J. C. („entendans vostre arrivée à Montbéliard et la cause d'icelle nous en avons esté très-joyeux"), ferner den Sekretär Paul Chevalier und den Balbani bei J. C. und dem Gr. Friedrich von Mümpelgard (Genf. Arch. Cop. des lettres). J. C. schreibt hierauf an die Genfer aus Mümpelgard, unter Hinweis auf seine ihren Sendboten gegebene Erklärung („la déclaration qu'ils ont ouy de moy", Mc. a. a. O. Conc.).

4) Hotman berichtet an Walther (Basel 18. Juni), Casimir habe ein Hülfscorps von deutschen Reitern und französischen Schützen angeboten, der B. von Basel vor seiner Ankunft sich in das feste Pruntrut geworfen (Hotom. epp. p. 153.). Nach Wurstisen, Chronik, Fortsetzung p. 7 hätten ihm die Basler erlaubt eine kleine Werbung in ihrer Stadt anzustellen (?). Ueber einen angeblichen Anschlag auf Basel vgl. Sammlung der eidg. Absch. IV. 2^a, 764.

5) Dasselbe versicherte der französ. Gesandte Hautefort dem Walther; „monebat igitur graviter, ne nos a Bernensibus separari patiamur, cum causa communis agatur" (W. an Ulmer. Zürich 22. Juni). W. liess sich nicht unbedingt von der Aufrichtigkeit der Franzosen überzeugen; „ego huic tantum fido", schreibt er 15. Juli an Hotman (Hotom. epp. p. 156) „quantum ex re regis esse video, ut Geneva non veniat in Hispani manum." Nach einer Denkschrift vom 1. Juli 1582 (von Gualtherus oder Grynaeus? Zb. Cop.) hätte der Gesandte Mandelot mit den Bernern gehandelt, „ne cum duce Casimiro quicquid negotii haberent."

6) Vgl. Sammlung a. a. O.

20. Juni Augsburg **356.** Hans Jakob Haller an Bürgermeister und Rat zu Nürnberg.

. . . Ankunft Sachsens und anderer Fürsten, auch des Administrators von Magdeburg, welchen gestern der Kf. von Mainz besuchte; sie verkehrten auf das höflichste miteinander, der Kf. ging dann zum Cardinal von Trient, bei dem er eine gute Stunde blieb.

Nürnb. R.-T.-Hdlg. zu Augsb. 1582. Conc.

28. Juni Kaiserslautern **357.** Johann Casimirs Instruktion für seine zum Reichstag abgeordneten Räte.

Ausgestellt für die Räte Dr. Christoff Ehem, Kanzler, Dr. Johann Albrecht, Vicekanzler zu Neumarkt, Georg Asmus Schregel, Hans Dietrich Wambold von Umbstatt und Hieronimus Witzendorff.

Anzeige und Uebergabe der Vollmacht in der mainzischen Kanzlei.

I. Anbringen wegen der Session beim Herzog von Baiern oder dessen Räten. J. C. beansprucht nach Ablauf des zwischen Pf. Wolfgang und Herz. Albrecht V vermittelten Vertrags nach der goldenen Bulle und dem Herkommen den Vorsitz, unter Hinweis auf seine Expektanz an der Kur. Baiern im Fall der Weigerung durch sämmtliche pfälzische Vertreter zu beschicken; hilft auch das nicht, so sollen sich Letztere verständigen, ob man sich der Abwechslung vergleichen oder im R.-Rat protestiren oder sich (entweder alle oder nur J. C. Räte) des Ratgangs enthalten soll.

II. Lehensachen beim Kaiser. Audienz, Entschuldigung der Abwesenheit J. C.'s mit den französischen Praktiken am Rheinstrom. Da die Missverständnisse zwischen dem Pf. und seinem Bruder gänzlich beigelegt, wird der Kaiser gebeten, noch auf diesem R.-Tag dem Pf. Ort und Tag zur Lehensempfängniss zu bestimmen, womöglich nicht unter freiem Himmel, sondern in der Kammer.

III. Gute Correspondenz mit Kurpfalz und den übrigen A. C. Verwandten.

IV. Heimsendung der Proposition, worauf J. C.'s Bescheid, namentlich wegen einer Contribution, abzuwarten.

V. Betreffs der aachischen und anderer Religionsbeschwerden sich zu halten an J. C.'s Erklärung gegen den Kf. Ludwig, vom letzten Mai (A), demnach die Erledigung vor Bewilligung einer Contribution zu betreiben, und an die kurpfälz. Instruktion (B), nur beim Punkt der Freistellung die Auffassung derselben zu berichtigen.

VI. Falls, wie gebräuchlich, ein Convent der A. C. Verwandten stattfindet, sich davon nicht abzusondern und auf Verhütung einer Trennung zu sehen; verweist auf sein Schr. an den Kf. vom 29. Mai (C).

Kaiserliches Ausschreiben:

Betreffs der Türkenhülfe hinzuweisen auf die Fruchtlosigkeit der frühern Hülfen, auf die persische Verwicklung, das Unvorteil hafte und Vertragswidrige eines Offensivkriegs u. s. w., namentlich auf die Erschöpfung der Untertanen. Verweis auf das Schr. Kf. Friedrichs an den Kaiser 1576 und auf die kurpfälz. Instruktion. Es gewinnt den Anschein, als wolle man das Reich tributarium machen und mit unserem eignen Geld andern, so dem Vaterland zu Nachteil Krieg führen, helfen. Die früheren Kaiser haben für viel weniger gedankt und erklären müssen, es solle kein Präjudiz sein. Im wirklichen Notfall könnte dann die Steigerung der Ansprüche nur zum „gemeinen Aufstand" führen. Uebernahme der Grenzverteidigung durch die Kreise abzulehnen. Ritterorden: wie in der kurf. Instruktion. Vorschlag ständigen Friedens mit den Türken. 28. Juni

Eventuell 5—600000 fl. (wie 1559) zu bewilligen auf 5—6 Jahre, gegen Erledigung der Gravamina, Erhaltung des Friedens und der ständischen Rechte, als freiwillige Hülfe und nominell nicht wegen des Türken, um diesen nicht zu irritiren. „Es were dann sach, das einmal consultiert werden solt, wie einem römischen keiser eine bestendige underhaltung zu schöpfen, darzue dann unsere ret die järliche annata, pallia und dem heil. reich ohne mittel fürgefallene stift und clöster fürzuschlagen." Schlimmsten Falls lässt sich J. C. den kurf. Vorschlag von 10—20 Monaten mit der 1576 bewilligten eilenden Türkenhülfe gefallen, wie in kurf. Instr.

Niederländisches Kriegswesen: — „darzu dann des herzogen von Alanzons gesandter, so auf den reichstag kommen, der ganzen tractation gute nachrichtung geben würdet." Die Räte sollen für Gewährung einer Audienz stimmen, unter Berufung auf das ius gentium und auf die Gefahr, Al. und den K. von Frankreich, der zweifellos mit ihm unter der Decke, dem Reich aufzuladen. Werden sie überstimmt, mit andern, namentlich Nachbarn Frankreichs beim Kaiser und den Ständen sich zu beschweren. Bei der Hauptberatung Entfernung der Burgundischen zu fordern. J. C. Bedauern über die Untätigkeit des Reichs gegenüber den burgundischen Unruhen, namentlich während des erzherz. Gubernaments. Bei der jetzigen Lage keine Unterhandlung anzustellen, da der Rücktritt Al. und ein Schirmverhältniss des Reichs friedlich nicht zu erreichen sei. Man müsse den lieben Gott walten lassen. Vielleicht die Al. nicht anerkennenden Provinzen in den Schutz des Reichs zu ziehen; oder Al. könnte selbst in Lehen- und Contributionsverhältniss zum Reich treten. Wollte man die Franzosen irritiren, so müsste das „mit manshänden geschehen und man auf die recuperation der entwandter stift verdacht sein."

Landfriede, Exekution u. s. w. In etwaige gefährliche Versuche gegen die deutsche Freiheit wie ao. 70. keinenfalls einzuwilligen, im Notfall zu protestiren, „mit vermeldung, das das der weeg nit wer, die gleichheit mit handhabung des gemeinen landfridens zu erhalten, unruge und empörungen zu verhindern, sondern vielmehr dieselb damit anzuzünden und das misstrauen zwischen den stenden zu erwecken und zu vermehren." Das rechte Mittel sei, die Verfolgung christlicher Religion und päpstliche Tyrannei aufzuheben.

Betreffs der Parteilichkeit in Handbietung der Kreishülfe sich an die kurf. Instr. zu halten.

28. Juni Mit den „fremden Händeln" ist es offenbar auf die französ. und niederl. Kriege abgesehen. Sich auf die deutsche Freiheit und den Nutzen fremder Correspondenzen für das Reich zu beziehen, „das wir auch die französische und niderländische sachen nit für frembde, sonder für unser eigene insgemein und sonderheit bielten." Freilich würde J. C. auch eine gemeinsame Handhabung dieser Sachen durch das Reich weit vorziehen. „Weil aber diese zusammensetzung bisher nit, sonder vielmehr gespüret, das einer des bapst, der ander sein eigen erhöhung suchte, der dritte ime weder das gemein noch besonder, sonder sein lust viel mehr als das publicum angelegen sein liesse, so wern ja die vierten keinswegs zu verdenken, die sich der allgemeinen sachen, auf wellicher auch ihr aigen wolfart oder verderben berugt, soviel ihnen möglich, annemmen, sonderlich aber diejenige, so dem prenuenden feuer am negsten sitzen und die ersten sein, so da künftig herhalten müssten." Aehnliche Handlungen ihrer Gegner hat man gebilligt. Der Kaiser zur Entfernung des päpstlichen Gesandten vom R.-Tag zu ermahnen.

Kammergericht. Münzsache. Commertien. Matrikel und Moderation: mit geringen Abweichungen wie in der kurpfälz. Instr.

Andre gemeine und Partikularsachen: Alles, was dem R. und den Ständen nützlich, zu befördern, in Sachen, die J. C. zu Nachteil führen könnten, sein Bescheid zu erwarten. Die Sache Joh. Friedrichs und des Gr. von Ortenburg zu unterstützen; wegen J. C's Uebergehung bei den zwei letzten Visitationen eine Supplication einzubringen.

Mb. 111/Ib. fol. 66—86. Or.

28. Juni Köln

358. Barvitius an Dandorff.

. . . „Ad iter me accingo, ut Augustam ad legatos regios, a quibus invitatus sum, veniam et ad reverendissimum Moguntinum, qui ex itinere ad me scripsit. . . . Venient brevi legati Alenconiani et inter eos, ut fertur, Albada.[1]) Venient et Anglicani Gilpinus et cancellarius comitis Embdensis. Literas reginae ad Casimirum et Embdensem scriptas legi, antequam ex Anglia missae essent. De his et aliis magnis arcanis, cum Augustae ero, tutius communicabo cum patronis meis." . . . . .

Ma. 130/1. Or.

1) Vgl. Mém. de Mornay I, 135/6; II, 133 ff. Albada lehnte ab.

30. Juni Augsburg

359. Beratung der kurpfälz. Räte in Religionssachen.

Kanzler: Den Sächsischen wegen des Convents (nachdem sich bereits Hessen, Pommern u. a. angezeigt) Anzeige zu machen; uber die [einzelnen] Punkte noch nicht zu reden. „Und weiln der pabst gesandt[1]) dem kaiser in oren ligen soll und alles, was er kan, uff die ban pringt, so zu undertrukung der stend [A. C.] dient, als helt er dafür, das diss uff die ban zu pringen und inen an die hand zu geben, ob man nicht die kais. Mt. zu ersuchen, das er ime kein gehor gebe und die stend bei dem religionfriden handhabe. Indem vernem er, das der legatus desswegen alhie das decretum, so ao. 76. zu Regensp. in causa Fulda gemacht,[2]) umbzustossen, und mandirt ime der pabst solches bei pen des bans; welches auch anzuregen und dem kaiser ein solches, reichs decreta ufzuheben, nicht zu gestatten.“ Auch die Beschwerden mit Aachen, fuldischer Ritterschaft u. a. auf die Bahn zu bringen. Schenk Eberhard zu Limpurg schliesst sich dem Votum des Kanzlers an. Dr. Culman schlägt vor, da man sich gestern bei S. angezeigt, dessen Ansagen und Audienz zu erwarten, wobei man trotzdem sich bei den Räten in Sachen des Convents und dann der Einzelpunkte anzeigen könnte. Faut zu Mosbach schliesst sich Kanzler und Culman an; schlägt vor bis Nachmittag zu warten; ebenso Gottfart. 30. Juni

Mb. 112/3a f. 142. Prot.

1) Als legatus a latere erschien auf dem R.-Tag der Cardinal Ludwig von Madruz (Madruccio), B. von Trient und protector Germaniae; über sein glänzendes Gefolge vgl. Maffei II, 233/4. Die päpstl. Beglaubigungsschr. an den Kaiser und die geistl. Fürsten vom 15. März bei Theiner III, 311/2.

2) Ein R. Beschluss ist damals in der fuldischen Sache nicht gefasst worden; das kais. Mandat vom 18. Juni 1576 (Heppe, Restauration p. 144), das die Absetzung des Abts Balthasar für nichtig erklärte, kann wohl kaum gemeint sein. Ueber ein päpstl. Breve an B. Julius von Würzburg (offenbar zu Gunsten des Abts) vgl. die Antwort des B. vom 17. Juli Theiner III, 317/8.

360. Clervant an Johann Casimir.

4. Juli Lusson

(Förderung von J. C. Ansprüchen an den König. Beklagt J. C. ungnädige Gesinnung; versichert seine Ergebenheit.)

„Monseigneur! J'ay esté fort aysé d'entendre que le roy envoye vers vous pour le faict de vos payemans, à la sollicitation desquelz à toutes occasions je me suys fidèlement employé et feray. Le roy de Navarre a envoyé en court mons[r] de Ségur, auquel il a commendé de les solliciter de bonne sorte, et à son agent ordinaire, ayant escrit de bonnes lettres à L. M[tés]. Messrs de Bellièvre et de Villeroy y tiendront la main, auquel j'en escript souvant, les pressant de ce qu'ilz m'en ont promys; sur quoy j'ay donné espérance à V. E., laquelle croira, s'il luy plaist, que je luy suys serviteur fidel et volluntaire aultant affectionné, comme on luy veult persuader le contraire. Monseig[r] de Castillon[1]) est revenu de dessà avec oppinion que vous me voulés grant mal et me tenés pour un fort meschant homme[2]), et m'a adverty comme amy de plusieurs choses. Je ne sçay, comme ce malheur me seroit survenu qu'ussiés creu que je fusse tel ny quasi escouté les callomniateurs contre un serviteur volluntaire de ma callité. Monseig[r], je vous ser-

4 Juli viré tousjours fidellement en aultres meilleures choses et plus honorables qu'eux et continueré à vous faire humble service jusques à ce je voye que l'ayés désagréable et me teniés pour aultre que je ne mérite de vous. Je vous porteré ma vie moy-mesme pour réparer la faulte que je vous auré faicte, et bientost." . . .

Mc. Fürstensachen CXXIII. 1011. Eigh.

1) Vgl. no. 339 A. 1; 344 A. 1.

2) Diese Nachricht war keineswegs übertrieben. Schon im J. 1577 hatte J. C. seine Versuche mit den deutschen Befehlshabern der Krone Frankreich zu paktiren scheitern sehen, nach La Hug. Versicherung durch die Indiskretion La Personne's, der Navarra davon unterrichtet habe (vgl. oben p. 179 A. 1). Im J. 1580 waren diese Verhandlungen, worüber ich leider in den Akten nichts fand, durch Vermittlung des Obersten Mandeslohe wieder ziemlich weit gediehen, als diesmal Clervant die Sache heimlich an Navarra brachte, der sie nach La Hug. Behauptung dem König von Frankreich verriet (La Hug. II, 54; 63; 165; 182). Ausserdem schrieben Condé und seine Anhänger das Misslingen ihrer Pläne gegen den Frieden von Fleix (1581) hauptsächlich Clervant's Bemühungen zu und La Hug. wusste ihn, den Schwager Malleroy's, auch als Mitwisser und Verräter jener Unterhandlungen mit Guise bei J. C. zu verdächtigen (ebd. 94; 162; 182; 275 ff). Sollte vielleicht eine Stelle in Schombergs Werbung vom 25. Aug. 1580 (no. 249) von der Aufwiegelung der deutschen Pensionäre Frankreichs von Seiten Spaniens und zwar „durch mittel hoher personen" auf jene Praktiken Joh. Casimirs zu beziehen sein?

6. Juli Wasage

361. Lanty an Johann Casimir. [1])

(J. C. Reise. Persönliches. Durchmarsch spanischer Truppen. Zeitungen aus Frankreich und den Niederlanden.)

„Monsigneur! Je ne vous saurois dire le regret que j'ay heu et hé encore, que je ne vous hé suivy en vostre voiage de Monbéliart et pais de Suisse, là-où je croit qui este esté receu de bon cueur. La cause est, qui je suplic à V. E. croire, que quant je fu averty, j'avois ung tel rume et telle colique que je pansois aller à la palisade et m'en tenois résolu, mais dieu m'a guardé encore sce coupt icy pour luy en rendre grâce et vous ferre encore quelque bon service. Je me suis retiré de par-deçà à cause de la famine de Phalesebour, quar je n'y avois du tout rien et m'a failu venir vivre en sces cartiers et il faire quelque négoce que j'é [!] qui importe de beaucoupt. Dieu m'y aide et les homme m'y nuisent le plus qui peult. J'en loue dieu et ne laisse pour cela d'estre frély [2]) quelque fois pour vostre santé; et avés des serviteurs Velche qui sont loial à service de V. E. Nous avons en sces cartiers deux mervileuse peste, l'ugne corporelle et l'autre spirituelle. Celle de l'esperit c'est ceste vermigne de Jésuiste, celle du corps elle at la ville de touts et aux vilage voisins et proche de Nancy. Monsr de Loraine est aller à Cherme, où V. E. parlé [!] à Belièvre.[3]) L'on ateud de jour à aultre les Espaignolz et Italiens. Il demande pasage pour quatorze mille bouche, mais j'ay sceu et de bonne part, que le nombre est petit et peu d'onneste soldars. Les Borguinons et Savoiens ont passé proche de moy; leurs infanterie ne sont que paisant. La cavalerie borguignonne passera le huitiesme de ce mois par icy; l'on dict qui sont bien à cheval[4]). Il doibve passé [!] à cinquante pas de ma maison; j'espère d'avoir cent bon crquebusier dedans; sy me veulle demandé [!] quelque choze, il auront des prugne de dure digestion. Ces Borguinons parle communément que le roy d'Espaigne veult faire la guerre au roy de France. Il se lève de merveileux deniers en France et font les jours nouveaux suside. Je vous envoye le double d'ugne vision que a heu le roy; vous verés, sy les [!] vray, des merveille de dieu. Le conte de Mansephel et ses reistre sont au Cambrésy bien mal acomodé. Je plains les honneste homme qui il sont. Ceux de Hodenarde ont heu ung assault le derniers jour du mois passé; il ont repoussé leurs ennemis bien rudement et leurs ont tué et blessé force honneste homme. Sy n'ont secours, il seront pris. Il sce lève en France force gens pour monsieur frère du roy; il doibve estre prest pour la fin de ce mois. Voilà sce que je scé digne de vostre service, qui me fera fère fin de ceste part [!] mes très-humble et très-affectionnées recommandations à vos bonne grâce. Je suplieré sce bon dieu, monsigneur, qui doint à V. E. tout bien, santé, honneur et longue vie et ung petit Jan Casimir. 6. Juli

De Wasage, le 6e jullet 1582.

Vostre très-humble et très-affectionné et loial serviteur

Pierre de Chatenay."

Mc. Fürstensachen CXXIII. 1011 Eigenh.

1) Die unverkürzte Wiedergabe dieses Briefs rechtfertigt sich weniger durch seinen Inhalt als durch den reitermässigen Ton, den der alte Kriegsgesell dem Pf. gegenüber anschlägt. Vgl. über seine militärischen Fähigkeiten das geringschätzige Urteil La Hug. II, 249.

2) „Fröhlich sein", d. h. trinken, einer jener deutschen Ausdrücke, die den Franzosen des XVI. Jahrh. im Verkehr mit den Landsknechten und Reitern geläufig geworden waren; vgl. enritgeld = Anrittgeld, chelme = Schelm u. a. m. Beutterich meinte, Lanty „ne sçavoit rien d'alemand, sinon bien boyre" (ebd.).

3) Ueber die Verhandlungen zu Charmes Jan. 1576 vgl. oben p. 171 A. 2.

4) Vgl. no. 348.

362. Die Räte zu Augsburg an Kurfürst Ludwig. 6. Juli Augsburg

Copie der kais. Proposition.[1])

Die Trierischen und Kölnischen sollen den gemeinen Pfennig vorschlagen; geht dies nicht durch, se sollen die Tr. sich grada-

6. Juli tim bis zu 30 Monaten des Römerzugs einlassen, fürchten aber, Sachsen werde das Ziel weiter stecken. Die Brandenburgischen sollen, wie der Kanzler erfuhr, nicht viel bewilligen. Eine Nachfrage bei den Sächsischen wäre doch vergeblich gewesen. Mainz pflegt sich der Mehrheit anzuschliessen, wesshalb sie sich bei den Mainzischen absichtlich nicht blossstellten. Die Hessischen meinen, man dürfe Gott danken, wenn es bei 60 Monaten, wie zu Regensburg, bleibe. Ihr eigenes Gutachten: den gemeinen Pfennig keinenfalls zu bewilligen; da aber die 20 Monate sich kaum festhalten lassen, ohne dass es „verkleinerlich" aussieht, bitten sie um Erlaubniss, denjenigen im Kurff.-Rat, welche in ihrem Votum jener Bewilligung am Nächsten kommen, beifallen zu dürfen.[2])

Mb. 111/2a f. 106. Or.

1) Sie war am 3. Juli verlesen worden und enthielt folgende Punkte: 1. Türkenhülfe; 2. niederländische Empörung; 3. die dem R. entzogenen Länder (Livland); 4. Reformation des Kammergerichts; 5 Reichsmatrikel; 6. strittige Session; 7. Reichsmünzordnung. Vgl. über die Eröffnung des R.-Tags Häberlin XII, 49 ff.

2) Die Instruktion möchte die Contribution am Liebsten gänzlich abgelehnt sehen, da sie ja bisher nichts genützt, „sonder zweifel aus gerechtem urteil gottes, der kein segen zu dem erschatzten gelt geben wollen," schlägt einen beständigen Frieden zwischen Ungarn und der Türken vor (mit Hinweis auf Spanien, Venedig, Polen), eventuell die Errichtung eines Ritterordens, gesteht aber endlich, unter prinzipieller Ablehnung des gemeinen Pfennigs und äussersten Falls die Bewilligung von 10 bis 20 Monaten nebstdem Versprechen einer Truppenhülfe zu; gegen einen weitergehenden Majoritätsbeschluss sollen die Gesandten protestiren.

7. Juli Augsburg

363. Hieronimo Lippomano an den Dogen.

(Die Frage der römischen Königswahl.)

„Intendo anco da persona che lo può molto ben sapere, che S. Alt. [Erzh. Karl] è venuta volentieri per vedere et praticare questi elettori dell'impero in caso che si devenga in qualsivoglia tempo ad elettioni [!] di re de' Romani, et che questa sarà causa principale di far venire ancore l' arciduca Ferdinando, seben sotto colore di trattar dei suoi stati et di favorir la religione cattolica.[1]) L'uno et l'altro de' quali fratelli, siccome sono risoluti di non cedere al ser^mo Ernesto suo nipote in caso che se ne parlasse, come par che vorrebbe il re di Spagna,[2]) così vogliono anco concorrer fra di loro medesimi. Ma intendo, che l'imperatore ha detto pur questi giorni voler veder prima, se egli haverà figliuoli, et in quel caso non voler privar la sua posterità per favorir quella di altri. Gratia."

Ven. Cop.

1) Erzh. Ferdinand hatte kürzlich den geweihten Hut und Degen vom Papst erhalten, vgl. Theiner III, 312/3.

2) Vgl. no. 304; Albèri I. 5, 370.

364. Beratung der kurpfälzischen, kursächsischen und kurbrandenburgischen Räte.

11. Juli Augsburg

(Welche Gravamina zu vertreten seien? Declaration und Freistellung fallen zu lassen. Die Städte.)

Verzeichniss der [Beschwerde] Punkte [1]) verlesen. Umfrage.

Pfalz. Da es hier keiner solemnia bedürfe, wollten sie ihr Bedenken anzeigen. „Erstlich sei in genere davon geredt, ob die andere stend zu erfordern. Von puncten zu reden." Das erste sei die Declaration von ao. 55; ao. 76 habe man hierin nichts erhalten. „Wan aber kein parteien seien, die sich dern zu behelfen, als Fulda und Geisa, auch Duderstadt und Heiligenstat, desswegen mit Meinz geredt. Da nun hern zufrieden, das man diesen puncten sich nit solt annehmen, als einer sanction dem camergericht insinuirt, das auch stende, die sich daruff bewerfen solten, abzuweisen; kemen privatpersonen, solt man inen in genere helfen. [2])

Mit der freistellung wern grafen in genere abzuweisen, dan seie nichts zu erhalten. Allein werden grafen und vom adl ussgeschlossen von stieften der starken juramenten halb; da man dishalb bei keiser oder geistlichen etwas suchen solt, stehe bei den hern." Bedrängte Untertanen: den Kaiser oder ihre Herrn zu ersuchen, da sie billig des Rel. Friedens, der das Misstrauen aufheben soll, auch zu geniessen. Nicht ratsam, den Kaiser um Interpretation desselben hierin zu ersuchen; „mocht man den gar verlieren."

Diesem Werk hänge der Streit zwischen der Ritterschaft in der Buchen und den sequestres Deutschmeister und Ilsung an. Der Ritterschaft, die sich nicht auf die Declaration beruft, sich anzunehmen. Auch Biberach könnte man in die Intercession rücken. Münnerstadt: klagt niemand.

Raten zur Convocation anderer Stände. Sie die Pfälzer können dieselbe, „weiln so vil fursten in der person alhie," nicht umgehen.

Sachsen. ... Declaration: S. würde gern die Religion allenthalb befördern, wisse, „was sie ufm wahltag gesucht in der person ao. 62. in Frankfurt, da keiser besser gewogen gewesen; sei aber nichts erhalten [3]); werds itzo weniger tun. Derwegen zu underlassen.

Freistellung sei wieder religionfrieden. Obschon grafen sich uff ein protestation ziehen, sei doch von Ferdinand durch ein weisung solchs entschieden; dabei man bisher blieben. Papisten werden sagen, wolten auch irer religion in evangelischen orten sich annehmen. [4]) Jurament uff den stieften soll man ussetzen davon zu reden.

Heiligenstat Duderstat belangen, hab Sachsen viel vorschrieben; verstehe den religionfriden dahin, das ein jede obrigkeit in irem land moge religion errichten, wie sie wolle; konts ein undertan nicht leiden, mag er verkaufen und abziehen. [5]) Und soll man bie disputation oder declaration religionfriedens nicht suchen; wolle, moge man sie etwan vorbitten." Biberach u. a. Ansuchen zu erwarten. Jurament auf den Stiften: vom Papst ao 66. geschärft; wie es zu suchen: „ob es nicht freizulassen, obs einer jurament

11. Juli freiwillig tun wolt, mochts gescheen, wo nicht, solt man ein nicht dazu dringen." Fuldische Ritterschaft: auch de modo des Suchens zu reden.

Brandenburg. Bedauern, aber begreifen die Notwendigkeit, die Declaration einzustellen. Vergebliche Bemühungen sie ao. 75 in die Capitulation zu bringen; „habe keiser ein decret daruff Sachsen geschickt, sei erger gewesen, dan wan man declaration nicht erlangt; aber geistliche alles abgeschlagen;" der Kaiser habe sich auch entschuldigt, „sei eim teil wie dem andern verwant." [6])

Freistellung. „Forcht, unsere religionsverwanten habens spiel selbst verderbt. Daraus [die Geistlichen] colligirt, man stund nach iren guetern. Hab man caution' angebotten, aber sies [nicht] tun wollen und contrariam provisionem gesucht. Letzlich Ferdinandus drein grieffen und ein entscheid gemacht. Sei sider lang gesucht, das dieser articul wieder uss dem religionfrieden keme oder limitirt. Wan dan nichts zu erhalten, sol mans auch underlassen."

Juramenta: stimmt für Abschaffung oder Freistellung.

3. Artikel: grosse Beschwerung; man inquirire die Einzelnen nach ihrem Glauben, ihren Büchern, zwinge zum Abzug. De modo des Suchens zu reden. Declaration zu suchen vergeblich. Für Ritterschaft in Fulda und Eichsfeld auf Ansuchen zu intercediren, doch mit Bescheidenheit.

Pfalz. Neue Gravamina verlesen. Manche dringen auf Forderung der Declaration, da die Papisten bei Gelegenheit den Rel. Fr. umstossen möchten. P. sei nicht der Meinung, fürchte Trennung unter den A. C. Verwandten; „Papisten möchten petiren anzuzeigen, welchs die rechte confession." Die Papisten werden den Rel. Fr., bei dem sie sich bisher wohl befunden, nicht so bald umstossen. Ueber D. Eders Buch nicht zu klagen, „dan man schenkts inen uff dieser seiten auch nicht." Gegen die Einrichtung, dass die Städte niemand mehr in Rat nehmen dürfen als Papisten (wie zu Augsburg, Köln u. a. Orten) und die Behauptung, der Religion folge stets Uneinigkeit, der Kaiser um Abschaffung zu ersuchen; man solle die Städte unverbunden lassen.

Stadt Aachen und Behauptung, die Städte hätten nicht Macht solche Religion anzurichten: Declaration nicht zu suchen, aber der Stadt Aachen zu helfen.

Kammerrichter: ob die Regensburger Supplikation zu wiederholen oder dieser Punkt zu ersparen usque ad articulum iustitiae propositionis?

Sachsen: Aus den neuen Punkten nicht eine neue Klage zu machen. „Reichsstät belangen sei dem religionfriden ungemess, geschee inen zu kurz. Die stet seien auch stend; sol man sich derer annehmen; religionfrieden sei clar. [7]) Wan man das abschafft, das man kein religionsverwanten vom rat ausschleust, wurdt es sich selbst finden. Hierin steck Ach auch." Kammerrichter: wegen Eberstein vergebens intercedirt; da Winnenberg noch nicht geordnet, [8]) wärs zu suchen.

Brandenburg. „Religionfrieden seie gnug versehen. Man sol doch I. Mt. ersuchen, religion und prophan im heiligen reich zu erhalten, und das beim contributionwerk." R. Städte: beim

Kaiser Abschaffung der Statuta zu suchen, die den Rel.-Fr. zuwider seien. Aachen sich anzunehmen; „seien politicae und andere ursachen vorhanden." Kammerrichter: W. soll bestellt sein; einzustellen bis zum Justizpunkt. 11. Juli

Pfalz. Nunmehr de modo zu reden, „welche und ob andere stend zu erfordern." [9])

Mb. 112/3a f. 145b—149a. Kurpfälz. Prot.

1) Vgl. no. 332. Die Sachsen und Brandenburger waren in der ersten Besprechung (9. Juli) überhaupt gegen einen allgemeinen Convent; dann kamen sie mit Pfalz überein die einzelnen Punkte durchzuberaten, „welcher zu urgiren oder nicht." Dem sächsischen Rat Eilenbeck hatte der pfälzische Kanzler in einer Besprechung am 4. Juli als Hauptvorlagen eines Convents bezeichnet: 1. Lage der evangel. Untertanen, 2. der R.-Städte, 3. Aachens; 4. die Praktiken des Legaten Madruz beim Kaiser; Decl. und Freist. wagte er gar nicht zu erwähnen. Vgl. Schr. der Pfälzer an Ludwig vom 6. Juli.

2) Die Pfälzer hatten offenbar bereits bemerkt, dass S. und Br. für die in ihrer eignen Instr. (vgl. no. 354.) geforderte Urgirung der Deklaration keinenfalls zu gewinnen sein würden. Kf. Ludwig war hierüber sehr unwillig; er wies (Weingarten 21. Juli) seine Räte an, nötigenfalls den Convent ohne S. und Br. einzuleiten, über Dekl. und Freist. nicht ganz zu schweigen und zu versuchen, „ob etwa diese leut [S. und Br.] dannochten einest dahin zu bewegen, nicht allein uf sich und ihren ruwigen wolstand zu sehen, sonder auch disfals, wie churfursten geburet und daran sie zu erkennen seind, der armen betrangten not wie auch diejenigen, so gern zur warheit dretten, da ihnen allein der zugang geöffnet, etwas besser in acht zu haben" (Mb. 112/3 f. 384 Or.).

3) Ueber die Zusagen Maximilians an prot. Fürsten vor der Wahl vgl. Maurenbrecher in der histor. Zeitschr. XXXII, 285 A. 4; 294. Beiläufig sei hier erwähnt, dass der Vicekanzler Seld am 25. März 1563 an Baiern schreibt, er und der böhmische Kanzler hätten mit den Kursachsen gehandelt; „und ist dem curfürsten gegeben worden die expectanz des halben fürstentumbs Anhald" (Ma. 229/6).

4) Ueber diese sächs. Argumente gegen die Freistellung vgl. oben p. 201 A. 2; das Citat aus der sächs. Instr. von 1582 bei Ritter im Arch. f. sächs. Gesch. N. F. V, 361/2; über die Besorgniss der Nürnberger vor den kathol. Ansprüchen auf Gegenseitigkeit schon 1559 ebd. 293. Kf. August hatte die Angst des Kaiserhofs schon vor dem R.-Tag beschwichtigt. Eine Zusammenstellung der „freistellungshandlung aufm reichstag zu Augspurg" (Wh.) notirt zum 25. März 1582: „Scriptum est Saxoni, was für gefahr auf der freistellung beruhe; er wolle davor sein und beim religionfriden und Max. Secundi decret verplaiben." Weiter unten beim 13. April: „Declaravit se elector Saxoniae, das er dazue nicht helfen, sondern alle neurungen, sovil an ihme, verhüeten wölle. Actae sunt gratiae, admonendo, das er auch mit Brandenburg handlen wölle." Vgl. no. 342.

5) Ein bündiges Bekenntniss zu dem Grundsatz: Cuius regio, eius religio.

6) Mit dem „Dekret" kann schwerlich etwas anderes gemeint sein als das Schr. (die Erklärung), das Maximilian den weltl. Kff. am 21. Okt. 1575 zustellen liess, diese aber zurückschickten; es enthielt den Vorschlag, den Austrag des Streits über die Deklaration dem Kaiser und zwar für den nächsten R.-Tag anheimzustellen (Kl. II, 896).

7) Vgl. dagegen no. 332 A. 5.

8) Vgl. no. 352 A. 5.

11. Juli 9) In einer weitern Beratung am 21. Juli vertraten P. und Br. die Notwendigkeit einer allgemeinen Convocation gegen die hartnäckige Opposition der Sachsen, die zuletzt erklärten, sie wollten sich desshalb beim Kf. Berichts erholen. Der Vorschlag der S. ging auf eine vertrauliche Handlung der weltlichen mit den geistlichen Kff., denen man zu Gemüt führen solle, „da es einmal zum ufstand keme, wer wehren wolt; dorft ober in ausgehen; genachbarten dörften auch druff naus gehen und ins reich fallen". Worüber man sich verglichen, könnten dann die Pfälzer den andern ad partem anzeigen. Die „freundliche Conferenz" Kf. Augusts, der Br. und Pf. mit Mainz, Trier und den kölnischen Räten blieb natürlich ganz erfolglos; vgl. das Anbringen vom 2. August und die Antwort der Geistlichen bei Lehmann I, 191—3; eine Replik der Protestanten wurde mit Stillschweigen übergangen (die Räte an Ludwig, 6. August).

11. Juli Augsburg

365. Die Räte zu Augsburg an Kurfürst Ludwig.

.... Vorschlag des gemeinen Pfennigs (Köln und Trier) abgelehnt. Die Mehrheit beschloss Bewilligung nach Römerzug und Matrikel unter dem Namen einer mitleidigen Türkenhülfe (um alle andern Zumutungen auszuschliessen). Trier schlug 20 Monate vor, sie 12 Monate beharrlicher, 10 (von 1576 noch restirende) Monate eilender Hülfe vor. Sachsen erklärte dies für zu wenig; es sei des Kaisers erster R.-Tag, des Erzh. [Karl] Ansuchen zu berücksichtigen und eine höhere Bewilligung des Fürstenrats wäre den Kff. schimpflich. Die Mehrheit (gegen Sachsen und Mainz) entschied für den pfälzischen Vorschlag........

Mb. 111/2a f. 117. Or.

11. Juli Augsburg

366. Anton von Lützelburg[1]) an Johann Casimir.

..... Bedauert sehr, dass J. C. nicht zum R.-Tag kommt; hätte es für gut gehalten. „Dann E. F. Gn. ich, als meinen gnedigen lieben alten bekanten herrn, unterteniger wolmeinung unvermeldet nicht lassen soll, das sich andere leut nicht saumen. Werden E. F. Gn. nicht dohin drachten, das sie mehr gutter leute an sich ziehen und aus frembden beuteln erhalten können, so wird es einmall zu speet sein." .... Bittet, „E. F. Gn. wolle jederzeit mein gnediger furst und herr sein und diss schreiben von der armen alten bulschaft so gnedig vermerken, als es in aller unterteuigkeit treulich und gutt gemeinet ist."

Mb. 111/1 b f. 138. Or.

1) Er selbst unterzeichnet hier: „Anthonii von Lützelbourck"; in dem wiederholt citirten Verz. deutscher Pensionäre (vgl. p. 4 A. 1) heisst es: „le sr de Luxembourg tant pour luy, son lieutenant que trois cappitaines VIm Vc l." Er war Lothringer, eine Zeitlang französischer Oberst und seit 1560 mehrfach am Hofe Kf. Friedrichs, der ihn noch 1567 zu einer vertraulichen Sendung an Kf. August gebrauchte (Kl. I, 143; 282ff; 290; 381; II, 23; Languet Arc. III, 23).

16. Juli Kaiserslautern

367. Johann Casimir an Landgraf Wilhelm.

Auf dessen Schr. vom 27. Juni; hofft, dass nach ihrem und seines Bruders Beispiel auch die andern A. C. Verwandten auf den

R.-Tag die theologischen Streitigkeiten ruhen lassen. Er und seine Theologen gründen sich auf die Schrift und A. C., in welcher wie in der Apologie und den Declarationen sie nichts von der Ubiquität noch die Phrasen in, sub u. dgl., vielmehr finden, „das das brot der leib Christi und dessen gedechtnuss, item das nachtmal das neue testament und gemeinschaft des leibs und bluts Christi sei." Glaubt nicht, dass die A. C. mit einigem Grund gegen sie angezogen werden kann. Daher befremdet ihn der Vorwurf Ws., „als wan wir es mit derselben pure et simpliciter nit, sonder allein mit dem mund hielten." Weiss von keinen unerbaulichen Propositionen und Sophistereien der Seinigen; ersucht W. um Beweise oder Zurücknahme dieser Anklage. „Dagegen mogen E. L. wol fursehen, das sie mit ihrer vierten einfeltigen kindlichen opinion sich selbs nit betriegen." Die Schrift will wohl, dass wir Kinder seien in Vermeidung des Bösen, aber auch klug wie die Schlangen, um den rechten Verstand der Schrift zu erforschen und die Geister und Lehrer zu prüfen, ob sie aus Gott seien, wie die Berroeuser taten . . . . W. möge auf das remedium legitimae synodi hinwirken . . . . 16. Juli

Mb. 111/1b f. 133. Conc. (Ehem).

368. Die Räte Wambold und Witzendorff[1]) an Johann Casimir. 16. Juli Augsburg

Vergebliche Audienz Wambolds mit Pastor und Sickingen am 10. beim Herzog von Baiern, der sich der Session im Fürstenrat wegen auf gar nichts einliess. Wambold enthielt sich daher bis jetzt der Session, befürwortet aber eine Vertretung J. C. im Fürstenrat, „wie solches fast aller stett abgesanten herzlich wünschten, furnemlich die, so guete correspondenz mit mier halten und der religion nit ubel gewogen." . . Die Städte wollen vor Erledigung ihrer Beschwerden, vor Allem der aachischen, nichts bewilligen.

Der Kf. von Sachsen, der Wambold selbst hörte, bedauerte, dass J. C. nicht mit seiner Gemahlin gekommen sei, und will es dem Pf. schreiben, wann er nach Nürnberg geht. „Haben sich sehr gnedig gegen mir erzeigt." Der Kf. hat über 300 Pferde heimgeschickt[2]) . . . . Seltsame Händel zwischen dem Kf. von Sachsen, auch Pappenheim und den Städten. Philipp Ludwig u. a. wollen sich Aachens annehmen. Predigt in den Wohnungen Sachsens, Würtembergs und Brandenburgs, „ist ein gross zulaufen, schelten sehr uf die Calvinisten"[3]).

[P. S. Wambolds.] Der Oberst Lützelburg vertraute ihm, er habe von Sachsen vermerkt, das I. Ch. Gn. gerne sehen, das E. F. Gn. sampt derselben gemahlin sie einmal besuchte; das sie aber E. F. Gn. express darumb nicht petten, wissen E. F. Gn. die ursach. Und do E. F. Gn. es dahin könten richten, I. Ch. Gn. bei Nürmberg anzusprechen, were solches nit unrattsam, wie er dafur helte."[4])

Mb. 111/1b f. 142. Or.

32 *

16. Juli 1) Philipp Wambold von Umstatt (vgl. Widder Beschr. der kurf. Pfalz II, 24) erscheint 1575 als Hofrat Kf. Friedrichs, 1576 als Burggraf zu Starkenburg (Kl. II, 824; 954 A. 1); 1578 nahm er als Vertreter J. C. an der Beilegung des Bruderstreits teil und wurde Vizdum zu Neustadt und während des niederländischen Feldzugs Statthalter J. C. (no. 91; 92; 158; 159; Widder II, 235). Hier. Witzendorff erhält Bestallung zum Rat und Diener 6. Mai 1582 (Carlsr. Cop.).

2) Nach Wamb Schr. vom 9. Juli hatte Sachsen „über die 1200 pferd im futterzettel" (vgl. Peter Fleischmann, . . . verbesserte description . . . . des reichstags zu Augspurg, Augsb. 1582, p. 131). Ebenda berichtet er, dass er J. C. Grüsse an die Obersten Stein und Buch ausgerichtet und diese auf ferneres Zuschreiben warten.

3) Die Räte L. Wilhelms berichten an diesen, Augsb. 19. Juli, drei Sonntage nacheinander hätten die sächs. Hofprediger Mirus, der mecklenburgische und der augsburgische Prediger Mollerus auf die Sakramentirer und Calvinisten losgezogen, der letzte betont, wie sehr mit Unrecht ihre Sttadt bei vornehmen Potentaten in den Verdacht des Calvinismus gekommen sei. Man glaubt, dies sei vom Kf. von Sachsen angeregt. Der Sachse und der Mecklenburger haben grossen Zulauf, zuweilen von etlichen Tausenden Marb. Or.

4) Am 25. schreibt J. C. aus Kaiserslautern an Lützelburg (vgl. no. 366.): er hätte gern nicht nur Sachsen und dessen Gemahlin u. a. Herrn, „sondern auch guete gesellen, die sich ohne zweifel in gueter anzahl droben finden lassen werden, besprochen und also deinem andeuten nach uns ein anhang machen mogen." Aber wegen der gefährlichen Durchzüge an der Grenze, anderer nötiger Geschäfte und da sein Säckel ziemlich geleert, sei es nicht möglich; doch hoffe er Sachsen unterwegs anzusprechen. Mb. a. a. O. Conc. — Am 5. Aug schreibt dann August an J. C., leider könne er nicht über dessen Gebiet heimreisen und hoffe ihn nebst Gemahlin ein anderes Mal zu sehen. Ebd. Or.

18. Juli Augsburg

369. Wambold an Johann Casimir.

Befreiung eines vom R. Marschall gestern Abends verhafteten nürnbergischen Krämers durch den Stadtpfleger[1]); „ist ime der von Pappenheim uf dem weg begegnet, vermeint denselben ime wieder zu nehmen; als er aber gesehen, das ime der stattpfleger zu stark, hat ers lassen passiren, gleichwoll alsobald zum churf. von Saxen geritten, solchs in bericht, welchs höchstgedachten churf. sehr verschmehet, als dene solche injurie nicht weniger als den von Pappenheim angehe; alsobald zwene vom adel, deren namen unbekant, zum stattpfleger geschickt, begerend zu wissen, ob die statt sein feind sei; des soll er sich erkleren. Darauf der stattpfleger geantwortet, es habe der rat oder die statt nimals in iren sinn genomen, feindschaft gegen in zu tragen, erkennten sich auch schuldig, ime allen gueten willen zu leisten. Hieruff der churf. und administrator alsobald befolen, ire pferd zu sateln, vom adel und reuter derselben in gueter huet und acht zu pleiben, bis man die drometten oder ander lösung hören wurde; in der nacht solte sich alsdan ein jeder mit seinen pferden und volk für seines herrn losament finden lassen. Hergegen die statt derselben burgerschaft und inwoner ermanet, iglicher mit seiner wehr und rüstung in seinem haus zu bleiben, hineben ire soldaten, welcher 1500, alle ufgefurt, doch an unterschiedlich ort, do etwas wolte wieder sie tädlich furgenomen werden, sie sich dessen könten erwehren. Solchs haut gewehret von 8 uhren die ganze nacht durch bis morgens umb drei, da sie wieder haben lassen absattlen; ist also gottlob ohne gfar abgangen. Was weiter draus werden will, würt die zeit pringen."[2]) .... 18. Juli

Mb. 111/1b f. 146. Or.

1) Vgl. von Stetten, Gesch. der Stadt Augsburg p. 654. Ueber die vorhergegangenen Streitigkeiten der Stadt mit dem R. Erbmarschall Konrad von Pappenheim, der in Sachen der Quartiere und der Taxordnung Rat und Bürgerschaft rücksichtslos behandelt hatte (wie schon 1580 die Nürnberger, vgl. no. 241 A. 1; dieselben schreiben hierüber an die sich beklagenden Augsburger am 5. Mai 1582), vgl. Häberlin XII, 5 ff. Ein Schr. Pappenheims an den Kaiser, Augsb. 30. Mai, worin er u. a. von einer Klage der Diener der päpstlichen Botschaft über die Bürgerschaft spricht und auf der Auslieferung eines gew. Bergmüller von Seiten des Rats besteht, Wh. Or. Eine kurze Darstellung des Handels vom 16. Juli mit dem Krämer (wonach dieser Waffen feil hatte) Mb. a. a. O. f. 153. Wie Sachsen und Magdeburg hielt auch Mecklenburg sein Hofgesinde drei Nächte lang in Kampfbereitschaft. Vgl. unten Kf. Augusts Schr. vom 20. Juli; auch das Schr. des Kaisers an den Kf. vom Juli (s. d.) dürfte sich auf diese Sache beziehen (no. 371; 375).

2) J. C. bemerkt hiezu an den Rand: „Dise geschichten werden den stenden manchen villerlei kunftigen nachdenkens geben, auch dan kein stad nit gern ein reichstag leiden werden."

370. Landgraf Georg an seinen Abgesandten zu Augsburg Otto von Tottenborn. 19. Juli Darmstadt

...... Gerücht von der Niederkunft der Kurfürstin von Sachsen.[1]) Befindet aus den Zeitungen, „das der teufel ganz und gar ausgelassen sei und ebenso wol an andern orten, als hier diss orts rumbhero wute, wie wir dann euch nit gnugsamb zuschreiben konnen, was fur seltsame greuliche hendel mit den hexen oder zeuberinnen alhier verlaufen und was uns dieselben zu schaffen geben. Dann wir nunmehr die alten fast abgeschafft und hinrichten lassen; so kompt es aber itzo an die jungen, von dennen man wenigers nit als von den alten sehr abscheuliche ding höret."

Darmst. R.-Tag. Conv. 11. Cop.

1) Mit der Schwangerschaft der Kurfürstin sucht Kf. Ludwig in einem Schr. an J. C. vom 20. Juli die beschleunigte Abreise Kf. Augusts zu erklären; J. C. antwortet am 9. Aug., jenes Gerücht scheine unbegründet. Vgl. J. C. Tagebuch p. 396. Wambold schreibt an J. C 27. Juli, das Gerücht sei verstummt, einige erklärten es für eine mola; sicher sei, dass die Kurfürstin mehrmals nach einer Hebamme geschickt habe. Mb. 111/1b.

371. Kurfürst August an Trautson. 20. Juli Augsburg

(Magdeburgische Session. Pappenheimische Sache. Unterhalt des Kaisers.)

„Lieber her Trautson! Ich habe der sachen, darvon ihr gestern mit mier geredet, weiter nachgedacht, und dieweil ich berichtet, das

20. Juli der administrator die session auf vorgehende bewilligung Salzburgs eingenommen, auch einen claren vertrag, welchen Salzburg itzo aufs neue beliebet, vor sich hat, so trage ich wohl die beisorge, es werde schwerlich zu erhalten sein, das S. L. sich itzo der session genzlich begeben solte, weil solches nicht ahne schimpf abgehen wurde. Wan aber mit dem titel S. L. aus der keiserlichen canzlei wilfaret wurde, so hielte ich darfur, es solte alsdan der session halben dies mittel zu finden sein, das nuhr diesem wehrendem reichstag dieselbe dem administratorn vermege des vertrages vergunt wurde, jedoch das solches kunftig zu keiner einfuhrung gereichen noch einigem teil vorfenglichen sein solte. Und do man S. L. , als dem administratorn, alleine die session nicht verstatten wolte, mochte dieselbe wegen S. L. und des capittels zugleich gehalten werden, wie ich dan berichtet, das sie hierzu mit volmacht in beider nahmen gefast. Do auch bedenklich wehre, solches als durch ein decret zu ercleren, so konte man mit Salzburg und den anderen, so es fechten wurden, reden, das sie es itzo auf die mas geschehen liessen, und es alsdan dahin stellen, das sie auch hieruber selbist miteinander vergleichen mochten. Wan es nuhn auf einen solchen weg gerichtet werden konte, wolte ich versuchen, es bei dem administratorn zu erhalten, das S. L. darmit auch zufrieden wehre.[1]) Die Pappenheimische sache belangende bin ich mit dem gestriegen bescheit wohl zufrieden, der zuversicht die keis. Mt. werde den sachen recht tuen; alleine weil der radt alhier gestrieges tags den chur- und fursten des reichs eine appellation ubergeben und die anderen stedte an sich gehangen, so wiel die notturft sein, ihnen ernstlichen zu undersagen, das sie von solcher appellation abstehen; werdet derhalben wohl beforderen, das solches geschehe. Der anderen bewusten sachen halben will von nöten sein, das solche vor der replica bei den churfursten durch I. kais. Mt. persönlich unterbauet werde; so habe ich keinen zweifel, es wirdet I. M. in etwas willfaret werden." . . .

Dr. 8500, Rud. Hdschr. an Aug. 1581/5. Conc.

1) Ueber den berühmten Sessionsstreit zwischen Salzburg und Magdeburg, der sich ursprünglich nur auf den Vorsitz im Fürstenrat bezog, aber sofort zur Erörterung der prinzipiellen Frage nach der Zulässigkeit der vom Papst nicht confirmirten (evangelischen) Stiftsinhaber im Reichsrat führte, vgl. Häberlin XII, 211 ff; Ranke, Sämmtl. Werke VII, 115 ff; die weitere Entwicklung dieses Streits auf dem R.-Tag von 1594 ebd. 129 ff; Stieve IV, 201 ff; 230 ff. (wo u. a. die angebliche Zusage des Kaisers an den römischen Stuhl als erfunden bezeichnet und die Bedeutung des kais. Dekrets vom J 1594 in das richtige Licht gesetzt wird). — Der hier mitgeteilte Vorschlag Kursachsens ist offenbar die

Grundlage des in der magdeburgischen Denkschrift von 1594 erwähnten endgültigen Vorschlags, den aber der Administrator wegen der Zumutung ohne päpstliche Confirmation seinen Anspruch künftig nicht mehr geltend zu machen zurückwies (Ranke p. 119 f; 268; vgl. Pieler, Leben und Wirken Caspars von Fürstenberg, Paderb. 1873, p. 50). Nach der Depesche Lippomano's vom 20. Juli hatte am 18. der Kaiser dem Legaten, der heftig auf Magdeburg's Entfernung aus dem Fürstenrat drang („poichè se gode l'usurpazione di quello arcivescovato, ch'esso chiama amministrazione, si contenti di quello nè venghi a metter tumulto, dove non lo può nè deve fare"), geantwortet, „che lasci ispedire le contribuzioni [vgl. no. 350], che poi si prenderà qualche compenso al negozio." Inzwischen scheine M. geneigt „di far cedere all' agente suo al procuratore di Borgogna." Ven. Cop. 20. Juli

372. Montigny[1]) an Beutterich. 20. Juli

„Monsieur! Je vous ai donné advis de ce qui s'est passé à St. Jehan, et en serés encor plus particulièrement esclerci par mess^rs de Clervant et Colladon[2]) qui sont chargés d'aller trouver S. E. Ce qui les a arrestés jusques ici, a esté un voiage qu'a faict mons^r de Ségur en cour[3]), dont il partit lundi pour s'en retourner trouver le roi de Navarre en Poitou. Le subjet de son voiage estoit de persuader au roi de permettre au roi de Navarre d'attaquer le roi d'Espaigne dans l'Espaigne mesme, lui faisant beaucoup d'ouvertures des moiens qu'il avoit d'i faire quelque bon exploit. A quoy on n'a aucunément voulu entendre. L'intantion du roi de Navarre estoit d'emploier tous nos colonnels à ceste guerre. Monsr de Clervant remettra cest affaire sur le bureau à son arrivée en cour, que les roines goustent fort, mais non le conseil."[4]) ....

Mc. Fürstensachen CXXIII. 1011. Eigh.

1) Vgl. no. 345.
2) Claude de Colladon, Sohn eines nach Genf geflüchteten Hugenotten, Sekretär Condé's, später in Diensten Heinrichs IV, vgl. France prot., IV, 5; La Hug. II, 96; 163. Die Versammlung von St. Jean (vgl. no. 345; Berger, Lettres miss. I, 459; 462 ff.) ernannte den K. von Navarra zum Haupt und Protektor der Reformirten (Desjardins IV, 420).
3) Vgl. Berger I, 466.
4) Vgl. Joh. Cas. Tagebuch p. 385; 394 („Navarra contra Spa. 3000 pferdt begertt, Franckreich nitt gewilligtt"); Beutterich an Beza, 6. September (no. 402.).

373. Die Nürnberger Gesandten zu Augsburg an den Rat. 20. Juli Augsburg

... Streit zwischen dem Reichserbmarschall und der Stadt Augsburg. Die kriegerischen Massregeln Sachsens gegen die Stadt. „Was aber den herrn statpflegern und burgermaister von der kais. Mt. angezaigt worden, haben wir sovill berichts, das sie ihre

20. Juli beschwärden wider den reichsmarschalken und sonderlich etliche bedrohenliche reden, die S. Gn. ausgeben, als das man mit den stolzen schaubhuetlein in den stätten noch anderst hausen und die statt an 4 orten anzunden, item das man ein pine, wie zuvor bei kaiser Carls zeiten geschehen, auf dem markt aufmachen, das die köpf darauf herumbe tanzen muesten, welcher letzeren bedrohenlichen reden die 2 churf. sächsische rät, so zu den hern statpflegern abgefertigt worden, auch vernemen lassen, ganz ausfuerlich hergebracht haben; darauf sie zu beden teiln zu guter bescheidenheit vermanet und damit abgefertigt worden.“.....

Nürnb. R.-T.-Handlg. 1582. Conc.

21. Juli Augsburg

374. Die bairischen Räte an Wilhelm von Baiern.

Heut früh beantragten Harrach und Vieheuser als kais. Commissarien beim gesammten R.-Tag die gemeine Consultation wegen der im Fürsten- und Städterat vorgefallenen Verhinderungen nicht länger einzustellen. Die Kff. waren biezu geneigt, der Fürstenrat aber setzte gesonderte Verhandlung über die Antwort durch; in der Vorantwort wurde gemeldet, die Kff. seien ihresteils ad re- und correferendum gefasst und längst erbötig. Im Fürstenrat die Traktation über diesen Artikel bis Montag verschoben. „Nun ist aus disem guetermassen abzunemmen, was die gaistlichen churf. gesinnet, nemblich das ir mainung nit ist, von wegen des Magdenburgischen strits die beratschlagung einzustellen.“ Da dies sehr präjudizirlich, sollten alle katholischen Stände oder, da es bei den geistlichen Kff. nicht zu erhalten, wenigstens die anderen sich gegen den Kaiser und die anderen Stände im Fürstenrat schriftlich oder mündlich uno ore dahin erklären, da es bisher ungebräuchlich gewesen, im Fürstenrat einem geistlichen Fürsten vor Empfang der Confirmation vom Papst oder der Regalien und Lehen vom Kaiser Session und Stimme zu gestatten, Magdeburg aber, soviel sie wüssten, mit diesen Qualitäten nicht versehen und vom Kaiser zum R.-Tag nicht beschrieben sei, könnten sie sich neben demselben in keine Beratung einlassen, mit der Bitte, den Magdeburgischen zu veranlassen, dass er sich des Fürstenrats äussere, auch der Stimme und Session enthalte. Eigentlich wäre diese Petition auch auf „Hallerstadt und Manda“ [! Halberstadt und Minden] auszudehnen, worüber sie jedoch zweifelhaft sind[1]), da zu besorgen, „dieweil die gaistlichen churfürsten alberait vom creuz gefallen, es werden vil andere bischove hinnach volgen“ und sich mit der Bewilligungsklausel begnügen: da den kath. Ständen in dieser Beschwerde geholfen und sie bei dem Rel.-Fr. gelassen, gehandhabt und geschützt würden . . . .

Ma. 162 13 f. 3 ff. Or.

1) W's Antwort vom 22. Juli (Ma. 162/14 Or.), die den „Abfall“ der geistlichen Kff. und sogenannten Katholischen mit dem Zorn Gottes und der Missachtung der Welt bedroht, verlangt, dass ohne Rücksicht auf den Kaiser nichts weder cum noch sine protestatione geschlossen

werde, „solang und vil, bis Magdeburg und Halberstat abgeschafft werden;" die Katholischen sollen im Notfall lieber „wie vormals oft bedacht worden, samentlich von dannen ziehen;" man müsse vor Allem beim Kaiser die nötigen Vorstellungen machen, wie es, „als wir jungst bei dem von Meinz beisamen gewest", für gut angesehen worden, „sonderlich under uns fursten, ehe dann die ret darzue ervordert worden," wie sein Bruder der Bischof [Ernst] bezeugen könne. Eine Zusammenkunft von Mainz und Baiern in dieser Sache am 12. Juli erwähnt der köln. Gesandte Fürstenberg (Pieler p. 49). — Heinrich Julius, der 15. Okt. 1564 geb. Sohn des Herzogs Julius von Braunschweig, war schon 1566 zum Bischof von Halberstadt gewählt, nach dem Rücktritt des B. Hermann von Minden (29. Jan. 1582) auch zum B. dieses Stifts postulirt worden, wofür er damals in Rom die päpstliche Confirmation und in Augsburg das kais. Lehensindult zu erwirken suchte, vgl. Häberlin XI, 574 ff.; XIV, 339 ff. 21. Juli

375. Der Kaiser an Kurfürst August. Juli Augsburg

. . . „Ich weiss mich zu erinnern, was von E. L. wegen der Pock mit mier geredt, und mag E. L. gewisselich darfur halten, das ich bisher in der sachen nit gefeirt. Vermerk derwegen ganz ungern, das solche leut seien, die E. L. zu andern gedanken bewegen; dan ich gar nit gern zu ainigen unwillen E. L. ursach geben wollt, sonder sie magen genzlich glauben, dass ich nit weniger als meine vorfarn derselben als meinen treuen vatter allen freundlichen willen in sönlichen vertrauen zu erwiesen ganz genaigt bin, auch sich dessen versehen, das ich in der sachen zum allerehisten, wie ich den auch schon im werk bin, handlen lassen und mich also darinnen erzaigen will, das E. L. meines verhoffens zufriden sein und von hinnen zu ziehen nit ursach haben wierdt, wie ich dan mit E. L., da von nötten, ferner selbst darvon reden will." . . .

Dr. 8500. Eigh.

376. Dompmartin[1]) an Johann Casimir. 24. Juli Paris

Entschuldigt sein Zögern; schickt Briefe, die er ohne wichtige persönliche Geschäfte selbst überbracht hätte. Wird in Kurzem J. C. die Antwort „de monseigneur frère du roy sur les lettres que j'ay receu à mon dernier partement d'auprès de V. dicte E." bringen. Der Hof in Fontainebleau, mit vielen Prinzen und Herren, angeblich „pour la résolution de la guerre, à cause des proposition des ambassadeurs du roy d'Espagne et de Sçavoie, aussy de celuy de mess[rs] de Bern, pour le faict de Genève; et aussy pour trouver moyen de finance, [2]) mais à ce que j'eu puis congnoistre, l'on y va fort froidement pour y bâtir ung fondement de vérité." Monseigneur ist in Brügge, bereit dem Feind mit gesammter Macht zu begegnen; derselbe erwartet noch beträchtliche Streitkräfte von Laval, Rochefoco [!] u. a. französischen Herren . . . . . . „Gas-

24. Juli pare Schönberg", der vor 8 Tagen nach Fontainebleau ging, sagte ihm, der Intendant der Finanzen Petermot sei vom König zu den Verhandlungen über J. C. Ausstände nach Nancy abgeordnet . . .

Mb. 90/12 f. 184. Or.

1) Der sr de Dompmartin (Dommartin, Dammartin), ein lothringischer Adeliger, hatte obwohl katholisch 1575 die Partei Condé's ergriffen (La Hug. I, 364) und unter J. C. 200 Reiter commandirt; über La Hug. Forderung an ihn im J. 1582 vgl. ebd. II, 152 ff.

2) Vgl. Desjardins IV, 421 (3. Juli); über die Werbung des savoyischen Gesandten Challant de Chatillon Ricotti III, 16/17.

27. Juli Augsburg 377. Memorial der Städte A. C.[1]) für die kurfürstlichen Räte.

„Etliche puncten, den churf. räten zu bedenken heimzustellen."

Da die Reden, dass der Rel.-Fr. durch das Trienter Concil erloschen, dass die Stände der A. C. sich desselben durch ungleiche Handlungen zwischen ihnen seit ao. 55. selbst entsetzt, „nit allein von privatpersonen und in D. Ederi büchlin vermerkt, sonder auch von I. Mt. etlichen fürnehmen, verrümbteren, die etwan den gehaimen consultationibus beiwohnen, offentlich zu hoff gehört werden",[2]) ob der Kaiser nicht um gebührliches Einsehen zu ersuchen?

Ob ferner der Kaiser bei der Relation wegen Aachen nicht zu erinnern, dass die ganze Gemeinde, Evangelische und Katholische, unter sich verglichen und einig seien, einander zu dulden und bis auf den letzten Blutstropfen bei ihren Freiheiten und jetzigem Stand zu handhaben, dass man also die wenigen Ausgewichenen auf den gewöhnlichen Rechtsweg weisen könnte?

Intercession für Regensburg und Wimpfen. „Die neuwe zucht der Jesuwitter" und ihre Praktiken in den Städten, wodurch die Ratsstellen den Evangelischen mehr und mehr entzogen und meist junge und neue Leute den alteingesessenen Familien vorgezogen werden. Sie ziehen die A. C. Verwandten in Ehe- und Gewissenssachen vor ihr Chorgericht oder geistliche consistoria.

Verweigerung der Leheninvestitur namentlich von Seiten Erzh. Ferdinands bei Städten, die nicht bei den Heiligen schwören wollen.[3]) Wie dies alles beim Kaiser anzubringen und zu unterbauen sei?

Mb. 112/3 a f. 194. Cop.

1) Ueber die Städtetage zu Speier (24. Aug. 1581) und zu Heilbronn (5. April 1582), die sich hauptsächlich mit Massregeln zu Gunsten der Stadt Aachen beschäftigten, vgl. Häberlin XI, 458 ff.; 514 ff. Eine Gesandtschaft der Städte an den Kaiserhof hatte dort die Einstellung der Exekution gegen Aachen nicht erreicht, war vielmehr unter Drohungen, der Kaiser könnte auf diesen ungebührlichen Schritt anders mit ihnen verfahren, abgewiesen worden. Der dort anwesende sächsische Gesandte äusserte gegen den Strassburger, „er mueste sich selbsten schemen, das er als ein churf. abgesandter ein mehrers nit (dan wie aus den decretis zu sehen) erlangen oder ausrichten können;" der Str. solle die Copien der kais. Dekrete geheim halten, „damit sie nit zu verclcinerung der churfursten

[die intercedirt hatten] an tag kämen;" sein Herr werde die Sache anders und ernstlicher angreifen (Anbringen der Gesandten bei den Verordneten des Nürnb. Rats, 6. März 1582, Nürnb.). — Die Städte, die sich durch die hochfahrende Art der kais. Regierung, die Anzweiflung ihrer Reichsstandschaft [vgl. no. 332 A. 5; 364] sämmtlich bedroht fühlten, wurden dadurch noch stärker gereizt, dass Aachen gar nicht zum R.-Tg. beschrieben, seinen trotzdem erschienenen Vertretern die Teilnahme an den Reichsberatungen verboten wurde und die Händel Augsburgs mit dem Marschall [vgl. no. 369] ausbrachen. Sie beschlossen in keine Contribution zu willigen, ehe ihre Beschwerden erledigt seien, die sie zuerst am 19. Juli den höheren Collegien überreichten. Vgl. über den weiteren Verlauf dieses Streits, der den politischen Niedergang der Städte und die absolutistischen Neigungen des Kaiserhofs deutlich genug erkennen lässt, Häberlin XII, 80 ff; 439 ff; manche Ergänzungen im Folgenden. 27. Juli

2) Vgl. Häberlin XII, 375. Eine kurbrandenburg. Antwort auf eine mainz-trierische Werbung am 20. Febr. 1584 (Ma. 227/5 Cop.) bezieht sich u. a. auf die Tatsache, dass auf dem letzten R.-Tag „eines vornemmen standes rat im furstenrat offentlich votiren derfen, das der religionfrieden allain ein temporall und nunmehr (weil auf dem concilio zu Trient alle zweispaltige religions articull decidiret und erörtert wehren) kein statt hette." Damit ist der jülichische Gesandte gemeint, der bei einer Abstimmung in Sachen der Städte am 17. Aug. 1582 fragte, „ob die stet under dem interimischen religionsfriden begriffen" (Prot. Schregel).

3) Vgl. Häberlin XII, 380.

378. Convent der A. C. Verwandten.

28. Juli Augsburg

Nach Vergleichung der kurf. Räte über die von Pfalz verfassten Supplikationen an den Kaiser wurden die andern Stände erfordert und hievon sowie von der bevorstehenden Abfassung eines Memorials für die geistlichen Kff. in Kenntniss gesetzt. Auf eine Erinnerung von J. C. Gesandten wegen Berechtigung der einzelnen Stände zum Votiren wurden die 4 Supplikationen[1]) verlesen und die nicht kurf. Stände zur Erklärung über die jüngste Proposition aufgefordert.

Joh. Casimirs Räte. Die Stände hätten gesondertes Votiren der Einzelnen beschlossen. Da die Kff. die Bücher gegen die Freistellung als „privatgeschrei" nicht bereden wollen, lassen sie es dabei. An den Suppl. nichts zu verbessern, ausser dass der armen Christen unter den Papisten nicht gedacht, gegen deren Bedrängniss ihr Herr beim Kaiser pragmaticam sanctionem (dass sie des Rel.-Fr. zu geniessen) zu suchen befohlen. Aachen: der Kaiser um Unterlassung solcher Prozesse sine causae cognitione, um Gleichheit am K. G. und in den Commissionen und ordentliche Gewährung der Kreishülfe zu ersuchen. Der K. möge ferner der fuldaischen Ritterschaft durch ein Decret exercitium zulassen, die iuramenta in Biberach u. a. Städten abschaffen, am K. G. Gleichheit mit Assessoren und in der Kanzlei herstellen. Ortenburgs wegen zunächst Baiern, im Weigerungsfall der K. zu ersuchen.

(Die Mehrzahl der Stände schloss sich ohne oder mit wenigen Bemerkungen den kf. Vorschlägen an.)

Hessen: „Erneuerung religionfriedens betreffend, sei ao. 55. und ao. 59. verfast, das er ewig sein sol, und nicht in zweifel zu

28. Juli ziehen." Declaration wegen der Untertanen: nicht zu erhalten. Kff. und Fürsten sollen beim K. das suchen, was bedacht; „obs auch pro reputatione der stend sein, da man papistischen stenden schir zu fuss falle?" Sollte nicht im Namen aller Stände geschehen; „item das auch dieselben [Stände, die weltl. Kff.] der freistellung und declaration in genere auch meldung tun solten, damit mans in esse behilt." . . . .

Schliesslich erklärte der kurpfälz. Kanzler: über die Verbesserungen und Additionen, auch die Suppl. selbst wollten sie sich bedenken; „seien ire erinnerungen gut; aber was weiterung gebe, halten sie darvor zu underlassen."

(Am 29. Juli billigte in einer Beratung der Kurfürstlichen Pf. das sächsische Scriptum an die geistl. Kff., meinte jedoch u. a., bei dem Paragraphen, „das etlich ein aug uff die stieft geschlagen, wurden geistliche lachen", daher auszulassen. Die gestrigen Concepte [der Suppl.] seien etwas geändert, „nicht den voten gemess, dan dieselb zu hart und nicht erhalten wurden." [2])

Mb. 112/3a f. 156. Prot. (Kurpfalz).

1) Für 1. die fuldische Ritterschaft, 2. die Städte Fulda und Geisa, 3. die Stadt Aachen, 4. Graf Joachim den Ae. von Ortenburg und die Städte Bibrach und Schwäbisch-Gmünd; dem Kaiser sämmtlich am 1. Aug. übergeben (bei Hoffmann I, 600-608; vgl. Häberlin XII, 328 ff; Lehmann I, 188 ff. lässt die Suppl. für Aachen weg).

2) Ein weiterer Convent am 10. Aug. wurde wegen der Supplikationen der Stadt Aachen und der Evangelischen zu Köln einberufen; die Stände erklärten „in einem voto" sich mit dem kf. Bedenken einverstanden, dass die Aachische Suppl. dem Kaiser zu übergeben und dieser um Antwort auf die vorige Eingabe zu ersuchen sei, und verlangten Abschrift der köln. Suppl. behufs weiterer Beratung. Ausserdem wurden einige Beschwerden der Grafen vorgebracht und auch die Freistellung, namentlich durch J. C. wieder angeregt. Die Kff. erklärten, sie wollten dieselbe keineswegs fallen lassen, nur für diesen R.-Tag einstellen; „sei aber ein stand vorhanden, so reformiren wolle, sol ers nur tun und nicht viel disputirn" (Kurpf. Prot.). Intercessionsschr. für die Aachener und die kölner Evangelischen übergaben die Stände der A. C. dem Kaiser am 18. Aug., vgl. Häberlin XII, 356 ff.; 366 ff. Kf. Ludwig schrieb seinen Gesandten zu Augsburg am 28. Juli (aus Baden) über ein Anbringen der kölner Ev. bei der Heidelberger Kanzlei und befahl dabei wiederholt die Berechtigung der R.-Städte zur Annahme der einen oder andern Religion kräftig zu vertreten. Mb. 112/3 a. Or.

28. Juli Augsburg

379. Schregel [1]) an Ehem.

. . Contribution: die kais. Replik von heute verlangt 60 Monate beharrlicher, 10 eilender Hülfe, sammt Erzh. Karls besonderem Begehren; „so ist doch der Sax so verbast, dem kaiser, was er begert, durchzubringen, und die andern ständ so bezaubert, das zu besorgen, es werd alls gewilligt wern; und sagt man, wan der punct erledigt, so wer er fort ziehen." [2]) . . . . . Heut reiste der Administrator ab; „Saxen hat in dess uberredt." Als die Pfaffen nicht merkten, dass durch die Session des Adm. die Freistellung auf die Bahn gebracht, „hats des papsts legat geandet", worauf die Geistlichen beschlossen, „der keiser soll per declaratoriam pronuncirn, das die freistellung durch disen actum des administrators nit justificirt sei, oder sie wellen all abziehen. Da nun der kaiser den administratorn abzusten nit hat bereden können, hats Saxen zuwegen bracht und gemacht, das er heut darvonzogen und sein session im furstenrat begeben hat."[3]) . . . . 30. Juli

Mb. 111/1b. f. 156. Eigh.

1) Vgl. no. 106; 257 A. 1. Schr. „memoria" sagt: „bin drauf in ao. etc. 80 [!] uf den reichstag nach Augspurg gesandt worden, den reichssachen im F. und reichsausschussrat aufgewar[t] und mit dem grafen Jachen von Ortenb. und canzler Ehem die kaiserische lehen empfangen." Schr. kam am 21. Juli nach A.; seine fleissigen Protokolle aus dem Fürstenrat und Supplikationsrat Mb. 112/1.

2) Am 21. Juli erinnert August den Kaiser an dessen ihm zu Prag gegebenes Versprechen, ihn nicht über 6 Wochen halten zu wollen; er möchte bei der weitaussehenden Verwirrung und seinem wie seiner Gemahlin Gesundheitszustand abreisen (Dr. 8500. Conc.). Die Antwort des Kaisers no. 375. Am 28. Juli erklärt A. bis zum 6. Aug. bleiben zu wollen und lehnt am 1. Aug. auch die (eigh.) Bitte des Kaisers um ev. Zugabe von ein paar Tagen der Türkenhülfe und Niederlande wegen ab (Conc.).

3) Nach Schregels Prot. gebrauchte Sachsen das Argument, „es heten sich die stet alberait den stenden widersetzt, do ein furst zu in steed, wurds ein grosse zerrittung geben."

380. Die Räte zu Augsburg an Johann Casimir. 30. Juli Augsburg

24. Juli: Wiedereinnahme der Session durch Baiern. Vergleich des Kff.-Rats und Fürstenrats auf 20 Monate in 5 Jahren und 10 Monate eilender Hülfe. Motivirte Weigerung der Städte.

25. Juli: Versammlung der A. C. Verwandten bei Kurpfalz.[1])

26. Juli: Ausschuss für die niederländische Frage im Fürstenrat: Oesterreich, Deutschmeister, Lüttich, Würzburg, Jülich, Hessen, Würtemberg, Mecklenburg. J. C. vorgeschlagen, Johannitermeister dagegen. Vertrauliche Mitteilung über die gefährlichen Absichten dieses Ausschusses, der den Untertanen jeden Kriegsdienst bei Alençon oder den Staaten ohne obrigkeitliche Bewilligung bei Todesstrafe, den Ständen jede Annahme fremder Bestallung ohne Consens des Kaisers bei Strafe der Acht und Aberacht, „darein er de facto gefallen sein soll", verbieten will; die Exekution solle dem Kaiser allein zustehen, der zu Handhabung derselben eine Anzahl Truppen dahin legen darf, wo es ihm gefällig. Die Inhaber fremder Bestallungen sollen sofort renunziren und sich für Zukunft eidlich verpflichten keine mehr anzunehmen. „Und letzlich das man die Niederland mit gewalt wiederumb zum gehorsam bringe." Hessen erklärte sich im Ausschuss dagegen, die Sache gleich anfangs in so scharfer Fassung vorzutragen. . . . .

(Im Conc. durchgestrichen: Man hat nicht nur Sachsen und Mainz zur Bewilligung von 60 Monaten gebracht, sondern traktirt

30. Juli auch „von unterhaltung und alimentis keis. Mt.", wobei aber Oesterreich, Sachsen und Mainz allein stehen dürften.)

Mb. 111/1 b f. 158. Or.

1) Der kurpf. Kanzler eröffnete den Convent „praesentibus aller A. C. verwanten stend rät und gesanten" und erklärte zunächst, die von P. zusammengestellten Artikel (no. 332.) seien zum Teil veraltet und nicht zu erhalten, so dass ihre Wiederaufnahme Zerrüttung geben könnte. Er proponirte folgende Punkte: 1) das Büchlein gegen den Religionsfrieden von ao. 76. und Dr. Eders Buch; 2) gezwungene Migration der Untertanen; 3) Massregeln in den R.-Städten gegen die Aufnahme von A. C. Verwandten; Missverstand des Rel.-Fr., dass die Städte nicht ihres Gefallens Religion anrichten könnten; Kaiser um Erläuterung zu ersuchen; 4) Stadt Aachen. Ausserdem die besondern Beschwerden 5) der fuldischen Ritterschaft, 6) der Städte Fulda und Geisa, 7) Biberach, 8) des Grafen Ortenburg, 9) der Stadt Schwäbisch-Gmünd. Hierüber wurde nach allgemeiner Zustimmung der Anwesenden das unter den kurf. Räten vorher vereinbarte Bedenken vorgetragen. Anwesend Vertreter von: J. C., Neuburg, Zweibrücken, Weimar, Ansbach, Würtemberg, den vier Landgrafen, M. Karl, Anhalt, den Wetterauischen Grafen, den Städten Strassburg, Regensburg, Augsburg, Worms, Nürnberg, Lübeck, Ulm, Speier, Reutlingen, Nördlingen, Hall, Hagenau, Colmar, Heilbronn, Goslar, Memmingen, Lindau, Kaufbeuern, Wimpfen („haben ein votum durch ein ausschuss").

31. Juli Nortorf

381. Herzog Ulrich von Mecklenburg an Kurfürst August.

Hat zu Augsburg beim Kaiser um Anwartschaft der Söhne seiner Tochter und des K. von Dänemark für den Fall der Erledigung von Mecklenburg nachgesucht, ohne Antwort zu erhalten. Bittet A., diese Sache beim Kaiser zu befördern, wogegen Dänemark vermutlich in der andern vertrauten Sache[1]) sich um so willfähriger erzeigen würde.

Dr. 8500. Or.

1) Sperrung des Sunds zu Gunsten Spaniens; vgl. no. 334. Der französische Gesandte am dänischen Hof, Danzay, bekämpfte diese Machinationen mit unermüdlichem Eifer, vgl. seine Schr. an Duplessis, 18. Mai (Mém. de Mornay II, 148 ff.), an K. Heinrich III, 18. Mai 3 29. Sept. 22. Okt. 16. Dez., an K. Katharina 3. Sept. 1582 (Handlingar XI, 180 ff.) Aber er vermochte die Anerkennung Alençon's als Herzog von Brabant nicht durchzusetzen und die Beeinträchtigung des niederländisch-englischen Ostseehandels durch neue Zölle nicht zu verhindern. Ueber die frühere Stellung der Niederlande zum dänischen Monopol vgl. Scherer, der Sundzoll p. 8 f; 17; ein förmliches Verbot der Ostseefahrt für die Holländer hatte schon die Hansa 1525 von Dänemark verlangt.

2. August Augsburg

382. Die Räte zu Augsburg an Kurfürst Ludwig.

. . . . . . Neue Proposition „umb hilf zu erhaltung keiserlichen stat und stands", gestern im Kff.-Rat behandelt.[1]) Trier sprach durchaus dagegen, Köln, Pfalz und Brandenburg schlossen sich diesem Votum an Trotz der Meinung Sachsens, man solle wegen des Unterhalts der kais. Brüder, um das Haupt der Christenheit zu erhalten „und da einmal das kaisertumb von diesem haus kommen, villeicht ein höhers druff gehn möcht", doch etwas bewilligen,[2]) drang auch Mainz darauf, dies nur ohne besondere Beschwerung der Stände zu tun, wofür er allerdings kein Mittel wisse. Dabei blieb es.[3]) 2. August

Mb. 111/2a f. 286. Or.

1) Vgl. no. 336; 357; 371. Nach dem Prot. fand aber die Verhandlung im Kff.-Rat am 31. Juli statt; vgl. Häberlin XII, 616. Schon am 28. Juli hatte Kf. August den Kaiser vorbereitet, die Sache werde ihre Schwierigkeiten haben und man müsse auch zufrieden sein, wenn entweder ein Teil der bewilligten Türkenhülfe hieher geschlagen oder schlimmsten Falls, wenn die besondere Bewilligung ganz durchfiele, wenigstens die Türkenhülfe erhöht werde. Dr. 8500. Conc.

2) Nach dem pfälz. Prot. erklärte Sachsen: Er besorge allerdings, bei der bisherigen Steuerlast könne dem Kaiser nicht völlig willfahrt werden. Aber man solle bedenken, dass der K. von der Steuer viel für seine Brüder und auf die Grenzen verwenden müsse, wie es im Reich geschaffen, wieviel an einem Haupt gelegen. „Wolle man nun ein recht haubt haben, muss man dazu tun; het derwegen darfur, uff weg zu denken, wie solch haubt im reich fuglich zu erhalten." Aber auch er stimmt ausdrücklich für Ermittlung einer Hülfe „one sonder beschwerung der stend und undertanen." (Mb. a. a. O. 76 ff.) Von seinen früheren zuversichtlichen Versprechungen in dieser Sache ist hier nicht viel zu spüren.

3) Kf. Ludwig erklärt (in seinen Schr. vom 8. 12. Aug.) die neue kais. Zumutung für völlig unzulässig und ganz unbillig. Noch schärfer drückt sich L. Ludwig in einem Schr. an seine Räte (Marb. 10. Aug.) aus: Würde der Kaiser wie seine beiden Vorgänger steif über dem Rel.-Frieden halten, „doch nicht dem buchstaben nach, wie derselb contra mentem zu abwendung und ausrottung unserer christlichen religion von den Jesuiten und ihrem anhang glossirt wird," so würde damit auch seine Reputation erhalten. Sonst ist es den Ständen A. C. nicht zu raten, „das sie das schwert, damit sie sich gegen das misstrauen und sonst auf den nottfall weren, underm schein I. Mt. underhalts und reputation gar aus handen geben und sich damit von dem papst schlagen lassen solten." Er sage ihnen dies nicht, damit sie es so im Rat vorbringen, sondern damit sie sein Gemüt desto besser vernehmen sollen. Darmst. Or.

383. Gebhard von Köln an Erzbischof Heinrich von Bremen. 6. August Arnsberg

(Bevorstehende Zusammenkunft mit H. in der bewussten Sache; Vertrauen auf Gottes Hülfe, dessen Werk dieses Unternehmen ist. Die Mehrzahl seiner Verwandten, Freunde und Landschaft wird gegen ihn sein. Hofft auf H. und die Religionsverwandten. Seine Reise zum R.-Tag. Pfalz, Hessen, Würtemberg. Sachsen in Kenntniss zu setzen).

Hat dessen Schr. vom 17. Juli im Aufbruch von Lechenich „durch meinen melancolischen narrischen laceien" erhalten; bedauert, dass H. erst auf Bartholomäi ins Stift Paderborn kommen kann. „Dan zwar allerlei, darumb ich sie [E. L.] gerne in der nehe gesehen, under welchen die bewuste sache[1]) nicht die geringste, wurde desdo gelegener gewest sein in allen hendeln zu communicieren, darmit man in nahmen des allerhohesten umb soviel desdo schleunieger die hende hette mogen an das werk schlagen. Quia praeventio habet locum. Es mus aber pillich die ehr des allmechtiegen und ausspreitung seines sehligmachenden worts die grundfest, darauf

6. August zu pauen, und der scopus, dahin zu zielen, sein; der wiert alsdan sonder zweifel (wie in gleichem E. L. in ihren schreiben andeuten) der rechte radtgeber und helfer sein, dan seiner allmacht kein end, seine barmherzikeit aber uber alle seine werk. Und wehre zwar ein freventlich vermessen stuck, das einer sonsten ein solch weitsehend, wichtig, hoch und ganz schweres werk (in welchen nicht alleine die fornembsten fast alle von der landschaft geistlichs und weltlichs standes, wie auch meine nechste verwante fast mehrersteils selbest, sonderen auch fast die furnemsten potentaten der christenheit, darunder etliche mier zuviel nahe gesessen, wurde entgegen haben) gedenken, wiel geschweigen understehen durfte, da ehr nicht sich des versicheren konte, das es ein gott gefelliges und sehlieges, ja sein werk selbest wurde. Woferne der trost nicht verhanden und wie der konigliche prophet sagt: quare fremuerunt gentes? wie auch E. L. selbest in ihrem schreiben allegiert haben, da sich auch die berge in das mehr wurden senken, wolte ich den kuhnen helden gerne sehen, der hie hand ahnschlagen wolte. Weil aber der gott noch lebet, der durch seinen diener Moysen mit einen armen hiertenstab alle die macht Pharaonis, durch einen armen hiertenjungen die hoffart der Philisteher, ja durch ein armes weiblein den grossen gewalt der Assyrier verspottet, zernichtiget und gesturzet, der auch den seiniegen beistand bis zu ende der welt zugesagt, so wollen wier uns in seinem nahmen gurten. In ipsius nomine laxabimus retia nostra, in ipsius nomine dabimus vela ventis. Es ist ein wahrer ciferieger gott und kan uns nicht fehlen, und das: In te, domine, speravi etc., et qui habitat in adiutorio dei altissimi etc. mit unverzagten frohlockenden gemutt singen, und solte es schon ein plau auge kosten; fortitudo mea dominus, ist mein reim. E. L. bitte ich ganz freundbruederlich, mier in besten zu verstehen, das ich die feder soweit habe laufen lassen.

Nuhr mussen gleichwohl auch menschliche mittel, darumb uns dan gott der herr die vernunft mitgeteilt, gesucht werden." Da er von Verwandten, Nachbarn, selbst denen, die ihm mit Eid und Pflicht zugetan, eher Verfolgung als Beistand zu gewärtigen, setzt er allen menschlichen Rat, Hülfe und Beistand auf H. „als meinen herren, freund und brueder, der trostlichen zuversicht, haben E. L. mich durch gottliche versehung in diesen stuel setzen konnen,[2]) sie werden mich auch in einer solchen pillichen sachen mit zutuen deren herren blutts- und der religionsverwandten (darzu sie dan sonder zweifel ihr christlicher eifer und schuldiege liebe gegen ihren nechsten reizen wiert) wohl wissen darbei handzuhaben. Nuhr mus de modo et forma gedacht sein, wie es an sie zu gelangen, und alsdan mit ihrem radt, wie es ahnzufangen.

In einem und andern habe ich durch den von Freysingen E. L. meinung vernommen, halte wohl, das dies auf itzo wehrenden reichstag an den besten in kegenwart konte mit dehnen, so ahnwesent, getractiert werden. Der abwesenden seint aber nicht wenig, dero gesanten sich sonder vorwissen nichts werden durfen ahnnehmen. Sonsten bin ich zur reisen ganz willig und habe nicht geringen lust darzu. Es wurde aber die hochste notturft erforderen, das mit E. L ich mich zuvorn in der persohn ersprechte;

weis aber nicht, ob ich es E. L. zumutten darf, weil ich sie das vorigmahl vergebenlich aufgehalten. Wan ich aber mit gottlicher verleihung vorhabens (im fall angedeute reise nicht einfelt), mich eine geraume zeit diser orter zu verhalten, als stelle ich in E. L. freien willen, worhin sie mich bescheiden wollen, wiel ich den, wie billig, gerne folgen. Bitte allein umb furderliche erklerung; wolte aber wuntschen, das Bartholomei dies jar ein tag vierzehen fruher keme." 6. August

Ob dies Werk nicht Pfalz, Würtemberg und Hessen zu entdecken? will hier wie in allem andern nichts ohne H. Wissen tun. H. könte das Werk auch durch einen Vertrauten Sachsen und einem dessen geheimer Räte etlicher Massen „entwerfen."[3])

Dr. 8927. Köln-Sachen 1. Buch. Cop.

1) Vgl. no. . . . .

2) Ob diese Behauptung der Wahrheit entspricht, vermag ich nicht zu sagen.

3) Ein Schr. Gebhards an Heinrich, Arnsberg 4 August, das seine Erkenntniss der Irrtümer des Papsttums, seine Gewissensangst, die ihn bewog sich mit einem Fräulein gräflichen Standes ehelich zu versprechen, die Opposition etlicher Verwandten und Freunde gegen seinen Entschluss das Stift zu resigniren darlegt und um Befürwortung seiner Sache bei Sachsen ersucht, offenbar zur Vorlage an Kf. August bestimmt, Dr. a. a. O. Cop.

384. Schomberg an Kurfürst August[1]) 6. August Nanteuil

Auf dessen Schr. vom 31. Mai. Verweist auf seine den nach Weimar verordneten kurf. Räten gegebene Antwort. Der Kf. möge kühnlich glauben, „das E. Ch. Gn. undertenigste dinste zu leisten mich kein gift oder gabe mehr als mein treuherziger und unverfelschter wil reizen kann".

Dr. 8083. Eigh.

1) K. Heinrich III dankt in einem eigh. Schr. s. d. dem Kf. für dessen Bemühungen zu seinen Gunsten auf dem R.-Tag (ebd. eigh.), was sich wohl auf die Ablehnung der gegen Alençon geplanten Massregeln von Seiten des Kf.-Rats bezieht.

385. Die Räte zu Augsburg an Johann Casimir. 8. 9. Aug. Augsburg

(Contribution. Parteiische Behandlung der niederländischen Frage im Fürstenrat. Sachsens Verstimmung; sein Bündniss mit den Geistlichen. Massregeln gegen Alençon. Sachsen gegen die Städte.)

Contribution: Die Mehrheit im Fürstenrat beschloss wie der Kff.-Rat 40 Monate auf 6 Jahre, beginnend von Laetare 83. Sie blieben bei 20 Monaten, mit Erklärung, nach Abstellung der Beschwerden in 82 willigen zu wollen. Bitten um Befehl;*) J. C. sollte sich hierüber mit dem Kf. verständigen.**[1])

*) Eigh. Randbemerkung Joh. Casimirs: „Sollen uff churf. Pfalzische sehen; was die bewilligen, sollen sie auch tun, doch sich bearbeiten, das die ziel uf 5 oder 6 jar erstreckt werden."

**) Ebenso: „diss kann kurze der zeit wegen nit bescheen."

8. 9. Aug. Die Städte beharren auf den 32 Monaten „und haben ein ausfurliche schrift zu irer entschuldigung gegen der keis. Mt. und dem churf. zu Sachsen ubergeben". *) Sie vermerken, dass man nicht über 40 Monate willigen werde.

„Ferners, als heut der ander punct keis. proposition von den Niderlanden in beratschlagung gezogen,**) vermerken wir, das die churf. sich der neutralitet gegen Spanien und Frankreich zu verhalten gedenken, der mehrer teil aber im furstenrat gern das reich wo nit directe, doch indirecte in krieg gegen Frankreich einfuren wolte". Als sie u. a. Gesandte der A. C. die Entfernung des burgundischen Gesandten begehrten, die Katholischen aber für dessen Zulassung stimmten, kam es soweit, „das wir die religionsverwandte alle uffgestanden und der consultation nit beiwonen wollen, also das dieselb bis morgen eingestellet.[2]) Und ist dermassen im furstenrat beschaffen,***) das der evangelischen fursten notturft erfordert, auf mittel und wege bedacht zu sein, dieweil augenscheinlich die parteilichkeit in allen sachen erscheinet, wie man des uberstimmens der genannten Catholischen, so ohne das an anzal uns ubertreffen, uberhaben seie, dann suusten die evangelische fursten vergebens votiren und allein dasjenig, was Baiern, Salzburg und Oesterreich wollen, tuen müssten und E. F. Gn. und anderen nur zettel zu haus geschickt werden kounten, was sie tuen solten."[3])

Der Streit Sachsens mit der Stadt Augsburg gefährlich. Der Kf. war ein paar Tage beim Herz. von Baiern zu Friedberg, ist jetzt [5. August] nach Regensburg abgereist. „Sollen auch sehr zornig sein, und ist hie bei menniglich in unwillen und schimpf geraten.

Es haben sich auch I. Ch. Gn. mit den Papistischen †) der geistlichen gueter halben in pündnus eingelassen, dergestalt: was berait davon hienweg, soll hienweg pleiben; da aber kunftig inen was entzogen werden solte, wolte er bei inen stehen und halten.[4])

Heut ist der statt Augspurg von der keis. Mt. aus etlicher churfursten, als Saxonis und der geistlichen guetachten, keinen französichen gesandten in die stat zu lassen befolen worden, welches von uns ungeandet nit pleiben soll." ††) . . . .

Haben heute den Stadtschreiber und Bürgermeister von Neumarkt hier gesehen; „was dieselben guts kochen, wurdet die zeit geben."

[7 Nachschriften; darunter:]

„Post datum. Heut diesen morgen ist der zweit artikul der proposition, niderlendisch wesen belangend, abermals furgenommen. Und ob man woll ins gemein den sachen mit gewalt zu raten unmüglich und nit tuenlich befunden, †††) so haben doch die Papisten

*) Ebenso: „muss mans gehen lassen."

**) „Sollen nach meglicheit sich bearbeiten, das in disem puncten nichts gfarlichs beschlossen werde."

***) „Placet."

†) „Muss mans gescheen lassen."

††) „Placet."

†††) „Sollen sehen, das nichts gefarlichs beschlossen werde."

ein edict durchbringen wollen, dardurch nit allein die Teutschen, 8. 9. Aug.
so dem von Alanzon alberait zugezogen, abzufordern, sondern auch nit zu gestatten, das ime hienfurter imands mehr zuziehe. Darwider wir uns auf der weltlichen fursten bank heftig gesetzt,[5]) gedenken uns auch in solches nit einzulassen, wiewoll uns die geistlichen an gezahl uberstimmen, und hoffen, die churfursten (die gleichwoll auch noch etwas spaltig sein sollen) und sonderlich die stätte werden uns beifallen. Datum den 9. Augusti anno etc. 82.

Diesen abent spaat kommen wir in erfarung, das die keis. Mt. und churfursten sich einer resolution, den stetten auf ire ausfurliche getane entschuldigungsschrift zu geben, verglichen und solche Sachsen ad revidendum uberschickt, welcher darinnen viel seines gefallens corrigirt und dermassen gescherpft, das man bedenkens gehabt, selbige erclerung den stätten zuzestellen. Und hat Sachsen dabei vermeldet, da man inen diese resolution seinem angeben und vorgeschriebener massen nach nit werde zustellen, wolle und gedenke er keis. Mt. weder heller noch pfennig zu contribuiren.[6]) Datum ut in literis." . . . . . .

Mb. 111/1|b f. 296 ff. Or.

1) Die beiden höheren Collegien blieben bei den 40 Monaten, deren Termin jedoch auf 5 Jahre reduzirt wurde, die Städte bei der Eventualbewilligung von 32 Monaten (die Räte an J. C. 14. August; vgl. Häberlin XII, 89; 449; XIII, XLIV ff.).

2) Nach Schregel's Prot. (f. 516/7) wurde der Burgundische (Dr. Johann von Hattstein) „durch die Casimirischen abzutretten per Ilsungen [vorsitzender Vertreter Oesterreichs] vermant", hat aber die Beschlüsse des Ausschusses anhören zu dürfen, dessen Mehrheit dahin ging: 1) sich Cammerichs anzunehmen; 2) Alençon's deutsche Truppen „per edictum der acht und andere straffen" abzumahnen und allen Zuzug bei Pön des Landfriedens zu verbieten; 3) die Speirer Exekution von ao. 70. zu verbessern; 4) die Licenten, Zölle u. s. w. abzuschaffen und Dänemark, Flandern, Friesland u. a. durch Legation um Abstellung solcher Neuerungen zu ersuchen; 5) Spanien durch Schickung zu befragen, wessen man sich zu ihm zu getrösten, „wen man im zum besten die edict publicirt", der Pacification, des burgundischen Vertrags und der forthin zu liefernden R. Contributionen zu erinnern; 6) nach Publikation der Edikte Kriegsvolk an die niederländischen Grenzen zu legen; 7) die Schweizer zu ersuchen, dass sie das Edikt beobachten und ihr Volk, „so im anzug sein soll" [für Alençon], abfordern. Bei der Umfrage wegen der Burgundischen stimmte nach dem Prot. Bremen für Zulassung. Schliesslich: „Man steet auf und zaigen Casimiriani an, wen Burgund zuegelassen soll sein, so wollen die weltlichen fursten darvon gen. Sie rappelten ein haufen äpt und gaistlichen zesamen, die dem reich wenig contribuirten, damit sie das mehrer machten".

3) Vgl. die würtemb. Gravamina bei Sattler V Beyl. p. 39; 45/6.

4) Gewiss ein blosses Gerücht, das aber Sachsens wirkliche Anschauung ganz richtig charakterisirt.

5) Am 9. Aug. stritt der Fürstenrat zunächst über die Zulassung Burgunds weiter, z. T. in heftigem Ton; Salzburg erklärte solche Anbringen für odios und wünschte friedliebende Gesandte; die Casimirischen entgegneten: „do sie ein aigen rat wolten halten, das mochten sie tun." Der Burgunder, der draussen stand und den Ilsung hereinrufen wollte, war inzwischen weggegangen. In der folgenden Beratung äusserte sich Salzburg sehr stark: „Es sei den Niderlanden umb ein religion zu tun,

33*

8. 9. Aug. die im reich verpotten, als den Calvinianismum. Sie rumbten sich, deo magis esse obediendum quam hominibus; wolten sie aus irem haupt, dem catholicissimo rege, nur ein pur lautern menschen machen, da er doch mit got und durch got regiret." Er schilderte die Lage des Reichs zwischen der französisch-niederländischen Macht und dem Türken, „so wurn uns die Schweizer auch umbgeben und letzlich das scepter gar vom reich reissen. Der Franzoss het wider Carolum alzeit mit dem Turken colludirt, wol gleichwol Christianissimus heissen, do er billicher Turcissimus genent wurde". Man solle den K. von Frankreich auffordern, seinen Bruder abzurufen und im Weigerungsfall von der Succession auszuschliessen; das Gleiche solle der Papst tun, nachdem er Al. zuerst mit der Excommunikation bedroht. Man solle den Fürsten und Herrn ihre Praktiken bei Pön der Acht verbieten, die 10 Monate eilende Türkenhülfe gegen die Ungehorsamen verwenden, wobei man jedoch „des alten vergessen" kann. Spanien nochmals um Bewilligung der Religion ad tempus zu ersuchen, „wiewol es den leuten nur umb die calvinisch und martinisch sect zu tun". Der casimirische Votant bekämpfte nach einem Hinweis auf die Gelegenheit, die das Reich bei dem Zug seines Herrn zu Gunsten des Erzh. Matthias versäumt habe, und auf „die scharpf spanische regierung" als Hauptursache der Unruhen die absolutistische Anschauung Salzburgs. „Das es pessimi exempli sei, ein naturlichen hern abzusetzen: so sei es auch nit melioris exempli, eim fursten absolutam potestatem tyrranisandi zu geben, dann zwischen hern und undertan geb es obligationem reciprocam." Den besondern Zorn Salzburgs erregte seine Aeusserung, der Papst sollte sich lieber fremder Händel enthalten, „wer vor augen, was er in den genachtparten konigreichen und jetzundert auch im Schweizerland angericht." Salzburg verteidigte dagegen den Papst als einen friedfertigen Herrn, der nur Ruhe und Einigkeit in der Christenheit suche. Trient protestirte in gleichem Sinn. Nach der Umfrage erklärte der Referent Ilsung, man sei über die zwei ersten Punkte ganz, über die andern fast ganz einig und die Mehrheit für die Edikte. „Interpellatur: vota non numeranda, sed ponderanda." Bei der Correlation im Kff.-Rat (der seinerseits gegen jede Einmischung von Seiten des Reichs, abgesehen von 2 Monaten für die beschwerten Stände, war) erklärte der fürstliche Referent, die Mehrheit habe sich für die Edikte entschieden. Am 23. Aug., bei Beratung der kais. Replik (vgl. Häberlin XIII, LXXIII ff.) bestand Ehem wieder auf der Entfernung Burgunds. Graf Karl von Aremberg, der Hauptgesandte (eben erst angekommen, vgl. Compte-rendu III. 2, 261), begehrte, auch die Verbündeten von Spaniens Feind sollten abtreten; „deinde discedit". Auf eine Bemerkung des Referenten entgegnete Ehem: „sein her hab mit Frankreich weder bstallung noch bundnuss." Vgl. die Darstellung bei Häberlin XIII, LVII ff. (nach braunschweigischen Akten), die aber z. B. bei dem Streit über die Zulassung Burgunds ungenau ist und deren Wiedergabe des salzburgischen Votums von der pfälzischen mehrfach abweicht.

6) Vgl. no. 398.

9. August Geisenfeld

386. Kurfürst August an die Räte zu Augsburg.

Mit Abstrickung des Proviants in der niederländischen Sache vorsichtig zu verfahren. Frankreich würde wohl für Alençon gegen das Reich eintreten, namentlich den Türken zu einem Einfall reizen. Auch möchte er sich der spanischen Verfolgung nicht gern teilhaftig machen; dazu kommt Parma's Vorgehen gegen Aachen. Erhielte man aber von Spanien die Sicherheit einer eventuellen Unterstützung mit voller Macht gegen den Türken, Beobachtung des R.-Münzedikts in den Niederlanden, Einstellung der Feindseligkeiten gegen R.-Glieder, so könnte er zulassen, dass Alençon Proviant und Zuzug abgestrickt werde. Sich hierüber mit den Mainzischen zu vergleichen.[1]) 9. August

Dr. 10201. Or.

1) Die Sachsen und Mainzer brachten diesen Vorschlag wirklich im Kff.-Rat vor, wo Köln ihnen beifiel und daher doppelte Relation an den Kaiser beschlossen wurde (Räte an August, Augsb. 26. Aug. Dr. 10200. Or.).

387. Johann Casimir an Ehem.

10. August Kaiserslautern

Graf Julius von Salm, kais. Rat und Obrister auf der ungarischen Grenze, Schwager Ortenburgs, kam neulich unter dem Schein ihn zu besuchen von Frankenthal hieher, blieb einen Tag, reiste dann mit ihm nach Friedelsheim und von da allein nach Heidelberg.[1]) Als im Gespräch über den R.-Tag Salm auf die Beschwerden der Städte kam, erklärte er, er sei davon wohl unterrichtet und verdenke den Städten ihre Bemühungen keineswegs; „ime dabei auch zu gemutt gefurt, das dannocht dem heil. reich an den stätten nit wenig gelegen, und da inen nicht geholfen und sie sich etwan zusammenschlagen und ein haupt under inen welen wurden, was endlich dem heil. reich fur nachteil daraus entstehen möcht. Darauf er uns diese kurze antwort gabe, er gleubt, wir könten inen den stetten ein guet haubt geben, welches wir also stillschweigend und unverantwort bleiben lassen.“ Da Salm beim Kaiser hoch daran und vermutlich allerhand auszukundschaften hieher gekommen sein dürfte, soll sich E. insgeheim hierüber erkundigen.

[Nachschrift:] Da er aus andern Schr. von einem vertrauten Ort vernommen, dass sie sich der Städte angenommen und von andern Vorwürfe bekommen haben, „mit vermeldung, da ihr uf diesem reichstag anders nichts tun wollen, dan den städten ein mut zu machen und die wieder die keis. Mt. zu verhetzen, werent ir wol daheim blieben“: sollen sie sich das nicht irren lassen, vielmehr den Städten „unsertwegen“ in allen billigen Dingen, die zu des Reichs und ihrer Wohlfahrt gereichen, die Hand bieten und helfen, dass sie dawider nicht beschwert werden. Falls der Religion halb Condemnationen und andere Gefährlichkeiten auf die Bahn gebracht werden, sollen sie die ausländischen Gesandten der wahren Religion veranlassen sich selbiger mitanzunehmen.

Mb. 111/1b f. 227. Or.

1) Ein Schr. des Dathenus an J. C., Worms 31. Juli (Mb. 90/12 Or.) kündigt dem Pf. den Besuch des Grafen Salm an, der beim Gr. Eberstein in Speier (vgl. no. 352 A. 5) zu tun habe; „j'estime bien qu'il aura aultres choses à communiquer à V. trèsh. E., comme icelle poura entendre.“ Salm sei „un grand seigneur de bon jugement, craignant dieu et bien entendant la vraye religion“.

11. August Regensburg

388. Kurfürst August an Wilhelm von Baiern.[1])

(Persönliches. Freistellung. Schickung nach Spanien. Wie Alençon's Gesandte fernzuhalten. Die Calvinisten am Besten durch gegenseitige Duldung der beiden zugelassenen Religionen zu bekämpfen. Successionsache.)

. . . „Aus E. L. schreiben habe ich gar gerne vernummen, das sie zu Augspurk wol wiederumb ankommen. So habe auch ich mich folgendes tages, nachdem E. L. vorreiset, nach Geyssefelt erhoben und unterwegens mit dem erzherzogen Ferdinanden, S. L. schreiben nach, welliches mir des abendes zuvor zukummen, zu Wolcza[2]) das fruhemall gehalten und mich mit S. L. woll ergeczet, aber gleichwoll nach desselben tages widerumb in das nachtlager vorruckt. Und dieweil mir E. L. nicht alleine hirzu gutte gelegenheit geben, sondern auch zu Augspurk und in dero landen fill freuntschaft und gutter ausrichtunk ewissen[!], so tue ich mich derwegen kegen E. L. freuntlich bedanken, will auch solliches umb dieselbige hinwiderumb freuntlichen zuorschulden[!] eingedenk sein. Was dan die sachen anlanget, deren E. L. von mir gerne berichtt sein wollen, weis ich mich nicht zu erinnern, das iczo von den graffen der freistellunk halben oder der gleichen was bei mir gesucht worden were. Aber von der ritterschaft und andern stenden ist allerlei auf die meinunk an mich gelanget. Ich habe es aber bishero umb gemeines besten willen abgewant und auf die wege gerichtet, das ich vorhoff, es werde dismals vorbleiben.[3]) Ob aber die schickunk in Hispanien vor sich gehen werde, kan ich eigentlich nicht wissen. Allein halte ich darfur, wan sich das reich der niderlendischen sachen recht annemmen solte, das es nicht undinstlich wehre, man hette zuvorn vom konige in Hispanien erklerung erlanget, wie I. K. W. hirzu geneiget und was si widerumb beim reich tuen wollen; dan als dann mochten die stende umb so vil desto eher darzu zu bewegen sein, und zu einem sollichen ende solte meines erachtens die schickunk nicht zu widerraten, auch ehr zu erhalten sein, als das sich die stende dieser sachen in der ungewisheit teilhaftick machen selten. Den francosischen gesanten betreffende, sehe ich gleichwoll nicht, wan der kunnick in Frankreich selbest schicken wurde, do es auch gleich die niderlendische sachen oder Cammerich betreffe, wie man ihnen audienz fuglich vorwegern konne, sondern will in alwege zu ratten sein, das man sich kegen ihnen als legatten erzeige und sihe[!] hore, wie es dan je und allewege, auch zu derzeit, do beiderseits fill grossere misvorstende gewessen, also gehalten worden. Aber wan man des herzogen von Alencon gesanten, do sie in for einen herzock in Prabant angeben, von dem reichstage abhalten konte, das were woll das beste, weil man sich doch kegen ihnen nicht zu verwaren. Darumb so ist bedacht und geschlossen worden, das die K. M. ihnen entkegen schicken und sie aufs gelimptlichste vormannen lassen solte, das sie ihren wegk widerumb zu rucke nemmen wolten, welliches auch I. K. M. ihr genedichst also gefallen lassen. Ferner die Calvinisten belangende[4]) ist nicht ohn, das dieselbigen ohn allen orten einschleichen. Darumb wolt ich gerne auf die mittel und wege denken helfen, wie denselbigen leuten gesteuert werden mochte. Es gibet aber auch die erfarunk, das man gemeiniklich an dennen orten, da zuvorn die alte religion gewessen und vormoge des religionsfridens beide religionen freizulassen, die jenigen, die sich hernacher zu der Augspurgischen convesion [!] bekennen, ohne unterschitt vor Calvinisten ongibet und das hirkegen die unsern sich derselbigen als ihrer confessionvorwanten annemmen und das man in dem zweifel und misvorstande ofters beiderseits weit voneinander kummet, auch allerlei seckten sich in der ungewisheit mit einflechten; und nemmen unter diesem deckel die Calvinisten sunderlich sehr uberhant. Sollichem aber zu begegnen, solte dis woll das bequemste mittell sein, wan sich etwa an der gleichen ieztbemeltten ortern vorenderunk der religionn zutreget, das die sachen in gemein dohin gerichtet wurden, das nach dem buchstaben des religionsfridens das exerzitium der alten religion und Augspurgischen confession aldar zugleich nachgelassen wurde. Dan wan erstlich dessen beiderseicz vorgewissiget, so wurde sich hernacher an ihm selbest balde ausweisen, ob etwa ein Calvinist oder andere seckten darunter steckten. Und do sich immandes herfur tunn und diesen beiden religionen zu wieder was lehren oder furnemmen wolte, so wurden also dann beider religions vorwanten zusammen setzen und allen secten zugleich steuren und weren konnen. Do hirkegen, wan man zuvor und ehr dan ihn gemein das exercitium beider religionen gefast wirtt, nur das eine teil unter dem nammen der Calvinisten vorfolget wirtt, die unsern, in dem sie es in der ungewisheit darfur halten, als ob sie auch darmit gemeint, vielmehr den andern oft unwissent, auch woll wider ihren willen beispringen, das also dardurch die Calvinisten einen rucken erlangen, wellichem aber durch obbemelten week leicht zu begegenen. Auf das es auch desto ehr dohin zu richten, so wehre sehr gutt, das in der gleichen vorfallenden sachen beiderseits religionsvorwanten zu gruntlicher erforschunk der sachen vorordenet wurden; konten dieselbigen nicht alleine am besten unterscheit halten under der Augspurgischen con- 11. Augus

11. August fession und was derselbigen zuwider, sondern es gebe auch beiderseits besser vortrauen und wurden die unsern die alte religion, weil ihnen ihre auch zugelassen, ehr neben sich dulden und den Calvenisten[!] sich desto weniger onhengick machen. Hierdurch vorhoffte ich solte fillen seckten gesteuert und der religionfriden unzurutt erhalten werden konnen. In der succesionsachen hat sich die K. M. iczo nichtes schlislichs erklert. Ich vormerke aber gleichwoll, das I. K. M. ihr die sachen ongelegen sein lest und denselbigen vornunftick nachdenket, zweifel derhalben nicht, sie werde der gelegenheit woll war nehmen und den sachen recht tunn.[5]) Welliches ich alles E. L. auf unser zusammen habendes gros vertrauen zu freuntlicher nachrichtunk und vortraueter antwort wollmeinlich nicht bergen wollen. Und tue E. L. zu ider zeit, was derselbigen von mir lieb und dinst ist. Mein liebes weib, sonn und töchter lassen E. L. und alle, die ihr lieb sein, hinwiderumb freuntlich grussen.

Datum Regenspurk, den 11. Augusti anno 82.

E. L.

treuer vetter und vatter[6])

Augustus churfurst."

Mc. Rel.-Acten des röm. R. XI. f. 380. Eigh.

1) Diese interessante Antwort auf Ws. Schr. Augsburg 9. Aug. (Mc. R.-Rel.-Acta XI f. 382 Conc.) beleuchtet namentlich die Verhandlungen beider Fürsten über Ausrottung des Calvinismus, auf die W. seine Räte 1593 vor dem folgenden Regensburger R.-Tag verwies (Stieve IV, 180). Wir sehen, dass August doch nicht gewillt war, ohne vorhergehende bessere Sicherung seiner Confessionsverwandten die katholische Bundesgenossenschaft anzunehmen; er fordert Zulassung beider Religionen, falls irgendwo Aenderung vorgenommen wird, eventuell gemischte Untersuchungs-Commissionen.

2) Geisenfeld und Wolnzach: Marktflecken in Oberbaiern.

3) Vgl. no. 364.

4) In W. Schr. heisst es: „So haben mich E. L. genugsam verstanden, was der Calvinisten halben ich mit E. L. geredt. Dieweil wir uns aber noch nichts aigentlich entschlossen, ob und wie es auf itzigem reichstag zu handlen oder ins werk zu richten sei, ob auch der churfürsten rat das seinig dabei tun werde oder nit, so bitt ich gleichfals umb derselben guetachten, damit nichts versaumbt werde."

5) Vgl. Stieve, Verhdlgen. p. 5; oben no. 363 über die Rivalität der Erzherzoge, von der auch Maffei II, 235 spricht.

6) Das bair. Conc. hat als Unterschrift ursprünglich: „E. L. jederzeit getreuer und gehorsamer sun Wilhelm"; der Herzog ersetzte das zweite Adjectiv durch „dienstwilliger"; ebenso zog er es vor, sich statt „ganz gehorsamlich" nur „ganz dienstlich" zu empfehlen. Seinen „brueder Cristian" liess W. freundlich grüssen; Christian schreibt an W. über ihre Bruderschaft am 4. Dez. aus Lichtenberg (Ma. 53/14 Eigh.). Ueber das Gerücht, der junge Wettiner habe zu Augsburg den Baiern versprochen, katholisch zu werden, vgl. Tesoro politico, Köln 1598, p. 412.

389. Kursächsische Memorial für Mainz.

13. August Burglengenfeld

Sachsen dankt für M. Erklärung in der Pappenheimischen Sache. Da aber bei der Widersetzlichkeit des Augsburger Rats das Vorschlagen billiger Mittel kaum Erfolg haben wird, erinnert er sich, als der Frankfurter Rat in dergleichen Sachen sich widrig erzeigt,[1] von M. Vorgänger und dem alten Kf. von Brandenburg gehört zu haben, „wan sich ein stadt wider den churfurstenrat auflehnete, das alsdan bei den churfursten des reichs stünde, ihnen ihre privilegia und freiheiten zu nehmen, das auch die kais. Mt., wan solches im churfurstenrat geschlossen würde, zu exequiren pflegete." Ob nicht der Augsb. Rat, wenn er auf die Vorschläge der Kff. nicht eingeht, hiemit zu bedrohen und bei weiterer Hartnäckigkeit „dasselbe also ins werk zu richten sei?"[2] Böse Consequenzen, wenn man einer Stadt zulässt, „das man ihr zu gleich und recht nicht mechtig sein, sondern dieselbe, was ihr gefellet, tun und lassen möge, wie wir dan disen reichstag ein abscheulich exempel an den stetten gesehen." M. wird gewiss sammt den Mitkff. dem bei Zeiten vorbauen helfen, zu Erhaltung gebührenden Gehorsams und guten ruhigen Wesens.

Dr. 10201. Or.

1) Vgl. über die Differenzen des Frankfurter Rats mit Mainz wegen des Geleits (vom J. 1558 her), mit sämmtl. Kff. wegen des von der Stadt bei röm. Königswahlen zu leistenden Eides, im J. 1562, Häberlin IV, 631 ff.; V, 23 ff.

2) Am 18. August fordert Kf. August (aus Schöneck) M. auf, mit Trier dem Rat anzudeuten, Sachsen würde auf Wege bedacht sein, sich bei seinem Recht zu schützen, und sie könnten dann wegen der Verbrüderung „keines weges von uns setzen". Dr. a. a. O. Cop.

390. Ehem an Johann Casimir.

14. August Augsburg

. . . „Der reichstag wurdet bald zu end laufen, und behuet uns gott vor dergleichen hinfurter. Den selben aber haben wir zu bedanken, das alle weltliche unser relligion zugetane fursten und stett uns beifall getan und sich zu uns halten, welliches den Papisten ein grosser dorn in augen ist. Wir steen in einer vertreulichen handlung, davon noch zur zeit nichts zu schreiben, aber E. F. Gn. zum besten kommen soll, wie E. F. Gn. zu meiner ankunft genedigklich vernemmen werden. Das ubrig werden E. F. Gn. aus unseren letzen schreiben versteen. Bitt undertenig, sie wellen uf unsere schreiben sich furderlich resolvieren, dann die kais. Mt. sich nit lang hie aufhalten wurdet. Hab E. F. Gn. solliches undertenig nit sollen verhalten."

Mr. 545/2. Eigh.

14. August Augsburg

391. Die Räte zu Augsburg an Johann Casimir.

. . . . Bürgermeister und Stadtschreiber von Neumarkt wollten sich hier erkundigen, ob wirklich J. C. nicht zum R.-Tag beschrieben und sie die Räte ganz vom R.-Rat ausgeschlossen wurden seien.[1]) Hierüber eines Besseren belehrt reisten sie heim, nach ihrem Vorgeben hocherfreut. Es wurde ihnen auch mitgeteilt, J. C. werde ihre Prädikanten nicht länger dulden, wogegen sie sich über die drobige Regierung beschwerten, aber an J. C. gewiesen wurden. Raten J. C. sich selbst „zu diesen armen leuten" zu begeben, was bei denselben und den Genachbarten viel Gutes schaffen würde, wie J. C. nach ihrer Heimkehr vernehmen wird. . . . .

Mb. 111/1b. f. 333. Or.

1) Vgl no. 323; 385. J. C. hält in seiner Antwort vom 25. Aug. das Vorgeben der beiden Neumarkter für erdichtet; die Stadt hat gegen die Publikation der pfälz. Polizei-, Ehe- und Almosenordnung sowie eines Mandats über die Viktualien protestirt; als sie das letztere endlich doch anschlagen liess, wurde es Nachts zerrissen und „hesslich mit dinten oder kueruess beschuetet". Ein Schr. J. C. an Vicekanzler und Räte zu Neumarkt vom 22. Aug findet, den Neumarktern sei es „nicht allein umb den religionschein, sonder auch umb das politisch werk zu tun", und verspricht Beschleunigung seiner Reise dorthin. Auf letztere dringt ein Schr. der Räte aus Augsburg. vom 7. Sept.; ein weiteres vom 17. Sept. teilt mit, Kursachsen wolle Berlepsch und Eilenbeck nach Neumarkt und Amberg schicken, zur Einnahme der Huldigung in den Wittumsämtern und zur Ledigzählung der neuburgischen Untertanen.

14. August Kaiserslautern

392. Johann Casimir an Ehem.

E. soll dem Kaiser, der sich ja mit der Tochter Spaniens vermählen will, die französischen Kleinodien zum Kauf anbieten; schickt die „contrefait" derselben.

Mb. 111/1b f. 276. Or.

15. August Augsburg

393. Beratung der A. C. Verwandten des Fürstenrats.

„XV. Augusti kommen die A. C. verwanten aus dem furstenrat in unser [der Casimirischen] haus.[1]) Man proponirt in, das ein geschrei erschollen, man woll die stet ires procedirns halber umb 50000 taller straffen; fragt umb, wie den sachen zu helfen sei. . . Man verlist der stätt schrift, warumb sie nit zu straffen.[2]) . . . . .

Casim. Man soll die stät nit straffen, sonder bei gueten willen erhalten. Ist res mali exempli, dörft hobern stenden auch widerfarn. 1) In libero imperio libera debent esse vota. Solte man die stett zwingen, so werns kein ständ." Remedia: Unparteiische Commissarien beider Religionen, dann Relation an Kaiser und Stände „und das das reich hierin decidir."

Hessen: Der Kaiser behaupte nicht, dass sie keine Stände und der Religion nicht fähig, sondern dass ihre Religion der A. C. nicht gemäss. Vor den Ständen würden wir nur überstimmt. „Man soll ein religionswerk draus machen, so können sie nit druber judicirn, sonder der kaiser, der muess unser bedenken druber hören. Man disputirt hinc inde. Letzlich schleusst man, do man sie die stätt woll straffen, soll man unanimiter aufsten. Der pragmatika sanction[3]) bedörf es nicht; dan mandata und comiss. dergleichen solche process seien im religionsfrieden auch verpoten, Wan der kaiser uf unser einbrachte supplication ein antwort gibt. hats auch v'n decreti und legis." 15. August

Im Rat zu votiren: Der Kaiser wolle die Städte beim Rel. und Landfrieden lassen und in der Güte bei gutem Willen erhalten more maiorum, so würden sie auch contribuiren. „Man soll aber forthin unanimiter ohn das mehrer oder mit dergleichen geferlichen anhengen votirn und zusamensetzen."

Mb. 112/1 f. 530. Prot. (Schregel).

1) Diese Nebenconvente unter Führung der Vertreter J. C. (15. 24. Aug.) wurden für den Verlauf des R.-Tags folgenreicher als die offiziellen Convente sämmtlicher A. C. Verwandten. Ludwig von Würtemberg verbot seinen Gesandten ausdrücklich daran teilzunehmen, auf Grund confessioneller Bedenken (Sattler V, 76). Trotzdem nehmen sich die Würtem- in ihren Beschwerden über den Verlauf des R.-Tags Ehems und seines freien Votirens kräftig an (ebd. Beyl p. 39 f; 47).

2) Es folgt im Auszug die bei Häberlin XII, 492—8 mitgeteilte Defensionschrift der Städte, worauf sich die Verhandlungen vom 18. Aug. (no. 395) und das Bedenken der Evangelischen im Fürstenrat (Hoffmann I, 452; 455) beziehen, während das Bedenken des Kff. Rat und der katholischen Fürsten nur das „fernere Anbringen" der Städte (ebd. 458 ff.) ausdrücklich erwähnt.

3) Eine solche (zur Sicherung vor irgendwelchen Beschwerungen wider den Religion- und Landfrieden und die R.-Constitutionen) verlangte das „fernere Anbringen" der Städte (Häberlin XII, 455; ebd. 489 ff. zwei verschiedene Entwürfe einer solchen Sanktion).

394. Walther an Ulmer.

17. August Zürich

(Zürichs Stellung zum französischen Bündniss. Beutterich in der Schweiz; Johann Casimir in Granson? Der B. von Basel.)

. . . . „In tractatum cum rege[1]) quoad Genevae defensionem consensimus, sed nostros ulterius progressuros esse non credo, neque id postulare aut urgere videntur legati Galli, cum quibus familiariter contuli, nec quae mea sit de foedere isto sententia et quae me rationes moveant, ut illud dissuadeam, dissimulavi. Interim non nego me vehementer timuisse, ne aliqui cantones una cum Rhetis illud detrectarent. Videbam enim hoc agi a nonnullis, ut exclusis Gallis Hispanos accerserent, et ne id fieret necessarium

7. August existimavi, ut apud amicos me interponerem insidiosis quorundam consiliis. Eo enim deventum est, ut Helvetii complures et veterum iniuriarum, quas ab Austriacis passi sumus, et recentium machinationum, de quibus viri graves et magni nos non semel admonuerunt, immemores summam salutis et religionis in eo consistere putent, si gallicum foedus dissolvatur. . . . . . Utinam liceret aliquando diem illum nobis videre, qui foederibus omnibus exteris et simul militiae mercenariae finem imponeret et veteres avorum et atavorum mores nobis reduceret. Sed nunc tale quid nobis sperare liceat, non video. . . . D. Beuterichus calendis Augustae Bielam advenit, cum non multo ante Bernae fuisset. Sunt qui principem Casimirum Gransoni ad lacum Neocomensem visum fuisse dicant.[2]) Basiliensis episcopus sclopetariorum praesidio stipatus omnia metuit, praeterquam deum, qui tamen infelicem panicis istis terroribus fatigat."[3]) . . . .

Bm. Cod. lat. 11470 b f. 193. Cop.

1) Vgl. no. 355. Am 22. Juli hatte der grössere Teil der Kantone zu Luzern in das von Frankreich angetragene Bündniss gewilligt, das von Gesandten sämmtlicher Kantone (ausser Zürich und Bern) und der Bünde am 2. Dez. zu Paris feierlich beschworen wurde (vgl. Sammlung der eidg. Absch. IV. 2a, 775 ff.; 788 ff.; Vulliemin, Gesch. der Eidg. II, 239 f.; 244/5).

2) Natürlich ein leeres Gerücht.

3) Vgl. no. 355 A. 4. Von französischem und deutschem Kriegsvolk, das vor einiger Zeit unter Dr. Büttrich das Gebiet des B. von Basel beschädigt, sich aber zurückgezogen habe, war auf der Conferenz der 5 katholischen Orte zu Luzern (5. Sept.) die Rede, Sammlung a. a. O. p. 783.

18. August Augsburg

395. Relation und Correlation über die Beschwerden der Städte.

Mainz referirt im Kff.-Rat: Die Defension der Städte; etliche Gravamina seien erledigt. Man dürfe seine Not klagen, doch nicht dergestalt, wie geschehen, „das man I. Mt. beschuldigte, als das sie mit scharpfen processen verfarn, iustitiam denegirten, das man die steud nit zum reich beschriebe, das man kein stand des reichs wer, kein kraishulf laiste. Das halt sich nit also, insonderheit da gesagt wurd, sie wern kein ständ, wer privatim was gsagt, dessen nem man sich nit an." Die Städte hätten keine Ursache, sich in der höchsten Not abzusondern. Man habe geschlossen: Da die Gravamina zum Teil erledigt, etliche nochmals zur Erörterung kommen würden, hätten die Städte „modum excedirt, alten loblichen brauch uberschriten;" doch sei der Kaiser um Vornahme des linderen Wegs zu ersuchen, und möge sie ermahnen, „das forthin solche absonderung nit mehr geschehe."

Fürstlicher Referent: 1) Man habe sich für Uebergabe der Defensionschrift an den Kaiser verglichen, der Hoffnung, er werde die Ungnade fallen lassen. 2) Die Städte hätten keine Ursache zur Absonderung gehabt, weil sie sich Aachens nicht in specie, sondern nur propter consequentiam angenommen. 3) Das Hauptwerk sei die Städte bei Recht verbleiben, die Sache mit Zutun der Kff. und dem Kaiser heimzustellen und anzudeuten, dass Fürsten beigelegt werde. 18. August

„Casimir stet auf und referirt neben Salzburg. Die furstlich weltlich bank het geschlossen: 1) Man soll der stät defension dem kaiser ubergeben und I. Mt. bitten, sie wellen darmit zufrieden sein, dan man in derselbigen weder hitzige reden noch audere ungepuer spueren mocht. 2) Das Aach nit weniger als andere ein stand des reichs und des land- und religionsfrieden vebig. 3) Das die gravamina nit allain billich geclagt, sonder man muest sie auch abschaffen. 4) Sonst das commissarii in causa Aquensi inter cives utriusque religionis religiouis pari numero ad determinationem causae verordnet. Wen aber die interessenten und andere stend, so nichts im reich contribuirn, das mehrer machen und durchdringen wollen, wiss man keiner beratschlagung mehr beizuwohnen.

Referent. Es sei herkommen, das Salzburg und Osterreich referirn, und allain das mehrer. Solchs hab er getan. Pitt chur und fursten wolten in fur ein unparteischen referenten halten. Es votirten auch vill, die sich bei der menzischen canzlei nit legitimirt hetten.

Hinc oritur acerrima lis et concertatio. Tandem Moguntinus: Man befind, das man in effectu eins wer. Und dieweil jezt ungwönliche unbscheidenheit furgeloffen, achten die churf., man soll die sach biss uff montag frue einstellen. Et ita Moguntinus legatus cum cancellario discedunt." Der Trierische Kanzler schlug noch dem R.-Rat vor, die von Mainz wider Stolberg eingereichte Schrift zum Copiren zu geben. Placet.[1])

Mb. 112/3a f. 535/6. Prot. (Schregel).

1) Häberlin XII, 461 erwähnt die tumultuarische Scene gar nicht. Fürstenberg bemerkt zum 18. August: „Die pfaltzische gesanten erwecken ein seltsam parlament im correferiren dess fürstenrats, pfui der schandt" (Pieler p. 51). Beim Zusammentritt beider Räte am 23. August zeigte der fürtliche Referent an, die Mehrheit wolle sich in Sachen der Städte mit den Kff. vergleichen. Wieder erhob sich Ehem: Wenn die Mehrheit sich auch dafür erklärt habe, den Städten ihr Verhalten zu verweisen, so komme eben die Mehrheit durch die Vota solcher, die dem R. wenig oder nichts contribuirten, und der Interessenten zu Stande. Die A. C. Verwandten hätten ihre Vota schriftlich verfasst (gedr. bei Hoffmann I, 451 ff.), „welchs sie furgelesen", mit dem Anhang, strafe man die Städte, weil sie sich Aachens angenommen, so müssten die Kff. und der rheinische Kreis auch Unrecht getan haben. Der Ref. wiederholte einfach die vorige Erklärung, worauf Mainz resumirte, man sei einig, dass Commissarien zu verordnen, uneinig, ob sie von beiden Religionen zu nehmen oder die Sache dem Kaiser heimzustellen sei. „In discessu sagt Casimirus zu dem Menzischen, wan er den steten wolt leviten lesen, so wolt er mit darbei sein. Respondit, quod non." Nach Tisch teilte Mainz die von ihm verfasste Relation des kf. und fürstlichen Bedenkens in Sachen der Städte mit (worin das Verfahren der Städte als ungebührlich gerügt, dem Kaiser aber die Abstellung ihrer Beschwerden empfohlen wurde). „Casim. Die

18. August augspurgisch furstenbank begern, man soll ir bedenken dem kaiser auch ubergeben. Nach langer deliberation sagen sie, man woll sich weiter bedenken und in ein antwort wissen lassen." Am 25. Aug. überreichte Wambold im Kff. Rat das prot. Bedenken dem mainzischen Kanzler. „Als aber weder churf. noch bemelter canzler annehmen wollen, hat ers abermaln dem canzler praesentirt ad acta imperii zu registrirn und uff vil weigerung aufgetrungen." (Schregel Prot.) Der Vorschlag, dem Bedenken eine Commination (ev. Verweigerung der Contribution) anzuhängen, der in einer Beratung der prot. Fürsten bei den Casimirischen am 24. Aug. auftauchte, war von der Mehrheit für jetzt bis zur kaiserl. Replik zurückgestellt worden. — Nicht genau ist die Darstellung bei Ranke VII, 124, die u. a. „Dr. Oehm" als Vertreter von Zweibrücken bezeichnet. Häberlin XII, 461 verlegt die Correlation vom 23. irrig auf den 24. Aug.

26. August Augsburg

396. Die Räte zu Augsburg an Johann Casimir.

(Ehems Verantwortung vor dem Kaiser, wegen Beleidigung der katholischen Religion, des K. von Spanien und der Referenten im Fürstenrat. Wahre Ursache der kais. Verwarnung.)

.... Gestern wurde „ich der canzler" vor den Kaiser und dessen geheime Räte Trautson, Harrach, Bernstein und Vicecanzler erfordert und ihm vorgehalten, er habe im Fürstenrat ungebührlich votirt und von der katholischen Religion wie von dem K. von Spanien ganz verkleinerlich geredet, auch vom Vater des Kaisers „ungleiche relation getan" und sich gegen den Referenten unbescheiden verhalten. Der Kaiser könne nicht glauben, dass er es von J. C. in Befehl, und wolle ihn hiemit für die Zukunft ernstlich verwarnen, „damit I. Mt. nit verursacht würden, gegen mir einsehens zu haben. Sunsten wolten gleichwoll I. keis. Mt. weder mir noch andern furschreiben, was man votiren solte. Darauf ich in continenti mit unerschrockenem gemüet I. keis. Mt. nachvolgende antwort geben: Das ich angehört, was mir I. Mt. durch deren vicecanzler vorhalten lassen. Tette mich zuvorderst gegen I. Mt. in aller undertenigkeit bedanken, das sie die ding bei sich nit behalten, sonder mir dieselben rund under augen sagen lassen, draus ich anderst nit spüren könte, dann das I. keis. Mt. mir das eine ohr offen gehalten und mich zu meiner geburenden verantwortung zu kommen keiserlich bedacht weeren. Und were anfangs an deme, das ich dieser sachen halben mit unschuld bei I. Mt. eingehauen worden, dan ich derselben ding mit nichten gestendig. Am andern, was ich bishero im furstenrat geredt und gehandelt, nit aus mir selbsten oder privataffecten, sondern aus E. F. Gn. bevelch laut habender instruction, die I. keis. Mt. auf den nottfall, soviel sich gebürte, vorgelegt werden könte, getan, und geschehe mir in dem ungütlich, das ich von der romischen catholischen religion schimpflich geredt, dieweil ich derselben mit einigem wort im fursteurat nie gedacht, wie es auch weder die zeit noch die gelegenheit etwas darvon zu reden geben und ich mich auch disfals des religionfriedens zu erinnern wüste, das keiner den andern, sonderlichen in solchen versamblungen schimpfen solte. Das were aber war, da von etlichen puncten, die züge in Frankreich betreffend, geredt worden und ich aus allen umbständen vermerkt, das damit E. F. Gn. wie auch derselben geliebter herr vetter herzog Wolfgang pfalzgraf, Würtenberg, Hessen und Baden gemeint worden, das ich zu derselben entschuldigung nachvolgende wort gemeldet: Nachdem diese zeit hero die kriege in Frankreich zu austilgung unserer christlichen religion der A. C. und execution des tridentischen concilii aus austiftung des papsts gefüret und die löbliche chur- und fursten umb hulf von den betrangten christen angeruffen worden, auch I. keis. Mt. geliebter her vatter lobseligster gedechtnus die churfursten zu Fulda anno 68. auf gehaltenem churfurstentag der sancta liga halben wider alle ultramontanos allergnedigst verwarnen lassen, wie auch die konigin in Engelland, Polen und andere gleichergestalt getan, das ire chur- und F. Gn. wie auch E. F. Gn. aus treuherzigem gemüet den betrangten christen mitleidenliche hülf getan, allein zu dem effect, damit das jämerlich christliches blut vergiessen vorkommen, ein gueter friede aufgericht und kunftiges uhnheil, so unserm geliebten vatterlande aus solchen gefarlichen kriegen zuwachsen hette können, verhuetet;[1]) in dem ich mich verhoffenlich nichts verredt, sondern die lauter warheit, auch in meiner instruction austruckenlich begriffen. 26. August

Was den konig aus Hispanien betreffe, geschehe mir uhnrecht, das ich von I. K. W. schimpflich geredt. Das were aber war, als man von den niderlandischen sachen und uhnruhen, auch dem uhrsprung, woher dieselben hergeflossen, meldung getan, ich mich in meinem voto vernemen lassen: das I. K. W. gubernatorn, als Duca d'Alba und andere durch ire scharpf regirung mehrerenteils zu solchen weiterungen uhrsach geben, wie dann I. keis. Mt. geliebter herr vatter seligster gedechtnus fur sich selbsten und auf erinnerung der chur- und fursten durch I. Mt. brudern erzherzogen Carlen, als I. F. D. in Hispanien abgeordnet, nach lengs zu erkennen hette geben. Darauf ich mich wie auch I. K. W. antwort gezogen. Hergegen aber solten I. Mt. fleissig nachfragens haben, was sich der ander teil fur unbeschaidener reden von hohen potentaten gebraucht und den konig in Frankreich Turcissimum pro Christianissimo genennet.[2])

Was dann letzlich die referenten im furstenrat betreffen tette, da hette ich und andere gegen I. Mt. uns vill mehr als sie zu beclagen, wie dann im churfurstenrat beschehen und I. Mt. auch furpracht werden solte. Dann es im furstenrat die gelegenheit, da man schon ein mehrers oder je paria vota gemacht, das doch von den referenten unser meinung eintweders gar nit oder das widerspiel referirt wurde. Wie auch gestern in Meinzischer und Stolbergischer sachen also parteisch gehandelt worden, das obwoll auf der weltlichen furstenbank nit einer gewesen, der die acta von wegen mangel derselben gelesen, und gebetten worden, die ding einem ausschuss zu undergeben, welcher die acta besichtigen solte, dessen ungeachtet und das unser keiner votirt, die auf der geistlichen bank vortgefaren und das mehrer im churf. rat referirt,[3]) welches alles ungeandet zu lassen uns keineswegs gepuren wollen. Dieweil dan mir in diesem allem zu kurz geschehe und I. M. zuviel mild berichtet worden, als versehe mich ganz undertenigst,

26. August I. Keis. Mt. wurden mich allergnedigst für entschuldiget halten. Dann I. Mt. solte von E. F. Gn. und uns woll versichert sein, das wir bisanhero nichts gehandelt oder getan oder furbas zu tun gedenken, dann was zu erhaltung I. Mt. reputation und des heiligen reichs wolfart, auch friede, rue und ainigkeit dienlich, mit allerundertenigster pitt, da bienfuro derglaichen I. Mt. von mir angebracht, das sie mich jederzeit darunder beschicken und verhoren, da ich mich verantworten konnte, dabei allergnedigst pleiben lassen, wo nit, meiner straff drunder gewertig sein wolte. Darauf sich I. Mt. mit dero räten sich [!] unterredet und mir breviter wider anzeigen lassen, sie hetten meine entschuldigung gehort und liessen es bei der getanen verwarnung mit gnaden bewenden; wolten verhoffen, ich wurde mich I. Mt. zuversicht nach aller gebur verhalten. Dabei es plieben.

Die hauptursach aber dieser verwarnung ist nit diese gewesen, sondern, wie des keisers vicecanzler gegen etlichen fursten gesandten (so mir in vertrauen anzeigt worden) sich verlauten lassen, das ich mich understehen solte, alle furstliche gesandten an mich zu henken und J. Mt. alle ire sachen disputirlich zu machen. Daruff aber ime vicecanzler wider begegnet worden, das |sie ire sonderbare instructiones von iren herren hetten und also weder auf E. F. Gn. noch uns gewiesen. Were woll von gott zu wunschen, das die fursten so einigk weren und geschehen möchte. Da weiss, E. F. Gn. abzunemmen, wohien die ding gemeinet." [4])

Mb. 111/I b. f. 362. Or.

1) Dies bezieht sich auf die Beratung der kais. Replik über den 2. Punkt der Proposition am 23. Aug. Ehem hatte in seinem Votum auch auf die päpstlichen Jubiläen, die „interfectionem religiosorum", das „dictum cardinalis Poli" von der Ausrottung der Türken in Deutschland verwiesen und dem Referenten, der jene Warnung K. Maximilians für nicht so ernst gemeint erklärte, entgegnet: „das hat laniena Parisiana ausgewisen, was zu Baionna gehandelt gwesen."

2) Vgl. no. 385 A. 5.

3) Vgl. Häberlin XII, 598; über den Streit des Gr. Albrecht Georg von Stolberg mit Mainz, das ihm die von seinem Bruder hinterlassene Grafschaft Königstein gewaltsam weggenommen hatte (Sommer 1581) vgl. ebd. XI, 489 ff.; XII, 558 ff.

4) Schregel sagt im Prot.: „Das panket haben uns die pfaffen zugericht. Als wir alle furn kaiser wollen, hat man nur den canzler furgsettt, als der in derselbigen sach votirt hatt." Der venezian. Gesandte berichtet noch am 25. Aug. dem Dogen: die rebellischen Städte „hanno eletto per loro capo l'ambasciatore di Casimiro. Il quale avuta audienza secreta da S. M. ha fatto ogni ufficio, dandole di più una scrittura per persuaderlo con diverse ragioni di stato et altre a non essere tanto contrario oppugnatore alli eretici; ma dopo averli l'imperatore ributtate queste sue parole per conchiusione presa la beretta in mano disse, che quando quella fosse la corona imperiale, vorria piuttosto perderla che permettere che fosse fatta violenza alla religione cattolica, per la quale si esporrà sempre in ogni occasione colla autorità et propria vita." Von dieser theatralischen Wendung ist in Ehem's Bericht keine Spur zu finden; bei Theiner III, 317 wird sie in eine Unterredung des Kaisers mit Julius von Würzburg verlegt.

397. Ehem an Johann Casimir.

27. August
Augsburg

(Graf Salm, J. C. und die städtische Opposition. Ehems Verdächtigung beim Kaiser. Die Kleinodien.)

Auf J. C. beide Schr. Graf Julius von Salm nicht wieder hieher gekommen; hätte sonst J. C. Befehl verrichtet.

„Soviel aber derselben [J. C.] gesprech mit gedachtem graffen die stett betreffend belangen tut, ist hie ein gemein geschrei davon, das dem also, und mir von etzlichen furgeworfen worden. [1]) Man lasset auch die leut auf disem wan pleiben; dorft auch wol ins werk kommen, wie E. F. Gn. von mir genedigk zu meiner anheimskonft vernemmen werden, dann davon auf diesmal nit zu schreiben.

Es lassen sich die sachen seltzam allhie an und ist zu besorgen, wann man von einander, es werde eine grosse verpitterung und misstrauen geben, wo nit auch eine trennung ervolgt. Die fursten A. C. haben sich einhelligklich mit unserm voto in allen furnemen puncten verglichen und sich auf uns gezogen. Das ist die ursach gewesen, das man mich furgestellet, wie E. F. Gn. aus unserem schreiben genedig vernemmen werden. [2]) Man hat gemeint, man wolle mich schrecken und mir das maul als dem leithammel binden, weil man bei anderen furgeben, ich sei derjenige, der der kais. Mt. alles disputierlich mache, die furstliche gesandten und stett an mich ziehe, damit I. Mt. ir intent erlangen muge [!]; welliches etzlichen furstlichen gesanten furgerugkt, die sich dessen entschuldiget und auf ire instructiones gezogen.

Was die clinodien anlangt, [3]) besorg ich, werde mit der kais. Mt. vergeblich sein. Doch wurdet heut der jubilierer zu mir kommen; will ich mich mit ime daraus underreden.“ . . .

P. S. Der Juwelier hat sich erboten, binnen wenigen Tagen einen Vorschlag zu tun. Inzwischen will er selbst beim Kaiser einen Versuch machen.

Ma. 545/2. Eigh.

1) Vgl no. 387; 390.

2) Vgl. no. 396 Am 1. Sept. berichtet Lippomano, der Kaiser habe den Gesandten Casimirs, „eletto capo di queste terre“ [R. Städte], zu beschwichtigen gesucht „con diversi modi et di essenza et d'apparenza“, aber vergebens, da der Gesandte „nella sua ostinazione fomentata dalle diaboliche ostinazioni di tutti gli eretici“ verharrte, „replicando più di una volta colla viva voce“, die Städte würden ohne die geforderte Abstellung ihrer Beschwerden niemals bewilligen. Ven. Cop.

3) Vgl. no. 309; 392.

398. Lippomano an den Dogen.

1. Sept.
Augsburg

(Sachsens Ansuchen um kais. Erlaubniss zur Occupation von Augsburg; abgelehnt.)

. . . „Sassonia non solo disgustato per quelle cose che accorsero in questa città, come è ben noto alla S V., ma adirato ancora

1. Sept. grandemente per questo rispetto, pensando alla vendetta che potesse fare, poichè era impossibile trattarne più composizione honorevole per essere passato il negocio con sinistri accidenti, si è mandato ad offerire secretamente alla M. S. Ces. (come da sicura parte ho inteso) di mettere insieme buon numero di gente per impadronirsi di questa città di Augusta et porre il freno a questi cittadini, obbligandosi di pagare doppia contributione di quella che essa fa alla M. S. La qual cosa intesa dall' imperatore le apportò molta meraviglia, considerando che rissoluti pensieri corressero per la mente di esso elettore; onde lo pregò a non parlar più di questo fatto, perchè potrebbe senza dubbio alcuno causare somma rovina a questa provincia et non poco danno all' imperio, con manifesta ammiratione d'ognuno di quanto si fosse tentato."[1]) ....

Ven. Cop.

1) Am 28. Aug. woll'e L. wissen, der Kaiser habe im Staatsrat selbst daran gedacht, die Städte zu strafen „volendo dar libertà alli elettori et principi più potenti d'impadronirsi di alcune di esse con riconoscere la M. S.", aber diesen Gedanken als höchst gefährlich gleich wieder fallen lassen, „perchè si potriano unir con Svizzeri levando del tutto l'obbedienza all' imperio". Dass den Städten von Seiten der Kaiserlichen mit „äusserstem Verderben und Untergang" gedroht wurde, steht ausser Zweifel (vgl. Sattler V, Beyl. p. 39). Kf. August hatte sich schon in einem Schr. an Trautson aus Friedberg (5. August?) über die langsame und die Gegner begünstigende Behandlung des pappenheim-augsburgischen Handels bitter beschwert und seine gerechten und billigen Vorschläge in Aussicht gestellt; „kan es nuhn bei demselben [Recht] gelassen werden, wohl gutt; wo nicht, so mussten wir auf andere wege, wie wier bei unserem rechte geschutzt werden konnen, bedacht sein." (Dr. 8500 Conc.) Vgl. das Memorial no. 389, das allerdings für L. obige Mitteilung zu sprechen scheint.

3. Sept. Augsburg 399. Antwort der geistlichen Kurfürsten und Fürsten auf das Anbringen des Cardinallegaten Madruzzi[1]).

Eine Recuperation der verlornen Stifter (Bremen, Lübeck, Halberstadt, Minden, Paderborn und Osnabrück) untunlich; eine Zusammenkunft der Katholischen desswegen riefe Gegenbündniss hervor. Der Papst soll auf Visitationen und Provinzialsynoden dringen, die schwankenden Capitularen ermahnen; die Zulassung zum Kanonikat ist von einer professio fidei abhängig zu machen, das kais. Indultum nie vor der päpstlichen Confirmation zu erteilen[2]), die Session in den R.-Räten nur Confirmirten zu gestatten. Auf Erhaltung der Seminarien zu achten.

Von der Präsentation nichtkatholischer Assessoren am K.-Gericht von Seiten geistlicher Fürsten wissen sie nichts; die Katholischen, in etlichen Kreisen majorisirt, durch den Papst oder Legaten zu ermahnen. Dass die katholischen Bürger in den R.-Städten von der ordentlichen Geistlichkeit nicht in Achtung gehalten werden, ist nicht zu ändern, da man der Gewalt gegenübersteht; es geschieht Alles für ihren Schutz in den R.-Städten, wo die anwesenden Fürsten Jurisdiktion haben und die katholischen Gebräuche in Uebung sind. Eine Erinnerung des Papstes oder Legaten an Bischof und Capitel zu Bamberg wegen ihres unkatholischen Vicedoms in Kärnthen wollen die anwesenden Kff. und Fürsten unterstützen. 3. Sept.

Der Papst wird ihnen nach Obigem keinen Mangel oder Negligenz zuschreiben können, wie sie sich auch künftig ihrem Amt gemäss erzeigen und nach Möglichkeit für Erhaltung der katholischen Religion durch Wiederbringung der Abgefallenen tätig sein wollen. [3])

Ma. 162/14 f. 22. Cop. (deutsch).

1) Das Datum entnehme ich einer Nachricht Fürstenbergs (Pieler p. 52), wonach am 3. Sept. „alle geistl. und weltl. kathol Chur- u. Fürsten" dem Legaten ihr Bedenken von Besserung des Religionstands und Reformirung der wankenden Stifter übergaben. Das Ma. a. a. O. f. 16 vorhandene Anbringen des Legaten an die geistlichen Stände bezieht sich nur auf Halberstadt ausdrücklich und ist offenbar ein Bruchstück seiner jedenfalls umfassenden Werbung.

2) Hierüber äussert sich das Anbringen des Legaten, nach energischem Hinweis auf die Verletzung des Rel.-Friedens, durch den allein der Katholizismus im Reich noch Bestand habe: „At dicent, postulatum habere indultum et evocatum esse ad comitia. At hoc ipsum est, quod fieri non decebat", in Anbetracht des Rel.-Fr. und der Concordate. Uebrigens falle dieses Indult in die letzten Zeiten Maximilians und sei keinenfalls „inconfirmato ad tot annos" erteilt worden. . . . . . . „Quod si aliqui subiecerint, hoc tempore et his rationibus non posse abrepta recuperari ac, si vel maxime a sessione arceantur nec confirmentur a sede apostolica, tamen etiam sine regalibus mansuras ecclesias apud iniquos detentores. Hoc est inconveniens adducere, et quidem eius generis, quod non nisi cum quadam suggillatione auctoritatis sacri imperii obiici potest. Optandum enim esset, ne semper absit debita legum observantia, qua tamen an perpetuo simus cârituri, a dei nutu et arbitrio pendet."

3) Nach dem Schr. Elsenheimers an Baiern, Augsb. 8. Sept. (Ma. 230/5), wandten sich der Legat, Mainz und Trier „der sachen halb, so uf gedachts legat den geistlichen stenden ubergebene schrift bedacht worden", an den Kaiser, „aber kain sondere antwort empfangen, allain das I. Mt. den sachen nachgedenken und was muglich nit underlassen wolten." Das angebliche Versprechen des Kaisers an den römischen Stuhl, keinem Protestanten mehr die Regalien (eines Stifts) erteilen zu wollen, hat bereits Stieve IV, 201 A. 3 als Erfindung bezeichnet. Dass aber der protestantische Bericht von den Bemühungen des Legaten gegen fernere kais. Anerkennung nichtconfirmirter Administratoren bei Häberlin XIV, 355 auf Wahrheit beruht, zeigen die obigen Anführungen.

400. Die Räte zu Augsburg an Kurfürst Ludwig.

3. Sept. Augsburg

Vorgestern teilte ihnen der Kammerpräsident Hoffmann mit, der Kaiser habe sich entschlossen, dem Kurf. 10 Monate [von dem Rückstand der Contribution von 1576] ganz nachzulassen, die andern 10 zur neuen Contribution zu schlagen. Wundern sich, dass es so weit gekommen, da sie doch Opposition gemacht haben.

Mb. 111/2a f. 441. Or.

34 *

6. Sept. Frankenthal

401. Beutterich an Syndiques und Rat von Genf.[1])

Bereitwilligkeit seines Herrn zur Hülfe, der, als er ihm auftrug, ihnen dies des Näheren zu versichern,[2]) nach den einlaufenden Nachrichten dachte, „que l'on en viendroit plus avant, et m'avoit commandé de ne bouger de nos quartiers que je n'en visse a peu près le pli; affin qu'estant proche je peusse employer son authorité plus à propos. Quand je vis que ce grand feu s'en alloit en France, je m'acheminay par deçà, pour résoudre de quelques autres affaires, sans avoir cependant receu aulcunes lettres de monsieur Roset;[3]) si elles sont d'importance, il sera bon de sçavoir qu'elles sont devenues." Wegen der Wichtigkeit der Versammlung zu Baden am 30. für ihre Sache will sein Herr ihn nach Montbeliard schicken und beglaubigt ihn bei den vier Städten, die sich darüber äussern sollen, ob er von Stadt zu Stadt gehen oder sein Anbringen denen von Basel zu weiterer Vermittlung mitteilen soll. „Le subject sera sur la correspondance intime que sçavez, l'autre sur certains advis qu'avons receu des menées sourdes qui se font contre vostre estat et celuy des villes.*)" Hülfsbereitschaft seines Herrn, dessen Wissenschaft von diesen Dingen dem K. von Frankreich sehr unlieb ist. „La conservation de soy-mesmes fait quitter tout autre respect. J'escris plus amplement à monsr de Besze."[4]) . . .

Genf. Arch. Portef. hist. 2002. Eigh.

1) Vgl. no. 347.

2) Am 20. Aug. teilten die Genfer J. C. die günstige Wendung ihrer Sache durch die Intervention der kgl. (französischen) Gesandten und der Bünde und die Festsetzung eines Tags nach Baden auf den 30. Sept. mit; ihr Schreiben an Beutterich vom 21. Aug. verweist auf den Bericht ihres Gesandten in Bern Roset (Ebd. Copies des lettres). J. C. Antwort, Frankenthal 6. Sept., mahnt zur Vorsicht und verweist auf das Schr. und den baldigen mündlichen Bericht Beutterichs (Ebd. Portef. hist. 2002. Or).

3) Vgl. no. 207. Ueber Savoiens vergeblichen Versuch, den einflussreichen Mann mit Geld zu gewinnen, vgl. Vulliemin, Gesch. der Eidg. II, 238 A. 22.

4) Vgl. no. 402. — Am 19. Sept. danken die Genfer J. C. für dessen Schreiben vom 6. und die Beauftragung Beutterichs „de se retrouver en Souisse pour le bien de nos affaires envers les quatre villes de nostre confession" (Genf Cop. des lettres). Hiefür bestimmt ist ein „Memoire envoyé à monsr Beuterich pour recommander les affaires de Genève à messrs des 4 villes Berne, Zurich, Basle et Schaffhuse; expédié le 20e 7bre 1582" (ebd. Conc). Sie wünschen von den 4 Städten „et de ceux qui par leur moyen se voudroient conjoindre avec iceux" Hinderung einer für Genf ungünstigen Ausführung der über ihren Streit mit Savoien getroffenen Bestimmungen und ein Bündniss mit Genf „non point selon le traicté qui est avec le roy, mais en vraye et perpétuelle et spéciale ligue, pour la conservation de la dite ville en l'estat, auquel elle est aujourd'huy par la grâce de dieu" Die Motivirung erinnert u. a. auch an das Unternehmen gegen Strassburg und den Bund einiger Kantone mit dem B. von Basel.

*) Am Rand: Sein Herr hat sich für Mitteilung an Basel entschieden.

402. Beutterich an Beza.

6. Sept. Frankenthal

(Gefährliche Lage Genfs; politische Unbehülflichkeit der Demokratie; französische Praktiken. Clervant's Reise an den Hof. Seine Sendung an die protestant. Schweizer. Tagsatzung zu Baden. Vermindertes Ansehen der Schweiz. Navarra's spanische Kriegspläne. Charakteristik La Huguerye's und Clervant's. Die Machinationen gegen Condé).

Monsieur! Voz lettres du 21 d'aoust m'ont esté rendues le 4 de septembre. Je n'y ay rien trouvé que je n'attendisse chose plus estrange et dangereuse, ayant assez remarqué au voyage que j'ay dernièrement fait vers vous et à Berne, quelle issue ce commancement pourroit avoir. Cependant je suis infiniment marri de veoir les choses disposées à vostre desadvantage, sans que je croye qu'il y aye moyen d'y remédier que par l'extraordinaire; duquel je crain que vos gens ne soyent assez capables, quand bien ils se résoudroyent de le prendre en main. C'est autre chose de gouverner une ville et estat en paix, d'y establir et entretenir bonne police, de discourir du devoir en temps de paix et de guerre, et tout autre chose de mettre la main à la besoigne extraordinaire, où y a tant d'accroches que les plus avisez y sont le plus souvent bien empeschez. Ceste voye vous est rendue plus difficile par la venue du roy à Lyon,*) la trop proche voisinance duquel ne vous peut aporter que dommage. [1]) Autrement seroit-il fort aysé à mon jugement d'y venir. De vous amuser à voz voisins c'est le plus doux chemin à vostre ruine. Vous ne croiriez pas, combien ceste fade menée leur a osté de réputation par tout. Au paravant ils estoyent redoutez et craints comme invincibles. [2]) Monseigneur le duc mon maistre a soigneusement pensé à ce fait, mesmes depuis la réception de voz lettres, et est tousjours bien disposé à y aporter tout le bon advis et conseil et d'y employer en cas de nécessité ce qu'il pourra. Mais vous sçavez qu'il n'est pas séant qu'il s'ingère, n'estans ses actions desjà que trop suspectes aux royaux, desquels n'y a que trop grand nombre en vos quartiers. La bigarreure qui est aux conseils populaires, [3]) le peu de secret, l'irrésolution, la confusion, les longueurs, en fin la povre conduitte d'affaires maniez par gens ou ne les entendans ou corrompus, retiennent en arrière beaucoup de bons desseins et conseils, lesquels estants desconverts et non pratiquez engendrent haine mortelle à ceux qui les ont proposez, et donnent aux ennemys occasion et moyens de s'asseurer. Je vous ay escrit sur mon départ de Montbéliardt ce que j'avois aprins de bien bon lieu, que toute l'entreprinsse estoit fait à l'in-

*) Am Rand: „J'entends en escrivant que le roy n'a esté que 3 jours à Lyon; que Mandelot repassant n'a voulu passer par Genève."

6\. Sept. stigation du roy de France. J'ay depuis esté acertené de cela, vidique, vidi inquam illarum rerum demonstrationes certissimas.[4])

Cependant c'est le roy qui taille qui roigne ce différend, comme il luy plaist; c'est luy qui paye vos guarnisons; ce sont messieurs les ambassadeurs qui ont aporté ce bien à la Suisse qu'elle ne soit tumbée en division. Si j'estois une couple d'heure près de vous, vous verriez clair en tout ce mystère, si ne le voyez desjà. Monseigneur avoit résolu de m'envoyer aussitost en nos quartiers pour estre plus près à toutes occasions. Monsr de Clervan,[5]) la venue duquel nous attendons selon l'espérance qu'il nous a donné par ses lettres de Paris du 9 d'aoust, me retient. Je crain que, s'il faut que je l'attende, je ne partiray de long temps de ce pays. Primo pour l'absence du roy, auquel il a à proposer certains desseings qui sont imaginaires; secundo pour ce qu'il attend monsieur de Bellièvre qui est au Pays-Bas auprès de monseig^r le duc d'Anjou.[6]) Cependant il nous mande qu'il sera en brief par deçà. Je luy fais ce jourd'huy une despesche exprès l'advertissant du jour de mon partement de ce pays, qui sera le 18 de ce moy; qu'il se haste, parceque venant après il ne fera rien de ses affaires par deçà. Je fais mon conte d'estre en ma maison le 25 de ce moy. Cependant nous despeschons demain des lettres aux quatre villes suisses de la religion, leur donnant à entendre que monseig^r ayant entendu que la paix est faite et que pour démesler le reste du différent se fait une assemblée des 12 cantons à Baden pour le 30 de ce moy, il a voulu me despescher par delà pour un peu au paravant les advertir de certaines choses concernantes le bien des affaires de Suisse suivant plusieurs advis qu'il en a receu et continue de recevoir de plusieurs endroits; mais que craignant que ma venue en leurs villes n'aportast quelque mescontantement aux autres il les en advertissoit, affin qu'ils avisassent, s'il seroit expédiant que je disse ma charge au secret conseil de Basle pour en advertir après les autres à l'assemblée, par ce que je pouvois librement aller à Basle sans soupçon.[7]) Je ne sçay ce qu'ils respondront; à tous événements est-il nécessaire qu'envoyez quelcun en tel lieu que voudrez assigner hors vostre ville pour prendre instruction solide de ce que j'auray à leur dire pour le regard de vostre ville, et qui m'instruise fundamentaliter de tout ce qui sera nécessaire; ou si voulez, celuy pourra venir à Basle mesme. Moyenant que sur le 25 de ce moy ou au paravant je sache ce qu'aurez resolu, je ne feray faute de me trouver en tel lieu qu'adviserez, qui soit commode pour estre à temps à Basle devant l'assemblée du 30, et employeray tout le crédit de mon maistre pour le fait de vostre ville, ne me souciant d'offencer ni grands ni petits, moyenant que je puisse servir au publique. Ceste journée de Baden sera le premier coup de partie, auquel si vos gens n'advisent à bon escient, ce sera le commaucement de leur ruine. Soit que les 12 ou les 7 cantons[8]) jugent, je ne remarque guères pour vostre advantage. La corruption active et passive est trop grande par tout. Estant par delà je presseray l'affaire de nostre correspondance, de laquelle avons traité. Croyez-moy que messieurs les Suisses ont perdu beaucoup de leur lustre parmi les nations estrangères, ayants osté l'opinion qu'on avoit, que le reste de magnanimité ancienne estoit logé en Suisse. Il n'y a rien plus dangereux à tous estats que de perdre la créance publique, laquelle manquant le corps se dissout peu à peu. De his iam satis. 6. Sept.

Vous sçavez ce que Ségur estoit allé faire à Paris, mettre en avant une guerre contre Espagne que le roy de Navarre vouloit faire, et y employer nos colonels. Il n'a rien fait. Monsr de Clervan doit renouer cela, mais il y fera à mon jugement autant que l'autre, si ce n'est que le roy luy pourra donner plus d'espérance pour quelque commodité qu'il en pourroit recevoir. Je ne voy point de moyen que le roy y consente, et quand il y consentiroit, je ne voy point que le roy de Navarre soit bastant à ce fait, non pas quand il auroit la faveur du roy, qui ne pourra tendre les mains et la bourse aux deux costez.[9]) Ainsi soubz ceste vaine espérance ont esté rendues les villes, a esté si bien exécuté du costé de ceux de la religion la paix, a fait le roy de Navarre ce qu'il a peu pour le roy, et ne sera rien du tout. Fit deinde mutatio status, quod causam publicam attinet, et nous innovera-on les vieux traitez, a conservatione solida ecclesiarum, ad inanem hispanici belli apparatum, et consumetur hic, si quid est corrasum pecuniarum. La Huguerye est icy, qui attend aussi mons[r] de Clervan. Car monseig[r] ne veut résoudre qu'il n'aye ouy les deux. Vous sçavez qu'ils sont en picques. C'est qu'ils ne s'entendent pas bien l'un l'autre. Et novi utrumque intus et in cute, tous deux gens de bien, ayants bon but, auquel ils tendent par diverses voyes.*) L'un regarde aux paroles des grans, aux promesses, protestations des grans, aux apparances et discours de cour; l'autre remarque les actions passées, les effets de tant de promesses, de serments, de capitulations et pénètre bien avant le masque de cour. J'ay veu que pour mesme occasion mons[r] de La Noue estoit ennemy mortel du dit Huguerie. J'ay veu aussi qu' il a recogneu

*) Am Rand: „D. Hembizius te impense salutat."

6. Sept. qu'il avoit esté amusé et trop crédule.[10]) Qui remarquera seulement ce qui s'est passé depuis que mons^r le prince passa en France, les moyens qu'on a tenus pour gaster tout, cognoistra aisément, d'où le mal procède. J'en donne la coulpe des premiers coups frappez à mons^r de Tureine, ne sçay, par qui poulsé, mais sa venue en Languedoc a tout perdu estant trop secondé d'autres.[11]) Haec certa, haec solida sunt, visa, non audita.

Je n'ouys jamais autre langage de mons^r de La Huguerie, si non qu'il tenoit mons^r de Clervan pour un homme de bien et qui à son escient ne feroit jamais mal, mais qu'il estoit crédule, uti omnes plerumque boni.[12]) Nous verrons ce qu'il aportera; mais quoy qu'il aporte, nous serons toujours semblables à nous-mesmes et ferons pour les églises ce que nous pourrons et plus que ne pourrons, dieu aydant, auquel, monsieur, après mes humbles recommendation à voz bonnes grâces, vous recommende, priant qu'il veuille avoir pitié de vostre estat et vous conserver contre les embusches et machinations de voz ennemys.

De Frankenthal, ce 6 de septembre 1582.

Tuus P. Beutterich.

J'ay esté interrompu pour le moing six foys escrivant la présente. Vous m'excuserez donques. Saluta amicos.

Monsieur! Depuis mes lettres escrittes nous avons calculé les jours et trouvé qu'il m'est impossible pour la multitude d' affaires qui sont encores à desmesler icy et pour éviter soupçon et jalousie d'aller de ville en ville; partant a résolu monseig^r de m'envoyer seulement à Basle, où je seray dieu aydant le 27. de ce moy au plus tard. Il est du tout nécessaire que messeigneurs*) m'envoyent mémoyres solides de ce que j'auray à proposer pour eux, affin qu'ils en reçoivent le fruit désiré. Car c'est pour leur regard seulement que j' entreprends ce voyage, auquel je leur désire servir. En tout événement prendray-je créanse et pouvoir aux villes de la religion pour m'en servir vestro nomine, si opus sit. Sur tout que je trouve des mémoires amples à mon arrivée à Montbéliardt, qui sera le 25. ou 26. de ce moy. Advisez ce qu'il semble que monseig^r puisse [!] pour vous; il employera son crédit par tout et son authorité. Interest enim ecclesiis rempublicam vestram conservari sanctam rectam. Vale iterum.

Monsr de La Huguerye salutat te plurimum. Scito esse eum virum bonum et sagacem."

Genf. Arch. Portef. hist. 2002. Eigh.

---

*) Am Rand: „Dico Genevenses."

1) Ueber diese Reise des K. nach Lyon und die verschiedenen an dieselbe geknüpften Gerüchte vgl. Desjardins IV, 423; Charrière IV, 137 A; Busbecq, Omnia quae extant, 1633, p. 472. Zeitungen über eine Zusammenkunft des K. mit Savoien schickt J. C. am 5. Sept. nach Augsburg. Mandelot war Gouverneur von Lyon seit 1569 (L'Estoile I, 427 A. 69). 6. Sept

2) Mit den „voisins" sind die Schweizer, mit der „fade menée" ihre erneuerte Verbindung mit Frankreich gemeint.

3) Diese Auslassung über die Demokratie ist ganz im Geiste der oligarchischen Richtung, die sich damals in Genf gegen die Gewalt der Bürgerversammlung erhob, vgl. Vulliemin II, 162 ff.

4) Vgl. no. 355 A. 5; 376; 394; Vulliemin II, 238 A. 23. Der K. verwahrte sich schon im Frühjahr gegen diesen Verdacht (vgl. Charrière IV, 125 ff.); Savoien hatte ihn allerdings an frühere Versprechungen erinnert (Ricotti III, 16) und vergalt die Zurückhaltung Frankreichs, auf dessen Unterstützung er rechnen zu dürfen glaubte, mit bitterem Hass (Albèri II. 5, 121). Den Vorschlag, Frankreich solle mit den Eidgenossen gemeinsam Genf wegnehmen, brachte Solothurn auf einer geheimen Conferenz der 7 katholischen Orte vor (Sammlung IV. 2a, 787/8).

5) Vgl. no. 372.

6) B., der schon im Juni in den Niederlanden gewesen war (Prinsterer I. 8, 105), ging später nochmals zu Al. und kehrte erst im Sept. nach Frankreich zurück (Desjardins IV, 423; 429).

7) Vgl. no. 401.

8) Die 12 Kantone (sämmtliche ausser Bern) oder (mit Ausschluss Berns und der 5 katholischen Kantone Luzern, Uri, Schwyz, Unterwalden, Zug) die 7 Schiedorte; gegen die Zulassung der 5 katholischen Orte, die auf dem Tag zu Solothurn im Aug. noch mitgesprochen hatten, erklärte sich namentlich Genf hartnäckig (vgl. Sammlung IV, 2a, 792/4). Beza schreibt an Ulmer (Genf 2. September) über die Gefahr, „si iudices eos sumus habituri, qui odium in nos suum capitale iam tandem re ipsa prodiderunt et excusare factum illud suum nisi nobis iniquissime condemnatis nequeunt" (Bm. cod. lat. 11470b f. 194 Cop.). Dass auch bei den 7 Schiedorten die Unparteilichkeit nicht durchaus herrschte, zeigt der obige Vorschlag Solothurns.

9) Ueber die spanischen Kriegspläne Navarra's vgl. no. 372.

10) La Noue hatte i. J. 1580 den durch La Hug. vertretenen Plan, Condé anstatt Alençon's in den Besitz von Cambray zu bringen, vereitelt (La Hug. II. 42 ff.; vgl. no. 184 A. 6).

11) Vgl. no. 283 A. 1; 360 A. 2.

12) Dieses angebliche Urteil B. und La Hug. wird durch das unbarmherzige Herunterreissen Clervant's in den Memoiren des Letzteren Lügen gestraft; dort sagt J. C. von dem hugenottischen Politiker: „il cherche tous les jours nouveau maistre" (II, 182), und die deutschen Reiter meinen: „il est devenu Suisse, il est à qui plus luy donne" (II, 278). Auch Schomberg hielt ihn für „ung des plus mauvais garçons et habilles hommes que les Huguenotz ayent" und riet dem König, ihn durch Hofgunst bei letzteren verdächtig und unmöglich zu machen (Prinsterer I. 6, 63).

403. Johann Casimir an Leicester.

6. Sept. Frankenthal

„Monsieur mon père!" Freut sich über L. Wohlergehen und ist jederzeit bereit England und L. seine Gesinnung mit der Tat zu beweisen. Stattliche spanische Armee in Flandern. Beilegung des Streits zwischen Savoien und den Schweizern über Genf. Augsburger R.-Tag noch nicht geschlossen; einziges Resultat die Türken-

6. Sept. hülfe. Bittet den Ueberbringer bald heimzuschicken, da er L. eine Weinsendung zustellen will.

Mb. 90/12 f. 189. Conc.

8. Sept. Sunning-hill

404. Leicester an Johann Casimir.

(Alençon's Lage in den Niederlanden. Wohlwollen der Königin für J. C. Umwälzung in Schottland.)

„Monsieur mon fils! Je n'ay receu de longtemps que deux lettres de vous; ceste-cy est la troisiesme, par laquelle vous m'advertissez du passage des Espagnols et Italiens par la Lorraine, qui s'en vont au secours du prince de Parme. Je ne fay point de doute, que les forces de l'Espagnol ne soient grandes et ses ruses et prattiques secrettes encore plus à craindre. Toutesfois S. Alt. ayant de son costé une si bonne, juste et droitte intention, avec l'assistance et secours qu'il a et aura, comme j'espère, il n'a pas grande occasion de redouter son ennemy, et de fait par ce qui s'est desjà passé nous n'en espérons que bonne et heureuse issue, moyennant la faveur de dieu, qui prendra pitié de ces povres gens du Païs-Bas harrassez et tourmentez de si longtemps. Au reste, monsieur mon fils, il n'est jà besoin de vous tenir ès bonnes grâces de la royne, vous asseurant qu'elle a autant bonne souvenance de vous et vous porte autant de bonne affection qu'à prince, qui ait esté pardeçà depuis long temps; aussi vos rares et excellentes vertus méritent que l'on face estime de vous, comme du plus généreux et illustre prince de la chrestienté. Je prie dieu qu'il augmente en vous ses grâces pour l'avancement de sa gloire, et vous supplie faire entier estat de moy, comme de celuy qui vous souhaitte tout heur et contentement. . . . . .

J'oubliois à vous dire que depuis huit ou dix jours il y a eu quelque altération en Ecoce, le jeune roy estant maintenant entre les mains des seigneurs du païs protestans et affectionnez au bien de l'estat et à la religion, s'estans saisis des personnes du duc de Lennox et du conte d'Arren, qui sont leurs prisonniers. Nous attendons nouvelles de jour à autre de ce costé-là et en avons fort bonne espérance."

Ma. 545/2. Or.

12. Sept. Cassel

405. Landgraf Wilhelm an Johann Casimir.

. . . .

„Uff dem reichstag gets in religion und der teutschen nation fraihait sachen zu, das got erbarme. E. L. rat hat allain das maul ein wenig aufgetan; die andern sehen und graifen des widerteils vornemen, wo mit sie umbgen, und mogen bai so viel guten gelegenhaiten, da mans mit dem atem vertaidingen und zu anderen wegen brengen kont, niemand offendiren; was wil geschen, wan man ain mal drumb laiden und verlieren sal, wie viel wollen dan bestendig blaiben? Kirie eleison! Willem L. Z. Hessen." 12. Sept.

Mb. 111/1b f. 459. Eigh.

406. Lippomano an den Dogen. 15. Sept Augsburg

(Frecher Angriff des Casimirischen Gesandten auf den Kaiser, den Papst und Spanien; Entgegnungen der Gesandten von Trient und Burgund. Heimliche Vermählung des Erzb. von Köln, der trotzdem das Stift behalten will.)

. . . .

„L'agente di Casimiro, persona di male qualità et per volontà et per commissione, havendo trovata nuova opportuna occasione di parlar contra l' imperatore in dieta[1]) non se l'è lasciata fuggire, ma formando una gagliarda invettiva contro Cesare ha detto cose conforme all' uso della natura sua diabolica, esclamando che la M. S. abbia voluto ascoltare tanto il papa con ricevere così onoratamente il suo legato, il quale è venuto qui per metter in confusione et quasi in rovina questa nobilissima provincia con spargere nella mente di S. M. certi semi, che producono frutti insoliti pessimi et abbominevoli, usando altre arroganti simili parole. Le quali venute alle orecchie di S. S^{ia} Rev^{ma} furono regietate il giorno dredo dall' uomo suo residente in dieta, che nel principio con destrissima, ma nel fine con vehemente maniera rinfaciò la temerità di questo tristo uomo, mostrando, che S. S. buono et ottimo pastore desiderava l'unione di tutto il suo gregge et che la parte di quello, che è infetta, ricevesse medicamento dalli ordini di un ministro suo, che è solito di comparir sempre per questo effetto alle diete a tempo delle congregation loro, poichè molte genti di questa provincia sono facili a riceverne contagio, et che per loro beneficio et soddisfatione ancora avea mandato alla presente uno, che è principe d'imperio et desideroso quanto niuno altro del ben comune di tutta Germania, et che avendo parlato con tanta insolenza di nostro signore di tante impertinentissime parole se ne mentiva come scellerato et tristo, che non può nè deve per le pessime sue qualità nominare il nome della Beatitudine sua nè dell' imperatore. Onde scaldandosi alquanto in questa ultima parte, sebbene fu più mite nel principio, con l'uno et l'altro di questi termini atterrì l'animo et ardire di quel mal' huomo et degli altri eretici, ancora che restorno alquanto perplessi. Et perchè il sopradetto volse anco parlare del ser^{mo} re di Spagna con molta

15. Sept. arroganza, il conte di Arimbergho non lasciò passarlo senza una gagliarda reiettione di quello avea malignamente detto. . . . . .

Il gentiluomo dell' ill^mo cardinale è ritornato di Colonia, confirmando il matrimonio di quello elettore nella signora di Mansfelt, sebbene lo tiene tuttavia secreto, et pretende egli di averlo contratto legittimamente, tutto che sia consacrato, poichè non ha ancora cantata la messa.[2]) Disse di voler venire per le poste a visitar l'imperatore inanti che parta da questa città;[3]) il che non si crede, come si sa che vorrebbe tener l'elettorato et la moglie, cosa che il capitolo dei canonici di quella città non glielo vuol permettere, oltrechè sarà privato dal papa, quando tardi molto a fare la cessione." . . . .

Ven. Cop.

1) Nach den mir vorliegenden Corresp. und Protokollen vom R.-Tag kann diese Darstellung sich nicht auf die hier angegebene Zeit beziehen, vielmehr nur eine sehr ausgeschmückte nachträgliche Wiedergabe der Vorgänge vom 9. und 23. Aug. (no. 385 A. 5) sein. Sie soll als Beleg dafür dienen, wie mangelhaft der am Ort befindliche Gesandte über den wahren Gang der Verhandlungen unterrichtet war und wie prahlerisch die katholischen Gegner diese parlamentarische Episode entstellten. Die hochgradige Erbitterung gegen Ehem und das lebhafte Interesse des Venezianers an dem „diabolischen" Pfälzer charakterisiren den starken Eindruck, den das Auftreten der Opposition hinterliess. Vgl. Maffei II, 242.

2) Vgl. no. 358 (die „magna arcana" des Barvitius); 383. Gebhard hatte am 19. März 1578 die Priesterweihe empfangen (Ennen V, 13 A. 2).

3) Vgl. Pieler, Fürstenberg p. 49.

17. Sept. Augsburg

407. Die Räte zu Augsburg an Kurfürst Ludwig.

(Verhandlung und Bedenken des Kff.-Rats über die Forderungen der Städte. Mahnschrift der A. C. Verwandten an den Kaiser. Johann Friedrich von Sachsen. Die Siegelung des R.-Abschieds.)

Abhörung des Abschieds im Kff.-Rat Mittwoch Nachmittag. Verzögerung der Publikation durch die Pappenheimische Sache; der Kaiser forderte und erhielt das Bedenken des Kff.-Rats „umb der sächsischen addition willen."[1]) Die Privat-Verhandlungen der kais. geheimen Räte mit den Städten[2]) bisher erfolglos, weil der Kaiser das Begehren der Städte nicht in den Abschied bringen, die Städte mit general wörtlichen Vertröstungen sich nicht begnügen wollen. Die Nachricht vom Zugeständniss einer Recognitionsschrift für die Städte und einer gemischten Commission in der aachischen Sache grundlos. Gestern proponirte Mainz im Kff.-Rat, der Kaiser fordere Bedenken wegen der von den Städten begehrten Recognition (dass sie die Contribution freiwillig zu leisten und der Ueberstimmung der höhern Stände zu folgen nicht schuldig seien) und wegen ev. Protestation der Städte bei Publizirung des Abschieds.

Trier und Köln erklärten das Begehren [der Städte] für seltsam und die Recognition für ganz überflüssig; dass die Städte sich dem Beschluss der höhern Stände fügten, sei Herkommen und im Interesse des Reichs und der höheren Stände aufrecht zu halten. Die Protestation solle der Kaiser auf sich beruhen und den Fiskal sein Amt tun lassen. 17. Sept.

Pfalz: Dass die Contribution nicht ex debito, gelte auch bei allen andern Ständen; das Erbieten des Kaisers in seiner Resolution[3]) solle in den Abschied kommen. Von einer Verppichtung der Städte, der Ueberstimmung der andern Räte zu weichen, hätten sie nie gehört; eine bedenkliche Frage, die auch einmal zu Ungunsten des Kff.-Rats gestellt werden könnte. Ob den Städten mehr [solche] Urkunden erteilt worden seien, werde sich im kais. Archiv gefunden haben. Protestirt hätten sie öfters und sei darüber hier nicht mit ihnen zu disputiren. Der Kf. habe gehört, man wolle den städtischen Beschwerden (namentlich in Sachen ihrer R.-Standschaft und Aachens) nicht abhelfen, und ihnen [den Räten] befohlen, die Erhaltung der Städte beim Genuss des Rel.- und Profanfriedens gleich anderen Ständen sowie eine hierauf lautende Erklärung für Aachen zu befördern. Werde hier nicht nach dem wiederholten Ansuchen der weltlichen Kff. geholfen, so würden sie [die Aachener] andere Wege suchen müssen und vielleicht anderswo Hülfe erhalten, auch der Kf. seinem Kreisobristenamt nachkommen und dann die Contribution (die er ohnedies nicht pure bewilligt) zurückhalten müssen. „Uber diss würde man bericht, das etlich stände sich zusam verbunden, nicht allein die beschwerden in religionssachen nicht abzuschaffen, sondern das noch darüber weitere inquisitiones angericht werden solten", was die Contribution noch mehr hindern würde Sie fussten bei ihrer Erklärung namentlich auf dem Schr. des Kf. vom 11. huius.

Sachsen und Brandenburg hielten die Recognition für unnötig; der Protestation könnte der Kaiser (wie zu hoffen) durch Zugeständniss der gemischten Commission in der aachischen Sache zuvorkommen. Brandenburg fügte bei, käme es dahin, dass man eine Religionsverfolgung zu gewarten, „würd I. Mt. die contribution ungesperrt nit erlangen und ir herr auch bedenken haben".

Die Mainzischen traten den andern beiden Geistlichen bei, doch auf ferneres Anhalten wurde es dahin gebracht, man solle den Kaiser der vorigen zweierlei Meinung[4]) erinnern, mit dem Anhang, falls der Kaiser dem Bedenken der Weltlichen betreffs der gemischten Commission nachginge, würden die Städte ohne Zweifel von der Protestation abstehen. Als das Bedenken gestern Nachmittag dem Kaiser durch Mainz und sie (Schenk Eberhard und Kanzler) mündlich angebracht werden sollte, fanden sie, dass die Mainzischen der Beratschlagung nicht durchaus gemäss und L. Befehl zuwider vortragen wollten (u. a. die Städte, deren Gravamina zum Teil erledigt seien und noch erledigt werden könnten, hätten keine Ursache zu protestiren; auch wegen der aachischen Commission stimmte es nicht mit der Verabredung). Daher traten sie beide unter Erklärung gegen die Mainzischen von der Relation ab.

17. Sept. Da die Sachen so stehen, in den aachischen u. a. gravaminibus vielleicht gar nichts oder wenig zu erhalten, die Publizirung des Abschieds wegen der langweiligen Sache des Erbmarschalls (dessen sich die Sächsischen mit Ernst annehmen) verzögert, das Misstrauen täglich gemehrt, auch anderen Klagen, deren supplicando viel einkommen, nicht abgeholfen „und also wir unsers teils wenig nutz alhie weiter schaffen können", bitten sie um Abberufung.

Haben heute mit andern Räten der A. C. eine Anmahnungsschrift (da sich der Kaiser auf ihre jüngste Replik noch nicht resolvirt) übergeben,[5]) beiliegend Copie. „Hat sonsten bei den Sächsischen mühe bedürft, bis sie in solche schrift gewilligt."[6])

Die Erledigung des custodirten Herzogs Johann Friedrich auf ihr mehrfaches Anmahnen in allen drei Räten vorgenommen; im Kff.-Rat finden sie „die gemüter wider verhoffen vast kalt;" Trier, Köln und Brandenburg, „dereuds die neue freundschaft auch würket", haben nicht genügenden Befehl; obwohl der Fürsten- und Städterat zu referiren gefasst, will es doch nicht gehört werden.[7])

„Was dann E. Ch. Gn. ferner anbenken, derselben uff den angedeuten fall vast bedenklich sein wölle, den abschied mit irer siglung zu becreftigen, könden wir gleichwohl nicht sehen, warumb E. Ch. Gn. sich dessen zu hinderzihen, weiln albereit derselben meinung und vorbehalt gnugsam angezeigt."[8]) Sollte die aachische Commission auch nicht in specie erwähnt werden, so könnte man sich der Generalklausel des Abschieds beim 1. Punkt behelfen. . .

Mb. 111/2a f. 448. Or.

1) Vgl. no. 398 A. 1. Die Relation der in dieser Sache verordneten kais. und kurf. Räte sowie eine sächsische Notel, wie diese Irrung zu verabschieden, bei J. W. Hoffmann I, 402 ff. Mit letzterer Notel stimmt das vom Kaiser am 17. Sept. erlassene Provisionaldekret überein, gegen welches die Städte am 18. in aller Form protestirten (Häberlin XII, 23 ff). Die Nürnberger Gesandten sagen in einem Schr. an ihren Rat vom 5. Sept, „das die statt Augspurg, als die für ein antrifflerin [vgl. Grimm I, 506] diser handlung gehalten . . . wirdt, den meisten teil aller ungnad so gar auf sich geladen, das den ubrigen stetten wenig und schier nichts zugemessen wirdt" (Nürnb. Cop.).

2) Vgl. Hoffmann I, 475 ff.; Häberlin XII, 479 ff. Ein Anbringen der Städte im Convent der A. C. Verwandten am Nachmittag des 5. Sept (Mb. 112/3a f. 172) lässt in der Audienz der Städte Tags zuvor die Drohung vorkommen, „das I. Mt. gut fug und macht hette, die stedt ires ungepurlichen widersetzens halb nit allein mit straff anzesehen, sonder auch alle ire privilegia zu nemmen", und gibt die „tonitrua" Vieheusers in der Unterredung am Vormittag des 5. Sept. so wieder: „Man solt nit denken, das ein wort davon in abschidt werd kommen, zu dem es der meinzisch canzler, ob schon Caesar wolt, nit tun werd. Und solten wissen, das sie ein ungnedigen kaiser; und seien I. Mt. die redelsfurer wol bewust. Wolten I. Mt. liber, das der Turk deren ein stuck lands hinweggerissen, dan das I. Mt. dieser hochmut und verkleinerung widerfaren; kont inen auch dieses ir lebtag nit vergessen. Und solten wissen, das wie got ir got im himmel sei, also sei Caesar ir got uff erden. Und seien die ret und burger in den reichsstetten dem kaiser so zugeton wie sein aigne undertonen, und wie ein iden fursten sein bauren. Seie auch dasjenig, was sie an einkommen nach getoner rechnung ubrig, nit ir, sonder des kaisers,

auch uff begern schuldig deren zu lifern. Auch die steur dermassen extenuirt und gesagt, der kaiser bedorf irer steur nit, kon die grenitz one ir hilf wol versehen. Und sollen die stedt nur wohl fur sich sehen, was sie tun; sie werden sonst etwas erfaren. Und ob schon Augspurg mein, sie hab albie krigsvolk, soll dasselbig, do Caesar will, sie nicht viel helfen. Drumb wolt er die stedt ermahnt haben, von diesem begern abzustehn und sich pure wie andere stend zu ercleren.“ Den von den Städten begehrten Beistand hielten trotzdem nicht nur Kurpfalz und Brandenburg, sondern auch die Evangelischen des Fürstenrats für untunlich; letztere meinten in ihrem Votum, „das villeicht Viheuser diss vor sich selbst also herausgestossen.“ Nach dem oben angeführten Schr. der Nürnberger vom 5. Sept. vermuteten manche den Städten geneigte fürstliche Gesandte, „das diss [das Vorgeben gegen die Städte] nit der kais. Mt., sonder allein der zweier personen werk sei, welche die federn verfiert und wie man zu reden pflegt die kappen verschnitten haben, die dann der graf zu Stolberg in einer vor wenig tagen in gemeinem reichsrat offentlich verlesenen schrift des churf. zu Meinz substituten nennen dürfen“ [vgl. Häberlin XII, 571; gemeint sind Vieheuser und der Sekretär Erstenberger] Dagegen sollten einige kais. Räte (wie Trautson und Harrach) selbst die Behandlung der Städte missbilligt haben. Ein vornehmer Herr aus des Kaisers Umgebung habe erst gestern die Städte zum Ausharren ermutigen lassen, „mit angezeigter ursach, es sei durchaus kein geld verhanden“. Die Nürnberger Gesandten suchen durch diese Mitteilungen und weitere ausführliche Motivirung ihren Entschluss zu rechtfertigen, trotz der ängstlichen Weisung ihres Rats von der Gesammtheit der städtischen Opposition sich nicht abzusondern, was bisher nur die katholischen Städte Rottweil, Ueberlingen, Schwäbisch-Gemünd und Dinkelsbühel getan hätten, während sie selbst bereits im Verdacht ständen, dass sie „dem nürenbergischen brauch nach . . . auf beden achseln tragen würden“. Die kais. Räte machten diese Neigung vieler „Gutherzigen“ zum Nachgeben wiederholt in den Verhandlungen geltend. — Die Städte hatten sich speziell an den Kf. Ludwig gewendet, der am 28. August seinen Räten zu Augsburg das Anbringen des Strassburger Dr. Botzheim empfahl. Mb. 111/2a Or. Die Räte zu Augsburg, welche von Speier und Strassburg desshalb angegangen wurden, zeigten sich darüber verstimmt, dass man zuerst ihren Herrn ersucht habe; der Kanzler äusserte gegen seine Collegen: „das sie [die Städte) P. vertröst sie kunftig mit rat, hilf und beistand nit zu verlassen, woll er gern sehen, wie es P. tun wolle“. In der ablehnenden Antwort an die Städte bemerkte man: „hets villeicht dieser bemuehung nicht bedurft“. Mb. 111/3 Prot. 17. Sept.

3) Gemeint ist das Erbieten wegen Erledigung der Beschwerden der Städte und Anerkennung ihrer R.-Standschaft (vgl. die kaiserl. Resolution vom 27. Aug. Häberlin XII, 472), welches der Kaiser noch am 5. Sept. wiederholt hatte (ebd. 486).

4) Vgl. Häberlin XII, 463.

5) Vgl. no. 408 A. 5; Häberlin XII, 373 ff; 384/5.

6) Die Sachsen fehlten bei den Conventen der A. C. Verwandten am 5. und 14. Sept. Am 14. erklärten die Kurpfälzischen, als sie heut den Sächsischen den Anlass des Convents angezeigt, hätten diese sich beschwert, „es het die meinung nicht, das sie also komen muesten, man solt vorhin zusam komen, mit vermelden, es gebuer irem hern die ansage. Und obschon P. rat inen die schrieften geschickt zu lesen und also inen die ehr geton, aber sachsisch rät beharren noch druff, wollens irem hern schreiben; hetten P. noch mehr zu clagen“. — Die Hessischen verwahrten sich hierauf gegen das Verlangen der Sachsen nach einem besondern Rat der Kurfürstlichen in Religionssachen. Am 19. Sept. fehlten die Sächsischen wieder beim Convent, liessen sich aber mit eben eingelaufenen

17. Sept. Posten entschuldigen und erklären, sie wollten sich mit den andern gern vergleichen, da es ihnen referirt.

7) Vgl. Häberlin XII, 513 ff. Bei der Verhandlung im Fürstenrat am 3. Sept. stimmten Oesterreich, die Geistlichen und von den Weltlichen Sachsen für Vergleichung mit dem Beschluss der Kff., alle übrigen Weltlichen nach „Casimiri votum" für Erledigung des Herzogs. Schregel Prot. Kf. Ludwig befahl noch am 22. Sept. (s. u.) seinen Gesandten die Erledigung zu betreiben.

8) Am 22. Sept. befahl der Kf. (aus Schwetzingen) den Räten eventuell vor der Siegelung im Kff.-Rat zu protestiren und zu erregen, dass, falls aus den unerörterten gravaminibus im R. und sonderlich in den rheinischen Landen Weitläufigkeiten entstünden, Pfalz das Seinige bei der Hand behalten würde. Das Schr. kam aber den Gesandten erst am 4. Okt. in Heidelberg zu. Mb. 111/2a f. 453 Or.

17. Sept. Augsburg

408. Ehem an Johann Casimir.

(Verzögerung des R.-Abschieds durch die Händel mit den Städten. Eingabe der A. C. Verwandten. Die „bewusste Sache". Sachsens Tergiversiren.)

„Der reichstag hette vor drei tagen sein endschaft erreicht, wa es sich mit der stadt Aach und anderen stetten nit gestossen. Und da die churf. rete so viel herz gehabt und der kais. Mt. rund sagen dorfen, da die stadt Aach nit in sicherheit gesetzt, das alsdann das contributionwerk zurugk geen und die chur- und fursten den seckel zutun wurden, so wer I. Mt. noch wir andere aufgehalten, und doch zuletst, da man sich desswegen nit vergleichen tut, dahinaus laufen muss, man wolle dann mit schimpf besteen. Diser sachen halben haben sich gestern die churf. rete auch von einander gedrennet und die weltliche sich von geistlichen abgesondert, also das der kais. Mt. zwei bedenken referiert worden.[1]) Heut haben wir in namen der A. C. ein schrift in diser sach ubergeben,[2]) und handelt I. Mt. mit den stetten. Da inverleibte beiligende puncten nit verglichen und eingewilliget, welliche wir zu befurderung der sach furgeschlagen und an die churf. ret begeert, das sie daruf underhandlung furnemmen wolten, werden die stett den abschied nit annemen, sonder dawider protestieren, wie albereit die Wederauische graffen auch getan." [Lücke.]

[1. Zettel:]

„Sonst die bewusste sach*) anlangend muss dieselb vortgesetzt werden, es gee hinaus, wa es wolle, und sein desswegen guete praeparatoria und fundamenta gelegt,[3]) wie E. F. Gn. genedigklich vernemmen werden. E. F. Gn. mochten Beuterich wol bei sich behalten, bis sie unser relation anhoren etc. Datum ut in litteris."

*) Bemerkung J. C.'s auf der Rückseite: „reichsstedt halber."

[2. Zettel:] 17. Sept.

„Wir haben die churf. Sexische kaum bei uns in ubberreichung [!] unserer schrift behalten,[4]) und ist endlich zu besorgen, wann man dem Kaiser rund sagen wurdet, da Aach nit geholfen, das man als nichts contribuieren werde,[5]) das sie die Saxische sich alsdann von Pfalzischen, Brandenburgischen und furstlichen reten werden absonderen; welliches wir gleichwol, weil es nit anders sein und da man die hauptsach nit verloren geben will, nit gerne sehen."

Ma. 545/2 Eigh.

1) Der Bericht der Kurpfälzer vom 17. Sept. (no. 407) spricht nur von ihrer Nichtbeteiligung an der Relation der Mainzischen. Die früher citirte „Freistellungshandlung" aber berichtet zum 16. September: „In eadem causa [der Recognition] exhibita fuit der churf. rät bedenken, dissuadentes, ain recognition von sich zu geben, dicendo, das die stätt irer protestation widern abschidt nicht ursach haben. In causa Aach: duplices fuere opiniones; eccleciastici siquidem stellen es I. Mt. haim, saeculares urgent commissarios utriusque religionis." Also müssen die Mainzer doch die abweichende Meinung der Weltlichen mit referirt haben. Im kais. Rat schwankte man, ob den Letzteren nicht eine gemischte Commission ad inquirendum zuzugestehen wäre, blieb aber schliesslich bei der vorigen Resolution [vom 30. August, Häberlin XII, 369].

2) Vgl. no. 407.

3) Vgl. no. 397.

4) Vgl. no. 407 A. 6.

5) Diese Drohung hatte das casimirische Votum im evangelischen Convent vom 1. Sept. (der die am 3. Sept. übergebene Replik, vgl. no. 407 A. 5, beriet) besonders nachdrücklich empfohlen; man solle dem Kaiser mascule unter Augen gehen und begehren, dass er die Gravamina abschaffe, „wolt er sein reputation erhalten und der Turkensteuer geniessen"; man sei schuldig das Haupt zu erhalten, „doch das er auch die glider nit destruir", was durch übermässige Türkensteuer und Preisgebung der Städte erfolgen würde; „man soll den Kaiser auch erinnern, was er geschworen, nemblich das er alle stend bei gmein rechten . . . . handhaben woll. Und weil man mit der sprach nit heraus woll, sollen die fulen, ob sie nit noch boden hetten" [!]. Mb. 112/1 ff. 546 ff. (Schregel Prot.)

409. Johann von Nassau an Curth Thiel von Berlepsch.[1])

18. Sept. Dillenburg

. . . . . . „Was die ursachen seien, darumb Wurzburg meiner begert, ausserhalb der lehenempfengnus, kan ich bei mir nicht wol ermessen, und ist nicht allein mir, sondern auch sonsten gutherzigen leuten solch begeren und angedeute erforderung etwas verdechtig; dan man nicht weiss, wie mans mit dem herren eigentlich hat, und zweifeln viel daran, das er neben dem Italienischen auch zu Collen[2]) nit etwan Spanisch gelernet, sonderlich aber von dem nuntio apostolico und dergleichen leuten allerlei gute anweisung bekommen habe, wiewol ich imme ein solches nit zutraue, sondern vielmehr verhoff, das ein ufrichtig redlich deutsch gemut bei dem

18. Sept. herren sei. Bit derwegen, ir wollet mir hierin in vertrauen euer gedanken und gutachten communiciren; dan gewislich dieser herr vor andern verstands, geschieklichkeit und mannheit halben viel guts tun könte, wan er nicht zuviel den bapst im bauch het und von den Jesuitern eingenommen und verfuhret wurde."[3])

Idstein Cop.

1) Bruder des kursächs. Rats Erich Volkmar von B., geb. 1540, seit 1576 isenburgischer Oberamtmann zu Büdingen, später (1586) Oberaufseher in der Herrschaft Mansfeld, † 1589 (Val. König, Adelshistorie II, 119).

2) Julius von Würzburg hatte als einer der kais. Commissare den Friedensverhandlungen zu Köln im J. 1579 beigewohnt.

3) Vgl. no. 218.

21. Sept. Nancy **410.** Graf Johann von Salm[1]) an Pfalzgraf Johann

Salcedo. Pf. Georg Hans und die niedergeworfenen Waaren.[2]) Ein Gesandter Parma's wegen ungenügender Vollmacht vom Pf. zurückgewiesen. Hält eine gelegentliche Rache Parma's für wohl glaublich.

Mc. Neuburg. Zeitungen 1582. Cop.

1) Vertrauter Joh. Casimirs am lothringischen Hof, vgl. La Hug. II, 152 ff.

2) Nach einer Zeitung aus Nancy vom 6. Aug. hatte der Pf. Waaren, die aus Italien an Parma gingen, zu Pfalzburg aufgehalten, Parma den Herz. von Lothringen um Vermittlung ersucht und bei Verweigerung der Restitution Einäscherung von Pfalzburg und Lützelstein und Verhaftung des Pf. durch die italienischen Truppen [vgl. no. 361] angedroht. Der Hauptmann Weibel (Webel), der im Auftrag des Pf. die Italiener, die den Zoll durch die Angabe, nur Tapeten und Kleider für Parma zu führen, geschädigt hatten, festnehmen sollte, aber nur die Waaren plünderte, war bereits am 26. Juli in Pfalzburg zum Tod verurteilt, dann zu sechsjährigem Dienst in Ungarn begnadigt worden. Mc. a. a. O. Am 9. Aug. (Lützelstein) bittet der Pf., J. C. möge seine Stimme und Session am R.-Tag durch Ehem vertreten lassen, was auch geschah.

22. Sept. Augsburg **411.** Kaiserliche Belehnungsurkunde für Johann Casimir.

Der Kaiser erklärt, dass er auf die Bitten des Pf. J. C., angebracht durch dessen Bevollmächtigte Joachim den Ä. Gr. zu Ortenburg, Dr. Chr. Ehaim und Georg Asmus Schregel, dem Pf. sämmtliche Regalien und die Expektanz an der Kur zu Lehen gereicht hat und reicht und von den Obigen die gewöhnlichen Gelübde und Eide dafür empfangen hat.

Mc. K. XV. 2, no. 3043. Or.

412. Johann Casimir an Landgraf Wilhelm. 25. Sept. Kaiserslautern.

Auf dessen Schr. vom 12. . . . . . Es ist in der Tat nicht so gefährlich für die Religion abgelaufen, wie er besorgt, und man muss Gott danken und ihn bitten „das mit der Zeit ein algemeines colloquium, so man bishero nicht erhalten konen, angestelt werde. Die teutsche libertet, da von E. L. auch anregung tun, betreffend zweifelt uns nicht, da E. L. und andrer der A. C. verwandten abgesante rat sowohl als die unserige E. L. selbsten meldung nach das maul uffgetan und darob steif gehalten (wie wir uns versehen, E. L. den irigen desshalben richtigen bevelch zugefertigt haben werden, weiln sie uns zuvor darzu ermahnet), es solte mit beruerter libertet nicht so baufellig und sunsten in reichssachen etwas richtiger steen." Allerdings kann man leicht schliessen, wie Leute, die sich scheuen, selbst ohne Gefahr, die Wahrheit zu sagen, für die Religion leiden und wie standhaft sie bleiben würden.

Mb. 111/1 b f. 461. Conc.

413. Johann von Nassau an Winand von Breyl. 27. Sept.

(Stand der „bewussten Sachen"; ungenügende Vorbereitung; verschiedene Wege ins Auge zu fassen.)

. . . . „Es were von den bewusten sachen [1]) viel und mancherlei zu reden, und sind gottlob die gelegenheiten und occasiones hin und wieder dermassen geschaffen, das furwar periculum in mora ist und zu erbarmen were, da nit anders und mit mehrerm ernst, dan ich bis noch gespurt oder erfahren, solte geton werden. Dan solche hendel mussen an vielen orten zugleich und uff mancherlei weg stets ohne underlass getrieben und bei gutter zeit uff alle besorgte vermutliche fell in utramque partem erwogen und bedacht werden; nam tela praevisa minus feriunt. Wie michs aber ansiehet, so ist noch wenig praeparatio geschehen und fur handen, hoffe aber doch, es sei noch besser dan ich darvon weiss; dan wen das nit were, so stunde es menschlich davon zu judiciren geferlich und zu besorgen, das man dermahleins, wen man sichs am wenigsten vermutet, ganz plotzlingen aus dem stuhl mochte gehoben werden. Tempore pacis cogitandum est de bello; und schlaffen furwahr die leut uf der andern seiten nicht, will geschweigen, das noch viel zeit und muhe darzugehort, dieweil der jegenteil grossen vorteil und vorsprung hat und man uf diser seiten nit allerdings viam ordinariam gehen kann, bis man das werk den leuten recht in die kopf und zu einer richtigkeit bringen mag. Ja, man wirdt sich mit vielen dingen viel anders in die bahn schicken und die sachen anstellen mussen, dieweil sonderlich fur ein anfang die

35*

27. Sept. mittel nit so uberflussig und leicht sein werden, wie bei den hohen potentaten, und bis die leut ein wenig in brauch und die gewonheit kommen. Hette man infang [!] die erste vier oder funf jar das hunderste teil soviel in den Niederlanden zu vorteil gehabt, als man gottlob uf dieser seiten hat und haben kann, man hett, so zu rechnen, in der welt nichts mehr begeret. . . .

Der almechtige wohl seine gnad verleihen, das der scopus nur alzeit christlich und billich sei und man bei ihne und seinem gottlichen wort durchs gebett und wahren glauben hulf, rat und drost suche und in seinem namen die sach mit geburlicher bescheidenheit nur freidig und dapfer angreife und ihme das ubrig und den ausgang vertraue und bevelch. . . . Ich forchte, man werde zu lang schlaffen und im armbrost liegen, auch mit etlichen dingen, daruf man vieleicht itzo viel bauet, sich bedrogen finden und wan solche fallieren, darnach dermassen perplex sein, das man nit weissen wirdt, wo hinaus. Darumb wehr gut, das nicht als uf einerlei wege gedacht wurde, und solches wo eher wo besser; dan die welt ist seltzam fremd in der not."

Idstein. Cop.

1) Gemeint ist das Vorhaben des Erzb. Gebhard und der protestantischen Bewegungspartei. Vgl. no. 326; 333; 383; 406. Ueber den niederrheinischen Adeligen Winand von Breyl, einen tätigen Agenten Oraniens, vgl. Lossen, köln. Krieg I, 307. Für Graf Johann verband sich die kölnische Sache untrennbar mit seinen alten Plänen einer evangelischen Union und einer erhöhten Machtstellung des „Grafenstands", welchem „gemeinen Werk" auch die Verbindung der Niederlande mit dem Reich und die festere Gestaltung der neuen städtischen Opposition zu Gute kommen sollte (vgl. Prinsterer I. 8, 152/3).

29. Sept. Augsburg

414. Lippomano an den Dogen.

(Tumult gegen den Cardinallegaten und seine Leute.)

. . . . „Convenne anch' egli avere il suo incontro, che fù una sollevatione di tutta questa città per certi servitori di S. S^{ia} Rev^{ma}, ceh venendo alle mani con alcuni Luterani li ferirno.[1]) Per il quale accidente empiendosi le strade di uomini armati et trovandosi il cardinale a disinar in casa di monsignor nuncio, oltre essere imprigionati alcuni servitori che non aveano alcuna colpa, scorse gran pericolo, che li fosse svalisata la casa in quella sollevatione, come andò voce a S. S^{ia} Rev^{ma} che facevano. Ma liberò il giorno da questo impaccio; nel principio della notte, furno mandati dal magistrato della città molti soldati per guardarlo, dubitando di qualche insolentia del popolo, che dicea volerlo abbrusciare in casa;

i quali comparendo nella sua corte in prima faccia lo impaurirno 29.
in modo, che restò travagliato temendo qualche maggiore insolentia. La mattina dredo, che fu lunedì come ho detto, se n'andò subito con quell' animo che può giudicar V. S[tà], avendo pur costoro liberati li servitori come innocenti et avendo poi S. S[ia] Illma mandati gli altri, che furno cagione d'ogni male, prigioni allo imperatore, che credo saran liberati, come partimo di quà.“ . . . .

Ven. Cop.

1) Die kursächs. Räte zu Augsburg berichten dem Kf. am 23. September, betrunkene Leute des Cardinals sollten mit blosser Wehr in die Kreuzkirche gelaufen sein, worauf der Rat drei davon durch Soldaten aus dem Haus des Cardinals trotz Widerstands der Dienerschaft wegholen liess. Trautson sagte den Sachsen, sie sähen selbst, dass der Kaiser, obwohl er auf ihr Ansuchen gern alles täte, „der von Augspurgk nicht mechtig“ sei. Dr. 10200. Or. Nach dem Schr. eines hess. Rats an L. Ludwig vom 24. Sept. behaupteten die vier Verhafteten einen Gegner bis in die Kirche verfolgt zu haben. Darmst. Or. Vgl. Nr. 369 A. 1.

415. Johann Casimir an König Heinrich von Navarra. 2. Oktbr. Kaiserslautern.

(Ist sammt seinen Leuten des ewigen Hinhaltens überdrüssig und wird sich durch die Rücksicht auf Navarra und die Kirchen nicht weiter binden lassen.)

„Monsieur mon honoré cousin! Suivant ce que m'avez mandé plusieurs foys, mesmes dernièrement au moy de May par l'un de voz valets de chambre Beringhen[1]) et freschement par voz dernières du 3. de Juillet, j'ay tousjours attendu la venue du sieur de Clervan[2]) ou de tel autre qu'il vous plairoit envoyer pour estre fait participant (ainsi que me le mandez) de toutes vos nouvelles. Et ay à ceste occasion discommodé aucuns de mes plus importants affaires, laissé imparfaits, voyre rompu quelques autres pour m'accommoder à vostre volonté en ce qui seroit trouvé raisonnable. Ces remises, délays, entrelassements de nouvelles ouvertures et autres telles choses peu fondées, desquelles suivant la foy d'autruy j'ay longue espace de temps repeu et entretenu mes gens qui s'en lassent aussi bien que moy et lesquels il y avoit bon moyen d'entretenir en bonne volonté de meilleure façon, me font résoudre de prendre autre pli et de penser ci-après de plus près à mes affaires. Non que pour cela j'entende de rompre l'affection que je porte à vostre service, ou que je veuille tant soit peu diminuer de l'amitié que je vous ay voué; mais voyant d'un costé que les espérances, lesquelles m'avez l'espace de cinq ans entiers donné avec tant d'asseurances,[3]) n'ont point de fin, et que d'autre part je ne pense pas que la continuation de telles façons de faire vous puisse

2. Oktober à la longue aporter autre chose qu'un mescontentement général des soldats Allemands, sans que le publique en reçoive aucune commodité, joint que j'en recois des incommoditez grandes pour le regard de la créance que je doibs conserver entre les reuttres et autres, et que le particulier de mes dits reuttres demeure pendu au croc, comme s'il n'en devoit jamais estre nouvelle. Je suis pressé pour ces raisons et beaucoup d'autres d'employer mes moyens, mon crédit et mes amys à la poursuitte du particulier de mes gens de guerre autrement que du passé. Je veux bien croire que la disposition présente de l'estat de la France ne vous permet pas de faire ce que désireriez bien, et qu'il y a une infinité de recerches provenants d'aillieurs qui retiennent les effets de voz meilleures délibérations. Mais ceci n'est pas payement pour mes reuttres qui prennent les parolles et promesses ric à ric. Aussi quand il y aura autre conduitte de mes affaires et qu'elles seront fondées sur choses solides dépendantes ou de moy et de mes plus asseurez amys, je ne laieroy pour cela de viser à meme but que du passé et d'avancer en ce que pourray le général des églises et de servir à vostre particulier. Ce que je vous en escris plus librement, affin que voyez ma rondeur et ne trouviez mauvais, si par ci-après je ne desire plus d'entendre aucunes nouvelles ni des vielles capitulations ni renouement de telles espérances.[4]) Comme l'ay assez ouvertement déclairé au sieur de la Huguerye qui a suivant sa charge esté icy l'espace de deux moys, nous entretenant en espérance d'avoir contantement par la venue du sieur de Clervant.[5]) Que sera l'endroit etc."

Mb. 90/12 f. 190. Conc. (Beutterich.)

1) Vgl. no. 344; 345.
2) Vgl. no. 360.
3) Vgl. no. 62; 77; 220; 283; 288.
4) Ganz übereinstimmend hiemit hatte Beutterich schon im Sommer den guisischen Agenten versichert, dass sein Herr, falls man nichts gegen sein Gewissen verlange, „n' avoit aulcune obligation ny au roy ny à la royne d'Angleterre ny au roy de Navarre ny à aultre quelconque prince souverain" (La Hug. II, 177).

5) Vgl. Nr. 339. La Hug. war nach seiner eignen Angabe gegen Ende Juli wieder nach Kaiserslautern gekommen, dann im Aug. und Sept. meistens zu Frankfurt, vorübergehend auch in Neidenfels gewesen und hatte an den Beratungen über Joh. Casimirs Beteiligung an der Sache des Erzb. Gebhard sowie an den Verhandlungen mit Malleroy regen Antheil genommen (La Hug. II, 176 ff.). Wenn er aber behauptet, schon an Michaelis nach Sedan gekommen zu sein und auf den Wunsch des Pf. Nancy nicht berührt zu haben, so widerstreitet dies einmal dem Datum seiner Abfertigung (2. Okt.) und dann einem Schr. des Pf. an den Herzog von Lothringen gleichen Datums, worin letzterem die Ankunft La Hug. (in einer Privatsache desselben) angekündigt wird (Mc. Fürsten-

sachen a. a. O. Conc. La Hug.). Ein Schr. des Pf. an Condé vom 2. Okt. verweist auf die Copie des obigen Schr. an Narrava und auf den ausführlichen Bericht La Hug. Der Pf. fügt bei: „Croyez-moy à la vérité que je suis infiniment marri et contristé d'entendre ce que j'entends et de veoir ce que je voy et que je touche comme au doit. Quoy qu'il en advienne, je vous prie de vous tenir asseuré de mon amytié, laquelle est et sera tousjours autant entière et parfaite que l'ayez jamais cogneu; ayant au reste compassion grande que ne pouviez pour beaucoup d'artificieux empeschements mettre à effet ce que la grandeur de vostre courage pourroit bien facil et que la nécessité des pauvres églises requerroit." (Mb. a. a. O. Conc.) J. C. hatte Condé zur persönlichen Teilnahme an dem bevorstehenden kölnischen Krieg aufgefordert (La Hug. II, 165; 174). 2. Oktober

416. Relation des kurpfälzischen Kanzlers über den Reichstag. 5.—6. Okt.

Freitag 5. Oktober. Anwesend: der Kf., Grosshofmeister, Kanzler, Marschalk, Gotfart, Hofrichter, Schmidtberger, Eberhard von Limpurg, Hoeneckh, D. Micyllus, D. Rauber, D. Culman.

Kanzler: Verliest die einzelnen Punkte des Abschieds und referirt bei jedem.

I. Man habe gradatim gehandelt, die geistlichen Kff. hätten lange bei P. gehalten. Etliche wollten 60 Monate bewilligen, obwohl 5 Vota dawider waren und das 6. billig folgen sollen. „Aber man habs so lang rumbgezogen, bis es uff 40 monat komen."

Etliche Protestationen; „gegen dieser hilf hab kaiser sich erpotten religion und prophanfrieden zu halten. Diss sei in acht zu haben, da es contractus innominatus." Sie hätten am Sonntag expresse vorbehalten, falls P. sein Kreisoberstenamt sonderlich Aach halben brauchen müsse, „het sie mit irer contribution an sich zu halten." Eventualbewilligung der Städte; deren Protest zwei Tage vor Publikation des Abschieds; „haben doch gesiegelt." Der Streit des Kaisers mit den Städten; sie suchten deren Scriptum vergebens zu mildern. „Kaiser hab letzlich M. und Trier sambt Wurzb. zu sich genomen, aber vergeblich mit in gehandlet." Viheuser Privathandlung und Drohungen. Stehe nun darauf, was Kaiser mit den Städten tun wolle. „Sollen sich etliche erbotten haben zu exequiren contra stett." Man hielt ihnen vor, „den stetten seien fursten one das ufsetzig; alles dahin gericht, das man trennung macht." Wegen Veranlagung der Untertanen von P. vorige Prozesse aufzusuchen.

II. Man habe wenigstens die deutsche Libertät zu unterdrücken versucht, aber schliesslich vorige Abschiede repetirt. „Sei einmal soweit komen, das Sachsische eingestelt und resolution von irm hern erfordert. Da man warten sollen uf solchen bescheid, wers erger worden." Daher drangen sie auf Resolution, worauf auch der Kaiser sich bald erklärte.

Die Hülfe, so dem westphälischen Kreis zu leisten. Von den Aemtern Bericht über Werbungen zu fordern; „het man etwas getan." Stecke nichts dahinter, als den Kff. und Fürsten Freundschaft und Correspondenz mit den Nachbarn abzustricken. Wegen Bereithaltung zur Hülfe soll P. die Stände seines Kreises erinnern,

5.—6. Okt. ferner den Convent der 3 Kreise ausschreiben, inzwischen bedenken, was für Leute zu gebrauchen. Wenn man es recht angreife, sei es ein gutes Werk, sonst wäre es besser aufs Reich zu schlagen. Ob die Hülfe dreier Kreise genügt?

An Parma und die Staaten geschrieben.

III. Specialia: Camrich, Livland, B. von Basel. Schickung in die Moskau; „alles unerregt blieben." Karls von Schweden Begehren konnten sie nicht vorbringen.

IV. Revision bei Compromissen. Bremens halb eingestellt bis zur Deputation gen Speier. Deputation parteiisch, lauter Papisten. Parteiische Deputation der Mainzer von Kreisen und Kriegen ao. 55.

V. Wegen Moderation und Matrikel sei auf 1. Aug. 83. nach Speier deputirt. Prozess des Fiskals wegen eines 5. Teils zu Kreuznach. Exemtion von Waldsassen, Selz und Gelnhausen. Sachsen beschwert sich über Erhöhung H. Georgen Teils. Wegen J. C. Anschlag ein Bericht an den Kaiser gestellt, nicht übergeben, da seine Belehnung aufgezogen „bis uff den tag P. rat hinweg zogen. Aber besser wer es, das Casimir zu bewegen, di reichshilf wie bisher uss einer hand zu erlegen"; demselben zu schreiben, P. habe gefürchtet, der Bericht hätte Zerrüttung gegeben; die Kreishülfe könnte jeder in seinem Kreis entrichten.

VI. Münzwerk: nichts Neues. Kaiserliche Mandat. wegen böser Münzen und Tag der Steigerung halben zu erwarten.

VII. Session: bleibt im bisherigen Stand.

Samstag 6. Okt. Anwesend die Nämlichen. Kanzler: Sessionsstreit zwischen J. C. und Baiern. Vergebliche Bemühungen letzterem den Vorsitz ganz oder halb zu entziehen. „Werd Casimir nun die handlung treiben und P. als caput auch in die sach ziehen."

Magdeburgischer Sessionsstreit erzählt; sei nicht im Kur- oder Fürstenrat, sondern privatim gehandelt.

Andere Sachen. Convent wegen der Religionsgravamina, bei Sachsen nur mit Mühe durchgesetzt; erste Schrift ad Caesarem 1. August. P. Befehl vor Erledigung dieser Sachen nichts zu bewilligen war nicht durchzuführen, „weil Sachsen in der person dagewesen und nit dran gewolt"; Freistellung und Declaration, dahin gestellt, „da sich fel zutragen, sol einer sehen, das er hilf habe." Kais. Replik; Antwort und Mahnung der Stände; Replik derselben auf des Kaisers letzte Resolution. Dabei beruhte es; „und wirdt man muessen warten, was druff geschee; wan die verfolgungen angehen solten, wurden fursten und grafen P. ersuchen, was man mit der contribution tun solle."

Beschwerden der steirischen Landschaft in Sachen der Religion. P. soll wieder an den Herzog schreiben; „sei ein fromer herr, aber pabst plagt in per legatos."

Confessionsverwandte zu Köln; schlechte Antwort des Kaisers und Beschwerdeschrift der katholischen Stände. Schreiben an den Rat zu Köln und den Erzb.

Vergebliche Schritte der Pfälzer in Sachen des custodirten Herzogs Hans Friedrich; „sei zu erbarmen"; der Herzog brieflich zur Geduld zu ermahnen und P. weiterer Hülfe zu versichern.

Im Streit zwischen R. Marschalk (principaliter Sachsen) und Augsburg „habs keiser gemacht, wie es sachsische rat haben wollen. Und weiln soviel im decret, das es auch chur-, fursten und andere stende reputation betrieft," habe man in der M. Kanzlei vor dem Notar Kreich dagegen protestirt, sei aber noch nicht insinuirt, „gebur noch zu tun, dan da es churf. nicht tun, werds fursten heftig furn kopf stossen." P. möge M. um Stellung eines Schr. an den Kaiser in der 5 Kff. Namen ersuchen, „damit S. und reichsmarschalk wist, man damit nicht zufrieden." 5.—6. Okt.

Hansestädte contra England, Dänemark und Schweden. Gegen P. Rat geschlossen, „di Englender als monopolirer abzuschaffen per mandata."

Sonst etliche und dreissig Punkte; wichtig: dass das Haus Oesterreich nicht Recht geben und nehmen wolle im Reich. Klagen der schwäbischen Stände wider Erzh. Ferdinand; dem Kaiser ein Bedenken gegeben.

Stolberg: bleibe Mainz in possessione; der Graf soll am Hof rechten, wider der Kff. und Fürsten Bedenken. Oesterreichische Zollbeschwerden contra Baiern. Dem Kaiser ein Bedenken übergeben.

Andere Zollsachen (Würtemberg, Zweibrücken etc.) prorogirt; „aber lauf ein ungerader wurfel mit under", da der schon verglichene Revers in der mainzischen Kanzlei geändert. An M. desshalb zu schreiben; auch an Trier, „da man umb consens werd anhalten, damit man uss eim horn blase."

Mb. 111/3 f. 238. Prot.

417. Leicester an Beutterich.

8. Oktober Windsor

(Beutterichs Schweizerreise. Römische Praktiken in England und Irland. Schottland: Der junge König.)

„Monsieur Beutrich! J'estimoy que vous eussiez oublié vos anciens amis de ceste court, mais je voy par vos lettres que toute la faute est en vostre absence, estant employé en si bonne affaire et si importante à la chrestienté, comme est l'appointement et pacification des troubles de Suisse, dont dépend l'asseurance non seulement de la ville de Genève, mais d'une grande partie de l'estat d'Allemagne. Vous voyez, quelles sont les menées de Romme, dont nous avons parfois eu des alarmes en ce païs et guerre ouverte en Irlande, où toutesfois les choses se portent assez bien, dieu mercy, pour le présent.[1]) Autant en va-il du païs d'Escoce, où par la prise du conte d'Arrain et retraitte du duc de Lennox les choses semblent s'acheminer à une paix bonne et asseurée. A quoy la royne a promis par son ambassadeur de tenir la main de tout son pouvoir, tant pour l'amitié qu'elle porte au jeune roy qui est d'un naturel vertueux et traittable, que pour l'avancement de la religion qui s'en alloit merveilleusement esbranlée, si dieu

8\. Oktober n'y eust pourveu en ceste façon.[2]) Et est la meilleure nouvelle qui soit venue de longtemps en ceste court, où vos amis se portent bien, et moy entre autres, qui seray très aisé d'entendre souvent de vos nouvelles et de monsieur le duc mon fils, aux bonnes grâces duquel je vous prie m'entretenir; et je me recommanderay très affectueusement aux vostres, priant dieu qu'il vous ait, mons Beutrich, en sa sainte garde.

De Windsor, ce 8e Octobre 1582.

Vostre meilleur amy à vous servir

R. Leycester."

Ma. 545/2. Or.

1) Vgl. Nr. 335; 345.

2) Vgl. no. 404. Im August 1582 hatte eine Verbindung protestantischer katholische Magnaten in Schottland („Raid of Ruthven") das Regiment der auf die katholische Seite neigenden Günstlinge Lennox und Arran gestürzt, indem sie sich der Person des jungen Königs bemächtigten. Lennox, der Schottland Anfang Okt. verliess, kehrte allerdings bald zurück, doch nur für kurze Zeit. Arran's Haft war vorübergehend und er wusste bald seinen alten Einfluss wiederzugewinnen; der junge König fühlte sich durch das gewalttätige und beleidigende Verfahren der Presbyterianer tief verletzt und die Hoffnung, die Leicester in einem Schr. an Joh. Casimir vom 10. Okt. (Ma. a. a. O. Or.) ausspricht („si on peut amener à ce point le jeune roy et luy persuader, que le tout s'est fait pour son service et pour le bien de son royaume, comme j'espère qu'à peu à peu cela se pourra faire"), ging nicht in Erfüllung.

Oktober

418. Gedenkzettel[1]) Johann Casimirs.

„Traicter avecque Hes. et Bran.

Avecque Hessen.

Concordia werks halb ausfurlich und Nasen famosschrift.[2])

Simon Simonis zum kaiser zogen, zum mamenluc worden.[3])

Kunftigen deputations- und visitationstag.

Tribut dem Kay.

Von der freien reichsstett furhabens.[4])

H. Gorg Hansen action mit France.[5])

Zu besorgen, contribution kumpt Spa. zum besten in dem niderlendischen krieg.

Ein heurat fur Gulich sohn: P. tochter[6]) [- -] hans [? - -] mir ges[agt? - -].

Colnisch heurat und freistellung.

Ob ich gen Weimar uff die hochzeit ziehen soll, wen Sax kumpt.[7])

Les maulvois tour de ma femme.[8])

Frankreich se déclarera ennemi de Spa.[9]) pa. [- - -] egtt; proviand; [- -] Jesuuider buch dedicirt à luy.[10])

Avecque Brandeburg. Oktober

Was ich ao. etc. 72 von mein her vatter seliger wegen kunftiger wahl halb zu reden und bevel gehabt, hatt sich Sax erpotten an S. L. gelangen zu lassen.*)

Sax der zeit lies ime gefallen ad interregnum, aber hernacher.**)[11])

Von einer kunftigen wahl zu reden, son filz luy offrant mon service.

Ma querelle avecque Sax und das sich S. L. darin schlagen wolt.[12])

Freistellung halb zu erlangen wegen S. L. sohns administration halb und das ime uff dem reichstag begegnet ist.[13])

Niderlendischen und Alensonischen sach[en], wo man nit darzu tutt, kunft[ig] dem vatterland ein gross blutbadt anrichten möcht.[14])

H. Hans Fridrichs erledigung wegen, ob nit zu Sax samptlich zu schicken sei.[15])

Salcedo gefengnus halb pratica.[16])

Navarra contra Spa. 3000 pferd begert, Frankreich nit gewillig[t].[17])

Sta. Ligua hett Sax zu Wie[n on-] e D. Craco underschrieben; mutter An. prat. Nota, was man zu Augspurg ausgeben, das S. L. sich mit den Pabstischen verbunden.[18])

Wen man Alenconio gern ledigt were, seind mittl zu handen; were besser frue dann zu spatt, dan er zu seer einwurzeln möcht.

Mit recuperation Metz Toll Verdun kunftig ander haupt leichtlich in werk zu richten, wen die beiden potentaten an einander erwaxen wolt und die stend Spa. favorisieren wolt.

Sax soll Mathes Lobe zu Parma abgefertigt haben mit dem erpietens.

Was Ditz und Caspar Schönberg bei S. L. verricht; dan sie mich gegen allen stenden einlapen wollen.[19])

2 heurat fur P., eine mit Sax, die 2. mit Bran. schwester, die wittibe. Nb. abcontrefect.[20])

Lignitz sa fille offert à l'empereur.[21])

Holand, Seeland, Gueldre und Friss were leichtlich bei dem reich zu erhalten.***) Nachzudenken, ich kint solchs zuwegen bringen, wie ich ihr beistand 2 churf. hette.[22])

Von des kaisers armselig regiment.

Poln sucht ursach an Kay. und da Kay. die augen zutun wurdt, springen Ungern ab, Behem seind schwirig.[23])

*) Am Rand: „mitt [!] beschehen."

**) Am Rand: „abgefallen."

***) Am Rand „Gallia nimpt es sunsten weg."

Die Osterreich und Cran und Kernten seien malcontent.[24]) Unser geld ist zu erhaltung der grenitz nit angewendet. Ist notig ein ander haupt oder ad interregnum komen lassen.

Wie Kay. die stedt fur den kopf gestossen, ist offenbar; wurdt nichts guts daraus werden, wo dem nit furkomen wurdt.

Die Franzosen und Alenson practicirn teglich mit mir, das ich mich mit inen einlass.

Darneben was Spa. bei mir sucht und present geton mit vielen erpieten.

NB. Die pfaffen haben zu Coln gehalten niderlendischen underhandlung dem Terranova underhanden geben, mit mir zu handln und zu bestellen.

Beger rats von S. L., was ich mich zu verhalten hette.

Was ich fur antwort darauf geben, ist, das ich begert zu wissen, warzu er mich gebrauchen wil, dan [!].[25])

Testament de mon frère*) neben andern; ce que j'ay respondu.[26])

Von des cardinals Granvelles schreiben an N.; là où il dit que les François se trouveront mal, qu'ils pratiquent avecque le Turck contra Spania.[27])

Luy remonstrer, comment Sax port sa réputation und was ime fur 3 stuck begegnet. Nemlich:

I. Concordia bronnen gefallen und ein pfaffenbetrug ist;

II. mit dem reichsmarschalk wegen eines kremers;[28])

III. l'engrossement de sa femme Sax à Augspurg.**)[29])

Scoto est à Nurmberg pour descouvrir le pot au rose.[30])

L'empereur veult aller en Spa.[31])

Wirtemberg hat P. persuadirt, seine ret abzuschaffen; er woll ander.

Réconcilitiation [!] des villes impériales avecque Sax.[32])

1) Hab Augspurg Sax vill ehr erzeigt;

2) sich auch vill erpotten und erzeigt;

3) habern mit haufen lassen volgen.

Das Sax umb des marschalks Bappenheim willen seiner finanzerei wegen so hoch annimpt, ist verkleinerlich; dan erstlich

1) wuchert er so grausam mit den juden;

2) mit huren und solch leichtfertig gesind gibt er underschleif freiheit, das dem reich und den stenden verkleinerlich bei frembden potentaten.

---

*) Am Rand: „Ist nur pfaffen werk pratica."

**) Am Rand: „Schwanger die churfurstin."

Zudem ist einer gemeiner stadt comun sehr beschwerlich, wo gute ordnung und disciplin statuirt, durch des reichs [marschalk hernacher geschwecht. Oktober

Wurdt Sax dadurch verkleinert, in betrachtung, das sie diss unbillich werk behaupten wollen, da doch solchs woll durch ander mittl kan hingelegt werden.

In gemein.

Mein session halb zu reden, damit ich das jenig erhalten mag, was mir von rechtswegen geburt.[33])

Was ich mit mein dautzbruder dem bischoff zu Luttich zu Simern geredt.*)[34])

Achischen sachen halb und was Kay. gegen inen teglichs noch furnimpt.

Bolweiler will bezahlt sein.[35])

Colnischen heurat wegen, was sie fur antwort gegeben haben.[36])

Ach ist noch von Parma belestigt.[37])

Reichsgravamina mitzunemen.**)[38])

Baroni[39]) zu Saxen zu schicken, wo not.***)

Petars conte de Lynar.[40])

Touchant mes bagues.[41])

Comment la religion se porte.

Mit Zollern[42]) zu unterreden, wen ich guter leut bedurft, bei seinem hern ledig zu zehlen.

Adam Gans H. zu Pottliz.[43])

Nota, Schwendi mir fur dem reichstag sagen lassen, möcht leiden, ich uff die beinen zuvor keme.

Durch Peter Scherr, ich solt mich des churf. zu Coln annemen, mit erpietung.[44])

NB. Wen bischoff zu Coln [nichts erhalten kan, so soll] er mir das stift resignirn, will ich sehen.[45])

In sonderlicher betrachtung, dieweil Ernst B. zu Luttich sein teil dem Spanier ubergeben will."

Heidelberg. Univ.-Bibl. Pal. Germ. 768 f. 33a—37a. Eigh.

1) So charakterisirt ganz richtig Stieve (Verhandlungen p. 15 A. 33) die von Häusser irrtümlich als „Tagebuch" herausgegebenen eigh. Aufzeichnungen des Pfalzgrafen, die übrigens kein zusammenhängendes Schriftstück darstellen, sondern aus einer Reihe zeitlich und sachlich getrennter Brouillons bestehen, zu denen sich im Münchener Staatsarchiv noch ein paar Ergänzungen (von 1586 und 1587) gefunden haben. Da der Abdruck Häusser's (Quellen und Erörterungen zur bayr. und deutschen

*) Am Rand: „Seithero zugeschrieben."

**) Am Rand: „NB."

***) Durchgestrichen: „Megdlein D. Noe geschicht; pfaffen défendu n'en rien dire."

Oktober Gesch. VIII) sehr mangelhaft und die beigegebenen Erläuterungen ungenügend und zum Teil irreführend sind, erscheint die wiederholte Veröffentlichung der auf J. C. Politik bezüglichen Stücke (mit Ausschluss der nur Territoriales betreffenden Notizen) durchaus geboten. Diese „Gedenkzettel" des Pf., teils Entwürfe für Schreiben oder Instruktionen, teils nur zum eigenen Gebrauch bestimmt und gleichsam hingeworfene Selbstgespräche, sind bei dem Mangel intimer Correspondenzen J. C. von um so höherem Wert. Das hier eingefügte Stück fällt in den Okt. 1582, wo ein Besuch des Kf. von Brandenburg bei Hessen zu gewärtigen stand (J. C. an L. Wilhelm, 19. Okt., Marb. Or).

2) Ueber die Schrift des Johann Nass (vgl. no. 332 A. 7): Examen chartaceae Lutheranorum concordiae, das ist die aussmusterung vnnd widerlegung dess nagelnewgeschmidten Concordibuchs, und die noch ärgere anonyme Schmähschrift Nova supra nova novorum, beide Ingolst. 1581 gedruckt, vgl. Heppe IV, 278; 388 ff.

3) Ueber den italienischen Philosophen Simon Simonius, der in Genf zum Calvinismus übergetreten war, eine Zeit lang in Heidelberg und Leipzig dozirte, des Arianismus bezichtigt wurde, dann von den Jesuiten bekehrt (1581) am kais. Hoflager lebte und im Herbst 1582 einen Ruf nach Polen erhielt, vgl. Gillet II, 338 ff.; Kl. II, 788 ff.

4) Vgl. no. 408.

5) Vgl. no. 311; 314; 318; 352 A. 2.

6) Johann Wilhelm von Jülich dachte längst daran, die Administration des Stifts Münster aufzugeben (vgl. no. 201; 326 A. 2). „P. tochter": Christine, die einzige lebende Tochter Kf. Ludwigs, geboren 5. März 1573.

7) Friedrich Wilhelm, der älteste Sohn des Herzogs Johann Wilhelm von Sachsen, hatte sich am 31. Aug. 1582 mit Sophia, einer Schwester Ludwigs von Würtemberg, verlobt; die Hochzeit fand am 5. Mai 1583 zu Weimar statt (J. S. Müller, des chur- und fürstl. Hauses Sachsen Annalen, Weimar 1701, p. 183).

8) Vgl. Kluckhohn, Ehe J. C. p. 63/4; der Brief, worin Elisabeth von dem Ende ihres (nicht näher bezeichneten) Hauskreuzes spricht, („es ist nichts so bös, das Gott nicht kann gut machen; ich bin nun wohl zufrieden; ich danke Gott" u. s. w.), ist vom 2. Mai 1583 (Notiz von Prof. Kluckhohn).

9) Vgl. no. 295; 335; 361. Nachdem der Krieg gegen Spanien tatsächlich seit Jahren durch die französische Politik in Sachen der Niederlande und Portugals eingeleitet war, schien im Herbst 1582, nach der Niederlage der französischen Flotte bei Terceira und den Geständnissen des Mörders Salcedo, ein offener Bruch zwischen den beiden Mächten bevorzustehen; Heinrich III sandte seinem Bruder Alençon ein stattliches Hülfscorps unter Biron in die Niederlande. Granvela hatte längst Philipp II zum Krieg zu treiben gesucht.

10) Der spanische Jesuit Franciscus Turrianus (de Torres) hatte dem L. Wilhelm verschiedene seiner Schriften gegen Sadeel (Pseudonym des hugenott. Geistlichen Chandieu), zuletzt den 1581 zu Ingolstadt erschienenen liber bipartitus gewidmet; über die Corresp. des Landgrafen mit Wilhelm von Baiern in dieser Sache vgl. Rommel I, 500 ff.; Prinsterer I. 8, 57 ff.

11) Vgl. Kl. II, 459; oben p. 86; 186/7. Dass Sachsen sich dem Gedanken eines Interregnums günstig gezeigt hätte, ist gewiss nur eine Selbsttäuschung des Pfalzgrafen.

12) Vgl. no. 368.

13) Vgl. no. 371; 374; 379.

14) Den Gedanken, dass das R. seine Westgrenze nur durch engere Angliederung der Niederlande und Rückeroberung der drei Stifter dauernd sichern könne, hatte J. C. von jeher vertreten (vgl. z. B. no. 384).

Trotzdem und trotz seiner Unzufriedenheit mit Al. Erfolgen in England und den Niederlanden (no. 335) correspondirte der Pfalzgraf im Sommer 1582 mit Al. (no. 376) und stand auf Seiten des neuen Herzogs von Brabant dem Kaiser und der Mehrheit des R.-Tags gegenüber. Der Kaiser hatte seit dem Scheitern der Kölner Friedensverhandlungen vergebens gegen das Vordringen der französischen Politik in den Niederlanden seine Stimme erhoben; er erhielt von K. Heinrich III nur die wertlose Versicherung, dass er Spaniens Freund sei und mit dem Unternehmen seines Bruders gar nichts zu tun habe (vgl. z. B. Heinrichs Schr. an den Kaiser vom 23. Juni 1580, Wh. Cop.; vom 23. April 1581, Dr. Cop.; Busbec an den Kaiser, 25. März 1582, Busb. a. a. O. 467/8). Nachrichten von Al. Verbindung mit der widerspenstigen Stadt Aachen mussten den Unmut des Kaisers und der katholischen Stände noch steigern (am 19. April 1581 berichtet Barvitius aus Köln nach München: „Dicitur Aquisgrani ducis Alenconii nomine Guimellius ad incendium magis inflammandum agere. Casimirus equitatus auxilia si opus sit pollicetur. . . . . Alenconius primarios illius urbis Davos nominatim commendando bono esse animo iubet, non defutura lilia, si desit aquila". Ma. 130/1.) Am Kaiserhofe begannen kriegerische Stimmen laut zu werden (no. 333. 337). Wir sahen bereits, wie am R.-Tag die Katholischen des Fürstenrats zwar nicht zum offenen Krieg mit Frankreich, aber doch zu entschiedenen Massregeln gegen Al. und zu Gunsten Spaniens drängten. Al. beabsichtigte dagegen durch eine feierliche Gesandtschaft an den R.-Tag. die Anerkennung seiner neuen Würde und die Aufnahme der Provinzen unter den Schutz des Reichs zu erreichen. Bouillon und Duplessis Mornay waren hiefür ausersehen; Albada, der ebenfalls teilnehmen sollte, hatte keine Lust. Aber nach Mornay's Angabe hätte Al. selbst ihre Abreise wieder hintertrieben (Mém. de Mornay I, 135/6; II, 133 ff.). Sicher ist, dass zu Augsburg der Kaiser (mit den Kff.) beschloss, den Gesandten entgegenzuschicken und sie zur Einstellung ihrer Reise aufzufordern (no. 388; vgl. die Nachricht der Casimirischen no. 385). J. C. hatte seine Räte befohlen, für Anhörung der Gesandten einzutreten (no. 357; vgl. 350); ebenso Kf. Ludwig. — Ebensowenig wie die Alençonischen erschien ein Gesandter Frankreichs zu Augsburg; auch der gew. französische Resident am Kaiserhof (Ancel) vermied den Besuch des R.-Tags (er fehlt im Verzeichniss der Gesandten bei Fleischmann). — Wie trotzdem auf katholischer Seite jene erwartete Gesandtschaft ausgebeutet wurde, zeigt ein Pamphlet aus dem kölnischen Krieg (ein angebliches Schr. Parma's an die Kölner, 1. April 1583, Ma 130/5): „Hic praetereundum non est de legatis Alenconii ad comitia Augustana missis, quos Caesar Augustam nolebat ingredi, eos ibi clam delituisse, cum Palatinis et Casimirianis de omnibus consiliis communicasse, inter eos Plessium fuisse, qui Bullonensi legationis socius erat . . . . . Ab electore Saxone relictos legatos sive consiliarios, in quibus aliqui regi Galliae stipendio obstricti erant; postquam abiisset elector, importuniores fuere." Oktober

15) Vgl. no. 331; 407; 416.

16) Vgl. oben A. 9.

17) Vgl. no. 372; 402.

18) Sachsens Stellung zur Türkenliga im J. 1573 wurde oben p. 94 charakterisirt, die Hoffnung der Curie auf die Bekehrung des Kf. wiederholt besprochen (vgl. p. 35; 136/7; 199; hiezu Aretin, Maximilian p. 242 f.; Lossen I, 359 f.). Im J. 1575 hatte der spanische Gesandte, im J. 1577 der Nuntius Delfino Dresden besucht (oben p 138; no. 54; 292); ein päpstliches Dankschreiben wegen der Aufnahme des Legaten Commendone kündigt Baiern dem Kf. am 4. Febr 1579 an (No 157). Der Jesuit Possevino sollte es überbringen. Am 17. Juli 1582 schreibt der B. von Würzburg aus Augsburg an den Papst: „De his et statu ecclesiae meae S. V. copiosius ex patre Possevino . . . . sicut etiam de

Oktober Saxonico negocio curando et promovendo isthic cognoscet" (Theiner III, 318). Hierauf bezieht sich nun ein Schr. Possevino's aus Pressburg vom 28. April 1583, das den Adressaten (offenbar einen sächsischen Rat) an ihre Unterredung zu Augsburg erinnert, wo ihn Kf. August selbst gehört und mit Passbriefen versehen habe, „darmit ich zur gelegenheit zue S. Ch. Gn. kommen möchte" (Dr. 8517 Cop.). Ueber Augusts intimen Verkehr mit Baiern, die Gerüchte von seiner Abmachung mit den Geistlichen und von der Bekehrung seines Sohnes vgl. no. 385; 388. Baiern hatte den Kf. u. a. auch ersucht, seinem Obersten Ernst von Mandelslohe die Annahme der Bestallung zum Feldmarschalk des Landsberger Bundes zu gestatten, aber die Bedingung Augusts, dass M. für den Fall einer Bedrängniss seiner Lande durchaus zu seiner Verfügung stehen müsse, unannehmbar gefunden (vgl. die Corr. hierüber Ma. 402/1). Von der berührten Sendung Sachsens an Parma fand ich sonst keine Spur. Hier mag auch ein Gerücht Erwähnung finden, das die hess. Räte zu Augsburg am 6. Aug. 1582 dem L. Wilhelm mitteilten: „es solle der churf. von Sachsen mit der kais. Mt. der Lausnitz halben gereichstagt und erhalten haben, das ihme die erblich pleiben und er vor ein stand der chron Behmen in die landtafel verzeichnet sein solle" (Marb. Or.).

19) Ueber die Gesandtschaft Dietrichs von Schönberg nach Deutschland und seine angebliche Absicht sich J. C. zu bemächtigen vgl. oben die Corr. aus dem J. 1577; über Caspar's von Schomberg erfolgreiche Beschwerden gegen J. C. am sächsischen Hof im J. 1580 namentlich no. 267. „Einlapen": calumniari, denigrare, Grimm III, 220.

20) Vgl. no. 351. „Sax" bezieht sich wohl auf Kf. Augusts 19jährige Tochter Dorothea (no. 282); Brandenburgs Schwester ist Elisabeth Magdalena, Tochter Kf. Joachims II, geb. 6. Nov. 1537, Wittwe des 1559 gestorbenen Herzogs Franz Otto von Braunschweig Lüneburg.

21) Eine sonderbare Notiz. Herzog Friedrich IV von Liegnitz besass damals allerdings drei heiratsfähige Töchter: Katharina Sophie (geb. 1561), Anna Maria (geb. 1563) und Aemilia (geb. 1564).

22) Mit den zwei Kff. dürften wohl Brandenburg und Pfalz gemeint sein, auf deren Beistand übrigens J. C. im Ernst kaum rechnen konnte.

23) Der Krieg zwischen Polen und Russland, der im Jan. 1582 zum Waffenstillstand geführt hatte, vermehrte die zwischen Stephan Bathori und den Habsburgern herrschende Spannung (vgl. oben p. 199 f.). Anlass zu einem Bruch mit Oesterreich konnten die polnischen Ansprüche auf ein paar ungarische Grenzfestungen geben, derentwegen in der Tat eine polnische Gesandtschaft am 17. Sept. 1582 zu Augsburg erschien (Fleischmann p. 222). Schon am 27. Juli 1577 hatte der Kaiser an Kf. Ludwig geschrieben, dass der K. von Polen mit seinem Bruder dem Weyda von Siebenbürgen „sich allerlei unnachbarlichen unzimblichen practicken gegen uns und unsern undertanen in Hungern, auch anderer orten anmassen . . . solle" (Mb. 111/2 b f. 98 Or. vgl. oben no. 341 A. 1). Nach einer Mitteilung des französischen Gesandten zu Rom vom 14. Mai 1582 (Les lettres de messire Paul de Foix au roy Henry III, Paris 1628, p. 458; vgl. 610) sollten diese Praktiken geradezu dahin gezielt haben, Ungarn und Böhmen den Habsburgern wieder zu entreissen („que pendant la maladie de l'empereur et lors qu'on le tenoit quasi pour désespéré, on avoit résolu en Hongrie d'élire roy le dit Battori; voire mesmes en Bohême il s'en trouva un grand nombre qui en vouloient faire autant"). J. C. Aeusserung stimmt hiemit vollkommen überein. Am 24. Juli 1582 hatte er seinen Räten zu Augsburg befohlen, andern Gesandten „ad partem an hand zu geben, ob nit mit Ungern (welche albereit unwillig sein sollen) und Sibenbürgen kundschaft zu machen und des Türken gelegenheit zu erkündigen, item mit ihnen zu conversiren, ob und wie ein friedstand bei dem Türken zu erlangen." Vgl. Charrière IV, 150; Maffei II, 244; 253,4.

24) Vgl. no. 416; Häberlin XII, 386 ff; die Beglaubigung der Abgeordneten der Herren und Landleute bei J. C., datirt Graz, Klagenfurt und Laibach 20. Juni, Mb. 111/1b f. 410. Kf. Ludwig hatte in seinem Schr. an die Räte vom 28. Juli „der kais. Mt. eigene erblande" neben den R. Städten als „ein gut exempel" der Opposition für die höheren R. Stände angeführt. Oktober

25) Vgl. no. 199; 200; 283; 286; 290; 299; 307. Die obigen Bemerkungen zeigen, dass die geheimen Beziehungen J. C. zu Spanien noch nicht völlig abgebrochen waren. Ueber spätere Annäherungsversuche der Spanier vgl. Tagebuch p. 408; 410.

26) Vgl. no. 351; La Hug. II, 184/5.

27) Ein Schr. Granvela's an Margaretha von Parma, Madrid 27. April 1582, war nebst einigen andern Briefen in Frankreich aufgefangen und in Antwerpen veröffentlicht worden; Lettres interceptés du card. Granvelle et autres, Antw. 1582 (Prinsterer I. 8, 96; vgl. 123).

28) Ueber den Skandal wegen der Verhaftung des Nürnberger Krämers vgl. no. 369. — Schon im J. 1580 hatten die Gegner der Concordienformel ernstlich befürchtet, Sachsen werde die Autorisirung derselben von Reichswegen auf dem Nürnberger Tag betreiben (Heppe IV, 364 ff.; oben no. 252), der dann nicht zu Stande kam. Die gleiche Befürchtung erneuerte sich vor dem R.-Tag von 1582; J. C. besorgte allerdings nicht die Vorlage des „bergischen Buches", wohl aber einen Antrag auf Condemnation des Calvinismus und Ausschluss jeder von der Concordie abweichenden Fassung der Abendmahlslehre (no. 349). Aber der Gedanke einer förmlichen auf alle Nichtsubscribenten auszuübenden Pression war wenigstens von dem übereifrigen Ludwig von Würtemberg entschieden ins Auge gefasst worden. Derselbe berührte in seinem Schr. an Kf. Ludwig vom 17. April 1582 zuerst die Behauptungen der Papisten, dass die Städte die Religion nicht mehr anrichten dürften und der Rel.-Friede überhaupt nach dem Trienter Concil ein Ende habe, und schloss mit dem Vorschlag: „das von E. L. und den andern beiden weltlichen churfürsten denjenigen stenden, so die formulam concordiae noch nit underschrieben und sich doch zu unserer waren religion bekennen, dasselbige durch ire volmechtige abgesandte uff vorstehendem reichstag nochmaln underschrieben oder da die zeit zu kurz, was gleich anfangs des reichstags mit solchen gesandten gehandelt und das werk also ongestelt, darmit der Papisten cavillieren desto stattlicher begegnet und man also ex nostra parte für ein man stehen möchte" (Mb. 112/3a f. 111 Or.). Ueber die Bemühungen Würtembergs noch auf dem R.-Tag schreibt Walther an Ulmer (Zürich 26. Okt. 1582): „Non alio quam principis stolidi praesidio nititur [Andreä]. Hic nuper Augustae Saxonem cum lachrymis precatus est, ut Pandorae Vulcaniae [Concordienformel] mentionem faceret coram imperatore et infelicem meretriculam imperii ordinibus commendaret, ut publica imperii authoritate confirmetur; sed nihil impetrare potuit." W. fährt fort, eben erhalte er „ex Germaniae loco celebri" eine neue Bestätigung dieser Tatsache und ein Gedicht auf den R.-Tag, das beginnt:

„Est fatuus N. N. scortator, lurco, tyrannus,
Proditor est N. N. Germanae gentis et hostis.
Passibus ambiguis afflicta ecclesia nutat,
Corpore sed lacero respublica corruit aegra" u. s. w.

Mit dem N. N. wird wohl Kaiser Rudolf gemeint sein. Uebrigens stammen die bekannten Verse gegen die Lutheraner, die nachmals auf J. C. Restauration des pfälzischen Calvinismus angewendet wurden (vgl. Wundt, Magazin III, 187 ff.; Häusser II², 152 A 39) vom Augsburger R.-Tag; Abrah. Scultetus gibt sie in seiner Biographie (Emden 1625, p. 12) und sie finden sich mehrfach handschriftlich. Eine Nürnberger Abschrift besagt:

Oktober „Tetrastichon in comitiis Augustanis ao. 82. a Jesuitis ibidem valvis templi affixum:

Qua ratione queat Germania salva manere,
Suscipe consilium, lector amice, meum.
Utere iure tuo, Caesar, servosque Lutheri
Ense, rota, ponto, funibus, igne neca."

Dagegen lauten die ersten Verse in einer andern Abschrift (Mc. „In Augspurg uff der gassen funden in comitiis ao. etc. 1582"):

„Qua ratione queat Germania vivere salva,
Dicam, consilium suscipe quaeso meum."

Ebd. findet sich eine deutsche Uebertragung sowie eine lutherische Entgegnung („En hic consultor Stygiis prodivit ab undis" u s. w.), ferner eine weitere deutsche Aufforderung zur Ausrottung der Ketzer („Teutschland, das izt verderbet ist Durchs Luthers gift und falsche list" u. s. w. mit dem Schluss: „Würge getrost, niemand verschon"), ebenfalls mit einer Entgegnung („Warnung darauf gestelt durch ein Sächsischen. Ein neu französisch blutbadt" u. s. w.). Diese Satiren und Pasquille, worin sich die öffentliche Meinung noch unmittelbarer kundgibt als in den zahlreichen polemischen Schriften, zeigen uns, wie das damalige Deutschland wenigstens in Aufregung und Teilnahme an den religiösen und politischen Kämpfen mit Frankreich und den Niederlanden wetteiferte. Vgl. Heppe IV, 373 (satirische Literatur über die Concordienformel); weitere Beispiele unten (beim kölnischen Krieg).

29) Vgl. no. 370.

30) Vgl. no. 218. „Découvrir le pot aux roses: déc. le fin, le mystère de quelque affaire secrète" (Littré II. 2, 1759).

31) Der alte Plan einer Verbindung Kaiser Rudolfs mit der Infantin Isabella war seit der Anwesenheit der Kaiserin in Spanien soweit gefördert worden, dass K. Philipp einwilligte (20. Juni 1582); die Vermählung wurde für den künftigen März in Aussicht genommen (Foix, lettres p. 549; vgl. oben no. 392). Der Papst suchte Rudolf durch den Legaten Madruzzi zu bestimmen, bei dieser Gelegenheit nach Italien zu kommen und sich von ihm krönen zu lassen. Aber eben die Rechte des Kaisertums in Italien, die Rudolf Spanien gegenüber zu behaupten suchte, brachten zusammen mit der Entschlusslosigkeit des Kaisers den Heiratshandel wieder ins Stocken. Vgl. Charrière IV, 140 ff. (irrige Nachricht, der Kaiser habe nachgegeben); Maffei II, 243/4; Khevenhiller I, 252; Ranke Werke VII, 182; Stieve, Verhandlungen p. 9 f.

32) Der Zorn Kf. Augusts liess sich nur allmählich und mit Mühe durch den Kaiser und Brandenburg beschwichtigen; damals trug er sich noch ernstlich mit dem Gedanken an der Stadt Augsburg wo möglich gewaltsame Rache zu nehmen; vgl. no. 389; 398. Der Streit zwischen dem R.-Marschall Pappenheim und den R.-Städten wurde erst im J. 1614 durch Vergleich ausgetragen (Häberlin XII, 36).

33) „In gemein": Brandenburg und Hessen. Vgl. no. 357; 368; 380; über die Beschwerde J. C., dass zur Visitation des K. Gerichts im Mai 1581 nicht er, sondern Baiern berufen worden sei, Häberlin XI, 435. Im Fürstenrat hatte Wambold am 23. Juli die Session vor Baiern eingenommen, worauf der bairische Abgeordnete „sich uber den herzogen von Mechelburg, welcher in der persohn entgegen, gesetzet, auch vor ihme den von Mechelburg und Wambolden votiret" (die Räte an J. C. Augsb. 23. Juli). Tags darauf nahm Baiern unter Protest der Pfälzer seine alte Session wieder ein. Vgl. Häberlin XII, 222.

34) Ernst von Baiern, B. von Freising, Lüttich und Hildesheim, langjähriger Rivale und endlich Nachfolger Erzb. Gebhards von Köln, hatte als jugendlicher Administrator von Freising gelegentlich der K. Gerichts-

visitation 1572 zu Speier mit J. C. Freundschaft geschlossen, was dem bairischen Hof sehr unangenehm war (Lossen, köln. Krieg I, 119 f.). Das hier berührte Zusammentreffen zu Simmern, wohin sich J. C. am 22. Okt. 1582 begab, um sich mit Pf. Reichard, der als früherer Domberr zu Strassburg, Köln und Würzburg in Stiftssachen Erfahrung hatte, über die kölnische Sache zu besprechen, schildert Dohna. Ernst hatte den früheren Erzb. von Köln Salentin von Isenburg bei sich. „Das war nu ein seltzame coniunctio. Man sahe einander seltzam an, niemants wolte sich etwas lassen merken. Doch gabe es nach dem essen zimblich harte gesprech, daraus die affecten woll zu merken waren." Am Morgen reiste Ernst weiter nach Rom, dem Papst Gebhards Absicht zu entdecken und die bullam für sich zu erhalten; J. C. blieb noch einen Tag. Oktober

35) Nikolaus Freiherr von Bollweiler (Pollweiler), als Kriegsmann in spanischen Diensten und vertrauter Correspondent Granvela's bekannt, österreich. Statthalter im Unterelsass, † 1588. Vgl. Papiers de Granvelle VII, 381 A. 1; eine herbe Charakteristik B's. in der Légende du Cardinal de Lorraine (Mém. de Condé VI, Paris 1745, p. 96), wo u. a. seine Versuche, Anton von Navarra und Ludwig von Condé zum Katholizismus zurückzuführen, hervorgehoben werden. Trotzdem finden wir ihn 1583 in vertraulichem Briefwechsel mit J. C., der auf vorhergegangene persönliche Erörterungen Bezug nimmt.

36) „Sie": Brandenburg und Hessen. Vgl. L. Wilh. an J. C., 15. Nov. 1582, unten.

37) Parma's Aufmerksamkeit galt damals in erster Linie den Bewegungen Alençon's und der Franzosen.

38) Diese „reichsgravamina" dürften wohl mit den württembergischen bei Sattler V, Beyl. p. 44 ff. abgedruckten „Gravamina, so auf dem vergangenen reichstag fürgeloffen sind", identisch sein.

39) „Baroni": vertraulicher Name Dohna's am Hof J. C. Derselbe war, nachdem er im April 1581 Urlaub genommen und den Feldzug Bathori's gegen Russland mitgemacht hatte, am 25. Juli 1582 in Kaiserslautern wieder eingetroffen.

40) Graf Rochus von Lynar, italienischer Abstammung, genoss als erfahrener Architekt und Ingenieur die Gunst der meisten protest. R.-Fürsten; er war Rat und „Artolerey- Zeug- und Baumeister" Kf. Augusts, hatte aber auch brandenburgische, kurpfälzische, hessische, anhaltische Bestallung. Obwohl zum Calvinismus hinneigend wusste er sich bei August zu halten, dem er im J. 1575 eine scharfe Kritik der Heidelberger Zustände entwarf (vgl. Kl. II passim; Rommel V, 728; Böttiger [Flathe] II, 92). Trotzdem stand er in vertrautem Verkehr mit J. C., von dem er auch Pension bezog (Ledebur, Archiv XVI, 221); am 4. Juli 1582 schreibt er aus Spandau an den Pf. über einen Besuch des „baron de Tone", berichtet von seinem Sohn Joh. Casimir und schickt für Madame „une boyte de pierres de grevisses pour son apotiquarye" (Mc. Fürstens CXXIII. 1011 Eigh.). Die „Petarden", derentwegen J. C. offenbar bei Lynar anfragen will, waren damals noch eine neue Erfindung.

41) Die französischen Kleinodien, vgl no. 397.

42) Graf Joachim von Zollern, der einzige Lutheraner neben drei kathol. Brüdern, war an den kurbrandenburgischen Hof gegangen (Stälin IV, 831 A. 4).

43) Kurbrandenburg. Erbmarschall und Hofrat (Häberlin XIII, 460), später in Diensten Johann Casimirs.

44) Schwendi hatte schon wiederholt die Waffen Joh. Casimirs in die Bahnen der von ihm vertretenen Reichspolitik zu lenken versucht. So empfahl er den Pf. 1577 dem Kaiser für die Rückeroberung der drei Stifter (no. 42; 70). J. C. Feldzug in die Niederlande schien den Wünschen

36*

Oktober des alten Staatsmanns, der trotz früherer spanischer Bestallung doch ein guter deutscher Patriot war, völlig zu entsprechen und er suchte die unglückliche Wendung des Unternehmens vergebens zu hindern (no. 134). Dass er den bairischen Absichten auf das Kölner Erzstift entgegen war, ist mit Sicherheit anzunehmen. Peter Scheer von Schwartzenberg, nachgesetzter Kriegsrat und bestellter Hauptmann des rhein. Kreises, hatte im Gefolge des M. Jakob von Baden den R.-Tag besucht (Fleischmann p. 185).

45) Ein sehr abenteuerlicher Gedanke. Tatsächlich liess sich J. C. zu seiner Sicherung vom Kf. Gebhard das ganze Erzstift verpfänden (12. April 1583).

Nachträge und Berichtigungen.

Zu p. 4 A. 1. Die Stelle bei Languet (Arc. III, 201), auf die Gillet (Sybel's hist. Zeitschr. XIX, 50 A. 2) zuerst aufmerksam gemacht und die Kl. Fr. p. 468 ebenfalls angeführt hat, kann, wie ich mich nach wiederholter Prüfung überzeugt habe, nicht darauf gedeutet werden, dass Friedrich französische Pension bezogen hätte. Sie lautet: „Hanc gloriam [allein unter den Kff. der Wahl Spaniens zum röm. K. entgegen zu sein] consequitur Palatinus crebros nuncios huc [Paris] missitando, qui saepe sui compendii causa huc veniunt." Der letzte Satz kann doch nicht auf den Kf., sondern nur auf die Agenten desselben gehen, die ausser seinen Aufträgen auch ihre eigenen Interessen am französ. Hof vertraten. Vor Allem ist es aber unzulässig compendium als Pension zu interpretiren.

Zu p. 19 A. 2. Ueber Dr. Jean Philot (einen Rat des Pf. Georg Hans) vgl. Languet Arc. III, 298: 314; Röhrich, Gesch. der Ref. im Elsass III, 179 f.

Zu p. 20/1. Das angebliche Streben Spaniens nach der römischen Königskrone (denn die p 18 A. 1 mitgeteilten Nachrichten des venezianischen Gesandten sind sicher blosser Klatsch) und die Angst vor einer Privation der ketzerischen Kff. durch den Papst kehren bei diesen mehr oder weniger ausgemalten „Praktiken" immer wieder; vgl. p. 72; 99 A. 1; eine Aeusserung in dem bei Goldast, Politica imperialia gedruckten Gutachten wegen der Unterstützung Oraniens (1569) p. 1162.

Zu p. 23 ff. Ueber diese Verhandlungen und J. C. ersten Feldzug vgl. Jules Delaborde, Gaspar de Coligny II (Paris 1881), 524 ff., wo auf eine Reihe handschriftlicher Quellen für die französischen Beziehungen Friedrichs und J. C. verwiesen wird, die ich nur zum Teil benützen konnte. Die p. 616 ff. nach einem Pariser Ms. abgedr. Uebersetzung der pfälz. Protestation vom 6. Dez. 1567 findet sich auch im Bulletin de la soc. de l'hist. du protest. fr. XVI, 118 ff. Ebd. XVII, 393 das Urteil eines hugenott. Edelmanns über J. C. Armee; über die finanziellen Verpflichtungen und Schwierigkeiten der Hugenotten ebd. XXI, 454; Ch. Schmidt, Jean Sturm p. 156.

Zu p. 30 ff. Georg Hans verbreitet sich in seinem Schr. vom 16. Nov. 1587 (angeführt oben p. 145 A. 2) über seine unmittelbar vorhergegangenen Verabredungen mit J. C. in etwas verworrener Weise. Er habe sich mit Kf. Friedrich und J. C. zur Unterstützung des Prinzen Porcien (Antoine de Croy) verbunden; J. C. sollte mit ihm marschiren und ev. (da man eben einen kais. Angriff auf Kurpfalz befürchtete) zum Schutz seines Vaters umkehren. Aber Porcien starb (15. Mai 1567), Friedrich „avo't commencé à se réconceiller avec l'empereur", hatte bereits Aussicht auf die Verbindung seines Sohns mit der Tochter Kursachsens und wies ihn mit seinen Truppen an Condé und den Admiral, die ihn auch annehmen wollten. Inzwischen bekam J. C. Lust, statt mit ihm für sich allein ins Feld zu ziehen und dies wurde hinter seinem Rücken mit Abgesandten der Hugenotten ins Werk gesetzt; J. C. entschuldigte sich nach dem Feldzug, die Gesandten hätten behauptet, „que je n'avois volonté de marcher." Wir sahen, dass er dann vergebens bereit war gegen die Hugenotten zu dienen; die p. 31 A. 3 citirte Werbung spricht von 8000 Reitern und 100 Fähnlein. Für die p. 33 erwähnten Absichten des Wiener Hofs spricht das Schr. des Zasius an Baiern vom 13. Mai 1568 (Ma. 229/1): G. H. habe seine 100 Hauptleute und Obristen und Rittmeister für 5000 Pf. noch im Wartgeld; da wegen des französ. Friedens „sein visierlich und artig, auch nit so gar böss damalls under dem krieg aliis praetextibus gehabbt fürnemen contra Heidelperg etc. nun nit mehr statt haben kan", wolle G. H. durch den Kaiser bei Alba Bestallung erhalten; man könne auch durch die Leute, die er habe, „noch wol ein lerman oder 2 anrichten . . . wider die, so den kunig von Hispanien auf ain mal fressen wolten, welchs weder uns noch E. F. Gn. multis respectibus zu gedulden." G. H. Verkehr mit dem Kaiser dauerte fort; am 25. Jan. 1569 erbietet sich Maximilian zur Erlangung des Schadenersatzes für „den von D. L. in den bewussten handlungen guetherziglich aufgewendten unkosten" behülflich zu sein und am 20. Aug. 1569 beglaubig G. H. einen der drei Räte, die er an den Kaiser abfertigt, Dr. Schütz, für „etliche sundere geheime puncten"; Schütz, „welchen ich allein in gehaimbsten sachen zwüschen E. kais. Mt. und mir gepraucht", starb bald darauf (G. H. an den Kaiser, 4. April 1570). Mb. 131/3. Die oben p. 69 A. 2. citirte Zeitung vom 19. Dez. 1568 meldet, G. H. denke noch mit 20 Fähnlein und 4000 Pf. „zu eines hohen potentaten dienst" am 1. Jan. anzuziehen. Beim französischen Zug Wolfgangs behauptet G. H. in dem Schr. vom 16 Nov. 1587 wieder von den Hugenotten und Heidelbergern ähnlich wie das erste Mal hintergangen worden zu sein. Im J. 1570 trat dann seine Absicht, Reichsadmiral zu werden in den Vordergrund (Koch II, 72).

Zu p. 51 A. 2. Vgl. Schmidt, Jean Sturm p. 157/8.

Zu p. 52. Vgl. Segesser, Ludwig Pfyffer und seine Zeit I (Bern 1880), 540 f.

Zu p. 54. Markgraf Philibert von Baden-Baden, Schwager Albrechts von Baiern, nahm persönlich eine Art von neutraler Stellung zwischen Katholizismus und Luthertum ein (Vierordt, Gesch. der evangel. Kirche in Baden II, 44). Er wollte sich 1567 dem Zug J. C. anschliessen (Lang. Arc. I, 29; 35), liess sich aber namentlich durch den Kaiser abhalten, der sich darauf hin für eine spanische Bestallung verwendete, die Ph. bisher vergebens zu erreichen gesucht habe (Koch II, 53/4; vgl. Col. de documentos XXXVII, 206; also ist die Behauptung Würtembergs im Juli 1567 bei Kl. II, 65 verfrüht). — Ueber den Zug Pf. Wolfgangs, die Beteiligung Oraniens, die ursprüngliche Absicht auf die drei Bistümer zu marschiren u. s. w. vgl. die neueste viele Ergänzungen bietende Darstellung bei Segesser I, 536 ff.

Zu p. 61 Z. 11 ff. Ueber diese Verhandlungen Triers mit Alba vgl. auch die Stelle in der „Germani cuiusdam nobilis . . . . commonefactio" von 1584 (Oeuvres de Marnix, Corresp. p. 362), wonach dieselben „in perniciem illmi sanctae memoriae comitis Friderici Palatini" gemeint gewesen wären.

Zu p. 63 ff. Vgl. Lossen, köln. Krieg I, 88 ff., wo eine genauere Darstellung der Versuche zur Erweiterung des Landsberger Bunds anderwärts in Aussicht gestellt wird.

Zu p. 64 Z. 20. In der lothringischen Correspondenz Baierns finden sich (Ma. 285/3) eine Reihe von Schriftstücken, die sich auf Bemühungen Lothringens einem nicht genannten Fürsten die Statthalterschaft der Niederlande auf ein oder zwei Jahre zu verschaffen, beziehen. Der lothring. Vorschlag an Granvela vom 8. Febr. 1570 bezeichnet „einen gewaltigen mechtigen fürsten, welcher catholisch, betagt, von den undertanen und undersassen sowol als von den nachpaurn ohnverdacht, von meniglichen geliebt, von niemands gehasst, alles respects und forcht würdig, dem künig nahe verwandt, zu I. Mt. dienst sonders wol bewogen und von dem heil. apostolischen stul sehr hoch geachtet ist"; eine solche Person und noch viel füglicher habe die Herzogin an der Hand. Gleichzeitig war auf ausdrücklichen Wunsch Hrz. Albrechts (an Christina, 30 Jan.) der lothring. Rat Silliers in gleicher Sache an Alba abgefertigt worden. Alba erklärte hierin selbst nichts tun zu können, erbot sich aber nach Spanien zu schreiben (Relation über die Verhandlung vom 17. Febr.); Granvela lehnte in seiner Antwort auf obigen Vorschlag (27. Febr.) jede Beteiligung ab und erklärte, er wünsche gar nicht zu wissen, wer mit jenem Fürsten gemeint sei. — Die ganze Sache wurde im Anschluss an die Weigerung des Landsberger Bundes Spanien aufzunehmen aufs Tapet gebracht und mit dem Fürsten kann gewiss nur Albrecht von Baiern selbst gemeint sein.

Zu p. 78 Z. 2. Im J. 1580 erinnert Clervant an Bemühungen des verst. Emanuel Philibert von Savoien um J. C. Freundschaft (no 256). Von einem Condolenzbesuch des mantuanischen Gesandten in Heidelberg spricht Labbe (an Nevers, Breslau 2. Mai 1577).

Zu p. 84 A. 4. Ueber die Werbung und Verhaftung des Grafen von Eberstein vgl. Koch II, 289 ff., wo u. a. Correspondenzen zwischen Kf. Friedrich und Würtemberg.

Zu p. 92 Z. 1. Ueber eine venezianische Gesandtschaft in dieser Sache bei Kf. Johann Georg (Winter 1571) vgl. Nic. Leutingeri Opera omnia I (Frkf. 1729), 685/6 (Commentar. de Marchia lib. XXI § 18).

Zu p. 101 A. 2. Die von Büttinghausen, Beyträge zur pfälz. Gesch. II, 394/5 angeführte pfälz. Tradition, um deren Bestätigung er sich vergebens an Haller wendete, existirte bereits im XVI. Jahrh. Leutinger (Opera I, 510 f.) erzählt in seiner Gesch. der Mark beim J. 1566: Pf. Friedrich, der von seinem Zwinglianismus nicht lassen wollte, „cepit sibi prospicere, Bernae iure civitatis comparato, quandoquidem in caritate civium, qui C. A. ferme addicti, parum spei reponeret et Ludovicum filium a se dissentientem haberet, et istuc res suos transportare, ut si vis immineret, ibidem privatam vitam, si non cum dignitate, attamen in pietate ageret." Die Rettung Friedrichs von der Exclusion wird hier den Bemühungen Kf. Augusts und der brandenburg. Gesandten zugeschrieben. — Im J. 1577 dachte J. C. daran, sich vor der luther. Reaktion seines Bruders in die Schweiz zurückzuziehen (oben no. 19).

Zu p. 106/7. G. Chr. Joannis I, 877 (Anmerkung zu Serrarius V. 13) nennt als kurpfälz. Gesandten den Rat Johann Philipp Landschad von Steinach, wonach der von Schomberg berührte Plan Ehem abzufertigen nicht verwirklicht wurde. Landschad vertrat mit Pastor den Kf. auf dem folgenden Frankfurter Tag (Kl. II, 587) und wurde 1576 Amtmann von Boxberg (Widder II, 42).

Zu p. 108 A. 1. Vgl. über die Wegnahme von Bitsch auch J. G. Lehmann, Urk. Gesch. der Grafschaft Hanau-Lichtenberg II, 472 ff.

Zu p. 120 A. 1. Details sehr fraglicher Natur gibt Lünig, Theatrum ceremon. I, 499 f., vgl. die Kritik von Büttinghausen (Anmerkung zu § 111 des pfälzischen Staatsrechts von J. J. v. Moser, Heidelb. 1762; Ergözlichkeiten II, 50 f.).

Zu p. 124. Die Aufnahme K. Heinrichs beim Administrator Joachim Friedrich und im Brandenburgischen schildert Leutinger I, 685/6. In Frankfurt a. O. „aderat elector ipse spectator pompae, verum a nullo cognitus."

Zu p. 128/9. Vgl. no. 326 A. 4; über Salentin von Köln und seine Beziehungen zu den Nassauern Lossen I, 1 ff.; 207 ff.

Zu p. 130 A. 1. Dieselbe Auffassung bei Lossen I, 211 A. 1.

Zu p. 137 A. 1. Vgl. auch Aretin, Maximilian I., 242/3. Die oben angeführte Zeitung beruht auf einer Erzählung des in Rom befindlichen Prinzen Karl Friedrich von Jülich, ein calvin. Geistlicher in Meissen habe gepredigt, dass Christi Leib beim Abendmahl gegenwärtig sei, sei ebenso unmöglich, wie ein plötzliches Blühen der dürren Bäume neben der Kirche, auf die er wies; „illas vero inaudito miraculo statim floruisse." Dies der Anlass zur Verfolgung der Calvinisten. Der Berichterstatter fügt bei: der Prinz (vgl. über seine röm. Reise und seinen Tod 9. Febr. 1575 Lossen I, 262 ff.) „Romam a Caesare missus putatur, ut eum pontifex obsidem quodammodo haberet constantis in se studii et observantiae, simul ut facilius ab eo de regno Polonico quod petit impetraret." Ueber die rohe Art, womit Kurpfalz, Hessen und Braunschweig den Tod des jungen Herzogs zur „Bekehrung" seines Vaters zu verwerten suchten, vgl Lossen I, 273 ff.

Zu p. 139. Augusts Aeusserungen in den Punktirbüchern bei Kl. Fr. p. 476; Forschungen XX, 30 f.; vgl. Prinsterer I. 5, 312; Gachard, corr. de Phil. III, 393. Der Vorwurf, Charlotte habe sich vor der Hochzeit mit Oraniens Bruder Ludwig vergangen, auch im Advis d'ung bon bourgois de la ville de Gand, 1583.

Zu p. 141 A. 1. Ueber Salentius franz. Pension und die Gründe, die ihre Auszahlung immer wieder verzögerten, vgl. Lossen I, 216 ff.; 293; 320 f.

Zu p. 143 A. 2. Vgl. auch Ochs, Gesch. der Stadt Basel VI, 269 f. (u. a. über das unwürdige Betragen der französ. Flüchtlinge).

Zu p. 150 A. 3. Eine selbstgefällige Schilderung des Pf. von seinem Empfang in Wien in einem Schr. an K. Heinrich III bei Moser, patriot. Archiv XII, 74.

Zu p. 151 Z. 7 v. u. Ueber die Gesandtschaft der Schweizer nach Frankreich im Frühjahr 1575 vgl. Archiv für schweiz. Gesch. XIV, 149 ff.

Zu p. 154 Z. 13. Unter die Leiter der pfälz. Politik gehört ausser Ehem und Zuleger der feingebildete und tief religiöse Ludwig von Sayn Graf zu Witgenstein (geb. 1532), seit 1574 Grosshofmeister Kf. Friedrichs (vgl. Im. Weber, Decades III p. 6 ff.; G. Friedländer, Beiträge zur Ref.-Gesch. p 262) Vgl. über seine Persönlichkeit und Heidelberger Wirksamkeit Lossen I, 302 ff. sowie die ebd. p. 290 A. angeführte Literatur; einige Briefe des Grafen bei Prinsterer I. 2.

Zu p. 158 A. 1. Nach Lossen I, 273 war Weyer ein Sohn des jülichischen Leibarztes Dr. Johann Weyer (Wier), der als Gegner der Hexenverfolgungen bekannt ist; mit demselben verwechselt ihn als „protecteur des sorciers" das oben p. 17 A. 1 citirte „Advertissement" (p. 28). Ein Schr. Weyers an Burghley vom 26. Juli 1582 (1581?) bei Strype Annals III. 1, 126/7 ist datirt aus Veldenz und unterzeichnet „Theod. Wierus Dr. archisatrapa comitat. Veldentiae."

Zu p. 159 A. 2 Briefe von Beutterich finden sich ausser in den dort angegebenen Werken noch gedruckt bei Stettler, Annales II, 265 f. und Ayrmannus, Sylloge anecdotorum p. 423 ff. Die neue Ausgabe der France prot. ist mir leider nicht zugänglich.

Zu p. 160 A. 2. Vgl. auch Vulliemin IX, 148 ff.

Zu p. 163 Manche wertvolle Ergänzungen und Berichtigungen bietet für diese und die nächstfolgende Zeit der letzterschienene Band des Calendar of State Papers (1575—1577, Lond. 1880), der mir leider erst nach Vollendung des Drucks zu Handen kam. So bestätigt z. B. ein Br. von Wilkes an Burghley, Strassb. 29. Aug. 1575 (p. 118) das von La Hug. mitgeteilte pfälzische Heiratsprojekt sowie die schliessliche Vertretung der Forderungen J. C. von Seiten des Kf. Ueber die englischen Subsidien vgl. p. 44(5), 65. Ein Auszug der Capitulation vom 27. Sept. p. 295/6.

Zu p. 167 A. 2. Vgl. Calendar p. 154 ff.

Zu p. 168 A. 2. Vgl. auch Wurstisen, Bassler Chronik (1765) p. 696; Vulliemin IX, 150 ff.

Zu p. 168 A. 3. Vgl. ein Schr. Beza's aus Genf, 25. März 1575, im Bulletin XVI, 268 ff. In der Stelle: „Nos condamneurs de Forgue (?)" zu berichtigen: „Torgue".

Zu p. 170 A. 2. Einige Schr. und eine Instruction J. C., Chastelet 8. Jan., Vousac 1. März Calendar p. 3: 225 (irrig zum J. 1575); 274. Ebd. 184 ff. ein genauer Anschlag der Ausrüstung der casimirischen Armee und ihres ersten Monatsolds, nebst Fixirung der von Kurpfalz bereits gemachten und noch zu machenden Auslagen. Der Anschlag geht auf 8000 Reiter, 8000 Schweizer, 3000 Wallonen (Schützen) und 46 Geschütze (mit 400 Pf., 500 Pionieren u. s. w.). „Enreclt gelt" ist Anrittgeld, „lans gelt" Laufgeld. Ausserdem zahlreiche den Verlauf des Feldzugs und der Friedensverhandlungen betr. Schreiben und Zeitungen.

Zu p. 174 A. 1. Vgl. die Vorschläge J. C. vom 1. März zur Modifikation des Friedensentwurfs Calendar p. 256 ff.: Dale's und Randolphe's Berichte aus Paris 16. (17 ?) 25. April, p. 315; 322/3.

Zu p. 178 Z. 12. Vgl. über derartige Absichten der Guisen und Lothringens Calendar p. 330; 333.

Zu p 178 A. 1. Vgl die Abmachungen mit Bellièvre vom 8. Juli, Calendar p. 347/8.

Zu p. 180 A. 1 Vgl. Calendar p. 353/4 (wo auch Berichte Dale's über den starken Eindruck, den Weyer's Werbung machte).

Zu p. 181 A. 1. Bellièvre suchte nach seiner Rückkehr die am französischen Hof umlaufenden übertriebenen Erzählungen von diesem „Triumph" zu berichtigen, Calendar p. 371/2; 379.

Zu p. 182. Für das 6. Capitel zu vgl. Lossen I, 289 ff.; 383 ff. (V. Buch, Cap. 1. Röm. Königswahl und Freistellung; Cap. 2. der Regensb. Wahltag; Cap 5. die Freistellung zur Zeit des Regensb. R.-Tags), wo man namentlich über die Stellung Johanns von Nassau und seiner Freunde zu diesen Fragen (aus Dillenburger und Marburger Quellen) Näheres erfährt.

Zu p. 190. A. 2. Vgl. Kl. II, 895.

Zu p. 195 Z. 6. Vgl. dagegen die Berichtigung no. 85 A. 2.

Zu p 199 A. 1. Ein paar weitere Schr. Albrechts citirt bei Aretin Maximilian I. 213 A. 1; 215 A. 2.

Zu p. 200 Z 11 v. u. Der venezian. Gesandte berichtet, dass der Kaiser „in Ratisbona ebbe 100000 scudi da Firenze e molti da Sassonia," teils für die Reise (zum Wahltag) teils für Polen (Albèri I: 6, 187).

Zu p. 201 A. 2 Das unten no. 3 angeführte Rechtfertigungsschr. Augusts (vom 1. Okt. 1576) ist nach einer Notiz bei Lossen I, 403 A. 1 gedruckt in hist. Miscellen II, 102 ff.

Zu p. 204 A. 1. Betreffs der Heidelb. Beratung vom 18. Nov. 1576 ist die Mitteilung bei Kl. II, 1021 A. 1 dahin zu berichtigen, dass nicht J. C. (der auch zugegen war), sondern Kf Ludwig selbst den Vorsitz führte; in seinem ausführlichen Votum erwähnt er u. a., dass auf dem R.-Tag „I. Mt. sich gegen I. Ch. Gn. solcher wort vernemmen lassen, die einem wol zu bedenken und zu herzen gangen."

Zu p. 213 (no 1 A. 5). Im Sommer 1575 behaupteten die Begleiter Condé's, Kf. Friedrich werde (auf Anstiften des französ. Hofs) von Oranien ihnen abspenstig gemacht, und zwar durch die Aussicht auf Erwerbung der Grafschaft Seeland (Calendar p. 118)!

Zu p. 213 (no. 1 A. 8). Die „Gesandtschaft nach Konstantinopel" lässt sich nur mit den Mitteilungen La Hug. (I, 270 ff; 284/6) zusammenbringen, wonach Oranien noch zu Lebzeiten seines Bruders Ludwig an eine geheime Sendung in die Türkei dachte und Ludwig ihn, La Hug., hiezu verwenden wollte; später wurde der Plan wieder aufgenommen und, da Oranien keinen der Seinigen abfertigen wollte, erbot sich ein Begleiter Condé's, Vézines, die Reise über Holland, Danzig und Polen zu unternehmen; Oranien hatte aber den Gedanken bereits völlig aufgegeben. Diese Erzählung zeigt wenigstens, dass ein derartiges Projekt zwischen Graf Ludwig und seinem Sekretär zur Sprache gekommen ist; auch der Reiseplan Vezines' erinnert an die Zusammenstellung unserer Instruktion (Polen, Dänemark, Danzig, Konst.). Ueber die mysteriöse Sendung Téligny's nach Konst. im J. 1566 vgl. Delaborde II, 427 ff.; über die Beziehungen Heinrichs von Navarra zur Pforte und das merkwürdige Projekt eines Zusammenwirkens der Hugenotten, Türken und Spanier (1577) Charrière III, 679 A. 1 (wo die betr. Briefe aus Berger angeführt sind); vgl. M. Amirault, la vie de François de La Noue (Leyden 1661) p. 210 ff. Ueber jene Gesandtschaft Téligny's erschien nach einer Mittheilung bei Surius, Commentar. brevis rerum in orbe gestarum (Ausgabe von Isselt, Köln 1586, p. 750 f.) im J. 1568 ein Schreiben, wonach es sich „de Hugonotis in Turcarum imperatoris fidem et tutelam suscipiendis" gehandelt, der „Pascha" aber das hugenottische Anerbieten mit Entrüstung zurückgewiesen hätte. Der Hugenott habe namentlich in Aussicht gestellt, einige ihnen geneigte deutsche Fürsten würden alle Anschläge des Kaisers gegen die Türken zu hindern wissen Vgl. den Anhang zu Bolzec, hist. de vita Bezae, Ing. 1584 p. 100 f.

Zu p 214 (no. 4 A. 2). Eine Aeusserung Joh. von Nassau über L. Wilhelms Fortschritte in der wahren Religion (1581) bei Prinsterer I. 7, 539. Vgl. oben p. 198.

Zu p. 220 no. 6. Vgl. ein Schr. Andreä's an Kf. August vom 9. Nov. 1576 in der Zeitschrift für hist. Theologie XXXVII (1867), 4.

Zu p. 222 no 9. Beutterich wurde in der Tat von J. C. berufen; er erwartete nebst Ehem und Zuleger sofort entlassen zu werden und spricht in einem Schr. an den Kölner Propst Georg von Sayn (Strassb. 18. Dez.) die Absicht aus, sich ganz vom politischen Leben zurückzuziehen; „deo, meo genio, uxori et praediolo in otio vivam" (Ayrmannus Sylloge p. 424/5).

Zu p. 223 no. 10. Der Bericht Bidembachs teilweise schon veröffentlicht von Pressel in der Zeitschrift f. hist. Theol. XXXVII, 7 f. Ueber Schnepf und Bidembach vgl. Fischlin, memor. Theol. Wirtemb I, 89 ff.; 142 ff.

Zu p. 232 (no 21 A. 1). Vgl. über die Art und Weise, wie sich Struv (p. 297/8) den (bei Mieg gedr.) Bericht Alting's zurechtlegte, Wundt, Magazin I, 155 ff.; das daselbst sowie bei Büttinghausen, Beyträge II, 143 angeführte Buch von Spatz: Evangel. Speyer (Frankenthal 1778) war mir nicht zugänglich.

Zu p. 234/5 no. 24. 25. Vgl. Lossen I, 426 ff.; 467 ff.; 487/8. Am 24. Okt. 1576 schickt Beutterich eine Chiffre an die köln. Capitularen Georg von Sayn und Hermann Adolf von Solms (Ayrmannus p. 423).

Zu p. 236 no. 27. Ein Schr. Bidembachs an Marbach, Heidelb. 25. Jan. 1577 (Fechtius p. 548/9) zählt daselbst 169 lutherische Communikanten.

Zu p. 236 no. 28. Vgl. Lossen I, 477 ff.; 512 ff.; unten no. 35; über Kf. Augusts Verhalten zur Hildesheimer Wahl Lossen I, 144; über Albrechts Unterredung mit dem jungen Kaiser zu Regensburg Aretin, Maximilian I, 220 f.; der von Albr. berührte „Discurs" (teilweise) ebd. 218/9.

Zu p. 247 no. 34. Surius (Isselt), Comment. (Ausg. 1586) p. 910 lässt irrtümlich J. C. „nomine suo et fratris" antworten.

Zu p. 249 (no. 35 A. 1). Der im Schr. erwähnte Bote ist nicht Dr. Paull, der vielmehr Ende Jan. an Kf. Salentin abgefertigt wurde, zuerst zu Bremen, dann nach Osnabrück und (Ende Febr.) nach Münster, an den Rhein, nach Frankfurt und (20. März) nach Prag kam, wo er endlich Salentin traf, Lossen I, 477/8.

Zu p. 250 (no. 37 A. 1) Vgl. die interessanten Berichte Paulet's an Burghley, St Dié 4. 17. März 1577, Calendar p. 536/7; 545.

Zu p. 266 (no. 49 A. 2). Ueber Sidney's Verhandlungen mit Graf Johann zu Köln vgl. Lossen I, 504 ff. Ein Schr. Sidneys an Burghley, Heidelb. 22. März 1577, Calendar p. 551; vgl. 573; 580. J. C. Antwort, Lauterburg 8. Mai, erklärt seine Geneigtheit dem vorgeschlagenen Bündniss beizutreten, andere Herren, sowie einige R.-Städte und die Schweizer zum Beitritt zu veranlassen und selbst 100000 Taler zu contribuiren. Vorschlag eines gemeinsamen Bekenntnisses der reformirten Kirchen (vgl. no. 60 A. 2), ebd. p. 575.

Zu p. 269 (no. 51 A. 1). Ein Schr. Ehems an Witgenstein, 7. Juli 1577 (Ayrmannus p. 447 ff.) berichtet über die vergeblichen Versuche J. C., den Kf. (zu Ems) milder zu stimmen. Der Kf. erklärte, „me habere malum et cum aliis fuisse authorem, ut in Belgium et Galliam multae insumptae fuerint pecuniae". Ehem zeigt sich übrigens trotzdem ungebrochnen Muts („ich bin aber nit bedacht, aus mir einen leibeignen machen zu lassen") und sucht seinerseits für die vertriebenen Geistlichen und Lehrer zu sorgen.

Zu p. 270 (no. 52 A. 2). Vgl. auch Haller und Müslin p. 209 f. Eine Aeusserung im Strassb. Rat darüber, „das viele under dem schein der religion andre praktiken gesucht und getrieben haben", in der Zeitschrift für die gesammte luther. Theol. und Kirche XXXIII (Leipz. 1872), 91.

Zu p. 271 (no. 54 A. 1). Ueber die Bautzener Zusammenkunft vgl. auch Leutinger, Opera I, 716; S. Grosser, Lausitz. Merkwürdigkeiten I, 206 f.; über den Nuntius Delfino unten no. 292 A. 10.

Zu p 272 no. 57. Ein Auszug des Schr. Calendar p. 603.

Zu p. 274 (no. 60 A. 2). Ein Schr. J. C. hierüber an Sidney, Neustadt 12. Juni, Calendar p. 599. Am 31. Aug. 1577 schreibt Maria Stuart an den Erzb. von Glasgow über ein Schr. Casimirs „à ceste royne, de qui il démonstre deppendre entièrement", betr. den Streit der Lutheraner und Calvinisten und die beabsichtigte Versammlung (Labanoff, lettres de M. St. IV, 389). Ueber das Projekt des Magdeburger Tags vgl. Zeitschr. f. hist. Theol. XXXVII, 23 ff.

Zu p. 274 ff. no. 62. Vgl. über die Verhandlungen der Hugenotten mit J. C. no. 23; 53; 77; 93. Für die Tätigkeit La Personne's, der im Winter 1576/7 und dann wieder im Sommer 1577 in der Pfalz war, findet sich ein Beleg Calendar p. 465/6. Es ist eine Reihe von Fragen betr. die Bedingungen und Grundzüge eines neuen Feldzugs, den J. C. zur Unterstützung Navarra's und Condé's unternehmen soll, mit den Antworten La Personne's. Die Fassung des Auszugs gibt über den Fragesteller keine rechte Klarheit. Es handelt sich um eine Armee von 10000 Reitern, 2 Regg. Schweizer, 1 Reg. Landsknechte, ferner lothring. wallon. und lüttich. Schützen. J. C. rechnet auf Gelder von England und den Hugenotten, namentlich in Languedoc. — Nach einer Aeusserung Beutterichs gegen Paulet (März 1577) hatte J. C. damals auf die hugenott. Hülfsgesuche eine „kalte Antwort" gegeben, war jedoch im Notfall zu einem Einmarsch mit 10000—16000 Reitern bereit, jedenfalls aber entschlossen sich selbständiger zu stellen und nicht mehr „von Kindern regieren zu lassen". Hiemit stimmt die Darstellung bei Amirault, François de La Noue (p. 228) wohl überein: Casimir, der die Schwierigkeiten der Aufstellung einer Armee und ihrer Führung bis nach Guyenne einsah, „conseilloit luy mesme que pourveu qu'on peust obtenir des conditions tolérables [de paix], on consentist à quelque modification". Clervant, der eine Zeit lang wegen finanzieller Verpflichtungen in Deutschland festgehalten war (ebd. p. 221), liess damals dem französ. Hof Nachrichten über Condé's kriegerische Absichten zukommen (Journal de Nevers 21. Jan. 1577, bei L'Estoile III, 133; vgl. den Bericht aus Blois vom Jan. 1577 Calendar p 475/6, wonach Clervant am 1. an Casimir abgefertigt wurde; „Minor", „Absinthium" u. s. w. vermag ich nicht mit Sicherheit zu enträthseln). Ueber J. C. spätere Vorwürfe gegen Clervant und La Personne vgl. unten no. 360 A. 2. — Ueber die damaligen Absichten Englands auf Calais vgl. auch den chiffrirten Bericht Calendar p. 569.

Zu p. 276 no. 64. Vgl. Lossen I, 530, über die Bemühungen Heinrichs von Bremen um Münster ebd. 307 ff.; 321 ff.; 530 ff.; 548.

Zu p. 280 (no. 72 A. 1). Ueber Roger's Aufenthalt in Neustadt Nov.–Dez. 1577 vgl. Zanchius, epp. II, 375.

Zu p. 282 no. 76. An die Genfer Theologen schrieb im Namen des Convents Tossanus, Neustadt 29. Sept. Genf Bibl. Ein paar Schr. J. C. an den Rat zu Genf (11. März; . . Juni, Genf Arch. Orr) mitgeteilt bei Koch II, 145.

Zu p. 284 no. 80. Schönberg stand schlecht mit Pfalz seit seiner Teilnahme an der Wegnahme von Bitsch für Lothringen, vgl. Prinsterer I. 4, 392; Lehmann, Gesch. der Grafen von Hanau II, 475, oben p. 108 A. 2.

Zu p. 289 no. 89. Das Schr. von Dathenus und Tossanus an die Geistlichen und Aeltesten zu Genf, Neustadt 3. Dez. (Genf Bibl. vgl. Koch II, 157) erwähnt u. a., dass J. C. sämmtliche im Vorjahre aus der Oberpfalz Verjagte („une vingtaine") in seinem oberpfälz Gebiet aufgenommen habe.

Zu p. 292 no. 92. Vgl. über die Lage der eingewanderten Niederländer zu Schönau unter Kf. Ludwig Wundt, Magazin I, 57 A. z.

Zu p. 301 no. 102. Ein undatirtes Fragment aus der geheimen Corr. J. C. (vom Febr. 1578) bezieht sich auf die beabsichtigte Flucht Alençons vom Hofe, die am 14. Febr. verwirklicht wurde: „Je viens tout maintenant d'entendre que le septiesme de ce mois -- *Monsieur a voulu s'en aller de la court, mais par la persuasion de touts princes et seigneurs il est demeuré.* On pense que quoy qu'il tarde *il s'en ira et voudra se rejoindre aux Huguenotz.* Quand on peult estre adverty de - - - *la saillie de Lucifer de sa caverne, il est bon de s'en donner de garde*" (Ma. 544/15 f. 311). Vgl. Desjardins IV, 144 ff.

Zu p. 304 no. 109. Vgl Sammlung der eidg. Abschiede IV. 2a, 639 f.; 653; 658; über das Verhältniss der Eidgenossen zur Freigrafschaft Segesser, Pfyffer I, 514 ff.

Zu p. 305 (no. 113 A. 2). Ueber Marion's Verbannung aus Mömpelgard vgl. Beza an L. Wilhelm, Genf 9. Dez. 1579 (Heppe, epp. Bezae p. 22).

Zu p. 310 (no. 122 A. 1). Vgl. La Hug. II, 207; Compte-rendu III, 3, 230.

Zu p. 311 (no 124 A. 1). Vgl. das (irrig ins J. 1579 gesetzte) Schr. vom 12. Sept. aus Prag, Compte-rendu III. 2, 260 A. 1, Kf. August an L. Wilhelm 25. Okt., Prinsterer I. 6, 473.

Zu p. 312 no. 126. Vgl. no 141. Am 8. Nov. 1578 schreibt Isaak Weycker, Diener J. C., aus Antwerpen (wo er für die Bezahlung des Kriegsvolks tätig war) an seinen Bruder Matthäus in Strassburg: „Es ist Walbrun auf der post zu M. Gn. F. und H. abgefertichet worden, wie ich nit anders vermein, ich jungst auch vermelt hab, das die Schwarzenbergeschen reuter, ittem Hainrichs Otto Volmershusen reuter und M. Gn. F. und H. reuter, auch alle deutsche landsknecht verbunden und M. Gn. F. und H. zum haubt begert und sich zu I. F. Gn. verpflichten und verobligieren leib und guet bei I. F. Gn. zu setzen und nit zu weichen, bitz sie zalt send; darauf auch die copia eins schreibens lautt" (Str. Eigh.).

Zu p. 315 no. 134. Ueber den Einfall französ. Truppen in die Grafschaft Burgund vgl. Sammlung der eidg. Abschiede IV. 2a, 664: 671; Desjardins IV, 200 f.; 203; 208; Prinsterer I. 6, 474; Mém. de Haton II, 963; Bouillé III, 80; unten no. 150; Schr. u. Zeitungen in den Landsberger Bundesakten, Ma. 401/12.

Zu p. 333 no. 151. Vgl. no. 113. Am 17. Nov. schrieb Schwendi an die oberelsäss. Regierung, G. H. sei neulich in Lothringen bei den Guisen gewesen, die ihm seinen Plan wegen Veräusserung von Lützelstein und Pfalzburg zum König zu gehen ausredeten; doch gingen diese Dinge noch fort, unter Mitwirkung des Dietz von Schönberg, Cratz u. a. Praktikanten u. würden „andere onschlege mit eingemischt." Ma. 401/12 f. 289 Cop. In dem wiederholt citirten Schr. vom 16. Nov. 1587 sagt Georg Hans u. a. seine Auslagen für die niederländ. Kirchen, die ihn dringend um Hülfe angerufen, hätten ihm die Verpfändung von Pfalzburg gekostet.

Zu p. 338 no. 160 A. 2). Vgl. Basler Jahrbuch 1882 p. 162 ff.

Zu p. 347 no. 173. Auch in Ursini Opera II, 461 - 468 (vgl. Büttinghausen II, 188).

Zu p. 348 no. 175. Ueber Grenon vgl. auch R. Reuss, Notes pour servir à l'hist. de l'égl réf. de Strasb. (Str. 1880) p. 57 f. Dass er sich im J. 1582 zu Str. aufhielt, erwähnt ein Schr. des Tossanus an J. C. vom 3. Juli 1582. Die Strassburger Familie Weycker (vgl. Schmidt, Sturm p. 132; 138 A. 1) stand in geschäftlichem Verkehr mit Pfalz; Isaak Weicker (vgl. oben) übergab mit Friedrich Burgk am 4. Jan. 1580 den Geheimen zu Strassburg die Kleinodien (vgl. no. 309 A. 1). — Capitän Moron war als Agent des Pf. Georg Hans in Sachen des Anschlags gegen Strassburg tätig (wie der Pf. in dem no. 275 mitgeteilten Schriftstück selbst erklärt). — Sidney ist der damals in Strassb. lebende jüngere Bruder Philipps. — Fremin erscheint als Correspondent Walsingham's Calendar p. 206, 402/3 (aus Sallome, 21. Dez. 1575; aus Brüssel, 17. Okt. 1576). — Ueber einen vorhergegangenen Aufenthalt Malleroy's in Strassb. schreibt Giphanius an van der Myle, Str. 24. August (Epp. selectiores p. 787 f.): „Hic Clarevantii sororis maritus D. Malereii Lotharingus paucos iam dies agit eiusque res ita caute acta, ut passim iam percrebuerit." — Bei der Literatur über die Anschläge gegen Str. ist noch die seltsame Zurückhaltung zu vermerken, womit Bernh. Hertzog (Chronicon Alsatiae II, 220) erklärt, zu Zeiten Kaiser Rudolfs hätten sich viel unruhiger Sachen im Reich, den Niederlanden und Frankreich zugetragen, da sie aber das Elsass nicht beträfen, wolle er sie übergehen.

Zu p. 352 no. 184. Vray ist nicht, wie ich meinte, ein fingirter Name, vielmehr erscheint ein Veray als Vermittler der Correspondenz zwischen Alençon und Elisabeth von England (1579, 1581, Compte-rendu III. 14, 270 f.; 285); Mr de Marchaumont wurde im Sommer 1581 von Al. an El. gesandt (ebd. 286 f.). Claude Marcel wird als surintendant des finances 1578 aufgeführt (L'Estoile I, 243). Ueber Jean de Beaumanoir, marquis de Laverdin (Lavardin), einen katholischen Anhänger Navarra's, vgl. L'Estoile I, 242; Amirault p. 228 ff.

Zu p. 358 no. 193. Nach einer Urk. J. C., Kaiserslautern 2. Juli 1579 (Mb. 399/14 f. 10 Or.), die Beutterichs Anteil an der noch rückständigen Schuld feststellt, waren seit dem französ. Zug Zahlungen erfolgt in der Frankf. Oster- u. Herbstmesse und der Strassb. Weihnachtsmesse 1577 und in der Frankf. Fastenmesse 1578.

Zu p. 362 (no. 196 A. 1.) Ueber die vermeintliche „Blutsfreundschaft" der Pfälzer mit den Lothringern u. Guisen vgl. Kl. I, 284 A. 1. Schon im J. 1576 hatte J. C. von Seiten Guise's Andeutungen über die zweideutige Haltung Navarra's empfangen (La Hug. I, 445 f.). Vgl. die Zusammenkunft Pf. Johanns mit Guise im Okt. 1577 no. 78.

Zu p. 367 no. 201. Vgl. die eingehende Darstellung bei Lossen I, 680 ff.

Zu p. 376 no. 218. Hieronimo Scotto aus Parma, nicht nur Schwarzkünstler, sondern auch politischer Agent, war damals bereits eine beliebte Persönlichkeit am kais. wie am franz. Hof, Katharina von Medici seine besondere Gönnerin (Calendar 1575—1577 p. 278; Rerum in Gallia gestarum . . . succincta narratio, authore Georgio Ebouff [!], 1577, p. 20). Am Hof zu Prag machte er den Agenten einiger kleiner italienischer Fürsten; er stand auch mit Kf. Gebhards Bruder Karl in Correspondenz (Matth. von Pappenheim, Chronik der Truchsessen II, Kempten 1785, p. 210). Dass er sich im Herbst 1582 wieder zu Nürnberg aufhielt, zeigt no. 418 (p. 556). Im Dez. 1584 fand Dohna „den schentlichen menschen den Scotum" beim M. Georg Friedrich in Preussen. Berüchtigt ist sein Verhältniss zu Anna, der Tochter Kf. Augusts und Gemahlin Hrz. Johann Casimirs von Sachsen (Hellfeld, Beiträge zur sächs. Gesch. I, 6 ff.; 20 ff), das aber nicht, wie Ennen, V, 32 meint, vor sein Auftreten am Hof Kf. Gebhards fällt, da ja Anna bekanntlich erst 1585 heiratete. Die Geschichte von dem Zauberspiegel, worin er dem Kf. Gebhard seine Zukünftige gezeigt habe, wohl zuerst (doch als fabelhaft) bei Isselt, bell. Colon. (Köln 1586) p. 12. Vgl. Raumer, Taschenbuch 1840 p. 18 ff.

Zu p. 379 (no. 220 A. 4). Ueber Bernhard Tilman vgl. no. 23 A. 2; 73 A. 2, ausserdem Sammlung der eidg. Absch. IV. 2a, 625 ff.; Stettler II, 258.

Zu p. 381 no. 223. Ohne auf die früheren Anschläge der Franzosen gegen Strassburg und auf die immer wiederkehrenden Warnungen vor der Wegnahme des „Rheinstroms" einzugehen (vgl. über Georg Hans no. 232), will ich nur an die französischen Drohungen im J. 1577, an Guise's Aufstellung gegen die Ostgrenze und an den gegen Dietz von Schönberg gerichteten Verdacht (no. 74; 80) erinnern. Auf die kais. Warnungsschr. vom 20. und 30. Okt 1579 hatten die Strassburger am 7 Dez. entgegnet, nur die Rücknahme der drei Stifter könne die Westgrenze des Reichs gegen Frankreich sichern (Str.). — Ueber die Befestigungsarbeiten der Strassburger, die, im Februar 1578 begonnen, im J. 1580 vollendet wurden, Näheres bei B. Hertzog, Chron. Als. VIII, 109. — Das Citat in A. 8 (p. 393) ist zu berichtigen: Heppe IV, 366, wo von dem im April 1580 verbreiteten Gerücht die Rede ist, Kf. August habe seine Rittmeister aufmahnen und neue dazu werben lassen. Vgl. die Ansicht Schombergs (no. 220), der Kf. habe seine dänische Reise aus Besorgniss vor einem französ.-span. Angriff auf das Reich aufgegeben.

Zu p. 409 (no. 237 A. 1) L. Wilhelm, an den der Kf. am 21. Juni geschrieben hatte, erklärte das beabsichtigte „portugalische" Bündniss zwischen Frankreich, England, Venedig u. a. Potentaten (wohl dem Papst und Türken, wenigstens einem von ihnen) und den Ständen der A. C. für „ein oleoputrido" und die Werbung „vor lautere expiscation, wie die chur- und fursten deutscher nation jegen den konig zu Hispanien möchten gesinnet sein." Er erinnert an das Bayonner Bündniss und an die Werbung Schombergs vor 8 Jahren (Dr. 8088 Or.).

Zu p. 409 Z. 11. v. u. „Bon" dürfte wohl ein Schreibfehler für „L'on" sein.

Zu p. 410 (no. 240 A. 1). Ueber Condé's Misserfolg in England vgl. auch Mém. de Mornay I, 129. Strype wiederholt irrtümlich Burleigh's Bericht beim J. 1581 (III. 1, 14 ff.); dagegen die Behauptung von geheimen Zusicherungen bei Desjardins IV, 328.

Zu p. 413 no. 249. Schomberg sandte diese Schrift dem Kf. am 4. Sept., mit der Bitte sie niemanden mitzuteilen, dabei das Or. der kgl. Vollmacht und Patente für Unterhandlung mit Dänemark. Er entschuldigt sich wegen der Ausdrücke „päpstl. Heiligkeit" und „katholisch", worin er sich dem französ Or. anschloss, und erwähnt am Schluss den sächsischen Salzhandel mit Brouage.

Zu p. 417 (no. 254 A. 1). Vgl. Compte-rendu III. 2, 260 f.; 14, 280 (wo das Nichtkommen der Geistlichen mit der Furcht vor Reformationsplänen motivirt ist!): über die „faulen tag" der zu Nürnberg wartenden köln. Gesandten Pieler, Fürstenberg p. 38 ff.

Zu p. 419 (no. 257 A. 1). Dass auch in Venedig damals die Combination England-Alençon-Casimir besprochen wurde, zeigt ein Schr. aus Padua vom 24. Febr. 1580 (Prinsterer I. 7, 220). Die citirte Aeusserung Gr. Johanns, in einem Schr. an Oranien, Arnhem 30. März 1580 (ebd. 301/2) besagt, dass Casimir nicht nur in Deutschland, sondern auch in Frankreich und anderswo, „ja auch, wie ich je länger je mehr spüre, dieszer orth nicht in geringen abnsehen ist. . . . . . . Was für patriotten in diesze länder allenthalben hieherumb seint, die wünschen alle mit einander, das S. Gn. der veldther in diesze länder und E. Gn. ahn stat des Alanzonii guvernator general sein möchten."

Zu p. 419 (no. 258 A. 1). „Daulen": irre, betäubt sein (Grimm II, 844). Badoer berichtet aus Prag am 29. Nov., der Kaiser sei noch sehr schwach und höchst melancholisch; am 27. Dez., derselbe habe nach einigen guten Nächten wieder „un accidente fastidioso" gehabt [vgl. unten no. 276 A. 1]; die Aerzte fürchteten, „che siano questi accidenti della specie di quelli dell' imp. Massimiliano suo padre"; ein Chirurg aus Wien sei berufen. Vgl. auch Stieve, Verhandlungen p. 33 A. 93.

Zu p. 420 no. 261. Vgl. das Schr. L. Wilhelms an K. Heinrich III vom 7. Okt. 1580, Prinsterer I. 7, 404.

Zu p. 427 (no. 273 A. 1.). Im Nov. 1581 teilte der portugiesische Gesandte in Paris dem toskan. Sekretär Albertani mit: „il cattolico non darà così presto la primogenita all' imperatore, per essere pieno di mal francese" (Desjardins IV, 434).

Zu p. 431 no. 280. Vgl. J. C. an den K. von Dänemark, Kaiserslautern 17. März 1581, Heppe IV, 219 A. 1.

Zu p. 432 (no. 281 A. 1). Ein Schr. J. C. an die Herzogin von Bouillon, Neustadt 19. April 1582 (Mb. 90/12) bedauert den Tod des sr d'Hargenlieu und verspricht für dessen Frau und Kinder zu sorgen.

Zu p. 433 no. 282. Vgl. auch Albèri II. 5, 58; 69; 126.

Zu p. 436 no. 288. Vgl. Anquez, hist. des assemblées polit. des réformés de France (Paris 1859), p. 30 ff.

Zu p. 438 no. 392. Christoph Truchsess, jüngerer Bruder Kf. Gebhards, war in Diensten Erzh. Ferdinands, später des Kaisers (Pappenheim, Chronik II, 335; Lossen I, 536; 613). Die mir unverständliche Stelle über die Heirat des Erzherzogs und „Cecilia“ erklärt sich durch das Schr. Badoer's aus Prag 29. Nov. 1580, das berichtet, Erzh. Ferdinand sei schon wieder in München, ob aus Zuneigung zu der Markgräfin von Baden? Caecilia, Tochter Gustav Wasa's, geb. 1540 hatte 1564 den M. Christoph von Baden geheiratet, der 1575 starb. Sie wurde katholisch und führte ein höchst anstössiges Leben (Sachs, Einleitung in die Gesch. von Baden III, 274 ff). Die „statua d' Ottone IV“, wovon Ferrara eine Abbildung wünscht, beruht vielleicht auf einer Verwechslung mit dem berühmten Steinbild Heinrichs des Löwen im Braunschweiger Dom. — Der junge Herzog von Mantua, Vincenzo, war vor seiner Vermählung mit der Farnese in Deutschland gewesen und hatte sich, nach Mitteilung eines venezian. Gesandten (Albèri II. 5, 370), heftig in Jakoba von Baden, die spätere Gemahlin Joh Wilhelms von Jülich, verliebt, sein Vater soll dagegen an eine Verbindung des Prinzen mit einer Schwester des Kaisers oder einer Tochter Kf. Augusts gedacht haben (Charrière III, 805 A.). Vgl. auch Foix p. 592 ff. — Der Gesandte Erzh. Ferdinands, der dem Herzog von Mantua so hart zusetzte, ist Hans Albrecht Freiherr zu Sprinzenstein (vgl. Fleischmann p. 110; Stieve, Acten IV, 23). — Ueber den Ruhm des Dresdener „Rennzeugs“ vgl. Böttiger (Flathe) II, 71.

Zu p. 44 (no. 293 A. 2). Vgl. oben p. 65; 92; Lossen I, 316 A. 1.

Zu p. 443 (no. 296 A. 1). Vgl. die Mitteilung über ein Schr. des Erzh. von Köln an den Papst wegen der drohenden Katastrophe und der Gefahren einer Neuwahl bei Foix p. 71 f. (wo auch von einer Sendung Granvela's nach Deutschland „pour les mesmes occasions“ und von der Reise Erzh. Karls nach Prag die Rede ist).

Zu p. 447 no. 300. Die „capitulazione nova col re“, ganz jener vom vorigen Jahr entsprechend, dürfte sich kaum auf Abmachungen mit Navarra, eher auf Beutterichs Verhandlungen mit dem Gouverneur von Burgund beziehen.

Zu p. 449 no. 304. Vgl. Prinsterer I. 8, 10 f.; Albèri I. 5, 332; 370.

Zu p. 453 no. 312. Vgl. no. 349 A. 1; eine Aeusserung des Grynaeus über „hypocriticam benevolentiam“ des Kaisers und seines Besuchs in dem Schr. vom 9. Dez 1581 (nicht 1582!), Grynaeus, epp. familiares, Nürnb. 1720, p. 57.

Zu 456 no. 316 Ueber das gute Verhältniss Dänemarks zu Spanien vgl. oben p. 91; Albèri I. 5, 332; Zeitungen über ein Bündniss Spaniens mit Dänemark und Maria Stuart Charrière III, 856 A.

Zu p. 463 (no. 326 A. 2). Vgl. Lossen I, 272.

Zu p. 470 (no. 334 A. 1). Ueber den Einfluss Mecklenburgs in Dänemark vgl. Leutinger I, 731.

Zu p. 478 (no. 345 A. 3). Vgl. Anquez p. 34 f. (wo auch die Schritte der Versammlung zu Gunsten der pfälzischen Forderungen erwähnt sind; vgl. no. 360).

Zu. p. 479 no. 347. Am 17. und 30. Mai benachrichtigt Georg Hans die Berner von feindlichen Anschlägen und erklärt, dass er zur guten Correspondenz mit den evangel. Eidgenossen auch seine Kinder anhalten wolle. Schon vor Jahren, auf dem R.-Tag von 1566 hatte er sich bei den Baseler Gesandten um ein förmliches Verständniss mit der Eidgenossenschaft bemüht; er erinnert den Rat zu Basel hieran am

1. Nov. 1568 und wünscht, da sie ihm empfohlen haben sich auch an Zürich und Bern zu wenden, zu wissen, welcher Gestalt vormals andere benachbarte Fürsten und Stände angenommen worden seien. Mb. 131/3 f. 588 ff. — Hier sei auch auf die 1579 eröffneten und im Juni und Sept. 1582 (auf den Tagsatzungen zu Baden) aufgenommenen Unterhandlungen Lothringens wegen eines Bündnisses mit der Eidgenossenschaft (Stellung von 3—6000 Schweizern gegen Sold und Jahrespension der Kantone) aufmerksam gemacht (Sammlung der eidg. Absch. IV. 2_a, 771 f.; 792).

Zu p. 479 no. 348. Die Nachricht, die J. C. dem Adressaten über 1500 Reiter zukommen liess, wird erläutert durch eine Caution, die Graf Karl von Mansfeld am 2. April zu Heidelberg für 1500 gerüstete Pferde, die er Alençon nach Frankreich zuführen will, ausstellt (Carlsr. Pfälz. Copialb. 503 f. 260).

Zu p. 498 (no. 366 A. 1). Nach Albèri I. 4, 435 war Lützelburg noch 1582 franz. Pensionär; den R.-Tag besuchte er als magdeburgischer Obrist im Gefolge des Administrators (Fleischmann p. 135).

Zu p. 502 (no. 371 A. 1). Lossen I, 624 A. 1 bekämpft Stieve's Bedenken und beruft sich auf die wiederholte Erwähnung einer zwischen dem Kaiser Rudolf und dem Legaten Morone zu Regensburg 1576 getroffenen Uebereinkunft, der auch die Praxis in der Folgezeit entsprochen habe. Das Anbringen Madruzzi's (no. 399 A. 2) beruft sich bei diesem Punkt nur auf den Rel.-Frieden („legem") und die „concordata cum sede apostolica totius Germanicae nationis publico consensu erecta", also nicht auf ein kais. Versprechen.

Zu p. 516 (no. 385 A. 5). Die Aeusserung des Vertreters von Trient (Kanonikus Ernst Freiherr zu Wolkenstein, Fleischman p. 217) lautet in Schregel's Protokoll: „Man het den pabst antast, das muest er von seins hern wegen Madrucii, so legatus pontif., vertedigen. Man mess im die unrue ungutlich zu, er sehe uberal, wie frid anzurichten, liess zu dem end vil aufgen. Sein her der cardinal wer seines aufrichtigen gemuets wegen jederman bekant." Vgl. hiemit no. 406.

Zu p. 525 (no. 395 A. 1). Die speirischen Gesandten meinen in ihrem Bericht an den Bischof vom 19. August (Mb. 112/3_c Or.): „Ob nun gleichwol die churfursten uns ein zimbliche sau geben in den worten: Das sie sich diser ohngebürlichen und ohnformblicher handlung nit versehen etc., so tregt man dannocht die fursorg, sie dörften sich teils, ohnangesehen sie zuvor einig gewesen, mit den Confessionisten leichtlichen vergleichen."

Zu p. 527 no. 396. Die Erinnerung an jene Sendung Erzh. Karls nach Spanien (vgl. oben p. 39 f.) war eben damals durch eine Flugschrift aufgefrischt worden: „Antwort der cathol. königl. Majestet auff dasjenige, was . . . . Carle ertzhertzog in Oesterreich, derselben vetter, in namen . . . . herrn Maximiliani II . . . . des niderländischen kriegswesen halber fürgebracht", s. l. 1582; angehängt war das Edikt K. Stephans von Polen vom 30. Sept. 1581 wegen der katholischen Exzesse gegen die Evangelischen zu Wilna. J. C. sandte die „Antwort" („in welchem E. L. vil gutter griff finden werden") am 26. Aug. dem L. Wilhelm.

Zu p. 537 (no. 402 A. 6) Am 21. Juni schrieb mons$_r$ de Mezières („gentilhomme qui apparente de grands personnages à Paris") aus Sedan an Tossanus: „Mons$_r$ de Belièvre est allé sonder au Païs Bas, si les estats se voudront submettre à la couronne de France, et, si ce point-là se peult gagner, que le roi se déclarera en ceste guerre contre le roi d'Espagne" (Tossanus an J. C, 3. Juli 1582, Mb. 90/12 f. 179 Or.).

Zu p. 540 (no. 406 A. 2). Lossen I, 618 A. 1 hält Ennen's Mitteilung hierüber nicht für zuverlässig.

Zu p. 560 (no. 418 A. 18). Auffällig ist die Tatsache dass sich Dr. 8203 eine „Chiffreschrift Don Juan de Manrique mit Churf. August 1582“ findet, leider nur der Schlüssel. Manrique war als kais. Obrist auf dem R.-Tag anwesend (Fleischmann p. 44.)

Zu p. 516 (no. 418 A. 28). In dem no. 368 A. 3 citirten Schr. der hessischen Räte aus Augsburg (19. Juli) heisst es, vom Concordienwerk habe bisher noch nichts verlautet; Alle schienen einer Trennung abgeneigt; auch sie seien bisher in Schimpf und Ernst desswegen „unangelangt“ geblieben.

Druckfehler:

Seite	14	Anm.	1		lies	Languet	statt	Longuet.
„	80	„	2		„	Teulet	„	Tenlet.
„	107	Zeile	12		„	an Alençon	„	von Al.
„	138	„	15	v. u.	„	altra	„	aitra.
„	183	„	6		„	uns	„	ums.
„	214	„	15	v. u.	„	Meyer	„	Weyer.
„	247	„	6	„ „	„	d'Aubigné	„	d'Anbigné.
„	279	„	19		„	demain	„	damain.
„	291	„	5		„	schwangers	statt	sahwangers.
„	303	„	17	v. u.	„	unzufrieden	„	unzufriedener.
„	319	„	15		„	ou	statt	on.
„	344	„	24		„	serius	satt	serium.
„	348	„	8		„	vorderösterreichische	statt	niederöstr.
„	359	„	27	[1] hat wegzufallen.				
„	423	„	2	v. u.	lies	Guillaume	statt	Guillanum.
„	432	„	23		„	apris	statt	opris.
„	436	„	1		„	Reichard	statt	Reinhard.
„	445	„	10		„	saber	statt	sabar.
„	445	„	26		„	Alanson á		
„	446	„	14	v. u.	„	omitto.		
„	451	„	11	„ „	„	de	statt	le.
„	469	„	4		„	assentisca.		
„	513	„	14	ausgefallen: no. 333; 358; 413.				

Verzeichniss der Aktenstücke.

1576.

Nr.	Aktenstück	Tag	Monat	Jahr
1	Entwurf einer pfälzischen Instruktion	Sept.—Okt.		1576
2	Kf. Friedrich an Pf. Ludwig	24.	Okt.	„
3	L. Wilhelm von Hessen an Kf. Friedrich	28.	„	„
4	L. Wilhelm an Kf. Ludwig	7.	Nov.	„
5	Memorial Johann Casimirs für eine Unterredung mit Kf. Ludwig		„	„
6	Kf. August von Sachsen an Kf. Ludwig	12.	„	„
7	B. Marquard von Speier an den Kaiser	17.	„	„
8	Ursinus an einen Ungenannten	24.	„	„
9	Zuleger an Beutterich	26.	„	„
10	Bericht Balthasar Bidenbachs an Herzog Ludwig von Würtemberg	27.	„	„
11	L. Wilhelm an Johann Casimir	10.	Dez.	„
12	Alençon an Johann Casimir	12.	„	„
13	Kf. Ludwig an Kf. Johann Georg von Brandenburg	13.	„	„
14	Lagraudfemme an Beutterich	14.	„	„
15	Kf. Ludwig an Kf. Johann Georg	28.	„	„
16	Warnungsschreiben an Johann Casimir		„	„

1577.

Nr.	Aktenstück	Tag	Monat	Jahr
17	Der Kaiser an Kf. Ludwig	2.	Jan.	1577
18	Kf. Ludwig an Johann Casimir	4.	„	„
19	Pf. Elisabeth an Kurfürstin Anna von Sachsen	6.	„	„
20	Kf. Ludwig an Kf. August	11.	„	„
21	Instruktion des Rats zu Speier für den an Kf. Ludwig abgesandten Stadtschreiber	16.	„	„
22	Johann Casimir an Kf. Ludwig	21.	„	„
23	Johann Casimir an L. Wilhelm	24.	„	„
24	Graf Adolf von Neuenar an Johann Casimir	2.	Febr.	„

37*

Nr.	Aktenstück	Tag	Monat	Jahr
25	Johann Casimir an die Herzoge Heinrich und Franz von Sachsen-Lauenburg	4.	Febr.	1577
26	Kf. Ludwig an Johann Casimir	7.	„	„
27	Soldan von Wirsperg und Bernolff von Gemmingen an Kf. Ludwig	8.	„	„
28	Johann Casimir an Kf. Ludwig	11.	„	„
29	Herzog Albrecht von Baiern an Kf. August	17.	„	„
30	Kf. August an Albrecht von Baiern	23.	„	„
31	Memorial Johann Casimirs für die kurfürstlichen Räte	24.	„	„
32	Johann Casimir an Kf. Ludwig	24.	„	„
33	Kf. August an Kf. Ludwig	25.	„	„
34	Kf. Ludwig an Johann Casimir	1.	März	„
35	Kf. August an Albrecht von Baiern	1.	„	„
36	Dr. Dietrich Weyer an Johann Casimir	3.	„	„
37	Antwort K. Heinrichs III auf das Anbringen der Gesandten Johann Casimirs	9.	„	„
38	Johann Casimir an L. Wilhelm	15.	„	„
39	Johann Casimir an L. Wilhelm	15.	„	„
40	Johann Casimir an Kf. Ludwig	27.	„	„
41	Kf. August an Albrecht von Baiern	27.	„	„
42	Lazarus von Schwendi an den Kaiser	29.	„	„
43	Johann Casimir an Grosshofmeister, Kanzler und Räte zu Heidelberg	31.	„	„
44	Herzog Karl von Lothringen an Pf. Johann	31.	„	„
45	Bericht Beutterichs über seine Verhandlungen zu Blois		„	„
46	Memorial Johann Casimirs für den Secretarius Caspar Fauss	12.	April	„
47	Beutterich an Johann Casimir	18.	„	„
48	Kurfürstin Elisabeth an L. Wilhelm	29.	„	„
49	Weyer, Lewenstein und Beutterich an Johann Casimir	1.	Mai	„
50	Johann Casimir an Kf. Ludwig	2.	„	„
51	Weyer und Beutterich an Johann Casimir	3.	„	„
52	Bürgermeister und Rat von Zürich an Johann Casimir	13.	„	„
53	Kf. Ludwig an Ludwig von Würtemberg	18.	„	„
54	Dr. Johann Hegenmüller an Albrecht von Baiern	6.	Juni	„
55	Erzherzog Ferdinand an Kf. August	11.	„	„
56	Pf. Georg Hans an L. Wilhelm	22.	„	„
57	Königin Elisabeth von England an Johann Casimir	23.	„	„
58	Instruktion K. Heinrich III für Dietz von Schomberg	24.	„	„
59	Vertrag zwischen Kf. Ludwig und Johann Casimir	25.	„	„
60	Rudolf Walther an Konrad Ulmer	5.	Juli	„
61	K. Heinrich III an Graf Burkhard von Barby	18.	„	„

62	Memoire für Verhandlungen Johann Casimirs mit England und den Hugenotten	21.	Juli	1577
63	Instruktion der kurpfälz. Gesandten zum Frankfurter R.-Deputationstag	22.	"	"
64	Kf. August an Albrecht von Baiern	9.	Aug.	"
65	Caspar von Schomberg an K. Heinrich III	13.	"	"
66	Kf. Ludwig an Kf. Daniel von Mainz	17.	"	"
67	Caspar von Schomberg an K. Heinrich III	24.	"	"
68	Johann Casimir an Kf. Ludwig	28.	"	"
69	Johann Casimir an Thevalles	30.	"	"
70	d'Ancel an Brûlart	31.	"	"
71	Johann Casimir an die Generalstaaten	6.	Sept.	"
72	Kf. Ludwig an Ludwig von Würtemberg	7.	"	"
73	Rudolf Walther an Konrad Ulmer	13.	"	"
74	Johann Casimir an den Kaiser	21.	"	"
75	Antwort Kf. Ludwigs auf die Werbung Robert Beale's.	30.	"	"
76	Johann Casimir an Bürgermeister und Rat von Zürich	30.	"	"
77	Instruktion K. Heinrichs von Navarra für den an Johann Casimir abgesandten Bonnecourt	1.	Okt.	"
78	Pf. Johann an Johann Casimir	7.	"	"
79	Antwort Kf. Ludwigs auf die Werbung Georgs von Westerburg	10.	"	"
80	Kf. Ludwig an Daniel von Mainz	17.	"	"
81	Lic. Haberstockh an Albrecht von Baiern	17.	"	"
82	Pf. Reichard an Ludwig von Würtemberg	19.	"	"
83	Pf. Reichard an Ludwig von Würtemberg	28.	"	"
84	Ursinus an Herdesianus	28.	"	"
85	Kf. Elisabeth an die Landgr. Wilhelm und Ludwig	18.	Nov.	"
86	L. Wilhelm an Johann Casimir	24.	"	"
87	Dr. Wacker an Jakob Monau	28.	"	"
88	Praillon an Brûlart	13.	Dez.	"
89	Die Geistlichen zu Neustadt an den Rat zu Schaffhausen		Dez.	"
90	Zwei chiffrirte Zettel von Johann Casimirs Hand		?	

1578.

91	Erasmus von Venningen an Ludwig von Würtemberg	17.	Jan.	1578
92	Brüderliche Vergleichung zwischen Kf. Ludwig und Johann Casimir	27.	"	"
93	Instruktion K. Heinrichs von Navarra für den an Johann Casimir abgefertigten Brigneux	27.–30.	"	"

94	Die Vertreter der evangel. Kirchen in Polen an Johann Casimir	10.	Febr.	1578
95	Hubert Languet an Beutterich	14.	"	"
96	„Le petit Velch“ an Beutterich	16.	"	"
97	Werbung des engl. Gesandten Daniel Rogers bei den Generalstaaten	16.	"	"
98	Erzherzog Matthias an Johann Casimir	3.	Apr.	"
99	Johann Casimir an Kf. Ludwig	12.	"	"
100	Languet an Beutterich	16.	"	"
101	Marnix und Gendt an Kf. Ludwig	23.	"	"
102	Du Plessis-Mornay an Beutterich	24.	"	"
103	Johann Casimir an Königin Elisabeth	25.	"	"
104	Die pfälz. Gesandten zu Worms an Kf. Ludwig	3.	Mai	"
105	Werbung des engl. Gesandten Davison bei den Generalstaaten	20.	"	"
106	Johann Casimir an die Generalstaaten	6.	Juni	"
107	Johann Casimir an Kf. August	22.	"	"
108	Bonnecourt an Beutterich	24.	"	"
109	Juan de Vargas an K. Philipp II	27.	"	"
110	Wilhelm von Oranien an Fabian von Dohna und Zuleger	1.	Juli	"
111	Johann Casimir an L. Wilhelm	2.	"	"
112	Kf. Ludwig an L. Wilhelm	4.	"	"
113	Ehem an L. Wilhelm	4.	"	"
114	Johann Casimir an L. Wilhelm	14.	"	"
115	Zuleger an Ehem	15.	"	"
116	L. Wilhelm an Ehem		"	"
117	Zuleger an Johann Casimir	7.	Aug.	"
118	K. Friedrich von Dänemark an Johann Casimir	7.	"	"
119	Johann Casimir an L. Wilhelm	11.	"	"
120	La Noue an Alençon	12.	"	"
121	Zuleger an Beutterich	21.	"	"
122	Johann Casimir an L. Georg	28.	"	"
123	Antoine des Traos an L. Wilhelm	2.	Sept.	"
124	Antwort Kf. Ludwigs auf die Werbung des französ. Gesandten Poigny	2.	"	"
125	Johann Casimir an Kf. August	7.	"	"
126	Des Traos an L. Wilhelm	11.	"	"
127	Johann Casimir an L. Wilhelm	13.	"	"
128	Daniel Tossanus an Theodor Beza	14.	"	"
129	Johann Casimir an L. Wilhelm	24.	"	"
130	L. Wilhelm an L. Ludwig	26.	"	"
131	Adrian van Coninexloo an Johann Casimir	2.	Okt.	"
132	Kf. August an Albrecht von Baiern	10.	"	"
133	Johann Casimir an L. Wilhelm	10.	"	"
134	Schwendi an Beutterich	12.	"	"

135	Johann Casimir an L. Wilhelm	18.	Okt.	1578
136	Graf Johann von Nassau an Beutterich	20.	"	"
137	Des Traos an L. Wilhelm	21.	"	"
138	Des Traos an L. Wilhelm	21.	"	"
139	Sarrazin an Beutterich	2.	Nov.	"
140	Des Traos an L. Wilhelm	4.	"	"
141	Des Traos an L. Wilhelm	8.	"	"
142	Johann Casimir an L. Wilhelm	10.	"	"
143	Werbung des engl. Gesandten Davison bei Johann Casimir	11.	"	"
144	Des Traos an L. Wilhelm	19.	"	"
145	Johann von Nassau an Zuleger	21.	"	"
146	Johann Casimir an Kf. August	24.	"	"
147	Des Traos an L. Wilhelm		"	"
148	Johann von Nassau an Graf Günther von Schwarzburg	4.	Dez.	"
149	L. Wilhelm an Nuñez de Gusman	9.	"	"
150	Kf. Ludwig an B. Dietrich von Worms und Pf. Reichard	19.	"	"
151	Ehem an L. Wilhelm	23.	"	"

1579.

152	Johann Casimir an Kf. August	8.	Jan.	1579
153	Ein Ungenannter an L. Wilhelm	15.	"	"
154	Pf. Georg Hans an den Kaiser	26.	"	"
155	Johann Casimir an Kf. August	27.	"	"
156	Albrecht von Baiern an Kf. August	4.	Febr.	"
157	Die sechs Kurfürsten an den Kaiser	10.	"	"
158	Abraham Bock an Kf. August	1.	März	"
159	Abraham Bock an Kf. Anna	13.	"	"
160	Johann Casimir an L. Wilhelm	19.	"	"
161	Abraham Bock an Kf. Anna	4.	April	"
162	Der Kaiser an Kf. August	11.	"	"
163	Johann Casimir an Kf. August	25.	"	"
164	John Lesley B. von Ross an Albrecht von Baiern	6.	Mai	"
165	Ein Ungenannter an den Marschall Bellegarde		Mai?	"
166	K. Heinrich von Navarra an K. Friedrich von Dänemark	30.	Juni	"
167	Don Juan de Borja an K. Philipp II	12.	Juli	"
168	Verhandlungen des Genfer Rats über Beutterichs Anbringen	23.-24.	"	"
169	Ehem an Dohna	4.	Aug.	"
170	Bedenken der Züricher Theologen	11.	"	"
171	Beutterich an einen Ungenannten	8.	Sept.	"
172	L. Wilhelm an Johann Casimir	12.	"	"

1580.

251	Johann Casimir an L. Wilhelm	25.	Aug.	1580
252	Rudolf Walther an Ulmer	26.	„	„
253	Kf. August an den Kaiser	27.	„	„
254	Badoer an den Dogen	6.	Sept.	„
255	Kf. August an K. Heinrich III			„
256	Verhandlung des Genfer Rats über ein Anerbieten Clervant's	15.	„	
		19.	„	„
257	Conynexloe an die Abgeordneten der unirten Provinzen	20.	„	„
258	Wolfgang Eylenbeck an Kf. August	7.	Okt.	„
259	Andreas Erstenberger an Wilhelm von Baiern	12.	„	„
260	Johann Casimir an Kf. Ludwig	13.	„	„
261	Schomberg an K. Heinrich III	13.	„	„
262	Daniel von Mainz an Bürgermeister und Rat zu Nürnberg	2.	Nov.	„
263	Kf. August an Johann Casimir	3.	„	„
264	Hembyze an Johann Casimir	22.	„	„
265	Der Kaiser an die Kurfürsten von Sachsen und Brandenburg	4.	Dez.	„
266	Kf. Ludwig an L. Wilhelm	11.	„	„
267	Schomberg an Bellièvre	12.	„	„
268	Ruprecht von der Marck an Johann Casimir	20.	„	„
269	Andreas Paull an Dohna	25.	„	„
270	Lanty an Johann Casimir	25.	„	„

1581.

271	Brûlart an Villeroy	1.	Jan.	1581
272	Daniel von Mainz an Kf. August	4.	„	„
273	Vieheuser an Wilhelm von Baiern	12.	„	„
274	Schwendi an Kf. Ludwig	14.	„	„
275	Anbringen von S. Blais bei den Geheimen von Strassburg	16.	„	„
276	Abr. Bock an Trautson	8.	Febr.	„
277	Andr. Paull an Kf. August	20.	„	„
278	Beutterich an Malleroy	21.	„	„
279	K. Heinrich III an Kf. August	14.	März	„
280	Johann Casimir an Kf. August	19.	„	„
281	Argenlieu an Johann Casimir	19.	„	„
282	Andr. Paull an Kf. August	23.	„	„
283	Anbringen Beutterichs in der Versammlung zu Montpellier	28.	„	„
284	Johann Casimir an Kf. Ludwig	1.	April	„
285	Christ. Elsenhaymer an Wilhelm von Baiern	5.	„	„
286	Ehem an Johann von Nassau	24.	„	„
287	Konrad Dasypodius an J. K. Meyer	27.	„	„

Nr.	Aktenstück	Tag	Monat	Jahr
288	Aus dem Protokoll der Synode zu Montauban.		Mai	1581
289	Veranschlagung der französischen Kirchen		"	"
290	Ebem an Graf Ludwig von Witgenstein	27.	"	"
291	Schomberg an Kf. August	28.	"	"
292	Aufzeichnungen des kursächs. Gesandten Andr. Paull	Mai-	Juni	"
293	Werbung und Beantwortung des veldenzischen Rats G. Held	11.	"	"
294	Languet an Johann Casimir	18.	"	"
295	Johann Casimir an die Geheimen von Strassburg	19.	"	"
296	Haberstockh an Wilhelm von Baiern	28.	"	"
297	Pf. Georg Hans an Johann Casimir	1.	Juli	"
298	Pf. Georg Hans an die Geheimen von Strassburg	2.	"	"
299	Bericht des Grafen von Champlitte über seine Verhandlungen mit Beutterich	8.	"	"
300	Beutterich an Dohna	Ende	"	"
301	Die Kurfürsten von Sachsen und Brandenburg an den Kaiser	12.	Aug.	"
302	La Rocheguyon an Johann Casimir	14.	"	"
303	Der Kaiser an Kf. August	27.	"	"
304	St. Goard an K. Heinrich III	28.	"	"
305	Salvard an Johann Casimir	28.	"	"
306	Dr. David Peifer an Dr. Hartmann Pistoris	29.	"	"
307	K. Philipp II an Juan Baptista de Tassis	4.	Sept.	"
308	Erzherzog Karl an Kf. August	18.	"	"
309	Johann Casimir an Kf. August	18.	"	"
310	Der Kaiser an Kf. Ludwig	19.	"	"
311	K. Heinrich III an Pf. Georg Hans	14.	Okt.	"
312	Badoer an den Dogen	24.	"	"
313	Johann Casimir an Bürgermeister und Rat zu Frankfurt	28.	"	"
314	Pf. Georg Hans an Alençon	1.	Nov.	"
315	Pf. Georg Hans an Alençon	1.	"	"
316	Der Kaiser an Kf. August	3.	"	"
317	L. Georg an L. Ludwig	30.	"	"
318	Kf. August an den Kaiser	4.	Dez.	"
319	Johann Casimir an (Johann von Nassau)	18.	"	"

1582.

Nr.	Aktenstück	Tag	Monat	Jahr
320	Kurpfälzische Beantwortung der kais. Gesandten Montfort und Kurtz	2.	Jan.	1582
321	Ludwig von Würtemberg an Kf. Ludwig	4.	"	"
322	Kf. Ludwig an die Geheimen von Strassburg	12.	"	"
323	Der Kaiser an Daniel von Mainz	23.	"	"
324	Der Kaiser an Kf. Ludwig	3.	Febr.	"

Nr.	Aktenstück	Tag	Monat	Jahr
364	Beratung der kurpfälz., kursächs. und kurbrandenburg. Räte zu Augsburg	11.	Juli	1582
365	Die Räte zu Augsburg an Kf. Ludwig	11.	"	"
366	Anton von Lützelburg an Johann Casimir	11.	"	"
367	Johann Casimir an L. Wilhelm	16.	"	"
368	Die Räte Wambold und Witzendorff an Johann Casimir	16.	"	"
369	Wambold an Johann Casimir	18.	"	"
370	L. Georg an seinen Abgesandten zu Augsburg	19.	"	"
371	Kf. August an Trautson	20.	"	"
372	Montigny an Beutterich	20.	"	"
373	Die Nürnberger Gesandten zu Augsburg an den Rat	20.	"	"
374	Die bairischen Räte zu Augsburg an Wilhelm von Baiern	21.	"	"
375	Der Kaiser an Kf. August			
376	Dompmartin an Johann Casimir	24.	"	"
377	Memorial der Städte A. C. für die kurfürstlichen Räte	27.	"	"
378	Convent der A. C. Verwandten	28.	"	"
379	Schregel an Ehem	30.	"	"
380	Die Räte zu Augsburg an Johann Casimir	30.	"	"
381	Ulrich von Mecklenburg an Kf. August	31.	"	"
382	Die Räte zu Augsburg an Kf. Ludwig	2.	Aug.	"
383	Gebhard von Köln an Erzb. Heinrich von Bremen	6.	"	"
384	Schomberg an Kf. August	6.	"	"
385	Die Räte zu Augsburg an Johann Casimir	8.-9.	"	"
386	Kf. August an die Räte zu Augsburg	9.	"	"
387	Johann Casimir an Ehem	10.	"	"
388	Kf. August an Wilhelm von Baiern	11.	"	"
389	Kursächsisches Memorial für Mainz	13.	"	"
390	Ehem an Johann Casimir	14.	"	"
391	Die Räte zu Augsburg an Johann Casimir	14.	"	"
392	Johann Casimir an Ehem	14.	"	"
393	Beratung der A. C. Verwandten des Fürstenrats	15.	"	"
394	Walther an Ulmer	17.	"	"
395	Relation und Correlation über die Beschwerden der Städte	18.	"	"
396	Die Räte zu Augsburg an Johann Casimir	26.	"	"
397	Ehem an Johann Casimir	27.	"	"
398	Lippomano an den Dogen	1	Sept.	"
399	Antwort der geistlichen Fürsten auf das Anbringen des Cardinals Madruzzi	3.	"	"
400	Die Räte zu Augsburg an Kf. Ludwig	3.	"	"
401	Beutterich an Syndiques und Rat von Genf	6.	"	"
402	Beutterich an Beza	6.	"	"

403	Johann Casimir an Leicester	6.	Sept.	1582
404	Leicester an Johann Casimir	8.	"	"
405	L. Wilhelm an Johann Casimir	12.	"	"
406	Lippomano an den Dogen	15.	"	"
407	Die Räte zu Augsburg an Kf. Ludwig	17.	"	"
408	Ehem an Johann Casimir	17.	"	"
409	Johann von Nassau an Curth Thiel von Berlepsch	18.	"	"
410	Graf Johann von Salm an Pf. Johann	21.	"	"
411	Kais. Belehnungsurkunde für Johann Casimir	22.	"	"
412	Johann Casimir an L. Wilhelm	25.	"	"
413	Johann von Nassau an Winand von Breyl	27.	"	"
414	Lippomano an den Dogen	29.	"	"
415	Johann Casimir an K. Heinrich von Navarra	2.	Okt.	"
416	Kurpfälzische Relation über den Reichstag	5.-6.	"	"
417	Leicester an Beutterich	8.	"	"
418	Gedenkzettel Johann Casimirs		"	"

Zeitfracht Medien GmbH
Ferdinand-Jühlke-Straße 7
99095 Erfurt, Deutschland
produktsicherheit@kolibri360.de